北京市金融年鉴

ALMANAC OF BEIJING FINANCE AND BANKING

2014

《北京市金融年鉴》编辑部

（总第28卷）

中国金融出版社

责任编辑：赵天朗　丁久芳
责任校对：孙　蕊
责任印制：丁淮宾

图书在版编目（CIP）数据

北京市金融年鉴 2014（Beijingshi Jinrong Nianjian 2014）/《北京市金融年鉴》编辑部. —北京：中国金融出版社，2014. 12
ISBN 978 - 7 - 5049 - 7313 - 9

Ⅰ. ①北…　Ⅱ. ①北…　Ⅲ. ①金融事业—北京市—2014—年鉴
Ⅳ. ①F832. 71 - 54

中国版本图书馆 CIP 数据核字（2014）第 254263 号

出版发行　中国金融出版社
社址　北京市丰台区益泽路 2 号
市场开发部　(010)63266347，63805472，63439533（传真）
网上书店　http：//www. chinafph. com
(010)63286832，63365686（传真）
读者服务部　(010)66070833，62568380
邮编　100071
经销　新华书店
印刷　北京松源印刷有限公司
尺寸　185 毫米 × 260 毫米
印张　48
插页　12
字数　962 千
版次　2014 年 12 月第 1 版
印次　2014 年 12 月第 1 次印刷
定价　80.00 元
ISBN 978 - 7 - 5049 - 7313 - 9/F. 6873
如出现印装错误本社负责调换　联系电话（010)63263947
（内部发行）

2013年5月28日，国家开发银行与北京市政府就推进首都新型城镇化建设举行高层联席会议，双方签署了加快推动北京新型城镇化建设战略合作框架协议。

2013年8月14日，招商银行北京分行与北京市社会保险基金管理中心签署全面战略合作协议。

农业银行北京市分行与北京市社会主义新农村建设领导小组办公室签署银企合作协议，向其授予意向性信贷额度1 000亿元，重点支持北京市城镇化、水利基础设施、南水北调配套工程、平原造林、沟域经济、农业及农产品加工龙头企业、农产品流通、农民专业合作社、菜篮子工程及国家级农村金融改革试验区等“三农”重点领域建设。

2013年6月20日，中国民生银行总行营业部与北京市海淀区人民政府签署小区金融战略合作签约。

工商银行北京市分行与华谊兄弟传媒股份有限公司、国家体育场有限责任公司签署战略合作协议。

杭州银行北京分行举办“瞪羚诚信贷”产品发布会。该产品以中关村“瞪羚计划”重点培育企业为主体，向满足条件的企业提供最高1 000万元的信用贷款。

中国银行北京市分行参加中关村科技园区管委会“企飞京西——雏鹰人才基地金融专场”活动。

2013年12月25日，中信银行总行营业部与北京医生有限责任公司签署战略合作协议，双方将通过金融服务创新实现老百姓轻松问诊和简单就医的健康梦。

2013年10月14日，中国华融资产管理公司北京市分公司、中国信达资产管理公司北京市分公司、中国东方资产管理公司北京办事处与北京首钢新钢股份有限公司签署10.45亿元股权转让协议。

2013年12月16日，中国人寿保险公司北京市分公司与北京市民政局联合推行的“北京老年意外伤害保险”项目正式启动。该保险为在京50岁以上老年群体提供市政公共场所意外伤害保险服务。

广发银行北京分行推出面向北京地区各小商品批发市场的“生意人卡”，缓解个体工商户的融资难题。

2013年9月11日，北京农商银行成为北京市基本养老金代理银行。届时，北京市按月正常缴费的参保单位，每月5日至20日可到该行的营业网点办理社保缴费，可选择批量扣款、柜面或网银缴费三种方式。

邮储银行北京分行致力于为京郊广大农户提供基础金融服务，以实际行动兑现“百姓银行”、“绿色银行”的承诺。

2013年3月12日，华夏银行北京分行在分行营业部、中关村支行和世纪城支行开始试行延长营业时间。这三家网点周一至周五营业结束时间从17点延长到19点，为首都市民办理银行业务提供便利。

2013年6月3日，北京银行召开惠民金融品牌发布会，正式对外发布惠民金融领域品牌——“惠民通”。

2014年9月2日，中国人民财产保险公司北京市分公司举办“机动车辆电子保单首发仪式”，现场签发首张车辆保险电子保单。

农业银行首家“智慧网点”在北京建国门支行正式运行。该网点内设远程柜员机、自助发卡机、翼柜通、智能茶几、幕墙投影、多媒体互动体验机等服务设施，可以实现在线预约排队、智能填单、自助发卡等服务。

华泰财产保险公司北京分公司城区第一家保险专属代理门店——EA门店开业。

2013年8月13日，北京农商银行在“国家农村金融综合改革试验区”——大兴区黄村镇桂村举办“北京农商银行农村基本金融服务覆盖大兴区开通仪式”。

2013年8月14日，浦发银行北京分行举办“移动金融 领先银行”NFC手机支付产品上市发布会。NFC手机支付是将银行卡信息写入手机SIM卡，并直接通过手机空中完成包括卡片、账户充值、支付在内的诸多金融服务交易。

2013年1月23日，南京银行北京分行第一家郊区县支行正式对外营业。

北京保监局召开保险消费者座谈会，听取社会公众对保险服务的意见和建议。

太平财产保险公司北京分公司员工为社区市民讲解保险条款及增值服务。

华夏银行北京分行员工走进社区开展金融知识宣传。

工商银行北京市分行开展“金融下社区”服务志愿活动。

北京银监局的志愿者赴密云区石城镇开展“送金融知识下乡”活动。

太平洋财产保险公司北京分公司邀请保险社会监督员参观该公司五星级服务门店。

渤海银行北京分行开展“三八节”慰问的士司机活动。

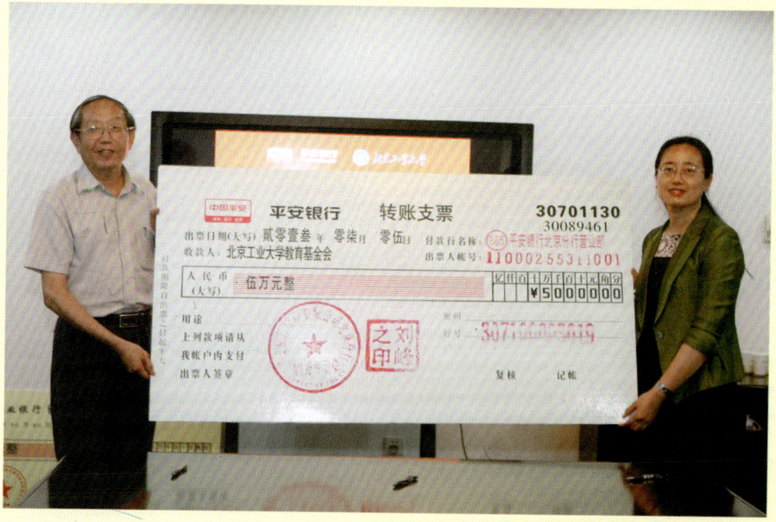

平安银行北京分行向北京工业大学教育基金会捐赠5万元，用于资助困难学生和奖励优秀学生。

民生人寿保险公司北京分公司举办“第八届客户服务节——少儿艺术大赛”。

中国人民财产保险公司北京市分公司员工赴北京市消防局，对在石景山喜隆多商场大火中牺牲的消防员进行紧急赔付。

中国银行北京市分行开设爱心窗口，为特殊客户提供优质金融服务。

“4·20”四川雅安芦山地震发生后，太平人寿保险公司北京分公司员工积极向灾区捐款，献出自己的一份爱心。

中国东方资产管理公司北京办事处认真开展党的群众路线教育实践活动。

北京农商银行组织员工参观“永远的雷锋”大型主题展览。

建设银行北京市分行80余名直属党委预备党员和党员代表在北京李大钊故居举行新党员入党宣誓暨老党员重温入党誓词活动。

北京国际信托有限公司组织党员干部参观反腐倡廉教育展览。

建设银行北京市分行开展以“我的梦·建行梦”为主题的道德讲堂活动。

包商银行北京分行组织员工参观中国钱币博物馆“反假货币展”。

浦发银行北京分行营业部荣获“2013年度中国银行业文明规范服务百佳示范单位”称号。

天津银行北京分行举办“第三届业务技能大赛。”

中华联合财产保险公司北京分公司在2013年“北京市保险行业车险定损员比赛”中取得优异成绩。

邮储银行北京分行举办“合规知识竞赛”。

“五年同风雨，携手创辉煌”——大连银行北京分行。

新华人寿保险公司北京分公司组织员工开展消防安全演习。

中国进出口银行北京分行举办趣味体育比赛。

北京农商银行举办“第三届职工运动会”。

交通银行北京市分行参加“2013年全国金融系统第二届职工运动会。”

《北京市金融年鉴》编辑委员会

编辑说明

一、《北京市金融年鉴》（以下简称《年鉴》）是北京市金融行业年鉴，是全面反映北京市金融运行、发展情况的资料性工具书。由中国人民银行营业管理部牵头，北京银监局、北京证监局、北京保监局、北京市金融工作局，60多家银行业、证券业、保险业机构以及10余家协会、商会、学会共同参与编写，《北京市金融年鉴》编辑部组织编纂，逐年出版。

二、本卷《年鉴》为总第28卷，主要记述的是2013年北京市金融业运行与发展情况、重大事件、活动及各金融机构贯彻执行国家金融政策，依法合规经营，防范和化解金融风险，改进金融服务，加强精神文明建设，支持首都经济增长目标的实现等方面所做的大量工作和面临的问题。

三、本卷《年鉴》收录的北京主要经济社会指标摘自《北京市统计年鉴》，金融统计资料由中国人民银行营业管理部、北京银监局、北京证监局、北京保监局提供。在使用中请注意统计口径的差别和适用范围。

四、本卷《年鉴》中各金融机构的排列顺序名次无高低之分。

五、本卷《年鉴》在编纂过程中得到北京市金融系统各单位的大力支持，在此表示衷心的感谢。

六、由于编纂水平有限，书中难免有缺陷和疏漏之处，诚请广大读者批评指正。

《北京市金融年鉴》编辑部

2014年9月

目　　录

一、形势综述

二、市场运行

三、发展与监管

四、服务与管理

五、机构业务综述

金融管理机构

金融机构

六、文件与规章

北京市人民政府办公厅

中国人民银行营业管理部

七、专题与调研

八、统计资料

（三）金融机构业务统计

(四) 机构、人员统计

九、大事记

十、附　　录

（一）北京市金融机构名录

一、形势综述

关于北京市 2013 年国民经济和社会发展计划执行情况与 2014 年国民经济和社会发展计划草案的报告

——2014 年 1 月 16 日在北京市第十四届人民代表大会第二次会议上

北京市发展和改革委员会

各位代表：

受市人民政府委托，现将北京市 2013 年国民经济和社会发展计划执行情况与 2014 年国民经济和社会发展计划草案的报告提请市第十四届人大第二次会议审议，并请市政协各位委员提出意见。

一、2013 年国民经济和社会发展计划执行情况

在中央和市委坚强领导下，全市上下坚决贯彻落实党的十八大和市十一次党代会精神，全面落实市第十四届人大第一次会议各项决议，坚持稳中求进、稳中有为、稳中提质，牢牢把握首都发展的阶段性特征，综合实施稳增长、调结构、促改革、惠民生系列措施，首都经济稳中向好，结构调整扎实推进，内生动力持续增强，社会民生继续改善，全年目标和重点任务总体完成，“十二五”规划实施取得阶段性成效。

（一）经济结构调整持续深入，质量效益进一步提升

面对错综复杂的外部环境，立足提质增效，统筹开展综合调度与专项调度，实现了有质量、有效益、有就业的增长。特别是在“十二五”规划中期评估基础上，主动下调五年规划经济增速预期目标，为调结构、转方式留出了一定的空间和余地。

经济发展稳中提质。初步核算，全年地区生产总值实现 1.95 万亿元，增长 7.7%，经济运行总体平稳，符合预期。完成固定资产投资 7 032.2 亿元，增长 8.8%，其中民间投资增长 15.9%。实现社会消费品零售额 8 375.1 亿元，增长 8.7%。城镇登记失业率为 1.21%，始终处在较低水平。城乡居民收入分别达到 4 万元和 1.8 万元，分别同比增长 10.6% 和 11.3%，扣除价格因素，分别实际增长 7.1% 和 7.7%。地方公共财政预算收入完成 3 661.1 亿元，增长 10.4%。居民消费价格同比上涨 3.3%，涨幅控制在全年目标以内。预计万元地区生产总值能耗和水耗均同比下降 4% 左右，降幅继续处在全国前列。

产业结构转中升级。产业高端化、布局集聚化、企业总部化、业态融合化特征更加明显，企业适应市场变化能力不断增强。高端产业发展态势良好，高技术制造业、现代制造业增加值分别增长 10.4% 和 14.2%，制造业高端化、服务化趋势明显，服务环节贡献度不断提升。金融、科技服务、商务服务业继续保持较快发

展，增加值分别增长11%、11.2%和9.5%。节能环保产业发展迅速，行业收入增长60%以上。会展农业、籽种农业发展势头良好，“一环两镇”沟域集群初步形成。产业功能区继续引领发展，六大高端产业功能区收入增长20%左右，占全市经济比重提高到44%左右。企业总部加快聚集，新认定跨国公司地区总部12家，累计达到139家，总部经济占全市经济比重达到50%左右。企业主动适应市场变化，加快调整升级，积极开展商业模式创新，推动信息技术、数字内容、移动互联网深度融合，综合竞争优势不断增强。

创新驱动深入推进。创新支持力度进一步加大，中关村“新四条”政策获批实施，“1+6”政策试点持续深化，推进高等学院科技成果转化等市级政策出台，人才特区、国家科技金融创新中心加快建设。创新要素加快聚集，示范区入选“千人计划”的人数超过全国的两成，创业板上市公司占全国的1/7，“新三板”挂牌企业占全国的70%以上，发生的创业投资、股权投资案例和投资金额占全国的1/3。创新活动持续活跃，示范区企业总收入、内部科技活动经费支出均增长20%以上，新一代高精度北斗导航等一批关键技术取得突破。文化创新加快实施，规模以上文化创意产业收入增长7.5%，首届惠民文化消费季交易额超过50亿元，国际设计周等重大文化活动成功举办，首都文化影响力不断提升。

（二）生态建设大力推进，绿色低碳发展迈出新步伐

大气污染治理全方位加强。落实国家《大气污染防治行动计划》和京津冀及周边地区实施细则，发布实施本市清洁空气行动计划（2013～2017年）及压减燃煤工作方案，制定空气重污染应急预案，打出大气治理“组合拳”。退出288家污染企业，率先实施第五阶段汽油车新车排放标准，更新老旧机动车36.6万辆。完成锅炉清洁能源改造3 428蒸吨、核心区平房煤改电4.4万户、农村煤改电4 514户，散煤治理工作全面启动。积极调整能源结构，西南热电中心竣工投产，西北热电中心4台机组具备调试条件，东北热电中心主体结构完工，陕京三线、大唐煤制气一期、唐山LNG一期工程建成投产，优质能源比重提高到77%。

垃圾污水治理提速。制订实施垃圾处理设施建设三年行动方案，鲁家山垃圾焚烧厂试运行，垃圾日处理能力提高3 000吨。实施污水治理与再生水利用三年行动方案，完成清河、酒仙桥污水处理厂升级改造，建成丰台河西、大兴黄村等再生水厂，新增再生水日生产能力78万立方米。

绿化建设步伐加快。新增城市绿化面积1 100公顷，完成平原造林36.4万亩，形成10处万亩以上大型绿色板块，建成开放11处新城滨河森林公园。编制市级绿道建设总体方案，启动建设绿道200公里。启动实施京津风沙源治理二期工程，山区绿色生态屏障进一步巩固。继续推进三大流域治理，完成永定河城市核心段、潮白河密怀顺三区交界段治理工程，建成北运河榆林庄闸主体工程，城市水环境有所改善。

节能减排工作深入推进。强化“内涵促降”，健全“双控”节能管理机制，碳排放权交易实现开市，推动一批节能改造工程，加快新能源新技术开发利用步伐，百兆瓦阳光校园光伏屋顶一期、六里屯垃圾填埋气二期等项目竣工投产。采取

综合手段加大减排力度，二氧化硫、氮氧化物排放量分别削减3%以上，化学需氧量、氨氮排放量分别削减2%以上。

（三）城乡建设管理统筹推进，城市功能进一步完善

交通治堵力度持续加大。实施公交优先战略，中心城公交出行比例提高到46%。轨道交通14号线西段、10号线二期剩余段、8号线二期南段、昌八联络线开通试运营，新增通车里程23公里，累计达到465公里。7号线、14号线东段等线路加快建设，在建里程208公里。着力完善骨干路网，建成梅市口路、广渠路二期四环至五环段主路。改善微循环和停车换乘条件，大力推进P+R停车设施建设，新增居住区停车位2.3万个、P+R停车位2 800个。强化交通管理，开通潮汐车道、商务班车，出台出租车管理措施，取得良好效果。

城市运行保障能力进一步提升。加强水资源保障，成立北京水务投资中心，推进南水北调市内配套工程，建成孙河供水站等供水工程，新增日供水能力18万立方米。生活必需品市场保持稳定，电力、天然气等能源保障平稳有序。着力完善防洪排水体系，基本完成34条中小河道治理、20座立交桥区积水治理工程，实现安全度汛。“打非治违”专项行动拆除违建1 261.4万平方米，区域环境和社会秩序得到改善。

城乡区域统筹力度不断加大。城南行动计划第二阶段任务、西部转型发展年度计划顺利推进，石景山国家服务业综合改革试点区发展意见发布实施，新首钢综合服务区成为全国老工业基地调整改造首批试点，第九届园博会成功举办。通州城市副中心加快建设，其他新城区公共服务设施、滨河森林公园等建设稳步推进。新机场各项工作取得积极进展，临空经济区规划上升为国家级规划。小城镇建设步伐加快，污水处理设施“打捆”建设运营试点项目顺利实施，重点镇基础设施和产业发展水平加快提升。新“三起来”工程启动实施，新型农村社区试点取得积极成效。

（四）民生工作不断加强，人民生活持续改善

就业服务和社会保障水平不断提高。就业形势保持稳定，城镇新增就业超过40万人。社会保障由“制度全覆盖”转向“人群全覆盖”，参加基本养老、基本医疗、失业、工伤和生育保险人数平均增长6%左右，社保待遇标准平均提高10%左右。认真落实国家房地产调控政策，两次出台调控措施，抑制投资投机需求，支持自住型、改善性需求，推出共有产权性质的自住型商品房2万套。启动中心城棚户区改造，完成老旧小区综合改造1 390万平方米。加大保障房建设力度，建设各类保障房16.2万套、竣工8.5万套，超额完成年度任务。

公共服务供给能力进一步增强。完成学前教育三年行动计划，中小学、市属高校三年行动计划有序推进，增加幼儿园学位3万个，新增城乡一体化学校30所、学位2.4万个，学位紧张状况有所缓解。优化医疗资源布局，基本建成7个区域医疗中心。加强养老服务能力建设，提高养老设施建设和运营补贴标准，新增养老床位1万张。建成300家数字文化社区，开展了低票价演出补贴、万场演出下基层等惠民服务。

社会服务管理日益加强。网格化社会服务管理体系覆盖75%以上的街道（乡

镇）和70%以上的社区（村）。新建200个“一刻钟社区服务圈”示范点。“枢纽型”社会组织三级网络初步形成，向社会组织购买服务项目加快实施。志愿服务常态化建设取得积极成效，全市注册的志愿者组织达7 000多个，实名注册的志愿者超过200万人。全面加强社会治安管理，社会秩序保持和谐稳定。

（五）改革开放不断深化，发展活力进一步增强

重点领域改革进一步深化。行政审批制度改革加快推进，市级部门行政审批事项从1 562项减至940项。开展优化投资项目审批工作流程试点，审批时限从300多个工作日缩短至109个工作日。出台鼓励民间资本进入市政基础设施、文化创意产业两个政策意见，试点项目进展顺利。积极推进“营改增”试点，试点企业总体税负下降41.2%。稳步推进市属国有企业改革，年内退出劣势企业100户，国有资产证券化步伐加快。推进工商登记制度改革，实施简化登记程序、网上登记等措施，提高准入服务效率。以资源环境价格改革为重点，发挥价格杠杆对调结构、转方式、促减排的积极作用，稳妥实施新的非居民热价、气价以及排污和垃圾收费标准。实施出租车价格调整方案。医药卫生体制改革不断深化，公立医院改革、鼓励引导社会办医等工作取得积极进展。

对内对外开放步伐进一步加快。地区进出口总额增长5.1%。出口结构进一步优化，高新技术产品出口增长12%左右。成功举办了第二届中国（北京）国际服务贸易交易会，服务贸易发展态势良好，进出口额占全国的1/5。实际利用外资实现85.2亿美元，其中服务业利用外资保持八成以上。境外直接投资规模超过24亿美元。首都经济圈发展规划抓紧编制，环渤海地区经济合作发展协调机制进一步完善，区域合作迈入新阶段。

但也要看到，经济社会发展中还存在一些困难和矛盾，需要高度关注。一是本市较早进入经济增速换挡期，增长动力的接续还需要一个过程，经济平稳运行的基础还不牢固，结构调整的步伐还需进一步加快，一些风险还需要加强防范；二是生产经营成本上升，市场需求没有根本好转，企业经营压力仍然较大；三是人口资源环境矛盾尚未缓解，人口集聚态势没有根本改变，生态环境压力持续加大，特别是大气污染形势日益严峻，能源、土地、水等资源的集约节约利用水平还需提升；四是城市功能还需优化，“单中心”聚集发展格局尚未根本改变，“产城不均”、“职住分离”现象比较突出，交通拥堵、安全运行等社会关切的问题需要加快解决；五是有利于转变发展方式的体制机制还需要进一步完善，政府职能需要加快转变，行政审批制度、财税体制、收入分配体制、资源性产品价格等重点领域改革还需要进一步加快。

二、2014年经济社会发展计划初步安排

2014年是站在新的历史起点上，是贯彻落实党的十八届三中全会精神、全面深化改革的关键之年，是落实“十二五”规划、加快经济结构调整、推进城市功能优化的关键之年，做好全年经济社会发展各项工作意义重大。

（一）发展环境总体判断

积极因素不断积累。（1）世界经济仍将延续缓慢复苏态势，全国经济稳中向好的基本面没有改变，市场预期持续改善，为本市发展创造了良好的外部环境。

本市经济与全国经济走势同步向好，平稳增长的基础有望进一步夯实。（2）十八届三中全会之后，全面深化改革释放新的动力和活力，为本市发展带来难得的历史性机遇，北京深化改革的空间大、红利多。中央在科技文化、事业单位、国有企业、金融市场体系等领域做出重大改革部署，有利于本市充分发挥科技文化资源丰富、国企事业单位众多、人才和资本要素集中等比较优势，更大限度地激发内生动力和发展活力。（3）经过多年发展，本市“六高四新”功能区高端要素聚集能力明显增强，金融、商务、科技、文化、环保等领域的产业优势加快形成，同时，新机场、新首钢等重大功能性项目进入全面建设期，引入社会资本有关政策的市场效应集中释放，大气污染防治、4G 牌照发放等举措将进一步释放节能环保、信息等产业发展潜力，这些都将为经济结构调整和优化升级提供有力支撑。（4）北京的国际影响力加快提升，APEC 会议等重大国际会议和活动相继举办，有助于本市在更高层次上参与国际竞争与合作。（5）国家深入实施新型城镇化战略和区域发展总体战略，提出统筹东中西、协调南北方的战略布局，这有利于首都在服务全国过程中更好地实现自身发展。特别是环渤海和首都经济圈区域合作进入新的阶段，产业发展、生态治理、交通和信息基础设施等领域一体化进程将进一步加快，有利于在更大范围内规划生产、生活和生态空间，进一步提高资源配置效率，促进区域协同发展和首都可持续发展。

同时，本市经济社会发展仍存在较大压力。（1）全球经济复苏步伐仍然较慢，国际环境仍然存在不少变数和风险，世界经济增长新动力还没有形成，美国量化宽松政策逐步退出带来市场波动，一些新兴经济体面临经济减速和金融收紧的双重风险，全球贸易摩擦加剧，这些都将对北京市对外贸易、吸引外资、对外投资产生不利影响。（2）我国经济发展稳中回升的基础尚不稳固，可能对本市投融资、消费和市场预期带来一定影响。（3）本市一系列两难、多难问题相互叠加，在外部竞争加剧的同时，内部还面临着城乡区域发展不平衡、新老二元结构矛盾相互交织、城乡居民增收难度加大、利益诉求更加多元等多方面矛盾和挑战，给北京市经济平稳运行、结构调整和深化改革带来多重压力。

总体来看，2014 年本市发展环境依然比较复杂，要增强机遇意识、忧患意识，趋利避害，防微虑远，锐意改革，进一步巩固经济社会发展良好势头，为首都可持续发展奠定坚实基础。

（二）发展计划安排的总体思路

深入贯彻落实党的十八大和十八届三中全会精神，按照市委十一届三次、四次全会的部署和要求，立足首都城市性质、发展阶段和资源禀赋条件，继续坚持稳中求进工作总基调，用改革统领全局，以深化改革释放发展活力，以创新驱动增强内生动力，以生态建设提升城市品质，以区域合作带动协调发展，以民生改善促进和谐稳定，努力实现经济发展与城市功能相协调，发展方式与人口资源环境相适应，城市发展与民生改善相统一，促进首都经济社会持续健康发展。

2014 年工作的主要原则是强化“五个导向”：

强化改革统领导向。切实增强全面深化改革的自觉性和坚定性，把改革创新贯穿于经济社会发展的各个领域各个环节，用改革的思路和办法破解本市人口资源环境问题、释放市场经济活力、提高经济发展质量，引导社会各界把智慧和力量凝聚到理解改革、支持改革、参与改革上来，为全面深化改革营造良好社会环境。

强化创新驱动导向。发挥首都资源禀赋优势，把科技文化创新作为改善经济效益和提升运行质量的根本途径，支持各类创新要素向企业集聚，完善由市场评价创新成果的机制，促进创新成果加快转化为现实生产力和竞争实力。

强化功能提升导向。统筹规划生产空间、生活空间、生态空间，优化城市空间布局。以召开APEC会议为契机，进一步提升城市精细化管理水平，完善城市功能。

强化难题破解导向。针对群众最关心、最期盼解决的人口增长过快、交通拥堵、环境污染等问题，从功能定位、法规制度、市场机制、社会治理等深层次根源出发，研究治本之策，完善特大型城市治理体系。

强化区域协同导向。进一步拓宽视野，积极融入首都经济圈、京津冀、环渤海区域发展，促进合作共赢，在服务区域、服务全国过程中更好地实现自身发展。

（三）2014年经济社会发展主要目标初步安排

——地区生产总值增长7.5%左右；

——城镇居民人均可支配收入和农村居民人均纯收入分别实际增长7.5%左右；

——居民消费价格指数控制在104%左右；

——城镇登记失业率控制在2%左右；

——地方公共财政预算收入增长9%；

——万元地区生产总值能耗和二氧化碳排放量分别下降2%以上和2.5%以上，水耗下降4%以上；

——二氧化硫、二氧化氮、PM_{10}、$PM_{2.5}$四类主要污染物浓度平均下降2%左右，其中$PM_{2.5}$年均浓度同比下降5%左右。二氧化硫和氮氧化物排放量同比均削减5%，化学需氧量和氨氮排放量同比均削减2%。

三、实现2014年经济社会发展计划的主要措施

（一）更加注重发挥经济体制改革牵引作用，全面深化改革

把改革贯穿于经济社会发展的各个领域各个环节，以改革促创新发展、以改革促结构优化、以改革促民生改善、以改革破解城市难题，围绕重点改革领域，深化落实一批、探索试点一批、研究储备一批，加快建立健全有利于首都可持续发展的体制机制。

深化行政体制改革，加快转变政府职能。处理好政府和市场的关系，加快释放市场活力。（1）完善市场经济条件下的地方综合调控体系，强化政府公共服务、市场监管、社会管理、环境保护职责，做好规划、财政、投资、产业、价格等政策手段的协调配合。（2）加大简政放权力度，减少政府对微观事务的管理，规范对保留的行政审批事项的管理，主动对接国家取消和下放的审批事项，修订政府核准投资项目目录，完善审批、核准、备案管理办法，规范和优化审批流程，实现依法、高效审批。（3）积极推进政府购买服务，出台政府职能向社会组织转移职能目录和承接转移的社会组织目录，制定向

社会力量购买服务的实施意见。（4）积极稳妥推动事业单位分类改革，推进有条件的事业单位转企改制。

加快完善现代市场体系，充分发挥市场配置资源的决定性作用。（1）改革和完善市场准入制度。按照首都城市性质功能，研究推行负面清单管理，打破行政壁垒，加快落实社会资本进入市政基础设施领域和文化创意产业相关政策，在轨道交通、高速公路、停车设施、垃圾处理、再生水等领域再推出一批市场化试点，逐步清理和调整不适应市场配置资源的政策规章。推进工商注册制度便利化，推动工商登记准入与产业发展等规划有机衔接。（2）完善主要由市场决定价格的机制。研究修订政府定价目录，调整价格听证目录和成本监审目录，凡是可以放开的价格由市场自主定价，积极稳妥推进资源、环境、公共服务等重点领域价格改革。（3）推进要素市场改革创新。按照金融服务实体经济的要求，推动金融创新，积极创建国家科技金融综合改革示范区，支持民间资本依法发起设立中小型银行、金融租赁公司、消费金融公司等金融机构，研究放宽小额贷款公司准入制度，支持“新三板”扩容，建设“四板”市场，鼓励互联网金融、商业保理等新业态健康发展，提升小微企业利用多层次资本市场融资的能力。进一步深化农村改革，加快构建新型农业经营体系，探索推动城乡统一的建设用地市场建设，研究拟订适合本市实际的统筹城乡发展的集体经营性建设用地流转制度，推进利用农村集体建设用地建设公共租赁住房试点。（4）深化国资国企改革。以管资本为主，完善监管体制机制，明确市属国有企业投资经营方向和领域，加快推动市属国有企业资产证券化、管理现代化。支持中央企业、民营企业、集体经济和外资企业参与市属国有企业改革，提高混合所有制经济比重。完善中小企业公共服务体系，着力解决融资等难题，激发中小企业的活力与创造力。

深化财税体制改革，发挥财税政策的保障和调节作用。（1）深化预算管理制度改革，探索跨年度预算平衡机制，推动编制三年滚动预算，更加突出预算的约束性和透明度，提高资金使用效益。（2）推动健全本市地方税制体系，继续扩大“营改增”试点范围，发挥结构性减税效应，做好消费税、资源税等国家税制改革对接工作，研究完善企业跨区县迁移管理规定。（3）研究建立事权与支出责任相适应的制度，完善转移支付制度和公用事业补贴机制，试行财政资金竞争性分配。

加快生态文明制度建设，用制度保护生态环境。（1）划定生态保护红线，落实用途管制，编制环境总体规划，健全生态文明建设考核指标体系和考核机制。（2）完善资源有偿使用和生态补偿制度，开展环境污染强制责任保险试点，加大对重点生态保护区的生态补偿和政策支持力度。（3）发展环保市场，推进碳排放权交易立法，进一步完善碳排放权交易市场，建立吸引社会资本投入生态环境保护的市场化机制。

推进社会事业改革，创新社会服务管理。（1）继续深化收入分配制度改革，着力提高劳动报酬在初次分配中的比重，加快形成合理有序的收入分配格局。（2）加强社会管理创新，继续深化社会组织管理体制改革，激发社会组织活力。（3）深入推进医药卫生体制改革，统筹医疗保障、医疗服务、公共卫生、药品供应及监管等领域综合改革，积极落实社会办医政策，鼓励社会资本参与公立医院改革，支持北京国际医疗服务区先行先试，出台基层医疗卫生机构、县级公立医院综合改革意见，加快完善“社区首诊、分级就诊、双向转诊”纵向有序的就医秩序和医疗、康复、护理有序衔接的服务模式。

（二）更加注重创新引领和产业统筹，加快经济结构优化调整

强化创新驱动，坚持“有进有退、有取有舍”，逐步减少经济对土地占用、人口吸引和能源资源的依赖。第一产业要注重民生保障和生态功能；第二产业要逐步退出劳动密集型和资源消耗型的一般性制造环节，加快向高附加值环节转变；第三产业要从规模数量型向内涵提升型转变。

加快提升创新驱动能力。科技创新是产业优化升级的关键。推动科技与经济紧密结合，尽快打通科技文化和经济转移转化的通道，鼓励技术创新、产品创新、组织创新、商业模式创新、市场创新，在全国率先形成创新驱动发展格局。（1）打造中关村创新高地。深入挖掘中关村“1 +6”和新四条政策潜力，研究制定新一轮创新发展支持政策，大力推进科技成果转化和协同创新改革，为建设具有全球影响力的科技创新中心提供政策支撑。（2）培育发展文化创新高地。加大文化创意产业集聚区整合力度，重点支持CBD－定福庄国际传媒走廊、核心演艺区、中国（怀柔）影视基地等基础好、带动性强的区域建设，提升文化创意产业发展水平。（3）以体制改革激活创新资源。建立以企业为主体的创新体系，加强对企业科技投入的政策性支持，引导项目、经费、人才等资源流向企业。改革科研院所和文艺院团管理体制，推动应用类研究、试验开发研究和经营性文化单位走向市场。（4）推动科技文化金融创新，完善人才保障机制。搭建金融机构与中小科技企业、文化企业对接平台，积极发展科技文化要素市场。落实“千人计划”和“海聚工程”，构建人才服务体系。（5）促进创新成果与市场对接。切实提高科技、文化两个大额专项资金使用效益，形成研发有支撑、应用有示范、产业有引导的资金支持体系。发布实施北京技术创新行动计划，推动落地一批重大专项。促进军民融合发展，在创新成果转化、示范应用等方面加强合作。

大力发展适合首都功能的优势产业。以节能、节地、节水、减排和减少人口过度集聚为标准，进一步巩固首都金融、文化、商务服务产业优势，加快培育新兴潜力产业。（1）加快发展教育、科技、文化、卫生、体育等领域非基本公共服务业。研究制定指导意见，明确政府与市场的边界，通过体制机制改革释放市场空间，鼓励社会资金进入，实施存量资源改革试点和增量资源示范工程，推出一批市场化试点项目，推进数字文化产业园等重点项目建设。（2）壮大节能环保产业。出台产业促进政策，建立产业发展基金，鼓励企业创制技术标准、服务标准，在大气污染防治、垃圾污水处理等领域实施一批示范工程，提高本市节能环保产业的引领地位。（3）培育发展重点战略性新兴产业。对接国家战略，释放下一代互联网、物联网、导航与位置服务、生物医药、轨道交通、集成电路、新型显示等产业潜能，规划发展通航产业，支持百度云计算等一批重点项目。（4）促进旅游会展业加快发展。抓紧推动岔道古城等旅游项目建设，充分挖掘72小时过境免签等

政策潜力，提升城市旅游综合吸引力。加快雁栖湖生态示范区建设，办好APEC会议，提升北京品牌形象。（5）加快生活服务业优化升级。以惠民、便民为导向，通过规范化、品牌化、连锁化等方式，促进传统生活服务业优化升级。

有序退出不符合城市功能定位的产业。下决心在与首都功能不相适应的产业环节上“做减法”，加快存量调整，为优势产业发展释放更大空间。（1）加强与周边地区对接，发挥好行业协会和产业基金作用，促进制造企业总部化、服务化，进一步淘汰高耗能、高耗水企业和低端加工业。（2）更多运用市场手段促进企业退出或优化升级，提高节能、排污、用地等准入标准，建立利益引导机制。（3）加快推进老旧厂房、商业设施改造利用，研究用地调整政策，鼓励“腾笼换鸟”、“产业换代”。

（三）更加注重优化需求结构，夯实经济稳定增长的基础

积极释放有效需求，发挥消费的基础作用、投资的关键作用，引导消费、投资内部结构升级，加快形成与首都发展阶段相适应的需求拉动模式。

在促进消费升级中培育新热点。（1）培育新兴消费热点。大力推进智慧城市建设，研究制定信息消费促进政策，抓住4G牌照发放契机，加快推动宽带升级、无线网络覆盖、终端产品研发，释放信息消费潜力。盘活各类文化资源，支持社会资本兴建改造文化设施，制定促进文化消费政策意见，办好文化惠民等活动。鼓励相关产品和服务开发，大力发展养老消费、时尚消费、健康消费。（2）打造新兴热点区域。在城市中心区，培育具有品牌魅力的特色商业、文化休闲街区，打造24小时休闲区域；在新城，进一步规划完善商业设施；在社区，鼓励发展便民服务和民生商业，提升社区消费圈。（3）营造良好消费环境。完善都市物流体系，促进信用消费便利化，积极推进企业信用体系建设，强化食品药品检验检测和监督管理，把好质量关，营造安全放心的消费环境。

在优化投资结构中提升效益。（1）用好政府投资。安排市政府固定资产投资453.4亿元，同比增长9%，重点工程项目安排上更加突出环境建设、突出民生改善、突出基础承载、突出结构调整，集中力量解决群众最关心最迫切的重点问题，缓解城市建设运行管理中的突出矛盾。（2）发挥投资对完善城市功能、促进产业升级的引导作用。重点支持交通治堵、污染防治、平原造林、公共服务等领域项目建设，引导投资投向城南、西部、新城、城乡接合部等薄弱区域。积极把社会资金引向能够引领结构调整的产业领域，重点扩大文化创意、商务服务、科技服务、信息服务等关联性、融合性强的产业投入。（3）着力提高投资效率。以土地征收、土地出让、规划方案、市政配套等为重点，深度落实项目建设条件等工作，把握时序，确保投资尽早见效。进一步优化融资结构，尽快落实专项融资方案。完善水务投资中心融资功能，积极设计新型融资平台。

在调整外资外贸结构中培育开放新优势。加快转变外贸发展方式，力争在扩大服务业贸易、促进空港自由贸易、便利企业“走出去”等方面取得新突破。完善招商引资政策，研究外商投资便利措施，开展外资准入试点，积极吸引总部企业落户，引导投向符合首都产业发展方向的新

兴服务领域。鼓励有实力企业“走出去”，整合利用海外的技术研发、品牌、销售渠道等资源，提高市场竞争力。

（四）更加注重解决城市管理难题，营造宜居宜业空间

深入把握首都城市发展建设的特点和规律，积极回应社会关切，直面矛盾，重拳出击，集中力量推进“城市病”治理攻坚战向纵深发展。

全力改善空气质量。坚持源头控制、过程管理、末端治理并重，加快推动压煤、控车、降尘、治污、联防工作，确保空气质量稳步改善。（1）加快压减燃煤。关停高井热电厂燃煤机组，完成燃煤锅炉改造4 100蒸吨，五环内基本取消燃煤锅炉房，加快农村优质煤替代，全年削减燃煤260万吨。（2）控制机动车污染。加强汽车尾气治理，更新老旧机动车20万辆，基本淘汰黄标车，缩短新增出租车报废年限，更新清洁能源公交车2 650辆，推广使用电动乘用车，倡导绿色驾驶。（3）加强扬尘控制。实行施工扬尘保证金制度，强化对施工扬尘、渣土运输遗撒、露天烧烤等执法监管。（4）有效治理工业污染。力争完成既有燃气电厂、燃气供热中心脱氮治理，力争调整退出300家污染企业，推进50家工业企业实施清洁生产，开展挥发性有机物治理等环保专项行动。（5）推动区域大气污染联防联控。协同落实《大气污染防治行动计划》及京津冀地区实施细则，建立环境监测数据及空气质量预测预警信息共享机制，完善重污染天气的预警应急机制及联动预案。

综合施策缓解交通拥堵。坚持建设与管理相结合、增加供给与引导需求相结合、局部治堵与整体疏导相结合，聚焦中心城区，落实公交优先，力争中心城公共交通出行比例达到48%。（1）大力推进中心城轨道交通建设。实现轨道交通2015年调整版全部开工，建成地铁6号线二期、7号线等4条线路，新增通车里程62公里、累计达到527公里，在建里程超过260公里。加快编制2020年版轨道交通建设规划，重点提高中心城线网密度。（2）疏通一批节点。推进32条微循环道路建设，推广潮汐专用车道，打通区域交通堵点。推进苹果园、北苑北综合交通枢纽一体化建设，建成通州北苑、安河桥北、新宫等P+R停车场，实施郭公庄公交场站立体化示范工程，提高场站驻车能力和换乘效率，缓解进城交通压力。（3）加快完善城市骨干路网。建成广渠路二期、马家堡西路南延，推进长安街西延、京良路东段等骨干道路建设，启动建设姚家园快速路。（4）降低机动车使用强度。实施更为严格的小客车数量调控措施，加强外埠来京车辆管理。研究设立低排区和制定交通拥堵费征收办法，减少机动车城区行驶时间。（5）以人为本提高绿色出行吸引力。优化城区非机动车道，完成三环内80条自行车道和人行步道整治，扩大公共租赁自行车网络，建设自行车出行示范区。加快通勤走廊建设，延长施划公交专用线。（6）提升交通管理系统化、精细化、人性化水平。建成交通运行监测调度中心（TOCC）二期工程，完善拥堵信息实时通报系统。实施停车综合改革，强化停车管理，优先增加学校、医院等公共服务机构停车供给。优化公交线路，鼓励学校、大型社区开展商务班车服务，增开社区循环巴士，加快解决“最后一公里”问题，方便居民日常出行。

保障城市安全运行。（1）确保能源

供需平衡。全面建成四大燃气热电中心，加快建设陕京四线，建成西六环天然气管线、大唐煤制气二期等工程，推动地热、太阳能等新能源应用。（2）确保用上安全的南水北调水。完善南水北调市内配套工程体系，建成郭公庄和第十水厂，改造中心城供水管网300公里，完成通州、大兴黄村等水厂主体工程，实现每座新城有一座主力水厂。建立水资源安全储备制度，涵养密云水库及城市地下水源地。严格节水制度，提升全社会节水意识。（3）加快构筑完备的城市防洪体系。建成西郊蓄洪主体工程，完成23座立交桥区积水治理工程，鼓励老旧小区、社区等实施雨洪利用改造，完成第二阶段500公里中小河道疏浚治理。（4）提升城市安全运行精细化管理水平。推动城市治安防控和应急处置能力建设，全面排查热力、电力、燃气等地下管线及重点场所安全隐患，开展背街小巷整治，按照“全覆盖、零容忍、严执法、重实效”要求，有效防范和坚决遏制重特大安全事故发生。举全市之力，做好APEC等重大活动的安全保障服务工作。

多措并举控制人口过快增长。着眼缓解人口资源环境矛盾，加强人口战略研究，通过落实属地责任、加强城市管理、运用经济、行政、法律等手段，综合施策，严格控制人口规模，切实减缓常住人口增速。（1）完善工作机制，强化各级政府人口管理责任，推动开展实时动态监测，摸清底数、掌握规律，定期开展人口形势分析，推进居住证制度。（2）充分运用经济手段，强化产业源头控制，新上重大项目必须综合进行人口评估，加快淘汰落后劳动密集型产业，推动生活服务业规范发展。（3）坚决持续开展“打非治违”，加强出租房屋管理，全面治理违法群租行为，推广村庄社区化模式，做好安全隐患排查。（4）推动人口合理分布，研究中心城功能疏解规划和年度计划，划定城市开发边界，促进新城、产业园区业城融合、职住平衡，缓解中心城人口集聚压力。

（五）更加注重生态优先，促进资源节约利用

树立“环境也是生产力”的理念，把绿色低碳贯穿到经济社会发展和城市建设的各个环节，加快塑造人与自然和谐共生的良好生态环境。

完善城市绿化体系，满足市民“亲绿”需求。（1）实施平原造林工程，完成35万亩建设任务，推动绿化造林向六环内、新城、重点功能区集中，基本完成百万亩造林主体任务。（2）加快绿道建设，建成三山五园、温榆河、园博绿道及环二环绿道，市级绿道长度达到200公里，推进京密引水渠绿道等5条放射线绿道和3条新城绿道建设。（3）建设生态休闲公园，建成雁栖湖生态示范区公园、未来科技城滨水公园及南长河、万泉寺等城市休闲公园，启动建设房山峪佛山休闲森林公园等，打造区域“绿心”。（4）提升山区绿化综合效益，扎实推进京津风沙源治理二期工程，支持社会资金建设矿山公园、户外活动基地、休闲度假基地，促进生态建设与经济发展相融合。

提升城市水环境品质，提高水资源管理利用水平。加强三大流域生态治理，重点推进永定河新机场周边河段治理、北运河甘棠橡胶坝改建、潮白河苏庄段水体循环等工程，加快改善城市水环境。落实污水处理三年行动计划，加快建设高碑店、小红门等再生水厂，建设改造中心城污水

管线135公里，再生水利用率达到63%。全面启动污泥处置设施建设，开工建设高碑店热干化及部分新城污泥处置工程，力争到2015年率先实现污泥全部无害化处置。

提高垃圾资源化处理水平，促进资源循环利用。推动落实垃圾处理设施建设三年行动方案，建成董村分类垃圾综合处理厂和南宫堆肥厂技术改造工程，加快大工村、高安屯焚烧厂二期等项目建设，力争生活垃圾焚烧、生化处理比例达到45%。加快推进鲁家山循环经济基地建设，启动建设垃圾处理设施在线监管平台，强化全过程监管和无缝衔接。探索建立跨区域垃圾处理合作模式，鼓励社会化、市场化经营管理。推进延庆县创建国家循环经济示范县，加快建设国家“城市矿产”示范基地。

全面推进节能减碳，发展绿色低碳经济。研究制定进一步推动节能减碳工作意见，加强机制建设，使节能减碳的要求内化为社会的主动行为。（1）实施一批节能环保技术改造工程，组织完成30家用能单位、30家数据中心节能低碳改造，完成1 000万平方米居住建筑节能改造和6 500万平方米供热计量改造。（2）促进重点单位资源循环和源头减量，开展清洁生产“双百”促进工程和百家单位能效提升工程，发布重点用能单位管理体系推广计划，启动实施能效领跑者计划，创建节约型公共机构。（3）推动节能减排数字化、精细化管理，启动建设重点污染源自动监控系统二期、空气质量预报预警及决策支持平台等项目，建成“1+4+N”节能监控服务平台一期和一批能源管控中心示范工程，推动低碳园区、社区、校园示范建设。举办第八届中国北京国际节能环保展览会，倡导全民广泛参与。

（六）更加注重布局优化，提升区域协调发展水平

集中力量修改完善城市总体规划，深入落实区县功能定位和主体功能区规划，处理好生产空间、生活空间、生态空间三者关系，从更大空间范围、更高层次优化功能布局，加快促进区域功能化、发展特色化。

促进区县差异化、产业功能区特色化发展。核心区要优化发展、拓展区要集约发展、发展新区要有序发展、涵养区要绿色低碳发展，加快形成差异化、特色化发展格局。（1）促进高端产业功能区率先优化升级。把高端功能区作为经济结构调整的先导区、区县经济特色发展的先行区，研究建立“六高四新”考核评价机制。坚持存量优化、增量提升，开展存量企业摸底评估，促进一般性制造环节逐步调整优化；严格新增项目准入标准，集约用好未开发土地，集中发展符合功能定位的高端产业。完善产业园区服务功能，加强商业、文化、娱乐、旅游等配套，提升综合承载能力。（2）完善重大产业项目统筹协调机制。按照“抓大放小”的原则，对规模和影响较大的重大项目进行统筹安排，协调做好选址布局、土地供应、项目落地等工作，促进功能区之间、区县之间产业协同发展，引导生产力优化布局。

加快新城和薄弱区域发展。坚持生态优先、业城并举，着力打造能够承接中心城功能、有利于疏解中心城人口的功能承载区。（1）提升新城承载力和综合吸引力。聚焦通州，研究编制副中心发展规划，加快“一核五区”土地一级开发，建成核心启动区重大基础设施主体工程，

完善区域整体功能。加快顺义、亦庄—大兴、昌平、房山等综合性新城建设，强化产业承载、公共服务、生活功能，以业兴城，促进职住平衡。有序推进门头沟、怀柔、平谷、密云、延庆等区域性新城建设，发挥生态环境优势，提高基础设施支撑和特色产业发展水平。（2）持续改善南部地区发展面貌。深入推进第二阶段城南行动计划，更多利用社会力量，挖掘文化内涵，塑造区域品牌，继续推动南中轴森林公园等一批重大项目建设，提升城南地区整体发展品质。全面开工建设新机场主体工程，陆续启动外围综合交通和市政配套设施建设。（3）加快西部地区转型发展。制订出台新首钢三年行动计划，用好石景山国家服务业综合改革试点、国家城区老工业区搬迁改造试点政策，推进国家保险产业园建设，积极支持首钢老厂房改造利用，开工建设首钢广场等标志性项目，提升区域整体形象，加快特色产业集聚。

推动新型城镇化建设。按照国家新型城镇化规划“以人为本、四化同步、科学布局、绿色发展、文化传承”的要求，研究本市新型城镇化发展配套政策，探索多元化投融资机制。（1）加快城乡接合部地区城市化进程。做好重点村的回迁安置、集体产业发展、产权制度改革、就业社保等工作，总结推广大兴西红门、海淀东升经验，探索在其他城乡接合部地区开展城市化试点。（2）推动小城镇健康发展。开展镇企合作、镇校合作，鼓励央企及其他企业集团、高等院校参与小城镇规划建设，打造一批旅游集散特色镇、园区经济特色镇、科技和设施农业示范镇。深化小城镇配套改革，推动第三批小城镇污水处理市场化项目，积极拓宽小城镇发展基金投资领域。（3）提高新农村建设质量。促进都市型现代农业结构调整，严守耕地红线，抓好“米袋子”、“菜篮子”工程，实施农业基础建设及综合开发二期规划，加快国家现代农业科技城建设，办好2014年世界种子大会和世界葡萄大会。推进美丽乡村建设，加快实施新“三起来”工程，创新沟域经济发展模式，不断改善农村生产生活条件。

促进区域协同发展。把深化区域合作作为从更大范围疏解功能和人口、治理“城市病”的重要途径，加快推进京津冀一体化、环渤海协调发展。（1）推动出台首都经济圈发展规划，建立环渤海地区合作协调机制，深化京津双城合作，建立高层次协商机制，共同协调推动城市功能疏解、基础设施建设、生态环境保护和产业布局问题。（2）优先推进交通基础设施一体化，加快京沈客专、京张城际等快速铁路建设，积极推进京秦高速、首都大外环高速等项目，建成京昆高速，着力构建骨干快速交通体系。（3）深入开展产业对接协作，以新机场临空经济区为重点打造区域合作共同体，加强科技、旅游、商贸会展、节能环保、物流、口岸、农业等多方面的合作，支持园区、企业、高等院校、科研院所开展跨区域共建，推进一批服装、建材、小商品等批发市场转移升级。（4）积极参与京港、京澳、京台洽谈会，继续扩大与长三角、珠三角等地区的合作，做好青海、内蒙古、新疆、西藏等省（区、市）的对口支援工作。

（七）更加注重民生保障，不断提高人民群众生活质量

坚持保基本、兜底线、促公平、可持续，进一步稳定就业，完善社会保障、公共服务和社会管理制度，让发展成果更好

地惠及人民。

积极做好居民增收、促进就业和社会保障工作。（1）加快促进城乡居民增收，适当提高公益性岗位收入，认真落实企业工资指导线政策，做好中低收入群体的增收工作，着力拓宽农民增收渠道。（2）实施积极的就业政策，加大高校毕业生及搬迁退出企业、农村转移劳动力就业帮扶，大力开发绿色就业岗位，推进创业带动就业。（3）继续扩大社会保障覆盖面，提高保障水平，研究制订城乡居民养老保险基金市级统筹方案。（4）研究适合首都特点的住房保障和供应体系，满足多层次住房需求，建设各类保障房7万套，加快推进已开工项目，年内竣工10万套，完成5万套共有产权性质的自住型商品住房土地供应，稳定市场预期，促进房地产市场健康平稳发展。继续推进能源安居工程，完成1 000万平方米老旧小区综合改造和8万户农宅抗震节能改造任务，加快推进中心城棚户区改造和环境整治。

增加公共服务多元化供给。继续推进中小学建设三年行动计划，新增5万个中小学学位。投入使用60所公办幼儿园，支持非教育部门办园。鼓励社会投资建设非营利性医院，推进一批社会办医项目落地。深入推进文化惠民，不断丰富公共文化产品供给。推进区县公办养老设施、街道（乡镇）养老照料中心、小型社区养老机构建设，支持社会力量参与养老服务，新增养老床位1万张，为老年人提供更多关怀。

推动基本公共服务资源向薄弱环节、薄弱地区倾斜。以促进均等化为目标，严控中心城区新增公共服务资源，增量资源优先向城南、西部、城乡接合部、农村、大型居住区布局。制定实施义务教育优质均衡发展的政策措施，支持城乡一体化办学、名校分校建设，基本建成亦庄职教园区，启动北京信息科技大学新校区、北京工商大学良乡校区二期建设。加快人民医院回龙观院区、天坛医院迁建、同仁医院经济技术开发区院区扩建工程及新城区域医疗中心建设，推动清华大学天通苑医院、北大国际医院投入使用，继续开展乡村医生岗位培训，缓解郊区农村及大型居住区医疗服务资源不足压力。挖掘改造社会存量资源，改善城乡社区文化体育设施条件，方便居民就近开展文体活动。

强化社会综合服务管理。充分发挥网格化平台作用，加快推进社会服务管理精细化。完善社区综合服务平台，全面完成社区服务用房规范化建设，继续建设200个“一刻钟社区服务圈”示范点，创新老旧小区自我服务管理模式，不断提升社区卫生、安全服务、便利服务等社区基本公共服务水平。全面形成“枢纽型”社会组织三级工作网络，积极培育服务性、公益性、互助性社会组织，建立政府购买服务标准体系，加快志愿服务长效机制建设，实现社区、社团、社工“三社”联动，共同维护良好社会秩序。深化“平安北京”建设，全力维护首都安全稳定。

各位代表，2014年首都发展任务艰巨、责任重大，我们要深入学习贯彻党的十八届三中全会精神，坚决落实中央各项决策部署，在中共北京市委领导下，在市人大、市政协的监督支持下，深化改革、转变作风、艰苦奋斗，为促进首都经济社会长期平稳健康发展而努力拼搏。

北京市货币信贷政策执行情况

2013年，北京市货币信贷运行平稳，对北京市经济企稳和结构转型调整的作用不断加大。截至2013年年末，辖内金融机构（含外资，下同）本外币存款余额91 660.5亿元，同比增长8%，比上年末下降5.1个百分点；本外币贷款余额47 880.9亿元，同比增长10.9%，比上年末上升2个百分点。

人民币存款增速回落，外币存款增长乏力。截至2013年年末，辖内金融机构人民币存款同比增长8.1%，比上年末下降3.9个百分点。2013年8月，受某大型商业银行调整人民币保本理财产品统计口径影响，人民币个人存款中结构性存款大幅减少。此外，企业集团成立财务公司步伐加快，使得大量人民币单位存款转化为同业存款，也是人民币存款增速下降的重要原因。外币存款受人民币升值幅度较大、经济主体持汇意愿减弱等因素影响增长乏力。截至2013年年末，辖内金融机构外币存款同比增长9.7%，比上年末下降37.6个百分点。

本外币贷款增长平稳，信贷投向调整符合经济转型发展要求。截至2013年年末，辖内金融机构人民币贷款余额40 506.7亿元，同比增长11.2%，比上年末上升2个百分点；外币贷款余额1 209.5亿美元，同比增长12.7%，比上年末上升5.2个百分点。经济转型发展的重点领域和小微企业、涉农等薄弱环节支持不断增强。截至2013年年末，北京市文化创意产业人民币贷款同比增长29.3%，高新技术产业贷款同比增长19.5%，现代制造业贷款同比增长21.5%。小微企业本外币贷款同比增长18.6%，增速比大型企业、中型企业分别高8.4个、11.2个百分点；涉农本外币贷款同比增长27.5%。

2013年，在中国人民银行（以下简称人民银行）指导下，中国人民银行营业管理部（以下简称人行营业管理部）坚持稳中求进，创新方式方法，有效落实稳健货币政策，不断提升对实体经济的金融服务水平，着力推动利率市场化改革，持续加强货币政策工具管理，严格执行各项信贷政策，规范开展金融市场管理，积极支持北京市经济结构调整和转型升级。

一、认真贯彻落实稳健货币政策，引导信贷平稳适度增长

一是有效落实稳健货币政策，做好地方法人金融机构宏观审慎管理工作。组织召开地方法人金融机构工作会议。2013年年初，组织召开辖内法人金融机构货币信贷与金融市场工作会议，提出货币信贷工作总体要求。引导贷款合理适度投放。合理测算合意贷款规模，引导辖内法人金融机构调整信贷结构，增强对“三农”、小微企业的信贷支持力度，满足实体经济合理有效信贷需求。创新差别准备金动态调整公式，丰富和完善宏观审慎管理工具。在公式中引入信贷资产运用率等指标，提高公式对财务公司的适用性。完善差别准备金动态调整工作制度。制定差别准备金动态调整工作规程，进一步提高差别准备金动态调整工作效率和有效性；与在京重要性法人金融机构协商沟通，制定信贷投放及回收应急预案。总体来看，全年地方法人金融机构信贷投放平稳适度，符合宏观审慎管理工作要求。

二是多形式、多渠道宣传解释稳健货币政策，保证货币政策顺利传导。通过多种形式宣传解释稳健货币政策积极效果，引导社会各界形成合理预期。在《北京日报》、《金融时报》等媒体刊发新闻宣传稿，充分利用政府部门各类会议积极向其宣传解释当前经济金融形势和稳健货币政策意图，针对市委、市政府急需解决的融资难题，积极开展拓展融资渠道和融资方式创新研究，得到市领导高度重视。不定期向市委、市政府报送稳健货币政策执行成效，按季度报送经济金融形势分析报告，为市领导决策提供参考。

三是继续开展窗口指导，引导辖内金融机构主动落实稳健货币政策。按季度召开辖内金融机构形势分析例会暨季度窗口指导会，配合相关处室召开人行营业管理部情况通报会，通过多个层面及时向辖内金融机构和有关方面传达人民银行工作会议精神，引导辖内金融机构主动落实稳健货币政策工作要求，优化信贷结构，支持北京市经济稳增长和转型升级。印制近千册《2012 年中国区域金融运行报告——北京分报告》、《2012 年北京市金融运行报告》、2013 年各季度《北京市金融运行报告》，分送相关政府部门、辖内金融机构。

二、积极发挥信贷政策结构调整功能，着力改进实体经济金融服务

一是完善信贷政策导向效果评估机制，增强信贷工作导向力和约束力。2013 年年初对辖内 32 家中资银行 2012 年度信贷政策执行情况开展综合评估，除此之外还设立了中小企业贷款、高新技术企业贷款、文化创意企业贷款、房地产贷款、节能减排项目贷款、涉农贷款、助学贷款、小额担保贷款等 8 个单项评估。评估结果向辖内银行通报，并作为人行营业管理部实施再贴现（再贷款）政策、组织开展综合执法检查、建议政府部门实施优惠和奖励政策的参考依据。

二是科技金融和文化金融工作成效显著，促进首都金融资源与科技、文化资源融合。2013 年年初印发《关于大力推进 2013 年科技金融和文化金融工作的通知》，通过十五条具体措施引导辖内银行进一步加大对高科技和文化创意企业的金融支持。联合北京市文资办、文促中心等单位召开 2013 年北京文化金融工作推进会暨《2013 北京文化金融发展报告》发布会。联合中关村管委会开展高新技术企业金融服务拓展活动，推动银企深度对接，进一步提升中关村高新技术企业的贷款覆盖率。截至 2013 年年末，辖内中资银行人民币高新技术产业贷款余额 1 658. 9亿元，同比增长 19. 5%；文化创意产业贷款余额 692. 9 亿元，同比增长 29. 3%。

三是严格落实房地产信贷调控政策，继续做好金融支持保障性住房建设工作。配合北京市政府实现房价控制目标，进一步严格第二套住房贷款政策，通过信贷政策抑制投资投机性购房需求。辖内中资银行第二套住房贷款发放笔数占比显著回落，住房信贷政策在房地产市场调控中的作用和效果进一步显现。联合市住建委、北京银监局开展辖内银行贯彻落实房地产调控政策情况督察，督促银行严格执行差别化住房信贷政策和相关政策要求。探索推进公共租赁住房开发贷款试点。

四是引导资金向经济薄弱环节倾斜，加大对中小微企业、涉农领域资金支持。通过系统评估、现场调查等形式对中资银行中小微企业贷款等方面的情况进行评价，增强中小微企业信贷工作的导向力和约束力。结合人民银行对各银行中小企业信贷政策导向效果评估结果的通报，对辖内被评为“勉励”档的金融机构进行督导。推动2013年金融惠农工作，引导辖内银行调整信贷结构，创新涉农信贷产品，增加涉农领域信贷投入。制订北京市农村金融服务示范村实施方案，推动增加农村金融服务，提高农村金融服务水平。

五是配合相关部门出台救灾帮扶措施，做好民生领域金融服务工作。配合北京市财政局、北京市人保局联合出台《关于房山区“7·21”特大暴雨受灾地区失业人员享受小额担保贷款财政贴息特殊帮扶政策的通知》等文件，建立小额担保贷款政策的救灾帮扶制度，对受灾地区申请小额担保贷款的个人、小企业予以据实全额贴息。转发《中国人民银行办公厅关于做好高校毕业生就业创业金融服务工作的指导意见》，加大对高校毕业生就业创业的支持力度，开展督察工作，检查小额担保贷款政策特别是对高校毕业生创业就业政策的落实情况，完成《北京地区金融机构对高校毕业生创业就业金融服务政策落实情况的报告》上报总行。

三、加强利率监测分析和指导工作，提高金融机构的利率市场化适应能力

一是提高报表报送质量，加强利率数据利用。建成并运行新的统一数据报送平台，进一步夯实利率监测工作基础。建立辖内利率数据报送质量监测考核通报制度，按月对利率数据报送情况进行通报，提高报表数据质量。按月发布《利率监测简报》，按季度发布辖内个人理财产品收益率等非信贷资产收益率，为辖内金融机构提供多元化数据服务。

二是深入开展专项调研，服务利率市场化决策。组织辖内金融机构对利率政策执行情况进行自评，提高金融机构在市场化环境下的自主定价能力。分析Shibor建设与应用情况，并结合北京总部经济特点，将财务公司纳入调研范围，加强Shibor普及应用和推广力度。了解辖内金融机构内部资金转移定价情况，推动金融机构科学合理定价，提高资产负债管理和利率风险管理水平。

三是及时跟踪金融机构利率市场化适应情况，加强利率指导的针对性。围绕金融机构适应利率市场化改革情况深入开展调查研究。就商业银行同业存款利率定价机制、金融机构存款定价行为等专题进行分析研究。建立北京地区金融机构适应利率市场化改革情况月度报告制度，及时掌握辖内金融机构定价情况、盈利水平及经营策略等方面的变化。针对辖内银行机构和财务公司两类市场主体，分别制定适应利率市场化的指导意见。

四是组织利率专题培训，提高利率工作专业水平。组织内部资金转移定价技术方法讲座，进一步提高对法人金融机构利率定价制度建设的指导能力。举办全辖金融机构利率市场化及利率政策、定价培训会，对辖内金融机构资产、负债业务定价进行指导，推动其尽快完善定价机制，加快适应利率市场化改革进程。为辖内小额贷款公司全员培训做好政策讲解，增强其对利率调控和调节机制及利率市场化相关专题的理解。

五是继续做好民族贸易和民族特需商

品生产贷款优惠利率相关工作，确保贴息工作顺利交接。配合市财政局制定《北京市民族贸易和民族特需商品生产贷款贴息管理实施细则》，并做好新政策培训和解读工作。审核贴息相关材料，与市民委进行对账，有效保证了贴息资金的及时到位。

四、完善金融市场监管工作，加强金融市场创新业务宣传

一是加强金融市场业务监督检查，促进业务规范开展。年内对新韩银行（中国）等五家金融机构的金融市场业务进行现场检查，针对检查中发现的问题，出具事实认定书，要求金融机构限期整改，提示金融机构在同业授信业务中加强风险管理和制度建设，防范金融市场业务风险。

二是推动债券市场发展，服务实体经济融资。定期监测商业银行主承销银行间市场债务融资工具的发行前及发行准备阶段工作进展情况。推动北京银行建立中小企业金融债券发行后续评估和自查机制，为促进实体经济发展、支持中小企业和高科技企业融资作出贡献。

三是严把金融市场准入关口，提升主动服务意识。继续加强对债券一级发行市场和二级交易市场的管理，全年共为 52 家企业、29 个信托理财账户、70 只企业年金进入全国银行间债券市场进行准入备案。监督管理银行间同业拆借市场，对摩根大通（中国）有限公司调整同业拆借限额进行初审，并报上海总部审批。

四是加强理财产品监测，分析业务变化影响。开展对商业银行个人理财和机构理财的分类统计和收益率监测，组织召开商业银行理财业务座谈会，分析监管新政对理财业务的影响。

五是加强黄金市场管理，调研黄金业务创新。开展对商业银行黄金业务的备案，分析黄金业务机制设计和潜在风险，推动商业银行进行黄金投资者教育和风险提示，评估投资者风险偏好。妥善开展非法黄金交易平台清理有关工作，接待来信、来访人员 8 人次。

六是继续开展金融市场培训，加大金融市场创新业务宣传力度。召开辖内金融机构金融市场工作会议并组织业务培训，就我国银行间债券市场创新与发展、黄金市场规范与管理等专题进行培训。北京辖内银行和非银行金融机构金融市场业务负责人共约 180 人参加了会议。

五、规范货币政策工具管理与操作，加大金融体系流动性监测分析

一是充分发挥再贴现流动性支持功能，加强存款准备金政策指导与管理。积极运用再贴现货币政策工具，优先对中小企业贴现票据、商业承兑汇票、电子汇票办理再贴现，引导辖内金融机构增强对中小企业信贷支持，加大对商业承兑汇票、电子汇票推广力度。所办理的再贴现单张票据票面金额均在 1 000 万元以下，有力地支持了北京地区中小企业的资金需求。对新开业金融机构开展准备金政策和缴存工作指导，对 10 家金融机构违反存款准备金管理规定进行处理，对 6 家金融机构存款准备金政策执行情况开展现场检查。

二是加强对辖内金融机构流动性状况的监测分析，防范流动性风险。及时向总行反馈存款准备金政策效应和金融机构流动性状况，按季度上报存款准备金政策执行情况报告，按总行布置开展法人金融机构流动性调查，并上报汇总分析。针对 6 月份出现的金融机构流动性紧张情况，及时召开辖内法人银行流动性管理座谈会，了解金融机构流动性状况，制订流动性再贷款操作规程和银行业金融机构流动性管理方案，撰写金融机构流动性情况的分析报告和信息。

三是做好北京农商银行专项票据兑付后续监测和村镇银行经营财务状况监测。分别对北京农商银行2012年改革试点进展情况和延庆、密云汇丰村镇银行2012年经营情况进行监测考核。按照总行要求及时上报村镇银行、北京农商银行2012年度主要经营财务数据表和监测考核表。按季监测北京农商银行改革进展情况，参加北京农商银行工作会议，约见北京农商银行领导和部门负责人，开展专项中央银行票据兑付后续现场监测考核。

四是继续开展监测分析，推动票据市场规范发展。定期监测辖内金融机构票据业务开展情况，掌握票据市场运行情况和贴现、转贴现利率走势，并将市场运行情况及时反馈给辖内金融机构，指导金融机构开展业务，推动票据市场规范发展。

（赵宏　李瑞敏）

北京市金融运行报告

中国人民银行营业管理部　货币政策分析小组

一、金融运行情况

2013年，北京市金融业发展总体稳健，银行业资产规模和盈利水平持续提升，贷款增长合理适度，信贷结构持续优化；证券业改革稳步推进，资产规模保持较快增长；保险业经营效益持续向好，保障功能不断增强。

（一）银行业运行状况良好，货币信贷适度增长

1. 银行业金融机构平稳发展，盈利能力明显提升。2013年，北京市银行业金融机构资产规模持续扩大，年末资产总额同比增长10.5%；实现利润同比增长43.9%；资产质量不断改善，不良贷款率比2012年末下降0.1个百分点，继续保持低位“双降”。银行业金融机构数量持续增加，年末机构网点总数同比增长4.7%；法人金融机构同比增长7.8%（见表1）。银行支付业务快速发展，全年银行卡业务金额为17.7万亿元，同比增长19.3%；年末银行卡发卡量累计达到1.7亿张，同比增长11.9%。

表1　2013年北京市银行业金融机构情况

机构类别	营业网点			法人机构（个）
	机构个数（个）	从业人数（人）	资产总额（亿元）	
一、大型商业银行	1 759	48 118	6 3797	0
二、国家开发银行和政策性银行	17	902	13 718	0
三、股份制商业银行	499	19 099	31 014	0
四、城市商业银行	262	9 139	9 036	1
五、城市信用社	0	0	0	0
六、小型农村金融机构	639	7 758	4 664	1
七、财务公司	43	1 749	6 588	43
八、信托公司	3	431	90	3

续表

机构类别	营业网点			法人机构（个）
	机构个数（个）	从业人数（人）	资产总额（亿元）	
九、邮政储蓄	551	2 382	1 846	0
十、外资银行	100	7 924	3 091	9
十一、新型农村金融机构	15	597	122	10
十二、其他	15	597	122	10
合　计	3 952	100 723	135 758	77

注：营业网点不包括国家开发银行和政策性银行、大型商业银行、股份制银行金融机构总部数据；大型商业银行包括中国工商银行、中国农业银行、中国银行、中国建设银行和交通银行；小型农村金融机构包括农村商业银行、农村合作银行、农村信用社；新型农村金融机构包括村镇银行、贷款公司和农村资金互助社；"其他"包含金融租赁公司、汽车金融公司、货币经纪公司、消费金融公司等。

数据来源：中国人民银行营业管理部、北京银监局、北京市金融工作局。

2. 人民币存款增速明显回落，外币存款增长乏力。2013 年末，北京市金融机构本外币存款同比增长 8%，比 2012 年末下降 5.1 个百分点。其中，人民币存款同比增长 8.1%，比 2012 年末下降 3.9 个百分点。2013 年 8 月，受某大型商业银行调整人民币保本理财产品统计口径影响，人民币个人存款中的结构性存款大幅减少。此外，企业集团成立财务公司步伐加快，使得大量人民币单位存款转化为同业存款，也是人民币存款增速下降的重要原因。外币存款受 2013 年人民币升值幅度较大、经济主体持汇意愿减弱等因素影响增长乏力。2013 年末，北京市金融机构外币存款同比增长 9.7%，比 2012 年末下降 37.6 个百分点。

3. 本外币贷款增长平稳，信贷投向调整符合经济转型发展要求。2013 年末，

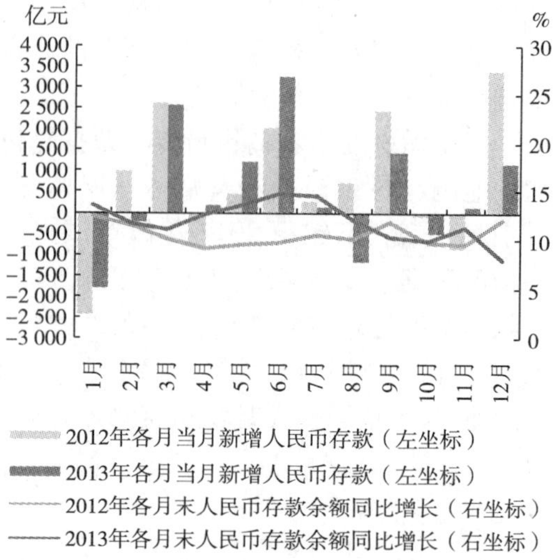

数据来源：中国人民银行营业管理部。

图 1　2012～2013 年北京市金融机构人民币存款增长变化

北京市金融机构本外币贷款同比增长 10.9%。其中，人民币贷款同比增长 11.2%，比 2012 年末上升 2 个百分点；从期限结构看，中长期贷款增速略有回升，短期贷款依然保持较快增速，票据融资增速回落较多。2013 年北京市投资逐步企稳，民间投资增长加快，中长期贷款增长动力有所增强。企业出于节约财务成本需要，对短期贷款需求仍然较大。票据融资规模自 2013 年 6 月以来持续下降。受人民币持续升值和外币贷款利率水平较低影响，外币贷款增长加快。2013 年末，北京市金融机构外币贷款同比增长 12.7%，比 2012 年末上升 5.2 个百分点。

信贷投向符合北京市经济转型发展要求。2013 年，中国人民银行营业管理部（以下简称人行营业管理部）进一步加强信贷政策指导，引导金融机构加大对科

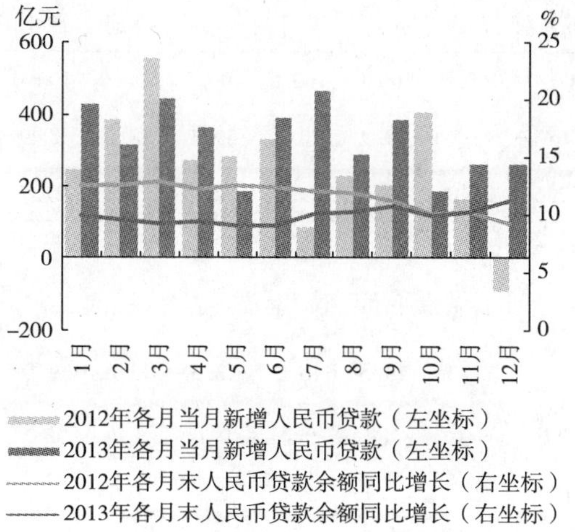

数据来源：中国人民银行营业管理部。

图2　2012～2013 年北京市金融机构人民币贷款增长变化

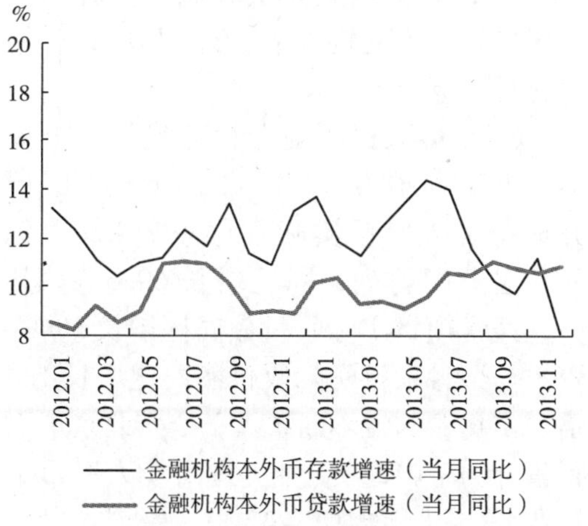

数据来源：中国人民银行营业管理部。

图3　2012～2013 年北京市金融机构本外币存、贷款增速变化

技、文化、现代制造业等重点领域和小微企业、涉农等经济薄弱环节的信贷支持。2013 年末，北京市中资银行人民币文化创意产业贷款同比增长 29.3%，高新技术产业贷款同比增长 19.5%，现代制造业贷款同比增长 21.5%。北京市金融机构本外币小微企业贷款同比增长 18.6%，增速比大型企业、中型企业分别高 8.4 个、11.2 个百分点；涉农贷款同比增长 27.5%。

4. 人民币存贷款利率运行稳定，外币存贷款利率低位上行。2013 年，北京市金融机构人民币贷款总体利率水平在 6.2% 上下 15 个基点幅度内波动。全年金融机构执行基准利率贷款占全部人民币贷款的比重同比下降；下浮利率贷款延续 2012 年 6 月以来的较高占比；下半年，上浮利率贷款占比略有上升（见表 2）。人民币存款利率总体较为平稳，金融机构存款定价差异化程度进一步显现。受外币监管政策及境内外汇资金供求变化等影响，金融机构美元存贷款利率低位震荡上行（见图 4）。

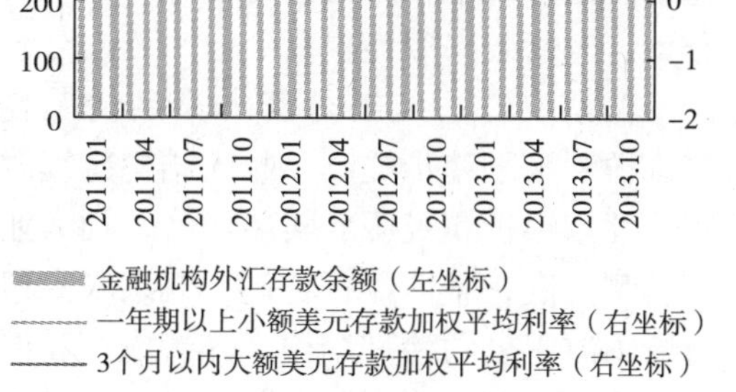

数据来源：中国人民银行营业管理部。

图4　2011～2013 年北京市金融机构外币存款余额及外币存款利率

表2　2013年北京市金融机构人民币贷款各利率区间占比　　单位：%

月份		1月	2月	3月	4月	5月	6月	7月	8月	9月	10月	11月	12月
合计		100.0	100.0	100.0	100.0	100.0	100.0	100.0	100.0	100.0	100.0	100.0	100.0
下浮		43.5	46.2	43.8	41.8	43.9	46.3	43.7	39.9	40.1	39.4	38.0	50.9
基准		30.9	28.7	28.1	25.2	24.9	22.5	22.0	19.6	21.1	22.9	27.9	21.7
上浮	小计	25.5	25.1	28.2	33.0	31.3	31.3	34.3	40.5	38.8	37.8	34.1	27.4
	(1.0－1.1]	11.2	9.6	12.4	13.9	11.3	13.8	15.0	17.3	15.4	15.0	15.0	10.3
	(1.1－1.3]	7.6	8.7	9.7	11.3	10.0	9.9	11.3	14.3	15.9	13.3	11.6	9.8
	(1.3－1.5]	2.8	3.5	3.8	4.9	6.5	4.8	4.6	5.8	4.5	6.1	4.7	3.5
	(1.5－2.0]	2.6	2.3	1.2	1.6	2.0	1.7	2.3	1.9	1.7	2.1	1.6	1.7
	2.0以上	1.3	1.2	1.1	1.3	1.5	1.0	1.2	1.3	1.2	1.3	1.3	2.1

数据来源：中国人民银行营业管理部。

5. 银行业金融机构改革继续推进，风险防控能力不断增强。北京市政策性银行资产负债总量平稳增长，各项业务稳步开展，对环保及节能减排、低收入家庭住房、小微企业、进出口、新农村建设等领域支持力度加大。

五家大型商业银行北京市分行继续推进内部改革，资产质量持续提高，风险抵补能力较强。2013年，五家大型商业银行通过优化资产负债结构等多种途径确保稳健经营，成本收入比同比下降7.9个百分点，经营效率明显提高。

两家中资法人银行资本充足情况良好，盈利水平稳步提高，收入结构持续改善。北京银行积极服务实体经济，加大业务转型力度，整体经营稳健。北京农商银行着力改善公司治理结构，完善内控和严防风险，服务功能不断改善，各项业务指标持续好转。

2013年，北京房山沪农商村镇银行股份有限公司开业，北京市村镇银行增至10家。村镇银行整体实现盈利，流动性状况良好，不良贷款率较低，风险抵补能力充足。

6. 跨境人民币业务快速发展，市场参与度不断扩大。2013年，北京市银行办理跨境人民币实际收付额7 429.2亿元，居全国前列，同比增长69.6%。其中，经常项目实际收付额同比增长58%，资本与金融项目实际收付额同比增长1.6倍。市场参与度不断扩大，全年北京市银行累计为7 012户企业办理跨境人民币结算业务，同比增加2 232户，跨境人民币业务境外结算国家和地区拓展至149个。人行营业管理部不断探索创新，率先在全国实现产权交易项下的跨境人民币业务，试行跨国公司人民币资金集中运营管理工作，启动经常项目个人项下跨境人民币结算试点工作。

专栏1 探索建立同业存款利率信息共享平台 增强金融机构利率市场化适应能力

近年来，随着金融市场快速发展、金融机构类型不断丰富，北京市金融机构同业存款增长迅速。为扩大Shibor在市场化金融产品定价中的应用，自2013年3月开始，人行营业管理部依托北京市资金特点及利率工作特色，以完善同业存款利率形成机制为切入点，研究开发了同业存款利率信息共享平台（以下简称信息共享平台），并于9月23日正式启动运行。

信息共享平台运行报价行目前范围暂定为北京市29家中资商业银行，选择7天、7~14天、14天~1个月、1~3个月、3~6个月5个交易频繁、成交量大的同业存款利率期限品种。由系统自动计算生成相应期限的北京同业存款利率（Beijing Interbank Deposit Rate，以下简称BIDR）。自正式启动以来，北京同业存款利率信息共享平台总体情况良好，其中报价较为活跃的银行有20家。从短端来看，7天、7~14天、14天~1个月3个期限档次BIDR与相应参考期限的Shibor走势基本一致，二者相关性较强。2013年10月以来货币市场利率几次短期波动在BIDR上均有所体现。从中长端来看，1~3个月、3~6个月2个期限档次BIDR的波动性和对市场的敏感性较强，能够反映市场利率的实际变动水平。为强化参与各方对信息共享平台的准确理解和便捷操作，人行营业管理部配套制定了《北京同业存款利率信息共享平台操作规程（暂行）》和《北京同业存款利率信息共享平台操作手册》，确保了信息共享平台的顺畅运行。

信息共享平台在完善同业存款定价机制方面发挥着积极的作用。一是提供真实的同业存款定价信息。信息共享平台启动运行后，BIDR较为真实地反映了北京市同业存款市场利率走势和各机构报价水平，方便银行及时掌握市场价格信息及与同业差异。部分银行将相关信息反馈总行，作为总行同业存款FTP定价参考依据之一；部分银行则用于指导下级支行和业务经营部门的营销及报价策略调整。二是支持银行完善同业存款定价机制。信息共享平台的运行方便北京市金融机构及时获取BIDR数据，参与报价行还能查看其他报价行利率数据，有助于银行增加模型变量和分析依据，为完善同业存款定价模型和定价系统奠定基础。三是促进同业存款报价规范有序。信息共享平台的建立使人行营业管理部对同业存款利率监测管理转向日常化、制度化，提高了同业存款利率的公开性和透明度，形成同业之间相互监督和自律机制，避免因信息不对称而产生价格扭曲或非正常竞争现象，有效提高北京市同业存款利率报价的规范性和有序性。

（二）证券业改革稳步推进，“新三板”挂牌公司数量大幅增加

1. 证券业新设机构不断增加，盈利能力明显增强。2013年，北京市新成立基金管理公司5家，新增证券营业部4家，期货营业部7家。随着新设机构增

多，机构牌照日益完备和业务范围不断丰富，市场活力明显增强。2013 年，北京市 18 家证券公司年末总资产同比增长 22.5%，净资本同比增长 20.1%，净利润总额同比增长 43.3%，盈利状况好于全国。

2. 股票融资大幅下降，“新三板”市场挂牌公司数量大幅增加。2013 年末，北京市共有上市公司 217 家，占全国的 8.8%；总市值占全国上市公司总市值的 35.7%。受 IPO 暂停影响，2013 年无公司通过首发上市融资，但通过再融资共募集资金 422.6 亿元，比 2012 年减少 282.8 亿元。北京市“新三板”挂牌公司达到 248 家，占全国的 69.7%，其中 2013 年新增 73 家。

表 3　2013 年北京市证券业基本情况

项　　目	数量
总部设在辖内的证券公司数（家）	18
总部设在辖内的基金公司数（家）	15
总部设在辖内的期货公司数（家）	21
年末国内上市公司数（家）	217
当年国内股票（A 股）筹资（亿元）	422.6
当年发行 H 股筹资（亿元）	—
当年国内债券筹资（亿元）	14 497.7
其中：短期融资券筹资额（亿元）	8 687.8
中期票据筹资额（亿元）	3 291.6

数据来源：中国人民银行营业管理部、北京证监局。

3. 期货交易快速增长，期货行业整合加快。2013 年，北京市期货公司期货代理交易额 73 万亿元，同比增长 60%，占全国的 13.6%。期货公司年末总资产同比增长 12.9%；客户保证金同比增长 16.5%。为适应混业经营趋势，北京市期货公司通过合并及引入大股东等方式提高整体竞争力和市场份额。

4. 证券业改革稳步推进，服务北京市实体经济发展。2013 年，北京启动创业板公司再融资，将区域性股权市场纳入多层次资本市场体系建设；股票发行从核准制向注册制过渡，进一步完善首次公开发行流程公开制度；拓展中小企业债券的发行方式和范围；制定中小投资者保护配套政策并健全制度体系。

（三）保险业经营持续向好，保障功能不断增强

1. 保险机构经营持续向好。2013 年末，北京市保险分公司和直接经营业务的保险总公司达 101 家，其中财产险公司 40 家，人身险公司 56 家，再保险公司 4 家，政策性保险公司 1 家，总资产达到 4 010亿元，同比增长 11.1%。全年实现原保险保费收入 944.4 亿元。

2. 保险保障功能不断增强。2013 年，北京市保险业保险深度为 5.1%，保险密度为 4 753.4 元/人，同比增长 5.3%。2013 年，北京市开展政策性农业保险险种 24 个，稳步推进新农合“共保联办”试点、持续完善健康险管理信息平台，不断提升服务“新医改”成效。

3. 保险产品创新持续推进。2013 年，北京市财产险公司推出“中小企业贷款履约保证保险”和“融资租赁履约保证保险”等产品服务小微企业发展。2013 年寿险产品费率改革启动以来，北京市寿险公司推出多款预定利率达到 3.5% 的费改新产品。部分寿险公司北京市分公司还与北京市民政局、财政局、老龄委合作，创新推出老年人意外伤害保险项目。

表 4　2013 年北京市保险业基本情况

项　　目	数量
总部设在辖内的保险公司数（家）	61
其中：财产险经营主体（家）	12
人身险经营主体（家）	27
保险公司分支机构（家）	92
其中：财产险公司分支机构（家）	37
人身险公司分支机构（家）	51
保费收入（中外资，亿元）	994.4
其中：财产险保费收入（中外资，亿元）	288.0
人身险保费收入（中外资，亿元）	706.4
各类赔款给付（中外资，亿元）	318.2
保险密度（元/人）	4 753.5
保险深度（%）	5.1

数据来源：中国保监会、北京保监局。

（四）直接融资占比回落，货币市场交易量减少

1. 直接融资占比回落，表外融资快速发展。2013 年，北京市非金融机构通过债券和股票净融资 4 410.2 亿元，占北京市社会融资规模的 35.1%，比 2012 年回落 25.7 个百分点（见表 5）。从债券发行额看，全年北京市非金融企业共发行债券 14 497.7 亿元，同比减少 14.7%。超短期融资券、短期融资券和中期票据是北京市地区非金融机构债券市场融资的主要方式，三者在发行总额中合计占比为 75%。表外融资快速发展。2013 年，北京市非金融机构通过委托贷款、信托贷款和未贴现银行承兑汇票净融资 3 096 亿元，占北京市社会融资规模的 24.7%，比 2012 年提高 13.8 个百分点。

2. 货币市场交易活跃度下降，净融

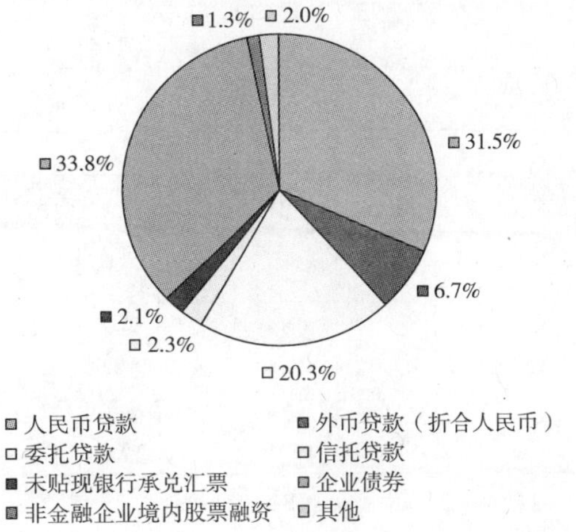

数据来源：中国人民银行营业管理部。

图 5　2013 年北京市社会融资规模分布图

出资金规模减少。2013 年，北京市金融机构同业拆借和债券回购累计成交 153.2 万亿元，同比下降 11.3%；通过同业拆借和债券回购净融出资金 42.1 万亿元，同比下降 14.5%。2013 年，货币市场利率中枢明显上移，隔夜 Shibor 日算术平均值比 2012 年上升 50.5 个基点。

3. 票据市场运行平稳，电子商业汇票发展迅速。2013 年，北京市再贴现操作及票据市场运行平稳，再贴现规模保持稳定，票据利率呈现上行态势。全年北京市金融机构累计签发银行承兑汇票 5 788.5亿元，同比增长 5.8%。受商业银行压缩票据贴现规模影响，2013 年末，北京市金融机构银行承兑汇票贴现余额同比下降 10.1%，商业承兑汇票贴现余额同比增长 7.2%，增速也出现较明显的回落。全年电子商业汇票承兑量为 22 625 笔、金额 920.0 亿元，比 2012 年增加 10 654笔、227.3 亿元；电子商业汇票贴现量为 17 073 笔、金额 643.6 亿元，比 2012 年增加 5 641 笔、171.4 亿元。

表5　2013年北京市金融机构票据业务量统计

单位：亿元

季度	银行承兑汇票承兑		贴现			
			银行承兑汇票		商业承兑汇票	
	余额	累计发生额	余额	累计发生额	余额	累计发生额
1	2 168.6	1 348.0	1 316.4	3 353.7	95.4	209.0
2	2 149.3	2 768.2	1 462.5	7 412.0	133.2	522.6
3	2 207.6	4 113.8	1 264.5	11 214.2	94.6	876.7
4	2 396.4	5 788.5	1 150.1	14 962.2	79.9	1 177.3

数据来源：中国人民银行营业管理部。

表6　2013年北京市金融机构票据贴现、转贴现利率

单位:%

季度	贴现		转贴现	
	银行承兑汇票	商业承兑汇票	票据买断	票据回购
1	4.7409	5.9639	4.7483	4.3428
2	4.3922	5.8359	4.4416	4.5171
3	6.2861	6.8206	5.8826	5.6333
4	6.8782	7.3344	6.0882	6.2481

数据来源：中国人民银行营业管理部。

4. 银行理财产品发行规模快速增长，金融市场创新不断加快。2013年，北京市银行累计发行理财产品5.5万亿元，同比增长20.2%。利率市场化不断推进和产品创新加快对银行理财产品收益率上行形成支撑。余额宝等互联网金融理财工具的快速发展对传统银行理财产品的运作模式和理念带来挑战。

（五）金融生态环境建设稳步推进，金融交流与合作不断增强

2013年，人行营业管理部发布《2013北京文化金融发展报告》，启动中关村零信贷小微企业金融服务拓展活动，着力构建“科技金融”、“文化金融”的长效机制。深入推进金融惠农工程，农村综合金融服务示范村和大兴区农村金融改革试验区建设取得积极进展。稳步推进跨国公司总部外汇资金集中运营试点，优化总部经济发展政策环境。ACS和第二代支付系统成功上线。北京市企业环境违法、信托贷款信息纳入国家金融信用信息基础数据库。在全国率先开展个人信用报告自助查询和金融机构代理查询服务试点，拓展网银查询个人信用报告业务试点范围。首创评级报告机构打分互评制度。全面做好机构信用代码推广应用工作。有序推进人民币冠字号码查询工作，北京市上万台自助取款机全部实现冠字号码可查询。第九届北京国际金融博览会、2013首都文化金融服务季等活动在京成功举办，金融交流与合作不断加强。坚持金融知识宣传与打击违法犯罪并举，开展金融安全、农村支付环境建设、诚信兴商等宣传活动，严厉打击制贩假货币、洗钱、非法集资以及外汇违法违规行为，有力维护金融市场秩序。

二、经济运行情况

2013年，面对错综复杂的国内外经济形势，北京市按照中央稳中求进、稳中有为、稳中提质的总体要求，经济实现了平稳增长，调结构、转方式取得了积极进展。初步核算，2013年实现地区生产总值19 500.6亿元，按可比价格计算，同比增长7.7%（见图6）。按常住人口计算，2013年北京市人均地区生产总值达到93 213元。

（一）三大需求协调发展，经济在调整中逐步企稳

2013年，北京市经济在调整中逐步企稳，地区生产总值增速与2012年持平，其中除第一季度增长7.9%外，上半年、前三个季度和全年增速均为7.7%。从三大需求看，北京市投资增速企稳回升，消

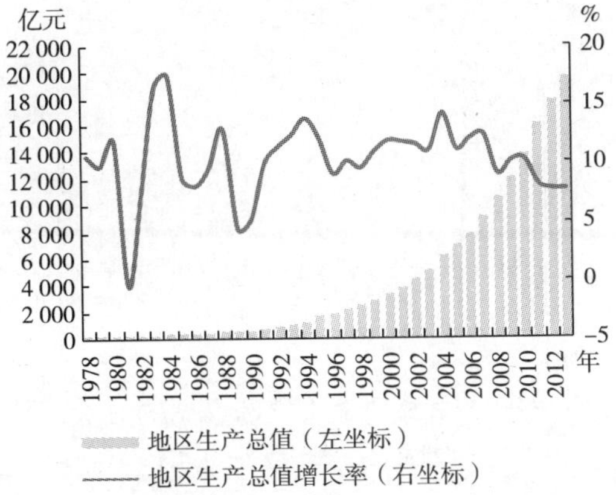

数据来源：北京市统计局。

图6　1978～2013年北京市地区生产总值及其增长率

费增速有所回落，进出口增速低位回升。

1. 投资企稳回升，民间投资带动作用明显。2013年，北京市完成全社会固定资产投资7 032.2亿元，同比增长8.8%（见图7），比上半年提高1.4个百分点，呈现企稳回升态势。从投资结构看，基础设施投资增长明显回落，同比下降0.2%，比2012年下降28.0个百分点；建安投资同比增长13.2%，比2012年下

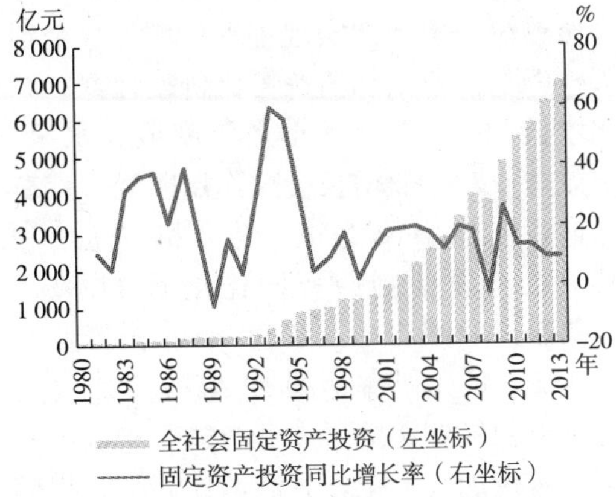

数据来源：北京市统计局。

图7　1980～2013年北京市固定资产投资（不含农户）和固定资产投资（不含农户）增长率

降5.8个百分点；房地产开发投资同比增长10.5%，比2012年提高6.6个百分点。投资领域微观主体活力有所增强，民间投资同比增长15.9%，高于全社会固定资产投资7.1个百分点；占全社会投资比重为34.4%，比2012年提高2.1个百分点；拉动投资增长5.1个百分点，成为带动投资增长的主要因素。

2. 居民收入稳步增加，消费增速有所回落。2013年，北京市城镇居民人均可支配收入同比增长10.6%，扣除价格因素后，实际增长7.1%。农村居民人均纯收入同比增长11.3%，扣除价格因素后，实际增长7.7%。2013年，餐饮收入下降明显，但互联网、节能环保等新技术对消费结构升级的推动作用突出，全年社会消费品零售总额同比增长8.7%（见图8），比2012年回落2.9个百分点。限额以上批发和零售企业中，通讯器材零售额同比增长40.4%，家用电器和音像器材零售额同比增长24.7%，文化办公用品零售额同比增长19.4%。网上销售快速增长，限额以上批发零售企业网上零售额

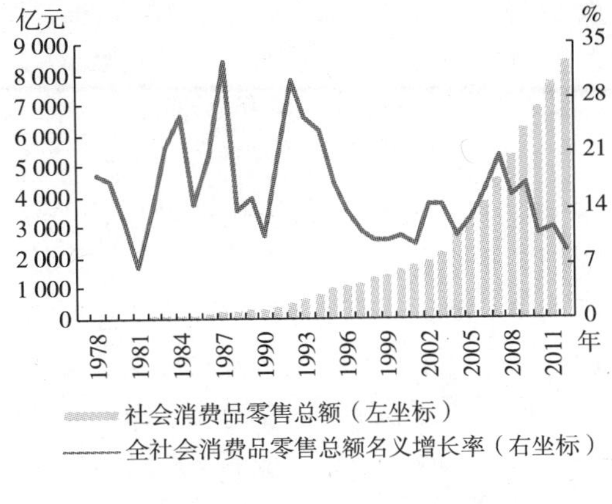

数据来源：北京市统计局。

图8　1978～2013年北京市社会消费品零售总额及其增长率

同比增长44.3%，占全部零售额的11.1%。

3. 出口增速低位回升，利用外资平稳增长。受世界经济缓慢复苏带动，北京市进出口增速低位回升。2013 年，北京市进出口总额 4 291 亿美元，同比增长 5.1%；进出口逆差 3 026.1 亿美元，同比增长 4.8%。其中，出口同比增长 6.1%，进口同比增长 5%（见图 9）。全年实际利用外资 85.2 亿美元，再创年度引资新高，同比增长 6%，连续 12 年实现增长。其中，服务业依旧是外商投资重点领域，实际利用外资 70.1 亿美元，占实际利用外资总额的 82.2%。

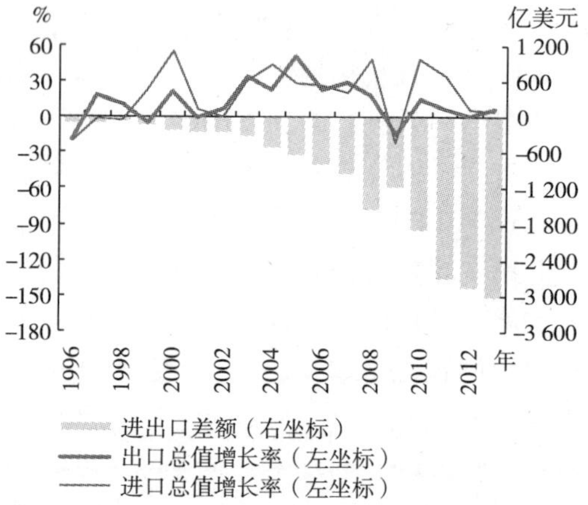

数据来源：北京市统计局。

图 9　1996～2013 年北京市外贸进出口变动情况

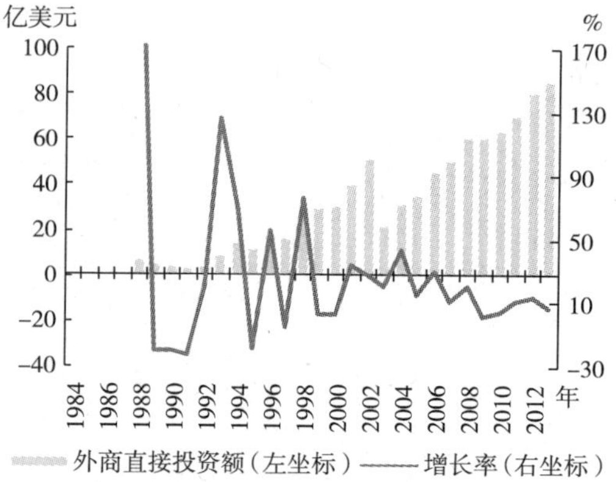

数据来源：北京市统计局。

图 10　1988～2013 年北京市外商直接投资额及其增长率

（二）产业结构调整扎实推进，经济结构进一步优化

2013 年，北京市持续促进产业结构优化升级，落实先行先试各项政策，坚持创新驱动，三次产业结构由 2012 年的 0.8∶22.7∶76.5 进一步调整为 0.8∶22.3∶76.9。

1. 农业生产增势稳定，都市型农业稳步发展。2013 年，北京市第一产业增加值按可比价格计算，同比增长 3.0%，比 2012 年回落 0.2 个百分点。粮食总产量同比下降 15.5%，但粮食亩产有所提高，同比增长 3.1%。都市型农业稳步发展，2013 年北京市设施农业收入 57.3 亿元，同比增长 10.3%；农业观光园和民俗旅游总收入同比分别增长 1.8% 和 12.6%。

2. 工业生产稳中向好，企业利润小幅下降。2013 年，北京市工业生产受资源环境及产业结构调整等因素影响，增速有所放缓，但依然实现了平稳增长。全年规模以上工业增加值按可比价格计算，同比增长 8%，是近三年来年度最高水平。重点行业对工业增长支撑作用明显，汽车制造业同比增长 24%，计算机、通信和其他电子设备制造业同比增长 11.9%，医药制造业同比增长 8.9%，三个行业对工业增长的贡献率达到 63.4%。2013 年，北京市积极淘汰落后工业产能，产业结构调整步伐加快，企业利润增速放缓，规模以上工业企业实现主营业务收入同比增长 6.8%；实现利润同比下降 0.2%。

3. 服务业增势较稳，金融、科技服务、商务服务带动作用不断增强。2013

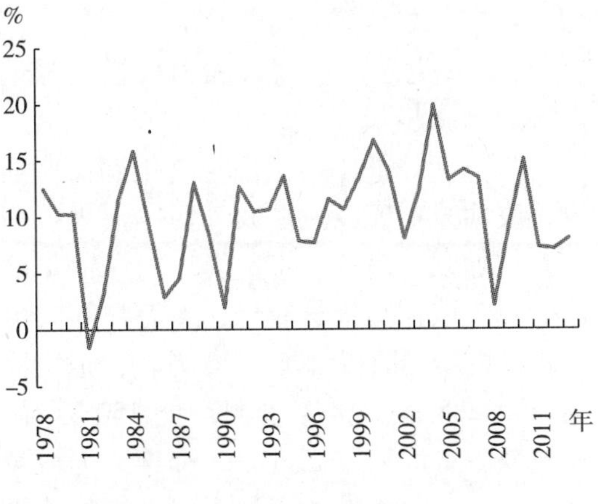

数据来源：北京市统计局。

图 11　1978～2013 年北京市规模以上工业增加值增长率

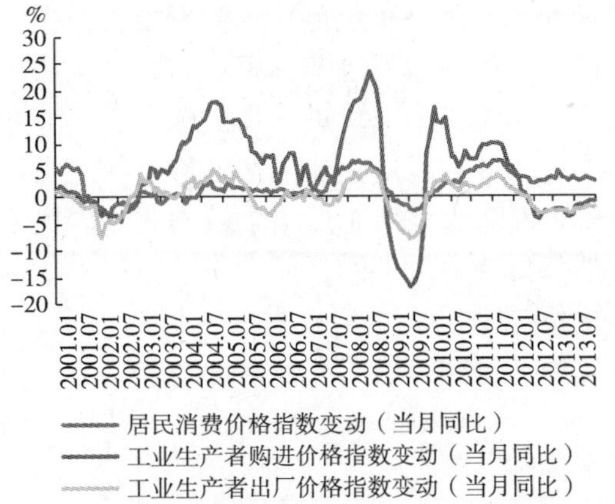

数据来源：北京市统计局。

图 12　2001～2013 年北京市居民消费价格和生产者价格变动趋势

年，北京市第三产业增加值按可比价格计算，同比增长 7.6%。从增加值占比较大的行业看，金融业，批发和零售业同比分别增长 11.0% 和 6.6%；信息传输、计算机服务和软件业，租赁和商务服务业同比分别增长 7.2% 和 9.5%；房地产业，科学研究、技术服务和地质勘察业同比分别增长 3.4% 和 11.2%。

（三）消费价格涨幅基本稳定，工业生产者价格持续下降

1. 居民消费价格涨幅基本稳定。北京市继续做好稳定物价工作，以完善调控机制为重点，努力保持物价总水平基本稳定。2013 年，北京市居民消费价格同比上涨 3.3%，高于全国居民消费价格涨幅 0.7 个百分点，涨幅与 2012 年持平。其中，居住类价格同比上涨 5.6%，食品类价格同比上涨 4.7%，是拉动居民消费价格增长的主要原因。从月度同比涨幅看，2 月受春节影响上涨 4.6%，之后涨幅回落，各月涨幅保持在 2.7%～3.6% 之间（见图 12）。

2. 工业生产价格进一步回落。2013 年，北京市工业生产者出厂和购进价格延续了 2012 年的回落态势，工业生产者出厂价格指数同比下降 2.6%，降幅高于全国平均水平 0.7 个百分点。工业生产者购进价格指数同比下降 2.2%，降幅高于全国平均水平 0.2 个百分点（见图 12）。

3. 劳动力成本增长平稳。2013 年，北京市年城镇居民家庭人均工资性收入达到 30 273 元，同比增长 8.3%；农村居民家庭人均工资性收入达到 12 035 元，同比增长 11.0%。北京市社会保障水平进一步提高，六项社会保险待遇标准联动调整：北京市最低工资同比增长 11.1%、企业退休人员基本养老金提高 10.3%、基础养老金和福利养老金分别增长 9.1% 和 11.7%、失业保险金增长 5.6%、伤残津贴和抚恤金分别增长 10.5% 和 9.2%、城镇和农村居民最低生活保障分别上调 11.5% 和 21.1%。

4. 资源性产品价格改革继续深化。2013 年，北京市继续在水、电、天然气等方面推进资源性产品价格改革，推进清洁能源利用和能源结构调整，引导资源合

理配置。进一步规范水资源费征收，提高污水处理费，促进节约用水。同时，居民生活用电阶梯电价进一步实施，引导节约用电，并对发电企业上网电价进行适当调整，对环保发电企业给予鼓励。非居民天然气价格适时上调，成品油价格实施新的定价机制，2013 年成品油价格八涨七跌，年底与年初价格水平基本持平。

（四）财政收入平稳增长，财政支出结构进一步优化

2013 年，北京市财政收入保持平稳较快增长态势。在经济运行总体平稳以及“营改增”试点改革政策性减收等因素作用下，公共财政预算收入整体平稳。全年地方公共财政预算收入 3 661. 1 亿元，同比增长 10. 4%，比 2012 年提高 0. 1 个百分点。从主要税种看，增值税同比增长 83. 1%，营业税同比下降 10. 2%，企业所得税和个人所得税同比分别增长 6. 6% 和 18. 6%。全年地方公共财政预算支出 4 170. 2亿元，同比增长 13. 2%，比 2012 年下降 0. 4 个百分点，环境建设、稳增长、调结构、保障和改善民生等领域支出增加较多。

（五）生态环境建设大力推进，绿色发展迈出新步伐

2013 年，北京市全面推进生态文明建设，改善城乡环境。在大气污染治理方面全方位加强，完成 3 428 蒸吨燃煤锅炉清洁能源改造，实施核心区 4. 4 万户煤改电工程，更新老旧机动车 36. 6 万辆，退出污染企业 288 家，压缩水泥产能 150 万吨。在垃圾污水治理方面进一步提速，完成垃圾焚烧厂、污水处理厂和再生水厂的建设和改造，污水处理率达到84%，比2012 年提高 1 个百分点，生活垃圾无害化处理率为 99. 3%，比 2012 年提高 0. 2 个百分点。在绿化建设方面步伐加快，完成人工造林面积 3. 1 万公顷，同比增长 39%。2013 年末，北京市林木绿化率达到 57. 4%，森林覆盖率达到 40%，城市绿化率达到 46. 8%，比 2012 年分别提高 1. 9 个、1. 4 个和 0. 6 个百分点。但总体看，北京市生态环境面临的形势依然十分严峻，大气污染防治、垃圾污水处理和人口资源能源协调发展等方面的难题亟待解决。

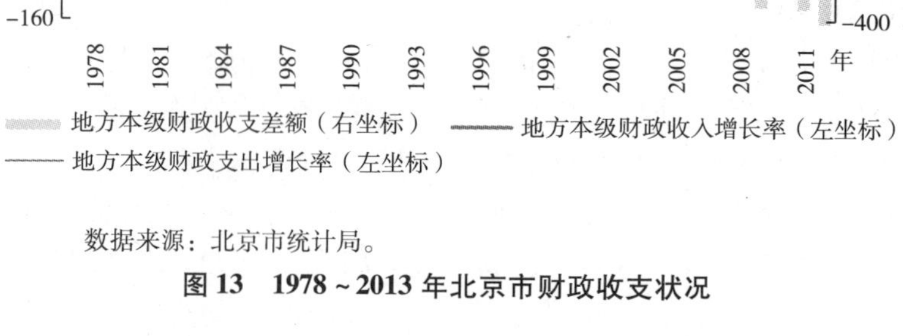

数据来源：北京市统计局。

图 13　1978 ~ 2013 年北京市财政收支状况

专栏2　充分发挥“三个合力”推动中关村国家科技金融创新中心建设

近年来，人行营业管理部以中关村国家自主创新示范区为切入点，以金融服务科技型小微企业为立足点，着力推动北京市金融资源与科技资源深度融合，通过有效发挥信贷政策与征信管理、信贷政策与产业政策、信贷政策与财政政策“三个合力”，大力推动中关村国家科技金融创新中心建设。

一是将信贷政策与征信管理妥善结合。与中关村管委会共同搭建企业信用信息共享平台，开创“建立信用档案—开展信用评级—发放信用贷款”的融资新模式，借助国家金融信用信息基础数据库提高科技型小微企业贷款覆盖率。2013年，启动“中关村零信贷小微企业金融服务拓展活动”。

二是将信贷政策与产业政策紧密结合。2013年，印发《关于加强首都科技金融服务工作 支持中关村国家自主创新示范区建设的指导意见》，有效发挥“服务总行、服务北京”的职能定位，将信贷政策积极融入北京市支持科技发展的各项政策体系。

三是将信贷政策与财政政策有效结合。2012年，主动与北京市科委探索建立了“科技金融”贷款风险补偿与激励机制，采取风险备偿金和业务补助金相结合的方式鼓励银行发放科技贷款，首次借助地方财政资金引导银行落实信贷政策。2013年，该项工作力度进一步加大，共为北京市银行发放505万元业务补助金、70万元产品创新设计补助金。

通过科技金融工作“三个合力”，中关村国家科技金融创新中心建设取得积极成效。2013年末，北京市共有18家商业银行在中关村科技园区设立40家专为科技型中小企业服务的信贷专营机构和特色支行，其中包括北京银行和中国建设银行设立的两家分行级机构，专营机构数量、级别和业务规模在国内领先。为科技企业服务的非银行金融机构和金融组织迅速发展。中关村担保公司充分发挥政策性科技金融担保机构的平台作用，累计为科技企业提供融资担保837.2亿元，中关村小额贷款公司自成立以来累计发放贷款60亿元。科技型金融创新产品不断增多，据人行营业管理部统计，北京市银行推出的面向科技企业的信贷创新产品已超过100项。

（六）主要行业分析

1. 多措并举保持房地产市场稳定。2013年，北京市从严落实中央各项房地产市场调控政策要求，进一步强化政策力度，创新推出自住型商品住房。全年北京市房地产市场供应总体偏紧，需求较为活跃，房价上行压力较大。房地产金融运行平稳，调整差别化住房信贷政策效果显著，二套房贷款占比明显回落。

（1）房地产开发投资稳步增长，资金来源状况较好。2013年，北京市完成房地产开发投资同比增长10.5%，比2012年提高6.6个百分点；占全社会固定资产投资比重为49.5%，比2012年提高0.7个百分点。房地产开发项目本年到位资金同比增长19.4%。其中，其他资金、金融贷款、自筹资金、利用外资同比分别增长11.1%、22.6%、31.5%、174.9%。

（2）商品房新开工竣工面积稳步增长，保障性住房建设任务超额完成。2013年，北京市商品房新开工面积同比增长11%，其中住宅新开工面积同比增长6.7%；商品房竣工面积同比增长11.5%，其中住宅竣工面积同比增长11.1%。全年完成各类保障性住房投资同比减少14.9%，2012年为增长14.9%；建设收购各类保障性住房16.2万套、竣工8.5万套，分别完成全年计划的101.2%、121.4%；公开配租配售4.7万套，完成全年计划的117.5%。

（3）商品房销售额增长明显，新建商品住房大户型成交占比下降。2013年，北京市商品房销售额同比增长6.7%；商品房销售面积同比减少2.1%，2012年为同比增长35%（见图13）。新建商品住房90平方米以下、140平方米以上成交套数占比分别比2012年提高4.3个百分点、下降3.3个百分点。2013年末，北京市商品房待售面积同比减少2.6%，其中住宅待售面积同比增长5.0%。

（4）新建商品住房价格指数环比涨幅回落，二手住房价格与租金涨幅明显。2013年，受新建商品住房市场重心外移、推出自住型商品房等因素影响，北京市新建商品住房价格指数环比涨幅自4月起连续九个月回落，由2月的3.1%回落至11月的0.7%；同比涨幅逐步趋缓。受区位（交通、配套、学区）、税收等因素影响，二手住房价格同比涨幅明显高于新建住房。住房平均租金同比上涨9.9%。

（5）个人住房贷款增长较快，保障性住房开发贷款持续增长。2013年末，北京市金融机构本外币房地产贷款同比增长3.1%，比2012年下降2.2个百分点。其中，受政府土地储备机构贷款到期还款影响，房地产开发贷款同比减少5.3%，2012年为增长6.2%；在市场交易较为活跃的影响下，个人住房贷款增长较快，同比增速为11.8%，比2012年提高9.4个百分点；保障性住房开发贷款同比增长3.3%，新增额占全部房地产开发贷款新增额的88%。经济适用住房开发贷款试点继续实施，参照经济适用住房开发贷款政策开展的公共租赁住房开发贷款试点工作稳步推进。

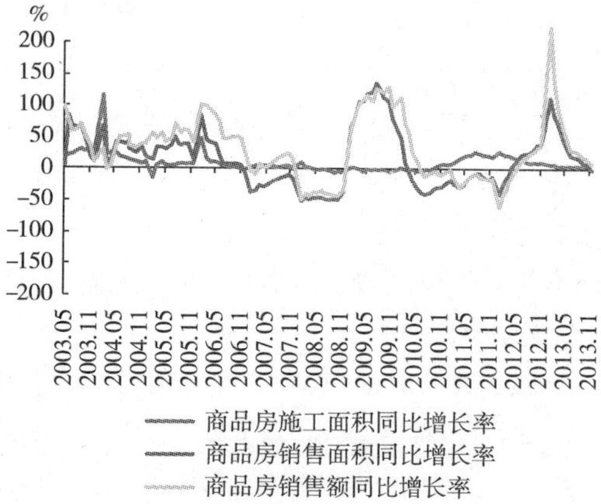

数据来源：北京市统计局。

图14 2003～2013年北京市商品房施工和销售变动趋势

2. 文化创意产业保持平稳发展，信贷支持力度不断加大。2013年，北京市文化创意产业实现收入超万亿元，从业人员超百万人，新兴文化业态快速成长，产业与金融的融合增强，民间资本逐步进入，政策环境得到改善。北京市银行继续通过组织、机制、产品和服务领域创新，不断加大信贷支持力度，提升金融服务水平。2013年，北京市中资银行文化创意产业人民币贷款累计发放额同比增长37.0%，各子行业贷款均保持较

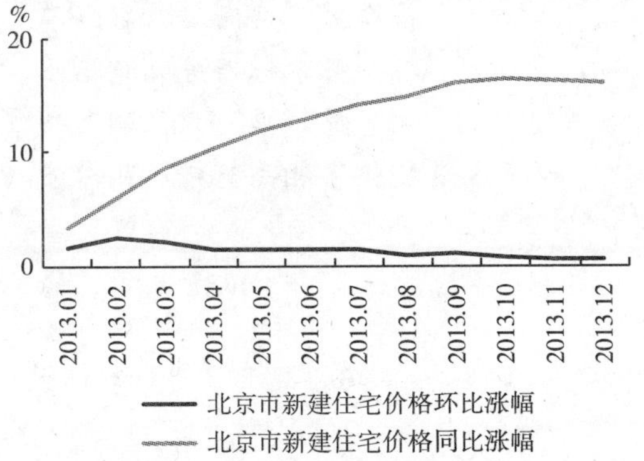

数据来源：北京市统计局。

图 15　2013 年北京市新建住宅销售价格变动趋势

快增速。

3. 高新技术产业支撑北京市创新驱动发展，对经济结构调整作用明显。2013 年，北京市规模以上高技术制造业工业增加值同比增长 10.4%，汽车制造业、计算机通信等重点行业对工业增长支撑强劲。中关村国家自主创新示范区对提升自主创新能力、建设创新型国家的示范引领和辐射带动作用显著。2013 年末，中关村国家自主创新示范区拥有高新技术企业近 2 万家，每年新创办企业超过4 000家。

三、预测与展望

2014 年是全面贯彻落实党的十八届三中全会精神、全面深化改革的第一年。进入新时期新阶段，尽管国内外经济形势仍然复杂严峻，但深化改革将为首都经济注入新的发展活力，首都经济发展面临的机遇大于挑战。

从国内环境看，中国经济正处于增长速度换挡期、结构调整阵痛期和前期刺激政策消化期叠加的阶段，支持我国经济增长的产业结构和要素投入结构已经发生变化。从北京自身看，经过多年发展，金融、商务、科技、文化、环保等领域的产业优势加快形成，国家深入实施新型城镇化战略，有利于首都在服务全国过程中更好地实现自身发展。京津冀一体化迈向新阶段，有利于促进区域协同发展和北京市可持续发展。

2014 年，北京市投资、消费、出口三大需求增长将更趋协调。投资结构和质量将继续优化。交通基础设施建设加快推进，保障性住房建设和供应力度加大，新机场等重大功能性项目进入全面建设期，以及大气污染防治和人口疏解都将为北京市经济转型提供有力支撑。消费的基础性作用将进一步增强。移动互联网兴起将进一步推动电子商务、网络消费的快速发展；深化国家旅游综合改革试点，增强旅游服务能力，将提升外来消费和旅游消费水平。2014 年，北京市将加快建设外贸转型示范基地和跨境电子商务产业园，推动海关特殊监管区的整合优化，落实贸易投资便利化措施，都将对地区进出口增长起到促进作用。

价格方面，国内粮食连续十年增产，工业生产和供给能力充足，投资增长保持适度，货币条件持续稳健，都构成了未来稳定物价的有利因素。

从金融运行情况看，北京市金融业服务经济发展的能力将进一步增强。中小企业股份转让系统扩容，区域性股权交易市场加快发展，支持民间资本依法发起设立中小型银行等一系列政策措施，都将促进首都要素市场体系进一步完善。2014 年北京市金融业将认真贯彻落实稳健的货币政策，进一步优化金融资源配置，提升金融服务水平，盘活存量、用好增量，创新金融产品和融资方式，加大对高新技术产业、文化创意产业、战略性新兴产业等重点领域，以及小微企业、"三农"等薄弱环节的金融支持，努力营造促进北京市经济社会和谐稳定发展的金融环境，更好地服务实体经济发展。

总　纂： 李　超　姜再勇

统　稿： 赵　宏　周　丹　李瑞敏

执　笔： 魏海滨　李晓闻　张　丹　卢　静　张英男　梁珊珊　周　翔　田　娟　安　飒　李　甲　黄美娟　王新宇　张向军　吕潇潇　赵晓英　孙　丹　苏乃芳　童怡华　栾惠德　单　方　李　媛

以下人员提供了相关材料： 邓凯宏　殷　奎　甘　瀛　唐　均　张　煜

北京市金融稳定报告（摘要）

中国人民银行营业管理部　金融稳定分析小组

2013年，北京市金融业在宏观经济增速放缓、经济结构转型加速的背景下实现平稳发展。银行业经营效率继续提升，资产质量持续提高，非银行金融机构发展较快；证券经营机构资本实力和利润大幅提升，“新三板”市场推向全国；保险业保费规模居全国前列，寿险业务结构优化，新技术及新政策助推产品创新；银行间市场处于紧平衡状态，外汇及黄金市场交易活跃；支付、征信、反洗钱、跨境人民币结算等金融服务及基础设施建设继续改善。

一、区域经济运行与金融稳定

2013年，北京市经济呈平稳增长态势，经济增长质量和效益继续提升，经济发展方式转变进一步加快，经济结构调整取得积极进展，为全市金融平稳运行提供了良好的经济环境。

（一）区域经济运行情况

1. 全年经济平稳增长，财政、居民收入增速放缓

2013年，北京市实现地区生产总值19 500.6亿元，按可比价格计算，同比增长7.7%，增幅与上年持平。分产业看，第一产业实现增加值161.8亿元，同比增长3%。第二产业实现增加值4 352.3亿元，同比增长8.1%。第三产业实现增加值14 986.5亿元，同比增长7.6%。全年地方公共财政预算收入3 661.1亿元，同比增长10.4%。城镇居民人均可支配收入40 321元，实际增长7.1%，增幅低于上年0.2个百分点。农村居民人均纯收入18 337元，实际增长7.7%，增幅低于上年0.5个百分点。

2. 产业结构继续优化调整，部分企业效益下滑

2013年，北京市三次产业结构由上年的0.8∶22.7∶76.5变化为0.8∶22.3∶76.9，第三产业占比持续上升。农业生产增势稳定，都市型农业稳步发展。2013年全市规模以上工业增加值按可比价格计算，同比增长8%，为近3年来最高水平。规模以上工业企业利润增速上半年波动较大，下半年相对平稳，整体延续了国际金融危

机后形成的下降趋势，利润同比下降0.2%。

3. 民间投资增长较快，投资结构改善

2013 年，北京市完成全社会固定资产投资 7 032.2 亿元，同比增长 8.8%。其中，民间投资 2 419.5 亿元，同比增长 15.9%，增速高于全市投资平均增速 7.1 个百分点，高于上年同期 11 个百分点。

4. 消费品市场增速有所回落，网上销售高速增长

2013 年，北京市实现社会消费品零售额 8 375.1 亿元，同比增长 8.7%，增幅低于上年 2.9 个百分点，年内增势较为平缓。网上销售继续保持较快增长，限额以上批发零售企业实现网上零售额 926.8 亿元，比上年增长 44.3%。

5. 出口增速较快回升，利用外资增速回落

2013 年，北京地区进出口总值 4 291 亿美元，同比增长 5.1%。全年实际利用外资 85.2 亿美元，同比增长 6%，增幅下降 8 个百分点。

6. 消费价格涨幅平稳，工业生产价格继续下降

2013 年，北京市居民消费价格同比上涨 3.3%，涨幅与上年持平。北京市工业生产者出厂和购进价格比上年分别下降 2.6% 和 2.2%，下降速度较上年有所加快。

（二）需要关注的问题

1. 实体经济增长动力仍面临考验

在国内经济结构调整的大背景下，2013 年北京保持了较平稳的经济增速，但也暴露出一系列潜在问题，多项指标创国际金融危机以来新低。消费方面，由于 2008 年以来北京市人均可支配收入实际增幅一直处于较低水平，加之其他因素影响，社会消费品零售总额增速呈逐级下降趋势，2013 年同比增长 8.7%，为近年来新低；进出口增速虽然总体稳中趋升，但与国际金融危机前后相比，增长仍较缓慢，说明潜在增长能量不足。投资方面，全社会固定资产投资同比增长 8.8%，创国际金融危机以来新低。随着经济结构调整的不断深化，北京市实体经济增长可能面临更多考验，将对金融机构的稳健经营构成一定影响。

2. 多因素增强房地产市场不确定性

2013 年，北京住房成交价格继续上涨。各方面因素影响下，未来北京房地产市场存在更多不确定性。从资金面看，2013 年北京市房地产开发投资同比增幅较快回升，但房地产开发贷款和保障性住房开发贷款增速放缓，非贷款融资渠道依然上升，后续资金投入可持续性值得关注。从供需情况来看，2013 年北京新建商品住房 7.3 万套，同比减少 16.8%；至年末，新建商品住房库存比年初减少 34%，处于历史低位。但同时，2013 年第四季度“北京市城镇居民购房状况”调查问卷显示，超过三分之二的居民认为当前房价太高，短期内购房意愿明显减弱，53.1% 的居民表示自住型商品住房政策将影响其原购房计划。此外，差别化住房信贷政策和房贷利率水平的持续攀升，对住房需求也有直接抑制作用。各方面因素交互影响使房地产市场风险日益突出。

3. 人口、环境压力因素增加经济转型紧迫性

2013 年末，北京市常住人口达到 2 114.8万人，较 2004 年初增长 45.2%，由人口持续较快增长所引发的资源环境承载压力和“大城市病”将更加突出；同

时，“雾霾”、垃圾处理等环保问题也日益凸显，促使相关治理政策加快出台与实施，将对北京市经济增长动力转换提出新的要求，增加经济转型急迫性，促进京津冀经济圈更高质量区域协调合作机制的形成，并对北京产业结构发展产生深远的影响。

4. 民间投资潜在问题需要关注

2013 年北京市民间投资增长 15.9%，拉动全市投资增长 5.1 个百分点，成为带动投资增长的主要因素。但同时，民间投资潜在问题需要高度关注。据统计，2013 年全市民间投资的 3/4 以上集中在房地产领域，而对其他行业、领域的投资明显不足。作为民间投资资金来源的重要渠道，影子银行体系融资因风险不断暴露，监管趋严，不排除未来民间投资可能受资金渠道收窄的影响，面临融资压力；或者在创新资金来源渠道过程中，产生新的风险问题，对全市固定资产投资和经济增长产生潜在影响。

二、金融业与金融稳定

（一）银行业

2013 年，北京地区社会融资规模基本稳定，金融机构（含外资，下同）信贷规模平稳增长，资产质量继续提高，银行业整体运行平稳。但同时不良贷款反弹压力仍然存在，流动性风险及利率风险管理水平亟待跟进，受益权业务存在跨市场风险传染等问题，可能会影响到辖区金融稳定，值得高度关注。

1. 银行业经营情况

（1）社会融资规模基本稳定，直接融资比重有所下降。2013 年，北京地区社会融资规模 12 556.14 亿元。其中，人民币贷款增加 3 954.06 亿元，委托贷款增加 2 552.17 亿元，信托贷款增加 286.42 亿元，未贴现的银行承兑汇票增加 257.44 亿元，企业债券净融资 4 246.37亿元，非金融企业境内股票融资 163.83 亿元。受 IPO 暂停和债券市场规范措施出台等因素影响，直接融资占比下降，股票融资和企业债券融资占社会融资规模的比重分别较上年下降 23.46 个和 11.14 个百分点。

（2）本外币贷款增长平稳，有力支持北京地区经济结构调整。2013 年末，辖内金融机构本外币各项贷款同比增长 10.86%。从贷款期限结构来看，全年辖内金融机构本外币短期贷款增长较快，中长期贷款平稳增长。2013 年末，辖内金融机构本外币短期贷款同比增长 22.53%，增速较上年同期大幅提高 8.16 个百分点；本外币中长期贷款同比增长 6.98%。从币种结构看，人民币信贷增长平稳，外币贷款增长较快。12 月末，人民币贷款同比增长 11.16%；外币贷款同比增长 12.66%，增速较上年同期大幅提高 5.17 个百分点。2013 年，北京地区银行业金融机构贷款主要投向交通运输、仓储和邮政业、批发和零售业、个人贷款、建筑业和制造业，占全部新增贷款的 88.01%。

（3）本外币存款整体增长放缓，同业存款增长较快。年内，受某银行调整人民币保本理财产品统计口径因素影响，辖内金融机构存款增速整体放缓。截至 2013 年年末，北京市金融机构本外币存款同比增长 8.04%，增速比上年下降 5.07 个百分点。外币存款受人民币升值幅度较大和跨国公司划拨利润增多的影响增长乏力。辖内金融机构外币存款同比增长 9.74%，增速较上年同期大幅下降 37.55 个百分点。随着总部企业设立财务公司步伐加快和交叉性金融产品创新加速，北京地区同业存款保持较快增速。年末，北京市金融机构人民币同业存款和同业拆借（扣除银行之间互存）同比增长43.2%。

（4）经营效率继续提升，中间业务收入增长较快。2013年，辖内银行业金融机构利润同比增长44.08%；成本收入比率较上年同期下降3.05个百分点，经营效率继续提升。辖内银行业金融机构中间业务收入同比增长22.67%。管理性中间业务收入（主要包括理财业务收入、代销类业务收入）增长较快，同比增长32%，高于结算性中间业务收入增速近30个百分点。

（5）资产质量进一步提高，风险抵御能力较强。截至2013年年末，辖内银行业金融机构不良贷款同比减少4.33亿元；不良贷款率同比下降0.06个百分点，不良贷款余额和比率连续十年“双降”，且远低于全国平均水平。年末，辖内法人银行拨备覆盖率和资本充足率远高于监管标准，风险抵御能力较强。

（6）非银行金融机构资产快速增长，经营实力明显提升。2013年末，辖内非银行金融机构资产同比大幅增长33.05%。其中，财务公司、汽车金融公司和金融租赁公司资产规模最高；消费金融公司、信托投资公司和货币经纪公司资产增长最快。全年辖内非银行金融机构利润同比增长50.21%；资产利润率同比提高0.4个百分点，经营实力明显提升。

2. 值得关注的问题

（1）不良贷款反弹压力仍然存在。受压缩过剩产能等因素影响，制造业不良贷款上升明显。2013年末，制造业不良贷款较年初增长54.48%。受异地风险传染等因素影响，部分银行不良贷款比年初增加。个别领域的不良贷款也有所反弹，如辖内汽车金融公司不良贷款受鄂尔多斯、榆林等地区个人客户违约影响而比年初增加1.63亿元；信用卡不良贷款受上海钢贸企业违约影响而比年初增加0.32亿元。

（2）商业银行流动性风险值得关注。年中及年末，上海银行间同业拆借利率数次高企，暴露出部分商业银行流动性风险管理存在缺陷。与此同时，“余额宝”等互联网金融创新产品也明显分流了商业银行活期存款，一般性存款转化为同业存款的“存款搬家”现象更趋明显，也对商业银行流动性管理提出了新挑战。2013年末，辖内银行业金融机构流动性缺口率同比多减10.12个百分点，90天内流动性风险加大；辖内银行业金融机构流动性覆盖比率同比下降2.53个百分点。针对辖内法人银行开展的压力测试结果也显示，在重度压力情景下，银行流动性比例将可能低于监管下限，流动性风险不容忽视。

（3）利率市场化挑战商业银行利率风险管理水平。年内利率市场化继续向纵深推进，进一步挤压了银行利息收入对银行利润的贡献度。12月末，辖内银行业金融机构净利息收入比例同比下降9.32个百分点；利息收入率同比下降0.70个百分点。目前来看，利率风险已经成为商业银行面临的主要风险，由长短期利率变动的敏感性差异，可能引发短期负债成本上升而长期资产收益无法相应提高的利率结构风险；在市场利率频繁变化及各行存贷款利率差异化情况下，存款及贷款客户均会主动根据自身收益调整存款和贷款的数量及期限，对商业银行利率风险管理水平提出新的挑战。

（4）受益权业务跨市场风险传染值得关注。2013 年以来，商业银行受益权业务出现了新动向，以信托公司为载体的信托受益权逐渐扩展到以证券公司、保险公司为载体的资产管理受益权，且业务总量不断扩大。目前受益权业务的主要风险表现为以下几点：一是资产管理受益权业务由于存在“暗保”，持有方容易忽视尽职调查和投后管理。二是由于各银行受益权业务资金来源以银行间市场短期拆借资金为主，但资金使用多为期限在一年以上的中长期项目，期限错配较为严重，并进而引发银行流动性紧张。三是受益权业务牵涉机构类型较多，业务环节复杂，易于形成风险积累并跨市场传播。

（5）部分信托产品存在刚性兑付风险隐患。目前，信托业的单一信托占比超过 70%，其业务严重依赖银行业的趋势在短期内难以改变。从法律上分析，信托产品风险理应由投资人承担。但考虑到银行和信托公司的声誉风险、信托业持续稳定的业务发展，信托产品事实上存在刚性兑付的问题。中国人民银行营业管理部（以下简称人行营业管理部）现场评估发现，某信托公司存在以自有资金垫付信托本金及收益的情况。目前来看，这种方式整体风险可控，但信托公司资本实力有限，若出现集中的、规模化的信托产品收益风险，就有可能会引发信托产品兑付危机，进而触发银行声誉风险，导致群体集聚事件发生。

（6）地方融资平台贷款风险仍需关注。2013 年，辖内平台贷款总量较大并处于还款高峰期，相关风险表现在以下三个方面。一是辖内投融资平台越来越多地通过委托贷款、理财产品等银行渠道以及信托、保险、债券等非银行渠道进行融资，其中多数资金仍直接或间接来源于银行体系。此外，融资期限与项目建设期限还存在错配风险。二是融资平台互保、过度担保情况较为突出，被担保企业多为关联企业。三是一些隐性平台承担了政府安排的建设任务，主要还款来源仍为土地出让收入或财政资金。

（二）证券业

2013 年，北京市证券经营机构活力显著增强，资本实力和利润大幅提升，基金管理公司发展迎来新机遇，期货公司行业整合加快，上市公司境内再融资募集资金下降，“新三板”市场推向全国。同时，证券公司核心盈利模式、创新型业务风险和证券行业信息系统安全等问题值得关注。

1. 证券业经营情况

（1）证券公司资产总额快速增长，利润大幅度提升。2013 年末，北京市共有正常经营的法人证券公司与上年末持平；证券公司在京营业部比上年增加 3 家。辖内法人证券公司资产同比增长 22.55%，净资本同比增长 20.1%，法人证券公司证券市场交易额同比增长 50.71%。北京地区证券公司营业收入同比增长 24.14%，净利润同比增长 43.34%。

（2）基金管理公司业务发展较快，管理资产规模大幅上升。2013 年 6 月 1 日，修订后的《基金法》正式施行，基金业在市场准入、投资范围、业务运作等方面面临更宽松的环境。全年北京市基金管理公司新发行基金是上年的两倍。年末管理基金数量同比增长 36.3%。在利率市场化和互联网技术发展推动下，辖区基金管理公司主动加强与互联网公司合作，货币基金已成为广受欢迎的流动性和短期理财工具。

（3）期货公司行业整合加快，向综合业务经营转型平稳。2013 年年末，北京市期货经纪公司较上年增加 1 家；期货营业部较上年增加 7 家。北京辖区法人期货公司资产总额和净资产同比分别增长 12.93% 和 16.72%。北京辖区期货公司实现期货代理交易额同比增长 60.05%。为适应金融混业经营趋势，北京地区期货公司通过引入券商等有较强实力的大股东及与其他期货公司合并等方式，实现网点及客户资源整合。随着多个重要期货品种陆续上市以及期货资产管理业务的开展，期货公司转型平稳，过去业务模式单一、收入仅靠手续费的局面有望改变。

（4）上市公司总市值下降，境外融资增长迅速。2013 年年末，北京地区主板上市公司、中小板上市公司、创业板上市公司均与上年持平。2013 年，北京地区上市公司积极利用增发、可转债等方式进行再融资，全年再融资共募集金额同比下降 42.2%。2013 年北京地区共有 4 家股份公司在香港完成境外首次公开发行上市，5 家 H 股公司完成境外增发，首发及再融资合计同比增长 98.1%。全年发行公司债的上市公司比上年减少 4 家，募集资金同比下降 41.4%。

2. 需要关注的问题

（1）证券公司盈利能力建设仍需加强。2013 年，北京地区证券公司经纪业务手续费收入占全部营业收入的比例同比上升 3.05 个百分点。证券公司盈利模式单一，收入增长与资本市场行情相关性较高等问题依然存在。2013 年，C 类营业部[①]大量成立和互联网金融发展将加剧行业经纪业务佣金率竞争，证券业营业模式过度集中于经纪业务的局面将面临重大挑战，证券公司应寻找新的盈利增长点，增强盈利的稳定性。

（2）创新型业务风险值得关注。2013 年，中国证监会进一步放宽市场准入，证券业机构的业务范围不断丰富。人行营业管理部对某证券公司的现场评估表明，证券公司已广泛开展银证信、银证保、银证委托贷款等通道类业务。基金子公司积极向原本属于信托产品和银行理财产品领域拓展。由于部分创新业务延长了交易链条，往往涉及多家银行、保险、信托等金融机构，将使证券公司面临新的业务风险，并有可能将证券市场风险传染到银行、保险等机构。

（3）证券行业信息系统安全问题需要高度重视。近年来证券行业信息系统建设逐步完善，但仍存在薄弱环节。证券公司交易系统一旦发生故障，很容易引发风险。2013 年光大证券“乌龙指”事件表明，其自营交易系统的订单生成系统和订单执行系统存在程序调用错误、额度控制失效等设计缺陷。另外，随着互联网技术发展，基金管理公司也加强与互联网公司合作，创新产品设计及营销手段，但利用新技术的业务风险值得关注。

（三）保险业

2013 年，北京保险市场总体保持平稳发展态势，行业风险基本可控，服务领域不断拓宽，产品创新取得新进展。2013

① 中国证券业协会 2012 年 12 月发布券商营业部信息技术相关指引，将券商营业部分为 A、B、C 三类，其中，A 类为传统营业部，提供现场交易服务；B 类营业部提供部分现场交易服务；C 类营业部既不提供现场交易服务也不需配备相应的机房设备。

年，北京市保险密度同比增加237.26元/人；保险深度同比下降0.10个百分点。目前来看，产险公司业务结构仍较为集中，人身险公司退保率上升，保险行业可持续增长仍面临压力。

1. 保险业经营情况

（1）机构数量略有增加，保费规模位居全国前列。2013年年末，在京保险分公司和直接经营业务的保险总公司较上年增加2家。其中，财产险公司较上年增加1家；人身险公司较上年增加1家。保险公司总资产较年初增长11.1%；全年原保险保费收入①同比增长7.73%，保费规模居全国第四位。

（2）财产险业务较为集中，寿险业务结构继续改善。2013年，财产险公司保费收入同比增长8.4%。其中，车险保费收入增长12.2%；责任保险、货运险和信用保险保费收入同比分别减少1.7%、8.3%和81.5%，其余险种保费收入均有增长。人身险公司保费收入同比增长7.45%，其中寿险业务保费收入增长2.98%。寿险业务中，分红险保费收入占比同比下降0.9个百分点；普通寿险占比同比上升0.9个百分点。

（3）财产险公司盈利能力回升，人身险公司退保率上升。2013年，各产险公司综合赔付率同比下降3.9个百分点；业务及管理费率同比下降1个百分点；行业承保利润率同比上升3.5个百分点，盈利能力有所回升。人身险公司退保率同比上升0.99个百分点。

（4）新技术及新政策助推产品创新。2013年，北京保险市场创新体现出新技术及新政策推动的特点。从财产险看，推出“中小企业贷款履约保证保险”和“融资租赁履约保证保险”等服务中小企业的产品；部分公司开通微信车险理赔助手、视频查勘系统，利用新技术提升服务质量。从寿险看，寿险产品费率改革启动后，各公司推出多款预定利率达到3.5%的费改新产品。从意外险看，某保险公司与北京市民政局、财政局、老龄委合作开展老年人意外伤害保险项目，为在京生活或工作的50~60周岁退休人员和60周岁以上的老年人提供意外伤害保障。

（5）政策性农业保险势头良好，商业健康险服务“新医改”。2013年，北京市开展政策性农业保险险种较上年增加5个，保险标的既包括了传统成本保障型产品，又创新开发了生猪价格指数保险等价格保障型产品。北京政策性农业保险全年保费收入同比增长8.7%。部分公司推行商业健康险，扩大新农合“共保联办”试点范围，积极服务“新医改”。据测算平谷区两年来减少医疗费用8 000万元。除基本医疗保险之外，目前在售健康险产品达1 600余种，对社保体系形成有效补充。

（6）外资保险公司保费收入快速增长，市场份额略有提高。2013年末，北京地区外资产险公司全年保费收入同比增长15.5%；市场份额同比上升0.3个百分点；保费规模居前5位的外资产险公司市场份额与去年基本持平。在京经营业务的外资人身险公司保费收入同比增长27%；市场份额同比上升3个百分点；保费规模居前5位的外资人身险公司市场份

① 以下简称保费收入，是执行财政部《企业会计准则解释第2号》后的口径数据，与2010年及以前不具有可比性。

额同比上升 2.2 个百分点。

2. 需要关注的问题

（1）行业可持续稳定发展面临挑战。2013 年，北京市保费收入虽保持增长，但增速同比下降 4.72 个百分点。造成这种现象的主要原因是，传统销售渠道增长乏力，且保险产品定价利率较低，与银行理财、证券产品收益相比没有竞争优势。受汽车限购政策影响，车险未来增长空间有限，而非车险受宏观经济形势影响发展也面临一定瓶颈，财产险新增长点尚未形成。寿险产品较为单一，与银行理财产品等高收益率产品相比缺乏竞争力，寿险新单业务已连续三年负增长。

（2）人身险公司资产负债管理难度较大。寿险业务资金来源均为长期负债，通常需要长期稳定、收益率较高的资产相匹配。但在目前监管政策及市场环境中，保险资金大多只能投资于资本市场、货币市场等短期领域；相对长期稳定的基础设施债权投资额不能超过公司上季度末资产的 20%，且只能投资于收益低的保障性住房项目，导致人身险公司资金来源与运用上的期限错配和收益率不匹配等问题较为突出。随着利率及保费费率市场化改革的推进，期限错配和收益率不匹配等问题有可能会更加凸显。

（3）寿险公司退保率继续增加。北京市寿险业增长乏力，寿险新单业务已连续三年下降。2013 年，北京市人身险公司退保金总额同比增长 63.73%，退保率同比上升 0.99 个百分点。人身险业务增长乏力与满期给付、产品收益率低于预期所引发的集中退保等问题，将使人身险公司面临一定现金流压力。

（4）保险市场秩序仍需进一步规范。保险行业仍然面临市场秩序不规范问题，主要表现在销售误导和理赔难等方面。行业形象不佳、产品创新不足、服务水平较低等问题，将对行业持续健康发展形成制约。

三、金融市场运行与金融稳定

（一）金融市场运行基本情况

1. 银行间市场资金面处于紧平衡状态，北京地区净融出资金规模同比下降

2013 年，北京地区金融机构[①]网上拆借同比下降 27.7%，占全国交易量的比例较上年下降 2.7 个百分点；债券回购成交量同比下降 4.6%，占全国交易量的比例较上年下降 4.8 个百分点。银行间市场资金面总体维持紧平衡状态，金融机构通过优化自身的资产负债结构进行流动性管理，降低了对外部资金的依赖度，致使金融机构净融出资金规模下降。2013 年，北京地区金融机构净融出资金同比下降 14.5%。

2. 现券交易量锐减，净买入债券规模下降较多

2013 年，北京地区金融机构现券买卖累计成交额同比下降 52.5%，占全国交易量的比例同比下降 1.6 个百分点。北京地区金融机构净买入债券比上年下降 38.7%。

3. 外汇资金跨境流出放缓，即期和掉期交易活跃

2013 年，北京地区外汇净流出规模同比下降 7%，为 2010 年以来首次下降；

① 指在北京地区营业的所有金融市场成员，包括各政策性银行、各国有商业银行总行及北京市分行、各股份制商业银行总行及在京营业机构、北京银行、北京农商银行、中国邮政储蓄银行、各外资银行在京营业机构，在京各证券公司、财务公司、基金公司、保险公司、信托投资公司、资产管理公司等。

北京地区银行结售汇逆差增速降至7%，终结了连续三年增速超过30%的走势。2013年，北京地区即期外汇买卖成交量同比增长34.1%。外汇掉期交易买卖成交额同比增长38.7%。外币对买卖成交额同比增长31.2%，以欧元/美元、美元/港元、美元/日元为代表的外币对交易活跃。

4. 黄金价格不断下跌，黄金市场交投活跃

2013年，美国量化宽松政策退出预期升温，国际黄金价格出现13年来的首次年度下跌。受国际黄金市场低迷影响，国内黄金价格也屡创新低。黄金价格的大幅下跌反而刺激了投资者的购买热情，成交量大幅增加。2013年北京地区交易所会员黄金买卖成交额同比增长95.7%。

5. 金融市场运行出现新变化

一是货币市场利率宽幅波动，长端利率敏感性提高。年内关键时点不同程度的流动性紧张，致使货币市场利率剧烈波动。同时，同业存单的推出，提高了货币市场长端利率的定价指导意义，其敏感性有所增强。二是非金融企业超短期融资券增长迅速，占比进一步提高。2013年，北京地区非金融企业超短期融资券发行金额同比增长13.3%，占发债总额的比例同比提高10.7个百分点。三是资产管理市场快速发展，非法人投资产品成交量大幅增加。2013年，北京地区非法人投资产品通过现券买卖和债券回购成交量同比大幅增长81.4%。

（二）需要关注的问题

1. 市场资金面紧平衡常态化

在美国QE政策逐步退出以及我国坚持实施稳健货币政策等因素的综合影响下，金融市场资金面紧平衡局面有可能会常态化。同时，受季节性扰动、财政缴款、补缴存款准备金和大盘股网上申购等因素及其叠加因素影响，有可能会加剧金融市场利率波动，加大资金面紧张情况。

2. 信用债发债主体信用风险值得关注

目前来看，我国金融机构新增资金成本高企，并带动存量资金重估，资金价格在中长期内仍将维持高位，信用债利率中枢难以回落。随着非金融企业债务融资工具主承销商分层机制试点启动，更多地方企业、中小企业将成为发债主体。在此背景下，发债主体信用风险值得关注。

3. 政策不统一加大跨境资金流入压力

由于相关政策缺乏统一性，有可能会加大跨境资金流入压力。一是由于本外币政策不统一，使得部分资金通过人民币渠道流入境内，突出表现在人民币远期信用证等贸易融资不占用银行外债指标，也不需办理贸易融资项下的外债登记手续等；二是表内外融资政策不统一，政策只对表内融资进行了规范，使得部分资金借道表外流入；三是经常项目和资本与金融项目的政策不统一，政策仅对经常项目项下的跨境资金进行了规范，但是未对资本项目进行约束，使得资本和金融项目资金大幅流入，增加了控流入难度。

4. 黄金市场基础性制度建设亟须加强

随着我国黄金市场迅速发展，黄金业务成为商业银行积极涉足的新兴领域。但银行黄金业务的管理和规范滞后，市场风险和操作风险加大。同时，黄金市场定价体系尚不成熟，不正当竞争现象突出，亟须提高黄金市场的交易透明度，加强风险管理体系和价格管理机制等市场基础性制

度建设。

四、金融基础设施与金融稳定

（一）支付系统持续完善，支付环境不断优化

2013年，北京地区支付结算基础业务安全稳定运行。北京市大额实时支付系统和小额批量支付系统业务量快速增长；网上支付跨行清算系统处理业务增长迅猛；单位银行结算账户和个人银行结算账户存量继续保持较快增长；银行卡业务笔数与业务金额较快增长；电子商业汇票系统业务推广成效显著；手机支付试点业务取得较大进展。ACS和第二代支付系统上线运行。支付市场监督管理强化，法人银行以身份证开立的存量账户的核实工作进度位居全国前列。在全国率先开展支付机构备付金监管到户试点，确保客户备付金风险可控制、异动可追踪，防止客户备付金被擅自挪用、占用、借用。率先建立支付机构高管考核制度。建立北京市支付机构监管信息系统，强化支付机构非现场监管。开展2013年北京市“改善农村支付环境现场宣传”，大力推进助农取款业务网点建设工作。

（二）征信服务显著提高，征信市场健康发展

2013年，人行营业管理部创新个人信用报告查询渠道，在全国率先推出个人信用报告自助查询机具，通过人脸识别技术和身份证读取技术的结合实现个人自助查询；率先开展金融机构委托代理查询试点；开展北京地区互联网个人信用信息服务平台验证试用服务。在全国率先实施“3锁定+2结合+1比对”[①] 的检查方法，着力加强“个人征信管理前置系统”应用。企业征信机构的备案工作进一步推进。在人行营业管理部、中关村管委会、海淀区政府等相关部门推动下，征信报告在信贷融资、政府补贴等领域的应用进一步拓展。农村社会信用体系建设继续加强，“三信工程”覆盖面不断扩大。金融信用信息基础数据库持续完善。“两类”机构接入征信系统稳步推进。征信宣传教育活动全面铺开，宣传活动覆盖辖内90余家中外资银行的3 000余个营业网点，参与率达90%以上。

（三）反洗钱监管综合推进，监管效能不断提升

2013年，人行营业管理部大力推动中国人寿保险股份有限公司和华夏基金管理有限公司开展大额和可疑交易报告综合试点工作，试点机构在确定涉嫌洗钱的风险阈值和可疑交易指标、提高可疑交易报告质量等方面取得显著成效。综合运用多种监管工具推动反洗钱履职水平，完成对7家银行、保险类金融机构的执法检查工作，督促金融机构由注重形式合规转向加强实质合规。区域性反洗钱合作深化完善，反洗钱机制在预防和遏制洗钱犯罪方面的职能优势进一步显现。反洗钱宣传力度不断加强，开展“2013北京‘反洗钱十年’”主题宣传活动。

（四）外汇检查效率增强，外汇经营秩序进一步规范

2013年，国家外汇管理局北京外汇管理部坚持检查资源合理配置和效率优先的原则，充分利用非现场检查系统中的基础数据进行核查、筛选和分析，迅速确定

① “3锁定”：锁定高风险机构、高风险用户、高风险查询；“2结合”：现场与非现场检查相结合，全量匹配与抽样核查相结合；“1比对”：通过比对授权签字的真实性判定授权书真伪。

检查对象和检查重点，提高了打击“热钱”的主动性和精确性。全年共立案232件，结案260件，结案率112.1%，案件查处力度加大，市场环境进一步净化。开展对银行外汇业务合规性全面检查及专项检查、对辖内财务公司及房地产企业的外汇业务专项检查、企业转口贸易检查等，对各种违法违规外汇经营行为形成震慑，维护了辖区外汇经营秩序，提高了各外汇经营主体的合规经营意识。与北京海关缉私局签署《打击走私和外汇违法行为合作备忘录》，正式启动北京地区外汇管理与海关缉私部门监管专题合作机制。

（五）跨境人民币结算量显著增长，经常与资本项目人民币业务稳步发展

2013年，北京地区跨境人民币实际收付额同比增长69.6%，高出全国平均增速14.75个百分点；北京地区跨境人民币实际收付额居全国第四位，在全国占比11.96%，同比提升1.04个百分点。2013年，北京地区经常项目人民币实际收付额同比增长58%；资本与金融项目跨境人民币实际收付额同比增长1.57倍。

（六）金融生态环境建设情况

2013年，人行营业管理部大力推进首都金融生态环境建设，启动中关村零信贷小微企业金融服务拓展活动，发布《2013北京文化金融发展报告》，着力构建“科技金融”、“文化金融”的长效机制；农村综合金融服务示范村和大兴区农村金融改革试验区建设取得积极进展；稳步推进跨国公司总部外汇资金集中运营试点，进一步优化首都总部经济发展政策环境。有序推进人民币冠字号码可查询工作，北京市上万台自助取款机全部实现冠字号码可查询；第九届北京国际金融博览会、2013首都文化金融服务季等活动在京成功举办，金融交流与合作不断加强；坚持金融知识宣传与打击违法犯罪并举，开展金融安全、反假货币等宣传活动，严厉打击违法违规行为，加强对金融消费者权益的保护，有力维护首都金融市场秩序，提高社会公众的金融意识。

五、总体评估和政策建议

（一）总体评估和定量评价

2013年，北京市经济增长总体平稳，银行业资产规模稳步增加，资产质量改善；证券业活力增强；保险业总体呈平稳发展态势；金融市场整体运行平稳；金融基础设施建设继续加强。人行营业管理部金融稳定定量评估模型结果显示，北京市2013年金融稳定状况综合得分83.54分，较上年下降2.69分。此次金融稳定综合得分下调主要有以下几个原因。一是企业部门盈利及经营效率指标明显下降；二是受产寿险业务缺乏新增长点影响，保险业部门多项指标表现欠佳；三是房价上涨较快导致房地产部门评价指标恶化。

（二）政策建议

1. 规范引导民间投资，提高经济自主增长动力的可持续性

一方面，要从“防风险”的角度矫正当前民间投资过度追求短期收益带来的结构性问题，通过规范渠道、调节规模，避免民间投资继续高度集中于房地产市场等高风险领域。另一方面，从“促发展”的角度，通过财税、金融政策配合，引导资金流向符合产业结构调整方向，具有较好发展前景的战略性新兴产业，加速经济结构调整优化，增强中长期经济活力。

2. 关注经济周期和行业风险，增强金融体系抗风险能力

金融机构必须加速调整业务模式和资产结构，增强风险管理能力，避免金融风

险通过同业业务等隐蔽渠道积累，着力提高资产质量和经营稳健性。同时，还应主动配合金融管理部门，做好逆周期调节，降低经济波动对金融体系稳定的冲击。

3. 确定差异化经营战略，加快发展非息业务

为应对利率市场化挑战，商业银行应尽快制定并实施差异化经营战略，进一步细分市场，加快开发高收益和高附加值中间业务，努力提高非息收入比重，减少对贷款利息收入的过度依赖。

4. 完善全面风险管理体系，强化信用风险和流动性风险管控

商业银行在准确把握战略转型方向的同时，不仅要重视信用风险、流动性风险、市场风险、操作风险等传统风险，还应重视法律风险、声誉风险等更全面的风险因素，以防止风险因素之间的相互叠加触发。

5. 金融管理部门应加强货币政策与监管政策的协调，强化金融机构流动性风险监管

在金融市场资金紧平衡局面常态化下，金融机构期限错配导致的短期流动性风险将更加突出。因此，金融管理部门应加大对金融创新的研究与管理，创新流动性管理工具，加快利率市场化改革相关配套制度建设，完善各项调控工具，防范流动性风险转化为系统性风险。

6. 货币当局应进一步加强黄金市场管理，加快市场基础制度建设，促进市场规范运行

加强对商业银行涉足黄金市场创新业务的管理，加大业务监管力度，加快风险管理和价格管理机制等基础性制度建设，维护市场秩序。

7. 发展多层次资本市场，提升机构盈利能力及风险管理能力

证券业机构应以直接融资和多层次资本市场发展为依托，寻找新的盈利增长点，完善盈利模式；完善创新型业务风险管理流程与制度，重点加强技术风险、流动性风险的管理，规范基金子公司资产管理业务。全方位审视证券高频交易系统的稳定性，寻找可能存在的漏洞，并予以完善。

8. 提升保险行业核心竞争力，加强保险消费者权益保护

保险公司应加强设计与社会经济发展相适应的保险产品，特别是寿险公司应充分利用产品费率改革良机，加强产品创新，提升行业核心竞争力。保险业管理部门应以治理保险产品销售误导和理赔难为重点，持续加强保险消费者权益保护，提升保险服务保障水平。相关金融管理部门要有针对性地开展保险业风险监测，重点关注人身险公司的流动性状况和偿付能力，完善相关风险监测指标，促进行业持续健康发展。

总　纂：严宝玉
统　稿：董洪福　项银涛
执　笔：刘文权　田　娟　马凌霄
张素敏　孙伊展
其他参与写作人员：（以姓氏笔画为序）
卜国军　王　栋
王新宇　卢　静
许　莹　吕潇潇
李　甲　李雪飞
李瑞敏　陈　岩
张英男　吴逾峰
武　逸　周　翔
赵晓英　殷　奎

二、市场运行

金融市场

2013年，市场流动性变化对北京地区金融市场运行的影响在多方面体现。金融机构同业拆借成交量减少，净拆出资金规模增加；债券回购成交量微降，净融出资金规模减少；现券交易成交量锐减，净买入债券规模下降较多；即期外汇和掉期交易活跃，外汇远期交易量下降；黄金市场交投活跃，实际提货量增加较多。总体来看，金融机构对市场流动性的预期尚不稳定，信用债发债主体信用风险、黄金市场相关业务风险等新情况、新问题值得关注。

一、金融市场运行基本情况

（一）货币市场

银行间市场资金面处于紧平衡状态，同业拆借成交量减少。2013年，北京地区金融机构①网上拆借累计成交36.1万亿元，同比下降27.7%，占全国交易量的50.9%，较2012年下降2.7个百分点。银行间市场资金面总体维持紧平衡状态，金融机构通过优化自身的资产负债结构进行流动性管理，降低了对外部资金的依赖度，致使同业拆借市场交投活跃度下降。在半年末和年末等关键时点出现的短暂流动性紧张局面造成市场利率急剧攀升，资金供不应求、成本提高也在一定程度上抑制了拆借成交量的增长。

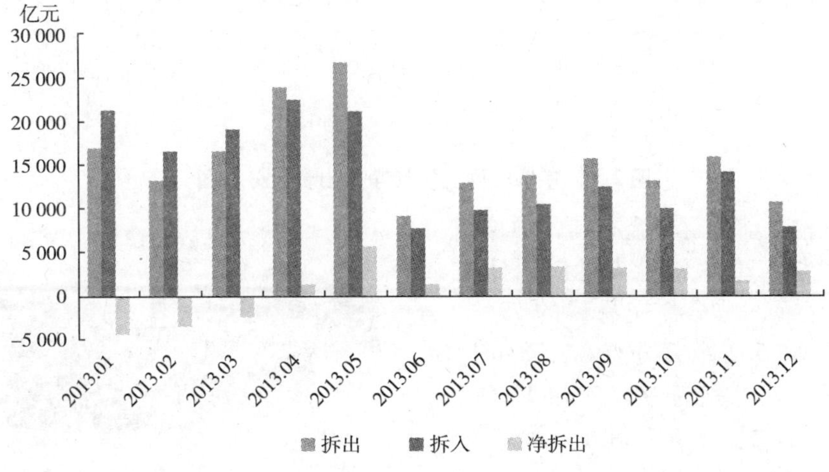

图1　北京地区网上拆借变动趋势图

政策性银行发挥市场稳定器作用，北京地区净拆出资金规模翻番。2013年，北京地区金融机构拆出资金19.9万亿元，同比下降23.3%；拆入资金16.3万亿

① 指在北京地区营业的所有金融市场成员，包括各政策性银行、各国有商业银行总行及北京市分行、各股份制商业银行总行及在京营业机构、北京银行、北京农商银行、中国邮政储蓄银行、各外资银行在京营业机构，在京各证券公司、财务公司、基金管理公司、保险公司、信托投资公司、资产管理公司等。

元，同比下降32.5%；净拆出资金3.5万亿元，同比增长102.7%。分机构类型来看，政策性银行净拆出资金5.6万亿元，同比增长32.3%；国有商业银行由2012年同期的净拆出资金0.6万亿元变为净拆入资金0.6万亿元；其他银行净拆出资金1.5万亿元，同比增长109.1%；外资银行净拆出资金2 593.3亿元，同比增长39.2%。净拆出资金规模增加较多的主要原因：一是6月份“钱荒”以来，流动性充裕的政策性银行开始发挥稳定器作用，连续向市场融出资金，成为平抑资金价格的主力军；二是全年货币市场利率总体维持高位运行，流动性充裕的银行借机融出资金，获取收益；三是部分外资法人银行在市场变化中体现出较强的流动性管理能力，成为货币市场的资金供给方。

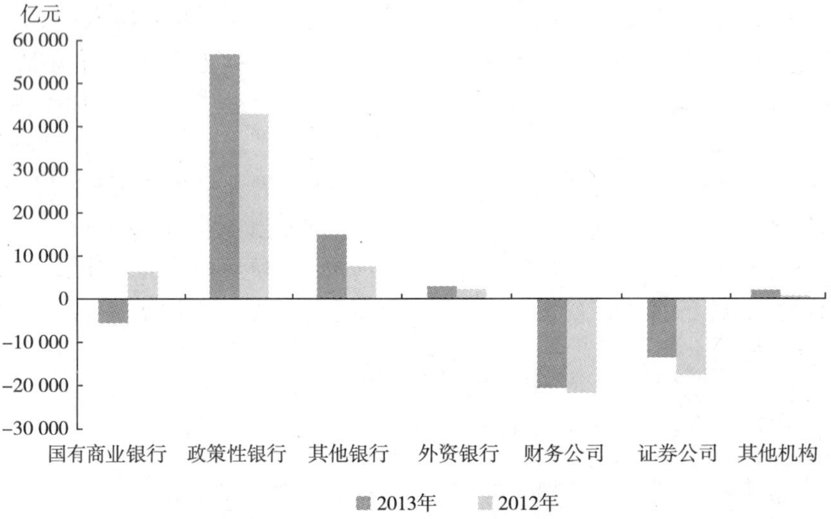

图2 北京地区网上拆借净融出资金分布图

金融机构提前进行资金布局，中长期交易占比增加。2013年隔夜拆借累计成交28.6万亿元，占全部交易量的79%，较2012年下降5.2个百分点。7天和14天期限交易占比分别为14.1%和4.1%，较2012年分别提高3.6个和1.2个百分点；21天期限交易占比为0.6%，与2012年持平；1个月及以上期限交易占比为2.2%，较2012年提高0.4个百分点。2013年下半年以来，经历了流动性考验的金融机构经营趋于谨慎，提前布局关键时点资金，促使对7天和14天期限的资金需求增多，成交量增加。

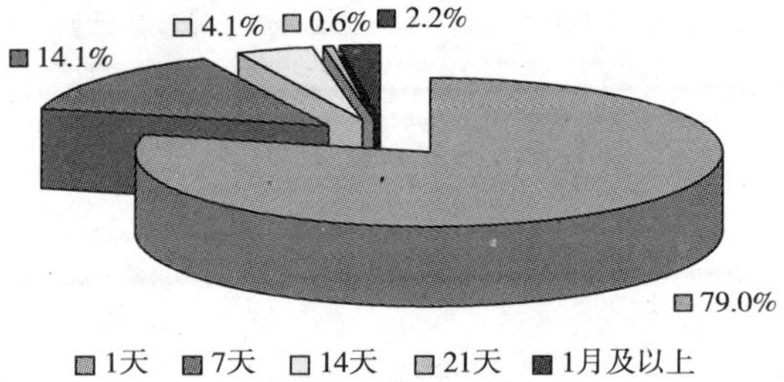

图3 北京地区网上拆借期限结构分布图

债券回购仍是流动性管理的主要方式，市场成交量微降。2013年，北京地区金融机构债券回购累计成交117.1万亿元，同比下降4.6%，占全国交易量的38.5%，占比较2012年下降4.8个百分点。其中，正回购累计成交39.2万亿元，同比增长4.4%；逆回购累计成交77.8万亿元，同比下降8.6%。从交易方式看，买断式回购累计成交3万亿元，同比下降0.9%；质押式回购累计成交114.1万亿元，同比下降4.7%。虽然2013年银行间市场成交量整体下降明显，但是由于债券回购仍然是金融机构进行短期融资和流动性管理的主要方式，也是人民银行进行公开市场操作、传导货币政策的重要平台，市场成交量总体下降有限。

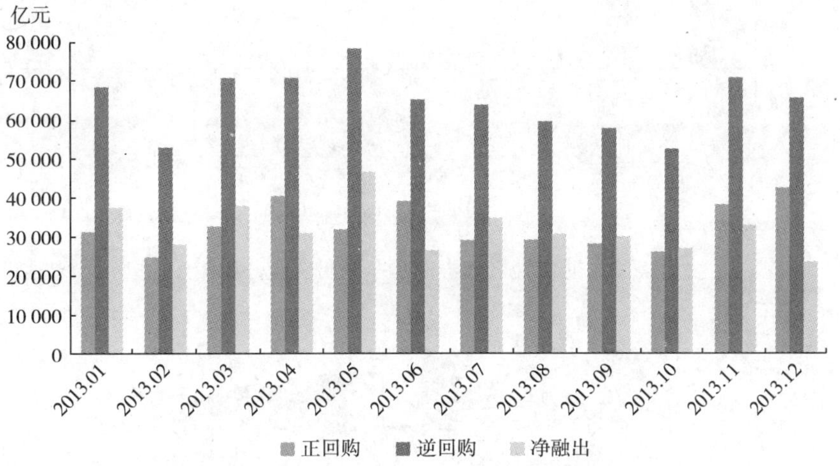

图4　北京地区债券回购交易变动趋势图

国有商业银行融出资金意愿出现变化，债券回购净融出资金量减少。2013年，北京地区金融机构通过回购净融出资金38.6万亿元，同比下降18.8%。其中，国有商业银行和外资银行分别净融出资金22.3万亿元和3 995.4亿元，同比分别下降39.1%和1.8%；政策性银行净融出资金25.3万亿元，同比增长18.6%。虽然国有商业银行和政策性银行仍是主要的资金融出方，但是融出意愿出现了分化，政策性银行在市场流动性紧张和利率高企时，加大资金融出力度，通过回购来提高收益，覆盖高成本的新增资金。而国有商业银行经历了6月份“钱荒”后，愈加重视流动性管理，压缩资产负债久期缺口，提高资金备付水平，在流动性紧张时融出资金更加审慎，甚至尝试净融入资金。

资金需求向中长端传导，隔夜交易占比下降。2013年隔夜回购累计成交90.9万亿元，占全部交易量的77.6%，占比较2012年下降5.4个百分点。7天、14天、21天和1个月及以上期限交易占比分别为13.8%、4.9%、0.9%和2.8%，较2012年分别提高2.1个、1.8个、0.2个和1.1个百分点。各金融机构进一步加强自身流动性管理，当短期资金需求不能得到有效满足或金融机构对通过短期滚动的方式顺畅融资缺乏信心时，市场机构会倾向于融入稍长期限的资金，带动中长期资金市场交易活跃。

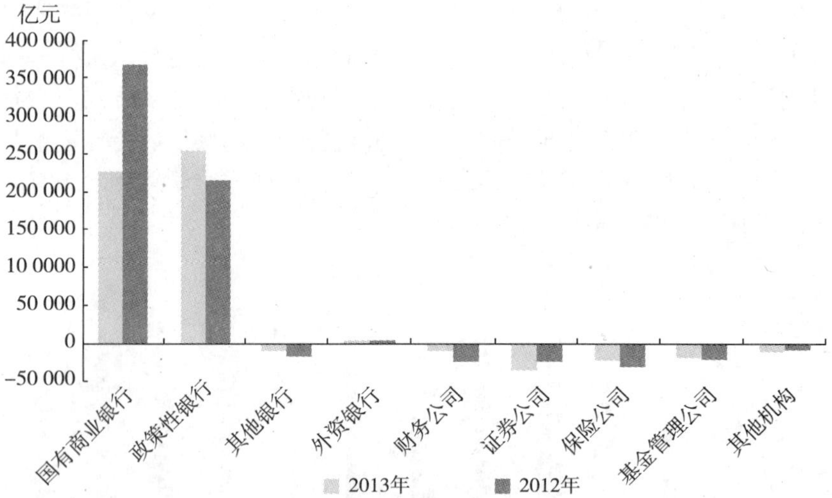

图5　北京地区债券回购净融出资金分布图

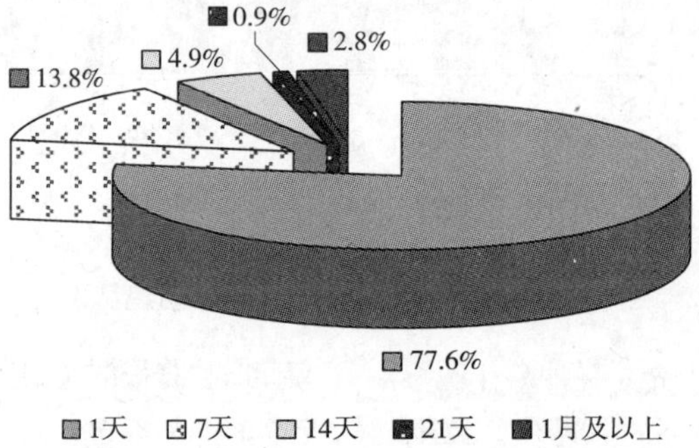

图6　北京地区债券回购期限结构分布图

表1　2013年北京地区货币市场资金流向　　单位：亿元、%

机构名称	融入	融出	净融出	同比增长
国有商业银行	143 546. 2	361 289. 5	217 743. 3	-41. 6
政策性银行	10 840. 7	319 878. 8	309 038. 1	20. 9
其他银行	219 076. 4	227 244. 7	8 168. 4	
外资银行	2 536. 8	9 125. 6	6 588. 7	11. 1
财务公司	34 049. 7	4 285. 9	-29 763. 8	-30. 6
证券公司	50 814. 1	2 156. 8	-48 657. 3	18. 6
保险公司	39 328. 3	20 229. 4	-19 098. 8	-33. 8
基金管理公司	29 029. 8	14 053. 5	-14 976. 3	-13. 0
其他机构	26 011. 2	18 389. 5	-7 621. 7	61. 1
总计	555 233. 2	976 653. 8	421 420. 6	-14. 5

注：融入=同业拆入+质押式正回购+买断式正回购，融出=同业拆出+质押式逆回购+买断式逆回购，净融出=融出-融入，净融出栏里的负号表示净融入资金。

（二）现券交易市场

受多种因素叠加影响，现券交易成交量锐减。2013 年，北京地区金融机构现券买卖累计成交 15.2 万亿元，同比下降 52.5%，占全国交易量的 18.3%，较 2012 年下降 1.6 个百分点。其中，买入累计成交 7.7 万亿元，同比下降 52.3%；卖出累计成交 7.5 万亿元，同比下降 52.7%。现券交易成交量在 2013 年大幅萎缩主要原因：一是债券市场各项规范措施陆续出台，财务核查和对发行节奏的窗口指导使得企业债发行暂时停滞，信用债发行减速，一级市场供给减少；二是在资金面偏紧的背景下，债市利率持续攀升，屡创新高，债券价格大幅下跌，二级市场需求较弱；三是人民银行暂停丙类户开设，并对已有丙类户进行清理，先前在现券市场上交投活跃的丙类户几近消失。据中央国债登记结算有限责任公司统计，截至 2013 年年末，一级托管的丙类户仅剩 775 个，账户数量同比下降 89.8%。

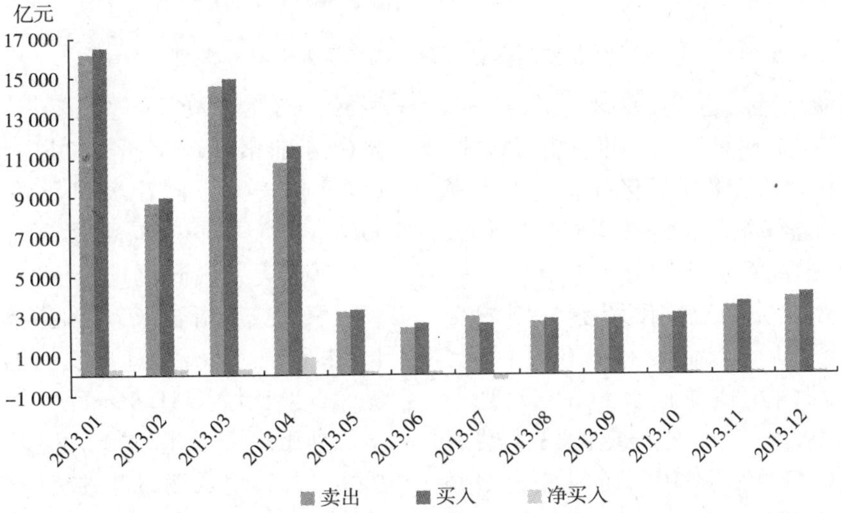

图7　北京地区现券交易变动趋势图

商业银行投资行为和资产负债结构发生显著变化，净买入债券规模下降较多。2013 年，北京地区金融机构净买入债券 2 697.9亿元，比 2012 年下降 38.7%。其中，国有商业银行净买入债券 2 287.9 亿元，同比下降 39.1%；政策性银行和外资银行分别净买入债券 423.3 亿元和 40.1 亿元，同比分别增长 2.2% 和 87.7%；其他银行净卖出债券 1 709.6 亿元，是 2012 年同期 14.2 亿元的 120 倍。商业银行作为债券市场的主要投资主体，投资行为和资产负债结构发生了变化，主要表现为三个方面：一是非标资产和同业业务快速发展，改变了商业银行剩余资金主要投向债券的传统业务模式，债券需求发生转移；二是利率市场化改革进程中，商业银行新增资金成本逐渐提高，将债券投资作为资产配置方向已不能维持原有利差空间；三是受到资产收益率导向约束，部分银行对高收益资产的偏好进一步增强，开始压缩债券和票据资产，而对信托资产的收缩有限。

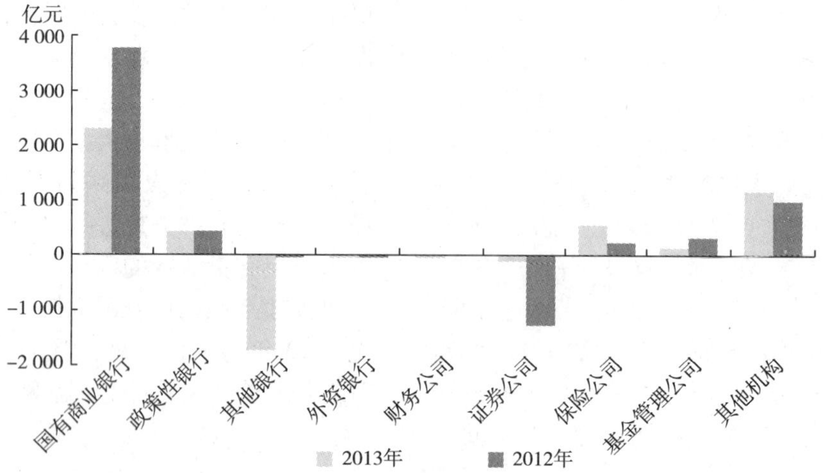

图8　北京地区各金融机构净买入债券分布图

信用债发行低迷和需求疲弱共存，市场成交量大幅下降。2013年，北京地区信用债券累计成交8.1万亿元，同比下降47.5%，占全部债券交易量的53.4%，较2012年提高5.1个百分点。其中，中期票据、企业债和短期融资券分别成交3.8万亿元、1.8万亿元和1.6万亿元，分别占全部信用债券成交量的47.3%、21.8%和19.8%。非公开定向债务融资工具、超短期融资券和中小企业集合票据分别成交2 681.4亿元、6 140.8亿元和177.7亿元。信用债在收益率显著上涨后，其融资成本和贷款相比已经没有明显优势，使大部分发债企业推迟发行。一级市场低迷，二级市场面临流动性和估值双重压力，多重因素叠加导致信用债需求疲弱。

（三）银行间外汇市场

即期外汇和掉期交易活跃，外汇远期交易量下降。即期外汇买卖成交量折合3.8万亿美元，同比增长34.1%。其中，买入1.9万亿美元，同比增长30.7%；卖出1.9万亿美元，同比增长37.5%。外汇远期交易买卖累计成交折合310.3亿美元，同比下降57.7%；其中，买入和卖出分别累计成交折合140.9亿美元和169.4亿美元，同比分别下降62.3%和53%。外汇掉期交易买卖累计成交折合2.9万亿美元，同比增长38.7%；其中，买入累计成交折合1.7万亿美元，同比增长44.3%；卖出累计成交折合1.2万亿美元，同比增长31.4%。

外币对交易量增加，欧元/美元占比提高。外币对买卖累计成交折合370.5亿美元，同比增长31.2%。交易最活跃的外币对为欧元/美元、美元/港元、美元/日元，买卖累计成交分别折合174.5亿美元、113亿美元、34.6亿美元，占比分别为47.1%、30.5%、9.3%，欧元/美元占比较2012年提高14.6个百分点。从2013年初美国的财政悬崖，再到量化宽松货币政策的逐渐退出，美元汇率全年表现为冲高回落、宽幅震荡的走势，市场预期的分歧较大，以欧元/美元为代表的外币对交易活跃。

（四）黄金市场

黄金价格不断下跌，投资避险功能被弱化。上海黄金交易所现货金价主力合约品种 AU9999 2013 年年初开盘价 335 元/克，年末收于 236.5 元/克，下跌 29.4%，年内加权平均价格最高为 340 元/克，最低为 236.2 元/克，振幅为 43.9%。2013 年，美国经济持续回暖，经济数据逐步改善，量化宽松政策退出预期升温，国际黄金价格出现 13 年来的首次年度下跌。受到国际黄金市场低迷的影响，国内黄金价格也一路下行，屡创新低。

黄金市场交投活跃，实际提货量增加较多。2013 年，北京地区交易所会员黄金买卖累计成交 4 572.1 吨，同比增长 95.7%。其中，黄金买入成交 2 093.9 吨，同比增长 90.2%，卖出成交 2 478.2 吨，同比增长 100.7%；自营交易成交 2 566.7吨，同比增长 80.3%，代理交易成交 2 005.4 吨，同比增长 119.9%；实际提货量 751.4 吨，同比增长 70.8%。多年的黄金牛市形成了投资者持有黄金避险的偏好，黄金价格的大幅下跌刺激了投资者的购买热情，并出现多次抢购潮，市场交投活跃，成交量大幅增加。

二、金融市场运行的新变化

（一）货币市场利率宽幅波动，长端利率敏感性提高

由于 2013 年 6 月份和 12 月份银行间市场先后出现了不同程度的流动性紧张，致使货币市场利率快速攀升，剧烈波动。以隔夜 Shibor 为例，年初为 2.557%，年末为 3.148%，全年最高值为 13.444%，最低值为 1.674%，最高值是最低值的 8 倍。同时，随着利率市场化改革加快推进，特别是同业存单的推出，提高了货币市场长端利率的定价指导意义，其敏感性有所增强。从 12 月 6 日起，1 年期 Shibor 改变了长期保持不变的运行态势，开始逐日波动，12 月 31 日达到 4.9606% 的年内最高点，比 12 月 5 日上涨了 56.1 个百分点。

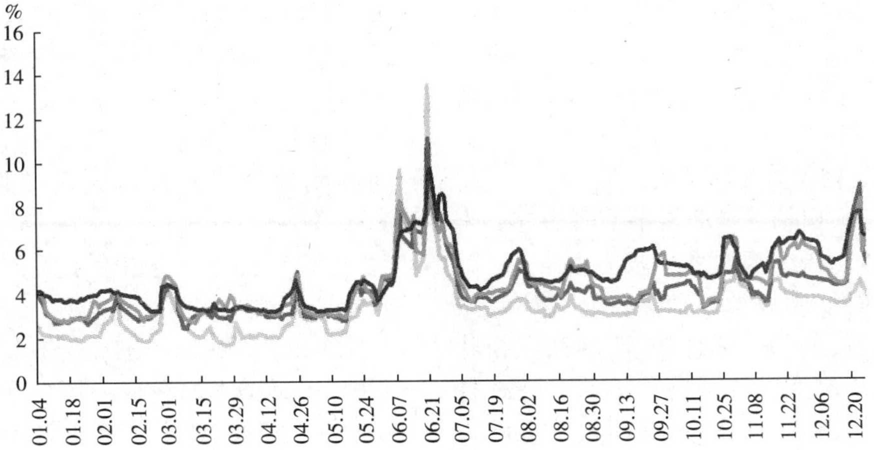

图 9　1 个月及以下期限 Shibor 走势图

（二）非金融企业债券融资工具发行规模减少，超短期融资券占比增加

2013 年，北京地区非金融企业发行债券金额 1.4 万亿元，同比下降 15.6%。超短期融资券是北京地区非金融企业通过债券市场融资的主要方式，发行金额为

6 004亿元，同比增长13.3%，在发行总额中占比41.9%，比2012年同期提高10.7个百分点；短期融资券和非公开定向融资工具发行金额分别为2 508.8亿元和989.6亿元，同比分别下降30.2%和4.1%；政府支持机构债发行1 500亿元，与2012年同期持平；企业债和公司债分别发行580.5亿元和392.5亿元，同比分别下降53.1%和46.8%。

（三）资产管理市场快速发展，非法人投资产品成交量大幅增加

2013年，北京地区的非法人投资产品通过现券买卖和债券回购累计成交2.5万亿元，同比增长81.4%。其中，资产管理计划和企业年金组合分别成交7 794.9亿元和4 244.9亿元，同比分别增长203.7%和65.8%；信托公司信托产品成交1.3万亿元，同比增长50%。受益于监管部门连续出台的资产管理新政，辖内各类金融机构间广泛开展业务合作，积极进行产品创新，资产管理市场实现跨越式发展，非法人投资产品在银行间市场上的交易规模快速扩大。

三、值得关注的情况

（一）市场资金面紧平衡常态化，金融机构对市场流动性预期较为谨慎

从国际环境看，随着美国QE政策开始退出，全球范围内的流动性充裕状况将逐步改变。从国内环境看，降杠杆和调结构仍然是金融宏观调控政策的主线，商业银行经营行为调整将导致资金融出意愿降低，市场资金面紧平衡的局面可能呈现常态化。在市场流动性偏紧的环境下，经历了“钱荒”影响的金融机构经营行为更加稳健，对于市场资金面的预期更趋谨慎，季节性扰动、财政缴款、补缴存款准备金和大盘股网上申购等因素对资金面的冲击在一定环境下将被放大，特别是上述因素的叠加影响可能会导致货币市场利率的剧烈波动，甚至引起市场恐慌。

（二）信用债利率中枢维持高位，发债主体的信用风险值得关注

随着金融自由化和利率市场化的推进，金融机构新增资金成本高企，并带动存量资金重估，资金价格在中长期内仍将维持高位，信用债利率中枢难以回落。对于能够获得银行下浮利率贷款、境外低成本融资的大型企业而言，非金融企业债务融资工具的资金成本优势已不明显，吸引力有所下降。中小企业由于自身资质相对不佳，融资渠道有限，银行贷款利率上浮较多，注册发行债券的积极性普遍较高。启动非金融企业债务融资工具主承销商分层机制试点也将促使更多地方企业、中小企业成为发债主体。在此背景下，信用债市场的信用风险将有所增加。此外，企业通过发行高利率的信用债获得资金后，为了缓解偿债现金流压力，出现擅自改变募集资金用途、投向高风险高收益项目情况的可能性会增加，相关信用风险值得关注。

（三）黄金价格惯性下跌，相关业务风险易于暴露

2013年以来，国际经济复苏增强，美国QE政策退出渐行渐近，美元币值止跌回升，新兴市场国家普遍开始实行趋紧的货币政策。全球通胀风险降低成为国际金价持续下跌的主导因素。在黄金价格下行通道中，商业银行黄金积存、定投和租赁等实物黄金业务风险不断积累，含有杠杆操作的黄金衍生业务相关风险也更易于放大并暴露。同时，部分非法黄金交易平

台公司也难以规避黄金熊市的系统性影响，投资者出现高额损失甚至“爆仓”成为大概率事件，进而可能引发影响经济和社会稳定的突发事件、风险事件和群体事件。

（李甲）

票据市场

2013年，在稳健货币政策导向下，北京地区银行承兑汇票签发量稳步增长，票据融资规模不断缩减，再贴现规模保持稳定，票据市场利率呈现上行态势。

一、票据市场的基本情况及特点

（一）银行承兑汇票签发量平稳增长

2013年末，北京地区金融机构银行承兑汇票余额2 396.4亿元，比年初增加221.5亿元，增长10.2%。全年累计签发银行承兑汇票5 788.5亿元，同比增加317.5亿元，增长5.8%。各月银行承兑汇票签发规模基本稳定。

（二）贴现融资规模继续缩减

受宏观审慎管理、信贷投放节奏受控的影响，北京地区金融机构继续坚持票据业务作为资产业务蓄水池的功能定位，通过票据运作适当调节信贷业务规模及结构。由于票据贴现占用信贷规模，但相比贷款，票据贴现收益相对较低，金融机构采取增加贷款投放、适当控制票据贴现规模的方式，调整贷款结构，降低贴现占比，以尽可能增加收益。2013年末，北京地区票据贴现余额1 229.4亿元，比年初减少123.9亿元，下降9.2%，其中银行承兑汇票贴现余额1 150.1亿元，比年初减少129.3亿元，下降10.1%，票据贴现增速延续近年来的下降趋势。

从贴现结构来看，直贴余额和买断式贴现余额的增速均显著回落。截至年末，直贴余额为618.7亿元，比年初减少59.1亿元；买断式转入余额为611.2亿元，比年初减少64.8亿元。

从贴现发生额看，2013年累计贴现16 139.5亿元，同比增加2 126.1亿元 。其中，直贴累计发生5 219.9亿元，同比增加903亿元 ；买断式转入10 919.5亿元，同比增加1 223.1亿元。

（三）票据市场利率全面走高

从定价机制来看，金融机构票据贴现利率普遍在Shibor基础上加点形成，并根据货币市场资金宽裕程度，资产负债管理要求加点形成。2013年，受人民币贷款利率全面放开、宏观审慎管理要求和流动性趋紧等因素影响，从中国人民银行营业管理部的监测数据看，金融机构票据贴现和转贴现利率总体呈现逐步上升、不断提高的走势。12月份，银行承兑汇票贴现利率为7.3477%，比1月份和6月份分别上升2.0201个和1.2982个百分点；商业承兑汇票贴现利率为7.8561%，比1月份和6月份分别上升1.317个和0.8685个百分点；买断式转贴现利率为6.5621%，比1月份和6月份分别上升1.6946个和1.2611个百分点；回购式转贴现利率为6.8039%，比1月份和6月份分别上升2.1497个和0.7038个百分点。

（四）电子商业汇票发展迅速

2013 年，北京地区电子商业汇票承兑量为 22 625 笔，金额 919. 98 亿元，比 2012 年增加 10 654 笔、227. 29 亿元。电子商业汇票贴现量为 17 073 笔，金额 643. 63 亿元，比 2012 年增加 5 641 笔、171. 43 亿元。

二、票据市场应关注的问题和建议

（一）应关注的问题

1. 票据量跌的态势或将持续

从各商业银行反映情况来看，票据市场活跃度会继续呈现相对较弱的局面。考虑到中央银行稳健型货币政策的持续，各银行对于货币市场流动性的预期会保持目前适度偏紧的预期，预计票据贴现规模的增长会继续放缓。受货币市场利率高位运行的影响，票据市场利率也将保持相对较高的水平，贴现利率可能会参照同期贷款利率进行浮动，转贴现利率则视市场流动性变化情况和银行自身信贷投放节奏而变动。

2. 票据融资低成本优势减弱，不利于支持中小企业融资

商业银行由于信贷规模调整及利润考核情况的安排等原因，缩减票据业务，票据贴现利率显著走高，票据融资的低成本优势被削弱。而市场上票据融资主体通常是中小企业，商业银行减少票据融资业务和票据利率提高均不利于支持中小企业进行融资，预计未来中小企业融资中非信贷融资占比将下降。同时，对中小企业支持力度的下降也不利于推动商业银行加快经营结构的转型。

3. 票据风险防控能力有待进一步增强

随着银行票据业务的快速发展，票据融资规模的不断增加，利用银行承兑汇票诈骗的案件显著增加，作案手段也趋于复杂化。受宏观经济形势尚未明朗的影响，特别是在经济增速放缓趋势尚未根本扭转的背景下，企业的经营效益和盈利能力下降，企业贷款的回收风险提升，进而加大辖内银行的票据兑付风险，而受获利动机驱使，也会出现不法企业违规虚开票据的情况，进而产生票据贴现的操作风险。

（二）相关建议

1. 加强政策引导，推动加快票据业务创新。注重引导金融机构根据国家产业政策和信贷政策取向，积极稳妥地开展票据融资业务。同时鼓励商业银行加快创新，增强业务创新、风险控制与市场营销能力。扩大票据业务创新品种，通过挖掘票据投资功能、塑造票据产品品牌等方式，积极推进新的票据产品和交易方式，满足实体经济需要。

2. 应切实提高票据风险防控能力。金融机构在票据业务发展过程中应切实提高自身的风险防范意识，规范票据业务的操作，提高票据风险防控能力。

（黄美娟）

证券市场

一、全国证券市场总体运行情况

2013 年，受经济下滑预期和政策偏紧的影响，A 股市场指数整体下挫，仅第三季度呈现阶段性反弹。年末上证指数收

于 2 115.98 点，同比下跌 153.15 点，跌幅 6.75%；深成指收于 8 121.79 点，同比下跌 994.69 点，跌幅 10.91%；沪深 300 指数收于 2 330.03 点，跌幅 7.65%；创业板指数与大盘形成鲜明对比，累计涨幅 82.73%，报收 1 304.44 点。

2013 年，A 股市场没有新股首发上市，但有 289 家企业完成增发和配股，全年股票融资总额 4 066 亿元。沪深两市交易较为活跃，A 股总成交额 46.66 万亿元，同比增长 48.7%；日均成交额 1 960.64亿元，同比增长 51.9%。其中，沪市成交额 22.89 万亿元；深市成交额 23.77 万亿元，近 16 年来首次超过沪市。截至年末，沪深两市上市公司 2 477 家，较上年减少 5 家；沪深两市 A 股总市值 23.79 万亿元，已上市流通市值 20.46 万亿元。

（一）证券行业总体情况

1. 证券公司资产规模

截至 2013 年年末，证券公司总资产规模 2.08 万亿元，同比增长 20.93%，平均每家公司总资产 180 亿元，同比增长 19.3%。全部证券公司净资产规模 7 538.55亿元，同比增长 8.57%。从证券行业整体的杠杆倍数来看，由 2002 年的 7.78 降至 2011 年的 3.39 后有所反弹，2013 年杠杆倍数为 4。

2. 证券公司业务利润变动和收入结构情况

2013 年，115 家证券公司实现营业收入 1 592.41 亿元，同比增长 22.99%。其中，代理买卖证券业务净收入 759.21 亿元，同比增长 50.62%；证券承销与保荐业务净收入 128.62 亿元、财务顾问业务净收入 44.75 亿元、投资咨询业务净收入 25.87 亿元，三者总计同比下降 11.33%；受托客户资产管理业务净收入 70.30 亿元，同比增长 162.71%；证券投资收益（含公允价值变动）305.52 亿元，同比增长 5.29%；融资融券业务利息收入 184.62 亿元，同比增长 250.99%。全年实现净利润 440.21 亿元，同比增长 33.68%，共有 104 家公司实现盈利，占证券公司总数的 90.43%。

3. 证券公司营业网络分布情况

2013 年，证券公司新设大批 C 型营业部（即在营业场所内未部署与现场交易服务相关的信息系统且不提供现场交易服务的营业部），促使营业部数量出现爆发性增长，同比增加 566 家。截至年末，全国证券公司营业部共有 5 544 家。其中，东南沿海和东部沿海地区营业部分布较为密集，广东省、上海市、江苏省、浙江省的营业部数量分别为 745 家、492 家、384 家、406 家。

4. 证券公司从业人员

截至 2013 年年末，证券公司注册从业人员 23 万人，同比减少 1.09 万人。其中，一般从业人员 14.32 万人，同比减少 2.19 万人；证券经纪业务营销人员 3 745 人，同比减少 2 445 人；证券经纪人 5.03 万人，同比增加 0.93 万人；证券投资咨询业务分析师 2 652 人，同比增加 201 人；证券投资咨询业务投资顾问 2.66 万人，同比增加 0.34 万人；保荐代表人 2 470 人，同比增加 316 人；投资主办人 1 106 人，同比增加 363 人。

（二）证券业务具体情况

1. 经纪业务显著回升

2013 年，证券行业实现股票基金交易量 957 857.65 亿元，同比增长 49.79%。其中，股票交易量 929 217.60 亿元，同比增长 48.94%；证券投资基金交易量 28 640.05 亿元，同比增长 84.09%。实现债券现货交易量 102 083.65 亿元，同比增长 127.87%。

2. 投行业务低迷不振

受 IPO 暂停的影响，证券承销业务持续低迷。2013 年的总承销家数比 2012 年进一步下滑，总承销金额也从 2012 年的 3 166 亿元下降至 2013 年的 2 689 亿元，从而影响了证券公司投行业务的收入。其中，首发 IPO 仅有 3 家；定向增发 211 家，同比增长 78.81%；公开增发 6 家，与上年保持一致；配股 13 家，同比增加 4 家。

债券承销则呈现出完全相反的走势。2012 年，债券承销同比增长 69.94%。2013 年虽然债券总承销的数量与 2012 年基本持平，但总金额下降了 26.73%。

3. 资管业务迎来发展黄金时期

2013 年 6 月 2 日，中国证监会发布《资产管理机构开展公募证券投资基金管理业务暂行规定》，允许券商、私募和保险机构从事公募业务，不再允许证券公司发起设立投资者超过 200 人的集合资产管理计划，由其开展的公募基金业务替代。8 月末，东方红资产管理公司获得中国证监会批准，成为首家可以发行公募基金产品的券商系资产管理公司。12 月初，东方证券资产旗下第一只公募基金——东方红新动力混合基金获批。截至 2013 年年末，共有东方红新动力混合基金、南方保证金货币市场基金，光大保德信岁末红利纯债债券型基金、银河灵活配置混合型基金获批。

由于券商从 2013 年 6 月之后，不再发行非限额特定集合资产管理计划（以下简称“大集合”），而改为发行公募基金，5 月份券商“大集合”集中爆发，当月发行产品数量 416 只。之后，由于公募基金审批流程较慢，券商的资产管理业务短期增速放缓。

4. 两融业务进入爆发性增长期

2013 年末，沪深两市融资融券余额 3 465.27亿元，比年初增长 287.11%。其中，融资余额 3 434.7 亿元，比年初增长 300.8%；融券余额 30.57 亿元，比年初下降 20%。全年累计融资期间买入额占股票成交额的比重提升至 6.9%。转融通业务，年末转融资规模 574.71 亿元，比年初增长 521.27%；转融券余额 2.19 亿元，转融券余量 0.17 亿股。融资融券收入占到营业收入的 7%，年增长率近 100%。

二、北京辖区证券市场总体情况

面对市场持续低迷，传统通道业务业绩大幅下滑的不利影响，辖区证券经营机构加快业务转型，积极开拓创新，保持了稳健的发展态势。

（一）辖区证券经营机构数量稳步增长

2013 年，北京辖区证券经营机构数量持续增长。截至年末，北京辖区有证券公司 18 家、分公司 41 家、营业部 285 家，证券投资咨询机构 18 家及分公司 4 家，资信评级机构 2 家。

（二）辖区证券经营机构盈利水平相对稳定

2013 年，北京辖区 18 家证券公司实现营业收入 267.89 亿元，净利润 67.29 亿元，较上年有所增长。

（三）辖区证券交易量稳步提升

2013 年，辖区营业部证券交易金额 14.16 万亿元，比上年增加 5.78 万亿元，增长 68.97%。其中，股票交易额 6.53 万亿元；基金交易额 0.26 万亿元；其他交易额 7.37 万亿元。

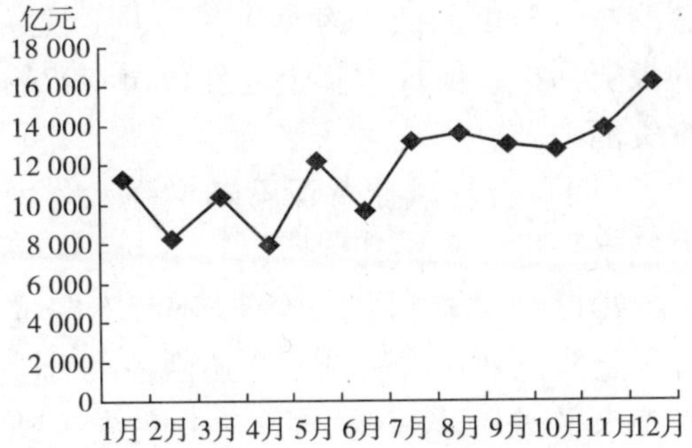

图1　辖区证券营业部月交易量

（四）投资者数量保持稳定

2013年，辖区投资者资金开户数从年初的536万人增至年末570万人，全年持续保持基本稳定态势。

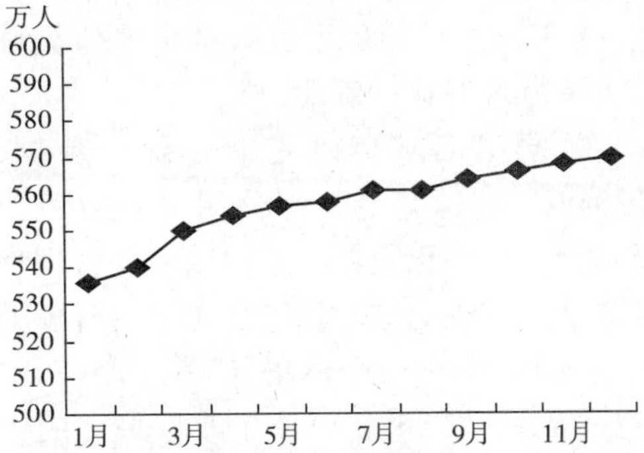

图2　辖区证券投资者开户数

（邹楠）

基金行业发展情况

一、北京辖区基金业基本情况

2013年末，北京辖区共有基金管理公司20家，管理基金323只，占全国的20.80%；基金资产净值合计8 361.11亿元，基金份额规模合计8 313.35亿份。其中封闭式基金13只，资产净值275.46亿元，份额规模262.86亿份；QDII基金20只，资产净值272.62亿元，份额规模344.47亿份。全年，北京辖区共发行基金90只。辖区基金管理公司资产规模行业占比27.85%，列全国第二位，有3家基金管理公司（华夏、嘉实、工银瑞信）管理资产规模在全国居前十位。

二、主要特点

（一）机构集聚效应明显，非公募资产管理规模上升显著

2013年，北京辖区基金机构数量呈加速增加态势，全年新增基金类监管对象34家，监管对象合计184家。其中，基金管理公司20家，年内新增5家；基金分公司及理财中心61家，年内新增2家；基金专户类子公司12家，年内新增7家；基金销售机构69家，年内新增19家；开展公募业务的证券公司1家；资产类外资代表处21家。从管理模式上看，辖区基金公司专户管理规模合计3 940.95亿元，专户子公司管理资产总规模1 120.63亿元。

（二）创新发展成效显著，行业创新步伐进一步加快

一是辖区基金管理公司相继推出了“T+0”货币基金、国债ETF、首只对冲型公募基金、定期支付型基金等创新产品；二是部分基金管理公司开始在子公司治理中引入员工持股和股权激励政策，提升机构活力；三是基金子公司尝试开展房地产融资、收益权买入返售融资等业务，海外子公司继续推进RQFII业务；四是互联网金融发展迅猛，辖区多家基金管理公

司与淘宝、百度等电商平台开展创新合作，拓宽了基金销售渠道和受众面。

（三）主动管理型股票基金整体盈利较大，体现专业投资能力

根据银河基金研究中心统计数据，2013 年，辖区基金管理公司大多数股票型基金取得了正收益，其中以主动管理型股票基金表现上佳。辖区公司主动管理型基金 2013 年平均净值增长率为 25.74%（其中 3 只基金超过 60%，收益最高的中邮战略新兴产业股票基金全年净值增长率为 80.38%），相比于同期上证综指 -6.75% 的跌幅，辖区主动管理型股票基金的净值逆市上扬，为投资者获得了较好的投资回报，体现了基金管理公司专业的投资能力。

（四）合规风控意识不断增强，公司内控水平进一步提升

2013 年，辖区基金管理公司不断完善风险防范和化解机制，公司内控和风险管理水平进一步提高，“三条底线”执行、内幕交易防控等机制进一步健全，创新业务、突发事件处理等风控措施进一步完善，有效保障了基金管理公司持续健康发展。

（王方）

期货市场

一、全国期货市场总体运行情况

2013 年，期货行业认真贯彻党的十八大、中央经济工作会议、全国金融工作会议精神，坚持稳中求进，成功推出国债期货、焦煤、动力煤、石油沥青、铁矿石、鸡蛋、粳稻、纤维板和胶合板 9 个品种的期货合约。截至年末，全国期货市场客户保证金 1 957 亿元，同比增长 11%；全年期货市场成交 20.6 亿手，同比增长 42.15%；成交金额 267 万亿元，同比增长 56.3%。

二、北京辖区期货市场总体情况

2013 年，辖区期货市场继续保持稳健发展态势，实现安全平稳运行。

1. 机构数量稳步增加，资本实力进一步增强

截至年末，北京辖区共有 21 家期货公司、90 家营业部，比上年增加了 1 家公司、7 家营业部。辖区 21 家期货公司资产总额 469.42 亿元，同比增长 13%；净资本 78.8 亿元，同比增长 1.3%，资本实力进一步增强。

2. 客户数量增长较快，保证金规模持续上升

截至年末，辖区期货公司共代理客户 35.9 万户。其中法人客户 1.37 万户，同比增长 16.4%；自然人客户 34.53 万户，同比增长 12.8%。辖区期货公司共吸收客户保证金 354.54 亿元，同比增长 11.46%，占全国的 18.12%。

3. 市场交易规模大幅增长，手续费收入有所提高

2013 年，辖区期货公司代理交易量 6.45 亿手、代理交易额 73 万亿元，同比分别增长 43.15%、59.22%，市场交易规模大幅度上升。全年手续费收入 20 亿元，同比增长 12.55%。

（谢兆辉）

保险市场

2013年，北京保险业呈现平稳发展态势。截至年末，在京保险分公司和直接经营业务的保险总公司共计101家，较年初增加2家；专业中介法人机构385家，较年初增加6家；行业总资产达4 010亿元，较年初增加401.3亿元；全行业共管理保户储金及投资款807.7亿元，较年初增加74.5亿元。

一、业务规模稳步扩大

北京地区累计实现原保险保费收入994.4亿元，居全国第四位，同比增长7.7%。其中，财产险业务保费收入288亿元，同比增长7.9%；寿险业务保费收入570.8亿元，同比增长3%；健康险业务保费收入105.7亿元，同比增长32%；意外险业务保费收入29.9亿元，同比增长37.7%。人身险公司保户投资款和投连险独立账户新增交费222.3亿元。

二、业务结构有所调整

2013年，财产险公司农业保险、工程保险原保险保费收入分别为5.6亿元、7.2亿元，同比分别增长8.7%、29.7%，合计占比4.3%，同比上升0.4个百分点。机动车辆保险业务通过电话销售渠道、互联网渠道分别实现签单保费22.6亿元、5.9亿元，分别占比11%、2.9%。

人身险公司普通型寿险原保险保费收入53亿元，同比增长13.7%，占寿险业务的9.3%，同比上升0.9个百分点。健康险、意外险原保险保费收入分别为102亿元、23.4亿元，同比分别增长33.1%、37.4%，合计占比18%，同比上升3.6个百分点。个人代理、直销渠道业务同比分别增长14.5%、65.5%，合计占比56.5%，同比上升8.6个百分点。电话销售渠道、互联网渠道业务分别实现原保险保费收入22.3亿元、1.3亿元，分别占比3.2%、0.2%。

三、风险保障作用增强

全行业累计赔付支出318.2亿元，同比增长11.2%，高出保费增速3.5个百分点。其中，财产险业务赔付支出165.3亿元，同比增长8.5%；寿险业务赔付支出108.1亿元，同比增长7.9%；健康险业务赔付支出38.2亿元，同比增长33.1%；意外险业务赔付支出6.6亿元，同比增长31.6%。政策性农业保险为18.5万户（次）农户提供了145.1亿元的风险保障；寿险和健康险为人民群众未来的养老和健康积累准备金3 071.1亿元。

（黄芳）

要素市场

2013年，北京市35家交易场所通过了清理整顿各类交易场所部际联席会议的检查验收，开创了有序发展、加速发展、创新发展的新局面。35 家交易场所实现总成交额约 13 500 亿元，银行间市场交易额 21 893 亿元，要素市场合计成交额 35 393 亿元。

北京产权交易所集团全年完成各类产权交易项目 31 872 项，同比增长 28.02%；累计实现成交金额 10 195.8 亿元，同比增长 8.52%。合并报表后累计实现营业收入 11.73 亿元，同比增长 47%；实现利润总额 3.54 亿元，同比增长 66%。年内，北京产权交易所集团取得国管局一般公务车更新处置资质，为国管局、中管局及全国政协多批公务车更新处置提供服务。推出“北京旅游资源交易平台”，各区县旅游委、旅游企业和投资机构等 35 家单位成为加盟会员。宣传推广“中国物流股权交易平台”，推动物流企业股权转让和融资项目进场。承办文化部和北京市政府委托的“2013 国家动漫项目投资推介会”和“文化产业重点项目投资推介会”。首次推出文化艺术品资产包，挂牌 32 项，已成交 4 项，成交金额 407 万元。出台《企业房屋出租操作规则》，推动铜牛集团的房屋出租项目进场挂牌。

北京金融资产交易所全年成交项目 2 379项，成交金额5 917.12 亿元。年内，北京金融资产交易所推动安信证券 83.14%的股份转让项目、乌鲁木齐商业银行5 418 万股股权转让项目、哈尔滨银行1.92 亿股股权转让项目等重点项目的挂牌及成交。中国农业银行下辖全国各地区委托资产陆续进场，并完成多个项目的成交。中国人寿保险公司全国二十一省债权类资产综合服务项目已全部挂牌招商，部分资产包已陆续成交。完成 10 笔前置委托交易业务，成交金额 50 亿元。完成网络版“中国金融资产超市”一期开发。与平安信托“日聚金”及中融信托“汇聚金”签署合作协议，实现信托公司的现金管理类产品（又称资金池产品）业务合作。与央视合作举办《发明梦工厂》节目，实现48 个项目与60 家投资机构的对接，完成3 个项目的实际投资落地。与商务部投资促进事务局就投融资项目挂牌合作、国家级经济技术开发区投资促进联席会相关合作达成一致，引进批量项目并尝试项目挂牌前置收费模式。

北京环境交易所全年实现碳配额交易 4.26 万吨，自愿减排交易 5 万吨；节能量交易 418.6 吨标煤，共完成 19.4 万辆老旧机动车的淘汰任务。北京环境交易所作为北京市碳排放权交易试点唯一指定交易平台，2013 年 11 月 28 日，交易试点正式启动。截至年末，共成交 12 笔，成交量4.26 万吨，成交额 213.3 万元。针对 ETC 系统减排量进行碳资产开发，促成北京市第一笔交通系统碳交易项目。

北京石油交易所是北京市指定的危化品交易中心，全年成交额 2 152.09 亿元，同比增长 114.0%。年内完成加油卡储值、成品油报价等全新交易模式的设计，2013 年 10 月 28 日，与中国银行联合发行“长城北京石油交易所联名卡”。在融资服务方面，形成以“油信通”、“油单通”、“油贸通”融资模式为主、小额信贷产品为补充的服务体系，为会员企业融资 1.2 亿元。

中国技术交易所专利拍卖全年成交 193 项；推出“中国中小企业信息披露与融资交易平台”，首批挂牌项目 17 个，挂牌金额 11.96 亿元，已促成知识产权质押融资共计 4 000 万元；技术合同登记业务快速增长，全年技术合同成交额 94.03 亿元，同比增长 122.5%。重点搭建“技 E 网”，初步建成国家技术交易全程服务支撑平台；推进全国技术市场服务网络建设，在 7 个省市自治区建成 10 家工作站；筹建国家级高新区区域合作中心，方案得到科技部初步认可。配合中关村管委会等部门推动市政府出台“京校十条”，试行市属高校科技成果进场公开交易备案制。配合工信部军转民技术公开交易试点，并成立试点单位，承办绵阳中国科学城科技成果交易大会，成为科技部国家科技支撑计划课题承建单位、国家知识产权局专利评价示范机构。

北京农村产权交易所全年成交额 6.7 亿元，同比增长 423.4%。年内，创新“农村土地预期收益权质押融资”方案，在不改变土地承包经营权的条件下，由担保公司与交易所共同承担融资风险，为开展农村金融服务开辟新的途径。平谷、延庆、大兴、怀柔、门头沟、密云 6 个区县政府相继出台了关于农村产权交易的规范性指导文件，要求农村集体经济组织的产权交易行为应通过北京农村产权交易所进行。正式启动建设全国农村要素流转信息化服务平台，已经完成平台开发及硬件采购验收，进入系统完善和系统测试阶段。

北京东方雍和国际版权交易中心全年成交额 21.78 亿元，同比增长 53.6%。年内，制定国内首个版权评估体系，为文化创意企业提供全方位、专业化的版权保护、交易、评估及投融资“一站式”服务。打造版权金融专项基金，推出国内第一只无抵押、无担保、低利率的文化创意产业专项融资产品——版贷通。截至年末，“版贷通”服务企业达 132 家，累计融资额度超过 5 亿元。

全国棉花交易市场全年成交额 2 580 亿元，同比增长 12.2%。年内，积极推进网络融资业务，向会员企业提供配套融资服务 120 亿元。打造进口棉综合服务平台，启动在上海自由贸易区注册成立国际棉花交易中心的有关工作，并向上海自由贸易区管委会递交注册申请报告。配合进口棉交易平台建设的张家港保税区国际贸易公司、美国孟菲斯公司和香港公司已注册成立并开始衔接业务。筹建棉花公共物流信息服务平台，起草《全国棉花物流公共信息服务平台可行性研究报告》，获得国家有关部门批准立项。推进中国供销集团电子商务平台建设，成立中合金网（北京）电子商务有限公司，6 月份完成公司注册。启动以北京全国棉花交易市场电子商务有限责任公司为主体申请第三方支付牌照工作。

（张爽）

三、发展与监管

银行业发展与监管

▲政策性银行

一、基本情况和重大变更事项

（一）基本情况

2013年末，中国农业发展银行北京市分行（以下简称农发行北京市分行）、中国农业发展银行总行营业部（以下简称农发行总行营业部）和中国进出口银行北京分行（以下简称进出口银行北京分行）资产总额3 807.49亿元，比上年增加925.24亿元，增长32.10%。贷款余额3 720.55亿元，比上年增加966.57亿元，增长35.10%。负债总额2 750.91亿元，比上年增加913.12亿元，增长32.18%。所有者权益51.22亿元，比上年增加6.76亿元，增长15.20%。

2013年，辖内3家政策性银行均实现盈利，累计实现利润66.29亿元，较上年同期增加23.28亿元，增长54.13%。

（二）重大变更事项

原农发行北京市分行副行长周瑞玲调任中国农业银行北京市分行副行长。

原农发行总行营业部总经理焦基亮调任中国农业发展银行大连分行行长，原中国农业发展银行四川分行副行长欧阳平调任农发行总行营业部总经理。原农发行总行营业部副总经理赵建生调任中国农业发展银行宁夏分行副行长，原农发行总行营业部副总经理高学牟调任中国农业发展银行大连分行副行长，原农发行总行营业部综合处处长黄亚宁提任该行副总经理。

农发行总行营业部设立异地库存监管处。

二、金融产品创新和金融服务

农发行总行营业部认真执行国家粮棉油糖肉等调控计划，全年共支持企业完成606.54万吨国储棉临储、41.4万吨进口棉转储、177万吨国储糖收储、4.41万吨冻猪肉收储以及81.45万吨临储玉米、19.68万吨临储小麦。

农发行北京市分行积极响应市委、市政府加快首都新农村建设和水务建设的战略部署，持续提高对重大基础设施建设和民生安居工程建设合理资金需求的支持力度。截至2013年年末，土地整理储备贷款余额155.72亿元，比上年增长40.14%。与北京水务投资中心签订战略合作协议，预计为北京市中小河道治理工程提供200亿元信贷资金安排。

进出口银行北京分行全年新增进出口贸易贷款余额占比77.21%；支持企业“走出去”贷款余额58亿元，比上年增长4.35倍。开办能效项目贷款，年末余额5 400万元；国内双保理业务，年末余额2亿元。

三、存在的问题和风险

一是发展定位有待明晰，商业化经营理念有待增强。二是内控管理有效性不足，贷款“三查”存在薄弱环节。三是平台贷款风险防控不容松懈。四是异地贷款和异地库存管理水平亟待提升，国别风险管控力度亟待增强。五是产能过剩等行业贷款风险显现，不良贷款反弹压力较大，且存量不良贷款清收化解难度较大。

六是人才队伍和信息科技系统建设相对不足，制约长期稳健发展。

四、监管工作情况

（一）引导各机构紧扣政策性金融定位，增强商业化经营理念

督导各机构立足于政策性金融定位，充分发挥自身在农业、进出口以及重大项目建设等领域的优势，明确战略发展方向，积极探索创新业务发展模式。合理运用财政损失承担机制、补贴机制等优惠政策，坚持政策性和商业化业务分类核算、分类管理。强化自担风险、自负盈亏的商业化经营理念，严格商业化业务准入审批。

（二）督导各机构严控风险，服务实体经济建设和产业转型升级

督导防范化解钢铁、光伏等产能过剩行业风险，推动信用风险防范关口前移。持续做好政府融资平台贷款风险防控，严格落实土储融资政策要求，密切关注平台资金投向和还款安排，重点加强结构优化和到期化解工作。通过差别化信贷政策降低“两高一剩”行业贷款占比，在风险可控的前提下持续加大对高新技术、战略性新兴产业、小微企业以及城镇化建设的支持力度，积极服务首都经济建设和民生改善。

（三）引导各机构加强专业人才队伍建设，提升信息科技系统支撑

引导各机构通过银企合作、同业合作、系统内合作以及与专业培训机构合作等方式，进一步提升队伍专业素质，推进流程改造，提升经营质效。督促完善信息系统建设，以专业系统辅助经营，提升效率，节约人力成本，尽早实现现代化、集约化经营。

（胡璇）

▲商业银行（一）国家开发银行

一、基本情况和重大变更事项

（一）基本情况

2013年末，国家开发银行北京市分行（以下简称国开行北京市分行）、国家开发银行企业局（以下简称国开行企业局）资产总额本外币合计9 910.11亿元，比上年增加258.20亿元，增长2.68%；其中各项贷款占资产总额的94.55%。各项贷款余额9 370.31亿元，比上年增加329.98亿元，增长3.65%。负债总额9 794.75亿元，比上年增加211.86亿元，增长2.21%。所有者权益115.36亿元，比上年增加46.34亿元，增长67.15%。

2013年，辖内国家开发银行两家机构均实现盈利，累计实现利润113.36亿元，比上年同期增加45.34亿元，增长66.66%。

2013年末，国开行北京市分行内设20个处室，共有员工212人；国开行企业局内设16个处室，共有员工125人。

（二）重大变更事项

原国开行信贷管理局局长魏维调任国开行企业局局长。

二、金融产品创新和金融服务

2013年，国开行北京市分行积极主动满足北京市重点在建续建项目的合理资金需求，大力支持棚户区改造等保障性安居工程建设。截至年末，累计发放棚户区贷款356亿元，余额290亿元，占全辖的58.12%，其中利用软贷款优惠政策支持西城区百万庄棚户区改造项目承诺贷款30亿元。探索破解北京新机场建设、大兴区西红门项目建设融资难题，其中已对西红门项目发放贷款3亿元。

国开行企业局着力保障国家战略性、

基础性重大项目融资需求，贷款主要投向铁路、矿产、能源等国民经济关键领域。向中铁总公司发放贷款120亿元，配合主承销中铁总公司1 300亿元企业债券、配合发行铁路资产证券化产品80亿元；牵头南水北调工程488亿元银团贷款；滚动发放战略性石油储备贷款累计780亿元，保障了中哈、中亚天然气管道工程项目以及中俄能源合作等重大国际合作项目的资金需求。

三、存在的问题和风险

发展定位有待明晰，商业化经营理念有待增强，面临利率市场化挑战。贷款集中度风险和行业风险值得关注。平台贷款、异地贷款和境外贷款管理水平有待进一步提升。

四、监管工作情况

（一）引导机构紧扣政策性金融定位和优势，强化商业化经营理念

引导两家机构立足于政策性金融定位，充分发挥自身在支持“两基一支”、重大项目建设等领域的优势，积极贯彻落实中央“调结构、稳增长”各项战略部署，合理布局、科学规划业务发展模式，明确战略发展方向，坚持商业化运作原则，强化自担风险、自负盈亏的经营理念。

（二）督导机构严防风险，服务实体经济建设和产业转型升级

督导两家机构继续做好平台贷款风险防范化解，关注信贷资金投向和到期贷款还款安排。严防产能过剩行业信用风险，高度关注行业集中度和客户集中度风险。继续通过差别化信贷政策降低“两高一剩”行业贷款占比，在风险可控的前提下加大对高新技术、战略性新兴产业、城镇化建设的支持力度，促进国家产业结构调整和企业转型升级，积极服务首都经济建设和民生改善。

（三）督导机构推进关注类贷款风险化解和不良贷款清收处置，遏制不良贷款反弹势头

督导两家机构细化风险资产管理模式，密切跟进关注类贷款借款人生产经营情况，探索通过增强抵质押担保、调整本息回收方案、变更还款来源等措施，严防信贷资产质量向下迁徙。进一步加强与有关单位的沟通协调，切实加大不良贷款清收力度。

（四）督导机构做好信贷业务全流程管理，夯实风险管控基础

督导两家机构扎实做好集团授信、项目审批、资金发放、贷后管理等环节风险管控，切实提升抵质押担保的有效性。认真落实中国银监会现场检查意见，杜绝同质同类问题。继续保持案件防控高压态势。着力提升内审稽核效力。科学设置考核评价指标。做好档案管理等基础性工作。

（五）督导机构加强异地贷款管理，提升国别风险管控水平

督导两家机构加大异地贷款现场检查频度和深度，加强对代理行履职行为监督，做好交易背景和单据真实性以及资金用途合规性审查，防范因信息不对称和管理半径过长引发的资金挪用风险。提高跨境经营风险意识，全面梳理存量境外贷款项目风险，完善信用风险防控技术手段。进一步完善国别风险管理体系，强化国别风险评估和限额管理，密切关注国际资本流动冲击和地区潜在金融风险。

（六）引导机构合理拓展中间业务，积极应对利率市场化挑战

引导两家机构积极适应利率市场化趋

势，结合自身现有信贷资产特征和未来发展战略，完善定价机制建设，不断提高差异化服务水平和利率风险管理水平。充分结合地区金融服务需求特点，在合规经营和风险可控的前提下积极创新业务模式，适度合理拓展中间业务，优化客户结构和收入结构，实现长期可持续发展。

（赵阳）

▲商业银行（二）工、农、中、建、交5家银行

一、基本情况和重大变更事项

（一）基本情况

2013年末，工商银行北京市分行、农业银行北京市分行、中国银行北京市分行、建设银行北京市分行和交通银行北京市分行（以下简称5家银行）资产总额6.38万亿元，比上年增长4.74%，其中各项贷款余额1.77万亿元，比上年增长11.24%。负债总额6.34万亿元，比上年增长4.54%，其中各项存款余额5.07万亿元，比上年增长5.54%。实现营业收入3 982.62亿元，比上年增长16.32%；所有者权益381.56亿元，比上年增长54.16%；累计净利润600.74亿元，比上年增长19.82%。不良贷款总额比年初下降10.32%，不良贷款率比年初下降0.10个百分点。

截至年末，5家银行共有机构网点1 759家（含分行），比上年增加39家。其中，分行6家，支行1 601家，比上年增加148家；分理处30家，比上年减少62家；储蓄所122家，比上年减少45家。共有纳入监管范围的高级管理人员205人，比上年增加16人。在职职工52 062人。其中，工商银行北京市分行16 766人；农业银行北京市分行8 556人；中国银行北京市分行9 886人；建设银行北京市分行12 081人；交通银行北京市分行4 773人。

（二）重大变更事项

1. 机构变更情况

2013年，农业银行北京市分行新增54家支行，是辖内新设网点最多的银行；建设银行北京市分行新增53家支行；工商银行北京市分行新增30家支行；中国银行北京市分行新增8家支行；交通银行北京市分行新增3家支行。

2013年，5家银行分理处、储蓄所进一步减少，其中农业银行北京市分行、工商银行北京市分行分理处分别减少41家、21家；建设银行北京市分行、工商银行北京市分行储蓄所分别减少36家、9家。

2. 分行级高级管理人员变更情况

2013年，北京银监局核准农业银行北京市分行周瑞玲、高松林、汪学军，中国银行北京市分行黄新斌，交通银行北京市分行于启春的副行长任职资格。余静波任建设银行北京市分行行长，徐洪昇任建设银行北京市分行副行长，田慧宇不再担任建设银行北京市分行行长，王颖千不再担任交通银行北京市分行副行长。

二、金融产品创新和金融服务

（一）支持中关村国家自主创新示范区建设

2013年，5家银行以产品创新为主线，不断扩大中关村创新区域业务规模，支持中关村国家自主创新示范区建设。针对中关村管委会公布的瞪羚重点培育企业和其他优质的科技型小企业，积极予以信贷支持，其中建设银行北京市分行已累计发放“科技型小企业信用贷”29笔，发放金额近1亿元。

（二）创新支持北京市城乡一体化改造项目

根据国务院关于加快棚户区改造工作的意见，5家银行按照风险可控、商业可持续原则，创新金融产品，改善金融服务，积极支持北京"50个重点村"、棚户区、西红门镇城乡一体化改造等项目，为首都城市建设贡献力量。截至年末，5家银行"50个重点村"贷款余额155.32亿元，棚户区改造贷款余额472.2亿元，西红门城乡一体化改造贷款余额7.85亿元。

（三）积极支持保障房建设工作

积极响应市政府号召，调整房地产贷款结构，严格执行差别化住房信贷政策，积极支持保障性安居工程建设，包括限价商品住房、公共租赁住房、经济适用房、定向安置房。截至年末，5家银行保障性安居工程贷款余额70.78亿元。

（四）发放中小微企业贷款，加大对文化创意等产业的支持力度

截至年末，5家银行小微企业贷款余额1 412.91亿元，比上年增长22.84%，高于全部贷款增速11.06个百分点，全部达到"两个不低于"监管要求。加大对文化创意、高科技等产业的信贷支持力度，截至年末，五家银行文化创意产业贷款余额183.65亿元。

（五）加大对节能环保支持力度，发展绿色信贷

2013年，5家银行贯彻落实中国银监会的各项政策要求，通过完善内控制度，调整信贷政策，细化操作流程，不断加大对节能环保产业的支持力度，发展绿色信贷。截至年末，5家银行节能环保项目及服务贷款余额2 548.58亿元，比年初增加444.74亿元，增长21.14%。

（六）发放涉农贷款，支持北京都市农业发展

2013年，5家银行继续加大对涉农产品的支持力度，农业银行北京市分行推出"农村合作社联保贷"产品；中国银行北京市分行推出"信贷工厂"，支持郊区农民合作社。截至年末，5家银行涉农贷款余额659.96亿元，比上年增长29.67%，高于全部贷款增速18.43%。

（七）创新惠民产品，发展普惠金融

5家银行积极推出惠民产品，提升金融服务民生企业形象。工商银行北京市分行以"银医一卡通"品牌效应作为切入点，在301医院、协和医院等8家医院投产"银医一卡通"项目，并实现非签约客户也可预约挂号的"银行114模式"；交通银行北京市分行扩展社保合作业务，作为首批银行参与失业金代收付业务，为养老金社会化发放全面放开创造良好条件。

三、存在的问题和风险

（一）个别行业信用风险防范的前瞻性尚需加强

5家银行信贷资产质量总体呈上升趋势，不良贷款总体实现"双降"，但个别行业如房地产业等信贷质量存在不稳定因素，信用风险防范的前瞻性尚需加强。

（二）网点金融服务水平有待进一步提高

5家银行信访投诉量较上年有所下降，但是反映服务纠纷、理财、保险的信访仍然存在，网点基础性的公众金融服务有待进一步优化。

（三）贷款合规管理有效性存在不足

个别银行在贷款合规性方面存在不足，房地产开发贷款、土储贷款和个人消费贷款管理相对薄弱，易引发信用、声誉等风险。

（四）绩效考核科学性有待完善

5 家银行年度绩效考评制度的考评指标设置方式和权重更趋科学，但依然存在存款指标的考核有待优化、风险和合规类考评以及延期支付制度建设仍待加强等问题。

四、监管工作情况

（一）严控重点领域风险，确保安全稳健运行

2013 年，中国银行业监督管理委员会北京监管局（以下简称北京银监局）对 5 家银行系统性风险形势进行研判，进一步强化房地产贷款、理财业务、平台贷款、案件风险、不良贷款等重点领域风险监管。一是做好房地产法人贷款风险监管，建立全辖房地产法人贷款风险状况季度监测制度；二是按照四部委文件要求建立辖内土地储备融资非现场监测制度；三是落实差别化信贷政策，加大对个人住房贷款监管，随时关注差别化房贷政策和市场变化，督导银行认真执行房贷调控政策；四是稳步推进平台贷款分类管理，持续督导 5 家银行按照总量控制、结构调整的原则管理政府融资平台贷款；五是持续完善理财业务风险监管，建立理财产品研发投向季度监测制度；六是加强对同业业务风险监管，对创新型同业业务进行风险性和合规性审核，对同业业务发展较快的银行进行重点监管；七是督导不良贷款实现“双控”，做实贷款五级分类；八是严抓案件风险、行业风险、信息科技风险等多项风险，指导 5 家银行高度关注民间融资和非法集资风险，加大案件防控工作力度。

（二）加强监管引领，支持首都实体经济发展

一是创新破解城乡一体化改造试点融资难题；二是积极支持“重点村”改造和保障房建设工作；三是鼓励 5 家银行加大对小微企业和涉农贷款的信贷投放；四是加强对国家重点项目建设的金融支持；五是主动引领 5 家银行审慎开展业务创新，支持经济发展；六是积极引导 5 家银行支持中关村国家自主创新示范区建设。

（三）推动服务升级，促进 5 家银行加快经营模式转型

一是科学审查网点发展计划，提高集约经营意识；二是提升监管服务水平，维护金融消费者的合法权益；三是大力推动代理销售保险业务的合规销售；四是加强绩效考评管理，调整业务结构转型发展；五是督导 5 家银行提升金融服务能力和服务水平。

（四）认真做好非现场分析，扎实开展市场准入工作

一是认真开展非现场监测分析，实施主动监管；二是坚持原则性和灵活性相结合，认真做好市场准入监管，规范机构准入行为。

（赵恒）

▲商业银行（三）其他商业银行

一、基本情况和重大变更事项

（一）基本情况

2013 年末，中信银行总行营业部、中国民生银行总行营业部、中国光大银行北京分行、华夏银行北京分行、招商银行北京分行、上海浦东发展银行北京分行、广发银行北京分行、兴业银行北京分行、平安银行北京分行、渤海银行北京分行、浙商银行北京分行（以下简称 11 家银行）本外币资产总额 31 014.24 亿元，比上年增加 3 279.60 亿元，增长 11.82%；其中贷款余额 9 882.35 亿元，比上年增加

683.19 亿元，增长 7.43%。负债总额 30 662.62亿元，比上年增加 3 245.15 亿元，增长11.84%；其中存款余额21 729.04亿元，比上年增加 1 984.04 亿元，增长10.05%。累计实现净利润 283.89 亿元，同比增加32.08 亿元，增长12.74%。

截至年末，11 家银行在京营业机构数共计499 家，比上年增加51 家。其中，分行级机构 11 家；支行 488 家，比上年增加51 家。在职人员共计 19 663 人，其中高管人员506 名。

（二）重大变更事项

2013 年，中国光大银行信用卡中心（持牌专营机构）在北京市石景山区成立。原兴业银行北京分行行长陈锦光升任兴业银行副行长，原兴业银行南京分行行长陈信健调任兴业银行北京分行行长。原上海浦东发展银行天津分行行长崔炳文调任上海浦东发展银行北京分行行长，上海浦东发展银行副行长冀光恒不再兼任北京分行行长。原中信银行总行营业部总经理郭党怀调任中信银行审计总监，原中信银行太原分行行长王晖调任中信银行总行营业部总经理。招商银行行长助理王良不再兼任北京分行行长，招商银行副行长王庆彬兼任招商银行北京分行行长。原平安银行北京分行行长刘峰调平安银行北区管理部工作，平安银行行长助理张金顺兼任平安银行北京分行行长。

二、金融产品创新和金融服务

（一）积极创新信贷产品体系，加大小微企业扶持力度

2013 年，11 家银行加大信贷结构调整力度，改进小微企业金融服务，深入开展市场调研，紧密贴合小微企业客户融资需求创新信贷产品体系，以满足小微企业灵活、快速、多层次的融资需求。民生银行总行营业部以总行互助合作基金为基础，结合北京市场环境及产品需求，创新推出小微企业风险补偿基金。截至年末，11 家银行小微企业贷款余额 1 735.14 亿元，较年初增长 33.68%，高于各项贷款平均增速 26.25 个百分点。

（二）大力发展理财和消费信贷业务，加快推进零售业务转型

2013 年，11 家银行积极拓展个人理财业务品种，规范销售流程，满足不同客户的风险偏好和投资需求。大力发展个人消费类贷款业务，创新业务模式和流程，提高业务审批效率。兴业银行北京分行推出个人旅游贷款，可用于支付旅途中各项消费、旅行社保证金及团费，该业务采取“信贷工厂”模式流程化作业，审批时间一般不超过3 个工作日。

（三）主动履行社会责任，促进银行与社会和谐发展

2013 年，11 家银行推出延时服务、智能服务等新型服务模式，在践行“普惠金融”方面积极探索，成效初见。一是推出系列金融服务便民措施及延时服务措施，服务环境不断改善。华夏银行北京分行推出报时服务，即客户在柜台办理业务时，柜台人员根据客户需求提前告知业务办理所需时间；并在3 家网点试点延长个人业务营业时间。二是自助服务向智能化发展，客户体验有所提升。光大银行北京分行、招商银行北京分行等推出可视柜台服务等。

（四）加快电子银行建设，不断丰富产品和服务种类

2013 年，11 家银行加快电子银行建设，推出微信银行、手机支付业务、网上金融商城等，拓宽电子银行服务渠道，提高电子银行使用的安全性，为客户创造良

好的电子银行外部服务环境。上海浦东发展银行北京分行与北京移动联合推出NFC手机支付产品；中信银行总行营业部依托银联商务提供的POS流水数据，向符合贷款条件的小微企业主、个体工商户营销，创新推出在线信用贷款产品。

三、存在的问题和风险

（一）信用风险仍是辖内股份制商业银行面临的主要风险

一是政府融资平台贷款仍处于集中还款期，资金偿付风险需持续关注。二是个别银行房地产信贷行业集中度仍然偏高，容易受到宏观经济波动和房地产调控政策的影响。三是个别银行不良贷款“双升”明显，关注类贷款和非不良类逾期贷款增长较快，资产质量存在下行迁徙压力。四是部分银行因个别央企自身经营不善且在兼并重组过程中履约意愿不强引发信用风险。五是部分银行个人不良贷款不同程度上升，个贷业务风险逐步显现。六是部分银行通过非信贷业务多渠道为企业客户进行融资，以此承接或替代传统信贷业务，授信业务“异化”风险值得关注。

（二）投诉及负面舆情有所增加，潜在声誉风险不容忽视

一是由于外部经济形势未见明显好转，资本市场行情持续低迷，部分私募类产品陆续出现亏损和到期无法兑付等问题。个别银行作为上述产品的代销行、资金托管行或因存在员工私售问题，多次涉及负面舆情报道，声誉风险不容忽视。二是辖内股份制商业银行的各类投诉举报、负面舆情相比上年有所增加，内容涉及理财产品销售、银行卡服务、个人贷款业务等方面，部分事项反映出银行金融服务水平与投诉处理能力有待提升。

（三）对公信贷业务管理存在薄弱环节，精细化程度有待提升

个别银行集团客户统一授信执行不严格；贷款审查不够严谨，贸易背景真实性存在问题；贷后管理不到位，信贷资金未按规定用途使用等。

（四）部分业务规范性不足，对支行的管控力度仍需加强

一是个别支行网点存在违规印制和使用保险宣传材料以及保险公司人员变相驻点现象，代销业务规范性有待提高。二是个别银行在业务快速发展的过程中内部管理仍不到位，对基层员工的日常管理和业务培训不足，仍需进一步夯实管理基础，加强操作环节风险防控。

四、监管工作情况

（一）扎实推进地方政府融资平台贷款清理规范工作，严控平台贷款风险

一是以监管通报、召开风险座谈会、走访调研等形式对各行平台贷款管理提出监管要求。二是充分利用非现场监管手段，密切关注各行政府融资平台存量贷款的风险变化情况，及时收集月度动态管理台账，进行日常监测分析，摸清平台贷款到期风险。三是开展平台贷款现场检查，对检查中发现的问题进行持续跟踪监管，督促银行及时进行整改。四是加强对各行的政策指导和信息沟通，强化平台贷款政策执行力。

（二）规范土地储备融资管理，切实加强房地产贷款风险管理

一是以监管通报、风险提示等形式对各行房地产贷款进行风险提示并提出监管要求。二是定期跟踪各行土地储备融资规模控制卡使用情况，及时下发监管意见，要求各行严格执行监管规定，确保土地储备融资业务合规性。三是以通报、舆情及举报核查等形式持续督导各行加强个人住

房贷款管理，严格执行差别化房贷政策。四是持续监测各行大额房地产贷款情况，要求各行做好企业还款能力摸底，对还款存在困难的企业提前采取应对措施，有效保障贷款资金安全。

（三）严防各类操作风险，毫不动摇抓好案件风险防控

一是以监管通报、监管会谈、风险座谈会等形式，及时传达中国银监会关于案件防控的各项工作要求，对各行案件防控工作保持高压态势。二是要求各行采取多种措施加强员工异常行为排查，重点关注员工涉嫌民间借贷、非法集资、私售等行为。三是就银行员工日常行为管理情况进行实地调研，撰写完成《辖内股份制商业银行员工日常行为管理情况调研报告》，并以通报形式下发各行参考借鉴。四是对部分银行开展案件防控和操作风险飞行检查，并就检查中发现的问题督促银行及时整改。

（四）督导各行加强小微企业金融服务，支持实体经济发展

一是多次深入郊区县和银行开展调研，实地了解小微企业金融服务中存在的问题和困难，督导各行有效支持小微企业发展。二是在日常监管工作中，逐月监测各行小微企业贷款的指标变化情况，力争实现“两个不低于”监管要求。三是贯彻落实北京银监局对设立小微特色支行实施快速审批的有关政策，开辟市场准入绿色通道，鼓励各行设立小微企业专营网点。四是督导各行认真做好小微企业金融服务宣传月相关工作，取得良好成效。五是积极研究股份制银行支持小微企业发展现状、存在问题及产品创新情况，撰写完成多篇调研报告。

（五）积极推动各行金融服务能力和水平的提升

一是鼓励各行在条件允许并且进行充分论证的基础上探索开展延时服务、智能金融服务等金融创新，取得初步成效。二是通过监管会谈、走访调研、下发问卷等形式，了解各行社区银行试点工作设想，提高社区金融服务水平。三是对部分银行理财业务、代理保险等业务进行抽查、暗访及现场督导，督促各行进一步改进金融服务。四是结合信访举报工作，妥善处理客户投诉事宜，切实维护金融消费者的合法权益。五是积极开展“促监管政策进基层行”活动，为各行基层员工进行金融消费者权益保护的政策宣讲。

（黄未）

▲城市商业银行（一）北京银行

一、基本情况和重大变更事项

（一）基本情况

2013 年末，北京银行资产总额13 376.63亿元，比上年增长19.64%；负债总额 12 594.53 亿元，比上年增长20.37%；各项贷款余额 5 830.57 亿元，比上年增长 18.08%；各项存款余额8 322.50亿元，比上年增长 16.86%；实现利润134.54 亿元，同比增长 14.94%。

（二）重大变更事项

1. 董事会、监事会换届。强新任监事长（任职资格尚在核准过程中），张东宁任行长。

2. 集团化进程加速。2013 年，中加基金管理有限公司开业；北银租赁有限公司获批筹建；北银消费金融公司完成增资扩股。

3. 机构发展情况。2013 年末，北京银行共有北京地区营业网点 185 个，比上年增加 11 个。

二、金融产品创新和金融服务[①]

（一）坚持“一个中心”，加大中小企业金融支持力度

2013年，北京银行坚持服务中小企业的战略定位，稳步推进中小企业业务发展。一是成功发行300亿元小微企业专项金融债，拓宽小微企业金融服务负债渠道。二是创新抵质押担保方式，推动集合票据、集合信托业务开展，探索解决中小企业“融资难”、“融资贵”的途径。三是推出“科技链”、“制造链”等融资模式，积极探索小微业务移动在线服务模式；针对各类市场、商圈、园区产业集群及国内外知名供应链集群，推出10余种批量授信模式。四是积极打造“小巨人成长计划”，除传统存贷款、结算服务外，为中小客户提供包括投资理财、并购、重组、发债，直至上市等在内的全方位金融服务；与北银消费金融公司合作，共同推出“小巨人专属Mini循环消费贷”、“微信贷”产品，给予小微企业主及其企业内部员工客户融资授信。截至年末，中小企业[②]人民币公司贷款余额2 383亿元、10 450户，同比分别增加482亿元、3 386户，增幅分别为25%、48%。其中小微企业人民币公司贷款余额1 601亿元，比上年增加324亿元，增长25%，完成“两个不低于”目标。

（二）打造“三大特色”，提升品牌价值

一是持续提升文化金融品牌形象。充分发挥服务文化产业的纽带作用，加大文创产业支持力度。截至年末，文化金融贷款余额163.8亿元，当年累计放款140亿元。二是积极参与各项科技金融创新试点，着力打造科技金融特色品牌。截至年末，科技金融贷款余额442.3亿元，同比增加96.3亿元，增长28%。全年共发放符合中关村信用贷款扶持政策的信用贷款21.6亿元、206户，比上年分别增长66%、175%。三是推动绿色金融持续稳健发展。出台《中国中小企业节能减排融资贷款（CHUEE SME项目）操作规程》，推动业务落地；与北京神雾集团签署30亿元合作协议，支持企业节能减排与资源利用技术的研发与推广。截至年末，绿色信贷余额110亿元，同比增加31亿元。

（三）持续加大服务“三农”力度

一是加强涉农金融创新。探索试点林权反担保抵押贷款业务，为果树协会下属29家企业提供贷款3 715万元；针对个人农户时令性强的特点，开辟绿色通道，简化审批流程，将农户贷款放款时限压缩至三个工作日。二是深化“镇域金融”服务。累计为14家签约镇发放中小企业贷款177户、6.75亿元。三是加快金融渠道建设，实现首都10个远郊区县的服务全覆盖。积极引导电子银行等现代化服务手段在农村地区普及推广，为农村客户提供“7×24”小时便捷金融服务，提升农村金融服务便利度。

（四）致力民生金融服务，助力城乡一体化建设

一是上线“京医通”项目，发布“惠民通”、“易缴费”、“悦出国”等特色产品，推出直销银行服务模式，打造“民生金融”品牌。二是与爱心万里公益基金会签约，承诺未来三年内，每年向北

---

① 本部分情况由北京银行提供。

② 统计口径为《中小企业划型标准规定》（工信部联企业〔2011〕300号）划型标准。

京爱心万里公益基金会捐赠100万元，支持社会公益慈善事业。三是为北京地区下岗失业人员、大学毕业生、农村转移劳动力、复转军人、农村妇女五类人群提供融资服务。自项目推出以来，累计发放“就业贷”（小额担保贷款）2.91亿元，帮助4 800余人成功就业。四是创新融资模式，助推首都城乡一体化建设，全年累计发放土地开发贷款，保障房、回迁房建设贷款等234亿元。

三、存在的问题和风险

（一）信用风险状况

2013年，北京银行主要信用风险监管指标满足监管要求，但不良贷款较上年“双升”。北京银行在业务条线嵌入风险管理中心，前移风险管理关口；加强具体行业和表外业务授信指引，加大资产减值准备计提力度，提升信用风险管理的全面性和科学性；加大核销力度，逐步化解历史包袱。

（二）流动性风险状况

2013年，北京银行进一步强化流动性风险管理制度建设，启动新一代资产负债系统建设，将附属机构头寸情况纳入监控范围。妥善应对年中、年末两次市场流动性紧张问题，大部分流动性指标满足监管要求，但部分指标有所恶化或突破监管标准。

（三）市场风险状况

2013年，北京银行加强了市场风险管理制度建设，完善了市场风险压力测试场景并推进核心系统利率模块建设。但随着利率市场化加速、互联网金融兴起和金融脱媒等日益显著，利率风险管理难度加大。

（四）操作风险状况

2013年，北京银行以新资本项目建设为契机推动操作风险管理水平提升，完成操作风险管理三大工具建设，全年未发生重大案件。

（五）声誉风险状况

2013年，北京银行将并表附属机构纳入集团层面声誉风险管理范围，着力加强分支机构金融服务水平和投诉处理能力，监管部门收到的信访投诉量较上年大幅下降。但信用卡业务客户服务水平还需进一步提升。

（六）信息科技风险状况

2013年，北京银行完成异地灾备系统一期升级改造与二期建设工作，扩大了灾备体系覆盖范围；完成了多个系统和模块的上线工作。但业务外包管理仍需进一步加强。

四、监管工作情况

（一）监管引领，指导北京银行提升公司治理水平

一是督导北京银行做好董事会、监事会与高管层换届过渡工作。二是督促北京银行落实中国银监会《商业银行公司治理指引》等相关要求，做好差距分析。三是对北京银行绩效考评情况进行现场调研。四是加强与内外审部门的监审联动，传导监管意图，提升审计质效。

（二）风险预警，指导北京银行防控信用风险

一是提示北京银行关注重点行业和地区风险，做好贷后管理和风险预警，加强异地贷款风险管理。二是动态跟踪、指导北京银行做好不良贷款处置工作。三是按月跟踪北京银行地方政府融资平台贷款“降旧控新”工作进展。四是对北京银行开展地方政府融资平台、大额授信客户等现场检查。

（三）跟踪督导，督促北京银行提升

流动性风险管理水平

一是加强市场资金价格监测分析，于季末、年末等重要时点逐日监测北京银行流动性情况。二是持续督促北京银行落实2012年流动性风险专项现场检查意见。三是引导北京银行通过系统建设等手段提升管理精细化水平。

（四）持续跟进，督促北京银行提高资本运用效率

督促北京银行完善以资本约束、稳健经营、合规引领等为导向的绩效考核机制，加强内源式资本补充，确保资本净额增速不低于加权风险资产增速。

（五）强化提示，督导北京银行做好声誉风险管理和信息科技风险防控工作

一是要求北京银行重点做好董事会、监事会及行长换届等关键时点的声誉风险管理工作。二是密切关注北京银行第四代核心业务系统开发、上线工作进程；要求其加强业务连续性管理。三是对北京银行开展信息科技风险现场检查。

（六）监管引领，督促北京银行持续提升金融服务水平

一是引导北京银行加大对实体经济的支持力度，做好小微企业、涉农和文化创意产业金融服务。二是督导北京银行加强产品、服务信息披露，持续改进服务质量，提升消费者满意度。

（李海传）

▲城市商业银行（二）其他城市商业银行

一、基本经营情况

（一）基本情况

2013年末，北京辖内共有11家异地城市商业银行，分别为天津银行北京分行、大连银行北京分行、杭州银行北京分行、南京银行北京分行、盛京银行北京分行、上海银行北京分行、江苏银行北京分行、宁波银行北京分行、包商银行北京分行、锦州银行北京分行和厦门国际银行北京分行（以下简称11家城商行北京分行）。截至年末，11家城商行北京分行共有支行网点78家，从业人员3 325人。

2013年，11家城商行北京分行实现平稳较快发展，资产规模稳步增长，总体资产质量良好。截至年末，11家城商行北京分行资产总额5 453.48亿元，比上年增长26.52%，其中各项贷款余额1 280.53亿元，较年初增长32.85%。负债总额5 401.28亿元，较年初增长26.45%，其中各项存款余额2 809.11亿元，较年初增长24.18%。全年实现利润40.59亿元，较上年同期增长43.53%。

（二）重大经营事项

1. 机构设立情况。2013年，经厦门银监局核准，厦门国际银行改制为城市商业银行，该行北京分行纳入北京地区城商行体系管理。

2. 机构发展情况。2013年，11家城商行北京分行共设立21家支行（以开业批复为准）。

3. 高管变动情况。2013年，王建平任天津银行北京分行行长，敖一帆任杭州银行北京分行行长，陈桦任上海银行北京分行副行长（主持工作）。

二、金融产品创新和金融服务

（一）突出特色，金融服务品牌初步形成

2013年，11家城商行北京分行不断契合北京地区经济特色，通过产品创新努力打造具有影响力的服务品牌。杭州银行北京分行面向中关村科技园及市科委的“瞪羚计划”重点培育企业，推出“瞪羚

诚信贷”，为企业提供免担保、速度快、个性化的金融服务。截至年末，累计发放30户，贷款余额合计2.22亿元。宁波银行北京分行的“金色池塘”小微企业服务品牌涵盖了数十种金融产品，满足企业在初创期、成长期、成熟期的差异化金融需求。截至年末，余额已达5亿元。

（二）重心下沉，小微金融服务“质”、“量”双升

截至年末，11家城商行北京分行小微企业贷款余额257.58亿元，较年初增加107.91亿元，高于各项贷款平均增速17.27个百分点，实现“两个不低于”持续达标；小微企业贷款户数5 574户，较年初增长60.45%；户均贷款余额430.83万元，低于全辖水平118.71万元。11家城商行北京分行通过互助基金、圈链式营销等业务模式，依托小微信贷差异化管理制度，实现批量拓展、成本集约、风险可控的高效管理机制。

（三）服务延伸，机构网点体系持续优化

2013年，11家城商行北京分行共新设网点21家，其中10家位于郊区县或小微企业聚集区，占比47.62%；5家位于中关村园区，占比23.81%。截至年末，11家城商行北京分行在中关村示范区内共设立营业网点15家，网点密度不断加大。

三、存在的问题和风险

（一）信用风险值得关注

一是信贷资产质量向下迁徙压力较大。信贷资产风险分类准确性有待提高，逾期90天以上贷款余额与不良贷款余额“剪刀差”扩大。二是行业集中度偏高。批发和零售业、制造业、租赁和商务服务业贷款余额合计占比达58.07%。三是重点领域潜在风险值得关注。地方政府融资平台贷款存在集中还款压力，个别银行房地产行业贷款规模和占比仍居高位，存在政策风险与合规风险。四是异地授信业务增长较快，给银行落实信贷管控要求带来较大挑战。

（二）声誉风险管理压力较大

2013年，11家城商行北京分行声誉风险管理仍面临压力。信访投诉及负面舆情有所增加，内容涉及自营和代销理财产品、信贷服务、员工管理以及科技系统管理等方面，反映出各行须加强声誉风险管理，提高金融服务水平。

（三）经营特色尚不突出

部分城商行北京分行的目标客户不明确，沿用简单粗放、外延式发展模式，尚未找到具有核心竞争力的可持续发展之路。少数城商行北京分行经营管理缺乏特色，须加强零售和小微业务团队、服务和产品建设。

四、监管工作情况

一是督导11家城商行北京分行做好金融服务助力北京市经济发展。通过实地走访调研，与政府主管部门、银行、企业、担保公司、商会开展座谈等方式，探寻金融支持北京经济发展的新途径；引导11家城商行北京分行加强金融创新，助力北京市“双轮驱动”战略。二是引领11家城商行北京分行稳步推进小微金融。督导单列小微企业信贷计划，指导制定尽职免责制度和不良贷款容忍指标，定期统计各项小微服务指标达标情况，政策激励金融创新并给予政策倾斜。三是夯实风险防范基础。非现场报表分析辅以现场评级，准确定位11家城商行北京分行经营薄弱环节和风险点；做好窗口指导，及时传递重点行业企业风险信号；指定并跟踪

11家城商行北京分行重点内审项目，实时掌握风险变化。

（薛飞）

▲农村商业银行——北京农商银行

一、基本情况和重大变更事项

（一）基本情况

2013年末，北京农商银行资产总额4 664.03亿元，比上年增长9.72%。各项贷款余额2 365.10亿元，比上年增长16.46%。其中，一般贷款余额1 836.47亿元，比上年增长10.12%；贴现余额484.05亿元，比上年增长35.47%。各项投资余额808.85亿元，比上年增长2.16%。负债总额4 451.23亿元，比上年增长9.57%，其中各项存款余额3 817.08亿元，比上年增长7.64%。所有者权益212.80亿元，比上年增加24.39亿元。实现拨备前利润57.45亿元，同比增加2.69亿元；净利润38.05亿元，同比增加5.72亿元。资产利润率和资本利润率分别达到0.85%和18.97%，同比分别上升0.04个百分点和0.54个百分点。

2013年末，北京农商银行资本充足率11.32%，较年初下降0.08个百分点；一级资本充足率8.37%，较年初上升0.33个百分点；杠杆率4.48%，较年初上升0.07个百分点。各项资本充足性指标符合新资本管理办法监管要求。不良贷款余额和不良贷款率比上年分别下降8.13亿元和0.68个百分点，实现不良贷款持续“双降”。

2013年末，北京农商银行涉农贷款余额591.84亿元，比上年增加87.91元，增速高于各项贷款平均增速0.98个百分点，增量高于上年同期，实现“两个不低于”的监管要求；小微企业贷款余额较年初增加109.68亿元，增长57.78%，增速高于全部贷款平均增速41.32个百分点。

（二）重大变更事项

1. 高管人员变化

2013年，经北京农商银行董事会审议通过，并经中国银监会批准，王金山任北京农商银行第二届董事会董事长，乔瑞不再担任董事长。经北京银监局批准，聘任曾林峰为副行长。

2. 机构变化

2013年，北京农商银行由北京市西城区金融大街9号金融街中心搬至北京市朝阳区朝阳门北大街16号。

3. 其他重要事项

2013年末，北京农商银行共有分支机构694家。其中，支行203家，分理处490家。在册职工8 423人，比年初增加339人，本科以上学历人员占66.59%，比年初提高8.96个百分点。

二、金融产品创新和金融服务

（一）创新涉农金融产品获嘉奖

在《银行家》杂志社与中国社会科学院金融研究所金融产品中心共同主办的“2013年度中国金融创新奖”评选活动中，北京农商银行“金凤凰掌上交易宝”荣获地方性金融机构“十佳金融产品创新奖”。“金凤凰掌上交易宝”是专门为批发市场、零售市场小微企业商户定制开发的一款专属产品，具有收款、付款、查询、市场管理收集等多项功能，操作简单，成本低廉。在2013年中国国际金融展上，“板栗农户贷款”荣获优秀金融服务解决方案奖。

（二）成立北京市首家持牌社区银行

2013年10月31日，北京农商银行设立的持牌社区银行——经济技术开发区支行南海家园五里社区分理处在大兴区开业。社区银行实行错时服务（营业时间为7：30～10：00和16：00～20：00）、并配备专人协助客户使用银行自助机具。社区银行除提供存取款、代理缴费等基本银行服务外，还提供拉卡拉使用、汽车养护与保险、金融知识讲座等特色服务。

（三）推出凤凰福农信用卡便利农户用款

2013年，北京农商银行推出凤凰福农信用卡。福农信用卡除一般贷记卡功能外，主要有三大特色：一是福农信用卡主要面向农村地区从事生产经营的农户发行；二是持卡人在从事涉农生产经营活动时，可随时申请用款，较传统的农户小额贷款方式更为快捷；三是福农信用卡存款计息且不收取境内取款手续费。

三、存在的问题和风险

（一）信贷客户集中度指标持续上升

2013年末，北京农商银行单一客户贷款集中度为8.72%，较年初上升0.89个百分点；单一集团客户授信集中度为13.60%，较年初上升1.85个百分点。最大十家客户贷款集中度高于辖内中资法人银行平均水平。

（二）信贷结构亟须调整

2013年末，北京农商银行公司类大型企业贷款余额比年初增加162.05亿元，占公司类贷款余额的比例较年初上升1.92个百分点。大型企业贷款占比居高不下，信贷结构亟待调整。

（三）操作风险控制亟须加强

2013年，北京农商银行进一步加强操作风险防控力度，但整体操作风险水平仍然偏高。尚未建立覆盖全行的操作风险关键指标体系、损失数据库和管理信息系统；风险排查存在盲区，未能及时发现和有效避免个别操作风险事件。

（四）信息科技水平有待提高

北京农商银行IT基础设施建设虽然取得一定进展，为业务的发展和管理的提升提供了较有力的支撑，但由于信息科技基础较为薄弱，对部分重点风险领域缺乏信息系统支持，还需进一步全方位提升信息科技风险管理水平，加强信息科技管理“二道防线”的作用。

（五）利率市场化给现有经营模式带来冲击

与辖内主要中资法人银行平均水平相比，北京农商银行净息差水平略显偏低。大额客户议价能力减弱，执行下浮利率的贷款比例较高。中间业务收入占比较低，收入结构需努力改善。

四、监管工作情况

（一）督促北京农商银行进一步提高公司治理有效性

督促北京农商银行做好董事会换届各项工作，提高董事会及其专门委员会运行效率；督促加强监事会监督效能，充分发挥监事会在风险管理、内控审计、薪酬管理等方面的作用。

（二）督促北京农商银行提高重点领域信用风险防控能力

督促北京农商银行加强流程控制，保障信贷制度流程有效落实；加强对产能过剩行业大额贷款、异地贷款、置换贷款和委托贷款等的风险管控能力；做好融资平台和房地产贷款压降和风险排查。

（三）督促北京农商银行推进新资本协议落实

督促北京农商银行建设信用风险内部评级法的内部系统，提高信用风险计量和管理水平；更新资本规划，充分发挥资本管控机制，积极发展中间业务和小微企业信贷等资本节约型业务。

（四）督促北京农商银行加强对重点领域的金融支持力度

督促北京农商银行加快调整信贷结构和资产结构，进一步改进小微企业和“三农”金融服务；支持北京农商银行探索“三权”抵押贷款试点，以多种形式积极支持新型城镇化建设、棚户区改造、绿色信贷、现代农业发展等领域的合理资金需求。

（赵安平）

▲村镇银行

一、基本情况和重大变更事项

（一）基本情况

2013 年末，北京地区共有 10 家村镇银行，分别为北京延庆村镇银行、北京密云汇丰村镇银行、北京怀柔融兴村镇银行、北京大兴九银村镇银行、北京昌平兆丰村镇银行、北京大兴华夏村镇银行、北京顺义银座村镇银行、北京通州国开村镇银行、北京门头沟珠江村镇银行和北京房山沪农商村镇银行，15 家村镇银行分支机构。

（二）业务开展情况

1. 业务规模稳步增长，盈利能力有所提高

2013 年末，辖内村镇银行资产总额 121.91 亿元、负债总额 111.13 亿元、所有者权益 10.78 亿元、各项贷款余额 53.93 亿元、各项存款余额 97.47 亿元，分别较年初增长 37.6%、38.9%、25.42%、46.32% 和 34.6%。全年累计实现净利润 11 972.4 万元，同比增加 4 724.73万元，增长 65.19%。资产利润率 1.14%，资本利润率 12.36%，分别较上年同期上升 0.06 个百分点和 2.42 个百分点，有 9 家村镇银行实现盈利，较上年增加 2 家。

2. 市场定位进一步明确，差异化发展初步显现

一是网点下沉速度明显加快，北京顺义银座村镇银行和北京大兴九银村镇银行分别增设了 3 家和 4 家支行，其他多数村镇银行也开始启动网点建设工作。二是产品设计、营销计划的针对性有所增强，“金融服务进村入社区”活动逐步增多，员工主动“扫街”和上门服务的积极性有所提高。三是人员招聘和培训的方向更加明确，员工本地化、周边化比例进一步提高，多家村镇银行加大了对员工小额储蓄、小额信贷技术的培训力度。四是品牌推介活动逐步增多，北京顺义银座村镇银行多次在《金融时报》和人民网等媒体上交流、展示该行的小微企业金融服务经验，在同业和社会公众中的认知度不断提高。

3. 风险管理有序推进，各项监管指标基本达标

一是多数村镇银行设置了专门的风险管理和内部审计部门，初步搭建起了“三道防线”，风险管理架构进一步完善。二是各项监管指标持续符合监管要求。截至年末，辖内村镇银行总体资本充足率 19.39%，不良贷款率 0.09%，拨贷比为 2.34%，存贷比为 55.36%。全年各统计时点内，主要监管指标均符合监管要求。无案件或其他重大风险事件发生。三是风险处置工作有序开展。北京密云汇丰村镇银行和北京怀柔融兴村镇银行通过核销方式共处置不良贷款 26 万元。

（三）重大变更事项

1. 机构发展情况

2013 年末，北京地区 10 家村镇银行

共有25家营业网点，较上年增加10家。在册员工640人，比上年增加164人，其中高管人员57人。北京房山沪农商村镇银行在年内获准开业。

2. 主要人事变更情况

2013年8~9月，北京大兴九银村镇银行新任行长助理刘文虎、金晨阳，新任监事长胡华亮的任职资格获得批复；9~11月，北京昌平兆丰村镇银行新一届董事、董事长任职资格获得批复，北京顺义银座村镇银行新任副行长冯国庆、行长助理叶朝云任职资格获得批复；12月，北京通州国开村镇银行新任副行长许艳萍任职资格获得批复。北京顺义银座村镇银行新设三家支行和北京大兴九银村镇银行新设四家支行行长的任职资格也在下半年获得批复。

3. 股权变动情况

2013年8月，北京大兴九银村镇银行注册资本变更事项获得批复。

二、金融产品创新和金融服务

（一）产品创新不断加快，产品种类日益丰富

2013年，辖内各村镇银行在发起行的技术援助下，继续加快产品创新，产品种类日益丰富。北京顺义银座村镇银行开发了“兴农卡”，推出了互助担保基金，探索开展批量获客模式；北京大兴华夏村镇银行设计开发了“租益贷”，探索农村土地三权抵押，增强农户贷款的可获得性。

（二）服务方式多元化，服务覆盖面进一步扩大

一是网点下沉速度继续加快，服务半径不断扩大。辖内村镇银行着力农村地区金融服务均等化建设，全年共有3家村镇银行新设了8家分支机构。二是现代化服务手段迅速发展，服务便捷性增强。开通网上银行和借记卡的村镇银行逐步增多。三是多数村镇银行减免业务收费，践行普惠金融和免费金融理念，为消费者减费让利。四是加强银政、银社合作，借力社区居委会、村委会等组织开展宣传，提高服务的覆盖面和服务效率。

三、存在的问题和风险

（一）公司治理基础薄弱，治理水平有待提升

一是公司治理基本制度未及时修订，公司治理的规则有待进一步改进。二是董事会和监事会履职缺位问题突出，对重大事项管控不到位。三是发起行越位管理事项时有发生。部分发起行将村镇银行视同分支机构进行管理，越过村镇银行董事会向其下达考核指标，并对其进行规模和效益排名，在一定程度上影响了村镇银行的独立经营权。

（二）内控机制不健全，内控有效性亟待提高

一是制度可操作性差，本地化程度较低，多数村镇银行简单套用发起行制度规定、业务流程和岗位设置，制度规定与实际业务运行“两张皮”的情况较为突出。二是关键岗位兼职情况较为普遍，岗位制约不到位。三是内审力量薄弱，审计的全面性、专业性和有效性不足。

（三）资本管理能力较差，部分银行资本充足水平持续下降

一是资本规划的科学性不足，亟须完善和改进。虽然多数村镇银行制定了中长期资本规划，但资本规划缺乏前瞻性和科学性，实际资本充足水平与规划目标差距较大。二是资本补充渠道狭窄，资本补充困难。目前各村镇银行的资本补充渠道较为狭窄，仅局限于利润留存和增资扩股，

其他资本补充渠道尚需继续拓展。三是部分村镇银行的资本充足水平持续下降，若这种趋势得不到根本扭转，对业务发展的制约作用将会逐步显现。

（四）风险管理薄弱环节较多，防控形势较为严峻

一是信用风险管控难度持续增大，开业满两年的6家村镇银行陆续出现不良贷款，多数村镇银行在贷款风险分类、贷后管理方面存在一定的薄弱环节。二是业务结构不合理导致流动性风险防控压力较大。三是同业业务管理存在一定的不规范之处，潜在风险隐患较大。四是操作风险隐患不容忽视。五是信息科技风险管理较为薄弱，风险处置能力较低。

（五）业务发展呈现“两极分化”，部分村镇银行可持续发展面临较大压力

2013年，辖内村镇银行业务发展虽保持增长态势，但各行的发展也呈现“两极分化”趋势。除北京顺义银座村镇银行实现稳步发展外，其他各行的经营质效有待进一步提升。部分村镇银行自主盈利能力较低，利润较为依赖政府补助。个别银行业务处于停滞状态，生存能力堪忧。

四、监管工作情况

（一）积极开展风险预判，及时做好风险预警和提示

一是加强对各种非现场监管数据平台的运用，密切关注各行经营和风险数据的变动情况，积极开展风险预判。先后发出风险预警和提示20余次，指导部分村镇银行及时化解潜在合规风险。二是积极参加村镇银行“三会一层”会议，及时传达监管要求。

（二）严格履行审慎监管职责，及时发现和处置业务违规情况

一是针对部分村镇银行出现的业务风险，及时提请其主发起行进行专项审计，并对其采取暂停业务和高管准入等审慎监管措施。二是充分发挥审慎监管会谈的作用，全年共约见村镇银行及其主发起行相关负责人16次，完成审慎监管会谈纪要16份，并针对主要业务风险提出具体监管意见，督导各行整改落实到位。

（三）坚持监管与服务并重，助力村镇银行增强发展基础

一是在新的监管政策出台后，主动向各村镇银行传递监管要求，做好监管政策解释工作。二是通过下发调研问卷的形式，组织各村镇银行撰写发展规划、公司治理状况分析等，引导村镇银行高管层分析、总结问题，解决问题，推动工作开展。三是牵头组织村镇银行公司治理经验交流会、业务发展经验交流会等，协调村镇银行加入北京市银行业协会，搭建村镇银行沟通、交流、协作的平台。四是针对村镇银行人员少、业务素质较低的现状，指导各行行政、审计、计财、风险管理等部门工作人员加强履职能力建设。

（四）扎实推进调研和监管创新，不断加强监管能力建设

一是全年完成20余篇各类调研和信息工作，分别就辖内村镇银行存差资金运用、个人经营性贷款风险点、发展瓶颈等提出意见和建议，促进村镇银行规范发展。二是开展对被监管机构的现场走访，了解村镇银行经营发展的实际情况，全年共深入郊区县，走访村镇银行30余次。三是开展村镇银行有限牌照政策的研究和试点，推动整体监管能力的创新和提高。

（高宾）

▲邮政储蓄银行

一、基本情况和重大变更事项

（一）基本情况

2013 年末，中国邮政储蓄银行股份有限公司北京分行（以下简称邮储银行北京分行）总资产 1 845.6 亿元，较上年增长 19.11%；总负债 1 829.68 亿元，较上年增长 18.88%。其中，各项贷款余额 299.39 亿元，较上年增长 61.75%；各项存款余额 1 417.71 亿元，较上年增长 5.56%。所有者权益 15.93 亿元，较上年增长 53.69%。全年实现税后利润 11.88 亿元，同比增加 5.47 亿元，增长 85.34%。

2013 年末，邮储银行北京分行所辖支行及代理网点共 550 个。其中，一级支行 16 个；二级支行 241 个；邮政代理网点 293 个。所辖机构数较年初增加 14 个。员工共计 3 529 人，较年初减少 11 人。

（二）重大变更事项

1. 主要人事变动情况

2013 年，邮储银行北京分行行长徐学明调中国邮政储蓄银行总行工作，副行长杜春野调任邮储银行深圳分行行长，总审计师刘贞菊退休。原邮储银行广西分行行长徐维进调任邮储银行北京分行行长。

2. 机构变动情况

2013 年，邮储银行北京分行完成 11 家二类支行迁址改革工作，原址降格为代理营业所；新增设代理营业所 3 家。按照中国邮政储蓄银行机构改革的要求，完成分行机关部室组织架构的调整。组建资产负债管理、授信审议、风险与内控、产品创新与科技管理 4 个专业委员会。设立 20 个一级部门、6 个二级部门和 1 个直属单位。

3. 新业务开办情况

2013 年，邮储银行北京分行开办土地承包经营权质押贷款、房产净值抵押担保小额贷款、“农保贷”、小微企业互助担保贷款、小企业动产抵（质）押贷款业务、远期结售汇业务、瑞亚速汇收汇、账户资金提现业务 8 项新业务。

二、金融产品创新和金融服务

邮储银行北京分行始终坚持“服务三农、服务社区、服务中小企业”的定位和理念，围绕北京地区经济社会发展需要，充分依托和发挥网点优势，实施“延时”、“错峰”等便民惠民举措，面向广大城市社区和农村居民提供基础金融服务。自 2011 年 8 月起试点开办“金融夜市”，将西城区广安门支行营业时间延长至每晚 8 时，办理储蓄、汇兑、代收公共事业费等个人业务以及结算等对公业务。依托歌华双向数字网，重点面向老年客户群体推出电视银行服务，成为北京市开办此项业务的第一家银行。全年实现代收代付业务量 631.12 亿元，已成为北京养老金发放主要渠道。

持续加大信贷投放力度，创新产品、丰富渠道，支持实体经济发展，切实帮助“三农”和小微企业融资融智。截至年末，小微企业和小微企业主贷款余额 68.95 亿元，占各项贷款的 23.03%，涉及近 6 000 户。连续三年举办“创富大赛”，取得良好的社会效应。成为首批北京市集体林权抵押贷款试点银行。新开办小企业“互惠贷”、“增信贷”、知识产权保证保险贷款 3 项新产品；调整原有产品要素 30 多项。启动实施特色支行建设工程，助推区县特色产业发展。出台系列优化业务处理流程的措施，缩短业务调查至上报审批时限。

三、存在的问题和风险

信贷风险管控基础较薄弱，声誉风险管理能力有待提高，主动发声、快速回应意识不足。安保和案防等风险防控领域仍有隐患。随着业务规模和复杂程度的增加，科技信息系统和人才储备对业务发展支撑不足。

四、监管工作情况

（一）督导服务首都经济建设和民生改善，做好普惠金融服务

督导邮储银行北京分行积极优化信贷投放结构，创新特色化、可持续的金融服务方式、方法，深入乡镇、城乡接合部、棚户区等金融服务空白或薄弱地区，做好基础金融服务。持续开展“金融知识进万家”活动。坚持合规销售，加强消费者保护。

（二）督导紧扣重点领域，提升风险管控能力建设

督导邮储银行北京分行深入开展规制流程梳理，细化操作细则标准，加强信贷资金实际用途监控，切实防范信用风险。完善舆情应急机制建设，按照公开透明原则加强信息披露，积极维护自身形象，妥善化解声誉风险。强化审慎经营理念，形成常态化风险排查机制，切实提升操作和案件风险防范软硬件水平。

（三）推动做好信息科技和人才建设，保障业务发展

督导邮储银行北京分行进一步改进和完善信息科技系统，逐步提升自主开发能力和信息科技风险管理主导力。加快专业条线人员培养。狠抓重点领域、关键环节和重要岗位履职管理。按条线分层次开展阶梯式培训。营造合规文化氛围。

（刘来成）

▲外资银行

一、基本情况和重大变更事项

（一）基本情况

1. 机构及人员情况

2013年末，北京辖内共有外资银行营业性机构109家。其中，外资法人银行9家；外资法人银行北京分行30家；外国银行分行12家，较年初增加1家；支行58家，较年初减少1家。代表处67家，较年初减少3家。辖内外资银行营业性机构从业人员5 152人；辖内外国银行代表处共有正式员工232人。

2. 行业发展概况及特点

（1）资产增速平稳，同业资产占比上升，资产收益率略有提高。2013年末，辖内外资银行资产总额4 747亿元，较年初增长13.50%，增速同比上升4.3个百分点；占全国外资银行资产总额的18.56%，与年初基本持平；占全辖银行业资产总额的3.36%，较年初上升0.17个百分点。全年资产变动趋势基本与辖内中资银行保持一致，但波动幅度较小。从资产构成看，同业资产占比31.6%，较年初上升6.6个百分点；各项贷款占比41.2%，同比下降1.76个百分点。同业资产呈增长态势，年末余额较年初增长43.46%。从资产收益率看，较年初上升0.22个百分点，至0.97%，低于全辖总体水平（1.08%），但显著高于全国外资银行水平（0.55%）。

（2）各项贷款有所增长，普通贷款占比下降。2013年末，辖内外资银行各项贷款余额1 954.36亿元，较年初增长8.78%，增速高于全国外资银行总体水平（6.47%），但明显低于全辖银行业水平（13.12%）；占全辖银行业各项贷款的

3.62%，占全国外资银行各项贷款的17.66%。从各项贷款构成看，普通贷款占比70.47%，较年初下降2.18个百分点；贴现占比16.77%，与年初持平；贸易融资占比12.73%，较年初上升2.14个百分点。主要集中于制造业、批发零售业和个人贷款，占比分别为38.04%、23.97%和7.38%。人民币贷款占比70.48%，基本与年初持平。

（3）各项存款稳步增长，同业负债有所增加。2013年末，辖内外资银行各项存款余额3 421.42亿元，较年初增长13.06%，增速远远高于全国外资银行总体水平（4.51%），也明显高于全辖银行业水平（9.09%）。各项存款占全部负债的80.91%，基本与年初持平，高于全辖银行业总体水平（69.08%）。各项存款中单位存款占比84%；储蓄存款较年初增长7.5%，增速高出辖内中资银行5.2个百分点。同业负债水平下半年有所上升，同业负债年末余额536.4亿元，较年初增长7.53%，占全部负债的12.69%，低于辖内中资银行总体水平（19.38%）和全国外资银行水平（23.87%）。

（4）盈利水平总体较好，各行差异显著。2013年，辖内外资银行合计实现净利润45.23亿元，同比增长46.91%，增速略高于辖内中资银行总体水平（44.29%），同期全国外资银行整体盈利下降14.11%。仅有2家外资法人银行、2家异地法人分行和1家新设外国银行分行出现亏损。但实现盈利的外资银行中，盈利能力进一步分化。其中，单家法人分行净利润最高达到9.97亿元，最低仅为179.74万元。

（二）重大变更事项

1. 机构变更

2013年，北京辖内外资银行分行开业2家，分行筹建2家，支行筹建2家，支行开业2家，新设代表处2家，代表处关闭4家，1家代表处升格为分行。法人异地分行开业4家。

2. 人事变更

2012年，北京银监局共核准或初审转报中国银监会辖内外资银行高管任职资格92人。其中，总行级行长、副行长5人，董事11人，首席财务官4人、首席风险官1人、首席技术官1人、首席运营官1人；分行级行长10人、分行级副行长13人；支行行长19人；外国银行代表处首席代表12人；合规负责人12人；内审负责人3人。

二、金融产品创新和金融服务

（一）利用自身优势为企业量身定做覆盖全业务流程的综合金融服务

辖内外资银行利用自身的国际金融服务网络和专业优势，为中关村示范区内企业的国际化发展量身定制融资方案，帮助企业解决困难和问题。花旗银行（中国）有限公司为敦煌网集团的境内外账户提供统一的资金管理、收付款服务，解决了企业繁琐的海外收款问题。澳大利亚和新西兰银行（中国）有限公司北京分行等机构协助百度公司成功地在海外发债10亿美元，拓宽了中国科技企业在海外资本市场融资渠道，降低了融资成本。

（二）利用专营网点和特色产品，为小微企业提供全方位的金融服务

1. 通过成立小微企业特色支行开展金融服务。渣打银行（中国）有限公司分别在2012年和2013年成立两家小微企业特色支行——北京永定门支行、北京亦庄支行，以中关村科技园区丰台园、大兴—亦庄园、中关村德胜科技园、西城区

广安产业园区、龙潭湖体育产业园区等区域为核心，为工业区内及周边的小微企业提供专业高效的金融服务。截至年末，两家支行已向234家企业客户发放贷款11 485.6万元。

2. 通过特色产品为小微企业提供金融服务。星展银行（中国）有限公司北京分行推出“企贸通”贸易融资计划，为中小企业和该行筛选的核心买家之间的赊销贸易提供融资。该计划从核心买家、经营历史、履约记录和整体业务状况综合评价借款人，首次申请融资额度最高可达人民币500万元，融资比例为发票金额的70%。渣打中国北京分行推出“一站式”金融服务，专业的客户经理将根据企业在不同时期的要求，设定专属于企业自己的融资方案和产品，并提供多项增值服务，帮助中小企业解决成长过程中的各种问题。

三、存在的问题和风险

（一）不良贷款“双降”，韩资法人银行信用风险需关注

2013年末，辖内外资银行不良贷款同比减少3.09亿元，不良率同比下降0.17个百分点。不良贷款主要集中在制造业、批发零售业和采矿业，占比分别为65%、17%和10%。关注类贷款同比下降5%。逾期贷款同比下降10%，其中逾期180天以上贷款同比增长14%，贷款质量呈现下行趋势。

（二）市场风险集中于欧美法人银行金融衍生品交易业务

2013年末，辖内9家外资法人银行金融衍生品合约名义本金合计7 921.74亿元人民币，较年初增长7%，占全国外资银行衍生品名义本金总量的12%，占全辖金融机构衍生品名义本金总量的52%。基本全部集中于5家欧美法人银行。

（三）跨境风险主要涉及信息科技风险

2013年，辖内外资银行出现过由于母行受到不明网络攻击，导致内部系统、网银平台等中断并波及该行与其子行之间的内部即时通讯系统；因母行误操作导致境内业务系统无法与SWIFT系统正常连接，错过港元清算截止时间，发生交易对手付款违约等问题。

（四）流动性整体平稳，资金来源相对稳定

2013年，辖内外资法人银行日均贷存比保持在65%左右，流动性覆盖率和净稳定资金比例分别为168.08%和195.27%。各行普遍比较重视压力测试和应急处置，流动性管理能力基本能够应对当前市场波动。截至年末，法人银行核心负债依存度32.29%，同比上升0.85个百分点，低于辖内法人银行机构总体水平。资金来源集中于单位存款和同业融入。存款集中度有所上升，同业融入集中度有所下降。

四、监管工作情况

（一）提高准入工作效率，促进首都银行业对外开放

2013年，共完成各类市场准入事项146项。其中，批准新设分行2家、支行2家；批准筹建分行2家、支行2家；支持法人银行开办新业务9项。

（二）继续完善外资法人银行公司治理监管

建立外资法人银行董事、监事履职情况监管评价机制，并对辖内7家外资法人银行共计35名非执行董事、独立董事和监事2012年履职情况进行了试评价。深

入了解各外资法人银行母行及本地子行绩效考核及激励机制建设情况、良好做法及本地化中存在的问题，并在调研基础上及时下发《北京银监局关于进一步加强辖内外资法人银行绩效考评工作的意见》。

（三）继续深化外资法人银行监管联动

召开在华韩资法人银行监管联动会，共涉及14个属地银监局，集中讨论韩资法人银行监管中面临的共性问题，明确下一步监管工作重点。派员参加德意志银行亚太及美洲区监管会议、新韩银行全球监管联席会议，切实加强对境内外资法人银行的日常监管工作。协同上海银监局对辖内4家外资法人银行上海分行进行现场走访，扎实推进法人总分支监管联动。

（四）持续开展外资银行现场访查

全年完成外资法人银行现场访查24次，参加各行董事会会议16场；分别对异地法人分行和外国银行分行现场访查41次；走访代表处31家。核查信访投诉11起。

（五）持续完善非现场监管工作机制

继续推进功能监管能力建设，完成构建外资法人银行国别风险分析框架、流动性风险数据分析框架、市场风险内在水平分析框架；建立外资法人银行“一行一策”监管台账；完善外资法人银行年度监管通报后续整改评估及跟进机制；实时更新各类定期风险监测及现场访查工作表，形成日常监管长效机制。

（六）积极开展外资银行监管调研

全年共完成各类调研信息156篇，其中中国银监会采用6篇，新闻稿采用16篇。组织编译《国际银行业监管动态摘报》45期。

（刘述　赵继南　何龙）

▲金融资产管理公司

一、基本情况和重大变更事项

（一）基本情况

2013年末，中国华融资产管理公司北京市分公司（以下简称华融北京市分公司）、中国长城资产管理公司北京办事处（以下简称长城北京办事处）、中国东方资产管理公司北京办事处（以下简称东方北京办事处）、中国信达资产管理公司北京市分公司（以下简称信达北京市分公司）总资产255.04亿元，比上年下降11.09%，其中商业化资产238.75亿元，比上年下降9.09%。商业化利润30.18亿元，比上年增长11.28%。全年新增商业化项目63个，发生额164.62亿元。其中，商业化收购项目82.29亿元、占比50%，投资项目27.33亿元、占比17%，远期收购承诺项目55亿元、占比33%。房地产类项目发生额129.6亿元、占比79%，矿产能源类项目发生额5.4亿元、占比3%。异地项目发生额88.44亿元、占比54%。

（二）重大变更事项

1. 高级管理人员变更情况

胡建军任华融北京市分公司总经理，原总经理苏锡河改任其他职务，原副总经理邹俊调华融国际信托有限责任公司任职。

袁德法任长城北京办事处副总经理，卢祎萍任风险总监（副总经理级）。

周继东任东方北京办事处副总经理。

2. 机构变更情况

（1）华融北京市分公司设立法律事务部。成立业务审查委员会秘书处，承担原风险内控部业务审查职能。

（2）信达北京市分公司增设风险合

规部，调整综合管理部、法律事务部分别为总经理办公室、业务综合部，将业务一部、二部、三部、四部调整为资产管理部、产品开发部、银行业务部、非银金融部、重要客户部、市场开发部。

二、存在的风险和问题

一是合规意识仍需强化，部分业务存在合规问题。二是风险防范意识不足，存在信用风险隐患。三是未严格规范运作项目，操作风险不容忽视。四是内部控制亟待强化，基础管理仍需夯实。

三、监管工作情况

（一）引导深化改革转型，提升核心竞争力

配合推动已股改的资产公司按照现代金融企业治理要求不断完善治理机制，推动未股改的资产公司积极配合总公司改制转型进程。引导辖内四家资产公司进一步转变经营思路，明确发展方向，立足北京地区经济社会发展需要，发挥不良资产处置专业优势，契合地方特色经济发展，形成差异化竞争优势。

（二）督导风险防范，切实化解逾期项目风险

督促增强对债务人、担保方实力分析的能力，关注房地产、矿产能源等易受政策调控影响的行业市场情况，优化行业布局、项目结构，降低集中度风险。防范化解异地项目风险。

（三）督促合规规范运作项目，稳健创新业务

督促强化合规意识，引导辖内四家资产公司在风险可控的基础上积极开展低资本消耗的业务创新，为实体经济提供多元化金融服务。认真履行新业务监管报备制度。深入梳理业务规制流程，提升业务管控效能。

（四）督促加强内控建设，强化基础管理

完善内部制衡机制，健全内部交易风险隔离机制，及时、真实、准确反映资产质量，足额计提减值准备抵御风险，提高绩效考核的科学性。改进档案管理工作，夯实管理基础，进一步强化队伍建设。

（周晓俊）

▲信托、财务、汽车金融、金融租赁、消费金融、货币经纪公司

一、基本情况

2013年末，辖内有信托公司、企业集团财务公司、汽车金融公司、金融租赁公司、消费金融公司和货币经纪公司共六大类56家法人非银行金融机构，资产合计（本外币合计，其中包含信托公司信托资产3 514.86亿元）11 776.79亿元，比上年增加3 124.66亿元，增长36.1%；负债合计6 901.13亿元，比上年增加1 740.64亿元，增长33.73%；所有者权益（不含信托权益）合计1 360.78亿元，比上年增加349.28亿元，增长34.53%；全年累计实现净利润144.2亿元，同比增加38.09亿元，增长35.9%。

（一）信托公司

2013年末，辖内3家信托公司资产合计3 604.50亿元，比上年增加1 052.54亿元，增长41.24%。其中，固有业务资产合计89.64亿元，比上年增加17.81亿元，增长24.79%；信托资产合计3 514.86亿元，比上年增加1 034.74亿元，增长41.72%。固有业务负债合计7.15亿元，比上年增加3.04亿元，增长73.97%。所有者权益合计82.49亿元，比上年增加14.76亿元，增长21.79%。全年累计实现净利润13.46亿元，同比增

加2.95亿元。

2013年末，辖内3家信托公司存续管理的信托项目共计959个。其中，集合资金信托计划共计256个，单一资金信托计划共计658个，财产权信托计划共计45个。全年3家信托公司共计清算交付（不包含部分到期的信托项目）304个信托项目，累计给付信托本金1 256.52亿元，累计分配信托收益96.12亿元。

（二）财务公司

2013年末，辖内43家企业集团财务公司资产总额6 378.79亿元，比上年增加1 588.9亿元，增长33.17%；负债总额5 358.09亿元，比上年增加1 329.22亿元，增长32.99%；所有者权益合计1 020.69亿元，比上年增加259.68亿元，增长34.12%。全年累计实现净利润106.92亿元，同比增加24.14亿元，增长29.16%。

（三）汽车金融公司

2013年末，辖内7家汽车金融公司资产合计1 219.37亿元，比上年增加331.38亿元，增长37.32%；负债合计1 033.88亿元，比上年增加271.71亿元，增长35.65%；所有者权益合计185.49亿元，比上年增加59.67亿元，增长47.42%。全年累计实现净利润18.54亿元，同比增加9.63亿元。

（四）金融租赁公司

2013年末，建信金融租赁股份有限公司资产总额512.18亿元，比上年增加109.3亿元，增长27.13%；负债总额455.03亿元，比上年增加105.52亿元，增长30.19%；所有者权益57.15亿元，比上年增加3.78亿元，增长7.08%。全年累计实现净利润3.77亿元，同比增加0.21亿元。

（五）消费金融公司

2013年末，北银消费金融公司资产总额61.48亿元，比上年增加42.38亿元，增长2.22倍；负债总额46.89亿元，比上年增加31.08亿元，增长196.50%；所有者权益14.58亿元，比上年增加11.30亿元，增长344.42%。全年累计实现净利润1.42亿元，同比增加1.01亿元。

（六）货币经纪公司

2013年末，中诚宝捷思货币经纪有限公司资产总额0.47亿元，比上年增加0.16亿元，增长51.61%；负债总额0.09亿元，比上年增加0.07亿元，增长3.5倍；所有者权益0.38亿元，比上年增加0.09亿元，增长31.03%。全年累计实现净利润0.09亿元。

二、金融产品创新和金融服务

（一）支持中关村科技创新型企业发展

北京国际信托有限公司（以下简称北京信托）与中关村担保有限公司、北京中关村创业投资发展有限公司联合发起设立中关村瞪羚投资发展有限公司，成立了“中关村瞪羚投资发展基金”，北京信托对该基金出资450万元，在其股权中占比15%，并作为有限合伙人认缴了2 000万元。截至年末，“中关村瞪羚投资发展基金”累计投资项目9个，投资金额17 077.48万元；2013年新增投资项目5个，新增投资额7 827.53万元，为中关村科技型企业的长远发展提供持续的金融资源。

（二）满足中小企业融资需求

北京信托针对中小企业发展特点和融资需求，设计了“北京信托·中小企业系列信托”产品。截至年末，“北京信托·中小企业系列信托”累计发放信托贷款428笔、49.84亿元，其中2013年新增贷款笔数145笔、15.59亿元。主要行业分布为高科技类、高端制造类、文化创意类、生物医药类等。

（三）支持保障性住房建设

2012年，北京信托发起设立“保障房之南苑棚户区改造项目”，信托资金用于认购有限合伙基金份额（LP），合伙基金资金用于购买丰台南苑棚户区改造项目收益权，并专项用于该棚户区改造项目的开发建设。2013年末，该项目信托资金余额20亿元。

（四）积极支持财务公司开展业务试点和创新

一是审慎推动财务公司开展跨国公司总部外汇资金集中运营管理试点业务，支持海航财务公司和大唐电信财务公司申请开展试点业务；二是支持辖内汽车制造企业集团财务公司申请和开展成员单位产品的消费信贷、买方信贷业务，间接促进国有汽车制造企业抓住发展机遇，提高市场占有率和市场竞争力；三是积极鼓励中远财务公司在保税区设立SPV项目公司，开展船舶融资租赁业务试点，对其业务模式进行了初步了解和审查。

（五）北银消费金融公司引入民间资本，以差异化产品支持个人消费贷款需求

2013年6月，北银消费金融公司完成了增资及新股东引入工作，成为国内首家引入民间资本的消费金融公司。增资后该公司法人治理结构得到完善，资本实力和渠道优势进一步增强，“Mini循环消费贷”、“助学贷”、“惠农贷”等特色产品均大幅增长，增强了消费金融服务与客户需求的适应性，发挥了消费金融公司的社会效应。

（六）加强监管联动，引导汽车金融公司拓宽融资渠道

深入了解辖内非银机构筹资渠道现状，鼓励其创新业务资质，取得良好成效：丰田汽车金融公司获准发行不超过13亿元的金融债券，辖内4家汽车金融公司获准开展信贷资产证券化业务试点。

三、存在的问题和风险

（一）信托公司

1. 风险控制能力仍需进一步加强。2013年，信托公司业务发展继续呈现较快增长态势，且业务涉及房地产、艺术品、信政合作、结构化产品等领域，给信托公司风险控制能力带来挑战。

2. 主动管理能力有待提高。中国证监会出台的《证券公司客户资产管理业务管理办法》等政策为证券公司资产管理业务“松绑”，加剧了资产管理业务市场的竞争，使信托公司传统的高规模、低收费的通道式业务受到限制。信托公司需进一步培育主动管理能力，提高管理产品规模。

（二）财务公司

1. 流动性管理难度加大。一是部分企业集团行业不景气状况影响到集团货币资金总量，客观上导致财务公司存款稳定性下降；二是利率市场化的推进、流动性管理工具和手段的匮乏以及潜在的期限错配等风险，使流动性风险日益凸显。

2. 投资风险呈上升趋势。一是部分财务公司高风险投资品种占主导，高回报刺激财务公司持续加大对信托等委托理财产品的投资；二是从存量投资市值看，受股票市场持续低迷影响，股票等证券市场投资持续浮亏。

3. 新设财务公司存在较大改进空间。新设机构在提高集团资金管理和使用效率

方面的作用初步显现，但仍存在实际经营情况和资金归集情况与筹建预测差距较大，人员稳定性不足，以及公司治理、内部控制与风险管理水平亟待提升等问题。

（三）汽车金融公司

1. 经销商交易对手风险应引起关注。在民间融资资金断裂现象频发的背景下，经销商作为汽车金融公司交易对手本身存在的风险应持续关注。

2. 异地业务风险管控压力依然较大。2013 年，辖内汽车金融公司异地业务继续扩大。截至年末，异地贷款余额 1 107.97亿元，比上年增长 39.67%，占全部贷款业务的 95.93%。异地业务本身存在风险管控环节多、人员管理难度较大、易发生案件等特点，风险管控特别是操作风险管控压力较大。

（四）金融租赁公司

1. 租赁设备专业管理能力仍需加强。金融租赁公司在租赁业务审查和管理中较多依赖承租人资质管理，自身对租赁设备的管理能力和力度存在不足。

2. 流动性风险较为突出。融资渠道较为狭窄，资金的来源与运用期限错配较为严重。

（五）消费金融公司

1. 贷款管理精细化程度仍需提高。消费金融公司面对整体素质及收入水平不高的客户群体，在贷前审查以及贷后管理环节仍存在不足，对贷款用途管理缺乏有效监控手段。

2. 短期资金来源渠道狭窄。消费金融公司的贷款期限较短，对于短期资金需求较为迫切，但受到政策限制，尚不能进入同业拆借市场进行融资。

（六）货币经纪公司

1. 平均单笔业务收费低，市场仍需培育。随着货币经纪行业不断发展，已有越来越多的金融机构接受货币经纪服务。但辖内货币经纪公司的收费状况却不容乐观，平均单笔业务佣金较低，收费客户比例较低。

2. 专业员工数量较少，从业人员的专业水平还需要进一步提高。货币经纪行业在国内属于新生事物，有丰富业务经验的人才较少，专业人员的培养尚需一个渐进的过程。

四、监管工作情况

1. 针对公司、行业及监管政策的变化，及时加强窗口指导和风险提示。一是关注辖内信托公司银信合作、信政合作、房地产、艺术品等业务风险状况，及时提示风险。二是提示辖内汽车金融公司加强高风险经销商管理，严防外部风险传染。三是深入了解辖内非银行金融机构信息科技安全建设情况，加强机构信息科技风险管理，通过下发问卷、现场走访等形式对公司信息科技建设现状开展了调查研究，并在此基础上提出监管建议。四是要求非银行金融机构扎实做好信访和舆情各项工作，组织开展信访维稳和舆情风险情况的专项排查。五是要求非银行金融机构加强政策敏感性，合理控制信贷业务规模，把握业务开展节奏。六是认真开展辖内非银行金融机构绩效考评制度专项评价工作，完善绩效考核机制。

2. 运用不同监管手段，提高非银行金融机构非现场监管有效性和科学性。一是加强对辖内信托公司重点项目的监测，积极引导其开辟新的业务领域，不断提升自主管理能力。二是深入走访调研，密切关注辖内非银行金融机构业务开展和风险状况。

3. 进一步加强对辖内非银行金融机

构公司治理的监管。通过参加公司董事会、进行审慎监管会谈、调研走访、下发监管意见书等形式，引导辖内非银行金融机构提高公司治理和风险管控水平。

（刘波）

证券业发展与监管

▲证券公司

一、基本情况和重大变更事项

（一）行业发展概况

创新带动发展，辖区证券公司质量持续提升。2013年末，辖区18家证券公司总资产2 844.24亿元，净资产968.39亿元，净资本813.25亿元，注册资本480.17亿元；各项风险资本准备109.36亿元，占净资本的13.45%。托管客户证券资产31 442.34亿元，客户交易结算资金755.54亿元，资产管理业务的受托资产5 461.60亿元（其中定向资产管理业务4 972.30亿元）。与上年同期相比，总资产增加523.33亿元，增长22.55%；管理客户资产增加3 450.18亿元，增长171.53%（其中定向资产管理业务增加3 140.36亿元，增长171.42%）；净资产增加167.09亿元，增长20.85%；净资本增加135.69亿元，增长20.03%；注册资本增加50.34亿元，增长11.71%。辖区证券公司资产规模不断扩大，资本实力持续增强。

2013年，辖区18家证券公司营业收入267.89亿元，净利润67.29亿元。其中，17家公司盈利，合计盈利67.64亿元；1家公司亏损，亏损额0.35亿元。与上年同期相比，累计营业收入增加52.1亿元，增长24.14%；累计净利润增加20.7亿元，增长44.1%。辖区公司继续保持健康稳定运行。

辖区分支机构数量显著增加。2013年末，辖区正式开业的证券营业部285家，从业人员8 923人，其中营销人员6 967人，占总人数的78.07%。证券营业部资金账户开户数574.30万户，托管客户证券资产60 522.34亿元。全年，辖区证券营业部累计收入76.98亿元，累计净利润30.55亿元，交易量142 637.42亿元，A股平均佣金0.77‰。

2013年，在中国证监会证券公司分类评价中，北京辖区有5家公司被评为AA类，5家公司被评为A类，1家公司被评为BB类，2家公司被评为B类，1家公司被评为C类。AA类和A类公司分别占到全行业的14%和25%。

（二）机构发展及重大变动情况

1. 机构重大变动情况

（1）辖区证券营业部同城迁址情况

1月9日，齐鲁证券有限公司北京金融大街证券营业部迁址至北京市西城区百万庄大街16号，更名为齐鲁证券有限公司北京百万庄大街证券营业部。

2月8日，上海证券有限责任公司北京东直门南大街证券营业部迁址至北京市东城区和平里北街16号楼和平里大酒店1层，更名为上海证券有限责任公司北京和平里北街证券营业部。

2月18日，中信建投证券股份有限公司北京燕山向阳路证券营业部迁址至北京市房山区燕房路临99号燕山金融楼，更名为中信建投证券股份有限公司北京燕山燕房路证券营业部。

3月5日，申银万国证券股份有限公司北京分公司迁址至北京市西城区金融大街20号B座6层。

5月10日，国金证券股份有限公司北京金融街证券营业部迁址至北京市西城区长椿街3号，更名为国金证券股份有限公司北京长椿街证券营业部。

5月11日，中国中投证券有限责任公司北京方庄方群园证券营业部迁址至北京市丰台区宋庄路71号院1号楼11层、12层，更名为中国中投证券有限责任公司北京宋庄路证券营业部。

5月15日，联讯证券有限责任公司北京外馆东街证券营业部迁址至北京市朝阳区天畅园6号楼，更名为联讯证券有限责任公司北京北苑证券营业部。

5月28日，齐鲁证券有限公司北京北四环西路证券营业部迁址至北京市海淀区北三环西路99号1号楼2层，更名为齐鲁证券有限公司北京苏州桥证券营业部。

6月14日，中信证券股份有限公司北京分公司迁址至北京市东城区建国门北大街5号4层。

6月17日，中国民族证券有限责任公司北京中关村南大街证券营业部迁址至北京市海淀区彩和坊路8号1层，更名为中国民族证券有限责任公司北京彩和坊路证券营业部。

7月25日，湘财证券有限责任公司北京朝外大街证券营业部迁址至北京市朝阳区朝外大街10号（A1区）8层。

7月29日，宏信证券有限责任公司北京百万庄大街证券营业部迁址至北京市朝阳区广渠路38号楼1层，更名为宏信证券有限责任公司北京广渠路证券营业部。

8月5日，中信证券股份有限公司北京张自忠路证券营业部迁址至北京市朝阳区建国路甲92号，更名为中信证券股份有限公司北京国贸证券营业部。

8月9日，国都证券有限责任公司北京回龙观西大街证券营业部迁址至北京市西城区西直门外大街110号中糖大厦，更名为国都证券有限责任公司北京西直门外大街证券营业部。

9月2日，恒泰证券股份有限公司北京分公司迁址至北京市西城区金融大街33号通泰大厦C座5层。

9月16日，华鑫证券有限责任公司北京车公庄大街证券营业部迁址至北京市西城区阜成门外大街甲28号西楼，更名为华鑫证券有限责任公司北京阜成门外大街证券营业部。

9月18日，中国银河证券股份有限公司北京中关村大街证券营业部迁址至北京市海淀区中关村南大街甲18号院1－4号楼D座。

9月29日，渤海证券股份有限公司北京慧忠里证券营业部迁址至北京市朝阳区北辰东路8号（汇欣大厦）1号楼。

10月10日，新时代证券有限责任公司北京田村中街证券营业部迁址至北京市海淀区田村路雪芳里1号楼底商06号，更名为新时代证券有限责任公司北京田村中街证券营业部。

10月15日，中航证券有限公司北京安立路证券营业部迁址至北京市朝阳区慧忠路5号A座9层，更名为中航证券有限公司北京慧忠路证券营业部。

平安证券有限责任公司北京石景山路证券营业部迁址至北京市海淀区知春路108号1号楼，更名为平安证券有限责任公司北京知春路证券营业部。

11月4日，兴业证券股份有限公司北京马甸南路证券营业部迁址至北京市海淀区西直门北大街32号院1号楼6层，更名为兴业证券股份有限公司北京西直门北大街证券营业部。

11月5日，万联证券有限责任公司北京西单证券营业部迁址至北京市海淀区上地创业路17号楼1层北区，更名为万联证券有限责任公司北京上地创业路证券营业部。

11月12日，英大证券有限责任公司北京东直门证券营业部迁址至北京市东城区海运仓胡同1号7层。

11月15日，银泰证券有限责任公司北京王府井大街证券营业部迁址至北京市海淀区冠城园8号楼B座1层，更名为银泰证券有限责任公司北京马甸路证券营业部。

11月27日，恒泰证券股份有限公司北京东三环中路证券营业部迁址至北京市朝阳区百子湾南2路76号院5号楼乐成国际1层11A、2层11B。

12月26日，西部证券股份有限公司北京学院南路证券营业部迁址至北京市海淀区大柳树路富海中心2号楼。

国元证券股份有限公司北京西坝河南路证券营业部迁址至北京市朝阳区西坝河南路1号金泰大厦8层。

（2）辖区新设证券营业部情况

1月7日，开源证券有限责任公司北京开阳路证券营业部开业，地址为北京市丰台区开阳路1号瀚海花园大厦2层。

5月23日，中信建投证券股份有限公司北京方庄路证券营业部开业，地址为北京市丰台区紫芳园四区1号楼。

5月28日，中信建投证券股份有限公司北京昌平昌崔路证券营业部开业，地址为北京市昌平区城北街道昌崔路203号楼1层。

6月3日，中信建投证券股份有限公司北京怀柔府前街证券营业部开业，地址为北京市怀柔区府前街3号。

7月29日，华鑫证券有限责任公司北京菜市口西大街证券营业部开业，地址为北京市西城区菜市口西大街2号院中信城底商1－201。

9月23日，中信证券股份有限公司总部证券营业部开业，地址为北京市朝阳区亮马桥路48号院4号楼20层。

10月22日，中信建投证券股份有限公司北京远大路证券营业部开业，地址为北京市海淀区蓝靛厂金源时代购物中心B区。

11月13日，首创证券有限责任公司北京长阳昊天北大街证券营业部开业，地址为北京市房山区长阳镇昊天北大街48号加州水郡东区商业中心A301－18。

11月26日，中信建投证券股份有限公司北京北辰西路证券营业部开业，地址为北京市朝阳区北土城西路7号1层6单元。

中信建投证券股份有限公司北京太阳宫中路证券营业部开业，地址为北京市朝阳区太阳宫火星园8号楼。

12月2日，中信建投证券股份有限公司北京西翠路证券营业部开业，地址为海淀区西翠路17号院20号楼1层。

中信建投证券股份有限公司北京青年路证券营业部开业，地址为北京市朝阳区青年路29号院11号楼1层。

中信建投证券股份有限公司北京远大路证券营业部开业，地址为海淀区蓝靛厂金源时代购物中心B区2#B座5G室。

联讯证券有限责任公司北京房山证券营业部开业，地址为北京市房山区良乡地区西潞东里。

12月3日，光大证券股份有限公司北京广顺北大街证券营业部开业，地址为北京市朝阳区广顺北大街17号2层。

12月9日，南京证券股份有限公司北京南大街证券营业部开业，地址为北京市怀柔区南大街25号楼。

12月20日，日信证券有限责任公司北京东四环中路证券营业部开业，地址为北京市朝阳区东四环中路82号2－2座1层。

2. 主要人事变更情况

1月15日，张忠骥任华融证券股份有限公司董事。

1月17日，张哲任高盛高华证券有限责任公司监事，吴霁任北京高华证券有限责任公司监事。

1月25日，王宏任民生证券股份有限公司监事会主席。

3月5日，王敏任中国民族证券有限责任公司监事，叶顺德任新时代证券有限责任公司副总经理。

3月22日，宋成任新时代证券有限责任公司副总经理。

4月15日，关晓斌任第一创业摩根大通证券有限责任公司副首席财务官。

4月23日，马葵任中国国际金融有限公司财务组执行负责人、执行总经理。

4月28日，刘智伊、吴焕亮任中国银河证券股份有限公司监事。

5月6日，程宜荪任瑞银证券有限责任公司总经理。

5月15日，金立群任中国国际金融有限公司董事长，丁韬任瑞信方正证券有限责任公司董事、总经理，祝献忠任华融证券股份有限公司董事长。

6月3日，李春任民生证券股份有限公司总裁助理。

6月6日，彭铭巧任国都证券有限责任公司监事。

6月17日，岳文海任中国民族证券有限责任公司董事。

6月24日，刘汝军任新时代证券有限责任公司董事长。

6月25日，杨克森任中国民族证券有限责任公司监事会主席，蒋国荣任中国国际金融有限公司董事、总经理。

7月8日，齐子鑫任民生证券股份有限公司副总裁。

7月19日，柴大秋任民生证券股份有限公司监事。

7月23日，伏劲松任首创证券有限责任公司总工程师（副总经理级）。

8月1日，刘侃巍、王洪亮任首创证券有限责任公司副总经理，朱莉瑾任首创证券有限责任公司财务总监。

8月2日，谢德春任首创证券有限责任公司董事、副总经理。

8月7日，聂瀚文任瑞信方正证券有限责任公司瑞士信贷大中华区联席首席执行官、香港首席执行官，徐小萍任首创证券有限责任公司审计与内控部主任，龚志忠任首创证券有限责任公司独立董事，田野任首创证券有限责任公司部门经理。

8月9日，邢欣任民生证券股份有限公司执委会委员。

8月21日，陈枚任华融证券股份有限公司副总经理。

9月4日，于帆、张远柱任信达证券股份有限公司董事，马建国、彭少锋任信达证券股份有限公司监事，刘亮任东兴证券股份有限公司助理总经理兼董事会办公室总经理、总经理办公室总经理。

9月9日，蔡晓昕任中国民族证券有限责任公司合规总监，王超任信达证券股份有限公司独立董事。

9月12日，谭斗书任首创证券有限责任公司总经理，秦皓任东兴证券股份有限公司监事。

9月17日，杨英任中国民族证券有限责任公司财务负责人。

10月10日，吴振清任新时代证券有限责任公司监事。

10月11日，陈已昕任第一创业摩根大通证券有限责任公司监事。

10月12日，张安志任中德证券有限责任公司董事。

11月12日，胡援成任华融证券股份有限公司独立董事。

11月15日，孙航任华融证券股份有限公司独立董事。

11月18日，陈耀先任华融证券股份有限公司独立董事。

11月26日，于帆任信达证券股份有限公司总经理。

12月2日，Alejandro Nicolas AGUZIN任第一创业摩根大通证券有限责任公司董事。

12月3日，赵萌任中国民族证券有限责任公司副总经理。

12月6日，岳文海任中国民族证券有限责任公司副董事长。

12月13日，何东任中国民族证券有限责任公司副总裁，李蔚任国都证券有限责任公司财务负责人。

12月24日，陈良栋任民生证券股份有限公司监事。

12月26日，汪民生任瑞信方正证券有限责任公司投资银行部联席主管。

二、存在的问题和风险

（一）定向资产管理业务存在的主要问题

一是制度不完善。目前的制度体系多适用于传统二级市场的资产管理业务，通道类及创新类的业务的相关制度、流程普遍没有建立。二是风控不健全。资产管理业务的风险控制尚停留在场内股票、债券的量化指标监控，对常规证券投资品种的投资和风险控制可以较好地实现，但对于场外投资品种，如票据、受益权、银行理财产品等，较难进行交易复核和风险控制。另外，对于交易对手的信用风险未能审慎评估，纳入公司全面风险管理范畴。三是法律合规审核不严格。主要体现在与银行签署协议的过程中，银行相对强势，部分内控较为严格的公司能够建立审核标准，大部分公司缺乏与银行谈判的实力，可能承担超越通道的责任。四是项目管理能力较弱。事前对委托人、项目的尽职调查不充分，过分依赖银行及信托公司；资金来源普遍采信于委托方；票据业务的真实、准确性无从查验，买断式交易的形式与实质不符，缺乏对项目的后续跟踪、管理、风险评估及应急处置机制。

（二）债券代持交易中存在的主要问题

一是合规和风控部门不能及时掌握代持交易的情况；二是债券代持协议不受法律保护，很多代持交易往往通过口头约定的方式；三是债券代持交易容易产生违规交易和利益输送风险；四是债券代持价格背离市场价格，干扰正常交易；五是个别债券由于代持期间市场收益率变化较大，协议约定价格偏离市场价格和中债估值较大，经常干扰和影响正常的市场交易。

三、监管工作情况

（一）坚持依法行政，提升行政监管能力

中国证券监督管理委员会北京监管局（以下简称北京证监局）坚持以制度化、标准化、透明化为目标，不断完善审核制度及工作流程，理顺工作机制，做到审核工作有依据、有标准、有程序、有监督。全年共受理证券经营机构类许可事项162件，核准161件，均按时按质完成，审核工作无延误、遗漏。

（二）强化执法力度，提高现场检查的深度与广度

2013年，完成对2家公司全面检查，13家公司资产管理、合规及风险管理专项检查，6家公司融资融券、代销金融产品专项检查和对20家证券营业部的全面现场检查。

（三）寓服务于监管，提升辖区证券经营机构自律和合规意识

一是开展证券营业部总经理培训，从政策解读、情况通报、案例分析、监管架构、信访处置等多方面对证券营业部经理进行宣讲培训，强化和提升合规意识。二是召开现场检查情况通报会，将辖区公司存在的共性和个性问题以及行业内存在的问题一并向公司通报，促进证券公司借鉴业内先进经验，纠正自身不足，提升自身规范运作水平。三是在北京证券业协会建立合规、经纪、资管等专业委员会，进一步优化辖区市场竞争环境，提升行业自律规范意识。四是梳理编制了证券公司适用的法律法规汇编并予以公示。

（四）整合监管资源，提高监管效率

一是推行证券营业部分类评价。通过对证券营业部普遍适用的法律法规进行系统梳理，拟定出87条评价指标，本着“自我评价，诚信为本”原则，有效推行辖区证券营业部监管分类评价工作，探索差异化监管思路。二是探索派出机构监管合作机制。与上海证监局就证券机构监管合作达成共识，签订监管合作备忘录。通过相互交流经验、监管信息互通、现场检查互帮的模式，加强双边的监管合作，实现了对辖区法人机构在双边分支机构的有效监管。

（五）制定工作标准，提高非现场检查工作能力

一是根据监管法律法规，梳理证券机构需备案报告事项158项，明确每项报备事项的法律依据、备案时限、内容、审阅时限、出具文件，指导证券机构严格履行备案义务，规范监管人员严守审阅职责。二是在证券公司合规报告年报、半年报的基础上，要求证券公司上报合规工作季报，明确审阅工作要点，及时掌握公司最近情况。三是将媒体报道、举报投诉与公司报表一并纳入非现场检查的范围。

（六）积极探索投资者保护的渠道和方式，加强投资者保护

全年共受理信访投诉91件，办结76件。通过要求证券营业部公示《投资者投诉流程》，清晰告知投资者证券营业部从业人员禁止行为和有效解决投资者诉求的投诉渠道，便利投资者从速就地解决各类诉求。

（七）拓宽国际化视野，提高监管干部专业水平

持续组织开展“创新背景下的机构监管系列讲座”，邀请国内外专家分别就衍生品规范、海外OTC业务、银信合作

和银证合作模式、证券行业热点业务核算、证券登记结算业务、日本市场的经验、我国宏观经济形势、风险管理、程序化交易及投行薪酬实践等领域的内容做专题讲座，通过案例及讨论，拓宽一线监管人员的视野，提高对创新业务及产品的知识储备。

（徐晓欢）

▲基金管理公司

一、基本情况和重大变更事项

2013年末，北京辖区共有基金管理公司20家（北京注册15家），专户子公司12家，分公司48家，基金理财中心13家，基金代销机构69家（其中商业银行28家、外资银行9家、证券公司14家、投资咨询机构3家、期货公司1家、独立销售机构13家、独立销售机构北京分公司1家）。年内，新设5家基金管理公司、2家分公司、19家基金代销机构。

2013年末，北京地区共有基金从业人员3 112人，其中基金经理211名。年内共发生基金经理任职197人次，离职70人次，人员变动较大。

2013年末，辖区基金管理公司共管理基金323只，占全国的20.80%；基金净值8 361.11亿元，占全国的27.85%；基金份额8 313.35亿份，占全国的26.66%。在基金行业规模排名中，辖区有3家基金管理公司居前10名，华夏基金管理有限公司、嘉实基金管理有限公司、工银瑞信基金管理有限公司分别名列第一名、第三名和第八名。

辖区基金管理公司中，有5家公司具有社保业务资格，4家公司具有企业年金业务资格，15家公司具有专户业务资格，4家公司具有QDII业务资格，4家公司拥有全牌照业务资格，12家公司成立了专户子公司。

在对外开放方面，辖区有12家合资基金公司（北京注册9家），3家公司在香港设立子公司，并已获得资产管理等业务牌照，其中华夏基金管理有限公司、嘉实基金管理有限公司的香港子公司已发行多款RQFII产品，工银瑞信基金管理有限公司香港子公司也即将发行相应产品。

二、存在的问题和风险

（一）人才短缺，难以支持基金行业的迅速发展

随着资产管理行业门槛的进一步降低，对于基金行业专业人才的需求缺口进一步增大。一方面，新公司不断成立，需要大量的专业人才支撑公司的业务发展；另一方面，证券公司、阳光私募、保险公司等强势进军资产管理行业，基金管理公司核心人才的职业选择更加宽广，加剧了核心人才的流失。在多种因素的影响下，基金管理公司普遍存在人才短缺的情况，对公司和行业的持续健康发展形成了制约。

（二）大财富管理格局下，类似的产品面临不同的监管标准

大资管时代开启，各类资产管理产品层出不穷。相比于公募基金，银行理财、信托产品对于投资标的、投资比例以及宣传推介的限制更为宽松，使其得以通过多样化的投资获得较高的收益，同时凭借其对于预期收益率的宣传和隐性的刚性兑付约定，获得了越来越多投资者的青睐。而公募基金在大财富管理格局下并不具备明显优势和强大的竞争力。

（三）行业发展外部竞争加剧，基金管理公司在夹缝中求生存

新基金法下，证券公司、保险公司、

阳光私募均纷纷进军公募资产管理行业，在产品供给、人才竞争等各个方面对传统的基金管理公司造成巨大的冲击。在基金销售方面，基金管理公司依赖银行渠道的问题依旧突出，与此同时，互联网公司异军突起，余额宝等一系列产品的强势扩张支撑了互联网公司在基金销售方面的主导地位，基金管理公司在与互联网公司的合作关系上话语权较弱。

三、监管工作情况

（一）以现场检查为手段，严厉打击各类违法违规行为

2013 年，北京证监局在常规现场检查的基础上，结合形势变化和舆论热点对基金管理公司开展了各类专项现场检查；结合新情况调整检查重心，对独立基金销售机构、券商、银行等基金代销机构开展了基金销售检查。全年共开展各类现场检查 50 余次，检查天数近 140 余天，共出具监管提示函 7 次，出具警示函 5 次，责令整改 1 次。

（二）强化非现场监管手段，切实提升风险防控能力

北京证监局通过及时传达监管理念、系统定期监控、监察稽核延伸监管、备案材料定期审核、媒体舆论跟踪等多种方式，督促公司提升合规风控意识、风险防控能力，筑牢合规防线。

（三）注重服务创新发展，推动辖区基金行业转型升级

面对行业创新发展要求，北京证监局强调寓服务于监管的理念，在强化合规监管的同时，通过政策宣传、搭建平台、主动调研等手段，持续优化基金行业发展环境，培育创新发展氛围，进一步推动基金行业向现代财富管理行业转型。

（四）做好投资者保护工作，切实保护辖区中小投资者权益

北京证监局通过及时处理信访投诉、积极组织新基金法配套法规学习宣传工作、严格审查宣传推介材料、组织引导基金管理公司开展各项投资者教育等方式，将投资者保护工作落到实处。

（五）加强风险防范，严控系统性、区域性风险

北京证监局持续推动辖区机构完善风险防范机制，不断提升日常监管工作的规范化、精细化水平，提前介入，及时防范，力争有效化解各类风险隐患，牢牢守住不发生系统性风险的底线。

（王方）

▲期货公司

一、基本情况

一是机构数量增加，整合加快，资本实力增强。2013 年，辖区新增 9 家期货营业部，终止 2 家期货营业部，已开业期货营业部 90 家；2 家期货公司进行并购重组和增资，资本实力进一步增强。辖区期货公司资产总额 469.42 亿元，较上年增长 13%，净资本 78.8 亿元，较上年增长 1.3%，抗风险能力进一步提高。

二是投资者群体扩大，机构投资者比例进一步提升。2013 年，辖区投资者数量 35.9 万人，较上年增长 12.9%，其中机构客户 1.37 万人，较上年增长 16.4%。

三是交易规模增加，盈利水平略有下降。2013 年末，辖区期货公司客户保证金 354.54 亿元，同比增长 11.46%，占全行业的 18%；利润总额 6.37 亿元，同比下降 1.10%。全年代理交易量 6.45 亿手、代理交易额 73 万亿元，同比分别增长 43.15%、59.22%。

四是公司合规运作，业务多元化发展。2013年，辖区共有17家公司具有投资咨询业务资格，收入847万元；有4家公司具有资产管理业务资格，管理资产规模3.3亿元，收入247.73万元。2家公司成立风险管理子公司，1家公司风险管理子公司已在中国期货业协会完成备案。在2013年中国证监会期货公司分类评价中，北京共有A类AA级公司1家（全国5家），A类A级公司2家（全国19家），B类公司10家，C类公司8家。

二、存在的问题

一是期货公司业务单一，规模较小，盈利能力较弱，人才匮乏。

二是期货资产管理业务以及期货风险管理子公司等创新业务处于起步阶段，短期无法形成有效的业务收入，难以满足市场需求，服务实体经济的功能有待进一步发挥。

三、监管工作情况

（一）强化常规监管，为创新发展打好基础

一是扎实开展现场检查，督促辖区期货机构合规运作。全年对20家期货公司、29家期货营业部进行了现场检查，组织开展了资产管理业务检查等专项检查。下发监管提示函2份，约谈高管谈话10余家次。

二是充分利用非现场监管手段，确保“两金”安全运行。全年共处理1起风险监管指标不达标问题，6起保证金预警和12家次风险监管指标接近预警事件。

三是实行差异化监管，引导机构自治自律。继续开展辖区营业部分类评价工作，以持续合规为导向，引导和促进辖区期货营业部自我管理、规范经营，提高监管效率。90家期货营业部中，共评出A类期货营业部54家、B类期货营业部32家、C类期货营业部2家、D类期货营业部2家。

四是妥善处理信访投诉，防范期货业务风险。全年共处理21起信访投诉，对普遍性、突出性问题及时下发通知，要求公司自查自纠；对其中的典型案例在《期货监管动态》中进行分析、通报，对防范期货业务风险起到了较好的警示作用。

（二）创新监管理念，服务辖区期货机构

一是进一步简政放权，提高监管透明度与有效性。做好取消及下放行政许可项目的后续衔接工作，新增和完善行政许可工作规程9项，进一步提升审核工作的制度化和规范化水平。及时更新公示期货公司行政许可事项办理指南，增加行政许可的透明度和规范化。

二是建立首席风险官联席会制度，搭建制度化、常态化的交流平台。指导北京期货商会建立首席风险官联席会制度并定期组织首席风险官进行培训交流座谈，使之成为北京证监局明确监管要求和导向的重要渠道和促进辖区首席风险官之间经验交流和提升公司合规管理水平的重要载体。

三是深入开展调研，推动创新发展。开展期货公司业务多元化下的全面风险管理、期货公司投资者适当性、资产管理业务开展以及国债期货研究等调研工作，摸清市场状况和主要问题，研究解决措施，提出政策建议。

四是构建居间人管理体系，强化期货机构管理责任。指导北京期货商会制定《北京辖区期货居间人管理指导意见》，建立居间人管理信息系统，对居间行为进行持续管理，强化期货机构对居间人的管理责任，有效防范居间人代客理财等风险。

（三）积极推动创新，促进辖区期货业提升服务实体经济能力

一是支持公司业务创新、鼓励做优做强。积极推进2家期货公司增资扩股、收购兼并，做大做强；做好辖区期货公司资产管理业务的监管工作，支持公司设立风险管理子公司，确保辖区期货公司创新业务开局良好。

二是推动辖区期货公司与上市、证券、基金等机构交流，促进辖区资本市场资源的整合、对接。通过指导商会组织召开衍生品市场论坛及高管论坛，深入探讨期货市场功能作用，研讨多层次期货市场建设等课题，有效推动辖区期货业进一步提升服务实体经济能力。

（四）指导北京期货商会充分发挥自律组织作用，助力辖区期货机构发展

指导北京期货商会围绕服务实体经济的主题，努力推进辖区期货业自律规范和创新发展。成功举办第八届中国（北京）期货暨衍生品市场论坛、2013（北京）第七届期货高管年会，邀请业内外有关专家、学者，从企业转型、战略发展、业务创新等方面介绍行业先进经验，共同研讨期货业发展思路。与中国金融期货交易所、北京期货商会联合举办十余期北京辖区国债期货研修班，系统介绍相关基础知识和应用技巧，指导辖区机构和投资者更好地运用这一重要风险管理工具。

（谢兆辉）

▲证券投资咨询公司

一、基本情况

2013年末，北京辖区证券投资咨询公司总资产8.17亿元，净资产3.94亿元，营业收入4.36亿元，合计亏损0.58亿元。北京辖区共有18家证券投资咨询机构、2家异地分公司及1家在京办事处。

二、主要问题与风险

一是投资咨询机构营销人员流动比较频繁，加之目前暂无备案或注册管理，监管机构缺乏有效抓手，对于人员的道德风险和执业行为难以实行有效管理。

二是经过2012年以来对“荐股软件”销售行为的清理整顿后，北京辖区投资咨询机构市场秩序明显好转，但机构及人员展业过程中仍存在夸大宣传、承诺收益等不规范行为。

三、监管工作情况

2013年，北京证监局在坚持依法行政的前提下，根据辖区证券投资咨询机构的行业现状与特点，积极研究和探索投资咨询机构监管的新思路、新办法，多措并举，形成了一系列富有成效的经验与做法，监管工作取得明显成效。

（一）既打“老虎”，又打“苍蝇”，“荐股软件”治理工作取得明显成效

经过近年来持续治理，“荐股软件”违规销售泛滥的局面在北京辖区内得到了有效遏制。一方面，对不具备“荐股软件”销售资质的“金融界”等重点企业，加大清理、整顿力度。另一方面，对一些小公司通过年检、“荐股软件”专项检查、信访调查等手段，及时督促其针对出现的问题及违规苗头认真整改。

（二）打防结合、疏堵并举，推动辖区投资咨询机构正道经营

一是对辖区内开展“荐股软件”的6家投资咨询机构及其关联机构进行了专项检查，督促上述机构将“荐股软件”及

时纳入持牌机构投资咨询业务范畴；二是对2家公司开展投资咨询业务出具了初审意见及“荐股软件”整改核查意见，将上述两家公司纳入了日常监管范围；三是积极落实投资咨询机构2012年年检，对3家公司下发了责令改正监管措施；四是积极扶持符合条件的投资咨询机构开展基金代销等新业务，拓宽机构经营范围。

（三）依法行政，妥善处理信访投诉，维护投资者合法权益

2013年，北京证监局共接到涉及投资咨询方面的投诉近30件，通过积极协调沟通，多数通过和解撤诉，对不同意和解撤诉的信访人，亦均已依法予以了答复，未引发重大信访或行政诉讼问题。

（四）开门纳言，宣教并举，召开辖区投资咨询机构座谈会，听取呼声与意见

2013年，北京证监局召开了首届辖区投资咨询机构座谈会。会上，通报了辖区投资咨询机构整体概况、2012年年检情况，就行业面临的问题及机构如何规范发展与机构进行了充分讨论和交流，并就拟开展的下一步监管举措征求了与会机构的意见。

（邹楠）

保险业发展与监管

▲财产保险公司

一、基本情况

2013年，北京地区财产险市场运行良好，业务规模继续保持稳定增长，在京经营财产保险业务的主体41家，累计实现原保险保费收入298.3亿元，同比增长8.4%。受2012年“7·21”特大自然灾害赔付较高等因素影响，赔付支出169.9亿元，同比增长9.3%，增幅下降19.1个百分点，综合赔付率61.8%，同比下降3.9个百分点；累计实现承保利润6.6亿元，同比增长532.7%，承保利润率2.8%，同比上升3.5个百分点。实现净利润11.0亿元，同比增长359.5%；资产总额300.3亿元，同比增长20.1%；所有者权益36.7亿元，同比增长27.7%。

1. 车险业务实现平稳较快增长。得益于机动车消费升级换代加快和保险消费意识的提升，2013年，车险业务累计实现保费收入205.3亿元，同比增长12.2%，占财产险公司总保费收入的68.8%，同比上升2.4个百分点。其中商业车险保费收入166.3亿元，同比增长13.1%，占财产险公司总保费收入的55.8%，同比上升2.3个百分点。

2. 非车险业务规模保持稳定。2013年，非车险业务累计实现保费收入92.9亿元，同比增长0.8%，占财产险公司总保费收入的31.2%。企财险累计实现保费收入30.6亿元，仍然是第一大非车险险种；工程险、意外伤害保险保费收入同比分别增长29.7%和38.7%，市场份额分别同比上升0.4个和0.5个百分点；责任险、货运险和信用险规模有不同程度的下滑。

3. 市场集中度提高。2013年，中国

人民财产保险公司北京市分公司、中国太平洋财产保险公司北京分公司、中国平安财产保险公司北京分公司三家保险公司市场占有率上升 1.2 个百分点，达到 69.7%，承保利润占行业利润总额的 77.1%。年保费收入不到1亿元的小型保险公司 18 家，合计保费收入 9.4 亿元，占比3.2%。外资产险公司保费收入12.4亿元，同比增长15.5%，占比4.2%，同比上升0.3个百分点。

二、金融产品创新和金融服务

（一）保险服务首都经济社会

1. 服务“三农”。2013 年，北京市开展政策性农业保险险种 24 个，参与保险公司5家，保险标的覆盖大田作物、林果作物、畜禽养殖、渔业养殖和农机具等大类，既包括了传统成本保障型产品，又创新开发了生猪价格指数保险等价格保障型产品。累计实现保费收入5.8亿元，同比增长 8.7%，参保农户 18.5 万户次，提供风险保障 145.1 亿元，赔付支出 4.6 亿元，受益农户 16.2 万户次。

2. 支持中小微企业发展。积极推动中小企业知识产权质押贷款保证保险试点，首次引入保险机制，由保险公司接受无形资产作为质押物，以保证保险形式承担商业银行的还款风险，保险公司承担有限保证责任，有效地盘活中小企业自主知识产权的价值。确定工商银行北京市分行等11家银行和中国人民财产保险公司北京市分公司等3家保险公司作为首批试点机构，并签署合作协议，首期将提供总额为20亿元的保险保障额度，预计可缓解400～600家中小企业融资难的问题。

3. 辅助社会管理创新。一是医责险稳定社会，化解医患纠纷。截至年末，累计承保医疗机构 618 家，实现保费收入9 613万元，提供风险保障 6.1 亿元，调解医疗纠纷 1 255 件，支付赔款 5 902 万元。二是推动环境污染责任保险试点，中国保险监督管理委员会北京监管局（以下简称北京保监局）与市环保局联合转发《关于开展环境污染强制责任保险试点工作指导意见的通知》，提出重点在北京重金属排放单位、危险化学品生产经营单位、危险废物产生单位、危险废物经营许可单位等开展试点工作。三是保险公司全年代收车船税 471.9 万笔，代收金额 23.7 亿元，追缴往年欠款 16.0 万笔，追缴金额9 922万元，代收代缴总额占全市车船税征收总额的98%以上。

（二）北京保险市场产品创新情况

北京地区财产险公司大力推进产品创新。一是积极进行市场调研和产品研发，推出“中小企业贷款履约保证保险”、“融资租赁履约保证保险”等产品，引起市场的关注。二是利用新技术手段提升服务水平，开通微信车险理赔助手，开展承保、理赔等服务；部分公司开发视频查勘系统，保证理赔案件真实性的同时，提高了理赔速度。

三、存在的问题和风险

（一）财产险市场竞争日趋激烈，经营成本增加趋势明显

财产险市场竞争日趋激烈，保险公司以费率作为主要竞争手段，主要险种费率均有不同程度的下降。其中车险费率 0.75%，较上年下降 0.04 个百分点；企财险费率由 4.8‰降至 4.3‰。经营成本增加的趋势保持不变，一是费用竞争问题突出。非车险费用率上升，其中企业财产保险、货运险、工程保险综合费用率同比分别增长 5.0%、5.7%和 14.7%。二是赔付成本继续增加。全年赔款支出 169.9

亿元，同比增长9.3%，赔款支出增幅比保费收入增幅高0.9个百分点。三是非车险应收保费率较高，达到22.9%，处于高位，其中工程险应收保费率52.9%，货运险应收保费率19.1%，存在一定的财务风险。

（二）保险公司经营管控能力不足，服务水平有待提高

一是理赔风险管控能力弱，保险欺诈问题时有发生，引起公众很多质疑。如不核实报案人身份、对长期未查勘定损案件不及时跟进等，使车险欺诈有可乘之机。二是信息技术管控手段落后。保险公司对信息化管控不重视，忽视利用事前的关键信息筛选高风险案件，在事后对一些可疑案件拖延理赔。三是理赔人员、理赔网点数量等后端服务建设跟不上业务规模的不断扩大。

（三）险种结构不合理，中介渠道影响大

北京地区财产险险种结构过于单一，车险业务占财产险公司全部业务的近70%。受北京市机动车限购、宏观经济形势等多方面影响，车险业务发展趋向饱和，财产险市场增速明显放缓。由于车险业务主要通过中介渠道，专兼业中介实现保费占比达85%，且手续费支出居高不下，增加了财产险公司的成本压力。

四、监管工作情况

（一）稳步推进车险管理创新改革

指导北京保险行业协会根据中国保险行业协会车险示范条款，研究制定高中低不同保障程度、满足市场多样化需求的车险条款，研究商业车险费率浮动因子调整方案，根据市场实际情况增加和取消有关因子，进一步提高商业车险费率浮动的公平合理性。

（二）持续提升车险理赔服务质量

一是加强理赔管理制度建设。下发《关于规范北京地区机动车管理有关问题的通知》（京保监发〔2013〕26号），加强承保、支付等环节管控，要求保险公司严格履行说明义务、严格审核被保险人和代办人的身份证原件以及被保险人亲笔签名的授权委托书，保护保险消费者的知情权、选择权和求偿权。二是加强定损人员管理。自2013年7月1日起，开展车险定损工作的人员必须佩戴上岗服务胸牌，无上岗服务胸牌的人员不得独立出具定损意见。截至年末，全行业已有1 619人通过北京保险行业协会组织的初级定损师资格考试，并获得行业统一上岗服务胸牌。

（三）切实防范化解行业风险

一是推动行业加强车险骗赔风险识别的信息化手段研究，通过车险信息平台定期筛查高风险的案件、合作机构及相关人员，加强与公安部门联合打击骗赔的力度。二是协调市交管局推进交通视频取证信息共享机制、微信自助交通事故处理等创新措施，在提高交通事故处理效率的同时，及时向保险行业提供准确事故视频信息，防范骗赔风险。

（四）进一步规范市场秩序

根据中国保监会的统一部署并结合北京市场实际，对12家财产保险公司开展了20家次现场检查及案件调查工作，涉及检查人员110人次，122个检查工作日。针对检查发现的问题，对5家保险公司、8名责任人进行行政处罚，对8家保险公司采取了12次监管谈话等非行政处罚监管措施。

（李响）

▲人寿保险公司

一、基本情况

（一）市场发展态势平稳，保费规模稳步增长

2013年末，在京经营业务的人身险市场主体共56家，其中分公司51家，直接经营业务的总公司5家。按类型分，寿险公司48家，健康险公司4家，养老险公司4家。累计实现保费收入696.2亿元，同比增长7.4%，保费规模全国排名第4位，其中新单保费347.7亿元，同比下降2.0%；累计标准保费159.4亿元，同比增长14.2%。寿险责任准备金2 842.6亿元，同比增长15.0%；长期健康险责任准备金228.5亿元，同比增长14.8%。

（二）市场结构逐步优化，业务发展日趋多元

一是保障型产品稳健增长，新型产品市场份额略有下滑。普通寿险、意外险和健康险合计实现保费收入178.3亿元，同比增长27.1%，占人身险保费收入的25.6%。寿险新型产品实现保费收入517.7亿元，同比增长2.0%，占人身险保费收入的74.4%，占比下降4个百分点。

二是分红险业务占比有所下降。分红险全年累计实现保费收入513.5亿元，同比增长1.9%，占人身险保费收入的比例由上年的77.7%降为73.8%，下降了3.9个百分点。

三是新单业务结构逐步转好。全年新单期交保费102.8亿元，新单期交率29.6%，同比上升2.1个百分点；新单折标率45.9%，同比上升6.5个百分点。

四是渠道结构小幅调整。公司直销渠道保费收入同比增长较快，全年实现保费收入122.6亿元，同比增长65.5%，占比上升6.1个百分点；银邮代理渠道保费收入269.7亿元，占比38.7%，下降了6.9个百分点。

（三）市场集中度持续下降，银行系保险公司持续发展

2013年末，北京市场保费规模前五位的保险公司实现保费收入370.8亿元，占比53.3%，同比降低4.5个百分点，寿险市场集中度持续下降。银行系保险公司[①]实现保费收入50.5亿元，占比10.4%，较上年提升2.5个百分点。从银行系保险公司渠道结构来看，银保业务平均占比约85%，银行系保险公司的增多对北京保险市场，特别是对高度依赖银保渠道的中小保险公司带来一定冲击。

二、保险产品创新和保险服务

（一）保险产品创新情况

1. 意外保险方面。中国人寿保险公司北京市分公司为北京市老年人推出人身意外伤害保险。该产品面向北京市300万老年人群体（不分户籍，50~59周岁退休人员、60周岁及以上老年人），针对老年人乘坐公共交通工具、进入公园等公共服务场所以及参加社会公益活动时发生的跌倒、摔伤等意外伤害提供保险保障。其中，由政府为约7万低保、“三无”及失独等老人投保，保费为每人每年17元；其他老年人可自主投保，保险公司给予2

① 银行系保险公司：指银行股份占比较高的保险公司，以及与银行同属一个集团公司的保险公司。目前北京市场人身险保险公司属银行系保险公司的有建信人寿、中荷人寿、中邮人寿、光大永明人寿、招商信诺人寿、工银安盛、农银人寿、交银康联人寿。

元优惠，保费为每人每年15元。该保险包含意外身故、伤残和医疗等多种保险责任，意外身故、伤残保额为5万元，意外医疗保额为5 000元，每人最多可投保4份。中国人寿保险公司北京市分公司设立客户服务专线，在北京市各区县开设了17个客户服务中心。

2. 费改实施后的产品创新方面。2013年8月5日，普通型人身保险费率政策改革正式实施，放开了普通型人身保险产品预定利率2.5%的限制。10月，中国平安人寿保险公司推出预定利率为4%的“平安福终身寿险”，使该产品成为首款预定利率超过3.5% 的产品。

（二）保险服务方面

2013年，北京健康险信息平台实现了健康险业务信息录入标准化、全部健康险信息上传平台、对行业数据的挖掘分析，并新增客户风险信息查询功能，为保险公司产品开发、风险控制提供科学依据，为提升保险业服务经济社会能力奠定技术基础。

大病保险政策出台以来，北京保监局明确了在京经营大病保险的资质标准，确定了商业保险公司名单。与相关监管部门联合制定《北京市城乡居民大病保险试行办法》，明确商业保险机构参与三个区县新农合大病保险的“共保联办”工作，要求北京市有关部门要积极探索并创造条件向商业保险机构购买大病保险，发挥商业保险机构的专业化优势，提高大病保险的运行效率、服务水平和质量。

三、存在的问题和风险

（一）退保风险与满期给付持续保持高位

2013年，北京人身险市场整体较为稳定，延庆地区非正常退保、金盏地区集中退保风险事件等得到及时妥善化解。但退保和满期给付持续保持高位。一是退保金激增。截至年末，北京人身险公司退保金累计为109.7亿元，同比增长63.7%，退保率3.32%，同比上升1个百分点；13家人身险公司退保率超过5%的预警值。二是满期给付增长较快。2013年，北京人身险市场满期给付金共计63.8亿元，占赔付支出的43.1%，同比增长8.61%；12家公司①满期给付同比增长超过100%。

（二）销售行为不规范的问题仍然存在

一是销售行为不规范、欺骗投保人。如以中国保监会名义进行产品宣传、保险公司工作人员擅自变更投保人联系电话等。二是新单回访不符合监管规定。部分公司存在犹豫期外回访、未在规定时间内完成问题件处理等问题。三是个别银行网点存在违规印制和使用宣传材料的问题。四是个别保险公司存在未如实记录保险业务事项的问题。

（三）银保渠道客户信息不真实问题不容忽视

北京保监局在现场检查中屡次发现银保渠道投保人回访电话被篡改，不同投保人回访电话相同，部分保单长期无法联系等情况。

四、监管工作情况

（一）防范和化解风险

一是排查潜在风险。2013年，北京保监局指导辖内人身保险公司开展了包括

① 剔除无满期给付同比数据的公司。

退保和满期给付风险排查在内的多个领域的排查工作，摸清了风险分布，并持续跟踪监管重点公司、重点业务领域。二是加强日常监测。实施对保险公司退保和满期给付风险进行旬监测和月监测，有针对性地向行业提示风险并明确监管要求，保证人身保险市场的健康平稳运行。

（二）规范市场秩序

2013年，北京保监局共完成人身险公司现场检查34家（次），其中延伸检查中介机构14家（次）。在加大现场检查力度的同时，注重发挥联合监管、行业自律和外部监督作用，积极治理销售误导。

一是加强与北京银监局联系，建立银保业务规范沟通协调机制，召开联合工作会议，明确规范要求。二是要求保险公司严格落实《电话销售业务管理办法》的相关规定，持续关注整改落实工作。三是指导行业协会制定《新单回访问题件确认行业指引》，研究2013～2015年北京地区寿险销售行为关键指标改善计划、银行代理保险业务自律公约和《北京地区商业银行代理保险业务合作协议基础内容》。

（三）推动重点领域发展

一是指导行业完成健康险信息平台建设，实现全行业团体费用补偿型健康险的数据归集和初步挖掘整理。二是推动大病保险政策落实，积极与政府相关部门沟通协调，发挥商业保险机构的专业化优势。三是指导北京保险行业协会与平谷区卫生局签订合作备忘录，提出建立协作机制、实现信息对接、推进医疗行为规范和促进该地区保险行业良性发展等内容。

（孔健　秦琨）

▲保险中介机构

一、基本情况

（一）保险专业中介机构业务规模平稳增长

2013年末，在京保险专业中介法人机构385家，同比增加6家。其中，代理机构172家（全国性代理36家），经纪机构167家，公估机构46家。从业人员25 993人。其中，专业代理机构有16 812人，经纪机构有8 138人，公估机构有1 043人。

2013年，在京保险专业代理机构实现代理保费收入54.78亿元，同比增长37.98%；在京保险经纪机构实现经纪保费收入250.06亿元，同比增长12.79%；在京保险公估机构实现业务收入2.09亿元，同比增长10.74%。

（二）保险兼业代理机构业务规模略有下降

2013年末，北京地区共有保险兼业代理机构7 392家，同比增加176家。其中仍以银邮类和汽车类兼业代理机构为主，数量分别为3 990家和2 224家。

2013年，北京地区保险兼业代理机构实现代理保费收入453.61亿元，同比下降4.58%，占全市总保费的45.62%。其中，财产险公司通过保险兼业代理机构实现保费收入170.16亿元，同比增长8.11%，渠道保费占比57.09%；人身险公司通过保险兼业代理机构实现保费收入283.45亿元，同比下降10.87%，渠道保费占比40.71%。

二、行业发展特点

（一）中介市场主体保持活跃，多元化市场化特点显现

一是机构增速放缓，市场整合加速。

2013年，北京保险中介市场受监管政策调整的影响，主体增速放缓，但机构间整合加速，市场主体继续保持较强的活跃度，投资者通过自行设立、股权收购、外地迁入等多种方式进入市场，机构间的整合升级呈加速趋势。二是主体多元化特征明显。北京保险兼业代理机构中有银邮类机构近4 000家、车商类机构2 200多家，证券、财务、旅游、咨询类公司类机构1 000余家；专业中介法人机构中，具有行业背景的大型企业、保险公司、外资、第三方综合理财公司等进入专业中介领域呈上升趋势，保险公司特别是人身险公司探索产销分离的意愿增强，专业代理机构整合兼业代理机构步伐加快。

（二）专业中介处于全国领先位置，专业优势初步显现

一是北京保险专业中介机构数量和业务收入分别占到全国的15.27%和25%左右，尤其是保险经纪公司的主体数量和业务收入分别占到全国的38.13%和50%以上。二是北京保险中介市场的服务价值不断提升，在销售渠道、风险管理、产品创新等方面的作用日益凸显，在优化保险市场资源配置、繁荣保险市场、服务社会方面发挥了越来越突出的作用。一部分经纪机构在航空、电力、石化、矿业、教育、旅游等领域的专业技术和管理优势日渐突出，技术优势作用明显；有30多家中介机构积极开拓网销、电销、社区门店等新型渠道，创新销售模式。

三、存在的问题和风险

（一）寿险中介渠道的违规销售问题较为突出

寿险经代渠道展业行为不规范仍是保险中介市场普遍存在的问题，主要表现为夸大保险产品收益，隐瞒与合同相关的重要事项等误导行为；还有部分专业经代机构实施违规激励以及开展第三方非保险理财产品销售，这些都可能引发潜在的市场风险。

（二）违规套费等市场恶性竞争的问题仍然存在

各类保险中介机构协助保险公司违规套费、向客户返还利益、违规挂单等问题仍存在于产险、寿险中介渠道，造成市场的不当竞争，影响保险产品的价格和服务。

（三）中介机构内部规范化程度有待提高

多数保险中介机构重业务，轻管理，缺少专业规范的发展思路，内控制度落后，缺乏管理，难以吸引高素质优秀人才，尚未与保险公司形成良性的合作共赢关系，缺乏社会认可度，影响中介市场的健康发展。

四、监管工作情况

（一）加强市场行为监管，防范化解风险

一是强化非现场监管，开展专项风险排查。坚持非现场监管的风险预警，通过监测异常业务指标关注市场动向。利用交叉互动，从保险公司和中介机构两头入手，开展风险排查，对发现存在风险苗头或风险隐患的专业经代机构与保险公司进行风险提示。二是加大查处力度，规范经营行为。妥善处置春节和“两会”期间的群访事件，防止同质风险的扩大与传递。结合信访投诉问题与日常监管情况，对部分中介机构开展相应的查处工作。

（二）强化销售从业人员管理，确保新办法顺利实施

一是做好政策实施的准备工作。针对《保险销售从业人员监管办法》的实施，

制定地方性政策并开展培训，做好新旧政策衔接；统筹安排过渡期的资格考试工作，实现平稳过渡。二是确保考试工作平稳运行。严格考试报名审核和违规考生限考管理工作，强化保险公司在集体考试报名中的管理责任。

（三）围绕市场发展变化，加强调研分析

一是调研中介市场发展形势。针对北京保险中介市场的发展阶段和主要特点开展调研，掌握当前市场和公司发展中的问题，了解市场主体对监管政策的意见和建议。二是追踪市场热点，开展分类调研与总结。围绕汽车企业代理保险业务专业化与网络保险销售等专题，组织开展对相关保险中介机构的政策宣导和市场调研，了解市场现状与问题，研究推进措施并提出政策建议。

（李攀）

其他机构发展与监管

▲小额贷款公司

一、基本情况

2013年末，北京市共批准设立小额贷款公司68家，注册资本金99.2亿元，融资余额10.25亿元。全年共实现营业收入15.98亿元，上缴税款3.83亿元，较上年增长27.67%。

2013年，小额贷款公司累计发放贷款210.54亿元，年末余额120.46亿元。从贷款结构上看，累计向农户贷款35.3亿元，累计向中小企业客户贷款76.71亿元，累计向个体工商户、个人贷款131.4亿元。从信用形式上看，以保证贷款和抵押贷款为主。保证贷款累计发放103.69亿元，占累计贷款额的50.12%；抵押贷款累计发放73.92亿元，占累计贷款额的35.73%；信用贷款累计发放21.80亿元，占累计贷款额的10.54%；质押贷款累计发放6.02亿元，占累计贷款额的2.91%；其他贷款累计发放1.44亿元，占累计贷款额的0.7%。从贷款额度上看，最高单笔贷款为3 000万元，最低单笔贷款为2 700元；10万元以下（含10万元）的贷款累计发放1.36亿元，占累计贷款额的0.66%；10万元至50万元（含50万元）的贷款累计发放3.83亿元，占累计贷款额的1.85%；50万元至300万元（含300万元）的贷款累计发放95.72亿元，占累计贷款额的46.27%；300万元以上的贷款累计发放105.98亿元，占累计贷款额的51.23%。从利率情况上看，6个月（含）以内加权平均利率为21.42%，6个月~1年（含）加权平均利率为22.40%，1~3年（含）加权平均利率为22.71%。

二、发展特点

一是发展稳健，促地区经济发展。2013年，北京市小额贷款公司面向“三农”和小微企业贷款112.01亿元，较上年增长52.54%，有效地补充了传统商业银行体系在支持农村和小微企业融资方面的不足。全年缴纳税款较上年增长27.67%，吸收就业超过1 000人，社会效益明显。

二是合规经营，风险可控。小额贷款公司未出现虚假出资、非法集资、变相吸收公众存款、暴力收贷等现象和行为，贷款利率符合政策要求，风险可控。

三是探索业务创新，初见成效。北京小额贷款投资管理有限公司与农投系几家小额贷款公司开展信贷资产收益权转让与回购试点，基本形成了小额贷款公司融资的新模式。

三、存在的问题和风险

一是小额贷款公司目前仍无法享受金融机构的政策，如贷款不能税前提取拨备，也不享受国家对损失贷款的补偿机制或优惠政策。

二是个别小额贷款公司管理不规范，法人治理与公司法和小贷公司章程的要求有一定差距，股东对经营层工作造成干扰，甚至直接参与经营。

三是小额贷款公司的内部管理不够完善，存在欠缺关联交易的业务流程和操作规范，贷款审批、出账管理等手续不完备，股东关联借款长期不还，未制定《贷款呆账核销管理办法》、《内部审计稽核制度》，劳动关系存在漏洞，业务合同资料不全等问题。

四是小额贷款公司财务不规范。如入账票据欠规范，大额发票无明细，会议费无会议通知及会议纪要等附件，大额列支缺乏合理解释。

（张爽）

▲融资担保机构

一、基本情况

2013 年末，北京市获得融资性担保机构经营许可证的机构 134 家。其中，法人机构 129 家，外省法人在京设立分支机构 4 家。129 家法人机构中，注册资本 10 亿元以上的 13 家，1 亿元至 10 亿元的 105 家，1 亿元以下的 11 家。融资性担保行业从业人员 4 070 人，其中研究生以上学历 937 人、本科学历 2 263 人、大专及以下学历 870 人。

2013 年，北京市 134 家融资性担保机构总资产合计 725.63 亿元，实收资本 557.25 亿元，净资产 589.20 亿元，融资性担保责任余额 1 685.31 亿元，融资性担保放大倍数为 2.84。担保准备金 51.56 亿元，拨备覆盖率 220.93%。

2013 年末，北京市融资性担保机构为小微企业贷款提供担保的余额 330 亿元，比上年同期增长 7%，占小微企业融资总额的 5%。其中，贸易类小微企业在保余额 198 亿元，占比 60%；科技类小微企业在保余额 82.5 亿元，占比 25%；涉农类小微企业在保余额 19.8 亿元，占比 6%；节能环保类小微企业在保余额 16.5 亿元，占比 5%；文化创意类小微企业在保余额 13.2 亿元，占比 4%。融资性担保机构对小微企业融资支持作用稳中有升。

二、监管工作情况

（一）提高服务水平，促进融资性担保行业创新发展

一是注重政策传导，加大融资性担保公司扶持力度。以培训会形式分期向各融资性担保机构解读扶持政策，合理引导融资性担保机构用好、用活政策，增强抗风险能力和可持续发展能力。举办第一期融资性担保行业扶持政策培训会，就国家工信部、市经信委等部门出台的扶持政策在担保业务补助、奖励和减免营业税等方面进行解读。

二是成立担保联盟，促进全市融资性

担保机构优势互补。积极推动成立“首创担保 1 + 18”和“中关村担保 1 + 5”担保联盟，充分发挥大型政策性担保公司的优势和引领作用，推进行业转型、实现可持续发展。中合中小企业担保公司联合“中关村担保 1 + 5”共同对接北京市未来科技城 11 亿元项目，担保联盟优势逐步显现。

三是推动融资性担保行业信用体系建设。积极推动融资性担保公司接入征信系统建设，进一步完善担保机构信用信息。截至年末，首批 14 家融资性担保公司已完成材料收集并上报人行营业管理部。

四是加大鼓励创新，提升融资性担保行业发展水平。发布《关于支持本市融资性担保行业改革创新发展的指导意见》（京金融〔2013〕211 号），采取多种措施鼓励融资性担保机构开展业务创新工作，提升盈利能力和对中小企业融资的支持力度。

（二）科学监管，引导融资性担保行业规范发展

在融资性担保业务监管部门联席会议及三方合作监管框架下，不断丰富和完善科学监管手段，通过开展行业调研、规范行政审批、开展现场检查、升级非现场实时监管系统、处理涉访涉诉案件等手段，引导融资性担保机构在业务经营、风险控制、财务管理等方面规范化发展。

一是广泛开展行业调研。选定 21 家融资性担保公司就行业监管政策及措施进行现场调研，全面了解、掌握了在监管政策、银担合作、非现场实时监管、现场检查、扶持政策等方面存在的问题，提出相关意见和建议。

二是扎实做好行政审批工作。制定《北京市融资性担保公司变更申报工作指引》，完善审批工作流程，明确审核要点，提高审批时效。针对每一项审批事项均引入中介机构进行现场检查，提高审批的专业性。全面清理以往未批复的申请材料，正式出具停止受理批复。

三是启动评级分类，探索差异化监管。与中债资信评级公司联合启动北京市融资性担保机构综合评价体系建设课题研究，根据偿付能力充足率、公司治理内控与合规风险、财务风险、资金运用风险和业务经营风险等指标，依据现场检查、非现场监管、资信评级等结果，采取第三方机构评价的方式，对融资性担保机进行分级分类。探索实行分类差异化监管，对于优质融资性担保机构给予监管上的适当宽松。

四是组织开展 2013 年融资性担保公司现场检查。制定《2013 年现场检查手册》，成立检查工作组，明确检查方式、内容，提出检查要求；对各区县监管部门工作人员及中介机构进行培训；严格按照检查程序，组织开展现场检查并做好对各区县现场检查的督促指导；及时做好总结汇总并向检查对象下放整改通知，指导各区县监管部门做好本辖区的整改工作。

五是进一步升级完善非现场实时监管系统。2013 年，在充分利用融资担保公司监督管理信息系统做好非现场实时监管的同时，对该系统运行以来的情况进行调研，并与北京银监局、人行营业管理部、相关银行及融资性担保公司多次座谈，总结梳理监管系统存在的问题，提出在数据报送、系统升级、制度完善等方面的建议。初步建立现场监管与非现场监管组合监管模式，通过现场检查与非现场监管数据对比，相互印证相辅相成，提高监管效能。

六是有效防控融资性担保行业风险。严守不发生系统性和区域性风险的底线，初步建立风险防控机制，指派专人负责涉访涉诉事件。开展现场检查和非现场监管，强化风险意识和责任意识，切实防范并及时化解系统性、区域性风险。明确监管职责，将工作重心从机构准入转移到加强日常监管上来，逐步实现向风险监管、分类监管及持续性监管的转变，切实提高监管执行力和监管有效性。

（张爽）

四、服务与管理

货币金银管理

北京立体库试运行　2013 年是北京立体库试运行的第二年。中国人民银行营业管理部（以下简称人行营业管理部）建立健全各项规章制度，制订《中国人民银行营业管理部仓储管理系统管理办法（试行）》、《中国人民银行营业管理部立体库自动化物流设备管理办法（试行）》等。针对北京立体库物流仓储系统重复出现的故障进行分析、查找原因，采取调整零部件位置、更新设备参数或更换零部件等措施，有效地解决各类软硬件故障。按计划维护保养各类设备，全年共完成 7 台堆垛机、4 台龙门架机械手、18 台 AGV、多轴机械手、自动装箱站、10 个交接间及所有输送线的维护保养工作。加强备品、备件及备用服务器管理，设专人负责登记、清点、整理和备货工作，确保系统正常运转。建立各类登记簿，完整记录系统运行、维护、故障等情况，并设专人负责。全年，北京立体库试运行基本稳定，发行基金顺利出入库，首都现金供应得到有效保障。

现金供应　认真分析北京市现金投放回笼趋势及各发行基金保管库库存变化情况，研究制订每周的发行基金调拨计划，合理安排调拨工作。采取增加调拨频率、加大单次调拨数量等措施，基本解决了因发行保管库库房狭小而导致的库存发行基金胀库的问题。结合日常调拨工作，完成了第四套人民币发行基金调拨入库工作。针对北京铁路局零钞需求，与相关商业银行、发行保管库进行沟通协调，确保了北京铁路局的零钞供应。全年，全辖发行基金投放同比减少 0.43%；回笼同比减少 1.93%；净投放 317.94 亿元，同比增加 11.85%。

普通纪念币发行改革试点　2013 年，中国人民银行（以下简称人民银行）选定北京市为普通纪念币发行改革试点地区。人行营业管理部在对纪念币及其装帧品收藏市场进行充分调研的基础上，决定普通纪念币由指定商业银行向社会发行和由北京市钱币学会向会员兑换。人行营业管理部制订和完善相关制度规定，引入竞争机制，允许在人民银行发行库办理现金存取款业务的商业银行提出办理普通纪念币发行工作的申请，为北京市钱币学会在人行营业管理部营业室开立账户，并在货币金银管理信息系统中将北京市钱币学会作为其他商业银行类别进行系统维护，为北京市钱币学会在发行库办理出入库业务奠定基础。9 月和 12 月，“和”字普通纪念币、马年贺岁普通纪念币由指定商业银行向社会发行和由北京市钱币学会向会员兑换。

钞票处理　北京钞票处理中心按照人民银行要求，完成钞票处理信息管理系统第二阶段功能测试工作，多次对 M7 型清分机的清分质量进行测试，完成对 M7 型清分机阈值测试、多捆结算测试。进一步梳理规章制度，优化操作流程。加强人员培训，对新招聘的 14 名清分新操作员进行上岗前培训，组织开展点钞技能比赛，参加人民银行组织的清分设备及销毁设备培训。开展“三严一争”和岗位风险防控年活动，参观北京印钞厂、北京市反腐警示教育基地，要求全体员工“严格遵章守制、确保运行安全”。

全年15台清分设备共运行25 486.3小时，清分残损人民币1 198 843千张；大型机械销毁设备运行406.74小时，销毁残损人民币490 652千张；复点残损人民币531 353千张。

反假货币 加大对朝阳区、海淀区假币犯罪活动的重点整治力度，通过实地走访、座谈会研讨等，提出构建反假货币社区服务站的工作建议，全年共筹建反假货币社区服务站33个。5月下旬至6月上旬，与市金融局及朝阳区、海淀区金融办联合开展打击假币犯罪和打击非法集资的大型户外宣传活动。10月，承办反假货币宣传周活动，全市60余家中外资商业银行、3 000余个网点、上万名银行从业人员参加了活动，共发放宣传材料180万余册，接受群众现场咨询近10万余人次。在官方网站开辟反假货币宣传专栏，主导拍摄国内首部反假币主题微电影《钱伏》。推进人民币冠字号码查询工作，北京市1万1千余台自助取款机全部实现了冠字号码可查询。通过北京电视台《法制进行时》、《直通科考站》等栏目，录制反假货币专题访谈节目，积极回应社会各界对假币问题的广泛关注。对“C1F9假币事件”做出及时、有效的反馈。坚持以人为本，办好群众来信来访，化解矛盾和负面影响。

全年，北京市共计收缴、没收假人民币15.91万余张、面额1 464.55万余元，与上年同期相比，张数和金额分别下降了14.29%和9.80%。其中，来自银行系统的假人民币收缴量（包括人民银行清分复点）为15.64万余张、1 443.98万余元，同比分别增长4.08%和5.45%；来自公安系统的假人民币没收量为0.26万余张、20.54万余元，同比分别下降92.54%和91.92%。

人民币收付业务 严格掌握交存发行库钱捆质量。探索建立硬币处理新模式，在银行营业网点、地铁站、超市等场所布放42台自助硬币兑换机，初步建立硬币自助服务网络。全面推进付出现金全额清分工作，增加清分机配备量，为全额清分的实现提供硬件基础。截至10月末，大部分银行实现了100元券全额清分的年内阶段性目标。

钱币市场管理 加强企业经营管理，注销3家不合格企业的《经营流通人民币许可证》。截至年末，北京市具有《经营流通人民币许可证》的企业71家。对马甸邮币卡市场进行集中整治，要求市场管理者加强对摊位的管理，严禁销售第四套、第五套流通人民币。以非法广告和群众举报为线索，对北京市二十多家非法买卖流通人民币的企业进行暗访，与工商部门联合行动，一举端掉位于朝阳区、海淀区、丰台区、石景山区、东城区的违法窝点。

发行库管理 加强发行库管理，建立健全各项制度。制定《中国人民银行营业管理部代理人民币发行库管理实施细则》、《中国人民银行营业管理部人民币立体发行库管理实施细则》、《中国人民银行营业管理部银行业金融机构存取现金业务管理实施细则（试行）》、《北京市发行库管理风险防控一览表》、《中国人民银行营业管理部辖内人民币发行库检查队伍管理办法（试行）》等制度。全面落实各类检查工作，完成对14家发行基金保管库达标升级考核、2013年钞票处理中心安全检查、发行库全面检查工作，组织完成了对北京分库、北京中心支库的各类检查工作。

（李志东　杨兴安）

国家金库业务

2013年，国家金库北京市分库认真贯彻全国国库工作会议精神，积极构建现代化服务型国库，着力信息化建设和制度建设，推进国库标准化管理，创新服务手段，加强统计分析与信息调研，全面提升国库履职能力和服务水平，确保国库资金安全和国库业务平稳运转。

一、稳步推进国库信息化建设，提升国库现代化水平

一是按照中国人民银行（以下简称人民银行）和财政部的统一部署，做好市级财政支出无纸化试点工作。会同市财政局成立北京市市级财政国库业务电子化管理改革领导小组，建立财政支出联网实施小组联席会议制度，制订《北京市市级国库业务电子化管理试点实施方案》，确定各试点单位相关职责、工作步骤及要求，明确任务内容、完成时间及责任人。协调市财政局、集中支付业务代理银行做好财政支出联网相关系统的开发、测试工作，会同市财政局制订并印发《北京市市级国库业务电子化管理应急预案》，建立并完善财政支出联网应急管理机制。通过人民银行、财政部门及代理银行相关系统的网络连接实现了财政支出无纸化业务处理，建立起财政支出业务的动态校验、电子验章、自动对账、全程跟踪等新型业务管理方式，国库工作管理水平和效率得到全面提升。

二是配合市地税局推广批量扣税业务，提高电子缴税比例。会同市地税研究制订系统建设方案和试点方案，组织人员开展联调测试；11月，地税批量扣税业务上线推广，北京市地税电子缴税比例较上年提高10个百分点，全辖电子缴税比例较上年提高5个百分点，达到95%以上。加快推广商业银行自助机具和网银电子缴税，组织工商银行北京市分行开发电子缴税付款凭证回单打印功能，优化自助机具电子缴税流程，为纳税人提供便利。

二、强化国库监管力度，全面提升国库监管水平

一是开发运行国库非现场监管系统。积极探索国库监管新方式，开发运行国库非现场监管系统，通过系统对商业银行代理国库业务相关数据信息的自动审核、分析、预警和综合评价等，实现了对辖内商业银行代理的国库经收、集中收付、国债发行与兑付等业务的全面监测、预警评估和综合考评。截至年末，全辖已有近40家银行接入了国库非现场监管系统。

二是加强国库监管制度建设。加强对辖内商业银行代理国库集中收付业务管理，制定并下发《北京市商业银行代理地方国库集中收付业务管理办法（暂行）》，实现了对商业银行代理国库集中收付业务从资格认定到各项具体业务操作的全过程规范化管理。至此，国家金库北京市分库建立了涵盖国库经收、国库集中收付和储蓄国债在内的全面完整的国库制度体系，为辖区国库会计标准化的推进提供了制度保障。

三是加强对商业银行的监管。首次开展区（县）级国库集中收付代理银行的资格认定工作，共收到各区（县）210家银行网点的申报材料，经审核批准资格认定199家。对农业银行北京市分行等5家银行开展国库集中收付、非税收入专户、国库经收的专项检查。参加中国人民银行营业管理部（以下简称人行营业管理部）对光大银行北京分行、中信银行总行营业部国库经收业务、集中收付业务、国债发行和兑付业务的现场检查，对检查发现的问题进行了行政处罚。举办3期商业银行代理国库业务人员培训班，辖内30家代理国库业务的商业银行的180余名业务骨干参加了培训。

四是完善优胜劣汰的代理支库管理机制。加强代理支库达标升级考核工作力度，完成对辖内18家代理支库的检查和达标升级考核工作，督促辖内代理支库不断提高履职能力和工作水平，为进一步引入竞争机制做好准备。

三、稳健开展国库会计核算工作，确保本市财政资金安全运转

一是认真完成国库会计核算工作。与财政、税务等部门密切协作，顺利实现本年度预算收支执行目标。2013年，北京市各级国库部门共完成财政预算收入（不含转移性收入及债务收入，下同）12 205.18亿元。其中，中央收入6 619.85亿元，增幅较上年下降4.8个百分点；地方收入5 585.33亿元。办理省级财政支出3 598.95亿元。开展国库代收工会经费业务，全年累计代收工会经费38.69亿元。

二是做好国库业务系统的运行管理工作。按照人民银行的工作部署，启用国库会计核算系统（TBS）作为国库会计数据集中系统（TCBS）的应急备用系统，制定《TBS作为TCBS应急备用系统的业务处理流程》，明确相关业务处理手续及各岗位职责，为TCBS平稳运行提供保障。组织人员参加国库系统配合第二代支付系统上线验证演练及正式上线工作。

四、加强国债发行兑付工作，圆满完成各期国债发行任务

组织辖内国债承销银行通过加大营销力度、开展国债需求分析和评估、改进额度分配方式等手段促进国债销售。加强对国债承销、分销机构的管理，严格查处银行网点在办理国债发售、兑付业务中的违规行为，切实维护首都国债市场秩序。利用国库非现场监管系统对全辖国债销售情况进行动态监测，并将国债销售任务完成情况纳入考核。全年共组织本市国债承销、分销机构发售4期凭证式国债，金额212.73亿元；10期储蓄国债（电子式），金额350.59亿元，发行量及占比均居全国首位。

五、强化国库统计分析，提高调研信息工作水平

夯实国库统计分析基础工作，及时准确完成各类国库统计报表的报送工作，定期向相关部门报送各类收支分析材料和数据信息。开展统计分析信息交流，建立和完善与财税部门的信息交流机制，及时、准确收集相关数据和资料。加强统计分析制度建设，完成《北京市国库统计分析工作实施细则》，规范国库统计分析工作。在总库的指导下，完善统计分析数据库建设，通过Wind系统设计完成北京市房地产市场统计指标，共10大类200余条。强化信息调研工作，全年共有20余篇信息调研被采用。其中，《地方政府债务：现状、成因、风险和应对》等四篇调研获北京市预算研究会优秀课题二、三等奖；《银行业税制改革问题研究——基于北京数据》被《金融会计》刊用；《关于对统计分析指标体系的建议》等两篇调研被人民银行采用。

（陈永波）

支付结算清算管理

2013年，北京地区支付结算基础业务安全稳定运行，支付清算基础设施不断完善，银行结算账户管理水平稳步提高，银行卡市场在规范中发展，支付机构监管工作创新开展，非现金支付环境进一步优化，各类新型支付发展迅速，其中中央银行会计集中核算系统（ACS）建设和第二代支付系统上线、支付机构客户备付金监管到户试点、农村支付环境建设等多项重点工作成效显著。

一、做好ACS上线、第二代支付系统建设等工作

（一）成功上线ACS系统

高度重视中央银行会计核算数据集中系统（ACS）上线试运行工作。成立上线工作领导小组，召开辖内开户单位上线工作会并进行业务培训，严格按照上线步骤书的要求，完成账务清理、密钥采集、参数维护、数据迁移等工作。2013年6月13日，ACS系统在北京正式上线试运行。当天共办理准备金考核、支付往来、公开市场等10大类、449笔会计核算业务。

（二）完成第二代支付系统上线切换工作

高度重视第二代支付系统上线切换工作。制定《北京市第二代支付系统上线切换应急处置工作实施细则》、《北京市第二代支付系统上线切换工作值守人员及各参与者负责人联系表》，通过科技平台、手机短信等方式督导银行机构做好上线准备及舆情引导，利用国庆假日期间顺利完成系统上线切换工作。

（三）确保支付清算系统安全稳定运行

2013年，北京市大额实时支付系统发起及收到业务6 278.01万笔，金额1 272.57万亿元，同比分别增长22.35%和4.28%；小额批量支付系统处理业务12 230.18万笔，金额4.60万亿元，同比分别增长32.21%和21.37%；网上支付跨行清算系统共处理业务8.86亿笔，金额13.52万亿元，同比分别增长149.41%和172.03%；实有单位银行结算账户存量153.33万户，同比增长11.50%；个人银行结算账户1.95亿户，同比增长11.43%。

二、认真履行支付机构监管人职责

（一）积极落实支付机构备付金监管到户试点工作

贯彻落实中国人民银行（以下简称人民银行）备付金存管办法相关工作要求，借鉴证券交易资金结算第三方存管制度，制订北京市预付卡支付机构客户备付金监管到户试点工作方案，确定资和信电子支付有限公司、裕福支付有限公司、银盈通支付有限公司、北京恒达万华支付有

限公司和11家银行北京分行为试点机构，下发《预付卡支付机构客户备付金监管到户试点方案指引》，做好备付金监管到户试点启动准备工作。

（二）启动北京市支付机构监管信息系统建设

制订《中国人民银行营业管理部支付机构监管信息系统建设方案》，设计支付机构和备付金银行数据报送、支付机构信息管理、资金监管等九个功能模块，于2013年10月正式启动立项。

（三）做好支付机构监管工作

建立支付机构高管从业人员资质考核等制度，组织辖内47家支付机构的146名高级管理人员进行业务考试；完成2011年、2012年7家重点支付机构监管报告和《北京市支付机构综合监管报告》；做好《支付业务许可证》初审工作，经人民银行批准辖内11家机构获得支付业务许可，5家支付机构获得增报业务许可；对辖内53家支付机构和18家外地支付机构在京分公司开展非现场监管、舆情监测；协同国家外汇管理局北京外汇管理部开展支付机构跨境支付业务试点相关工作，通报辖内11家申请试点支付机构2010年至2012年的合规经营情况。截至年末，辖内4家支付机构获国家外汇管理局批准开展跨境电子商务外汇支付业务试点。

三、强化支付市场监督管理

（一）做好支付结算执法检查工作

按照人民银行统一部署，中国人民银行营业管理部（以下简称人行营业管理部）对光大银行北京分行、中信银行总行营业部、新韩银行（中国）有限公司、北京怀柔融兴村镇银行进行了票据、账户管理方面的检查；对交通银行北京市分行、中信银行总行营业部、招商银行北京分行，拉卡拉支付有限公司进行了银行卡收单业务和预算单位银行结算账户专项检查。

（二）多措并举确保北京地区刷卡手续费平稳调整

会同市商务委对11家重点收单机构的42家商户银行卡受理协议换签、手续费设定情况进行现场检查，对存在问题的5家收单机构进行通报，责令整改。建立银行卡受理市场专项整治工作月度例会制度，深入开展针对套用商户类别码（MCC）及异地收单行为的专项整治工作，维护和治理北京地区银行卡受理市场秩序。

（三）做好存量个人人民币账户核实工作

加强组织领导和督导检查，按月开展核实工作量化考核和通报；明确军人、武警存量账户核实工作要求，支持和鼓励银行采取多种途径突破核实工作难点。11月末，完成以身份证开立的存量账户核实工作；12月末，北京地区法人银行完成核实工作任务目标。

四、推进非现金支付工具的使用

（一）银行卡业务继续保持全国领先优势

2013年，北京市银行卡市场规模持续扩大。全年银行卡POS刷卡交易总笔数13.8亿笔，交易总金额1.68万亿元，同比分别增长30.19%和20%；累计发展银行卡特约商户36.18万户，同比增长27.84%；累计安装POS机具46.9万台，同比增长10.77%；累计发行银行卡1.75亿张，同比增长15.9%。

（二）电子支付业务量与金额迅猛增长

2013年，北京市电子支付（包括网

上支付、电话支付、移动支付）交易笔数15.97亿笔，比上年增长46.92%；交易金额146.64万亿元，比上年增长21.95%。

（三）完成辖内票据印制管理制度改革

根据人民银行要求，充分调研座谈，制定了《北京市银行票据凭证印制管理办法实施细则》，对北京地区银行票据凭证的制版、订货、发运、监管作出明确规定，在制度环节有效防控风险。

（四）电子商业汇票系统业务推广成效显著

全年累计承兑19 154笔，同比增长60%，金额872.79亿元，同比增长26%；贴现15 205笔，同比增长32.80%，金额628.03亿元，同比增长31.11%。

（五）启动“北京市空头支票行政处罚操作系统”开发工作

启动“北京市空头支票行政处罚操作系统”建设，以影像化、电子化为特点，通过商业银行空头支票举报材料的影像化报送、业务档案的影像化管理、举报材料的影像化审核以及陈述申辩的影像化处理，提高档案流转速度和行政处罚效率。

五、深入推进农村支付环境建设

（一）助农取款点数量实现大幅增长

全市共有农业银行北京市分行、北京银行、北京农商银行和邮储银行北京分行开展助农取款业务。截至年末，共发展银行卡助农取款点706个，累计取款交易笔数10 158笔，金额636.4万元。人行营业管理部支付结算处荣获总行农村支付环境建设先进集体称号。

（二）辖内农村手机支付试点业务取得突破

对辖内涉农银行和农村手机支付业务进行摸底，定点邮储银行北京分行、顺义银座村镇银行，按季度进行调研沟通。截至年末，在农村地区累计设立便民服务点14个，手机支付用户1 700个，转账近万笔，金额近3亿元。

（三）深入基层进行金融知识宣传

组织12家金融机构到门头沟区龙泉务、琉璃渠等山村开展改善农村支付环境宣传工作，现场发放宣传材料500余份，受理咨询100余人次。

（殷奎）

征信系统建设与征信管理

2013年，中国人民银行营业管理部（以下简称人行营业管理部）认真贯彻落实《征信业管理条例》，切实加强征信管理工作，大力培育首都信用服务市场，完善金融信用信息基础数据库建设，稳步推进“两类”机构接入征信系统，认真做好征信宣传教育工作，努力推动辖内征信管理工作水平再上新台阶。

一、组织开展《征信业管理条例》宣传培训工作

组织北京地区《征信业管理条例》网络有奖知识竞赛，通过政府网站、论坛、微信和微博等形式动员北京地区网民答题，共计8 692人次参与，参赛者覆盖北京市各区县和不同年龄层次。动员辖内3 000余家金融机构网点，以“信用北京行”为载体，走进媒体、机关和农村，宣传《征信业管理条例》。借助“信用北京网”，累计发布专题报道15篇。分期分批对辖内金融机构、征信机构、评级机构、小额贷款公司进行专题培训，并督导金融机构开展再培训，实现全员培训。

二、创新个人信用报告查询渠道，提升征信服务水平

提升现场查询服务能力和水平。增设大厅经理、保安、服务窗口、空调设备，改善服务环境；开展“文明服务标准化”试点，建立企业和个人征信柜员联动机制，培养柜员服务意识，落实标准化规范；完善自动语音电话咨询系统、应急预案；加强互联网宣传，更新优化人行营业管理部网站、“信用北京网”中业务办理流程和征信知识等信息。

创新个人信用报告查询渠道。在全国率先推出个人信用报告自助查询机具，通过人脸识别技术和身份证读取技术的结合实现个人自助查询；开展金融机构委托代理查询试点，在北银消费金融公司开设个人征信代理查询网点；巩固网银渠道查询信用报告成果，启动北京银行开展网银渠道查询信用报告；开展北京地区互联网个人信用信息服务平台验证试用服务。

全年，人行营业管理部个人信用报告现场累计查询量27.2万笔，累计接受现场和电话咨询10万余人次。

三、加强征信管理，培育首都信用服务市场

（一）加强对商业银行征信相关业务管理

部署辖内金融机构贯彻落实《征信业管理条例》并开展自查工作，督导商业银行重新规范和梳理征信管理制度和业务流程，全年共有117家金融机构备案了修订后的管理制度；加强现场检查力度，创新检查方法，对光大银行北京分行等10家金融机构开展征信业务现场检查，加大对信息泄露的查处力度，及时跟踪整改情况；完善征信业务非现场检查机制，加强“个人征信管理前置系统”应用，督导金融机构建立内部自查机制，按月、季、年上报自查统计表，通过金融机构对其分支机构“拉网式”排查，力争从源头上杜绝违规查询行为，全面提升金融机构征信管理水平。

（二）推动征信市场健康发展

采用资料检索、统计汇总、实地调研等方式，初步掌握了北京辖内征信机构及业务开展情况和市场需求。按照《征信机构管理办法》，拟定备案操作流程，做好对辖内19家企业征信机构的备案准备工作和对辖内个人征信机构设立初审相关准备工作。加强与中关村管委会、海淀区政府的合作，拓展征信报告在信贷融资、政府补贴等领域的应用，积极培育首都征信市场。

（三）规范和培育信用评级市场

贯彻落实总行关于信贷市场信用评级管理方式改革的总体部署。深入推进中关村科技园区和海淀区企业信用评级工作，推动信用评级在商业银行、政府部门等的应用；建立评级质量评价制度，全年举办2次机构间互评和专家评审，提升评级机构评级质量；充分发挥总经理联席会议效力，加强行业自律。全面掌握辖内债券评级业务开展情况，督促机构及时完整报备材料。组织辖内10家机构上报违约率系统数据；将违约率数据与征信系统进行比对，确保数据质量，积极探索违约率系统的应用。

四、完善金融信用信息基础数据库，推进金融业统一征信平台建设

截至年末，金融信用信息基础数据库为全市16.47万户企业和其他组织及1 081万自然人建立了信用档案；累计查询数据库11 705万次，日均查询量46.82万次；受理并初审6家金融机构总部接入数据库的申请，受理并办结216家金融机构分支机构的接入申请；完成贷款卡行政许可审批14 649笔，为自然人担保配号3 675笔，对北京市持卡企业信息进行更新，完成批量自动年审58 865户，同比增长8.7%，操作周期缩短60%以上。探索在远郊区县由商业银行协助代理企业申办贷款卡；启动中关村零信贷企业金融服务拓展活动，为商业银行协助企业申办贷款卡开辟“绿色通道”。以工商银行北京市分行为试点，逐步推动工商企业信用信息免费向金融机构开放；与市环保局合作，将企业环境违法信息纳入征信系统；推动辖内企业外汇处罚信息纳入征信系统。

五、稳步推进“两类”机构接入征信系统

按照人民银行统一部署，会同有关部门，探索性地开展对小额贷款公司、融资性担保公司的信用评级工作。摸清机构情况，确定“集中组织、一口接入”的模式，制订接入工作方案，有序推进24家小额贷款公司、14家融资性担保公司接入征信系统；开展业务培训和技术指导，督导其建立征信管理制度和操作规程，推进网络联通、系统搭建、业务数据录入等工作。

六、推动首都社会信用体系建设

（一）全面推进首都社会信用体系建设各项工作

加强与相关部门沟通与协调，积极传导人民银行征信管理及社会信用体系建设工作思路，参与制定并贯彻落实北京市社会信用体系建设规划及年度重点任务，推动完善北京市社会信用体系联席会议的组织领导，发挥人民银行在首都社会信用体系建设中的积极作用；配合市政府做好国家督导组赴京督导地方社会信用体系建设的相关工作；按照“客观公正、科学合理、求真务实”的原则，对北京市政府基层信用环境建设进行综合考评。

（二）深入开展中小企业信用体系建设

推荐中关村国家自主创新示范区和海淀区申报人民银行小微企业信用体系建设试验区；推进海淀区、西城区和中关村中小企业试验区建设，完善组织、工作机制，加强信用正向激励机制建设，推动海淀区开始补贴和使用信用评级产品，探索建立授权海淀园管委会查询信用报告的工作机制；推动北京市生物医药产业金融激励试点工作，有效缓解企业融资困境；探索中小企业信用信息的应用，累计为74 650户中小企业建立信用档案。

（三）深入开展农村社会信用体系建设

联合相关部门大力推进以信用户、信用村、信用镇（乡）为内容的农村“三信工程”建设，扩大“三信工程”覆盖面。累计评定信用户12.5万户、信用村284个、信用乡镇12个；联合相关部门印发《关于金融支持农民专业合作社发展的意见》，鼓励合作社开展信用合作，扩大信用合作规模，促进农民增收，对贷款按时还本付息、诚信意识比较好的示范社给予诚信奖励，提高农户的信用意识。

七、开展征信宣传教育活动，提升社会公众的信用意识

（一）组织督导辖内金融机构和征信机构开展征信宣传活动

开展“《征信业管理条例》专项宣传季”、“机构信用代码专项宣传月”、“动产融资宣传推广”等主题宣传活动，调动全辖商业银行通过营业网点、业务咨询、互联网网站、微博、微信等形式开展征信知识宣传，活动覆盖辖内90余家中外资银行的3 000余个营业网点，参与率达90%以上；以“信用北京行”为载体，联合中信银行总行营业部和北京银行，走进新闻大厦、门头沟陇驾庄村等单位、学校、社区和农村，全年开展活动10余场；要求辖内拟申请备案的征信机构通过在办公场所张贴宣传海报、在本机构互联网网站开辟宣传专栏等方式开展征信宣传，参与率达90%以上。

（二）借助媒体，抓住各种有利契机开展征信宣传

借助电视、报纸、网络等媒体，借助“京交会”开幕式等大型活动，对《征信业管理条例》、个人信用报告互联网查询、互联网金融征信等公众关注的问题进行舆论宣传引导；借助“信用北京网”，及时发布征信相关报道325篇，刊登照片20余幅；联合中国人民大学财政金融学院，开设信用管理选修课，结合助学贷款，在8个院校开设征信专题教育课堂，建立高校征信教育长效机制。

（武逸）

金融信息化建设

2013年，辖内金融业信息安全管理工作深入推进，跨部门协调长效机制逐步完善；中国人民银行营业管理部（以下简称人行营业管理部）应急灾备建设全面推动，备份中心建设初具规模；北京金融城域网积极服务中小企业，探索尝试为小微机构提供接入方式；金融IC卡迁移及支付机构行业技术管理工作有效开展，推动了支付市场健康有序地发展。

一、信息安全工作扎实开展，辖内金融业信息安全保障体系不断完善

2013年，人行营业管理部按照总行部署，全面落实开展北京辖内金融业信息安全管理工作。圆满完成“两会”等重要时期北京市金融业信息安全保障工作，实现零事件报送目标；联合市公安局对辖内10家商业银行开展等级保护现场检查等工作；组织完成人行营业管理部和辖内银行业机构重要信息系统和互联网网站安全专项检查、信息安全自查；完成人行营业管理部业务网等级保护测评整改工作，建设部署防病毒网关、双因子认证以及审计系统等安全防护系统，提升业务网信息安全保障水平。

二、行业科技管理有效开展，推动金融业信息化建设不断深入

深入开展北京市金融IC卡应用推广工作。截至年末，北京地区商业银行布放的30余万台POS机和2万余台ATM终端全部完成金融IC卡受理改造，金融IC卡累计发行量1 800余万张，年内金融IC

卡新增数量占银行卡新增总量的45%，金融IC卡在社保、医疗、交通、教育、餐饮娱乐等重点民生领域得到广泛应用。

推进第三方非金融支付机构技术管理工作。建立支付机构技术管理台账及技术高管备案机制；关注跟踪辖区支付机构业务系统安全运行情况，对其发生的信息安全事件（事故），跟踪了解情况，提出管理意见；印发《中国人民银行营业管理部关于规范支付服务业务系统技术检测认证工作的通知》（银管发〔2013〕97号），推动辖内机构规范开展检测认证，全力保障支付机构安全合规经营。

履行人民银行对商业银行的指导职能，组织辖内2家区域性商业银行的3个项目参加总行科技成果鉴定工作。规范开展金融业机构信息管理工作。截至年末，人民银行金融业机构信息管理系统中已收录北京辖内3 951家金融机构注册信息。

三、系统、网络建设不断强化，支持服务金融业健康有序发展

2013年初，人行营业管理部制订《营业管理部备份系统建设规划》，启动应用系统备份中心建设。8月，人行营业管理部应用系统备份中心应用基础设施正式投入运行，实现了主、备中心间的数据实时同步复制，达到系统的应用级备份目标。组织开展网络系统向新建备份中心的迁移工作，完成辖内118家（政府机构、金融业机构）网络参与者的线路迁移，为北京市金融业信息系统提供更为安全可靠的运行保障。

北京金融城域网积极服务中小企业，探索尝试为小微机构提供接入方式。参照人民银行指引，结合北京实际，制订北京金融城域网小微机构接入技术方案、实施计划，推动实施小微机构接入北京金融城域网工作，为辖内中小企业发展提供信息技术支持服务；完善北京金融城域网相关管理规定，提升北京金融城域网接入使用安全。

完成人行营业管理部统一数据报送平台二期建设，人行营业管理部货币信贷处、调查统计处、科技处、金融研究处、货币金银处、金融稳定处6个部门通过该平台上收和汇总数据，外联机构扩展至245家。完成国库非现场监管系统建设，实现了对经收监管业务、国债业务及报备类业务的电子化监管。

组织召开2013年度北京市银行业科技工作联席会议，对北京市银行业信息安全工作提出要求，全市共72家银行科技部门负责人参加了联席会议。

（李薇）

金融法制建设

▲中国人民银行营业管理部法制工作

2013年，中国人民银行营业管理部（以下简称人行营业管理部）努力树立以现代法治精神为核心的行政理念，以“法律保障有力、法律服务及时、法律咨询前瞻”为工作目标，以保障依法履行央行职责、规范行政执法行为为工作重点，不断提高各项金融法制工作的积极性和主动性，提升行政效能，狠抓制度落实，强化行政监督，成效显著。

一、制定规范性文件，进一步提升窗口指导实效

2013 年，人行营业管理部严格执行修订后的《营业管理部规范性文件制定程序规定》，加强规范性文件管理工作，制定发布了《关于调整北京市差别化住房信贷政策的通知》、《北京市银行票据凭证印制管理实施细则》、《中国人民银行营业管理部金融消费权益保护工作实施办法（试行）》、《北京市商业银行代理地方国库集中收付业务管理办法（暂行）》、《北京市银行业金融机构存取现金业务管理实施细则（试行）》、《中国人民银行营业管理部代理人民币发行库管理实施细则（试行）》和《北京金融城域网入网管理实施细则（试行）》7 份规范性文件，并根据辖区特点细化总行有关规定，增强各项制度的可操作性。

二、严格各项行政执法活动，促进金融机构合规经营

2013 年，人行营业管理部认真行使法律法规赋予的监督管理等法定职能，严格遵照程序，切实纠正各种违法违规行为，做好行政许可等工作。全年，共实施行政处罚 37 笔（含北京外汇管理部作出的行政处罚，不含空头支票专项行政处罚），实施空头支票专项行政处罚 1 223 笔；受理行政许可申请 306 355 笔，准予行政许可 289 552 笔。对光大银行北京分行、新韩银行（中国）有限公司及中信银行总行营业部开展了综合执法检查。

三、以促进首都金融有序发展为目的，全面做好金融法律服务

2013 年，人行营业管理部根据《中国人民银行法律事务工作规定》，认真做好社会公众的法律咨询工作，全年共解答和接待社会公众、金融机构、司法机关对人民银行发布的有关规范性文件和政策的来电、来访咨询 100 余件（次），出具各类法律意见 200 余份；受理澳洲联邦银行等 8 家金融机构接入央行业务系统的申请，下发准入通知书 12 份。

四、深入开展金融法制调研，以调研成果为总行决策服务

2013 年，人行营业管理部金融法制重点调研课题《我国中央银行法律地位问题探讨》，作为人民银行系统唯一论文应邀参加 2013 年中国银行法学会年会主题交流。完成《互联网金融模式下的金融消费权益保护问题研究》、《金融消费权益保护立法问题研究》、《融资租赁法律问题研究》、《关于北京地区网络信贷平台公司问卷调研的报告》等调研报告，及时反映辖内实际工作中亟须解决的问题。积极参与总行和北京市的立法研究工作，协助召开《非存款类放贷组织条例》起草工作研讨会，承办《现金管理条例（建议修改稿）》调研座谈会，配合市政府法制办对《北京市组织机构代码管理办法（草案）》等多部政府规章提出修改意见。

五、严格落实“六五”普法工作要求，开展金融法制宣传活动

2013 年，人行营业管理部组织开展反假货币宣传周、支付系统知识宣传月、国债宣传月、“信用北京行”、“金融 IC 卡网上大讲堂”及“反洗钱十年”等法制宣传活动，提升社会公众及金融消费者的金融法制意识。创新普法宣传教育手段和载体，在系统内首创制作完成“央行服务一点通”电子书，优化“金融法制宣传网”，主导拍摄了国内首部公益性质的反假货币主题微电影《钱伏》，积极开拓国家外汇管理局北京外汇管理部互联网网页普法宣传功能，紧扣人民银行监管和服务职责，增强了法制宣传的效果和吸引力。

六、启动金融消费权益保护工作，开展投诉处理、金融消费咨询服务活动

2013 年，人行营业管理部全面启动金融消费权益保护各项工作。制定《中国人民银行营业管理部金融消费权益保护工作实施办法（试行）》，通过主动公开的方式告知社会公众。组织开展“金融知识进高校——走进清华大学”、“金融知识进社区——走进世纪城”活动，受到众多媒体报道，产生较大的社会影响。全年成功协调转办 25 起金融消费者投诉，为金融消费者和金融机构提供业务咨询逾千次。对华夏银行北京分行、交通银行北京市分行、北京商银信商业信息服务有限责任公司 3 家机构的个人金融信息保护情况实施现场检查。

（董英超）

▲银行业监管法制建设

2013 年，中国银行业监督管理委员会北京监管局（以下简称北京银监局）紧密围绕国家经济金融形势和银行业监管任务，不断完善监管工作机制和流程设计，结合年度监管工作实际和热点深入开展法规评价，不断夯实银行业监管法制基础；积极开展公职律师试点工作，构建“法律事务培训”和“领导班子学法”制度，提升依法行政工作水平；深入开展防范和打击非法集资工作，督导辖内机构保持案防高压态势，防范打击非法集资，规范银担合作，大力维护首都金融稳定良好局面；银行业监管法制工作成效显著。

一、深入开展法规评价，夯实银行业监管法制基础

2013 年，北京银监局结合年度监管工作实际和热点，对理财、银行卡、“三个办法一个指引”、流动性风险四类监管法规和规范性文件进行年度法规检查评价。通过向辖内机构下发调查问卷、督导重点业务自查、调阅抽查相关档案等方式，调研被监管机构对有关监管法规的贯彻执行情况，了解执行中存在的问题，集中评价有关法规制度在当前监管环境下的实际执行效果，研究讨论修订、更新建议。经过评价，共计提出各类建议 66 条，为提升银行业监管法律法规和规范性文件的操作性、实效性、协调性和认同度提供了有力保障。

二、法规备案和公示并举，提高政务信息透明度

2013 年，北京银监局严格依照《银监会派出机构规范性文件备案管理办法》和《北京银监局规范性文件审查与备案实施细则》的有关要求，认真组织起草论证，按时完成报备登记，有效避免规范性文件与上位法不衔接、不协调等问题。依托监管信息网及其他定点外部媒体拓展政务信息公开的新渠道、新方式，适时对规范性文件及其他监管政策性文件进行公示，不断提高监管透明度和公众参与度。

三、狠抓操作及案件风险防控，维护首都金融稳定良好局面

2013 年，北京银监局按季度督导银行业金融机构继续保持案防高压态势，提升案防意识和能力，认真落实案件处置三项制度和案件风险信息报送要求，开展案件多发领域针对性检查，全面进行案防工作考核评价。通过狠抓操作及案件风险防控，有力地维护了首都金融稳定良好局面。

（一）强化责任人意识

组织召开辖内机构主要负责人参加的年度案防工作会议，传达中国银监会案防工作会议精神，部署年度案防工作；通过约谈机构主要负责人、实地走访、下发监管意见书等形式强化辖内机构案防第一责任人意识，认真落实案件处置三项制度和案件风险信息报送要求。

（二）开展案件多发领域检查

针对票据、信用卡、资金柜面业务等案件多发领域，加强对部分银行的检查力度，并对发现的问题，下发现场检查意见书。

（三）督导合规文化建设

组织开展“高管谈合规”征文活动。辖内机构组织开展合规征文活动并择优上报。通过各行总行高管、分行高管、支行高管谈合规，提高了高管人员的合规意识，推动了辖内机构合规文化的建设。

（四）开展2012年案防工作考核评价

通过机构自评与监管部门复评的方式，对辖内134家机构（中资机构85家、外资机构49家，不含开业不足半年的机构）2012年度案件防控工作进行考核评价。辖内机构2012年案件防控工作总体良好，考评结果为满意的67家，同比增加55家，增长458.33%，占辖内考评机构总数的50%，同比上升40.77个百分点；基本满意的67家，同比减少50家，下降42.74%，占辖内考评机构总数的50%，同比下降40个百分点；无不满意的机构。

（五）落实案防统计制度

对辖内14家中资法人银行（含村镇银行）具体经办人员就《中国银监会办公厅关于建立银行业金融机构案件防控统计制度（试行）的通知》（银监办发〔2013〕25号）的执行要点、各机构报送中存在的问题进行培训。组织辖内机构按时上报报表，对轮岗、对账、员工行为排查、违规问责等情况进行统计汇总。

（六）开展案防教育培训

邀请北京市检察院第二分院业务专家对辖内近年新提任支行行长及案防部门负责人共计427人，就职务犯罪形式及防范、金融犯罪形式及防范进行专题培训，提升辖内机构尤其是基层负责人的案防意识和案防能力。

四、深入开展防范和打击非法集资工作，防范外部风险传染

（一）组织开展防范打击非法集资宣传月活动

建立工作联系机制，要求各家银行将开展防范打击非法集资宣传教育活动纳入2013年重点工作范畴，主导设计宣传折页供辖内银行长期使用，加强活动督导，营造宣传活动声势，注重总结经验，推动辖内银行建立长效机制。

（二）配合有关部门做好涉嫌非法集资案件性质认定和重大案件处置协调工作

全年协助公安机关对9家涉案企业、2名涉案个人的性质进行认定；协助司法机关召开3次账户协查会议，对“巨鑫联盈”等多起涉嫌非法集资案件进行协查；多次参加市打非办组织的案件分析会，建言献策。

（三）部署开展托管等高风险业务调研排查活动

部署辖内银行开展对托管业务的排查活动，加强对托管业务和代销第三方产品的管理，防范犯罪分子利用银行托管账户进行虚假宣传、非法集资活动，加大打击非法集资宣教力度，切实保护消费者合法权益。

（四）跟踪研究网络融资、第三方支付机构等发展趋势和风险特点，做好风险提示和政策建议

配合市金融局、中国银监会开展对互联网金融、第三方支付业务的调研，赴市经侦总队、市金融局就新型融资模式进行调研，撰写多篇信息，及时提示风险，提供政策建议，防范外部风险向银行系统传染。

（五）督导开展从业人员行为排查

积极督导辖内银行注重加强员工管理，向部分银行下发关于进一步做好银行业金融机构及其从业人员参与民间融资防控工作的风险提示，强调关于防范银行业金融机构从业人员参与非法集资、民间融资活动的各项监管要求，深入开展员工异常行为排查。

五、深化培训辅导，提升依法行政水平

全年，共面向局内员工和被监管金融机构举办法律事务培训3期，就规范性文件审查及备案、金融犯罪和职务犯罪防范、法规评价等工作进行讲解。将“领导班子学法”纳入党委中心组学习计划，并作为一项学习专题予以制度化。全年，共组织局领导学法两次，分别邀请了最高人民检察院、北京市高级人民法院的专家就预防职务犯罪、行政法律法规适用等内容进行解读。

六、深入公职律师试点工作，打造专业化法律团队

按照《中国银监会公职律师试点工作实施方案》（银监办发〔2009〕271号）和《北京银监局公职律师试点工作实施方案》要求，大力推动公职律师服务监管工作，广泛参与监管决策，积极发表法律意见。截至年末，北京银监局公职律师已完成对19份外签合同的法律审查，提供各类法律咨询24次，参与8次行政处罚委员会审议会议。

（曹妍）

▲证券业监管法制建设

2013年，中国证券监督管理委员会北京监管局（以下简称北京证监局）积极完善制度规范，防范化解法律风险，加大稽查执法力度，深入开展普法宣传，辖区市场法制建设水平稳步提升。

一、立足放松管制加强监管要求，健全监管业务规范

配合并购重组分道制改革，制定《上市公司风险分类指引》，对辖区公司按照风险高低标准进行筛查和分类，将高风险公司作为日常监管和现场检查的重点；修订《北京证监局关于上市公司媒体质疑处置工作规程》、《北京证监局上市公司监管信息归档制度》、《北京证监局上市公司档案交接工作制度》，完善上市公司监管工作流程；出台《北京辖区证券公司申请证券投资基金托管业务资格监管工作规程》，指导辖区证券公司申请证券投资基金托管业务资格的现场检查工作，加强对证券公司申请托管业务的准入监管；制定《北京辖区资产管理机构申请公募基金管理业务资格监管工作规程》，明确审核工作流程和现场检查要求；指导北京期货商会出台《关于北京辖区期货经营机构居间人规范管理的指导意见（试行）》。

二、完善内部管理制度，提高规范化管理水平

2013年是制度建设年，北京证监局在现有工作制度的基础上，出台了《北

京证监局公文处理办法》、《北京证监局签报管理制度》、《北京证监局考勤及假期管理规定》，着力改进内部管理制度，提高公文办理流转效率，优化文件签批流程，简化费用报销审批环节，减轻监管人员事务性工作负担，促进工作效率的提升。制定《北京证监局信息公开办法》，明确政府信息公开的受理条件、办理流程、答复格式，保障信息公开工作有据可依，规范办理。

三、严把法律审核关口，防范、化解诉讼风险

全年法律会签各类文件163份，涉及信访、监管措施、法律规则草案、性质认定等各类事项。建立会签专报制度，先后出台9份专报，对会签过程中发现的信访调查核实、行政执法的程序问题、监管措施法律适用等普遍性问题进行专题探讨。制定《北京证监局行政复议、行政诉讼工作规程（试行）》，对复议和诉讼事项的承办主体、工作方式、办理流程等作出规定，建立法制处和业务处共同参与、分工负责的应诉答复工作机制，明确复议诉讼各关节节点承办处室的工作内容和要求。

四、加大执法力度，做好行政处罚审理准备工作

全年共接收行政许可申请材料282件，受理267件，审核通过254件；作出监管措施22项，其中责令改正4项，监管谈话7项，警示函9项，责令增加内部合规检查和责令参加培训各1项；办理证券期货违法案件59件，查处涉案证券账户200余个、银行账户500余个，涉案金额近6亿元。中国证监会向各派出机构下放行政处罚权后，北京证监局结合实际制定《中国证监会北京监管局行政处罚案件审理工作规则（试行）》、《中国证监会北京监管局行政处罚听证规则（试行）》，准备听证室和工作设备，组织相关处室人员集中开展法条和案例学习，为开展案件审理、保证审理质量夯实基础。

五、加强律师从业监管，提升行业法律服务水平

制定下发《北京辖区律师事务所从事证券期货法律业务监管工作规程（试行）》，明确律师事务所在辖区从事证券期货业务监管工作职责与流程。启动北京证监局行政许可报备法律意见书审核工作，全年共审核法律意见书29份，约谈律师事务所2家，指出执业不规范问题。对辖区律师执业情况开展调研统计，完成《北京证监局关于律师事务所在辖区从事证券法律业务情况的报告》，建立执业资料库和诚信数据库，为进一步强化律师事务所执业监管奠定基础。

六、开展普法宣传活动，探索普法工作常态化、多样化

邀请中国证监会法律部专家、大学教授、执业律师等授课讲法，编写依法行政负面案例汇编本，组织旁听诉讼案件庭审，提升干部依法行政意识。围绕新修订的《证券投资基金法》实施、创新与发展关系等主题，组织辖区市场主体开展多样化的普法宣传活动，营造辖区法制氛围。全年编发《法制工作通讯》12期，在北京证监局外网“普法园地”栏目上挂3期市场新规索引、21个违法违规案例，联合辖区上市公司编辑、拍摄打击非法经营证券活动的微电影，在辖区协会刊物上刊登案例宣传、法律解读等文章，拓宽普法宣传辐射面。

七、积极研提意见建议，服务金融立法修法工作

积极为《证券法》修改、《期货法》

制定、《行政诉讼法》修订草案、金融消费者权益保护等提出意见建议。持续关注全国证券期货类案件进展情况，吸收提炼法律适用观点以指导法制工作。组织上市公司破产重组座谈会，参加《证券法》修改座谈会，从派出机构视角，为完善立法修法提出改进建议。

（刘康喜）

▲保险业监管法制建设

2013年，中国保险监督管理委员会北京监管局（以下简称北京保监局）围绕“监管为民、依法公正、科学审慎、务实高效”的保险监管核心价值理念，深化改革，规范市场，保护消费者权益，防范化解风险，积极服务首都经济社会建设。

一、加强制度建设，坚持依法行政

一是结合监管重点，制定并下发《北京市政策性农业保险承保理赔业务规范》、《关于北京地区保险公司城乡居民大病保险业务资质管理有关问题的通知》等规范性文件。二是根据监管实际，制定《关于北京地区保险消费投诉处理工作有关要求的通知》，规范北京地区保险消费投诉处理工作，细化对保险公司投诉处理工作的有关要求，首次启用《中国保险监督管理委员会北京监管局风险提示函》，对保险机构经营过程中存在的风险予以监管提示。三是完善行政处罚程序，理顺行政处罚流程。全面梳理北京保监局近年来的行政处罚案件，促进行政处罚的一致性和连续性，提升依法行政水平，全年实现无行政诉讼、无行政复议。

二、规范保险市场，提升保险服务水平

一是坚持“标本兼治、重在治本”的工作方针，以现场检查为重点规范市场秩序。持续加大现场检查力度，注重系统内部联动形成检查合力，扩大检查覆盖面；综合性检查和专项检查同时推进，提高现场检查的针对性；对车险理赔服务、寿险销售行为、农业保险、意外险、寿险专业经代等进行专项检查。二是持续治理车险理赔难。重点抓住承保、定损、支付等七个易产生纠纷的环节，细化经营标准，明确监管要求。三是深化治理寿险销售误导。以银邮代理为重点渠道，以信访投诉集中和风险排查隐患较大的公司为重点对象，以投保提示、电话回访、宣传资料使用为关键环节，以加大检查力度、加强信息披露、开展产品研究为重要手段，通过与北京银监局监管联动，与行业协会自律联动，着力规范银保渠道销售行为。四是加强信访投诉处理。修订保险机构投诉处理量化考核制度，增加对在京各商业银行涉及销售误导投诉的信息披露，强化社会监督；完善局长接待日制度，优化网络投诉和局长信箱功能，畅通投诉渠道。

三、开展法律研究，服务监管实践

一是加强研究的系统性，针对《关于适用〈中华人民共和国保险法〉若干问题的解释（二）》开展系列研究；二是突出研究时效性，对部分保险公司拒绝赔付特定区域就医费用等问题开展法律研究，及时反映社会关注热点；三是拓宽视野，尝试研究国外保险法律。北京保监局坚持通过监管实践检验研究成果，将研究内容应用于具体案例中，以理顺监管思路，解决保险消费者关注的突出问题，有效规范市场秩序。

四、深化诉调对接机制，切实保护消费者合法权益

一是认真贯彻《关于在全国部分地

区开展建立保险纠纷诉讼与调解对接机制试点工作的通知》精神，加大对行业协会的指导力度，数次就诉调对接与行业协会、人民法院进行座谈，深化北京地区诉调对接机制建设。二是会同北京市高级人民法院召开“诉调对接工作部署”会议，推动北京地区各级人民法院与行业协会组织建立、健全诉调对接机制，与北京保险行业协会建立诉调对接机制的人民法院扩大至13家，覆盖全市法院总数的62%。三是北京保险行业协会采取“诉前调解、庭前调解、审中调解、判前调解”等多种调解方式，针对诉讼不同阶段的特点，有针对性地开展调解工作，效果良好。

（张鉴美）

反洗钱工作

2013年，中国人民银行营业管理部（以下简称人行营业管理部）稳步推进北京地区大额和可疑交易报告综合试点工作，及时启动金融机构反洗钱风险试评估，认真指导和督促金融机构完善客户风险管理机制，综合运用现场检查、走访、非现场监测等多种监管工具提升反洗钱监管效能，不断强化重点可疑交易分析与调查力度，深入完善区域反洗钱合作机制，大力开展特色宣传培训活动，反洗钱各项工作取得了新的进展。

一、大力推进北京地区大额和可疑交易报告综合试点工作，稳步提升试点机构可疑交易报告质量

大力推动中国人寿保险股份有限公司和华夏基金管理有限公司开展大额和可疑交易报告综合试点工作，协助总行做好对民生银行的试点管理与指导工作。通过现场座谈、实地调研、电话询问等多种方式了解试点机构工作进展情况，指导机构解决试点过程中遇到的困难，保证试点工作如期完成。截至年末，试点机构已确定了涉嫌洗钱风险阈值和可疑交易指标，筛选出核心甄别指标，完成了指标验证。

二、贯彻落实“风险为本”的监管理念，积极开展金融机构反洗钱风险试评估和客户风险分类管理指引相关工作

一是启动辖内金融机构反洗钱风险试评估工作。根据北京地区实际情况，有针对性地选择中信银行总行营业部、信达证券股份有限公司和中国人民人寿保险有限公司3家不同类型的机构作为试点单位，全面、客观地了解试点单位反洗钱工作情况，及时向试点单位反馈评估结果，提出监管意见。

二是有序推进辖内金融机构开展客户分类管理指引相关工作。及时下发文件，细化工作要求，明确时间任务，指定专人负责解答咨询、提供指导，督促和协助辖内机构合理确定客户洗钱风险等级，提升反洗钱和反恐怖融资工作的有效性。

三、综合运用多种监管工具，推动辖内机构反洗钱工作水平不断提升

一是开展现场检查工作。全年共完成对光大银行北京分行、中国人民人寿保险股份有限公司等7家机构的反洗钱现场检查工作。总结提炼现场检查经验，优化完善现场检查方法，推动辖内机构反洗钱工作由形式合规向实质合规的转变。

二是开展现场回访工作。为保证监管效能的持续性，对以前年度被查的6家机构进行了现场回访。针对问题实地探讨和互动交流，进一步掌握被查机构的实际整改情况，提出具体要求，弥补现场检查后的监管空白。

三是组织辖内47家支付机构开展反洗钱履职自查整改专项行动，明确自查要求、时间进度及整改目标。推动各支付机构完善内控机制建设，提升反洗钱履职意识和能力，专项行动取得预期效果。

四、加强对重点可疑交易分析与调查力度，充分发挥反洗钱预防和遏制洗钱犯罪的职能优势

为了更好地挖掘和利用可疑交易线索，人行营业管理部对辖内机构进行了一对一辅导、走访和培训，进一步明确可疑交易分析识别方法及报送规则，金融机构重点可疑交易报告质量明显提升。全年共接收重点可疑交易报告60余起，上报研判线索9起，指导机构移送线索10起，开展行政调查50余次，协助破获多起重要经济案件，为首都金融秩序安全稳定作出了积极贡献。

五、组织召开北京市反洗钱联席会议，深化完善区域反洗钱合作机制

为进一步增进与北京市各部门间的沟通合作，提升反洗钱合作成效，人行营业管理部组织召开了2013年北京地区反洗钱联席会议。会议总结了近年来北京市反洗钱合作成果，明确了今后一段时期反洗钱工作的方向和重点，提出了加强合作、防范风险等工作要求，北京市反洗钱联席会议机制得到了进一步优化。

六、开展特色宣传培训活动，展现优质金融服务水平

一是组织开展“2013北京‘反洗钱十年’”主题宣传活动。以《金融时报》为载体，于8月26日至29日连续四天整版刊登了人行营业管理部和辖内14家金融机构的文章，普及反洗钱理念和知识，宣传辖区和机构的反洗钱工作，取得了预定的宣传效果。

二是举办法人机构反洗钱业务系列培训班。根据法人监管工作要求，分别于9月、11月对辖内53家支付机构法人、163家银证保法人进行了反洗钱业务培训，受训人员近400人。

（许莹）

五、机构业务综述

中国人民银行营业管理部

2013年，中国人民银行营业管理部（以下简称人行营业管理部）扎实开展党的群众路线教育实践活动，紧紧围绕“稳中求进”的工作总基调，认真贯彻执行稳健的货币政策，着力防范区域性金融风险，稳妥推进外汇管理改革，促进首都经济金融健康平稳发展。

一、贯彻落实稳健的货币政策，充分发挥信贷政策引导经济发展方式转变的积极作用

（一）认真贯彻执行稳健的货币政策

多形式、多渠道宣传解释政策内涵，加强窗口指导，引导社会各界形成合理预期。研究出台财务公司差别准备金动态调整公式，制订并启动辖内金融机构流动性监测方案，提高宏观审慎管理的针对性，全年贷款总量增长适度，节奏平稳。在全国率先建成北京同业存款利率信息共享平台，深化利率标准化统计试点工作，推进利率市场化改革。规范货币政策工具管理与操作。

（二）有效发挥信贷政策引导作用

着力构建“科技金融”、“文化金融”长效机制，开展中关村零信贷小微企业金融服务拓展活动，发布《2013北京文化金融发展报告》。深入推进金融惠农工程，支持农村综合金融服务示范村和大兴区农村金融改革试验区建设。灵活运用再贴现政策工具，鼓励金融机构加大对中小企业和涉农信贷的投入。在全国率先调整地方差别化住房信贷政策。

（三）进一步完善金融市场监管工作

积极引导北京地区企业通过银行间市场发债融资，对企业发债进行事前调查和后督管理。指导金融机构完善内控制度，合规开展货币市场交易，防范货币市场各子市场风险。探索创建基于货币市场监测指标的流动性监控预警体系，建立相应的管理预警和处置机制。

二、推进金融机构规范管理，维护首都金融安全与稳定

（一）加强对金融风险的监测分析与评估

推进金融稳定风险监测系统建设，探索建立地方法人银行流动性风险评价模型。首次对证券、保险、信托机构开展现场评估，先后完成8家金融机构现场评估工作，全面覆盖银行、证券、保险行业。推进辖内银行业受益权业务自评估，组织召开辖内银行、证券及保险业金融风险座谈会，深入把脉跨行业、跨市场金融行业风险状况。以《金融风险管理建议函》为载体，及时向金融机构提示风险。与北京证监局签署证券期货监管合作备忘录。对辖内79家银行开展综合评价，完成3家银行综合执法检查工作，严格履行重大事项报告制度管理职责，“两管理、两综合”效果突出。

（二）创新支付机构监管手段

开展支付机构备付金监管到户试点，截至年末，已覆盖试点支付机构4家、备付金银行11家，实现了客户备付金风险可控制、异动可追踪，防止客户备付金被擅自挪用、占用、借用，保障当事人合法权益。建立支付机构高管考核制度，研究建立北京市支付机构监管信息系统，强化支付机构非现场监管。

（三）稳步推进反洗钱工作

启动金融机构反洗钱风险试评估工作，督导金融机构完善客户风险等级划分和分类管理，探索建立反洗钱法人监管体系。推进大额和可疑交易报告综合试点，开展反洗钱执法和司法合作，加大可疑交易线索分析调查力度，对14起案件线索开展行政调查48次，协助破获案件3起。

（四）启动金融消费权益保护工作

制定金融消费权益保护工作实施办法，开展个人金融信息保护情况专项检查，受理并妥善办结金融消费权益投诉25件。

三、加强基础设施建设，提升金融服务现代化水平

（一）稳步推进支付体系建设

上线ACS和第二代支付系统。大额支付系统和网上支付跨行清算系统业务金额均居全国首位。电子商业汇票系统业务推广成效显著，贴现业务金额居全国第二位。农村地区手机支付试点业务取得突破，办理手机转账金额近3亿元。开展银行卡收单业务专项检查，多措并举确保北京地区刷卡手续费平稳调整。以身份证开立的存量账户核实工作走在全国前列。

（二）强化科技服务和保障功能

金融IC卡推广应用工作全面推进，发卡量居全国第二位。开展商业银行等级保护现场检查。有序开展小微机构接入金融城域网工作，服务小微企业发展。

（三）提升货币发行管理和钞票处理水平

完成普通纪念币发行改革试点工作。监制、发布国内首部反假货币主题微电影。筹建33个反假货币社区服务站。推进人民币冠字号码查询工作，北京市上万台自助取款机全部实现冠字号码可查询。硬币自助服务网络初步建成。全面推进付出现金全额清分工作。人民币立体库保持平稳试运行。

（四）不断完善征信管理与服务

在全国率先开展个人信用报告自助查询和金融机构代理查询服务试点，拓展网银查询个人信用报告业务试点范围。首创评级报告机构打分互评制度。全面做好机构信用代码推广应用工作。完善金融信用信息基础数据库，纳入北京地区企业环境违法、信托贷款信息，有序接入小额贷款公司和融资性担保公司。创新征信业务检查模式，督导金融机构推进个人征信查询前置系统建设，切实保护信息主体权益。

（五）进一步健全国库管理与服务体系

稳步推进国库信息化建设，自主开发国库非现场监管系统，实现对辖内银行代理国库业务的全方位电子化监管及预警。财政支出无纸化和个体工商户电子批量扣税业务上线运行，电子缴税金额和比率均居全国首位。完善国库监管制度，完成对199家区（县）级集中收付代理银行的资格认定工作。

（赵晓英）

国家外汇管理局北京外汇管理部

2013 年，国家外汇管理局北京外汇管理部（以下简称北京外汇管理部）全力落实各项调控部署，各项工作取得良好成效。全年，北京地区累计实现外贸进出口 4 291 亿美元，同比增长 5.1%，全国排名第 4。贸易逆差 3 026 亿美元，同比增长 4.8%。实际利用外商直接投资 85.2 亿美元，同比增长 6%，利用外资情况好于全国。结售汇继续保持平稳增长，结售汇总量 6 627.5 亿美元，同比增长 6%，占全国近五分之一，位居第一。

一、"扩逆差"和"防风险"工作

（一）坚持"打热钱"和"防风险"不放松，控流入成效显著

2013 年 6 月、11 月，北京地区银行代客结售汇逆差环比分别增长了 20.1% 和 27.7%。全年，北京地区累计实现结售汇逆差 2 969 亿美元，同比增长 7%。

（二）丰富事后监管核查手段，对异常资金的非现场甄别能力不断提高

全年累计监测企业 6 017 家，现场核查 464 家，其中 108 家企业被列入 B 类。

（三）首次完成区域外汇收支运行报告，跨境资金流动监测、分析和预警水平进一步提升

一是建立跨部门分析工作机制，完成《2012 年北京市外汇收支运行报告》。二是制定《北京外汇管理部应对地区跨境资金异常流动预警和处置预案》，探索"防风险"工作的制度化、规范化途径。三是加强跨境资金双向监测分析，参与总分局跨境资金监测分析联动工作，对美国债务上限、欧洲金融交易税等热点问题进行专题研究，成果被国家外汇管理局（以下简称总局）采用。四是保持信息敏感性。建立防范异常外汇资金流入工作简报制度，全年共向总局、市政府报送 17 期简报，其中 8 期被总局采用。

（四）加大外汇违法违规案件查处力度，保持对异常跨境资金高压态势。对银行、部分企业以及房地产行业外资流入情况开展专项检查。与北京海关缉私局启动监管合作，根据线索初步侦破走私案一起，涉及案值约 2.7 亿元，偷逃关税约 5 200万元。全年共立案 232 件，结案 260 件，结案率 112.1%；收缴罚没款 2 893 万元人民币，同比增长 746.4%。其中，对银行处罚 11 起，罚没款金额 152 万元；对企业（包括非银行金融机构）处罚 249 起，罚没款金额 2 741 万元。

二、各项外汇改革平稳推进，重点领域实现突破

（一）跨国公司外汇资金集中运营管理试点取得实效

在总局指导下试点工作稳步推进，试点企业扩大到 14 家，成员公司扩展到全国 107 个城市和境外 29 个国家地区。总体来看，试点实现了"效率提升、成本节约、服务改善、监管有效"的预期目标，示范效应凸显。一是实体经济受益显著。试点提升了企业资金集约化、便利化管理水平。试点企业把国内外分散的资金管理权集中到中国区总部，顺利开展净额结算等创新业务；利用资金通道便利性，

实现境内外资金一体化调配运营；优化资金计划和结算流程，降低经营成本。初步估算，试点仅1年已累计为试点企业带来上亿元人民币综合收益。二是北京地区外汇政策软环境得到改善，对跨国公司吸引力增强。试点政策为北京地区跨国公司资金集中运营管理提供了最为优惠的外汇政策环境支持，得到了跨国公司境外总部重视。施耐德公司已将中国总部提升为中国区总部，成为其全球四大区域中心之一；三星公司在我国境内成功实施了首个货物贸易净额结算案例，并在国内建成其全球第二个区域资金结算中心。三是试点践行主体监管思路和框架，为未来资本项目改革探索铺路。试点尝试监管员管理模式，监管员对试点企业全部外汇监管负责，对试点企业进行一对一指导和咨询，极大地方便了企业。四是金融机构资金管理服务能力得到提升。试点合作银行扩大到7家，银行为试点专门开发了资金额度控制模块，服务跨国企业的资金池集中管理模式得到升级推广，净额结算等方式开始与国际接轨。

（二）服务贸易外汇管理改革平稳实施，业务办理效率大幅提高

一是做好政策实施前的培训、宣传工作，建立重点银行联络机制，有效解决疑难问题。二是加强与税务部门协调，明确相关税务凭证管理要求，并建立售付汇及税务备案信息共享机制。三是加强政策实施的服务保障举措。服务贸易改革取消外汇局核准手续，平均每次为企业节省办理时间5～10个工作日，办理时间缩短70%以上，企业资金周转速度明显加快。

（三）外债管理政策改革顺利实施

及时传达总局《外债登记管理办法》及其《操作指引》文件精神，对辖内80多家银行800余人次进行培训。制订非现场核查和现场核查方案，确保新政执行准确。改革后，企业每笔外债业务办理速度平均提高60%，全年减少企业往返北京外汇管理部3 000次以上。

（四）第三方跨境支付、个人本外币兑换特许业务试点等工作取得积极进展

一是按照“风险可控、条件成熟”原则开展第三方跨境支付试点，4家企业获得总局批准。从而打破了国外支付代理机构的长期垄断，为电子商务企业搭建自己的跨境外汇支付平台提供强有力的政策支持。二是支持个人本外币兑换特许业务创新和扩大经营区域。同意北京联合货币兑换有限公司开展电子旅行支票代售及兑回业务。该公司获得北京首家、全国第三家全国范围特许业务经营资格。三是大力推动北京市股权投资基金及其管理企业利用外资和小额贷款公司资本金结汇试点工作，批准1家小额贷款公司开展外汇资本金结汇试点。全年，办理试点结汇业务77笔，金额近1.2亿美元，提高了外资资本金的利用效率，支持了小微企业的发展。

（五）资本项目管理简政放权改革稳步推进

一是落实总局境外上市外汇管理改革新政，简化50多家境外上市企业的审批程序，允许企业直接到银行办理境内外股票专户开户手续。二是落实总局期货和衍生品交易外汇管理改革措施，简化审核流程，授权银行为企业直接办理专户开立业务。三是落实境外证券投资新政。包括取消币种限制，扩大资金来源；取消购结汇审核，简化额度申请材料，统一额度管理要求。四是规范直接投资简政放权改革，对82家银行数据备案情况开展核查，下

发风险提示。五是开展特殊目的公司管理调研，为特殊目的公司管理做好政策储备。

三、紧密围绕“群众路线”，不断优化服务与管理

（一）抓住特点促服务，深入群众推改革

雅宝路民贸、中关村科技园、总部经济是北京的三张经济名牌。通过广泛征求个体商户、货运公司代表意见，积极推动雅宝路地区民贸业务试点。二是根据中关村园区企业贸易用汇特点，指派专人建立政策联系辅导机制，完成《境外并购外汇管理试点操作方案》等材料上报总局。三是扎根群众，自下而上推进跨国公司外汇管理改革试点。试点从方案制订就由企业、银行全程参与。这些工作方式创新使得试点政策惠及最需要的企业，政策活力得以最大限度发挥。

（二）积极寻求外汇管理方式的科学性与合理性

一是引导企业通过会计师事务所开展年检，提高事务所代申报率。完成1.36万家企业年检，年检率91.42%，事务所代申报率达99.75%，比上年提高25个百分点。二是为更好支持中小企业实体经济发展，首次采用量化模型核定银行年度短期外债余额指标，指标核定更加科学。三是继续对未按规定参加外商投资企业年检案件处罚适用简易程序，制定《外商投资企业未按规定参加外汇年检行为处罚简易程序操作规程》，同时加强对违规企业的宣传教育，全年共处理同类案件220起，同比下降65.7%。四是完成70家银行执行外汇管理规定情况年度考核，结果得到银行普遍认同。对评定为B⁻级的银行进行单独考核通报，提出整改要求。

（三）努力实现非现场管理手段的多样性与高效性

一是资本项目信息系统顺利推广运行。北京外汇管理部克服机构多、情况复杂、数据补录任务重等困难，累计验收27家银行及财务公司，培训800余人次，完成3 000多笔历史数据补录，办理1 000余家会计师事务所系统接入，保障了新系统成功上线。全年，共通过新系统办理直投、外债和资本市场项下业务6 783笔，金额近724.73亿美元。二是协助总局完成外汇账户管理信息系统应用门户整合试点。三是在全国率先开展银行结售汇大户月报表电子表单应用开发。四是实践外汇统计数据分级管理方式。出台《关于进一步加强国际收支统计分析工作的意见》，对国际收支申报和结售汇统计的数据质量按季度开展分级管理，将非现场核查情况纳入银行执行外汇管理规定情况年度考核。全年，共核查国际收支申报数据261万笔，差错率降为0.08%；核查结售汇报表8 000余份，差错率降为0.6%。

（四）着力提升外汇服务的便捷度与满意度

一是出版《北京地区外汇业务办理指南》。以主体监管思路，归集外汇审批、核准事项的操作流程及办理要求，为市场主体办理外汇业务提供便捷的政策指引。二是借助多种渠道和手段加大外汇政策宣传力度。为80家银行、300余家中关村企业、550家会计师事务所共3 000余人次进行外汇法规培训；多次参加北京市投资促进局、中关村管委会等部门组织的政策咨询会、政策培训。三是建立绿色通道。全力支持雅安地震抗震救灾，允许捐赠资金进行境内划转并凭列明用途的协议入账，确保捐款及时到位。四是组织开展外汇政策走进高校和居民社区的诚信兴商宣传活动，增强社会公众遵守国家外汇管理政策、诚信守法的自觉性，树立外汇管理部门服务社会的良好形象。五是提升对外窗口形象。借助电话咨询、网页更新做好政策宣传解释，全年共接听咨询电话8.1万余个；配合公检法完成23个案件的调查取证；为133家企业出具“外汇管理行政处罚记录证明”；通过系统内多个网站向社会公布北京外汇管理部现行有效规范性文件目录，便于社会公众查阅。六是扎实开展日常工作。全年共办理银行结售汇相关审批、登记和备案426笔；办理货物贸易名录登记及确认书业务共3 420笔；受理服务贸易、外汇保险及携带外币出境项下行政许可业务452笔；完成个人结售汇系统网点录入、修改180家。办理投资项下日常登记、备案及核准业务11 884笔；办理外债业务2 704笔。为首都外向型经济平稳健康发展提供了有力支持。

（云璐）

中国银行业监督管理委员会北京监管局

2013年，中国银行业监督管理委员会北京监管局（以下简称北京银监局）认真贯彻落实党的十八大精神和中国银监会各项决策部署，积极支持实体经济和地方经济发展，稳步推进辖内银行业转型，严密防控金融风险，有力地促进了北京银行业安全稳定运行和社会经济平稳持续发展。

一、注重监管引领，始终坚持服务实体

紧密围绕服务实体经济、服务北京市“双轮驱动”发展战略，配合市政府出台了支持地方实体经济发展的相关意见，引导辖内银行业加强对首都经济社会发展重点领域的资金支持。

（一）投放于重点工程及重点领域的贷款总量持续增加

辖内银行业全年新发放轨道交通、南水北调等领域的国家和北京市重点工程项目贷款494.63亿元，有效地满足了国家和北京市重点工程项目的资金需求。消费信贷及节能环保、第三产业信贷增速均高于辖内各项贷款平均增速，对北京地区经济结构调整和转型升级的支持力度进一步加强。

（二）加大金融“支小助微”力度

结合北京地区小微企业业态特点，出台小微金融服务差异化监管细则。加强准入引领，引导银行业创新服务模式，支持科技、文创等北京市重点产业发展。推动3批16家银行参与北京市金融激励试点，联合北京保监局等部门推进中小企业知识产权质押贷款保证保险共保试点，强化对科技、文创小微企业的增信服务。截至年末，辖内小微企业贷款同比增长26.57%，高于各项贷款平均增速，实现了“两个不低于”目标，小微企业申贷获得率、综合金融服务覆盖率、贷款覆盖率均得到提升；文化创意产业贷款余额720.48亿元，同比增长25.56%，中关村企业贷款余额2 104.07亿元，同比增长10.78%。

（三）提升支农服务水平

紧紧把握北京都市型现代农业特征，

制定2013年北京银行业支农指导意见，推动辖内银行下沉服务重心，配合市政府推进“村村通”工程建设，促进城乡金融服务均等化。充分运用大兴区“国家农村金融综合改革试验区”平台，引导部分银行探索开展农村土地承包经营权质押贷款等创新业务。督导辖内农村中小金融机构做深做实“三大工程”，加快农村金融服务渠道建设。截至年末，辖内“三农”贷款同比增长31.13%，高于各项贷款平均增速；新增乡镇及以下地区银行网点近20个，农村金融服务覆盖范围明显扩大，一批重点农业项目、农业龙头企业和农民专业合作社获得信贷支持。

（四）有效满足首都城乡一体化改造、保障房等民生项目建设资金需求

综合考虑部分试点项目的特殊性以及项目资本金不足的实际困难，认可部分银行在试点项目融资中执行20%的最低资本金比例要求，在风险可控的前提下接受资本金分次到位及多元化资本金补充方式，解决了大兴区西红门镇、旧宫镇改造项目融资难题。截至年末，大兴区西红门镇、旧宫镇等首都城乡一体化重点改造项目贷款余额10.85亿元，同比增加7亿元，增长181.82%；保障性安居工程贷款余额639.88亿元，同比增加23.77亿元，增长3.86%；新发放“50个重点村”贷款80.79亿元。

二、坚持守土有责，严密防控金融风险

按照守土有责的要求，严守不发生系统性、区域性风险的底线，以信用违约风险、表外业务关联风险、外部风险传染等领域风险防控为重点，强化监控，严密布防，取得显著成效。

（一）有序推进平台贷款风险防控

坚持“防范、化解平台违约风险与支持、服务首都经济发展相统一”的工作导向，建立完善平台融资需求分析座谈、平台融资全口径风险监测分析、到期平台贷款信息共享三项机制，督导辖内银行业金融机构在总量控制前提下，优化平台贷款结构。截至年末，平台贷款余额比年初下降6.31%，现金流全覆盖平台贷款占比上升0.18个百分点；基础设施建设类平台贷款余额比年初增加136.39亿元，主要投向轨道交通、城市公共设施建设等重点领域；市级平台贷款占比80.55%，比年初上升2.34个百分点。2013年到期的平台贷款均未出现逾期，北京银行业平稳度过了平台贷款阶段性还款高峰期。

（二）防控房地产信贷的潜在风险

严格执行“国五条”等房地产调控政策，专项核查部分银行个人消费贷款资金用途情况，督导银行机构落实差别化住房信贷政策。加强房地产贷款风险监管，开展辖内房地产客户大额授信现场检查，指导银行业金融机构做好房地产贷款压力测试，加大不良贷款清收处置力度。严格规范土地储备贷款，督导辖内银行加强土地储备融资规模管理。截至年末，房地产不良贷款余额和比例实现“双降”，到期房地产信托业务均如期兑付。

（三）加强理财等表外业务风险监管

督导银行机构严格落实中国银监会理财新规（8号文），建立理财业务监管协调机制，开展法人银行理财投资运作现场评估，推动辖内中外资银行理财信息登记系统上线运行，支持辖内银行积极参与理财资产管理计划创新试点，加强对理财产品设计、投资管理和销售行为的监管。截至年末，辖内法人银行非标债权资产余额比3月末下降33.07%。加强代销、同业

业务风险排查，有序推进辖内银行代销保险录音、录像试点工作，督导银行机构强化“三个严禁”执行力，严格落实代付业务“三个真实”的要求。

（四）有效控制外部风险传染

加强案件风险源头防范，督导银行业金融机构强化案防第一责任，妥善处置银行员工涉嫌非法集资等风险事件，加强员工行为管理。推动银行业金融机构强化与融资担保公司、小额贷款公司、典当行等融资机构的“防火墙”建设，严防银行各类案件与影子银行业务风险相勾连。全年辖内未发生大案要案。加强流动性风险动态监测，督导银行业金融机构持续开展压力测试，提升流动性风险管理能力。推动辖内分行级同城灾备建设试点工作，提高信息科技安全防护水平。强化“首都金融无小事”的政治和社会责任，圆满完成“两会”等重要敏感时期的维稳工作任务，稳妥处置辖内出现的个别群访及负面舆情，有力地维护了首都银行业安全稳定的局面。

三、注重服务创新，积极推进银行业转型发展

（一）稳步推进银行业体制机制改革

以新资本监管标准实施为契机，督导辖内中外资法人银行制定中长期资本规划，完善全面风险管理体系。以法人机构为重点，推动辖内银行业金融机构优化公司治理体系，提升经营决策的科学性和运营管理的稳健性。探索建立外资法人银行董事、监事履职评价机制并开展了首次试评价。积极探索支持民间资本进入银行业，部分村镇银行顺利引入民间资本，北银消费金融公司成为国内首家引入民间资本的消费金融公司。鼓励部分银行参与资产证券化等创新试点，进一步优化资产负债结构，促进业务转型。

（二）提升首都银行业金融服务水平

推动辖内银行机构加快服务模式升级步伐，积极践行“普惠金融”，满足首都居民多样化的金融需求。支持指导北京首家社区银行网点设立，鼓励银行机构推出“金融夜市”、“直销银行”、延时服务、智能服务等新型服务模式，提高首都银行业金融服务便利度。持续开展银行网点金融服务巡视督导，推动辖内银行机构进一步加强金融服务管理，建立完善服务质量监测评价机制，不断提升服务水平。

（三）加强银行业消费者权益保护工作

以维护首都金融消费者合法权益为核心，制定北京银行业消费者投诉处理实施细则，明确工作流程与责任分工。指导北京市银行业协会成立投诉处理中心，开辟金融纠纷解决新渠道。推动法人银行成立消费者权益保护工作委员会，全面落实消费者权益保护工作要求。组织辖内银行业金融机构深入社区、校园、农村和中关村开展500余场“金融知识进万家”宣传活动，覆盖消费者744万人次，各类媒体报道655次，提升了首都银行业为民服务的良好形象。

四、优化工作机制，进一步加强监管能力建设

完善现场检查大队运行管理机制。制定现场检查质量考评办法等4项制度，启动现场检查大队绩效考核系统研发工作，现场检查大队资源集约性、检查专业性、运行独立性进一步加强。深化“三位一体”市场准入工作联动机制。落实中央简政放权要求，简化市场准入行政审批事项，全面梳理北京银监局市场准入制度和流程，提升准入工作的科学性、规范性。

进一步完善统计部门牵头的"大非现场"监测分析框架。新增多头授信、关联企业群互保等风险提示内容，精确定位风险，提高非现场监管精细化水平。

（钟文迪）

中国证券监督管理委员会北京监管局

2013年，中国证券监督管理委员会北京监管局（以下简称北京证监局）按照全国证券期货监管会议精神和中国证监会各项工作部署，践行"两维护、一促进"宗旨，将党的群众教育实践活动与证券期货监管工作有机结合，不断创新监管方式，全面落实辖区监管责任制，有效推进重点工作，坚决打击证券期货违法违规行为，维护辖区资本市场的稳定和健康发展。

一、积极推进常规工作和监管创新，维护辖区市场公开、公平、公正

上市公司监管方面。全年共完成32家公司现场检查，内容涵盖年报现场检查、专项检查、IPO专项核查及现场走访等，对2家公司作出移交稽查初步调查处理（其中1家已立案稽查），对7家公司出具行政监管措施，对15家公司出具监管关注函。面向辖区上市公司及相关机构开展中小企业并购重组业务专题培训、公司债专题培训、企业资产证券化专题培训、股权激励专题培训、年报审计及财务专题培训等，全年共培训上市公司董事、监事1 536人次。落实《拟上市公司辅导工作监管指引》的各项要求，规范企业辅导备案和验收工作，从源头上把关上市公司质量，全年受理拟上市公司辅导备案26家，完成辅导监管和验收10家。调整上市监管工作分工，以功能监管为导向，划分主板、中小板等不同板块，设立日常监管组和现场检查组，合理配置监管资源。结合板块和行业特点组织日常监管，强化现场检查深度与效果。制定《上市公司风险分类指引》等相关工作规程，提高监管效率，为更好地对接并购重组分道制做好准备。

证券公司监管方面。全年完成辖区公司资产管理、合规及风险管理、融资融券、代销金融产品专项检查，配合中国证监会机构部完成对中信证券、山西证券及西部证券检查工作，完成辖区中信建投证券、国开证券全面现场检查。推行营业部分类评价。积极搭建自律平台，建立北京证券业协会合规委员会、经纪业务委员会，进一步优化市场竞争环境。加强非现场检查，建立重大事项沟通机制，准确把握公司最新情况。梳理备案报告事项，明确法律依据及备案时限等。出台《保荐机构持续督导工作监管指引（试行）》，督促保荐机构提高持续督导质量。

基金管理公司监管方面。将证券投资咨询机构、独立销售机构列为重点销售检查对象，制订差别化检查方案，配合中国证监会基金部完成对新设基金管理公司的现场验收和股东核查，全年共完成现场检查50余次，对公司出具监管提示函3次，出具警示函1次，责令整改1次。强化非现场监管，利用中国证监会基金部综合监管系统，加强基金产品线监管。定期分析数据，及时提示存在负偏离、巨额赎回等问题的公司避免极端情况发生。进一步落实外资代表处监管。督促基金销售机构增强合规意识，避免引起投诉纠纷导致风险集聚或外溢。

期货公司监管方面。全年共对20家期货公司进行现场检查，针对发现问题及时总结、及时反馈、及时督促整改。对现场检查中存在问题较为集中的环节展开研究，指导公司科学有效地解决问题，建立防控问题长效机制。开展营业部分类评价工作。制定居间人管理指导意见，指导北京期货商会搭建居间人备案管理系统。加大行业内外沟通交流力度，建立首席风险官联席会制度。对营业部负责人、首席风险官等进行培训，提升机构合规管理水平。推动举办高管论坛、期货暨衍生品市场等高层次论坛，多渠道激发期货公司作为创新主体的内在动力和活力。

证券期货咨询机构及资信评级机构监管方面。将"荐股软件"纳入持牌机构投资咨询业务范畴，对辖区开展"荐股软件"的6家投资咨询机构及其关联机构进行专项检查，督促其认真整改。对不具备"荐股软件"销售资质的"金融界"等重点企业，加大清理、整顿力度，截至年末，"金融界"清理工作整体基本结束。加大对资信评级机构监管，会同中国证监会债券办、中国证券业协会对两家资信评级机构开展现场检查，要求其对合规管理等方面存在的问题进行整改。

二、落实资本市场法律及会计监管责任，提高服务市场能力

落实中国证监会《律师事务所证券法律业务监管工作分工协作规程》，制定下发《北京辖区律师事务所从事证券期货法律业务监管工作规程（试行）》，建立北京辖区律师证券期货执业行为监管机制。启动法律意见书审核工作，全年共审核法律意见书29份。积极探索律师执业行为监管模式，从整体职业规模、律师事务所内部业务制度和法律意见书入手进行了多方面的探索尝试。有序完成诚信建设日常查询录入工作，全年共录入许可信息246项，监管措施信息22项，公开承诺信息12项，完成保密信息查询360批次。

贯彻落实中国证监会关于加快会计监管职能转型、加强监管执法的工作要求，引导辖区会计师事务所及资产评估机构提高服务资本市场的能力，取得积极成效。全年共完成对2家会计师事务所、1家资产评估机构全面检查任务，共对8个审计项目及5个评估项目执业质量进行了专项检查。

三、坚持监管与服务并重，提升服务实体经济能力

加强新三板、中小企业私募债等宣传培训，探索分业务、分行业培训方式，优化辅导拟上市公司监管工作流程，促进公司、中介机构及中国证监会发审部门间沟通交流，进一步提高辅导监管效率。通过联席会议、签署备忘录等形式，建立与市国资委、深交所、市金融局等多部门联合监管机制，加强多方监管协作。协同北京市有关部门组织境外上市、中小企业私募债、并购重组等多项专题培训。积极促进多层次资本市场建设，贯彻落实北京市促进小微企业的金融服务工作举措，参与中关村国家自主创新示范区各项政策制订咨询，协调开展科技成果入股座谈会，完成《北京证监局中关村管委会关于促进资本市场支持服务中关村发展的合作备忘录（草案）》，主动做好服务工作，促进地方经济发展。认真贯彻落实国务院关于清理整顿各类交易场所的部署，协同各方完成北京市各类交易场所专题调研报告，提供专业意见服务，推动清理整顿工作有序开展。结合银行间市场“债市风暴”，对辖区证券公司货币型资产管理、约定式购回等自有资金参与的业务情况及整体流动性情况进行调研，提出应对意见和建议。对辖区公司开展高频交易、套利交易情况进行摸底，完善多部门合作机制，加大整顿打击力度，化解潜在的证券期货风险，维护首都金融稳定。

四、加强监管执法，保护投资者合法权益

落实稽查执法指导意见，严厉打击证券期货违法犯罪。建立健全各项制度，加强与公检法、北京银监局、中国证监会稽查局协作机制建设，建立综合执法体系，提高案件查办效果，全年办理证券期货涉及内幕交易等违法案件 55 件，办结 43 件，结案率达 78.2%。应对信访投诉新特点，积极探索投资者保护新渠道。修订信访工作流程，强化信访经办人责任，进一步提高信访工作质量，建立“12386”热线处理工作制度，通过现场检查等方式引导证券机构提高客户纠纷内部解决能力。完善投资者保护工作协调机制，加强信息共享和联系沟通。建立投保工作档案，持续抓好“整非打非”工作。

（张靖）

中国保险监督管理委员会北京监管局

2013 年，中国保险监督管理委员会北京监管局（以下简称北京保监局）认真贯彻全国保险监管工作会议和北京市金融工作会议精神，围绕“抓服务、严监管、防风险、促发展”的总体要求，从规范市场秩序、推进市场化改革、防范化解风险和改进保险服务入手，扎实推进各项工作，保障北京保险市场健康、有序地发展。

规范市场秩序　坚持“标本兼治、重在治本”的工作方针，以现场检查为重点规范市场秩序，持续加大现场检查力度，注重系统内部联动形成检查合力，扩大检查覆盖面。综合性检查和专项检查同时推进，提高现场检查的针对性。对中国保监会指定的、信访投诉较多、市场反映强烈及整改不力的公司实施综合性检查；对车险理赔服务、寿险销售行为、农业保险、意外险、寿险专业经纪代理渠道等进行专项检查。

推进市场化改革　继续完善北京车险条款费率改革。在前期持续规范车险理赔时效、理赔流程、定损人员分级分类管理的基础上，初步确定了“减一增四”的商业车险费率浮动因子调整方案，初步测算商业车险纯损失率，为探索市场化的车险费率形成机制打下坚实基础。在全国范围内率先启动车险电子化保单工作，初步明确了电子保单的使用、管理要求和相应技术标准，并积极协调北京市交管局和地税局，协商解决电子化保单后车辆登记审验、配合交通执法检查、退税等问题。

防范化解风险　守住监管底线，把防范化解风险作为保险监管重要任务抓紧抓实。一抓非现场监管，完善风险日常发现机制。初步构建了以分类监管为基础，以产险、寿险市场核心监管指标为依托的非现场动态监测体系，通过对核心监管指标的持续监测，提前发现风险隐患；对部分风险较大的机构，通过约谈负责人、印发风险提示函和监管谈话及时警示风险。二抓多部门联动，共同维护社会稳定。指导行业协会成立反保险欺诈专业委员会，与北京市公安局海淀分局合作成立“北京海淀反保险欺诈中心”，提升打击骗赔力度。加强与各级法院的沟通协调，不断扩大北京地区保险合同纠纷诉调对接范围，完善诉调对接机制。截至年末，全市已有13家人民法院参与，调解结案率由原来的30%左右上升到70%以上。三抓集中退保和满期给付风险。对辖内已售寿险产品收益、高龄投保人保单销售情况、远郊区县银保业务合规情况等风险进行全面排查，确定重点公司和产品，实时监控。

提升保险服务 持续深化治理车险理赔难和寿险销售误导，提升保险服务水平，做好信访投诉工作，畅通消费者诉求渠道，不断完善保险消费者权益保护机制。一是持续治理车险理赔难。重点抓住承保、定损、支付等七个易产生纠纷的环节，细化经营标准，明确监管要求。为防范扰民，推动行业协会建立车险电话销售禁拨平台。车险理赔服务质量持续提升，结案周期较上年缩短4.4天；超时效定损、超时支付案件数量同比分别下降19.8%和34.3%。二是深化治理寿险销售误导。以银邮代理渠道为重点，以信访投诉集中和风险排查隐患较大的公司为重点对象，以投保提示、电话回访、宣传资料使用为关键环节，以加大检查力度、加强信息披露、开展产品研究为重要手段，通过与北京银监局监管联动，与行业协会自律联动，着力规范银保渠道销售行为。从行业协会暗访的情况看，银行网点张贴人身保险投保提示占比提升了39个百分点，公示保险销售人员资格信息占比提升了32个百分点，销售误导行为明显减少。三是加强信访投诉处理。修订保险机构投诉处理量化考核制度，增加对在京各商业银行涉及销售误导投诉的信息披露，强化社会监督；完善局长接待日制度，优化网络投诉和局长信箱功能，畅通投诉渠道。全年共受理信访投诉3 915件，并在规定的时限内办结，消费者满意度96.8%。四是加强消费者教育。开通“北京保险消费者教育”官方微博，综合运用广播、电视、平面、网络等各种媒体，通过消费者座谈会、在线访谈、媒体沙龙等形式，倾听社会对保险行业的意见和建议，宣传普及保险知识。

（黄芳）

北京市金融工作局

初步核算，2013年，北京市金融业实现增加值2 822.1亿元，同比增长11%，占地区生产总值的14.5%，对地方经济增长的贡献率为19.8%。实现地方财政预算收入555.9亿元，同比增长8.1%，占全市地方公共财政预算收入的

15.2%。金融业依然是带动全市经济增长和财政收入增长的第一支柱产业。

一、创新成为金融工作常态，国家多项金融改革创新政策先行先试

一是推动中关村率先获得海外并购资金外汇管理试点。该试点政策对提升中关村企业海外并购资本流动效率作用明显。二是率先推进跨国公司外汇管理改革试点。目前获批试点企业数量占全国的43%，其中14家大型试点公司集中了484家境内外企业的外汇资金，节约了1亿元人民币以上的资金管理成本。三是在全国率先开展农村金融改革相关探索，推动大兴区西红门、海淀区东升等乡镇农村集体建设用地融资试点，支持北京农村产权交易所开展农村土地承包经营权流转试点。四是创新城乡一体化、棚户区改造等民生工程融资模式，完成全国首单软贷款支持的棚户区改造贷款，授信30亿元，已经放款10.4亿元。五是开展全国首批碳排放权交易试点。六是创新性利用市场化方式完成了汉唐交易所风险处置工作。

二、融资统筹工作有序进行，重点项目融资得到保障

一是坚持市场化运作，积极吸引社会资本参与城市建设融资，推进融资平台优化发展。会同市有关部门，共同推动成立北京市水务投资中心，获1 000亿元授信，主要支持本市中小河道治理、再生水利用工程、雨水蓄积工程、污水治理工程等重点建设项目。二是以产业投资基金方式，发挥财政资金杠杆作用，吸引社会投资，共同投资本市战略性新兴产业，推动成立集成电路产业发展基金等，支持本市乃至全国相关新兴产业创新发展。三是支持政府融资平台企业化改造，推动市国管中心等企业退出政府融资平台。四是加强融资项目对接，推动重点项目融资。先后组织召开了全市基础设施领域重大项目融资需求与银行业金融机构对接会、保险与非银行金融机构对接会，共对接融资需求近3 000亿元。五是创新多渠道融资模式，降低融资成本。推动保险与非银行资金运用规模扩大。平安资产管理公司290亿元保险资金支持本市土地储备项目，中国人寿资产管理公司100亿元保险资金支持本市轨道交通建设，人保集团发起设立100亿元中关村发展基金；京投公司与工银租赁、建信租赁的融资租赁合同已到位30亿元，全部用于城市地铁建设。全年，北京市非金融企业融资总量① 9 456.6亿元，约占全国社会融资规模的5.5%。其中，本外币贷款新增4 578.7亿元，同比多增1 070亿元；债券融资净增4 236.4亿元，同比减少3 286亿元；股票融资217.5亿元，同比减少354.6亿元。非金融企业直接融资额②在融资总额中占比达到51.6%。

三、创新推动金融服务经济社会发展的薄弱环节

协调发行了近300亿元保障房私募债用于保障房建设。截至年末，全市保障房开发贷款余额451.5亿元，比年初增加14.5亿元。开展“2013绿色金融主题日”活动，组织首届金融支持首都绿色发展融资对接会暨展览会，协议融资金额达200亿元，同时推进解决了200亿元压

① 非金融企业融资总量包括：新增本外币贷款，企业债、公司债、中期票据、短期融资券、超级短期券、私募债、保险债权计划等债务融资净增额，股票融资额等。

② 直接融资包括债务融资净增额和股票融资额。

煤减排的项目融资问题。推动小微企业多渠道融资。截至年末，全市小微企业人民币贷款余额 3 571.2 亿元，同比增长 18.5%，比大型企业人民币贷款同比增速高 8.6 个百分点。全年，北京地区共有 56 只中小企业私募债券备案，占全国的 11%，备案和发行总金额分别为 54.6 亿元和 34.5 亿元，发行成功率 63.2%，比全国总体水平高近 15 个百分点。稳步推进“三通”工程便民建设，启动 15 万户小微商户便民金融服务设施建设。截至年末，累计开通缴费终端 36 万台，实现各类缴费业务 73 项，交易金额 1 358 万元。

四、地方金融管理不断加强，新型地方金融组织规范发展

一是扎实做好行政审批工作。进一步完善审批工作流程，明确审核要点，提升审批效率。截至年末，全市共批设小额贷款公司 68 家，130 家融资性担保公司获 5 年期经营许可证，分别比年初增加 6 家和 5 家。二是切实加强日常监管。采取市区两级分级、属地检查的形式进行，落实分级监管责任。完善融资性担保公司、小额贷款公司监督管理信息系统，初步建立现场监管与非现场监管相结合的监管模式。全市 24 家小额贷款公司第一批接入人民银行征信系统。三是全市要素市场清理整顿工作圆满完成，全市金融要素市场进入了规范化发展的新阶段。四是鼓励和引导创业投资与股权投资企业备案，截至年末，北京市备案创投企业 75 家、管理企业 29 家，通过本市初审在国家发改委备案的股权投资企业 21 家、管理企业 23 家。

五、多措并举做好金融风险防范、化解和处置工作

一是完善金融安全稳定工作机制，加强金融打非体制机制建设。与市公安局、市法院、市检察院系统、“一部三局”等单位建立信息沟通机制，及时沟通金融安全信息。二是开展风险排查工作，及时化解风险隐患。按季度开展全市金融风险排查工作，做到全面摸清风险底数，查找风险隐患，坚持边整边改，及时化解风险隐患和问题。三是积极稳妥处置各类风险事件。全年顺利处置了汉唐交易所、华夏证券破产遗留问题和京华信托历史遗留问题等。继续化解中担事件风险隐患，截至年末，中担事件相关的在保余额规模由初始的近 30 亿元下降至不足 4 亿元，下降幅度达到 85%。四是创新开展金融安全知识宣传和防范打击非法集资宣传活动，启动打非监测预警平台建设的前期研究工作。

六、加强政府引导，首都金融发展环境不断优化

加快制订金融发展政策修订提升方案，不断优化政策环境。加快推进金融创新奖筹设，鼓励和引导在京金融机构创新发展。推动成立首都金融服务商会，打造重大项目和小微企业融资在线信息对接平台。不断健全金融综合统计工作机制和指标体系，每季度与市统计局共同编制发布全市经济金融相关数据指标。深化区域金融合作，签署第二轮京冀、京津金融合作协议，并加强与重点金融城市的交流。首都金融发展环境不断优化，对金融机构的吸引力不断增强。全年共有中国保险信息技术有限责任公司等 22 家法人金融机构落户本市，法人金融机构达到 652 家；共有 52 家企业获第三方支付牌照。

（张爽）

金融机构

中国农业发展银行北京市分行

2013 年末，中国农业发展银行北京市分行（以下简称农发行北京市分行）各项贷款余额 394.08 亿元，比年初增加 64.07 亿元，增长 19.41%。实现利润 9.07 亿元，人均利润 211.68 万元。各项存款日均余额 106.42 亿元，同比增加 32.86 亿元。人均存款 2 558 万元，人均中间业务收入 3.67 万元，成本收入比 12.75%，资产利润率 2.45%。

截至年末，农发行北京市分行下辖 13 个支行（部），在岗员工 440 人。

政策性粮油信贷业务 全年累计发放和收回粮油贷款 97 亿元，年末贷款余额比年初增加 9.5 亿元，保证了粮油信贷资金的及时供应，实现了连续 10 年“双结零”。

储备贷款业务 全年累计发放化肥、猪肉等储备贷款 11.15 亿元，实现淡季化肥储备贷款连续 8 年“双结零”。

政策性中长期信贷业务 支持首都城乡一体化发展，全年累计投放新农村建设中长期贷款 88.22 亿元，比上年增加 45.99 亿元。成功营销、审批第一笔水利建设贷款 4.2 亿元，发放首笔农业生态环境贷款 0.7 亿元，实现了贷款品种的新突破。

中间业务 全年实现中间业务收入 1 527.91万元，比上年增加 1 028.2 万元。开展企业咨询顾问服务，实现咨询顾问业务收入 1 255.5 万元，占全部中间业务收入的 82.17%。

票据业务 办理首笔农发行系统内转贴现业务，实现票据交易品种的新突破。

国际结算业务 全年累计办理国际业务 575 笔，结算额 1.49 亿美元。合作办理首笔远期结售汇业务 500 万美元，丰富了国际业务产品，并为客户锁定汇兑收益，防范汇兑风险。

金融产品创新 完成第一期发元资产支持证券的打包出售工作，开辟了信贷资产证券化的新途径。

不良贷款清收 继续保持新业务开办 9 年以来新增不良贷款“零增长”的良好业绩。附营业务停息挂账贷款呆账核销工作取得突破性进展，信贷资产质量持续优化。

企业文化 组织处级及以上干部就党的十八大精神进行集中轮训，开展形式多样的新党章学习活动。完成岗位竞聘选拔工作，平级聘任处级干部 42 人，提拔聘任处级及以上干部 50 人。开展支行中层领导干部竞聘上岗工作，平级聘任 25 人，提拔聘任 48 人。举办“至诚金农发”第六届职工文艺会演，开展“农发行文化故事”征集、劳动竞赛、演讲比赛等活动。举办财会业务技能知识竞赛，参加“金农发行杯财会业务技能竞赛活动”，荣获第二名。参加“农发行支持城乡发展一体化”主题征文活动，5 篇文章分别获得二等奖、三等奖和优秀奖。完成第二届一次职代会各项议程，民主管理水平有效提升。

（李灵毓）

中国进出口银行北京分行

2013年，中国进出口银行北京分行（以下简称进出口银行北京分行）累计批准贷款项目104个，批准贷款408亿元，比上年增长19%；累计发放贷款457亿元，比上年增长30%；各类贷款年末余额本外币合计660亿元，年内新增147亿元，比上年多新增39亿元，增长36%。资产质量继续向好，全年无新增不良贷款，不良贷款率比年初下降0.31个百分点。经营效益稳步提升，实现账面利润9.53亿元，比上年增加1.32亿元。

截至年末，进出口银行北京分行内设处室11个，在职正式员工72人。

推动辖区经济发展 贯彻国家宏观调控政策，加大对进出口的支持力度，全年新增支持进出口贸易贷款余额占比77%，超过总行计划27个百分点；发放支持企业“走出去”贷款58亿元，同比增加47.3亿元，增长435%。支持战略性新兴产业、高科技企业发展，促进京蒙对口帮扶和区域合作，为京东方科技集团股份有限公司提供7.5亿元及2.4亿美元优惠利率进口信贷贷款，支持其建设第5.5代面板生产线。重点支持大型国有企业开展境外收购，为北京王府井国际商业发展有限公司提供33亿元收购中国春天百货集团有限公司全部股权；为清华控股提供35亿元收购全球第九大芯片设计公司——展讯通信有限公司股权。加大对节能减排、环境保护、循环经济的支持力度，完成进出口银行首笔5 400万元进出口企业能效项目贷款的批贷。落实“有扶有控”的宏观政策，主动降低钢铁、光伏、电解铝、有色金属项目的贷款余额占比，四项贷款年末余额分别比上年末下降了1.98个、0.77个、0.51个和0.93个百分点；加大对“三农”、小微企业的支持力度，为华晟果蔬饮品有限公司等7家公司批准贷款10.35亿元，对小微企业的贷款实现了贷款增量不低于上年、增速不低于各项贷款平均水平的目标。支持中国文化“走出去”，为大运河申遗项目提供2.4亿元旅游文化国际化贷款。

市场拓展 坚持以发展为第一要务，集中力量狠抓市场营销。深入辖区政府、银行同业和企业走访调研，在5省区召开银政企座谈会，参加第八届中部投资贸易博览会、第九届北京国际金融博览会和内蒙古西部盟市非公有制经济金融服务峰会，联合监管部门共同举办金融促进进出口专题对接会，与北京市经济技术开发区管委会、北京汽车集团有限公司等11家企业分别签署战略合作协议，金额1 000亿元。全年开发新客户24个，本外币贷款新增合计138亿元，占实际全部新增贷款余额的94%。

业务创新 加大业务创新力度，推动实体经济发展。发放中国进出口银行首笔进出口企业能效项目贷款，办理非买断融资型卖方国内双保理业务、短期出口信用保险项下贸易融资业务、网上银行贸易金融业务。开办付款保函、海关增值税保函和海外代付业务等；贯彻国家知识产权战略，办理3笔知识产权质押担保业务；完成债券承销业务量4亿元。

中间业务 全年完成中间业务量60亿美元，高于2011年与2012年之和；实现中间业务非利息收入1.14亿元，相当于2011年与2012年之和。中间业务量和中间业务非利息收入均创历史新高。

内控与风险管理 狠抓制度建设，在中国进出口银行2013年制度建设评比工作中荣获第一名；强化贷款三查工作，提高控制、化解潜在风险的能力，全年收回被挪用、拖欠贷款共计6亿多元；开展信贷业务计划执行情况动态监测和分析，提高内部精细化管理水平；将风险管理前移，加强对各项监管要求落实情况的事前提醒，提高相关工作的及时性和规范性；充分发挥风险例会在分析风险、研究措施、协调联动、治理提高等方面的作用，加强风险预警项目的风险监控；巩固信贷档案标准化管理成果，外聘会计师事务所协助对现有信贷项目档案进行全面审查，解决历史遗留问题；开展贷前尽职调查报告和贷后检查报告评优活动，提升信贷人员业务素质和报告撰写水平。

党建工作 认真学习贯彻十八大精神，开展“我为落实十八大精神献一策”等活动；以为民务实清廉为主要内容，深入开展党的群众路线教育实践活动，集中解决领导班子“四风”问题，建立健全促进党员干部坚持为民务实清廉的长效机制；制定印发党建工作要点，加强党员发展和管理，批准2名入党积极分子成为预备党员；开展“中国梦”大讨论等党建活动，组织为四川雅安地震灾区捐款3万余元；全面落实党风廉政建设责任制，扎实开展廉政风险点自查工作，通过纪委书记讲党课、新行员入职廉洁从业教育等系列活动，提升全体干部职工的廉洁和守法意识，提高拒腐防变的自觉性。

（徐强）

国家开发银行股份有限公司北京市分行

2013年末，国家开发银行股份有限公司北京市分行（以下简称国开行北京市分行）表内外贷款余额3 711亿元，比上年增加303亿元。表内贷款余额2 782亿元，其中人民币贷款余额1 863亿元，比上年增加190亿元，外币贷款余额151亿美元，比上年增加10亿美元。表外受托业务余额929亿元，比上年增加79亿元。表内贷款发放1 192亿元，其中人民币贷款981亿元，外币贷款34亿美元。不良贷款率0.06%，比上年下降0.15个百分点。

截至年末，国开行北京市分行内设处室20个，在职正式员工212人。

坚持规划引领业务发展 成功推动国家开发银行与北京市政府签订《加快推动北京新型城镇化建设战略合作框架协议》，与东城区、西城区政府，市农委等6个政府部门以及北京水务投资中心、二商集团等11家企业签署开发性金融协议18项，融资金额1 880.5亿元。拓展与核心客户群的战略合作伙伴关系，确定“50+X”重点客户和“20+X”重大客户；加强客户走访调研，开展项目对接，实现

40个项目落地。加大业务研究力度，为项目开发搭桥铺路。全年新增人民币规划储备7 134.27亿元，外币规划储备310.17亿美元。

支持首都重大项目建设 全年发放重大项目贷款688亿元。其中，为北京市中小河道治理、百万亩平原造林等项目提供首笔信贷资金10.9亿元；实现南水北调配套工程表内外贷款发放14亿元；向地铁七号、十四号等5条线路发放贷款84亿元；拓展与国航系、首钢总公司、中国供销集团的整体合作空间，实现发放人民币贷款106.88亿元，外币贷款15.62亿美元。

支持保障性住房建设 支持北京市“三片三区”、国有工矿棚户区、重点村改造和功能核心区保护性改造，全年发放保障性住房建设贷款86亿元，年末贷款余额394亿元；累计承诺北京市保障性住房项目贷款828亿元，累计发放492亿元，支持北京市保障房建设约1 031万平米，解决了11.5万户约34万人的住房困难问题。

助力首都科技、文化“双轮驱动”战略 全年发放科技类贷款28亿元，支持中关村产业园区、丰台科技园西区Ⅰ园区建设，以及北大方正集团有限公司、北京创毅讯联科技股份有限公司、乐视网信息技术（北京）股份有限公司等科技创新型企业发展。积极推动什刹海文物保护区项目、前门大街二期工程项目、北京青龙湖国际文化会都核心区项目、通州文化旅游区土地一级开发项目、小马奔腾影院建设项目、乐视网综合授信项目、北青航媒广告有限公司综合授信等项目发展，全年发放文化创意类贷款64亿元。

服务民生领域发展 全年发放涉农贷款65亿元。落实与首农集团“菜篮子”三保障合作协议，开发“菜篮子”项目，协调推动首农集团开展“走出去”业务。为华都集团所属的华都峪口和百年栗园两家企业发放禽流感应急贷款共计1.16亿元，专项应对“H7N9”禽流感突发事件。全年发放中小企业贷款16亿元。继续与扶贫基金会合作，开发以中央彩票公益金存单质押为信用结构的小额扶贫贷款，为扶贫基金会发放贷款5亿元，累计放款8.1亿元，支持逾50万农户；开展北京地区首个银政保合作机制下，服务于小额贷款公司发展的融资产品——“小贷信用星”无抵押贷款行动计划。加强与市农投公司、市农担公司等机构的合作，支持市农投公司旗下6家小贷公司发展。

推进外币信贷业务 注重国际合作项目，在加强对巴西项目信贷支持的同时，实现了加拿大项目的首笔贷款发放。支持北京市企业“走出去”，向国航系飞机购置项目、紫光集团收购展讯通信项目、白俄罗斯明斯克市“北京饭店”开发建设项目等发放贷款约23亿美元。全年实现外币贷款发放34亿美元，年末外币贷款余额151亿美元，比上年增加10亿美元。

金融产品创新 支持北京市首个中心城区棚户区改造项目，向百万庄住房改善项目承诺贷款30亿元，完成项目软贷款发放1.8亿元。为集体土地利用提供融资企划支持，实现西红门工业大院、旧宫镇改造贷款承诺11亿元，发放贷款3亿元。应对债券市场变化，初步建立债券承销可持续机制。重点开发全国首只科技园区公募债——中关村发展集团85亿元中票及短融、北京地区首只超短融产品——京投100亿元等债券，完成未来科技城、北京市基础设施投资公司、方正集团、供销集团4只合计80亿元的债券承销工作。

风险管理 加强与监管部门的沟通与协调，配合北京市深化融资平台贷款规范，46户平台贷款实现全覆盖，平台贷款回收未出现逾期现象。加大资产质量、不良贷款管理力度，严把风险关，建立三级风险监控机制，有效防范项目风险。全年化解不良贷款3个，表内不良贷款率从年初的0.21%下降到0.06%，下降了0.15个百分点。

（李凌云）

中国工商银行股份有限公司北京市分行

2013年末，中国工商银行股份有限公司北京市分行（以下简称工商银行北京市分行）本外币资产总计2.66万亿元，比上年增长11.4%。实现拨备前利润389.24亿元，拨备后利润381.08亿元，比上年分别增长10.9%和10.9%（可比增幅）。本外币全部存款余额2.56万亿元，比上年增加2 516亿元。本外币各项贷款余额5 118亿元，比上年增加549亿元。中间业务收入78.89亿元，比上年增加0.74亿元。

截至年末，工商银行北京市分行共有37家二级分行（含分行营业部），661家营业网点（含自助银行106家）；员工总数18 822人，其中正式员工16 981人，外聘员工1 841人。

信贷业务 立足集团总部和北京本地两个信贷市场，紧抓集团本部、中央企业、“走出去”企业和市属重点企业四大板块，重点支持国家和北京市重点在建、续建项目及“十二五”规划确定的重大项目，全年人民币贷款累计发放3 899亿元，同比多投放682亿元，贷款周转次数为0.78次，比上年增加0.06次。积极支持符合国家经济结构调整方向的先进制造业、现代服务业、文化产业和战略性新兴产业的发展，贷款合计增加355亿元，占新增公司贷款的104%。持续改善对中小企业的金融服务，中型客户、小企业贷款分别增加227亿元和31亿元，实现“两个不低于”的小企业贷款监管目标。大力推广供应链融资新模式，供应链融资增加64亿元，贸易融资增加189亿元。积极满足居民消费领域贷款需求，个人贷款增加144亿元，年末余额859亿元。全行有贷户较年初增加614户，总量接近3 000户。加快公司信贷向公司金融的转型，充分发挥“总部经济”资源和资金大行优势，综合运用间接融资+直接融资、投行+商行、表内+表外业务等方式，全年新增表外融资366亿元。

存款业务 深化与核心客户的业务合作，加大民生领域拓展力度，紧抓薪酬型、投资型和补偿型资金源头，稳固扩大各类资金来源。完善本外币存款一体化营销机制，充分发挥境内网点优势和境外网络优势，强化境内外联动、总分支行联动、银政企联动，深入拓展各类外汇存款潜力客户，促进外汇存款增长。年末人民币存款余额25 157亿元，其中，储蓄存款余额7 623亿元，对公存款余额17 534亿元。坚持“重日均、求实效”，以科学考核引导存款均衡稳定增长。全年储蓄存款和对公存款日均余额较上年分别增加616 亿元和 2 128 亿元。理性应对利率市场化条件下的竞争，着力增强成本意识，严控高成本存款增长，通过产品的创新组合，为客户提供个性化的综合金融服务，实现客户提高存款收益和银行控制付息成本的“双赢”。加强主动负债管理，通过同业存单、金融债券等工具，控制负债规模、期限结构和利率定价方式，提高资产负债的匹配度。

中间业务 根据监管要求和市场变化调整经营策略，保持传统业务市场领先的同时，通过创新引领、资源整合和专业化服务，推动潜力大、附加值高、能为客户增值的新兴业务特别是资产管理业务的发展，培育新的收入增长点，促进由资产持有行向资产管理行的转变，实现中间业务的可持续发展。全年销售个人四项理财产品和法人理财产品 6 283 亿元和 2 424 亿元；新增信用卡 159 万张，总量达到 934 万张；新增个人网银、企业网银和手机银行客户 129 万户、2.2 万户和 185 万户，总量分别达到 544 万户、17.2 万户和 428 万户；电子银行交易额 58 万亿元，同比增长 7%；主承销债务融资工具 1 440 亿元；通过股权融资、并购重组、高端财务顾问实现表外投资 199 亿元；新增对公结算账户 5.7 万户，总量达到 26.6 万户；国际结算量 1 738 亿美元；销售实物贵金属 15.3 吨，账户贵金属 4 151 吨；资产托管规模 1.2 万亿元；新增年金账户 50 万户，总量达到 447 万户。

改革创新 以“重在对公业务、着力双轮驱动”为工作重点，推动网点对公业务和零售业务协调发展。创新实施“客户包”管理，将 42 039 户对公客户分成 863 个客户包，实现全视图、分层级、无缝隙的营销维护，客户包存款日均余额 3 017 亿元，同比增加 349 亿元，增长 13%。加强网点队伍建设，贵宾理财中心以上网点的负责人配备达标率为 100%，全年累计新增对公客户经理 147 人，管包对公客户经理 843 名。完善配套保障措施，将网点竞争力提升纳入支行行长绩效考核，面向对公客户经理推行“1 + N”式考核（1 即存款，N 即多项重点产品，共计 22 项指标）。自主研发法人客户精准营销系统和客户经理营销服务支持系统，为实现精准营销、展现客户经理营销成果、加强对客户经理的绩效管理提供了保障。

网点建设 持续推进流程优化与业务集中改革，完成 9 个流程优化项目，推广 4 种业务集中处理，实现了总行业务集中处理平台业务品种的全覆盖。稳步推进现金业务与 4 294 台自助机具的集中管理，规范自助机具加钞模式，防范业务风险。加大渠道建设力度，调整优化物理渠道布局，全年新建、迁建、升格网点 61 家，新建自助银行 24 家。全面推广运营标准化，达标网点 492 家，占比 93%。全年新增自助机具 1 399 台，总量 7 144 台；柜面业务可分流率 29.1%，同比下降 6.6 个百分点。努力提升全行服务质态，第四季度贵宾和普通客户平均等候时间分别降至 11 分钟和 19 分钟，基本实现了“1020”目标，客户投诉量同比下降 76%。西客站支行营业部获评中国银行业文明规范服务百佳示范单位，19 家单位获评北京市银行业文明规范服务百佳示范单位，5 家单位获评北京市银行业特色服务示范单位。

风险管理 切实抓好政府融资平台、

涉房类贷款、小企业和贸易融资等重点领域的风险防控，做好不良贷款的清收处置和潜在风险贷款的清收转化，不良贷款连续13年保持“双降”，不良贷款余额和不良贷款率分别较上年下降0.55亿元和0.06个百分点。利用新监督体系加强对操作风险的管控，加大监测与核查力度，开展业务运营风险专项治理，可控风险事件总量压降了56%，“屡查屡犯”柜员及风险事件数量均压降了85%。做好客户信息安全、表外业务、市场、声誉和法律等风险的防控工作，及时发现和消除风险隐患。完善内控合规体系建设，成立内控监测分析中心和内控合规检查中心，实现了对全机构、全业务和全流程的非现场、持续监测分析。坚守风险底线，加强对案件易发领域和违规多发环节的检查整治，落实案件防范责任制，全年未发生重大安全事故和风险案件。

（刘振华）

中国农业银行股份有限公司北京市分行

2013年末，中国农业银行股份有限公司北京市分行（以下简称农业银行北京市分行）本外币总资产7 323亿元，比上年增加931亿元，增长14.6%。本外币各项存款余额6 435亿元，比上年增加711亿元，增长12.4%，其中人民币各项存款余额6 327亿元，比上年增加737亿元，增长13.2%；本外币各项贷款余额2 927亿元，比上年增加334亿元，增长12.9%，其中人民币各项贷款余额2 627亿元，比上年增加303亿元，增长13.1%。拨备前利润123亿元，比上年增长14.4%。

截至年末，农业银行北京市分行共有正常营业网点344家，在岗员工8 556人。

公司金融业务 加强创新转型，全年通过表内外相结合的方式解决企业新增融资需求1 976亿元。贯彻国家宏观调控政策，实施差异化信贷策略，推进信贷结构调整。增量贷款主要投向优质客户和低风险类业务，A+级及以上客户贷款占比91.9%，比年初上升4.8个百分点。全年支持高新技术企业数量比年初增长16.1%，年末贷款余额比年初增加58亿元，增长38.6%。推进“绿色信贷”业务，年末贷款余额比年初增加131.6亿元，增长90%。“两高一剩”行业客户比年初减少1户，贷款余额占全部法人贷款比年初下降1.3个百分点。支持城乡一体化、水利基础设施建设、平原造林、棚户区改造等首都民生工程，全年累计发放贷款274亿元。立足于市委、市政府加快农村改革发展步伐的目标，大力拓展农户小额贷款和惠农卡业务，涉农贷款比年初增加77亿元，增长27.8%。着力解决中小企业融资难问题，全年法人中小微企业贷款户数比年初增加201户，增长19.5%；贷款余额比年初增加67.8亿元，增长11.8%，余额及增量在各项贷款中占比分别提高0.5个、12.2个百分点。

零售金融业务 坚持创新驱动，充分发挥“网点+自助+网银”的全渠道作用，为客户提供优质金融服务。根据客户需求创新打造专属产品、专属服务、专属渠道和专属团队，开发私人银行远程服务系统，着力完善“四位一体”的客户服务体系。开展“中端客户价值提升”、“贵宾客户招募”活动，全年净增个人优质客户10.86万户，净增达标私人银行客户620名。开展网点软转型，通过推广预填单系统、实行网点弹性排班制度等，有效提高柜员的工作效率和网点服务水平。1家网点被评为2013年度中国银行业文明规范服务百佳示范单位、9家网点被评为2013年度北京市银行业文明规范服务百佳示范单位、4家网点评为2013年度北京市银行业特色服务示范单位。开展智慧网点建设，创新配置远程柜员机（VTM）、自助发卡机、翼柜通（预填单系统）、“智能茶几”、幕墙投影、多媒体互动体验机等设备，提升客户体验。电子银行注册客户数累计净增402万户，正常运行现金类自助设备增加572台，业务分流率95.6%。推出公积金联名卡、“北京市菜篮子工程”IC卡支付等产品，完成IC卡非接商圈等项目建设，新增IC卡发卡量184万张，占新发借记卡的86%。创新理财POS和短信理财服务渠道，对私理财产品余额增长80%。拓展贵金属业务，自营实物贵金属增加至20个品种、112个规格，上线代理上海黄金交易所业务和账户贵金属业务。落实扩大内需政策，推动消费贷款、经营贷款发展，个人贷款余额比年初增加113亿元，余额在各项贷款中的占比提高2.4个百分点。加强服务平台建设，研发掌上银行批量注册业务、个人客户注册电子银行渠道状态提示、网上银行、电话银行和掌上银行联网代收燃气费、企业网银中华慈善总会交易明细智能查询、海淀财政国库集中收付、社保电子缴费等新系统和新功能，为客户提供差异化服务。

中间业务 巩固提高传统中间业务收入的同时，重点加快高端投资银行、国际贸易融资、电子商务、理财等新兴业务的发展，优化收入结构，提升价值创造能力，实现传统业务和新兴业务双轮驱动。截至年末，实现中间业务收入34.7亿元，同比增加7.8亿元，增长29%。

风险管理 树立“大风险”管理理念，完善风险管理机制，创新工作方式，突出重点领域风险防控，主要风险指标持续向好。坚持以集中监控、集中作业、集中授权为重点的三大后台中心建设，着力推动现金中心建设，彻底解决营业机构柜员现金整点烦、清分难的问题，提升操作风险管控能力。实施“基层建设工程”，基本实现基层管理透明化、岗位职责化、模式固定化。加强案件风险和员工行为排查，有效推进平安银行建设。强化对信贷业务各环节的管理，加强客户行业风险审查，有效压降大额关注类贷款。认真执行风险分类政策，加强评级管理，强化定期监控，提升评级工作质量。强化科技支撑，加强风险管理新工具的研究和应用。完善声誉风险排查、分类管理和应急处理机制，利用官方微博等社交平台，提高对声誉风险的发现、识别和应急处置能力，营造良好的发展环境。加强对形势变化和政策走向的研究，强化对新业务潜在风险的预判。

改革创新 坚持创新驱动发展战略，积极探索组织创新、机制创新、产品创新、管理创新。成立准事业部制运作的投资银行与金融市场部，着力提升专业化运营水平。对重点客户开展专班服务，科学配置产品组合，提高综合服务能力。建立健全创新激励、协同研发、培训推广机制，在全行形成敢创新、能创新、会创新的氛围。全年共研发上线73项创新产品，以贴现方式发行首笔超短期融资券和首笔永续债，出台大兴农村金融改革试验区支持方案，创新“集体土地固定资产贷款”产品，实现首笔贷款发放；研发棚户区改造贷款专项信贷产品，发放首笔棚户区改造贷款；研发“城乡水利基础设施建设贷款”，实现对调水、治水、供水的全流程支持；研发平原造林贷款专项信贷产品，实现对平谷、通州、顺义三个区县平原造林工程的信贷支持，贷款投放7.3亿元，支持平原造林总面积达13.1万亩；研发合作社联保贷，破解农民专业合作社融资担保难题。强化管理创新，推进流程银行建设，完成优化项目115项，有效解决制约发展的基础性和瓶颈性问题。

品牌建设 围绕客户需求，开展机制、产品和服务创新，提升金融服务水平和品牌形象。拓宽社会服务渠道，创设农业银行北京市分行官方微博，构建责任分工、分层运营、正面宣传、客户服务四大管理机制。官方微博自2013年6月19日上线运营至年末，共发布博文近1 300篇，粉丝量近7.5万人。协办电子商务高端论坛、区政府签约等活动，开展“普及金融知识万里行”、“金融知识进万家”宣传活动，做好第九届北京国际金融博览会等重大主题活动的策划、筹备和宣传工作，开设农行系统内首家“实战型”智慧网点，参与“共建天坛、祈福丰收”活动，品牌形象得到持续提升。深入开展企业文化建设和精神文明建设活动，优秀员工的先进事迹在《中国城乡金融报》、新华网等载体刊登和推广，其中《寻找农行最美劳动者》等文章引起较大的社会反响。

（顾方凯）

中国银行股份有限公司北京市分行

2013年末，中国银行股份有限公司北京市分行（以下简称中国银行北京市分行）本外币总资产10 312.12亿元，比上年增加117.34亿元，增长1.15%。本外币各项存款余额6 297.86亿元，比上年增加577.97亿元，增长10.10%，其中人民币存款余额5 729.40亿元，比上年增加591.87亿元，增长11.52%。本外币各项贷款余额2 410.89亿元，比上年增加250.24亿元，增长11.58%，其中人民币贷款余额2 194.92亿元，比上年增加246.58亿元，增长12.66%。实现税后利润72.48亿元，同比增加15.20亿元，增长26.54%。

截至年末，中国银行北京市分行共有营业机构286家，其中分行1家、管辖/直管支行31家、经营性支行253家、分理处1家；在职正式员工7 551人。

公司金融业务 持续关注市场变化，顺应国家宏观调控政策，提升敏感度与宏观趋势研判能力，支持实体经济发展，通过对国内市场本外币利率水平的预判，合理摆布内部资金期限结构，提升资金效率，降低利率风险。立足海内外一体化发展，发挥“国内业务海外做、海外业务国内做”的协同效应，将业务营销重点从传统融资、直接融资向海外融资转移，加大力度参与重点客户海外发债、上市承销、海外并购等业务机会，与海外行及附属机构联动，支持企业“走出去”，打通海内外融资渠道。截至年末，共与28家海外分行签订合作协议，实现联动业务量881亿元。以银医合作项目、银校合作项目、部队资金监控系统、存量房资金监管、财政代理支付、“双非”购汇等产品为抓手，拓展行政事业存款，全年新增客户517户，新增存款181亿元。以中小企业金融服务需求为核心，落实市政府提出的科技创新、文化创新“双轮驱动”战略，加强对商贸产业、农村金融的支持力度，创新推出“中银置业通宝”、“中银结算通宝”等产品。截至年末，人民币公司存款时点余额4 049.30亿元，比上年增加497.28亿元；人民币贷款余额（含票据融资、贸易融资）1 698.24亿元，比上年增加198.31亿元。

个人金融业务 加强客户分层管理，按客户需求与资产规模进行分类、分层，制订相应的营销方案，开展以点对面的源头营销与数据库外呼定向营销。以“快易贷”、“悦洋贷”等产品为基础，拓展零售贷款业务，实现放款138.08亿元；调整零售贷款结构，发展以抵（质）押循环贷款为主的个人消费贷款，非住房贷款放款占比较年初显著提升。拓展使领馆业务合作，与38家使领馆合作办理签证资料代传递业务，并与签证服务第三方中介公司合作，提供26个留学、旅游国家的签证资料代传递服务。推出嘉实结构化基金公司专户产品、“联嘉云”联名借记IC卡、顺义新农合联名卡、长城“惠”卡、长城“圣斗士星矢”借记IC卡、银保商户贷等产品。借助全币种卡、国航卡等信用卡产品及营销活动的推广，带动信用卡发卡、消费额及跨境消费量的持续增长。截至年末，信用卡新增有效卡量50.2万张，其中信用IC卡32.16万张；信用卡消费额502.3亿元，同比增长34.78%，跨境消费额48.02亿元；实现人民币收单交易额3 274.64亿元，比年初增长37.57%。

中间业务 拓展国际结算及资金业务、贸易融资、金融机构等特色业务，探索产品及业务模式的创新，进一步满足客户的多样化需求。截至年末，实现中间业务收入44.30亿元，同比增长23.37%。着力推进供应链融资、海内外双边联动、跨境人民币等业务，依托保函、单证等传统优势产品，带动中间业务收入的持续增长。全年实现国际结算量1 464亿美元，跨境人民币结算量1 554亿元。资金业务在债券承销、汇率利率保值、代客理财等业务的带动下，实现快速发展，对公保值交易量169亿美元，同比增长58%。

渠道建设 全功能网点建设先行先试，做好方案制订、人员配置、产品下沉、绩效考核等基础工作。提升网点渠道效能，改造低产低效网点，全年迁址、装修改造网点17家。推进传统业务向电子渠道迁移，新增离行式自助银行13家，ATM、BST等自助设备40台。丰富网上银行产品和手机支付项目，营销50家公司客户开通银企对接服务。扩大与电商客户在手机支付、分期付款等业务的合作，与23家B2C客户签署了网上分期业务协议。完成网点服务销售流程导入，对业务人员进行岗位服务销售流程步骤及规范话术、厅堂服务销售流程、厅堂客户引导分流流程等指导，提高整体服务、营销能力。推广智能排队管理系统，对客户进行有效分流，减少等候时间，提升服务体验。

风险管理 建立全面风险管理体系，完善资产质量监控，制定系列授信行业指引、行业组合管理制度，确保资产质量稳定，引导支持业务健康发展。建立风险资产分类专管制度，逐户制定管控方案及差异化授信政策，将理财业务与新型资产业务纳入先行风险管理体系统一管理，对产能过剩及高风险行业客户实施“有保有压”的政策，集中决策和管控风险。强化风险管理责任制，提高管理者风险管理意识，研发、投产“二道防线检查管理平台”，转变代职行长检查形式，将常规检查转变为重点涵盖战略业务产品、重点岗位人员变化及风险高发环节的专项检查。深入开展案件风险排查工作，重点检查开销户、大额支付、对账、上门服务等高风险业务环节，排查理财产品销售情况，高度关注理财经理违规销售“私单”、“飞单”等情况，实现连续四年无重大风险责任事故及案件发生。全年化解不良资产6.69亿元，其中公司类1.45亿元，零售类5.24亿元；年末不良贷款率较年初下降0.13个百分点。

互联网金融 在全辖网点布设无线网络设备，配备网银自助体验机，为厅堂人员配备移动平板电脑，创建“柜台开通—自助登录体验—主动交易—现场抽奖—转化交易客户”的厅堂电子化营销新模式。打造“中国银行北京市分行”微信公众平台，推出在线预约贵金属、现金、保险卡及票务等O2O服务功能。截至年末，新增个人网上银行客户21.86万户，企业网上银行客户9 139户，总量分别达到364.8万户和7.53万户；新增手机银行24.51万户，手机银行交易客户激活率69.28%。依托全产品链条，先后与支付宝、快钱、易宝支付等十余家第三方支付公司及铁道部、当当网、艺龙网等企业合作开展线上支付，产品涵盖网银支付、手机支付、网上分期、跨行支付等。利用集群优势，拓展多类型客户，采取“一托十”方式与北京产权交易所达成战略合作，并与其下属十家交易所开展股商存管业务合作，为会员企业及个人客户提供出入金服务，并逐步拓展对大宗商品交易所的授信、国际结算等金融服务领域。

人力资源 根据业务发展和职能管理需要，统筹调整部门团队设置，切实强化部门管理职能。完善人员配置机制，做好增量补充；优化内部结构，围绕核心业务转型，加强对重点业务条线的人员配置。改进薪酬绩效管理机制，探索对分行各部门的绩效管理模式，差异化设置各部门关键绩效指标，突出部门核心绩效。优化支行人事费用管理模式和绩效考核体系，引导支行进一步提升效益，促进业务的全面发展。加强人才培养开发，统筹推进三支队伍建设。加强各级领导班子建设，选优配强中层领导班子，加大经营性支行代职行长的配置力度，完善多层级后备人才培养管理体系，实施青年英才成长计划，强化青年员工培养开发。完善网点员工队伍管理机制，加大专业技术职位资源向营业网点倾斜力度，开展专业队伍、等级柜员等级评定，改进柜员绩效管理体系。统筹开展各级员工培训，搭建电子化培训平台，针对不同对象、不同岗位实施差异化培训，促进业务发展与员工职业发展的有机结合。

（朱雨晨）

中国建设银行股份有限公司北京市分行

2013年末，中国建设银行股份有限公司北京市分行（以下简称建设银行北京市分行）本外币总资产12 320.73亿元，比上年增加76.91亿元，增长0.63%。本外币全口径存款余额12 056.58亿元，比上年减少7.92亿元，下降0.07%，其中人民币全口径存款余额11 011.98亿元，比上年增加119.54亿元，增长1.1%。本外币贷款余额4 345.86亿元，比上年增加452.56亿元，增长11.62%，其中人民币贷款余额3 978.84亿元，比上年增加344.76亿元，增长9.49%。实现账面利润144.21亿元。

截至年末，建设银行北京市分行辖内设二级分行1家、综合营业中心37家、营业中心288家、个人金融中心117家，在职员工12 081人。

公司金融业务 通过优化办理流程、搭建合作平台、深挖服务需求等措施，全年开出境内非融资保函9 117笔，比上年增长59.89%；结合地区客户特点，推出委托代理、集团集中代理、分离式信用证三种模式六种子产品；深挖贷款项目造价咨询业务需求，全年实现造价咨询业务收入2.1亿元；打造特色小企业金融服务，推出“保贷通”、“聚融贷”等产品；非票据贴现小企业贷款余额比上年增加11.39亿元；养老金受托余额突破120亿元；与52家第三方支付公司开展备付金业务合作。与协和医院合作上线银医卡系统，实现网上银行、多媒体查询机、医院内自助等渠道用联名卡、建行卡预约挂号、退号、查询等功能。推出企业财务顾问型股加债融资产品和基于债券、同业为投向的货币市场理财产品池等系列产品。新增预算单位客户131户，中央财政资金承接率24.16%；启动代理社保基金电子收款项目与养老金代发业务；联合四家券商推出“鑫存管”联名卡。金融机构客户同业存款比上年增加60亿元；推出乾元按周开放型保本理财、“养颐四方”养老金保本理财、手机专享及教师节专享等理财产品。电子银行业务采用公私联动、渠道互动、点对点管理等方式，保证业务持续稳健发展，年度新增个人客户368.3万户，对公客户新增3.8万户；电子交易量3.08亿笔，是柜面交易量的8.3倍。开展“融通国际”营销活动，外汇贷款年末余额比上年增加19.07亿美元，跨境人民币结算量1 037.06亿元，比上年增长42%。

个人金融业务 开展业务营销竞赛和个人客户拓展活动，实现个人存款、理财、重点产品销售的协同发展。基金、保险、国债、贵金属四项产品销售额总计491.11亿元。个人贵金属业务收入比上年增长2.32倍，首家个人贵金属中心开业。优化住房公积金组合贷款业务流程，通过同步办理贷款申请受理、调查、审批手续，缩短贷款办理时间；开设“绿色通道”，为公积金贷款客户提供开卡、验卡等服务。合作推出北京固生堂龙卡、北京铁路局龙卡、国金证券龙卡等联名借记卡，发行以条码扫描方式完成会员功能的物美龙卡IC信用卡，信用卡分期交易额比上年增长43%，客户净增60万户。为私人银行客户提供全面、开放、创新的产品及服务平台，非金融服务覆盖医疗健康、便捷出行、子女教育、咨询服务四大类十二个项目。上线款箱电子化交接系统，实现出入库款箱自动核对、交接清单自动打印、电子锁分级管理，平均每座金库日均节约交接时间1.5小时，作业效率提升约89%。

中间业务 注重中间业务发展，以“赶超”战略为核心，加强产品管理、客户管理和综合管理，全面提升中间业务经营管理能力。全年实现中间业务净收入64.64亿元，比上年增加10.39亿元，增长19.15%，中间业务净收入在主营业务收入中占比26.57%。各项重点产品发展良好，有19项重点产品收入超过亿元。其中，投资理财业务收入11.9亿元，比上年增长62.14%；债券承销业务收入5.49亿元；托管业务收入4.3亿元，比上年增长32.6%；信用卡分期业务紧抓市场热点，交易额快速提高，收入达到3.7亿元，比上年增长96%。

风险管理 完成对公授信流程优化工作，重构风险管理组织架构，实现新旧流程体系的平稳切换；强化信用风险管理，明确风险偏好，保持资产质量稳定；声誉风险管理关口前移，从服务窗口和业务源头上化解风险；制定涉及公司、个人、会计、风险等主要业务条线的案件防控措施40条。开展平安创建“基础建设年”活动，组织安全教育1 333次，开展预案演练5 802场，成功堵截各类诈骗案件125起，金额608.37万元。组织开展“廉洁从业，践行合规”主题教育活动，建立“违规风险事项”回检制度，制定《员工从业行为管理办法》，开展员工行为排查，合计排查员工3万余人次。2013年4月14日，朝阳北路支行成功处置一起持械抢劫案件，受到北京市公安局通报表彰，员工孔海旺荣立二等功、金磊荣立三等功，朝阳北路支行获集体嘉奖。

上线贵金属电子保管柜系统 2013年12月8日，上线贵金属电子保管柜系统。该系统利用扫描二维码识别产品，联动银行账务系统自动记账，通过贵金属在电子保管柜立体分层码放，实现出入库产品定位处理，为贵金属库存空间不足、提高配送效率、日终盘库难等问题提供了新的解决途径。

企业文化 在总行第8督导组的指导下，认真开展“学党章、守纪律、正品行”教育实践活动。落实“四关、四有”要求，切实关心爱护员工，通过实施首问负责制等措施，进一步强化服务支持。以“我的梦·建行梦”为主题开展道德讲堂活动，宣讲高尚的道德情操和良好的职业精神，提升全行员工的道德修养和文明素质。组织召开第九届职工运动会。落实以职代会为基础的民主管理，组织召开第三届第一次职工（会员）代表大会。

（何冰）

交通银行股份有限公司北京市分行

2013年末，交通银行股份有限公司北京市分行（以下简称交通银行北京市分行）本外币资产总规模7 375.37亿元，比上年增加580.69亿元，增长8.55%。本外币全口径存款余额7 277.62亿元，比上年增加588.41亿元，增长8.80%，其中人民币全口径存款余额7 110.73亿元，比上年增加721.13亿元，增长11.29%。本外币各项贷款余额（含买断式转贴现）2 938.80亿元，比上年增加107.72亿元，增长3.80%。实现本外币经营利润（含资金业务）94.89亿元，同比同口径增加2.94亿元，增长3.20%。实现本外币扣除预期损失后利润（含资金业务）94.43亿元，同比同口径增加3.21亿元，增长3.51%。

截至年末，交通银行北京市分行机构网点总量116家，其中分行营业部1家、中心支行18家、直属支行3家、专业支行8家、二级支行86家；共有员工4 866名，其中正式员工4 773人，派遣制员工93人，员工平均年龄32岁。

公司金融业务 加强与对公重点客户合作，中标北京烟草跨行支付系统合作行，年末烟草系统存款时点余额72.62亿元，较年初增加32.42亿元；协助总行推进与军队业务合作，已纳入军队单位合作银行范围；中标区县财政代理业务，成为市级财政国库电子化首家试点代理行。上线中农集团、中国电信、中国煤炭、中国新闻出版集团等大型企业以及北京金融街、北京市燃气、北京建工等优质市属企业蕴通账户业务；与钱袋网、海科融通、中汇金、交广科技等近30家机构开展业务合作。完成市场首只以公开招标方式发行的非政策性金融债和北京市场首单汽车金融公司金融债发行；参与戴姆勒股份公司国际银团贷款项目，参贷金额2.78亿欧元。

个人金融业务 创新基础客户群体维护模式，推进交通银行远程财富管理项目，探索线上线下相结合的客户维护模式，提升客户整体贡献度；打造特色鲜明的增值服务体系和活动模式，增强客户忠诚度。全年新增私人银行客户1 048户，达标沃德客户（个人高端客户）净增10 173户，信用卡客户新增11.12万户。开展源头代发营销工作，全年累计代发811亿元，同比增长20.61%；开展大额存款利率上浮和特定目标客户批量存款利率上浮工作，推进“家易通”、代扣代缴等结算类产品营销，推动个人客户批量资金留存。推动零售信贷业务快速发展，年末贷款余额615.52亿元，在分行全部贷款中占比20.94%，较年初上升4.58个百分点。

国际业务 充分发挥贸易融资、离在岸联动业务对国际结算量的带动作用，全年国际结算量1 016.14亿美元；利用人民币远期升水的市场环境，通过贸易融资与结售汇业务相互促进，实现远期结售汇收入的大幅增长，全年实现远期结售汇中间业务收入3.53亿元，同比增长47.52%。成功营销中国银行（香港）有限公司，开立交通银行系统内首个香港特别行政区清算银行跨境人民币清算及现金管理账户。

基础管理 组织实施公司、同业、国际、零贷、个金、风险6个板块的渐进式改革，正式挂牌成立国际结算中心北京分中心，进一步健全前中后台协作机制；科学调整网点架构，打造多元化竞争主体。探索特色网点建设，在望京中环路支行建立特色零售型二级支行，打造“现金自助+客户经理”的服务模式；科学布设自助机具，在故宫博物院、北京园博园等热点景区投放自助设备，扩大自助银行品牌影响力。持续开展服务提升工作，在“中国银行业文明规范服务百佳示范单位”评选活动中，松榆里支行赢得全国“百佳”称号，9 家网点获得北京市“百佳”称号，5 家网点被评为北京市银行业特色服务示范单位。

业务创新 探索境内分行安排协调、境外分支机构直接放款的跨境融资运作模式，以系统内银团方式对接北汽集团“海纳川”海外项目；设计推出挂钩国际黄金价格的外汇结构性存款理财产品、挂钩境内机构信用违约互换的美元结构性存款等产品；开展假远期信用证偿付业务，通过表外融资满足客户业务需求；在企业网银中新增社保查询、缴纳等功能，在个人网银、手机银行上开发协和医院预约挂号、银医卡绑定和停诊外呼等功能，满足客户便捷服务的需求。

风险管理 明确全面风险管理内涵，推进分支行风险管理岗位体系建设；按季开展风险评估，对信用、市场、操作、流动性等风险指标定期监测，完善风险指标监测体系。针对“两高一剩”、批发、零售、餐饮、纺织、融资平台等行业，推行限额管控制度。成功收回北京科技园文化教育建设有限公司不良贷款 3.2 亿元，全年存量不良贷款清收 4.17 亿元，监察名单贷款收回 2.8 亿元。开展“遵规章查隐患控风险”案件防控、案件风险“1 + 4”精准防控专项行动，综合运用现场检查、非现场数据核查、录像监控等方式，深入开展检查工作，网点检查覆盖面 100%。

企业文化建设 根据总行统一部署，深入开展党的群众路线教育实践活动。设立 8 个督导组，指导 69 个党（总）支部全面开展教育实践活动，将征集到的 1 000余条意见、建议，梳理形成 10 个方面、158 项具体问题，截至年末已完成 129 项整改任务，整改率 82%。打造学习型组织，完成各类后备人才库建设工作，初步建立经营管理类及专业技术类后备人才队伍，全年完成各类培训项目 212 期、14 130 人次，提升了员工的专业素质。

（徐丹）

招商银行股份有限公司北京分行

2013 年末，招商银行股份有限公司北京分行（以下简称招商银行北京分行）总资产 3 955 亿元，比上年增加 205 亿元，增长 5.5%；本外币自营存款余额 3 017亿元，比上年增加 150 亿元，增长 5.2%；本外币自营贷款余额 1 451 亿元，比上年增加 133 亿元，增长 9.2%；不良贷款率 0.2%，不良贷款拨备率 839%。实现利润 108 亿元，比上年增加 14 亿元，增长 15.1%。

截至年末，招商银行北京分行设有营业机构 64 家，其中年内新开业 4 家，获批未开业 1 家；员工总人数 3 726 人，比年初新增 366 人。

批发银行业务 批发银行业务整体推进。负债规模进一步提升，全年人民币日均存款增加 130 亿元。多渠道满足客户融资需求，客户融资总量增加 605 亿元。积极推进跨境业务联动，内保外贷、境外银团、境外发债等业务成效显著。网上银行、现金管理有效客户数在系统内跃居榜首。战略客户集中营销和管理成效逐步显现，获得市财政授权支付代理银行等多项资格。发展小企业业务，推出“医采贷”、“成长之星信托计划”、“全能贷”、“新三板直通车”等产品，小企业贷款余额迅速增长，“千鹰展翼”等小企业价值客户群不断壮大。

零售银行业务 强化零售业务优势。全年常规理财产品销量4 981亿元，信托产品销量347亿元，公募基金销量294亿元，新增定投协议3.8万个，保险业务收入同比增长31%，高端权益类产品销量同比增长95%。针对客户偏好，推出“吉祥银核桃”、“双喜金条”、“家族金条”等实物金产品。实施多样化、全方位金融服务，推动私人银行客户、钻石客户、金葵花客户、金卡客户以及代发业务、公积金联名卡业务快速增长。加快小微企业业务发展，拓宽客户渠道，优化业务流程，集中资源推动小额信用贷款业务发展，小微企业贷款年末余额216亿元，同比增长78%。6家网点获评北京市银行业文明规范服务百佳示范单位，1家网点获评北京市银行业特色服务示范单位。

同业和金融市场业务 综合运用债券承销、金融租赁等表内外工具满足客户融资需求，承销非金融企业债务融资工具44只，金额572亿元，同业非标债权放款超过57亿元，叙做融资租赁业务16.2亿元。同业托管业务快速增长，托管规模2 182亿元。全年销售公司和同业理财产品3 503亿元，是上年的2.1倍。

二次转型成效显著 按照总行“以服务为主线深入推进二次转型”的要求，加强市场营销，拓展收入来源，提升内部管理，经营效率继续领先。2013年，招商银行北京分行资本回报率（RAROC）为91.65%，比上年提升2.34个百分点；成本收入比为18.47%，比上年下降0.56个百分点；人均税前利润330万元、网均税前利润1.74亿元，分别比上年增加11万元和1 345万元。

风险与内控管理 贯彻执行总行信贷政策，全面开展信贷资产风险排查，加强对重点客户的风险监测和风险预警力度，强化对客户经理、风险经理和作业经理的培训与考核，全面防范信用风险。建立法律合规顾问制，开展“一把手讲合规”活动，执行分行部门和支行内控评审会制度，开展送教上门等合规教育活动，发挥审计检查在揭示风险、完善流程等方面的作用。认真贯彻执行中国银监会和总行纪委关于廉洁自律、勤俭节约、杜绝“四风”等要求，严格落实中央“八项规定”，组织开展员工异常行为排查与行为管理、安全生产检查等，深化“六防”机制，确保全年无重大安全责任事故。加强媒体报道监测，深化总、分、支行联动，做好事前防范，有效控制负面信息的传播扩散。加强人民币头寸主动管理，提高预测的精准性。完善运营管理和支持保障，确保内部运营的安全与稳定。

（金晶）

上海浦东发展银行股份有限公司北京分行

2013年末，上海浦东发展银行股份有限公司北京分行（以下简称浦发银行北京分行）资产总额2 518.60亿元，比上年增加229.70亿元。本外币一般存款余额1 616.60亿元，比上年增加247.20亿元；本外币各项贷款余额795.34亿元，比上年增加71.38亿元；中间业务收入7.48亿元，比上年增加2.88亿元。实现账面利润32.50亿元，比上年增加5.74亿元。

截至年末，浦发银行北京分行共设有营业机构44家（含营业部），其中年内新建开业2家；正式员工1 315人。

公司银行业务 坚持以客户为中心，围绕央企和市属企业等重点客户群开展营销工作。制定重点客户管理办法，实施重点客户名单制管理，推行分层营销。组建集团客户部，成立包括行业经理、产品经理和客户经理在内的重点客户联动营销小组，制定一户一策的综合营销服务方案，推动产品创新和客户综合贡献度的提升。制定公司业务营销指导意见，为支行明确重点发展的产业、行业、目标客户群；修订《公金客户经理管理办法》，发挥考核作用；制定公司银行重点产品和转型业务竞赛办法，举办“蒲公英杯”竞赛，带动公司银行业务的整体发展。

截至年末，本外币一般对公存款余额1 399.97亿元，比上年增加244.52亿元；本外币一般对公日均存款1 316.06亿元，比上年增加224.68亿元。对公人民币存款余额1 308.35亿元，比上年增加208.68亿元；对公人民币日均存款1 236.07亿元，比上年增加201.07亿元。本外币对公贷款余额616.32亿元，比上年增加43.3亿元。对公人民币贷款余额608.01亿元，比上年增加60.41亿元。实现对公中间业务收入6.15亿元，比上年增加2.69亿元。

中小企业业务 建立中小企业“2+3+N”业务模式（2代表科技、文创领域，3代表供应链上下游业务、政策性担保公司担保类业务、标准房地产抵押类业务平台，N代表多个创新模板），在科技、文创领域依托重点业务平台开展产品创新，推动中小企业业务发展，做大做强客户基础，逐步培育高成长性客户群体。截至年末，中小企业表内资产余额62.51亿元；授信客户数456户，比上年增加59户；授信受理497笔、金额90.60亿元，分别比上年增加96笔、31.37亿元；审批通过393笔、金额62.06亿元，分别比上年增加104笔、26.49亿元。

个人银行业务 顺应互联网金融发展趋势，扩大电子商户数量和范围，丰富线上产品和服务，持续优化电子银行业务受理环境；推广手机银行、微信银行和NFC等移动金融业务，客户数量不断增加，交易量快速提升。强化理财产品自主研发能力，创新理财模式，满足客户投资理财需求。与国内外知名高校及旅游、留学等中介机构合作，通过银行出境类产品打包、代收签证资料及团款等服务，满足客户需求。以国际学生证联名卡为引领，实现境外汇款、个人结售汇、出国保证金、万事达卡电子旅行支票、境外消费退税等产品的交叉销售，提升积累客户和创收能力。拓展第三方支付公司渠道，寻求合作机会，开辟中间业务收入新来源。通过联动营销，开拓二手房中介机构交易资金监管业务。完善个人信贷产品体系，优化个人贷款业务产品线，提高市场竞争力。推出新版个人经营性贷款管理办法，弥补在担保方式、额度控制等方面的短板。新增调查报告及贷后检查报告写作模板，简化支行业务操作，有效提高产品竞争力。

截至年末，个人金融总资产 407 亿元，比上年增加 59 亿元。其中，储蓄存款余额 217 亿元，比上年增加 2.9 亿元；非存款类金融资产余额 190 亿元，比上年增加 56 亿元，在金融总资产中占比 47%。个人贷款余额 179 亿元，比上年增加 28 亿元。个人业务总收入 18.3 亿元，比上年增加 8.7 亿元，其中中间业务收入 1.03 亿元，比上年增加 2 537 万元。个人优质以上客户 152 177 户，比上年增加 35 959户。

金融市场业务 积极应对市场形势，顺应总行政策导向，及时调整经营策略，进行重点突破。按行业梳理同业客户，分期推出行业营销指引，为支行营销金融机构客户提供技术支持。调整业务结构，摆脱对重点客户的过度依赖，推动同业存款稳步增长。深度挖掘资金来源，尝试开展个性化理财资金对接同业借款业务，平衡不同客户间理财与融资的需求。办理首笔增强型区间赢远期结汇组合业务，在外汇衍生产品领域实现突破。取得系统内同业协定存款试点行资格，为重点客户试行协定存款，推动同业定期存款增长。完成首单股票质押式回购业务。与券商合作，开展券商代销银行理财产品业务。总分支行联动，办理首笔跨境人民币同业存款业务。自行定制个性化理财产品，多渠道满足客户投资需求。截至年末，共办理金融市场业务 3 706 笔，累计交易金额 16 093 亿元；全年实现净收益 7.96 亿元，比上年增加 2.03 亿元。

风险与内控管理 加强新型业务风险管理，出台风险季度考核评价办法，强化风险过程管理和考核力度；梳理分析新型业务风险特征，制定相应管理办法，开展工作检查，规范新型业务风险管控。加强风险提示及主动预警，进行案例分析，针对出现风险隐患客户，主动发出预警，并跟进后续处理结果。多策并举化解清收不良资产，完成各项风险经营指标任务，不良资产持续保持“双降”。开展“倡廉洁、促合规、防案件”主题宣传教育活动和“促监管政策进基层行宣讲活动”，进行十大重点领域案件风险检查，加强对案件风险的把控，构筑新形势下的案件风险防线，确保全行零发案。截至年末，全行后三类不良贷款余额 1.13 亿元，比上年减少 4 163 万元；不良贷款率 0.14%，比上年下降 0.07 个百分点。

队伍建设 顺应经营发展对人才的需求，坚持内部培养与外部引进相结合的指导思想，加大管理人才与业务骨干的培养力度。制订未来三年人才培养规划，确立人才培养工作目标。建立大学生培养期制度，实现应届大学生培养与使用相结合、学习与实践相结合、专业资格考试与工作表现评价相结合。建立支行营销人员跟岗培训制度，全面了解业务与产品，丰富营销手段。加强培训师资队伍建设，选拔部分精通业务的中高级管理人员及业务骨干，成立内训讲师队伍，参与员工内训课程的设计、讲授，提升内训效果。与第三方专业培训机构开展合作，逐步建立外训师资队伍。

（王国文）

广发银行股份有限公司北京分行

2013年末，广发银行股份有限公司北京分行（以下简称广发银行北京分行）总资产2 360.09亿元，比上年增加665.74亿元，增长39.29%；本外币存款余额1 654.80亿元，比上年增加381.58亿元，增长29.97%，其中人民币存款余额1 565.04亿元，比上年增加344.40亿元，增长28.22%。实现利润22.08亿元。

截至年末，广发银行北京分行营业网点47家，其中年内新设8家；在岗人数1 859人，其中正式在编1 730人。

贷款业务 按照“增效益、促转型”的工作要求，通过标准化的产品、区域化的专案、专业化的操作和高效率的流程，推进信贷业务向中小企业信贷和零售信贷转型。调整信贷结构，强化信贷队伍建设、优化审批出账流程、改进激励约束机制，加强重点领域风险化解力度和风险处置力度，提升风险管理工作的前瞻性和针对性，不良贷款较年初实现“双降”，资产质量保持在良好水平。

金融市场业务 顺应市场变化，围绕客户需求推出创新产品，培养新的客户群体，提高产品收益能力。债务融资、非标准化债务融资、理财、衍生交易、票据和资金业务均有较大幅度增长。全年实现营业收入76 395万元，比上年增长233.44%。

个人银行业务 个人银行业务改革深入开展，各项业务指标显著增长；完善小微企业及个人产品体系，推出生意人卡，为个体工商户及小微企业提供全面的金融服务。截至年末，本外币储蓄余额151.74亿元，本外币储蓄年日均106.56亿元，净增VIP客户5 804名，实现个人中间业务收入1.07亿元，超额完成总、分行核定年度计划指标。

信用卡业务 坚持“以市场为导向，以品牌建设为中心、全力提升广发卡的市场美誉度和客户忠诚度”的战略方针，以“广发乐赏日”为市场营销品牌，着力推进与各领域优质商户的联合优惠促销，取得了广发卡良好的口碑和稳定的市场份额。全年新增发卡量21万张，信用卡收入12.5亿元，实现利润7.4亿元。

电子银行业务 发挥电子银行的渠道优势，开展电子银行品牌推广与宣传，促进客户规模和客户体验质量的提升；拓展网上优惠商户，让电子银行客户享受便捷和实惠。截至年末，新增个人网上银行客户23.25万户，新增手机银行客户11.2万户；个人网上银行活跃客户33.94万户，手机银行活跃客户6.07万户；自助设备311台，存取款交易885万笔，交易金额94.30亿元；电子渠道替代率79%。

“两卡一中心”战略转型 开展以“两卡一中心”为目标的经营战略转型，

重点开发零售和中小企业业务。"两卡"指广发银行信用卡和生意人卡，"一中心"指小企业金融中心。截至年末，信用卡、生意人卡业务取得较大发展，已累计在7家网点建立了个贷中心，在7家网点建立了小企业金融中心。持续优化"好融通"、"快融通"、"市场贷"等小企业金融产品，并针对中关村科技园区的小企业推出了"见贷即保"和"科技企业专用贷"两款小企业产品专案，小企业金融业务逐步进入佳境。

地铁智能银行 2013年2月28日，广发银行北京动物园地铁支行开业。该支行采用"自助服务+远程人工服务"的全智能服务模式，在实现传统自助银行的存取款和转账功能之外，还可以自助开户、自助申请储蓄卡和信用卡。

（陈悦喆）

兴业银行股份有限公司北京分行

2013年末，兴业银行股份有限公司北京分行（以下简称兴业银行北京分行）本外币资产2 554.94亿元，比上年增长16.15%；本外币负债2 505.04亿元，比上年增长16.04%。本外币存款余额1 888.12亿元，比上年增长16.06%；本外币贷款余额882.56亿元，比上年增长21.64%。不良贷款3.99亿元，不良贷款率0.45%。实现本外币账面利润（按本行九级分类计提专项准备后）51.28亿元，比上年增加11.20亿元，增长27.93%；实现本外币中间业务净收入10.45亿元。

截至年末，兴业银行北京分行共设支行45家（含分行营业部）。

企业金融业务 企业金融条线各项重点业务、专业业务取得长足发展，核心客户数和业务量均保持快速增长，经营质量、市场地位均得到进一步提升。截至年末，本外币对公核心存款余额1 656亿元，比上年增加300亿元；本外币对公日均存款1 530亿元，比上年增加581亿元；本外币贷款余额754亿元。

投资银行业务继续保持快速发展，业务融资总量704.65亿元，比上年增长11.8%；成功落地兴业银行系统第一笔类永续债业务，为后续业务开展奠定基础。机构业务保持平稳增长，机构客户日均存款409.57亿元，比年初增加176.82亿元；机构客户数534户，比年初增加98户。贸易金融业务稳步发展，供应链融资业务累计发生额364.4亿元人民币，比上年增长68.78%，供应链融资类客户共178户，比上年增加134户，外币对公日均存款37.4亿美元，比上年增加29.3亿美元，增长365.36%。小企业业务以持续创新产品为动力，加强客户基础，推进业务发展，创设、优化了"租金贷"、"科信贷"等小企业专属产品，小企业基础客户达5 991户，较年初增加1 663户。

零售金融业务 零售业务基础性工作逐步得到加强，各项业务有序跟进。截至年末，个人存款余额197亿元，比上年增加20亿元；个人贷款余额132亿元，比年初增加12亿元。全年累计销售理财产品292.17亿元，拓展零售核心客户

77.81 万户，年内新增 16.03 万户；零售理财产品年末存续余额 205 亿元，其中年内新增理财产品余额 65 亿元，同比增长 32%。全年实现零售中间业务收入 34 643 万元。

同业金融业务 以传统同业业务为基础，以投资、理财、托管业务为增长点，资产规模大幅提升，投资收益和中间业务收入持续增长，经营效益不断增加。截至年末，金融市场条线营运资产总额突破 1 150亿元，比上年增加 670 亿元；同业核心负债年日均余额超过 230 亿元；境内同业核心客户新增 26 户；银财直联业务新增 14 户；新上线托管业务 153 笔。

风险管理 抓好重点领域风险管控，切实落实内控管理要求。不断扩大风险管理半径。有效开展问题贷款清收化解，保证资产质量稳定。设立法律与合规部，构建分行合规经营和内部控制综合考评及风险管理综合评价体系，引导机构合规稳健经营、强化风险管理基础。提前介入重点业务，建立标准化审核流程，提高审查服务效率；建立审查工作考核评价体系，突出核心风险控制，持续提升信用审查质量；加强新兴业务风险管理，强化风险排查处置，确保资产质量总体稳定。

（覃春龙）

平安银行股份有限公司北京分行

2013 年末，平安银行股份有限公司北京分行（以下简称平安银行北京分行）总资产 1 820.66 亿元，比上年增加 485.98 亿元，增长 36.41%。本外币各项存款余额 950.74 亿元，比上年增加 79.88 亿元，增长 9.17%，其中人民币各项存款余额 814.84 亿元，比上年增加 21.01 亿元，增长 2.65%。本外币贷款余额（不含贴现）531.24 亿元，比上年减少 34.66 亿元，下降 6.12%，其中人民币贷款余额 488.20 亿元，比上年增加 1.74 亿元，增长 0.36%。实现净利润 24.37 亿元。

截至年末，平安银行北京分行下辖 30 个营业网点；在岗职工 1 421 人，其中正式职工 1 337 人，外聘人员 84 人，平均年龄 31 岁。

公司业务 充分利用平安集团资源，发挥综合金融平台优势，与平安各专业公司建立合作。加强金融产品创新，开展结构化融资，为大中型企业提供综合金融支持；通过商业模式创新，服务于广大中小型企业。持续推进存量客户升级，优化公司客户结构。围绕产业链布局，配合事业部建设，针对目标行业开展专业化经营。引入投资银行化的金融解决方案，建立产业链“线上化”平台，大力发展北京区域特色业务。加强贸易融资产品建设，发展离岸业务优势，扩大业务规模。加强互联网金融产品研发，凸显差异化发展战略，提升综合金融服务能力。拓展代理行渠道，完成多家同业机构国内信用证偿付、福费廷转卖等协议签署，为企业提供多样化的融资渠道。办理系统内首笔前海人民币贷款业务，开发跨国公司资金池系统，推动外汇储备委托贷款业务落地。

零售业务 配合平安银行整体策略，充分挖掘集团各专业公司高端客户资源，建立私人银行品牌，实现平台资源共享。加大直通银行铺设，推进“收银宝”业务开展，组建专业团队筹备社区金融。落实“1+6”布局，统分结合，简化团队绩效考核办法。顺应互联网金融发展趋势，着力打造特色互联网传播营销服务平台。加强小企业业务队伍建设，推进“圈链会”项目开展，推广“贷贷平安商务卡”，优化业务流程，提升客户体验。推出无抵押、无担保消费贷款品牌——“新一贷”，建立个人贷款处理分中心和支行专职团队，利用综合金融优势，打通各专业公司销售渠道，探索新的消费金融作业模式。紧密联系平安寿险，探索综合金融业务模式，开发活动量管理系统，强化培训体系，寿险渠道业务快速增长。

同业业务 积极吸收同业存款，推进同业负债业务稳步上升。大力发展同业资产业务，促进同业利润持续增长。买入返售受益权、理财产品投资、存放同业、同业代付等业务取得较好成绩。积极营销同业理财产品，与贵州银行、兰州银行、枣庄银行、长白山农商行等金融机构签署“行E通”银银平台合作协议，“行E通”平台品牌效应进一步显现。

投行业务 借助综合金融优势，加强与外部金融机构合作，针对北京区域特色，抓住经济转型、结构调整、城镇化等机遇，通过交易结构设计、综合融资安排和协助实施，构建“一站式”的综合金融解决方案。以“大特优”客户为主，为多家央企及大型地方国企提供债务融资工具主承销服务，市场占有率快速提升。结构化融资业务在“土储”、“三旧改造”等城镇化建设领域实现产品突破。首次尝试资本市场定向增发业务，产品结构不断丰富；通过整合集团渠道资源，开拓各类新兴资产管理产品与托管服务形式，实现通道型业务的规模化拓展。延伸托管业务范围，为第三方基金销售机构、资产管理机构、小型基金管理公司提供运营外包服务。

风控管理 实行贷后差异化管理，加强专项检查力度，摸清潜在风险客户状况，评估和排查相关风险隐患。加强监测预警力度，通过实地检查、日常监测、制定防控措施等，有效识别、评估和化解授信风险。优化贸易融资业务流程，调整员工岗位职能，提高流程管理和控制水平。强化监管方每日报表、月度对账、监管现场的常规和突击检查，推进监管方管理。保持案防工作高压态势，成立问责委员会，宣导“尽职免责、违规问责”的问责文化，指导规范员工日常行为。开展“案防到支行”走访督导、“内控微语录”征集、“尽职合规、从心开始”等活动，提升全员案防合规风险意识。全年成功堵截假客户、假证件事件16次，实现了全年零案件的工作目标。

服务提升 以全面提升客户服务质量为目标，创新开展“规范化服务标准导入辅导”、“网点运营服务标准化阶段提升”活动，努力打造优质、高效、安全的运营服务平台，知春路支行荣获北京市银行业文明规范服务百佳示范单位称号。完善网点布局，年内新建广渠门、方庄两家支行。

（崔超）

中信银行股份有限公司总行营业部*

2013年末，中信银行股份有限公司总行营业部（以下简称中信银行总行营业部）本外币资产总额5 097亿元，比上年增加994亿元，增长24%。本外币存款余额（含金融机构存款）4 912亿元，比上年增加958亿元，增长24%。本外币贷款余额（含贴现）1 939亿元，比上年增加143亿元，增长8%。不良贷款余额3.93亿元，不良率0.2%。实现利润58.2亿元，比上年增加1亿元，增长1.9%。

截至年末，中信银行总行营业部共有支行65家，年内新增8家；员工2 532人。

公司银行业务 负债业务，通过优化考核机制、定价机制、费用安排，加强产品推动，系统营销结合重点突破，积极应对利率市场化冲击，对公负债业务持续增长。截至年末，本外币公司一般性存款日均余额2 967亿元，比上年增加142亿元，增长5%。

资产业务，打通放款额度审核“绿色通道”，激发经营单位对中小客户营销的积极性，坚持“风险定价、成本定价、综合定价”的原则。截至年末，全辖新发放人民币公司一般性贷款1 445.1亿元。

投资银行业务，以营销推动、渠道建设为手段，通过产品创新、强化重点项目管理等措施，推动机构优化及增长方式转变。全年共为42家企业发行债务融资工具55只，承销规模1 047.5亿元，比上年增加315.9亿元，增长43.2%。实现中间业务收入3.42亿元，占全行中间业务收入的26%；累计销售对公理财产品627亿元，比上年增长超过108%。

票据业务，全年累计发放量972亿元，比上年增长19%；北京市场占有率27%，比上年增长2%，直贴业务连续六年位居市场首位。牵头筹备华北票据分中心，经过机构设置、人员分工、岗位职责设定、制度建设等多方面的准备，年底通过验收，在总行授权范围内负责统筹运营所在区域的票据贴现业务。

托管业务，以通道业务促规模、长短期产品兼顾。大力开拓业务平台，创新托管产品，通过集中营销券商资产管理产品、商业银行理财、基金公司专项和专户等产品，提高托管规模。截至年末，托管规模3 019亿元，比上年增长355%。取得“余额宝”（天弘增利宝）独家托管行及监管行资格，推出流动性支持授信业务，并于6月17日正式上线。

汽车金融业务，维护并拓展现有经销商集团客户，开发高端品牌，挖掘未充分合作的网络内经销商，稳步拓展三线、四线城市经销商。截至年末，汽车金融业务有效经销商户341户，日均存款合计93.46亿元，其中核心厂家日均存款52.47亿元；经销商累计融资464.73亿元，融资余额合计110.96亿元；实现中间业务收入2 278.64万元，经济利润17 600万元，不良率为零。

零售银行业务 零售板块各部门内部

联动，提升客户贡献度，分支行联手推动零售银行业务发展。零售资产业务，截至年末，零售贷款余额561亿元，比上年增加110亿元；在年度零售贷款总量中，高定价产品占比由年初的6%提升至20%，住房按揭贷款占比由年初的94%降至80%；消费金融贷款业务结构优化转型显著，零售贷款定价能力显著提升，年末余额491.32亿元，比上年增加85.51亿元。零售负债业务，有效利用资源开展营销，加强中高端客户经营，科学构建品种齐全的开放式产品平台，有效实现零售中间业务收入的增长。截至年末，一般储蓄日均余额373.07亿元，比上年增加29.94亿元；保本型理财日均余额96.13亿元，比上年增加65.66亿元；管理资产余额921.21亿元，比上年增加177.03亿元。网络银行，推进传统金融业务互联网替代，加快互联网金融业务创新发展，网络银行客户数、交易金额和替代率等保持增长，网络贷款、电子商务拓展取得突破。截至年末，网络贷款累计放款937笔，累计金额2.95亿元。与B2C直联商户开展联合营销活动，提升网银客户的活跃度和网银交易量。结合中信银行“异度支付”拓展新业务，与北京移动、中国联通和中国电信签署NFC支付合作协议，支付业务相继上线。

国际业务 开展产品及模式创新，充分挖掘潜力客户；调整业务模式，优化业务结构，实现了以客户自营为主向以产品营销推动为主的业务模式转变。截至年末，累计实现国际业务收付汇量799亿美元，比上年增长1.5%；累计实现金融市场交易量795亿元。

中间业务 深入挖潜市场机会，通过分支行联动，优化产品结构，创新重点产品，充分发掘新兴业务带动中间业务收入稳定增长。全年中间业务收入13.2亿元，比上年增加2亿元。

风险控制 强化风险防控体系建设，加强信贷风险控制，增设投后资产监控处，填补管理空白；强化预警体系，重点加强放款环节重大风险信息的查询、分析和排除。截至年末，不良贷款余额3.93亿元，不良率0.2%。通过标准化提高审批效率，围绕主要风险业务所涉及行业和客户形势变化，有针对性地缓释并控制授信风险。法律保全工作，全年回收金额1.21亿元，实现贡献利润4 500万元。

（陈盈）

中国光大银行股份有限公司北京分行

2013年末，中国光大银行股份有限公司北京分行（以下简称光大银行北京分行）资产总额3 805亿元，比年初增加186亿元。一般日均存款余额2 362亿元，比年初增加242亿元，超计划24亿元，增长11%，其中日均储蓄存款376亿元，比年初增加92亿元，超计划29亿元，增长32%。一般日均贷款985亿元，比年初增加6亿元。实现风险调整前利润44.7亿元，风险调整后利润32.3亿元。中间业务净收入17.7亿元，同比增加3.5亿元，增长24%。

截至年末，光大银行北京分行辖内营业网点59家，员工2 300多人。

公司银行业务 对公存款持续快速增长，年末对公存款日均余额1 986亿元，比上年增加150亿元，占全行增量的11%。贸易金融业务和同业业务稳步推进，全年主承销债务融资工具48只、869亿元，理财产品累计销量1 396.3亿元。

零售银行业务 零售业务迅猛增长，储蓄存款年末余额486亿元，比上年增长超过31%，储蓄存款在一般存款中的占比较年初提高4个百分点。零售客户稳步增长，客户总量338万户，客户金融资产860亿元。对私优质及以上客户增长率超过33%。银行卡业务发展迅速，信用卡客户突破百万户，社区维修资金卡、存贷合一卡、“出国金融+卡”等业务增长幅度明显。

小微业务 把小微业务作为战略转型的突破口，腾出额度支持小微贷款投放。先后转型15家小微专业支行，建设专业团队，开发了“西联国际石材互保金”等20多个模式化项目。截至年末，中小微贷款余额303亿元，比上年增加80亿元，增长36%。

风险管理 严防信用风险，重点防控经济下行周期中的系统性风险。严防小微、零售业务风险，实行关口前移、平行作业，实现新增小微及零售贷款零不良。严防操作风险，开展安全运营排查，严格财务开支，实现全年无案件、无事故、无重大业务差错。资产质量继续保持优良，被北京银监局监管评级为2A级行，被总行评定为全系统一级行。

服务管理 夯实阳光服务基础管理，提升服务水平。加强金融知识普及宣传，开展“金融知识进万家”宣传月活动。优化特殊客户群体服务，制作下发助盲卡、盲文密码键盘、口语教学光盘，并在重点支行设立爱心窗口、爱心座椅，为残障人士提供便捷的无障碍服务。完善网点布局，新设建国门内大街支行，并与电信、电商、网络支付公司开展合作，整体服务水平大幅度提升。5家支行被评为北京市银行业文明规范服务百佳示范单位，3家支行被评为北京市银行业特色服务示范单位。

（潘远发）

中国民生银行股份有限公司总行营业部

2013年末，中国民生银行股份有限公司总行营业部（以下简称民生银行总行营业部）本外币总资产余额5 523.12亿元；各项存款余额3 935.87亿元，比上年增加72.98亿元，增长1.89%，其中人民币存款余额3 710.14亿元。各项贷款余额1 488.45亿元，比上年增加51.52亿元，增长3.59%。

截至年末，民生银行总行营业部下设支行59家，正式员工2 476人。

公司银行业务 根据十八届三中全会精神，结合北京地区实际情况，支持北京地区城镇化建设和产业结构升级，加强金融创新，调整表内外业务结构，提高风险管控能力，服务区域经济发展。截至年末，本外币公司存款余额3 362.3亿元。

贷款业务，贷款重点投向公共管理、社会保障和社会组织、房地产业、制造业、批发和零售业、租赁和商务服务业、采矿业、建筑业，贷款年末余额占公司贷款余额的78.89%。年末民营企业客户数占公司客户数的84.24%，贷款余额占公司贷款余额的57.58%。中小企业贷款余额305.17亿元。

服务实体经济，高新技术企业贷款年末余额85.48亿元，文创类企业贷款年末余额35.28亿元，绿色金融贷款年末余额25.43亿元。支持中关村国家自主创新示范区建设，全年累计发放贷款99.20亿元，示范区高新技术企业贷款年末余额79.58亿元。

通过批量授信方式，对于北京区域内供热行业、经济型酒店、产业园区、高端制造企业等进行规划调研，共有15笔批量授信方案获得总行审批，审批金额155亿元。支持昌平区沙河镇巩华城、石景山苹果园街道改造项目、海淀区苏家坨镇安置房等重点项目建设贷款年末余额40.97亿元，支持新型城镇化建设贷款年末余额28亿元。

贸易融资业务，截至年末，贸易融资余额170.76亿元，其中表内合计41.96亿元，表外合计128.8亿元。非融资性保函余额39.57亿元，融资性保函余额13.97亿元，信用证余额50.01亿元。表内外资产状况良好，无不良贷款发生。

票据业务，全年累计办理票据直贴业务720亿元，转贴现2 347亿元，买入返售2 276亿元。

资金托管业务发展势头强劲，全年新增托管业务规模2 223亿元，比上年增长120.76%。基金、券商资产管理计划托管发展迅猛，首次超过信托计划托管规模；保险资产管理、交易所平台、单用途预付卡等业务发展迅速。

发债融资业务，全年发行债券26只，承销额339.5亿元。

零售银行业务 截至年末，储蓄存款余额573.6亿元，比上年增加85.6亿元，增长14.92%，个人贷款余额617.3亿元，比上年增加86.4亿元，增长16%。

金融资产余额1 358.5亿元，比上年增加306.1亿元，增长29%。本外币理财余额708.4亿元，比上年增加200.4亿元，增长39%。

基金余额47.8亿元，比上年增加12.1亿元，增长33.89%。高端零售客户增长较快，贵宾客户13.59万户，比上年增加2.17万户。全年发卡56.74万张。

电子银行业务稳步增长，个人网银客户91.86万户，比上年增加16.25万户，增长21.49%；个人网银替代率79.30%，手机银行有效客户40.16万户。

中间业务 大力推动公司理财、资产托管、发债融资、信用证、保理、理财产品销售、贵金属交易等业务，全年实现中间业务收入106 143万元。

资金业务 业务规模大幅提升，交易对手快速扩张。截至年末，同业存款余额1 515.86亿元，比上年增加118.13亿元，同业存款日均1 817.74亿元，同比增长214%。全年资金业务累计交易量15 800.41亿元，同比增长8%。

小微金融 聚焦小微，为超过11万小微客户提供资产、负债、结算、理财、专业服务、非金融增值服务等综合金融服务。紧密结合首都经济发展和区域经济特色，重点服务服装服饰、家居建材、批发零售、现代农业、汽车汽配、现代服务、科技、文化创意等关系国计民生的行业。

创新推出“风险补偿基金”产品，解决小微企业担保难的困境。截至年末，小微企业贷款余额 480.6 亿元，比上年增加 100.1 亿元，增长 26.3%，总体资产质量较好。小微企业贷款客户 19 081 户，比上年增加 5 845 户，增长 44.2%。

小微风险补偿基金 创新小微授信，突破项目、商圈限制，从小微企业的行业维度出发，运用“大数法则，小数定律”，在小微互助基金基础上升级推出小微风险补偿基金业务，进一步提升银行风险管控能力并降低小微企业融资成本。全年服务近 6 000 名客户，提供授信约 70 亿元，无一笔不良贷款。

风险管理 深入贯彻落实各项监管政策，信贷结构进一步优化，充分运用各类风险管理工具提高全面风险管理水平，有效压缩产能过剩和平台贷款，受托支付比例继续提升。截至年末，压缩退出风电设备、汽车制造等产能过剩行业贷款 1.7 亿元。政府融资平台贷款余额 206.3 亿元，比上年增加 8.64 亿元。全年新发放贷款受托支付比例达 99%。

（龚耀星）

华夏银行股份有限公司北京分行

2013 年末，华夏银行股份有限公司北京分行（以下简称华夏银行北京分行）资产总额 2 241.25 亿元，比年初增加 77.49 亿元；贷款余额 929.25 亿元，比年初增加 68.2 亿元；一般性存款余额 1 710.21亿元，比年初增加 230.38 亿元；一般性存款日均 1 413.53 亿元，比年初增加 156.46 亿元；不良贷款余额 5.22 亿元，不良贷款率 0.56%，实现五年连续下降；实现中间业务收入 6.95 亿元，同比增加 1.15 亿元；实现利润 27.24 亿元，同比增长 12.56%。

截至年末，华夏银行北京分行下辖 88 个所属机构，其中支行 57 个，行业公司业务部 11 个，分行部室 20 个；共有正式员工 1 878 人。

公司金融业务 以城镇化建设贷款、供应链金融、公司理财、票据池、债务融资工具和结构化融资等业务为重点，优先支持基础设施、农业、工业等实体经济重点领域的发展；参与北京轨道交通、公路、机场、通信、供电、供热、供气、自来水以及污水处理等市属企业重点项目建设；支持高新技术产业，贷款增速 67%。截至年末，对公客户总数 40 462 户，较上年增加 2 065 户；对公有效客户 4 520 户，较上年增加 416 户；对公用信客户 1 386户，较上年增加 145 户。

个人金融业务 个人业务快速发展，客户基础进一步夯实，储蓄余额、储蓄日均、个人贷款余额创三年来增长新高，个人金融资产总量 729.53 亿元，储蓄日均增长超过 50 亿元，个人贷款规模突破 200 亿元，理财产品销售突破千亿元；个人有效客户 70.56 万户，比年初净增 9 056万户，贵宾客户累计 6.95 万户，比年初净增 1.2 万户；速通卡发卡在北京市场占有率 60%；信用卡新增发卡较上年同期增长 146%，发放“易达金”6 707 万元，实现中间业务收入 8 892 万元。

渠道网点建设 落实金融惠民政策，重点提升对社区居民、老年客户的服务力度，设立万年花城、沿海赛洛城社区金融服务中心；年内新开业支行4家，网点总数57家。新增自助设备50余台，覆盖北京16个区县；银行卡特约商户10 616户，比年初增加3 273户；布设POS机具14 422台，比年初增加3 469台；布放TPOS机具13 447台，比年初增加2 907台；企业网银客户18 220户，个人网银签约客户34.67万户（证书版25.24万户），比年初增加11.23万户；10月，上线手机银行，截至年末，客户数23 066户，交易笔数90 931笔。

合规与风险管理 制定年度风险管理策略，从信用风险、市场风险、信息科技风险、流动性风险、内控合规风险、声誉风险等方面加强全员、全方位、全过程风险管控机制建设；开展“员工行为规范年”活动，组织风险管控要点测试、“依法合规，履职尽责，坚守职业操守”教育活动等，增强全员风险管控意识和责任意识。高度重视案件风险防范，建立案防工作机制，组织全员签署《案件防控目标责任书》，确保员工异常行为排查达到100%；严守“两条底线”，实现全年“零案件”，未出现违法和重大违规现象，切实做到在防控风险下促发展。

履行社会责任 大力支持首都经济建设，投放国内首笔城镇化建设贷款，授信合计约142亿元；支持首都绿色信贷项目授信共计170亿元，涉及节能减排、环保、产业升级、新能源、循环经济等多个领域。截至年末，共免费为首都市民发放ETC华夏速通卡60万张，与北京市城乡接合部建设领导小组办公室、市金融局、市保障性住房建设投资中心签署合作协议，优先为保障性住房建设提供贷款，支持建设保障性住房300万平方米，惠及3万户中低收入家庭；推出老年人专属金融服务、残障人士专属金融服务、延时服务、报时服务、爱心系列服务，打造首都市民的“幸福银行”；启动投诉联动机制，提升整体化解投诉的能力；开展防金融诈骗、反假币宣传活动，向社会公众普及金融知识。

（李原野）

渤海银行股份有限公司北京分行

2013年末，渤海银行股份有限公司北京分行（以下简称渤海银行北京分行）总资产637亿元，总负债633亿元。全年实现营业收入12.80亿元，同比增长52.5%；实现中间业务收入18 929万元，同比增长96.6%；实现税后净利润5.5亿元，同比增长52%；实现经济增加值3.06亿元，同比增长83.7%；不良贷款率为0.029%。

截至年末，渤海银行北京分行共设有营业机构（含分行营业部）12家，报备开业社区支行9家；员工561人，其中合同制员工513人，派遣制员工48人。

业务结构调整 表内资产业务，着眼于对存量表内资产的规划和使用，积极寻找渠道转让存量资产，逐步退出一批综合收益较低的非主流客户，腾挪额度用于发放经营性物业贷款。金融市场业务，全年实现净收益 5 亿元，其中利差收入 3.95 亿元，中间业务收入 1.05 亿元。贸易融资业务，全年国际结算量 25.48 亿美元，供应链业务量 84.35 亿元，实现中间业务收入 4 026 万元，带动存款近 80 亿元，票据业务利息收入 2 650.73 万元。投资银行业务，完成发行私募债 1 笔，金额 6 亿元；发行超短期融资券 2 笔，金额 25 亿元。理财业务，累计销售理财产品 105.66 亿元，净增个人有效客户 8 834 户。个贷业务，累计发放贷款金额超过 21 亿元，年末个人贷款余额 40.3 亿元。电子银行业务，全年新增企业网银客户 724 户、个人网银客户 24 454 户、手机银行客户 21 476 户、网上支付客户 17 243 户、银行卡客户 29 441 户，年度预算完成率分别为 145%、116%、205%、164%、113%。开发银企直联客户 2 户，实现了零的突破。

经营模式转变 整合分行业务部门职能，成立浩瀚财富中心、个人贷款中心、网络银行中心、票据中心和中小微业务中心；建立销售团队，强化分行经营职能和支行售后服务职能，改变分行管理、支行经营的传统模式。实行经营单位、市场营销部门分级管理，按照存款规模和利润规模将全行各营业机构、市场营销部门分别划分为三个级层；每个级层内分设 3 档，以全口径存款规模与账面利润的贡献度作为划分标准；对各等级行、等级部门的管理岗位职数、负责人绩效工资系数、员工绩效工资系数设立差异指标。加强考核机制建设，完善考核办法，开发动态考核系统，以业绩积分为依据，对客户经理队伍进行常态化职级浮动调整。年内，132 人次客户经理获得晋级，对 105 人次业绩不达标的客户经理进行降级，19 人次业绩不达标的员工进入改进/培训期；合并营销团队 5 个。

绿色信贷 支持中小微企业发展，加大政策支持和资源投入。参与北京中关村科技园区管委会的“展翼计划”方案，增加中小微业务专营部门，制定《绿色信贷业务指导意见》，加大考核力度，从组织架构、职责分工、产品创新等方面加快支持绿色信贷业务发展，将有限的信贷资源向节能环保、污染防治、资源循环利用、建筑节能以及垃圾处理等环保领域倾斜。全年累计发放个人生产经营贷款 35 189万元，比上年增加 12 199 万元，绿色信贷业务较年初增长 10%，超额完成“两个不低于”的监管指标。

服务管理 成立服务管理工作领导小组，制定议事规则，明确工作职责，强化分行为支行服务、上级为下级服务、中后台为前台服务、前台为客户服务的理念。合理布局网点，完善服务工作基础设施建设，年内新开业支行 3 家，报备开业社区支行 9 家。北京商务中心区支行荣获北京市银行业文明规范服务百佳示范单位、北京市银行业特色服务示范单位称号。

社会公益 商务中心支行、望京支行参加“母爱 10 平方”公益活动，在银行内设立母乳喂养室，为客户以及处在哺乳期的女员工提供一个安全和私密的空间。按总行统一部署开展“您用网银、我帮捐树，渤海银行‘好 e 通’绿爱行动”，以捐资造林形式与首都绿化委员会办公室合作，在北京西山森林公园昌华景区建立“渤海银行纪念林”，捐种数量 4.5 万棵。

（张兵）

浙商银行股份有限公司北京分行

2013年末，浙商银行股份有限公司北京分行（以下简称浙商银行北京分行）总资产630.25亿元，比上年增加258.53亿元，增长69.55%。本外币各项存款余额360.23亿元，比上年增加40.11亿元，增长12.53%。本外币各项贷款余额161.50亿元，比上年增加40.22亿元，增长33.16%。实现利润10.78亿元，比上年减少0.33亿元，下降2.97%。不良贷款率为零，资产质量保持优良。

截至年末，浙商银行北京分行共设有营业机构（含分行营业部）5家，共有员工292人。

公司银行业务 以客户为中心，结合北京市场特点，立足优化业务结构，抓紧建设“流程银行”，努力打造综合金融服务平台，提升资产经营水平；着力开拓特色业务，探索供应链金融专业化服务经营模式。截至年末，累计开发汽车金融客户130多户，较年初新增80余户，汽车经销商存款突破30亿元，较年初新增11.02亿元；实现国际业务结算量14.53亿美元，比上年增长44.72%。拓展高端客户债务融资工具承销业务，已获注册未发行规模34亿元，累计完成发行80.6亿元，占全行发行债务融资工具总额的30%以上。

小企业业务 根据总行“专业化经营、近距离设点、高效率审批、多方式服务”的经营方针，引导小企业业务由“分散型”向“属地化”转变，初步完成小企业业务由“零售”向“批发”转型；成立第一家小微企业专营支行和第一家小微企业特色支行，建立小企业中台操作团队，专人办理抵押登记手续及核保，集中办理续授信，提升服务客户效率。截至年末，小企业贷款客户数1 049户，比年初增加377户；贷款余额28.24亿元，比年初增加7.04亿元，小企业贷款占全部贷款的比重从上年末的9.8%升至12.18%。其中，“福惠农”贷款余额1.75亿元，户数340户；“商位通”贷款余额0.6亿元，户数113户。不良贷款率为零，资产质量优良，达到监管部门要求的“两个不低于”的指标。

风险管控 从业务结构和风险程度入手，重点推动供应链金融及物业通业务管理，确保高收益项目风险可控。建立风险贷款专业化解机制，提前判断，为全行质量优良奠定基础。截至年末，本外币贷款余额158.7亿元，公司业务无欠息逾期，小企业业务完成预定目标，实现了安全营运和无“三防一保”案件。

（王乃勃）

北京银行股份有限公司

2013年末，北京银行股份有限公司（以下简称北京银行）资产总额13 368亿元，同比增长19%；实现净利润135亿元，同比增长15%；资本回报率18%；人均创利146万元。不良贷款率0.65%，拨备覆盖率385.91%。品牌价值150亿元，一级资本在全球千家大银行中排名第105位。全年在赈灾扶贫、文化教育、体育发展等领域，对外捐款共计1 486万元。

截至年末，北京银行分支机构总数267家，其中北京地区分支机构180家；在册员工9 193人。

公司业务 持续打造大中客户平台营销、小微客户批量营销模式，提升产品创新和交叉销售能力。债券承销、银团贷款、结构融资、并购融资等投资银行业务板块均衡发展。提升行业解决方案、客户化方案设计能力，推出“现金e通”、“网络链”方案，打造金融互联网财务管理和资讯支持等服务领先优势。推进惠民金融服务，与同仁医院等13家医院合作上线“京医通”，累计发卡69万张。支持科技金融、文化金融、绿色金融建设，科技金融客户数同比增长43%，文化金融客户数同比增长40%，绿色金融客户数同比增长77%。金融社保IC卡项目获得“国家金卡工程2013年度金蚂蚁奖”创新应用奖。

零售业务 加快零售业务转型，储蓄存款、个人贷款市场份额持续提高，储蓄存款占全行存款总额的比重升至20%。截至年末，个人贷款余额（不含信用卡业务）1 162亿元，比年初增加306亿元，增长36%；“短贷宝”产品余额273亿元，比年初增加76亿元，增长39%。零售客户数量1 075万户，年内增长115万户，其中VIP客户数增长25%；私人银行达标与潜力客户突破1万户，达标客户增长46%。信用卡发卡25万张，累计发卡164万张，年内新发行六款信用卡。发行和推广慈善信用卡——大爱卡，累计发卡量已超过78万张。全年，通过“大爱卡”的发卡及消费，共筹集善款159万元，累计捐赠善款已超过374万元。第五次荣膺《亚洲银行家》“中国最佳城市商业零售银行”称号。

金融市场业务 积极开展资金业务、同业业务和国际业务，业务发展势头良好。全年本外币投资规模2 598亿元，比年初增长18%。同业借款、票据转贴现、存放同业等传统业务规模稳步增长。年末，同业借款余额486亿元，同比增加179亿元；票据转贴现买入返售余额1 160亿元，同比增加360亿元；存放同业余额988亿元，同比增加441亿元。国际业务快速发展，全年实现国际业务结算规模550亿美元，同比增长34%；外汇存款增加58亿元，同比增长32%；国际类中间业务收入7亿元，同比增长17%。推出“国际金融通”环球金融服务品牌，打造进口金融通、出口金融通、全贸易链金融通、引资金融通、走出去金融通、跨境人民币金融通六大领域增值金融产品服务。

渠道建设 年内，新开业网点31家，绍兴支行升格为二级分行并筹建第一家同城支行。启动直销银行，加快电子渠道建设，零售网银客户、手机银行客户、企业网银客户数量同比分别增长31%、171%和28%。在北京地铁6号线、8号线和昌平线布放自助取款机（ATM）100台；新建自助银行73家，投放远程智能柜员机（VTM）5台，自助机具保有量突破1 500台，进一步提升全渠道的服务效能和营销效能。

风险管理 持续推进全面风险管理，完善总分支三级风险管理体系，建立“信贷六集中”管理机制，构建1.5道风险管理防线，实现嵌入式风险管理。增加风险预警提示频度，加大不良资产清收处置力度，强化内部审计监督，全面风险管理综合能力不断提升。年末不良贷款率为0.65%，拨备覆盖率达到385.91%，资产质量稳健可控。

科技信息建设 持续推进科技建设，顺义新数据中心建设项目完成概念设计方案竞标，第四代核心系统开发取得突破，数据仓库建设取得阶段性成效并应用于实践，第二代支付系统建设助力结算业务流程持续优化，打造“京彩生活”手机银行移动金融服务平台，拓展“新e代”网上银行产品，建立西安客服分中心，推出远程智能柜员机和电话银行“人工智能导航”服务，推进金融IC卡及具有金融功能的社会保障卡系统、京医通系统等项目建设，持续加强科技风险管理工作，全力保障信息系统安全稳定运行。

（王昕芳）

大连银行股份有限公司北京分行

2013年末，大连银行股份有限公司北京分行（以下简称大连银行北京分行）总资产187.22亿元，比上年增加23.53亿元，增长14.37%；一般性存款余额139.80亿元，比上年增加28.25亿元，增长25.32%；本外币贷款余额70.87亿元，比上年增加12.97亿元，增长22.40%。实现拨备前利润2.20亿元，不良贷款率保持为零。

截至年末，大连银行北京分行设有分行营业部和西城、海淀、经济技术开发区、丰台四家支行，共有员工201人。

公司业务 围绕北京地区科技创新和文化创意“双轮驱动”战略，及时调整经营策略，推出权利质押、动产质押产品，为科技、文化创意等轻资产类企业提供融资支持。拓展供应链金融产品层次，通过核心客户，深度介入链条内中小企业，设计个性化、精细化金融解决方案，满足企业融资需求。开展低资本消耗型业务，促进对公业务转型，逐步形成“以大客户为支撑、以中型客户谋发展、以小客户为根基”的经营格局。

小企业业务 将小微金融服务作为重要战略任务，按照“两圈一链”的经营策略，开展“绿色信贷”，服务实体经济。坚持经营创新、机制创新、产品创新、流程创新，促进小微企业业务健康发展。网点部署以小微企业密集度为主要参考指标，各家支行制订具有自身特色的小微企业业务发展方案；优化小微企业考核方案，从存量、增量、授信规模、户数等方面进行考核；针对小微企业特有的“短、频、急”及缺少抵押物的特点，研发“政金通”、“税金通”“小企业信用贷”等产品；设立小微企业金融服务中心，引进专业人才，提供“一站式”、“集约化”金融服务。全年累计发放小微企业贷款22.08亿元，比上年增长21%。

个人业务 初步实现以“细分客户群体、量身定制服务、实现资源集中、提升审批效率、构建专业化团队”的经营模式转型，推进零售业务架构改革，建立前、中、后台相分离，业务发展与风险管理相对独立的组织架构。推广特色金融服务，为中老年客户提供国债、保本货币基金等低风险产品，为中青年客户提供“月月赢”低风险债券型理财产品和互联网金融产品“日聚宝”，为贵宾客户推出专属借记卡，发行国内首款自主设计的高端银行卡。以支持首都实体经济、服务市民为发展方向，优化资源配置，推出“连馨贷”、“连营贷”、“信用贷”、“互保贷”等产品，为小微客户提供专业融资通道，树立服务小微企业主的专业化品牌形象。

同业业务 适时调整经营策略，逐渐回归传统业务模式，兼顾“合规与盈利”实现规模增长与效益增加的有效平衡；深化同业合作与交流，同业交易对手和授信范围扩大到银行、信托、券商、基金、资产管理公司、融资租赁公司等；探索中间业务创新，以中小企业私募债、资产证券化等业务为契机进行业务转型，逐步建立“稳中求变、创新求发展”的可持续发展模式。

内控及风险管理 建立案防工作联系点制度，加强构筑“三道防线”，不断完善覆盖信用、操作、流动等风险的全面风险管理体系。创新道德风险排查模式，开展形式多样的员工培训，加大业务风险排查力度，成功策划案件警示情景剧拍摄。落实监管要求，不断完善管理体系，强化管理激励机制，明确管理目标，细化合规管理方案，以“深植合规理念，倡导快乐合规”为主题，助推合规文化建设，开展高管谈合规、条线合规宣讲、合规头脑风暴讨论会、合规征文、合规承诺签名、拍摄合规宣传短片、建立合规角等活动，提高员工合规管理意识，强化合规执行力。

（李聪）

天津银行股份有限公司北京分行

2013年末，天津银行股份有限公司北京分行（以下简称天津银行北京分行）资产总额534亿元，比年初增加231亿元，增长76.24%。其中，各项贷款余额151亿元，比年初增加40亿元，增长36.04%；同业及投资类资产291亿元，比年初增加198亿元，增长212.9%。各项存款余额229亿元，比年初增加74亿元，增长47.74%，日均存款192亿元，比年初增加55亿元，增长40.15%。

截至年末，天津银行北京分行共设9个支行及分行营业部，共有人员344人。

业务结构多元化 负债结构多元化。年末同业存款291亿元，比年初增加153亿元，在负债结构中同业负债占比55%。

资产结构多元化。个人贷款异军突起，占新增贷款的一半以上，在改善贷款担保结构、客户结构的同时，提高了资产质量、综合收益水平；同业资产业务中，新增买入返售资产164亿元，占全行新增资产的71%，在未扩大风险资产占用的情况下，增加了业务收益。

产品结构多元化。围绕存款派生创新产品，开办人民币NRA账户质押、商票回购型保贴、信托资金监管等创新业务；积极探索投行业务，与主承销机构合作，参与承销企业债券；与信托、证券、基金等机构合作，参与结构性融资业务；以区域理财作为总行理财产品的有效补充，带动财富销售的增长。

信贷结构进一步优化。审慎应对经济转型带来的信用风险恶化的问题，采取稳健的授信政策，扩大抵质押类贷款占比，信用风险逐步纳入了良性、可控的发展轨道。

营销精细化管理 强化对营销工作的统一规划、统筹管理，建立全行一盘棋的营销理念。以业务经营预算为先导，形成了以授信政策为基础，公司、零售、同业等专业营销指引为导向的业务营销政策体系。公司条线从提升政策指引的可操作性入手，主动引导经营机构开展营销。分行先期规划市场，确定目标客户，配套主打产品；支行主动认领客户，实行团队分层营销，形成了围绕目标客户的常态化营销机制。零售条线建立属地化营销机制，引导支行立足长远培育客户。行销与坐销的有机结合，改变了零售业务一盘散沙式的松散格局，团队营销初见成效。建立过程化管理模式，各部门、各支行在分解预算的基础上，通过工作周报、每周例会等方式，强化工作调度、对员工业务能力、工作态度和团队合作的考核，增强团队的凝聚力。

队伍建设 坚持培养和引进相结合，大胆起用业务骨干，一年来先后有6名营销团队负责人走上了支行行长的岗位；通过外部招聘积极引进人才，先后引进2名支行行长、3名部门总经理。从抓团队凝聚力建设入手，逐步建立优胜劣汰的员工准入和退出机制，通过季度考核和强制排名，建立了对员工的主动管理机制。

（张晓荣）

杭州银行股份有限公司北京分行

2013年末，杭州银行股份有限公司北京分行（以下简称杭州银行北京分行）总资产382.23亿元，总负债375.56亿元，贷款余额141.19亿元，存款余额267.37亿元。全年累计实现营业收入9.92亿元，利润总额5.67亿元，分别比上年提高19.23%和10.10%。不良贷款余额0.22亿元，不良率0.16%，较上年下降5%，实现了不良额、不良率双降。

截至年末，杭州银行北京分行设有

11家支行，员工485人。

公司业务 实施面向高成长性企业的“起飞计划”、拟上市及上市（发债）企业的“卓越计划”和城镇一体化改造的“星火计划”，为客户提供综合化金融服务，提升企业核心竞争力，实现银企双赢。截至年末，对公存款余额235.58亿元，对公存款日均余额218.92亿元，较上年增加24.42亿元，公司信贷余额94.65亿元，较上年增加16.48亿元。

零售业务 实施社区营销对口联系人辅导、每月召开零售例会、各支行现场督导等措施，促进各支行转变营销方式，增强营销主动性，形成了全员营销的新模式，带动了个人客户数量、储蓄业务、理财销售等指标的增长。全年储蓄余额新增6.8亿元，理财新增30.2亿元，储蓄日均新增8.43亿元。年内筹备设立了第一个社区支行——次渠支行。

国际业务 围绕“上规模、增效益”的指导思想，借助“双赢计划”的费率、汇率、利率等优惠政策，加大营销力度，拓展了一批结算量较高且稳定的客户。全年完成国际结算量15.74亿美元，实现中间业务收入1 215万元；通过代付业务、“付利宝”与美元贷款等业务带来人民币存款25.67亿元。

投行同业业务 截至年末，资金同业业务发生额1 531.67亿元，同业负债日均122.4亿元，票据贴现业务35.24亿元，结构化融资业务规模46.2亿元，托管资金规模40.2亿元（不含股权私募基金托管及私募债监管）。

小微业务 以“两圈一链一型”为主要小企业目标客户群，实行单列信贷额度，重点满足500万元以下小微金融市场的融资需求。截至年末，小微信贷余额新增26.55亿元，涉及北京地区的石材、木材、汽配、眼镜、水产、服装等多个大型批发市场和外地在京商会。

科技金融 以中关村科技园区为业务辐射点，充分运用物理网点优势，组建专营团队，给予单独的扶持政策、单独的风险容忍度、单独的问责标准和单独的考核激励机制，通过新三板企业专属金融服务方案、“瞪羚诚信贷”等产品，服务首都科技型中小企业。举办“瞪羚诚信贷”新产品发布会，开发客户30户。截至年末，科技金融信贷客户增加140户，目前总备案客户300户，新增科技金融贷款5.19亿元。

（李永芳）

南京银行股份有限公司北京分行

2013年末，南京银行股份有限公司北京分行（以下简称南京银行北京分行）资产总额396.53亿元，比上年增加97.22亿元，增长32.49%；本外币各项贷款余额114.79亿元，比上年增加14.47亿元，增长14.42%；各项存款余额213.56亿元，比上年增加12.03亿元，增长5.97%。实现中间业务收入3 864.28万元，利润总额1.17亿元。资产质量保持稳定，不良贷款余额360万元。

截至年末，南京银行北京分行下设营业网点（含分行营业部）11家，在岗正式员工330人。

对公业务 截至年末，人民币对公存款时点余额167.39亿元，比上年增加0.61亿元；对公贷款余额（不含贴现）104.21亿元，比上年增加13.64亿元，其中短期贷款余额81.64亿元，占对公贷款余额的78.34%，比年初上升1.21个百分点。

小企业金融业务 截至年末，小微企业贷款余额15.85亿元（按人民银行小企业划分标准），占对公贷款的15.21%，比上年增加7.35亿元，增长86.47%。全年向高新技术小微企业发放贷款9.35亿元，向文化型小微企业发放贷款1.04亿元。

个人金融业务 截至年末，本外币储蓄余额21.15亿元，比上年增长24.41%；个人贷款余额8.21亿元，比上年增加4.35亿元，增长112.69%。全年发行理财产品185期，累计发行金额71.25亿元。11月15日，与途牛公司合作上线旅游保证金业务。截至年末，保证金发生额325万元，业务发生量33笔。

投行与同业业务 全年，发行债务融资工具项目15个，金额164.75亿元；办理结构化融资业务25项，金额79.2亿元。办理券商定向资管计划投资业务75笔，累计金额89.26亿元。

支付结算 2013年5月6日，联合中国金融电子化公司正式上线代理村镇银行支付清算系统，河南、广东、新疆等7家村镇银行加入该系统。截至年末，共代理村镇银行大额支付系统业务28 055笔，金额1 337.4亿元。

风险防控 全年共开展建筑行业客户、易贷类业务等6次风险排查，开展12次专项审计。

（党章）

盛京银行股份有限公司北京分行

2013年末，盛京银行股份有限公司北京分行（以下简称盛京银行北京分行）本外币各项资产合计892.32亿元，比上年增加298.90亿元，增长50.37%；本外币各项存款余额544.69亿元，比上年增加193.50亿元，增长55.10%；本外币各项贷款余额126.25亿元，比上年增加19.67亿元，增长18.46%。不良率保持为零。

截至年末，盛京银行北京分行设有支行（含分行营业部）4家，员工171人。

公司业务 严格遵循监管要求，强化风险防范和内控管理，促进分行战略转型。加大对小微企业、先进制造业、文化传媒、战略性新兴产业、服务业及“三农”的信贷支持力度，促进首都经济结构调整和产业升级。截至年末，存量贷款余额125.87亿元，比年初增加19.29亿元，增长18%。

同业业务 成立金融市场部，以客户多元化需求为出发点，强化业务渠道与平台建设，拓宽业务模式，提高资金配置效率，提升金融市场创盈能力。截至年末，金融市场业务总资产余额289.60亿元，其中存放同业余额237.50亿元，票据逆回购52.10亿元；金融市场业务负债余额

104.00 亿元。

国际业务 以本外币一体化营销为理念，通过区分客户群体，实行差别营销策略，提升传统业务市场占有率，拓展创新业务覆盖面，带动规模与收益双增长。截至年末，完成国际结算量 143 253 万美元，比上年增加 87 644 万美元；外币存款对公时点 6 270 万美元，比上年增加 1 670万美元。

小企业业务 设立“小微企业金融服务中心”，创新中小微企业贷款模式，推出“小微企业科技贷”、“小微企业商贸贷”，大力发展“商圈贷”，形成独具特色的中小微产业客户集群。全年共投放小微企业贷款 20 240 万元。

风险控制 组建分行内审队伍，完善内控体系建设，细化业务流程，防范业务风险。全年共组织各业务条线在内部控制、舆情核查、反洗钱、抵押物等方面开展近 10 次风险排查。举办政策法规系列培训活动 11 期。

优质服务 开展“金融服务进万家”活动，加大对中小企业和普通市民的服务力度。对残障病患客户在核实情况后采取上门延伸服务；为周边商铺免费提供残缺污损人民币兑换及零币兑换；走访周边社区，了解社区居民对特色服务的需求，在定期举办的社区活动中宣讲普及人民币及现代支付工具的相关知识，针对社区的老年人专门组织防诈骗常识及反假币知识等系列讲座。

（曾欣）

上海银行股份有限公司北京分行

2013 年末，上海银行股份有限公司北京分行（以下简称上海银行北京分行）总资产 922.21 亿元，比上年增加 70.54 亿元，增长 8.28%；本外币各项存款余额 239.38 亿元，比上年减少 42.78 亿元，下降 15.16%；本外币表内信贷业务余额 178.26 亿元，比上年增加 70.44 亿元，增长 65.34；实现中间业务收入 2.21 亿元，比上年增长 2.7 倍；实现利润总额 6.64 亿元，比上年增加 4.12 亿元，增长 163.5%；不良贷款率 0.06%，比上年下降 0.02 个百分点。

截至年末，上海银行北京分行共有营业网点 6 家；员工总数 238 人，其中在岗正式员工 230 人，外聘员工 8 人。

公司业务 竭诚服务央、市两级国资委企业，全力支持政府及大型机关事业单位，深化银政合作，推进区域经济发展；探索中小企业金融服务新模式，扶持中小企业发展；加大中间业务拓展力度，调整收入结构，提升盈利空间；深化客户合作，实现互利共赢，重点客户和重点项目营销取得新突破。截至年末，新增大型重点客户 10 多户，新增小企业客户 13 户，成功营销第一笔企业增信受益权投资业务——49 亿元龙凤项目，成为北京大学首家全面战略合作的城市商业银行。

零售业务 以公私联动为整体经营思路，通过搭建个贷业务合作平台、改善资产质量、落实网点转型、发行联名卡等实质性工作，提升零售专业服务能力。

投行业务 以客户为中心，以创新综合金融服务为核心竞争力，理财业务成为中间业务收入新的增长点，债务融资工具承销规模持续增长。截至年末，投行业务共实现中间业务收入10 320.96万元，比上年增长181.65%。其中，债务融资工具中间业务收入4 410.84万元，比上年增长24.23%，对公理财产品销售中间业务收入3 441.23万元，比上年增长29.21倍，财务顾问收入实现零的突破，创造中间业务收入2 468.89万元。

同业业务 以创新驱动、重点突破、持续发展为指导，以“资产利润双驱动”为主线，以同业存款、票据业务为重点，持续推动业绩提升。截至年末，同业存款日均471.59亿元，比上年增长133.46%，同业存款利润比上年增长99.14%；同业存出余额87.50亿元，比上年增长243.14%，同业存出利润比上年增长787.69%。受益权投资业务、转贴现业务实现零突破，受益权投资余额145.88亿元。

国际业务 以三年发展规划为引领，以提升专业化经营和精细化管理为目标，密切总分支、境内外联动，加大客户拓展，强化队伍建设，实现国际业务快速发展。截至年末，国际业务结算量24亿美元，比上年增长126%；中间业务收入5 800万元，比上年增长277%；外币日均存款2.5亿美元，比上年增长334%。

（吴玲瑗）

江苏银行股份有限公司北京分行

2013年末，江苏银行股份有限公司北京分行（以下简称江苏银行北京分行）资产总额658.13亿元，比年初增加62.76亿元，增长10.54%；其中各项贷款余额184.50亿元，比年初增加48.77亿元，增长35.93%。负债总额653.08亿元，比年初增加61.86亿元，增长10.46%；其中各项存款余额426.09亿元，比年初增加59.28亿元，增长16.16%。账面净利润50 557.59万元，同比增加9 051.41万元，增长21.81%，实现中间业务净收入19 451.49万元，同比增加8 778.24万元，增长52.24%。

截至年末，江苏银行北京分行设有15家支行，正式在册员工509人。

公司业务 公司业务快速发展，经营产品涵盖贷款、票据、保函、“现金宝”、应收账款保理、结构化融资、信托受益权等。支持中小型民营企业及混合经济体发展，与中关村管委会和市科委合作，为轻资产的科技型企业提供资金支持；与北京金融资产交易所合作推出担保类资产前置委托交易业务，将债权风险化解渠道前置到贷前，提高资金回收率，降低资产处置成本和周期。按照传统与创新业务结合、本外币业务联动、业务发展与合规管理并进的工作思路，稳步开拓存量客户、全力营销新客户，形成发散营销、联动营销的“特色模式”，不断刷新业绩。

零售业务 零售业务实现跨越式发展，各项业务产品不断创新。理财产品除“尊享”、“稳健”、“稳赢”等系列外，推出“天天金”开放式理财产品；个人贷款推出“抵押消费购”、“卡易贷”、

"及时贷"等消费类和信用类贷款产品；研发"组合贷"、"一担通"等小微企业信贷产品；银行卡推出信用卡大额现金分期、汽车分期等业务；上线微信银行、易信银行。与多家基金管理公司、保险公司、贵金属公司、房地产企业、融资担保公司开展合作，建立稳定的业务关系。

资金业务 充分利用首都地缘优势积极拓展同业市场，形成了贴现等传统资金业务与理财等中间业务并重的业务结构，资金业务创利逐年递增。截至年末，交易对手达200多家，遍布全国20多个省市。

国际业务 依托总行与2 000多家境内外银行机构的代理行关系以及自身与境内外同业机构建立的良好关系，业务网络辐射全球；创新产品，推动跨境人民币业务快速发展。全年累计实现跨境人民币业务量7.34亿元。

小企业贷款服务中心 落实总行"小快灵·个人经营贷"、"小快灵·网上贷"产品的宣传推广；整合信贷资源，拓展信贷产品营销渠道，引入首创融资担保有限公司等合作平台，推广"小微保"、"小额绿色通道"等业务品种，落实"一担通"业务的准入审批工作，增加恩义、瀚华等合作渠道；在总行"科技之星"贷款业务产品的设计框架下，结合北京科技领域的发展需求，全力打造"首都科技信用贷"等产品，并加以推广与营销，形成了金融支持科技的发展模式。

（许辉）

宁波银行股份有限公司北京分行

2013年末，宁波银行股份有限公司北京分行（以下简称宁波银行北京分行）资产总额222.47亿元，比上年增加85.00亿元。一般性存款余额107.53亿元，比上年增加8.30亿元，增长8.36%。贷款余额62.82亿元，比上年增加9.71亿元，增长18.28%，其中中小微企业贷款余额26.55亿元。

截至年末，宁波银行北京分行设有3家支行，员工总数255人。

公司业务 根据北京地区总部经济特征及政府机构众多的特点，积极拓展盈利渠道，有效利用各大板块重点特色业务产品，深化基础客户建设，促进盈利增长。打造专业营销团队，提升经营模式，实现公司业务的可持续发展。截至年末，对公存款余额95.25亿元，日均存款101.99亿元，比上年增加30.76亿元。

零售业务 重点开展信贷风险等级低的贷款业务；坚持网点特色化引导，一行一策，加速融入区域市场；提高客户调查的深度和准确性，优化业务流程，提高工作效率；坚持产品创新，加大对小微企业的支持力度。截至年末，零售条线存款余额4.01亿元，日均存款3.30亿元。

个人业务 倡导各网点特色化经营，走进区域市场、深耕网点周边，夯实客户基础。进一步优化营销体系，加强总分支行联动，提升管理、督导能力。完善基础团队，优化人员配置。截至年末，个人储蓄存款余额8.26亿元，理财产品销售29.22亿元，基础客户增长150%，高端客户增长228.72%。

国际业务 合理利用国际业务专项信贷额度，灵活运用优势产品，积极拓展批量获客渠道，逐步夯实客户基础。通过系统优化、流程完善和人员管理提升，提高服务支持水平。开展多样化重点客户活动，加大产品宣传推广力度。全年，实现国际结算量6.41亿美元，比上年增加3.15亿美元，增长96.63%；中间业务收入684万元，增长77.20%。

金融市场业务 坚持渠道营销、条线联动、资产业务带动，促使同业业务规模再上台阶。把握远期结售汇、结构性存款和黄金租赁业务等利润新增长点，有效拓展利润来源。将债券承分销和入池工作统一管理，抓信用债入池业务项目落地，提高收益。截至年末，人民币同业存款余额105.00亿元。

（沈承）

包商银行股份有限公司北京分行

2013年末，包商银行股份有限公司北京分行（以下简称包商银行北京分行）资产总额393.86亿元，各项存款时点余额160.38亿元，比年初增加46.10亿元；各项贷款时点余额33.72亿元，比年初增加15.41亿元；同业存款余额198.86亿元；实现净利润1.86亿元。

截至年末，包商银行北京分行共有3家支行，员工411人。

信贷业务 坚持服务首都经济、服务小微企业、服务首都市民的基本定位，在保持传统小微信贷单户分析技术优势的基础上，着力开发圈链批量业务。截至年末，累计发放100万元以下微小企业贷款5 227笔，金额19.63亿元；发放100万元以上小企业贷款338笔，金额13.28亿元；发放个人贷款236笔，金额4.73亿元。荣获中国中小企业家年会组委会颁发的“2013年度全国支持中小企业发展十佳商业银行奖”。

存款业务 全面树立以客户为中心的经营理念，加快网点区域布局、优化厅堂环境建设，丰富产品组合种类，提高柜面服务质量，以软实力提升带动存款业务增量。截至年末，个人客户储备量14 781户，储蓄余额12.57亿元；实现代理信托、基金、国债、定制型理财产品销量61.63亿元。

风险管理 建立风险合规日常沟通机制、零售风险管理联席会机制，畅通风险管理沟通渠道；制定风险预警操作指引，及时预警风险信号；针对圈链业务特点，细化项目授信方案，优化完善审批、放款作业流程，提高审批效率；加强对逾期及不良贷款的责任认定，强化督促催收力度；开展高频度内控检查；建立培训体系，提高风险经理和审批人员的专业水平；落实案件防范责任制，加强对案件多发环节的预防和检查力度，确保全年无重大安全事故和风险事件。

（李林凤）

北京农村商业银行股份有限公司

2013年末，北京农村商业银行股份有限公司（以下简称北京农商银行）资产总额4 654.78亿元，比上年增长9.78%；全年实现拨备前利润57.73亿元，比上年增长4.8%；资本充足率11.28%，核心一级资本充足率8.34%，拨备覆盖率241.93%。在2013年英国《银行家》杂志发布的排名中，北京农商银行按照一级资本位列第285位，比上年上升了21位。在国内同业中，北京农商银行一级资本位列第27位，资产规模排名第20位。

截至年末，北京农商银行共有管辖支行26家，机构网点694家；从业人员8 423人，其中在岗合同制员工7 758人、派遣制员工665人。

贷款业务 截至年末，人民币贷款余额2 351亿元，同比增加332.24亿元，增长16.46%；其中人民币一般贷款余额1 877.39亿元，同比增加208.51亿元，增长12.49%。

负债业务 截至年末，人民币存款余额3 762.35亿元，同比增加220.7亿元，增长6.23%。其中，人民币储蓄存款余额1 945.12亿元，同比增加140.77亿元，增长7.8%；人民币对公存款余额1 817.22亿元，同比增加79.93亿元，增长4.6%。

中间业务 截至年末，实现中间业务收入近8亿元。其中，实现银行卡有效消费额448.3亿元，手续费收入2.96亿元；理财产品实现个金中间业务收入0.96亿元；资金营运实现中间业务收入1.19亿元，同比增长39%；电子银行业务实现中间业务收入9 118.4万元，同比增长19.7%，柜面替代率达到73.51%，同比提高4.03个百分点；累计办理结算和贸易融资业务32.7亿美元，同比增长58.3%，实现外汇中间业务收入3 153万元，同比增长24.3%；比照同业规范调整结算中间业务收费项目和标准，实现结算中间业务收入1.2亿元，同比增长30.4%；实现实物贵金属销售1 322.78公斤，机构业务条线中间业务收入3 433.1万元，同比增长22.4%。

改革创新 深化分支机构改革，实施网点支行机构层级和网点负责人岗位等级评定、调整工作，建立有升有降的机构层级动态升降机制。推动公私业务、本外币业务一体化的“大会计”运行模式，完成账务核算和清算架构体系调整工作，推进业务流程二期梳理，“集约化生产平台”初步建成。成立持牌社区银行，探索传统渠道建设的新模式。积极应对互联网金融，开通微信营销宣传渠道，加大电子渠道拓展和功能完善。发行全功能信用卡，取得丰台区、大兴区国库集中支付代理银行、社保基金电子征缴、怀柔区居民健康卡等业务资格，获批开办外汇买卖、买卖外币有价证券等业务资质，布放全国首台个人信用报告自助服务机，金融服务功能进一步拓展。

服务“三农” 积极跟进首都城镇化建设和现代农业发展，推出资产量化、农村集体产业贷款、棚户区改造贷款等产品，大力拓展涉农重点客户上下游企业。全年累计投放涉农贷款459亿元，年末余额591.84亿元，同比增加87.91亿元，增长17.44%，达到涉农贷款“一个不低于”的监管要求。

服务小微企业 推动小微企业信贷业务支行审批试点，研发“药商通”、“文化保险贷”、“惠商宝”等产品。截至年末，小微企业贷款余额306.4亿元，同比增加108.49亿元，增长54.82%，高于全行各项贷款平均增速38.36个百分点，超额完成小微企业贷款“两个不低于”的监管要求。

风险防控 成立信贷管理部、内控合规部，调整优化风险管理部、审计稽核部职能，推进全面风险管理组织运行及制度建设，夯实全面风险管理基础。积极推进新资本协议实施准备工作，加大行业信贷风险管理和集中度管理，组织完成70份信贷类格式合同修订，加强对重点领域的监控和检查，提高信贷管理精细化程度。强化流动性风险、操作风险、利率风险、市场风险、信息科技风险、声誉风险和法律风险的防范，全行经营管理平稳有序。

社会责任 发布《北京农商银行中长期发展战略规划（2013～2017年）》，制定支持低碳、循环经济的绿色信贷战略。组织开展“金融知识进万家”、“小微企业金融服务宣传月”、“普及金融知识万里行”、“消费者权益保护”、“关爱特殊群体客户”等宣教活动，累计进社区734次、进乡村401次，进企业、集市、工地、学校221次，其他活动838次，累计发放宣传资料83.2万份，受众达151.7万人。针对特殊群体的实际困难，将合规经营与人性化服务相结合，为行动不便、智力残障等人士和部分边远郊区交通不便的客户提供密码重置、挂失等上门服务。

（郑海峰）

北京延庆村镇银行股份有限公司

2013年末，北京延庆村镇银行股份有限公司（以下简称延庆村镇银行）资产总额6 6314.34万元，比上年增加19 250.52万元，增长40.9%。负债总额60 990.07万元，比上年增加18 454.14万元，增长43.38%。实现营业收入2 590.58万元，比上年增加434.88万元，增长20.17%。实现利润总额1 240.93万元，比上年增加214.3万元，增长20.87%。所有者权益5 324.27万元，比上年增加796.38万元，增长17.59%。贷款余额31 980.75万元，比上年增加6 960.77万元，增长27.82%，无不良贷款，不良率为零。

截至年末，延庆村镇银行共有员工26人。

资产业务 确立“立足延庆，服务三农，小微企业，服务百姓”的市场定位，着重选择节能减排、绿色环保、休闲旅游、新能源、再生能源、新农村建设、种植业、养殖业等项目提供信贷支持；加大对个人抵押贷款等低风险贷款的投放力度，满足农户生产经营及消费资金需求，扩大贷款规模，分散贷款风险。自开业以来累计发放贷款 1 861 笔、90 680 万元，全部为涉农贷款，平均每年发放 372.2 笔。截至年末，共有贷款 579 笔，余额 31 980.75 万元；现金及存放中央银行款项 8 777.01 万元，比上年增加 1 984.79 万元，增长 29.13%；存放同业款项 25 620.24万元，比上年增加 10 644.24 万元，增长 71.08%。

负债业务 截至年末，存款余额 52 437.98万元，比上年增加 12 526.65 万元，增长 31.39%。同业存放款项 7 830.52万元，比上年增加 5 714.48 万元，增长 270.06%。

风险控制 建立信贷资产管理制度，强化风险意识、责任意识。持续对流动性比例、核心负债依存度、超额备付金率、存贷款比例、最大十户存款比例等进行监测；制订流动性风险应急方案，明确资金来源及处置措施。建立以股东代表大会、董事会、监事会、高级管理层为主体的公司治理组织架构，明确分工，分权制衡；规范授权管理，根据岗位性质、业务经营水平和风险管理能力授予不同的权限；全员签订《北京延庆村镇银行合规经营责任书》，最大限度地控制各种风险的发生；加强员工培训，提高自觉防范和控制操作风险的能力。

（张帆）

北京密云汇丰村镇银行有限责任公司

2013 年末，北京密云汇丰村镇银行有限责任公司（以下简称密云汇丰村镇银行）存款余额 13 029.93 万元，较上年同期增加 2 073.21 万元，增长 18.92%。贷款余额 11 038.67 万元，较上年同期增加 1 773.66 万元，增长 19.14%。核心一级资本充足率和一级资本充足率均为 32.39%，资本充足率为 33.50%。连续五年保持无重大差错事故和违规案件。

截至年末，密云汇丰村镇银行在职员工 34 人。

新增业务 2013 年 1 月，密云汇丰村镇银行推出保函业务，帮助本地企业“走出去”，在扩大业务范围，完善金融服务职能的同时，提升了密云汇丰村镇银行的品牌形象。

服务“三农” 开展“送贷下乡”、“金融知识进万家”、反假货币宣传等活动，联合密云县电视台和密云县农业合作社服务中心录制贷款支持农户发展专题片。全年累计发放涉农贷款 18 134 万元。

社会责任 开展为期 3 年的“汇丰村镇银行学生成长计划”项目，每年资助密云地区两所学校的 30 个优秀贫困高中生完成学业并定期为密云 2 个中学普及金融行业知识；开展“汇丰敬老计划”项目，定期慰问福利院的老人，捐赠电脑设备、过冬棉服等物品；每年为员工设立 2 天志愿者假期，鼓励员工参与社区服务和建设，为新农村和谐社会作出点滴贡献。

（高爽）

中国邮政储蓄银行股份有限公司北京分行

2013 年末，中国邮政储蓄银行股份有限公司北京分行（以下简称邮储银行北京分行）资产总额 1 846 亿元，比上年增加 303 亿元，增长 20%；贷款余额 300 亿元，比上年增加 115 亿元，增长 62 %。负债总额 1 840 亿元，存款余额 1 783 亿元。

截至年末，邮储银行北京分行下设支行及代理网点共 550 个，其中一级支行（区县局支行）16 个；员工总计 3 529 人。

零售负债业务 截至年末，个人储蓄存款余额 463.6 亿元，比上年增加 38.4 亿元，北京邮政金融个人储蓄存款余额 1 212亿元，市场占有率 5.26%；信用卡累计发卡近 2 万张。零售客户总量 1 332 万户，资产管理规模 1 299 亿元，客户结构进一步优化，VIP 客户数量 70.2 万户，资产规模占比 72.8%。推出通州区居民健康卡，采集客户信息 28 万余条，开立医院专用账户 26 户；地铁商圈卡项目开发取得突破，累积发卡 1.7 万张，为开发青年消费客户群体提供了载体。

公司金融业务 截至年末，公司存款余额 567 亿元，公司贷款余额 99.3 亿元，票据贴现 57.78 亿元。加强与总部型、集团型客户合作，与中国石化、中国电信、中国联通、国家电网等企业建立合作关系，重点项目营销取得实质性突破，与中国石化签署授信协议，发放贷款 25 亿元。稳步推进政务类业务开展，与北京市土储中心签署战略合作协议，授信金额 23 亿元，存款余额超过 8 亿元；与国管中心合作住房公积金贴息贷款业务，受理贴息贷款 1 157 笔，累计金额 9.3 亿元。

零售信贷业务 截至年末，共发放零售贷款 128 亿元，同比增长 68%，零售信贷余额 164 亿元，同比增长 69%，资产质量优良。其中，个人零售贷款（小额和消费类）发放 52.6 亿元，同比增加 39.5 亿元；小企业贷款（含个商）发放 75.3 亿元，同比增加 25.7 亿元；积极推进“两小”战略，调整结构，优化流程，打造小额贷款核心营业部及核心信贷员团队，拓展与中小企业的合作平台，开展“六大市场”营销活动，推进特色支行建设，创新产品，促进业务发展。

金融同业业务 积极拓展市场，实现跨越式发展，创效能力进一步提高。拓宽同业合作平台和领域，票据转贴现业务交易量 517 笔，累计金额 3 118.34 亿元，办理存放同业业务 1 348.45 亿元；非标债权业务实现零的突破，累计办理受益权受让业务 77.7 亿元；办理银保协议存款业务，交易金额共计 6.9 亿元。与多家券商开展合作，券商定向资管计划净增 162.61 亿元，托管业务规模 220.33 亿元；与信托公司合作开展信托保管业务，信托计划净增 9.23 亿元。

国际业务 截至年末，个人外汇存款余额 2 500 万美元；公司外汇结算量 8.24 亿美元；外汇贷款及贸易融资超过 2 亿美元；全年买入国内信用证项下福费廷业务 27 笔，金额 10.57 亿元。

渠道建设 截至年末，拥有网点 550

个，自助银行148家，ATM1 709台；网上银行、电话银行、手机银行、电视银行服务功能不断完善，电子银行客户数量256万户，同比增长97%，交易量和交易金额分别同比增长69.2%、120%，其中电视银行注册用户67万户。东区十里河支行、西区新华里支行、海淀紫竹院路支行荣获2013年度北京市银行业文明规范服务百家示范单位；东区垡头支行荣获2013年度北京市银行业特色服务示范单位。

风险及内控管理 持续推进全面风险管理体系建设，充分发挥“三道防线”作用，开展业务制度及风险点梳理，强化流程控制，促进可持续发展能力的提升。强化资产质量管控，加强资产保全，开展不良清收工作，加快推进呆账核销，年末信贷资产不良率0.1%，拨备覆盖率1 370%。加强合规制度建设，对全行六大业务模块170余项业务制度进行梳理，新出台制度40余项，增加风险点控制措施，完善授权管理，开展机构及关键岗位人员职责梳理，切实有效防范各类风险。开展“合规大讨论”活动，推进“一把手”合规讲座，在全行营造合规文化氛围。

机构改革 按照“前中后台分离、支持业务发展、加强风险管控”的原则，顺利完成分支行机构改革。分行机关由原来的32个部门调整为26个部门，机关人员减少24%；组建直属单位运营管理中心，增强中后台业务集中处理和服务支撑能力；一级支行内设部门由原来的94个部门调整为52个部门，机构压缩44.6%，管理岗人员由160人减少到130人，精减18.7%，盘活人员充实到营销岗位，提高支行网点的创效能力。

流程银行建设 按照分行“强管控、强支撑”、支行“重经营、重服务”的要求，持续推进扁平化管理，改革组织架构，优化业务流程，创新管理模式，全面打造流程银行，实现公司结算业务处理、公司授信业务放款审核、个金业务授权、现金管理、信贷业务审批、信息科技支撑在分行的集中处理。

深入践行群众路线 深入开展党的群众路线教育实践活动，加强理论学习，增强宗旨意识和群众观念，分行党委班子成员通过联系点制度，下基层听取一线员工意见；开展机关干部“挂行蹲点”活动，分行机关75名助理以上干部与129个网点结对子，通过岗位体验、深入市场，切实了解一线实情，掌握员工和客户需求，解决基层实际困难300余个；推进员工关爱常态化，因地制宜推进小家建设；开立帮扶救助基金专户，逐步形成员工帮扶工作长效机制。

（程凯宁）

中国华融资产管理股份有限公司北京市分公司

2013年，中国华融资产管理股份有限公司北京市分公司（以下简称中国华融北京市分公司）实现营业收入180 104万元，实现利润121 235万元，完成公司下达的全年确保利润计划的154.44%。

业务发展 加大市场拓展力度，全年新增投放资产管理类项目25个，实现收入33 208万元，占资产管理业务收入的37.40%。以北京首钢新钢有限责任公司为突破口，努力推进其他债转股企业处置，实现债转股转让收入82 247万元。与华融国际信托有限责任公司等单位联合开展财务性投资业务，进一步拓宽盈利渠道。

风险管理 建立项目预审会制，加强前期审查，增强风险预警能力，从源头上发现风险。成立法律事务部，对项目进行独立的法律尽职调查，认真核实收购资产数据、合同、协议、抵质押物权属证明文件、涉诉法律文书及其他相关材料的合法性、真实性和有效性。明确专人进行项目后续检查工作，并出具风险提示报告。建立风险化解工作小组负责制，组织业务部门、法律部门、风险控制部门成立项目风险化解小组，综合运用法律及其他手段加快项目的处置。

（陈慧恩）

中国长城资产管理公司北京办事处

2013年，中国长城资产管理公司北京办事处实现拨备前考核利润32 573万元，完成确保目标3.1亿元的105%。

经营管理 以适应商业化转型为要求，从组织结构、权限划分、控制体系三个方面进行调整，通过有效计划、加强监督、合理控制及考核激励等措施进一步加强内部管理，逐步构建科学有效的管理模式。下发《商业化项目操作流程及节点控制》，明确各环节具体业务操作流程及相关操作标准，加强对项目全过程的风险控制。对商业化运作的每一个项目，实行与项目负责人签署项目监管责任状，要求项目组对所监管项目实行全程责任制。加强与银行、信托、基金以及证券的创新业务合作模式，加大拓展业务力度，扩大项目资源。

（侯玉荣）

中国东方资产管理公司北京办事处

2013年，中国东方资产管理公司北京办事处（以下简称东方资产北京办事处）实现新商业化考核利润30 430.00万元，比上年增加15 863.30万元，增长84%，完成公司下达任务指标的104.79%。实现建设银行可疑类不良资产收现4 977.42万元，比上年减少3 760.84万元，下降43.04%，完成全年任务指标的124%。实现中国银行政策性不良资产收现6 525.32万元，比上年增加4 242.41万元，增长185.83%。实现中国银行损失类不良资产收现1 700万元，因存量资产减少，故比上年减少1 760.54万元，下降50.88%。

截至年末，东方资产北京办事处共有员工35人，其中正式员工32人，外聘人员3人。

商业化业务 全年实施新商业化业务项目14个，总规模48.13亿元，实现利润24 958.68万元，比上年增加7 819.26万元，增长46%，占全年利润的77%。大力开展资产管理业务，实现了以资产管理业务为主，其他业务模式并存的格局。全年共落地资产管理项目7个，自有资金投入16.16亿元，吸引其他机构资金80.24亿元。

资产处置业务 根据总体工作需要，将政策类、可疑类、损失类剩余资产集中管理，创新处置思路，抓住处置时机，取得了良好的工作成果。

股权管理业务 对于政策性债转股项目，抓住退出时机，力求实现与大股东同等价格退出。全年实现政策性债转股股权退出2户，收到股权转让款3 430.38万元。

（曾宇翔）

中国信达资产管理股份有限公司北京市分公司

2013年，中国信达资产管理股份有限公司北京市分公司（以下简称中国信达北京市分公司）全口径现金回收32.05亿元，实现会计账面利润9.41亿元，新增收购不良资产成本66.12亿元，中间业务收入2 161万元。

截至年末，中国信达北京市分公司正式员工51人。

市场业务开拓 全年完成市场业务项目18个，投放资金66.12亿元。其中，基金类项目3个，涉及资金38.5亿元；固定收益类收购项目13个，涉及资金25.99亿元；非固定收益类银行不良资产收购项目2个，涉及资金1.63亿元。与8家机构签署战略合作协议，战略合作客户累计达到20家；接触并培育市场化项目330余个，为市场业务深入开展积累了客户资源。

存量和既有增量业务 全年完成存量和既有增量业务项目20个，涉及债权金额140亿元，实现现金回收32.05亿元。加大招商力度，规范处置流程，重点突破实物资产，全年实现7项实物资产成功处置；成立重大项目组，全力攻坚五大疑难项目，2户成功处置，3户实现突破；加强走访、调研，帮助持股企业进行品牌打造、产业链整合，维护股权资产价值，全力推动持股企业上市进程；加强前后台部门联动，集中力量清理小散差项目，协议转让1 093户债权资产包，加快回现进度、缩短管理半径。

机构改革 调整内设机构，分设前台、中台、后台，人员向前台倾斜、政策向前台倾斜；进行中后台工作流程再造，梳理工作环节，明确时间节点，强化服务意识；引入专家咨询委员会运营模式，强化项目前期的尽职调查，参考专家意见，把握项目关键；专设后续管理项目组，跟踪项目实时动态，管理项目后期运作，逐步实现项目的全流程风险控制。

项目后续管理 加强基础管理，坚持现场走访与非现场查阅方式结合，实时了解项目动态；定期收集完善债务人信息，建立项目管理台账，完善尽职调查系统；坚持专人负责，分类管理，针对重大项目、涉诉项目、基金项目探索差异化管理模式，一事一策提高针对性，成功化解遗留风险项目，全年无风险暴露项目。

（武春杰）

北京国际信托有限公司

2013年，北京国际信托有限公司（以下简称北京信托）实现收入总额15.2亿元，实现净利润8.2亿元；固有资产总额42.16亿元，负债总额3.22亿元，不良资产率为零。年末受托管理信托资产规模1 205.24亿元，存续项目244个。年内累计向信托受益人分配收益76.09亿元。各项监管指标继续全面达标，信托赔偿准备金足额提取，达到注册资本金的23.6%。

服务农村经济 联合北京市农村经济研究中心、门头沟区政府，将该区11个村镇的集体资产纳入信托化经营管理，设立富民2号集合资金信托计划，受托管理资金7.2亿元。与怀柔区政府合作的富民3号信托计划也进入实施阶段。富民系列信托为农村村集体和获得拆迁补偿款的农民提供了专门的定向理财服务。

中小企业金融服务 发挥自身在中关村科技金融创新联盟中的重要作用，不断扩大与北京市政府有关部门、中关村管委会、担保公司及多家银行的密切合作，共同扶持中小企业发展，年内为中小企业融资15.82亿元，存续信托项目总计21个。截至年末，已累计发行了56个中小企业系列信托产品，累计为428家次中小企业提供融资，信托融资总规模达50亿元。参与天津北辰区金融办举办的中小企业金融服务超市服务平台，并设常住席位。

支持节能环保 重点开发了以合同能源管理和新能源新产业的高科技工业项目，发行了首个投资EMC合同收益权信托计划，并在运行中获取了用能业主支付的收益。

资产证券化业务 与国家开发银行合作，以该行信贷资产证券化为突破口，推出首单资产证券化业务。以汉口银行、北京银行、华夏银行、渤海银行分别作为发起机构、北京信托作为受托机构的信贷资产证券化项目正式上报中国银监会。与北京北辰集团合作，以其经营性物业为标的，设计推出基础资产证券化方案。

业务创新 发布《中国土地信托流转实证研究报告》等系列研究成果并付诸业务实践。在江苏无锡阳山、镇江句容、安徽铜陵推出集约土地流转信托项目。配合土地集约经营跟进投融资服务，构建“财产权信托”和“资金信托”平行推进的“双信托结构”。与北京银行合作开展“家族信托”业务，提供家族财富管理信托服务，并于年内设立了第一单家族信托。推出首单现金聚利信托产品，为满足客户短期理财需求提供了途径和平台。以湛江养老社区项目为突破，针对养老项目的长周期特点，引入保险资金合作，启动了大型养老社区投资建设项目。

公益慈善 2013年4月20日，四川雅安发生强烈地震后的第四天，北京信托将捐赠的价值100万元的棉被送到震中芦山县灾民手中。8月28日，北京信托向北京市慈善协会捐赠《学生安全预防与自救》科普图书1万册，书款15.6万元。

（王连顺）

中国银联股份有限公司北京分公司

2013年，中国银联股份有限公司北京分公司（以下简称北京银联）着力加强银联品牌宣传和发卡力度，提升银联标准卡及高端卡交易占比和活卡市场份额，积极推动互联网、手机支付等创新业务的发展，加强对第三方收单机构的引导和服务，进一步规范、优化受理市场，加大网络营销力度，强化银行卡风险管理，持续做好技术服务和支持工作，促进北京地区银行卡产业健康发展。

截至年末，北京地区联网商户361 800户，比上年增长27.8%；POS机具469 000台，比上年增长10.77%；ATM机具21 000台，比上年增长14.15%。已经开展的业务种类有：银行卡跨行交易转接和资金清算服务；ATM和网上跨行转账业务；便民售电、燃气费、电话费、手机费等公共支付服务；银联卡跨境使用服务；柜面通（含柜面理财POS）；互联网支付、手机支付、固话支付、语音支付、电视支付等；财税库银、代收代付、分期付款、信用卡还款；银联标准卡特惠商户服务及持卡人服务；助农取款、农民工银行卡特色服务。

截至年末，北京银联设有市场拓展部、创新推广部、机构服务部、业务技术部和综合管理部5个部门，在岗职工38人。

一、加大银标信用卡及IC卡的发卡力度，提升发卡规模和质量

2013年，北京银联采取与17家主要发卡行签署年度发卡合作协议、开展“2013年银联标准信用卡推广发行评比活动”、推动总公司卡产品在北京落地推广、加强对发卡银行和信用卡直销团队的激励、组织开展62银联信用卡的个性化营销等措施推动银联标准卡的发行。截至年末，北京地区累计发行银联标准卡约1.25亿张，累计发行银联IC卡2 091.77万张。

为满足中国人日益增长的境外商务、旅游、学习的用卡需要，以及把境内商业银行的服务通过银联网络延伸到境外，中国银联积极展开国际受理网络建设。截至年末，银联卡可以在中国香港、中国澳门、中国台湾、新加坡、马来西亚、泰国、菲律宾、越南、柬埔寨、韩国、澳大利亚、新西兰、哈萨克斯坦、印度尼西亚、蒙古、法国、德国、比利时、卢森堡、土耳其、俄罗斯、瑞士、奥地利、丹麦、列支敦士登、日本、美国、荷兰、意大利、埃及、南非、埃塞俄比亚、匈牙利、安哥拉、苏里南、保加利亚、古巴等142个国家和地区开通受理，在超过30个国家和地区发行了银联卡。

二、加强受理市场建设，推进IC卡受理商圈建设和行业应用

协调专业化服务公司开展银联钱包、

高端卡、旅游卡商圈建设。截至年末，北京地区共拓展银联钱包商户813家；开展威斯汀酒店大堂吧、水疗中心62折活动；拓展潭柘寺、王府井、后海、世贸天阶等景区周边200户旅游卡特惠商户，推进旅游卡商圈建设。实现北京园博会酒店、台湾馆、特许商品经营等指定区域的IC卡受理，在4个指定入口购票处布放POS机具，支持IC卡受理。完成日上免税行等商户250余台POS终端的非接改造，推进餐饮类、商贸类商户非接商圈建设。协调推动北京银联商务公司完成“三通”工程平台改造，年内完成2 000余台缴费终端的非接受理改造。按月开展批发市场电话终端调查、收单市场业务专项检查、“4+6”商圈检查等工作，加快推进IC卡受理环境建设。

三、规范银行卡受理市场，营造和谐共赢的市场环境

推进银行卡受理市场秩序专项整治工作，进一步加大违规约束整改力度；优化系统侦测模型，不断增强系统侦测的准确性；针对银行卡刷卡违规形式的变化，研究出台规范措施。全年，累计核查各类疑似违规商户2万余户，累计发现并推动整改异地收单分流商户1万余户，对28家收单机构的1 717户违规商户采取了追偿性清算。

四、完成刷卡手续费调整工作

2013年2月25日前，完成辖内28.09万户商户以及对应41.79万台POS终端的协议换签工作；协调市发改委、市金融局、人行营业管理部等部门，率先完成水、电、气、热等公共事业缴费的手续费调整工作；配合人行营业管理部在2～3月对北京地区商户换签情况进行现场检测，确保政策执行到位。

五、大力发展互联网支付、手机支付等创新业务

通过沟通和协调，确立银联直联模式作为北京烟草网上订购的连接模式，推介迷你付支付解决方案，推动北京烟草网上订货项目于12月1日上线试点推广。在市金融局指导下，拟订15万小微商户建设方案，抓好具体工作落实，推进小微商户折子工程建设。推动建设银行、农业银行、交通银行、民生银行的北京分行开展银联互联网收单业务；协同总公司互联网部通过开展营销活动促进京东商城、去哪网、亚马逊等电商交易量提升，北京银联荣获总公司“2013年度互联网业务杰出贡献奖”。加强与手机支付专业化公司合作，推动去哪网、美团网、聚美优品等电商手机支付业务增长。

六、加强与非金融支付机构的合作，扩大银联跨行交易量

推动14家获牌非金融支付机构加入北京市银行卡市场协调委员会；成立机构服务部，通过加强沟通联络、推动机构入网、引导业务落地、开展联合营销、组织培训、督促业务规范等手段，推进与非金融支付机构的合作；总分联动，引导重点第三方支付机构加入银联网络。

七、开展用卡营销活动，提升银联品牌形象

2012年10月至2013年3月，北京银联协办2012年北京市刷卡促消费活动。2012年10～12月，北京地区剔除房地产、批发类交易的POS跨行刷卡交易金额同比增长65%。积极做好联合营销活动的奖项发放、资金划拨、未兑出奖项的统计核对和资金结算工作，圆满完成2012年北京市刷卡促消费活动收尾工作。与多家商业银行联合开展各种个性化营销活动，提高银联信用卡交易质量。全年，北京地区银联标准信用卡活卡占比40.97%，比上年提高6.73个百分点；银联标准信用卡的跨行交易金额占比34.28%，比上年提高6.85个百分点。认真做好银行卡风险管理、业务规则宣传贯彻、技术服务与支持等工作，促进北京地区银行卡业务的持续健康发展。

（李涌）

北京高华证券有限责任公司

2013年末，北京高华证券有限责任公司（以下简称高华证券）总资产42.19亿元，比上年增长1%；总负债24.54亿元；所有者权益17.66亿元，比上年增长4%；实现净利润0.74亿元。在中国证监会组织的证券公司分类评价中获评A类AA级。

截至年末，高华证券设有3家证券营业部、3家子公司，共有员工182人。

经纪业务 机构经纪业务收入主要来源于共同基金、QFII和股票资本市场。共同基金业务总体保持稳定，服务覆盖主要共同基金和保险公司；QFII客户数目增长100%，持有资产市值规模约235亿元。私人财富管理业务，根据客户的特定风险承受能力和投资目标，制定个性化的投资策略，推介金融产品，提供全方位的财富管理服务。

自营业务 利用自有资金投资于股票、债券及期货等市场。年内，在债券市场和股票市场均取得正收益；股票自营加入量化交易，计入持仓成本后整体实现10%～11%的回报率。

资产管理业务 截至年末，集合资产管理计划和定向资产管理计划的资金总规模为20.51亿元，业务净收入比上年增长22%。

东兴证券股份有限公司

2013年末，东兴证券股份有限公司（以下简称东兴证券）资产总额216.76亿元，净资产60.53亿元，剔除客户资产负债后，资产总额163.94亿元，负债103.41亿元，资产负债率63.08%。全年实现营业收入20.34亿元，净利润6.68亿元。在中国证监会组织的证券公司分类评价中获评A类A级。

截至年末，东兴证券设有48家证券营业部、3家分公司、3家子公司，共有员工2 171人。

证券经纪业务 截至年末，东兴证券沪、深市开户数分别为86.14万户、85.33万户，分别占两市开户总数的0.98%、0.98%。全年实现代理买卖证券业务手续费净收入7.41亿元，同比增长54.33%。

投资银行业务 年内完成6单债券及1单股票再融资主承销项目，证券承销金额75.66亿元，证券承销业务收入4 424.38万元。2013年2月，东兴证券取得全国中小企业股份转让系统主办券商资格，并推荐3家企业在全国中小企业股份转让系统挂牌。

资产管理业务 积极拓展创新资产管理业务（将受托资产投资于股票、债券以外的其他资产），受托资产管理业务规模持续增长。截至年末，资产管理业务的合规受托资金353.02亿元，同比增长268.32%；实现受托客户资产管理业务净收入1.10亿元，同比增长94.76%。

自营业务 全年自营业务投资收益5.11亿元，占公司营业收入的25.13%。其中，通过处置前期认购的定向增发股票及短期二级市场波动操作取得3亿元权益投资收益；受下半年市场资金面偏紧、利率上行的不利因素影响，信用债实现投资收益1.76亿元，较上年有所下降。

另类投资业务 2012年2月，东兴证券设立全资子公司——东兴证券投资有限公司（以下简称东兴投资），注册资本3亿元。东兴投资的另类投资业务以主动投资管理为主，通过投资于信托计划、资产管理计划、有限合伙企业权益等产品为企业提供融资类服务，并收取投资收益、财务顾问费等。截至年末，东兴投资通过金融产品再销售累计取得的资金为56.70亿元。

融资融券业务 2012年6月，东兴证券开展融资融券业务。2013年，东兴证券积极挖掘潜在客户，融资融券业务实现了跨越式增长。截至年末，融资融券余额29.39亿元，比上年增长630.58%。

研究业务 确立证券研究业务在投资业务模式中的核心地位，有效服务于各业务部门和机构客户。坚持差异化的研究定位，将有限的资源主要配置在信息技术、医药、化工、食品饮料、新能源等特定行业研究中，在客户中建立了较好的声誉。东兴证券的研究成果覆盖了按中国证监会行业标准划分的13个行业，涉及近800家上市公司，其中重点公司250家。

期货业务 2013年3月，东兴证券对东兴期货有限责任公司（以下简称东兴期货）增资3 000万元，东兴期货注册资本增至31 800万元，东兴证券持股比例100%。2013年，东兴期货完成期货代理交易额按双边口径统计为9 983.62亿元，交易量按双边口径统计为807.54万手。实现营业收入4 590.69万元。股指期货成交量按双边口径统计为644 393手，按单边口径统计为322 196.50手；成交金额按双边口径统计为4 685.40亿元，按单边口径统计为2 342.70亿元。

社会责任 2013年9月，东兴证券出资100万元在福州大学设立“福州大学东兴证券奖助学金”，并提供勤工俭学机会，帮助品学兼优、经济困难的学生完成学业。东兴证券被福建省人民政府授予福建省捐资办学金奖。

第一创业摩根大通证券有限责任公司

2013年末，第一创业摩根大通证券有限责任公司（以下简称一创摩根）总资产8.4亿元，总负债0.6亿元，所有者权益7.8亿元。全年实现营业净收入2.5亿元，营业支出2.3亿元；实现净利润1 597万元。年末净资产7.8亿元，净资产收益率2%。第一创业证券股份有限公司（母公司）在中国证监会组织的证券公司分类评价中获评B类BBB级。

截至年末，一创摩根未设立证券营业部及子公司，共有员工127人。

投资银行业务　年内完成沈阳机床定向增发、华天科技可转债、徐工机械可转债、平安集团可转债、民生银行可转债等项目的发行工作。积极开发、储备IPO项目，共有6个项目在中国证监会审理中。债券承销及结构化产品融资继续保持有序增长，完成万正投资债、郑州交投债、湛江基投债、深圳地铁一期债的独家或联席主承销工作，协助第一创业证券股份有限公司完成短期融资券及次级债券的发行工作，全年固定收益产品的发行总规模超过100亿元。

业务创新　2013年3月15日，中国证监会发布《证券公司资产证券化业务管理规定》，证券公司资产证券化业务由试点业务转为常规业务。一创摩根积极开展资产证券化业务，加强与商业银行等客户的合作，积累了一系列项目储备，总发行规模超过100亿元，其中已有三个项目上报监管机构审核。

高盛高华证券有限责任公司

2013年末，高盛高华证券有限责任公司（以下简称高盛高华）总资产30.53亿元，总负债18.30亿元，均比上年增长5%；所有者权益12.23亿元，比上年增长6%；实现营业收入6.52亿元，营业支出5.69亿元，利润0.69亿元。在中国证监会组织的证券公司分类评价中获评A类AA级。

截至年末，高盛高华未设立证券营业部或子公司，共有员工116人。

投资银行业务　全年完成2个股票承销项目、7个债券承销项目，承销总金额分别为196.80亿元和137.58亿元，客户包括兴业银行、国家电网、招商银行、平安保险等。

国都证券有限责任公司

2013年末，国都证券有限责任公司（以下简称国都证券）总资产104.73亿元，比上年增加2.55亿元，增长2.49%；总负债43.43亿元，比上年增加0.56亿元，增长1.32%；所有者权益61.29亿元，比上年增加1.98亿元，增长3.34亿元；实现营业收入9.63亿元，比上年增加3.85亿元，增长66.54%；营业支出4.70亿元，比上年增加0.62亿元，增长15.12%；实现利润5.12亿元，比上年增加3.27亿元，增长177.63%。证券交易量（股票、基金、债券等）3 638.45亿元，比上年增加959.15亿元，增长35.8%；保证金余额27.57亿元，同比下降17.43%；基金份额16.9亿元，比上年增加7亿元，增长70.71%；基金净值16.77亿元，比上年增加6.76亿元，增长67.61%；期货交易量81万手，比上年增加40万手，增长96.96%；期货交易额1 987.32亿元，比上年增加938.98亿元，增长89.57%。在中国证监会组织的证券公司分类评价中获评A类A级。

截至年末，国都证券设有35家证券营业部、2家全资子公司、1家控股子公司，共有正式员工1 066人，外聘人员233人。

证券经纪业务 秉承“以客户为中心、满足客户多元化需求”的服务理念，不断拓展业务领域，改进服务手段与模式，努力为客户提供多样化的投、融资产品及快捷便利的投资渠道，以及专业化、规范化的特色服务。截至年末，营业部代买卖业务净收入22 463万元，比上年增加6 032万元，增长36.71%。客户A股基金净佣金率为0.66‰，同比增长7.09%。托管市值523亿元，同比上升27.93%。实现代销金融产品收入3 359万元，同比增长196%。其中，代销公募基金业务收入2 495万元，同比增长152%；代销其他金融产品业务收入合计864万元，同比增长508%。共与37家基金管理公司建立代销关系，代销场外开放式基金年内新增189只，总计821只。

投资银行业务 截至年末，国都证券正在承做的项目共计32个。其中，IPO项目6个，配股项目1个，改制辅导类项目11个，并购重组类项目1个，股改及其他财务顾问项目1个，资产证券化项目2个，持续督导9个，债券分销类1个。

场外市场业务 秉持为中小企业服务的宗旨，通过“N+1+1”资本运作模式，提供基于场外市场的“一站式”融资服务，帮助企业实现在全国中小企业股份转让系统挂牌、定向股权融资、私募债发行等资本运作目标。全年完成中小企业私募债业务立项12个，签约7个；完成3只私募债备案工作，其中2只已顺利发行，取得130万元承销收入；签约全国股转系统业务项目5个，其中已完成1个项目的推荐挂牌工作，1个项目已正式申报材料。

资产管理业务 全面落实资产管理业务转型，取得初步成效。资产管理业务受托资金 491.57 亿元，同比增长 499.01%；受托客户资产管理业务净收入 3 837.50 万元，同比增长 233.79%。传统业务稳步发展，在原有 4 只大集合的基础上，新增 2 只主动管理型产品，1 只为现金宝，1 只为权益类产品，合计发行规模 8.10 亿元。通道业务成为资产管理业务发展的最大亮点，业务类型涵盖银信证合作、信证合作、银证合作、私募通道等，业务伙伴包括 20 家银行和 15 家信托公司，共发行产品 67 只，累计规模 544.36 亿元。

证券投资业务 贯彻合法、合规、稳健的经营方针，坚持资金安全性、基本收益稳定性及投资组合多元化原则，做到投资风险可控、可测、可承受。全年证券投资业务整体收益率为 8.39%。其中，权益投资收益率为 7.96%；固定收益业务投资收益率约为 5.6%。

融资融券业务 全年实现营业收入（含股票质押式回购）13 394 万元，其中融资融券业务取得收入 13 369 万元（息费净收入 10 608 万元，信用交易净佣金收入 2 761 万元）。年末融资融券余额 16.67 亿元，同比增长 252.43%；日均融资余额 12.16 亿元，同比增长 342%，由此带来 1 668 万元的息费增量收入。

2013 年 7 月，国都证券获得股票质押式回购交易业务资格。截至年末，已经进行 7 笔股票质押业务，累计融资金额 7.53 亿元（根据沪深交易所统计数据），实现息费收入 194.86 万元，净收入 25.36 万元。

研究业务 全年完成研究报告 1 125 篇，其中深度报告 66 篇。组织开展近 40 场面向自营和资管的行业专题或重点公司推介交流会，向自营、资管投资经理提供单独的咨询服务近 180 人次。

风控管理 加强对新业务的决策管理，支持代销金融产品、发行短期融资券、柜台交易、保险资产管理、公募基金、个股期权等新业务资格申请和新型营业部的设立工作，将合规与风险管理工作融入其中，保证业务资格申请的合规性；修订《新业务、新产品管理办法》，明确管理原则、程序和业务开展标准，并根据业务开展过程中发现的问题进行风险点梳理，完善相关制度、流程和内部管理，控制风险；加强营业部合规与风险管理，为创新业务的开展夯实营销前端。整合资源，构建多功能金融服务平台，根据客户的个性化需求，提供一揽子金融解决方案。

电子化建设 完成网上营业厅建设，实现多项服务功能；网上营业厅预约开户平台自开通以来，累计访问量达 1 169 人/次，预约开户客户 24 人，开户 2 人。引入账户诊断系统，根据营业部需求调整并提高投资顾问产品质量，对营业部营销及服务提供支持。探索互联网金融发展模式，以非现场开户业务的开展为契机，与金融界、证券之星网站建立深入营销合作模式。

机构改革 依照董事会授权对国都证券组织机构进行调整。增设合规与风险管理委员会；将资产管理委员会改组为产品与业务审核委员会，适当扩充工作职能和人员，增加创新业务、创新产品、柜台业务管理决策职责；融资融券委员会更名为信用交易委员会；增加投资决策委员会自有资金运用决策职能；成立机构销售与交易部，负责产品销售、渠道开发与维护、高净值客户和机构客户开发；筹建基金管理部，开展公募基金管理业务；将资产管理部更名为资产管理总部并对其内部机构设置进行了调整，增设了金融市场部和专项业务部两个二级部门；将结算存管部更名运营管理部，并对其职能进行了扩充。

网点建设 积极布局营业网点，先后两次向监管机构申请设立营业网点共计28家，均已顺利获批。截至年末，国都证券拥有营业网点35家，年度扩容52%。新设营业网点全部为轻型网点，具备营业面积小、不设现场客户、成本低、筹建周期短、经营模式灵活等特点，在降低成本的同时提升效率与业绩。

华融证券股份有限公司

2013年，华融证券股份有限公司（以下简称华融证券）实现营业收入11.18亿元，比上年增长60.50%；实现利润总额3.97亿元，比上年增长75.69%；实现账面净利润3.07亿元，实现考核利润3.37亿元，比上年增长108%。年末总资产110.26亿元，净资本51.32亿元，净资产49.10亿元。在中国证监会组织的证券公司分类评价中获评A类A级。

截至年末，华融证券下设37家证券营业部和上海、深圳两家投行业务部，控股华融天泽投资有限公司和华融期货有限责任公司2家子公司；正式员工1 055人。

资产管理业务 依托中国华融“一体两翼”协同优势，业务创新取得重大突破。推出行业首只分级SOT小集合产品、银行同业首只主要参与股票质押式回购的集合资管计划——华融质押宝1号；推出资管产品参与股票定向增发业务并创设“或有次级C份额”、“双重结构化”业务模式并推出结构化产品内部信用增级新方法、以单一银行资金委托华融证券定向资管计划对接增信业务的交易模式等。全年资管业务受托资产规模666.26亿元，同比增长335%。

投资银行业务 顺利完成中国华融120亿元金融债券的招标发行工作，3年期中标利率5.55%，5年期中标利率5.66%。完成通葡股份非公开发行、华联股份非公开发行、华融湘江银行配股等多个项目。新三板、债券、资产证券化等领域的业务拓展力度进一步加大，项目储备更为丰富。项目质量控制和业务标准体系进一步完善，通过了中国证监会组织的财务专项核查。

证券经纪业务 加快向综合化经营转型，收入来源和业务结构不断优化，整体盈利能力明显改善，客户资产规模同比增长82%，股票基金交易量同比增长42%。代销金融产品种类进一步丰富，融资顾问业务、期货中间业务取得积极进展。融资融券、约定式购回等创新业务成为发展新亮点，融资融券余额15.3亿元，比上年增加14亿元，信用账户数量同比增长639%。股票质押式回购业务、约定式购回业务取得积极进展。

自营业务 抓住市场机会，充分利用风险对冲工具，严控投资风险，投资收益率进一步提高。股票及股指期货自营投资整体收益率为11.53%，超越同期上证综指13.67个百分点，超越同期深证成指

17.83 个百分点；债券类组合投资收益率为 9%，超过市场加权收益 8.23 个百分点。

直投业务 加大项目开发和投放，完成第一笔股权投资项目——延边朝鲜族民俗风情园项目投放，发行设立第一只直投基金，完成第一笔 pre - IPO 项目投资——瀚华金控 H 股上市前新增股份的投放，完成第一笔通道类项目——宁波国骅宜家项目的投放，成为华融证券新的利润增长点。

公募基金管理业务 2013 年 12 月 12 日，经中国证监会核准，华融证券获得公开募集证券投资基金管理业务资格。

民生证券股份有限公司

2013 年末，民生证券股份有限公司（以下简称民生证券）总资产 129.48 亿元，比上年增加 50.18 亿元，增长 63.28%；总负债 96.87 亿元，比上年增加 49.16 亿元，增长 103.03%；所有者权益 32.60 亿元，比上年增加 1.02 亿元，增长 3.24%；实现营业收入（合并）13.07 亿元，比上年增加 1.59 亿元，增长 13.86%；营业支出 11.72 亿元，比上年增加 0.87 亿元，增长 8.02%；实现利润 1.02 亿元，比上年增加 0.49 亿元，增长 92.35%。全年证券交易量 4 921.38 亿元，比上年增加 1 821.14 亿元，增长 58.74%；客户交易结算额 32.32 亿元，比上年减少 6.14 亿元，下降 15.97%。

2013 年年内，民生证券共取得“约定式购回证券交易权限”、“保险兼业代理业务许可证”、“全国中小企业股份转让系统主办券商业务资格”、“转融通业务试点资格”、“代理证券质押登记业务资格”、“债券质押式报价回购交易权限”、“股票质押式回购交易权限”、“军工涉密业务咨询服务安全保密条件备案证书”8 项业务资格。

截至年末，民生证券设有 44 家证券营业部、6 家分公司、2 家全资子公司、1 家控股子公司，共有正式员工 2 209 人。

证券经纪业务 加快业务创新和转型，发展非通道业务，通过严控费用开支等措施降低运营成本，经纪业务新增资产迅速，市场份额稳步提高。全年经纪业务市场份额 5.09‰，比上年增长 5.45%；经纪业务收入 51 665.32 万元，比上年增长 74%。年内开户数 31 952 户，比上年下降 7.88%；客户总数 610 092 户，比上年下降 6.14%；年末客户总资产 882.60 亿元，比上年增长 16.36%；证券市值 850.28 亿元，比上年增长 18%，当年新增资产 60.30 亿元。

投资银行业务 年内共完成 6 家再融资、6 家企业债券、2 家公司债券、1 家中小私募债主承销项目的发行。截至年末，有 5 家 IPO 项目、2 家再融资项目、2 家企业债券项目待发行，有 9 家 IPO 项目、1 家公司债项目在审核中，3 家企业债项目已获得国家发改委的批复。

研究和机构销售业务 研究和机构销售业务收入保持快速增长，跨越亿元大关。服务客户范围稳步扩大，传统基金客户数量持续增加，保险客户服务有序推进，获得向全国社保基金理事会出租交易单元资格，中标4家保险公司研究服务，券商、私募等机构服务实现收入零的突破。

资产管理业务 受托管理资产总规模52亿元，比上年增长191%。年内新设定向通道业务投资范围涵盖了股权质押、信托贷款、委托贷款、信托收益权、私募债收益权、同业存款等，共发起设立14只定向产品，累计新增规模约67.5亿元。

融资融券业务 融资融券业务取得快速发展，年末余额14.18亿元。

期货中间介绍业务 截至年末，民生证券有39家营业部正式开展期货中间介绍业务，共介绍期货客户845名，客户权益5 500万元。

信息化建设 加大信息系统建设力度，投资6 400余万元建设亦庄中心交易机房，并于2013年5月正式投入使用。发挥信息技术对业务的支持、推动、引领作用，完成综合服务平台、转融通、约定购回、非现场开户等一批重点项目建设，为业务协同提供了技术支持，提高了信息化服务能力。

客户服务 加强投资者教育工作，组织营业部逐月报送投资者教育工作情况，及时了解和掌握营业部投资者教育工作进展；组织营业部通过电话、手机短信、微信、电子邮件、营业部现场张贴等方式向客户提示证券市场风险信息。全年400客服电话主动回访各类客户92 900余人次，接听客户咨询电话36 100余人次，呼出和接入电话总数占公司客户总数的21.5%。

（李向东）

瑞信方正证券有限责任公司

2013年末，瑞信方正证券有限责任公司（以下简称瑞信方正）总资产89 337.58万元，比上年增长0.5%；总负债2 386.77万元，比上年下降3%；所有者权益86 950.81万元，比上年增长1%；实现营业收入22 806.41万元，比上年增长10%；实现净利润501.85万元，比上年下降20%。在中国证监会组织的证券公司分类评价中，瑞信方正并入母公司方正证券股份有限公司（以下简称方正证券）进行分类评价，方正证券获评A类AA级。

截至年末，瑞信方正共有员工148人。

投资银行业务 截至年末，瑞信方正的总承销金额为259.81亿元，共完成11个主承销项目，主承销金额258.31亿元。股权融资方面，作为保荐人和主承销商完成太阳纸业非公开发行项目，作为保荐人和联席主承销商完成方大碳素和华联商厦两个非公开发行项目；债权融资方面，共计参与完成13个承销项目，其中8个主承销项目；并购重组等财务顾问业务方面，全年实现财务顾问收入1 387.33万元，签约合同总金额2 521.00万元。

业务创新 2013年7月25日，瑞信方正证券作为牵头主承销商，协助天津滨海农村商业银行股份有限公司成功发行了首单二级资本债券。配合神华集团有限责任公司的整体战略，解决中国神华和金马集团的同业竞争问题，神华国能集团有限公司（神华集团全资子公司）向金马集团其余股东发起以退市为目的的全面要约收购，瑞信方正作为财务顾问，于7月协助完成该项目收购。

（季丽丹）

瑞银证券有限责任公司

2013年末，瑞银证券有限责任公司（以下简称瑞银证券）总资产22.27亿元，总负债7.76亿元，所有者权益14.91亿元；实现营业收入7.53亿元，营业支出7.50亿元，利润总额2 068.62万元，净利润1 170.40万元（以上数据未经审计）。在中国证监会组织的证券公司分类评价中获评A类A级。

截至年末，瑞银证券设有6家证券营业部、2家分公司，共有员工425人。

（王晨诗）

首创证券有限责任公司

2013年末，首创证券有限责任公司（以下简称首创证券）总资产82.40亿元，比上年增加4.80亿元，增长6.19%；总负债61.08亿元，比上年增加3.65亿元，增长6.36%；所有者权益21.32亿元，比上年增加1.15亿元，增长5.72%；实现营业收入4.36亿元，比上年增加8 036万元，增长22.57%；营业支出2.69亿元，比上年增加2 873万元，增长11.94%；实现净利润1.45亿元，比上年增加4 383万元，增长43.14%。证券交易量（股票、基金、债券等）3 003.06亿元，比上年增加1 023.78亿元，增长51.72%；客户数量20.72万户，比上年减少0.06万户，下降0.29%；客户保证金18.29亿元，比上年减少2 490万元，下降1.34%。在中国证监会组织的证券公司分类评价中获评B类B级。

截至年末，首创证券设有31家证券营业部、7家子公司，共有员工811人。

证券经纪业务　注重客户基础服务，加强资讯产品建设和基础信息平台建设，升级首创领航VIP终端和手机炒股系统，上线见证开户系统；推行“去机房轻型化”策略，促进业务多元化，有效地改善经纪业务的收入结构；取得转融通业务、股票质押式回购、代销金融产品、见证开户业务资格，促进了经纪业务的发展。截至年末，融资融券余额超过4亿元，实现业务收入3 550万元；约定购回式证券交易、股票质押回购交易合计规模近7 000万元；经纪业务整体实现业务收入21 926万元。

资产管理业务 资产管理业务发展迅速，业务收入和产品种类实现突破，定向客户数量拓展至 17 个，发售 3 只集合资产管理产品，客户资产管理受托存续规模 123 亿元，实现业务收入 2 751 万元。

投资银行业务 以服务中小企业为重点，围绕全国股份转让系统开展股份挂牌推荐、定向股权融资、私募债券融资和并购重组等开展相关业务。年内推荐挂牌 2 家，签约股份挂牌推荐项目的数量超过 30 家。全年，实现营业收入 1 861 万元。

自营业务 全年投资交易类固定收益产品 100 余个，投资范围涵盖短融、中票、企业债、私募债及可转债等。银行间市场全年交易量 3 800 亿元，比上年增长 40%；交易所市场全年交易量 2 600 亿元，比上年翻番。全年实现自营业务收入 10 613 万元。

信达证券股份有限公司

2013 年末，信达证券股份有限公司（以下简称信达证券）总资产 169.25 亿元，同比增长 19.2%；负债总额 111.54 亿元，同比增长 27.34%；所有者权益 57.70 亿元，同比增长 6.08%；实现营业收入 16.61 亿元，同比增长 22.4%；净利润 3.23 亿元，同比增长 49.3%；实现股票基金交易量 7 682.41 亿元，债券交易量 61.14 亿元，托管资产 756 亿元，同比增长 18%。在中国证监会组织的证券公司分类评价中获评 A 类 A 级。

截至年末，信达证券设有 73 家证券营业部、3 家子公司，共有员工 2 658 人。

证券经纪业务 全年实现经纪业务收入 9.13 亿元，税前利润 2.53 亿元。托管资产 756 亿元，同比增长 18%。

投资银行业务 完成中核钛白重大资产重组及配套融资、围海股份公司债发行、云南南天配股项目发行工作和连云港非公开增发项目，承销规模 25.69 亿元；主承销债券 12 只，合计 62.16 亿元，其中，企业债 3 只、公司债 1 只、中小企业私募债 8 只；承做 2 个非标融资项目、5 家新三板业务。通过控股辽宁股权交易中心，推动辽宁地区营业网点综合经营转型，深化与辽宁省地方政府、上海证券交易所的合作关系，扩大区域内企业合作范围，全年信达证券在辽宁股权交易中心推荐挂牌项目 34 家。投资参股山东金融资产交易中心。

资产管理业务 完成信达信利系列、创利系列、集鑫系列、兴融系列、新禧系列等集合计划产品模式设计，发行 8 只集合计划产品，共 19 个集合计划份额。受托资产管理规模 350 亿元，实现营业收入 9 905 万元，同比增长近 32%。获得为保险机构服务业务资格，与招商银行合作开展投资顾问业务。

信用交易业务 年末融资融券余额 26.67 亿元，同比增长 490%；股票质押式回购余额 10 亿元；约定购回式待购回金额 1.12 亿元；全年实现息费净收入 1.34 亿元。

业务创新 为信达集团公司持有的上市公司股权提供专业化的市值管理服务；为开滦集团股权重组、山西焦煤三户债转股、贵州开磷（集团）有限公司吸收合并贵州开磷有限公司、瓮福集团改制等总公司重点股权项目提供财务顾问服务。全年向信达集团提供行业和企业研究支持服务共计 69 项，合计工作时间约 1 900 小时。

（徐长卿）

新时代证券有限责任公司

2013 年末，新时代证券有限责任公司（以下简称新时代证券）总资产 85.52 亿元，同比增加 6.40 亿元，增长 8.09%；总负债 52.14 亿元，同比减少 0.11 亿元，下降 0.21%；所有者权益 33.38 亿元，同比增加 6.51 亿元，增长 24.24%。全年累计实现营业收入 7.19 亿元，同比增加 1.67 亿元，增长 30.25%；营业支出 5.42 亿元，同比增加 0.11 亿元，增长 2.12%；实现利润 1.41 亿元，同比增加 1.23 亿元，增长 697.51%。在中国证监会组织的证券公司分类评价中获评 B 类 BB 级。

截至年末，新时代证券下设上海、天津两家分公司和 50 家证券营业部，在职员工 1 300 多人。

证券经纪业务 大力推动业务机制的改革与创新，年内取得代销金融产品、保险兼业代理、期货中间介绍等业务资格；致力于打造全方位立体式客户服务体系，为客户提供资产增值无休日、预约上门、百家上市公司集体调研等服务，开通“财富人生俱乐部”新浪认证微博、“新时代证券客户服务”微信公众账号及腾讯认证微博，成立财富人生俱乐部，强化投资顾问团队建设，丰富投资顾问服务品种，满足客户多样化、多层次的投资需求。截至年末，新时代证券各分支机构客户数量 48 万户，客户资产 479 亿元，全年实现交易量 4 719 亿元。

紧扣市场发展趋势，全力推进融资融券业务。上线转融资业务，先后获取沪、深交易所股票质押回购业务资格。全年融资融券业务信用资金账户开户 4 638 户，融资融券业务规模 16.22 亿元，约定购回业务规模 0.24 亿元，股票质押回购业务规模 0.64 亿元。

投资银行业务 成功保荐承销了博盈投资非公开发行股票项目。债券主承销完成了“13 洛高新债”、“13 姜堰发展债”、“13 宿州建设债”“13 婷美债”、“13 红卫债”、“13 光发债”、“13 共兴债”和“13 扬安债”等企业债和中小企业私募债，顺利完成了鲁商集团要约收购银座股份项目、路翔股份发行股份购买资产暨重大资产重组并募集配套资金项目。大力拓展新三板和区域性股权交易市场等项目储备。

资产管理业务 重组资产管理业务架构，成立产品市场部、投资管理部及运营支持部，下设债券投资团队、权益投资团队及量化投资团队。调整业务发展方向，将小集合作为发展重点，以机构客户为主要营销对象，积极拓展类基金专户型的资管产品，满足客户的风险偏好。截至年末，累计发行资产管理产品 27 只，规模

220.72 亿元。其中，定向资管产品 19 只，规模 188.16 亿元；集合资管产品 8 只，规模 32.56 亿元。

固定收益业务 现券业务发挥投资渠道优势，抓准市场机会，在一级市场申购与投资目标相符合的优质债券，获得良好的交易收益。债券投资紧跟市场脉搏，上半年及时出售大部分获利的投资债券，锁定收益；下半年在债券市场活跃程度、债券发行量和交易量大幅下降的严峻环境中，有效把控风险，保住投资成果，实现可观盈利。开展理财、财务顾问等新业务，利用丰富的经验，深度挖掘客户需求，获取投资利润。全年，固定收益业务交易量近 450 亿元，实现收入 4 702 万元。

电子化建设 完成 CRM 系统与投资顾问平台的整合，同步实现了呼叫中心的整体切换工作，上线见证开户、多金融产品代销等业务系统，完成汇添富、国泰、博时等 6 家基金管理公司的对接建设，完成公司新 OA 系统上线、邮箱系统切换、网站改版、10 余家营业部转型改造、新设营业部建设以及网上业务平台新业务功能升级等系列建设工作。

中德证券有限责任公司

2013 年末，中德证券有限责任公司（以下简称中德证券）资产总额99 707.30 万元，较上年减少 5 384.09 万元，下降 5%；负债总额 1 504.58 万元，较上年减少 528.29 万元，下降 26%；所有者权益总额 98 202.72 万元，较上年减少 4 857.79万元，下降 5%。全年实现营业收入 26 481.43 万元，较上年增加1 011.08 万元，增长 4%；营业亏损4 579.91万元，净亏损 3 824.69 万元。年内，中德证券通过了中国证券业协会组织的证券公司中小企业私募债券承销业务试点实施方案专业评价工作会议评审，获得了中小企业私募债券承销资格。

截至年末，中德证券共有正式员工 226 人。

投资银行业务 本着以客户为核心、以人才为根本、以稳健为原则、以创新为导向的经营理念，坚持均衡的业务发展战略以及以客户为中心的全方位服务体系，向客户提供个性化且专业、高效的金融服务，包括股本融资、债券融资、并购重组以及其他与境内外资本市场相关的财务顾问服务等。全年，股权融资业务共完成 3 个主承销项目，承销金额约 31 亿元，全部为定向增发项目；债券融资业务共完成 9 个主承销项目，其中 5 个企业债、2 个公司债、1 个证券公司债、1 个金融债，承销金额约 141 亿元；并购重组业务完成 1 个项目，并购及配套融资规模约 32 亿元。投资银行业务实现收入 22 103.72 万元。

中国国际金融有限公司

2013年末，根据未经审计数据，中国国际金融有限公司（以下简称中金公司）总资产315.38亿元，比上年增长10%；总负债246.89亿元，比上年增长12%；净资产68.49亿元，比上年增长5%。全年实现营业收入32.22亿元，比上年下降6%；营业支出27.65亿元，比上年下降8%；实现利润3.66亿元，比上年增长19%。拥有经纪业务客户逾1.5万个，A股交易额7 844亿元，比上年增长25%；港股交易额1 951亿元，比上年增长11%；客户保证金规模57.01亿元，比上年下降27%。在中国证监会组织的证券公司分类评价中获评A类AA级。

截至年末，中金公司下设上海和深圳2家分公司、17家证券营业部，在中国香港、美国、英国和新加坡设有子公司；员工人数近2 000人，其中正式员工近1 800人。

投资银行业务　克服不利的市场环境，充分发挥跨境业务优势，在A股IPO停发的情况下推动港股IPO和跨境并购等海外业务，实现投资银行业务收入10.80亿元，继续保持市场领先地位。

机构经纪业务　发挥跨境优势，继续保持QFII客户份额第一，资本中介、大宗交易、期货业务、美股交易和客户便利交易在内的新业务开始形成规模并逐渐贡献收入，全年境内外机构经纪业务共实现收入10.28亿元。

财富管理业务　截至年末，中金公司已建立了17家营业部，客户数持续增加，客户资产规模进一步扩大，全年实现收入1.86亿元。

自营业务　在2013年股市和债市均出现剧烈波动的情况下，中金公司严格防范风险，追求合理收益率，全年实现收入7.28亿元。

资产管理业务　成功发行多只量化产品，启动QFII业务，年末管理资产616亿元，实现收入1.53亿元。

私募股权　私募股权基金规模继续增加，部分项目实现退出或启动上市工作。截至年末，直投基金已完成的募集金额48亿元，总投资金额约为25亿元。

创新业务　年内相继获得多项牌照或资格，包括场外衍生品、柜台交易、代销业务、深交所约定购回、见证开户、股票质押回购、转融券和中金所结算会员资格等。截至年末，融资融券业务规模16亿元，比上年增长近3倍；约定购回式证券交易业务规模5.4亿元，比上年增长超过14倍；股票质押式回购业务于2013年7月起开展，年末业务规模达到39.2亿元。

中国民族证券有限责任公司

2013年末，中国民族证券有限责任公司（以下简称民族证券）资产总额140.18亿元，同比增长60%；负债总额71.36亿元；所有者权益68.81亿元，增长220%。全年实现营业收入10.40亿元，同比增长88%；营业支出8.35亿元；实现净利润1.54亿元，同比增长222%。年内成功完成增资，注册资本由13.94亿元变更为44.87亿元；成功发行10亿元次级债，启动与方正证券的合并重组工作。在中国证监会组织的证券公司分类评价中获评B类B级。

2013年，民族证券获得了进入全国银行间同业拆借市场资格、代销金融产品业务和保险兼业代理业务资格；资产管理业务获得了参与股指期货交易资格；信用业务获得沪、深交易所股票质押式回购交易资格和中国证券金融公司转融券业务试点资格；完成了远程代理证券质押登记业务资格申请，"非现场开户"业务取得中证登公司审核批准并上线运行。

截至年末，中国民族证券设有51家营业部，共有员工1 775人。

零售业务 根据证券行业转型+创新的业务发展趋势，民族证券对组织架构进行了调整，设立零售业务管理总部，下设交易运行部、市场营销部、财富中心3个一级部门，分别履行分支机构管理与交易运行支持、零售客户服务与营销体系建设、零售客户财富管理等职能，与机构客户部共同构建起了民族证券完整的客户服务体系。

投资银行业务 积极应对政策环境压力，拓展收入渠道，在IPO暂停和国家发改委债券发行审核政策调整的环境下，成功发行了天康生物非公开发行股票项目、金刚玻璃非公开发行公司债项目、中国中水务非公开发行股票项目、池州平天湖企业债项目，其中国中水务项目是民族证券第三单募资金额超10亿元的股权融资项目。截至年末，民族证券先后完成了38个保荐、主承销、财务顾问及新三板项目。其中，IPO项目9个，上市公司股权再融资项目8个，债权融资项目11个，上市公司财务顾问项目8个，新三板项目2个；储备项目若干。

资产管理业务 丰富和完善产品线，努力提高产品收益率，定向资产管理业务、集合资产管理业务规模不断扩大。截至年末，集合资产管理产品5只，规模11.46亿元，5只产品均为正增长，"民族金港湾1号"全年累计收益率10.16%；定向资产管理业务规模631.08亿元；资产管理业务总规模643亿元。

信用业务 信用业务涉及融资融券、约定购回、股票质押和转融券等，规模呈爆发式增长，有效地支撑了经纪业务并迅速成为公司新的利润增长点。截至年末，融资融券余额31.15亿元。

证券投资业务 抓住市场机会，稳健操作，取得远超市场的收益率水平，为民族证券在行业内和客户中树立了良好的投资品牌。截至年末，股票自营业务收入2 506万元，规模资金收益率25.06%。

机构销售 强化研究所、机构销售部、各业务部门合作，积极拓展银行、基金、保险、信托等机构客户，年内新增已取得收入的机构客户16家，初步建立了机构客户销售服务体系，在次级债发行、投行项目承揽等方面发挥作用。全年完成考核收入1 051.33万元。

客户服务与投资者教育 投资者教育与服务工作经费投入实现总部预算管理，全年投资者教育支出274.73万元，占同期代理买卖证券业务净收入的4.81‰。全年共举办投资策略会、走进社区、走进高校、新产品报告会、股民学校等现场活动4 171场次，参加人数达81 110人次。设计、制作包括知识问答手册、宣传折页、展架、悬挂横幅、海报等在内的产品共计4.42万份，发送产品、活动等内容短信542.51万条。全年完成存量客户回访7.5万户，占上年末存量客户总数的11%，50家营业部均已达到存量客户回访比例10%的监管要求。

（石春晖）

中国银河证券股份有限公司

2013年末，中国银河证券股份有限公司（以下简称银河证券）总资产695.90亿元，比上年增加114.85亿元，增长19.77%；总负债445.51亿元，比上年增加37.88亿元，增长9.29%；所有者权益250.39亿元，比上年增加76.97亿元，增长44.38%。全年实现营业收入68.44亿元，比上年增加17.91亿元，增长35.46%；营业支出4 0.41亿元，比上年增加8.10亿元，增长25.06%；实现净利润21.25亿元，比上年增加7.29亿元，增长52.19%。全年股票基金交易额4.93万亿元，市场占有率5.16%，比上年提升0.40%。在中国证监会组织的证券公司分类评价中获评A类AA级。

截至年末，银河证券设有234家证券营业部、3家子公司、29家分公司；共有员工6 981人（含销售类客户经理），其中退休员工208人，内退员工194人。

证券经纪业务 年末客户总数564.75万户，客户交易结算资金291.94亿元，托管证券市值1.68万亿元。

股权融资业务 全年完成股票主承销7家，承销金额99.43亿元；并购重组财务顾问8家；新三板5家、四板20家。创新业务实现突破，资产证券化项目1家获得中国证监会核准批复。

债券融资业务 形成以企业债券和公司债券为主导，以商业银行次级债券、债权投资计划、资产证券化、中小企业私募债券及银行间市场非金融企业债务融资工具等产品为补充的业务体系。截至年末，企业债券承销额2 294.75亿元；公司债券融资业务累计主承销项目202个，累计主承销债券金额约3 394亿元。

资产管理业务 统一管理受托资产管理业务，为客户提供定向资产管理、集合资产管理、市值管理、投资顾问等服务，满足不同客户的需要，达到客户资产保值增值的目的。全年资产管理实现营业收入1.36亿元，受托管理规模262.79亿元，管理产品数量69只。

自营业务 股票投资全年各项累计收入2.17亿元，投资收益率25.31%。债券投资主要品种包括：国债、金融债、企业债、公司债、中短期票据、可转债等固定收益品种。

融资融券业务 2013年2月，银河证券获得首批转融券试点资格。截至年末，信用资金账户总数7.42万户，融资融券余额178.02亿元，实现融资融券息费收入10.72亿元。

投资顾问业务 全年实现投资顾问业务收入103.45万元，代销金融产品累计增加1 673.40亿元，年末代销金融产品余额409.65亿元。

期货中间介绍业务 截至年末，银河期货的期货IB客户累计总数近1.42万户，约占公司期货业务客户总数的20.37%，期货IB客户账户资产总值近7.45亿元。

电子化建设 继续实施IT治理，独立完成约定购回式交易系统等13项创新业务系统建设，推广“监、管、控”一体化运维平台，确保系统安全稳定运行，无技术事故发生，信息系统安全等级保护测评率达到99.2%以上。自主开发上线微信服务平台和手机证券客户端，拓展渠道服务，打造互联网金融平台。积极参与行业信息化、标准化研究，“重要信息系统安全可控性验证研究与实践”项目荣获证券期货业科学技术奖（省部级）三等奖，“集中交易实时异构系统”等两个项目荣获优秀奖。

中信建投证券股份有限公司

2013年末，中信建投证券股份有限公司（以下简称中信建投证券）总资产674.10亿元，总负债542.56亿元，所有者权益131.54亿元，客户总数量348万户。全年实现营业收入56.50亿元，归属于母公司股东的净利润17.87亿元，公司净资产收益率14.17%。在中国证监会组织的证券公司分类评价中获得A类AA级评级。

截至年末，中信建投证券设有175家证券营业部，中信建投期货经纪有限公司、中信建投资本管理有限公司、中信建投（国际）金融控股有限公司、中信建投基金管理公司4家子公司；共有正式员工5 138人。

证券经纪业务 依托遍布全国的经营网点和经验丰富的销售服务团队，通过完善客户体系与产品体系，统筹各项业务领域的优势，为客户提供证券交易、投资咨询、金融产品销售、现金管理等一揽子财富管理服务。全年，新增35家营业部；销售各类金融产品298亿元；完成股票基金交易量3.30万亿元，市场占比3.45%。

投资银行业务 坚持以客户为中心，依托丰富的项目经验与专业的工作团队，为客户提供全面融资解决方案及并购重组等财务顾问服务。全年，共完成75单股票及债券主承销项目，主承销金额908亿元；完成5单并购重组项目，涉及交易金额34.67亿元；完成9单“新三板”项目挂牌；完成4单短期融资券和中期票据项目发行，合计筹资规模16.75亿元。

资产管理业务 通过产品设计、投资研究、资产配置和风险管理等技术，构建了从货币型、固定收益型、股票型、量化型到全面配置型等完整的产品线，满足客户差异化需求，提升客户资产回报水平。截至年末，管理资产规模1 464亿元，同比增长155%。

融资融券业务 致力于满足客户个性化的证券投资、融资和理财需求，开办融资融券、股票质押、约定购回和证券出借等业务。截至年末，融资融券余额149亿元，市场占比4.30%。

自营业务 成功发行、销售首单专项资产管理计划；柜台业务稳步推进，上柜两只产品并实现电子化转让；取得银行间市场信用风险缓释合约（CRMA）业务资格、信用风险缓释凭证（CRMW）的交易和创设资格；获批场外期权及互换类金融衍生品柜台交易业务资格、黄金现货合约自营业务资格。

期货业务 中信建投期货有限公司坚持从客户需求出发，为产业客户、机构投资者、职业投资者、高净值客户提供管家式的高端服务，在特殊法人业务、证券投资基金销售业务、资产管理业务等领域构建起包括投研咨询、信息技术、运营支持、风控管理等在内的高效服务体系，已具备期货经纪业务、期货投资咨询业务、期货资产管理业务及基金代销业务资格，实现全部牌照经营。全年完成代理交易额5.21万亿元，市场占比0.97%；累计设有16家期货营业部。

股权投资业务 中信建投资本管理有限公司（以下简称中信建投资本）经中国证监会批准于2009年成立，是中信建投证券开展私募股权投资业务的战略平台，主要投资于高成长性企业，以及在产业整合中具有兼并收购价值的企业。中信建投资本已投资了生物医药、节能环保、信息技术、文化传媒等多个行业的十余家优质企业，其中香雪制药和津膜科技成功上市。

境外业务 中信建投（国际）金融控股有限公司于2012年7月在香港注册设立，2013年2～4月获得香港证监会颁发的第1、4、6、9号牌照，并于同年6月17日正式开业。该公司下设四家专业子公司，开展包括企业融资、资产管理、证券经纪、投资研究、投资移民等在内的全牌照金融业务。全年，作为保荐人、簿记管理人、牵头经办人完成了2013年香港主板市场前十大融资规模的IPO项目。

信息化建设 年内推出转融通业务系统、股票质押式回购业务系统、国债预发行交易系统、非现场开户系统等，实现多个系统的统一登录管理，完成公司网站一期改版，建成运营质量控制和银企直联系统。

（杨婕）

中国银河证券股份有限公司北京分公司

中国银河证券股份有限公司北京分公司（以下简称银河证券北京分公司）实

现营业收入5.99亿元，实现税前利润3.82亿元。

截至年末，银河证券北京分公司下辖15家证券营业部，共有员工500余人。

证券经纪业务 截至年末，银河证券北京分公司辖区营业部客户数量45.22万户，客户总资产9 737.15亿元。全年完成股票基金交易量5 787.37亿元；开放式基金销售36.20亿元，其中基金申购34.40亿元，基金认购1.80亿元。

股指期货IB业务 年内，银河证券北京分公司辖区内共有8家营业部获取股指期货中间介绍业务（IB业务）资格，IB客户总数2 373户。客户总权益36 203万元，全年交易额3 259.22亿元，手续费收入769.95万元，比上年增长42.8%。

银行渠道合作 以中国银行、农业银行、工商银行、建设银行为主要合作伙伴，联合开展营销活动。截至年末，银河证券北京地区合作的银行10家，合作的网点数量200个。

融资融券业务 组织辖区内营业部参加总部举办的融资融券业务培训及推荐人资格考试。北京地区营业部全年累计开户4 168户，累计授信额度124.37亿元，成交金额753.03亿元。

招聘培训 上线营销人员岗前培训平台，实现培训网络化，全年共培训客户经理46人，经纪人20人，培训学时1 650小时，安排考试50余场。开展现金管理类产品营销竞赛、微笑大使评选、优秀青年评选等活动。组织员工参加人力资源和劳动保障部组织的高级企业培训师培训及考试，取得高级企业培训师资格。

（李莹）

长盛基金管理有限公司

长盛基金管理有限公司（以下简称长盛基金）成立于1999年3月，注册资本1.5亿元，是国内最早成立的10家基金管理公司之一，也是首批获得全国社保基金管理资格的6家基金管理公司之一，并已获得合格境内机构投资者（QDII）资格、特定资产管理业务资格、保险资金投资管理人资格。2013年9月、11月，长盛基金两个全资子公司——长盛基金（香港）有限公司、长盛创富资产管理有限公司相继成立。长盛基金在北京、上海、杭州、郑州、成都设有分公司。2013年末，长盛基金旗下共管理31只开放式基金、2只封闭式基金，总资产管理规模约650亿元，累计为持有人分红近200亿元。

东方基金管理有限责任公司

2013年末，东方基金管理有限责任公司（以下简称东方基金）总资产2.59

亿元。全年实现营业收入1.42亿元，净利润833.51万元。

截至年末，东方基金在北京、上海、广州设立了3家分公司，并在深圳设立了子公司，共有员工99人（不含子公司）。

公募基金业务 截至年末，东方基金共管理开放式基金12只，其中偏股型8只，指数型1只，固定收益型3只；资产管理规模90多亿元。

特定客户资产管理业务 重点发展特定客户资产管理业务，配备专业的团队为客户提供个性化投资管理方案及服务。全年发行特定客户资产管理产品17只，资产规模9亿多元。

设立子公司 2013年9月，东方基金作为控股股东，发起设立子公司——东方汇智资产管理有限公司，开展特定客户资产管理业务及专项投资计划。

（郭慧卉）

道富基金管理有限公司

道富基金管理有限公司（以下简称道富基金）于2013年5月16日获中国证监会批准设立，5月31日在国家工商行政管理总局办理完成工商注册登记并取得营业执照，注册地为北京，6月6日取得中国证监会核发的《基金管理资格证书》。道富基金由中融国际信托有限公司（51%）与道富环球投资管理亚洲有限公司（49%）共同出资，注册资本3亿元。

2013年，道富基金实现营业收入258.43万元，利润总额－6 471.16万元，总资产25 224.50万元，股东权益23 528.84万元。

截至年末，道富基金员工总数42人，全资子公司——道富资产管理有限公司员工总数6人。

（常功）

方正富邦基金管理有限公司

2013年末，方正富邦基金管理有限公司（以下简称方正富邦）已发行并管理4只公募基金，即方正富邦创新动力股票型证券投资基金、方正富邦红利精选股票型证券投资基金、方正富邦货币市场基金、方正富邦互利定期开放债券型证券投资基金。方正富邦基金专户业务品种和数量不断增加，已管理5只产品。

2012年12月，方正富邦基金获得中国证监会批准，设立北京方正富邦创融资产管理有限公司（以下简称子公司），从事专项资产管理业务。2013年，子公司建立了全面的业务评审体系及风控体系，经营平稳。截至年末，子公司存续项目30余个，管理规模80余亿元。

国金通用基金管理有限公司

2013年末，国金通用基金管理有限公司（以下简称国金通用）总资产7 620.35万元，比上年下降24.88%；总负债276.77万元，比上年增长128.51%；所有者权益7 343.58万元，比上年下降26.73%。全年实现营业收入2 163.72万元，比上年增长1 431.21%；营业支出5 335.29万元，比上年增长13.14%；亏损2 682.01万元，比上年增长41.38%。

截至年末，国金通用设有1家专户子公司，共有员工67人。

公募基金业务 截至年末，国金通用共管理3只公募基金，基金份额30 349.9万份，比上年增长175.47%；基金资产净值30 944.26万元，比上年增长174.19%。

特定客户资产管理业务 国金通用专户子公司——北京千石创富资本管理有限公司开展特定客户资产管理业务，年末资产管理总规模101.35亿元。

国开泰富基金管理有限责任公司

国开泰富基金管理有限责任公司（以下简称国开泰富）成立于2013年7月16日，由国开证券有限责任公司与台湾国泰证券投资信托股份有限公司共同出资设立，注册资本金2亿元。

2013年末，国开泰富资产总额18 843.13万元，负债总额903.31万元，所有者权益总额17 939.81万元。全年实现营业收入136.01万元，营业支出2 196.13万元，实现利润－2 060.19万元。

公募基金业务 2013年，国开泰富共募集1只基金产品——国开泰富岁月鎏金定期开放信用债券型证券投资基金。截至年末，管理基金资产净值5.17亿元。

国寿安保基金管理有限公司

国寿安保基金管理有限公司（以下简称国寿安保）是经中国证监会批准，由中国人寿资产管理有限公司和安保资本投资有限公司（澳大利亚）共同出资设立。2013年10月29日在国家工商行政管理总局注册，11月6日揭牌营业，注册资本金 5.88 亿元。2013 年末，国寿安保总资产 5.9 亿元，总负债 710 万元，所有者权益 5.83 亿元；共有员工 44 人。

华商基金管理有限公司

2013 年末，华商基金管理有限公司（以下简称华商基金）共管理 16 只公募基金和 11 只特定专户产品。管理资产规模（公募）283.09 亿元，较上年增加 41.37 亿元，增长 17.11%；管理基金份额 224.79 亿份，较上年减少 21.77 亿份，下降 8.83%；累计服务客户 230 余万人。

截至年末，华商基金共有员工 144 人，正式员工 133 人，派遣制员工 11 人。

华夏基金管理有限公司

2013 年末，华夏基金管理有限公司（以下简称华夏基金）共管理 43 只开放式基金、1 只封闭式基金，累计分红超过 870 亿元。华夏基金还管理多只全国社保基金投资组合，被超过 160 家大中型企业确定为年金投资管理人，并被多家客户确定为特定客户资产管理人，是管理基金数目最多、品种最全的基金管理公司之一。

客户服务 年内，推出货币基金“还贷款”及信用卡还款业务，直销网上交易新增中国建设银行储蓄卡的“快易付”功能，并增加多家银行的银行卡电子交易业务，开通华夏基金微信公众服务平台并推出微信交易功能，在淘宝网、天天基金网等平台开通基金业务，与百度建立互联网业务合作，为投资者提供更多的交易渠道。

（董燕妍）

嘉实基金管理有限公司

2013 年末，嘉实基金管理有限公司（以下简称嘉实基金）总资产 33.93 亿元，资产管理规模超过 3 200 亿元。全年实现营业收入 22.21 亿元，实现净利润 6.32 亿元。

截至年末，嘉实基金在深圳、成都、杭州、青岛、南京、福州、广州设有分公司，拥有 3 家全资子公司；共有员工 489 人。

公募基金业务 截至年末，嘉实基金共管理 2 只封闭式证券投资基金、54 只开放式证券投资基金，基金资产规模

1 905亿元。

非公募业务 嘉实基金服务于全国社保理事会、企业年金、保险公司、银行、财务公司、QFII 等金融机构与一般企业客户，通过个性化的产品设计，在为客户提高资金运作效率、改善财务绩效及实现理财需求。截至年末，嘉实基金所管理的非公募资产规模超过 1 100 亿元，比上年增加 200 亿元。

产品创新 年内，嘉实基金发行首只对冲公募基金——嘉实绝对收益策略定期开放基金，为客户提供投资与股市涨跌无关的绝对收益投资工具。设立“嘉实投资者回报研究中心”，通过设立定制账户方式为投资者构建个性化的基金投资组合，并根据市场的走势变化及时进行组合的动态调整。

建信基金管理有限责任公司

2013 年末，按照合并报表口径，建信基金管理有限责任公司（以下简称建信基金）实现营业收入 6.21 亿元，比上年增加 0.41 亿元，增长 7%；营业支出 4.44 亿元，比上年增加 0.43 亿元，增长 1%；净利润 1.32 亿元，比上年增长 1%。年末总资产 8.10 亿元，比上年增加 0.89 亿元，增长 12%；负债 0.81 亿元，比上年减少 0.65 亿元，下降 45%；股东权益 7.29 亿元，比上年增加 1.54 亿元，增长 27%。

截至年末，建信基金设有 4 家分公司、1 家控股子公司，共有员工 207 人（含 13 位派遣制人员）。

公募基金资产管理业务 截至年末，建信基金旗下拥有 38 只不同风险收益特征的公募基金产品，资产管理规模 730.45 亿元，为近 500 万客户提供理财服务，累计分红 175.82 亿元。

特定客户资产管理业务 截至年末，建信基金特定客户资产管理规模超过 250 亿元。

其他资产管理业务 2013 年，建信基金设立控股子公司——建信资本管理有限责任公司（以下简称建信资本）。建信资本通过综合运用股权、债权、收益权等多种业务模式，拓展建信基金的非公募业务。截至年末，建信资本实现管理规模 24 亿元。

江信基金管理有限公司

江信基金管理有限公司（以下简称江信基金）经中国证监会证批准，于 2013 年 1 月 28 日成立，注册资本 1 亿元，注册地为北京市。

2013 年末，江信基金总资产 11 394.55万元，总负债 2 234.68 万元，所有者权益 9 159.87 万元。全年实现营业收入 1 791.93 万元，营业支出3 148.67 万元，营业利润 -1 356.74 万元，营业外收入 516.63 万元，利润总额 -840.13 万元。

截至年末，江信基金共有员工 23 人，正式员工 21 人，试用期员工 2 人，无外聘人员。

特定客户资产管理 积极开展特定客户资产管理业务，共设立 4 个特定客户资产管理计划，募集总规模 13.16 亿元，均投向非公开发行的股票。截至年末，计划资产总规模 15.13 亿元，实现了计划资产的稳健增值。

（唐景丽）

泰达宏利基金管理有限公司

2013 年末，泰达宏利基金管理有限公司（以下简称泰达宏利）旗下共管理 21 只公募基金。其中，11 只股票型基金，3 只混合型基金，5 只债券型基金，1 只货币市场基金及 1 只 QDII 基金。管理总份额 310.649 亿份，管理总规模 327.30 亿元。共有个人客户 3 612 954 户，比上年增长 2.71%。共管理特定客户产品 19 只，其中一对多 4 只，一对一 15 只，资产管理规模 65.31 亿元，较上年增长 256.83%。

截至年末，泰达宏利设有北京、上海、广州 3 家分公司，共有正式员工 136 人。

益民基金管理有限公司

2013 年末，益民基金管理有限公司（以下简称益民基金）资产总计24 212.38 万元，比上年增加 1 563 万元，增长 6.90%；负债合计 837.73 万元，比上年增加 77.61 万元，增长 10.21%；营业收入 6 907.50 万元，比上年减少 399.30 万元，下降 5.46%，营业支出 5 795.70 万元，比上年减少 394.23 万元，下降 6.37%；利润 1 127.54 万元；所有者权益 23 374.66 万元，比上年增加 1 485.39 万元，增长 6.79%。

2013 年末，益民基金共管理 6 只契约型开放式基金；基金份额约为 70.51 亿份，同比增长 5.49%；资产净值约为 51.83 亿元，同比增长 27.77%。

截至年末，益民基金下设北京、深圳 2 家分公司及上海业务部，并于 2013 年 5 月成立子公司——国泓资产管理有限公司；共有员工 72 人。

银华基金管理有限公司

银华基金管理有限公司（以下简称银华基金）成立于2001年5月，成立13年以来，凭借诚信、规范、稳健、务实的运作风格，银华基金致力于为广大投资者提供专业的资产管理服务，逐步发展为一个具有大资金管理能力的综合型资产管理公司。

2005年8月，银华基金获得企业年金基金投资管理人资格，成为国内9家首批获此资格的基金管理公司之一。2007年10月，银华基金正式获得合格境内机构投资者（QDII）资格，获准开展境外证券投资管理业务。2008年2月，银华基金获得特定客户资产管理业务资格。2010年12月，银华基金获得“社保基金境内委托投资管理人”资格。2012年10月，银华基金获得保险资金投资管理人资格。

2013年末，银华基金旗下共管理35只基金，建立了覆盖股票型、配置型、债券型、货币型、保本型和QDII基金的较为完善的产品线，为数百万不同风险收益特征和理财需求的客户提供专业的资产管理服务。

英大基金管理有限公司

2012年8月17日，经中国证监会批准，英大基金管理有限公司（以下简称英大基金）在北京正式成立。英大基金由英大国际信托有限责任公司、中国交通建设股份有限公司和航天科工财务有限责任公司发起成立，注册资金1.2亿元，出资比例分别为49%、36%、15%。英大基金90%以上的员工来自于基金管理公司等金融机构，平均行业从业时间超过10年，硕士以上学历的员工占员工总数70%以上。

中加基金管理有限公司

中加基金管理有限公司（以下简称中加基金）成立于2013年3月27日，注册资本3亿元，股东为北京银行、加拿大丰业银行和北京有色金属研究总院，持股比例分别为62%、33%和5%。截至年末，中加基金总资产29 895.72万元，总负债474.62万元，所有者权益29 421.10万元；实现营业收入849.14万元，营业支出 1 428.03 万元，净利润 -578.89 万元。

截至年末，中加基金共有正式职工 35 人。

资产管理业务 2013 年 10 月 10 日，中加基金对外发售首只公募基金产品——中加货币市场基金 A/C，10 月 16 日结束募集，募集资金总计 68.7 亿元。截至年末，中加基金旗下基金份额 3 605 332 361.89 份，基金资产净值约 36.05 亿元。

2013 年 8 月，中加基金特定资产管理业务获得中国证监会批准。中加基金围绕特定资产管理组织架构、业务模式进行研究论证，搭建特定资产管理部人员框架，对市场在售产品进行调研，结合市场环境和自身优势，寻找潜在客户，量身定制专户产品。

风险控制管理 建立并完善覆盖各业务环节的风险管理体系，根据《证券投资基金法》等相关法律法规和公司管理制度，督察长、监察稽核部门定期与不定期地对基金的投资、交易、市场销售、信息披露等方面进行事前、事中和事后的监督检查，防范和化解经营风险，确保基金投资的合法合规，切实维护基金持有人的利益。同时，注重对员工的法律法规宣导与合规培训，增强员工的合规意识，营造合规文化氛围。

中信建投基金管理有限公司

2013 年末，中信建投基金管理有限公司（以下简称中信建投基金）总资产 14 567.53 万元，总负债 677.34 万元，所有者权益 13 890.19 万元；实现营业收入 219.72 万元，营业支出 1 329.13 万元，利润 -1 109.81 万元。

截至年末，中信建投基金共有正式员工 30 名、外聘员工 2 名。

（谭淼）

中邮创业基金管理有限公司

2013 年末，中邮创业基金管理有限公司（以下简称中邮基金）总资产 76 419.57 亿元，比上年增加 7 671.65 万元，增长 11.16%；总负债 8 652.96 万元，比上年增加 4 393.58 万元，增长 103.15%；所有者权益 67 766.61 万元，比上年增加 3 278.06 万元，增长 5.08%。全年实现营业收入 39 405.19 万元，比上年增加 824.49 万元，增长 2.14%；营业支出 23 293.49 万元，比上年增加 838.88 万元，增长 3.74%；实现利润总额 16 315.9 万元，比上年增加 20.89 万元，增长 0.13%；净利润 11 925.61 万元，比上年减少 107.9 万元，下降0.9%。

截至年末，中邮基金共设有一家全资子公司——首誉资产管理有限公司，两家直销机构——中邮创业基金管理有限公司直销中心和中邮创业基金管理有限公司广州直销中心；共有正式员工143人。

公募基金 截至年末，中邮基金共管理9只开放式公募基金，资产净值286.44亿元，比上年增加25亿元，增长9.57%。

特定客户资产管理 截至年末，中邮基金共管理12只特定客户资产管理计划。

安信期货有限责任公司

2013年末，安信期货有限责任公司（以下简称安信期货）总资产239 115万元，较上年增长8.85%；负债总额211 537万元，较上年增长9.34%；股东权益27 577万元（股本28 600万元，未分配利润1 023万元），较上年增长5.24%。全年实现营业收入10 861.61万元，较上年增长14.32%；实现利润总额1 808.08万元，较上年下降2.10%；净利润1 374.01万元，较上年下降15.23%。在中国证监会组织的期货公司分类评价中获评BB级。

2013年，安信期货市场成交金额（双边）累计3.69亿元，较上年增长51.9%。年末有效客户数16 109名，较上年增加3 601人，增长28.79%；客户权益20.46亿元，占总资产的85.55%，占总负债的96.70%。

截至年末，安信期货设有4家期货营业部。

经纪业务 年内筹备11个直销业务团队，积极把握铁矿石、铁合金等新品种上市机会开展工作，并已初见成效。全年直销业务权益完成13.16亿元，较上年增长43.87%。开展会议营销，全年申请交易所合作会议10多场，申请交易所支持费用20余万元，累计参会企业300余家，参与路演金融机构20多家。

中间介绍业务 与安信证券股份有限公司合作开展中间介绍业务（IB业务）年度营销系列活动，举办两期封闭式IB业务训练营；建立核心客户数据库，定期追踪核心客户权益变动，为客户提供诊断、测试、咨询等各类一对一专项服务。IB业务渠道日均权益完成7.2亿元，较上年增长14.49%。

系统建设 年内上线V6T、易胜、X-SPEED交易系统，完成三类技术指引申请及现场检查工作，完成V_ VIP项目、机构版、夜盘升级、新合约、上期单向大边规则、大连套利优惠等业务上线以及各交易所期权测试，完成基金、信托、证券等多家特殊法人客户接入。

（石炜）

北京首创期货有限责任公司

2013 年，北京首创期货有限责任公司（以下简称首创期货）资产同比增长 26.93%，营业收入同比增长 -1.90%，所有者权益同比增长 13.45%，客户成交量同比增长 43.36%，客户成交金额同比增长 60.90%，客户数量同比增长 17.58%，客户保证金同比增长 28.49%。

截至年末，首创期货设有 17 家期货营业部，共有员工 332 人。

金融创新 组建以期权为核心、以量化为手段的金融衍生品创新研究团队及量化投资服务平台，人员全部由硕士及以上学位的海外留学人员构成，具有丰富的期权策略研究经验与程序化策略产品开发经验，为客户提供期权初、中、高级培训、期权实战辅导、量化策略报告、期权深度研究报告等增值服务，并针对程序化交易客户提供策略定制与 IT 部署的个性化服务。2013 年，首创期货荣获中国金融期货交易所期权联合研究课题二等奖，大连商品期货交易所期权仿真交易测试三等奖。

（朴福英）

第一创业期货有限责任公司

2013 年末，第一创业期货有限责任公司（以下简称第一创业期货）完成期货交易量 3 550 688 手，代理成交金额 7 093.36亿元，较上年分别增长 5.04% 和 38.87%；客户数量 3 766 户，日均客户权益 32 256.17 万元，较上年分别增长 23.8% 和 5.22%。实现营业收入2 490.93 万元，营业支出 3 161.56 万元，年度净利润 -530.32 万元。在中国证监会组织的期货公司分类评价中获评 C 类 CCC 级。

2013 年末，第一创业期货注册资本由 1 亿元人民币增加至 1.2 亿元人民币。

截至年末，第一创业期货设有 1 家分支机构，共有员工 54 人。

（华晶）

方正中期期货有限公司

2013 年末，方正中期期货有限公司（以下简称方正中期期货）总资产 45.2 亿元，负债 39.2 亿元，所有者权益 6.0 亿元；实现营业收入 24 056 万元，净利润 3 903 万元。在中国证监会组织的期货公司分类评价中获评 B 类 BBB 级。

截至年末，方正中期期货设有 27 家期货营业部，1 家全资子公司——湖南际丰投资管理有限责任公司，共有员工 700 多人。

期货经纪业务 全年代理期货成交量 7 090 万手，比上年增加 2 718 万手，增长 62.2%；代理期货交易额 6.9 万亿元，比上年增加 2.9 万亿元，增长 70.3%；客户数量 7.3 万户，比上年增加 5.1 万户，增长 225.4%；客户保证金 37.4 亿元，比上年增加 17.7 亿元，增长 89.5%。

（乔江虹）

国都期货有限公司

2013 年末，国都期货有限公司（以下简称国都期货）实收资本 2 亿元，所有者权益 1.87 亿元，比上年增长 3.45%。

截至年末，国都期货设有 4 家期货营业部，共有员工 168 人。

经纪业务 努力扩大业务规模，重点抓业务质量的提升和成本费用的控制，平均手续费率、收入/薪酬费用比以及经纪业务盈利能力等指标，均比上年有较大提升，全年经纪业务收入同比增长 65.9%。在产业客户开发服务上，国都期货机构客户日均持仓同比增长 73.5%，机构客户日均权益同比增长 47.9%，存量客户结构进一步优化，综合竞争力继续得以提升。截至年末，国都期货客户日均权益 69 189 万元，代理成交总量 1 524 万手，代理成交总额 1.46 万亿元。

IB 业务 年内，国都期货协助国都证券 12 家营业部取得中间介绍业务（IB 业务）资格，并对国都证券营业部员工、营业部客户进行近 70 次期货业务培训，为 IB 业务的发展垫定了基础。截至年末，IB 端客户总数 1 689 户，比上年增长 18.53%；期末权益 6 049.9 万元，比上年增长 22.99%。

（王蕊）

格林大华期货有限公司

2013 年末，格林大华期货有限公司（以下简称格林大华）实现营业收入 17 407.65万元，同比增加 1 179.43 万元，增长 7.27%。其中，手续费收入 10 409.82万元；利息净收入 6 070.38 万元；投资收益 607.69 万元；公允价值变动收益 264.49 万元；其他业务收入 55.28 万元。实现营业利润 3 375.35 万元。在中国证监会组织的证券公司分类评价中获评 B 类 BBB 级。

截至年末，格林大华设有 30 家期货营业部、1 家香港子公司，共有员工 553 人。

冠通期货有限公司

2013 年末，冠通期货有限公司（以下简称冠通期货）资产总计 118 754.22 万元，负债总计 101 078.82 万元，营业收入 10 144.13 万元，净利润 876.02 万元，所有者权益 17 675.40 万元。全年累计代理交易量 5 483.08 万手，累计代理交易金额 28 627.48 亿元，分别较上年同期增加 2 597.19 万手、7 650.97 亿元，分别增长 89.12%、36.47%；客户数量 1.18 万户，较上年同期增加 0.12 万户，增长 11.80%；期末客户保证金 9.88 亿元。

截至年末，冠通期货设有 16 家分支机构，在职员工 271 人。

国元期货有限公司

2013 年末，国元期货有限公司（以下简称国元期货）资产总额 61 531.88 万元，较上年下降 21.10%；负债总额 40 531.74万元，较上年下降 30.22%；资产负债比率 6.72%，较上年下降 2.47%；客户保证金规模 39 017.89 万元，较上年下降 30.87%；客户数 9 571 户，较上年增长 22.03%；所有者权益 21 000.14 万元，较上年增长 5.50%。全年实现期货交易量 1 762.81 万手，较上年增长 37.35%；期货交易额 20 484.30 亿元，较上年增长 35.54%；营业收入 7 051.24 万元，较上年增长 18.66%，其中手续费收入 4 917.06 万元，增长 26.16%；利息收入 1 371.49 万元，下降 11.38%；实现净利润 1 094.30 万元，较上年增长 63.13%。在中国证监会组织的期货公司分类评价中获评 C 类 CCC 级。

截至年末，国元期货设有 7 家期货营业部，共有员工 138 人。

期货投资咨询业务　完成内部投资咨询业务内部流程梳理与相关投资咨询产品序列建设，深挖公司内部机构客户的投资咨询业务需求，并在拓展机构客户时主推投资咨询业务服务。2013 年 6 月，与上海芮广国际贸易有限公司达成第一笔投资咨询业务服务合同，合同金额 10.8 万元。

（张帆）

华海期货有限公司

2013年末，华海期货有限公司（以下简称华海期货）总资产8 660.14万元，比上年减少5 024.05万元，下降36.71%；总负债5 415.8 1万元，比上年减少5 016.38万元，下降48.09%；所有者权益3 244.3 4万元，比上年减少7.66万元，下降0.24%；实现营业收入649.54万元，比上年减少172.58万元，下降20.99%；亏损1 012.16万元，比上年增加511.28万元，增长102.08%；期货代理交易量132.76万手，比上年减少89.6万手，下降40.30%、代理交易额1 194.83亿元，比上年减少154.6亿元，下降11.46%；客户数量1 548户，比上年增加57户，增长3.82%；客户保证金5 162.03万元，比上年减少5 054.25万元，下降49.47%。在中国证监会组织的期货公司分类评价中获得C类评级。

截至年末，华海期货设有3家期货营业部，共有员工49人。

（鄂薇）

宏源期货有限公司

2013年末，宏源期货有限公司（以下简称宏源期货）资产总额25.35亿元，较上年增加5.87亿元，增长30.16%；负债总额18.27亿元，较上年增加5.11亿元，增长38.88%；所有者权益7.08亿元，较上年增加7 591万元，增长12.01%；营业收入1.98亿元，较上年增加3 702万元，增长23.03%；实现利润7 242.21万元，较上年增加2 862.47万元，增长65.36%；净利润5 414.95万元，较上年增加2 133.93万元，增长65.04%。全年客户成交量4 013万手，较上年增加880万手，增长28.07%；成交金额67 222亿元，较上年增加29 840亿元，增长79.83%；年末客户数量23 157户，较上年增加4 821户，增长26.29%；客户保证金17.60亿元，较上年增加4.87亿元，增长38.31%。在中国证监会组织的期货公司分类评价中获评B类BBB级。

截至年末，宏源期货共有16家期货营业部，全资拥有1家风险管理服务子公司——宏源恒利（上海）实业有限公司；在职正式员工300余人，无外聘人员。

经纪业务 加快营业网点建设，年内筹建完成了扬州、天津、重庆、福州、深圳5家营业部。以期货营业部为载体，多渠道引进和培养骨干经营人才，提高单个业务平台的业务规模和盈利能力，推动经纪业务快速扩张。与和讯网、《期货日报》合作举办期货实盘大赛，为业务人员提供营销工具，搭建营销渠道。开展营销竞赛活动，提升全员营销意识、市场开发和服务能力，促进了宏源期货客户保证金规模和市场份额的增长。

中间介绍业务 积极配合宏源证券公司营业部期货中间介绍业务（IB 业务）资格审核备案工作，截至年末，宏源证券开展 IB 业务的证券营业部数量达 52 家。宏源期货 IB 业务新开客户数占公司新开客户总数的 24.55%；IB 业务客户保证金占公司客户保证金总额的 9.5%；IB 业务代理客户成交金额占公司代理客户成交金额的 12.42%；IB 业务收入占公司收入总额的 3.44%。

期货投资咨询业务 加强研究咨询团队建设，整合内外部资源，以客户需求为导向，加强对金融期货、期权工具的研究工作以及金融工程和量化对冲策略的研究，推出各类专业化研究咨询产品，提高研究成果的实用性和操作性，为客户提供个性化的服务产品。

资产管理业务 年内获批期货资产管理业务试点资格，成立资产管理业务部门，组建专业团队，搭建专用交易网络和投资管理系统，推出主动管理型产品和通道产品，形成高风险高收益和低风险稳定收益两个产品系列，满足投资者多元化的投资需求和风险收益偏好。截至年末，资产管理业务规模 2 227.89 万元。

设立风险管理服务子公司 年内获批风险管理服务子公司业务资格，在上海自贸区注册成立宏源恒利（上海）实业有限公司，成为首批入驻上海自贸区的 5 家期货公司子公司之一。截至年末，子公司共实现主营业务收入 548.67 万元。

信息系统建设 根据中国期货业协会信息技术三类指引和宏源期货创新发展的要求，进行信息技术系统软硬件升级和改造，并通过验收；完成上海灾备机房建设，确保信息系统安全运行；开展 mini CTP 系统设计和搭建工作，满足高频交易和程序化交易客户对交易速度的要求；建立以量化研究和交易为核心的技术服务、策略研究和交易平台开发团队，提升研究和咨询服务水平，为创新业务的发展提供技术保障。

（詹静　陈琦）

京都期货有限公司

2013 年末，京都期货有限公司（以下简称京都期货）总资产 18 121.70 万元，同比增加 285 万元，增长 2%；总负债 10 847.38 万元，同比增加 756 万元，增长 7%；所有者权益 7 274.32 万元，同比减少 472 万元，下降 6%；实现营业收入 781.36 万元，同比增加 198.79 万元，增长 34%；营业支出 1 408.19 万元，同比增加 124.47 万元，增长 10%；实现利润 –472.40 万元、同比减亏 64.19 万元，下降 12%。在中国证监会组织的期货公司分类评价中获评 C 类 CC 级。

截至年末，京都期货设有 1 家期货营业部，共有员工 40 人。

期货经纪业务 立足现有业务，深耕拓展，取得了客户数、客户权益、留存手续费等核心指标的有效增长。全年代理期货交易量 1 521 805 手，同比增加 662 196

手，增长77%；交易额1 964.89亿元，同比增加1 020.71亿元，增长108%；客户数量2 102户，同比增加1 481户，增长238%；客户保证金规模10 044.27万元，同比增加667.2万元，增长7%。

（罗博）

金鹏期货经纪有限公司

2013年末，金鹏期货经纪有限公司（以下简称金鹏期货）总资产54 633.61万元，负债32 180.71万元，营业收入5 492.45万元，所有者权益22 452.89万元，利润2 138.75万元，期货交易量1 110.84万手，交易额11 850.84亿元，客户数量6 497户，客户保证金30 307.98万元。

截至年末，金鹏期货设有9家分支机构，员工总数149人。

（张晓磊）

经易期货经纪有限公司

2013年末，经易期货经纪有限公司（以下简称经易期货）总资产222 835.28万元，比上年增加1 122.64万元，增长0.51%；总负债195 641.15万元，比上年增加302.63万元，增长0.15%；所有者权益27 194.13万元，比上年增加820.01万元，增长3.11%；实现营业收入13 289.84万元，比上年增加1 353.63万元，增长11.34%；营业支出8 153.70万元，比上年减少152.24万元，下降1.83%；实现净利润3 820.00万元，比上年增加1 166.85万元，增长43.98%；手续费收入（含交易所返还）9 936.09万元，比上年增加930.38万元，增长10.33%；客户权益19.21亿元，比上年增加0.04亿元，增长0.20%；客户数量5 607户，比上年增加189户，增长3.50%。在中国证监会组织的期货公司分类评价中获评B类BBB级。

截至年末，经易期货设有10家期货营业部，共有员工179人。

期货经纪业务　努力改善客户结构，大力发展程序化交易客户，全年成交金额64 498.23亿元，占总成交金额的80.83%，交易所返还手续费3 472万元。全年期货手续费代理收入6 464.76万元，比上年增长8.52%。

（刘积红）

民生期货有限公司

2013年末，民生期货有限公司（以下简称民生期货）资产总额44 883.94万元，比上年增加3 619.9万元，增长8.77%；负债总额35 683.21万元，比上年增加3 499.07万元，增长10.87%；所有者权益9 200.73万元，比上年增加120.83万元，增长1.33%。实现营业收入5 023.06万元，比上年减少1 177.99万元，下降19.00%；营业支出5 137.11万元，比上年减少660.26万元，下降8.85%；利润总额161.40万元，比上年减少660.26万元，下降80.36%；净利润120.83万元，比上年减少691.93万元，下降85.13%。在中国证监会组织的期货公司分类评价中获评C类CCC级。

2013年，民生期货期货代理成交量1 220.30万手，比上年增加285.26万手，增长30.51%；成交额13 714.21亿元，比上年增加3 464.37亿元，增长33.80%。期货手续费收入4 338.4万元，比上年减少1 375.89万元，下降24.08%；日均客户权益4.07亿元，比上年增加0.19亿元，增长4.90%；客户数量8 687户，比上年增加1 213户，增长16.23%。

截至年末，民生期货设有13家期货营业部，在册员工188人。

期货中间介绍业务 截至年末，民生证券向民生期货介绍客户权益总额4 733.15万元，累计实现手续费收入222.57万元，同比增长249.3%。

改革创新 对接产业客户需求，组建专业的研究团队，综合利用场内、场外两大市场，制作直观的客户需求表和产品服务手册，建立与公司战略发展相适应的业务体系。设立金融期货事业部、商品期货事业部、市场发展部、量化投资部、投资咨询部，充分发挥总部首都优势，截至年末，总部开发客户期末权益总额6 230.25万元。

（姜丕臻）

英大期货有限公司

2013年末，英大期货有限公司（以下简称英大期货）总资产11.63亿元，比上年减少1.80亿元，下降13.42%；总负债7.01亿元，比上年减少1.83亿元，下降20.69%；所有者权益4.62亿元，比上年增加254.78万元，增长0.55%；实现营业收入0.96亿元，比上年减少647万元，下降6.32%；营业支出0.88亿元，比上年减少1 107万元，降低11%；实现利润614万元，比上年增加209万元，增长51.60%。在中国证监会组织的期货公司分类评价中获评B类

BB级。

截至年末，英大期货设有10家期货营业部；共有员工234人，其中正式职工人数162人，外聘人员62人。

期货经纪业务 加大经纪业务拓展力度，针对新品种上市举办专题研讨会和市场推介，组织开展校园期货大赛等营销活动，经纪业务进一步提升。全年，经纪业务成交量1 565万手，比上年增加226万手，增长16.87%；成交额1.52万亿元，同比增长23.55%；客户净手续费率0.36‱，同比下降0.09‱；客户数量19 432户。日均保证金规模7.57亿元，比上年减少0.59亿元，下降7.26%。

期货中间介绍业务 协助股东英大证券取得中间介绍业务资质。积极拓展中间介绍业务，客户总数达到364户，日均保证金规模1 313.27万元；成交量20.45万手，同比增长2 090%；成交额649.75亿元，同比增长2 189%。

期货投资咨询业务 结合股东优势，围绕大宗商品套期保值和外汇风险管理的需求，积极探索期货投资咨询业务模式，为多家企业提供外汇和大宗商品风险管理咨询服务，签订投资咨询项目总标的额420万元，全年累计实现投资咨询业务收入550万元。

风险控制管理 强化三级风险管理体系建设，依法合规治企水平显著提升；深化合规管理，加强责任落实和日常培训、监督，通过监管部门多次检查；规范居间业务管理，借助CRM系统理顺居间关系，全面排查潜在风险点，编制重点风险识别和排查报告，强化关键岗位和重点环节管控，全年未发生重大风险事故。

资金运作 积极开展自有资金运作，努力提高资金运作效率和水平，年内投资额度2.1亿元，实现投资收益1 329万元和利息收入2 156万元。

（吴楠）

银河期货有限公司

2013年末，银河期货有限公司（以下简称银河期货）总资产87.06亿元，比上年增加20.81亿元，增长31.42%；负债72.85亿元，比上年增加14.34亿元，增长24.50%，扣除客户权益后，年末负债总额2.50亿元；所有者权益14.21亿元，比上年增加6.48亿元，增长83.83%；客户保证金余额70.35亿元，比上年增加13.80亿元，增长24.40%；客户数量6.99万户，比上年增加1.09万户，增长18.47%。全年期货成交量11 292.32万手，比上年增加3 684万手，增长48.42%；成交金额15.66万亿元，比上年增加6.05万亿元，增长63.01%；利润总额2.01亿元，比上年增加0.38亿元，增长23.08%。在中国证监会期货公司分类评价中获评A类评级。

截至年末，银河期货共设有24家期货营业部，共有正式员工749人，外聘员工19人。

经纪业务 全年，商品期货经纪业务实现收入2.69亿元，同比增长0.92%；金融期货经纪业务实现收入0.96亿元，同比增长34.99%。

期货投资咨询业务 积极构建覆盖基础数据库、风险管理、交易策略、程序化交易、套保套利等方面的产品池，为产业与机构客户提供跨市、跨品种、跨合约套利以及期现货套保服务，不断拓展期货投资咨询业务深度和广度。全年，共新开展4笔投资咨询业务，累计投资咨询收入114.37万元，比上年增加111.98万元，增长4 681.19%。

资产管理业务 2012年11月15日，银河期货获得中国证监会批准开展资产管理业务试点。银河期货严格管理防范各项新业务与固有期货业务之间可能发生的利益冲突，并满足必要的岗位独立、信息隔离和人员回避等要求；推出创新型产品，与银行、券商合作，进行产品推广，满足市场需求。截至年末，管理资产总额12 557.92万元，全年累计收入4.13万元。

（鲍羽）

银建期货经纪有限责任公司

2013年末，银建期货经纪有限责任公司（以下简称银建期货）资产总额38 776.86万元，同比增长28.04%；负债总额26 622.26万元，同比增长17.03%；客户保证金总额1.93亿元。年内银建期货增资5 600万元，所有者权益增至12 154.20万元，比上年增长61.30%。实现营业收入1 949.87万元，实现利润－980.8万元。在中国证监会组织的期货公司分类监管评级中获评CC级。

截至年末，银建期货共设有上海、天津、南宁、郑州、沈阳5家期货营业部和大连联络处，共有正式员工122人。

期货经纪业务 年内新开576户，客户总数量6 037户，其中法人81户，IB客户46户。全年交易户数（当年有成交的客户）1 183户，客户净入金9 158.95万元，交易量4 332 924手，交易额3 867.59亿元，经纪业务收入1 897.51万元。

（张莹莹）

中钢期货有限公司

2013年末，中钢期货有限公司（以下简称中钢期货）资产总额21.18亿元，比上年增加2.78亿元，增长15.11%；负债总额17.20亿元，比上年增加2.73亿元，增长18.87%；所有者权益3.98亿元，比上年增加0.05亿元，增长1.27%；营业支出50 43.27万元，比上年减少227.32万元；实现利润1 037.48万元，比上年减少656.84万元。在中国证监会组织的期货公司分类评价中获评B类BBB级。

2013年，中钢期货期货交易量

1 273.33万手，比上年增加92.21万手，增长7.81%；期货交易额12 627.94亿元，比上年增加1 853.27亿元，增长17.20%；年末客户保证金16.85亿元，比上年增加2.78亿元，增长19.80%；客户数量比上年同期增长13.44 %。

截至年末，中钢期货设有8家期货营业部，共有员工151人。

期货经纪业务 立足金属和金融行业，以产业和机构客户为重心，以服务实体经济为导向，坚持贴身服务理念，致力于产业和机构客户开发，提供专业增值服务。大力推进金融期货市场开发，与基金管理公司和信托公司紧密合作，设计开发结构化理财产品，全年共开立特殊法人11户。

研究发展 发挥人员及行业背景优势，积极参与期货新品种及期权的研发工作，与交易所合作推进铁矿石、焦煤期货上市及热轧卷板、铁合金期货的上市筹备工作。与上海期货交易所合作开展国内钢铁产业链价差期权产品设计研究，与中国金融期货交易所合作开展会员期权业务准备联合研究课题，获得好评。

（季新华）

中国国际期货有限公司

2013年末，中国国际期货有限公司（以下简称中国国际期货）总资产75.79亿元，总负债54.77亿元，所有者权益21.02亿元；实现营业收入5.08亿元，营业支出3.20亿元，实现利润1.55亿元。在中国证监会组织的期货公司分类评价中获评A类AA级。

截至年末，中国国际期货设有51家期货营业部，3家子公司，共有员工804人。

期货经纪业务 顺应政策导向，深刻把握市场变化和客户需求，创新服务方式，自主研发了“快枪手”交易系统、中期数据库、衍生品实时风险预警与管理系统，以及策略宝变频程式化策略、中期商品指数等应用型金融产品。全年，期货代理交易量0.84亿手，代理交易额7.72亿元；共有客户6.8万户，客户保证金规模45亿元；实现手续费收入3.33亿元。

资产管理业务 以量化产品和程序化交易为核心，为金融机构、基金管理公司、私募投资等机构投资者提供策略、IT、产品、风控等专业服务，并发展专户理财及相关衍生业务。实行研发驱动产品的经营模式，加大研发投入人力物力，组建中期研究院、中期产业中心、中期金融工程实验室、中期境外研究中心，研究方向涉及宏观研究、大类资产轮动研究、期货品种全产业链深度研究、量化投资和程序化交易、全球投资及资产配置。全年共开发资产管理产品13个，保证金约6 700万元。

中粮期货有限公司

2013 年末，中粮期货有限公司（以下简称中粮期货）资产总额 80.88 亿元，同比增加 11.97 亿元，增长 17%。其中，客户保证金 55.70 亿元，同比增加 10.12 亿元，增长 22%；所有者权益 24.32 亿元，同比增加 1.86 亿元，增长 8%。实现营业收入 40 639.22 万元，同比增加 9 831万元，增长 32%。其中，利息净收入18 813.14万元，同比增加 7 732.88 万元，增长 67.79%；投资收益 4 623.23 万元，同比增加 676.75 万元，增长 17%。总体支出 17 333.32 万元，同比增加 1 992.86万元，增长 13%；实现净利润 17 695.88 万元，同比增加 6 154 万元，增长 53%。在中国证监会组织的期货公司分类评价中获评 A 类 A 级。

截至年末，中粮期货设有 13 家期货营业部、2 家子公司，共有员工 370 人。

期货经纪业务　全年累计成交量 4 268.35万手，同比增加 896.67 万手，增长 26.6 %；累计成交金额 36 943.89 亿元，同比增加 6 423.32 亿元，增长 21.05%；实现手续费收入 16 915.56 万元，同比增加 1 247.58 万元，增长 7.96%。客户数量共计 14 647 户，同比增加 2 856 户，增长 24.22%。

投资咨询业务　全年新增 4 个收费服务合同，咨询费收入达百万元。

资产管理业务　培养和组建了一支优秀的资产管理团队，完成了首批产品研发和推广，当年管理资产规模近 1 亿元，为客户赚取了平均 20% 以上的回报。

风险管理服务业务　2013 年，中粮期货获得风险管理服务子公司业务牌照。全年，风险管理服务业务相关销售收入 11.33 亿元，交易各类大宗商品超过 20 万吨，净收入近 2 500 万元。

（周晟）

中衍期货有限公司

2013 年末，中衍期货有限公司（以下简称中衍期货）总资产 71 717.54 万元，总负债 56 511.80 万元，所有者权益 15 215.74 万元；营业收入 10 254.61 万元，营业支出 8 453.12 万元，实现利润 1 806.19万元。全年期货交易量 3 380.97 万手，交易额 28 240.78 亿元；客户数量 26 642 户，比上年增长 46.80%，客户保证金 54 098.76 万元。在中国证监会组织的期货公司分类评价中获评 B 类 BBB 级。

截至年末，中衍期货设有 2 家期货营业部，正式员工 137 名。

（邓鸿鹰）

中国人民财产保险股份有限公司北京市分公司

2013年，中国人民财产保险股份有限公司北京市分公司（以下简称人保财险北京市分公司）累计实现保费收入98.96亿元，比上年增加12.75亿元，增长14.79%，市场占有率33.18%，承保利润2.73亿元。

截至年末，人保财险北京市分公司设有21个支公司、21个营业部、1个营销服务部；从业人员3 619人，其中在编员工1 633人。

车险业务 以客户需求为导向，深化渠道清分和销售团队建设，着力构建全方位、广覆盖的销售体系，提升队伍产能。建立“日、周、月”三维车险发展监控机制和“费用、赔付、盈利”三维车险盈利监控机制，及时掌控业务发展变化。强化重点指标管理，提高精细化管理水平。以车险“四员制度”为抓手，全面提高管理落地效能。加强车险资源配置效能，构建差异化风险管理体系。贯彻落实北京保监局26号文件要求，制定《承保环节操作细则》和《理赔代领赔款操作细则》，坚持自律合规经营，推动车险业务健康发展。

业务创新 创新业务领域，与中轻集团、首发集团、市政集团、北京邮政集团、央广电台、建工集团等建立战略合作关系，着重推广国内公路运输随车行李物品定额保险，在农房保险、网络购物运费损失险、道路责任险、贷款损失险等业务领域实现突破，成为新的业务增长点。推动意外险展业地图工作，重点做好驾驶员意外险、旅游意外险、高端医疗保险等产品的营销。增设信用险专营团队，抢占短期出口信用险市场先机。独家承保北京市林业保险，将保险服务引入林业建设；与人保健康险北京市分公司联手推出密云“新农合项目”，创新健康险管理模式；在全市七个区县开展家财险统保及民生保险，助力首都民生经济发展；实现养老机构责任险统保，促进商业保险与社会民生的有效融合。

服务能力 启动个人客户服务平台搭建工作，落实短信关怀、代验车、酒后代驾等特色服务，制定《金牌服务示范窗口管理办法》，治理出单速度，全年平均7.19分钟。开展理赔、95518专线人员技能培训，组建VIP客户服务专属团队，实施“一站式”全流程跟踪，全面提升理赔服务质量。建立理赔服务新片区，推广移动查勘定损系统，实施优质客户专项服务和限时理赔，上线微信理赔服务功能，提升客户体验。

运营效率 推进作业流程标准化，搭建分公司流程树，对重点项目、重点工作定期督办，实现责任到人、闭环流转、限时反馈、持续跟踪。创新信息技术应用，在全国首发电子保单，上线财务SAP系统，开发事故车智能送修系统、救援评价系统、出险率监测系统和出单速度查询平台。强化财务、人力、合规等基础工作，规范经营行为。结合党的群众路线教育实践活动，建立分公司与各分支机构定点联系服务制度，进一步改进文风、会风和工作作风，提高组织运营效率。

（李晓晗）

中国平安财产保险股份有限公司北京分公司

2013 年，中国平安财产保险股份有限公司北京分公司实现保费收入 612 541 万元，计划达成率 90.7%，同比增长 1.0%，市场占有率 20.5%。其中，车险保费收入 446 575 万元，计划达成率 94.0%，同比上升 6.2%，综合费用率 30.2%，综合赔付率 64.4%，承保利润 20 577 万元；财产险保费收入 150 474 万元，计划达成率 82.1%，同比下降 12.8%，综合费用率 29.6%，综合赔付率 80.3%，承保利润 -6 888 万元；健康险、意外险保费收入 15 492 万元，计划达成率 93.9%，同比上升 18.3%，综合费用率 42.4%，综合赔付率 39.9%，承保利润 2 607 万元。

（陈家伟）

华泰财产保险有限公司北京分公司

2013 年，华泰财产保险有限公司北京分公司（以下简称华泰财险北京分公司）实现保费收入 125 183.74 万元，同比上升 5.78%。其中，车险实现保费收入 54 334.68 万元，非车险实现保费收入 70 849.06 万元。实现承保利润 12 650.08 万元。

截至年末，华泰财险北京分公司共有 8 个支公司，在编员工 434 人。

车险业务 2013 年，车险市场费用和赔付率双重增加，利润空间压缩，大部分公司出现亏损。华泰财险北京分公司采取有力措施保证团车业务规模，并努力在大型项目上有所突破，实现了微利的经营成果。

非车险业务 企财险在重大业务流失的情况下逆势而上，保费增长缺口逐步减小，年末增长 3.5%。工程险（直接出单业务）稳步增长，责任险同比增长 17.43%。船舶险业务保费收入 1 441.87 万元，同比增长 188.71%，成为水险业务新的增长点。首次承担大规模商业健康险项目，为拓展大型客户奠定了基础。

保险专属代理模式 在北京地区推行保险专属代理（EA）模式，根植社区开展业务。设立 EA 门店，严格筛选和培训门店代理人，实施精细化管理，提升服务的专业性和针对性，推动费用导向型竞争模式向服务导向型竞争模式的转化。截至年末，共设立 EA 门店 34 家，其中正式运营门店 18 家，过渡期门店 16 家；实现保费收入 1 636 万元。

服务体系建设 强化员工服务意识，树立“全员为客户服务，以服务促销售，全员打造华泰品牌”的理念，实行首问负责制，按季度开展后线人员服务满意度考核并评选“服务之星”，提升服务质量。简化理赔服务流程，加快结案赔付速度，强化理赔队伍专业化技能培训，加强风险防范力度。在2013年北京市保险行业协会车险理赔质量测评指标的通报中，华泰财险北京分公司的投诉率为0.1‰，车险理赔部在全国首届保险业“优秀服务标兵”、“优质服务窗口”评选中获得“优质服务窗口”称号。

（赵唯辰）

中国太平洋财产保险股份有限公司北京分公司

2013年，中国太平洋财产保险股份有限公司北京分公司（以下简称太平洋财险北京分公司）实现保费收入476 901万元，同比增长14.33%。其中，非车险保费收入101 737万元，同比增长33.27%；车险保费收入375 164万元，同比增长10.06%。累计赔款支出272 892万元，赔付率57.22%。

截至年末，太平洋财险北京分公司下设9家支公司、2家营业部、2家营销服务部，正式员工1 087人。

车险业务 持续推动销售管理体制改革，整合内部资源，成立专项管理部门，强化车险条线集约化管理职能。加快对机动车辆保险业务结构的调整，以总对总业务和重点集团渠道业务为重点，确保基础业务实现规模增长；以多维度数据分析为基础，通过政策拉动和竞赛推动，实现销售费用的精细化和差异化投入；建立渠道分级制度，理顺客户服务和理赔工作流程；建立专业化销售团队60个，初步形成专业化经营的销售体系。

非车险业务 坚持重大客户与重大项目同步拓展，非车险保费业务收入突破10亿元，市场份额超过10%。根据非车险业务发展路线图，制定各项目经营策略，注重积累经验、培育人才，夯实基础管理工作，促进非车险业务结构稳定、战略支点明确，初步形成非水险、航运险和农险齐头并进的发展态势。产品线发展均衡，企财险、工程险等险种发展良好。海外业务实现突破，承保了一批全球工程和财产险项目；政策性农业保险、信用保险业务取得突破性进展；实现意外险与定额货运险保单的电子化销售模式。

综合服务能力 全力打造以客户需求为导向、全面服务于销售管理体制改革的综合服务平台。围绕星级示范门店建设、服务质量管理以及投诉管理工作，建立健全普通客户基础服务标准，通过推行标准化服务，实现对整个保险服务流程的规范化管理。分类实施VIP增值服务管理体系，实现对客户资源的分类管理。深化车险理赔改革，完善3G移动视频后援系统、配件报价集中管控系统、差异化工时调整系统、理赔口径数据分析系统、医疗法务调解系统、人员队伍管理系统建设，强化成本管控，推动销售管理体制改革，推动综合服务平台建设。在由北京市金融工会和北京保险行业协会联合主办的2013年北京市职业技能大赛保险行业车险定损员比赛中取得优异成绩。

（申渝杰）

太平财产保险有限公司北京分公司

2013年，太平财产保险有限公司北京分公司（以下简称太平财险北京分公司）实现总保费收入56 651万元，同比增长35.44%。其中，车险保费收入32 121万元，同比增长77.9%；非车险保费收入24 530万元，同比增长3.2%。非车险保费收入中，水险保费收入2 069万元，同比增长18.91%；非水险保费收入17 909万元，同比增长6.34%；意康险保费收入4 552万元，同比下降12.29%。实现净利润962万元。

截至年末，太平财险北京分公司下设5家支公司，在职员工251人。

车险业务 根据北京市场交强险赔付率低的特点，大力推动交强险业务发展，成效显著；强化货运险业务品质管控力度，实现签单保费收入3 535.5万元；调整车险非标准件、车行、修理厂、代理业务等的理赔条件、承保条件、费用政策，降低车险业务赔付率；优化理赔流程，规范服务标准，提高查勘定损时效和客户对车险理赔时效的满意程度。截至年末，车险保费增长率高于北京行业平均增速65个百分点，市场占有率1.6%，同比提升0.61个百分点。

非车险业务 服务中联重科施工机具、沙特GBG全球医疗、中国石油、工商银行、农业银行、交通银行、华电集团、国电集团等重点项目；与渠道建立沟通机制，加大全球高端医疗险和太平齿科保险的推介力度；制定并下发投保单填写规范，出台《财产险承保单证管理规定》，设专人管理承保单证；下发财产险展业工具包，内装标准化产品、销售手册、“一张纸”简易费率，规范、方便业务人员工作；对未决理赔案件进行公示，实现案件公开，提高结案速度。

机构改革 成立战略客户部，集中总部力量实现大客户营销、统筹营销、高层营销的交叉营销模式，全年共拓展央企客户31家；对车商渠道和代理渠道市场进行重点划分，建立专业化团队，实现保费收入3.5亿元；建立客户信息平台，纳入央企客户及大客户信息，实现临期管理，即时反映续保情况，支撑前台销售工作；加快三级机构网点建设，设立通州支公司，改建海淀支公司，所有三级机构实现独立办公。

客户服务 开展“客户服务示范岗”创建活动，强化客服人员“以客户为中心”的服务理念；推出上门收取理赔资料服务，当客户车辆发生不涉及人伤、物损，损失金额在万元以下的单方或多方事故时，可致电95589提出上门收取理赔资料服务申请；开展现场查勘“五个一”服务活动；升级“法律服务直通车”，客户在报案时即可收到短信提醒，客户需要法律援助时，向客户推荐合作的律师事务所律师；配合北京保监局开展“全国保险宣传日”活动，向市民分发太平财险增值服务宣传彩页；开展强化宣导、集中培训，建立示范岗，进行客服交叉检查等活动，加强车险柜面人员以及查勘定损人员客服标准化建设。

（李梦溪）

中华联合财产保险股份有限公司北京分公司

2013年，中华联合财产保险股份有限公司北京分公司（以下简称中华财险北京分公司）实现保费收入8.71亿元，市场份额3%；累计处理赔案总量14.07万件，支付赔款5.7亿元；总资产5.50亿元，实现经营利润2 391.61万元。

截至年末，中华财险北京分公司下设13家支公司、2个营销服务部，与687家中介机构建立合作关系，拥有正式员工497人。

非车险业务 顺应市场化发展需求，涉足非车险蓝海市场，开发海关进口货物纳税履约保证保险、广播电视有线网络机顶盒融资项目、小额贷款信用保证保险项目、高新技术企业知识产权贷款保证保险等产品；介入陕西电信、神华集团等重大项目的运作与承保；航天保险业务快速发展，承保风云系列气象卫星、玻利维亚通信卫星等业务。

销售渠道建设 积极推动电销、网销业务发展，电销业务年末同比增长35.7%；10月，上线网销业务，实现了车险、家财险、意健险种网上投保、精确报价、核保、制单、收取保费。加强第三方合作，与慕尼黑再保险公司、欧乐救援等建立业务合作，提升服务能力。成立车商渠道部，推进专业化经营，与71家4S店签约合作；推动银保渠道合作发展，探索交通银行、北京银行信用卡积分换车险业务，通过邮储银行通州支行实现北京市第一单“农保贷”业务，参加华夏银行中小企业部的信息融资服务平台讨论，为公司提供新的业务增长点。

风险管控 面对北京车险市场整体赔付率和费用持续增长的趋势，车险业务开展降本增效工作。承保环节，扶优限劣，强化数据统计分析，拒保高亏损车型，实施差异化承保政策和费用政策管控。理赔环节，优赔增效，持续对“高风险代理人”高压管控；成立理赔稽查小组，对各类风险类案件进行核查；严格车损案件管理，强化现场查勘及复勘力度。截至年末，车险总风险成本由13.87%降至5.9%，降本增效工作初见成效。

党的群众路线教育实践活动 2013年8月5日至12月30日，中华财险北京分公司组织全体党员干部129人参加党的群众路线教育实践活动。活动中，公司党委以“为民务实清廉”为主题，按照“照镜子、正衣冠、洗洗澡、治治病”的总要求，组织全体党员认真开展学习教育、听取意见，查摆问题、开展批评和自我批评，整改落实、建章立制三个环节的工作，取得了良好成效和阶段性成果。

（袁婕）

华安财产保险股份有限公司北京分公司

2013年，华安财产保险股份有限公司北京分公司（以下简称华安保险北京分公司）实现保费收入12 195.62万元，综合赔付率54.28%，赔付支出6 838.69万元。其中，机动车辆险类保费收入10 849.94万元，综合赔付率50.23%，赔付支出6 359.22万元；财产险类保费收入1 228.66万元，综合赔付率630.07%，赔付支出454.56万元；人身险类保费收入117.01万元，综合赔付率38.49%，赔付支出24.94万元。

截至年末，华安保险北京分公司下设5家支公司、6家营销服务部，在职员工105人。

业务转型 调整经营思路，开展业务转型，积极探索新的利润增长点。通过推动承保高端车业务，探索理赔服务创新，拓展车险业务发展的新途径；引导、鼓励所属机构向非车险业务转型，加大考核力度，研发推出“商场、商铺室内装修建工险”产品；积极推动网络销售业务发展，与明亚保险经纪、海峡联合保险经纪、世纪保险经纪等公司的网络销售平台建立业务合作关系；抓住银保业务合作契机，顺利打通银保合作渠道，实现银保业务新突破。重新梳理制度流程，制定下发《非车险大项目管理办法》、《中介业务管理办法》及《大型商业保险投标项目管理办法》，为业务持续健康发展奠定基础。

社会责任 2013年春，禽流感疫情肆虐。4月11日，华安保险北京分公司重新推出“禽流感无忧疾病保险”。该产品投保人不分性别、无须体检，在支付100元保费后，一旦确诊感染高致病性禽流感，便可凭保险单、有效身份证明和国家卫生防疫部门确诊证明获得20万元的赔偿。

（王海月）

中国大地财产保险股份有限公司北京分公司

2013年，中国大地财产保险股份有限公司北京分公司（以下简称大地财险北京分公司）实现保费收入3.51亿元。其中，非车险保费收入1.27亿元，同比增长41.22%；车险保费收入2.23亿元。累计赔款支出2.02亿元，综合赔付率72.60%。

截至年末，大地财险北京分公司下设3家支公司，1家营销服务部；从业人员185人，其中在编员工128人，劳务派遣员工57人。

机动车辆保险业务 积极调整车险业务发展策略，摒弃粗放式车险业务管理模式，通过差异化配置销售费用，加强承保管理，优化车险业务结构，改善车险业务质量。全年，车险保费收入2.23亿元，同比下降2.90%。

非车险业务 加强非车险续保工作，稳定核心渠道合作关系，紧抓重点项目，针对项目险种特点，控制核保质量，改善承保方案，积极介入创新性险种，扩大公司业务来源。全年，非车险保费收入1.27亿元，同比增长41.22%。

（徐辉）

中国人寿保险股份有限公司北京市分公司

2013年，中国人寿保险股份有限公司北京市分公司（以下简称中国人寿北京市分公司）实现总保费收入72.73亿元，市场份额10.4%。其中，个险渠道规模保费收入30.11亿元，同比增长8.2%；团险渠道规模保费收入12.5亿元，同比增长113%；银保渠道规模保费收入27.13亿元，同比下降24.3%；电销渠道规模保费收入2.99亿元，同比增长11.6%。共为119万市民提供了个人寿险保障，为2.9万家大中型企业提供了员工人身意外、企业养老、医疗保障等团体寿险服务，处理各种赔付、给付近21.2万人次，金额5亿元。

截至年末，中国人寿北京市分公司下设36家分支机构，其中综合性支公司10家，个险专业化支公司12家，团险专业化支公司3家，银保专业化支公司4家，电销中心1家及同城客户服务中心（柜面）6家；员工总数8 306人，其中保险代理人6 724人。

个人营销业务 开展社区经营，完善新员工培训体系，强化队伍建设，制定标准化营销流程，提升新员工的出单率和产能。开展以客户为中心的增值服务活动，以服务带动营销。全年，实现首年期缴保费收入4.9亿元，其中10年期及以上期缴保费收入2.75亿元，同比增长24.6%。

团体保险业务 开拓业务渠道，重视政保合作，创新服务项目。全年，实现短期险保费收入8.18亿元、同比增长78.1%，其中短期意外险保费收入5.64亿元、同比增长88.2%。长期险业务取得突破性进展，承保1.6亿元全国金泰保险第一大单。网络销售创新成效显著，与慧择网合作的网销业务已实现上线销售。

社会责任 与北京市委组织部合作推进大学生村官保险，为四千余名大学生村官提供重大疾病和人身意外伤害综合保险；与北京市计化生育协会合作，在全市大部分区县开展计划生育家庭意外伤害和女性两癌特定疾病保险业务；与北京市老龄委合作，为全市50周岁以上老年人提供意外伤害保险保障；与房山区、平谷区政府合作，为近三万名低保人员开办小额人身保险业务；连续13年为北京市公安局民警和职工提供保险保障服务，免除了公安干警及其家属的后顾之忧。

（陈鸿昊）

中国平安人寿保险股份有限公司北京分公司

2013年，中国平安人寿保险股份有限公司北京分公司（以下简称平安人寿北京分公司）实现规模保费收入124.19亿元，同比增长10.47%。其中，个险规模保费收入111.30亿元，同比增长18.79%；银保规模保费收入12.56亿元；团险规模保费收入0.33亿元。累计办理个险、银保理赔57 504件，赔款、死伤医疗给付累计4.66亿元，年金及满期给付18.18亿元。

截至年末，平安人寿北京分公司设有16个职能部门，33个营销服务部；在职员工875人，返聘1人，个人代理17 410名。

个人营销业务 从基础入手，加强以行销工具为基础的活动管理，开展“新年平安礼 福进千万家”等活动，搭建客户开拓活动平台；夯实业务队伍标准化展业流程，提高单兵作战能力，适应新的市场环境。截至年末，个险人力17 410人，占北京市场份额的31%；实现规模保费收入111.3亿元，同比增长18.8%，市场份额36%。其中，个险新单规模保费收入28.12亿元，同比增长28%；续期保费收入83.18亿元。

银行代理业务 推动销售模式转型、停止驻点销售、普及巡点作业，坚持以期缴分红险产品和趸缴长险为主打，通过绩效政策、竞赛激励、考核约束、品质管理和日常管理，全力推动业务发展。全年，累计实现首年期缴保费收入34 743万元，同比增长5.9%；实现内含价值（NBEV）5 287万元；实现折算规模保费收入15.5亿元。

重大承保与理赔 践行“标准案件，资料齐全、2天赔付”的承诺，理赔整体结案时效1.89天，标准案件2日结案率95.12%。截至年末，拥有客户420万余人，保单594万余件，累计为北京市民提供人身保障4 480亿元；累计为32万北京市民赔付32亿元。客户董某因病身故，其受益人获得身故保险金2 062 225.62元，这是平安人寿北京分公司2013年最大单笔理赔款。客户武某投保寿险保额3 000万元，意外伤害保额7 000万元，年度累计承保保额1亿元，成为平安人寿北京分公司2013年最大承保契约。

社会公益 秉承“执善心、筑大业”的慈善理念，积极投身各项公益活动。开展“中国平安希望小学维护计划”，向房山区蒲洼乡平安希望小学捐赠价值5万元的设备和用品，选拔四批志愿者赴该校支教，联合北京黑芝麻胡同小学，将该校师生带入名校课堂。参与平安集团大学生励志计划活动，与北京地区9所高校合作，征集论文逾百篇，其中39篇论文获奖。赞助首都高校经管学院校际辩论赛、对外经贸大学金融产品广告大赛，慰问西城区残联、敬老院，送去关爱，传递慈善力量。

（缪进）

中国太平洋人寿保险股份有限公司北京分公司

2013年，中国太平洋人寿保险股份有限公司北京分公司（以下简称太平洋寿险北京分公司）实现保费收入39.65亿元。其中，个人营销业务实现保费收入4.22亿元，银邮业务实现保费收入8.38亿元，团体业务实现保费收入1.35亿元，续期业务实现保费收入25.70亿元。全年共处理各种赔付、给付4.46万人次，共计金额1.18亿元。

截至年末，太平洋寿险北京分公司下辖10个支公司，2个营销服务部，在职内勤员工355名，个人营销员5 035名，银行保险系列外勤员工338名，团体业务系列外勤员工68名。

个人营销业务 以“稳增长、重价值、促转型、增效率”的经营方针，持续推进业务转型；强化基础管理，实现关键人力指标全面优化；科学配置资源，合理控制业务节奏。全年，个人营销业务实现新单保费收入4.22亿元。

银邮业务 重推银保期缴业务，实现渠道长期价值增长；优化产品结构，合理配置网点资源，提升产品价值。全年，共实现银邮保费收入8.38亿元，其中银保期缴保费收入3.89亿元，同比增长6%。

团体业务 优化业务渠道人员，提升团险法人客户经营专业能力；拓展大项目经营，实施项目部管理，积累渠道价值。非健短险取得长足发展，实现保费收入9 164万元，同比增长52%；短期意外险积极挖掘新的增长点，实现保费收入8 461万元，同比增长49%。全年，团体业务渠道实现保费收入1.35亿元。

（多玲辉）

泰康人寿保险股份有限公司北京分公司

2013年，泰康人寿保险股份有限公司北京分公司（以下简称泰康人寿北京分公司）实现总规模保费收入39.40亿元，同比下降16%。其中，个险保费收入16.65亿元，同比增长15%（含新契约保费4.19亿元，同比下降10%）；银保保费收入15.90亿元，同比下降41%。各项赔款和给付共计14.3亿元，同比上升51.6%。其中，退保支出7.6亿元，占比53%；赔款支出1.8亿元，占比12.6%；年金给付2.89亿元，占比20.2%；满期给付1.36亿元，占比9.5%；死伤医疗给付支出6 688.2万元，占比4.7%。

截至年末，泰康人寿北京分公司下设20个支公司，18个营销服务部，在职内勤员工315人，营销持证业务员4 353人，电话销售877人，银保业务员381人。

个险营销业务 坚持以财富系列10

年期缴型保险产品为销售重点，以客户体验为导向，加强基础管理和专业化经营；优化队伍结构，完善培训体系，提升业务人员素质和绩效。全年，个人业务实现新契约规模保费4.65亿元，同比增长3%；实现新契约标准保费3.18亿元，同比增长0.2%。

银行保险业务 受金融市场整体萎靡影响，新单保费有所下滑，全年实现银保新单保费收入6.4亿元，同比下降65.9%，其中分红险保费收入6.39亿元，占新单保费的99.8%。高价值终身养老保险产品——幸福人生实现突破性发展，体现了寿险保障功用，推进了公司的价值转型。注重渠道建设，共与15条渠道开展合作，推进多元化营销模式，养老社区推广初见成效，客户服务水平迈上新的台阶。

电话行销业务 坚持基础管理和专业化经营，提升业务规模、关键绩效指标。全年电话行销累计标准保费收入1.29亿元，同比增长2.4%。自建团队快速成长，搭建七大分中心，形成了以自建为核心的战略布局，全年实现累计标准保费收入1.16亿元，同比增长20.8%。

易理赔 推出“易理赔”服务模式，客户利用泰康在线、微信、手机终端等网络媒介办理理赔申请、资料递交、赔款到账等，实现了足不出户完成全流程理赔服务。截至年末，“易理赔”已实现住院津贴、重疾、身故等险种的线上理赔。

客户服务 落实“以客户为中心”的服务理念，完善配套硬件设施，启动保全服务项目前置服务工作，借助新生活广场平台，创新服务模式；举办少儿书画大赛、户外亲自采摘、健康讲座等客服节活动，“新生活广场”荣获“北京保险业优质服务窗口”称号。加强风险防控，从新契约电话回访做起，完善业务品质管理办法，加强销售行为的后期监控，维护消费者权益，实现了客户服务内容的升级和公司形象的提升。

（田雪）

新华人寿保险股份有限公司北京分公司

2013年，新华人寿保险股份有限公司北京分公司（以下简称新华人寿北京分公司）实现总保费85.57亿元（按新准则）。其中，个险新单保费收入7.2亿元，个险总保费收入48.08亿元，同比增长8.4%；银保新单保费收入9.52亿元，银保总保费收入34.16亿元；团险总保费收入3.33亿元。

截至年末，新华人寿北京分公司下设13家支公司、9家营销服务部、3家营业部；员工总数10 132人，其中内勤员工645人、外勤队伍9 487人（含代理制7 956人、员工制1 531人）。

个险业务 围绕基础管理主题，坚持做好“四班两会一早”，推动督导追踪体系和绩优队伍建设，活动人力、活动率、合格率、绩优率及队伍产能均有不同程度的提升。全年实现规模保费6.52亿元，同比增长2%；实现价值保费4.33亿元，同比增长11%。

法人业务 重点发展短期险，强化培训和以老带新，形成良好的业务氛围，提升整体业务素质；继续推进职域销售等创新业务发展。全年实现团险总保费收入5.44亿元，其中短期险保费收入3.18亿元，同比增长7.6%。

银代业务 受渠道调整和队伍转型影响，银代业务发展步伐放缓。坚持以“深化转型、提升效率、创新开拓、价值转型”为工作主题，强化节奏经营、旬经营以及基础管理工作，团队和整体业务平台逐步稳定。全年达成规模保费14.98亿元，其中期缴保费4.47亿元。达成价值保费6 957万元。

续收新单业务 以客户为中心，推动区域化经营，建立起东、南、西、北四个片区的作业格局，提升服务效率；通过队伍规模的高效扩充，为业务开展提供支撑，在岗人力、有效人力及实动人力保持同比大幅提升。全年达成新单价值保费6 910万元，同比增长36%；新单规模保费1.83亿元，同比增长16%。

客户服务 开展客户信息清澈活动，规范四级机构柜面服务标准，通过对职能、流程、运营服务标准等方面进行全方位管理和规范，强化四级机构柜面的前端服务与支持能力，增强机构的客户全生命周期服务能力。截至年末，个人客户总量约100.3万人，较上年增加近30万人，增长3.09%；处理个人客户赔付案件8 739件，赔付金额1.61亿元。

（张梦迪）

太平人寿保险有限公司北京分公司

2013年，太平人寿保险有限公司北京分公司（以下简称太平人寿北京分公司）累计实现总保费收入33.86亿元，同比增长40.78%。其中，个险总保费收入13.78亿元，同比上升80.53%；银行保险总保费收入19.95亿元，同比上升22.43%。在第六届北京保险行业“金保单”年度评选中，太平人寿北京分公司被评为“2013北京保险行业综合实力十强”、“北京保险行业服务满意度优秀企业”。

截至年末，太平人寿北京分公司下辖9家营销服务部，在职内勤员工275人、银行保险客户经理239人、续期服务专员43人、个人代理人5 383人。

个险业务 通过人力与产能双轮驱动，推动“绩优组织”与“绩优人力”协同发展。坚持专业化经营，改进新人育成体系，加强主管层级培训，提升自主经营能力，营销人力取得跨越式发展，年末人力达到5 383人。截至年末，个险新契约实现保费收入6.46亿元，同比增长338.36%。严格规范个人业务营销员的展业行为，大力倡导合规经营理念，提升客户服务质量，注重续期经营品质。截至年末，个险13个月累计保费继续率95.43%，个险25个月累计保费继续率96.62%。

银保业务 深化业务转型，落实差异化网点分类经营，加强队伍技能培训，提升营销队伍的专业能力，确保业务健康发展。截至年末，银行保险业务实现新契约保费收入12.62亿元，同比上升23.26%。其中，实现趸缴保费收入11.11亿元；实现期缴保费收入1.51亿元。制定完善品质管理办法，坚持将品质管理贯穿于业务的全过程中。截至年末，银行保险业务13个月累计保费继续率92.77%，25个月累计保费继续率97.07%。

重大承保与赔付 银行保险渠道承保客户吴某投保"太平金生恒赢年金保险（分红型）"，规模保费1 500万元。客户王某病故，赔付其受益人身故保险金53.1万元；赔付客户李某重疾保险100万元，医疗费用6 747.61元。

社会公益 帮助打工子弟小学——北京自强实验学校和海淀永丰实验学校建立"爱心书屋"，捐赠图书合计1.1万余册。"太平手拉手爱心书屋"活动，截至年末累计捐赠图书3.6万册，参与捐赠图书的客户及员工人数上万人，6 500名学生受益。携手中国青少年发展基金会启动爱心"希望厨房"项目，为偏远地区的小学提供蒸饭柜、电磁大锅灶、开水器等套厨房设备，改善孩子们的饮食及就餐环境。截至年末，已向中国青基会捐赠1个爱心"希望厨房"。

（赵塑）

民生人寿保险股份有限公司北京分公司

2013年，民生人寿保险股份有限公司北京分公司（以下简称民生人寿北京分公司）实现保费收入29 443.23万元，同比下降8.39%。其中，个人业务保费收入13 627.53万元，同比增长1.79%；银邮业务规模保费收入14 854.72万元；团险业务保费收入960.98万元。

截至年末，民生人寿北京分公司下设2个支公司、8个营销服务部；在职内勤员工80人，个人营销员396人、银行保险客户经理36人、收展外勤50人。

个人业务 围绕"人力发展和绩优建设"两条主线，加大营销服务部间合作，增加培训力量和主顾开拓支持。通过提升管理、明确指标、加强培训、巩固文化，全面带动业务平台提升及各层级人员能力提升。人力发展以新增为主，以外部引进为辅，推动合格部和标准组建设，打造精英人才队伍。以机构差异化管理为经营突破口，提升队伍收入。开展保险进社区活动，加强与客户的交流和市场开发。推广E行销项目，突破传统客户管理模式，提升客户服务品质。截至年末，个人代理人396名，持证率100%，人均产能同比上升49.13%，件均标保同比上升16.84%，个人业务保费收入13 627.53万元，其中新单业务保费收入1 923.51万元，续期业务保费收入11 704.02万元。

银邮业务 坚持以期缴业务为核心的转型方向，持续推动期缴新产品销售策略。探索业务新思路，深化网点建设，完善管理架构，强化人员培养，打造专业团队。全年，实现规模保费收入14 854.72万元。其中期缴保费收入14 515.38万元，含续期保费收入12 712.98万元，趸缴保费收入339.34万元。

团险业务 注重合规经营，加强风险管控，坚持以客户需求为导向和注重保险保障的产品策略，优化升级业务系统，积累优质客户。全年，实现保费收入960.98万元，同比上升41.04%。

客户服务 坚持“真诚（Sincerity）、简单（Simplicity）、快捷（Speediness）、标准（Standardization）、体贴（Sympathy）”的“5S”服务理念，推出客服中心一柜通、简化理赔手续、营业网点标准化等服务措施，为客户提供专业、便捷及差异化的理赔服务。全年，理赔平均结案时间2.33天，7日结案率99.66%。实施运营系列标准化建设及ISO9001认证项目，提升客户服务效率；开展运营系列满意度测评、“微创新”大赛，客户体验式体检等活动；在内网系统中开辟“运营之窗”专栏，强化员工服务意识；举办第八届客户服务节，组织“家有儿女 异彩纷呈”少儿艺术大赛、民生大讲堂、“乐活之旅”夏令营等活动。

（何超）

六、文件与规章

北京市人民政府办公厅

北京市人民政府办公厅
关于推进区域性股权交易市场规范发展的指导意见

京政办发〔2013〕63号

各区、县人民政府，市政府各委、办、局，各市属机构：

为健全本市多层次资本市场体系，创新直接融资渠道，引导民间资本转化为产业资本，引导中小微企业借助区域性股权交易市场做优做强，更好地发挥金融对经济结构调整和转型升级的支持作用，经市政府同意，现就推进本市区域性股权交易市场规范发展有关问题提出如下指导意见。

一、总体要求

贯彻落实党的十八大和十八届三中全会关于多层次资本市场发展的精神，以建设具有国际影响力的金融中心城市为出发点，以加快转变经济发展方式、服务首都经济社会发展为主线，充分发挥中关村国家自主创新示范区创新资源密集和政策先行先试的优势，坚持创新与发展并重、服务与监管并行，多渠道推动中小微企业股权和债权融资，保护投资者合法权益，切实防范和化解金融风险，推进本市区域性股权交易市场规范发展。

二、明确职能定位

本市区域性股权交易市场是在国家有关金融管理部门的指导下，由市政府批准设立，专门为本市企业特别是中小微企业提供融资服务的私募市场，是多层次资本市场的重要组成部分。其主要职能是：为本市非上市企业股权、债权和其他权益类产品的登记、托管、结算等提供场所、设施和服务，组织和监督交易活动，管理和发布市场交易信息，监督管理挂牌企业和会员中介机构，做好投资者适当性管理，为企业进场挂牌提供咨询等综合服务。本市区域性股权交易市场运营机构可稳妥推进金融产品和服务创新，拓展业务范围。

三、完善政策措施

市有关部门和区县政府要加强统筹协调，形成工作合力，为本市区域性股权交易市场营造良好的发展环境。要结合实际，不断完善对区域性股权交易市场运营机构、拟挂牌企业、挂牌企业、中介机构等的扶持政策措施，有效激发区域性股权交易市场服务中小微企业融资的创新活力。

（一）参照本市针对金融机构的现行扶持政策，由市有关部门和区县政府负责对本市区域性股权交易市场运营机构落实相关政策。

（二）对符合条件的本市区域性股权交易市场拟挂牌企业和挂牌企业，以现行中小微企业政策扶持体系为依据，参照《北京市人民政府关于贯彻国务院进一步促进中小企业发展若干意见的实施意见》（京政发〔2011〕17号）、《北京市人民政府关于进一步支持小型微型企业发展的意见》（京政发〔2012〕40号）等政策规定以及市有关部门已出台的各项扶持政策，支持其享受专项资金支持、税收、技术改造和开发、高新技术企业认定、融资贴息、人才引进等方面的优惠政策。

（三）鼓励各区县政府做好对本地区拟挂牌企业的培育储备工作，出台支持本地区企业在本市区域性股权交易市场挂牌的配套措施。

（四）支持本市区域性股权交易市场挂牌企业在全国中小企业股份转让系统挂牌以及在境内外资本市场上市，符合条件的企业可享受中关村国家自主创新示范区有关支持政策。

（五）由市金融局、市经济信息化委、市财政局、中关村管委会等部门另行研究制定针对本市区域性股权交易市场拟挂牌企业、挂牌企业、中介机构等的专项市级配套资金扶持措施。

四、加强监督管理

本市区域性股权交易市场实行市场自律与政府监管相结合的监管体制，在国家金融管理部门及其派出机构的指导下，严格按照有关法律法规和政策规定开展经营活动。

（一）本市区域性股权交易市场运营机构要加强对区域性股权交易市场的自律管理，并严格按照《国务院关于清理整顿各类交易场所切实防范金融风险的决定》（国发〔2011〕38号）、《国务院办公厅关于清理整顿各类交易场所的实施意见》（国办发〔2012〕37号）、《北京市人民政府关于印发北京市交易场所管理办法（试行）的通知》（京政发〔2012〕36号）等文件要求组织开展业务，确保本市区域性股权交易市场依法合规运行。

（二）各区县、各部门、各单位要按照本指导意见要求和职能分工，认真履行各自职责，切实加强沟通协调，着力形成既有分工又相互配合的监管机制，确保本市区域性股权交易市场持续健康发展。

1. 根据市政府授权，由市金融局会同有关部门，负责对本市区域性股权交易市场进行日常监管，做好风险防控处置等工作。

2. 北京证监局、北京银监局等单位要按照中国证监会、中国银监会等国家金融管理部门的统一部署，进一步加强对本市区域性股权交易市场的业务指导，并建立健全针对参与本市区域性股权交易市场的证券公司、商业银行等的监管制度。

3. 各区县政府要在市金融局等部门的指导下，协助做好对本地区在本市区域性股权交易市场挂牌企业的统筹管理和风险防范处置工作。

本指导意见自印发之日起实施。实施过程中遇到的问题由市金融局商相关部门协调解决，重大问题及时向市政府报告。

二〇一三年十二月十九日

中国人民银行营业管理部

中国人民银行营业管理部关于大力推进2013年科技金融和文化金融工作的通知

银管发〔2013〕107号

辖内各银行：

为继续推进科技金融和文化金融工作，按照北京市政府、人民银行等十单位《关于中关村国家自主创新示范区建设国家科技金融创新中心的意见》（京政发〔2012〕23号）、《中共北京市委关于发挥文化中心作用 加快建设中国特色社会主义先进文化之都的意见》（京发〔2011〕28号）、《中国人民银行办公厅关于做好2013年信贷政策工作的意见》（银办发〔2013〕26号）等文件要求，现就2013年科技金融和文化金融工作安排通知如下。

一、总体工作要求

（一）坚持金融服务实体经济的根本原则

各银行应紧密围绕实体经济不断完善金融服务，把科技金融创新和文化金融创新作为金融与北京市实体经济对接的重点。适度增加贷款投放，着力优化信贷结构，力促信贷总量、投向、期限与实体经济发展实际需求相吻合。有效防范信贷业务风险，坚决守住不发生系统性和区域性金融风险的底线。

（二）服务北京市“双轮驱动”发展战略

北京市已经明确要在今后五年率先形成科技创新、文化创新“双轮驱动”的发展格局，初步建成有世界影响力的科技文化创新之城。各银行应深入领会实施创新驱动发展战略对于加快经济发展方式转变的重要意义，围绕北京市产业发展方向调整优化信贷结构，有效把握科技创新、文化创新带来的历史机遇，持续加大对高新技术产业、文化创意产业等现代服务业的信贷支持力度，不断提高信贷投放与北京市经济发展的契合度。各银行要力争2013年高新技术产业新增贷款规模和户数、文化创意产业新增贷款规模和户数指标均高于2012年。

二、组织协调保障

（一）加强组织领导

各银行在科技金融和文化金融工作组织推动方面应做到“五个一”：明确一位分管此项工作的分行（地方法人银行总行）领导；制定一批相关业务发展的年度目标；确定一个具体落实工作的主责部门；建立一项前、中、后台多部门参与的协调机制；推出一套相关促进业务发展的措施办法。

（二）及时跟进督导

各银行分管领导应及时了解本行科技金融和文化金融工作进展情况，做好组织推动和统筹协调。主责部门应根据年度工作目标细化任务措施，健全配套考核激励制度办法，强化工作进度督导。

三、具体工作安排

（一）强化组织设计，健全体系保障

1. 打造特色支行和专营机构。鼓励各银行在中关村建立为科技企业服务的信贷特色支行或专营机构，增强对科技企业的服务能力。在符合现行规定的条件下，鼓励银行设立知识产权融资服务专营机构。支持银行在文化创意产业集聚区设立机构网点，为文化创意型中小企业提供专业服务。原则上，2013 年各国有商业银行北京市分行和北京银行应新增 2 家以上科技金融或文化金融特色支行（专营机构），其他银行应新增 1 家以上科技金融或文化金融特色支行（专营机构）；成立时间较晚、业务规模较小的银行也应积极培养专业人才队伍，着力建设特色支行或专营机构。我营业管理部将联合中关村管委会等部门对中关村科技金融专营机构或特色支行进行评估奖励，联合相关部门对文化金融特色支行授牌。

2. 充实科技金融和文化金融专业队伍。鼓励各银行在总行、分行和支行层面培养、打造多支专门服务高新技术企业和文化创意企业的专业队伍，支持银行设立相关专业岗位、配备专职信贷人员。原则上，各银行中小企业业务条线人员中应有三分之一以上专职或兼职服务于高新技术企业和文化创意企业。各银行应通过集中培训、专家授课、网络教育等多种形式增强一线员工对高新技术产业和文化创意产业的认识和了解，加大专业人才培养力度。

（二）优化机制设计，改进业务管理

3. 突出内部考核管理行业差异。鼓励各银行建立健全针对高新技术产业和文化创意产业相关业务的单独考核和奖励政策，对激励约束、贷款审批、不良贷款容忍度、拨备和核销等指标，在合乎政策规定和内控要求的前提下，进行差异化管理，使科技金融和文化金融工作做到目标到位、措施到位、考核到位、奖惩到位。

4. 完善信贷管理机制。各银行应逐步建立健全适合高新技术产业和文化创意产业特点的信用评级和信用评分制度，适当提高科技金融和文化金融特色支行的信贷业务权限，完善授信尽职免责机制，通过推行“信贷工厂”管理模式合理缩减授信审批时间，提高信贷业务效率。各银行应不断增强高新技术企业贷款、文化创意企业贷款的定价能力。

5. 推进信用体系建设。充分发挥中关村作为信用首善之区、海淀区中小企业信用体系建设试验区和生物医药产业金融激励计划的示范作用，扩大信用产品的应用范围，进一步发挥信用担保、信用评级、信用增进在高新技术企业和文化创意企业融资过程中的重要功能。鼓励高新技术企业和文化创意企业建立信用档案，购买公信力强的信用评级机构的信用评级产品。鼓励各银行使用信用产品，对信用良好的高新技术企业和文化创意企业发放一定额度的信用贷款。我营业管理部将推动有关政府部门设立财政专项支持资金，实现以信用促融资。

6. 完善风险分担机制。各银行在科技金融和文化金融工作中应加强与担保、再担保机构合作，与信用保险形成优势互补，建立多层次的贷款风险分担和补偿机制。我营业管理部将继续推动相关部门健全政策性融资担保体系，利用财政资金建立和完善科技金融贷款风险补偿与激励机制。

（三）推进产品创新，完善专业服务

7. 健全知识产权融资产品体系。各

银行应根据高新技术产业和文化创意产业特点，以创新担保方式为突破口，探索建立以知识产权融资为核心的专业产品体系。鼓励银行开拓专利权、商标权、版权、著作权等各类知识产权的融资服务，逐步扩大权利质押贷款范围，开展融资租赁、应收账款质押、知识产权质押、股权质押等产品创新。针对高新技术企业和文化创意企业资金需求急、成长快等特点，创新综合授信方案，为企业提供灵活的授信期限和还款方式。

8. 完善支付结算等相关服务。各银行应进一步完善银行卡刷卡环境，推动文化娱乐、广播影视、新闻出版、旅游广告、艺术品交易等行业的刷卡消费，积极推广使用电子商业汇票，进一步丰富高新技术企业和文化创意企业短期融资手段，降低融资成本。充分发挥第三方支付机构贴近市场的优势，推动北京电子商务产业发展。

9. 推行综合金融服务。各银行应将信贷业务与结算业务、国际业务、投行业务有效衔接，根据企业所处初创、成长、成熟等不同生命周期阶段给予其差异化的金融组合服务。有效整合银行对公业务与零售业务、资产负债业务与中间业务，为高新技术企业和文化创意企业提供综合性金融服务。

（四）丰富融资方式，降低融资成本

10. 支持企业直接融资。各银行应积极支持高新技术企业和文化创意企业发行短期融资券、中期票据等债务融资工具，帮助有条件的企业通过股票市场、债券市场融资。鼓励银行挖掘中小企业客户资源，推动其发行中小企业集合票据和私募债，通过扩大直接融资规模切实降低中小微企业融资成本。

11. 帮助企业多渠道融资。各银行应加强与租赁、信托、保险等非银行金融机构合作，帮助高新技术企业和文化创意企业通过信贷、租赁、信托、保险等多个渠道获得发展资金。鼓励银行与保险公司合作，借助信用保险的融资推动功能，面向中关村企业联合开展信用保险及贸易融资等系列金融创新。

12. 促进贸易和投资便利化。各银行应及时了解企业的外汇业务需求和政策诉求，积极配合北京外汇管理部开展外汇政策培训和辅导，做好利用外商投资、企业返程投资、外债管理、个人股权激励计划等外汇管理政策宣传，引导企业学好、用好各项外汇便利政策。研究推进服务贸易外汇管理改革，简化审核环节，切实降低高新技术企业和文化创意企业用汇成本，同时将部分高新技术企业和文化创意企业作为重点联系对象，为其提供全方位的政策咨询和业务指导。继续配合相关部门开展利用外资设立股权投资基金试点，允许试点企业资本金结汇用于股权投资，拓宽高新技术企业和文化创意产业资金渠道。继续推动小额贷款公司资本金结汇试点，简化资本金结汇手续。加强与中关村科技企业及相关企业协会沟通，开展直接面向企业的外汇政策宣传培训，指导各银行为企业办理外汇收支业务提供准确、快捷的服务。进一步扩大跨境人民币业务规模和试点银行范围，推动经常项下跨境人民币结算简化试点。

（五）着力渠道建设，注重宣传推广

13. 密切银政合作。各银行应积极开展与北京市科技和文化相关主管部门的合作，建立和保持顺畅的信息互通机制，及时掌握产业政策变化和行业发展动态，积极组织银企对接，通过打造银企合作平台，支持优质企业发展。

14. 构筑多方合作渠道。各银行应通过园区管委会、行业协会、中介组织等多种渠道挖掘科技型、文化创意型中小企业特别是小微企业客户，扩大金融服务覆盖面。探索与创业投资机构的对接与合作，建立信贷与股权投资相结合的项目筛选和利益分享机制。

15. 铸就品牌特色。各银行在科技金融和文化金融工作中应结合自身比较优势形成业务特色和专业品牌，避免同质竞争。加强宣传推介和媒体推广，扩大相关产品和服务的使用范围。各银行应积极参与我营业管理部与相关政府部门联合组织的科技金融和文化金融宣传推广及信息交流活动，增强相关工作的社会影响力。

四、督察管理要求

各银行应按照本通知要求于2013年4月底前制订2013年科技金融和文化金融工作计划并报我营业管理部。工作计划应包括业务发展年度目标、内部分工组织安排、具体工作任务措施、督促考核奖惩办法等内容。各银行应及时将科技金融和文化金融工作进展情况通过《信贷政策执行情况季度报告》报送我营业管理部。我营业管理部将对辖内银行科技金融和文化金融工作开展情况进行督导检查，并定期在辖内银行范围内通报。各银行相关工作表现和成效将作为重要依据，纳入2013年度信贷政策导向效果评估。

特此通知。

二〇一三年三月二十九日

中国人民银行营业管理部　北京市农村工作委员会

中国人民银行营业管理部　北京市农村工作委员会关于持续深入开展“金融惠农工程”建设进一步做好“三农”金融服务工作的通知

银管发〔2013〕120号

辖内各中资银行，各郊区（县）农委、新农办：

为全面贯彻落实中央一号文件、人民银行工作会议、市委十一届二次全会和北京市农村工作会议精神，进一步完善首都“三农”金融服务体系，促进首都农村经济社会科学发展，根据《中国人民银行办公厅关于做好2013年信贷政策工作的意见》（银办发〔2013〕26号），结合北京市“十二五”城乡一体化发展规划，现就持续深入开展“金融惠农工程”建设有关事项通知如下。

一、总体要求

（一）充分认识首都“三农”工作的重要意义

一直以来，人民银行、市委市政府都将“三农”工作作为重中之重。在首都新的发展阶段，特别是在城乡一体化和全面建成小康社会的推进过程中，“三农”工作已提升到更加重要的位置。农业已被定位为首都可持续发展的战略性基础产业，缩小城乡区域发展差距和居民收入分配差距已成为城乡一体化发展的基本着力点。

（二）将提升“三农”综合金融服务作为工作着力点

伴随城镇化和新农村建设步伐的加快，特别是农村居民收入倍增计划的实施，农民以取现、支付、理财、咨询等为内容的非信贷金融服务需求显著增加。各银行应积极转变工作思路，将“三农”金融工作的着力点聚焦于提升农村地区综合金融服务水平，切实增加信贷投放，积极参与适应首都农村实际的金融服务环境建设，努力提高金融服务“三农”的针对性和有效性。

二、工作安排

（一）完善组织机制，提升金融支农能力

1. 优化经营网点布局。北京农商银行、北京银行、中国农业银行北京市分行、中国农业发展银行北京市分行、中国邮政储蓄银行北京分行、各村镇银行等涉农银行应根据自身发展定位，制定贴近首都“三农”实际的年度经营发展规划；结合城乡一体化发展规划，调整和优化城乡经营网点布局，做到向京郊农村倾斜，增加人口密集地区的网点数量，重点加大农村地区电子机具、服务终端等设备的布放力度，扩大金融服务在农村地区的覆盖面。

2. 健全内部机构设置。原则上，涉农银行应建立专门的“三农”业务部门，专司涉农业务发展规划、部门协调、审批、考核等工作。鼓励涉农银行以外的其他银行建立面向京郊农村地区的专管机构或专营部门，提高涉农业务管理效率。各银行应重视机制创新，鼓励各银行在分行（地方法人银行总行）层面建立针对涉农业务创新的专门委员会或部门，专司涉农金融创新工作，进一步提高涉农业务的效率。

3. 加强涉农人才队伍建设。各银行在人才队伍建设方面应适当向涉农业务和农村地区倾斜；涉农银行应努力打造专业化的涉农团队，通过内部选拔、外部聘用、专项培训等方式，逐步提高涉农业务岗位和京郊网点中高学历专业人才的比重，不断优化涉农业务人员结构。鼓励各银行对涉农业务实行单独考核、单独奖励，通过差异化、倾斜性的激励机制调动工作人员的积极性。各银行应探索建立涉农信贷业务的尽职免责机制。

（二）明确信贷支持重点，提升农业产业结构

4. 加大对都市型现代农业发展的信贷支持。各银行应大力支持都市型现代农业的发展，通过信贷产品创新、审批流程优化等方式，提供高质量的金融服务，促进农业与第二、第三产业融合。在风险可控的前提下，鼓励各银行优先满足都市型现代农业的资金需求。

5. 推动提高农业组织化水平。在各级政府加快相关体制机制创新的基础上，在符合信贷条件、风险可控的前提下，各银行应积极支持生产规模大、经营机制好、科技含量高、加工产品精、辐射区域广的农业龙头企业、农产品加工龙头企业，以及以农产品销售、农业生产资料采购和农业科技服务为主的各类专业协会和农民专业经济合作组织。

6. 大力支持农村非农产业发展。在

符合信贷条件、风险可控的前提下，各银行应重点对采用高新技术和先进适用技术提升生产能力的企业，给予信贷支持。依托2013年科技金融和文化金融工作，抓住中关村一区多园空间布局调整和一批重大项目落户郊区的机遇，努力将金融服务高新产业、文创产业发展的各项工作向京郊农村地区拓展和延伸。

（三）把握民生所需，促进农村发展和农民增收

7. 大力支持“菜篮子工程”。“菜篮子工程”建设不仅关系首都“菜篮子”相关产品供应和应急保障能力，还可带动农村发展和农民增收。各银行应积极参与市政府主导的“菜篮子工程”基地建设。在符合信贷条件、风险可控的前提下，重点支持农业优势主导产区的“菜篮子”生产基地建设。

8. 积极参与社会主义新农村建设。在政策允许的范围内，通过银团或独立贷款等形式，继续为城乡接合部改造、小城镇建设和新型农村社区建设提供资金支持；积极支持沟域经济发展和新一轮山区地质灾害易发区及生存条件恶劣地区农民搬迁。在符合信贷条件、风险可控的前提下，积极参与京郊地区保障房、轨道交通及道路、生态环境、第二阶段城南行动计划等郊区基础设施建设和重点工程建设项目。

9. 努力增加农户信贷投放。各银行特别是涉农银行应积极增加农户信贷投放，重点满足农户创业和经营的资金需求。鼓励各银行依托农村信用体系建设，以标准化和成本节约为原则，大力创新农户信贷产品。各银行应结合北京市推行的土地承包经营权确权登记颁证、农村集体建设用地使用权和宅基地使用权确权登记颁证等工作，积极探索适合农户特点的抵质押方式，突破当前农户信贷业务拓展的困境。

10. 认真做好大学生“村官”工作。各银行要认真落实大学生“村官”创业富民扶持政策，增强对“村官”创业就业的信贷支持。积极配合人行营业管理部联合相关部门所实施的小额担保贷款免反担保等优惠政策措施，促进大学生“村官”创业贷款业务的规范化和长效化。鼓励通过招录大学生“村官”信贷员等方式，积极探索支持“村官”就业与拓展涉农信贷业务有效结合的新模式。

（四）开展“北京农村金融服务示范村”建设试点，努力提升综合金融服务水平

11. 适时启动“北京农村金融服务示范村”建设试点。选取5～10个乡村，重点推进综合金融服务水平的提升，在示范村内金融服务力争实现“支付便捷化、手段综合化、流程标准化、征信普及化”的目标。“北京农村金融服务示范村”建设试点实施方案将另文印发。

12. 深入开展农村信用体系建设。各银行应积极参与人行营业管理部与相关部门联合组织的农村信用体系试验区建设，推进农村青年信用示范户工作，研究信用示范户的评价标准，创新“三农”服务手段。大力推动并参与“三信工程”建设，创建和丰富农户及农民专业合作社信用档案，为农村金融发展营造良好的信用环境。

13. 大力推进农村支付环境可持续发展。各银行应将改善农村支付环境与政府支农惠农政策有机结合起来，拓展助农取款服务点的应用功能，充分发挥服务点的综合金融服务优势，进一步提升银行卡助

农取款服务水平。应加强农村支付服务市场创新，大胆探索各种业务和技术模式，继续在农村地区推广手机支付试点，提高手机支付服务水平，继续推广“银政惠民”账户的成功经验，便利政府各项支农补贴的发放和支取。

14. 有效加强代理国库服务工作。各银行应不断加强代理国库业务管理，确保财税惠农政策的有效落实。应认真做好集中支付业务，针对财政惠农资金、政府性补贴资金开通绿色通道，提高资金拨付效率。应充分利用农村网点柜台、银行自助机具等多种载体，为相关单位、农户用款、取款提供便捷服务，确保财政资金直接拨付到村镇、农户。各银行要做好代理储蓄类国债销售工作，加大对农村地区的服务力度。积极开展农村地区国债宣传工作，普及国债知识，并将国债销售额度向农村地区倾斜，进一步拓宽农民投资渠道，满足农民投资者的购债需求。

15. 努力提供优质的人民币现金服务。各银行应努力做好城乡接合部和农村地区的现金管理工作。各发行基金保管库要加强配合，积极调配现金，确保实现“现金总量充足、结构合理”的供应目标。各银行要认真贯彻执行北京市反假货币联席会议相关要求，积极参与人行营业管理部举办的各类反假货币培训；对京郊营业网点的反假货币操作进行日常指导、检查、考核，确保合法合规，防范操作风险。

三、组织保障

16. 加强组织领导。涉农银行应按照上述工作要求，制定涉农业务发展的年度量化目标，提出落实的具体措施，建立各部门间的协调及联动机制，增强各项工作合力。涉农银行以外的其他银行应明确一位分行（地方法人银行总行）领导分管涉农业务，确定牵头部门具体落实、推进涉农各项工作，制定一套促进涉农业务发展和落实上述工作要求的措施和办法。

请各银行根据本通知制订实施方案，并于2013年4月15日前报送人行营业管理部。

17. 开展定期督导。各银行分管行领导应及时了解本行金融支农工作开展情况，做好组织推动和统筹协调。涉农专业银行相关业务部门以及其他银行的牵头部门应根据年度安排制定细化的落实措施，健全配套考核激励制度，加大工作督导力度。人行营业管理部将对各银行金融支农工作的开展情况进行不定期现场督导检查。

18. 完善奖惩机制。各银行应及时将金融支农工作进展情况通过《信贷政策执行情况季度报告》报送人行营业管理部。各银行相关工作表现和成效将作为重要测评依据，纳入2013年度涉农信贷政策导向效果评估。人行营业管理部对业务开展情况较好的银行，将在差额准备金动态调整、再贴现、支农再贷款等方面进行倾斜。

19. 加强支持合作。农村金融是现代农村经济的核心。各“三农”管理部门要高度重视农村金融工作，把发挥农村金融作用放到重要地位。应加强与金融机构的沟通与联系，研究农村金融特点，制定有针对性的支持政策，把政府政策资金与金融资金有效结合，加大对农村的投入，营造良好的金融生态环境，为京郊农村快速发展和农民持续增收创造条件，为率先实现城乡经济社会发展一体化奠定良好的基础。

二〇一三年四月七日

中国银行业监督管理委员会北京监管局

北京银监局关于做好北京地区2013年度农村金融服务工作的通知

京银监通〔2013〕11号

各政策性银行北京市分行及总行营业部、国家开发银行在京营业机构、各国有商业银行北京市分行、各股份制商业银行在京营业机构、北京银行、北京农商银行、辖内各村镇银行，各城市商业银行北京分行、中国邮政储蓄银行北京分行：

2012年初，我局下发《北京银监局关于进一步做好北京地区“三农”金融服务工作的通知》，提出优先支持“三农”发展的重点领域等五方面的监管意见。一年来，辖内银行业金融机构积极贯彻落实监管要求，持续加大涉农重点领域信贷投放力度，增加农村地区机构的网点数量，推动农村金融服务创新，有力支持了北京地区实体经济发展，为首都银行业赢得了良好的社会声誉。截至2012年末，北京地区银行业金融机构涉农贷款余额3 682.66亿元，比年初增加1 210.58亿元，增长48.97%，高于各项贷款平均增速36.73个百分点，圆满完成“两个不低于”的工作目标。郊区县新设营业网点37家，有效提升了郊区金融服务便利度。北京农商银行、北京银行、中国农业银行北京市分行、中国农业发展银行北京市分行、国家开发银行北京市分行、北京大兴九银村镇银行、北京顺义银座村镇银行等机构积极开展涉农金融产品创新和服务创新，得到了北京市政府及相关主流媒体的高度肯定。

2013年，辖内银行业金融机构要认真领会党中央、国务院及银监会出台的强农惠农支农政策，紧密跟进北京市委市政府统筹城乡发展、落实“四化同步”战略的步伐，深入研究北京市都市型现代农业及郊区县的发展规划，结合自身实际，科学制定2013年加强农村金融服务工作的贯彻落实措施，并重点做好以下几方面工作。

一、把握首都特色，有效满足涉农重点领域和重点客户的合理资金需求

一是支持“菜篮子”工程建设，确保北京市农产品市场供应的稳定。二是配合地方政府做好新型山区生态经济带、农业示范区建设和沟域经济建设，扶持郊区县观光旅游农业可持续发展。三是合理满足国家现代农业科技城、国家生态修复科技试验区及绿色能源基地等农业科技创新项目建设融资需求，助推都市型农业的现代化进程。四是积极参与社会主义新农村建设，改善农村基础设施及农村生态环境建设。五是响应地方政府号召，为城乡一体化改造和郊区县推进特色小城镇建设提供融资融智支持。六是扶持重点涉农主体提升发展动力。配合政府相关部门培育一批有品牌、有市场、有带动作用的农业龙头企业；支持一批京郊农户开展集约化经营，解决一批农民专业合作社在扩规模、上层次和延伸产业链方面的资金需求；扶植一批联户经营、专业大户和家庭农场等新型生产经营主体。

二、致力服务创新，有效解决农村金融服务“瓶颈”问题

一是促进财政支农政策和金融支农的对接，把握国家加大农业补贴力度、构建“三农”投入增长长效机制的契机，探索将“三农”领域的政策性投入作为风险缓释或风险抵补的来源，进一步丰富涉农贷款增信的方式和手段。二是把握北京市《关于加快推进农村集体土地确权登记发证工作意见的通知》精神，及时跟进北京市农村集体产权制度改革进程，探索农村土地承包经营权、农村房屋产权等抵质押或担保业务。三是根据北京市《关于积极推进本市集体林权抵押贷款工作的指导意见》相关要求，配合首都林权制度改革，试点林权抵押贷款等业务。四是适应农民收入提高、需求升级的现实情况，研发各类涉农理财服务和消费信贷产品，努力满足农民对资产保值和增值的金融需求。

三、改进经营机制，有效激发基层营业机构和从业人员的支农动力

一是在风险可控的基础上，出台涉农业务的差别化管控政策，适度扩大管理良好的区县分支机构授信审批权限，优化业务办理流程，合理设定涉农业务风险容忍度。二是建立健全具有支农导向的绩效考核机制，制定从事涉农金融业务人员在晋升、评优、薪酬等方面的鼓励性政策，提升员工从事涉农业务的积极性。三是尝试推行城乡干部员工双向交流制度，增强农村银行机构的管理能力，提升农村网点员工的业务素质。四是积极打造“阳光服务”。合理确定涉农业务利率和费率水平，公开服务的制度、流程、职责及收费标准等具体事宜，保障客户的信息知情权和服务方式选择权。

四、推进渠道建设，有效提升农村金融服务的便利度

一是积极配合北京市政府开展“农村基本金融服务村村通工程”。结合现有乡村便利店、自助店或其他农村金融服务平台，分步骤完成所在区县的自助服务终端布放或其他基础金融设施建设，实现农村基本金融服务的全覆盖；加快推进手机银行、网上银行、银行卡等现代服务手段在农村地区的应用，培养农民使用非现金支付工具习惯。二是加强实体网点在城关镇以外区域的下沉力度，丰富乡镇区域现有银行网点的服务功能。

五、优化信用环境，有效改善农村金融生态环境

辖内银行、特别是农村中小金融机构和邮储银行要发挥地缘优势，积极参与农村信用体系建设。一是在政府部门的指导下，投身北京市“三信工程”建设，尝试开展农户、农民专业合作社或其他农村经济主体的信息采集、档案管理及信用评价等工作。二是探索将“三信工程”建设同银行业务模式的有机结合，在农村地区构建“守信受益、失信惩戒”的信用激励约束机制，增强农村金融消费者的诚信意识。三是借助“银行业公众教育服务”、“送金融知识下乡”、“送贷下乡”等交流平台，加强信用知识和法律法规的宣传教育，夯实农村地区信用环境的基础。

六、实行先行先试，有效支持大兴区“全国农村金融综合改革试验区”建设

2013 年，大兴区作为“全国农村金

融综合改革试验区”的试点工作已步入关键阶段。辖内银行业金融机构一是要根据本行的市场定位，主动加强同上级行和大兴区政府的沟通交流，在风险可控的前提下，推动新型信贷政策、融资模式或担保方式等在大兴区农村金融改革试验区内先行先试，为包括新机场、城乡接合部改造在内的多个重点项目建设提供有效的金融服务。二是在推动信贷专营机构设立工作的同时，深入开展农村地区社区金融服务需求的调查，探索社区银行服务模式。三是配合区内改革方向，开拓新型消费信贷产品、投资理财服务或农村集体经济组织委托贷款等业务，切实满足企业和居民的经营、投资和消费需求。

二〇一三年三月十五日

北京银监局关于印发辖内中资银行市场准入验收实施办法的通知

京银监发〔2013〕122号

各政策性银行北京市分行及总行营业部、国家开发银行在京营业机构、各国有商业银行北京市分行、辖内各股份制商业银行、北京银行、北京农商银行、辖内各村镇银行、各城市商业银行北京分行、中国邮政储蓄银行北京分行、各金融资产管理公司在京营业机构：

现将《北京银监局辖内中资银行市场准入验收实施办法》印发给你们，请遵照执行。

二〇一三年十二月十八日

北京银监局辖内中资银行市场准入验收实施办法

第一章　总　则

第一条　为进一步增强监管透明度，规范行政许可管理，从便民原则和简化行政许可程序、提高监管工作效率出发，根据《中国银行业监督管理委员会中资商业银行行政许可事项实施办法》、《中国银行业监督管理委员会农村中小金融机构行政许可事项实施办法》等有关法律、行政法规的规定，制定本办法。

第二条　本办法适用于辖内各政策性银行北京市分行及总行营业部、国家开发银行在京营业机构、各国有商业银行北京市分行、各股份制商业银行、北京银行、北京农商银行、辖内各村镇银行、中国邮政储蓄银行北京分行等辖内中资银行。

第二章　验收范围和方式

第三条　按照“标准化、程序化、系统化、效能化”的要求，适时、适度地创新市场准入验收方法。

第四条　市场准入验收采取现场或非现场两种验收方式。

第五条　对辖内中资银行分行级及以

上机构的申请设立和变更事项，应采取现场验收方式。

第六条 对辖内中资银行支行级及以下机构的开业、迁址和升格事项，原则上采取非现场验收方式。

对机构设立时已经过验收的原址升格网点，开业审批时不再进行验收。

第七条 非现场验收，是指通过查看申请机构报送的录像光盘方式，对拟开业机构网点门牌名称和地址、营业室、监控室、重要凭证保管室、计算机房等进行验收。

第八条 对非现场验收的市场准入事项，北京银监局可进行现场抽查。对虚报材料的银行，一经发现，将按照有关规定严肃处理，并将酌情与其市场准入挂钩。

第三章 验收内容

第九条 基本情况。拟开业机构网点营业面积、到位员工人数；营业室对公柜台、储蓄柜台的位置、高度及数量；自助设施情况、加款区所在地及内部设备（探头，防盗门）。

第十条 硬件条件。营业场所使用权原则上不低于三年。营业场所无障碍设施建设情况，包括部分项目不具备物理改造条件，但通过积极采取其他替代服务措施能够满足残疾人、老年人等特殊人群的特殊服务需求；在行式自助银行"24小时自助银行服务"标识；营业场所内存款利率挂牌显示；营业场所内部所有安全、消防设备（如探头、喷淋、烟感等设备所在地），对外营业区域内"110"报警按钮及数量，以及监控室所在地及内部设备（全景，包括监控设备、探头、防盗门等，专人操作监控设备查看监控录像）；计算机房所在地及内部设备（全景，包括计算机主机、UPS电源、探头），同时说明计算机种类以及计算机是否覆盖所有部门和业务；重要空白凭证保管库所在地及内部设备（全景，包括保险柜、防盗门、探头）。

第十一条 软件条件。拟开业网点是否根据不同的业务种类制定业务操作规程、管理办法；计算机系统是否制定应急措施以应对系统故障；是否有必要的计算机软件系统如人民币业务操作系统、会计处理系统、外汇业务系统等；柜员印鉴、印章、权限卡、尾箱等是否有严格的管理制度。

第十二条 人员情况。主要高级管理人员任职资格是否符合有关要求，高管人员配备是否双人原则（适用于支行）；主要负责人是否到位；有金融从业经验人员或大专学历人员占从业人员比例；员工对业务熟悉程度。

第十三条 为鼓励银行加大对金融服务薄弱领域的网点建设力度，对于在农村地区设立的网点，可视情况在硬件条件上酌情予以调整。

第四章 验收程序

第十四条 对于可采用非现场验收方式的市场准入事项，申请机构应一并报送纸质申请材料和非现场验收光盘。北京银监局组织至少两人的非现场验收组进行验收。

第十五条 对于应进行现场验收的市场准入事项，北京银监局应组织至少两人的现场验收组进行实地验收。

第十六条 北京银监局根据非现场验收光盘内容或现场验收情况，填写《中资银行市场准入验收表》（见附件），出具验收结论。

第五章　附　则

第十七条　各金融资产管理公司在京营业机构参照本办法执行。

第十八条　本实施办法自印发之日起执行。《中国银行业监督管理委员会北京监管局辖内中资银行业金融机构市场准入非现场验收实施办法》同时废止。

第十九条　本实施办法由北京银监局负责解释。

附件：中资银行市场准入验收表（略）

北京银监局关于印发辖内中资银行董事和高级管理人员任职资格考察指引的通知

京银监发〔2013〕123号

各政策性银行北京市分行及总行营业部、国家开发银行在京营业机构、各国有商业银行北京市分行、辖内各股份制商业银行、北京银行、北京农商银行、辖内各村镇银行、各城市商业银行北京分行、中国邮政储蓄银行北京分行、各金融资产管理公司在京营业机构：

现将《北京银监局辖内中资银行董事和高级管理人员任职资格考察指引》印发给你们，请遵照执行。

二〇一三年十二月十八日

北京银监局辖内中资银行董事和高级管理人员任职资格考察指引

第一章　总　则

第一条　为加强辖内董事和高级管理人员的任职资格管理，规范任职资格考试和考察谈话工作要求及内容，根据《中国银行业监督管理委员会中资商业银行行政许可事项实施办法》、《中国银行业监督管理委员会农村中小金融机构行政许可事项实施办法》、《银行业金融机构董事（理事）和高级管理人员任职资格管理办法》及有关法律、行政法规的规定，制定本指引。

第二条　本指引适用于辖内各政策性银行北京市分行及总行营业部、国家开发银行在京营业机构、各国有商业银行北京市分行、各股份制商业银行、北京银行、北京农商银行、辖内各村镇银行、中国邮政储蓄银行北京分行等辖内中资银行。

第三条　本指引所指的任职资格考察，主要包含任职资格考试和考察谈话两个环节。适用核准制的拟任董事和高级管理人员，应参加北京银监局组织的任职资格考试和考察谈话。

第二章　任职资格考试

第四条　任职资格考试要求

（一）北京银监局提前将考试时间、地点和纪律要求等通知申请单位。如拟任人确因特殊情况不能按时参加考试，申请单位须提前说明情况。

（二）考试设置专门考场，专人监考，采取闭卷考试方式。

（三）拟任人参加考试应当遵守以下考场纪律：

1. 提前十五分钟进入考场，迟到半小时以上者不得参加本场考试；

2. 考试开始前，将手机关闭，并按照监考人员要求，将所带物品放在指定地点；

3. 正式开考后，如有问题，应举手向监考人员询问；

4. 考试期间不得查看任何书籍、刊物等文字材料，不得使用除考试专用电脑外（如有）的任何电子产品，不得从事任何与考试无关的活动。

违反考场纪律要求的，经警告无效，取消当次考试资格。

（四）北京银监局于考试后将成绩通知申请单位。对考试不合格的拟任人，由申请单位提出书面申请，经北京银监局审查同意，给予一次补考机会。补考不通过的，不予批准任职资格，且半年内不得就同一拟任人再次申请任职资格。

（五）考试试卷存入拟任人任职资格档案。

第五条 任职资格考试内容

考试采用银监会或我局制定的考试试题。

第三章 考察谈话

第六条 任职资格考察谈话要求

参加任职资格考试并且成绩合格的董事和高级管理人员，北京银监局应对其进行任职资格考察谈话。

（一）考察谈话的时间、地点应提前通知申请单位。如拟任人因工作或其他原因，不能按时参加考察谈话，由申请单位向我局提出口头报告，经我局同意后另行安排。

（二）考察谈话按以下权限进行：

1. 拟任董事、总行和分行级高管人员由局长或主管副局长进行考察谈话；

2. 拟任支行级高管人员由监管处室处长或主管副处长进行考察谈话。

上级领导可以视情况授权下级代为履行考察谈话职责。

（三）考察谈话由专人记录，谈话记录（模板见附件）经谈话双方和记录人签字后存档备查。

（四）向申请单位通知谈话结果。对未通过考察谈话的拟任人，是否需要再次谈话，由申请单位提交书面申请，报有关领导决定。

第七条 任职资格考察谈话内容

考察谈话可参照但不限于以下方面内容：

（一）拟任人自我介绍（包括个人工作经历、学习经历、工作业绩以及不足之处等）；

（二）拟任人原工作单位及拟任职单位的基本情况；

（三）拟任单位领导班子配备和员工基本情况（包括领导班子个人情况及业务分工、员工的数量、从业年限、学历、思想状况等）；

（四）拟任人未来工作设想（包括业务发展、风险防范、业务培训及员工道德风险防范等）；

（五）拟任人对相关法律法规的学习情况；

（六）拟任人对监管工作的理解和认识；

（七）拟任人对当前重要经济金融问题的观点和意见；

（八）根据所谈问题，对拟任人提出建议和希望（包括加强学习、加强自律、防范业务风险等）；

（九）根据拟任人的情况，需要了解的其他内容。

第四章　附　则

第八条　各金融资产管理公司在京营业机构参照本办法执行。

第九条　本指引自印发之日起施行。《北京银监局辖内非法人银行业金融机构高级管理人员任职资格考察谈话指引》、《中国银行业监督管理委员会北京监管局辖内中资商业银行董事和高级管理人员任职资格行政许可事项实施细则》同时废止。

第十条　本指引由北京银监局负责解释和修订。

附件：中国银行业监督管理委员会北京监管局董事和高级管理人员谈话记录（模板）（略）

中国证券监督管理委员会北京监管局

关于印发《北京证监局保荐机构持续督导工作监管指引（试行）》的通知

京证公司发〔2013〕48号

北京辖区上市公司、保荐机构：

为进一步规范保荐机构持续督导工作，充分发挥保荐机构在促进上市公司规范运作、提高上市公司质量和保护投资者合法权益等方面的作用，我局制定了《北京证监局保荐机构持续督导工作监管指引（试行）》，现予以发布，请遵照执行。

附件：《北京证监局保荐机构持续督导工作监管指引》及相关附件

二〇一三年二月四日

北京证监局保荐机构持续督导工作监管指引（试行）

第一章　总　则

第一条　【制定依据】为进一步规范保荐机构持续督导工作，充分发挥保荐机构在促进上市公司规范运作、提高上市公司质量和保护投资者合法权益等方面的作用，根据《中华人民共和国证券法》（以下简称《证券法》）、《证券发行上市保荐业务管理办法》（以下简称《保荐办法》）以及《派出机构监管工作职责》（证监发〔2003〕86号）等法规制度，结合北京辖区监管工作实际，制定本指引。

第二条 【适用范围】本指引适用于保荐机构和保荐代表人对北京辖区上市公司的持续督导工作，以及北京证监局对持续督导工作的监督管理。

保荐机构按照《保荐办法》第三十七条规定需要延长持续督导期的，持续督导延长期内的工作应按照本指引执行。

财务顾问从事持续督导工作应参照本指引执行。

第三条 【总体要求】保荐机构和保荐代表人应当遵守本指引，恪守行业规范和业务规则，诚实守信，勤勉尽责，切实履行持续督导义务，督促上市公司规范运作、依照约定履行承诺、依法履行信息披露及其他义务。

第四条 【保密规定】保荐机构及其工作人员应依法保守上市公司和相关当事人的商业秘密，不得泄露内幕信息或者利用内幕信息进行内幕交易，不得通过从事持续督导业务为本机构、本人或他人谋取不正当利益。

第五条 【上市公司协助义务】上市公司及其董事、监事、高级管理人员、控股股东及实际控制人应当按照《保荐办法》及本指引的要求，信守保荐协议，配合保荐机构履行持续督导职责，及时提供资料、通报信息，为保荐机构进行持续督导工作检查提供必要的支持和帮助。

上市公司聘请的其他中介机构应配合保荐机构开展持续督导工作。

第二章 持续督导工作内容和要求

第六条 【保荐协议】保荐机构在保荐发行人证券上市之前，应当与发行人签订保荐协议。保荐协议应当明确双方在持续督导期间的权利和义务。

持续督导期间，原保荐机构被撤销保荐机构资格而上市公司另行聘请保荐机构的，新的保荐机构应当在原保荐协议终止1个月内与上市公司签订保荐协议，自协议签署之日起开展持续督导工作并承担相应的责任。

保荐协议签订或修改后，保荐机构应在5个工作日内报送北京证监局备案。

第七条 【持续督导工作方式】保荐机构可以通过日常沟通、现场核查、走访或函证有关方、查看现场和文件资料、聘请其他证券服务机构提供专业意见等方式开展持续督导工作。

第八条 【持续督导之计划】保荐机构应当制订持续督导工作计划并按时上报北京证监局。上市公司证券发行上市当年，保荐机构及其保荐代表人应当按时参加北京证监局的发行约见谈话，并上报本年度的持续督导工作计划。后续年度持续督导工作计划应随上年度持续督导报告一并报送北京证监局。

持续督导工作计划应包括：持续督导工作小组成员及联系人、持续督导内容、持续督导工作计划和实施方案、培训计划和全面现场核查时间安排等。

第九条 【持续督导之公司治理规范】保荐机构应当督导上市公司不断完善公司治理基本制度，督促相关各方有效执行，并落实责任追究机制（公司治理基本制度目录详见附件一）。

第十条 【持续督导之募集资金】保荐机构和保荐代表人应持续关注上市公司募集资金管理和使用情况，重点关注：

（一）募集资金专户存储的管理

情况；

（二）募集资金使用情况是否真实；

（三）检查募集资金用途变更、闲置募集资金补充流动资金、超募资金使用等相应的决策程序是否合规；

（四）上市公司是否对募集资金使用的申请、分级审批权限、决策程序、风险控制措施及信息披露程序作出明确规定并有效执行。

保荐机构对上市公司募集资金使用情况有异议的，应提出处理意见或建议，并及时报告北京证监局。

上市公司在年度报告披露募集资金使用情况时，保荐机构应就募集资金使用的合规性和遵守相关承诺情况发表独立意见。

创业板上市公司的保荐机构应当对公司披露的有关募集资金使用及变更事项进行分析并发表独立意见，并于上市公司公告后的 10 个工作日内在中国证监会指定网站披露。

第十一条 【持续督导之信息披露】保荐机构应当持续督导上市公司履行信息披露义务，对上市公司和相关信息披露义务人的信息披露文件进行审阅，对存在问题的信息披露文件，应及时督促上市公司更正或补充，上市公司不予更正或补充的，应及时向北京证监局报告。

第十二条 【持续督导之内幕信息】保荐机构应当督促上市公司及相关人员遵守内幕信息管理和知情人登记制度，做好内幕信息保密工作。

第十三条 【持续督导之培训】保荐机构应当对上市公司董事、监事、中层以上管理人员、上市公司控股股东、实际控制人、持有 5% 以上股份的股东等相关人员每年至少进行一次现场集中培训。向北京证监局报送的持续督导年度报告书应包含对上述人员培训情况的说明。

第十四条 【持续督导之持续关注】保荐机构和保荐代表人应当充分关注上市公司以下事项，包括但不限于：

（一）经营环境和业务变化情况，包括行业发展前景、国家产业政策或法规的变化、经营模式的转型、主营业务的变更等；

（二）对公司基本面影响较大的经营变化情况，包括产品或服务品种结构的变化、重大客户和销售渠道的变化、重要资产的变化、核心技术变化等；

（三）财务状况，包括会计政策的稳健性、债务结构的合理性、经营业绩的稳定性等；

（四）股权变动情况，包括控股股东及实际控制人变更、有限售条件股份的变动等；

（五）管理层重大变化情况，包括重要管理人员的变化、管理结构的变化等；

（六）上市公司及控股股东、实际控制人等履行承诺的情况；

（七）上市公司或其控股股东、实际控制人、董事、监事、高级管理人员受到监管部门处罚或处分的情况；

（八）公共传媒关于上市公司的报道；

（九）保荐机构和保荐代表人认为需要关注的其他事项。

上述事项发生重大变化或对公司产生较大影响时，保荐机构和保荐代表人应当及时向北京证监局报告。保荐机构需要对相关事项进行核查的，核查结束后应将核查结论及时报告北京证监局，并将核查情况记录于持续督导工作底稿。

上述事项如达到信息披露标准，保荐

机构和保荐代表人应当督促上市公司及时履行信息披露义务。上市公司不予披露或澄清的，应及时向北京证监局报告。

第十五条 【持续督导之现场核查】持续督导期内，保荐机构应当至少每年对上市公司进行一次全面现场核查。全面现场核查应当至少有一名负责持续督导工作的保荐代表人参加。

保荐机构应根据上市公司的情况，合理确定核查重点，制订核查工作计划，全面现场核查内容至少包括以下方面：

（一）公司治理和内部控制情况；

（二）股东大会、董事会、监事会运作情况；

（三）控股股东、实际控制人和董事、监事、高级管理人员行使相关权利的规范性；

（四）信息披露情况；

（五）募集资金的管理、使用及变更情况；

（六）关联交易、对外担保、对外投资的合规性和公允性；

（七）承诺事项的履行情况；

（八）公司其他经营情况；

（九）整改情况，包括对前次现场核查发现的问题和中国证监会及其派出机构、交易所提出的各类整改要求的整改情况；

（十）中国证监会及其派出机构要求核查的其他内容；

（十一）保荐机构认为应进行现场核查的其他事项。

全面现场核查工作实施要求、工作底稿和全面现场核查报告内容和格式要求详见附件二。

第十六条 【持续督导之核查计划】保荐机构对上市公司全面现场核查前，应对核查对象情况进行深入分析，确定核查方式、重点和实施程序，拟订现场核查工作计划。计划内容主要包括：核查时间、核查方式、核查人员组成及分工、核查内容、重点关注问题和主要实施程序。

第十七条 【持续督导之核查报告】保荐机构应当在全面现场核查结束后10个工作日内出具全面现场核查报告并上报北京证监局，同时书面告知上市公司并督促其整改。

第十八条 保荐机构发现上市公司有可能发生《保荐办法》第七十一条、第七十二条规定情形，或其他涉嫌违法违规行为，以及上市公司董事、监事及高级管理人员及上市公司控股股东或实际控制人损害上市公司利益的情形，保荐机构应督促上市公司及时纠正，并自发现之日起3个工作日内报告北京证监局，同时进行专项现场核查。

第十九条 上市公司被北京证监局出具行政监管措施的，或被证券交易所出具纪律处分的，保荐机构应当督促上市公司限期改正，督促上市公司健全相关制度，并对全体董事、监事、高级管理人员及相关责任人进行培训。

上市公司的控股股东、实际控制人、董事、监事、高级管理人员被采取上述监管措施的，保荐机构应对相关责任人进行培训。

保荐机构应当在上市公司整改完毕之日起20个工作日之内对上市公司进行回访，并于回访结束后10个工作日之内书面报告北京证监局。

第二十条 在持续督导期间，保荐机构应按以下规定报告持续督导工作：

（一）保荐机构应自上市公司持续督导工作开始后，在季报披露后的15个工作日内向北京证监局书面报送持续督导工作报告，报告内容包括但不限于：本季度公司经营风险情况、三会运作、募集资金使用、重大投资、关联交易或对外担保等情况，保荐机构履行勤勉尽责情况等。

（二）保荐机构应在公司半年度报告披露后的15个工作日内，向北京证监局书面报送上半年度持续督导工作报告，报告内容包括但不限于：

1. 公司上半年度经营风险情况；

2. 公司募集资金存储、管理和使用情况，募投项目的实施情况；

3. 公司重大投资和相关内控制度执行情况；

4. 公司关联交易核查情况；

5. 公司对他人提供担保、重大诉讼等或有事项的核查意见；

6. 保荐机构持续督导工作履行情况：保荐机构向北京证监局履行持续督导报告义务情况，对公司相关人员的培训情况（如有），现场核查情况（如有），公司信息披露审阅情况，募集资金监督情况，公司治理督导情况等；

7. 北京证监局要求保荐机构重点关注或核查的其他事项，或保荐机构认为重要的其他事项。

（三）保荐机构应在公司年度报告披露后的15个工作日内，向北京证监局书面报送持续督导年度工作报告，报告内容包括但不限于：

1. 公司本年生产经营和财务状况，经营环境和行业趋势变化及风险分析；

2. 公司防止控股股东、实际控制人、其他关联方违规占用公司资源的制度执行和完善情况；

3. 公司防止其董事、监事、高级管理人员利用职务之便损害公司利益的内控制度执行和完善情况；

4. 公司同业竞争、关联交易情况的核查意见；

5. 公司募集资金存储、管理和使用情况，募投项目的实施情况；

6. 公司重大投资和相关内控制度执行情况；

7. 公司对他人提供担保、重大诉讼等或有事项的核查意见；

8. 公司承诺履行情况；

9. 保荐机构持续督导工作履行情况：保荐机构向北京证监局履行持续督导报告义务情况，对公司相关人员的培训情况，现场核查情况，公司信息披露审阅情况，募集资金监督情况，公司治理督导情况等；

10. 下一年度的持续督导工作计划（也可单独报送）；

11. 对上市公司配合持续督导工作情况的说明和评价；

12. 北京证监局要求保荐机构重点关注或核查的其他事项，或保荐机构认为重要的其他事项。

（四）保荐机构在持续督导工作结束后，应在公司公告年度报告之日起10个工作日内向北京证监局报送保荐总结报告，保荐总结报告书内容参照《保荐办法》第五十二条相关规定。

（五）发现公司存在重大问题应及时向北京证监局汇报。

（六）按中国证监会和证券交易所相关规定或规则，应向北京证监局报备的文件。

（七）北京证监局要求的其他文件。

第三章　持续督导工作的组织与实施

第二十一条　【保荐机构内控要求】保荐机构应当建立健全持续督导工作制度，包括明确公司负责人、责任部门、主要职责、业务流程、质量控制、责任追究机制和评价机制等。

保荐机构应当明确承担持续督导职责的保荐代表人及其协助人员的工作要求和职责，确保持续督导人员有充分的时间和精力开展持续督导工作，将持续督导工作纳入保荐代表人考核内容，并对未能勤勉尽责情况进行问责。

第二十二条 【持续督导人员要求】保荐机构应当指派保荐上市公司证券发行上市的两名保荐代表人具体负责上市公司的持续督导工作。保荐代表人离职或者被撤销保荐代表人资格的，保荐机构应当更换保荐代表人负责上市公司的持续督导工作。原保荐代表人应配合做好其持续督导项目未尽工作的交接事宜，并承担其具体负责保荐工作期间的相应责任。

协助保荐代表人履行持续督导职责的人员应当具备证券从业人员资格并具备专业胜任能力。

第二十三条 【底稿总体要求】保荐机构应当为每一个项目建立持续督导工作底稿。保荐代表人和保荐机构质量控制部门应对工作底稿的编制情况进行复核。工作底稿保存期不少于10年。

工作底稿是北京证监局评价保荐机构和保荐代表人是否勤勉尽责开展持续督导工作的主要依据。

第二十四条 【底稿内容要求】持续督导工作底稿应当真实、准确、完整地反映持续督导工作情况，包括但不限于：持续督导工作计划和工作记录、持续关注及报告情况、发表独立意见情况、现场核查情况（含工作计划、工作记录、访谈记录、往来函件、文件资料、现场核查工作报告等）、质量控制部门工作记录和复核报告等。

第二十五条 【底稿质量要求】工作底稿的编制应做到内容完整、重点突出、简明扼要、符合文档规范，并载明编制时间、工作记录、结论性意见、执行人员姓名和执行时间、复核人员姓名和复核时间等事项。

第二十六条 【质控留痕要求】保荐机构的质量控制部门应进行持续督导的复核工作，复核人员应对持续督导报告及相关工作底稿进行检查，对所获取的证据材料是否翔实、可靠、充分和恰当进行评估，确认已按照计划实施了必要的核查程序，达到预定的核查目标。复核人员应作出必要的复核记录，明确表示复核意见并签字。保荐机构质量控制部门应对全面现场核查工作的组织和实施情况进行内核，并出具相应的内核意见。

第二十七条 【持续督导文件报批】保荐机构在持续督导工作中出具的持续督导工作计划、独立意见、定期持续督导报告等，应当由负责持续督导工作的两名保荐代表人签字，并加盖保荐机构公章。全面现场核查报告应由保荐机构和两名保荐代表人、保荐业务负责人和内核负责人签字，并加盖保荐机构公章。保荐总结报告应由保荐机构法定代表人和保荐代表人签字，并加盖保荐机构公章。

第四章 持续督导日常管理和监督

第二十八条 【日常监管措施】北京证监局对保荐机构履行持续督导职责的情况进行日常监管，检查保荐机构开展持续督导工作的情况，具体方式包括：

（一）约见保荐机构相关负责人、保荐代表人；

（二）问核或现场核实；

（三）调阅持续督导工作底稿；

（四）要求保荐机构对有关事项做出解释和说明；

（五）对持续督导工作进行评价；

（六）向中国证监会报告；

（七）其他监管措施。

第二十九条 【采取监管措施的情形】北京证监局在监管中发现存在以下问题时，有权采取监管措施：

（一）保荐机构未按本指引要求对上市公司进行现场核查的；

（二）保荐机构发现上市公司涉嫌违法违规行为，未按本指引要求履行报告义务的；

（三）因保荐机构未充分履行持续督导义务，对公司存在重大不规范运作问题应当发现而未发现的；

（四）保荐机构发现上市公司内部控制和公司治理存在缺陷或执行不规范，既未要求公司整改，也未履行报告义务的；

（五）保荐机构未按本指引第二十条规定报送持续督导季度报告、半年度报告、年度报告、全面现场核查报告或保荐总结报告的；

（六）保荐机构未按本指引第十七条相关规定履行持续关注及报告义务的；

（七）保荐机构项目或在北京辖区整体执业情况质量评价较差的；

（八）中国证监会及北京证监局、证券交易所认定的在持续督导期间保荐机构严重违反诚实守信、勤勉尽责义务的其他情形。

第三十条 【正式监管措施】对保荐机构持续督导存在问题的，北京证监局将视情节轻重采取相应监管措施。对于情节严重的，北京证监局将采取责令改正、监管谈话、出具警示函、责令公开说明、责令参加培训等行政监管措施。

第三十一条 上市公司在持续督导期间出现《保荐办法》第七十二条规定情形，北京证监局根据情节轻重，对保荐机构和保荐代表人采取责令改正、监管谈话、出具警示函等行政监管措施，并向中国证监会报告，建议一定期间不受理相关保荐代表人保荐业务或撤销其保荐代表人资格。

第三十二条 【配合义务监管措施】上市公司、证券服务机构及相关人员未按照相关规定的要求配合保荐机构履行持续督导职责的，保荐机构可以向北京证监局报告，北京证监局视情节轻重可以采取相应监管措施。

第三十三条 【持续督导评价制度】为加强对保荐机构及保荐代表人在北京辖区执业质量的监管，北京证监局建立保荐机构持续督导工作质量评价制度。北京证监局对保荐项目持续督导的工作质量进行年度评价，并以保荐机构在北京辖区的全部保荐项目评价结果为依据，对保荐机构在北京辖区的执业质量进行年度整体评价。北京证监局将初步评价结果反馈至保荐机构，听取保荐机构的意见，对保荐机构提出的事实、理由和依据进行复核并确认最终评价结果。最终评价结果予以公示，并上报中国证监会相关部门。对于保荐机构项目或整体执业情况质量评价较差的，北京证监局将采取监管措施（详见附件三）。

第五章　附　则

第三十四条 本指引由北京证监局负责解释。

第三十五条 本指引自发布之日起施行。中国证监会及证券交易所另有规定的，从其规定。

附件：
一、公司治理基本制度汇总表（略）
二、上市公司保荐机构在持续督导中落实全面现场核查的工作要求（略）
三、北京辖区上市公司保荐机构持续督导工作质量评价表（略）

关于印发《中国证监会北京监管局行政处罚听证规则（试行）》的通知

京证监发〔2013〕268号

辖区各上市公司、证券期货经营机构、证券服务机构及其他市场主体：

为严格规范北京证监局行政处罚听证程序，切实维护当事人的合法权益，我局制定了《中国证监会北京监管局行政处罚听证规则（试行）》，现予以公布。

附件：《中国证监会北京监管局行政处罚听证规则（试行）》

二〇一三年九月二十五日

中国证监会北京监管局行政处罚听证规则（试行）

第一条 为了规范中国证监会北京监管局（以下简称北京证监局）行政处罚听证程序，保障北京证监局依法实施行政处罚，维护公民、法人和其他组织的合法权益，根据《中华人民共和国证券法》、《中华人民共和国行政处罚法》和中国证监会《行政处罚听证规则》等规定，制定本规则。

第二条 北京证监局对当事人依法作出下述一项或一项以上行政处罚以前，当事人要求举行听证的，应当按照本规则组织听证：

（一）撤销任职资格或者证券从业资格；

（二）对个人处以罚款或者没收违法所得人民币五万元以上；

（三）对法人或者其他组织处以罚款或者没收违法所得人民币三十万元以上；

（四）法律、法规和规章规定的可以要求听证的其他情形。

第三条 听证应当遵循公正、公开的原则，保障当事人的合法权益。

第四条 北京证监局法制工作处履行行政处罚的听证职责，组织听证。

第五条 举行听证时，由本案的主审人员与助审人员组成听证会，主审人员担任听证主持人，助审人员作为听证员。法制工作处负责人到会听证的，法制工作处负责人担任听证主持人。局领导到会听证的，局领导担任听证主持人。

遇有重大、疑难、复杂事项或者专业技术问题的案件，可以根据需要邀请中国证监会行政处罚委委员、其他有关人员或专家作为听证员，参加听证。

第六条 法制工作处应当指定人员担任听证会书记员。

第七条 听证依法实行回避制度。

当事人认为听证主持人、听证员、听证会书记员与本案有直接利害关系的，有权申请回避。听证员、书记员是否回避，由听证主持人决定；听证主持人是否回避，由法制工作处负责人决定；法制工作处负责人为听证主持人的，由分管局领导决定是否回避；分管局领导为听证主持人的，由局长决定是否回避。

第八条 案件经审理，在作出本规则第二条规定的行政处罚决定前，应当送达《行政处罚事先告知书》，载明认定当事人违法的基本事实和拟作出的行政处罚，并告知当事人有要求举行听证的权利。

第九条 当事人要求听证的，应当在收到告知书后三个工作日内以书面形式向北京证监局提出听证要求。当事人逾期未提出书面听证要求的，视为放弃听证权利。

当事人不要求听证的，也可以在告知书送达后三个工作日内向北京证监局提出书面陈述和申辩，其提出的事实、理由或者证据成立的，北京证监局应予以采纳。

第十条 北京证监局收到当事人的听证要求后，应当进行审查，对符合规定的，应当及时组织听证，并应当在举行听证七个工作日前书面通知当事人举行听证的时间、地点等有关事宜；同时通知案件调查人员。

当事人应当按期参加听证。当事人未按期参加听证的，视为放弃听证权利。

第十一条 当事人可以亲自参加听证，也可以委托一至二人作为代理人参加听证。

当事人委托代理人参加听证的，应当在举行听证前向北京证监局提交授权委托书和代理人的身份证明文件。授权委托书应当具体写明授权范围和权限。

第十二条 当事人在听证中的权利和义务：

（一）有权对案件涉及的事实、适用法律及有关情况进行陈述和申辩；

（二）有权对案件调查人员提出的证据进行质证和提出新的证据；

（三）如实陈述案件事实和回答提问；

（四）遵守听证纪律，服从听证主持人的要求。

第十三条 听证应当按下列程序进行：

（一）听证开始前，书记员应当查明案件当事人及其代理人、案件调查人员等听证参加人是否到场并要求签到，查看当事人及其代理人身份证件，宣布听证纪律；

（二）听证主持人核对听证参加人，宣布出席听证的听证员、书记员，告知听证参加人在听证中的权利义务，询问案件当事人是否申请回避；

（三）听证主持人宣布听证开始，宣布案由；

（四）案件调查人员提出当事人违法的具体事实、证据和认定的法律依据；

（五）当事人及其代理人陈述申辩意见并质证，提出为自己辩解的证据；

（六）案件调查人员对当事人及其代理人提出的证据进行质证；

（七）听证主持人、听证员提问；

（八）当事人作补充陈述；

（九）听证主持人宣布听证结束。

第十四条 听证主持人在听证中有权对听证参加人不当的辩论内容及行为予以制止；对不听制止的，可以责令其退出听证会场。

第十五条 听证结束，案件当事人及其代理人应将申辩材料及有关证据提交听证会。

第十六条 书记员应当将听证活动记入笔录。听证笔录应当交由案件当事人及其代理人、案件调查人员、证人及其他有关人员确认无误后签字或者盖章。认为有错误的，可以要求补充或者改正。没有错误又拒绝签名或者盖章的，由书记员在听证笔录上记明情况。

第十七条 听证结束后，听证员应当进行合议，案件调查人员可以参加合议并发表意见。案件合议情况应当制作《合议纪要》，并由听证员签名。

主审人员根据听证、合议情况，对原拟作出的处罚决定的事实、理由和依据进行复核，提出《复核意见》。《复核意见》由主审人员签署、助审人员附署。审理人员有不同意见的，应当在《复核意见》中单独列明意见及理由。

第十八条 听证的举行，不影响行政处罚决定作出后当事人申请行政复议、提起行政诉讼的权利。

第十九条 北京证监局举行听证，不向当事人收取费用。

第二十条 本规则自2013年10月1日起施行。

中国保险监督管理委员会北京监管局

关于规范北京地区机动车辆保险管理有关问题的通知

京保监发〔2013〕26号

各财产保险公司北京分公司，各在京直接经营业务的财产保险公司总公司，北京保险行业协会：

为促进北京保险行业提高车险管理服务水平，保护保险消费者合法权益，现将规范北京地区机动车辆保险管理的有关要求通知如下。

一、保险公司应严格履行明确说明义务。在订立保险合同时，保险公司应核实投保人身份，就免责条款内容向投保人作出明确说明，提示投保人在投保单上签章后，方能出具保单。保险公司应妥善保存投保单及投保人身份证明材料。

二、保险公司接到报案后，应及时安排查勘定损，并将报案号、案件处理进程及各环节理赔服务人员姓名和电话等信息告知报案人或被保险人。案件处理期间保险公司应确保理赔服务人员电话畅通。

三、保险公司应告知被保险人定损注意事项，允许被保险人自行选择承保公司的定损中心。对需要现场查勘的案件，保险公司应与被保险人协商到达事故现场的时间，并安排查勘人员按时到达；对无法按约定时间到达的，保险公司应提前告知被保险人，并再次协商查勘事宜。

四、在核定损失前，保险公司应先核

定事故是否属于保险责任。属于保险责任的，应及时核定损失金额，将核定结果通知被保险人，并留存履行通知义务的证据资料；不属于保险责任的，应以书面形式向被保险人出具拒赔通知书，拒赔通知书包含事故情形简要描述、拒赔原因及拒赔所依据的条款。各保险公司应保存完整的拒赔案件资料。

五、被保险人在异地出险需查勘定损的，保险公司应及时委托当地保险公司分支机构或第三方单位提供查勘定损服务，并指定专人负责异地案件跟踪与协调服务，直至案件处理完毕。

六、对责任明确的事故，无法核定全部损失的，保险公司应根据已有证明和材料先行支付可确定金额的赔款，并在核心业务系统中标示为“先行赔付案件”。确定全部赔偿金额后，及时支付相应差额，并做结案操作。

七、保险公司应加强理赔环节风险管控，对于非被保险人本人办理车险理赔事宜的，保险公司应要求代办人提供被保险人身份证明原件、代办人身份证原件及被保险人授权委托书。保险公司应审核上述资料真实性，并妥善保存相关证据资料。

八、北京保险行业协会应根据本通知要求，组织行业制定相关实施细则。

二〇一三年二月五日

关于北京地区保险消费投诉处理工作有关要求的通知

京保监发〔2013〕269号

各保险公司北京分公司，各在京直接经营业务保险公司总公司，北京保险行业协会：

为进一步规范保险消费投诉处理工作，保护保险消费者合法权益，有效化解社会矛盾，促进北京保险业提高服务水平，根据中国保监会《保险消费投诉处理管理办法》（保监会令〔2013〕8号，以下简称8号令），现就北京地区保险消费投诉处理工作提出以下要求。

一、加强组织领导

（一）各公司应加强对保险消费投诉处理工作的领导。公司主要负责人为投诉处理工作第一责任人，并指定公司一名高级管理人员分管保险消费投诉处理工作。分管投诉的高级管理人员应取得高管任职资格。

（二）各公司应健全投诉处理工作的组织机构，确定保险消费投诉处理工作的管理部门，负责投诉件的办理、统计、分析、管理等工作；应配备与公司投诉量相匹配的专职工作人员，并指定一名投诉处理联系人。

二、完善管理制度

（三）各公司应健全保险消费投诉处理工作制度，依据8号令的有关规定修订公司内部投诉处理的实施办法，确保投诉事项得到妥善处理。

各公司应完善投诉考评制度，将投诉情况和处理结果纳入公司投诉处理部门和业务部门绩效考核。

各公司应落实责任追究制度，对投诉处理不当引发矛盾升级，造成不良影响的，应追究投诉处理部门相关人员责任；对查证属实的违规行为，要对相关业务部门逐级追责。

（四）各公司应完善保险消费投诉登记、档案管理及工作报告制度，定期做好保险消费投诉统计、分析工作。各公司应于每季度结束后7个工作日内向北京保监局上报季度报告，并于次年3月1日前报送年度自查报告。

季度报告内容应包括：公司投诉总体情况；投诉反映的主要问题、原因分析及改进措施；投诉处理考评及责任追究情况；公司的经验做法及成效。

年度自查报告内容应包括：公司完善保险消费投诉处理相关制度及执行情况；投诉处理工作中存在的问题；加强和改进投诉处理工作的措施。

（五）各公司应当健全和完善重大及群体性投诉处理应急预案，严格依照北京保险业突发事件应急预案的相关规定，做好重大及群体性投诉的预防、报告和应急处理工作。

三、规范处理流程

（六）各公司应当按照8号令第三十条的要求公布投诉联系方式及投诉处理程序，确保投诉渠道畅通。

（七）各公司应当按照8号令的规定认真处理保险消费投诉，积极组织调查，主动沟通协商，及时告知投诉人受理及处理意见。对于消费者投诉事项属实、符合保险合同约定的，公司应满足投诉人的合理诉求。公司作出处理决定所依据的保险业务档案、回访录音等材料，投诉人要求出示的，公司不得以内部资料等理由拒绝。

（八）各公司对北京保监局转办的保险消费投诉（以下简称转办件），应指定专人负责，每日接收转办投诉信息，及时做好登记、分办、督办、回访及报告等相关工作。

各公司对处理完毕的转办件应按要求及时回访，向投诉人提供《北京保监局保险消费者投诉回访单》（以下简称《回访单》），请投诉人对投诉处理情况进行评价，并征求相关意见和建议。《回访单》应由投诉人亲自填写，如果投诉人选择通过电话回访方式由公司代为填写的，公司应如实记录投诉人意见，并保留电话录音。

（九）各公司通过投诉管理系统收到北京保监局转办件后，对于能在7日内协商解决的，应及时通过投诉管理系统反馈《回访单》；《回访单》原件及电话回访录音应于次月20日前汇总报送北京保监局。

（十）各公司对上述转办件未能在7日内协商解决的，应在收到《北京保监局保险消费投诉事项转办单》（以下简称《转办单》）之日起30日内提交书面报告并反馈《转办单》，报告应包含以下内容：

1. 是否受理该投诉，不予受理的应说明理由；

2. 该投诉的处理过程及处理时限；

3. 公司调查的情况及存在的问题；

4. 公司的处理意见，以及投诉人是否接受处理结果；

5. 北京保监局要求的其他内容。

公司提交报告时已作出处理决定的，应附《回访单》原件、回访录音等材料；尚未作出处理决定的，应当在报告中说明理由，并在作出处理决定后及时报告最终处理情况并附回访材料。

（十一）各公司应加强对转办件的审核。《转办单》须经公司分管投诉的高级管理人员审核签字后方可报送北京保监局，如未能与投诉人协商一致，须经公司主要负责人审核并签字。

四、深化纠纷调处机制

（十二）北京保险行业协会应进一步完善保险合同纠纷调处机制，加强调解员队伍建设，充实调解力量，提高行业调解能力。对侵害消费者权益的行为，要进一步细化分类，制定调解标准，规范处理流程，提升调解效率及成功率。

（十三）北京保险行业协会及各公司要加大对保险合同纠纷调处机制的宣传力度，充分利用行业协会网站、公司营业场所等渠道广泛宣传调处机制的作用及取得的成效，进一步发挥调处机制在化解保险合同纠纷中的积极作用。

（十四）各公司对于消费者提出调解申请的保险合同纠纷，应积极配合参加调解，避免矛盾激化。

五、责任追究

（十五）各公司应严格遵照8号令及本通知要求处理消费投诉工作。存在8号令第三十六条、第四十二条情形或违反本通知要求的，北京保监局将责令公司限期整改，并视情况采取监管措施。

（十六）各公司应按要求及时、如实上报各项材料，对投诉处理中隐瞒不报、编制或提供虚假材料的违法违规行为，北京保监局将依法严肃处理，并追究公司及相关人员的责任。

六、其他

（十七）本通知有关“日”的规定，未特别说明是工作日的，均指自然日。

（十八）本通知自2013年11月1日起施行。北京保监局《关于进一步加强信访投诉工作有关要求的通知》（保监京发〔2002〕222号）及《北京保险业信访回访和督察制度》（京保监发〔2007〕162号）同时废止。

附件：1. 北京保监局保险消费者投诉回访单（略）

2. 北京保监局保险消费投诉事项转办单（略）

3. 保险机构投诉处理工作责任人名录（略）

二〇一三年十月三十日

北京市金融工作局

北京市金融工作局
关于支持本市融资性担保行业
改革创新发展的指导意见

京金融〔2013〕211号

各相关单位：

为贯彻落实十八届三中全会精神，推进北京市融资性担保行业快速健康发展，缓解中小企业融资困难，促进经济转型升级，现就支持北京市融资性担保行业改革创新发展提出以下指导意见。

一、进一步加大政策扶持力度，理顺和健全行业支持机制

（一）推动财政资金以多种方式支持融资性担保机构创新发展。推动针对中小企业创新融资、小微企业融资担保等补贴奖励政策的进一步落实和推广，鼓励融资性担保机构积极申报享受国家和市区科技、文化、商业等专项扶持资金；按照市财政局《北京市小微企业担保风险补偿资金管理办法》（京财企〔2013〕1987号），推进融资性担保机构支持小微企业融资相关政策的落实；探索本市设立中小企业担保基金，建立健全财政资金、股东对合规的融资性担保机构的资本补充机制，扶优扶强。

（二）推动和落实融资性担保行业相关税收优惠政策的传导，增强融资性担保机构发展能力。符合申报条件的机构，材料报送北京市融资担保业协会进行营业税免征的初审和推荐，确保免税政策落实。

（三）加强改革创新步伐，提高和树立融资性担保机构行业地位和社会公信力。

二、改革完善行业监管机制，促进融资性担保行业规范发展

（一）制定完善行业监管规则体系，提高行业监管专业化水平。实施融资性担保行业规范化管理，建立融资性担保机构综合评价体系，制定融资性担保机构分类监管政策，加快推进融资性担保机构分类监管的系统化建设；制定融资性担保机构风险资产分类指引，指导融资性担保机构做好流动性管理，合理确定资产风险权重；制定融资性担保机构担保业务风险分级指引，指导担保机构准确计量担保风险，实行风险准备金分类计提。

（二）逐步放开监管权限，增强监管效果。强化融资性担保行业市区两级监管机制，充分调动和发挥区县级监管机构的力量，对部分监管工作逐步下放审批权限。加快推动行政审批权力下放流程简化；结合全市融资性担保机构分类监管政策，区县监管部门制定切实可行的实施举措，做好本区县内融资性担保机构的分类监管和服务工作。

（三）加强审批管理，提高工作效率。对于融资性担保机构行业准入、日常变更等行政审批事项的申请，审批机关将简化审批流程，缩短审批时间，在手续齐全并经正式受理的前提下完成审批期限不超过20日、创新产品经营试点审批期限不超过20日；融资性担保机构股东同比例增减资事项和在本辖区内变更公司经营地址事项，由区、县监管部门负责审批，报市级监管部门备案，备案后由市级监管部门出具变更函，核发新的融资性担保机构经营许可证。

（四）推动行业互信共赢，提升行业发展能力。充分发挥再担保增信、分险、规范、引领的功能，强化体系建设，提高行业抗御风险能力和创新发展水平；支持融资性担保机构开展联盟合作，拓宽联盟担保服务领域，创新联盟合作模式；鼓励按照相关法律法规开展委托贷款业务，支持中小微企业短期流动性融资需求，增加融资性担保行业的增值服务；鼓励融资性担保行业改革创新，建立合理的分类计提担保准备金的办法，并报监管部门备案，提高融资性担保机构资本金的使用效益；鼓励依法合规经营、有实力的融资性担保机构股东参与成立各类以服务中小微企业为主的小额贷款公司和支持小企业投资创业的民间资本管理公司试点工作。

（五）进一步完善本市融资性担保业务监管联席会议制度功能，研究协调解决本市融资性担保行业改革创新发展的重大问题。

三、推动融资性担保机构业务创新，开拓担保市场空间

（一）推动融资性担保机构客户定位的调整优化，鼓励开展聚焦于小微企业、个人经营、个人消费等小微客户担保的创新业务。

（二）巩固加强银行主渠道的同时，积极开拓中小微企业直接融资渠道，加大企业债、集合信托、集合债券、集合票据、中小企业私募债、融资租赁、中期票据、短期融资券、中小企业债权基金等创新融资工具在中小微企业融资中的应用和推广。

（三）鼓励融资性担保机构设计标准化产品，提高快捷的小额贷款审查绿色通道，缩短审批环节。积极推动流程变革，联合金融机构开展小微客户批发性融资，推动见贷即保、信贷资产包担保等标准化融资产品的落地推广。

（四）积极参与互联网金融，在平台建设、业务创新、流程优化等方面进行积极探索。

（五）推动融资性担保机构与保险机构在中小微企业融资领域的合作，联合开发保证保险产品，建立风险共担、合作共赢的合作模式。

（六）加大推动中小企业商业票据担保业务力度。

（七）鼓励融资性担保机构积极参与改革创新。对于融资性担保机构在文化、科技、高新技术等行业进行大胆业务创新，开发适合市场的新产品，报市级监管部门批准，可作为试点先行先试。

四、推动银担机构合作，创新金融产品和方式

继续加强银行与融资性担保机构的增信合作，鼓励银担创新金融服务，拓宽融资渠道。各银行机构要积极争取和扩大与本市融资性担保机构的合作准入；充分发挥融资性担保机构在支持中小企业信贷中的作用，银担双方要共同创新中小企业授信业务品种，完善业务流程、风险管理和内部控制，建立和完善中小企业授信机制，创新中小企业贷款担保抵押方式；积极探索新的担保方式，推行可转让的林权、土地承包权、知识产权、应收账款等抵押、质押贷款，推进股权质押贷款等；鼓励融资性担保机构参与一般性应收账款贷款用于支持中小企业，包括发展应收账款融资，提供融通资金的综合性服务。鼓励仓单质押、货权质押融资，拓展供应链融资，要将信贷产品、资金结算、理财产品、电子银行等产品与贸易融资产品有效结合，捆绑营销，通过引进融资性担保机构增信为中小企业提供全面的金融服务。

五、充分发挥行业协会组织作用，全面提升对行业机构服务职能

（一）充分发挥行业协会组织作用，研究和解决融资性担保机构实际困难。在本市依法经营的融资性担保机构原则上都应加入北京市融资担保业协会（以下简称协会），加入协会的融资性担保机构必须遵守行业自律公约。在协会中设立由本市监管联席会议成员单位组成的顾问委员会，发挥协会连接政府与机构之间的桥梁作用，协调解决实际困难；协会设立法律服务部门，构建与司法机关的联系机制，为机构提供法律服务，维护融资性担保机构正常诉讼和执行中的合法权益；协会建立融资性担保行业专家委员会服务机制，聘请行业内专家定期发布融资性担保行业动态、风险提示和产品研发推广，指导融资性担保行业有序发展。

（二）协助监管部门提高融资性担保机构行业水平，做好服务职能。协会应尽快开展机构业务和从业人员培训工作，进一步提高机构业务规范和从业人员的整体水平；协助市级监管部门组织融资性担保机构分批接入人民银行征信系统的服务工作；参与组织相关评级机构开展融资性担保行业综合评价体系建设工作，通过有效的分类结果，逐步实现行业差别化管理目标；协会积极做好调查研究，辅导行业内机构参与国内外资本市场上市的培育及推荐工作，鼓励融资性担保机构做强做大。

六、加强配套支持，优化外部环境

（一）建立起本市相关职能部门的沟通交流机制，保障融资性担保机构确权实现，提高抵质押工作效率。推动市住房和城乡建设委、市国土局、市工商局、市交通管理局等部门，对融资性担保机构开展担保业务中涉及房产、土地、车辆、设备和其他动产、股权、商标专用权、专利权等抵押物登记和质押登记的，予以支持和提供快速办理通道。协调和解决债券、信托、票据等创新融资产品反担保抵质押登记问题。

（二）加快推动融资性担保机构分批接入人民银行征信系统工作，实现征信信息可查询和录入功能，方便融资性担保业务开展提升融资性担保行业地位。

（三）继续推动银担互信合作关系，搭建服务对接平台，鼓励银担机构推进合作创新内容。

（四）完善行业信息共享平台。市级监管部门将依托现有业务系统，继续提升和完善信息内容，强化对融资性担保机构的信息共享功能，增加失信企业、失信融资性担保机构信息披露事项，支持和引导融资性担保行业合法合规经营。

二〇一三年十二月二十六日

附：

2013 年文件与规章目录选编

中国人民银行营业管理部

1. 中国人民银行营业管理部关于印发《〈银行业金融机构评价暂行办法〉操作规程》的通知

银管发〔2013〕5 号

2. 中国人民银行营业管理部关于加强存量个人人民币银行存款账户相关身份信息真实性核实工作力度的通知

银管发〔2013〕25 号

3. 中国人民银行营业管理部关于加强小面额现金供应管理工作的通知

银管发〔2013〕51 号

4. 中国人民银行营业管理部关于做好第二代支付系统第一轮模拟运行工作的通知

银管发〔2013〕61 号

5. 中国人民银行营业管理部关于开展 2013 年北京市银行卡联网通用专项检查工作的通知

银管发〔2013〕64 号

6. 做好存量房交易服务平台扩大试点工作有关问题的通知

银管发〔2013〕67 号

7. 关于房山区“7・21”特大暴雨受灾地区失业人员享受小额担保贷款财政贴

息特殊帮扶政策的通知

银管发〔2013〕68 号

8. 关于房山区“7·21”特大暴雨受灾地区符合条件的劳动密集型小企业享受小额贷款财政贴息特殊帮扶政策的通知

银管发〔2013〕69 号

9. 中国人民银行营业管理部关于深入开展银行业金融机构对外误付假币专项治理工作的通知

银管发〔2013〕81 号

10. 中国人民银行营业管理部关于大力推进 2013 年科技金融和文化金融工作的通知

银管发〔2013〕107 号

11. 中国人民银行营业管理部关于调整北京市差别化住房信贷政策的通知

银管发〔2013〕116 号

12. 中国人民银行营业管理部　北京市农村工作委员会关于持续深入开展“金融惠农工程”建设　进一步做好“三农”金融服务工作的通知

银管发〔2013〕120 号

13. 中国人民银行营业管理部关于进一步加强辖内金融机构反洗钱工作有关事项的通知

银管发〔2013〕150 号

14. 关于印发积极推进本市集体林权抵押贷款工作指导意见的通知

银管发〔2013〕156 号

15. 中国人民银行营业管理部关于进一步推进冠字号码查询管理工作的通知

银管发〔2013〕157 号

16. 中国人民银行营业管理部关于做好 2013 年北京市金融 IC 卡应用推进工作的通知

银管发〔2013〕163 号

17. 中国人民银行营业管理部关于做好 2013 年北京市现金服务贴心工程有关工作的通知

银管发〔2013〕164 号

18. 中国人民银行营业管理部关于进一步加强现金分析工作的通知

银管发〔2013〕206 号

19. 中国人民银行营业管理部关于国库非现场监管系统正式上线运行有关事项的通知

银管发〔2013〕266 号

20. 中国人民银行营业管理部关于组织开展“金融 IC 卡网上大讲堂”主题宣传活动的通知

银管发〔2013〕267 号

21. 中国人民银行营业管理部关于做好支付系统运行操作辅助系统上线工作的通知

银管发〔2013〕274 号

22. 中国人民银行营业管理部关于加强普通纪念币（钞）发行管理工作的通知

银管发〔2013〕278 号

23. 中国人民银行营业管理部关于印发《北京同业存款利率信息共享平台操作规程（暂行）》的通知

银管发〔2013〕292 号

24. 中国人民银行营业管理部关于将信托贷款信息全面纳入金融信用信息基础数据库的通知

银管发〔2013〕294 号

25. 北京市环境保护局　中国人民银行营业管理部　中国银行业监督管理委员会北京监管局关于将企业环境违法信息纳入中国人民银行企业信用信息基础数据库的通知

银管发〔2013〕302 号

26. 中国人民银行营业管理部　北京

市金融工作局关于共建社区反假货币服务站的通知

银管发〔2013〕304 号

27. 北京市金融工作局　中国人民银行营业管理部关于印发北京市小额贷款公司接入金融信用信息基础数据库工作方案的通知

银管发〔2013〕309 号

28. 中国人民银行营业管理部关于开展北京市预付卡支付机构客户备付金监管到户试点工作的通知

银管发〔2013〕330 号

29. 中国人民银行营业管理部关于印发《北京市商业银行代理地方国库集中收付业务管理办法（暂行）》的通知

银管发〔2013〕333 号

30. 中国人民银行营业管理部　中关村科技园区管理委员会关于开展“中关村零信贷小微企业金融服务拓展活动”的通知

银管发〔2013〕367 号

31. 中国人民银行营业管理部关于 2013 年 11 月各银行上缴人民银行发行库现金中发现假币情况的通报

银管发〔2013〕368 号

32. 中国人民银行营业管理部关于印发《中国人民银行营业管理部代理人民币发行库管理实施细则（试行）》的通知

银管发〔2013〕373 号

33. 中国人民银行营业管理部关于印发《北京金融城域网入网管理实施细则（试行）》的通知

银管发〔2013〕389 号

34. 北京市金融工作局等九部门关于进一步促进北京地区辖内金融行业节能减排工作的通知

银管发〔2013〕390 号

35. 中国人民银行营业管理部关于北京市电子清分服务平台建设有关事项的通知

银管发〔2013〕392 号

中国银行业监督管理委员会北京监管局

1. 北京银监局关于继续做好北京地区 2013 年度农村金融服务工作的通知

京银监通〔2013〕11 号

2. 北京银监局关于印发第二届北京银行业小微企业金融服务宣传月活动方案的通知

京银监通〔2013〕32 号

3. 北京银监局关于印发 2013 年北京银行业消费者权益保护工作要点的通知

京银监通〔2013〕31 号

4. 北京银监局办公室关于印发北京辖内银行业消费者投诉处理实施细则的通知

京银监办〔2013〕46 号

5. 北京银监局办公室关于印发北京地区 2013 年“金融知识进万家”银行业金融知识宣传服务月活动方案的通知

京银监办〔2013〕66 号

6. 关于加强土地储备融资与资金管理的通知

京银监通〔2013〕33 号

7. 北京银监局关于印发北京银行业 2013 年民主评议工作实施方案的通知

京银监通〔2013〕35 号

8. 关于开展中小企业知识产权质押贷款保证保险共保试点工作的指导意见

京银监发〔2013〕58 号

9. 关于加快推进农业保险保单质押贷款工作的通知

京银监发〔2013〕108 号

10. 北京银监局关于调整辖内银行自助服务设施行政许可管理有关事项的通知

京银监通〔2013〕12 号

11. 北京银监局关于印发辖内中资银行董事和高级管理人员任职资格考察指引的通知

京银监发〔2013〕123 号

12. 北京银监局关于印发辖内中资银行市场准入验收实施办法的通知

京银监发〔2013〕122 号

13. 北京银监局办公室关于印发《北京银行业金融机构年度机构发展规划审查工作流程（暂行）》的通知

京银监办〔2013〕2 号

14. 北京银监局办公室关于印发《中国银行业监督管理委员会北京监管局政府信息公开指南（试行）》的通知

京银监办〔2013〕4 号

中国证券监督管理委员会
北京监管局

1. 北京证监局关于 2012 年工作总结以及 2013 年工作思路的报告

京证监文〔2013〕3 号

2. 关于北京辖区 2012 年普法工作情况的通报

京证办发〔2013〕3 号

3. 关于下发《北京辖区律师事务所证券期货法律业务监管工作规程（试行）》的通知

京证办发〔2013〕7 号

4. 关于做好北京辖区创业板上市公司 2012 年年报监管工作的通知

京证公司发〔2013〕17 号

5. 关于做好北京辖区主板、中小板上市公司 2012 年度报告工作的通知

京证公司发〔2013〕18 号

6. 关于印发《北京证监局保荐机构持续督导工作监管指引（试行）》的通知

京证公司发〔2013〕48 号

7. 关于打击和防控内幕交易工作情况的报告

京证公司字〔2013〕2 号

8. 关于 2012 年度辖区上市公司内控规范实施情况的总结报告

京证公司字〔2013〕10 号

9. 关于对资产管理业务、合规管理和风险管理情况进行自查及现场检查的通知

京证机构发〔2013〕7 号

10. 关于北京辖区证券经营机构融资融券业务开展情况的调研报告

京证机构字〔2013〕7 号

11. 关于报送《北京证监局 2012 年法制工作总结及 2013 年法制工作计划》的报告

京证法制字〔2013〕3 号

12. 关于开展北京辖区 2013 年普法宣传活动的通知

京证监发〔2013〕3 号

13. 关于进一步加强辖区证券经营机构投资者保护工作的通知

京证监发〔2013〕35 号

14. 关于进一步加强固定收益产品流动性风险管理工作的通知

京证监发〔2013〕92 号

15. 关于印发《中国证监会北京监管局行政处罚听证规则（试行）》的通知

京证监发〔2013〕268 号

16. 关于进一步规范北京辖区期货经营机构居间人管理的通知

京证监发〔2013〕282 号

17. 关于加强北京辖区中小板、创业板上市公司投资者关系管理的通知

京证监发〔2013〕308 号

18. 关于发布实施《北京辖区证券营业部监管分类评价办法（试行）》的通知

京证监发〔2013〕344 号

19. 关于报送北京辖区 2013 年基金监管工作会议文件的报告

京证监字〔2013〕2 号

20. 关于报送北京辖区 2013 年机构监管工作会议的报告

京证监字〔2013〕3 号

21. 关于报送北京辖区 2013 年期货监管工作会会议文件的报告

京证监字〔2013〕7 号

22. 关于北京证监局依法行政有关情况的报告

京证监字〔2013〕27 号

23. 与辖区相关部门建立执法合作机制有关情况的报告

京证监字〔2013〕48 号

24. 关于反馈《证券法》修改意见和建议情况的报告

京证监字〔2013〕83 号

25. 关于上市公司信息披露监管执法评估报告

京证监字〔2013〕84 号

26. 北京证监局关于中小企业私募债情况的报告

京证监字〔2013〕136 号

27. 北京证监局关于 2012 年年报审计监管工作开展情况的报告

京证监字〔2013〕149 号

28. 北京辖区 2013 年期货公司现场检查情况报告

京证监字〔2013〕158 号

29. 北京证监局关于行政处罚进展情况的报告

京证监字〔2013〕160 号

30. 关于 2013 年北京辖区创业板上市公司现场检查和保荐机构持续督导监管工作的总结报告

京证监字〔2013〕174 号

31. 北京证监局关于 2013 年度会计监管工作的总结报告

京证监字〔2013〕180 号

中国保险监督管理委员会
北京监管局

1. 关于在京保险中介机构开展外部审计工作的通知

京保监发〔2013〕10 号　2013 年 1 月 18 日

2. 关于规范北京地区机动车辆保险管理有关问题的通知

京保监发〔2013〕26 号　2013 年 2 月 5 日

3. 关于开展意外险产品强制销售行为排查整改工作的通知

京保监发〔2013〕60 号　2013 年 3 月 18 日

4. 关于做好 2013 年汛期保险服务工作的通知

京保监发〔2013〕136 号　2013 年 5 月 28 日

5. 关于贯彻落实《人身保险电话销售业务管理办法》有关事项的通知

京保监发〔2013〕161 号　2013 年 7 月 4 日

6. 关于开展北京地区保险专业代理机构和保险经纪机构风险排查工作的通知

京保监发〔2013〕217 号　2013 年 8 月 27 日

7. 关于北京地区保险公司城乡居民大病保险业务资质管理有关问题的通知

京保监发〔2013〕260号 2013年10月23日

8. 关于北京地区保险消费投诉处理工作有关要求的通知

京保监发〔2013〕269号 2013年10月30日

9. 北京保监局关于在京外资代表处做好第三次保险业经济普查工作的通知

京保监发〔2013〕334号 2013年12月27日

10. 北京保监局关于在京保险专业中介机构做好第三次保险业经济普查工作的通知

京保监发〔2013〕335号 2013年12月27日

七、专题与调研

跨国公司外汇资金集中运营管理政策研究

中国人民银行营业管理部　外汇综合业务处

2012年12月1日，备受关注的跨国公司总部外汇资金集中运营管理试点在北京启动。一年来，企业积极兑现政策红利，经济效益显著。此次改革由北京外汇管理部主导政策研究和试点运行，旨在通过金融创新服务实体经济发展，优化“总部经济”政策环境，吸引资金中心、结算中心落户，实现更高水平地利用外资。新政策打通了企业境内外资金池，尝试了集中收付汇、轧差结算、外债额度共享等多项创新，疏通了原来掣肘总部资金运营各个环节，为首都“总部经济”发展创造了全国最为优惠的外汇政策环境。

一、改革理念和思路

(一) 为什么要改？顺势而为、责无旁贷

改革开放30多年来，我国通过“请进来”和“走出去”吸引和培养了一大批扎根境内的跨国公司群体，其中相当部分已经从站稳脚跟进入到了成长拓展期，其在华总部定位也在不断升级，从最初单纯的投资生产逐步向区域营销中心、采购中心、研发中心、资金中心和行政总部转变。这种升级提出了集团资金集约化管理的配套需求，特别是在境内外资金的归集和跨境调拨上。这是涉外经济健康发展的需求，也是更高层次利用外资的需求，外汇管理理应顺势而为。

调研情况显示，众多跨国公司总部虽然设在中国大陆，并履行着投资、管理、运营等多项职能，却把资金中心和利润中心留在了新加坡、中国香港等地，不仅造成管理不便，同时导致利润、税收、就业的大量流失。这种尴尬局面敦促我们反思其中原因。虽然影响因素很多，但外汇管制仍是重要原因。要扭转这种局面，外汇管理也是责无旁贷。

(二) 如何改？正确处理改革、发展和稳定的关系

1. 解放思想、大胆突破，改革中求发展

外汇管理改革是国家经济和行政改革重要环节，也是市场外向型经济发展的重要诉求，需要最大限度地便利市场主体对外贸易投资活动。这要求外汇局打破思维惯性，勇于冲破长期以来的管理套路和模式。首先，强调开阔眼光和开放勇气。我国已是世界第二大经济体，开放度高，外汇储备丰厚，外汇管理亦应有与之匹配的眼光和勇气，对制约经济发展的管理思路和模式，应摆脱修修补补的改进方式，放手从顶层设计上进行探索。此次推出的试点方案，突破了长期以来企业境外资金离岸归集的模式，大胆地将国际资金主账户放至境内；摒弃了害怕境外资金冲击国内货币体系的思想，在风险可控范围内允许国内外资金池适度联通。其次，秉承市场意识和成本概念。为尊重企业在选择资金

中心摆布上的核心考量——成本收益核算，此次改革方案设计更多地从市场角度考虑问题。调研发现，跨国公司总部在华资金归集和运作的附加成本较高，比如委托贷款产生的税收成本、企业无法进行集中收付和轧差结算所增加的结算成本、境内外资金联通逐笔审批带来的政策成本、无法自由选择理财产品而造成的机会成本等，这些问题决策层都从尊重市场规律的角度去理解和为企业化解，在集中收付汇、轧差结算、额度管理替代逐笔审批等方面做出了大胆尝试。

2. 风险可控，有条不紊，发展以稳妥为前提

大胆创新的同时，还必须守住风险底线。特别是资本项目项下的逐步放开，是在有效防范风险的前提下，有选择、分步骤、有控制地推进的。前进的步伐和节奏，是以对风险的把握和有效控制为准绳的。因此，此次改革立足国情，避免了国际资金主账户和境内人民币资金主账户的直接联通，加设了作为中间环节的国内外汇资金主账户，并对其与国际资金主账户的联通实行额度管理，使流量可控，避免了跨境资金流动对境内货币体系的过度冲击。对国内外汇资金主账户和人民币资金主账户间的汇兑环节，试点虽然通过事后管理予以了便利，但结售汇的许可项目并未突破，继续遵循现行资本项目管理对各类性质资金的结售汇要求。

二、政策内容和主要突破

（一）政策总体框架

从跨国公司总部的实际需求来看，外汇管理改革需要解决便利化和政策突破问题，而这些问题的解决最终都会落实到账户的设计和管理上面。外汇局赋予每个账户一定程度的功能，并通过管理手段实现各账户之间的有机联通，从而真正实现本外币资金转换、境外资金境内集中归集和运营以及境内外资金有序调拨。

总体框架可以概括为“三个池子，两条通道，一个阀门”。“三个池子”包括：境内人民币资金主账户、境内外币资金主账户以及在境内设立的国际资金主账户。“两条通道”是指：境内人民币资金主账户与境内外币资金主账户联通、在境内设立的国际资金主账户与境内外币资金主账户联通。当然，在跨境人民币结算的环节里，境内人民币资金主账户也可以同境内设立的国际资金主账户联通。“一个阀门”是指，境内外币资金主账户通过“额度控制”与境内设立的国际资金主账户发生关系。

框架图如图 1 所示。

（二）主要突破亮点

1. 首创境内账户平台对国际资金进行归集

为鼓励跨国公司总部将区域性资金结算中心设在国内（比如北京），允许其在境内设立一个特殊账户，即国际资金主账户，用于跨国公司总部集中归集、清算和运营管理成员单位境外资金。该账户是一个特殊账户，不同于离岸账户和 NRA 账户，不受外债额度限制，可以与境外账户直接联通，具备一定的自由度和跨境资金结算中心功能。包括与境外账户之间的自由划转；能进行资金集中后的理财运作及汇率敞口风险管理；必要时能够从境内外金融机构或金融市场取得外部融资等。

国际资金主账户为跨国公司总部设立区域性资金结算中心提供了可能。其可能

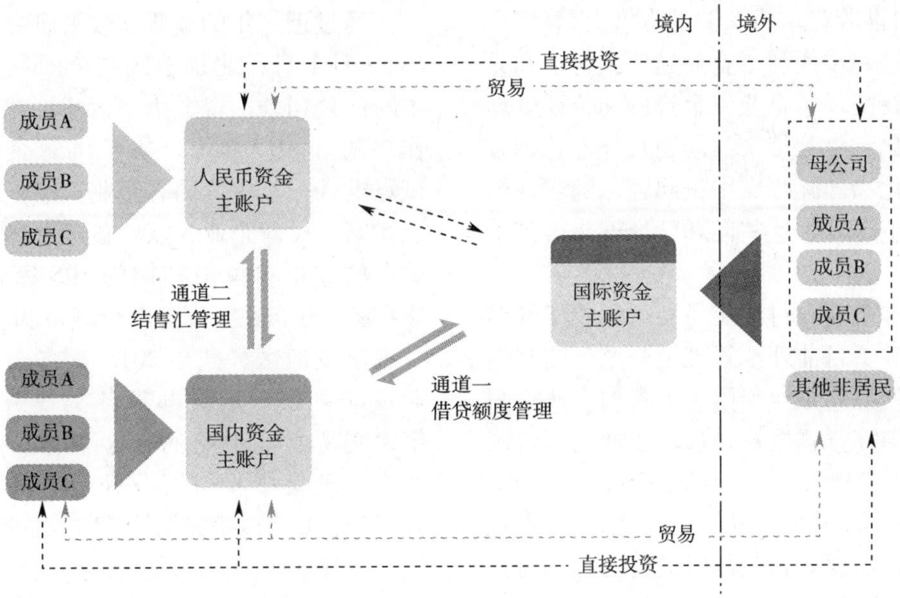

图1　跨国公司外汇资金集中运营管理总体框架

带来的风险是：短期资金跨境流动流量和频率的增加，资金或出现大进大出，对国际收支形成冲击，进而影响境内货币政策和外汇储备。该风险可以通过市场手段和行政管理手段加以控制。一是要求主办银行实时将针对该账户的市场化利率产品、沉淀资金运用情况报外汇局备案，防止境外资金追逐利差大量进入。二是不允许该账户结售汇，切断其和境内货币体系的直接联系。三是只允许其与境内外币资金主账户进行点对点划转，且不能超过额度限制。四是外汇局实时监测该账户在银行的余额变化，做到风险可控。

2. 允许境内外资金池有限联通并引入集团额度共享的管理方式

为防范风险，可以根据形势需要，对跨国公司总部境内外资金池联通实行额度控制和管理。根据跨国公司实际经营需要和资金进出情况，以发生额为基础为企业核定年度资金划转指标，允许企业在额度限制内实现境内外资金主账户自由划转，满足跨国公司日常经营中的资金调度需求。

该项政策突破的风险是：额度内的境内外资金划转不再审核交易背景，有可能成为“热钱”流动的通道。管控手段是把好“流量阀门”。境内外两个资金池之间的资金划转，本质上形成对外债权债务，因此借用对外债权债务管理思路，放松管制，而着眼于总量控制和监测，做到风险可控。同时，对境内成员公司对外债权债务实行统一管理，允许成员之间共享额度。具体包括对跨国公司所有境内成员的外债、对外担保、境外放款实行统一管理，并以此为口径核定境内外资金池之间可自由划转额度。

3. 创新结算方式，允许集中收付汇与净额结算业务

允许跨国公司总部开展集中收付汇，突破了《货物贸易外汇管理试点指引》

“谁出口谁收汇、谁进口谁付汇”等规定限制，进一步便利了企业异地收付汇和异地核销，实现了企业资金管理和单证处理的集中化。由此带来的问题是外汇管理方式的变化和国际收支申报问题，随着外汇管理改革深入，这些问题已经逐步得到了解决。

允许企业收付汇交易实行轧差净额结算，打破了目前外汇管理全收全支的基本原则，使境内企业与国际上跨国企业集团通行的结算方式接轨，进一步便利了跨国企业资金调配行为，节约了企业资金调配成本。带来的主要问题是税收部门管理难度增加，需要同相关部门进行协调沟通。

此外，跨国公司总部外汇管理改革框架还涉及企业内部结售汇、境内人民币资金池与境内外币资金池之间的结售汇问题。无论通过银行、财务公司或独立办理结售汇，均可采取事后管理模式。企业自行按照现行规定留存相关单据备查并定期向外汇局报送结售汇情况即可。

三、试点运行平稳、企业积极兑现政策红利

经过近一年的调研和政策研究，2012年12月1日，北京地区在全国率先启动了跨国公司外汇资金集中运营管理试点工作。截至2013年末，共有14家企业获得试点准入。其中，国有企业6家，外资企业5家，民营企业3家。各试点企业参与试点的成员单位由初期的195家扩大到484家，分布在全国107个城市和境外29个国家或地区。截至2013年末，试点企业试点主账户累计办理各类业务4 469笔，交易金额904亿美元。其中，国内主账户办理集中收付汇业务704笔，金额66.47亿美元；净额结算27次，交易130笔，金额54.8亿美元，涉及应收应付款总额564亿美元，结算量减少90%。资金通道累计调入外债103笔，金额35.06亿美元；对外放款37笔，金额28.28亿美元；累计净调入6.78亿美元，总体均衡，未发生大规模单向流入情况。额度共享后，企业外债和对其放款额度利用率由之前分散状态下的不足10%，分别提高至试点集中后的44.3%和22.09%，资金成本大幅节约。

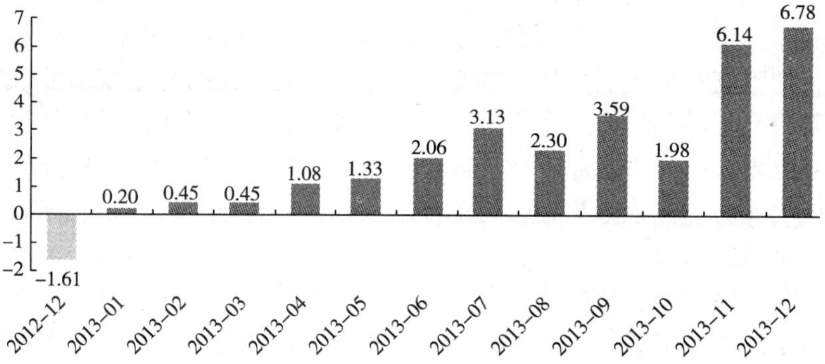

图2　2013年资金通道净流入（出）情况

（一）试点企业综合效益显著

一是资金成本大幅节约、资金收益显著增加。试点政策搭建了在京设立企业总部“资金中心”和“结算中心”的账户平台，并提供了境内外资金联通便利，大大降低了企业财务成本。截至2013年末，已启动业务的13家跨国公司初步估算共节约成本或增加资金收益约2亿多元人民币。如：中化集团每1亿美元融资，可节约600万~1 200万元人民币。三星公司每年减少备付金80亿美元，带来直接收益1 000万多美元。

二是试点企业资金管理能力显著提高。试点政策赋予企业外汇资金运作更大空间，从而给企业资金管理水平和效率带来提升。大部分企业对其资金管理职能和业务流程进行了重新设计，改进了原来计划较粗、不确定性高、备付金高、收益率低等问题。例如卡特彼勒公司利用资金通道内外调配，解决了长期困扰企业的月度资金收支前紧后松、现金流无法匹配的问题；三星、壳牌等公司利用试点进行账户体系改造，资金管理集中度和自动化程度显著提升。中资试点企业更是把此次试点看做破解企业长期以来资金管理分散、效率低、风险大管理难题和提高集团对资金掌控能力的良好契机与有力手段，开始逐步调整外汇资金管理架构。五矿、中粮、海航等中资企业已经尝试开展集中收付汇管理方式。

三是试点企业地区总部的管理地位提升。施耐德电气法国总部将其中国有限公司升格为中国区总部，赋予更高资金管理权限；三星公司在我国境内成功实施了首个货物贸易净额结算案例，并在国内建成其全球第二个区域资金结算中心，得到韩国总部嘉奖，并正式将香港、台湾地区的管理职能调整至以北京为中心的大中华区。三一重工已将60%以上的进出口结算调整至北京资金总部。第一、第二批企业试点示范效应凸显，北京的试点得到境内外多家跨国企业的关注，目前40余家企业在申请加入试点。

（二）试点银行服务水平提高，竞争力增强

试点政策给予在京金融机构丰富的业务品种和锻炼提升空间，有助于提升区域金融服务水平和在京金融机构国际竞争力。试点涉及的国际资金归集和运用、集中收付汇和轧差净额结算业务，在国际已经广泛开展，但在国内还属首次尝试。从前期试点情况看，在京外资金融机构能够及时高效地为试点企业架构资金池并开展结算，中资金融机构也通过学习摸索逐步熟练地运用各项政策工具，在资金管理和产品创新上逐步跟进。试点以来，7家合作银行在业务流程、风控手段和服务理念上不断调整适应企业需求，积累了丰富的业务经验。

（三）“总部经济”整体环境优化，地区“软实力”提升

试点政策将成员公司分布在全国19个省市和20余个境外国家和地区的外汇结算业务、资金池业务、外债和境外放款业务集中至主办企业，给地区带来金融资源聚合效应。多家企业总部逐步调整全球布局，将管理资源、管理权限向中国区倾斜。这些调整显示企业评估北京已具备开展跨国公司总部资金运营的政策环境，首都的国际形象得到提升。

四、问题和改进建议

（一）面临的问题和挑战

跨国公司政策是一项兼具试验性和成长性的政策，运行过程中一些问题和银企进一步的需求也逐渐反映出来，主要体现在三方面：

一是随着跨境人民币政策变化和自贸区政策的推出，目前试点政策与其他政策存在不协调或滞后的现象。试点本身是多币种框架，跨境人民币作为跨境结算货币

中的一种，在两个主账户中均有使用，因此试点框架内本外币政策的协调尤其重要。自2013年下半年跨境人民币对外放款政策放开（不设额度）后，试点通道业务净流出额度管理方式就显得滞后，出现一侧大门洞开另一侧还在纠结如何守门的状况，导致企业觉得参与试点后对外放款反而不便利。自贸区政策出台后，在试点政策方面也有突破，比如对外放款额度总额度的核定上，自贸区将上限由所有者权益的30%调整至50%，能更大程度地满足企业需求。

二是在目前操作中不便利、不科学的问题。试点运行一年多来，企业对一些问题反映得比较集中，比如通道额度核定方式（“投注差”集中）过死，纯中资企业难以获得额度，通道业务无法开展或只能有限使用；比如受10%比例限制，银行难以对国际主账户后台资金运用进行有效运用，进而影响国际资金主账户发挥资金归集的功能，企业虽有意愿却难有作为；国内资金池委贷专户的设置较为繁琐，银企反映账户管理负担重；国内主账户结售汇管理仍然采取资金贴标签形式，而且资本项下为支付结汇制；单证审核、试点备案材料和试点报表均较为繁杂等。

三是试点本身向纵深发展的需求。试点政策作为外汇局服务实体经济、探索外汇管理改革的金融创新项目，本身有分阶段的演进需求，应保持先进性，不断趋近可兑换目标。调研中，个别先行先试、财资管理水平较高的企业已经产生了更高层级的资金归集需求，正好推动试点框架向下一阶段迈进。比如，随着人民币汇率波动幅度扩大，企业对于充分利用境内外两个市场，两种资源来应对市场波动需求迫切，而一定范围内资金的自由流动，也有助于市场自身定价机制的形成。这样的背景下，是否可以探讨取消额度管理，实现自由进出，给予企业境内外资金调配的充分自由。在此基础上，在企业自律、自主报告资金性质的前提下，是否可以取消通道设置，合并国际主账户和国内主账户，减少一道汇划手续。又比如，主账户结售汇政策是否可以进一步放开，采取意愿结售汇＋单证备查的形式。这些问题，恰好也是资本项目可兑换的核心问题，可在试点中大胆探索。

（二）改进建议

对下一阶段试点政策的发展，建议采取“全面优化、差别管理”的思路。具体来说，在对试点前期问题整体改进的基础上，对于大部分的试点企业，继续保持现行试点框架。选择个别在前期业务中表现出较高资金管理水平且运营合规的企业（优先企业），大胆松绑，取消额度管理，合并两个主账户，给予资金调配和兑换的充分自由。同时，密切监测优先企业的主账户资金流动指标，根据形势需要，必要时采取窗口指导、额度管理等手段予以调节。

“全面优化、差别管理”的思路，是适应当前试点企业实际需求和客观水平的选择，也兼顾了外汇管理的稳中求进的要求。一是着力改进了试点前期显现的问题，顺应了市场要求，同时保持了试点项目的创新精神和先进性，探索了外汇管理中最为敏感的完全可兑换；二是将资金异常流动风险和探索成本控制在较小范围内，如选择3～5家优先企业开展自由化试点，对整体形势影响不大，管理挑战也相对较小，如形势有变，进退自如；三是差别管理的方式具有正向激励效应，受优惠政策鼓舞，其他企业也会效仿合规运营，提高自身业务素养和水平。

1. 全面优化——适用于普通试点企业的政策调整

对于普通试点企业，试点整体框架不变，对前两类问题进行政策改进。对于试点政策与其他政策有差距、不协调的，根据试点政策不落后于普惠政策的原则，找平差距；同时确立自动优化原则，即国家外汇管理局有相关优惠、试点政策出台，跨国公司试点项目自动跟进，适用新政策。这类问题涉及的调整主要包括对于通道流出的跨境人民币对外放款不设额度，外汇形式的对外放款额度调整至所有者权益的50%等。

对于试点前期操作中不便利、不科学的条款，建议也进行相应调整，其中重点的几项是：

（1）丰富通道净流入额度的核定依据。现行政策通道净流入额度核定以集团所能集中的外债额度（投注差）为依据。鉴于中资企业无投注差，这一核定标准难以适用，显得单一。建议丰富核定依据，并可在多类指标中取高核定，保持灵活度。可以参考的指标有：

①集团下属成员公司上一年末核定的净资产总额的一定比例。该指标可体现外债额度与实体经济规模紧密关联，也有助于企业的试点业务规模随自身发展同步成长。

②参照目前自贸区内企业境外人民币借款额度的管理方式，资金进出境上限＝实缴资本[①]×宏观审慎政策系数，其中区内企业的实缴资本倍数为1倍，非银行金融机构的实缴资本倍数为1.5倍。

此外，现行额度集中的方式要求成员公司要么全部上交未使用额度，要么不参与集团的额度集中，试点企业反应过于死板，建议改全额集中为自由选择全额上交额度或部分上交，允许未上交部分留属地使用。

（2）放松结售汇环节管理，国内主账户采取意愿结汇＋支付使用制相结合的原则。现行试点政策下，主账户归集的资金结汇需贴标签管理，各自合规办理，其中归集的资本金和外债则依据实需＋支付结汇的原则，没有享受任何结售汇环节便利。笔者认为，通过意愿结汇，可以先赋予企业应对汇率变动风险的自由度，在使用的环节，通过支付使用制确保真实性即可。因此，建议对国内主账户资金结汇不贴标签管理，采取意愿结汇＋支付使用的方式，真正体现打破资金性质界限。

（3）提高银行通过国际主账户吸收资金的境内运用额度。现行10%的境内使用额度几乎使银行无法操作使用，境外运用渠道又有限。渠道少、操作难、收益低，使得目前境内主办行对国际主账户存款报价较低，较境外行缺乏竞争力。没有有吸引力的产品和价格，国际主账户归集功能就一直无法实现。建议适当提高该比例，创造银行活用该账户资金的空间。如担心套利行为造成的异常资金波动，可以考虑通过调节存款准备金的要求，来降低国际主账户资金进入国内银行间市场的数量，同时通过控制银行的可结售汇综合头寸，避免国际主账户资金大量资金冲击人民币市场和货币政策。

（4）允许取消委贷专户。目前境内资金池依据49号文搭建，要求成员单位账户和主账户间设委托贷款专户，主要目

① 公司成立时公司实际收到的股东的出资总额，它是公司现实拥有的资本。

的是通过专门渠道来记录委贷资金流量，满足计税要求。这种三级账户的架构几乎使每家成员单位要多开一个实体账户，大大增加了企业集团和银行的开户成本和账户管理负担。实践中，汇丰银行已经实践了不开立委贷实体账户，银行系统自动对这类扫款进行区别记录的做法。建议取消资金池委贷专户设立的强制要求，对于银行系统可以支持资金区分的，不要求开立实体委贷户。

2. 差异化管理——适用于优先企业的政策

选择3～5家优先企业，要求具备健全的内部控制体系和成熟的业务系统，试点前期开展业务积极、合规。对这类企业的试点业务，因其具有一定的探索性和试验性，外汇局应怀有一定的容忍度，政策设计不求滴水不漏，更多地依靠企业自律。与给予的充分信任相对应，企业一旦出现违规行为或不配合整体形势需要的调整，则取消优先企业资格。

优先企业享受所有普通试点企业政策，同时，在以下几方面大胆尝试。

（1）取消额度管理，企业可以自由调拨境内外资金。从逐笔审批到总量控制到有管理的松绑，是对跨境资金流动管理的三个阶段。额度管理是总量控制的体现形式，已经在前期试点中得到了实践。现阶段，可以考虑给予个别企业完全的自由度和充分的市场手段，自主应对汇率、利率变动。这是外汇管理改革自身演进的需要，也是市场主体逐步适应开放市场的需要。当然，这种松绑不是无管理约束的，需保持对此类资金（对外债权债务类）流动的监测和必要的事后检查，必要时可采取窗口指导、临时叫停或恢复额度管理等手段进行调节。

（2）取消通道，合并国际主账户和国内主账户。如果取消额度管理，通道和分账户存在的唯一意义即是对对外债权债务资金进行专门的渠道区分，只具有统计意义，因此建议取消。资金流动通过国际收支申报进行监测，企业对资金性质真实性负责，银行对信息准确性负责。同时可要求企业以月报形式对主账户资金流量、存量及资金性质进行说明。如遇临时叫停或额度管理恢复的情况，企业仍可在一个账户内完成操作，只需对债权债务类资金跨境流动的净额进行单独报告。

（3）实行意愿结售汇，按需使用。结汇所得人民币可进入人民币资金池；允许提前购汇放入主账户。

（4）取消全部银行端单证审核手续。对于内控制度健全，管理严格规范的企业，任何一笔收付款在企业ERP系统均有整套审核流程及完整的业务单证，缺一即不可完成交易。这种情况下要求银行再审一次意义不大，但工作量巨大。比如三星月均的轧差交易还原数量约有万笔，单证审核和传递对企业和银行都是较重负担。因此，建议只要企业和银行自主约定，企业对交易真实性负责，留存单据备查，则可以免去银行逐笔审单的要求，只承担申报责任。作为控制手段，外汇局可要求银行定期抽查或自主开展现场检查。

（汪征）

关于合理使用创新融资工具助推首都经济发展的调研报告

中国人民银行营业管理部　货币信贷管理处

近年来，随着我国金融体制改革的不断深化，各类金融机构间广泛开展业务合作，积极进行产品创新，通过设计不同风险特性的结构化金融工具为实体经济融资提供越来越多的渠道选择。创新融资工具在满足实体经济融资需求、拓宽融资渠道和支持地方经济发展等方面的作用日益显著。

一、创新融资工具发展的基本情况

（一）中国银行间市场交易商协会大力推动非金融企业债务融资工具创新，融资规模快速增长

在人民银行的领导和推动下，中国银行间市场交易商协会坚持金融服务实体经济的本质要求，大力推动债务融资工具市场创新发展。继短期融资券、中期票据、中小企业集合票据之后，超短期融资券、非公开定向融资工具、资产支持票据和区域集优债务融资计划等产品也陆续推出，在推动金融市场创新、优化资源配置和提升金融服务实体经济能力等方面发挥了重要作用。

（二）非银行金融机构积极利用金融市场形势变化，实现创新融资工具的跨越式发展

信托公司作为唯一享有全牌照的投融资公司，充分发挥信托财产多方式运用和跨市场配置的优势，积极与拥有资金、项目、渠道等优势的商业银行开展合作，成为实体经济的重要融资渠道之一。2012年证券公司资产管理业务投资范围扩大，开启了证券公司与银行、信托等其他金融机构合作创新的大门，以资产管理计划为代表的创新融资工具也应运而生。2012年中国保监会放开保险对理财、资产管理业务范围以及基础设施债权投资计划等，保险资产管理公司开始通过优先发展基础设施和不动产债权投资从而实现创新融资工具的有效突破，并与多地政府建立了密切联系。自2012年10月中国证监会允许基金管理公司设立子公司开展专项资产管理业务以来，它们逐渐将业务拓展重点转移到政府平台融资等领域。目前成立的基金子公司已经超过30家，已经开展业务的有19家，基金子公司已经成为融资工具创新的一支重要力量。

（三）交易所通过产品的不断创新，丰富了金融市场的融资工具

上海证券交易所和深圳证券交易所于2012年5月22日分别发布了中小企业私募债券的试点办法，中小微企业可以通过交易所市场向特定对象进行融资。成立于2010年的北京金融资产交易所在2011年上半年推出了委托债权投资计划产品，银行在流动性或信贷规模约束下，企业委托银行做成债权投资产品在金融资产交易所挂牌交易，银行通过发行理财产品筹集资金，用来投资该笔挂牌债权，达到间接为

企业融资的目的。2012年北京金融资产交易所累计挂牌项目2 896笔，成交金额6 378.5亿元，同比增长271.7%，连续两年实现交易规模翻两番，其中，委托债权投资计划交易额5 873.6亿元，占全部成交金额的92.1%。

二、创新融资工具的运作特点

（一）运作主体多元化

根据现行的法律法规和监管部门的规章制度，除了中国银行间市场交易商协会和交易所之外，商业银行、证券公司、保险公司、基金管理公司和期货公司均可以开展多种形式的融资工具创新。虽然各个金融机构由于监管主体和业务习惯的差异，对相应的创新融资工具定义了不同的名称，但是业务开展的基本原理和运作模式逐渐趋同。

（二）资金主要来源于商业银行

金融机构通过创建设立创新融资工具，实现与银行自有资金或者理财资金的有效对接，从而达到业务规模的快速增长。例如，从2011年起，银行逐渐引入证券渠道，让证券资产管理公司充当银行和信托之间的中间人，业务模式由银信合作转变为银证信合作，实现银行理财资金和融资方的对接。截至2013年6月30日，证券公司受托管理资金总额3.42万亿元，比2012年末增长81%，据业内人士测算，至少有七成属于银行通道业务。此外，基金子公司也借助通道业务实现规模的迅猛增长。截至2013年6月末，中国证监会已经核准设立38家基金子公司，共管理账户368个，资产规模达1 500亿元，背靠银行渠道和资源，银行系基金子公司自成立后规模大幅增长，成为行业的领跑者。

（三）资金主要投向基础设施、能源和房地产

据了解，业内一般将创新融资工具分为通道类、房地产类和融资平台类三种。由于通道类业务也多数投向融资平台和房地产项目，所以，如果从资金投向的角度来看，创新融资工具主要投向基础设施建设、能源项目和房地产。例如，截至2012年末，保险资产管理公司累计发售83项基础设施投资计划，11项不动产债权计划，融资总额为3 025亿元，主要投向电力能源、道路交通和城市基础设施领域。基金子公司的专项资产管理计划的投向也主要是房地产和基础设施建设，例如工银瑞信投资主打的幸福城市系列，投向于符合城镇化建设的民生工程领域，金元惠理子公司重点关注城中村和棚户区改造，长安基金子公司投向淮阴和无锡安置房的专项计划。

三、创新融资工具的作用

（一）增强资金对实体经济的支持力度

创新融资工具一方面通过与规模快速增长的银行理财资金进行对接，使大量资金进入实体领域；另一方面金融机构可以发挥相对优势来募集资金，例如证券资产管理公司通过集合资产管理计划向长期积累的高净值客户募集资金，保险资产管理公司向资金规模庞大的保险公司定向筹资，增强保险资金对实体经济的支持力度。

（二）降低微观经济主体的融资成本

随着创新融资工具业务规模的迅猛增长，银信合作垄断市场的竞争格局被打破，信托资产多方式运用和跨市场配置的制度红利日益削弱，市场竞争的加剧致使手续费不断降低。据了解，信托手续费从早期的3%下滑到3‰，证券通道手续费

从最初的3‰降到0.5‰左右，近期已经逼近0.1‰，一些证券公司甚至采用赔本赚吆喝的方式来实现规模的快速扩张，以提高市场占有率。

（三）提高金融机构的资源整合能力

金融机构通过创新融资工具能够根据融资方需求，充分发挥销售渠道、客户资源和产品创设等方面优势，向不同风险偏好层次的投资者群体募集资金，实现与多个市场、多种业务的对接和金融创新，协助客户采用最有利的方式完成融资。例如证券资产管理公司通过与投资银行部、研究部和经纪业务部开展合作，实现资源整合，满足多样化的融资需求。

四、创新融资工具的相关风险

（一）操作风险

在国家相关政策和监管新政的刺激下，金融机构和其他相关市场机构开展创新融资工具的积极性很高，各项业务规模快速增长，但是由于相关创新的业务开展时间短，经验积累少，普遍在风险识别、风险评估与测算、风险管理与控制、风险报告与反馈等方面缺乏系统性、科学性的制度体系，创新融资工具在运作过程中难以很好地规避操作风险。

（二）信用风险

多数创新融资工具是建立在金融机构之间密切合作的基础上，上手方和下手方通常以合同的方式约定在某一日期前无条件受让收益权和其他资产权利，基础资产的收益权经过多次转让，一旦某个参与方发生违约，不仅会造成某个创新融资工具产品的资金链断裂，而且还很有可能导致系统性风险。

（三）政策风险

根据国外成熟市场的经验表明，随着创新融资工具业务规模的增长，一方面监管部门会逐步加大协调力度，要求不同市场机构开展同类创新融资业务时必须遵循同一标准，当前监管要求较低的运作主体将会随时面临提高监管标准的风险；另一方面当创新融资工具对宏观经济或金融体系存在现实或潜在不利影响时，可能面临被叫停部分业务的政策风险。

五、北京市使用创新融资工具的现状

（一）市属企业积极发行非金融企业债务融资工具

北京市属企业依托首都优势，在银行间市场具有良好的信用评价，其发行的债券受到投资者普遍欢迎。同时，人行营业管理部也积极落实与中国银行间市场交易商协会和北京市签订的三方协议，大力推动北京市属企业利用银行间债券市场发债融资。2011年和2012年，北京市属企业债务融资工具发行量分别为813.5亿元和1 716亿元，占当年全国债务融资工具发行量的4.4%和6.5%，按发行量计算，北京市在全国各省市中排名第一。

（二）非银行金融机构的创新融资工具利用有待提高

市属企业通过非银行金融机构进行融资主要是与信托公司进行合作，对证券公司、保险资产管理公司和基金子公司创新融资工具的使用与其他省市相比有一定的差距。例如保险业内第一单无担保债权投资计划由太平洋资产管理公司发起设立，投资于山西阳盂高速公路项目；汇添富基金旗下汇添富资本管理有限公司携手天津市房地产开发经营集团有限公司推出首单资产管理计划——“添富天房—债权投资专项资产管理计划”，该计划是首个投向保障房项目的基金专项资产管理产品。

（三）交易所渠道的融资额占比仍然较低

2012年，中小企业私募债券累计发行金额为111.7亿元，其中，北京市中小企业私募债券累计发行金额为12.2亿元，占比为10.9%。2013年上半年，中小企业私募债累计发行量为149.3亿元，其中，北京市中小企业私募债券累计发行金额为12.7亿元，占比仅为8.5%。2012年，北京金融资产交易所委托债权投资计划交易额5 873.6亿元。其中，中央企业融资1 555亿元，占比为26.5%；北京市属企业融资314亿元，占比仅为5.4%。

六、关于北京市进一步利用金融创新工具融资的建议

（一）加大舆论宣传力度，鼓励企业创新融资方式

一方面积极引导新闻媒体宣传创新融资工具，设立相关的宣传专栏、专刊或者专题，加大报道力度，创造有利于创新融资工具发展的舆论环境和氛围，增强市属企业创新融资意识、信心、能力；另一方面行业主管部门应根据各类创新融资工具的特点和要求，选择优秀企业，进行有针对性地宣传和指导，鼓励其积极尝试通过创新融资工具进行融资，发挥骨干企业的引领示范作用。

（二）实施平台公司分类管理，综合利用各种创新融资工具

一是继续鼓励已具备现代公司治理结构、自身经营现金流可全部覆盖贷款本息的优质平台企业充分利用非金融企业债务融资工具进行融资，积极利用中国银行间市场交易商协会推出的创新融资工具来满足相关融资需求；二是积极推动能够产生稳定可预测现金流的城投类平台企业通过发行资产支持票据募集资金，盘活存量资产，加快运用创新工具拓宽融资渠道；三是对各区县所属中小型平台企业进行资源整合，帮助其达到发行债务融资工具的条件。

（三）加快重大项目落地，实现创新融资工具与项目的有效对接

北京市相关部门应抓好重点工程落实，实现重大投资项目及时落地，通过创新融资工具与资金需求的有效对接，充分发挥创新融资工具服务实体经济的作用，切实解决重大项目的融资问题。同时，基于重大项目的融资活动更容易受到投资者的关注，有利于融资活动的顺利进行和创新融资工具的快速发展。

（四）整合政府和社会资源，搭建市属企业与金融机构交流合作平台

通过与相关金融机构签署战略合作协议，召开融资项目对接会等方式，建立市属企业的重大融资项目与创新金融工具对接的平台，推动政府指导、金融机构服务和企业发展的联动机制的建立，实现市属企业与金融机构沟通交流的常态化、制度化。继续发挥政府主导作用，整合社会资源，形成全方位的融资服务体系，强化金融机构对市属企业的融资服务。

（五）完善激励机制，增强财政资金支持作用

建议市政府出台相关政策措施，根据企业类型、募集资金投向和额度，对符合条件的企业在利用创新融资工具过程中产生的中介费用给予适当补贴，切实降低企业融资成本。同时，对于在利用创新融资工具中积极参与、成效显著的机构和个人，政府给予表彰和奖励，以增强微观经济主体创新融资方式的积极性。

（李甲）

关于辖内银行业金融机构实践绿色信贷　落实国家环境保护“十二五”规划的调研报告

中国银行业监督管理委员会北京监管局

一、工作开展情况

截至2012年末，辖内银行业金融机构节能减排类贷款余额1 322.88亿元，比年初增加250.86亿元，增长14.73%。

（一）通过顶层设计，明确绿色信贷战略、导向和保障

一是将绿色信贷纳入全行发展战略。辖内法人银行的董事会和高管层将绿色信贷与银行自身转变发展方式、履行社会责任相结合，纳入全行发展战略，制定相关制度，在信贷文化、信贷政策、管理流程、产品创新等环节具体推进。如华夏银行制定了《绿色信贷业务管理暂行办法》、《绿色信贷业务指导意见》等专门制度；在社会责任报告中明确“华夏银行坚持把实现人与自然的和谐共存作为发展的基本原则，积极构建绿色银行”。北京银行与荷兰国际集团（ING）签署“建设绿色银行合作协议”，建设以“碳金融”为标志的绿色金融服务体系。

二是在信贷政策中突出绿色信贷导向。各银行在信贷政策中普遍突出绿色信贷导向。如北京银行在《2012年授信业务指导意见》中，明确对燃煤工业锅炉改造工程、余热余压利用工程、建筑节能工程等十大重点节能工程予以重点支持，对高污染、高能耗、产能过剩（即“两高一剩”）行业实行限制乃至禁入。

三是为推进绿色信贷提供组织、考核和人力保障。民生银行设立了“绿色企业金融服务中心”，通过集中专业资源、建立快速审批通道、创新多样化金融服务产品，重点拓展节能环保等领域业务，已支持了北京国电清新环保技术股份有限公司、北京桑德环保集团有限公司等一大批大气污染治理、固体废物治理、水处理治理、土壤修复、清洁能源、环保产品制造等领域企业。该行还将分支机构执行“两高一剩”限额控制的情况纳入该行风险评价和平衡计分卡考核，对超限额的分支机构扣减评分。华夏银行利用与国际组织合作拓展能效融资业务的机会，开展22期绿色信贷培训，系统性培训行员2 400余名，内容涉及能效融资开展、利用外资政策、重点行业技术等，为推进绿色信贷打下良好基础。

（二）通过差别化信贷管理，加强对不符合环保要求企业的信贷限制及退出

一是建立企业环境行为评价制度。工商银行北京市分行、交通银行北京市分行建立了企业环境行为评价制度，根据绿色评级对不同企业或项目实行差别化授信审查和贷后管理。如交通银行北京市分行将授信客户分为绿色一类、二类、三类、四类、黄色一类、二类和红色等三色、七类，对绿色一类客户加强授信支持，对黄色二类和红色客户采取“名单制管理”，密切监控、及时调整或收回授信。截至

2012 年末，该行对公贷款全部为绿色类客户贷款，其中绿色一类、二类贷款余额达 2 713 亿元，同比增长 2.35%。

二是实行环保不达标“一票否决”。各银行普遍在授信审批中引入环境评价要素，对不达标客户“一票否决”。如工商银行北京市分行设置 8 种环保不达标情况，包括：属于《产业结构调整指导目录》中限制类或淘汰类、列入“区域限批”或“流域限批”、人民银行征信系统中有环保违法信息且尚未整改等，对符合任一情况的客户不予信贷支持。

三是实行“两高一剩”限额控制及名单制管理。各银行普遍对“两高一剩”行业实行限额控制及名单制管理。如民生银行在年度风险政策中对“两高一剩”行业设置严格限额，实施名单制管理，要求增长率远低于全行平均贷款增长率；将重点控制行业的限额分解至各分支机构，按季度对限额执行情况进行监测和通报。截至 2012 年末，该行投向钢铁、水泥、煤化工、多晶硅、平板玻璃及风电设备行业的贷款余额为 477.3 亿元，较年初压缩 1.63 亿元。

四是实行“两高一剩”授信动态监控。近年来，交通银行北京市分行组织多次节能减排授信专项风险排查，对“两高一剩”等不符合节能减排标准的授信客户进行风险排查，动态调整该行节能减排风险减退名单，对纳入减退名单的客户，原则上不增加授信额度，逐步压缩直至退出。

（三）通过产品创新，加强对节能减排行业的信贷支持

一是与国际组织合作创新能效融资产品。辖内多家银行积极与国际组织开展合作，借助其专家力量、扶持资金、运作经验等，创新能效融资产品。包括：交通银行北京市分行与联合国清洁发展机制（CDM）项目合作；华夏银行、北京银行与世界银行合作；华夏银行、上海浦东发展银行北京分行与法国开发署合作；北京银行、上海浦东发展银行北京分行、兴业银行北京分行与国际金融公司合作等。如多家银行与国际金融公司合作开展的能效融资服务引入了损失分担机制，由国际金融公司分担 50% 的信用风险。华夏银行与世界银行和法国开发署合作，由外方对中国节能项目提供优惠利率的外币转贷款及技术援助，由国内银行配套提供人民币贷款，截至 2012 年末，该行已为 25 家企业、30 个项目提供了 12.3 亿元的贷款支持，全部项目实施完毕预计节约标煤近 400 万吨，减排二氧化碳近 1 000 万吨。

二是与国内专业机构合作提供节能减排融资服务。包括：北京银行、国家开发银行北京市分行与北京市节能环保中心合作；北京银行与中国节能协会产业委员会合作；交通银行北京市分行与北京环境交易所合作等。如国家开发银行北京市分行与北京节能环保中心合作开展合同能源管理①融资业务，由节能环保中心遴选优质项目并进行技术评估和效果论证，银行提供融资支持，扩大了节能融资服务覆盖面。

三是创新担保方式灵活的产品。北京银行、农业银行北京市分行、交通银行北京市分行、上海浦东发展银行北京分行、

① 指节能服务企业与用能单位以合同形式约定项目的节能目标，节能服务企业为实现节能目标，向用能单位提供必要服务，用能单位以节能效益支付节能服务企业的投入及利润的节能服务机制。

兴业银行北京分行等银行均开展了节能减排收益权质押融资业务，针对节能服务企业轻资产、投入大、回收慢的问题，以合同能源管理项目未来收益权为质押向企业发放贷款。2012 年，兴业银行总行还重点推进排污权有偿使用与交易试点，在发放排污权抵押融资等方面与地方政府相关部门开展合作，目前北京地区相关工作尚在推动中。

四是有针对性地支持环保项目。国家开发银行北京市分行在风险可控前提下，充分考虑项目的环境和社会效益，对环保重点领域项目积极提供贷款支持，重点支持的项目包括区域及流域环境保护项目、环境基础设施公共服务项目、节能重点工程、循环经济重点项目等 10 大类。截至 2012 年末，共为 52 个环保领域项目提供了 339.25 亿元的贷款支持。

二、面临的主要问题

一是“绿色信贷”定义模糊，不利于相关统计及导向、考核的实施。“绿色信贷”定义模糊导致银行理解不一。有的银行认为低碳排放或弱资源约束行业都属于绿色信贷，导致绿色信贷理解泛化，高新技术企业贷款、小微企业贷款等均被纳入绿色信贷范畴。一些具体行业是否属于“绿色信贷”同样存在争议，如多晶硅制造可能被划归“新能源”行业，但实际上其生产过程中污染较大，且已产能过剩；医药行业属于低碳排放，但其中一些企业可能对水、土壤等造成较大污染。定义模糊导致目前难以对绿色信贷进行相对精确的统计，也不利于对银行导向和考核的实施。

二是相关政策和市场环境有待完善。节能减排等新兴行业企业普遍规模小、轻资产、技术新、专业性强，融资服务风险相对较高，有待政府介入，解决市场失灵问题。但目前对银行相关融资服务还缺乏风险补偿等政策支持。目前国内的排污权、碳排放配额等交易市场尚未建立，相关权利的估值、交易面临难题，制约了银行相关创新业务的开展。

三、政策建议

一是明确绿色信贷统计标准。争取环保部门信息支持，在近期，从正反两方向明确“小口径”绿色信贷统计标准：在反向，统计“两高一剩”行业和环保违法企业的信贷压缩情况；在正向，统计节能服务企业和节能减排项目（如大气污染治理、固体废物治理、节能改造、循环经济等）的信贷支持情况，从而进一步明确“有促有压”的政策导向。在中远期，可在推动各银行建立统一的企业环境行为评价制度的基础上，依据企业环境行为评级，进行“大口径”绿色信贷统计。

二是推动银行建立统一的企业环境行为评价制度，并开展绿色信贷考核。争取环保部门信息支持，推动各银行对所有授信客户实行绿色信贷评级，统一评级标准，根据绿色评级对不同企业或项目实行差别化授信审查和贷后管理。在此基础上探索开展绿色信贷考核，将绿色信贷成效与银行工作人员履职评价、机构准入、业务发展相挂钩。

三是完善政策和市场环境。加强与政府相关部门的沟通协调，充分发挥财政资金对银行贷款的撬动作用，对银行开展节能减排收益权质押融资、排污权抵押融资等具有较明显信用敞口的创新业务给予风险补偿；促进世界银行、国际金融公司等国际组织与国内银行在推动能效融资项目中信息的共享和工作的对接；借鉴国际经验，加快国内的排污权、碳排放配额等交易市场的建设，并培育碳交易中介机构，为银行“碳金融”创新创造基础条件。

（李航）

破解北京市棚户区改造建设资金重大缺口难题的思考

中国银行业监督管理委员会北京监管局

棚户区改造是推进以人为核心的新型城镇化建设、不断改善民生的重要举措，2013 年 7 月，国务院提出到 2017 年改造各类棚户区 1 000 万户。北京市从辖内实际出发，按照“拆建分离、并联审批”原则，将行政审批权限下放给区县，并缩减审批时间，大力推进棚户区改造建设。此次棚改涉及面广、项目多、时间长、投资金额巨大，投资资金落实问题是整个棚户区改造工作最为核心的问题。

一、基本情况

（一）北京市棚户区改造范围面广

今后五年（2013～2017 年）北京市棚户区改造主要包括五个方面：一是中心城区平房院落修缮，涉及居民 12.3 万户，需要改造 368 万平方米；二是老旧小区综合整治，涉及居民 80 万户、220 万市民；三是城中村、边角地整治拆迁遗留的 127 个项目；四是城乡接合部改造；五是城市和国有工矿棚户区改造，涉及居民 2.7 万户。尤以中心城区为主，拆迁量 226 448 户，拆迁房屋面积 679.34 万平方米，融资需求 5 000 亿元。

（二）下放审批权限，缩短审批时间

将项目立项、规划、用地、征收、拆迁、施工许可等行政审批事项权限下放到各区县委办局，整体缩短审批时间 70%。

（三）银行信贷以城乡接合部改造为主导

截至 2013 年 7 月末，辖内银行机构对上述五类棚户区改造项目信贷余额为 888.47 亿元。其中，城乡接合部改造贷款、中心城区平房院落修缮、老旧小区综合整治、城中村与边角地整治拆迁、城市和国有工矿棚户区改造贷款占比分别为 77.5%、9.6%、8.4%、0.7%、3.8%。加权平均贷款期限为 5.7 年，实施基准利率及下浮动利率的贷款占比 85%，还款资金来源基本为腾退土地商业开发出让收入。

二、未来五年融资突出问题

（一）资本金缺口问题

中心城区棚户区改造五年融资总需求 5 000 亿元，按照 20% 最低资本金比率要求测算，至少需要财政注入资本金 1 000 亿元。2013 年项目投资预算为 2 294.42 亿元，已落实资本金约 200 亿元，尚存缺口约 260 亿元。

（二）融资主体资质问题

虽然市政府要求融资主体以北京市国资委管理的大型国有企业集团为主承担棚户区改造工作，腾退土地通过协议出让给国有企业集团，解决土地竞拍模式下商业住宅开发引发的人口激增、社会管理成本上扬和社会发展不可持续问题。从目前各区县拟选择的融资主体看，大都为区县国资委下属企业，大部分企业为地方政府融资平台，资产负债率较高、资产规模有限，其信用评级难以与市属大型企业相比。

（三）还款来源问题

未来五年棚户区改造实施“拆建分离”模式，改变以往的“一二级联动”模式，即不以土地商业出让收入作为主要还款来源。按照4 000亿元贷款、贷款期限15年、贷款执行6.55%基准利率、从第6年开始每年等额偿还贷款本金测算，第1年到第5年每年需要偿还利息262亿元，第6年到第15年每年需偿还本金与利息557.72亿元。从北京市财政收入看，公共财政预算收入部分主要用于教育、城乡社区事务、社会保障就业、一般公共服务、医疗等方面，属于刚性预算支出，难以挤压额度；政府性基金收入中主体部门土地出让收入在扣除开发成本再按照10%比例分别扣除教育、农林水务、保障房等领域资金后，所剩额度也难以保障棚户区巨额还款资金需求。

（四）贷款审批手续问题

棚户区改造项目在银行业务分类上仍属于房地产开发项目，按照现行政策要求与行业通行做法，在土地一级开发贷款申请时，需要提供土地使用权证，在房屋二级开发贷款申请时，需要提供土地规划许可证、建筑工程规划许可证、施工证等（以下简称“四证”）。由于建设任务紧迫，市政府提出以区县委办局出具的“四函”替代“四证”做法，需对现行政策进行突破，同时需要征求审计、监管部门对此做法的意见。另外，发改委在项目立项时，不做投资预算批复，使银行在审批信贷额度时缺乏重要依据。

三、几点建议

（一）加强对棚改项目投资的统筹规划和科学化、精细化管理

按照项目的同质性、关联性进行分类，实施滚动开发，完善项目投资建设时间表，提高投资概预算的科学性、准备性，资金介入要与建设进度相匹配，做好时间对接，严格“实贷实付”与“受托支付”，以提高资金使用效率与资金周转率，节约投资成本。

（二）整合融资渠道，探索创新型融资模式，多方位解决融资难问题

融资主体要坚持以市属大型国有企业集团为主导，一方面可发挥其融资能力强优势，另一方面在“四证”未办妥前，发挥其信用担保优势。在融资渠道上，将现有的银行信贷为主导的间接融资渠道与企业债、私募债、中期票据、地方政府债为主的直接融资渠道相整合，实现不同融资渠道的优势互补。同时，积极探索“围绕项目未来收益权”设立信托财产的信托融资模式、民间资本介入的有效模式、按照项目收益分类组合实施资产证券化融资模式等。在银行融资方面，要注重发挥国家开发银行政策性金融作用，使国务院批复其专用于棚户区改造的1 000亿元软贷款额度和6 000亿元普通贷款额度能更多地向北京倾斜。

（三）统筹政府财政预算收入、项目商业化收益，建立还款基金账户

在公共财政预算收入中的城乡社区事务、环境保护两个预算支出项下增设专项支出，每年拨付一定金额到还款基金账户；在土地出让收入中提取一定比例资金到还款基金账户；对国有企业承建棚户区改造而持有的配套商业开发形成的经营性

现金流，在扣除必要成本后全额拨入还款基金账户。对还款基金账户中的沉淀资金，要制订切实可行的投资计划，保持账户资金保值增值。同时，要科学制订债务偿还计划，落实好还款资金。

（四）按照“先试行，后铺开”原则，稳步有序推进“四函”替代“四证”工作

要征求审计部门、银行监管部门对“四函”的意见，争取达成共识；市级委办局要根据政策法律规定，统筹区县委办局，统一“四函”格式，规范内容，使银行机构在贷款审批时，有一个相对统一的样本。同时，建议发改部门在出具立项意见时，能有一个较为明确的投资预算，以便银行审批确定具体信贷额度。

（喻强）

互联网金融时代银行客户行为变化趋势及对策研究

中国工商银行股份有限公司北京市分行

一、互联网金融特征

（一）互联网金融释义

互联网金融是金融与互联网相结合的产物，是借助互联网技术和移动通信技术实现资金流转和相关信息传递的新型金融模式。互联网金融与传统金融的区别在于：金融业务所采用的媒介不同，金融参与者通过互联网进行直接接触，使得金融业务的透明度更高，中间成本更低，方式上更为便捷。

（二）国内互联网金融发展现状

1. 第三方支付发展

随着网络交易平台的快速发展，第三方支付应运而生，解决了买卖双方互不信任的问题，发挥了很好的信用中介作用，反过来又强有力地推进了电子商务的发展。截至目前，人民银行已为197家企业颁发了第三方支付牌照，市场上出现了一批颇具实力的第三方支付公司，既有基本定位于个人支付的支付宝、财付通和银联电子支付，又有着重细分行业的快钱、易宝支付和汇富天下，还有专注于银行卡受理环境的银联商务和拉卡拉等，产业链的各个环节都有第三方支付的身影，第三方支付市场整体呈现快速增长态势。

易观国际统计数据显示，第三方互联网支付总金额由2008年的2 356亿元飞速跃至2012年的3.8万亿元，2013年上半年实现了2.14万亿元的总支付金额，预计全年将达到6.41万亿元，而2014年将达到10万亿元左右。

2. 移动支付现状

近年来，随着移动技术的成熟和IT技术的发展，包括手机在内的智能终端快速成长，苹果手机APP客户端及安卓系统大行其道，移动支付开始崭露头角。移动互联网支付成为现实并迅速形成规模。

研究机构数据显示，2012年中国移动支付市场发展迅速，全年交易额1 511.4亿元，同比增长103.7%。易观智库预计，未来移动支付市场将保持快速发展，2014年交易规模将达到3 850亿元，

用户数将达到 3.87 亿户。

3. 网络借贷初现

网络借贷是指在网上实现借贷，借入者和借出者均可利用这个网络平台，实现借贷的“在线交易”，借贷双方足不出户即可实现借贷目的。这些平台因应了小额资金拥有者强力的投资理财欲望和小额投资者无法从银行取得资金的困境，满足了草根民众的金融需求，发展十分迅速。

中国首个面向网上放贷的小额贷款公司——阿里小贷成立于 2010 年，开业不到三年客户已经超过 13 万户、融资超过 260 亿元，成为网络小微贷款的成功案例。

4. 网络理财发展迅速

网络理财是指投资者或家庭通过互联网获取商家提供的理财服务和金融资讯，根据外界条件的变化不断调整其剩余资产的存在形态，以实现个人或家庭资产收益最大化的一系列活动。面对金融信息海洋和瞬息万变的金融市场，网络理财为投资者尤其是个人投资者提供了极为方便的投资途径。

以支付宝的余额宝为例，余额宝只用了 4 个月时间，便拥有了 1 600 万用户、1 300 亿元的规模，同时将合作伙伴天弘基金推上了国内最大的公募基金和最大的货币基金的宝座。

（三）银行业互联网业务发展

面对网络金融的大趋势，各商业银行也在积极应对，努力向网络化方向发展。主要表现在以下几个方面：

一是大力发展网上银行、手机银行业务。截至 2013 年上半年，工商银行个人网上银行客户数达到 1.5 亿户，较上年同期增长了 15%，网上银行交易额增长了 12%。而手机银行业务更呈现出爆发式增长的态势，上半年新增客户超过 1 500 万户，较 2012 年底增长超过 20%，交易额同比增长 10 多倍。

二是向互联网企业抛出橄榄枝。2013 年 9 月 16 日，阿里巴巴（中国）有限公司和民生银行在杭州签署战略合作协议，双方战略合作全面启动。除了传统的清算与结算、信用卡业务等合作外，理财业务、直销银行业务、互联网终端金融、IT 科技等多方面也是合作重点。

三是与通信行业联姻，瞄准移动支付市场。2010 年 3 月，中国移动入股浦发银行，在“移动金融，改变生活”战略合作产品发布会上，双方推出四款战略合作产品：中国移动浦发银行联名卡及演进产品（NFC 技术的手机）、手机汇款、全网客户话费代缴和生活缴费。新潮、便捷是这些移动支付产品的共同特点。

二、互联网金融背景下银行客户行为特点探析

面对互联网金融的来势汹涌，银行客户的心态及行为也在悄然发生变化。为深入了解客户的行为变化趋势，笔者在工商银行北京石景山支行的五个网点进行了实地调研，共访谈了 204 名个人客户，其中男性 97 名，女性 107 名，涉及渠道选择、网络理财、网络支付、手机银行、互联网金融企业竞争等 14 个问题，收回有效问卷 204 份。通过分析这些数据，我们可以看到，在互联网金融的背景下客户行为呈现出以下特点。

（一）银行客户忠诚度高

在渠道的选择倾向性上，50.49% 的客户选择柜台，部分选择了自助机具或网银的客户，也同时选择了柜台，说明客户对于柜台的依附性较强。另外，65.38% 的客户网络理财倾向于银行产品，

53.73%的客户明确表示不会选择民营银行，都说明客户对于银行的黏性较大，忠诚度高，更信赖银行。牢牢把握住客户的行为习惯，加深与客户的交流互动，改进产品和业务体验，不断提升客户忠诚度，是商业银行发展互联网金融的重要前提。

（二）年龄和学历综合决定了银行客户对于互联网金融的接受程度

在单独选择柜台渠道的75名客户中，平均年龄为46岁，高中及以下学历的占比为60%，说明对柜台依附性强的客户大多年龄偏大，学历较低。而选择了网银和手机银行渠道的87名客户中，大学及以上学历占比为87.36%，平均年龄为32岁，说明学历较高的年轻客户更倾向于在网银和手机上办理银行业务。

年轻、高学历的客户是银行发展互联网金融业务的目标客户，对于尚未习惯使用网银、手机银行的年轻、高学历客户，他们的接受能力强，可以对其行为习惯进行引导，先从渠道习惯上进行网银和手机银行的渗透；而对于已经习惯使用网银、手机银行的客户，可以进一步对其展开电子商务、网络理财、网络信贷业务的营销攻势。

（三）网络支付已经深入人心

有67%的客户使用过网络支付，说明网络支付在客户的接受面上比较广泛。不论是网络结算还是网络购物，互联网已成为客户生活中不可或缺的一部分。面对银行的柜台压力，客户已经习惯通过网银、手机银行进行转账汇款、缴费，基本结算在柜台上的比重已经大幅下降；而解决客户日常购物需求的方式，也已经逐步在从物理门店转向网络，客户越来越习惯通过网络购物来进行产品种类、价格、信誉等方面的比较，以满足自身需求。

（四）方便、快捷是重要的客户体验

在支付工具的选择上，70.59%的客户选择了网银，而同时有44.12%的客户选择了支付宝，说明网购是网络支付当中除了支付结算之外的一种最重要的形式。对于支付手段的选择原因，有73.53%的客户选择现有的支付手段是因为方便，有34.56%的客户是因为已熟悉现有的支付方式，这说明支付手段的便捷性是吸引客户的重要原因，而客户习惯的培养也非常重要。

从上面调研可以看出，对于追求多样化、差异化和全面性服务的互联网金融消费者，方便、快捷、参与和体验是客户的基本诉求。银行业务是客户生活中无法回避的一个方面，但随着生活节奏的逐步加快，客户可能没有太多时间来银行办理业务。银行方只有不断改进网上银行、支付平台的界面和操作流程，不断扩张网银、手机银行的功能，不断提升服务效率和客户体验，才能在互联网金融大战中获得先机。

（五）安全性是客户的基本要求

客户一方面在追求网络支付方便、快捷的同时，对于资金的安全性和安全手段的多样性也提出了更高要求。目前银行的安全控制手段主要有U盾、口令卡、电子密码器、短信认证、动态密码卡等多种方式，这是银行在互联网金融竞争中的优势。因此，不断坚持优化客户资金安全、交易安全的保障功能，是确保银行口碑和声誉的生命线。同时，也能看到客户不选择民营银行的主要因素也是资金的安全性问题。

（六）移动支付还有很大提升空间

数据表明，仅有28.14%的客户使用过手机银行办理过银行业务，手机银行的使用率仍然不高。而手机银行仅是移动支付的一个缩影，说明移动支付的全范围推广可能还需要一定的时间。

客户的手机银行使用占比仍然较低，其原因在于一方面智能手机的全面普及还需要一个过程，另一方面即使使用智能手机的客户也可能因为安全考虑或者支付习惯而没有使用手机银行。但银行的网银客户群体是很庞大的，手机银行的客户完全可以从网银的客户中去发掘，二者一脉相承。因此，在客户的习惯培养上，在宣传攻势上，在活跃度上，在业务多样性上，移动支付还有很大的提升空间，是发展的必然。

（七）外部竞争不容小觑

对于目前比较热门的知名电商企业开办民营银行的消息，客户总体表现比较理性，明确表示不会在这些银行开户的占一半左右。但明确表示会去开户（23.88%），加上表示感兴趣的客户（22.39%）总体占比也接近一半，说明互联网金融对客户的竞争已经渐行渐近。

尽管银行客户的忠诚度较高，但民营银行在互联网金融的运作上经验更丰富，随着其银行牌照的申请成功，银行业务和产品不断成熟，加上媒体的宣传攻势，势必会分流一部分客户和银行业务。商业银行要积极做好迎战的准备，一方面要加强与互联网企业的合作，另一方面要逐步壮大自身的互联网金融产业。

三、银行客户行为变化趋势对银行业的机遇和挑战

（一）所带来的机遇

1. 重新审视物理网点对于发展互联网金融的契机

从表面上看，银行的物理网点以及所处理的柜面业务与网络金融是一种相对关系。但物理网点每天要接待大量的客户，这些客户的忠诚度很高，而且有相当一部分没有离柜，或者对于网络支付、网上理财、移动支付业务还不熟悉。银行反而可以借互联网金融的东风，加大宣传与引导，充分将基本结算、缴费等业务进行柜面分流，减轻柜台压力，还能充分挖掘自身的网上银行、手机银行、电子商务目标客户。同时顺势而为，切实以客户为中心，以市场为导向，增强与客户无缝隙接触、加强客户参与和体验，精简业务流程、提高业务执行效率，为客户提供更加快捷、便利、价值含量高的金融服务，提升其活跃度和忠诚度。

2. 为商业银行注入创新的动力

虽然互联网企业的金融尝试给银行带来一定的冲击，但在一定程度上对银行传统业务也是一种补充，它也覆盖了传统银行业务的一些盲区。互联网热爱创新的基因，也给商业银行带来了创新的动力，引发了商业银行对自身经营模式的重新思考。面对压力和冲击，商业银行一定也不会墨守成规，一旦银行主动地去创新，不断地加大创新和变革的力度，充分发挥自身的优势，银行也一定能够在未来互联网应用的发展过程当中成为主力军。

3. 超强的风控能力保证互联网金融健康发展

互联网金融的迅猛发展，也带来了一些安全隐患，这也正是客户极为关注的问题。而银行业经过数十年的发展，积累了丰富的风控经验，有精确的资本金配比、准备金制度、完善的风控流程，严格遵守巴塞尔协议，对于客户的身份认证、资金监管、账户安全有强大的优势。而这些是新生的互联网企业所不具备的，商业银行应发挥优势，以稳健的经营牢牢抓住客户。

4.“倒逼”银行加快战略转型和结构调整

互联网金融尽管短期内在交易额、资产总量、市场地位等方面难以与商业银行相比，但却能为银行未来的长期健康发展带来“鲇鱼效应”，激发银行战略转型、调整业务结构、改善服务水平，以及大力发展网上银行、手机银行等新兴业态。上从商业银行的经营哲学、战略导向、管理理念，下到银行网点建设和业务操作方式等所有层次和整个系统，商业银行会逐步增强对互联网金融的认知，将互联网业务当做核心业务而非增值业务，开拓新市场。

（二）所面临的挑战

互联网金融带来的最大挑战在于其加速了“金融脱媒”。所谓“金融脱媒”是指在金融管制的情况下，资金的供给绕开商业银行这个媒介体系，直接输送到需求方手里，造成资金的体外循环。

在传统的支付产业链中，电商、第三方支付公司和银行扮演着各自的角色：电商为用户提供网上交易平台；第三方支付建立网关服务平台，实现消费者、商家、金融机构之间的在线支付，并提供现金流转、资金清算服务；银行则是最终资金结算服务的提供者。但随着第三方支付机构的发展壮大，它们已不满足于只做银行的网关支付平台，而是借助其数据信息积累与挖掘的优势，开始直接向供应链融资、小微企业信贷融资、吸纳存款、投资理财等领域扩张。“金融脱媒”将直接影响银行的中间业务收入、存款和信贷业务，甚至会动摇银行的账户根基。

四、商业银行面对客户行为变化应采取的对策

互联网金融的特征实际上就是金融行为的互联网化，为客户建立直接、方便、快捷的金融服务，其发展的基础是大数据分析，缺乏数据支持的互联网金融是无本之木，所以商业银行迎战互联网金融的主要战略就是要在经营中加入互联网元素，并使客户的大数据分析真正起到对经营发展的支撑作用。从调研分析的数据也能看出，银行客户对银行的业务依赖还是比较高的，关键是商业银行如何在互联网金融时代自我改变，迎合客户需求。

（一）转变理念，提升商业银行互联网技术水平

从战术上讲，商业银行应该转变理念，放下抵触心理，甚至化敌为友，加强与互联网企业的合作共赢。

一是要建立商业银行互联网金融研究和实施机构。对于互联网金融现象和发展，商业银行已经不能等闲视之，必须予以重视，应该建立互联网金融相关部门，对互联网金融的发展进行研究，并尽快建立基于客户的适应商业银行发展的新型金融模式。

二是积极学习，寻求转型。银行业要学习互联网企业的网络营销方法和策略，学习对客户交易数据的分析能力，以获得信用评价体系和信用数据库。在互联网时代，第三方支付、社交网络不仅是商业银行的竞争对手，也是商业银行的盟友，只要合作得当，双方可以共同开辟新的市场。

（二）壮大自我，搭建互联网金融交易平台

商业银行要建立自己的互联网交易平台。交易平台要拥有丰富、完善的金融交易、服务功能，支持各大电商交易和支付服务，支持投资理财、网络融资、消费信贷服务，支持个人和法人资金流、信息

流、物流信息服务。

一是在互联网金融时代继续发挥信用中介功能。银行是社会中发挥信用中介的主体，商业银行应该整合各类支付功能，利用自身庞大的客户群发挥信用中介功能，成为各类电商的交易支付平台。

二是突出互联网网上银行的功能和地位。在网络金融时代，商业银行从战略安排上应改变当前对网上银行的认识，提升网上银行地位；从技术上要继续丰富或者细化网银平台功能，优化网银用户体验，使网银涵盖银行的所有线上金融服务及第三方支付功能。

三是提供客户资金流、信息流、物流整合服务。通过客户交易行为及数据分析，通过互联网与客户供应链结合、与中小企业信贷信息相结合，致力于为客户提供“全程供应链”金融、信息和物流服务。

（三）锐意创新，不断加强网络客户的黏性

互联网的最大特征就是创新，进入互联网金融时代，商业银行只有不断进行金融创新才能牢牢吸引客户眼球，在互联网金融的竞争中立于不败之地。

一是宣传创新。除了传统的宣传模式，还应时刻关注当前网络流行因素，及时跟进，比如微博银行、微信银行、APP客户端等。

二是产品创新。银行在设计产品时，既要考虑为客户提供高收益、低风险的产品，又要创新产品的可得性、便利性，最大限度满足客户的需要。

三是营销创新。网络营销创新不仅仅只是简单地将传统营销方式网络化，而是要紧紧抓住企业营销活动与消费者实施双向有效沟通这一根本性改变，结合网络平台，在企业与顾客之间建立起有别于传统的新型主动性关系，提升营销工作的准确性与效率。

（四）流程再造，不断改进自身金融服务和产品

当前的互联网金融具有尊重客户体验、强调交互式营销、主张平台开放等新特点，因此，要树立“以客户为中心”的理念，及时根据客户需求改进附着互联网的金融产品。

一是把物理网点作为客户价值提升的一个场所。对于物理网点的定位，应该是智能网点的建设。不单是柜台业务的处理、自助机具的摆布，还应该设置网银、手机银行的体验区域，并由专门的电子银行引导员进行讲解，更重要的是客户在物理网点实现与银行专业人员的一对一交流，实现客户价值提升的最大体现。

二是不断提升网络操作界面的便捷性。银行要设立客户体验部，定期收集客户对于网络操作界面的意见和建议，针对客户需求，及时作出调整。必要时，要满足不同口味客户的感官体验，设计多个颜色、模式、产品摆布的操作界面，满足客户个性化需求。

三是简化、整合业务流程和产品。商业银行应简化业务操作方式、减少银行卡申请、贷款申请等审批环节，为客户提供便捷服务。同时，以其存款、贷款、汇款、支付、银行卡、理财等多业务为基础，打破传统银行部门局限，充分整合客户多账户、多币种、多投资等信息，通过数据分析客户的消费习惯和投资偏好，为客户提供个性化的优质金融服务。

（五）发挥优势，加强风险控制以提升客户忠诚度

一是抓好客户信息真实录入。只有确

保客户的真实身份，才能使当前的网络信用环境与社会信用体系形成有效的对接，建立起真实有效的信用体系，确保买卖双方、借贷双方在一个透明的环境中进行交易，这是互联网金融健康发展的基础。

二是加强风险系统建设。互联网形式下的交易过程虚拟化程度高，商业银行要优化现有的风险防控体系，既要灵活面对互联网金融客户便捷的金融需求，又要对发生的金融交易进行实时的风险监控，这就要求商业银行的风险防控体系必须不断前移，把防控做在业务发生之前，对客户情况、交易情况要有充分的了解。

三是丰富安全支付手段。互联网金融时代支付的最大特点是客户自我交易程度较高，这需要在支付环节为客户提供更为安全的支付工具。商业银行要丰富U盾、电子密码器、动态密码卡、短信验证等手段，让客户根据自身需求和实际支付金额大小，进行安全手段的选择或风险控制组合。

（六）人才建设，培养复合型互联网金融人才

互联网金融近几年发展迅猛，但是相应的人才储备并没有跟上，由于互联网金融是一个新兴行业，所以从业人员的经验普遍都比较少。在这种情况下，互联网金融急需复合型人才，既要懂互联网还要懂金融，就目前来说这样的人才非常少。对商业银行而言，一方面要大力挖掘优质互联网企业的优秀复合型人才，另一方面更要加强对现有人才的互联网基因培养，逐步建立起一支复合型的互联网金融营销团队。

（七）加强分析，以“大数据”的理念拥抱互联网金融

一是商业银行要深入挖掘现有数据。包括个人客户的年龄结构、资产情况、投资理财记录及信用卡客户的消费记录、企业客户的上下游交易记录、贷款记录、信用记录等，要从这些海量数据中有针对性地抓取与互联网金融相关的数据，建立互联网金融的精准营销系统。

二是商业银行要不断积累客户行为数据。就目前的情况，银行以个人或法人账户为中心，通过研究其在柜台结算、电子银行支付、信用卡支付、银行存贷等环节业务发生情况，分析客户具体金融行为，并根据分析结果向客户提供结算、理财、信贷等金融服务。

总之，社会经济发展已经到了互联网金融时代，商业银行作为传统的社会金融服务提供者已经遇到了互联网企业极为强劲的挑战，快速实现互联网金融转型是商业银行必须要走的路，本文提供的仅仅是笔者在实际工作中的一些感受，是对当前银行客户行为变化的简单分析，相信商业银行会在这场变革中由被动走向主动并取得竞争的最后胜利！

（刘峰　刘敬　白松　杜正伟）

北京辖区证券经营机构融资融券业务开展情况的调研报告

中国证券监督管理委员会北京监管局

伴随《融资融券业务管理办法》（证监会公告〔2011〕31号）和《融资融券业务内部控制指引》（证监会公告〔2011〕32号）于2011年10月的相继出台，融资融券业务由试点阶段转为常规监管。截至2012年末，全国已有74家公司取得了融资融券业务资格，其中北京辖区11家。为全面了解辖区机构融资融券业务开展情况，及时掌握开展融资融券业务过程中遇到的突出问题，确保该项业务有序开展、风险可控、平稳运行，北京证监局对辖区机构的融资融券业务开展情况进行了调研。

一、调研基本情况

本次调研的范围包括北京辖区11家已取得融资融券业务资格的证券公司（银河证券、中信建投证券、民族证券、东兴证券、新时代证券、信达证券、国都证券、首创证券、中金公司、华融证券、民生证券）及10家异地公司在京分支机构。

调研的方式为书面调研结合现场走访。北京证监局向辖区机构下发调研提纲，要求报送融资融券业务开展相关情况。在审阅书面材料的基础上，进行现场走访。调研时间为2012年10～11月。

调研的主要内容包括融资融券业务开展基本情况、主要业务标准、开展融资融券业务过程中遇到的突出问题、对监管部门的建议和意见等。

（一）北京辖区融资融券业务开展情况

截至2012年末，辖区18家公司中有11家公司开展了融资融券业务，共开立信用账户56 850户，期末融资融券金额112.67亿元，业务收入共计6.61亿元。其中，开户前3名的公司为银河证券（26 244户）、中信建投证券（20 265户）和东兴证券（2 659户），占比86%；收入前3名为银河证券（3.48亿元）、中信建投证券（2.14亿元）和中金公司（0.42亿元），占比91%。辖区11家公司融资融券业务开展基本情况见图1。

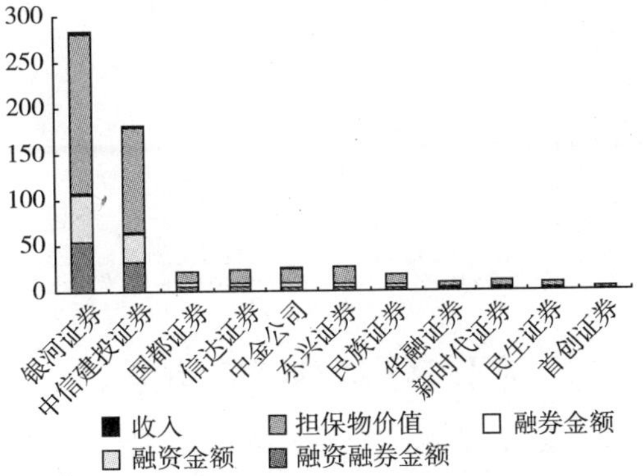

图1　北京市11家公司融资融券业务开展基本情况

截至2012年末，辖区265家证券营业部中有198家开展了融资融券业务，共开立信用账户43 881户，期末融资融券金额74.90亿元，业务收入共计3.59亿元。其中，以同一法人在京分支机构的统计数据看，开户前5名的公司为国泰君安证券（6 530户）、中信证券（4 917户）、招商证券（4 298户）、银河证券（4 094户）和国信证券（3 451户），占比53%；收入前5名的公司为招商证券（5 794.78万元）、中信证券（3 711.55万元）、华泰证券（2 654.65万元）、国信证券（2 286.62万元）和光大证券（1 984.44万元），占比46%。排名情况见图2、图3。

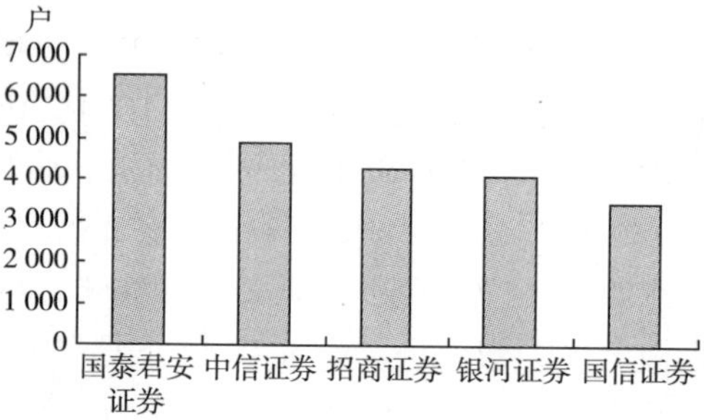

图2　辖区分支机构开户数排名

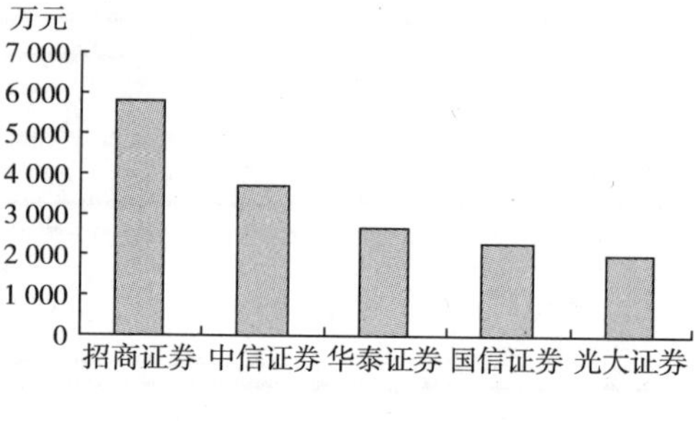

图3　辖区分支机构收入排名

（二）调研对象融资融券业务相关情况

根据调研中掌握的数据，截至2012年9月末，调研的11家公司从开展业务以来累计开立信用账户40 817户，累计销户402户，开销户比例为1%。其中，所有开户人中已开展融资融券业务的户数为15 229户，占开户数的37%；累计被强制平仓客户132人，被强制平仓交易金额4 370.62万元。融资融券客户交易的平均手续费佣金范围为0.87‰～2.1‰，最低为中信建投证券、最高为华融证券。业务开展以来，11家公司中仅银河证券受到1次投诉。

截至2012年9月末，调研的10家分支机构从开展业务以来累计开立信用账户10 610户，累计销户89户，开销户比例为0.8%。其中，所有开户人中已开展融资融券业务的户数为2 052户，占开户数的19%；10家分支机构均未发生强制平仓情况。融资融券客户交易的平均手续费佣金范围为1.1‰～2.5‰，最低为中信证券、最高为国信证券。业务开展以来，10家分支机构共受到4次投诉。

二、辖区机构融资融券业务开展现状

（一）辖区公司业务发展不均衡

由于业务开展时间、公司实力和客户储备的差异，导致辖区公司融资融券业务发展不均衡。目前，辖区有11家公司取得融资融券业务资格，其中银河证券、中信建投证券、中金公司及国都证券为前期试点公司。从表1数据可以看出，银河证券和中信建投证券2家公司的融资融券业务占据了绝对优势，信用账户数、融资融券金额和收入等均占到了11家公司的75%以上。从单个账户取得的收入来看（收入/信用账户数），中金公司最高，其次为国都证券、银河证券、中信建投证券。

表1　辖区公司融资融券业务开展情况（截至2012年12月）

序号	公司名称	信用账户数	融资融券金额（亿元）	融资金额（亿元）	融券金额（万元）	担保物价值（亿元）	强平客户数	强平交易额（万元）	收入（万元）	单账户收入（万元）
1	银河证券	26 244	53.77	51.72	20 528.60	172.79	84	3 984.80	34 751.95	1.32
2	中信建投证券	20 265	32.33	30.62	17 038.36	114.00	114	2 447.81	21 383.19	1.06
3	国都证券	962	4.73	4.73		12.01	8	83.82	2 426.58	2.52
4	信达证券	1 505	4.49	4.48	132.25	14.52			889.97	0.59
5	中金公司	252	4.12	4.12		16.22			4 241.96	16.83
6	东兴证券	2 659	4.02	4.02		17.63			987.55	0.37
7	民族证券	1 656	3.19	3.19	1.39	11.29			534.30	0.32
8	华融证券	725	2.13	2.13		4.25			189.84	0.26
9	新时代证券	1 107	2.00	2.00	0.27	6.66			425.17	0.38
10	民生证券	678	1.31	1.30	59.44	5.77			176.13	0.26
11	首创证券	797	0.58	0.58		2.79			126.97	0.16
合计	56 850	112.67	108.89	37 760.30	377.92	206	6 516.42	66 133.61	1.16	

数据来源：CISP系统。

（二）起步较晚，业务规模存在差距

辖区公司的融资融券业务起步较晚，首家取得资格的银河证券在第二批试点范围，与上海、深圳辖区前期分别有5家、3家试点公司存在差距，导致辖区公司的业务发展受到影响。从2012年12月末的数据看，北京辖区公司与上海、深圳辖区公司存在较大差距（见表2）。

表2　北京、上海、深圳辖区融资融券业务开展情况

项目	信用账户数	融资融券金额（亿元）	融资金额（亿元）	融券金额（亿元）	担保物价值（亿元）	强平客户数	收入（亿元）
北京	56 850	112.67	108.89	3.78	377.92	206	6.61
上海	148 949	256.04	239.76	16.27	817.41	40	16.75
深圳	92 763	206.51	197.87	8.64	694.93	20	15.25
全行业数据	503 554	896.98	858.76	38.22	2 954.15	393	57.78
北京辖区占比（%）	11	13	13	1	13	52	11

数据来源：CISP系统。

从业务规模上看，辖区公司开立信用账户开户56 850户，占全行业的11%，而上海、深圳的开户数分别占到30%、18%的比例；辖区期末融资融券金额112.67亿元，占全行业的13%，上海、深圳的融资融券金额分别占29%、23%。辖区公司不管是开户数、融资融券金额均比上海、深圳落后不少，与辖区公司的整体实力和客户规模不相匹配。

从融资融券业务收入看，辖区公司2012年的融资融券业务收入6.61亿元，占全行业的11%，不到上海、深圳辖区的一半；与融资融券业务相关的代理买卖净收入北京、上海、深圳分别为2.22亿元、5.21亿元、3.23亿元。辖区公司在客户开发和服务、投资者需求了解上还有很大的挖掘空间。北京与上海、深圳辖区及全行业比较见图4。

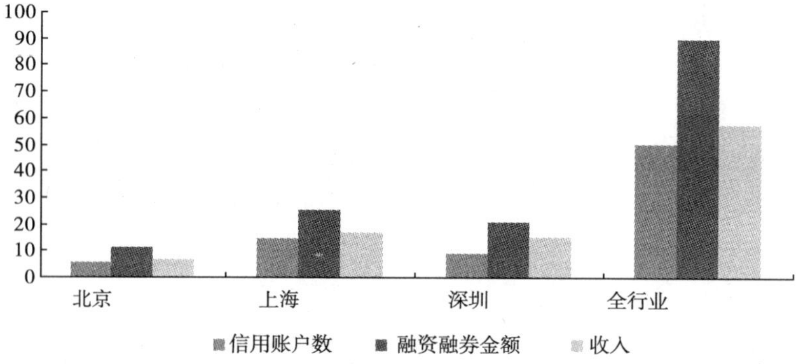

图4 北京、上海、深圳辖区融资融券业务比较

（三）融资融券客户活跃度不高

从调研数据看，辖区11家公司已开展融资融券业务的户数为15 229户，占总开户数的37%；10家分支机构已开展融资融券业务的户数为2 052户，占总开户数的19%，融资融券客户活跃度不高。一方面与有的机构未对投资者需求进行细分，片面追求开户数，为参与融资融券业务意愿较低的客户开立信用账户有关；另一方面，在市场行情低迷、券商授信管理严格、息费较高、融资融券业务规则复杂等各因素影响下，已开户的客户放弃参与融资融券交易。

（四）融资、融券业务规模差异巨大

从2012年12月末的数据看，辖区11家公司融资规模占比96%以上，融券规模不足4%；辖区265家证券营业部融资规模占比94%，融券规模6%。从行业数据看，融资规模占96%，融券规模4%，融资、融券业务规模差异巨大，是行业性的问题，一方面体现出投资者做空意识尚未形成，另一方面与融券券源少、融券机制不灵活有关。

（五）主要业务标准存在差异

从调研情况看，辖区机构的主要业务标准存在一定差异。从客户选择标准看，辖区11家公司和10家分支机构中对客户普通账户开户时间要求除1家机构为6个月外，其余均为18个月；对普通账户持续交易时间要求，有9家机构为6个月，6家机构无要求；从资产要求看，基本为50万元以上。融资融券期限基本为6个月。参与调研的机构融资利率均为8.6%；14家融券费率为10.6%。另7家为8.6%。

从调研中了解到，为了吸引客户，个别机构甚至私自降低开户要求，可能引起客户非正常流动，破坏辖区的市场环境。

三、融资融券业务发展存在的突出问题

（一）相关政策法规还有待进一步梳理和完善

1. 政策衔接层面，目前试点公司窗口指导意见与《证券公司融资融券业务

管理办法》存在差异，但由于窗口指导意见未明确废除，辖区公司仍严格遵循试点期间的相关要求开展融资融券业务，许多有意愿的客户被挡在门槛外，使业务发展受到一定制约。而各地派出机构监管尺度不一，各机构在实际操作中标准不一，导致出现市场不当竞争行为。

2. 转融通业务层面，目前券商开展融券业务只能使用自有证券，整个市场都面临券源短缺的困境，也是融券业务难以开展的主要原因。

3. 投资者准入层面，目前我国由于存在法律层面的障碍，信托资产类机构客户（基金产品、证券公司资产管理计划、私募产品等）、证券公司自营部门、保险公司或保险资产管理公司等机构客户无法参与融资融券业务，融资融券参与者以个人客户为主，业务规模和收益能力难以有较大发展。

（二）交易规则还有待进一步放开限制性规定

一是融资融券合约期限过于单一、严格，不能满足实际业务开展需求；二是不允许客户使用融入资金进行标的证券的配股操作，不便于客户交易；三是已解禁的个人限售股、开放式基金等客户资产不能转入信用账户作为可充抵保证金证券，不利于客户盘活在券商普通账户内的资产；四是公司的自有资金和自营证券数量有限，无法满足全部客户的融资融券需求。

（三）投资者对融资融券业务的理解尚不足够

融资融券交易较普通交易复杂，部分客户对融资融券业务认识不足，对业务规则及操作技巧不太熟悉，导致不必要的错误操作。部分参与客户只会融资买入，没有做空的意识和习惯，对融资融券业务的宣传力度还有待进一步强化。

四、思考和建议

（一）建议尽快取消试点初期的窗口指导意见

根据融资融券试点初期的窗口指导意见，对客户资质要求“原则上开户时间不少于 18 个月，证券资产不低于 50 万元”。而目前融资融券业务早已转入常规，各家参与券商都积累了一定的业务开展和风险控制经验，广大投资者对融资融券业务的规则也都有一定了解，试点初期的规定显得过于严格，因此建议尽快取消试点初期的窗口指导意见。

（二）建议扩大机构投资者准入范围

现有融资融券业务制度框架对基金、资管、保险、信托、券商自营等市场主体参与融资融券业务并没有限制，但由于基金、保险等自身没有相关配套政策落地，致使该类重要的市场主体一直无法参与融资融券业务，融资融券业务市场功能的发挥因此大打折扣，业务规模也难以有效放大。建议尽快推出基金、保险、信托、券商自营等市场主体参与融资融券业务的相关配套政策。

（三）建议放宽信用账户相关功能

目前信用账户无法进行新股申购、基金申购赎回、国债回购等操作，融资融券客户要想参与上述交易，必须将证券在普通账户和信用账户之间划转，而由于证券划转要第二日到账，因此经常造成客户错过宝贵的交易机会；同时由于信用账户不允许客户使用融入资金进行标的证券的配股操作，在业务开展过程中，经常出现当客户信用账户内的股票需要配股，而其担保物中又没有多余资金进行缴款时，无奈放弃配股权利的情况，给客户交易带来不便。因此，为了便利客户交易，建议放宽信用账户的相关功能，使之具备普通账户的所有功能，同时支持使用融入资金进行标的证券的配股。

（四）建议延长客户合约期限或展期

目前沪深证券交易所融资融券交易实施细则规定“会员与客户约定的融资、融券期限自客户实际使用资金或证券之日起开始计算，最长不得超过6个月。”但在业务实际运行中，有些客户单笔合约期限达到6个月时，由于各种原因，客户不愿意偿还该笔负债，想继续持有，虽然此时客户信用账户维持担保比例远高于证券公司规定的平仓维持担保比例，但按照融资融券合同约定，如合约期限已满客户未按约定偿还债务，也需在合约到期日次日强制平仓。因此，建议对合约期限进行延长或者允许客户在清偿完到期合约的息费后，可对到期合约进行展期。

（五）建议条件成熟时推出转融券业务

目前证券公司开展融券业务只能使用自有证券，这就不可避免地与客户形成对赌关系，使得证券公司自营部门缺乏提供券源的动力，因此整个市场都面临券源短缺的困境。建议考虑在条件成熟时推出转融券业务，缓解证券公司券源短缺的现状，更好地满足客户需求。

（六）建议充分利用“融资融券业务数据统计监测系统”，实现融资融券市场数据的共享

目前，证券公司每天需要向中国证监会、证券金融公司、上交所、深交所报送融资融券业务数据，重复性报送不仅造成监管机构和证券公司的重复劳动，也不利于统计数据的统一性和准确性。近期，证券金融公司将正式启用“融资融券业务数据统计监测系统”，其中包含了所有报送数据的内容。建议在适当的时候能够实现数据的充分共享，发挥更高的效率。

（七）加强行业交流，提高证券公司整体水平

在证券行业创新发展的大环境下，各家证券公司均结合自身特点积极研究业务创新、产品创新的突破口，呈现出百花齐放、百家争鸣的良好态势，但由于证券公司个体间优势不同，实力存在一定的差距，可能导致创新点多而散、深度不够、重复投入的情况，希望监管部门牵头建立行业间互动交流渠道，组织具有同类特点证券公司成立创新业务与创新产品课题组，在研究过程中加强证券公司的相互合作，形成扶优助劣、以强带弱的机制，提高证券公司整体水平，促进证券行业创新发展。

中关村园区上市公司2012年度分析报告

中国证券监督管理委员会北京监管局

中关村国家自主创新示范区是北京辖区上市公司最密集的地区，也是我国高新技术产业发展的重要基地。深入分析中关村园区上市公司情况，对于掌握高新技术上市公司的发展规律、提高监管效能、推动资本市场服务科技创新具有重要意义。

一、中关村园区上市公司概况

截至 2012 年末，中关村园区共有 212 家上市公司。其中，A 股上市公司 133 家，占北京辖区总数的 61%，2012 年新增 19 家，占北京辖区新增总数的 82.61%。海外上市公司共有 79 家。

表 1 中关村园区 A 股上市公司板块分布情况

单位：家、%

	中关村园区	北京辖区	比重	2012 年新增数量
主板	50	127	39.40	1
中小板	31	38	81.58	4
创业板	52	53	98.10	14
总数	133	218	61.01	19

表 2 中关村园区境外上市公司分布情况

单位：家、%

市场	家数	比重
纳斯达克	29	36.71
纽约	19	30.38
香港	24	24.05
新加坡	3	3.80
东京	2	2.53
伦敦	1	1.27
多伦多	1	1.27

截至 2013 年 7 月 28 日，在“新三板”挂牌的中关村园区企业共有 205 家，占挂牌企业总数的 78.24%。其中，2012 年新增 80 家。

2012 年中关村园区企业通过股票市场融资 176.79 亿元，其中首发上市（IPO）募集资金 100 亿元，增发再融资 76.78 亿元。

二、中关村园区上市公司分析

（一）财务分析

1. 资产负债分析

截至 2012 年末，中关村园区 A 股上市公司总资产 10 939.59 亿元，其中流动资产 7 701.84 亿元，占比 60.40%；资产负债率 65.39%；流动比率和速动比率分别为 1.38 和 0.89。各项指标表现良好，充分体现了中关村园区上市公司高流动性、轻资产和快周转的特点。

表 3 中关村园区 A 股上市公司资产情况比较

单位：亿元、%

指标	2012 年前上市	2012 年上市	合计	北京辖区
资产总额	10 729.61	209.98	10 939.59	803 352.89
流动资产	7 531.46	170.38	7 701.84	41 712.56
流动资产占比	70.19	81.14	70.40	5.19
资产负债率	66.29	19.70	65.39	89.78
流动比率	1.36	4.67	1.38	1.05
速动比率	0.87	4.31	0.89	0.60

2. 经营业绩分析

2012 年中关村园区 A 股上市公司实现营业收入合计 8 060.80 亿元，同比增长 9.99%，增速提高 6.80 个百分点；实现净利润合计 319.47 亿元，同比增长 1.60%，增速降低 11.7 个百分点；经营现金流净额 189.64 亿元，较上年同期（-43.13 亿元）增加 232.77 亿元，资产收益率 12.95%，比上年同期高 2.76 个百分点。各项指标有喜有忧，体现了园区上市公司在不利的经济环境下的经营难度加大。

表4　中关村园区A股上市公司经营业绩情况　　单位：亿元、%

指标		2012年前上市	2012年上市	合计	北京辖区
营业总收入	2012	7 983.62	77.18	8 060.80	117 476.76
	2011	7 265.77	62.75	7 328.53	106 801.86
	2010	7 056.22	45.58	7 101.79	86 557.70
净利润	2012	303.46	16.01	319.47	12 491.83
	2011	301.68	12.77	314.45	11 727.77
	2010	268.82	8.64	277.47	10 076.49
经营现金流量净额	2012	192.42	-2.79	189.64	26 021.30
	2011	-51.17	8.04	-43.13	22 617.68
	2010	133.33	7.53	140.86	18 006.83
资产收益率（ROA）	2012	11.83	21.64	12.95	11.05
	2011	8.69	21.79	10.19	9.97
	2010	7.26	11.59	7.7	7.65

其中，2012年新上市公司营业收入同比增长22.99%，净利润同比增长25.38%，与2012年前上市的园区公司相比，分别高出13.11个和24.79个百分点。这是因为园区新上市公司绝大多数是创业板和中小板新兴科技型企业，规模小，基数低，成长性好，业绩增长迅猛。

表5　近三年中关村园区A股上市公司平均业绩情况

单位：亿元、%

指标	2010年		2011年		2012年	
	均值	增幅	均值	增幅	均值	增幅
营业收入	53.36	33.01	55.44	3.91	60.97	9.97
营业成本	46.00	33.54	46.96	2.08	51.43	9.52
净利润	2.09	18.95	2.38	14.18	2.42	1.68

纵向对比近三年的情况，明显可以看出，虽然园区上市公司近三年收入与净利润保持持续增长，但是增幅逐年降低，并且净利润增幅降速更快。这一方面是受宏观经济状况的影响，另一方面也是园区企业经营成本不断上涨的必然结果。

（二）行业分析

中关村园区作为国家自主创新示范区，是我国科教和人才资源最为密集的区域，园区企业以新兴产业和高技术行业为主，形成了独具特色的产业结构，涌现出众多优势行业。

表6　中关村园区A股上市公司行业发展情况

行业	数量（家）		总营业收入（亿元）		平均净利润（百万元）		平均毛利率（%）	
	全国	中关村	全国	中关村	全国	中关村	全国	中关村
信息技术业	200	51	6 941	955	1. 20	1. 49	38. 35	43. 51
制造业	1 487	48	74 020	1311	2. 12	1. 84	25. 28	34. 20
传播与文化产业	37	7	757	83	2. 54	1. 75	32. 84	31. 39
批发和零售贸易	133	5	15 384	161	2. 25	1. 49	18. 96	27. 08
社会服务业	78	5	2 353	133	2. 50	2. 83	40. 47	36. 69
建筑业	52	4	26 438	6 641	11. 79	31. 33	16. 69	20. 71
房地产业	127	4	5 348	89	6. 14	2. 54	37. 19	35. 78
采掘业	14	4	1 001	13	7. 64	1. 03	30. 96	57. 93
综合类	54	3	1 428	223	2. 61	3. 25	24. 06	30. 33
农林牧渔业	46	2	839	43	0. 69	0. 51	21. 72	9. 90

1. 行业结构分析

依据中国证监会行业分类标准，全国上市公司共有13个行业，其中制造业和信息技术业是前两大行业，占比分别为60. 23%和8. 10%，合计68. 33%。

中关村园区则分布在10个行业中，位居前两位的同样是信息技术业和制造业，占比分别为38. 35%和36. 10%，合计74. 45%。

通过对比可以发现，全国和中关村园区上市公司中在产业结构上的相同之处是，制造业都占有重要位置，这是由我国国民经济的整体产业结构决定的。而中关村园区的独特之处是，信息技术业的比重最高，这充分体现了中关村园区作为高科技产业聚集区的特点。

2. 行业优势分析

从规模上看，中关村园区上市公司数量和营业收入在全国上市公司中的比重分别是5. 35%和3. 29%。分行业具体分析，中关村共有5个行业的数量和营业收入在全国同行业中的比重较高，分别是：信息技术业、传播与文化产业、建筑业、综合类和社会服务业。中关村园区的这些行业规模优势明显，在全国具有重要地位。

表7　中关村园区上市公司分行业数量和营业收入情况

行业	数量（家）			总营业收入（亿元）		
	全国	中关村	中关村/全国	全国	中关村	中关村/全国
信息技术业	200	51	25.50%	6 941.00	955.25	13.76%
传播与文化产业	37	7	18.92%	756.61	82.87	10.95%
建筑业	52	4	7.69%	26 437.89	6641.13	25.12%
综合类	54	3	5.56%	1 428.03	223.29	15.64%
社会服务业	78	5	6.41%	2 353.34	132.73	5.64%
采掘业	14	4	28.57%	1 000.90	13.16	1.32%
农林牧渔业	46	2	4.35%	839.04	42.83	5.10%
批发和零售贸易	133	5	3.76%	15 384.24	160.84	1.05%
房地产业	127	4	3.15%	5 347.84	89.07	1.67%
制造业	1487	48	3.23%	74 019.89	1311.17	1.77%

从效益上看，中关村园区公司呈现出净利润绝对值较小但是毛利率较高的特点。在中关村园区上市公司所在的10个行业中，有6个行业平均毛利率高于全国水平，其余4个与全国水平也相当接近。从具体的行业来看，信息技术业、建筑业、综合类行业的平均利润和毛利率都高于全国平均水平。制造业、批发和零售贸易、采掘业的平均毛利率也高于全国水平。

表8　中关村园区上市公司分行业净利润和毛利率

行业	平均净利润（亿元）			平均毛利率（%）		
	全国	中关村	中关村/全国	全国	中关村	中关村/全国
信息技术业	1.21	1.49	123.12%	38.35	43.51	113.46
建筑业	11.79	31.33	265.77%	16.69	20.71	124.09
综合类	2.61	3.25	124.67%	24.06	30.33	126.06
制造业	2.12	1.84	86.70%	25.28	34.2	135.28
采掘业	7.64	1.03	13.50%	30.96	57.93	187.11
批发和零售贸易	2.25	1.49	66.30%	18.96	27.08	142.83
社会服务业	2.50	2.83	113.06%	40.47	36.69	90.66
传播与文化产业	2.54	1.75	68.95%	32.84	31.39	95.58
房地产业	6.14	2.54	41.39%	37.19	35.78	96.21
农林牧渔业	0.69	0.51	73.58%	21.72	9.9	45.58

综合以上分析可以看出，中关村园区的信息技术业、建筑业、综合类行业，无论是规模还是效益都领先于全国平均水平，是中关村园区的优势行业。

三、中关村园区新三板公司情况

截止到2013年7月28日，新三板挂牌公司共有262家，其中中关村园区有205家，占比78.24%，是新三板的主体。

表 9　新三板挂牌公司分园区概况

	北京中关村	上海张江	天津滨海	武汉东湖	合计
公司家数（个）	205	21	15	21	262
占比（%）	78.24	8.02	5.73	8.02	100.00
总股本（万股）	573 318.40	41 746.20	60 657.12	56 587.51	732 309.23
占比（%）	78.29	5.70	8.28	7.73	100.00
总市值（亿元）	289.99	21.64	20.34	21.09	353.07
占比（%）	82.13	6.13	5.76	5.97	100.00

从纵向数据来看，中关村园区在新三板市场挂牌的企业整体上呈现出逐年上升的态势。

表 10　中关村园区企业历年新三板挂牌数量

单位：家

年份	挂牌企业数量
2006	6
2007	12
2008	17
2009	19
2010	16
2011	25
2012	80
2013 年 7 月 28 日前	30
合计	205

从行业构成来看，信息技术业是最主要的行业，数量占比 52.68%；其次是制造业，占比 33.17%；再次是社会服务业，占比 7.32%。

表 11　中关村园区新三板挂牌企业行业分布情况

单位：家、%

行业	公司家数	占比
信息技术业	108	52.68
制造业	68	33.17
社会服务业	15	7.32
农林牧渔业	5	2.44
采掘业	4	1.95

续表

行业	公司家数	占比
文化传播业	3	1.46
农林牧渔业	1	0.48
综合类	1	0.48
合计	205	100.00

从业绩情况来看，在披露每股收益的 204 家公司中（ST 羊业未披露），2012 年实现同比增长的只有 86 家，不足半数。

表 12　中关村园区新三板挂牌企业业绩变动情况

	公布业绩公司	业绩增长公司	业绩不变公司	业绩下降公司
家数	204	86	3	115
所占比例（%）	100.00	41.95	1.47	56.10

从融资情况来看，近年来中关村园区新三板挂牌企业通过定向增发实现融资的家数和金额整体上呈增长趋势，但数量和规模仍然处于较低水平，绝大多数企业未能通过新三板市场实现融资。

表 13　中关村园区新三板挂牌企业融资情况

年份	定向增资企业家数	占比（%）	募集资金总额（万元）
2011	11	11.58	70 818.45
2012	24	13.71	85 457.58
2013 年 7 月 28 日前	7	3.41	7 693.80

从转板情况看，自“新三板”开通以来，中关村园区共有7家挂牌公司成功在创业板和中小板上市；另有1家公司已通过发审部门通过，等待发行上市。

表14 中关村园区新三板挂牌企业转板情况

公司简称	三板代码	转板后代码	转板时间
世纪瑞尔	430001	300150	2010.12. 上市
北陆药业	430006	300016	2009.10. 上市
久其软件	430007	002279	2009.08. 上市
紫光华宇	430008	300271	2011.10. 上市
博晖创新	430012	300318	2012.05. 上市
佳讯飞鸿	430023	300213	2011.05. 上市
东土科技	430045	300353	2012.09. 上市
安控科技	430030		2012.05. 过会

总体来看，众多高科技新兴企业通过在新三板挂牌上市，熟悉和适应了资本市场的规范要求，为进一步利用资本市场做强做大奠定了良好的基础。其中还有部分企业通过新三板市场成功融资。但同时，受限于制度约束，目前新三板企业在融资和转板方面依然缺乏畅通的渠道，限制了新三板企业的进一步发展。此外，新三板企业自身规模较小，抗风险能力不强，在严峻的宏观经济环境下，也面临着较大的考验。

四、中关村园区公司存在的问题

（一）盈利能力下降，增收不增利现象突出

2012年国内外经济形势严峻，上市公司盈利情况普遍不容乐观。在此背景下，中关村园区上市公司业绩虽保持增长，但增速大幅放缓，盈利能力明显下降。

2012年中关村园区A股上市公司营业收入同比增长9.99%，增幅比上年高6.80个百分点。但是，营业利润却同比下降1.23%，增幅比上年下降11.15个百分点；净利润同比增长1.60%，增幅比上年下降11.7个百分点。

毛利率下降是中关村园区企业盈利能力下降的主要原因。数据显示，2010年以来，中关村园区企业平均毛利率逐年下降。

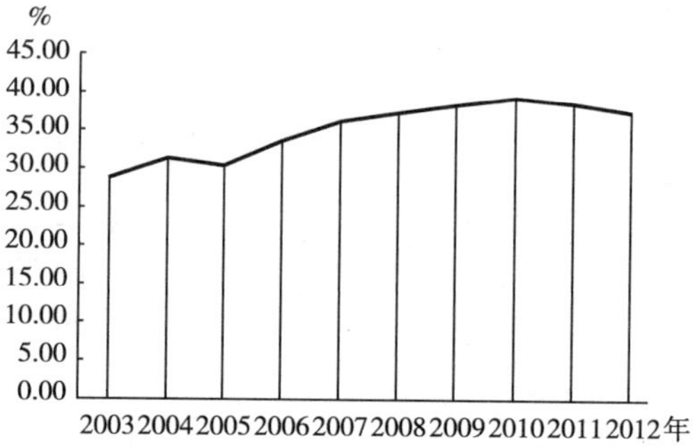

图1 近10年中关村园区上市公司毛利率变化情况

（二）不同行业业绩分化明显，主要行业业绩下滑

2012年，中关村园区不同行业上市公司的业绩出现了较明显的分化。其中，制造业企业业绩下滑严重，净利润平均比上年下降46.07%。此外，房地产业和信息技术业的净利润也出现了同比下滑，降幅分别是14.24%和0.52%。其他行业的净利润则同比增长，其中增幅最大的依次是批发和零售贸易、农林牧渔业、传播和文化产业。

需要注意的是，制造业和信息技术业是中关村园区最主要的两大行业，数量超过总数的70%。这两个行业上市公司业绩情况，对整个中关村企业的发展情况具有代表意义。

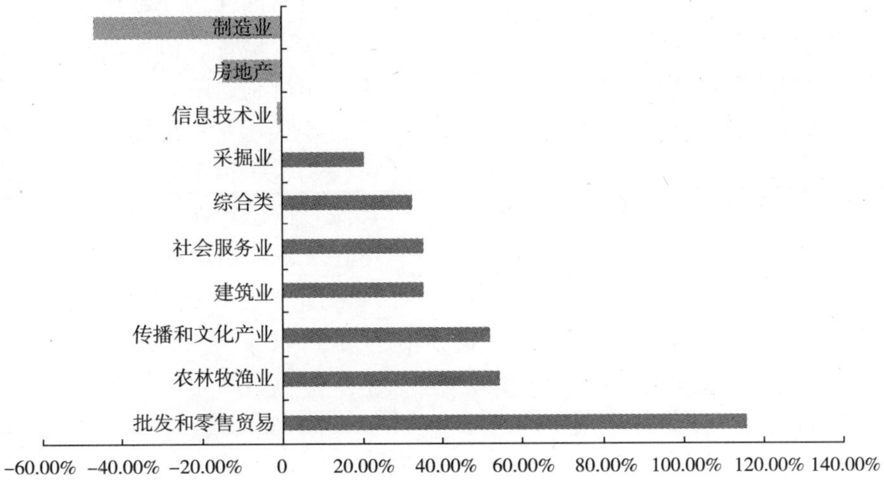

图 2 2012 年中关村各行业净利润同比变化情况

（三）新三板公司转板通道受限

在挂牌企业数量不断增加的同时，新三板的转板通道却迟迟没有打通。截至 2013 年 7 月 9 日，累计仅有 7 家新三板公司成功转板上市，占新三板挂牌企业总数的 2.7%。事实上，新三板挂牌公司以高新技术企业为主，普遍具有高成长性，且挂牌后在公司治理、信息披露、规范运营等方面均有明显提升和改善，可以作为中小板和创业板后备上市资源的“孵化池”。据统计，目前新三板挂牌企业中，约四成满足创业板上市的硬性条件，多数企业具有强烈的转板意向或正在进行转板准备。

五、监管建议

（一）加强与中关村管委会等相关部门的合作

中关村园区上市公司作为高新技术公司的突出代表，是北京辖区上市公司的重要组成部分。北京证监局应与中关村管委会等部门加强合作，通过调研、培训、专题座谈等多种方式，深入了解公司经营、管理等动态，了解园区各项扶持政策，在职责范围内为公司排忧解难，共同打造具有特色的中关村上市公司群体。

（二）加强拟上市公司培育，积极推动中关村园区企业上市

北京证监局应继续坚持监管与服务并重的工作理念，大力开展推动企业上市的宣传培训和辅导工作。按照“培育一批、改制一批、辅导一批、送审一批、上市一批”的思路，充分挖掘中关村园区优质企业资源，为其上市辅导提供更加便捷的服务，积极推动中关村园区企业上市融资。

（三）强化监管职责，为创业板再融资启动打好基础

中关村园区创业板公司数量较多，在资本市场形成了“中关村板块”。启动创业板再融资是完善创业板基础制度的重要环节，是推动创业板公司借助资本市场实现快速发展的必备前提。北京证监局应密切关注跟踪创业板再融资政策的变化，督促并指导中关村园区创业板公司不断提升规范运作水平，切实提高公司质量，积极适应再融资政策标准，为创业板再融资启

动做好准备。

（四）加强培训和引导，支持中关村园区企业利用并购重组实现产业整合

中关村园区以中小规模科技型企业为主，具备通过并购重组实现产业整合的良好条件。北京证监局应通过组织并购重组专题培训、加强监管政策宣导、推动经验交流等方式，鼓励中关村园区上市公司利用并购重组整合优质资源，实现做优做强，并为部分中小微企业通过与上市公司并购重组实现资产间接上市提供现实途径。

（五）建立顺畅的沟通联络机制，共同推进新三板市场发展

北京证监局要建立与北京市金融局、中关村管委会、全国股份转让系统等各部门的沟通联络机制，在培育和推动北京市中小企业在新三板市场挂牌、利用资本市场快速发展以及支持全国股份转让系统建设等方面，创建沟通联络平台，通过共享信息、联合培育、协作监管等方式，理顺具体工作机制，明确各方职责，共同推进中关村园区新三板市场挂牌企业的发展。

（六）关注园区公司业绩风险，督促公司做好信息披露工作

在宏观经济增速放缓的背景下，中关村园区部分上市公司在2012年都出现了业绩增长放缓甚至下滑的情况。相关部门应采取积极措施，减轻企业负担，引导企业告别粗放的经营模式，向精细化管理转型。

同时，对于业绩下滑严重公司，应当要求公司及时、完整、准确、真实地进行信息披露。要求公司做好内幕信息知情人登记管理制度，杜绝内幕交易等行为。要求公司妥善做好投资者关系管理工作，认真对待中小投资者。

对信息技术促进我国商业健康险服务新医改的思考

中国保险监督管理委员会北京监管局

党的十八大提出了“全面建成小康社会”的宏伟目标，明确“健全全民医保体系，建立重特大疾病保障和救助机制，完善突发公共卫生事件应急和重大疾病防控机制”等具体要求。如何发挥商业健康险在医疗保障体系中的作用，促进商业健康险更好地服务新医改，是保险监管部门肩负的历史使命。然而多年来，受制于健康险经验数据匮乏、经营管理水平较低等问题，健康险产品和服务无法满足消费者需要，在医疗保障体系中的作用也非常有限。破解这些难题，必须依托信息技术，修建健康险经营的“高速路”，取得闯关夺隘的“通行证”，搭建互联互通的“立交桥”，进而形成一个技术“全路网”，促进商业健康险又好又快发展，更好地服务新医改。

一、信息技术在商业健康险服务新医改中的作用

（一）信息技术是支撑健康险经营的“高速路”

信息技术对现代商业发展的巨大作用

毋庸置疑，已经成为现代商业运作的基础平台。对保险业而言，业务处理的对象本质上也是信息，特别是健康险对信息化建设的要求更高。一是对后期服务能力的要求高，必须利用先进的信息处理技术以及分析系统进行业务管理；二是对个性化服务能力的要求高，需要根据客户的财务能力及保障需求定制保险方案，必须有相应的信息系统支撑。三是对产品开发能力的要求高，健康险的保障风险与参保人员的年龄、性别、健康状况、遗传、职业等多方面因素高度相关，健康险的精算定价、风险管控、业务处理等需要诸多经验数据的支持。因此，利用先进的信息处理技术以及分析系统进行业务管理、决策支持，是健康险快速发展、提升服务能力的重要基础，没有信息技术的支持，健康险发展难免磕磕绊绊。

（二）信息技术是突破健康险发展瓶颈的“通行证”

健康险业务对信息处理能力有较高的要求，更重要的在于经营管理复杂，需要整理、分析业务信息，并服务于产品设计、费用定价、风险控制等。目前，多数保险公司的健康险操作方式是以纸质单据作为医疗信息载体，在医疗机构、社保、商保与客户之间进行信息的传递，效率很低，且很难有真正的经验数据。2009 年，北京地区 39 家经营企业补充医疗保险的公司中，仅 14 家公司在系统中录入疾病和就诊医院名称等信息，8 家公司录入部分信息，其余公司未录入就诊信息。大量被保险人诊疗信息、医疗机构和医务人员行为记录等宝贵信息都散落在纸质档案中，保险公司无法进行数据挖掘和使用。随着健康险业务的迅速发展，这种传统的运作方式必然遇到瓶颈，难以继续提升与突破。信息技术的发展提供了突破这些瓶颈的“通行证”——文档扫描与识别技术、数据仓库等技术解决了数据的输入、加工与分析问题，计算机网络技术使得信息能够方便快速地共享。通过对这些技术的正确使用，保险公司可以大幅提高作业效率，降低成本，提高对数据的分析和应用能力，有效控制风险。

（三）信息技术是实现行业内外合作的“立交桥”

传统的保险产品主要涉及保险人与被保险人的关系，而健康险产品关系更加复杂，除了保险人与被保险人以外，还有医疗机构、社保机构等。这就要求个人健康与保障信息必须具有可携带性、可交换性，必须能够在社保、商保等多重保障体系，在医疗机构、社保机构、保险公司等多个机构主体中实现交换。因此，从发展趋势来讲，健康险必然是以行业内与行业间的广泛合作为基础的。新医改政策为商业保险提供了机遇，为保险业信息整合，与医疗机构、社保机构紧密合作提供了政策支持。借助先进的信息技术，通过系统间的数据交互，就像搭建了无数座“立交桥”，可以有效地实现行业内外合作，提高风险管理能力和健康险服务质量。

二、商业健康险信息化建设的现状与问题

近些年，保险公司信息技术的应用水平总体趋势是不断提高的。具体表现为三个方面：一是从分散处理到集中运行。各公司信息系统的发展都经历了相似的过程：在信息系统建设的初期，由于缺少统一规划，往往因不同系统职能不同，或因产品不同，或因经营地区差异所导致的流程差异分别建设了不同的系统。在业务运行初期，这种做法投资小见效快。但是，随着公司业务规模的扩大、管理要求的提高，必须进行系统整合，实现系统间的信息共享与交流，以降低操作成本，提高管理支持水平。目前，多数公司已不同程度地建成全国集中统一的业务系统。二是从业务支持到决策支持。信息技术平台是因支持业务运行的需求诞生，在初期建设阶段，努力替代或是帮助传统的人工操作过程、保存与检索业务信息。运行一段时间后，系统积累的历史数据形成规模，通过对历史数据的科学分析，可以得到有关经营、市场、风险等宝贵信息，这些信息对于保险公司的产品开发、市场策略、经营决策极有价值。因此，信息技术建设的焦点从业务支持向决策支持转移。目前，各大保险公司基本都已建成决策支持系统，如统计与报表系统、商务智能分析平台等。三是从运营平台到能力平台。信息技术起初仅仅被看做一种支持公司运营的工具，被定位为保险公司传统运营方式的机械支持，但通过多年的信息技术应用，以及整个社会的信息化程度发展的推动，信息技术能力逐渐上升到各保险公司的核心战略视野中。越来越多的保险公司认识到，信息技术不仅可以支持传统业务的运行，同时也可以打破空间与时间的限制，提供全新的客户接触渠道、全新的运营模式、商务模式以及决策模式。更好的信息技术能力带来的是整个企业的核心竞争力的提高。出于对这种认识的深化，保险公司近年来对于信息技术纷纷加强重视，投入持续增加，信息技术能力的定位，也从运营平台上升到公司核心竞争力平台。

然而，由于健康险起步较晚，保险公司重视程度不高，与其他保险业务相比，健康险信息化水平还存在三个方面不足。

（一）信息化发展水平参差不齐

健康险经营所需要的技术支持比寿险业务更为复杂，需要在人才建设、系统建设等方面投入大量的人力和物力。因此，在没有清晰的专业化经营思路和良好的盈利模式条件下，保险公司往往投入不足，或不能持续投入。一些公司通过增加技术投入，逐步提升了健康险的管理水平，走在了市场的前列。但也有一些公司在健康险信息化方面投入不足，缺少专业的健康险业务处理系统。在对北京39家保险公司调查中发现，仅有5家建立了独立的健康保险信息系统，28家公司仅在寿险业务系统中设有健康保险信息处理模块，其余6家公司未对健康保险业务实施信息化管理。很多对于健康险业务十分重要的就诊信息等不能录入系统中，无法进行数据挖掘和使用。从整个行业的角度来看，参差不齐的服务能力整体上降低了消费者对健康险的评价，形成了如承保难、保全难、理赔难等印象。另外，经验数据匮乏使健康险产品定价的科学性、合理性不高，不仅难以为客户量身定制产品，满足客户个性化健康保障的需要，更导致了一些公司对健康险业务的控制能力降低，影响保险行业整体的均衡发展，出现不良竞争的风险也随之增加。

（二）信息化支持创新力度不够

近年来，保险公司大幅提高了对信息技术建设的投入，通过各种数据挖掘与商业智能技术的应用，建立了精算与产品开发、客户关系管理、投资管理、财务控制、风险管理等信息系统，从历史数据中发掘知识，为经营决策和产品服务创新提供数据支持。但也要看到，健康险应用信息技术实现的创新，仍比较滞后。一些保险公司依托信息系统开展的健康险服务，仅集中在健康咨询、健康提醒、定期体检、健康评估等方面，服务形式雷同，深层次的、基于医疗数据分析的慢性病管理、预防性保健服务、第二诊疗意见、基于风险的差异化理赔优待等创新性服务少有公司涉及，仍不能满足客户多层次的需求。同时，产品创新也缺乏大的新意，健康险难以发挥应有作用。

（三）信息的标准化程度不高

健康险实现行业内外合作的基础就是信息的标准化。北京保险行业组织编写了《北京健康保险信息平台数据录入标准化方案》，充分借鉴了国际通行标准和医疗卫生行业标准，规范了理赔及医疗信息的录入和代码标准，在标准化建设方面迈出了重要一步，但总体而言，信息标准化建设仍面临很多困难和问题。一是保险公司现有系统质量参差不齐，历史数据质量差异较大，导致每家公司信息系统的设计标准较难统一，如一些公司做到了完善的产品定义、完整的承保、理赔材料录入功能，但一些公司的信息系统则只能保存人工理算的粗颗粒度结果。这些问题无疑会制约各地行业信息平台的建设。二是医疗行业与社保机构自身还未形成全国统一的业务标准与技术标准，客观上对商业健康险进一步发展造成了阻碍，也影响了健康险在医疗保障体系中作用的发挥。三是我国整个社会与行业对信息标准化建设的重视不够，标准的执行力与约束力差强人意。而在健康险业发达的北美、欧洲，不仅保险公司会自觉采用国家的信息交换标准，而且多数国家还立法强制要求医疗保险行业执行这些国家标准。

三、信息技术促进商业健康险服务新医改的路线图

新医改鼓励商业健康险积极参与社会医疗保障体系，这就要求商业健康险必须逐渐脱离封闭经营、盲目发展的旧路子，而向开放接轨、科学发展的道路转变，尽快融入到整个社会保障体系中。在这个过程中，信息技术必将起到至关重要的作用。具体而言，监管部门以信息技术为抓手推动商业健康险服务新医改，可以分五步来实现：

第一步：推动保险公司信息化建设

一是通过政策引导鼓励保险公司加大信息化投入，通过技术创新加强运营管理、开拓业务渠道、控制各类风险、提高服务质量、有效控制成本，全面提升保险公司竞争力。二是制订技术准入标准。新医改方案提出，“在确保基金安全和有效监管的前提下，积极提倡以政府购买医疗保障服务的方式，探索委托具有资质的商业保险机构经办各类医疗保障管理服务”。保险公司要深入参与社会医疗体系，就必须具备一定的经营管理能力。由此，信息技术能力也应成为保险公司准入的重要条件，如成熟的软件质量管理、可靠的系统运维能力、海量交易处理、商务智能分析、信息安全防护、电子商务、可信计算等方面。

第二步：推动行业信息标准化

保险公司必须与医疗机构、社保部门以及整个社会医疗体系进行流程整合与信息共享。要实现这一目标，并在实现过程中尽可能减少技术障碍，行业间的信息技术标准化工作是重中之重。主要包括三个方面：一是产品设计标准化，即定义一套可以描述健康险产品设计的数据结构，包括各产品构成要件之间的关系结构，以及属性集合等。保险公司在设计产品方案时，应该将产品在此结构中做标准化描述。二是业务实务与流程标准化，是指对保险业务过程中各种流程与功能进行抽象定义，形成术语集。保险公司与各机构之间可以用一致的业务语言来描述过程，在行业合作的过程中帮助人们消除因流程定义差异而引起的问题。同时，要研究设计并推广标准化医疗单据，可以减少医疗、社保与商保之间的信息传递与沟通的困难。如美国健康保险行业编制了统一规格的 HCFA－1500 和 UB－92 等医疗费用表格，其中包含了患者的基本信息、医疗保险信息、保单信息、诊疗与药品明细费用等内容，把不同的健康险业务所需信息囊括于其中，全美国的医疗机构都必须统一使用这个表格格式。由于表格形式的绝对统一，保险公司即可以利用图像扫描与文字识别（OCR）等技术高效率录入，自动进行理赔处理。三是数据交换标准化，定义保险公司、医疗机构、社保机构等在数据交换时的标准结构与数据格式，有利于实现保险公司与医疗机构、社保部门、行业平台等进行数据共享、流程对接。这也是整个信息标准化工作中最关键与复杂的部分。

第三步：建设行业信息平台推动数据共享

建立行业信息共享平台，是实现行业内外数据共享交流的硬件准备。一方面，行业间需要统一的接口和平台实现数据交互。另一方面，保险业和医疗、社保等部门，如果一对一地进行系统对接，会在系统改造成本、技术难度、沟通协调等方面造成巨大困难。因此，建设全行业统一的信息平台势在必行，在此基础之上，通过行业平台与社保、医疗等部门可实现数据交互。北京保险业在行业信息平台方面做了有益尝试。2011 年 4 月，北京健康险信息平台已正式上线，开始收集全行业健康险承保理赔信息。2012 年末，进一步完成了以数据挖掘分析为主要目的的统计分析功能，并逐步完善风险管控功能。健康险平台实现了与 68 家保险公司的系统对接，积累了数百万被保险人的承保理赔信息。

当然，健康险平台建设过程中，还要解决好两个方面的问题：一是法律问题。即客户信息如何合法地在行业信息平台、医疗机构与社保部门之间共享。简易可行的解决方案是取得客户的书面授权。在这一方面，1902 年北美保险业成立了行业组织——医疗信息署（Medical Information Bureau，MIB），是一个非营利性的服务机构，目前为北美地区近 500 家寿险、健康保险及再保险公司会员提供服务。MIB 要求保险公司在上报之前，必须取得申请人同意保险公司将相关信息报告给 MIB 的书面授权。但是保单的保险金额、核保决定和保单有效状态等商业信息并不属于向 MIB 报告的范畴。MIB 对提供报告信息的会员身份保密，即其他保险公司会员不能知晓客户的记录信息来自何处①。二是信息安全问题。既有平台的日常运行维护安全问题，也有客户信息的访问控制问题，同时，必须防范来自未授权的第三方对信息的偷窃与破坏。

第四步：以平台为基础推动健康险产品和服务创新

保险行业的信息平台建设完成后，可实现与医疗机构、社保部门等系统的对接。一是实时了解参保人员的医疗服务情况，如治疗时的诊断、病情、治疗等信息可以实时地传送到保险公司。二是在参保

① 《建立保险行业信息共享平台迫在眉睫》，中国人民健康保险股份有限公司初丽丽，《中国保险报》。

人员发生医疗费用支付时，通过数据对接向保险公司传送费用信息，保险公司可以立即主动开始理赔服务，对于参保客户实现保障服务的“主动化”、“透明化”，极大提高服务质量。三是在得到社保系统的详细费用信息后，保险公司将可以有更加充分、准确的数据进行分析，在产品制定、费率厘定及发展策略规划上都能得到很大助力。四是保险公司的部分业务数据，在社保医疗的覆盖范围以外，这些信息能够协助社保部门制定政策。

在商业保险和社保部门、医疗机构合作过程中，也需要关注四方面问题：一是建设步骤问题。必须统筹考虑整个行业的情况，长远规划，分步建设。在技术实现步骤上，要明确最终的“实时共享信息，一站式结算”目标，在系统设计中为未来预留扩展余地，但在实施中先实现较为容易，但效果显著的阶段目标，如“主动理赔、快速理赔”等。二是推动策略问题。对于社保部门和医疗机构来说，系统对接短期直接利益不明显，参与动机不足。在系统建设的过程中，需要寻找各方的诉求并提供解决方案，解决好合作模式的问题，才能让各方都从中受益，多方共赢。三是社保系统的建设进度问题。目前，我国社保系统基本上由各地区自行建设，没有完全形成统一标准的系统体系，信息化建设水平不很平衡。商业保险作为社保的一个补充，必须依照社保的情况调整建设步骤。四是费用结算方式问题。由于在实时赔付的模式下参保人员只支付完全自付部分，会造成商业保险占用医疗机构资金的情况。双方合作过程中，需要妥善解决这个问题，如由保险公司预先提供赔付资金，或是通过电子金融技术实现机构间的快速结算与即时转账，避免对医疗机构的资金占用。

第五步：在更高层次和更高水平上推动发挥保险作用

商业健康险和基本医疗保险系统对接后，基本形成了一个一体化的医疗保障信息平台。通过这个平台，保险不仅为人民群众提供保险保障等基本功能，同时，还将融入全社会的保障管理体系中，通过信息技术与整个社会中的其他行业连接在一起，并成为每个人经济能力、信用等级等社会能力综合评估与管理体系的一个重要组成部分。展望更远的未来，包括金融、保险、行政、社会团体等信息平台终将实现信息集成，形成全社会的“高速路网”，实现行政、经济、商业信息在其中的高效交流与共享，促进经济社会高效运作。

（邹婧）

附：

2013 年专题与调研目录选编

中国人民银行营业管理部 2013 年优秀调研报告

一等奖

1. 关于合理使用创新融资工具助推首都经济发展的调研报告（货币信贷管理处）

2. 境外融资纳入社会融资规模统计浅析（国际收支处）

3. 关于北京辖内金融机构 2013 年 Shibor 建设及应用情况的调研报告（货币信贷管理处）

二等奖

1. 北京市新建商品住房供求缺口、房价走势分析及调控建议（金融研究处）

2. 基于状态空间模型的金融状况指数及其应用研究（调查统计处）

3. 国库现金变动对基础货币影响——传导机制、结构分析和动态过程（国库处）

4. 当前人民币汇率形成机制改革建议（金融研究处）

5. 资本监管标准变化对商业银行资本充足率变动的影响分析（金融稳定处）

6. 关于政务诚信与社会信用体系建设关系的思考（征信管理处）

7. 互联网金融发展趋势、影响及对策（金融研究处）

8. 跨国公司试点中集中收付汇业务推进难点调查（外汇综合业务处）

9. 国外央行前瞻性指引政策工具的理论基础、实际效果及启示（金融研究处）

10. 关于加强区域经济金融本外币联动分析的思考（货币信贷管理处）

11. 北京辖区企业征信机构发展现状、问题及建议（征信管理处）

12. 基于当前案件对新型非法集资监管定性难的分析（金融稳定处）

13. 关于境内居民持有境外上市公司股份外汇管理的政策建议（资本项目管理处）

14. 关于首都科技金融、文化金融发展情况的调查报告（货币信贷管理处）

15. 关于保险业反洗钱客户身份识别制度设计调整及执行情况的报告（反洗钱处）

16. 我国政府会计改革问题探讨（会计财务处）

17. 外汇检查部门外部监督机制存在的问题及完善途径（外汇检查处）

18. 关于构建货物贸易重点主体监管机制的思考与探索（经常项目管理处）

19. 服务贸易新政策运行状况及问题研究（经常项目管理处）

20. 北京地区反洗钱合作机制建设现状、问题及建议（反洗钱处）

三等奖

1. 加强基层服务型党组织建设的实践与思考（人事处）

2. 我国中央银行法律地位问题探讨（法律事务处）

3. 北京外商直接投资人民币结算业务非现场核查情况分析报告（跨境办）

4. 基于物流化管理的发行库布局之探索（货币金银处）

5. 钞票冠字号码管理在加强银行现金交易管理中的应用（货币金银处）

6. 信托产品高收益率形成原因分析（调查统计处）

7. 欧盟存款保险制度研究及借鉴（金融稳定处）

8. 人民币全球清算网络建设研究（跨境办）

9. 支付机构反洗钱工作现状、困境及政策建议（反洗钱处）

10. 融资租赁法律问题研究（法律事务处）

11. 北京地区财务公司外汇业务调查（外汇检查处）

12. 法、德两国住房政策的经验及启示（调查统计处）

13. 基于再贴现管理的货币政策绩效审计实践研究（内审处）

14. 支付机构风险分析与监测预警指标体系研究（支付结算处）

15. 搭建平台 提升素质 创新开展女职工工作的实践与思考（工会办公室）

16. 我国手机跨行支付业务实现模式

研究及政策建议（清算中心）

17. 北京地区总部企业融资结构和资金管理运作及其对商业银行的影响（调查统计处）

18. 财务公司电子商业汇票业务发展影响因素研究——以北京市为例（支付结算处）

19. 北京地方政府债务探析——以“土地储备整理中心债务”为视角（国库处）

20. 我国上市银行适度规模分析研究（会计财务处）

21. 境内企业对外担保管理风险分析及政策研究（资本项目管理处）

22. 中国人民银行营业管理部对外窗口文明服务标准化的探索与实践（宣传群工部）

23. 互联网金融发展与监管（办公室）

24. 跨国公司资金池业务税收问题研究及国际经验比较（经常项目管理处）

25. 对准备金缴存业务中会计科目变化产生问题的分析及建议（事后监督中心）

26. 贸易信贷统计方法改进研究（国际收支处）

27. 北京地区现货交易所涉外业务调查分析报告（国际收支处）

28. 如何推进离退休干部文化养老问题研究（离退休干部处）

29. 人民银行放开贷款基准利率下限的影响及应对策略（营业室）

八、统计资料

北京市2013年国民经济和社会发展统计公报

北京市统计局　国家统计局北京调查总队

2014年2月13日

2013年是全面贯彻落实党的十八大精神的第一年。全市人民在党中央、国务院和市委、市政府的坚强领导下，同心同德、脚踏实地、攻坚克难，加快转变经济发展方式，全市经济持续健康发展，社会和谐稳定。

一、人口

年末全市常住人口2 114.8万人，比上年末增加45.5万人。其中，常住外来人口802.7万人，占常住人口的比重为38%。常住人口中，城镇人口1 825.1万人，占常住人口的比重为86.3%。常住人口出生率8.93‰，死亡率4.52‰，自然增长率4.41‰。常住人口密度为每平方公里1 289人，比上年末增加28人。年末全市户籍人口1 316.3万人，比上年末增加18.8万人。

表1　2013年末常住人口及构成

指标	年末数（万人）	比重（%）
常住人口	2 114.8	100.0
按城乡分：城镇	1 825.1	86.3
乡村	289.7	13.7
按性别分：男性	1 090.7	51.6
女性	1 024.1	48.4
按年龄组分：0～14岁	200.1	9.5
15～59岁	1 621.8	76.6
60岁及以上	292.9	13.9
其中：65岁及以上	194.5	9.2
按功能区分：首都功能核心区	221.2	10.5
城市功能拓展区	1 032.2	48.8
城市发展新区	671.5	31.7
生态涵养发展区	189.9	9.0

二、综合经济

经济增长：初步核算，全年实现地区生产总值19 500.6亿元，比上年增长7.7%。其中，第一产业增加值161.8亿元，增长3%；第二产业增加值4 352.3亿元，增长8.1%；第三产业增加值14 986.5亿元，增长7.6%。

按常住人口计算，全市人均地区生产

总值达到93 213元（按年平均汇率折合15 052美元）。三次产业结构由上年的0. 8:22. 7:76. 5变为0. 8:22. 3:76. 9。

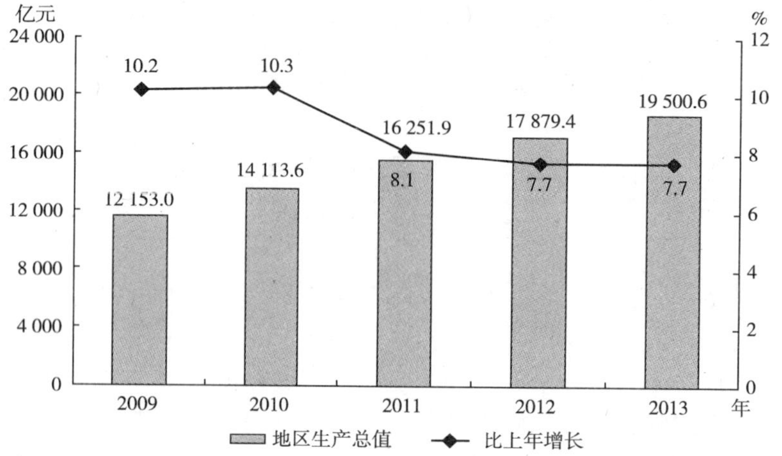

图1　2009～2013年地区生产总值及增长速度

表2　2013年地区生产总值

指标	绝对量（亿元）	比上年增长（%）	比重（%）
地区生产总值	19 500. 6	7. 7	100. 0
第一产业	161. 8	3. 0	0. 8
第二产业	4 352. 3	8. 1	22. 3
工业	3 536. 9	7. 8	18. 1
建筑业	815. 4	9. 6	4. 2
第三产业	14 986. 5	7. 6	76. 9
交通运输、仓储和邮政业	883. 6	7. 0	4. 5
信息传输、计算机服务和软件业	1 749. 6	7. 2	9. 0
批发和零售业	2 372. 4	6. 6	12. 2
住宿和餐饮业	374. 8	-3. 2	1. 9
金融业	2 822. 1	11. 0	14. 5
房地产业	1 339. 5	3. 4	6. 9
租赁和商务服务业	1 536. 6	9. 5	7. 9
科学研究、技术服务和地质勘察业	1 444. 3	11. 2	7. 4
水利、环境和公共设施管理业	113. 0	5. 2	0. 6
居民服务和其他服务业	133. 3	3. 0	0. 7
教育	758. 2	6. 9	3. 9
卫生、社会保障和社会福利业	416. 1	11. 5	2. 1
文化、体育和娱乐业	445. 3	6. 1	2. 3
公共管理和社会组织	597. 7	2. 4	3. 0

全年文化创意产业实现增加值2 406.7亿元，比上年增长9.1%；占地区生产总值的比重为12.3%，与上年持平。高新技术产业实现增加值1 327亿元，增长7%；占地区生产总值的比重为6.8%，比上年下降0.1个百分点。生产性服务业实现增加值9 811.8亿元，增长10.4%；占地区生产总值的比重为50.3%，比上年提高0.6个百分点。

财政：全市完成地方公共财政预算收入3 661.1亿元，比上年增长10.4%。其中，增值税574.9亿元，增长83.1%；营业税1 034.8亿元，下降10.2%；企业所得税和个人所得税802.1亿元和333.8亿元，分别增长6.6%和18.6%。地方公共财政预算支出4 170.2亿元，增长13.2%。其中，用于农林水事务、节能环保、科学技术、城乡社区事务的支出分别增长33.7%、21.7%、17.4%和17.4%。

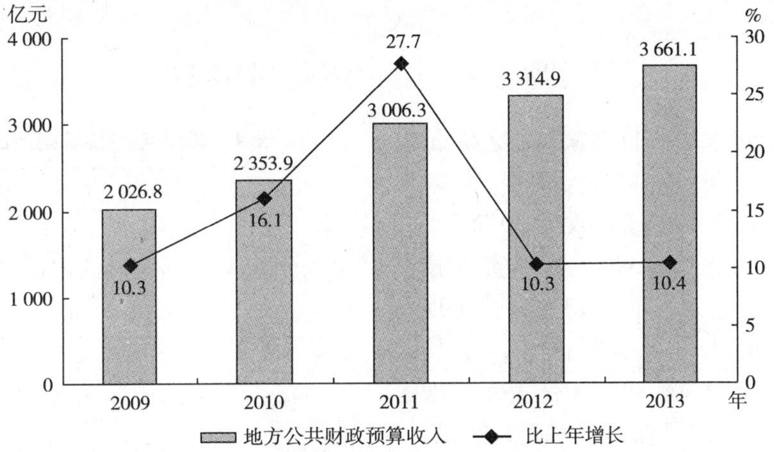

图2　2009~2013年地方公共财政预算收入及增长速度

价格：全年居民消费价格比上年上涨3.3%，涨幅与上年持平。其中，食品价格上涨4.7%，非食品价格上涨2.7%；消费品价格上涨1.9%，服务项目价格上涨5.5%。

表3　居民消费价格涨跌幅度

单位:%

指标	2013年	2012年
居民消费价格	3.3	3.3
食品	4.7	6.6
其中：肉禽及其制品	6.7	6.7
水产品	3.4	4.8
菜	9.6	12.0
干鲜瓜果	5.7	2.1

续表

指标	2013年	2012年
烟酒及用品	0.1	2.2
衣着	1.5	0.9
家庭设备用品及维修服务	1.7	2.8
医疗保健和个人用品	0.2	1.5
交通和通信	-1.0	-0.9
娱乐教育文化用品及服务	3.9	2.3
居住	5.6	3.9

全年农产品生产价格比上年上涨4.7%。工业生产者出厂价格下降2.6%，工业生产者购进价格下降2.2%。固定资产投资价格下降0.1%。

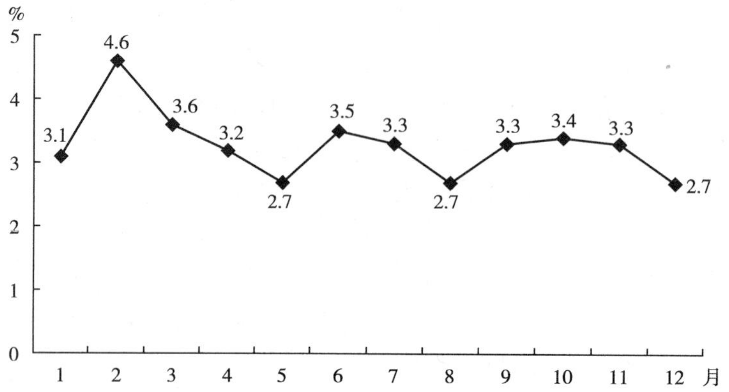

图3 2013年居民消费价格月度同比涨跌幅度

开发区：年末中关村国家自主创新示范区投产开业企业17 982个，比上年末增加3 053个。全年实现总收入30 353.5亿元，比上年增长21.3%，其中实现技术收入3 865.6亿元，增长13.6%；实现新产品销售收入3 893.2亿元，增长16.1%。全年出口总额292.5亿美元，增长11.7%。实现利润总额2 227.1亿元，增长24.5%。

北京经济技术开发区投产开业企业4 175个，比上年末增加1 189个。全年实现总收入4 604.5亿元，比上年增长4%；实现利润总额243.6亿元，增长11.6%。

三、农业

全年实现农林牧渔业总产值421.8亿元，比上年增长6.6%。完成平原造林36.4万亩，在此带动下，林业实现产值75.9亿元，比上年增长38.4%。全年粮食播种面积15.9万公顷，比上年减少3.5万公顷。粮食产量96.1万吨，下降15.5%；粮食亩产403.3公斤，增长3.1%。

表4 2013年主要农副产品产量

产品名称	单位	产量	比上年增长(%)
粮食	万吨	96.1	-15.5
蔬菜及食用菌	万吨	266.9	-4.7
干鲜果品	万吨	79.5	-5.6
肉类	万吨	41.8	-3.2
出栏生猪	万头	314.4	2.7
出栏家禽	万只	8 529.8	-15.5
禽蛋	万吨	17.5	14.8
牛奶	万吨	61.5	-5.5
水产品	万吨	6.4	-0.4

全市农业观光园1 299个，比上年增加16个；观光园总收入27.4亿元，增长1.8%。民俗旅游实际经营户8 530户，比上年增加163户；民俗旅游总收入10.2亿元，增长12.6%。设施农业实现收入57.3亿元，增长10.3%。种业收入14亿元，下降13.1%。

四、工业和建筑业

工业：全年实现工业增加值3 536.9亿元，比上年增长7.8%。其中，规模以上工业增加值增长8%。在规模以上工业中，国有控股企业增加值增长6.8%；高技术制造业、现代制造业增加值分别增长10.4%和14.2%。规模以上工业实现销售产值17 062.1亿元，增长7%。其中内销产值15 549.7亿元，增长7.7%；出口交货值1 512.4亿元，增长0.3%。产品销售率为99.2%。

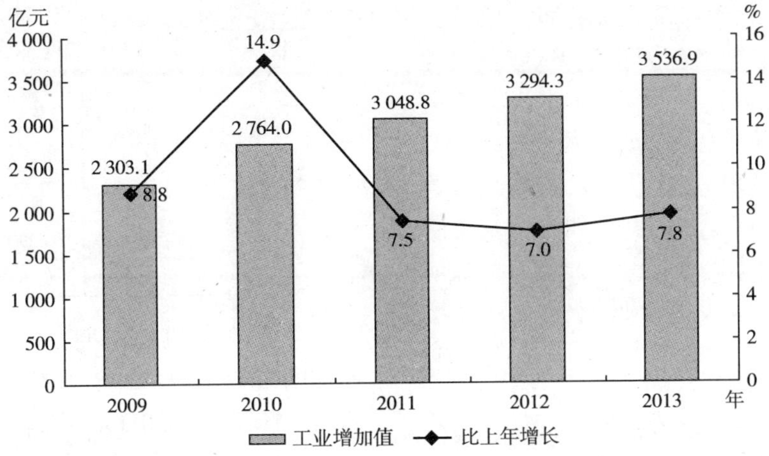

图4 2009～2013年工业增加值及增长速度

表5 2013年规模以上工业主要行业增加值增长速度

单位:%

指　标	比上年增长
规模以上工业增加值	8.0
其中：石油加工、炼焦和核燃料加工业	-18.0
化学原料和化学制品制造业	-2.6
医药制造业	8.9
非金属矿物制品业	6.7
黑色金属冶炼和压延加工业	0.3
通用设备制造业	-4.8
专用设备制造业	11.7
汽车制造业	24.0
铁路、船舶、航空航天和其他运输设备制造业	32.3
电气机械和器材制造业	6.9
计算机、通信和其他电子设备制造业	11.9
电力、热力生产和供应业	6.3

表6 2013年规模以上工业企业主要产品产量

产品名称	单位	产量	比上年增长（%）
发电量	亿千瓦时	335.6	15.1
原油加工量	万吨	881.6	-18.0
乙烯	万吨	72.3	-13.9
金属切削机床	台	11 283	-39.7
其中：数控金属切削机床	台	6 973	-48.0
汽车	万辆	203.8	22.0
其中：基本型乘用车（轿车）	万辆	94.4	20.2
饮料酒	万千升	197.9	3.2
其中：啤酒	万千升	168.3	1.3
乳制品	万吨	58.8	4.0
移动通信手持机（手机）	万台	18 716.7	-6.2
微型计算机设备	万台	1 141.1	6.2
显示器	万台	551.5	-31.6
集成电路	亿块	37.4	21.3

全年规模以上工业企业经济效益综合指数为269.99，比上年提高7.68个点。规模以上工业企业实现利润1 254.8亿元，比上年下降0.2%。从利润占比较大的行业看，电力、热力生产和供应业实现利润345.4亿元，下降1.5%；汽车制造业实现利润289.6亿元，增长28.7%；医药制造业实现利润107.3亿元，增长23.5%；计算机、通信和其他电子设备制造业实现利润105.3亿元，增长20.2%；专用设备制造业实现利润78.9亿元，增长33.2%；通用设备制造业实现利润45.2亿元，下降10.3%。

建筑业：全市具有资质等级的总承包和专业承包建筑业企业完成建筑业总产值7 407.1亿元，比上年增长12.4%。其中，在本市完成2 762.8亿元，增长6.2%；在外省完成4 644.3亿元，增长16.5%。本年新签合同额9 493.2亿元，增长11.8%。

五、交通运输和邮电

交通运输：全年货运量29 536.2万吨，比上年增长3.1%。全年客运量151 361.1万人，比上年增长1.6%。

表7　2013年各种运输方式完成货运量

指标	单位	绝对数	比上年增长(%)
货运量	万吨	29 536.2	3.1
铁路	万吨	1 078.4	-12.5
公路	万吨	25 889.6	3.9
民航	万吨	135.7	1.2
管道	万吨	2 432.5	3.1
货物周转量	亿吨公里	671.5	5.2
铁路	亿吨公里	323.2	5.1
公路	亿吨公里	146.8	5.0
民航	亿吨公里	49.2	0.5
管道	亿吨公里	152.3	7.3

表8　2013年各种运输方式完成客运量

指　　标	单　　位	绝对数	比上年增长(%)
客运量	万人	151 361.1	1.6
铁路	万人	11 587.5	12.3
公路	万人	132 785.6	0.3
民航	万人	6 988.0	9.4
旅客周转量	亿人公里	1 720.7	7.8
铁路	亿人公里	118.0	1.4
公路	亿人公里	299.1	-1.9
民航	亿人公里	1 303.7	11.0

年末全市机动车拥有量543.7万辆，比上年末增加23.7万辆。民用汽车518.9万辆，增加23.2万辆；其中私人汽车426.5万辆，私人汽车中轿车311万辆，分别增加19万辆和12.8万辆。

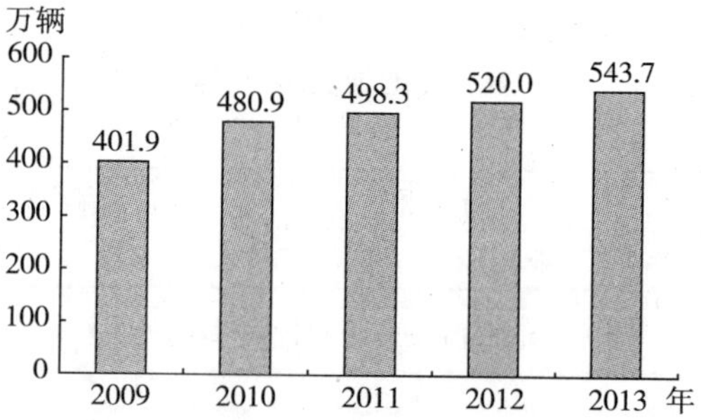

图5　2009～2013年年末机动车拥有量

邮电：全年实现邮电业务总量595.7亿元，比上年增长9%。其中，邮政业务总量58.4亿元，与上年基本持平；电信业务总量537.2亿元，增长9.9%。全年发送邮政函件7.2亿件，增长6.5%；特快专递4 793.6万件，增长20.3%。年末固定电话用户达到867.6万户，固定电话主线普及率达到41线/百人，每百人比上年末减少1.7线。全年净增移动电话用户605.5万户，年末达到3 373.8万户，其中3G移动电话用户1 461万户。移动电话普及率达到159.5户/百人，每百人比上年末增加6.4户。全年短信业务总量达到459亿条，比上年增长2.5%。年末固定互联网宽带接入用户数达到536万户。

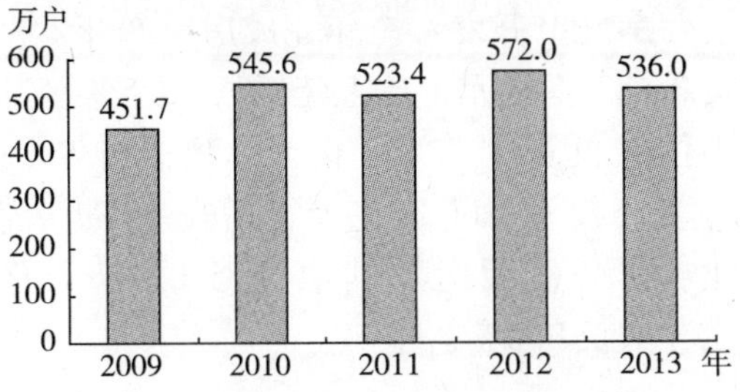

图6 2009~2013年年末固定互联网宽带接入用户数

六、金融

存贷款：年末全市金融机构（含外资）本外币存款余额91 660.5亿元，比年初增加6 588.8亿元，增加额比上年少3 255亿元。其中人民币存款余额87 990.6亿元，比年初增加6 386.9亿元，增加额比上年少2 355.7亿元。

年末全市金融机构（含外资）本外币贷款余额47 880.9亿元，比年初增加4 578.7亿元，增加额比上年多1 070.6亿元。其中人民币贷款余额40 506.7亿元，比年初增加3 954.1亿元，增加额比上年多900.7亿元。

表9 2013年末金融机构（含外资）本外币存贷款余额

单位：亿元

指标	年末数	比年初增加额	增加额比上年增减
各项存款余额	91 660.5	6 588.8	-3 255.0
其中：人民币	87 990.6	6 386.9	-2 355.7
其中：单位存款	55 183.8	5 669.5	2 076.7
储蓄存款	23 086.4	1 497.1	-1 021.7
各项贷款余额	47 880.9	4 578.7	1 070.6
其中：人民币	40 506.7	3 954.1	900.7
其中：短期贷款	13 630.0	2 183.6	496.1
中长期贷款	25 647.3	1 842.1	808.5
票据融资	1 137.2	-65.6	—
其中：个人消费贷款	6 068.9	1 154.1	758.1

证券：全年证券市场各类证券成交额145 932.7亿元，比上年增长70.9%。其中股票成交额61 596.3亿元，增长36.9%；债券成交额69 625.4亿元，增长86.2%。年末证券市场累计开户数563.6万户，比上年末增加12.1万户。

保险：全年实现原保险保费收入994.4亿元，比上年增长7.7%。其中，财产险保费收入288亿元，人身险保费收入706.4亿元。全年各类保险赔付支出318.2亿元。其中，财产险赔付165.3亿元，人身险赔付152.9亿元。

七、固定资产投资和房地产开发

固定资产投资：全年完成全社会固定资产投资7 032.2亿元，比上年增长8.8%。其中，国有控股单位完成投资4 156.8亿元，比上年增长4.6%；民间投资完成2 419.5亿元，比上年增长15.9%。

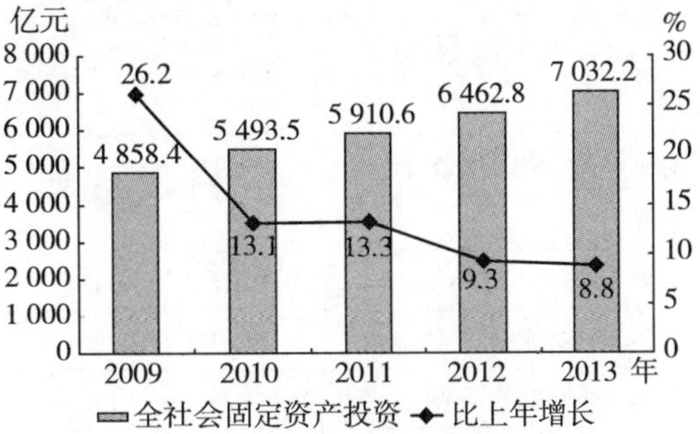

图7 2009~2013年全社会固定资产投资及增长速度

分城乡看，城镇投资6 352.6亿元，增长8.5%；农村投资679.6亿元，增长11.5%。

分产业看，第一产业投资175.5亿元，增长20.6%；第二产业投资755亿元，增长4.9%，其中工业投资747.3亿元，增长5.6%；第三产业投资6 101.7亿元，增长9%。

表10　2013年分行业固定资产投资

行业名称	投资额（亿元）	比上年增长（%）
总　　计	7 032.2	8.8
农、林、牧、渔业	175.5	20.6
采矿业	9.1	47.0
制造业	467.8	-0.4
电力、热力、燃气及水生产和供应业	270.4	16.6
建筑业	7.7	-35.6
批发和零售业	51.4	66.2
交通运输、仓储和邮政业	685.3	-6.8
住宿和餐饮业	78.2	34.9
信息传输、软件和信息技术服务业	209.7	26.8
金融业	57.4	8.5
房地产业	3 906.3	11.4
租赁和商务服务业	50.5	25.7
科学研究和技术服务业	127.4	-4.2
水利、环境和公共设施管理业	515.6	4.3
居民服务、修理和其他服务业	14.7	-28.9
教育	142.7	31.8
卫生和社会工作	60.9	22.8
文化、体育和娱乐业	111.6	14.7
公共管理、社会保障和社会组织	90.0	-14.8

全年完成基础设施投资1 785.7亿元，下降0.2%，主要投向交通运输和公共服务业，其中交通运输投资664.5亿元，所占比重为37.2%，公共服务业投资451.3亿元，所占比重为25.3%。

房地产开发：全年完成房地产开发投资3 483.4亿元，比上年增长10.5%。其中住宅投资1 724.6亿元，增长5.9%；写字楼投资611.7亿元，增长59%；商业、非公益用房及其他投资1 147.1亿元，增长0.6%。

表11　2013年房地产开发和销售主要指标

指标	单位	绝对量	比上年增长（%）
房地产开发投资	亿元	3 483.4	10.5
其中：住宅	亿元	1 724.6	5.9
本年实际到位资金	亿元	7 300.2	19.4
其中：国内贷款	亿元	1 836.9	22.6
自筹资金	亿元	2 138.2	31.5
定金及预收款	亿元	2 257.5	8.2
商品房施工面积	万平方米	13 886.9	5.8
其中：住宅	万平方米	7 406.9	-1.4
其中：本年新开工面积	万平方米	3 577.5	11.0
其中：住宅	万平方米	1 736.5	6.7
商品房竣工面积	万平方米	2 666.4	11.5
其中：住宅	万平方米	1 692.0	11.1
商品房销售面积	万平方米	1 903.1	-2.1
其中：住宅	万平方米	1 363.7	-8.1
商品房待售面积	万平方米	1 861.4	-2.6
其中：住宅	万平方米	829.3	5.0

保障性住房建设：全年新建收购保障性住房16.2万套，竣工8.5万套，配租配售4.7万套。

八、批发和零售

全年批发和零售业实现商品购销额115 912.7亿元，比上年增长10.2%；其中，实现购进额 56 112.4 亿元，增长 10.3%；销售额 59 800.3 亿元，增长 10.1%。

全年实现社会消费品零售总额 8 375.1亿元，比上年增长 8.7%。限额以上批发和零售企业中，汽车类实现零售额 1 753 亿元，增长 6.5%；中西药品类实现零售额 710.9 亿元，增长 11.9%；通讯器材类实现零售额 470.3 亿元，增长 40.4%；文化办公用品类实现零售额 461.6 亿元，增长 19.4%；家用电器和音像器材类实现零售额 338.2 亿元，增长 24.7%。限额以上批发和零售企业实现网上零售额 926.8 亿元，增长 44.3%。

表 12 2013 年社会消费品零售总额

指标	零售额（亿元）	比上年增长（%）
社会消费品零售总额	8 375.1	8.7
按商品用途分		
吃类商品	1 672.6	2.5
穿类商品	727.3	1.0
用类商品	5 367.8	13.5
烧类商品	607.4	-2.6
按消费形态分		
餐饮收入	783.1	-5.0
商品零售额	7 592.0	10.4

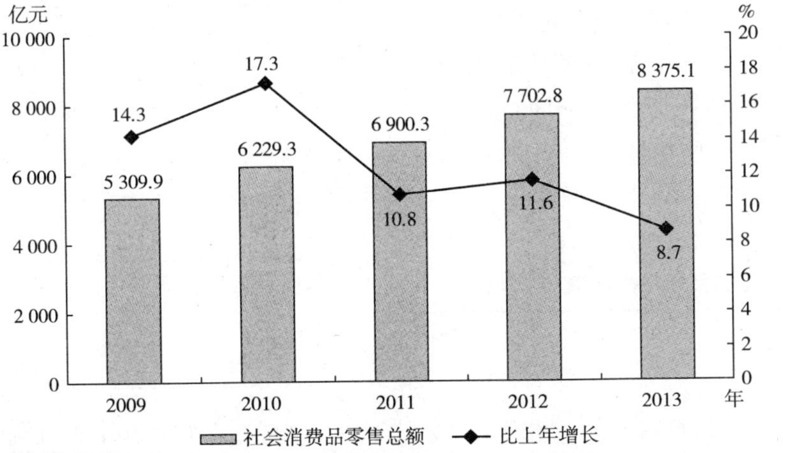

图 8 2009～2013 年社会消费品零售总额及增长速度

九、对外经济和旅游

对外经济：全年北京地区海关进出口总值 4 291 亿美元，比上年增长 5.1%。其中出口 632.5 亿美元，增长 6.1%；进口 3 658.6 亿美元，增长 5%。

表 13 2013 年北京地区海关进出口总值

指标	总值（亿美元）	比上年增长（%）
进出口总值	4 291.0	5.1
出口	632.5	6.1
其中：一般贸易	272.9	-4.6
来料加工装配贸易	64.4	40.9
进料加工贸易	192.2	8.1
其中：机电产品	390.9	4.6
其中：高新技术产品	203.5	7.0
进口	3 658.6	5.0

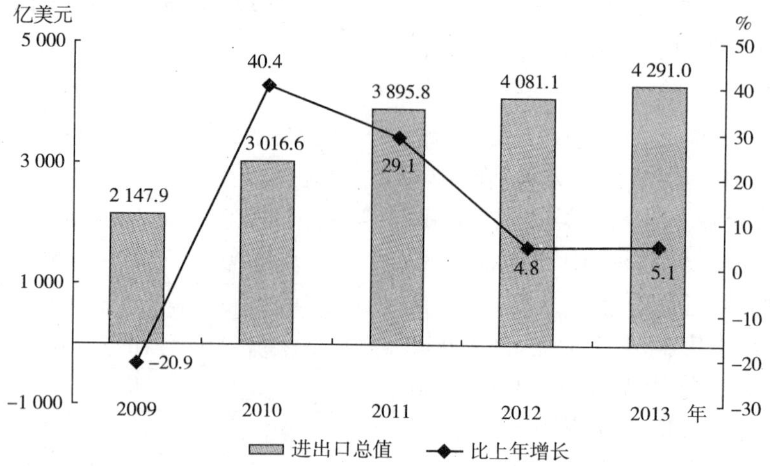

图9　2009～2013 年进出口总值及增长速度

全年批准合同外资111亿美元，比上年下降2.3%。实际利用外资85.2亿美元，增长6%。其中，租赁和商务服务业占20.1%，房地产业占17.4%，信息传输、计算机服务和软件业占14%，制造业占12.5%。

表14　2013 年分行业实际利用外商投资情况

行业名称	实际利用外资（万美元）	比上年增长（%）
总　　计	852 418	6.0
农、林、牧、渔业	1 717	134.2
制造业	106 848	23.7
电力、燃气及水的生产和供应业	42 646	68.5
建筑业	193	－49.6
交通运输、仓储和邮政业	24 898	－78.3
信息传输、计算机服务和软件业	119 547	－11.5
批发和零售业	92 739	24.8
住宿和餐饮业	1 822	－36.7
金融业	76 378	110.1
房地产业	148 057	68.7
租赁和商务服务业	171 079	5.9
科学研究、技术服务和地质勘察业	60 341	－13.9
居民服务和其他服务业	390	－91.3
教育	73	－77.3
文化、体育和娱乐业	5 690	128.2

全年境外投资中方实际投资额30.8亿美元，比上年增长1.6倍。对外承包工程完成营业额33.6亿美元，增长15.9%。对外劳务合作人员实际收入5 192万美元，下降9.5%。

旅游：全年接待入境旅游者450.1万人次，比上年下降10.1%。其中，外国人387.6万人次，下降10.8%；港、澳、台同胞62.5万人次，下降5.9%。旅游外汇收入47.9亿美元，下降6.9%。全年接待国内旅游者2.5亿人次，增长9.3%。国内旅游收入3 666.3亿元，增长11.1%。全年经旅行社组织的出境游人数331万人次，增长21.5%。

十、城市建设和安全生产

道路建设：年末全市公路里程21 614公里，比上年末增加122公里；其中，高速公路里程923公里，与上年持平。城市道路里程6 346公里，比上年末增加75公里。

公共交通：年末全市公共电汽车运营线路813条，比上年末增加34条；运营线路长度20 575公里，比上年末增加1 028公里；运营车辆22 486辆，比上年末增加340辆；全年客运总量49亿人次，比上年下降4.9%。

年末全市轨道交通运营线路17条，比上年末增加1条；运营线路长度465公里，比上年末增加23公里；运营车辆3 853辆，比上年末增加168辆；全年客运总量32.1亿人次，比上年增长30.5%。

公用事业：全年自来水销售量9.7亿立方米，比上年增长3.7%。其中，生产运营用水1.2亿立方米，增长1.2%；公共服务用水3.6亿立方米，增长4.1%；居民家庭用水4.9亿立方米，增长4.8%。

全年北京地区用电量达到913.1亿千瓦时，比上年增长4.4%。其中生产用电756.1亿千瓦时，增长6.1%；城乡居民生活用电157亿千瓦时，下降3%。

全年液化石油气供应总量42万吨，与上年持平；天然气供应总量95.5亿立方米，比上年增长7.9%。年末共有燃气家庭用户735万户，比上年末增长3%；其中天然气家庭用户538万户，增长3.6%。全市燃气管线长度达到1.9万公里，比上年末增长1.8%。

全市10万平方米以上的集中供热面积5.5亿平方米，比上年增长4.1%。

安全生产：全年共发生道路交通、生产安全、火灾、铁路交通、农业机械安全事故937起，死亡1 032人。与上年相比，事故减少45起，下降4.6%；死亡人数减少41人，下降3.8%。亿元地区生产总值生产安全事故死亡率为0.053；道路交通每万车死亡人数为1.58人；工矿商贸企业从业人员每10万人生产安全事故死亡人数为0.94人；煤矿每百万吨死亡人数为0.4人。

十一、人民生活、就业和社会保障

人民生活：全年城镇居民人均可支配收入达到40 321元，比上年增长10.6%；扣除价格因素后，实际增长7.1%。农村居民人均纯收入达到18 337元，比上年增长11.3%；扣除价格因素后，实际增长7.7%。城镇居民人均消费性支出达到26 275元，增长9.3%，其中服务性消费支出8 310元，增长19.2%；恩格尔系数为31.1%，比上年下降0.2个百分点。农村居民人均消费性支出达到13 553元，增长14.1%；恩格尔系数为34.6%，比上年提高1.4个百分点。全市城镇居民人均住房建筑面积31.31平方米，农村居民人均住房面积51.35平方米。

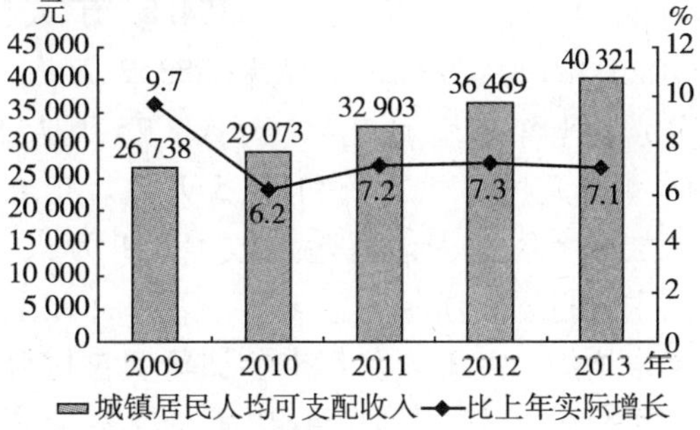

图10　2009～2013年城镇居民人均可支配收入及实际增速

就业：全年城镇新增就业42.9万人。

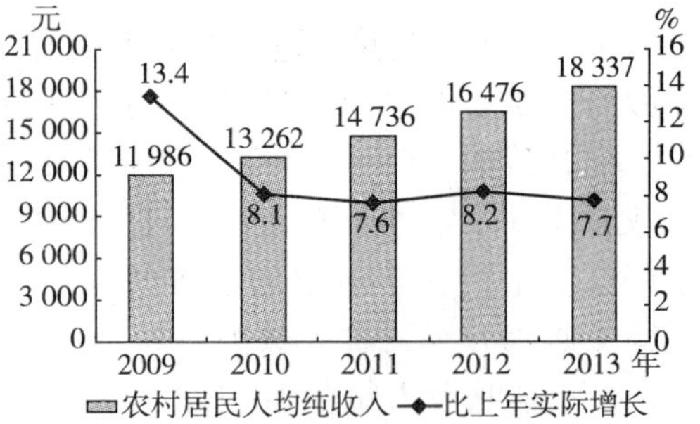

图11　2009~2013年农村居民人均纯收入及实际增速

年末全市实有城镇登记失业人员6.8万人，比上年末减少0.4万人。城镇登记失业率为1.21%，比上年末下降0.06个百分点。

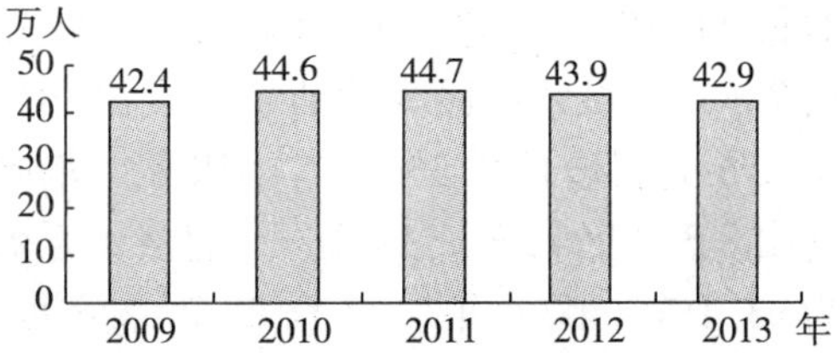

图12　2009~2013年城镇新增就业人数

社会保障：年末全市参加基本养老、基本医疗、失业、工伤和生育保险人数分别为1 311.3万人、1 354.8万人、1 025.1万人、920.3万人和883.2万人，分别比上年末增加104.9万人、75万人、18.4万人、23.1万人和38.5万人。年末参加城乡居民养老保险人数180.1万人，其中农村居民参保人数168.7万人，比上年末增加1.7万人。年末参加新型农村合作医疗的人数达到254.3万人，参合率为98%。

全市享受城市居民最低生活保障的人数为10.4万人，享受农村居民最低生活保障的人数为6万人。

表15　社会保障相关待遇标准

单位：元/月

指标	2013年	2012年
失业保险金最低标准	892	842
城市居民最低生活保障标准	580	520
职工最低工资标准	1 400	1 260

年末全市各类收养性单位440家，床位8.3万张，收养各类人员3.4万人。建立各种社区服务机构10 210个，其中社区服务中心205个。

十二、社会事业

教育：全市共有56所普通高校和80个科研机构培养研究生，全年研究生教育招生9.1万人，在学研究生26.6万人，毕业生7.3万人。全市89所普通高等学校全年招收本专科学生16.3万人，在校生58.9万人，毕业生14.9万人。全市成人本专科招生10.2万人，在校生25.8万人，毕业生9.5万人。

全市普通高中招生6万人，在校生18.8万人，毕业生5.8万人；普通初中招生10.7万人，在校生31.1万人，毕业生9.2万人；普通小学招生16.6万人，在校生78.9万人，毕业生11.2万人；幼儿园入园幼儿12.8万人，在园幼儿34.9万人。各类中等职业教育（含技工学校）招生7.2万人，在校生20.9万人，毕业生9万人。特殊教育招生1 156人，在校生8 348人，毕业生1 706人。

全市共有民办幼儿园518所，在园幼儿12.2万人；民办小学61所，在校学生1.4万人；民办普通中学76所，在校学生4.7万人。

科学技术：全年研究与试验发展（R&D）经费支出1 200.7亿元，比上年增长12.9%；相当于地区生产总值的6.16%。

全市研究与试验发展（R&D）活动人员35.1万人，比上年增长8.7%。专利申请量与授权量分别为123 336件和62 671件，分别增长33.6%和24.1%；其中发明专利申请量与授权量分别为67 554件和20 695件，增长28.1%和2.8%。全年共签订各类技术合同62 743项，增长4.6%；技术合同成交总额2 851.2亿元，增长16%。

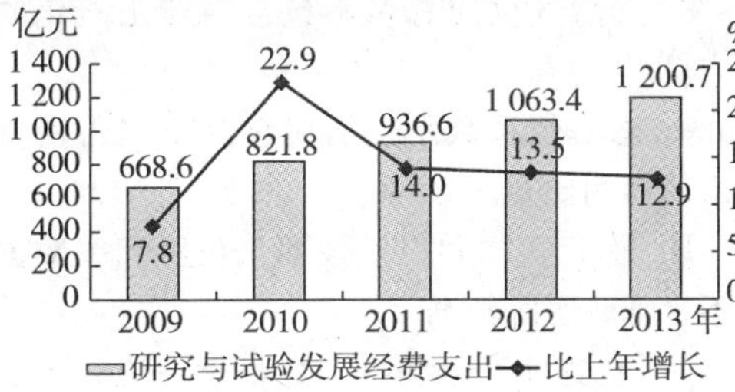

图13　2009～2013年研究与试验发展经费支出及增长速度

文化：年末全市共有公共图书馆25个，总藏量5 424万册；档案馆18个，馆藏案卷636万卷件；博物馆167个，其中免费开放52个；群众艺术馆、文化馆20个。年末有线电视注册用户达到520.9万户，其中高清交互数字电视用户380万户。北京地区20条院线150家影院（820块银幕，其中3D银幕296块）共放映电影137.6万场，观众4 247.6万人次，票房收入18.6亿元。全年制作电视剧88部3 056集，电视动画片19部19 546分钟，故事片222部。

卫生：年末全市共有卫生机构10 126个，比上年末增加167个；其中医院632个。卫生机构共有床位10.4万张，比上年末增加0.4万张；其中医院9.6万张。全市卫生技术人员达到21万人，比上年末增加1.4万人；其中执业（助理）医师7.9万人，注册护士8.7万人。全市医疗机构总诊疗19 895.2万人次。全年报告甲乙类传染病发病率168.48/10万，死亡率1.20/10万。全市婴儿死亡率2.33‰，孕产妇死亡率9.45/10万。

体育：年末全市共有体育场馆6 157个。全市共有优秀体育运动员1 102人。获得国际性比赛奖牌25枚，其中金牌10枚，银牌9枚。获得全国性比赛奖牌120枚，其中金牌39枚，银牌41枚。

十三、资源和环境

土地供应：全年全市国有建设用地供应总量4 610公顷。其中，住宅用地1 783公顷（其中保障性安居工程用地805公顷），工矿仓储用地449公顷，商服用地305公顷，基础设施等其他用地2 073公顷。

水资源：全年水资源总量26.2亿立方米，比上年减少33.6%。年末大中型水库蓄水总量18亿立方米，比上年末多蓄水2.94亿立方米。全市平原地区年末地下水平均埋深24.46米，地下水位比上年末下降0.19米。全年总用水量36.4亿立方米，比上年增长1.4%。其中，生活用水16.3亿立方米，增长1.5%；生态环境补水5.9亿立方米，增长4.4%；工业用水5.1亿立方米，增长4.7%；农业用水9.1亿立方米，下降2.4%。全市万元地区生产总值水耗为18.66立方米，比上年下降5.84%。

环境：全市污水处理率为84%，其中城六区污水处理率达到96.5%，分别比上年提高1个和0.5个百分点。全市生活垃圾无害化处理率（根据垃圾清运量计算）为99.3%，比上年提高0.2个百分点。全市可吸入颗粒物、二氧化硫年日均值分别为108微克/立方米、26.5微克/立方米，分别比上年下降0.9%和5.4%；二氧化氮年日均值为56微克/立方米，比上年增长7.1%。

全年完成人工造林面积3.1万公顷，比上年增长39%。全市林木绿化率达到57.4%，比上年提高1.9个百分点。森林覆盖率达到40%，比上年提高1.4个百分点。城市绿化覆盖率达到46.8%，比上年提高0.6个百分点。

公报注释：

1. 本公报中2013年数据均为初步统计数。与上年相比的增速为2013年初步统计数与2012年最终核实数（即北京统计年鉴中的数据）比较的结果。

2. 本公报中地区生产总值、外商直接投资行业划分标准仍沿用《国民经济行业分类》(GB/T4754—2002)，规模以上工业增加值、全社会固定资产投资行业划分标准依照《国民经济行业分类》(GB/T4754—2011)。

3. 地区生产总值及其中各行业增加值绝对数按现价计算，增长速度按可比价计算。

4. 文化创意产业、高新技术产业、生产性服务业增加值绝对数和增长速度均按现价计算。

5. 中关村国家自主创新示范区与北京经济技术开发区数据均包括中关村国家自主创新示范区亦庄园。

6. 规模以上工业企业是指年主营业务收入2 000万元及以上的全部法人工业企业；限额以上批发零售企业是指年主营业务收入2 000万元及以上的批发企业和年主营业务收入500万元及以上的零售企业。

7. 邮电业务总量按2010年不变价格计算。

8. 天然气供应总量不包含对燕山石化的供应量。

9. 恩格尔系数是指居民食品支出占消费支出总额的比重。

10. 医疗机构和卫生技术人员等相关数据均不含部队医院数据。

11. 优秀体育运动员人数是指在优秀运动队试训、在训和处于职业转换期并享受运动员津贴的运动员。

12. 平原地区地下水埋深是指平原地区地下水水面至地面的距离。

13. 万元地区生产总值水耗按现价计算，下降率按可比价计算。按可比价计算，2013年万元地区生产总值水耗为20.55立方米。

14. 公报中部分数据合计数或相对数由于计量单位取舍不同而产生的计算误差，均未作机械调整。

（一）北京市主要经济社会指标

表 1.1　主要年份国民经济和社会发展总量与速度指标

项目　　　　年份		总量指标							速度指标（%）					
									指数（2013 年为以下各年）					
		1990	1995	2000	2005	2010	2012	2013	1990	1995	2000	2005	2010	2012
人口与就业														
人　口														
年末全市常住人口	（万人）	1 086.0	1 251.1	1 363.6	1 538.0	1 961.9	2 069.3	2 114.8	194.7	169.0	155.1	137.5	107.8	102.2
按性别分														
男性人口		545.0	627.0	710.9	778.7	1 013.0	1 068.1	1 090.7	200.1	174.0	153.4	140.1	107.7	102.1
女性人口		541.0	624.1	652.7	759.3	948.9	1 001.2	1 024.1	189.3	164.1	156.9	134.9	107.9	102.3
按城乡分														
城镇人口		798.0	946.2	1 057.4	1 286.1	1 686.4	1 783.7	1 825.1	228.7	192.9	172.6	141.9	108.2	102.3
乡村人口		288.0	304.9	306.2	251.9	275.5	285.6	289.7	100.6	95.0	94.6	115.0	105.2	101.4
年末户籍人口	（万人）	1 032.2	1 070.3	1 107.5	1 180.7	1 257.8	1 297.5	1 316.3	127.5	123.0	118.9	111.5	104.7	101.5
就　业														
从业人员年末人数	（万人）	627.1	665.3	619.3	878.0	1 031.6	1 107.3	1 141.0	181.9	171.5	184.2	130.0	110.6	103.0
#城镇单位在岗职工人数		454.9	470.9	434.2	448.4	587.7	670.4	695.5	152.9	147.7	160.2	155.1	118.3	103.7
年末实有城镇登记失业人员	（万人）	1.7	2.2	3.3	10.6	7.7	7.2	6.8	407.8	311.0	205.1	64.4	88.1	94.6
宏观经济														
国民经济核算														
地区生产总值	（亿元）	500.8	1 507.7	3 161.7	6 969.5	14 113.6	17 879.4	19 500.6	1 085.3	620.5	380.9	215.1	125.4	107.7
第一产业		43.9	73.5	79.3	88.7	124.4	150.2	161.8	131.8	126.3	117.9	114.8	107.3	103.0
第二产业		262.4	645.8	1 033.3	2 026.5	3 388.4	4 059.3	4 352.3	880.0	525.4	334.7	195.4	124.0	108.1
第三产业		194.5	788.4	2 049.1	4 854.3	10 600.8	13 669.9	14 986.5	1 460.2	727.2	412.1	225.5	126.2	107.6
人均地区生产总值	（元/人）	4 635.0	12 690.0	24 127.4	45 992.8	73 856.0	87 475.0	93 213.0	559.6	352.0	238.5	155.8	114.5	105.2
固定资产投资														
全社会固定资产投资	（亿元）	179.2	841.5	1 297.4	2 827.2	5 493.5	6 462.8	7 032.2	3 924.2	835.7	542.0	248.7	128.0	108.8
#房地产开发投资		22.5	352.8	522.1	1 525.0	2 901.1	3 153.4	3 483.4	1 5481.8	987.4	667.2	228.4	120.1	110.5
#国有单位		154.2	514.2	765.8	897.7	1 907.3	2 248.2	2 382.0	1 544.7	463.2	311.0	265.3	124.9	106.0

续表

项目 \ 年份	总量指标 1990	1995	2000	2005	2010	2012	2013	速度指标（%） 指数（2013年为以下各年） 1990	1995	2000	2005	2010	2012
全社会房屋施工面积（万平方米）	2 864.9	5 524.3	6 995.9	14 096.2	15 572.1	20 045.4	21 526.0	751.4	389.7	307.7	152.7	138.2	107.4
全社会房屋竣工面积（万平方米）	1 081.2	1 530.2	2 358.2	4 679.2	3 908.4	3 723.5	3 989.7	369.0	260.7	169.2	85.3	102.1	107.1
财　政													
地方财政收入（亿元）	74.0	115.3	398.4	1 007.4	3 810.9	4 573.7	5 566.1	7 520.7	4 829.2	1 397.1	552.5	146.1	121.7
#地方公共财政预算收入			345.0	919.2	2 353.9	3 314.9	3 661.1			1 061.2	398.3	155.5	110.4
地方财政支出（亿元）	66.5	154.4	490.3	1 137.3	4 065.0	4 866.4	6 039.4	9 079.1	3 911.5	1 231.7	531.0	148.6	124.1
#地方公共财政预算支出			443.0	1 058.3	2 717.3	3 685.3	4 173.7			942.1	394.4	153.6	113.3
价格指数（上年=100）													
居民消费价格指数（%）	105.4	117.3	103.5	101.5	102.4	103.3	103.3						
商品零售价格指数（%）	104.1	112.6	98.9	99.7	100.4	100.6	99.8						
农产品生产价格指数（%）	101.9	130.6	95.0	102.9	106.5	104.7	104.7						
工业生产者出厂价格指数（%）	107.9	107.3	102.5	101.3	102.2	98.4	97.4						
工业生产者购进价格指数（%）	114.8	106.7	100.0	111.4	110.5	98.7	97.8						
固定资产投资价格指数（%）		113.9	101.0	100.7	102.5	101.3	99.9						
能源消费总量（万吨标准煤）	**2 709.7**	**3 533.3**	**4 144.0**	**5 521.9**	**6 954.1**	**7 177.7**	**7 354.2**	**271.4**	**208.1**	**177.5**	**133.2**	**105.8**	**102.5**
产　业													
农村经济													
耕地面积（万公顷）	41.3	39.4	32.9	23.3	22.4	22.1							
农林牧渔业总产值（现价）（亿元）	70.2	164.4	188.6	239.3	328.0	395.7	421.8	600.8	256.6	223.6	176.3	128.6	106.6
主要农产品产量（万吨）													
粮　食	264.6	259.8	144.2	94.9	115.7	113.8	96.1	36.3	37.0	66.6	101.3	83.1	84.5
蔬菜及食用菌	356.1	397.3	466.3	373.1	303.0	279.9	266.9	75.0	67.2	57.2	71.5	88.1	95.3
禽　蛋	25.8	28.5	16.0	16.0	15.1	15.2	17.5	67.8	61.4	109.4	109.4	115.9	114.8
牛　奶	21.7	20.6	30.3	64.2	64.1	65.1	61.5	283.4	298.5	203.0	95.8	96.0	94.5
肉　类	26.8	39.8	50.5	53.3	46.3	43.2	41.8	155.9	105.1	82.8	78.4	90.3	96.8

注：1. 地区生产总值绝对值按现价计算，发展速度按可比价格计算；2006～2010年人均地区生产总值根据第六次人口普查数据进行修正。2013年地区生产总值数据为初步核算数。

2. 2007年及以前在岗职工人数包括乡及乡以上独立核算法人单位，不包括乡镇企业、私营单位和个体工商户；2008年及以后包括乡镇企业。

3. 从2011年起，根据国家统计局相关规定，固定资产投资起点由50万元调整至500万元。

续表

项目 \ 年份	总量指标							速度指标（%）					
								指数（2013 年为以下各年）					
	1990	1995	2000	2005	2010	2012	2013	1990	1995	2000	2005	2010	2012
工 业													
工业增加值（现价，规模以上）（亿元）		473.1	776.0	1 627.0	2 751.7	3 033.3	3 432.1						
工业总产值（现价，规模以上）（亿元）	625.9	1 493.3	2 842.0	6 946.2	13 699.8	15 596.2	17 370.9	2 775.3	1 163.3	611.2	250.1	126.8	111.4
轻工业	262.2	472.2	719.3	1 164.9	2 000.0	2 402.1	2 541.5	969.3	538.2	353.3	218.2	127.1	105.8
重工业	363.7	1 021.1	2 122.7	5 781.3	11 699.8	13 194.1	14 829.4	4077.4	1 452.3	698.6	256.5	126.7	112.4
工业企业主要经济指标（规模以上）													
资产总计（亿元）	498.3	2 582.6	4 612.7	12 829.8	22 750.6	28 613.2	30 800.7	6 181.5	1 192.6	667.7	240.1	135.4	107.6
负债总额（亿元）		1 528.8	2 676.4	4 706.7	11 548.1	14 837.2	16 208.0		1 060.2	605.6	344.4	140.4	109.2
主营业务收入（亿元）	610.5	1 590.4	2 821.4	7 279.1	14 807.1	16 905.1	18 688.6	3 061.4	1 175.1	662.4	256.7	126.2	110.6
利润总额（亿元）	48.9	85.3	127.1	413.5	1 028.3	1 267.9	1 282.9	2 621.5	1 504.1	1 009.5	310.3	124.8	101.2
建 筑													
建筑业施工企业总产值（亿元）	94.7	426.6	812.5	1 894.0	5 196.0	6 588.3	7 459.6	7 877.1	1 748.6	918.1	393.9	143.6	113.2
建筑业施工企业年末从业人员（万人）	60.2	82.6	56.6	67.2	59.9	49.2	49.3	81.9	59.7	87.1	73.4	82.3	100.2
运 输													
货物周转量（亿吨公里）	268.8	323.1	299.6	457.7	513.7	638.3	680.9	253.3	210.7	227.2	148.8	132.6	106.7
铁 路	206.7	239.3	200.2	310.8	257.5	307.6	323.2	156.3	135.0	161.4	104.0	125.5	105.1
公 路	57.5	76.2	82.6	85.5	101.6	139.8	156.2	271.8	205.0	189.0	182.7	153.7	111.7
民 航	4.5	7.5	16.8	28.2	48.2	49.0	49.2	1101.3	656.3	293.3	174.6	101.9	100.4
管 道	0.2	0.1	0.04	33.3	106.4	141.9	152.3				458.0	143.2	107.3
旅客周转量（亿人公里）	119.8	207.7	314.0	838.1	1 399.5	1 595.8	1 498.8						

续表

项目　　　　年份	总量指标 1990	1995	2000	2005	2010	2012	2013	速度指标（%）指数（2013年为以下各年）1990	1995	2000	2005	2010	2012
邮　电													
邮电业务总量（亿元）	11.9	56.1	214.7	413.0	1 108.9	546.5	652.5	5 487.7	1162.4	303.8	158.0	152.3	119.4
固定电话用户（万户）	33.3	150.5	451.2	943.5	885.6	883.1	867.6	2 605.8	576.4	192.3	92.0	98.0	98.2
固定电话主线普及率（线/百人）	3.1	12.0	33.1	61.3	45.1	42.7	41.0						
移动电话用户（万户）	0.3	16.9	347.2	1 459.8	2 129.8	3 168.0	3373.8			971.7	231.1	158.4	106.5
移动电话普及率（户/百人）	0.0	1.4	25.5	94.9	108.6	153.1	159.5						
商　业													
社会消费品零售总额（亿元）	345.1	950.4	1 658.7	2 911.7	6 229.3	7 702.8	8 375.1	2 426.9	881.2	504.9	287.6	134.4	108.7
对外经济贸易和旅游													
北京地区进出口总值（亿美元）	236.4	370.4	494.0	1 255.1	3 016.6	4 081.1	4 299.4	1 818.3	1 160.9	870.3	342.6	142.5	105.4
进口值	192.3	267.9	374.3	946.4	2 462.2	3 484.8	3 668.4	1 907.5	1 369.6	980.0	387.6	149.0	105.3
出口值	44.1	102.5	119.7	308.7	554.4	596.3	631.0	1 429.7	615.6	527.2	204.4	113.8	105.8
实际利用外商直接投资额（亿美元）	2.8	14.0	24.6	35.3	63.6	80.4	85.2	3077.8	607.7	346.8	241.7	134.0	106.0
接待入境旅游者人数（万人次）	100.0	207.0	282.1	362.9	490.1	500.9	450.1	450.1	217.4	159.6	124.0	91.8	89.9
旅游外汇收入（亿美元）	6.6	21.8	27.7	36.2	50.4	51.5	47.9	729.7	219.7	173.2	132.4	95.1	93.1
金融保险													
金融机构（含外资）本外币存款余额（亿元）			11 526.0	28 969.9	66 584.6	84 837.3	91 660.5			795.3	316.4	137.7	108.0
金融机构（含外资）本外币贷款余额（亿元）			6 407.9	15 335.5	36 479.6	43 189.5	47 880.9			747.2	312.2	131.3	110.9
原保险保费收入（亿元）			93.4	498.2	966.5	923.1	994.4			1 064.2	199.6	102.9	107.7

注：1. 工业增加值按生产法计算。

2. 邮电业务总量2000年及以前按1990年不变价格计算，2010年及以前按2000年不变价格计算，从2011年开始按2010年不变价格计算。

续表

项目 \ 年份	总量指标							速度指标（%） 指数（2013年为以下各年）					
	1990	1995	2000	2005	2010	2012	2013	1990	1995	2000	2005	2010	2012
教育、文化、科技、卫生													
教育													
在校学生数（万人）		238.0	229.9	226.4	330.0	356.8	373.6		157.0	162.5	165.0	113.2	104.7
专任教师数（万人）		17.7	16.7	17.5	20.7	20.5	21.6		122.6	129.6	124.0	104.8	105.7
文化													
公共图书馆总藏数（万册、万件）	2 205	2 629	3 020	3 626	4 613	5 556	5 316	241.0	202.2	176.0	146.6	115.2	95.7
专业艺术剧团国内演出场次（场）	7 527	6 728	7 610	8 934	10 483	11 675	12 084	160.5	179.6	158.8	135.3	115.3	103.5
科技													
研究与试验发展经费内部支出（亿元）			155.7	379.5	821.8	1 063.4	1 185.0			761.1	312.2	144.2	111.4
技术合同成交总额（亿元）	20.3	41.2	140.3	434.4	1 579.5	2 458.5	2 851.2	14 066.1	6 925.4	2 032.4	656.4	180.5	116.0
专利授权量（件）	2 268	4 025	5 905	10 100	33 511	50 511	62 671	2 763.3	1 557.0	1 061.3	620.5	187.0	124.1
卫生													
卫生机构个数（个）	4 953	4 955	6 176	4 818	6 539	9 974	10 141						
卫生机构病床数（万张）	5.9	6.7	7.1	7.9	9.3	10.0	12.3						
卫生技术人员数（万人）	11.2	11.6	11.6	12.0	17.1	22.0	23.0						
#执业（助理）医师（万人）	5.1	5.4	5.2	5.1	6.6	8.2	8.6						
注册护师（士）（万人）	3.5	3.7	4.0	4.3	6.7	9.5	10.1						
生活与环境													
婚姻													
登记结婚对数（万对）	9.30	8.55	8.02	9.66	13.81	17.41	16.37	176.0	191.4	204.1	169.4	118.5	94.0
离婚对数（万对）	1.47	2.02	2.66	3.42	4.40	4.86	6.46	438.1	320.5	242.8	188.7	146.9	133.0
居住													
城镇居民人均住房建筑面积（平方米）				22.03	28.94	29.26	31.31						

续表

项目 \ 年份		总量指标							速度指标（%） 指数（2013年为以下各年）					
		1990	1995	2000	2005	2010	2012	2013	1990	1995	2000	2005	2010	2012
农村居民人均住房面积	（平方米）	20.62	24.74	28.91	36.94	40.62	49.08	51.35						
生　活														
城镇居民人均可支配收入	（元）	1 787.1	5 868.4	10 349.7	17 653	29 073	36 469	40 321	2 256.2	687.1	389.6	228.4	138.7	110.6
农村居民人均纯收入	（元）	1 297.1	3 208.5	4 687	7 860	13 262	16 476	18 337	1 413.7	571.5	391.2	233.3	138.3	111.3
金融机构（含外资）储蓄存款余额	（亿元）				8 315.8	17 585.2	22 298.6	23 747.6				285.6	135.0	106.5
工　资														
城镇单位在岗职工工资总额	（亿元）	118.9	382.0	695.5	1 520.1	3 789.1	5 657.9	6 502.0	5 468.5	1 702.1	934.9	427.7	171.6	114.9
城镇单位在岗职工平均工资	（元）	2 653	8 144	15 726	34 191	65 683	85 307	93 997	3 543.0	1 154.2	597.7	274.9	143.1	110.2
市政建设														
全社会用电量	（亿千瓦时）	150.5	222.6	384.4	570.5	809.9	874.3	913.1	606.8	410.2	237.5	160.0	112.7	104.4
自来水销售总量	（亿立方米）	5.3	6.8	7.5	7.2	8.9	9.4	9.8	186.2	144.6	130.3	137.1	110.1	104.6
居民燃气用户	（万户）	176.1	219.8	291.9	462.6	634.2	713.5	737.4	418.7	335.5	252.6	159.4	116.3	103.4
城市公共交通客运量	（亿人次）	33.5	37.2	40.7	51.8	69.0	76.2	80.5	240.5	216.6	197.9	155.4	116.7	105.7
环　境														
城市绿化覆盖率	（%）	28.0	32.7	36.5	42.0	45.0	46.2	46.8						
污水处理率	（%）	7.3	19.4	39.4	62.4	81.0	83.0	84.6						

注：1. 北京地区用电量来源于北京市电力公司，2000年以前工业用电量不包含输配损失和发电企业自产自用电量。

2. 从2001年开始，有关职工的指标调整为在岗职工的指标。2007年及以前城镇单位在岗职工工资包括乡及乡以上独立核算法人单位，不包括乡镇企业、私营单位和个体工商户；2008年及以后包括乡镇企业。

3. 离婚对数包括在民政部门登记的对数和经法院调离和判离的对数。

4. 2010年及以前，本表中卫生机构数据都不包含村卫生室及驻京部队医院情况。2011年开始，包含村卫生室情况。2012年开始，卫生机构数、卫生技术人员数据中包含驻京部队医院，床位数不包含。2013年开始，本表所有数据均包含驻京部队医院情况。

5. 城镇居民人均住房建筑面积改为城镇住户抽样调查数据。

表 1.2 地区生产总值（1978～2013 年）

单位：亿元

年 份	地区生产总值	第一产业	第二产业			第三产业	人均地区生产总值（元/人）	人均地区生产总值（美元/人）
				工业	建筑业			
1978	108.8	5.6	77.4	70.2	7.2	25.8	1 257	797
1979	120.1	5.2	85.2	77.4	7.8	29.7	1 358	908
1980	139.1	6.1	95.8	86.9	8.9	37.2	1 544	1 009
1981～1985	**950.9**	**62.3**	**589.4**	**515.5**	**73.9**	**299.2**		
1981	139.2	6.6	92.5	82.7	9.8	40.1	1 526	895
1982	154.9	10.3	99.8	89.3	10.5	44.8	1 671	883
1983	183.1	12.8	112.7	98.8	13.9	57.6	1 943	983
1984	216.6	14.8	130.7	114.0	16.7	71.1	2 262	972
1985	257.1	17.8	153.7	130.7	23.0	85.6	2 643	900
1986～1990	**1 978.7**	**162.9**	**1 084.3**	**917.3**	**167.0**	**731.5**		
1986	284.9	19.1	165.8	141.2	24.6	100.0	2 836	821
1987	326.8	24.3	182.6	154.5	28.1	119.9	3 150	846
1988	410.2	37.1	221.3	189.5	31.8	151.8	3 892	1 046
1989	456.0	38.5	252.2	212.8	39.4	165.3	4 269	1 134
1990	500.8	43.9	262.4	219.3	43.1	194.5	4 635	969
1991～1995	**4 847.2**	**289.6**	**2 220.4**	**1 833.5**	**386.9**	**2 337.2**		
1991	598.9	45.8	291.5	255.6	35.9	261.6	5 494	1 032
1992	709.1	49.1	345.9	293.0	52.9	314.1	6 458	1 171
1993	886.2	53.7	419.6	339.2	80.4	412.9	8 006	1 389
1994	1 145.3	67.5	517.6	417.9	99.7	560.2	10 240	1 188
1995	1 507.7	73.5	645.8	527.8	118.0	788.4	12 690	1 520
1996～2000	**12 084.0**	**387.8**	**4 277.7**	**3 450.5**	**827.2**	**7 418.5**		
1996	1 789.2	75.0	714.7	576.2	138.5	999.5	14 254	1 714
1997	2 077.1	77.2	781.8	635.9	145.9	1 218.1	16 621	2 005
1998	2 377.2	77.9	840.6	670.4	170.2	1 458.7	19 128	2 310
1999	2 678.8	78.4	907.3	724.0	183.3	1 693.1	21 407	2 586
2000	3 161.7	79.3	1 033.3	844.0	189.3	2 049.1	24 127	2 915
2001～2005	**26 032.9**	**423.4**	**7 759.7**	**6 446.2**	**1 313.5**	**17 849.8**		
2001	3 708.0	80.8	1 142.4	938.8	203.6	2 484.8	26 980	3 260
2002	4 315.0	82.4	1 250.0	1 021.2	228.8	2 982.6	30 730	3 713
2003	5 007.2	84.1	1 487.2	1 224.5	262.7	3 435.9	34 777	4 202
2004	6 033.2	87.4	1 853.6	1 554.7	298.9	4 092.2	40 916	4 943
2005	6 969.5	88.7	2 026.5	1 707.0	319.5	4 854.3	45 993	5 615
2006～2010	**55 346.2**	**545.6**	**13 571.1**	**11 103.4**	**2 467.7**	**41 229.5**		
2006	8 117.8	88.8	2 191.4	1 821.8	369.6	5 837.6	51 722	6 488
2007	9 846.8	101.3	2 509.4	2 082.8	426.6	7 236.1	60 096	7 903
2008	11 115.0	112.8	2 626.4	2 131.7	494.7	8 375.8	64 491	9 286
2009	12 153.0	118.3	2 855.5	2 303.1	552.4	9 179.2	66 940	9 799
2010	14 113.6	124.4	3 388.4	2 764.0	624.4	10 600.8	73 856	10 910
2011	16 251.9	136.3	3 752.5	3 048.8	703.7	12 363.1	81 658	12 643
2012	17 879.4	150.2	4 059.3	3 294.3	765.0	13 669.9	87 475	13 857
2013	19 500.6	161.8	4 352.3	3 536.9	815.4	14 986.5	93 213	15 052

注：1. 本表数据按当年价格计算。

2. 本表中地区生产总值三次产业数据按国家 2002 年版国民经济行业分类标准核算。

3. 人均地区生产总值按年平均常住人口计算。同时，根据全国第六次人口普查数据对 2006 年至 2010 年人均地区生产总值进行了调整（下同）。

4. 2013 年数据为初步核算数。

表 1.3 按行业分地区生产总值（2000 ~ 2013 年）

单位：亿元

项目 \ 年份	2000	2001	2002	2003	2004	2005	2006	2007	2008	2009	2010	2011	2012	2013
地区生产总值	**3 161.7**	**3 708.0**	**4 315.0**	**5 007.2**	**6 033.2**	**6 969.5**	**8 117.8**	**9 846.8**	**11 115.0**	**12 153.0**	**14 113.6**	**16 251.9**	**17 879.4**	**19 500.6**
第一产业	**79.3**	**80.8**	**82.4**	**84.1**	**87.4**	**88.7**	**88.8**	**101.3**	**112.8**	**118.3**	**124.4**	**136.3**	**150.2**	**161.8**
第二产业	**1 033.3**	**1 142.4**	**1 250.0**	**1 487.2**	**1 853.6**	**2 026.5**	**2 191.4**	**2 509.4**	**2 626.4**	**2 855.5**	**3 388.4**	**3 752.5**	**4 059.3**	**43 52.3**
工　业	844.0	938.8	1 021.2	1 224.5	1 554.7	1 707.0	1 821.8	2 082.8	2 131.7	2 303.1	2 764.0	3 048.8	3 294.3	3 536.9
建筑业	189.3	203.6	228.8	262.7	298.9	319.5	369.6	426.6	494.7	552.4	624.4	703.7	765.0	815.4
第三产业	**2 049.1**	**2 484.8**	**2 982.6**	**3 435.9**	**4 092.2**	**4 854.3**	**5 837.6**	**7 236.1**	**8 375.8**	**9 179.2**	**10 600.8**	**12 363.1**	**13 669.9**	**14 986.5**
交通运输、仓储和邮政业	220.6	254.2	281.1	309.0	356.8	403.3	455.2	497.5	498.9	556.6	712.0	809.0	816.3	883.6
信息传输、计算机服务和软件业	164.4	210.1	278.6	378.0	449.6	586.6	696.4	870.5	999.1	1 066.5	1 214.1	1 493.4	1 621.8	1 749.6
批发与零售业	372.5	424.1	463.0	515.5	587.7	704.3	872.0	1 098.2	1 426.7	1 525.0	1 888.5	2 139.7	2 229.8	2 372.4
住宿和餐饮业	81.2	97.2	122.0	112.6	163.3	182.3	218.4	245.0	274.4	262.5	317.3	348.4	373.1	374.8
金融业	425.2	487.5	561.9	635.6	713.8	840.2	982.4	1 302.8	1 519.2	1 603.6	1 863.6	2 215.4	2 536.9	2 822.1
房地产业	144.0	203.6	298.0	341.9	436.1	493.7	658.3	821.5	844.6	1 062.5	1 006.5	1 074.9	1 244.2	1 339.5
租赁和商务服务业	118.8	137.0	214.2	231.6	276.6	360.7	447.1	623.6	765.3	809.6	953.2	1 162.1	1 340.6	1 536.6
科学研究、技术服务与地质勘查业	123.0	178.7	209.2	246.2	276.5	347.4	438.6	566.2	706.7	816.9	941.1	1 135.5	1 268.4	1 444.3
水利、环境和公共设施管理业	23.4	25.2	27.3	30.5	34.6	40.5	47.0	51.8	59.1	67.2	75.3	86.3	101.3	113.0
居民服务和其他服务业	36.2	42.2	54.7	64.1	79.6	80.2	85.3	82.1	74.9	73.9	99.3	112.1	124.3	133.3
教　育	102.3	148.8	159.6	206.2	267.4	289.4	320.6	365.2	402.1	444.1	516.2	605.9	681.8	758.2
卫生、社会保障和社会福利业	55.3	67.7	73.7	87.2	105.9	118.2	140.3	162.6	187.8	213.0	254.5	311.5	363.6	416.1
文化、体育与娱乐业	84.5	96.9	111.6	125.0	142.7	170.2	189.0	223.1	247.4	259.0	294.6	339.4	402.6	445.3
公共管理与社会组织	97.7	111.6	127.7	152.5	201.6	237.3	287.0	326.0	369.6	418.8	464.6	529.5	565.2	597.7

注：1. 本表按当年价格计算；行业按国家 2002 年版国民经济行业分类标准核算。

2. 2013 年数据为初步核算数。

表 1.4 全社会固定资产投资和增长速度情况（1978～2013 年）

单位：亿元

年份	全社会固定资产投资	城镇固定资产投资	#房地产开发投资	农村固定资产投资	#基础设施投资	#建筑安装投资	新增固定资产
1978	22.6	22.6			5.4		16.9
1979	26.5	26.5			5.8		21.2
1980	33.2	33.2			6.0		23.2
1981～1985	**286.8**	**234.4**		**50.8**	**40.6**		**184.4**
1981	36.6	31.4		5.2	5.8		30.9
1982	38.6	34.5		4.1	6.1		26.3
1983	51.3	38.5		12.8	6.7		32.5
1984	66.3	52.2		14.1	8.8		47.1
1985	94.0	77.8		14.6	13.2		47.6
1986～1990	**724.1**	**634.9**	**22.5**	**76.5**	**117.9**		**417.4**
1986	106.2	94.5		10.4	14.5		58.5
1987	136.2	121.4		12.7	22.1		79.9
1988	163.0	138.7		21.3	23.2		77.3
1989	139.5	122.2		14.7	26.5		79.6
1990	179.2	158.1	22.5	17.4	31.6		122.1
1991～1995	**2 358.7**	**2 181.5**	**568.4**	**154.1**	**494.9**	**1 297.1**	**1 229.1**
1991	192.0	168.4	24.0	21.0	35.2	107.3	139.0
1992	266.0	234.7	33.7	27.2	58.8	136.2	157.8
1993	410.4	376.6	58.4	30.0	91.4	232.0	201.6
1994	648.8	607.4	99.5	35.7	153.4	362.6	356.0
1995	841.5	794.4	352.8	40.2	156.1	459.0	374.7
1996～2000	**5 461.7**	**5 063.8**	**1 979.5**	**322.7**	**1 382.1**	**3 069.5**	**4 051.2**
1996	876.9	825.6	328.2	43.6	188.8	515.8	592.5
1997	961.2	912.4	330.3	40.6	218.3	546.2	637.9

续表

年 份	全社会固定资产投资	城镇固定资产投资	#房地产开发投资	农村固定资产投资	#基础设施投资	#建筑安装投资	新增固定资产
1998	1 155.6	1 060.3	377.4	75.8	320.4	626.9	759.3
1999	1 170.6	1 072.9	421.5	78.2	302.7	679.1	949.5
2000	1 297.4	1 192.6	522.1	84.5	351.9	701.5	1 112.0
2001～2005	**10 857.4**	**10 033.6**	**5 974.0**	**755.4**	**2 260.0**	**5 926.2**	**6 897.4**
2001	1 530.5	1 417.1	783.8	93.7	356.4	801.6	1 177.0
2002	1 814.3	1 688.2	989.4	102.5	411.9	964.9	1 251.0
2003	2 157.1	1 999.9	1 202.5	132.1	417.8	1 151.3	1 165.9
2004	2 528.3	2 333.0	1 473.3	195.3	463.2	1 438.9	1 455.1
2005	2 827.2	2 595.4	1 525.0	231.8	610.7	1 569.5	1 848.4
2006～2010	**21 538.5**	**19 678.6**	**10 863.2**	**1 859.9**	**6 137.3**	**9 860.6**	**11 666.8**
2006	3 371.5	3 086.3	1 719.9	285.2	935.3	1 836.0	1 972.1
2007	3 966.6	3 656.7	1 995.8	309.9	1 175.8	2 117.9	2 004.9
2008	3 848.5	3 554.8	1 908.7	293.7	1 160.7	1 798.8	2 666.8
2009	4 858.4	4 378.2	2 337.7	480.2	1 462.0	1 983.0	2 457.2
2010	5 493.5	5 002.6	2 901.1	490.9	1 403.5	2 124.9	2 565.8
2011	5 910.6	5 463.9	3 036.3	446.7	1 400.2	2 585.3	2 382.0
2012	6 462.8	5 853.1	3 153.4	609.8	1 789.2	3 076.6	2 570.4
2013	7 032.2	6 352.6	3 483.4	679.6	1 785.7	3 482.2	3 163.8

注：1. 根据国家统计局有关规定，从2004年起，全社会固定资产投资中不包括零星购置投资。

2. 2004年起，新增固定资产、基础设施投资、建筑安装投资中包含农村投资。

3. 根据国家统计局有关规定，2011年起投资统计起点调整为500万元，为便于比较2010年的相应数据也作了调整，未加括号的为原口径数，括号内为调整后的数据，当年固定资产投资等增长速度均按可比口径计算。

续表

单位:%

年份	全社会固定资产投资比上年增长	城镇固定资产投资	#房地产开发投资	农村固定资产投资	#基础设施投资	#建筑安装投资
1978						
1979	17.3	17.3			7.4	
1980	25.3	25.3			3.4	
1981～1985	**18.8**	**11.7**			**10.3**	
1981	10.2	-5.4			-3.3	
1982	5.5	9.9		-21.2	5.2	
1983	32.9	11.6		212.2	9.8	
1984	29.2	35.6		10.2	31.3	
1985	41.8	49.0		3.5	50.0	
1986～1990	**14.8**	**16.8**		**1.5**	**20.0**	
1986	13.0	21.5		-28.8	9.8	
1987	28.2	28.5		22.1	52.4	
1988	19.7	14.3		67.7	5.0	
1989	-14.4	-11.9		-31.0	14.2	
1990	28.5	29.4		18.4	19.2	
1991～1995	**34.2**	**36.0**	**59.9**	**19.7**	**40.8**	
1991	7.1	6.5	6.7	20.7	11.4	
1992	38.5	39.4	40.4	29.5	67.0	26.9
1993	54.3	60.5	73.3	10.3	55.4	70.3
1994	58.1	61.3	70.4	19.0	67.8	56.3
1995	29.7	30.8	254.6	12.6	1.8	26.6
1996～2000	**8.9**	**8.2**	**3.9**	**16.2**	**19.7**	**9.9**
1996	4.2	3.9	-7.0	8.5	20.9	12.4
1997	9.6	10.5	0.6	-6.9	15.6	5.9
1998	20.2	16.2	14.3	86.7	46.8	14.8
1999	1.3	1.2	11.7	3.2	-5.5	8.3
2000	10.8	11.2	23.9	8.1	16.3	3.3
2001～2005	**17.7**	**17.9**	**29.0**	**20.1**	**8.5**	**18.0**
2001	18.0	18.8	50.1	10.9	1.3	14.3
2002	18.5	19.1	26.2	9.4	15.6	20.4
2003	18.9	18.5	21.5	28.9	1.4	19.3
2004	17.2	16.7	22.5	47.8	10.9	25.0
2005	11.8	11.2	3.5	18.7	31.8	9.1
2006～2010	**14.4**	**14.2**	**12.0**	**16.2**	**24.2**	**7.7**
2006	19.3	18.9	12.8	23.0	53.2	17.0
2007	17.6	18.5	16.0	8.7	25.7	15.4
2008	-3.0	-2.8	-4.4	-5.2	-1.3	-15.1
2009	26.2	23.2	22.5	63.5	26.0	10.2
2010	13.1	14.3	24.1	2.2	-4.0	7.2
2011	13.3	14.8	10.1	-2.9	0.3	22.4
2012	9.3	7.1	3.9	36.5	27.8	19.0
2013	8.8	8.5	10.5	11.5	-0.2	13.2

表 1.5　全社会固定资产投资资金来源情况（1978～2013 年）

单位：亿元

年　份	上年末结余资金	本年资金来源小计	国家预算内资金	国内贷款	债　券	利用外资	自筹资金	其他资金
1978		22.5	16.9					
1979		26.5	19.2					
1980		33.2	18.5					
1981		31.4	15.4					
1982		34.5	14.1					
1983		38.5	16.0					
1984		52.2	22.5					
1985		77.8	30.4					
1986		94.5	33.0					
1987		126.2	43.1					
1988		149.4	37.4					
1989		123.1	35.0	12.8		18.2	44.5	12.6
1990		136.2	34.4	22.8		15.2	52.3	11.5
1991		151.1	35.5	28.2		13.9	65.5	8.0
1992		216.7	42.2	40.1		14.9	109.9	9.6
1993	54.3	425.2	47.1	79.2	1.6	28.0	205.2	64.1
1994	71.1	695.7	64.1	91.5	0.8	96.9	331.2	111.2
1995	200.8	915.8	70.3	122.7	1.1	187.3	339.8	194.6
1996	204.9	926.1	76.7	152.8	1.0	161.2	330.5	203.9
1997	183.1	1 016.7	86.3	194.3		139.2	383.4	213.5
1998	207.1	1 140.1	98.4	223.8	17.0	132.1	450.2	218.6
1999	212.1	1 183.8	136.2	262.2	1.4	82.7	461.3	240.0
2000	293.1	1 439.1	107.0	373.8	0.6	51.5	505.6	400.6
2001	325.5	1 796.8	136.7	429.4	2.5	35.6	595.6	597.0
2002	433.2	2 075.3	108.5	543.8	1.9	41.5	672.8	706.8
2003	542.7	2 674.0	78.4	755.2		52.6	887.9	899.9
2004	654.6	3 712.8	118.6	804.7		120.5	1 245.7	1 423.3
2005	924.4	4 553.7	128.8	1 055.8		70.9	1 452.8	1 845.4
2006	1 043.8	4 927.3	126.4	1 347.5	32.7	76.2	1 532.2	1 812.3
2007	1 202.2	6 193.0	102.2	1 513.3	22.4	82.8	2 195.6	2 276.7
2008	1 469.5	5 184.7	104.2	1 394.2	35.5	80.0	2 016.4	1 554.5
2009	1 321.7	8 702.2	118.1	3 038.5	17.5	39.3	2 441.3	3 047.4
2010	2 109.1	8 327.8	99.5	2 218.7	4.3	43.8	3 209.1	2 752.4
2011	2 341.4	8 235.4	71.7	1 853.6	85.4	29.8	3 588.6	2 606.3
2012	2 830.7	9 156.0	156.1	2 186.3	12.7	24.9	3 478.4	3 297.6
2013	3 133.1	10 580.3	159.6	2 554.1	0.8	23.5	4 295.2	3 547.2

注：1978～1992 年不含房地产开发和农村投资；1993～2003 年不含农村投资。

表 1.6　地方财政收支（1978～2013 年）

单位：亿元

年份	地方财政收入	#地方公共财政预算收入	税收收入	#增值税	#营业税	#个人所得税	#企业所得税	#城市维护建设税	非税收入	#政府性基金预算收入
1978	50.46		18.25							
1979	47.75		19.41							
1980	51.29		21.22							
1981～1985	**234.27**		**191.96**	**8.34**	**11.46**	**0.61**	**43.77**	**2.16**		
1981	49.12		24.22			0.02	1.76			
1982	47.25		25.81	0.05		0.05	1.43			
1983	39.84		38.03	1.30		0.07	11.70			
1984	45.62		43.91	2.20	1.23	0.13	12.70			
1985	52.44		59.99	4.79	10.23	0.34	16.18	2.16		
1986～1990	**337.13**		**397.96**	**65.02**	**103.00**	**7.29**	**116.89**	**16.67**		
1986	60.34		60.83	7.61	13.19	0.97	20.46	2.51		
1987	63.62		67.77	9.09	15.42	1.54	21.87	2.70		
1988	68.11		84.04	15.10	21.11	1.23	27.70	3.37		
1989	71.05		91.09	16.75	25.33	1.53	24.31	3.74		
1990	74.01		94.23	16.47	27.95	2.02	22.55	4.35		
1991～1995	**456.48**		**643.24**	**136.88**	**228.80**	**35.46**	**105.24**	**34.07**		
1991	77.02		100.58	19.53	30.78	2.56	20.59	4.77		
1992	80.25		110.54	22.29	35.86	3.15	19.08	5.13		
1993	84.10		148.19	42.30	52.07	4.30	14.20	6.57		
1994	99.85		120.53	25.54	45.63	9.24	21.70	7.18		
1995	115.26		163.40	27.22	64.46	16.21	29.67	10.42		
1996～2000	**1 341.65**		**1 397.26**	**185.46**	**570.06**	**190.18**	**223.71**	**70.84**		
1996	150.90		201.32	29.53	81.61	22.67	37.22	11.36		

续表

年份	地方财政收入	#地方公共财政预算收入								#政府性基金预算收入
			税收收入						非税收入	
				#增值税	#营业税	#个人所得税	#企业所得税	#城市维护建设税		
1997	209.91	182.32	235.82	32.67	97.54	28.76	41.05	12.74	-53.50	27.59
1998	262.01	229.45	272.23	37.58	113.00	36.49	41.42	14.12	-42.78	32.56
1999	320.44	281.37	315.10	39.72	128.86	45.88	45.99	15.27	-33.74	39.07
2000	398.39	345.00	372.79	45.96	149.05	56.38	58.03	17.35	-27.79	53.39
2001～2005	**3 611.96**	**3 244.40**	**3 216.46**	**367.43**	**1 389.75**	**355.88**	**566.23**	**147.84**	**27.94**	**367.57**
2001	507.68	454.17	475.00	59.00	181.35	79.52	86.07	20.53	-20.83	53.51
2002	600.96	533.99	539.87	66.69	227.79	61.29	100.00	24.91	-5.88	66.97
2003	665.94	592.54	588.96	75.26	263.69	57.21	93.70	28.85	3.58	73.40
2004	830.03	744.49	726.50	68.88	333.16	73.34	121.70	34.72	17.99	85.55
2005	1 007.35	919.21	886.13	97.60	383.76	84.52	164.76	38.83	33.08	88.14
2006～2010	**11 889.54**	**8 827.85**	**8 453.62**	**800.72**	**3 321.83**	**801.97**	**1 965.28**	**317.03**	**374.23**	**3 061.69**
2006	1 235.78	1 117.15	1 076.82	117.80	460.99	102.28	213.86	45.17	40.33	118.63
2007	1 882.04	1 492.64	1 435.67	134.84	601.06	135.20	309.34	56.63	56.97	389.40
2008	2 282.04	1 837.32	1 775.58	158.34	651.78	171.33	497.52	63.95	61.75	444.71
2009	2 678.77	2 026.81	1 913.97	179.73	752.60	177.84	430.42	71.28	112.84	651.96
2010	3 810.91	2 353.93	2 251.59	210.01	855.40	215.33	513.09	80.00	102.34	1456.98
2011	4 359.10	3 006.28	2 854.63	237.76	1 071.51	272.90	683.71	145.65	151.65	1 352.82
2012	4 573.72	3 314.93	3 124.75	314.00	1 152.74	281.49	752.47	160.34	190.18	1 197.92
2013	5 566.08	3 661.11	3 514.52	574.89	1 034.79	333.84	802.12	177.41	146.59	1 841.76

注：1. 地方财政收支数为决算数。

2. 2011 年开始，原指标“地方一般预算收入”和“地方一般预算支出”更名为“地方公共财政预算收入”和“地方公共财政预算支出”（下同）。

3. 自 2012 年开始，地方财政收支包含三部分内容，即地方财政公共预算收支、政府性基金预算收支和国有资本经营预算收支（下同），历史数据仅包含前两部分内容。

资料来源：北京市财政局。

续表

年份	地方财政支出	#地方公共财政预算支出	#一般公共服务	#教育	#科学技术	#文化体育与传媒	#社会保险和就业	#医疗卫生	#节能环保	#交通运输	#城乡社区事务	#农林水事务	#政府性基金预算支出
1978	20.38												
1979	20.06												
1980	14.87												
1981～1985	**111.40**												
1981	14.85												
1982	16.80												
1983	19.61												
1984	27.15												
1985	32.99												
1986～1990	**272.89**												
1986	44.27												
1987	49.67												
1988	52.93												
1989	59.50												
1990	66.52												
1991～1995	**473.64**												
1991	67.98												
1992	71.74												
1993	80.99												
1994	98.53												
1995	154.40												

续表

年 份	地 方 财政支出	#地方公共财政预算支出	#一般公共服务	#教育	#科学技术	#文化体育与传媒	#社会保险和就业	#医疗卫生	#节能环保	#交通运输	#城乡社区事务	#农林水事务	#政府性基金预算支出
1996～2000	**1 646.07**												
1996	187.45												
1997	262.20	236.39											
1998	307.55	280.68											
1999	398.53	355.19											
2000	490.34	443.00											
2001～2005	**4 219.74**	**3 878.85**											
2001	614.92	559.11											
2002	683.98	628.35											
2003	809.39	734.80											
2004	974.17	898.28											
2005	1 137.28	1 058.31											
2006～2010	**12 765.99**	**9 942.31**	**987.56**	**1 604.40**	**578.30**	**309.36**	**1 048.02**	**718.40**	**199.77**	**422.53**	**1 182.65**	**613.55**	**2 823.69**
2006	1 411.58	1 296.84	159.95	209.21	70.14	40.51	149.22	100.95	20.14	7.05	153.26	88.62	114.74
2007	2 067.65	1 649.50	179.56	263.00	90.74	53.62	179.28	118.95	29.27	33.09	187.43	102.51	418.15
2008	2 400.93	1 959.29	196.27	316.30	112.19	61.11	209.33	145.05	35.47	80.35	199.84	121.77	441.64
2009	2 820.86	2 319.37	212.21	365.67	126.31	74.75	234.29	166.63	54.04	147.07	347.82	142.01	501.50
2010	4 064.97	2 717.32	239.57	450.22	178.92	79.36	275.90	186.82	60.85	154.99	294.30	158.64	1 347.65
2011	4 574.94	3 245.23	261.38	520.08	183.07	87.01	354.88	225.49	94.51	199.12	339.27	187.34	1 329.71
2012	4 866.43	3 685.31	286.57	628.65	199.94	141.37	424.31	256.06	113.54	243.76	430.76	222.69	1 118.45
2013	6 039.42	4 173.66	297.12	681.18	234.67	154.71	469.13	276.13	138.17	231.79	510.67	297.62	1 798.81

表 1.7 各种价格指数（1978～2013 年）

（上年＝100）

年 份	居民消费价格指数	商品零售价格指数	农产品生产价格指数	工业生产者出厂价格指数	工业生产者购进价格指数	固定资产投资价格指数
1978	100.6	100.6				
1979	101.8	101.8	109.5			
1980	106.0	106.7	105.5			
1981	101.3	101.4	109.4			
1982	101.8	102.0	101.9			
1983	100.5	100.6	101.8			
1984	102.2	102.1	102.3			
1985	117.6	118.6	117.6			
1986	106.8	106.7	108.1			
1987	108.6	108.7	116.1			
1988	120.4	121.9	123.2			
1989	117.2	118.5	106.8			
1990	105.4	104.1	101.9	107.9	114.8	
1991	111.9	108.5	101.7	105.8	111.7	107.3
1992	109.9	108.3	102.4	100.9	103.3	112.2
1993	119.0	116.9	107.0	121.8	133.2	126.6
1994	124.9	117.9	133.4	112.9	118.7	116.2
1995	117.3	112.6	130.6	107.3	106.7	113.9
1996	111.6	107.3	101.5	100.7	100.3	108.2
1997	105.3	103.8	92.8	101.1	103.4	102.7
1998	102.4	98.3	93.6	95.1	98.1	100.8
1999	100.6	98.8	97.5	97.7	95.8	99.9
2000	103.5	98.9	95.0	102.5	100.0	101.0
2001	103.1	98.8	102.0	99.4	100.5	100.6
2002	98.2	98.4	92.4	96.6	97.1	100.4
2003	100.2	98.2	102.5	101.5	104.7	102.2
2004	101.0	99.2	106.2	103.0	114.2	104.3
2005	101.5	99.7	102.9	101.3	111.4	100.7
2006	100.9	100.2	99.1	99.1	105.5	100.4
2007	102.4	100.8	114.4	99.7	105.0	102.8
2008	105.1	104.4	112.3	103.3	115.8	107.8
2009	98.5	97.8	98.3	94.4	88.6	97.1
2010	102.4	100.4	106.5	102.2	110.5	102.5
2011	105.6	103.2	110.7	102.3	108.4	105.7
2012	103.3	100.6	104.7	98.4	98.7	101.3
2013	103.3	99.8	104.7	97.4	97.8	99.9

注：工业生产者出厂价格指数原指标为“工业品出厂价格指数”；工业生产者购进价格指数原指标为“原材料、燃料、动力购进价格指数”。

表 1.8　北京地区对外经济贸易（1980～2013 年）

年　份	进出口总值（万美元）	出　口	#高新技术产品	#机电产品	进　口	#高新技术产品	#机电产品	外商直接投资项目（合同）个数（个）	实际利用外商直接投资额（万美元）
1980								4	
1981～1985								**124**	
1981								3	
1982								4	
1983	3 059 926	1 468 740			1 591 186			5	
1984	3 559 284	1 751 704			1 807 580			29	
1985	3 254 341	437 398			2 816 943			83	
1986～1990	**13 945 243**	**1 865 234**			**12 080 009**			**709**	
1986	3 060 236	371 282			2 688 954			63	
1987	2 670 466	354 374			2 316 092			72	9 534
1988	2 988 576	395 887			2 592 689			148	50 278
1989	2 861 489	302 343			2 559 146			185	31 846
1990	2 364 476	441 348			1 923 128			241	27 696
1991～1995	**14 305 670**	**3 547 263**			**10 758 405**			**10 912**	**410 896**
1991	2 424 137	457 114			1 967 023			724	24 482
1992	2 498 241	561 037		157 835	1 937 204	271 005	731 359	2 208	34 984
1993	2 791 700	669 930		151 133	2 121 769	302 965	885 074	3 753	66 693
1994	2 888 079	834 205		194 937	2 053 873	421 071	1 121 082	2 675	144 460
1995	3 703 513	1 024 977		281 810	2 678 536	407 176	1 225 200	1 552	140 277
1996～2000	**17 397 285**	**5 011 639**		**1 609 152**	**12 385 646**	**2 242 338**	**5 049 210**	**4 100**	**989 794**
1996	2 931 833	811 975		254 450	2 119 858	240 903	733 641	868	155 290
1997	3 038 852	961 103		271 119	2 077 749	346 166	766 288	790	159 286
1998	3 050 608	1 051 293		325 390	1 999 315	347 556	909 222	651	206 415
1999	3 435 951	990 352		320 852	2 445 599	567 687	1 213 857	644	223 004
2000	4 940 041	1 196 916	226 549	437 341	3 743 125	740 026	1 426 202	1 147	245 799
2001～2005	**39 258 570**	**9 270 820**	**2 525 916**	**4 291 246**	**29 987 748**	**5 318 558**	**10 501 427**	**7 821**	**1 231 631**
2001	5 149 809	1 177 236	263 382	477 568	3 972 572	992 797	1 883 151	1 147	177 000
2002	5 250 529	1 261 386	314 174	570 971	3 989 142	916 363	1 701 504	1 370	178 964
2003	6 850 017	1 688 682	396 489	715 359	5 161 335	990 357	1 949 077	1 362	214 675
2004	9 457 572	2 056 926	580 929	970 117	7 400 647	1 053 395	2 271 805	1 806	308 354
2005	12 550 643	3 086 590	970 942	1 557 231	9 464 052	1 365 646	2 695 890	2 136	352 638
2006～2010	**113 918 161**	**24 817 747**	**8 781 469**	**14 861 935**	**89 100 414**	**11 589 524**	**25 107 110**	**9 232**	**2 818 387**
2006	15 803 663	3 795 398	1 388 925	2 170 700	12 008 265	1 704 997	3 786 847	2 106	455 191
2007	19 299 976	4 892 639	1 797 751	2 862 301	14 407 337	2 360 093	4 477 646	2 177	506 572
2008	27 169 290	5 749 961	1 906 381	3 354 179	21 419 329	2 417 936	4 987 666	1 897	608 172
2009	21 479 103	4 835 807	1 751 571	3 080 447	16 643 296	2 357 239	5 194 072	1 423	612 094
2010	30 166 129	5 543 942	1 936 840	3 394 308	24 622 187	2 749 258	6 660 878	1 629	636 358
2011	38 958 314	5 899 770	1 811 744	3 523 452	33 058 544	3 145 224	7 667 795	1 345	705 447
2012	40 810 735	5 963 212	1 901 750	3 737 918	34 847 523	2 987 939	7 217 809	1 360	804 160
2013	42 994 169	6 309 757	2 035 695	3 894 782	36 684 413	2 923 787	7 167 539	1 190	852 418

注：进出口总值为海关统计的北京地区进出口数据（包括中央单位）。

资料来源：北京市商务委员会、中华人民共和国北京海关。

表 1.9　北京地区海关进出口贸易总值（按登记注册类型、贸易方式分）

项　　目	金额（万美元）		2013 年为 2012 年%	构　成（%）	
	2013	2012		2013	2012
出口	**6 309 757**	**5 963 212**	**105.8**	**100.00**	**100.00**
按登记注册类型分					
内资企业	4 042 999	3 828 499	105.6	64.08	64.20
国有企业	3 374 852	3 207 836	105.2	53.49	53.79
集体企业	12 156	12 306	98.8	0.19	0.21
其　他	655 990	608 357	107.8	10.40	10.20
外商投资企业	2 266 758	2 134 714	106.2	35.92	35.80
中外合资	1 458 547	1 294 838	112.6	23.12	21.71
中外合作	4 777	8 276	57.7	0.08	0.14
外商独资	803 434	831 600	96.6	12.73	13.95
按贸易方式分					
#一般贸易	2 728 270	2 861 663	95.3	43.24	47.99
来料加工装配贸易	644 232	457 138	140.9	10.21	7.67
进料加工贸易	1 909 468	1 777 013	107.5	30.26	29.80
对外承包工程货物	654 103	503 388	129.9	10.37	8.44
出料加工贸易	3703	1 488	249.0	0.06	0.02
进口	**36 684 413**	**34 847 523**	**105.3**	**100.00**	**100.00**
按登记注册类型分					
内资企业	31 472 011	29 534 324	106.6	85.79	84.75
国有企业	24 900 054	25 392 602	98.1	67.88	72.87
集体企业	108 791	148 699	73.2	0.30	0.43
其　他	6 463 167	3 993 022	161.9	17.62	11.46
外商投资企业	5 212 401	5 313 199	98.1	14.21	15.25
中外合资	1 194 042	1 045 059	114.3	3.25	3.00
中外合作	5 265	4 950	106.4	0.01	0.01
外商独资	4 013 095	4 263 190	94.1	10.94	12.23
按贸易方式分					
#一般贸易	32 705 792	31 140 187	105.0	89.15	89.36
来料加工装配贸易	1 346 798	1 009 828	133.4	3.67	2.90
进料加工贸易	718 996	661 672	108.7	1.96	1.90
外商投资企业进口设备、物品	31 403	41 633	75.4	0.09	0.12
租赁贸易	171 932	244 142	70.4	0.47	0.70

资料来源：中华人民共和国北京海关。

表1.10 北京地区海关进出口贸易总值（按国别、地区分）

项目	金额（万美元）		2013年为2012年%	构成（%）	
	2013	2012		2013	2012
出口合计	**6 309 757**	**5 963 212**	**105.8**	**100.00**	**100.00**
按国别（地区）分					
#中国香港	607 756	478 361	127.0	9.63	8.02
中国澳门	34 501	34 788	99.2	0.55	0.58
中国台湾	128 041	116 659	109.8	2.03	1.96
日　本	482 935	473 689	102.0	7.65	7.94
新加坡	162 107	119 907	135.2	2.57	2.01
韩　国	226 633	200 287	113.2	3.59	3.36
越　南	202 705	182 520	111.1	3.21	3.06
伊　朗	110 431	113 798	97.0	1.75	1.91
印　度	215 731	253 408	85.1	3.42	4.25
印度尼西亚	202 148	157 064	128.7	3.20	2.63
英　国	111 990	89 216	125.5	1.77	1.50
德　国	125 896	153 649	81.9	2.00	2.58
法　国	81 682	88 877	91.9	1.29	1.49
意大利	55 666	57 159	97.4	0.88	0.96
匈牙利	95 953	64 445	148.9	1.52	1.08
俄罗斯联邦	173 167	155 925	111.1	2.74	2.61
美　国	571 241	499 105	114.5	9.05	8.37
澳大利亚	59 823	76 280	78.4	0.95	1.28
进口合计	**36 684 413**	**34 847 523**	**105.3**	**100.00**	**100.00**
按国别（地区）分					
#中国香港	414 933	476 084	87.2	1.13	1.37
日　本	1 210 041	1 382 380	87.5	3.30	3.97
新加坡	172 814	191 048	90.5	0.47	0.55
韩　国	1 290 432	1 436 414	89.8	3.52	4.12
沙特阿拉伯	3 118 808	3 085 971	101.1	8.50	8.86
英　国	368 759	344 132	107.2	1.01	0.99
德　国	1 818 918	2 009 873	90.5	4.96	5.77
法　国	326 191	285 006	114.5	0.89	0.82
意大利	205 565	166 330	123.6	0.56	0.48
瑞　士	3 373 473	854 275	394.9	9.20	2.45
比利时	79 254	78 587	100.8	0.22	0.23
俄罗斯联邦	864 664	1 039 310	83.2	2.36	2.98
加拿大	423 888	413 133	102.6	1.16	1.19
美　国	2 970 023	2 914 011	101.9	8.10	8.36
澳大利亚	1 483 160	1 781 719	83.2	4.04	5.11
阿　曼	1 648 325	1 236 702	133.3	4.49	3.55
安哥拉	2 658 449	2 894 101	91.9	7.25	8.31

资料来源：中华人民共和国北京海关。

表1.11 外商投资企业实际利用外资情况（2006～2013年）

单位：万美元

项目 \ 年份	2006	2007	2008	2009	2010	2011	2012	2013
实际利用外商直接投资额	**455 191**	**506 572**	**608 172**	**612 094**	**636 358**	**705 447**	**804 160**	**852 418**
按登记注册类型分								
合资经营	80 570	77 887	90 916	91 049	91 335	78 983	191 944	190 667
合作经营	33 039	18 037	21 372	32 249	22 890	15 068	14 184	22 887
独资经营	341 367	408 754	490 252	448 912	516766	594 890	592 310	593 258
外商投资股份制	215	1 894	5 632	39 884	5 367	16 506	5 722	45 606
按产业分								
第一产业	544	4 774	2 032	3 833	1 246	214	733	1717
第二产业	109 380	93 391	162 515	88 536	71 899	80 798	112 326	149 687
第三产业	345 267	408 407	443 625	519 725	563 213	624 435	691 101	701 014
按行业分								
农、林、牧、渔业	544	4 774	2 032	3 833	1 246	214	733	1 717
制造业	105 590	89 618	150 056	75 364	68 496	63 303	86 378	106 848
建筑业	1 254	878	1 715	2 493	411	2 343	383	193
信息传输、计算机服务和软件业	44 341	78 470	105 396	94 752	95 453	109 246	135 121	119 547
批发与零售业	24 378	33 318	34 677	55 411	66 032	115 437	74 311	92 739
住宿和餐饮业	1 882	5 824	3 357	8 427	3 525	1 705	2 877	1 822
房地产业	72 242	119 476	78 787	79 682	141 728	112 539	87 739	148 057
租赁和商务服务业	174 342	92 896	132 541	225 888	175 580	190 363	161 595	171 079
其他行业	30 618	81 318	99 611	66 244	83 887	110 297	255 023	210 416
按外商国别（地区）分								
#中国香港	86 600	149 291	173 292	270 295	312 863	323 041	440 357	360 481
英属维尔京群岛	78 445	104 154	125 045	123 201	76 255	112 981	28 882	51 111
开曼群岛	27 596	68 646	75 463	41 389	45 209	35 982	59 320	43 982
日　本	67 580	30 386	47 174	23 905	40 692	77 196	59 022	44 781
韩　国	35 357	24 420	27 841	17 601	14 725	22 372	70 959	21 029
美　国	20 043	18 280	17 888	18 628	21 370	30 221	21 097	38 882
新加坡	17 616	15 328	10 520	12 600	24 888	12 898	31 656	19 383
巴巴多斯	7 278	13 789	15 803	2 384	941	821	200	2 839
德　国	47 797	11 476	26 654	14 308	22 344	17 939	25 763	107 467
毛里求斯	10 166	8 068	7 780	5 615	7 179	1 311	1392	3 297
百慕大	1 658	7 540	1 699	4 441	4 860	813	1 483	265
萨摩亚	1 483	6 189	2 468	1 310	1 705	893	1 163	589
荷　兰	4 610	4 876	28 520	4 906	10 639	3 677	8 542	14 619
法　国	3 578	3 824	2 583	6 349	3 700	6 642	2 286	1 409
英　国	2 977	3 304	4 897	4 242	1 120	6 245	3 828	2 387

资料来源：北京市商务委员会。

表 1.12 境外投资情况（2003～2012 年）

单位：万美元

年　份	中方投资额	截至各年期末直接投资存量
2003	30 054	44 844
2004	15 739	70 086
2005	11 306	92 940
2006	5 612	91 873
2007	15 295	159 195
2008	47 299	251 019
2009	45 185	375 865
2010	76 614	480 882
2011	117 503	603 380
2012	168 900	757 800

资料来源：北京市商务委员会。

表 1.13 对外经济合作（1984～2013 年）

年份	合同数（份）	#对外承包工程	合同数（万美元）	#对外承包工程	完成营业额（万美元）	#对外承包工程	年末在外人数（人）	对外承包工程	对外劳务合作
1984	9	2	2 801	2 768	502	331	541	163	378
1985	12	2	852	736	2 083	355	2 401	18	2 383
1986	30	7	446	319	1 535	90	837	71	766
1987	37	5	547	354	696	186	690	20	670
1988	46	5	885	344	802	281	819	104	715
1989	111	7	1 685	235	1 018	459	600	83	517
1990	105	16	3 756	2 253	1 056	625	336	25	311
1991	114	9	3 202	1 671	1 897	1 469	980	306	674
1992	130	16	8 889	7 762	3 140	2 543	952	264	688
1993	143	48	29 397	27 625	9 748	8 871	1 555	532	1 023
1994	114	34	15 715	15 089	18 783	17 822	2 720	1 694	1 026
1995	116	35	15 613	14 014	12 789	12 156	2 604	1 297	1 307
1996	116	49	67 689	62 945	43 057	38 124	2 516	1 559	957
1997	107	37	35 640	23 374	29 629	17 945	3 122	1 993	1 129
1998	180	48	25 526	19 292	31 009	24 930	3 647	2 239	1 408
1999	90	28	25 232	18 715	26 167	19 690	3 476	2 199	1 277
2000	104	54	16 285	9 936	19 799	13 543	3 205	1 660	1 545
2001	105	54	21 439	14 758	18 628	11 680	3 494	2 141	1 353
2002	73	42	27 949	19 376	23 160	14 453	2 134	1 112	1 022
2003	117	99	48 271	30 761	34 926	17 334	2 097	1 270	827
2004	128	116	81 185	51 136	59 630	29 241	2 552	1 629	923
2005	272	238	93 732	56 709	71 281	35 554	4 424	2 528	1 896
2006	232	166	176 752	160 328	83 518	70 062	8 962	6 760	2 202
2007	317	143	236 881	211 560	94 077	71 727	11 299	7 060	4 239
2008	486	197	558 714	520 973	168 416	131 686	11 422	6 366	5 056
2009	190	182	336 223	296 851	226 893	185 017	17 121	11 805	5 316
2010	199	170	286 179	251 114	259 794	222 514	22 499	17 145	5 354
2011	229	229	264 019	262 078	252 951	249 146	17 821	12 393	5 428
2012	340	340	405 885	403 475	295 639	289 902	16 747	12 143	4 604
2013	349	349	564 383	562 440	341 046	335 854	21 036	16 549	4 487

注：1984～2008 年，对外承包工程统计中含对外设计咨询统计数据。

资料来源：北京市商务委员会。

表1.14　证券市场交易额情况（1994～2013年）

单位：亿元

年　份	证券市场交易量	#股票交易	#基金交易	#债券交易	年末证券市场累计开户数（万户）
1994	183.26	135.51		47.75	
1995	1 619.04	520.48		152.31	
1996	5 224.77	2 900.63		2 324.06	
1997	7 934.42	3 900.93		3 844.82	
1998	10 241.50	3 426.37	187.02	6 435.43	
1999	10 694.46	5 268.19	341.74	5 005.52	88.93
2000	14 456.98	9 136.52	346.02	4 825.91	115.18
2001	12 596.50	5 339.61	400.61	6 729.69	148.95
2002	12 565.91	3 788.22	485.77	8 216.53	154.99
2003	23 369.83	5 041.40	110.45	18 048.37	162.39
2004	18 512.92	7 247.72	78.94	10 928.92	166.21
2005	9 322.49	4 343.65	91.30	4 567.28	169.83
2006	19 557.06	14 851.55	298.27	2 075.20	189.37
2007	97 978.66	77 487.83	1 534.96	2 060.09	314.92
2008	62 773.56	46 231.27	1 389.37	4 052.52	373.62
2009	92 148.02	78 339.50	2 253.54	1 791.32	426.10
2010	87 575.38	79 843.07	1 714.94	3 384.28	475.14
2011	79 103.13	61 743.17	1 494.81	15 275.31	521.53
2012	85 412.95	44 993.38	2 355.87	37 388.61	551.50
2013	145 932.74	61 596.27	4 104.79	69 625.37	563.61

表 1.15　上市公司基本情况（1993～2013 年）

年　份	年末上市公司（家）	上市公司总股本（万股）	股票首发数量（万股）	首发募集资金（亿元）	增发募集资金（亿元）	配股募集资金（亿元）
1993	3	24 592	3 924	58.0		28.8
1994	7	124 038	20 300	11.7		0.5
1995	7	133 309				3.8
1996～2000			**439 955**	**304.4**	**33.0**	**85.8**
1996	13	198 956	29 763	12.8		1.9
1997	26	470 026	80 200	52.2		7.0
1998	33	723 561	52 750	32.9		20.2
1999	43	1 439 894	121 242	63.0	10.8	10.7
2000	54	2 015 049	156 000	143.5	22.2	46.0
2001～2005			**764 200**	**413.8**	**49.2**	**26.3**
2001	63	9 764 783	345 500	191.6		17.0
2002	68	11 929 954	23 800	16.8	14.9	
2003	74	11 493 598	373 600	188.7	2.8	2.2
2004	83	12 553 074	21 300	16.7	28.4	7.1
2005	83	13 159 721			3.1	
2006～2010			**11 456 582**	**6 506.1**	**1 665.5**	**852.8**
2006	92	58 156 652	2 667 911	1 073.4	79.4	
2007	104	86 151 941	2 428 976	2 433.3	304.7	12.1
2008	109	90 486 962	698 853	546.9	502.0	63.8
2009	126	97 911 881	2 179 290	1 154.2	430.7	
2010	165	137 726 461	3 481 552	1 298.3	348.7	777.0
2011	194	143 088 054	420 483	462.0	661.7	175.6
2012	217	146 788 089	211 752	191.4	436.2	69.1
2013	219	151 694 399			183.9	32.5

注：1. 此表数据统计口径由辖区统计转变为注册地统计。

2. 1995 年、2005 年和 2013 年没有新股发行。

资料来源：中国证券监督管理委员会北京监管局。

表1.16 保险业务情况（1997~2013年）

单位：亿元

年份	原保险保费收入	人身险	财产险	赔付支出	人身险	财产险
1997	102.5					
1998	88.6					
1999	91.8			29.9		
2000	93.4			28.4		
2001	141.3			32.0		
2002	234.1			46.9		
2003	282.5			48.0		
2004	279.3			55.3		
2005	498.2			75.4		
2006	411.5	327.2	84.4	84.0	45.1	38.9
2007	498.1	386.3	111.8	135.4	85.7	49.7
2008	585.9	451.8	134.1	188.9	121.0	67.9
2009	697.6	533.2	164.4	196.0	110.6	85.4
2010	966.5	754.2	212.3	199.7	105.9	93.7
2011	820.9	588.4	232.6	232.8	113.8	119.0
2012	923.1	656.1	267.0	286.2	133.9	152.3
2013	994.4	706.4	288.0	318.2	152.9	165.3

资料来源：中国保险监督管理委员会北京监管局。

表 1.17 保险业务情况

单位：亿元

项　　目	原保险保费收入		赔付支出	
	2013	2012	2013	2012
合　　计	**994.4**	**923.1**	**318.2**	**286.2**
人身险业务小计	**706.4**	**656.1**	**152.9**	**133.9**
人寿保险	570.8	554.3	108.1	100.2
非分红产品	53.0	46.6	18.3	24.0
分红产品	513.5	503.6	88.9	75.3
投资连结产品	0.5	0.5	0.1	0.2
万能产品	3.9	3.6	0.9	0.6
意外伤害保险	29.9	21.7	6.6	5.0
健康保险	105.7	80.1	38.2	28.7
财产险业务小计	**288.0**	**267.0**	**165.3**	**152.3**
#企业财产保险	30.6	30.2	15.3	12.3
家庭财产保险	0.7	0.6	0.2	0.3
机动车辆及第三者责任保险	205.3	183.0	131.8	119.6
货物运输保险	11.6	12.6	3.8	4.0
责任保险	15.0	15.2	5.9	4.4
工程险	7.2	5.6	1.9	2.5

资料来源：中国保险监督管理委员会北京监管局。

注：以上统计表摘自《北京市统计年鉴（2014）》。

（二）金融业务综合统计

表2.1 北京市金融机构（含外资）本外币信贷收支统计

单位：亿元

项目名称	余额	比年初	项目名称	余额	比年初
一、各项存款	91 661	6 589	一、各项贷款	47 881	4 579
1. 单位存款	57 612	5 963	（一）境内贷款	45 052	4 593
其中：活期存款	17 920	-59	1. 短期贷款	15 694	2 809
定期存款	22 595	4 060	（1）个人贷款及透支	1 451	493
通知存款	3 960	-74	其中：个人消费贷款	446	195
保证金存款	2 050	248	（2）单位普通贷款及透支	11 632	1 674
2. 个人存款	25 552	484	其中：经营贷款	10 923	1 433
储蓄存款	23 748	1 513	固定资产贷款	686	236
保证金存款	48	18	（3）普通并购贷款	5	5
结构性存款	1 756	-1 048	（4）银团贷款	29	2
3. 财政性存款	1 401	39	（5）贸易融资	2 577	635
4. 临时性存款	116	17	（6）境外筹资转贷款		
5. 委托存款	523	-6	2. 中长期贷款	28 172	1 857
6. 其他存款	6 457	92	（1）个人贷款	6 399	1 122
二、金融债券	463	187	其中：个人消费贷款	5 629	961
三、中长期借款	203	39	（2）单位普通贷款	18 120	543
四、应付及暂收款	2 374	459	其中：经营贷款	3 469	-55
其中：应付利息	1 449	340	固定资产贷款	14 651	598
五、同业往来（来源方）	7 012	1 944	（3）普通并购贷款	659	-175
六、系统内资金往来（来源方）			（4）银团贷款	2 500	269
七、外汇买卖（来源方）	8 427	7 340	（5）贸易融资	426	90
其中：结售汇	8 158	7 131	（6）境外筹资转贷款	68	8
八、各项准备	989	76	3. 融资租赁	44	-7
其中：贷款损失准备金	935	79	4. 票据融资	1 137	-66
九、所有者权益	2 240	414	其中：贴现	1 100	-46
其中：实收资本	416	67	5. 各项垫款	5	
十、其他	-4 286	-1 433	（二）境外贷款	2 829	-14
			二、有价证券	3 174	226
			三、股权及其他投资	4 875	2 439
			四、应收及预付款	-1 995	-2 758
			其中：应收利息	556	266
			五、同业往来（运用方）	2 178	1 403
			六、系统内资金往来（运用方）	43 748	2 295
			七、金银占款		
			八、外汇买卖（运用方）	8 484	7 398
			其中：结售汇	8 216	7 189
			九、固定资产	444	19
			十、库存现金	291	15
			十一、投资性房地产	2	
资金来源总计	109 082	15 614	资金运用总计	109 082	15 614

表 2.2　北京市中资金融机构本外币信贷收支统计

单位：亿元

项目名称	余额	比年初	项目名称	余额	比年初
一、各项存款	89 187	6 540	一、各项贷款	46 540	4 600
1. 单位存款	55 577	5 921	（一）境内贷款	43 780	4 617
其中：活期存款	17 485	-72	1. 短期贷款	15 049	2 857
定期存款	21 917	4 083	（1）个人贷款及透支	1 450	493
通知存款	3 765	-117	其中：个人消费贷款	445	195
保证金存款	1 982	279	（2）单位普通贷款及透支	11 142	1 727
2. 个人存款	25 239	481	其中：经营贷款	10 454	1 484
储蓄存款	23 517	1 507	固定资产贷款	678	239
保证金存款	48	18	（3）普通并购贷款	5	5
结构性存款	1 673	-1 044	（4）银团贷款	27	8
3. 财政性存款	1 401	39	（5）贸易融资	2 425	625
4. 临时性存款	115	17	（6）境外筹资转贷款		
5. 委托存款	523	-6	2. 中长期贷款	27 680	1 850
6. 其他存款	6 332	88	（1）个人贷款	6 305	1 097
二、金融债券	463	187	其中：个人消费贷款	5 538	938
三、中长期借款	203	39	（2）单位普通贷款	17 791	551
四、应付及暂收款	2 331	461	其中：经营贷款	3 289	-77
其中：应付利息	1 426	341	固定资产贷款	14 502	628
五、同业往来（来源方）	6 918	1936	（3）普通并购贷款	657	-175
六、系统内资金往来（来源方）			（4）银团贷款	2 439	281
七、外汇买卖（来源方）	6 988	5910	（5）贸易融资	418	88
其中：结售汇	6 810	5 786	（6）境外筹资转贷款	68	8
八、各项准备	963	78	3. 融资租赁	44	-7
其中：贷款损失准备金	910	81	4. 票据融资	1 002	-83
九、所有者权益	2 108	369	其中：贴现	965	-63
其中：实收资本	415	71	5. 各项垫款	5	
十、其他	-3 697	-1 059	（二）境外贷款	2 759	-17
			二、有价证券	3 174	226
			三、股权及其他投资	4 875	2 640
			四、应收及预付款	-2 032	-2 757
			其中：应收利息	535	261
			五、同业往来（运用方）	2 136	1 373
			六、系统内资金往来（运用方）	43 056	2 435
			七、金银占款		
			八、外汇买卖（运用方）	6 986	5 909
			其中：结售汇	6 809	5 786
			九、固定资产	440	20
			十、库存现金	289	15
			十一、投资性房地产	2	
资金来源总计	105 465	14 461	资金运用总计	105 465	14 461

表 2.3　北京市金融机构（含外资）人民币信贷收支统计

单位：亿元

项目名称	余额	比年初	项目名称	余额	比年初
一、各项存款	87 991	6 387	一、各项贷款	40 507	3 954
1. 单位存款	55 184	5 670	（一）境内贷款	40 464	3 953
其中：活期存款	17 227	16	1. 短期贷款	13 630	2 184
定期存款	21 500	3 893	（1）个人贷款及透支	1 449	493
通知存款	3 929	-68	其中：个人消费贷款	444	195
保证金存款	1 501	85	（2）单位普通贷款及透支	10 927	1 515
2. 个人存款	24 833	468	其中：经营贷款	10 219	1 273
储蓄存款	23 086	1497	固定资产贷款	685	236
保证金存款	46	18	（3）普通并购贷款	5	5
结构性存款	1 700	-1047	（4）银团贷款	29	4
3. 财政性存款	1 401	39	（5）贸易融资	1 221	167
4. 临时性存款	53	-1	（6）境外筹资转贷款		
5. 委托存款	522	-6	2. 中长期贷款	25 647	1 842
6. 其他存款	5 998	217	（1）个人贷款	6 398	1 123
二、金融债券	463	187	其中：个人消费贷款	5 628	962
三、中长期借款	147	36	（2）单位普通贷款	16 104	487
四、应付及暂收款	2 093	508	其中：经营贷款	2 952	-43
其中：应付利息	1 414	358	固定资产贷款	13 152	530
五、同业往来（来源方）	6 194	1 850	（3）普通并购贷款	456	-18
六、系统内资金往来（来源方）			（4）银团贷款	2 348	191
七、外汇买卖（来源方）	3 878	3 353	（5）贸易融资	341	59
其中：结售汇	3871	3 348	（6）境外筹资转贷款	1	
八、各项准备	807	56	3. 融资租赁	44	-6
其中：贷款损失准备金	754	59	4. 票据融资	1 137	-66
九、所有者权益	2 110	228	其中：贴现	1 100	-46
其中：实收资本	415	67	5. 各项垫款	5	
十、其他	-6 174	-1 227	（二）境外贷款	43	1
			二、有价证券	3 174	226
			三、股权及其他投资	4 875	2 441
			四、应收及预付款	-2 135	-2 828
			其中：应收利息	508	239
			五、同业往来（运用方）	2 132	1 399
			六、系统内资金往来（运用方）	44 361	2 834
			七、金银占款		
			八、外汇买卖（运用方）	3 893	3 324
			其中：结售汇	3 888	3 371
			九、固定资产	442	19
			十、库存现金	257	9
			十一、投资性房地产	2	
资金来源总计	97 509	11 378	资金运用总计	97 509	11 378

表 2.4　北京市中资金融机构人民币信贷收支统计

单位：亿元

项目名称	余额	比年初	项目名称	余额	比年初
一、各项存款	85 897	6 246	一、各项贷款	39 558	4 018
1. 单位存款	53 434	5 548	（一）境内贷款	39 527	4 019
其中：活期存款	16 972	9	1. 短期贷款	13 138	2 226
定期存款	20 918	3 830	（1）个人贷款及透支	1 448	493
通知存款	3 737	-108	其中：个人消费贷款	444	195
保证金存款	1 435	117	（2）单位普通贷款及透支	10 551	1 555
2. 个人存款	24 601	462	其中：经营贷款	9 863	1 312
储蓄存款	22 930	1 490	固定资产贷款	678	239
保证金存款	46	18	（3）普通并购贷款	5	5
结构性存款	1 625	-1 045	（4）银团贷款	27	8
3. 财政性存款	1 401	39	（5）贸易融资	1 107	166
4. 临时性存款	53	-1	（6）境外筹资转贷款		
5. 委托存款	522	-6	2. 中长期贷款	25 337	1 883
6. 其他存款	5 886	204	（1）个人贷款	6 305	1 096
二、金融债券	463	187	其中：个人消费贷款	5 538	938
三、中长期借款	147	36	（2）单位普通贷款	15 938	540
四、应付及暂收款	2 064	507	其中：经营贷款	2 911	-20
其中：应付利息	1 393	358	固定资产贷款	13 026	560
五、同业往来（来源方）	6181	1 860	（3）普通并购贷款	456	-18
六、系统内资金往来（来源方）			（4）银团贷款	2 298	204
七、外汇买卖（来源方）	3 434	2 913	（5）贸易融资	339	61
其中：结售汇	3 433	2 913	（6）境外筹资转贷款	1	
八、各项准备	787	59	3. 融资租赁	44	-6
其中：贷款损失准备金	734	62	4. 票据融资	1 002	-83
九、所有者权益	2 027	197	其中：贴现	965	-63
其中：实收资本	415	71	5. 各项垫款	5	
十、其他	-5 702	-928	（二）境外贷款	30	-1
			二、有价证券	3 174	226
			三、股权及其他投资	4 875	2 642
			四、应收及预付款	-2 157	-2 818
			其中：应收利息	491	235
			五、同业往来（运用方）	2 111	1 378
			六、系统内资金往来（运用方）	43 608	2 736
			七、金银占款		
			八、外汇买卖（运用方）	3 431	2 867
			其中：结售汇	3 427	2 912
			九、固定资产	440	20
			十、库存现金	256	9
			十一、投资性房地产	2	
资金来源总计	95 298	11 077	资金运用总计	95 298	11 077

表 2.5　北京市外资银行人民币信贷收支统计

单位：亿元

项目名称	余额	比年初	项目名称	余额	比年初
一、各项存款	2 093	138	一、各项贷款	949	-64
1. 单位存款	1 750	121	（一）境内贷款	937	-65
其中：活期存款	255	6	1. 短期贷款	492	-42
定期存款	582	63	（1）个人贷款及透支		
通知存款	192	41	其中：个人消费贷款		
保证金存款	66	-31	（2）单位普通贷款及透支	376	-40
2. 个人存款	232	6	其中：经营贷款	356	-38
储蓄存款	157	8	固定资产贷款	7	-3
保证金存款			（3）普通并购贷款		
结构性存款	75	-2	（4）银团贷款	2	-3
3. 临时性存款	1		（5）贸易融资	113	1
4. 其他存款	111	10	（6）境外筹资转贷款		
二、代理财政性存款			2. 中长期贷款	310	-41
三、金融债券			（1）个人贷款	93	26
其中：境外发行			其中：个人消费贷款	89	24
四、中长期借款			（2）单位普通贷款	166	-53
其中：境外借款			其中：经营贷款	40	-23
五、应付及暂收款	29		固定资产贷款	126	-29
其中：应付利息	21		（3）普通并购贷款		
六、卖出回购资产			（4）银团贷款	50	-13
七、向中央银行借款			（5）贸易融资	2	-1
八、同业往来（来源方）	62	-239	（6）境外筹资转贷款		
1. 同业存放	40	-239	3. 融资租赁		
其中：境外同业存放	8		4. 票据融资	135	17
2. 同业拆借	23	-1	其中：贴现	135	17
其中：境外同业拆借	5	4	5. 各项垫款		
九、境外联行往来（来源方）	18	17	（二）境外贷款	12	2
十、外汇买卖（来源方）	444	440	二、有价证券	2	2
其中：结售汇	438	435	三、股权及其他投资		-201
十一、委托存款及委托投资基金（净）			四、应收及预付款	22	-10
1. 委托存款及委托投资基金			其中：应收利息	17	4
2. 减：委托贷款及委托投资			五、买入返售资产		
十二、代理金融机构委托贷款基金			六、存放中央准备金存款	76	-13
其中：中央银行委托贷款基金			七、存放中央银行特种存款		
十三、各项准备	20	-2	八、缴存中央银行财政性存款		
其中：贷款损失准备	20	-2	九、同业往来	523	148
十四、所有者权益	83	31	1. 存放同业	51	31
其中：实收资本		-4	其中：存放境外同业		
十五、其他	-715	-66	2. 拆放同业	472	117
			其中：拆放境外同业		
			十、境外联行往来（运用方）		
			十一、代理金融机构贷款		
			其中：代理人行专项贷款		
			十二、库存现金	1	
			十三、外汇买卖（运用方）	463	457
			其中：结售汇	460	459
			十四、投资性房地产		
资金来源总计	2 036	319	资金运用总计	2 036	319

表 2.6　北京市金融机构（含外资）外汇信贷收支统计

单位：亿美元

项目名称	余额	比年初	项目名称	余额	比年初
一、各项存款	602	50	一、各项贷款	1 210	136
1. 单位存款	398	59	（一）境内贷款	753	124
其中：活期存款	114	-8	1. 短期贷款	338	110
定期存款	180	32	（1）个人贷款及透支		
通知存款	5	-1	其中：个人消费贷款		
保证金存款	90	29	（2）单位普通贷款及透支	116	29
2. 个人存款	118	6	其中：经营贷款	116	29
储蓄存款	108	6	固定资产贷款		
保证金存款			（3）普通并购贷款		
结构性存款	9		（4）银团贷款		
3. 财政性存款			（5）贸易融资	222	81
4. 临时性存款	10	3	（6）境外筹资转贷款		
5. 委托存款			2. 中长期贷款	414	15
6. 其他存款	75	-18	（1）个人贷款		
二、金融债券			其中：个人消费贷款		
三、中长期借款	9	1	（2）单位普通贷款	331	19
四、应付及暂收款	46	-6	其中：经营贷款	85	1
其中：应付利息	6	-3	固定资产贷款	246	18
五、同业往来（来源方）	134	19	（3）普通并购贷款	33	-24
六、系统内资金往来（来源方）	101	89	（4）银团贷款	25	13
七、外汇买卖（来源方）	746	657	（5）贸易融资	14	5
其中：结售汇	703	623	（6）境外筹资转贷款	11	2
八、各项准备	30	4	3. 融资租赁		
其中：贷款损失准备金	30	4	4. 票据融资		
九、所有者权益	21	30	其中：贴现		
其中：实收资本			5. 各项垫款		
十、其他	310	-24	（二）境外贷款	457	11
			二、有价证券		
			三、股权及其他投资		
			四、应收及预付款	23	12
			其中：应收利息	8	4
			五、同业往来（运用方）	8	1
			六、系统内资金往来（运用方）		
			七、金银占款		
			八、外汇买卖（运用方）	753	671
			其中：结售汇	710	629
			九、固定资产		
			十、库存现金	6	1
			十一、投资性房地产		
资金来源总计	1 999	820	资金运用总计	1 999	820

表 2.7　北京市中资金融机构外汇信贷收支统计

单位：亿美元

项目名称	余额	比年初	项目名称	余额	比年初
一、各项存款	540	63	一、各项贷款	1 145	127
1. 单位存款	352	70	（一）境内贷款	698	116
其中：活期存款	84	-10	1. 短期贷款	313	110
定期存款	164	45	（1）个人贷款及透支		
通知存款	5	-1	其中：个人消费贷款		
保证金存款	90	28	（2）单位普通贷款及透支	97	30
2. 个人存款	105	6	其中：经营贷款	97	30
储蓄存款	96	6	固定资产贷款		
保证金存款			（3）普通并购贷款		
结构性存款	8		（4）银团贷款		
3. 财政性存款			（5）贸易融资	216	79
4. 临时性存款	10	3	（6）境外筹资转贷款		
5. 委托存款			2. 中长期贷款	384	6
6. 其他存款	73	-16	（1）个人贷款		
二、金融债券			其中：个人消费贷款		
三、中长期借款	9	1	（2）单位普通贷款	304	11
四、应付及暂收款	44	-6	其中：经营贷款	62	-7
其中：应付利息	5	-3	固定资产贷款	242	18
五、同业往来（来源方）	121	16	（3）普通并购贷款	33	-24
六、系统内资金往来（来源方）	91	51	（4）银团贷款	23	13
七、外汇买卖（来源方）	583	494	（5）贸易融资	13	5
其中：结售汇	554	474	（6）境外筹资转贷款	11	2
八、各项准备	29	4	3. 融资租赁		
其中：贷款损失准备金	29	4	4. 票据融资		
九、所有者权益	13	28	其中：贴现		
其中：实收资本			5. 各项垫款		
十、其他	329	-11	（二）境外贷款	448	11
			二、有价证券		
			三、股权及其他投资		
			四、应收及预付款	20	10
			其中：应收利息	7	4
			五、同业往来（运用方）	4	-1
			六、系统内资金往来（运用方）		
			七、金银占款		
			八、外汇买卖（运用方）	583	501
			其中：结售汇	555	474
			九、固定资产		
			十、库存现金	5	1
			十一、投资性房地产		
资金来源总计	1 758	639	资金运用总计	1 758	639

表 2.8　北京市外资银行外汇信贷收支统计

单位：亿美元

项目名称	余额	比年初	项目名称	余额	比年初
一、各项存款	62	-13	一、各项贷款	64	9
1. 单位存款	47	-11	（一）境内贷款	55	8
其中：活期存款	30	2	1. 短期贷款	25	
定期存款	16	-13	（1）个人贷款及透支		
通知存款			其中：个人消费贷款		
保证金存款			（2）单位普通贷款及透支	19	-1
2. 个人存款	13		其中：经营贷款	19	-1
储蓄存款	12		固定资产贷款		
保证金存款			（3）普通并购贷款		
结构性存款	1		（4）银团贷款		
3. 临时性存款			（5）贸易融资	6	2
4. 其他存款	2	-1	（6）境外筹资转贷款		
二、代理财政性存款			2. 中长期贷款	30	8
三、金融债券			（1）个人贷款		
其中：境外发行			其中：个人消费贷款		
四、中长期借款			（2）单位普通贷款	27	8
其中：境外借款			其中：经营贷款	23	8
五、应付及暂收款	2		固定资产贷款	4	
其中：应付利息			（3）普通并购贷款		
六、卖出回购资产			（4）银团贷款	2	
七、向中央银行借款			（5）贸易融资	1	
八、同业往来（来源方）	18	6	（6）境外筹资转贷款		
1. 同业存放	3		3. 融资租赁		
其中：境外同业存放			4. 票据融资		
2. 同业拆借	15	6	其中：贴现		
其中：境外同业拆借	12	3	5. 各项垫款		
九、境外联行往来（来源方）	9	2	（二）境外贷款	9	
十、外汇买卖（来源方）	163	162	二、有价证券		
其中：结售汇	149	149	三、股权及其他投资		
十一、委托存款及委托投资基金（净）			四、应收及预付款	3	2
1. 委托存款及委托投资基金			其中：应收利息	1	
2. 减：委托贷款及委托投资			五、买入返售资产		
十二、代理金融机构委托贷款基金			六、存放中央准备金存款		
其中：中央银行委托贷款基金			七、存放中央银行特种存款		
十三、各项准备	1		八、缴存中央银行财政性存款		
其中：贷款损失准备	1		九、同业往来	42	18
十四、所有者权益	8	2	1. 存放同业	6	-1
其中：实收资本			其中：存放境外同业	1	
十五、其他	18	35	2. 拆放同业	35	18
			其中：拆放境外同业	2	2
			十、境外联行往来（运用方）	2	-1
			十一、代理金融机构贷款		
			其中：代理人行专项贷款		
			十二、库存现金		
			十三、外汇买卖（运用方）	170	169
			其中：结售汇	155	155
			十四、投资性房地产		
资金来源总计	281	196	资金运用总计	281	196

表 2.9 北京市金融机构本外币存贷款总量情况

单位：亿元、亿美元、%

项目名称	余额	同比增长	比年初增减	
			2013 年	2012 年
一、金融机构存款				
（一）本外币存款	91 660.5	8.0	6 588.8	9 843.8
1. 中资金融机构	89 187.4	8.0	6 539.7	9 605.4
2. 外资金融机构	2 473.1	11.3	46.1	238.4
（二）人民币存款	87 990.6	8.1	6 386.9	8 742.6
1. 中资金融机构	85 897.2	7.9	6 245.9	8 643.9
其中：中资全国性大型银行	51 052.4	5.7	2 712.1	5 240.4
中资全国性中小银行	28 946.5	11.3	2 921.8	2 566.3
中资区域性中小银行	3 859.8	6.8	245.8	228.2
2. 外资金融机构	2 093.4	18.3	138.0	98.7
（三）外币存款	601.9	9.7	50.2	176.1
1. 中资金融机构	539.6	13.2	62.9	153.8
2. 外资金融机构	62.3	-13.5	-12.8	22.3
二、金融机构贷款				
（一）本外币贷款	47 880.9	10.9	4 578.7	3 508.0
1. 中资金融机构	46 539.5	11.2	4 600.2	3 408.6
2. 外资金融机构	1 341.4	-0.6	-21.5	99.5
（二）人民币贷款	40 506.7	11.2	3 954.1	3 053.3
1. 中资金融机构	39 557.5	11.6	4 017.6	2 986.2
其中：中资全国性大型银行	21 387.9	10.2	1 881.9	1 638.9
中资全国性中小银行	14 472.1	10.6	1 388.0	735.3
中资区域性中小银行	2 415.4	17.1	352.3	348.9
2. 外资金融机构	949.2	-5.0	-63.5	67.2
（三）外币贷款	1 209.5	12.7	135.7	74.8
1. 中资金融机构	1 145.2	12.5	127.1	69.5
2. 外资金融机构	64.3	15.5	8.6	5.3

表 2.10 北京市金融机构存贷款总量全国占比情况

单位：亿元、亿美元、%

项目名称	北京		全国		占比（%）	
	比年初累计增加	余额同比增长	比年初累计增加	余额同比增长	余额占比	增量占比
本外币存款	6 588.8	8.0	126 577.5	13.5	8.6	5.2
其中：人民币存款	6 386.9	8.1	125 620.4	13.8	8.4	5.1
外币存款	50.2	9.7	283.9	7.9	13.7	17.7
本外币贷款	4 578.7	10.9	93 325.4	13.9	6.2	4.9
其中：人民币贷款	3 954.1	11.2	88 916.2	14.1	5.6	4.4
外币贷款	135.7	12.7	934.6	13.7	15.6	14.5

表 2.11 北京市中资银行人民币存贷款（区县表）

单位：亿元

区县名称	各项存款				各项贷款			
		单位存款	储蓄存款	其他存款		短期贷款	中长期贷款	其他贷款
全市合计	**83 761**	**53 076**	**22 904**	**7 780**	**38 221**	**12 716**	**24 479**	**1 026**
首都功能核心区	34 388	23 438	5 607	5 343	20 492	6 660	12 971	861
东城区	10 531	6 737	2 322	1 472	4 561	1 772	2 752	38
西城区	23 857	16701	3 284	3 871	15 931	4 888	10 220	823
城市功能拓展区	39 366	24 829	12 298	2 239	14 331	5 247	8 964	121
朝阳区	13 780	8 038	4 726	1 016	5 821	1 819	3 965	36
丰台区	4 761	2 221	2 317	224	2 605	812	1 745	48
石景山区	1 229	633	565	31	487	170	311	7
海淀区	19 596	13 938	4 691	967	5 418	2 446	2 943	29
城市发展新区	8 181	4 007	4 016	157	2 881	670	2 179	32
昌平区	1 542	598	908	36	324	42	279	3
通州区	1 691	801	872	18	460	55	400	5
顺义区	1 589	889	671	29	798	312	475	12
大兴区	2 244	1 204	988	52	1 006	186	807	12
房山区	1 115	516	577	22	294	75	218	1
生态涵养发展区	1 827	803	984	41	517	140	365	12
门头沟区	372	158	207	7	75	16	58	
平谷区	365	162	195	8	144	32	111	1
怀柔区	438	211	217	9	117	32	80	6
密云县	402	163	225	14	136	51	83	2
延庆县	250	108	140	3	44	8	33	3

表 2.12　北京市金融机构贷款行业分布

单位：亿元、亿美元

项目	本外币		人民币		外币	
	余额	比年初	余额	比年初	余额	比年初
A. 农、林、牧、渔业	250.1	50.6	244.8	49.6	0.9	0.2
B. 采矿业	3 276.2	-218.6	1 637.9	-226.1	268.7	9.3
C. 制造业	5 411.9	602.6	4 833.6	420.3	94.8	31.9
D. 电力、热力、燃气及水的生产和供应业	2 926.3	94.1	2 890.1	99.9	5.9	-0.8
E. 建筑业	1 615.1	226.3	1 455.5	195.0	26.2	5.8
F. 批发和零售业	4 534.5	844.7	3 183.4	400.4	221.6	77.3
G. 交通运输、仓储和邮政业	5 993.7	682.2	5 531.1	720.3	75.9	-3.8
H. 住宿和餐饮业	296.1	3.4	296.1	3.8	0.0	-0.1
I. 信息传输、软件和信息技术服务业	800.4	177.4	789.0	178.3	1.9	-0.1
J. 金融业	323.6	44.5	231.9	62.0	15.0	-2.3
K. 房地产业	4 962.8	-13.6	4 950.7	-12.2	2.0	-0.2
L. 租赁和商务服务业	2 554.7	439.4	2 333.6	409.0	36.3	5.9
M. 科学研究和技术服务业	172.3	26.7	167.4	24.1	0.8	0.4
N. 水利、环境和公共设施管理业	1 355.9	13.8	1 353.1	13.9	0.5	0.0
O. 居民服务、修理和其他服务业	126.6	-25.9	126.0	-26.3	0.1	0.1
P. 教育	47.9	7.7	47.9	7.7	0.0	0.0
Q. 卫生和社会工作	40.9	0.6	40.7	0.7	0.0	0.0
R. 文化、体育和娱乐业	179.2	54.5	174.2	49.5	0.8	0.8
S. 公共管理、社会保障和社会组织	970.3	6.2	966.0	6.7	0.7	-0.1
T. 国际组织	0.0	0.0	0.0	0.0	0.0	0.0
对境外贷款	2 828.8	-14.1	42.8	0.8	456.9	11.3
个人贷款及透支	6 922.9	1 307.5	6 920.2	1 307.8	0.4	0.0
贷款总计	**45 590.2**	**4 309.9**	**38 216.0**	**3 685.3**	**1 209.5**	**135.7**

注：贷款总计不包括委托贷款、票据融资。

表 2.13　北京市中外资银行境内大中小微企业贷款情况

单位：亿元

项目	本外币		人民币	
	余额	比年初	余额	比年初
境内大型企业				
一般贷款	19 849.0	1 225.1	16 186.1	848.8
票据贴现	214.2	-24.4	214.2	-24.4
表外授信	7 754.8	1 388.2	5 714.5	1 037.0
其中：票据承兑	1 337.6	41.8	1 337.6	54.6
境内中型企业				
一般贷款	7 148.1	1 017.2	6 404.6	790.9
票据贴现	160.4	31.7	160.4	31.7
表外授信	2 250.1	375.1	1 604.5	488.3
其中：票据承兑	684.3	71.1	684.3	74.4
境内小型企业				
一般贷款	3 064.9	485.0	2 956.4	444.7
票据贴现	64.4	-4.0	64.4	-4.0
表外授信	699.6	109.5	600.6	98.9
其中：票据承兑	252.1	42.9	252.1	42.9
境内微型企业				
一般贷款	639.3	165.0	614.8	160.8
票据贴现	8.1	3.1	8.1	3.1
表外授信	148.1	77.4	137.6	81.5
其中：票据承兑	56.0	25.5	56.0	25.5

表 2.14　北京市中外资银行境内大中小微企业人民币贷款行业分布

单位：亿元

项目	大型企业贷款	中型企业贷款	小型企业贷款	微型企业贷款
贷款合计	**16 186.1**	**6 404.6**	**2 956.4**	**614.8**
A.　农、林、牧、渔业	147.6	70.5	22.5	2.0
B.　采矿业	1 396.2	194.8	32.8	14.1
C.　制造业	3 385.4	573.7	415.6	60.6
D.　电力、热力、燃气及水生产和供应业	2 140.3	440.9	216.6	17.0
E.　建筑业	1 127.3	221.6	71.7	16.3
F.　批发和零售业	1 639.5	990.4	485.2	54.8
G.　交通运输、仓储和邮政业	2 899.3	335.9	350.2	54.3
H.　住宿和餐饮业	143.0	96.4	41.7	4.9
I.　信息传输、软件和信息技术服务业	520.9	133.2	115.7	6.6
J.　金融业	93.5	109.3	14.6	
K.　房地产业	959.1	2 018.3	301.4	330.9
L.　租赁和商务服务业	944.3	692.8	590.3	49.4
M.　科学研究和技术服务业	70.4	37.8	38.6	0.7
N.　水利、环境和公共设施管理业	645.4	382.1	140.2	1.5
O.　居民服务、修理和其他服务业	7.7	25.9	51.2	0.4
P.　教育	4.5	6.8	5.1	0.1
Q.　卫生和社会工作	5.6	10.3	7.0	
R.　文化、体育和娱乐业	55.9	56.3	53.9	1.1
S.　公共管理、社会保障和社会组织	0.3	7.7	2.0	
T.　国际组织				

表 2.15　中外资银行（不含村镇银行）本外币房地产信贷情况

单位：亿元

项目	余额		比年初	
	2013 年	2012 年	2013 年	2012 年
合计	**9 286.7**	**9 007.1**	**279.6**	**664.7**
一、房地产开发贷款	4 436.8	4 685.3	-248.4	364.8
1. 地产开发贷款	2 056.7	2 321.7	-265.0	306.3
其中：政府土地储备机构贷款	1 592.6	1 998.3	-405.7	275.2
2. 房产开发贷款	2 380.1	2 363.6	16.5	58.5
（1）住房开发贷款	1 439.8	1 437.1	2.7	-50.6
其中：保障性住房开发贷款	451.5	437.0	14.5	87.1
（2）商业用房开发贷款	761.4	753.2	8.1	96.5
（3）其他房产开发贷款	178.9	173.2	5.7	12.6
二、购房贷款	4 849.9	4 321.9	528.0	299.9
1. 企业购房贷款	347.4	321.6	25.8	136.6
（1）商业用房贷款	338.6	311.5	27.1	129.8
（2）住房贷款	8.8	10.1	-1.3	6.8
2. 机关团体购房贷款	1.5	1.6	-0.1	1.6
（1）商业用房贷款				
（2）住房贷款	1.5	1.6	-0.1	1.6
3. 个人购房贷款	4 501.0	3 998.7	502.3	161.6
（1）个人商业用房贷款	438.9	364.8	74.1	83.2
（2）个人住房贷款	4 062.1	3 633.9	428.2	78.4
a. 新建房贷款	2 555.6	2 416.0	139.6	33.7
其中：抵押贷款	2 394.8	2 273.2	121.6	-3.6
b. 再交易房贷款	1 506.5	1 217.9	288.6	44.7
三、证券化的房地产贷款				
1. 证券化个人住房贷款				
2. 其他证券化房地产贷款				
附：个人购买保障性住房贷款	37.3	35.5	1.8	2.3
附：企业收购、租赁保障性住房贷款	6.9	7.3	-0.4	7.3
附：机关团体收购、租赁购买保障性住房贷款				

注：以上统计表由中国人民银行营业管理部调查统计处提供。

表 2.16 北京辖区直接外债余额

单位：亿美元

年份	总计	为上年（%）	中长期债务	占总计（%）	短期债务	占总计（%）
2009	1 443	108.33	972	67.36	471	32.64
2010	1 950	135.14	1 027	52.67	923	47.33
2011	3 114	159.69	1 154	37.06	1960	62.94
2012	3 299	105.94	1 257	38.10	2042	61.90
2013	4 922	149.21	1 205	24.49	3717	75.52

注：本统计表由国家外汇管理局北京外汇管理部资本项目管理处根据外汇局资本项目信息系统数据提供。

表 2.17 2013 年北京地区储蓄国债统计（凭证式）

单位：亿元

期　数	金　额
一期	57.35
二期	68.82
三期	50.54
四期	36.02
合计	212.73

表 2.18 2013 年北京地区储蓄国债统计（电子式）

单位：亿元

期　数	金　额
一期	45.36
二期	36.49
三期	39.42
四期	37.08
五期	35.5
六期	26.39
七期	38.3
八期	30.98
九期	32.45
十期	28.67
合计	350.64

注：以上统计表由中国人民银行营业管理部国库处提供。

表 2.19 北京辖区证券公司客户交易结算资金第三方存管上线情况统计

公司营业部总数（个）	累计已上线客户数量（户）	本期上线客户数量（户）	实施第三方存管的客户交易结算资金金额（亿元）
798	10 485 693	35 765	560.42

表 2.20　北京辖区证券公司服务特定机构或产品相关信息统计

类别	数量（个）	租用席位（交易单元）数量（个）	证券账户数量（个）	指定或托管的证券市值（亿元）
证券投资基金公司		2 141		
信托产品或信托公司			1 815	452.91
通过公司进行交易的 QFII		182		
其他			6	

表 2.21　北京地区基金管理公司业务综合统计

指标	2013 年		2012 年		2011 年	
	绝对值	同比增长(%)	绝对值	同比增长(%)	绝对值	同比增长(%)
主要经营地在辖区基金管理公司数（家）	20	33	15	15	13	18
其中：中外合资基金管理公司数（家）	12	50	8	14	7	40
辖区法人基金管理公司数（家）	15	36	11	22	9	29
其中：中外合资基金管理公司数（家）	9	50	6	20	5	67
辖区法人基金管理公司管理基金数（只）	193	39	139	28	109	30
其中：封闭式基金数（只）	7	0	7	17	6	100
开放式基金数（只）	186	41	132	28	103	27
辖区法人基金管理公司管理基金季末总规模（亿份）	5 312.3	-7	5 700.4	29	4 414.51	9
其中：封闭式基金总规模（亿份）	140.75	-27	192	33	143.89	49
开放式基金总规模（亿份）	5 171.55	-6	5 508.4	29	4 270.62	9
辖区法人基金管理公司管理基金资产季末净值（亿元）	5 323.72	1	5 247.58	37	3 817.37	-15
其中：封闭式基金资产净值（亿元）	141.83	-25	189.04	44	131.21	25
开放式基金资产净值（亿元）	5 181.89	2	5 058.55	37	3 686.16	-16
辖区法人基金管理公司 QDII 总规模（亿份）	168.21	-25	223.43	6	210.68	-11
辖区法人基金管理公司 QDII 总净值（亿元）	150.26	-20	187.86	22	154.01	-29

续表

指标	2013 年		2012 年		2011 年	
	绝对值	同比增长(%)	绝对值	同比增长(%)	绝对值	同比增长(%)
辖区法人基金管理公司当年新发基金数（只）	55	293	14	-44	25	79
辖区法人基金管理公司新发基金首次募集规模（亿份）	999.83	16	864.42	93	448.1	-5
辖区法人基金管理公司新发基金首次募集金额（亿元）	999.83	16	864.42	93	448.1	-5
辖区法人基金管理公司新发基金年末净值（亿元）	671.77	-26	909.77	200	303.38	-9

表 2.22　北京辖区上市公司情况统计（2009～2013 年）

项目	2009 年	2010 年	2011 年	2012 年	2013 年
股票市价总值（亿元）	128 026.81	114 891.62	104 298.53	108 299.26	97 040.23
其中：股票流通市值（亿元）	47 089.22	67 463.69	63 141.97	67 077.95	67 570.99
境内上市公司数（家）	126	164	194	217	217
其中：A 股（家）	104	141	169	191	191
A+B 股（家）	1	1	1	1	1
A+H 股（家）	21	22	24	25	25

注：以上统计表由中国证券监督管理委员会北京监管局提供。

表 2.23　2013 年北京市保险业务统计　　单位：万元

指标项目	2013 年	2012 年	增长率
一、原保险保费收入	**9 944 445.36**	**9 230 871.31**	**7.73%**
1. 财产险	2 880 314.72	2 670 227.95	7.87%
其中：机动车辆保险	2 053 350.91	1 829 580.45	12.23%
2. 人身意外伤害险	299 261.28	217 389.57	37.66%
3. 健康险	1 056 751.72	800 565.68	32.00%
4. 寿险	5 708 117.64	5 542 688.11	2.98%
二、赔付支出	**3 181 683.63**	**2 861 698.27**	**11.18%**
1. 财产保险	1 652 813.42	1 522 854.16	8.53%
其中：机动车辆保险	1 318 160.50	1 196 314.19	10.19%
2. 人身意外伤害险	65 609.61	49 844.22	31.63%
3. 健康险	382 156.06	287 147.88	33.09%
4. 寿险	1 081 104.56	1 001 852.01	7.91%

注：1. “原保险保费收入”为按《企业会计准则（2006）》设置的统计指标，指保险企业确认的原保险合同保费收入。

2. “原保险赔付支出”为按《企业会计准则（2006）》设置的统计指标，指保险企业支付的原保险合同赔付款项。

3. 原保险保费收入、原保险赔付支出为本年累计数。

4. 上述数据来源于各公司报送的保险数据，未经审计。

表 2.24　北京市各财产保险公司业务统计

单位：万元、%

保费收入	公司名称	本年累计			
		保费收入	同比增长	赔款支出	同比增长
中资	人保股份京分	995 289.63	14.89	602 197.65	8.69
	平安财京分	612 541.47	1.04	345 371.87	-5.19
	太保财京分	476 900.74	14.33	281 403.09	14.62
	国寿财产京分	144 120.11	16.67	79 088.42	30.17
	华泰京分	128 507.01	-0.38	55 329.63	11.71
	英大财产京分	106 567.98	-35.92	36 115.64	21.72
	中华联合京分	87 912.02	13.51	59 983.75	11.65
	太平保险京分	58 351.16	37.83	22 173.86	53.43
	阳光财产京分	38 993.88	0.25	25 705.44	12.58
	大地财产京分	35 683.52	4.80	21 231.88	14.17
	中银保险京分	27 165.91	29.71	10 363.76	123.31
	天平车险京分	21 906.10	-4.10	12 727.59	0.07
	安邦京分	18 830.74	-5.18	9 366.34	142.67
	永诚京分	16 055.37	-0.60	11 402.43	-8.74
	紫金财产京分	15 866.58	38.46	7 510.92	45.35
	天安京分	14 812.71	143.00	8 662.73	-22.86
	信达财险京分	13 730.77	-29.83	12 985.94	-9.64
	华安京分	12 195.62	-17.45	6 838.69	7.53
	安华农业京分	10 110.20	92.63	7 651.21	52.30
	永安京分	9 174.77	-19.03	7 230.23	-7.87
	华农京分	7 656.76	25.02	4 677.36	1.43
	浙商财产京分	7 045.23	21.09	3 779.5	36.72
	都邦京分	5 678.27	22.48	3 518.94	-5.62
	长安责任京分	4 982.38	3.52	3 564.35	7.58
	民安京分	3 957.20	2.79	2 559.54	27.15
	渤海京分	2 924.76	-5.07	2 102.35	15.16
	富德财险京分	2 394.26	999 999.00	122.94	
	大众北分	838.38	1 151.07	66.95	385.54
	安诚京分	463.79	57.80	1 735.74	-53.14
	众安财产京分（虚拟）	62.87	999 999.00	19.85	
小计		2 880 720.19	7.56	1 645 488.61	8.32
外资	苏黎世京分	49 581.69	18.51	8 737.52	28.25
	利宝互助京分	21 214.46	29.91	11 378.79	-8.08
	中意财产京分（虚拟）	16 725.49	-18.73	5 743.46	-7.33
	美亚京分	13 316.29	26.70	7 579.54	240.64
	现代财产京分（虚拟）	23 151.63	16.83	10 075.2	336.20
	东京海上京分	16 098.85	834.65	2 467.41	1 162.60
	三井京分	8 514.35	0.93	3 971.19	43.33
	三星京分	7 402.90	-15.10	1 138.11	-15.99
	国泰京分	5 062.07	302.51	1 563.53	417.89
	太阳联合京分	4 044.68	58.50	1 054.21	67.96
	日本财产京分	2 423.42	110.76	181.46	-75.74
小计		167 535.82	26.05	53 890.42	50.01
合计		3 048 256.01	8.44	1 699 379.02	9.28

注：虚拟是指未设立北京分公司的保险公司在北京开展的业务。

表2.25　北京市财产保险公司各险种保费收入与赔付支出统计

单位：万元、%

险　种	保费收入	同比增长	赔款支出	同比增长
1. 企业财产保险	328 117.33	2.98	152 807.48	24.64
2. 家庭财产保险	7 270.31	21.36	2 261.84	-13.29
其中：投资型家财险	313.79	-11.79	-66.82	54.13
3. 机动车辆保险	2 060 650.21	11.90	1 318 160.50	10.19
其中：交强险	390 386.48	8.51	194 556.82	5.19
4. 工程保险	94 335.93	33.78	18 653.84	-24.73
5. 责任保险	161 897.03	2.51	58 801.47	33.97
6. 信用保险	10 110.90	-81.44	2 733.19	4 837.53
7. 保证保险	29 610.10	46.71	4 067.67	62.08
其中：机动车辆消费贷款保证保险	429.69	522 461.18	22.04	112.11
其中：个人贷款抵押房屋保证保险	-531.25	38.09	103.98	-65.90
8. 船舶保险	12 332.39	12.25	3 377.71	18.85
9. 货物运输保险	119 151.05	-8.70	37 876.59	-6.20
10. 特殊风险保险	67 988.74	11.86	4 813.23	-87.44
11. 农业保险	55 716.47	8.69	45 816.39	-0.87
12. 健康险	37 079.97	7.88	24 806.77	51.62
其中：投资型健康险		999 999.00		999 999.00
13. 意外伤害保险	61 673.93	19.54	21 758.83	37.58
其中：投资型意外险	0.03	999 999.00	647.35	-36.02
14. 其他险	2 321.66	-3.57	3 443.51	48.00
合计	3 048 256.01	8.44	1 699 379.02	9.28

表 2.26　北京市各人身保险公司业务统计

单位：万元、%

公司	原保费收入	同比	退保金	同比	赔款支出	同比	死伤医疗给付	同比	满期给付	同比	年金给付	同比
国寿股份京分	727 312.39	0.01	147 713.06	0.84	1 681.54	-0.11	14 465.05	0.18	281 394.68	0.63	9 009.94	0.05
太保寿京分	396 453.67	-0.11	119 793.35	0.59	323.81	0.47	5 998.86	0.01	5 145.77	-0.10	14 677.53	0.27
平安寿京分	1 241 908.32	0.10	60 281.54	0.53	407.10	-0.10	41 996.36	0.15	119 028.60	-0.46	62 805.08	-0.01
新华京分	855 692.71	-0.12	257 393.24	0.43	2 877.79	0.77	15 305.35	0.17	65 351.28	-0.26	60 998.83	0.10
泰康京分	393 965.65	-0.16	77 228.83	0.75	2 341.57	0.98	6 691.21	0.22	13 648.68	2.87	28 935.21	0.14
太平人寿京分	338 603.78	0.41	34 191.96	0.63	46.97	-0.69	2 020.51	0.27	40 215.59	1.38	14 939.03	0.27
建信人寿京分	133 946.66	-0.14	7 995.18	10.13	71.15		85.37	11.20			0.29	
天安人寿京分（虚拟）	19 857.09	0.41	2 833.01	37.82			2.05					
光大永明京分	49 859.79	-0.21	15 613.57	0.01	1 319.14	2.20	1 210.28	0.07	2 098.02	22.96	1 089.85	0.54
民生人寿京分	29 443.23	-0.08	8 833.85	1.25	18.14	-0.66	439.25	0.26	10 952.18	0.58	1 286.96	0.50
生命人寿京分	104 830.37	-0.17	23 889.79	0.67	259.19	3.39	807.66	0.77	8 027.27	0.15	0.73	0.86
国寿存续京分	27 326.88	-0.00	918.58	-0.08	5.69	0.51	3 751.68	0.22	4 542.26	-0.13	32 533.63	-0.07
平安养老京分	71 221.18	0.05	336.25	5.53	4 731.45	0.82	0.38	-0.86			241.71	0.15
中融人寿京分	3 806.66	2.90	8.39	-0.81	0.35	0.16						
合众人寿京分	38 871.87	0.10	10 596.00	0.19	135.62	0.69	392.32	0.96	1 792.65	0.07	573.40	0.31
太平养老京分	18 808.29	0.36			580.04	1.13	546.21	1.90				
人保健康北分	41 669.91	0.18	616.13	7.30	4 460.04	6.70	105.45	0.33	2 778.62	-0.29		
华夏人寿京分	21 126.70	-0.05	1 394.55	-0.60	90.29	-0.21	834.21	0.61	61.40	0.59	740.48	2.71
正德人寿京分	1 541.39	-0.50	640.61	0.84	5.13		0.70	-0.27	14.48	16.68		
信泰京分	4 471.00	-0.16	810.35	2.60	12.97	1.91	29.94	-0.44	56.68	0.81		
农银人寿京分	78 147.78	0.61	4 194.45	0.93	24.96	-0.10	394.95	4.95	17 435.88	0.05	120.11	-0.65
长城京分	32 396.14	-0.16	9 863.75	1.04	39.21	0.80	320.40	0.92			542.29	0.15
昆仑健康京分	6 181.45	-0.14	45.10	1.18	622.99	2.07	44.25	1.57				
和谐健康京分	1 953.96	0.81					930.07	92.34				
人保寿险京分	487 918.41	0.13	119 616.10	5.81	2 127.10	2.87	49 644.11	5.32	3 164.20	-0.72	1 547.25	29.92
国华人寿京分	24 966.24	0.09	3 694.94	-0.53	1.34	-0.93	167.55	5.78	148.49		49.68	0.01
国寿养老京分（虚拟）												
英大人寿京分	26 154.11	-0.18	2 148.46	0.26	136.22	2.08	232.05	0.85	17.34		391.51	-0.10
泰康养老京分	1 830.31											

续表

公司	原保费收入	同比	退保金	同比	赔款支出	同比	死伤医疗给付	同比	满期给付	同比	年金给付	同比
幸福人寿京分	78 879. 81	0. 10	8 656. 47	0. 50	278. 70	0. 08	440. 27	0. 83	3 829. 18		64. 04	-0. 26
阳光人寿京分	141 034. 57	0. 35	48 075. 08	0. 15	4. 39	10. 31	1 435. 28	1. 08	4 691. 90	1. 30		
百年人寿京分	46 977. 88	0. 37	9 491. 30	0. 67	382. 02	4. 03	10. 57	-0. 52			101. 99	0. 56
中邮人寿京分	56 967. 01	0. 60	2 554. 60	0. 77			106. 98	0. 34			35. 23	1. 49
安邦人寿京分	17 326. 07	1. 88	1 446. 51	14. 95	3. 96	3. 00					1. 66	0. 14
弘康人寿京分（虚拟）	95 817. 70	6 172. 96	285. 97	28 363. 41								
中宏人寿京分	7 498. 57	0. 11	282. 78	0. 92	10. 23	1. 32	107. 75	0. 02	10. 00	-0. 91	127. 40	0. 43
中德安联京分	32 494. 51	0. 36	2 487. 03	-0. 16	9. 07	-0. 22	193. 45	0. 98	2 241. 14	37. 93	987. 03	1. 29
工银安盛京分	190 922. 53	1. 16	6 521. 73	1. 64	578. 38	-0. 24	270. 26	0. 86	10 295. 24	1. 03	2 211. 39	1. 45
信诚京分	105 164. 69	0. 16	3 324. 71	0. 01	424. 58	0. 42	2 337. 06	0. 47	1 690. 96	0. 07	35. 25	1. 07
交银康联京分	25 921. 26		257. 11						7. 65			
中意京分	241 799. 54	0. 15	27 891. 82	0. 05	1 927. 46	0. 51	772. 82	-0. 56	5 156. 97	59. 87	160 577. 84	0. 03
友邦京分	157 570. 98	0. 11	19 127. 17	-0. 05	408. 63	0. 19	3 341. 89	-0. 00	7 192. 98	85. 76	2 201. 38	0. 55
中荷人寿京分	64 878. 12	0. 20	4 376. 74	1. 12	4. 92	1. 04	457. 73	-0. 20	7 704. 39	-0. 42	150. 85	3. 77
中英人寿京分	60 417. 13	-0. 17	9 191. 03	-0. 10	701. 07	0. 83	928. 39	0. 51	3 733. 59	56. 46	1 611. 05	0. 37
海康人寿京分	25 239. 18	-0. 11	1 485. 16	0. 30	1 289. 85	1. 39	134. 94	-0. 31	920. 43		774. 28	0. 13
招商信诺京分	96 701. 37	1. 10	2 845. 46	0. 73	590. 45	1. 32	594. 45	1. 40			75. 10	0. 17
长生人寿京分	9 152. 51	-0. 10	631. 01	4. 17	95. 46	48. 52	21. 57	0. 27	8. 58			
恒安标准京分	13 279. 26	-0. 54	1 490. 20	2. 82	82. 64	0. 11	104. 18	-0. 10	2 481. 98		477. 67	0. 31
瑞泰人寿京分（虚拟）	4 075. 39	1. 59	61. 31	0. 19	3. 61		672. 18	4. 67				
中法人寿京分（虚拟）	1 056. 10	-0. 69	6 614. 34	0. 26			77. 71	-0. 06	10 892. 89	2. 352		
华泰人寿北分	24 335. 72	-0. 06	14 955. 90	1. 01	128. 08	0. 60	320. 43	0. 30	866. 01		259. 86	0. 33
国泰人寿京分	1 395. 26	-0. 11	35. 06	1. 19	17. 86	-0. 26	6. 99	-0. 83	0. 50		44. 93	0. 00
中美联泰京分	204 917. 10	0. 23	10 359. 34	0. 45	85. 48	2. 74	4 191. 25	0. 30	107. 42	0. 48	279. 33	2. 88
平安健康京分	11 413. 89	0. 51	32. 72	5. 00	621. 87	2. 23	226. 49	0. 47				
中航三星京分	20 812. 28	0. 07	1 066. 88	0. 46	172. 61	1. 20	121. 82	1. 92	53. 53		430. 93	0. 07
新光海航京分（虚拟）	22 562. 69	0. 05	4 001. 64	1. 01	44. 08	0. 07	161. 52	0. 48			123. 04	-0. 21
汇丰人寿京分	22 941. 51	1. 59	431. 13	17. 26			10. 00	-0. 87			146. 06	2. 69
合计	6 961 818. 59	0. 07	1 098 631. 22	0. 64	279 496. 78	0. 17	163 562. 23	0. 59	637 763. 58	8. 61	401 482. 02	6. 44

注：虚拟是指未设立北京分公司的保险公司在北京开展的业务。

表 2.27　北京市人身保险公司各险种保费收入与赔付支出统计

单位：万元

险种名称	原保险保费收入	赔款支出	死伤医疗给付	满期给付	年金给付	退保金
一、寿险小计	5 708 117.64		49 643.7	629 978.84	401 482.02	1 054 403.72
1. 普通寿险	529 539.86		19 928.01	34 537.81	128 361.77	63 231.36
（1）定期寿险	31 390.93		6 066.12	152.81		522.08
（2）两全寿险	333 959.87		4 542.51	33 114.91	18 502.75	18 803.57
（3）终身寿险	68 102.79		6 770.65	415.82		4 744.81
（4）年金保险	96 086.27		2 548.73	854.27	109 859.03	39 160.9
2. 分红寿险	5 134 858.02		25 474.58	590 767.39	272 519.1	990 438.56
（1）定期寿险						
（2）两全寿险	3 771 421.02		22 748.46	586 825.85	57 440.84	943 298.16
（3）终身寿险	227 272.43		1 593.44	30.45		7 442.91
（4）年金保险	1 136 164.58		1 132.68	3 911.1	215 078.26	39 697.49
3. 投资连结保险	4 761.99		465.4	423.67	0.02	120.21
4. 万能保险	38 957.76		3 775.71	4 249.97	601.13	613.59
二、意外伤害险小计	234 023.82	43 850.77				
1. 一年期以内业务	47 223.26	730.51				
2. 一年期业务	172 139.77	43 120.26				
3. 一年期以上业务						
三、健康险小计	1 019 677.14	235 646.01	113 918.53	7 784.74		44 227.5
1. 短期业务	361 710.58	235 646.01				
2. 长期业务	657 966.56		113 918.53	7 784.74		44 227.5
合计	6 961 818.59	279 496.78	163 562.23	637 763.58	401 482.02	1 098 631.22

注：以上统计表由中国保险监督管理委员会北京监管局提供。

表 2. 28　中国人民银行对金融机构存款利率

单位：年利率%

项目	2002 - 02 - 21	2003 - 12 - 21	2005 - 03 - 17	2006 - 04 - 28	2006 - 08 - 19	2007 - 03 - 18	2007 - 05 - 19	2007 - 07 - 21	2007 - 08 - 22	2007 - 09 - 15
一、金融机构存款										
准备金存款	1. 89	1. 89	1. 89	1. 89	1. 89	1. 89	1. 89	1. 89	1. 89	1. 89
超额准备金	1. 89	1. 62	0. 99	0. 99	0. 99	0. 99	0. 99	0. 99	0. 99	0. 99
欠交准备金①	按日利率万分之六计收利息	同前								
二、保险公司存款	1. 89	1. 89		1. 89	1. 89	1. 89	1. 89	1. 89	1. 89	1. 89
三、邮政储蓄转存款②	4. 347	4. 131				同前				
项目	2007 - 12 - 21	2008 - 11 - 27	2008 - 12 - 23	2009 - 12 - 31	2010 - 10 - 20	2010 - 12 - 26	2011 - 02 - 09	2011 - 04 - 06	2011 - 07 - 07	
一、金融机构存款										
准备金存款	1. 89	1. 62	1. 62	1. 62	1. 62	1. 62	1. 62	1. 62	1. 62	
超额准备金	0. 99	0. 72	0. 72	0. 72	0. 72	0. 72	0. 72	0. 72	0. 72	
欠交准备金										
二、保险公司存款	1. 89									
三、邮政储蓄转存款										

注：①2004 年 12 月 30 日银发〔2004〕302 号文，规定金融机构未按照中国人民银行规定交存存款准备金的，按照相关法规规定处罚；依法减轻处罚的，对其欠交存款准备金不足部分按每日万分之六的比例处以罚款。

②2002 年 12 月 31 日银发〔2002〕393 号文，规定从 2003 年 1 月 1 日起邮政储蓄转存款利率暂调整为 4. 131%。2003 年 9 月 1 日银发〔2003〕177 号文，规定自 2003 年 8 月 1 日起，邮政储蓄新增存款转存人民银行的部分，按照金融机构准备金存款利率（年利率为 1. 89%）计息；此前的邮政储蓄在人民银行的转存款暂按现行转存款利率计息（年利率为 4. 131%）。

表 2.29　中国人民银行对金融机构贷款利率

单位：年利率%

项目	2002－02－21	2004－03－25	2005－01－01	2006－04－28	2006－08－19	2007－03－18	2007－05－19	2007－07－21	2007－08－22	2007－09－15
一、对金融机构贷款										
1. 再贷款（不含农村信用社）①										
二十天以内	2.7	3.33								
三个月以内	2.97	3.6								
六个月以内	3.15	3.78								
一年	3.24	3.87								
2. 再贴现	2.97	3.24								
3. 逾期贷款	按日利率万分之五计收利息	同前	同前	同前	同前	同前	同前	同前	同前	同前
二、对农村信用社再贷款②										
二十天以内	1.71	1.71	2.7	3.015	3.015					
三个月以内	1.98	1.98	2.97	3.285	3.285					
六个月以内	2.16	2.16	3.15	3.465	3.465					
一年	2.25	2.25	3.24	3.555	3.555					

项目	2007－12－21	2008－01－01	2008－11－27	2008－12－23	2009－12－31	2010－10－20	2010－12－26	2011－02－09	2011－04－06	2011－07－07
一、对金融机构贷款										
1. 再贷款（不含农村信用社）										
二十天以内		4.14	3.06	2.79	2.79	2.79	3.25	3.25	3.25	3.25
三个月以内		4.41	3.33	3.06	3.06	3.06	3.55	3.55	3.55	3.55
六个月以内		4.59	3.51	3.24	3.24	3.24	3.75	3.75	3.75	3.75
一年		4.68	3.6	3.33	3.33	3.33	3.85	3.85	3.85	3.85
2. 再贴现		4.32	2.97	1.8	1.8	1.8	2.25	2.25	2.25	2.25
3. 逾期贷款	同前	同前	同前	同前	同前	同前	同前	同前	同前	同前
二、对农村信用社再贷款										
二十天以内		3.42	2.88	2.34	2.34	2.34	2.8	2.8	2.8	2.8
三个月以内		3.69	3.15	2.61	2.61	2.61	3.05	3.05	3.05	3.05
六个月以内		3.87	3.33	2.79	2.79	2.79	3.25	3.25	3.25	3.25
一年		3.96	3.42	2.88	2.88	2.88	3.35	3.35	3.35	3.35

注：①2004 年 3 月 24 日银发〔2004〕59 号文，决定从 2004 年 3 月 25 日起，用于金融机构头寸调节和短期流动性支持的各档次再贷款利率，在现行再贷款基准利率基础上加 0.63 个百分点。其中，20 天以内再贷款利率为 3.33%，3 个月以内为 3.6%，6 个月以内为 3.78%，1 年以内为 3.87%。

②2004 年 3 月 24 日银发〔2004〕59 号文，农村信用社再贷款（不含紧急贷款）浮息采取逐步到位的政策。2004 年，保持现行农村信用社再贷款利率政策不变，即在再贷款基准利率基础上下浮 0.99 个百分点；2005 年 1 月 1 日起，农村信用社再贷款利率执行再贷款基准利率；2006 年 1 月 1 日起，农村信用社再贷款利率在再贷款基准利率基础上加点，加点幅度按同期人民银行确定的流动性再贷款利率加点幅度减半执行。农村信用社再贷款按合同利率执行到期，合同期内不分段计息。

表 2.30　金融机构存

项目	2002－02－21	2004－10－29	2006－04－28	2006－08－19	2007－03－18	2007－05－19	2007－07－21	2007－08－22	2007－09－15	2007－12－21
一、活期存款	0.72	0.72	0.72	0.72	0.72	0.72	0.81	0.81	0.81	0.72
二、定期存款										
1. 整存整取										
三个月	1.71	1.71	1.71	1.8	1.98	2.07	2.34	2.61	2.88	3.33
半年	1.89	2.07	2.07	2.25	2.43	2.61	2.88	3.15	3.42	3.78
一年	1.98	2.25	2.25	2.52	2.79	3.06	3.33	3.6	3.87	4.14
二年	2.25	2.7	2.7	3.06	3.33	3.69	3.96	4.23	4.5	4.68
三年	2.52	3.24	3.24	3.69	3.96	4.41	4.68	4.95	5.22	5.4
五年	2.79	3.6	3.6	4.14	4.41	4.95	5.22	5.49	5.76	5.85
2. 零存整取、整存零取、存本取息										
一年	1.71	1.71	1.71	1.8	1.98	2.07	2.34	2.61	2.88	3.33
三年	1.89	2.07	2.07	2.25	2.43	2.61	2.88	3.15	3.42	3.78
五年	1.98	2.25	2.25	2.52	2.79	3.06	3.33	3.6	3.87	4.14
3. 定活两便	按一年以内定期整存整取同档次利率60%执行	按一年以内定期整存整取同档次利率60%执行	同前	同前	同前	同前	同前	同前	同前	同前
三、协定存款	1.44	1.44	1.44	1.44	1.44	1.44	1.53	1.53	1.53	1.53
四、通知存款										
一天	1.08	1.08	1.08	1.08	1.08	1.08	1.17	1.17	1.17	1.17
七天	1.62	1.62	1.62	1.62	1.62	1.62	1.71	1.71	1.71	1.71

注：自2012年6月8日起，金融机构存款利率浮动区间由基准利率的［0，1］倍调整为［0，1.1］倍。

款利率

单位：年利率%

2008－10－09	2008－10－30	2008－11－27	2008－12－23	2009－12－31	2010－10－20	2010－12－26	2011－02－09	2011－04－06	2011－07－07	2012－06－08	2012－07－06
0.72	0.72	0.36	0.36	0.36	0.36	0.36	0.40	0.50	0.50	0.40	0.35
3.15	2.88	1.98	1.71	1.71	1.91	2.25	2.60	2.85	3.10	2.85	2.60
3.51	3.24	2.25	1.98	1.98	2.2	2.5	2.80	3.05	3.30	3.05	2.80
3.87	3.6	2.52	2.25	2.25	2.5	2.75	3.00	3.25	3.50	3.25	3.00
4.41	4.14	3.06	2.79	2.79	3.25	3.55	3.90	4.15	4.40	4.10	3.75
5.13	4.77	3.6	3.33	3.33	3.85	4.15	4.50	4.75	5.00	4.65	4.25
5.58	5.13	3.87	3.6	3.6	4.2	4.55	5.00	5.25	5.50	5.10	4.75
3.15	2.88	1.98	1.71	1.71	1.91	2.25	2.60	2.85	3.10	2.85	2.60
3.51	3.24	2.25	1.98	1.98	2.2	2.5	2.80	3.05	3.30	3.05	2.80
3.87	3.6	2.52	2.25	2.25	2.5	2.75	3.00	3.25	3.50	3.25	3.00
同前	同前	同前	同前	同前	同前	同前	同前	同前	同前	同前	同前
1.53	1.53	1.17	1.17	1.17	1.17	1.17	1.21	1.31	1.31	1.21	1.15
1.17	1.17	0.81	0.81	0.81	0.81	0.81	0.85	0.95	0.95	0.85	0.80
1.71	1.71	1.35	1.35	1.35	1.35	1.35	1.39	1.49	1.49	1.39	1.35

表2.31　金融机构贷

项目	2002-02-21	2004-10-29	2005-03-17	2006-04-28	2006-08-19	2007-03-18	2007-05-19	2007-07-21	2007-08-22	2007-09-15	2007-12-21
一、短期贷款											
六个月以内（含六个月）	5.04	5.22	5.22	5.4	5.58	5.67	5.85	6.03	6.21	6.48	6.57
六个月至一年（含一年）	5.31	5.58	5.58	5.85	6.12	6.39	6.57	6.84	7.02	7.29	7.47
二、中长期贷款											
一至三年（含三年）	5.49	5.76	5.76	6.03	6.3	6.57	6.75	7.02	7.2	7.47	7.56
三至五年（含五年）	5.58	5.85	5.85	6.12	6.48	6.75	6.93	7.2	7.38	7.65	7.74
五年以上	5.76	6.12	6.12	6.39	6.84	7.11	7.2	7.38	7.56	7.83	7.83
三、贴现	在再贴现利率基础上，按不超过同期贷款利率（含浮动）加点	在再贴现利率基础上，按不超过同期贷款利率（含浮动）加点	同前	同前	同前	同前	同前	同前	同前	同前	同前
四、个人住房贷款											
1. 个人住房公积金贷款											
五年以下（含五年）	3.6	3.78	3.96	4.14	4.14	4.32	4.41	4.5	4.59	4.77	4.77
五年以上	4.05	4.23	4.41	4.59	4.59	4.77	4.86	4.95	5.04	5.22	5.22
2. 自营性个人住房贷款①											
五年以下（含五年）	4.77	4.95	取消优惠利率，改按商业性贷款利率执行	同前	同前	同前	同前	同前	同前	同前	同前
五年以上	5.04	5.31									

注：①自2006年8月19日起，商业银行个人住房贷款利率的下限扩大为贷款基准利率的0.85倍，自2008年10月27日起，商业银行个人住房贷款利率的下限扩大为贷款基准利率的0.7倍，其他商业性贷款利率下限仍保持0.9倍不变。②自2012年6月8日起，金融机构贷款利率的下限由基准利率的0.9倍调整为0.8倍。③自2012年7月6日起，金融机构贷款利率的下限由基准利率的0.8倍调整为0.7倍。④自2013年7月20日起，取消金融机构贷款利率0.7倍的下限，个人住房贷款利率仍保持原区间不变；取消票据贴现利率管制，改变贴现利率在再贴现利率基础上加点确定的方式，由金融机构自主确定；取消农村信用社贷款利率2.3倍的上限。

以上统计表由中国人民银行营业管理部货币信贷管理处提供。

款利率

单位：年利率%

2008－09－16	2008－10－09	2008－10－30	2008－11－27	2008－12－23	2009－12－31	2010－10－20	2010－12－26	2011－02－09	2011－04－06	2011－07－07	2012－06－08	2012－07－06	2013－07－20
											②	③	④
6.21	6.12	6.03	5.04	4.86	4.86	5.1	5.35	5.60	5.85	6.10	5.85	5.60	同前
7.2	6.93	6.66	5.58	5.31	5.31	5.56	5.81	6.06	6.31	6.56	6.31	6.00	
											②	③	④
7.29	7.02	6.75	5.67	5.4	5.4	5.6	5.85	6.10	6.40	6.65	6.40	6.15	
7.56	7.29	7.02	5.94	5.76	5.76	5.96	6.22	6.45	6.65	6.90	6.90	6.40	同前
7.74	7.47	7.2	6.12	5.94	5.94	6.14	6.4	6.60	6.80	7.05	6.80	6.55	
同前	同前	同前	同前	同前	同前	同前	同前	同前	同前	同前	同前	同前	改变贴现利率在再贴现利率基础上加点确定的方式，由金融机构自主确定④
4.59	4.32	4.05	3.51	3.33	3.33	3.5	3.75	4.00	4.20	4.45	4.20	4.00	同前
5.13	4.86	4.59	4.05	3.87	3.87	4.05	4.3	4.50	4.70	4.90	4.70	4.50	
同前	同前	同前	同前	同前	同前	同前	同前	同前	同前	同前	同前	同前	同前

表 2.32　2013 年中国人民银行发行普通纪念币一览表

名称	发行日期	材质	规格	面值（元）	图案		铸造数量（万枚）
					正面	背面	
2013 年贺岁普通纪念币	2013－01－09	黄铜合金	直径 25mm	1	主景为“中国人民银行”行名、“1元”和汉语拼音字母“YIYUAN”及“2013”年号	主景图案为手持玩具蛇的小男孩与放风筝的小女孩在嬉戏，其下方刊“癸巳”字样	8 000
“和”字书法——行书普通纪念币	2013－09－23	黄铜合金	直径 30mm	5	主景为国徽，内缘上方刊“中华人民共和国”国名，下方刊“伍圆”面额和“2013”年号	主景图案为“和”字的行书书法，衬景图案为书法的飞白，内缘右上方为“和”字的五种书法字体	5 000
2014 年贺岁普通纪念币	2013－12－24	黄铜合金	直径 25mm	1	主景为“中国人民银行”行名、“1元”和汉语拼音字母“YIYUAN”及“2013”年号	主景图案为一个手持寓意“吉庆有余”挂件的小女孩骑在木马上，其右方刊“甲午”字样	10 000

注：本统计表由北京市钱币学会提供。

（三）金融机构业务统计

表 3.1 国家开发银行北京市分行人民币信贷收支统计

单位：万元

项目名称	余额	比年初	项目名称	余额	比年初
一、各项存款	2 653 930	-1 435 542	一、各项贷款	47 342 672	2 723 207
1. 单位存款	2 645 092	-1 044 381	（一）境内贷款	47 340 695	2 721 230
其中：活期存款	979 472	-1 102 804	1. 短期贷款	9 553 328	29 531 39
定期存款	1 065 173	-293 492	（1）个人贷款及透支		
通知存款	312 680	303 035	其中：个人消费贷款		
保证金存款	2 722	-8 367	（2）单位普通贷款及透支	9 470 715	2 938 646
2. 个人存款			其中：经营贷款	3 067 466	420 103
储蓄存款			固定资产贷款	6 403 249	2 518 543
保证金存款			（3）普通并购贷款		
结构性存款			（4）银团贷款	53 000	-15 120
3. 临时性存款	651	651	（5）贸易融资	29 613	29 613
4. 其他存款	8 188	-391 812	（6）境外筹资转贷款		
二、代理财政性存款			2. 中长期贷款	37 787 368	-231 910
三、金融债券			（1）个人贷款		
其中：境外发行			其中：个人消费贷款		
四、中长期借款			（2）单位普通贷款	30 425 987	-2 223 222
其中：境外借款			其中：经营贷款	2 111 020	-849 380
五、应付及暂收款	74 548	7 290	固定资产贷款	28 314 967	-1 373 843
其中：应付利息	16 249	5 211	（3）普通并购贷款	1 106 460	129 251
六、卖出回购资产			（4）银团贷款	6 254 920	1 862 062
七、向中央银行借款			（5）贸易融资		
八、同业往来（来源方）	73 270	46 881	（6）境外筹资转贷款		
1. 同业存放	73 270	46 881	3. 融资租赁		
其中：境外同业存放			4. 票据融资		
2. 同业拆借			其中：贴现		
其中：境外同业拆借			5. 各项垫款		
九、境外联行往来（来源方）			（二）境外贷款	1 977	1 977
十、外汇买卖（来源方）	98 554	66 967	二、有价证券		
其中：结售汇	98 554	66 967	三、股权及其他投资	7 500	
十一、委托存款及委托投资基金（净）			四、应收及预付款	121 733	7 219
1. 委托存款及委托投资基金	250 000	-125 000	其中：应收利息	121 052	7 566
2. 减：委托贷款及委托投资	250 000	-125 000	五、买入返售资产		
十二、代理金融机构委托贷款基金			六、存放中央准备金存款	229 874	-1 257 422
其中：中央银行委托贷款基金			七、存放中央银行特种存款		
十三、各项准备	1 263 393	149 792	八、缴存中央银行财政性存款		
其中：贷款损失准备	1 263 393	149 792	九、同业往来	1 500 000	200 000
十四、所有者权益	728 974	-736 512	1. 存放同业	200 000	
其中：实收资本			其中：存放境外同业		
十五、其他	44 416 425	3 187 134	2. 拆放同业	1 300 000	200 000
			其中：拆放境外同业		
			十、境外联行往来（运用方）		
			十一、代理金融机构贷款		
			其中：代理人行专项贷款		
			十二、库存现金		
			十三、外汇买卖（运用方）	107 316	-386 994
			其中：结售汇	98 554	66 967
			十四、投资性房地产		
资金来源总计	49 309 095	1 286 010	资金运用总计	49 309 095	1 286 010

表 3.2　中国进出口银行北京分行人民币信贷收支统计

单位：万元

项目名称	余额	比年初	项目名称	余额	比年初
一、各项存款	59 648	1 902	一、各项贷款	4 988 812	849 879
1. 单位存款	59 648	1 902	（一）境内贷款	4 988 812	849 879
其中：活期存款	13 091	-6 606	1. 短期贷款	539 200	-86 594
定期存款	5 000	5 000	（1）个人贷款及透支		
通知存款	2 600	2 600	其中：个人消费贷款		
保证金存款	38 957	908	（2）单位普通贷款及透支	22 000	-60 000
2. 个人存款			其中：经营贷款	22 000	-60 000
储蓄存款			固定资产贷款		
保证金存款			（3）普通并购贷款		
结构性存款			（4）银团贷款		
3. 临时性存款			（5）贸易融资	517 200	-26 594
4. 其他存款			（6）境外筹资转贷款		
二、代理财政性存款			2. 中长期贷款	4 449 613	936 473
三、金融债券			（1）个人贷款		
其中：境外发行			其中：个人消费贷款		
四、中长期借款			（2）单位普通贷款	2 347 937	499 177
其中：境外借款			其中：经营贷款	2 347 937	499 177
五、应付及暂收款	11 497	2 691	固定资产贷款		
其中：应付利息	5 947	1 167	（3）普通并购贷款		
六、卖出回购资产			（4）银团贷款	299 930	97 518
七、向中央银行借款			（5）贸易融资	1 796 320	340 520
八、同业往来（来源方）			（6）境外筹资转贷款	5 426	-742
1. 同业存放			3. 融资租赁		
其中：境外同业存放			4. 票据融资		
2. 同业拆借			其中：贴现		
其中：境外同业拆借			5. 各项垫款		
九、境外联行往来（来源方）			（二）境外贷款		
十、外汇买卖（来源方）			二、有价证券		
其中：结售汇			三、股权及其他投资		
十一、委托存款及委托投资基金（净）			四、应收及预付款	13 135	3 667
1. 委托存款及委托投资基金			其中：应收利息	12 393	3 665
2. 减：委托贷款及委托投资			五、买入返售资产		
十二、代理金融机构委托贷款基金			六、存放中央准备金存款	6 517	-7 066
其中：中央银行委托贷款基金			七、存放中央银行特种存款		
十三、各项准备	109 766	6 686	八、缴存中央银行财政性存款		
其中：贷款损失准备	109 040	6 686	九、同业往来		-29
十四、所有者权益	69 424	69 424	1. 存放同业		-29
其中：实收资本			其中：存放境外同业		
十五、其他	4 758 134	765 751	2. 拆放同业		
			其中：拆放境外同业		
			十、境外联行往来（运用方）		
			十一、代理金融机构贷款		
			其中：代理人行专项贷款		
			十二、库存现金		
			十三、外汇买卖（运用方）		
			其中：结售汇		
			十四、投资性房地产		
资金来源总计	5 008 469	846 453	资金运用总计	5 008 469	846 453

表 3.3　中国农业发展银行北京市分行人民币信贷收支统计

单位：万元

项目名称	余额	比年初	项目名称	余额	比年初
一、各项存款	787 190	-69 472	一、各项贷款	4 247 901	586 318
1. 单位存款	787 190	-69 472	（一）境内贷款	4 247 901	586 318
其中：活期存款	555 878	-100 326	1. 短期贷款	1 175 178	44 874
定期存款	222 620	24 777	（1）个人贷款及透支		
通知存款	4 057	4 057	其中：个人消费贷款		
保证金存款	4 635	2 020	（2）单位普通贷款及透支	1 175 178	44 874
2. 个人存款			其中：经营贷款	1 175 178	44 874
储蓄存款			固定资产贷款		
保证金存款			（3）普通并购贷款		
结构性存款			（4）银团贷款		
3. 临时性存款			（5）贸易融资		
4. 其他存款			（6）境外筹资转贷款		
二、代理财政性存款	76 691	20 300	2. 中长期贷款	2 765 613	595 840
三、金融债券			（1）个人贷款		
其中：境外发行			其中：个人消费贷款		
四、中长期借款			（2）单位普通贷款	2 610 263	695 840
其中：境外借款			其中：经营贷款		
五、应付及暂收款	6 329	459	固定资产贷款	2 610 263	695 840
其中：应付利息		-31	（3）普通并购贷款		
六、卖出回购资产			（4）银团贷款	155 350	-100 000
七、向中央银行借款			（5）贸易融资		
八、同业往来（来源方）	2 319	810	（6）境外筹资转贷款		
1. 同业存放	2 319	810	3. 融资租赁		
其中：境外同业存放			4. 票据融资	307 110	-54 396
2. 同业拆借			其中：贴现	307 110	-54 396
其中：境外同业拆借			5. 各项垫款		
九、境外联行往来（来源方）			（二）境外贷款		
十、外汇买卖（来源方）		15	二、有价证券		
其中：结售汇		15	三、股权及其他投资		
十一、委托存款及委托投资基金（净）			四、应收及预付款	2 118	1 788
1. 委托存款及委托投资基金			其中：应收利息	2 071	2 071
2. 减：委托贷款及委托投资			五、买入返售资产		
十二、代理金融机构委托贷款基金			六、存放中央准备金存款	7 355	-897
其中：中央银行委托贷款基金			七、存放中央银行特种存款		
十三、各项准备			八、缴存中央银行财政性存款		
其中：贷款损失准备			九、同业往来	3 939	-299 026
十四、所有者权益	90 741	6 694	1. 存放同业	3 939	-299 026
其中：实收资本			其中：存放境外同业		
十五、其他	3 298 306	329 373	2. 拆放同业		
			其中：拆放境外同业		
			十、境外联行往来（运用方）		
			十一、代理金融机构贷款		
			其中：代理人行专项贷款		
			十二、库存现金	262	-4
			十三、外汇买卖（运用方）		
			其中：结售汇		
			十四、投资性房地产		
资金来源总计	4 261 575	288 179	资金运用总计	4 261 575	288 179

表3.4 中国工商银行北京市分行人民币信贷收支统计

单位：万元

项目名称	余额	比年初	项目名称	余额	比年初
一、各项存款	229 490 494	12 005 602	一、各项贷款	46 867 002	4 814 577
1. 单位存款	150 685 356	24 216 547	（一）境内贷款	46 830 628	4 811 639
其中：活期存款	35 064 859	-9 337 090	1. 短期贷款	11 162 213	2 867 593
定期存款	90 936 328	30 278 866	（1）个人贷款及透支	53 688	-32 127
通知存款	8 982 560	985 231	其中：个人消费贷款	27 392	556
保证金存款	192 985	6 908	（2）单位普通贷款及透支	7 077 491	2 024 637
2. 个人存款	76 184 479	-11 458 264	其中：经营贷款	7 063 779	2 011 244
储蓄存款	71 089 439	2 558 424	固定资产贷款	13 271	12 951
保证金存款	11 673	333	（3）普通并购贷款		
结构性存款	5 083 367	-14 017 021	（4）银团贷款		
3. 临时性存款	30 144	-31 195	（5）贸易融资	4 031 033	875 083
4. 其他存款	2 590 514	-721 486	（6）境外筹资转贷款		
二、代理财政性存款	7 295 434	1 819 538	2. 中长期贷款	35 288 651	1 979 602
三、金融债券			（1）个人贷款	8 502 215	1 464 511
其中：境外发行			其中：个人消费贷款	7 514 151	1 139 685
四、中长期借款			（2）单位普通贷款	25 103 884	581 416
其中：境外借款			其中：经营贷款	3 013 830	-899 706
五、应付及暂收款	5 813 143	1 613 908	固定资产贷款	22 090 055	1 481 122
其中：应付利息	3 750 248	1 000 676	（3）普通并购贷款	950 394	57 609
六、卖出回购资产			（4）银团贷款	732 159	-123 933
七、向中央银行借款		-13 779	（5）贸易融资		
八、同业往来（来源方）	22 075 349	-3 255 018	（6）境外筹资转贷款		
1. 同业存放	22 058 744	-3 200 323	3. 融资租赁		
其中：境外同业存放	456 935	446 310	4. 票据融资	379 764	-35 556
2. 同业拆借	16 605	-54 695	其中：贴现	379 764	-35 556
其中：境外同业拆借	16 605	-54 695	5. 各项垫款		
九、境外联行往来（来源方）			（二）境外贷款	36 374	2 939
十、外汇买卖（来源方）	22 721 574	22 605 581	二、有价证券	32 180 434	-542 194
其中：结售汇	22 721 574	22 605 581	三、股权及其他投资	24 105 735	14 331 849
十一、委托存款及委托投资基金（净）	39	8	四、应收及预付款	-29 512 087	-30 362 166
1. 委托存款及委托投资基金	8 986 148	312 927	其中：应收利息	885 625	143 738
2. 减：委托贷款及委托投资	8 986 109	312 920	五、买入返售资产	764 571	-4 239 879
十二、代理金融机构委托贷款基金	55 000	55 000	六、存放中央准备金存款	502 512	-1 280 289
其中：中央银行委托贷款基金			七、存放中央银行特种存款		
十三、各项准备	859 887	66 962	八、缴存中央银行财政性存款	11 389 958	4 471 765
其中：贷款损失准备	845 848	66 945	九、同业往来	23 016 576	19 608 566
十四、所有者权益	1 781 504	-391 385	1. 存放同业		-480 000
其中：实收资本			其中：存放境外同业		
十五、其他	-157 557 817	-4 969 202	2. 拆放同业	23 016 576	20 088 566
			其中：拆放境外同业		
			十、境外联行往来（运用方）		
			十一、代理金融机构贷款	55 000	55 000
			其中：代理人行专项贷款		
			十二、库存现金	489 043	18 460
			十三、外汇买卖（运用方）	22 675 862	22 661 526
			其中：结售汇	22 661 983	22 647 656
			十四、投资性房地产		
资金来源总计	132 534 606	29 537 215	资金运用总计	132 534 606	29 537 215

表 3.5　中国农业银行北京市分行人民币信贷收支统计

单位：万元

项目名称	余额	比年初	项目名称	余额	比年初
一、各项存款	63 274 350	7 365 675	一、各项贷款	26 270 362	3 034 853
1. 单位存款	32 449 586	5 359 264	（一）境内贷款	26 265 488	3 035 405
其中：活期存款	13 185 052	1 415 495	1. 短期贷款	7 774 573	405 846
定期存款	7 847 363	1 332 482	（1）个人贷款及透支	526 078	190 724
通知存款	1 575 504	311 154	其中：个人消费贷款	378 384	132 911
保证金存款	223 596	-53 273	（2）单位普通贷款及透支	6 942 743	122 436
2. 个人存款	23 215 968	2 373 448	其中：经营贷款	6 919 421	173 722
储蓄存款	20 994 640	1 124 780	固定资产贷款	23 319	-51 281
保证金存款	6	5	（3）普通并购贷款		
结构性存款	2 221 322	1 248 663	（4）银团贷款	10 755	321
3. 临时性存款	8 159	-1 103	（5）贸易融资	294 997	92 365
4. 其他存款	7 600 637	-365 934	（6）境外筹资转贷款		
二、代理财政性存款	3 357	2 868	2. 中长期贷款	18 109 638	2 342 074
三、金融债券			（1）个人贷款	3 803 059	938 152
其中：境外发行			其中：个人消费贷款	3 599 301	863 100
四、中长期借款			（2）单位普通贷款	11 604 569	1 642 918
其中：境外借款			其中：经营贷款	2 208 481	953 070
五、应付及暂收款	1 118 608	165 550	固定资产贷款	9 396 088	689 848
其中：应付利息	871 746	156 475	（3）普通并购贷款	468 135	-209 320
六、卖出回购资产			（4）银团贷款	2 233 876	-29 676
七、向中央银行借款			（5）贸易融资		
八、同业往来（来源方）	6 222 043	2 497 560	（6）境外筹资转贷款		
1. 同业存放	6 207 043	2 497 108	3. 融资租赁		
其中：境外同业存放			4. 票据融资	380 642	290 086
2. 同业拆借	15 000	452	其中：贴现	380 642	290 086
其中：境外同业拆借	15 000	452	5. 各项垫款	635	-2 600
九、境外联行往来（来源方）			（二）境外贷款	4 874	-552
十、外汇买卖（来源方）	7 654 087	3 694 285	二、有价证券	1 969 981	1 426 608
其中：结售汇	7 654 087	3 694 285	三、股权及其他投资		
十一、委托存款及委托投资基金（净）		-5	四、应收及预付款	133 762	44 390
1. 委托存款及委托投资基金	9 393 376	583 975	其中：应收利息	97 977	30 040
2. 减：委托贷款及委托投资	9 393 376	583 980	五、买入返售资产	959 479	686 261
十二、代理金融机构委托贷款基金	1 896 024	1 037 240	六、存放中央准备金存款	179 708	97 261
其中：中央银行委托贷款基金			七、存放中央银行特种存款		
十三、各项准备	556 983	38 718	八、缴存中央银行财政性存款	8 316	602
其中：贷款损失准备	541 763	36 432	九、同业往来	3 432 000	600 000
十四、所有者权益	1 110 143	125 475	1. 存放同业	1 625 000	265 000
其中：实收资本			其中：存放境外同业		
十五、其他	-39 135 450	-4 289 277	2. 拆放同业	1 807 000	335 000
			其中：拆放境外同业		
			十、境外联行往来（运用方）		
			十一、代理金融机构贷款	1 896 024	1 037 240
			其中：代理人行专项贷款		
			十二、库存现金	220 740	26 665
			十三、外汇买卖（运用方）	7 629 774	3 684 207
			其中：结售汇	7 629 774	3 684 207
			十四、投资性房地产		
资金来源总计	42 700 146	10 638 087	资金运用总计	42 700 146	10 638 087

表 3.6 中国银行北京市分行人民币信贷收支统计

单位：万元

项目名称	余额	比年初	项目名称	余额	比年初
一、各项存款	57 321 675	5 946 428	一、各项贷款	21 949 197	2 465 833
1. 单位存款	33 709 507	4 488 446	（一）境内贷款	21 886 757	2 480 478
其中：活期存款	8 866 640	744 437	1. 短期贷款	6 465 359	1 986 284
定期存款	16 197 933	2 545 361	（1）个人贷款及透支	872 621	310 332
通知存款	2 327 150	935 982	其中：个人消费贷款	865 160	306 435
保证金存款	585 919	-26 258	（2）单位普通贷款及透支	4 983 173	1 391 813
2. 个人存款	16 828 709	973 654	其中：经营贷款	4 983 173	1 391 813
储蓄存款	16 821 983	969 673	固定资产贷款		
保证金存款	6 726	3 981	（3）普通并购贷款		
结构性存款			（4）银团贷款	88 750	58 750
3. 临时性存款	185 212	-5 416	（5）贸易融资	520 815	225 389
4. 其他存款	6 598 247	489 744	（6）境外筹资转贷款		
二、代理财政性存款	9 963	8 262	2. 中长期贷款	15 024 434	723 299
三、金融债券			（1）个人贷款	4 031 739	187 049
其中：境外发行			其中：个人消费贷款	3 846 023	124 841
四、中长期借款			（2）单位普通贷款	8 829 527	307 120
其中：境外借款			其中：经营贷款	1 536 416	218 818
五、应付及暂收款	2 460 440	1 529 893	固定资产贷款	7 293 111	88 302
其中：应付利息	2 208 649	1 516 137	（3）普通并购贷款	204 800	-11 888
六、卖出回购资产			（4）银团贷款	1 611 958	300 151
七、向中央银行借款			（5）贸易融资	346 410	-59 133
八、同业往来（来源方）	9 012 319	-4 273 405	（6）境外筹资转贷款		
1. 同业存放	9 012 319	-4 273 405	3. 融资租赁		
其中：境外同业存放	1 276	-61	4. 票据融资	396 964	-229 106
2. 同业拆借			其中：贴现	396 964	-229 106
其中：境外同业拆借			5. 各项垫款		
九、境外联行往来（来源方）			（二）境外贷款	62 440	-14 645
十、外汇买卖（来源方）			二、有价证券	36 391	-46 010
其中：结售汇			三、股权及其他投资		
十一、委托存款及委托投资基金（净）			四、应收及预付款	2 038 715	1 878 612
1. 委托存款及委托投资基金	10 519 437	-1 846 999	其中：应收利息	1 981 475	1 880 678
2. 减：委托贷款及委托投资	10 519 437	-1 846 999	五、买入返售资产		
十二、代理金融机构委托贷款基金			六、存放中央准备金存款	11 693 581	10 278 724
其中：中央银行委托贷款基金			七、存放中央银行特种存款		
十三、各项准备	562 297	72 144	八、缴存中央银行财政性存款	25 847	-4 702
其中：贷款损失准备	514 860	65 692	九、同业往来	8 586 825	-4 457 028
十四、所有者权益	326 930	326 930	1. 存放同业	4 966 739	609 910
其中：实收资本			其中：存放境外同业		
十五、其他	-25 070 195	6 497 597	2. 拆放同业	3 620 086	-5 066 938
			其中：拆放境外同业		
			十、境外联行往来（运用方）		
			十一、代理金融机构贷款		
			其中：代理人行专项贷款		
			十二、库存现金	292 873	-7 581
			十三、外汇买卖（运用方）		
			其中：结售汇		
			十四、投资性房地产		
资金来源总计	44 623 429	10 107 849	资金运用总计	44 623 429	10 107 849

表 3.7　中国建设银行北京市分行人民币信贷收支统计

单位：万元

项目名称	余额	比年初	项目名称	余额	比年初
一、各项存款	91 805 549	1 336 528	一、各项贷款	39 788 386	3 447 628
1. 单位存款	56 600 167	-1 083 026	（一）境内贷款	39 756 995	3 449 923
其中：活期存款	19 012 034	-199 024	1. 短期贷款	12 279 470	718 214
定期存款	13 756 069	837 391	（1）个人贷款及透支	240 170	-156 940
通知存款	5 724 636	-848 260	其中：个人消费贷款	152 308	-76 521
保证金存款	716 891	227 507	（2）单位普通贷款及透支	10 963 088	1 369 799
2. 个人存款	31 946 933	2 649 849	其中：经营贷款	10 952 064	1 360 778
储蓄存款	30 157 823	3 070 978	固定资产贷款	5 500	5 500
保证金存款	322	-26	（3）普通并购贷款		
结构性存款	1 788 788	-421 104	（4）银团贷款		
3. 临时性存款	10 099	2 422	（5）贸易融资	1 076 212	-494 645
4. 其他存款	3 248 350	-232 717	（6）境外筹资转贷款		
二、代理财政性存款	23 623	11 783	2. 中长期贷款	26 935 742	2 995 616
三、金融债券			（1）个人贷款	7 619 208	1 339 647
其中：境外发行			其中：个人消费贷款	6 901 429	1 181 543
四、中长期借款			（2）单位普通贷款	18 738 379	1 773 575
其中：境外借款			其中：经营贷款	2 262 090	-675 831
五、应付及暂收款	1 472 501	225 264	固定资产贷款	16 476 289	2 449 406
其中：应付利息	1 190 910	213 867	（3）普通并购贷款	573 400	-121 570
六、卖出回购资产			（4）银团贷款		
七、向中央银行借款			（5）贸易融资	4 756	3 964
八、同业往来（来源方）	18 314 270	-141 142	（6）境外筹资转贷款		
1. 同业存放	18 314 270	-141 142	3. 融资租赁		
其中：境外同业存放	4 689	-9 990	4. 票据融资	541 783	-263 907
2. 同业拆借			其中：贴现	167 783	-66 907
其中：境外同业拆借			5. 各项垫款		
九、境外联行往来（来源方）		-447	（二）境外贷款	31 391	-2 295
十、外汇买卖（来源方）			二、有价证券	39 565	-1 654
其中：结售汇			三、股权及其他投资		-8 971 528
十一、委托存款及委托投资基金（净）	-1 500	-1 501	四、应收及预付款	353 971	57 326
1. 委托存款及委托投资基金	12 090 675	6 910 351	其中：应收利息	286 278	14 960
2. 减：委托贷款及委托投资	12 092 175	6 911 852	五、买入返售资产		-1 123 045
十二、代理金融机构委托贷款基金			六、存放中央准备金存款	196 294	-7 461
其中：中央银行委托贷款基金			七、存放中央银行特种存款		
十三、各项准备	5 362	-48 925	八、缴存中央银行财政性存款	25 300	4 489
其中：贷款损失准备		-111	九、同业往来	14 365 348	7 208 755
十四、所有者权益	302 671	69 080	1. 存放同业	9 457 948	5 761 804
其中：实收资本			其中：存放境外同业		
十五、其他	-56 903 116	-877 277	2. 拆放同业	4 907 400	1 446 952
			其中：拆放境外同业		
			十、境外联行往来（运用方）		
			十一、代理金融机构贷款		
			其中：代理人行专项贷款		
			十二、库存现金	250 496	-41 147
			十三、外汇买卖（运用方）		
			其中：结售汇		
			十四、投资性房地产		
资金来源总计	55 019 360	573 363	资金运用总计	55 019 360	573 363

表 3.8　交通银行北京市分行人民币信贷收支统计

单位：万元

项目名称	余额	比年初	项目名称	余额	比年初
一、各项存款	51 861 221	1 203 859	一、各项贷款	28 785 895	1 297 534
1. 单位存款	29 888 807	1 020 210	（一）境内贷款	28 764 973	1 286 903
其中：活期存款	8 757 261	2 708 300	1. 短期贷款	7 538 933	85 155
定期存款	6 479 525	-4 260 921	（1）个人贷款及透支	34 785	2 066
通知存款	3 100 938	1 005 912	其中：个人消费贷款	30 534	10 616
保证金存款	2 021 749	-71 244	（2）单位普通贷款及透支	6 598 099	23 719
2. 个人存款	10 814 709	715 590	其中：经营贷款	6 598 099	23 719
储蓄存款	10 161 816	735 481	固定资产贷款		
保证金存款	4 557	620	（3）普通并购贷款		
结构性存款	648 337	-20 510	（4）银团贷款		
3. 临时性存款	6 347	-4 196	（5）贸易融资	906 049	59 371
4. 其他存款	11 151 357	-527 746	（6）境外筹资转贷款		
二、代理财政性存款	93		2. 中长期贷款	20 670 992	1 701 295
三、金融债券			（1）个人贷款	5 842 722	1 442 235
其中：境外发行			其中：个人消费贷款	5 131 912	1 381 284
四、中长期借款			（2）单位普通贷款	12 365 841	350 815
其中：境外借款			其中：经营贷款	3 133 627	704 297
五、应付及暂收款	1 680 375	306 629	固定资产贷款	9 232 213	-353 482
其中：应付利息	760 890	-38 632	（3）普通并购贷款	24 500	-21 715
六、卖出回购资产			（4）银团贷款	2 437 930	-70 040
七、向中央银行借款			（5）贸易融资		
八、同业往来（来源方）	19 246 052	6 002 778	（6）境外筹资转贷款		
1. 同业存放	19 246 052	6 007 397	3. 融资租赁		
其中：境外同业存放	212 878	212 826	4. 票据融资	555 049	-499 548
2. 同业拆借		-4 618	其中：贴现	555 049	-499 548
其中：境外同业拆借		-4 618	5. 各项垫款		
九、境外联行往来（来源方）	558 179	-491 821	（二）境外贷款	20 922	10 631
十、外汇买卖（来源方）	62	60	二、有价证券	1 126	1 108
其中：结售汇	62	60	三、股权及其他投资	250	
十一、委托存款及委托投资基金（净）	17 950	-65 362	四、应收及预付款	2 243 082	-67 495
1. 委托存款及委托投资基金	6 183 365	2 041 080	其中：应收利息	47 342	-28 908
2. 减：委托贷款及委托投资	6 165 416	2 106 442	五、买入返售资产	884 365	-813 492
十二、代理金融机构委托贷款基金			六、存放中央准备金存款	680 500	-427 334
其中：中央银行委托贷款基金			七、存放中央银行特种存款		
十三、各项准备	430 630	73 953	八、缴存中央银行财政性存款	549	483
其中：贷款损失准备	430 630	73 953	九、同业往来	98 579	-1 779 490
十四、所有者权益	-134 352	-24 871	1. 存放同业	98 579	-1 779 490
其中：实收资本			其中：存放境外同业		
十五、其他	-40 856 648	-8 799 658	2. 拆放同业		
			其中：拆放境外同业		
			十、境外联行往来（运用方）		
			十一、代理金融机构贷款		
			其中：代理人行专项贷款		
			十二、库存现金	109 211	-5 747
			十三、外汇买卖（运用方）	1	1
			其中：结售汇		
			十四、投资性房地产		
资金来源总计	32 803 560	-1 794 434	资金运用总计	32 803 560	-1 794 434

表 3.9　招商银行北京分行人民币信贷收支统计

单位：万元

项目名称	余额	比年初	项目名称	余额	比年初
一、各项存款	27 938 652	1 165 745	一、各项贷款	13 429 280	1 003 351
1. 单位存款	12 335 665	1 282 234	（一）境内贷款	13 402 541	1 014 851
其中：活期存款	5 161 055	842 744	1. 短期贷款	5 471 336	756 616
定期存款	2 751 801	677 117	（1）个人贷款及透支	1 240 982	672 883
通知存款	1 044 997	-537 423	其中：个人消费贷款	97 531	13 137
保证金存款	372 296	43 890	（2）单位普通贷款及透支	3913 393	-181 789
2. 个人存款	14 006 817	-8 917	其中：经营贷款	3 912 268	-178 160
储蓄存款	14 006 817	-8 917	固定资产贷款	1 125	-3 629
保证金存款			（3）普通并购贷款	21 000	21 000
结构性存款			（4）银团贷款		
3. 临时性存款	12 239	4 206	（5）贸易融资	295 961	244 522
4. 其他存款	1 583 931	-111 778	（6）境外筹资转贷款		
二、代理财政性存款	3 793	-1 908	2. 中长期贷款	7 778 095	263 075
三、金融债券			（1）个人贷款	3 889 664	-108 743
其中：境外发行			其中：个人消费贷款	2 804 773	-277 152
四、中长期借款			（2）单位普通贷款	3 093 666	422 890
其中：境外借款			其中：经营贷款	988 665	411 474
五、应付及暂收款	510 565	-12 801	固定资产贷款	2105 001	11 416
其中：应付利息	360 314	-68 057	（3）普通并购贷款	56 247	19 257
六、卖出回购资产			（4）银团贷款	731 518	-73 781
七、向中央银行借款	58 706	58 706	（5）贸易融资	7 000	3 452
八、同业往来（来源方）	7 320 713	-352 433	（6）境外筹资转贷款		
1. 同业存放	7 320 713	-352 433	3. 融资租赁		
其中：境外同业存放			4. 票据融资	153 110	-4 840
2. 同业拆借			其中：贴现	153 110	-4 840
其中：境外同业拆借			5. 各项垫款		
九、境外联行往来（来源方）			（二）境外贷款	26 739	-11 500
十、外汇买卖（来源方）			二、有价证券		
其中：结售汇			三、股权及其他投资	1 318 300	1 318 300
十一、委托存款及委托投资基金（净）			四、应收及预付款	54 274	9 739
1. 委托存款及委托投资基金	3 727 677	1 622 197	其中：应收利息	46 970	5 185
2. 减：委托贷款及委托投资	3 727 677	1 622 197	五、买入返售资产	445 990	445 990
十二、代理金融机构委托贷款基金			六、存放中央准备金存款	227 869	-135 527
其中：中央银行委托贷款基金			七、存放中央银行特种存款		
十三、各项准备	254 240	29 042	八、缴存中央银行财政性存款	7 441	344
其中：贷款损失准备	252 719	28 965	九、同业往来	886 704	-1 126 400
十四、所有者权益	559 282	50 600	1. 存放同业	1 538	-820 536
其中：实收资本			其中：存放境外同业		
十五、其他	-20 118 609	606 348	2. 拆放同业	885 166	-305 864
			其中：拆放境外同业		
			十、境外联行往来（运用方）		
			十一、代理金融机构贷款		
			其中：代理人行专项贷款		
			十二、库存现金	157 483	27 501
			十三、外汇买卖（运用方）	1	1
			其中：结售汇		
			十四、投资性房地产		
资金来源总计	16 527 342	1 543 299	资金运用总计	16 527 342	1 543 299

表 3.10　上海浦东发展银行北京分行人民币信贷收支统计

单位：万元

项目名称	余额	比年初	项目名称	余额	比年初
一、各项存款	15 189 493	1 465 299	一、各项贷款	7 870 250	884 920
1. 单位存款	12 353 325	2 228 430	（一）境内贷款	7 862 775	885 590
其中：活期存款	3 455 848	714 822	1. 短期贷款	3 358 323	962 872
定期存款	5 180 930	1 125 000	（1）个人贷款及透支	750 296	263 572
通知存款	1 768 467	452 514	其中：个人消费贷款	573 012	300 576
保证金存款	228 259	-189 690	（2）单位普通贷款及透支	2 176 066	343 627
2. 个人存款	2 107 429	24 962	其中：经营贷款	2 175 716	343 277
储蓄存款	1 850 771	45 736	固定资产贷款	350	350
保证金存款	1 438	-95	（3）普通并购贷款		
结构性存款	255 220	-20 679	（4）银团贷款		
3. 临时性存款	4 146	1 822	（5）贸易融资	431 961	355 673
4. 其他存款	724 593	-789 915	（6）境外筹资转贷款		
二、代理财政性存款	1 087	1 018	2. 中长期贷款	4 437 627	365 419
三、金融债券			（1）个人贷款	1 032 368	17 860
其中：境外发行			其中：个人消费贷款	859 637	-11 762
四、中长期借款			（2）单位普通贷款	2 421 518	344 390
其中：境外借款			其中：经营贷款	1 363 719	286 834
五、应付及暂收款	703 132	195 123	固定资产贷款	1 057 799	57 556
其中：应付利息	232 724	3 630	（3）普通并购贷款	224 942	57 904
六、卖出回购资产			（4）银团贷款	758 799	-54 735
七、向中央银行借款			（5）贸易融资		
八、同业往来（来源方）	8 335 766	338 133	（6）境外筹资转贷款		
1. 同业存放	8 335 766	338 133	3. 融资租赁		
其中：境外同业存放	113 360	113 360	4. 票据融资	66 825	-442 701
2. 同业拆借			其中：贴现	66 825	-442 701
其中：境外同业拆借			5. 各项垫款		
九、境外联行往来（来源方）			（二）境外贷款	7 475	-670
十、外汇买卖（来源方）	890	-66	二、有价证券	965 147	959 229
其中：结售汇	105	-6	三、股权及其他投资		
十一、委托存款及委托投资基金（净）		-1 650	四、应收及预付款	479 005	154 860
1. 委托存款及委托投资基金	6 567 476	1 866 676	其中：应收利息	16 158	-50 976
2. 减：委托贷款及委托投资	6 567 476	1 868 326	五、买入返售资产	2 012 220	1 196 221
十二、代理金融机构委托贷款基金			六、存放中央准备金存款	273 729	14 975
其中：中央银行委托贷款基金			七、存放中央银行特种存款		
十三、各项准备	103 894	11 987	八、缴存中央银行财政性存款	1 943	1 167
其中：贷款损失准备	90 033	3 688	九、同业往来	2 090 191	-2 273 977
十四、所有者权益	321 523	59 125	1. 存放同业	2 075 191	-1 608 559
其中：实收资本			其中：存放境外同业		
十五、其他	-10 907 967	-1 114 002	2. 拆放同业	15 000	-665 418
			其中：拆放境外同业		
			十、境外联行往来（运用方）		
			十一、代理金融机构贷款		
			其中：代理人行专项贷款		
			十二、库存现金	55 032	17 372
			十三、外汇买卖（运用方）	301	200
			其中：结售汇	261	226
			十四、投资性房地产		
资金来源总计	13 747 818	954 967	资金运用总计	13 747 818	954 967

表 3.11　广发银行北京分行人民币信贷收支统计

单位：万元

项目名称	余额	比年初	项目名称	余额	比年初
一、各项存款	15 650 377	3 444 044	一、各项贷款	4 925 446	-452 319
1. 单位存款	10 829 764	1 835 732	（一）境内贷款	4 924 847	-452 918
其中：活期存款	2 187 249	-387 886	1. 短期贷款	2 754 932	503 242
定期存款	2 466 448	-703 186	（1）个人贷款及透支	192 837	165 431
通知存款	1 387 873	-359 709	其中：个人消费贷款		-710
保证金存款	375 971	-87 746	（2）单位普通贷款及透支	2 539 236	316 952
2. 个人存款	1 492 448	543 260	其中：经营贷款	2 539 236	387 543
储蓄存款	892 892	113 689	固定资产贷款		-70 591
保证金存款	9 069	3 313	（3）普通并购贷款		
结构性存款	590 487	426 258	（4）银团贷款		
3. 临时性存款	55 370	-18 702	（5）贸易融资	22 859	20 859
4. 其他存款	3 272 795	1 083 754	（6）境外筹资转贷款		
二、代理财政性存款			2. 中长期贷款	2 086 338	-338 619
三、金融债券			（1）个人贷款	529 338	46 987
其中：境外发行			其中：个人消费贷款	416 985	-4 744
四、中长期借款			（2）单位普通贷款	1 213 736	-312 586
其中：境外借款			其中：经营贷款	143 672	-902 566
五、应付及暂收款	265 773	32 255	固定资产贷款	1 070 064	589 980
其中：应付利息	239 374	36 152	（3）普通并购贷款		
六、卖出回购资产			（4）银团贷款	316 978	-97 838
七、向中央银行借款			（5）贸易融资	26 286	24 818
八、同业往来（来源方）	5 825 150	2 139 175	（6）境外筹资转贷款		
1. 同业存放	5 825 150	2 163 594	3. 融资租赁		
其中：境外同业存放			4. 票据融资	78 267	-619 546
2. 同业拆借		-24 419	其中：贴现	78 267	-619 546
其中：境外同业拆借		-4 419	5. 各项垫款	5 310	2 005
九、境外联行往来（来源方）	59 885	59 885	（二）境外贷款	599	599
十、外汇买卖（来源方）	129	38	二、有价证券	785 272	552 318
其中：结售汇	129	43	三、股权及其他投资		
十一、委托存款及委托投资基金（净）	221	221	四、应收及预付款	37 405	19 212
1. 委托存款及委托投资基金	1 386 194	31 646	其中：应收利息	15 570	2 439
2. 减：委托贷款及委托投资	1 385 973	31 425	五、买入返售资产	3 669 666	3 669 666
十二、代理金融机构委托贷款基金			六、存放中央准备金存款	279 682	100 863
其中：中央银行委托贷款基金			七、存放中央银行特种存款		
十三、各项准备	4 224	-1 529	八、缴存中央银行财政性存款	710	-382
其中：贷款损失准备	4 224	-1 529	九、同业往来	580 855	409 422
十四、所有者权益	215 565	106 745	1. 存放同业	205 855	150 422
其中：实收资本			其中：存放境外同业		
十五、其他	-11 699 127	-1 469 325	2. 拆放同业	375 000	259 000
			其中：拆放境外同业		
			十、境外联行往来（运用方）		
			十一、代理金融机构贷款		
			其中：代理人行专项贷款		
			十二、库存现金	43 006	12 766
			十三、外汇买卖（运用方）	155	-37
			其中：结售汇	155	-37
			十四、投资性房地产		
资金来源总计	10 322 197	4 311 509	资金运用总计	10 322 197	4 311 509

表 3.12　兴业银行北京分行人民币信贷收支统计

单位：万元

项目名称	余额	比年初	项目名称	余额	比年初
一、各项存款	16 350 853	1 919 969	一、各项贷款	6 589 016	815 502
1. 单位存款	13 477 137	1 071 143	（一）境内贷款	6 585 329	816 206
其中：活期存款	5 072 183	1 101 481	1. 短期贷款	3 512 484	1 363 675
定期存款	4 683 609	−17 817	（1）个人贷款及透支	498 156	89 206
通知存款	1 040 588	−235 304	其中：个人消费贷款	126 280	71 439
保证金存款	258 932	68 464	（2）单位普通贷款及透支	2 881 913	1 142 431
2. 个人存款	1 906 414	258 462	其中：经营贷款	2 881 913	1 153 771
储蓄存款	1 901 871	260 713	固定资产贷款		−11 340
保证金存款	4 543	−2 251	（3）普通并购贷款		
结构性存款			（4）银团贷款		
3. 临时性存款	3 763	2 504	（5）贸易融资	132 415	132 037
4. 其他存款	963 540	587 860	（6）境外筹资转贷款		
二、代理财政性存款	30	30	2. 中长期贷款	3 072 292	−543 767
三、金融债券			（1）个人贷款	780 828	−6 138
其中：境外发行			其中：个人消费贷款	656 598	−20 774
四、中长期借款			（2）单位普通贷款	1 608 940	−234 365
其中：境外借款			其中：经营贷款	129 701	−30 629
五、应付及暂收款	315 869	121 606	固定资产贷款	1 479 239	−203 736
其中：应付利息	206 320	76 547	（3）普通并购贷款		
六、卖出回购资产			（4）银团贷款	682 523	−303 265
七、向中央银行借款			（5）贸易融资		
八、同业往来（来源方）	5 459 790	471 991	（6）境外筹资转贷款		
1. 同业存放	5 459 790	471 991	3. 融资租赁		
其中：境外同业存放			4. 票据融资	554	−3 701
2. 同业拆借			其中：贴现	554	−3 701
其中：境外同业拆借			5. 各项垫款		
九、境外联行往来（来源方）			（二）境外贷款	3 687	−704
十、外汇买卖（来源方）			二、有价证券	984 819	−1 597 486
其中：结售汇			三、股权及其他投资	2 570 670	2 570 020
十一、委托存款及委托投资基金（净）	3 720	1 285	四、应收及预付款	77 035	33 797
1. 委托存款及委托投资基金	4 412 606	1 502 471	其中：应收利息	74 098	32 781
2. 减：委托贷款及委托投资	4 408 886	1 501 187	五、买入返售资产	4 740 560	3 919 560
十二、代理金融机构委托贷款基金			六、存放中央准备金存款	107 744	14 510
其中：中央银行委托贷款基金			七、存放中央银行特种存款		
十三、各项准备	87 955	8 495	八、缴存中央银行财政性存款	773	−287
其中：贷款损失准备	86 552	11 315	九、同业往来	1 105 351	−1 142 636
十四、所有者权益	521 968	91 705	1. 存放同业	45 351	−982 136
其中：实收资本			其中：存放境外同业		
十五、其他	−6 534 241	1 999 752	2. 拆放同业	1 060 000	−160 500
			其中：拆放境外同业		
			十、境外联行往来（运用方）		
			十一、代理金融机构贷款		
			其中：代理人行专项贷款		
			十二、库存现金	29 975	1 854
			十三、外汇买卖（运用方）		
			其中：结售汇		
			十四、投资性房地产		
资金来源总计	16 205 943	4 614 833	资金运用总计	16 205 943	4 614 833

表 3.13　平安银行北京分行人民币信贷收支统计

单位：万元

项目名称	余额	比年初	项目名称	余额	比年初
一、各项存款	8 148 352	210 053	一、各项贷款	4 912 443	-2 148
1. 单位存款	5 067 743	-636 016	（一）境内贷款	4 904 820	1 224
其中：活期存款	1 306 470	-341 086	1. 短期贷款	1 928 183	-413 790
定期存款	1 722 163	140 031	（1）个人贷款及透支	476 228	297 916
通知存款	31 9631	-254 483	其中：个人消费贷款	8 197	5 428
保证金存款	850 615	324 027	（2）单位普通贷款及透支	1 404 558	-378 028
2. 个人存款	1 095 937	261 182	其中：经营贷款	1 403 456	-352 683
储蓄存款	1 018 685	194 536	固定资产贷款	1 103	-25 345
保证金存款	77 252	66 646	（3）普通并购贷款		
结构性存款			（4）银团贷款		
3. 临时性存款	6 333	2 642	（5）贸易融资	47 396	-333 677
4. 其他存款	1 978 339	582 245	（6）境外筹资转贷款		
二、代理财政性存款	9	9	2. 中长期贷款	2 946 175	449 863
三、金融债券			（1）个人贷款	1 024 320	-66 321
其中：境外发行			其中：个人消费贷款	834 542	-34 155
四、中长期借款			（2）单位普通贷款	1 535 886	608 085
其中：境外借款			其中：经营贷款	347 842	113 525
五、应付及暂收款	337 551	9 067	固定资产贷款	1 188 044	494 560
其中：应付利息	147 011	32 743	（3）普通并购贷款		
六、卖出回购资产			（4）银团贷款	209 493	-93 622
七、向中央银行借款			（5）贸易融资	176 476	1 721
八、同业往来（来源方）	6 731 777	2 742 714	（6）境外筹资转贷款		
1. 同业存放	6 720 981	2 942 425	3. 融资租赁		
其中：境外同业存放			4. 票据融资	30 462	-19 535
2. 同业拆借	10 796	-199 710	其中：贴现	30 462	-19 535
其中：境外同业拆借			5. 各项垫款		-15 315
九、境外联行往来（来源方）			（二）境外贷款	7 623	-3 372
十、外汇买卖（来源方）			二、有价证券		
其中：结售汇			三、股权及其他投资	1 454 211	1 171 211
十一、委托存款及委托投资基金（净）			四、应收及预付款	214 356	-53 074
1. 委托存款及委托投资基金	757 244	451 511	其中：应收利息	23 596	-7 788
2. 减：委托贷款及委托投资	757 244	451 511	五、买入返售资产	2 736 318	477 638
十二、代理金融机构委托贷款基金			六、存放中央准备金存款	51 762	-24 070
其中：中央银行委托贷款基金			七、存放中央银行特种存款		
十三、各项准备	33 728	-44 935	八、缴存中央银行财政性存款	387	-537
其中：贷款损失准备	33 585	-44 939	九、同业往来	1 000 024	355 894
十四、所有者权益	267 155	202 997	1. 存放同业	1 000 024	1 000 009
其中：实收资本			其中：存放境外同业		
十五、其他	-5 118 165	-1 184 989	2. 拆放同业		-644 115
			其中：拆放境外同业		
			十、境外联行往来（运用方）		
			十一、代理金融机构贷款		
			其中：代理人行专项贷款		
			十二、库存现金	30 906	10 002
			十三、外汇买卖（运用方）		
			其中：结售汇		
			十四、投资性房地产		
资金来源总计	10 400 407	1 934 917	资金运用总计	10 400 407	1 934 917

表 3.14　中信银行总行营业部人民币信贷收支统计

单位：万元

项目名称	余额	比年初	项目名称	余额	比年初
一、各项存款	31 994 692	2 683 651	一、各项贷款	17 891 567	870 970
1. 单位存款	26 538 178	2 571 885	（一）境内贷款	17 835 115	865 304
其中：活期存款	5 668 745	-242 383	1. 短期贷款	5 707 426	685 136
定期存款	13 369 104	2 974 781	（1）个人贷款及透支	636 053	244 702
通知存款	1 453 112	-816 176	其中：个人消费贷款	192 308	188 036
保证金存款	842 971	74 063	（2）单位普通贷款及透支	4 626 198	466 645
2. 个人存款	5 029 417	256 097	其中：经营贷款	4 511 366	383 344
储蓄存款	3 772 826	-376 347	固定资产贷款	40 000	40 000
保证金存款	1 873	909	（3）普通并购贷款	25 500	25 500
结构性存款	1 254 718	631 535	（4）银团贷款		
3. 临时性存款	46 615	-22 180	（5）贸易融资	419 676	-51 711
4. 其他存款	380 482	-122 152	（6）境外筹资转贷款		
二、代理财政性存款	3 337	-950	2. 中长期贷款	11 058 155	205 442
三、金融债券			（1）个人贷款	4 921 308	848 543
其中：境外发行			其中：个人消费贷款	4 430 251	612 981
四、中长期借款			（2）单位普通贷款	5 137 313	-799 653
其中：境外借款			其中：经营贷款	1 659 155	-156 324
五、应付及暂收款	549 800	51 965	固定资产贷款	3478157	-643 329
其中：应付利息	326 398	82 998	（3）普通并购贷款	487 841	-28 049
六、卖出回购资产			（4）银团贷款	511 693	184 601
七、向中央银行借款			（5）贸易融资		
八、同业往来（来源方）	11 872 357	5 983 973	（6）境外筹资转贷款		
1. 同业存放	11 872 357	6 285 146	3. 融资租赁		
其中：境外同业存放	31 188	10 530	4. 票据融资	1 065 435	-25 274
2. 同业拆借		-301 173	其中：贴现	1 065 435	-25 274
其中：境外同业拆借			5. 各项垫款	4 099	
九、境外联行往来（来源方）			（二）境外贷款	56 452	5 666
十、外汇买卖（来源方）	140 318	57 017	二、有价证券	22 944	-15 114
其中：结售汇	126 355	57 024	三、股权及其他投资	5 328 751	5 328 751
十一、委托存款及委托投资基金（净）	4 029 828	1 702 330	四、应收及预付款	112 030	26 176
1. 委托存款及委托投资基金	14 799 893	5 045 286	其中：应收利息	81 925	21 665
2. 减：委托贷款及委托投资	10 770 065	3 342 955	五、买入返售资产	2 247 156	303 715
十二、代理金融机构委托贷款基金			六、存放中央准备金存款	356 564	-240 448
其中：中央银行委托贷款基金			七、存放中央银行特种存款		
十三、各项准备	187 002	14 018	八、缴存中央银行财政性存款	1 483	757
其中：贷款损失准备	185 410	14 024	九、同业往来	2 766 157	-1 798 975
十四、所有者权益	469 689	24 763	1. 存放同业	1 490 567	-1 420 871
其中：实收资本			其中：存放境外同业		
十五、其他	-20 319 389	-6 079 740	2. 拆放同业	1 275 590	-378 104
			其中：拆放境外同业		
			十、境外联行往来（运用方）		
			十一、代理金融机构贷款		
			其中：代理人行专项贷款		
			十二、库存现金	88 146	18 711
			十三、外汇买卖（运用方）	112 835	-57 515
			其中：结售汇	100 500	-51 305
			十四、投资性房地产		
资金来源总计	28 927 634	4 437 028	资金运用总计	28 927 634	4 437 028

表3.15　中国光大银行北京分行人民币信贷收支统计

单位：万元

项目名称	余额	比年初	项目名称	余额	比年初
一、各项存款	23 147 078	1 536 629	一、各项贷款	9 390 525	463 017
1. 单位存款	16 518 178	-34 767	（一）境内贷款	9 379 357	460 935
其中：活期存款	3 816 103	-918 839	1. 短期贷款	4 652 589	509 524
定期存款	7 545 171	354 731	（1）个人贷款及透支	124 233	101 925
通知存款	1 223 148	-600 726	其中：个人消费贷款	7 678	5 428
保证金存款	575 583	-20 175	（2）单位普通贷款及透支	3 034 817	245 343
2. 个人存款	4 593 835	1 179 890	其中：经营贷款	3 033 642	259 245
储蓄存款	2 749 641	177 735	固定资产贷款	675	-4 402
保证金存款	7 635	-5 826	（3）普通并购贷款		
结构性存款	1 836 559	100 7981	（4）银团贷款		
3. 临时性存款	21 267	-6 142	（5）贸易融资	1 493 539	162 256
4. 其他存款	2 013 798	397 648	（6）境外筹资转贷款		
二、代理财政性存款	1 992	1 535	2. 中长期贷款	4 585 835	-81 834
三、金融债券			（1）个人贷款	2 024 266	277 667
其中：境外发行			其中：个人消费贷款	1 118 319	74 345
四、中长期借款			（2）单位普通贷款	2 107 700	-464 385
其中：境外借款			其中：经营贷款	631 464	-143 488
五、应付及暂收款	546 924	90 764	固定资产贷款	1 476 236	-320 897
其中：应付利息	446 046	69 805	（3）普通并购贷款		
六、卖出回购资产		-151 031	（4）银团贷款	342 505	2 429
七、向中央银行借款			（5）贸易融资	111 364	102 455
八、同业往来（来源方）	5 492 750	-1 192 114	（6）境外筹资转贷款		
1. 同业存放	5 492 750	-1 192 114	3. 融资租赁	15	
其中：境外同业存放			4. 票据融资	110 902	3 229
2. 同业拆借			其中：贴现	110 902	3 229
其中：境外同业拆借			5. 各项垫款	30 016	30 016
九、境外联行往来（来源方）			（二）境外贷款	11 168	2 082
十、外汇买卖（来源方）			二、有价证券	10 929	-8 634
其中：结售汇			三、股权及其他投资	2 273 666	-161 259
十一、委托存款及委托投资基金（净）	6 334 734	1 593 095	四、应收及预付款	54 649	20 514
1. 委托存款及委托投资基金	7 383 594	2 234 586	其中：应收利息	52 179	20 130
2. 减：委托贷款及委托投资	1 048 860	641 491	五、买入返售资产	1 590 382	65 433
十二、代理金融机构委托贷款基金			六、存放中央准备金存款	341 939	-2 052
其中：中央银行委托贷款基金			七、存放中央银行特种存款		
十三、各项准备	173 156	-7 072	八、缴存中央银行财政性存款	4 880	3 190
其中：贷款损失准备	172 838	-6 945	九、同业往来	938 485	-614 542
十四、所有者权益	350 893	58 834	1. 存放同业	21 783	15 000
其中：实收资本			其中：存放境外同业		
十五、其他	-21 379 576	-2 150 034	2. 拆放同业	916 702	-629 542
			其中：拆放境外同业		
			十、境外联行往来（运用方）		
			十一、代理金融机构贷款		
			其中：代理人行专项贷款		
			十二、库存现金	62 496	14 939
			十三、外汇买卖（运用方）		
			其中：结售汇		
			十四、投资性房地产		
资金来源总计	14 667 951	-219 394	资金运用总计	14 667 951	-219 394

表 3.16　华夏银行北京分行人民币信贷收支统计

单位：万元

项目名称	余额	比年初	项目名称	余额	比年初
一、各项存款	18 307 423	2 194 021	一、各项贷款	9 116 754	685 583
1. 单位存款	11 397 422	698 561	（一）境内贷款	9 110 665	685 663
其中：活期存款	4 266 264	428 536	1. 短期贷款	2 655 367	−218 875
定期存款	3 657 388	632 329	（1）个人贷款及透支	67 847	−1 754
通知存款	1 022 889	−198 225	其中：个人消费贷款	16 074	−4 129
保证金存款	318 961	−4 719	（2）单位普通贷款及透支	2 510 906	−20 241
2. 个人存款	3 950 958	1 408 724	其中：经营贷款	2 499 006	3 544
储蓄存款	3 719 978	1 223 235	固定资产贷款	11 900	−23 785
保证金存款	75 836	30 344	（3）普通并购贷款		
结构性存款	155 145	155 145	（4）银团贷款		
3. 临时性存款	9 860	−1 308	（5）贸易融资	76 615	−196 880
4. 其他存款	2 949 183	88 044	（6）境外筹资转贷款		
二、代理财政性存款	86	−175	2. 中长期贷款	6 435 067	904 107
三、金融债券			（1）个人贷款	2 165 186	503 047
其中：境外发行			其中：个人消费贷款	1 713 343	455 971
四、中长期借款			（2）单位普通贷款	3 559 934	366 062
其中：境外借款			其中：经营贷款	1 287 560	352 961
五、应付及暂收款	449 802	41 089	固定资产贷款	2 272 374	13 102
其中：应付利息	184 621	18 626	（3）普通并购贷款	17 900	
六、卖出回购资产			（4）银团贷款	680 067	45 385
七、向中央银行借款			（5）贸易融资	11 980	−10 387
八、同业往来（来源方）	2 939 163	−1 657 340	（6）境外筹资转贷款		
1. 同业存放	2 939 163	−1 476 586	3. 融资租赁		
其中：境外同业存放	720 000	−291 267	4. 票据融资	20 230	430
2. 同业拆借		−180 754	其中：贴现	20 230	430
其中：境外同业拆借			5. 各项垫款		
九、境外联行往来（来源方）			（二）境外贷款	6 089	−80
十、外汇买卖（来源方）	2 299 422	2 299 422	二、有价证券		−117 702
其中：结售汇	2 299 422	2 299 422	三、股权及其他投资		
十一、委托存款及委托投资基金（净）			四、应收及预付款	236 058	−1 921
1. 委托存款及委托投资基金	11 545 772	1 569 819	其中：应收利息	82	−51
2. 减：委托贷款及委托投资	11 545 772	1 569 819	五、买入返售资产	3 669 782	795 837
十二、代理金融机构委托贷款基金			六、存放中央准备金存款	314 663	45 955
其中：中央银行委托贷款基金			七、存放中央银行特种存款		
十三、各项准备	165 364	3 275	八、缴存中央银行财政性存款	2 201	−437
其中：贷款损失准备	164 508	3 304	九、同业往来	23 869	−2 127 766
十四、所有者权益	237 693	18 283	1. 存放同业	3 379	−2 000 365
其中：实收资本			其中：存放境外同业		
十五、其他	−8 673 360	−1 327 648	2. 拆放同业	20 490	−127 402
			其中：拆放境外同业		
			十、境外联行往来（运用方）		
			十一、代理金融机构贷款		
			其中：代理人行专项贷款		
			十二、库存现金	62 454	−8 036
			十三、外汇买卖（运用方）	2 299 812	2 299 413
			其中：结售汇	2 299 422	2 299 422
			十四、投资性房地产		
资金来源总计	15 725 592	1 570 927	资金运用总计	15 725 592	1 570 927

表 3.17　中国民生银行总行营业部人民币信贷收支统计

单位：万元

项目名称	余额	比年初	项目名称	余额	比年初
一、各项存款	37 101 664	-53 462	一、各项贷款	14 884 469	515 188
1. 单位存款	23 681 564	-230 524	（一）境内贷款	14 865 661	518 936
其中：活期存款	7 121 149	-2 163 940	1. 短期贷款	8 745 325	1 505 640
定期存款	8 314 734	-506 208	（1）个人贷款及透支	4 764 318	1 187 648
通知存款	1 285 113	-380 484	其中：个人消费贷款	104 712	91 914
保证金存款	1 741 067	48 366	（2）单位普通贷款及透支	3 981 007	317 992
2. 个人存款	5 611 346	854 366	其中：经营贷款	3 977 808	347 572
储蓄存款	5 239 867	702 596	固定资产贷款	3 000	-29 779
保证金存款	251 961	67 753	（3）普通并购贷款		
结构性存款	119 518	84 018	（4）银团贷款		
3. 临时性存款	14 025	921	（5）贸易融资		
4. 其他存款	7 794 729	-678 226	（6）境外筹资转贷款		
二、代理财政性存款	1 194	1 194	2. 中长期贷款	6 030 245	-1 028 286
三、金融债券			（1）个人贷款	1 389 882	-320 178
其中：境外发行			其中：个人消费贷款	1 181 232	-197 412
四、中长期借款			（2）单位普通贷款	3 866 423	-463 437
其中：境外借款			其中：经营贷款	760 819	-343 576
五、应付及暂收款	655 765	-273 066	固定资产贷款	3 105 605	-119 861
其中：应付利息	574 092	-235 708	（3）普通并购贷款	240 200	-13 800
六、卖出回购资产		-2 230 256	（4）银团贷款	517 164	-201 385
七、向中央银行借款			（5）贸易融资	16 576	-29 487
八、同业往来（来源方）	15 202 131	1 424 971	（6）境外筹资转贷款		
1. 同业存放	15 202 131	1 694 971	3. 融资租赁		
其中：境外同业存放			4. 票据融资	85 270	36 861
2. 同业拆借		-270 000	其中：贴现	85 270	36 861
其中：境外同业拆借			5. 各项垫款	4 822	4 721
九、境外联行往来（来源方）			（二）境外贷款	18 808	-3 749
十、外汇买卖（来源方）	378 604	88 028	二、有价证券		
其中：结售汇	378 604	88 028	三、股权及其他投资		
十一、委托存款及委托投资基金（净）	1	1	四、应收及预付款	138 794	-322 651
1. 委托存款及委托投资基金	1 990 241	798 416	其中：应收利息	115 160	32 955
2. 减：委托贷款及委托投资	1 990 240	798 415	五、买入返售资产	2 554 007	-5 328 707
十二、代理金融机构委托贷款基金			六、存放中央准备金存款	394 970	-241 481
其中：中央银行委托贷款基金			七、存放中央银行特种存款		
十三、各项准备	308 433	17 799	八、缴存中央银行财政性存款	11 730	9 539
其中：贷款损失准备	307 859	18 523	九、同业往来	3 269 056	-4 140 683
十四、所有者权益	-170 416	-310 793	1. 存放同业	3 269 056	-4 000 683
其中：实收资本			其中：存放境外同业		
十五、其他	-31 786 242	-8 088 543	2. 拆放同业		-140 000
			其中：拆放境外同业		
			十、境外联行往来（运用方）		
			十一、代理金融机构贷款		
			其中：代理人行专项贷款		
			十二、库存现金	59 505	-3 360
			十三、外汇买卖（运用方）	378 604	88 028
			其中：结售汇	378 604	88 028
			十四、投资性房地产		
资金来源总计	21 691 134	-9 424 128	资金运用总计	21 691 134	-9 424 128

表 3.18　渤海银行北京分行人民币信贷收支统计

单位：万元

项目名称	余额	比年初	项目名称	余额	比年初
一、各项存款	3 498 138	1 160 164	一、各项贷款	1 476 653	167 897
1. 单位存款	2 283 583	716 556	（一）境内贷款	1 474 455	165 700
其中：活期存款	867 534	477 372	1. 短期贷款	491 114	-153 662
定期存款	408 881	149 394	（1）个人贷款及透支	19 761	4 764
通知存款	246 091	53 308	其中：个人消费贷款	5 411	1 738
保证金存款	392 061	69 865	（2）单位普通贷款及透支	471 353	-158 426
2. 个人存款	330 904	32 371	其中：经营贷款	471 353	-158 426
储蓄存款	249 914	17 170	固定资产贷款		
保证金存款			（3）普通并购贷款		
结构性存款	80 990	15 201	（4）银团贷款		
3. 临时性存款	216	113	（5）贸易融资		
4. 其他存款	883 435	411 124	（6）境外筹资转贷款		
二、代理财政性存款			2. 中长期贷款	971 279	341 770
三、金融债券			（1）个人贷款	381571	119 741
其中：境外发行			其中：个人消费贷款	275 390	108 182
四、中长期借款			（2）单位普通贷款	589 708	273 170
其中：境外借款			其中：经营贷款	144 063	15109
五、应付及暂收款	113 032	32 699	固定资产贷款	445 646	258 061
其中：应付利息	103 352	27 805	（3）普通并购贷款		
六、卖出回购资产	161 973	-1 055 340	（4）银团贷款		-51 140
七、向中央银行借款			（5）贸易融资		
八、同业往来（来源方）	2 449 312	72 927	（6）境外筹资转贷款		
1. 同业存放	2 448 320	71 935	3. 融资租赁		
其中：境外同业存放			4. 票据融资	12 063	-22 409
2. 同业拆借	992	992	其中：贴现	12 063	-22 409
其中：境外同业拆借			5. 各项垫款		
九、境外联行往来（来源方）			（二）境外贷款	2 197	2 197
十、外汇买卖（来源方）			二、有价证券		-509 615
其中：结售汇			三、股权及其他投资	2 043 063	2 043 063
十一、委托存款及委托投资基金（净）			四、应收及预付款	23 922	2 162
1. 委托存款及委托投资基金	370 641	-23 034	其中：应收利息	20 495	-180
2. 减：委托贷款及委托投资	370 641	-23 034	五、买入返售资产	1 010 158	-885 178
十二、代理金融机构委托贷款基金	503 000	503 000	六、存放中央准备金存款	13 420	-10 757
其中：中央银行委托贷款基金			七、存放中央银行特种存款		
十三、各项准备			八、缴存中央银行财政性存款	19	16
其中：贷款损失准备			九、同业往来	40 645	-65 908
十四、所有者权益	39 670	21 101	1. 存放同业	40 645	37 892
其中：实收资本			其中：存放境外同业		
十五、其他	-1 650 995	510 091	2. 拆放同业		-103 800
			其中：拆放境外同业		
			十、境外联行往来（运用方）		
			十一、代理金融机构贷款	503 000	503 000
			其中：代理人行专项贷款		
			十二、库存现金	3 250	-37
			十三、外汇买卖（运用方）		
			其中：结售汇		
			十四、投资性房地产		
资金来源总计	5 114 131	1 244 642	资金运用总计	5 114 131	1 244 642

表 3.19　浙商银行北京分行人民币信贷收支统计

单位：万元

项目名称	余额	比年初	项目名称	余额	比年初
一、各项存款	3 193 688	36 073	一、各项贷款	1 349 465	143 010
1. 单位存款	2 919 373	-67 802	（一）境内贷款	1 349 465	143 010
其中：活期存款	844 998	189 996	1. 短期贷款	659 192	26 642
定期存款	613 378	-268 844	（1）个人贷款及透支	157 566	74 176
通知存款	158 084	-73 924	其中：个人消费贷款	3 110	1 472
保证金存款	612 492	279 653	（2）单位普通贷款及透支	481 626	-67 534
2. 个人存款	43 652	7 570	其中：经营贷款	481 626	-67 534
储蓄存款	43 652	7 570	固定资产贷款		
保证金存款			（3）普通并购贷款		
结构性存款			（4）银团贷款		
3. 临时性存款	1 722	-1 024	（5）贸易融资	20 000	20 000
4. 其他存款	228 941	97 330	（6）境外筹资转贷款		
二、代理财政性存款			2. 中长期贷款	662 501	99 293
三、金融债券			（1）个人贷款	27 330	-3 431
其中：境外发行			其中：个人消费贷款		
四、中长期借款			（2）单位普通贷款	615 171	97 544
其中：境外借款			其中：经营贷款	104 986	11 284
五、应付及暂收款	5 200	-3 795	固定资产贷款	510 185	86 260
其中：应付利息		-2791	（3）普通并购贷款		
六、卖出回购资产	69 385	69 385	（4）银团贷款	20 000	5 180
七、向中央银行借款			（5）贸易融资		
八、同业往来（来源方）	2 028 675	1 822 690	（6）境外筹资转贷款		
1. 同业存放	2 028 675	1 903 690	3. 融资租赁		
其中：境外同业存放	40 400	40 400	4. 票据融资	27 772	17 076
2. 同业拆借		-81，000	其中：贴现	27 772	17 076
其中：境外同业拆借			5. 各项垫款		
九、境外联行往来（来源方）			（二）境外贷款		
十、外汇买卖（来源方）			二、有价证券		
其中：结售汇			三、股权及其他投资		-100 000
十一、委托存款及委托投资基金（净）			四、应收及预付款	29 700	15 641
1. 委托存款及委托投资基金	691 536	136 931	其中：应收利息	27 540	14 594
2. 减：委托贷款及委托投资	691 536	136 931	五、买入返售资产	1 781 294	1 065 196
十二、代理金融机构委托贷款基金			六、存放中央准备金存款	94 639	41 411
其中：中央银行委托贷款基金			七、存放中央银行特种存款		
十三、各项准备			八、缴存中央银行财政性存款		
其中：贷款损失准备			九、同业往来	1 393 166	462 512
十四、所有者权益	100 557	-3 358	1. 存放同业	117 766	-2 888
其中：实收资本			其中：存放境外同业		
十五、其他	-748 464	-293 196	2. 拆放同业	1 275 400	465 400
			其中：拆放境外同业		
			十、境外联行往来（运用方）		
			十一、代理金融机构贷款		
			其中：代理人行专项贷款		
			十二、库存现金	777	29
			十三、外汇买卖（运用方）		
			其中：结售汇		
			十四、投资性房地产		
资金来源总计	4 649 041	1 627 800	资金运用总计	4 649 041	1 627 800

表 3.20　北京银行人民币信贷收支统计（全国）

单位：万元

项目名称	余额	比年初	项目名称	余额	比年初
一、各项存款	80 725 985	11 438 180	一、各项贷款	56 061 883	8 751 339
1. 单位存款	59 751 532	9 583 020	（一）境内贷款	56 024 411	8 742 181
其中：活期存款	26 032 349	3 860 262	1. 短期贷款	25 776 526	4 048 205
定期存款	12 615 289	1 746 725	（1）个人贷款及透支	1 943 654	537470
通知存款	2 432 048	-170 229	其中：个人消费贷款	435 001	189 305
保证金存款	4 085 234	892 234	（2）单位普通贷款及透支	23 207 273	3 404 341
2. 个人存款	16 454 818	2 647 666	其中：经营贷款	23 126 631	3 516 880
储蓄存款	13 880 235	2 173 028	固定资产贷款	79 834	-112 163
保证金存款	182	-109	（3）普通并购贷款		
结构性存款	2 574 401	474 747	（4）银团贷款	125 140	42 998
3. 临时性存款	42 825	-19 828	（5）贸易融资	500 458	63 396
4. 其他存款	4 476 810	-772 678	（6）境外筹资转贷款		
二、代理财政性存款	16 257	16 183	2. 中长期贷款	29 618 844	5 087 348
三、金融债券	3 989 800	1 992 575	（1）个人贷款	9 993 184	2 669 006
其中：境外发行			其中：个人消费贷款	8 749 770	2 233 321
四、中长期借款			（2）单位普通贷款	15 336 874	1 675 413
其中：境外借款			其中：经营贷款	1 801 449	64 147
五、应付及暂收款	1 365 906	299 978	固定资产贷款	13 535 425	1 611 266
其中：应付利息	1 087 219	305 831	（3）普通并购贷款	308 009	-15 556
六、卖出回购资产	2 985 270	-888 908	（4）银团贷款	3 112 617	580 855
七、向中央银行借款		-19 421	（5）贸易融资	868 159	177 630
八、同业往来（来源方）	31 927 422	6 829 035	（6）境外筹资转贷款		
1. 同业存放	31 455 991	7 294 231	3. 融资租赁		
其中：境外同业存放			4. 票据融资	629 040	-393 372
2. 同业拆借	471 430	-465 196	其中：贴现	629 040	-393 372
其中：境外同业拆借	10 809	-190 691	5. 各项垫款		
九、境外联行往来（来源方）			（二）境外贷款	37 472	9 158
十、外汇买卖（来源方）	21 627	-40 250	二、有价证券	24 003 267	1 848 599
其中：结售汇	21 627	-40 250	三、股权及其他投资	3 932 861	3 765 284
十一、委托存款及委托投资基金（净）	212 073	119 460	四、应收及预付款	1 076 996	299 962
1. 委托存款及委托投资基金	14 039 543	1 783 025	其中：应收利息	747 407	56 948
2. 减：委托贷款及委托投资	13 827 470	1 663 565	五、买入返售资产	12 381 004	736 475
十二、代理金融机构委托贷款基金	768 153	281 510	六、存放中央准备金存款	16 579 470	2 349 731
其中：中央银行委托贷款基金			七、存放中央银行特种存款		
十三、各项准备	1 742 914	318 775	八、缴存中央银行财政性存款	4 740	-3 324
其中：贷款损失准备	1 438 131	228 215	九、同业往来	15 364 270	2 831 949
十四、所有者权益	7 808 786	651 379	1. 存放同业	10 193 358	4 430 717
其中：实收资本	880 016		其中：存放境外同业		
十五、其他	-974 754	-109 835	2. 拆放同业	5 170 912	-1 598 769
			其中：拆放境外同业		
			十、境外联行往来（运用方）		
			十一、代理金融机构贷款	768 153	281 510
			其中：代理人行专项贷款		
			十二、库存现金	316 946	-4 063
			十三、外汇买卖（运用方）	64 276	16 499
			其中：结售汇	63 717	16 488
			十四、投资性房地产	35 571	14 701
资金来源总计	130 589 437	20 888 662	资金运用总计	130 589 437	20 888 662

表 3.21 北京银行人民币信贷收支统计（北京）

单位：万元

项目名称	余额	比年初	项目名称	余额	比年初
一、各项存款	60 930 379	6 670 146	一、各项贷款	32 146 400	3 762 766
1. 单位存款	43 248 639	5 501 065	（一）境内贷款	32 140 337	3 762 663
其中：活期存款	21 936 625	3 064 956	1. 短期贷款	13 108 108	1 586 595
定期存款	7 968 525	511 069	（1）个人贷款及透支	1 296 353	395 682
通知存款	1 633 860	-529 557	其中：个人消费贷款	393 498	163 483
保证金存款	655 638	9 707	（2）单位普通贷款及透支	11 509 077	1 089 745
2. 个人存款	13 739 805	1 943 278	其中：经营贷款	11 445 169	1 130 256
储蓄存款	11 584 238	1 527 156	固定资产贷款	63 600	-40 134
保证金存款			（3）普通并购贷款		
结构性存款	2 155 567	416 122	（4）银团贷款	115 170	33 028
3. 临时性存款	16 336	276	（5）贸易融资	187 509	68 140
4. 其他存款	3 925 600	-774 473	（6）境外筹资转贷款		
二、代理财政性存款	16 255	16 221	2. 中长期贷款	18 957 639	2 296 997
三、金融债券	3 989 800	1 992 575	（1）个人贷款	4 877 355	1 037 746
其中：境外发行			其中：个人消费贷款	4 337 644	892 193
四、中长期借款			（2）单位普通贷款	10 365 721	702 812
其中：境外借款			其中：经营贷款	1 069 005	-61 059
五、应付及暂收款	984 871	222 920	固定资产贷款	9 296 716	763 870
其中：应付利息	758 690	218 966	（3）普通并购贷款	206 693	-39 374
六、卖出回购资产	2 985 270	-888 908	（4）银团贷款	2 676 328	431 764
七、向中央银行借款			（5）贸易融资	831 542	164 050
八、同业往来（来源方）	11 126 529	5 574 262	（6）境外筹资转贷款		
1. 同业存放	10 724 720	5 996 953	3. 融资租赁		
其中：境外同业存放			4. 票据融资	74 590	-120 929
2. 同业拆借	401 809	-422 691	其中：贴现	74 590	-120 929
其中：境外同业拆借	10 809	-189 191	5. 各项垫款		
九、境外联行往来（来源方）			（二）境外贷款	6 063	102
十、外汇买卖（来源方）	21 627	-40 250	二、有价证券	23 533 467	2 628 950
其中：结售汇	21 627	-40 250	三、股权及其他投资	1 558 001	1 390 424
十一、委托存款及委托投资基金（净）	212 073	119 460	四、应收及预付款	910 294	352 309
1. 委托存款及委托投资基金	11 818 148	775 097	其中：应收利息	582 637	108 668
2. 减：委托贷款及委托投资	11 606 075	655 637	五、买入返售资产	2 881 233	1 034 123
十二、代理金融机构委托贷款基金	258 446	-32 657	六、存放中央准备金存款	15 776 840	2 663 669
其中：中央银行委托贷款基金			七、存放中央银行特种存款		
十三、各项准备	1 263 008	132 988	八、缴存中央银行财政性存款	4 730	-3 295
其中：贷款损失准备	1 047 761	85 833	九、同业往来	7 365 261	3 853 955
十四、所有者权益	7 439 101	627 391	1. 存放同业	3 580 249	2 248 302
其中：实收资本	880 016		其中：存放境外同业		
十五、其他	-4 435 092	1 256 676	2. 拆放同业	3 785 012	1 605 653
			其中：拆放境外同业		
			十、境外联行往来（运用方）		
			十一、代理金融机构贷款	258 446	-32 657
			其中：代理人行专项贷款		
			十二、库存现金	275 002	-13 366
			十三、外汇买卖（运用方）	64 276	16 499
			其中：结售汇	63 717	16 488
			十四、投资性房地产	18 317	-2 552
资金来源总计	84 792 267	15 650 823	资金运用总计	84 792 267	15 650 823

表3.22 天津银行北京分行人民币信贷收支统计

单位：万元

项目名称	余额	比年初	项目名称	余额	比年初
一、各项存款	2 224 947	694 684	一、各项贷款	1 391 320	280 082
1. 单位存款	1 592 866	372 201	（一）境内贷款	1 391 320	280 082
其中：活期存款	977 296	522 082	1. 短期贷款	626 127	-40 964
定期存款	334 511	-6 4241	（1）个人贷款及透支	49 682	5 131
通知存款	19 847	-79 657	其中：个人消费贷款	27 154	13 561
保证金存款	261 212	-5 983	（2）单位普通贷款及透支	574 445	-42 095
2. 个人存款	187 324	83 761	其中：经营贷款	574 445	-42 095
储蓄存款	187 324	83 761	固定资产贷款		
保证金存款			（3）普通并购贷款		
结构性存款			（4）银团贷款		
3. 临时性存款	1 527	888	（5）贸易融资	2 000	-4 000
4. 其他存款	443 230	237 834	（6）境外筹资转贷款		
二、代理财政性存款	23 500	23 500	2. 中长期贷款	532 706	258 909
三、金融债券			（1）个人贷款	263 509	186 027
其中：境外发行			其中：个人消费贷款	235 916	163 197
四、中长期借款			（2）单位普通贷款	269 197	72 882
其中：境外借款			其中：经营贷款	36 540	-56 310
五、应付及暂收款	56 789	40 336	固定资产贷款	232 657	129 192
其中：应付利息	51 659	40 611	（3）普通并购贷款		
六、卖出回购资产		-3 000	（4）银团贷款		
七、向中央银行借款			（5）贸易融资		
八、同业往来（来源方）	2 844 954	1 456 396	（6）境外筹资转贷款		
1. 同业存放	2 842 954	1 460 396	3. 融资租赁		
其中：境外同业存放			4. 票据融资	232 487	69 525
2. 同业拆借	2 000	-4 000	其中：贴现	232 487	69 525
其中：境外同业拆借			5. 各项垫款		-7 388
九、境外联行往来（来源方）			（二）境外贷款		
十、外汇买卖（来源方）			二、有价证券	461875	-8125
其中：结售汇			三、股权及其他投资		
十一、委托存款及委托投资基金（净）	-23 500	-23 500	四、应收及预付款	18 332	17 968
1. 委托存款及委托投资基金	147	-13 034	其中：应收利息	3 901	3 833
2. 减：委托贷款及委托投资	23 647	10 466	五、买入返售资产	1 738 841	1 639 322
十二、代理金融机构委托贷款基金			六、存放中央准备金存款	228 892	76 071
其中：中央银行委托贷款基金			七、存放中央银行特种存款		
十三、各项准备			八、缴存中央银行财政性存款		
其中：贷款损失准备			九、同业往来	695 902	353 122
十四、所有者权益	38 465	-3 050	1. 存放同业	480 902	291 122
其中：实收资本			其中：存放境外同业		
十五、其他	-628 521	173 041	2. 拆放同业	215 000	62 000
			其中：拆放境外同业		
			十、境外联行往来（运用方）		
			十一、代理金融机构贷款		
			其中：代理人行专项贷款		
			十二、库存现金	1472	-33
			十三、外汇买卖（运用方）		
			其中：结售汇		
			十四、投资性房地产		
资金来源总计	4 536 634	2 358 407	资金运用总计	4 536 634	2 358 407

表 3.23　大连银行北京分行人民币信贷收支统计

单位：万元

项目名称	余额	比年初	项目名称	余额	比年初
一、各项存款	1 373 333	258 253	一、各项贷款	703 146	126 795
1. 单位存款	1 110 767	235 106	（一）境内贷款	703 146	126 795
其中：活期存款	181 065	25 627	1. 短期贷款	657 376	221 597
定期存款	229 859	-62 072	（1）个人贷款及透支	44 358	15 454
通知存款	71 113	2 887	其中：个人消费贷款	18 228	7 049
保证金存款	476 523	195 339	（2）单位普通贷款及透支	613 018	206 143
2. 个人存款	82 172	22 089	其中：经营贷款	606 923	205 048
储蓄存款	82 172	22 089	固定资产贷款	6 095	1 095
保证金存款			（3）普通并购贷款		
结构性存款			（4）银团贷款		
3. 临时性存款	2 394	1 058	（5）贸易融资		
4. 其他存款	178 000		（6）境外筹资转贷款		
二、代理财政性存款			2. 中长期贷款	14 439	-62 403
三、金融债券			（1）个人贷款	14 439	-4 703
其中：境外发行			其中：个人消费贷款	12 225	-3 892
四、中长期借款			（2）单位普通贷款		-57 700
其中：境外借款			其中：经营贷款		-57 200
五、应付及暂收款	22 836	5 350	固定资产贷款		-500
其中：应付利息	19 874	4 698	（3）普通并购贷款		
六、卖出回购资产			（4）银团贷款		
七、向中央银行借款			（5）贸易融资		
八、同业往来（来源方）	230 385	-207 551	（6）境外筹资转贷款		
1. 同业存放	230 385	-207 551	3. 融资租赁		
其中：境外同业存放			4. 票据融资	31 331	-32 399
2. 同业拆借			其中：贴现	31 331	-32 399
其中：境外同业拆借			5. 各项垫款		
九、境外联行往来（来源方）			（二）境外贷款		
十、外汇买卖（来源方）	251 382	36 612	二、有价证券	431	-325 441
其中：结售汇	251 379	36 611	三、股权及其他投资	406 900	406 900
十一、委托存款及委托投资基金（净）			四、应收及预付款	4 494	-961
1. 委托存款及委托投资基金	184 817	154 782	其中：应收利息	3 534	-255
2. 减：委托贷款及委托投资	184 817	154 782	五、买入返售资产	145 728	-54 119
十二、代理金融机构委托贷款基金			六、存放中央准备金存款	6 698	-53 718
其中：中央银行委托贷款基金			七、存放中央银行特种存款		
十三、各项准备	13 969	2 314	八、缴存中央银行财政性存款		
其中：贷款损失准备	13 969	2 314	九、同业往来	80 540	-2 480
十四、所有者权益	19 438	7 342	1. 存放同业	80 540	-2 480
其中：实收资本			其中：存放境外同业		
十五、其他	-311 135	31 040	2. 拆放同业		
			其中：拆放境外同业		
			十、境外联行往来（运用方）		
			十一、代理金融机构贷款		
			其中：代理人行专项贷款		
			十二、库存现金	888	-227
			十三、外汇买卖（运用方）	251 382	36 612
			其中：结售汇	251 379	36 611
			十四、投资性房地产		
资金来源总计	1 600 208	133 361	资金运用总计	1 600 208	133 361

表 3.24　杭州银行北京分行人民币信贷收支统计

单位：万元

项目名称	余额	比年初	项目名称	余额	比年初
一、各项存款	2 661 834	-74 298	一、各项贷款	1 362 659	287 148
1. 单位存款	2 293 967	-91 099	（一）境内贷款	1 362 659	287 148
其中：活期存款	1 154 002	67 855	1. 短期贷款	951 099	191 341
定期存款	571 823	-23 351	（1）个人贷款及透支	327 854	149 380
通知存款	121 210	-254 216	其中：个人消费贷款	1 315	621
保证金存款	332 632	4 313	（2）单位普通贷款及透支	610 245	34 042
2. 个人存款	206 924	17 327	其中：经营贷款	596 845	36 642
储蓄存款	173 098	4 560	固定资产贷款	13 400	-2 600
保证金存款	585	585	（3）普通并购贷款		
结构性存款	33 241	12 182	（4）银团贷款		
3. 临时性存款	944	-414	（5）贸易融资	13 000	7 920
4. 其他存款	160 000	-113	（6）境外筹资转贷款		
二、代理财政性存款			2. 中长期贷款	393 026	80 839
三、金融债券			（1）个人贷款	8 183	483
其中：境外发行			其中：个人消费贷款	6 228	1 188
四、中长期借款			（2）单位普通贷款	384 843	100 356
其中：境外借款			其中：经营贷款	119 188	40 957
五、应付及暂收款	39 585	102	固定资产贷款	265 655	59 399
其中：应付利息	30 352	154	（3）普通并购贷款		
六、卖出回购资产			（4）银团贷款		-20 000
七、向中央银行借款			（5）贸易融资		
八、同业往来（来源方）	1 028 232	-1 050 127	（6）境外筹资转贷款		
1. 同业存放	1 028 232	-1 045 047	3. 融资租赁		
其中：境外同业存放			4. 票据融资	18 305	14 738
2. 同业拆借		-5 080	其中：贴现	18 305	14 738
其中：境外同业拆借			5. 各项垫款	229	229
九、境外联行往来（来源方）			（二）境外贷款		
十、外汇买卖（来源方）			二、有价证券		
其中：结售汇			三、股权及其他投资		-130 057
十一、委托存款及委托投资基金（净）			四、应收及预付款	14 227	1 092
1. 委托存款及委托投资基金	340 435	156 000	其中：应收利息	11 515	617
2. 减：委托贷款及委托投资	340 435	156 000	五、买入返售资产	100 018	100 018
十二、代理金融机构委托贷款基金			六、存放中央准备金存款	73 353	-31 793
其中：中央银行委托贷款基金			七、存放中央银行特种存款		
十三、各项准备	16 347	4 995	八、缴存中央银行财政性存款	6	6
其中：贷款损失准备	16 347	4 995	九、同业往来	752 348	-1 645 784
十四、所有者权益	54 812	3 816	1. 存放同业	752 348	-1 645 784
其中：实收资本			其中：存放境外同业		
十五、其他	-1 493 328	-303 043	2. 拆放同业		
			其中：拆放境外同业		
			十、境外联行往来（运用方）		
			十一、代理金融机构贷款		
			其中：代理人行专项贷款		
			十二、库存现金	4 871	815
			十三、外汇买卖（运用方）		
			其中：结售汇		
			十四、投资性房地产		
资金来源总计	2 307 482	-1 418 556	资金运用总计	2 307 482	-1 418 556

表 3.25　南京银行北京分行人民币信贷收支统计

单位：万元

项目名称	余额	比年初	项目名称	余额	比年初
一、各项存款	2 117 095	120 112	一、各项贷款	1 137 912	157 802
1. 单位存款	1 680 967	-144 616	（一）境内贷款	1 137 912	157 802
其中：活期存款	508 848	89 029	1. 短期贷款	825 750	133 023
定期存款	483 603	-140 745	（1）个人贷款及透支	19 345	2 114
通知存款	153 305	9 798	其中：个人消费贷款	9 834	3 729
保证金存款	249 194	73 581	（2）单位普通贷款及透支	806 145	146 880
2. 个人存款	205 076	35 323	其中：经营贷款	805 145	145 880
储蓄存款	205 076	35 323	固定资产贷款	1 000	1 000
保证金存款			（3）普通并购贷款		
结构性存款			（4）银团贷款		
3. 临时性存款	906	-702	（5）贸易融资	260	-15 971
4. 其他存款	230 146	230 107	（6）境外筹资转贷款		
二、代理财政性存款			2. 中长期贷款	288 482	60 090
三、金融债券			（1）个人贷款	62 793	41 451
其中：境外发行			其中：个人消费贷款	49 410	34 443
四、中长期借款			（2）单位普通贷款	94 777	-41 337
其中：境外借款			其中：经营贷款	24 430	-35 965
五、应付及暂收款	45 870	22 759	固定资产贷款	70 347	-5 372
其中：应付利息	36 128	18 840	（3）普通并购贷款		
六、卖出回购资产	29 973	29 973	（4）银团贷款	66 179	-4 757
七、向中央银行借款	18 720	18 720	（5）贸易融资	64 733	64 733
八、同业往来（来源方）	1 670 184	761 698	（6）境外筹资转贷款		
1. 同业存放	1 670 184	777 929	3. 融资租赁		
其中：境外同业存放			4. 票据融资	23 680	-35 311
2. 同业拆借		-16 231	其中：贴现	23 680	-35 311
其中：境外同业拆借			5. 各项垫款		
九、境外联行往来（来源方）			（二）境外贷款		
十、外汇买卖（来源方）	636	636	二、有价证券		
其中：结售汇	3	3	三、股权及其他投资	956 654	776 654
十一、委托存款及委托投资基金（净）			四、应收及预付款	18 318	10 031
1. 委托存款及委托投资基金	269 241	105 925	其中：应收利息	14 090	6 402
2. 减：委托贷款及委托投资	269 241	105 925	五、买入返售资产	429 585	-41 053
十二、代理金融机构委托贷款基金			六、存放中央准备金存款	104 841	64 692
其中：中央银行委托贷款基金			七、存放中央银行特种存款		
十三、各项准备	1 354	924	八、缴存中央银行财政性存款		
其中：贷款损失准备	1 354	924	九、同业往来	412 972	222 401
十四、所有者权益	11 778	11 778	1. 存放同业	382 972	321 051
其中：实收资本			其中：存放境外同业		
十五、其他	-830 664	226 281	2. 拆放同业	30 000	-98 650
			其中：拆放境外同业		
			十、境外联行往来（运用方）		
			十一、代理金融机构贷款		
			其中：代理人行专项贷款		
			十二、库存现金	4 028	1 718
			十三、外汇买卖（运用方）	636	636
			其中：结售汇	279	279
			十四、投资性房地产		
资金来源总计	3 064 946	1 192 881	资金运用总计	3 064 946	1 192 881

表3.26 盛京银行北京分行人民币信贷收支统计

单位：万元

项目名称	余额	比年初	项目名称	余额	比年初
一、各项存款	5 407 224	1 925 749	一、各项贷款	1 255 878	193 083
1. 单位存款	5 318 673	1 887 762	（一）境内贷款	1 255 878	193 083
其中：活期存款	1 609 741	458 050	1. 短期贷款	553 710	278 840
定期存款	2 807 094	1 480 133	（1）个人贷款及透支	4 950	4 650
通知存款	90 120	64 400	其中：个人消费贷款	350	50
保证金存款	474 778	-303 624	（2）单位普通贷款及透支	548 760	274 190
2. 个人存款	88 198	40 751	其中：经营贷款	548 760	278 190
储蓄存款	88 198	40 751	固定资产贷款		-4 000
保证金存款			（3）普通并购贷款		
结构性存款			（4）银团贷款		
3. 临时性存款	353	-2 764	（5）贸易融资		
4. 其他存款			（6）境外筹资转贷款		
二、代理财政性存款			2. 中长期贷款	702 168	-85 757
三、金融债券			（1）个人贷款	728	81
其中：境外发行			其中：个人消费贷款	728	81
四、中长期借款			（2）单位普通贷款	701 440	-85 838
其中：境外借款			其中：经营贷款	486 400	-58 520
五、应付及暂收款	36 429	15 792	固定资产贷款	215 040	-27 318
其中：应付利息	31 843	13 946	（3）普通并购贷款		
六、卖出回购资产			（4）银团贷款		
七、向中央银行借款			（5）贸易融资		
八、同业往来（来源方）	509 967	-532 846	（6）境外筹资转贷款		
1. 同业存放	509 967	-532 846	3. 融资租赁		
其中：境外同业存放			4. 票据融资		
2. 同业拆借			其中：贴现		
其中：境外同业拆借			5. 各项垫款		
九、境外联行往来（来源方）			（二）境外贷款		
十、外汇买卖（来源方）	178 242	61 453	二、有价证券		
其中：结售汇	177 685	61 685	三、股权及其他投资		
十一、委托存款及委托投资基金（净）			四、应收及预付款	21 528	12 044
1. 委托存款及委托投资基金			其中：应收利息	21 196	12 116
2. 减：委托贷款及委托投资			五、买入返售资产	177 133	-344 181
十二、代理金融机构委托贷款基金			六、存放中央准备金存款	10 001	6 997
其中：中央银行委托贷款基金			七、存放中央银行特种存款		
十三、各项准备			八、缴存中央银行财政性存款		
其中：贷款损失准备			九、同业往来	2 948 803	572 407
十四、所有者权益	65 931	65 931	1. 存放同业	2 948 803	572 407
其中：实收资本			其中：存放境外同业		
十五、其他	-1 604 709	-1 033 918	2. 拆放同业		
			其中：拆放境外同业		
			十、境外联行往来（运用方）		
			十一、代理金融机构贷款		
			其中：代理人行专项贷款		
			十二、库存现金	1 499	358
			十三、外汇买卖（运用方）	178 242	61 453
			其中：结售汇	177 685	61 685
			十四、投资性房地产		
资金来源总计	4 593 084	502 161	资金运用总计	4 593 084	502 161

表 3.27　上海银行北京分行人民币信贷收支统计

单位：万元

项目名称	余额	比年初	项目名称	余额	比年初
一、各项存款	1 970 481	−831 448	一、各项贷款	1341569	310 015
1. 单位存款	1 933 534	−827 594	（一）境内贷款	1 341 569	310 015
其中：活期存款	288 093	−251 103	1. 短期贷款	569 211	−263 491
定期存款	1 118 962	−411 244	（1）个人贷款及透支	1 342	442
通知存款	95 341	−271 264	其中：个人消费贷款	78	78
保证金存款	177 864	142 438	（2）单位普通贷款及透支	567 869	−261 039
2. 个人存款	36 470	669	其中：经营贷款	548 871	−265 490
储蓄存款	36 470	669	固定资产贷款		
保证金存款			（3）普通并购贷款		
结构性存款			（4）银团贷款		
3. 临时性存款	470	470	（5）贸易融资		−2 894
4. 其他存款	7	−4 993	（6）境外筹资转贷款		
二、代理财政性存款	13	13	2. 中长期贷款	549 951	404 305
三、金融债券			（1）个人贷款	6 024	1 132
其中：境外发行			其中：个人消费贷款	5 970	1 137
四、中长期借款			（2）单位普通贷款	539 904	402 233
其中：境外借款			其中：经营贷款	37 500	27 500
五、应付及暂收款	83 765	34 344	固定资产贷款	502 404	374 733
其中：应付利息	77 742	29 957	（3）普通并购贷款		
六、卖出回购资产			（4）银团贷款	4 023	940
七、向中央银行借款			（5）贸易融资		
八、同业往来（来源方）	6 280 364	685 628	（6）境外筹资转贷款		
1. 同业存放	6 280 364	688 522	3. 融资租赁		
其中：境外同业存放			4. 票据融资	222 407	169 201
2. 同业拆借		−2 894	其中：贴现	222 407	169 201
其中：境外同业拆借		−2 894	5. 各项垫款		
九、境外联行往来（来源方）			（二）境外贷款		
十、外汇买卖（来源方）	530 244	189 416	二、有价证券		
其中：结售汇	530 244	189 416	三、股权及其他投资	1 458 814	1 458 814
十一、委托存款及委托投资基金（净）			四、应收及预付款	24 018	20 051
1. 委托存款及委托投资基金	1 014 129	865 972	其中：应收利息	3 626	3 609
2. 减：委托贷款及委托投资	1 014 129	865 972	五、买入返售资产		
十二、代理金融机构委托贷款基金			六、存放中央准备金存款	45 436	−7 202
其中：中央银行委托贷款基金			七、存放中央银行特种存款		
十三、各项准备	567	−732	八、缴存中央银行财政性存款	13	13
其中：贷款损失准备	567	−732	九、同业往来	1 075 962	510 264
十四、所有者权益	68 042	44 474	1. 存放同业	875 962	620 264
其中：实收资本			其中：存放境外同业		
十五、其他	−4 454 049	2 361 120	2. 拆放同业	200 000	−110 000
			其中：拆放境外同业		
			十、境外联行往来（运用方）		
			十一、代理金融机构贷款		
			其中：代理人行专项贷款		
			十二、库存现金	3 374	1 446
			十三、外汇买卖（运用方）	530 241	189 414
			其中：结售汇	530 241	189 414
			十四、投资性房地产		
资金来源总计	4 479 427	2 482 815	资金运用总计	4 479 427	2 482 815

表3.28 江苏银行北京分行人民币信贷收支统计

单位：万元

项目名称	余额	比年初	项目名称	余额	比年初
一、各项存款	4 127 630	623 577	一、各项贷款	1 713 302	504 367
1. 单位存款	3 749 443	374 932	（一）境内贷款	1 713 302	504 367
其中：活期存款	802 670	-214 054	1. 短期贷款	1 181 424	285 150
定期存款	1 231 223	166 146	（1）个人贷款及透支	25 887	25 019
通知存款	906 566	202 098	其中：个人消费贷款	3 023	2 500
保证金存款	430 259	138 376	（2）单位普通贷款及透支	1 153 637	307 006
2. 个人存款	141 789	13 423	其中：经营贷款	1 138 137	307 506
储蓄存款	141 789	13 423	固定资产贷款	15 500	-500
保证金存款			（3）普通并购贷款		
结构性存款			（4）银团贷款		-875
3. 临时性存款	985	-191	（5）贸易融资	1 900	-46 000
4. 其他存款	235 413	235 413	（6）境外筹资转贷款		
二、代理财政性存款			2. 中长期贷款	531 818	246 613
三、金融债券			（1）个人贷款	140 053	94 482
其中：境外发行			其中：个人消费贷款	93 733	60 311
四、中长期借款			（2）单位普通贷款	366 802	152 168
其中：境外借款			其中：经营贷款	90 000	80 000
五、应付及暂收款	58 236	5 197	固定资产贷款	276 802	72 168
其中：应付利息	45 092	3 204	（3）普通并购贷款		
六、卖出回购资产			（4）银团贷款	24 963	-37
七、向中央银行借款			（5）贸易融资		
八、同业往来（来源方）	2 159 078	14 374	（6）境外筹资转贷款		
1. 同业存放	2 159 078	60 374	3. 融资租赁		
其中：境外同业存放			4. 票据融资	60	-27 396
2. 同业拆借		-46 000	其中：贴现	60	-27 396
其中：境外同业拆借			5. 各项垫款		
九、境外联行往来（来源方）			（二）境外贷款		
十、外汇买卖（来源方）	23 693	23 693	二、有价证券	97 000	97 000
其中：结售汇	23 693	23 693	三、股权及其他投资	49 500	49 500
十一、委托存款及委托投资基金（净）		-379	四、应收及预付款	18 980	6 701
1. 委托存款及委托投资基金	2 882 922	1 938 986	其中：应收利息	8 274	-1 099
2. 减：委托贷款及委托投资	2 882 922	1 939 365	五、买入返售资产	2 744 335	1 733 027
十二、代理金融机构委托贷款基金			六、存放中央准备金存款	60 157	28 452
其中：中央银行委托贷款基金			七、存放中央银行特种存款		
十三、各项准备	19 682	5 234	八、缴存中央银行财政性存款	4	4
其中：贷款损失准备	19 682	5 234	九、同业往来	472 115	-447 095
十四、所有者权益	50 829	50 829	1. 存放同业	262 235	-427 910
其中：实收资本			其中：存放境外同业		
十五、其他	-1 257 868	1 273 457	2. 拆放同业	209 880	-19 185
			其中：拆放境外同业		
			十、境外联行往来（运用方）		
			十一、代理金融机构贷款		
			其中：代理人行专项贷款		
			十二、库存现金	2194	333
			十三、外汇买卖（运用方）	23 693	23 693
			其中：结售汇	23 693	23 693
			十四、投资性房地产		
资金来源总计	5 181 280	1 995 982	资金运用总计	5 181 280	1 995 982

表 3.29 宁波银行北京分行人民币信贷收支统计

单位：万元

项目名称	余额	比年初	项目名称	余额	比年初
一、各项存款	965 158	-26 697	一、各项贷款	622 688	91 564
1. 单位存款	884 584	-56103	（一）境内贷款	622 688	91 564
其中：活期存款	354 194	123 186	1. 短期贷款	428 692	193 294
定期存款	189 617	4 430	（1）个人贷款及透支	111 351	78 470
通知存款	120 288	-100 032	其中：个人消费贷款	104 391	78 664
保证金存款	35 842	-53 000	（2）单位普通贷款及透支	317 341	116 253
2. 个人存款	79 007	28 339	其中：经营贷款	317 341	116 253
储蓄存款	79 007	28 339	固定资产贷款		
保证金存款			（3）普通并购贷款		
结构性存款			（4）银团贷款		
3. 临时性存款	1 567	1 067	（5）贸易融资		-1 429
4. 其他存款			（6）境外筹资转贷款		
二、代理财政性存款			2. 中长期贷款	144 595	35 632
三、金融债券			（1）个人贷款	7 645	2 152
其中：境外发行			其中：个人消费贷款	6 451	958
四、中长期借款			（2）单位普通贷款	136 950	33 480
其中：境外借款			其中：经营贷款	60 050	33 380
五、应付及暂收款	19 218	6 357	固定资产贷款	76 900	100
其中：应付利息	11 000	7 769	（3）普通并购贷款		
六、卖出回购资产		-12 350	（4）银团贷款		
七、向中央银行借款	3 745	3 745	（5）贸易融资		
八、同业往来（来源方）	1 086 688	745 139	（6）境外筹资转贷款		
1. 同业存放	1 086 688	745 139	3. 融资租赁		
其中：境外同业存放			4. 票据融资	49 401	-137 362
2. 同业拆借			其中：贴现	49 401	-137 362
其中：境外同业拆借			5. 各项垫款		
九、境外联行往来（来源方）			（二）境外贷款		
十、外汇买卖（来源方）			二、有价证券		
其中：结售汇			三、股权及其他投资		-10 000
十一、委托存款及委托投资基金（净）			四、应收及预付款	147	-1 052
1. 委托存款及委托投资基金	1 183 807	865 060	其中：应收利息	2	-846
2. 减：委托贷款及委托投资	1 183 807	865 060	五、买入返售资产	777 691	717 871
十二、代理金融机构委托贷款基金			六、存放中央准备金存款	43 233	23 320
其中：中央银行委托贷款基金			七、存放中央银行特种存款		
十三、各项准备	12 628	5 209	八、缴存中央银行财政性存款		
其中：贷款损失准备	12 628	5209	九、同业往来	10	-80 849
十四、所有者权益	10 988	3 410	1. 存放同业	10	-849
其中：实收资本			其中：存放境外同业		
十五、其他	-653 211	16 348	2. 拆放同业		-80 000
			其中：拆放境外同业		
			十、境外联行往来（运用方）		
			十一、代理金融机构贷款		
			其中：代理人行专项贷款		
			十二、库存现金	1 445	307
			十三、外汇买卖（运用方）		
			其中：结售汇		
			十四、投资性房地产		
资金来源总计	1 445 214	741 161	资金运用总计	1 445 214	741 161

表 3.30　包商银行北京分行人民币信贷收支统计

单位：万元

项目名称	余额	比年初	项目名称	余额	比年初
一、各项存款	1 603 500	466 323	一、各项贷款	319 033	135 920
1. 单位存款	757 163	-40 765	（一）境内贷款	319 033	135 920
其中：活期存款	317 316	240 361	1. 短期贷款	249 030	94 069
定期存款	268 832	-116 096	（1）个人贷款及透支	107 090	67 729
通知存款	10 300	8 300	其中：个人消费贷款	2 685	290
保证金存款	149 628	-23 837	（2）单位普通贷款及透支	141 940	26 340
2. 个人存款	134 627	45 810	其中：经营贷款	137 940	22 340
储蓄存款	125 514	36 697	固定资产贷款	4 000	4 000
保证金存款	9 113	9 113	（3）普通并购贷款		
结构性存款			（4）银团贷款		
3. 临时性存款	544	112	（5）贸易融资		
4. 其他存款	711 166	461 166	（6）境外筹资转贷款		
二、代理财政性存款			2. 中长期贷款	69 606	52 505
三、金融债券			（1）个人贷款	24 751	9 589
其中：境外发行			其中：个人消费贷款	9 070	5 522
四、中长期借款			（2）单位普通贷款	44 855	42 916
其中：境外借款			其中：经营贷款	44 855	42 916
五、应付及暂收款	55 398	13 997	固定资产贷款		
其中：应付利息	51 091	13 198	（3）普通并购贷款		
六、卖出回购资产			（4）银团贷款		
七、向中央银行借款			（5）贸易融资		
八、同业往来（来源方）	1 988 626	536 447	（6）境外筹资转贷款		
1. 同业存放	1 988 626	536 447	3. 融资租赁		
其中：境外同业存放			4. 票据融资	397	-10 654
2. 同业拆借			其中：贴现	397	-10 654
其中：境外同业拆借			5. 各项垫款		
九、境外联行往来（来源方）			（二）境外贷款		
十、外汇买卖（来源方）			二、有价证券		
其中：结售汇			三、股权及其他投资		
十一、委托存款及委托投资基金（净）			四、应收及预付款	16 781	-168 855
1. 委托存款及委托投资基金	79 660	41 160	其中：应收利息	14 833	5 427
2. 减：委托贷款及委托投资	79 660	41 160	五、买入返售资产		-98 189
十二、代理金融机构委托贷款基金			六、存放中央准备金存款	5 723	75
其中：中央银行委托贷款基金			七、存放中央银行特种存款		
十三、各项准备	268	222	八、缴存中央银行财政性存款		
其中：贷款损失准备	268	222	九、同业往来	194 607	-339 381
十四、所有者权益	18 895	1 017	1. 存放同业	160 671	-373 317
其中：实收资本			其中：存放境外同业		
十五、其他	-3 129 029	-1 488 721	2. 拆放同业	33 936	33 936
			其中：拆放境外同业		
			十、境外联行往来（运用方）		
			十一、代理金融机构贷款		
			其中：代理人行专项贷款		
			十二、库存现金	1 514	-285
			十三、外汇买卖（运用方）		
			其中：结售汇		
			十四、投资性房地产		
资金来源总计	537 658	-470 715	资金运用总计	537 658	-470 715

表 3.31　锦州银行北京分行人民币信贷收支统计

单位：万元

项目名称	余额	比年初	项目名称	余额	比年初
一、各项存款	1 335 688	315 677	一、各项贷款	304 047	149 234
1. 单位存款	1 266 699	299 973	（一）境内贷款	304 047	149 234
其中：活期存款	170 691	2 035	1. 短期贷款	108 625	−6 530
定期存款	419 877	142 093	（1）个人贷款及透支	45 830	−4 451
通知存款	3 509	1 952	其中：个人消费贷款		
保证金存款	125 004	47 183	（2）单位普通贷款及透支	62 395	−2 479
2. 个人存款	68 989	15 705	其中：经营贷款	62 395	−2 479
储蓄存款	68 989	15 705	固定资产贷款		
保证金存款			（3）普通并购贷款		
结构性存款			（4）银团贷款		
3. 临时性存款			（5）贸易融资	400	400
4. 其他存款		−1	（6）境外筹资转贷款		
二、代理财政性存款			2. 中长期贷款	195 262	155 804
三、金融债券			（1）个人贷款	15 260	12 782
其中：境外发行			其中：个人消费贷款	902	619
四、中长期借款			（2）单位普通贷款	180 002	143 022
其中：境外借款			其中：经营贷款	81 840	44 860
五、应付及暂收款	24 304	12 317	固定资产贷款	98 162	98 162
其中：应付利息	22 396	11 483	（3）普通并购贷款		
六、卖出回购资产			（4）银团贷款		
七、向中央银行借款			（5）贸易融资		
八、同业往来（来源方）	519 831	48 913	（6）境外筹资转贷款		
1. 同业存放	519 831	48 913	3. 融资租赁		
其中：境外同业存放			4. 票据融资	160	−40
2. 同业拆借			其中：贴现	160	−40
其中：境外同业拆借			5. 各项垫款		
九、境外联行往来（来源方）			（二）境外贷款		
十、外汇买卖（来源方）	42 507	42 507	二、有价证券		−300 687
其中：结售汇	42 460	42 460	三、股权及其他投资	1 384 142	1 384 142
十一、委托存款及委托投资基金（净）			四、应收及预付款	7 379	2 485
1. 委托存款及委托投资基金	121 038	61 218	其中：应收利息	7 128	4 604
2. 减：委托贷款及委托投资	121 038	61 218	五、买入返售资产		
十二、代理金融机构委托贷款基金			六、存放中央准备金存款	8 339	1 776
其中：中央银行委托贷款基金			七、存放中央银行特种存款		
十三、各项准备			八、缴存中央银行财政性存款		
其中：贷款损失准备			九、同业往来	599	−249 677
十四、所有者权益	27 315	27 315	1. 存放同业	599	−249 677
其中：实收资本			其中：存放境外同业		
十五、其他	−202 148	583 188	2. 拆放同业		
			其中：拆放境外同业		
			十、境外联行往来（运用方）		
			十一、代理金融机构贷款		
			其中：代理人行专项贷款		
			十二、库存现金	484	137
			十三、外汇买卖（运用方）	42 507	42 507
			其中：结售汇	42 460	42 460
			十四、投资性房地产		
资金来源总计	1 747 497	1 029 917	资金运用总计	1 747 497	1 029 917

表3.32 厦门国际银行北京分行人民币信贷收支统计

单位：万元

项目名称	余额	比年初	项目名称	余额	比年初
一、各项存款	3 380 875	3 380 875	一、各项贷款	1 350 333	1 350 333
1. 单位存款	3 348 898	3 348 898	（一）境内贷款	1 350 333	1 350 333
其中：活期存款	465 818	465 818	1. 短期贷款	436 448	436 448
定期存款	1 465 426	1 465 426	（1）个人贷款及透支		
通知存款	25 550	25 550	其中：个人消费贷款		
保证金存款	195 487	195 487	（2）单位普通贷款及透支	436 448	436 448
2. 个人存款	31 977	31 977	其中：经营贷款	396 124	396 124
储蓄存款	3 776	3 776	固定资产贷款	40 324	40 324
保证金存款			（3）普通并购贷款		
结构性存款	28 201	28 201	（4）银团贷款		
3. 临时性存款			（5）贸易融资		
4. 其他存款			（6）境外筹资转贷款		
二、代理财政性存款			2. 中长期贷款	843 005	843 005
三、金融债券			（1）个人贷款		
其中：境外发行			其中：个人消费贷款		
四、中长期借款			（2）单位普通贷款	843 005	843 005
其中：境外借款			其中：经营贷款	523 913	523 913
五、应付及暂收款	112 285	112 285	固定资产贷款	319 092	319 092
其中：应付利息	65 874	65 874	（3）普通并购贷款		
六、卖出回购资产			（4）银团贷款		
七、向中央银行借款			（5）贸易融资		
八、同业往来（来源方）	3 197 635	3 197 635	（6）境外筹资转贷款		
1. 同业存放	3 197 635	3 197 635	3. 融资租赁		
其中：境外同业存放	1 963	1 963	4. 票据融资	70 880	70 880
2. 同业拆借			其中：贴现	70 880	70 880
其中：境外同业拆借			5. 各项垫款		
九、境外联行往来（来源方）			（二）境外贷款		
十、外汇买卖（来源方）			二、有价证券		
其中：结售汇			三、股权及其他投资	3 507 264	3 507 264
十一、委托存款及委托投资基金（净）			四、应收及预付款	33 825	33 825
1. 委托存款及委托投资基金	3 000	3 000	其中：应收利息	30 525	30 525
2. 减：委托贷款及委托投资	3 000	3 000	五、买入返售资产		
十二、代理金融机构委托贷款基金			六、存放中央准备金存款	7 430	7 430
其中：中央银行委托贷款基金			七、存放中央银行特种存款		
十三、各项准备			八、缴存中央银行财政性存款		
其中：贷款损失准备			九、同业往来	677 923	677 923
十四、所有者权益	45 407	45 407	1. 存放同业	677 923	677 923
其中：实收资本	10 000	10 000	其中：存放境外同业		
十五、其他	-1 159 142	-1 159 142	2. 拆放同业		
			其中：拆放境外同业		
			十、境外联行往来（运用方）		
			十一、代理金融机构贷款		
			其中：代理人行专项贷款		
			十二、库存现金	285	285
			十三、外汇买卖（运用方）		
			其中：结售汇		
			十四、投资性房地产		
资金来源总计	5 577 061	5 577 061	资金运用总计	5 577 061	5 577 061

表 3.33 北京农商银行人民币信贷收支统计

单位：万元

项目名称	余额	比年初	项目名称	余额	比年初
一、各项存款	37 623 484	2 206 990	一、各项贷款	23 614 478	3 352 424
1. 单位存款	17 586 190	733 490	（一）境内贷款	23 614 478	3 352 424
其中：活期存款	11 912 051	924 779	1. 短期贷款	9 590 197	2 112 132
定期存款	3 794 579	-175 255	（1）个人贷款及透支	77 012	30 761
通知存款	293 974	-71 069	其中：个人消费贷款	30 618	29 983
保证金存款	89 781	22 392	（2）单位普通贷款及透支	9 072 785	1 652 546
2. 个人存款	19 451 249	1 407 711	其中：经营贷款	9 065 531	1 681 565
储蓄存款	19 451 239	1 407 701	固定资产贷款	7 254	-29 019
保证金存款	10	10	（3）普通并购贷款		
结构性存款			（4）银团贷款		
3. 临时性存款	85 804	65 779	（5）贸易融资	440 400	428 825
4. 其他存款	500 240	10	（6）境外筹资转贷款		
二、代理财政性存款	16 157	4 686	2. 中长期贷款	9 174 668	-11 246
三、金融债券	510 000	-250 000	（1）个人贷款	428 191	-63 900
其中：境外发行			其中：个人消费贷款	367 638	-49 948
四、中长期借款			（2）单位普通贷款	7 041 886	-274 170
其中：境外借款			其中：经营贷款	2 002 837	-199 454
五、应付及暂收款	1 117 803	177 519	固定资产贷款	5 039 048	-74 716
其中：应付利息	726 831	156 398	（3）普通并购贷款		
六、卖出回购资产	1 439 750	-1 442 350	（4）银团贷款	1 704 591	326 823
七、向中央银行借款	25 760	25 760	（5）贸易融资		
八、同业往来（来源方）	3 058 335	2 671 930	（6）境外筹资转贷款		
1. 同业存放	3 058 335	2 771 930	3. 融资租赁		
其中：境外同业存放			4. 票据融资	4 840 538	1 267 341
2. 同业拆借		-100 000	其中：贴现	4 840 538	1 267 341
其中：境外同业拆借			5. 各项垫款	9 075	-15 802
九、境外联行往来（来源方）			（二）境外贷款		
十、外汇买卖（来源方）		-4	二、有价证券	8 076 236	164 565
其中：结售汇		-4	三、股权及其他投资	12 290	6 227
十一、委托存款及委托投资基金（净）	1 568	280	四、应收及预付款	202 624	32 564
1. 委托存款及委托投资基金	3 562 424	1 839 949	其中：应收利息	123 926	26 236
2. 减：委托贷款及委托投资	3 560 856	1 839 670	五、买入返售资产	1 781 064	364 917
十二、代理金融机构委托贷款基金			六、存放中央准备金存款	7 540 500	331 061
其中：中央银行委托贷款基金			七、存放中央银行特种存款		
十三、各项准备	1 189 253	-21 044	八、缴存中央银行财政性存款	13 140	1 908
其中：贷款损失准备	976 346	19 729	九、同业往来	4 785 365	-581 972
十四、所有者权益	2 126 743	244 105	1. 存放同业	3 727 721	-679 616
其中：实收资本	955 225		其中：存放境外同业		
十五、其他	-882 814	59 146	2. 拆放同业	1 057 644	97 644
			其中：拆放境外同业		
			十、境外联行往来（运用方）		
			十一、代理金融机构贷款		
			其中：代理人行专项贷款		
			十二、库存现金	191 568	-3 254
			十三、外汇买卖（运用方）	8 595	8 595
			其中：结售汇	8 595	8 595
			十四、投资性房地产	180	-17
资金来源总计	46 226 039	3 677 018	资金运用总计	46 226 039	3 677 018

表3.34　北京密云汇丰村镇银行人民币信贷收支统计

单位：万元

项目名称	余额	比年初	项目名称	余额	比年初
一、各项存款	13 030	2 073	一、各项贷款	11 039	1 773
1. 单位存款	9 337	1 734	（一）境内贷款	11 039	1 773
其中：活期存款	8 286	2 035	1. 短期贷款	10 933	1 712
定期存款	1 051	-302	（1）个人贷款及透支	1 785	-69
通知存款			其中：个人消费贷款		
保证金存款			（2）单位普通贷款及透支	9 148	1 782
2. 个人存款	3 693	340	其中：经营贷款	9 148	1 782
储蓄存款	3 693	340	固定资产贷款		
保证金存款			（3）普通并购贷款		
结构性存款			（4）银团贷款		
3. 临时性存款			（5）贸易融资		
4. 其他存款			（6）境外筹资转贷款		
二、代理财政性存款			2. 中长期贷款	106	61
三、金融债券			（1）个人贷款	106	61
其中：境外发行			其中：个人消费贷款	106	61
四、中长期借款			（2）单位普通贷款		
其中：境外借款			其中：经营贷款		
五、应付及暂收款	166	17	固定资产贷款		
其中：应付利息	85	10	（3）普通并购贷款		
六、卖出回购资产			（4）银团贷款		
七、向中央银行借款			（5）贸易融资		
八、同业往来（来源方）		-1 100	（6）境外筹资转贷款		
1. 同业存放		-1 100	3. 融资租赁		
其中：境外同业存放			4. 票据融资		
2. 同业拆借			其中：贴现		
其中：境外同业拆借			5. 各项垫款		
九、境外联行往来（来源方）			（二）境外贷款		
十、外汇买卖（来源方）			二、有价证券		
其中：结售汇			三、股权及其他投资		
十一、委托存款及委托投资基金（净）			四、应收及预付款	81	20
1. 委托存款及委托投资基金			其中：应收利息	64	21
2. 减：委托贷款及委托投资			五、买入返售资产		
十二、代理金融机构委托贷款基金			六、存放中央准备金存款	2 627	61
其中：中央银行委托贷款基金			七、存放中央银行特种存款		
十三、各项准备	203	68	八、缴存中央银行财政性存款		
其中：贷款损失准备	203	68	九、同业往来	3 638	-619
十四、所有者权益	4 175	28	1. 存放同业	3 638	-619
其中：实收资本	5 000		其中：存放境外同业		
十五、其他	-69	105	2. 拆放同业		
			其中：拆放境外同业		
			十、境外联行往来（运用方）		
			十一、代理金融机构贷款		
			其中：代理人行专项贷款		
			十二、库存现金	120	-45
			十三、外汇买卖（运用方）		
			其中：结售汇		
			十四、投资性房地产		
资金来源总计	17 505	1 191	资金运用总计	17 505	1 191

表 3.35　北京延庆村镇银行人民币信贷收支统计

单位：万元

项目名称	余额	比年初	项目名称	余额	比年初
一、各项存款	52 438	12 527	一、各项贷款	31 981	6 961
1. 单位存款	35 099	8 199	（一）境内贷款	31 981	6 961
其中：活期存款	24 476	7 776	1. 短期贷款	14 260	-3 314
定期存款	9 131	2 415	（1）个人贷款及透支	14 030	-3 314
通知存款		-2 300	其中：个人消费贷款	151	140
保证金存款	1 492	309	（2）单位普通贷款及透支	230	
2. 个人存款	17 339	4 327	其中：经营贷款	230	
储蓄存款	17 339	4 327	固定资产贷款		
保证金存款			（3）普通并购贷款		
结构性存款			（4）银团贷款		
3. 临时性存款			（5）贸易融资		
4. 其他存款			（6）境外筹资转贷款		
二、代理财政性存款			2. 中长期贷款	17 721	10 275
三、金融债券			（1）个人贷款	17 441	10 335
其中：境外发行			其中：个人消费贷款	645	348
四、中长期借款			（2）单位普通贷款	280	-60
其中：境外借款			其中：经营贷款	280	-60
五、应付及暂收款	701	208	固定资产贷款		
其中：应付利息	465	140	（3）普通并购贷款		
六、卖出回购资产			（4）银团贷款		
七、向中央银行借款			（5）贸易融资		
八、同业往来（来源方）	7 831	5 714	（6）境外筹资转贷款		
1. 同业存放	7 831	5 714	3. 融资租赁		
其中：境外同业存放			4. 票据融资		
2. 同业拆借			其中：贴现		
其中：境外同业拆借			5. 各项垫款		
九、境外联行往来（来源方）			（二）境外贷款		
十、外汇买卖（来源方）			二、有价证券		
其中：结售汇			三、股权及其他投资		
十一、委托存款及委托投资基金（净）			四、应收及预付款	162	66
1. 委托存款及委托投资基金			其中：应收利息	162	66
2. 减：委托贷款及委托投资			五、买入返售资产		
十二、代理金融机构委托贷款基金			六、存放中央准备金存款	8 659	2 053
其中：中央银行委托贷款基金			七、存放中央银行特种存款		
十三、各项准备	736	335	八、缴存中央银行财政性存款		
其中：贷款损失准备	736	335	九、同业往来	25 620	10 644
十四、所有者权益	5 324	796	1. 存放同业	25 620	10 644
其中：实收资本	3 000		其中：存放境外同业		
十五、其他	-490	76	2. 拆放同业		
			其中：拆放境外同业		
			十、境外联行往来（运用方）		
			十一、代理金融机构贷款		
			其中：代理人行专项贷款		
			十二、库存现金	118	-69
			十三、外汇买卖（运用方）		
			其中：结售汇		
			十四、投资性房地产		
资金来源总计	66 540	19 656	资金运用总计	66 540	19 656

表 3.36　北京怀柔村镇银行人民币信贷收支统计

单位：万元

项目名称	余额	比年初	项目名称	余额	比年初
一、各项存款	160 534	56 581	一、各项贷款	102 078	30 639
1. 单位存款	140 733	44 442	（一）境内贷款	102 078	30 639
其中：活期存款	123 138	56 069	1. 短期贷款	46 087	15 298
定期存款	11 222	-16 658	（1）个人贷款及透支	22 952	9 830
通知存款	5 000	5 000	其中：个人消费贷款		-30
保证金存款	1 373	31	（2）单位普通贷款及透支	23 135	5 468
2. 个人存款	19 801	12 139	其中：经营贷款	23 135	5 468
储蓄存款	19 801	12 139	固定资产贷款		
保证金存款			（3）普通并购贷款		
结构性存款			（4）银团贷款		
3. 临时性存款			（5）贸易融资		
4. 其他存款			（6）境外筹资转贷款		
二、代理财政性存款			2. 中长期贷款	31 321	10 085
三、金融债券			（1）个人贷款	27 793	9 787
其中：境外发行			其中：个人消费贷款	10 485	7 929
四、中长期借款			（2）单位普通贷款	3 528	298
其中：境外借款			其中：经营贷款	3 528	298
五、应付及暂收款	1 416	521	固定资产贷款		
其中：应付利息	826	282	（3）普通并购贷款		
六、卖出回购资产			（4）银团贷款		
七、向中央银行借款			（5）贸易融资		
八、同业往来（来源方）	53 000	-13 500	（6）境外筹资转贷款		
1. 同业存放	53 000	-13 500	3. 融资租赁		
其中：境外同业存放			4. 票据融资	24 670	5 257
2. 同业拆借			其中：贴现	24 670	5 257
其中：境外同业拆借			5. 各项垫款		
九、境外联行往来（来源方）			（二）境外贷款		
十、外汇买卖（来源方）			二、有价证券		
其中：结售汇			三、股权及其他投资		
十一、委托存款及委托投资基金（净）			四、应收及预付款	1 043	287
1. 委托存款及委托投资基金	14 200	1 133	其中：应收利息	319	27
2. 减：委托贷款及委托投资	14 200	1 133	五、买入返售资产		
十二、代理金融机构委托贷款基金			六、存放中央准备金存款	33 376	-295
其中：中央银行委托贷款基金			七、存放中央银行特种存款		
十三、各项准备	2 042	970	八、缴存中央银行财政性存款		
其中：贷款损失准备	2 042	970	九、同业往来	65 681	3 564
十四、所有者权益	13 630	1 756	1. 存放同业	65 681	3 564
其中：实收资本	10 000		其中：存放境外同业		
十五、其他	-28 279	-12 114	2. 拆放同业		
			其中：拆放境外同业		
			十、境外联行往来（运用方）		
			十一、代理金融机构贷款		
			其中：代理人行专项贷款		
			十二、库存现金	166	19
			十三、外汇买卖（运用方）		
			其中：结售汇		
			十四、投资性房地产		
资金来源总计	202 343	34 214	资金运用总计	202 343	34 214

表 3. 37　北京大兴华夏村镇银行人民币信贷收支统计

单位：万元

项目名称	余额	比年初	项目名称	余额	比年初
一、各项存款	57 918	7 304	一、各项贷款	42 623	10 940
1. 单位存款	47 403	6 814	（一）境内贷款	42 623	10 940
其中：活期存款	28 577	7 676	1. 短期贷款	36 911	13 233
定期存款	5 028	1 654	（1）个人贷款及透支	7 777	2 534
通知存款	200		其中：个人消费贷款		
保证金存款	12 582	4 473	（2）单位普通贷款及透支	29 134	10 699
2. 个人存款	10 111	236	其中：经营贷款	29 134	10 699
储蓄存款	10 110	265	固定资产贷款		
保证金存款	1	－28	（3）普通并购贷款		
结构性存款			（4）银团贷款		
3. 临时性存款	404	254	（5）贸易融资		
4. 其他存款			（6）境外筹资转贷款		
二、代理财政性存款			2. 中长期贷款	5 612	1 878
三、金融债券			（1）个人贷款	105	52
其中：境外发行			其中：个人消费贷款	21	－6
四、中长期借款			（2）单位普通贷款	5 507	1 826
其中：境外借款			其中：经营贷款	5 507	1 826
五、应付及暂收款	3 513	3 154	固定资产贷款		
其中：应付利息	264	82	（3）普通并购贷款		
六、卖出回购资产			（4）银团贷款		
七、向中央银行借款			（5）贸易融资		
八、同业往来（来源方）			（6）境外筹资转贷款		
1. 同业存放			3. 融资租赁		
其中：境外同业存放			4. 票据融资	100	－4 170
2. 同业拆借			其中：贴现	100	－4 170
其中：境外同业拆借			5. 各项垫款		
九、境外联行往来（来源方）			（二）境外贷款		
十、外汇买卖（来源方）			二、有价证券		
其中：结售汇			三、股权及其他投资		
十一、委托存款及委托投资基金（净）			四、应收及预付款	108	－33
1. 委托存款及委托投资基金	35 000		其中：应收利息	108	－33
2. 减：委托贷款及委托投资	35 000		五、买入返售资产		
十二、代理金融机构委托贷款基金			六、存放中央准备金存款	8 559	－2 012
其中：中央银行委托贷款基金			七、存放中央银行特种存款		
十三、各项准备	887	395	八、缴存中央银行财政性存款		
其中：贷款损失准备	887	395	九、同业往来	20 310	2 486
十四、所有者权益	10 194	679	1. 存放同业	20 310	6 726
其中：实收资本	10 000		其中：存放境外同业		
十五、其他	－708	－171	2. 拆放同业		－4 240
			其中：拆放境外同业		
			十、境外联行往来（运用方）		
			十一、代理金融机构贷款		
			其中：代理人行专项贷款		
			十二、库存现金	203	－19
			十三、外汇买卖（运用方）		
			其中：结售汇		
			十四、投资性房地产		
资金来源总计	71 803	11 361	资金运用总计	71 803	11 361

表 3.38 北京昌平兆丰村镇银行人民币信贷收支统计

单位：万元

项目名称	余额	比年初	项目名称	余额	比年初
一、各项存款	44 833	12 956	一、各项贷款	17 709	-4 418
1. 单位存款	38 343	17 299	（一）境内贷款	17 709	-4 418
其中：活期存款	31 606	13 225	1. 短期贷款	14 439	-706
定期存款	5 718	4 317	（1）个人贷款及透支	1 135	-6 419
通知存款		-100	其中：个人消费贷款		-169
保证金存款	1 019	-144	（2）单位普通贷款及透支	13 304	5 713
2. 个人存款	6 491	-4 342	其中：经营贷款	13 304	5 713
储蓄存款	6 491	-4 342	固定资产贷款		
保证金存款			（3）普通并购贷款		
结构性存款			（4）银团贷款		
3. 临时性存款			（5）贸易融资		
4. 其他存款			（6）境外筹资转贷款		
二、代理财政性存款			2. 中长期贷款	3 270	-3 713
三、金融债券			（1）个人贷款	1 843	-2 759
其中：境外发行			其中：个人消费贷款	453	-339
四、中长期借款			（2）单位普通贷款	1 428	-954
其中：境外借款			其中：经营贷款	1 428	-888
五、应付及暂收款	300	182	固定资产贷款		-66
其中：应付利息	158	98	（3）普通并购贷款		
六、卖出回购资产			（4）银团贷款		
七、向中央银行借款			（5）贸易融资		
八、同业往来（来源方）			（6）境外筹资转贷款		
1. 同业存放			3. 融资租赁		
其中：境外同业存放			4. 票据融资		
2. 同业拆借			其中：贴现		
其中：境外同业拆借			5. 各项垫款		
九、境外联行往来（来源方）			（二）境外贷款		
十、外汇买卖（来源方）			二、有价证券		
其中：结售汇			三、股权及其他投资		
十一、委托存款及委托投资基金（净）			四、应收及预付款	168	-12
1. 委托存款及委托投资基金			其中：应收利息	82	-11
2. 减：委托贷款及委托投资			五、买入返售资产		
十二、代理金融机构委托贷款基金			六、存放中央准备金存款	7 489	2 358
其中：中央银行委托贷款基金			七、存放中央银行特种存款		
十三、各项准备	840	136	八、缴存中央银行财政性存款		
其中：贷款损失准备	840	136	九、同业往来	25 920	15 721
十四、所有者权益	6 377	109	1. 存放同业	25 920	15 721
其中：实收资本	7 000		其中：存放境外同业		
十五、其他	-948	174	2. 拆放同业		
			其中：拆放境外同业		
			十、境外联行往来（运用方）		
			十一、代理金融机构贷款		
			其中：代理人行专项贷款		
			十二、库存现金	116	-92
			十三、外汇买卖（运用方）		
			其中：结售汇		
			十四、投资性房地产		
资金来源总计	51 402	13 556	资金运用总计	51 402	13 556

表 3.39　北京大兴九银村镇银行人民币信贷收支统计

单位：万元

项目名称	余额	比年初	项目名称	余额	比年初
一、各项存款	179 846	25 864	一、各项贷款	90 390	12 119
1. 单位存款	159 209	17 641	（一）境内贷款	90 390	12 119
其中：活期存款	90 050	26 586	1. 短期贷款	43 380	5 228
定期存款	35 249	1 252	（1）个人贷款及透支	20 661	2 418
通知存款	11 276	-3 184	其中：个人消费贷款	419	314
保证金存款	22 633	-7 013	（2）单位普通贷款及透支	22 720	2 810
2. 个人存款	20 535	8 121	其中：经营贷款	22 720	2 810
储蓄存款	20 535	8 121	固定资产贷款		
保证金存款			（3）普通并购贷款		
结构性存款			（4）银团贷款		
3. 临时性存款	102	102	（5）贸易融资		
4. 其他存款			（6）境外筹资转贷款		
二、代理财政性存款			2. 中长期贷款	4 838	-3 304
三、金融债券			（1）个人贷款	2 478	-894
其中：境外发行			其中：个人消费贷款	209	125
四、中长期借款			（2）单位普通贷款	2 360	-2 410
其中：境外借款			其中：经营贷款	2 360	-2 410
五、应付及暂收款	1 665	824	固定资产贷款		
其中：应付利息	715	151	（3）普通并购贷款		
六、卖出回购资产			（4）银团贷款		
七、向中央银行借款			（5）贸易融资		
八、同业往来（来源方）		-39	（6）境外筹资转贷款		
1. 同业存放		-39	3. 融资租赁		
其中：境外同业存放			4. 票据融资	42 172	10 196
2. 同业拆借			其中：贴现	42 172	10 196
其中：境外同业拆借			5. 各项垫款		
九、境外联行往来（来源方）			（二）境外贷款		
十、外汇买卖（来源方）			二、有价证券		
其中：结售汇			三、股权及其他投资		
十一、委托存款及委托投资基金（净）			四、应收及预付款	192	122
1. 委托存款及委托投资基金	67 870	59 870	其中：应收利息	52	1
2. 减：委托贷款及委托投资	67 870	59 870	五、买入返售资产		
十二、代理金融机构委托贷款基金			六、存放中央准备金存款	25 466	-2 363
其中：中央银行委托贷款基金			七、存放中央银行特种存款		
十三、各项准备	1 813	40	八、缴存中央银行财政性存款		
其中：贷款损失准备	1 813	40	九、同业往来	81 100	18 600
十四、所有者权益	15 907	2 882	1. 存放同业	81 100	18 600
其中：实收资本	12 000	2 000	其中：存放境外同业		
十五、其他	-1 179	-647	2. 拆放同业		
			其中：拆放境外同业		
			十、境外联行往来（运用方）		
			十一、代理金融机构贷款		
			其中：代理人行专项贷款		
			十二、库存现金	905	447
			十三、外汇买卖（运用方）		
			其中：结售汇		
			十四、投资性房地产		
资金来源总计	198 053	28 924	资金运用总计	198 053	28 924

表3.40 北京顺义银座村镇银行人民币信贷收支统计

单位：万元

项目名称	余额	比年初	项目名称	余额	比年初
一、各项存款	315 455	147 687	一、各项贷款	164 867	68 142
1. 单位存款	160 130	70 481	（一）境内贷款	164 867	68 142
其中：活期存款	78 230	9 814	1. 短期贷款	153 902	61 390
定期存款	81 495	61 544	（1）个人贷款及透支	139 777	59 765
通知存款		-1 000	其中：个人消费贷款	2 633	1 664
保证金存款	405	124	（2）单位普通贷款及透支	14 125	1 625
2. 个人存款	155 325	77 206	其中：经营贷款	14 125	1 625
储蓄存款	155 325	77 206	固定资产贷款		
保证金存款			（3）普通并购贷款		
结构性存款			（4）银团贷款		
3. 临时性存款			（5）贸易融资		
4. 其他存款			（6）境外筹资转贷款		
二、代理财政性存款			2. 中长期贷款	480	120
三、金融债券			（1）个人贷款	480	120
其中：境外发行			其中：个人消费贷款	477	118
四、中长期借款			（2）单位普通贷款		
其中：境外借款			其中：经营贷款		
五、应付及暂收款	5 434	3 722	固定资产贷款		
其中：应付利息	3 317	2 305	（3）普通并购贷款		
六、卖出回购资产			（4）银团贷款		
七、向中央银行借款			（5）贸易融资		
八、同业往来（来源方）			（6）境外筹资转贷款		
1. 同业存放			3. 融资租赁		
其中：境外同业存放			4. 票据融资	10 485	6 632
2. 同业拆借			其中：贴现	10 485	6 632
其中：境外同业拆借			5. 各项垫款		
九、境外联行往来（来源方）			（二）境外贷款		
十、外汇买卖（来源方）			二、有价证券		
其中：结售汇			三、股权及其他投资		
十一、委托存款及委托投资基金（净）			四、应收及预付款	1 103	586
1. 委托存款及委托投资基金			其中：应收利息	761	440
2. 减：委托贷款及委托投资			五、买入返售资产		
十二、代理金融机构委托贷款基金			六、存放中央准备金存款	76 662	-10 483
其中：中央银行委托贷款基金			七、存放中央银行特种存款		
十三、各项准备	4 122	2 671	八、缴存中央银行财政性存款		
其中：贷款损失准备	4 122	2 671	九、同业往来	98 659	96 813
十四、所有者权益	20 422	3 426	1. 存放同业	98 659	96 813
其中：实收资本	15 000	0	其中：存放境外同业		
十五、其他	-1 434	-1 527	2. 拆放同业		
			其中：拆放境外同业		
			十、境外联行往来（运用方）		
			十一、代理金融机构贷款		
			其中：代理人行专项贷款		
			十二、库存现金	2 708	921
			十三、外汇买卖（运用方）		
			其中：结售汇		
			十四、投资性房地产		
资金来源总计	343 999	155 979	资金运用总计	343 999	155 979

表 3.41　北京通州国开村镇银行人民币信贷收支统计

单位：万元

项目名称	余额	比年初	项目名称	余额	比年初
一、各项存款	12 291	-124 228	一、各项贷款	8 326	-3 908
1. 单位存款	12 128	-124 155	（一）境内贷款	8 326	-3 908
其中：活期存款	6 388	-122 199	1. 短期贷款	7 833	-3 237
定期存款	5 500	2 980	（1）个人贷款及透支	540	390
通知存款			其中：个人消费贷款		
保证金存款			（2）单位普通贷款及透支	7 293	-3 627
2. 个人存款	162	-73	其中：经营贷款	7 293	-3 627
储蓄存款	162	-73	固定资产贷款		
保证金存款			（3）普通并购贷款		
结构性存款			（4）银团贷款		
3. 临时性存款			（5）贸易融资		
4. 其他存款			（6）境外筹资转贷款		
二、代理财政性存款			2. 中长期贷款	493	-671
三、金融债券			（1）个人贷款		
其中：境外发行			其中：个人消费贷款		
四、中长期借款			（2）单位普通贷款	493	-671
其中：境外借款			其中：经营贷款	493	-671
五、应付及暂收款	676	357	固定资产贷款		
其中：应付利息	133	118	（3）普通并购贷款		
六、卖出回购资产			（4）银团贷款		
七、向中央银行借款			（5）贸易融资		
八、同业往来（来源方）			（6）境外筹资转贷款		
1. 同业存放			3. 融资租赁		
其中：境外同业存放			4. 票据融资		
2. 同业拆借			其中：贴现		
其中：境外同业拆借			5. 各项垫款		
九、境外联行往来（来源方）			（二）境外贷款		
十、外汇买卖（来源方）			二、有价证券		
其中：结售汇			三、股权及其他投资		
十一、委托存款及委托投资基金（净）			四、应收及预付款	72	43
1. 委托存款及委托投资基金			其中：应收利息	63	35
2. 减：委托贷款及委托投资			五、买入返售资产		
十二、代理金融机构委托贷款基金			六、存放中央准备金存款	3 529	-9 688
其中：中央银行委托贷款基金			七、存放中央银行特种存款		
十三、各项准备	208	-122	八、缴存中央银行财政性存款		
其中：贷款损失准备	208	-122	九、同业往来	12 001	-109 083
十四、所有者权益	11 642	1 516	1. 存放同业	12 001	-109 083
其中：实收资本	10 000		其中：存放境外同业		
十五、其他	-868	-227	2. 拆放同业		
			其中：拆放境外同业		
			十、境外联行往来（运用方）		
			十一、代理金融机构贷款		
			其中：代理人行专项贷款		
			十二、库存现金	21	-67
			十三、外汇买卖（运用方）		
			其中：结售汇		
			十四、投资性房地产		
资金来源总计	23 949	-122 704	资金运用总计	23 949	-122 704

表3.42 北京门头沟珠江村镇银行人民币信贷收支统计

单位：万元

项目名称	余额	比年初	项目名称	余额	比年初
一、各项存款	48 292	19 741	一、各项贷款	24 287	2 258
1. 单位存款	38 622	21 856	（一）境内贷款	24 287	2 258
其中：活期存款	11 326	3 625	1. 短期贷款	23 297	1 268
定期存款	15 227	9 832	（1）个人贷款及透支	4 722	-9 907
通知存款	10 700	10 700	其中：个人消费贷款	210	210
保证金存款	1 370	-2 300	（2）单位普通贷款及透支	18 575	11 175
2. 个人存款	9 670	-2 115	其中：经营贷款	18 575	11 175
储蓄存款	9 670	-2 115	固定资产贷款		
保证金存款			（3）普通并购贷款		
结构性存款			（4）银团贷款		
3. 临时性存款			（5）贸易融资		
4. 其他存款			（6）境外筹资转贷款		
二、代理财政性存款			2. 中长期贷款	990	990
三、金融债券			（1）个人贷款	990	990
其中：境外发行			其中：个人消费贷款	421	421
四、中长期借款			（2）单位普通贷款		
其中：境外借款			其中：经营贷款		
五、应付及暂收款	699	566	固定资产贷款		
其中：应付利息	463	379	（3）普通并购贷款		
六、卖出回购资产			（4）银团贷款		
七、向中央银行借款			（5）贸易融资		
八、同业往来（来源方）			（6）境外筹资转贷款		
1. 同业存放			3. 融资租赁		
其中：境外同业存放			4. 票据融资		
2. 同业拆借			其中：贴现		
其中：境外同业拆借			5. 各项垫款		
九、境外联行往来（来源方）			（二）境外贷款		
十、外汇买卖（来源方）			二、有价证券		
其中：结售汇			三、股权及其他投资		
十 、委托存款及委托投资基金（净）			四、应收及预付款	550	454
1. 委托存款及委托投资基金			其中：应收利息	187	94
2. 减：委托贷款及委托投资			五、买入返售资产		
十二、代理金融机构委托贷款基金			六、存放中央准备金存款	7 568	5 207
其中：中央银行委托贷款基金			七、存放中央银行特种存款		
十三、各项准备	607	277	八、缴存中央银行财政性存款		
其中：贷款损失准备	607	277	九、同业往来	27 042	13 682
十四、所有者权益	10 441	965	1. 存放同业	27 042	13 682
其中：实收资本	10 000		其中：存放境外同业		
十五、其他	-429	-28	2. 拆放同业		
			其中：拆放境外同业		
			十、境外联行往来（运用方）		
			十一、代理金融机构贷款		
			其中：代理人行专项贷款		
			十二、库存现金	163	-80
			十三、外汇买卖（运用方）		
			其中：结售汇		
			十四、投资性房地产		
资金来源总计	59 610	21 521	资金运用总计	59 610	21 521

表 3.43 北京房山沪农商村镇银行人民币信贷收支统计

单位：万元

项目名称	余额	比年初	项目名称	余额	比年初
一、各项存款	90 043	90 043	一、各项贷款	46 331	46 331
1. 单位存款	80 706	80 706	（一）境内贷款	46 331	46 331
其中：活期存款	56 178	56 178	1. 短期贷款	36 075	36 075
定期存款	24 528	24 528	（1）个人贷款及透支	3 290	3 290
通知存款			其中：个人消费贷款	60	60
保证金存款			（2）单位普通贷款及透支	32 785	32 785
2. 个人存款	9 337	9 337	其中：经营贷款	32 785	32 785
储蓄存款	9 337	9 337	固定资产贷款		
保证金存款			（3）普通并购贷款		
结构性存款			（4）银团贷款		
3. 临时性存款			（5）贸易融资		
4. 其他存款			（6）境外筹资转贷款		
二、代理财政性存款			2. 中长期贷款	10 256	10 256
三、金融债券			（1）个人贷款	1 456	1 456
其中：境外发行			其中：个人消费贷款	496	496
四、中长期借款			（2）单位普通贷款	6 550	6 550
其中：境外借款			其中：经营贷款	6 550	6 550
五、应付及暂收款	938	938	固定资产贷款		
其中：应付利息	869	869	（3）普通并购贷款		
六、卖出回购资产			（4）银团贷款	2 250	2 250
七、向中央银行借款			（5）贸易融资		
八、同业往来（来源方）	60 000	60 000	（6）境外筹资转贷款		
1. 同业存放	60 000	60 000	3. 融资租赁		
其中：境外同业存放			4. 票据融资		
2. 同业拆借			其中：贴现		
其中：境外同业拆借			5. 各项垫款		
九、境外联行往来（来源方）			（二）境外贷款		
十、外汇买卖（来源方）			二、有价证券		
其中：结售汇			三、股权及其他投资		
十一、委托存款及委托投资基金（净）			四、应收及预付款	434	434
1. 委托存款及委托投资基金			其中：应收利息	247	247
2. 减：委托贷款及委托投资			五、买入返售资产		
十二、代理金融机构委托贷款基金			六、存放中央准备金存款	37 633	37 633
其中：中央银行委托贷款基金			七、存放中央银行特种存款		
十三、各项准备	1 158	1 158	八、缴存中央银行财政性存款		
其中：贷款损失准备	1 158	1 158	九、同业往来	76 219	76 219
十四、所有者权益	9 693	9 693	1. 存放同业	76 219	76 219
其中：实收资本	10 000	10 000	其中：存放境外同业		
十五、其他	-910	-910	2. 拆放同业		
			其中：拆放境外同业		
			十、境外联行往来（运用方）		
			十一、代理金融机构贷款		
			其中：代理人行专项贷款		
			十二、库存现金	305	305
			十三、外汇买卖（运用方）		
			其中：结售汇		
			十四、投资性房地产		
资金来源总计	160 922	160 922	资金运用总计	160 922	160 922

表 3.44　中国邮政储蓄银行北京分行人民币信贷收支统计

单位：万元

项目名称	余额	比年初	项目名称	余额	比年初
一、各项存款	14 116 885	698 425	一、各项贷款	2 875 631	1 035 778
1. 单位存款	1 764 809	337	（一）境内贷款	2 875 631	1 035 778
其中：活期存款	1 352 691	93 772	1. 短期贷款	1 451 246	774 666
定期存款	250 863	54 743	（1）个人贷款及透支	247 996	90 888
通知存款	154 897	-121 245	其中：个人消费贷款	142	-12
保证金存款	6 358	-26 933	（2）单位普通贷款及透支	1 091 045	571 573
2. 个人存款	12 144 062	753 273	其中：经营贷款	1 087 865	568 694
储蓄存款	12 144 062	753 273	固定资产贷款	3 179	2 879
保证金存款			（3）普通并购贷款		
结构性存款			（4）银团贷款		
3. 临时性存款			（5）贸易融资	112 205	112 205
4. 其他存款	208 014	-55 185	（6）境外筹资转贷款		
二、代理财政性存款			2. 中长期贷款	1 297 256	506 384
三、金融债券			（1）个人贷款	1 174 085	466 331
其中：境外发行			其中：个人消费贷款	948 719	387 952
四、中长期借款			（2）单位普通贷款	123 171	40 053
其中：境外借款			其中：经营贷款	1 060	-49 740
五、应付及暂收款	301 129	54 484	固定资产贷款	122 111	89 793
其中：应付利息	259 774	49 547	（3）普通并购贷款		
六、卖出回购资产			（4）银团贷款		
七、向中央银行借款			（5）贸易融资		
八、同业往来（来源方）	265 943	149 987	（6）境外筹资转贷款		
1. 同业存放	265 943	149 987	3. 融资租赁		
其中：境外同业存放			4. 票据融资	127 129	-245 272
2. 同业拆借			其中：贴现	127 129	-245 272
其中：境外同业拆借			5. 各项垫款		
九、境外联行往来（来源方）			（二）境外贷款		
十、外汇买卖（来源方）	877	877	二、有价证券		
其中：结售汇	877	877	三、股权及其他投资		
十一、委托存款及委托投资基金（净）			四、应收及预付款	89 654	12 300
1. 委托存款及委托投资基金	819 441	333 801	其中：应收利息	80 040	6 289
2. 减：委托贷款及委托投资	819 441	333 801	五、买入返售资产	1 567 698	-642 669
十二、代理金融机构委托贷款基金			六、存放中央准备金存款	169	33
其中：中央银行委托贷款基金			七、存放中央银行特种存款		
十三、各项准备	40 537	17 751	八、缴存中央银行财政性存款	9	6
其中：贷款损失准备	40 537	17 751	九、同业往来	1 471	-2 726
十四、所有者权益	49 831	51 144	1. 存放同业	1 471	-2 726
其中：实收资本			其中：存放境外同业		
十五、其他	-10 125 121	-548 446	2. 拆放同业		
			其中：拆放境外同业		
			十、境外联行往来（运用方）		
			十一、代理金融机构贷款		
			其中：代理人行专项贷款		
			十二、库存现金	111 874	17 926
			十三、外汇买卖（运用方）	3 575	3 575
			其中：结售汇	3 575	3 575
			十四、投资性房地产		
资金来源总计	4 650 081	424 222	资金运用总计	4 650 081	424 222

表 3.45 国家开发银行北京市分行外汇信贷收支统计

单位：万美元

项目名称	余额	比年初	项目名称	余额	比年初
一、各项存款	113 276	-28 702	一、各项贷款	7 603 932	319 894
1. 单位存款	110 728	-28 761	（一）境内贷款	3 226 924	201 110
其中：活期存款	40 736	-79 722	1. 短期贷款	531 880	184 145
定期存款	69 051	50 771	（1）个人贷款及透支		
通知存款			其中：个人消费贷款		
保证金存款	941	190	（2）单位普通贷款及透支	516 971	169 235
2. 个人存款			其中：经营贷款	516 971	169 235
储蓄存款			固定资产贷款		
保证金存款			（3）普通并购贷款		
结构性存款			（4）银团贷款		
3. 临时性存款			（5）贸易融资	14 910	14 910
4. 其他存款	2 548	59	（6）境外筹资转贷款		
二、代理财政性存款			2. 中长期贷款	2 695 044	16 965
三、金融债券			（1）个人贷款		
其中：境外发行			其中：个人消费贷款		
四、中长期借款			（2）单位普通贷款	2 193 419	187 256
其中：境外借款			其中：经营贷款	80 000	-71 000
五、应付及暂收款	1 387	-259	固定资产贷款	2 113 419	258 256
其中：应付利息	1 344	-288	（3）普通并购贷款	325 812	-240 467
六、卖出回购资产			（4）银团贷款	142 700	61 392
七、向中央银行借款			（5）贸易融资		
八、同业往来（来源方）	14 910	14 910	（6）境外筹资转贷款	33 112	8 785
1. 同业存放			3. 融资租赁		
其中：境外同业存放			4. 票据融资		
2. 同业拆借	14 910	14 910	其中：贴现		
其中：境外同业拆借	14 910	14 910	5. 各项垫款		
九、境外联行往来（来源方）			（二）境外贷款	4 377 008	118 783
十、外汇买卖（来源方）	1 437	-72 180	二、有价证券		
其中：结售汇			三、股权及其他投资		
十一、委托存款及委托投资基金（净）			四、应收及预付款	7 959	-688
1. 委托存款及委托投资基金	500 036	500 036	其中：应收利息	13 282	-1 390
2. 减：委托贷款及委托投资	500 036	500 036	五、买入返售资产		
十二、代理金融机构委托贷款基金			六、存放中央准备金存款		
其中：中央银行委托贷款基金			七、存放中央银行特种存款		
十三、各项准备	252 824	35 716	八、缴存中央银行财政性存款		
其中：贷款损失准备	252 824	35 716	九、同业往来		
十四、所有者权益	66 374	191 307	1. 存放同业		
其中：实收资本			其中：存放境外同业		
十五、其他	7 161 684	178 415	2. 拆放同业		
			其中：拆放境外同业		
			十、境外联行往来（运用方）		
			十一、代理金融机构贷款		
			其中：代理人行专项贷款		
			十二、库存现金		
			十三、外汇买卖（运用方）		
			其中：结售汇		
			十四、投资性房地产		
资金来源总计	7 611 891	319 205	资金运用总计	7 611 891	319 205

表3.46 中国进出口银行北京分行外汇信贷收支统计

单位：万美元

项目名称	余额	比年初	项目名称	余额	比年初
一、各项存款	9 597	-626	一、各项贷款	264 613	106 573
1. 单位存款	9 597	-626	（一）境内贷款	264 613	106 573
其中：活期存款	3 314	2 630	1. 短期贷款	17 744	85
定期存款			（1）个人贷款及透支		
通知存款			其中：个人消费贷款		
保证金存款	6 283	-3 257	（2）单位普通贷款及透支	10 200	10 200
2. 个人存款			其中：经营贷款	10 200	10 200
储蓄存款			固定资产贷款		
保证金存款			（3）普通并购贷款		
结构性存款			（4）银团贷款		
3. 临时性存款			（5）贸易融资	7 544	-10 115
4. 其他存款			（6）境外筹资转贷款		
二、代理财政性存款			2. 中长期贷款	246 869	106 487
三、金融债券			（1）个人贷款		
其中：境外发行			其中：个人消费贷款		
四、中长期借款			（2）单位普通贷款	145 456	42 850
其中：境外借款			其中：经营贷款	145 456	42 850
五、应付及暂收款	173	68	固定资产贷款		
其中：应付利息	165	65	（3）普通并购贷款		
六、卖出回购资产			（4）银团贷款	62 666	54 000
七、向中央银行借款			（5）贸易融资	38 748	9 638
八、同业往来（来源方）	1 864	1 864	（6）境外筹资转贷款		
1. 同业存放			3. 融资租赁		
其中：境外同业存放			4. 票据融资		
2. 同业拆借	1 864	1 864	其中：贴现		
其中：境外同业拆借	1 864	1 864	5. 各项垫款		
九、境外联行往来（来源方）			（二）境外贷款		
十、外汇买卖（来源方）			二、有价证券		
其中：结售汇			三、股权及其他投资		
十一、委托存款及委托投资基金（净）			四、应收及预付款	399	151
1. 委托存款及委托投资基金			其中：应收利息	399	151
2. 减：委托贷款及委托投资			五、买入返售资产		
十二、代理金融机构委托贷款基金			六、存放中央准备金存款		
其中：中央银行委托贷款基金			七、存放中央银行特种存款		
十三、各项准备	1 862	756	八、缴存中央银行财政性存款		
其中：贷款损失准备	1 862	756	九、同业往来	38	-85
十四、所有者权益	4 244	4 244	1. 存放同业	38	-85
其中：实收资本			其中：存放境外同业		
十五、其他	247 311	100 334	2. 拆放同业		
			其中：拆放境外同业		
			十、境外联行往来（运用方）		
			十一、代理金融机构贷款		
			其中：代理人行专项贷款		
			十二、库存现金		
			十三、外汇买卖（运用方）		
			其中：结售汇		
			十四、投资性房地产		
资金来源总计	265 051	106 639	资金运用总计	265 051	106 639

表 3.47 中国农业发展银行北京市分行外汇信贷收支统计

单位：万美元

项目名称	余额	比年初	项目名称	余额	比年初
一、各项存款	281	232	一、各项贷款		
1. 单位存款	271	222	（一）境内贷款		
其中：活期存款	271	222	1. 短期贷款		
定期存款			（1）个人贷款及透支		
通知存款			其中：个人消费贷款		
保证金存款			（2）单位普通贷款及透支		
2. 个人存款			其中：经营贷款		
储蓄存款			固定资产贷款		
保证金存款			（3）普通并购贷款		
结构性存款			（4）银团贷款		
3. 临时性存款	10	10	（5）贸易融资		
4. 其他存款			（6）境外筹资转贷款		
二、代理财政性存款			2. 中长期贷款		
三、金融债券			（1）个人贷款		
其中：境外发行			其中：个人消费贷款		
四、中长期借款			（2）单位普通贷款		
其中：境外借款			其中：经营贷款		
五、应付及暂收款			固定资产贷款		
其中：应付利息			（3）普通并购贷款		
六、卖出回购资产			（4）银团贷款		
七、向中央银行借款			（5）贸易融资		
八、同业往来（来源方）			（6）境外筹资转贷款		
1. 同业存放			3. 融资租赁		
其中：境外同业存放			4. 票据融资		
2. 同业拆借			其中：贴现		
其中：境外同业拆借			5. 各项垫款		
九、境外联行往来（来源方）			（二）境外贷款		
十、外汇买卖（来源方）		-2	二、有价证券		
其中：结售汇		-2	三、股权及其他投资		
十一、委托存款及委托投资基金（净）			四、应收及预付款		
1. 委托存款及委托投资基金			其中：应收利息		
2. 减：委托贷款及委托投资			五、买入返售资产		
十二、代理金融机构委托贷款基金			六、存放中央准备金存款		
其中：中央银行委托贷款基金			七、存放中央银行特种存款		
十三、各项准备			八、缴存中央银行财政性存款		
其中：贷款损失准备			九、同业往来		
十四、所有者权益	1	-1	1. 存放同业		
其中：实收资本			其中：存放境外同业		
十五、其他	-282	-228	2. 拆放同业		
			其中：拆放境外同业		
			十、境外联行往来（运用方）		
			十一、代理金融机构贷款		
			其中：代理人行专项贷款		
			十二、库存现金		
			十三、外汇买卖（运用方）		
			其中：结售汇		
			十四、投资性房地产		
资金来源总计			资金运用总计		

表 3.48　中国工商银行北京市分行外汇信贷收支统计

单位：万美元

项目名称	余额	比年初	项目名称	余额	比年初
一、各项存款	512 274	-35 991	一、各项贷款	592 174	111 777
1. 单位存款	232 078	-16 488	（一）境内贷款	523 731	109 460
其中：活期存款	85 029	-5 666	1. 短期贷款	401 732	176 137
定期存款	143 339	8 942	（1）个人贷款及透支		
通知存款	1 920	-380	其中：个人消费贷款		
保证金存款	1790	-19 383	（2）单位普通贷款及透支	8 220	2 346
2. 个人存款	273 174	12 351	其中：经营贷款	8 220	2 346
储蓄存款	272 482	12 051	固定资产贷款		
保证金存款	594	302	（3）普通并购贷款		
结构性存款	98	-1	（4）银团贷款		
3. 临时性存款	1 608	-5 166	（5）贸易融资	393 512	173 792
4. 其他存款	5 413	-26 688	（6）境外筹资转贷款		
二、代理财政性存款			2. 中长期贷款	121 931	-66 697
三、金融债券			（1）个人贷款		
其中：境外发行			其中：个人消费贷款		
四、中长期借款	33 153	-617	（2）单位普通贷款	87 911	-65 482
其中：境外借款	33 153	-617	其中：经营贷款	4 000	-1 000
五、应付及暂收款	10 722	-15 135	固定资产贷款	83 911	-64 482
其中：应付利息	1 045	-1 662	（3）普通并购贷款		
六、卖出回购资产			（4）银团贷款	900	-600
七、向中央银行借款			（5）贸易融资		
八、同业往来（来源方）	387 779	83 582	（6）境外筹资转贷款	33 120	-615
1. 同业存放	247 306	-56 892	3. 融资租赁		
其中：境外同业存放	1	0	4. 票据融资	68	20
2. 同业拆借	140 474	140 474	其中：贴现		
其中：境外同业拆借	140 474	140 474	5. 各项垫款		
九、境外联行往来（来源方）			（二）境外贷款	68 443	2 317
十、外汇买卖（来源方）	3 982 817	3 976 969	二、有价证券		
其中：结售汇	3 698 420	3 696 122	三、股权及其他投资		
十一、委托存款及委托投资基金（净）			四、应收及预付款	1 864	-658
1. 委托存款及委托投资基金	166 445	118 604	其中：应收利息	1 404	246
2. 减：委托贷款及委托投资	166 445	118 604	五、买入返售资产		
十二、代理金融机构委托贷款基金			六、存放中央准备金存款		
其中：中央银行委托贷款基金			七、存放中央银行特种存款		
十三、各项准备	9 249	1 676	八、缴存中央银行财政性存款		
其中：贷款损失准备	9 248	1 676	九、同业往来	108 832	85 183
十四、所有者权益	4 414	-12 023	1. 存放同业	4 025	-19 624
其中：实收资本			其中：存放境外同业	872	154
十五、其他	-233 858	170 647	2. 拆放同业	104 807	104 807
			其中：拆放境外同业		
			十、境外联行往来（运用方）	409	30
			十一、代理金融机构贷款		
			其中：代理人行专项贷款		
			十二、库存现金	12 912	4 573
			十三、外汇买卖（运用方）	3 990 358	3 968 202
			其中：结售汇	3 708 250	3 689 642
			十四、投资性房地产		
资金来源总计	4 706 549	4 169 108	资金运用总计	4 706 549	4 169 108

表 3.49　中国农业银行北京市分行外汇信贷收支统计

单位：万美元

项目名称	余额	比年初	项目名称	余额	比年初
一、各项存款	176 655	−34 714	一、各项贷款	492 404	62 986
1. 单位存款	154 691	50 657	（一）境内贷款	492 404	62 986
其中：活期存款	101 945	82 405	1. 短期贷款	228 488	96 617
定期存款	13 333	−68 803	（1）个人贷款及透支	421	96
通知存款	2 200	2 200	其中：个人消费贷款	421	96
保证金存款	37 213	34 855	（2）单位普通贷款及透支	35 050	20 528
2. 个人存款	11 564	932	其中：经营贷款	35 050	20 528
储蓄存款	11 564	932	固定资产贷款		
保证金存款			（3）普通并购贷款		
结构性存款			（4）银团贷款		
3. 临时性存款	126	−304	（5）贸易融资	193 018	75 993
4. 其他存款	10 273	−85 998	（6）境外筹资转贷款		
二、代理财政性存款			2. 中长期贷款	263 916	−33 631
三、金融债券			（1）个人贷款		
其中：境外发行			其中：个人消费贷款		
四、中长期借款			（2）单位普通贷款	243 916	−48 825
其中：境外借款			其中：经营贷款	234 485	−49 115
五、应付及暂收款	2 083	−7 079	固定资产贷款	9431	290
其中：应付利息	284	−6 572	（3）普通并购贷款		
六、卖出回购资产			（4）银团贷款	20 000	19 000
七、向中央银行借款			（5）贸易融资		−3 806
八、同业往来（来源方）	36 638	−88 755	（6）境外筹资转贷款		
1. 同业存放	36 638	−43 038	3. 融资租赁		
其中：境外同业存放			4. 票据融资		−1
2. 同业拆借		−45 717	其中：贴现		
其中：境外同业拆借		−45 717	5. 各项垫款		
九、境外联行往来（来源方）			（二）境外贷款		
十、外汇买卖（来源方）	1 228 154	603 150	二、有价证券		
其中：结售汇	1 228 154	603 150	三、股权及其他投资		
十一、委托存款及委托投资基金（净）			四、应收及预付款	1 535	80
1. 委托存款及委托投资基金			其中：应收利息	1 459	142
2. 减：委托贷款及委托投资			五、买入返售资产		
十二、代理金融机构委托贷款基金			六、存放中央准备金存款		
其中：中央银行委托贷款基金			七、存放中央银行特种存款		
十三、各项准备			八、缴存中央银行财政性存款		
其中：贷款损失准备			九、同业往来		
十四、所有者权益	5 290	2 079	1. 存放同业		
其中：实收资本			其中：存放境外同业		
十五、其他	275 180	191 299	2. 拆放同业		
			其中：拆放境外同业		
			十、境外联行往来（运用方）		
			十一、代理金融机构贷款		
			其中：代理人行专项贷款		
			十二、库存现金	1 910	−161
			十三、外汇买卖（运用方）	1 228 150	603 075
			其中：结售汇	1 228 150	603 075
			十四、投资性房地产		
资金来源总计	1 723 999	665 980	资金运用总计	1 723 999	665 980

表3.50 中国银行北京市分行外汇信贷收支统计

单位：万美元

项目名称	余额	比年初	项目名称	余额	比年初
一、各项存款	932 386	5 858	一、各项贷款	354 227	16 451
1. 单位存款	470 208	4 155	（一）境内贷款	354 227	16 451
其中：活期存款	131 485	-18 892	1. 短期贷款	172 040	13 161
定期存款	275 114	56 402	（1）个人贷款及透支	2 371	390
通知存款	31 000	-13 935	其中：个人消费贷款	2 371	390
保证金存款	32 609	-19 419	（2）单位普通贷款及透支	29 048	3 523
2. 个人存款	393 098	12 600	其中：经营贷款	29 048	3 523
储蓄存款	391 819	11 895	固定资产贷款		
保证金存款	1 280	705	（3）普通并购贷款		
结构性存款			（4）银团贷款		
3. 临时性存款	26 139	1 774	（5）贸易融资	140 622	9 248
4. 其他存款	42 941	-12 671	（6）境外筹资转贷款		
二、代理财政性存款			2. 中长期贷款	182 187	3 289
三、金融债券			（1）个人贷款	142	87
其中：境外发行			其中：个人消费贷款	142	87
四、中长期借款			（2）单位普通贷款	154 586	-9 840
其中：境外借款			其中：经营贷款	102 753	2 753
五、应付及暂收款	25 025	3 118	固定资产贷款	51 833	-12 594
其中：应付利息	24 835	3 852	（3）普通并购贷款	3 937	1 387
六、卖出回购资产			（4）银团贷款	3 418	-2 030
七、向中央银行借款			（5）贸易融资	16 947	14 086
八、同业往来（来源方）	2 448 884	-146 062	（6）境外筹资转贷款	3 157	-400
1. 同业存放	2 401 194	-193 752	3. 融资租赁		
其中：境外同业存放	25	-80	4. 票据融资		
2. 同业拆借	47 690	47 690	其中：贴现		
其中：境外同业拆借	29 057	29 057	5. 各项垫款		
九、境外联行往来（来源方）	3 173	-424	（二）境外贷款		
十、外汇买卖（来源方）			二、有价证券		
其中：结售汇			三、股权及其他投资		
十一、委托存款及委托投资基金（净）			四、应收及预付款	40 534	39 010
1. 委托存款及委托投资基金	51 126	45 040	其中：应收利息	40 343	38 964
2. 减：委托贷款及委托投资	51 126	45 040	五、买入返售资产		
十二、代理金融机构委托贷款基金			六、存放中央准备金存款	44 372	44 372
其中：中央银行委托贷款基金			七、存放中央银行特种存款		
十三、各项准备	7 928	52	八、缴存中央银行财政性存款		
其中：贷款损失准备	7 872	53	九、同业往来	109 096	-256 374
十四、所有者权益	61 963	61 963	1. 存放同业	104 596	-255 874
其中：实收资本			其中：存放境外同业		
十五、其他	-2 907 728	-75 191	2. 拆放同业	4 500	-500
			其中：拆放境外同业		
			十、境外联行往来（运用方）		
			十一、代理金融机构贷款		
			其中：代理人行专项贷款		
			十二、库存现金	23 402	5 856
			十三、外汇买卖（运用方）		
			其中：结售汇		
			十四、投资性房地产		
资金来源总计	571 631	-150 686	资金运用总计	571 631	-150 686

表 3.51　中国建设银行北京市分行外汇信贷收支统计

单位：万美元

项目名称	余额	比年初	项目名称	余额	比年初
一、各项存款	346 536	101 779	一、各项贷款	606 854	190 722
1. 单位存款	212 220	97 005	（一）境内贷款	606 854	190 722
其中：活期存款	70 886	18 877	1. 短期贷款	405 890	164 114
定期存款	66 327	25 121	（1）个人贷款及透支		
通知存款	4 500	3 200	其中：个人消费贷款		
保证金存款	151	-18 068	（2）单位普通贷款及透支	50 762	3 262
2. 个人存款	52 455	6 540	其中：经营贷款	50 762	3 262
储蓄存款	51 878	6 094	固定资产贷款		
保证金存款	43	-6	（3）普通并购贷款		
结构性存款	533	452	（4）银团贷款		
3. 临时性存款	19 297	13 892	（5）贸易融资	355 129	160 853
4. 其他存款	62 563	-15 658	（6）境外筹资转贷款		
二、代理财政性存款			2. 中长期贷款	200 964	26 608
三、金融债券			（1）个人贷款	2	
其中：境外发行			其中：个人消费贷款	2	
四、中长期借款	38 864	7 990	（2）单位普通贷款	102 649	-10 575
其中：境外借款	38 864	7 990	其中：经营贷款	10 590	-565
五、应付及暂收款	11 530	-2 632	固定资产贷款	92 059	-10 010
其中：应付利息	3 262	-10 175	（3）普通并购贷款		
六、卖出回购资产			（4）银团贷款		
七、向中央银行借款			（5）贸易融资	59 496	29 180
八、同业往来（来源方）	1 464 725	-171 985	（6）境外筹资转贷款	38 817	8 003
1. 同业存放	1 380 636	-256 073	3. 融资租赁		
其中：境外同业存放	233	-102	4. 票据融资		
2. 同业拆借	84 089	84 089	其中：贴现		
其中：境外同业拆借			5. 各项垫款		
九、境外联行往来（来源方）			（二）境外贷款		
十、外汇买卖（来源方）			二、有价证券		
其中：结售汇			三、股权及其他投资		-2 481
十一、委托存款及委托投资基金（净）			四、应收及预付款	3 557	953
1. 委托存款及委托投资基金	5 200		其中：应收利息	3 489	1 824
2. 减：委托贷款及委托投资	5 200		五、买入返售资产		
十二、代理金融机构委托贷款基金			六、存放中央准备金存款		
其中：中央银行委托贷款基金			七、存放中央银行特种存款		
十三、各项准备			八、缴存中央银行财政性存款		
其中：贷款损失准备			九、同业往来	105 634	86 434
十四、所有者权益	3 980	19 474	1. 存放同业	81 634	62 434
其中：实收资本			其中：存放境外同业		
十五、其他	-1 146 910	320 902	2. 拆放同业	24 000	24 000
			其中：拆放境外同业		
			十、境外联行往来（运用方）		
			十一、代理金融机构贷款		
			其中：代理人行专项贷款		
			十二、库存现金	2 679	-100
			十三、外汇买卖（运用方）		
			其中：结售汇		
			十四、投资性房地产		
资金来源总计	718 724	275 527	资金运用总计	718 724	275 527

表 3.52 交通银行北京市分行外汇信贷收支统计

单位：万美元

项目名称	余额	比年初	项目名称	余额	比年初
一、各项存款	258 556	-199 937	一、各项贷款	98 751	-32 099
1. 单位存款	171 746	-31 693	（一）境内贷款	98 751	-32 099
其中：活期存款	40 844	-10 357	1. 短期贷款	88 116	-16 249
定期存款	37 976	6 541	（1）个人贷款及透支		
通知存款		-119	其中：个人消费贷款		
保证金存款	92 926	-27 758	（2）单位普通贷款及透支	31 901	27 022
2. 个人存款	63 003	8	其中：经营贷款	31 901	27 022
储蓄存款	35 153	3 934	固定资产贷款		
保证金存款	1 050	70	（3）普通并购贷款		
结构性存款	26 800	-3 996	（4）银团贷款		
3. 临时性存款	3 778	-2 212	（5）贸易融资	56 215	-43 271
4. 其他存款	20 029	-166 040	（6）境外筹资转贷款		
二、代理财政性存款			2. 中长期贷款	10 630	-15 845
三、金融债券			（1）个人贷款		
其中：境外发行			其中：个人消费贷款		
四、中长期借款			（2）单位普通贷款	6 843	-16 104
其中：境外借款			其中：经营贷款		-11 500
五、应付及暂收款	353 841	-4 338	固定资产贷款	6 843	-4 604
其中：应付利息	710	-10 140	（3）普通并购贷款		
六、卖出回购资产			（4）银团贷款		-2 222
七、向中央银行借款			（5）贸易融资	2 549	2 549
八、同业往来（来源方）	20 172	2 010	（6）境外筹资转贷款	1 238	-68
1. 同业存放	15 172	-2 990	3. 融资租赁		
其中：境外同业存放			4. 票据融资	5	-5
2. 同业拆借	5 000	5 000	其中：贴现		
其中：境外同业拆借	5 000	5 000	5. 各项垫款		
九、境外联行往来（来源方）	7 242	7 242	（二）境外贷款		
十、外汇买卖（来源方）			二、有价证券		
其中：结售汇			三、股权及其他投资		
十一、委托存款及委托投资基金（净）	1		四、应收及预付款	134 207	60 045
1. 委托存款及委托投资基金	96 985	24 575	其中：应收利息	485	126
2. 减：委托贷款及委托投资	96 985	24 575	五、买入返售资产		
十二、代理金融机构委托贷款基金			六、存放中央准备金存款		
其中：中央银行委托贷款基金			七、存放中央银行特种存款		
十三、各项准备	1 953	-1 887	八、缴存中央银行财政性存款		
其中：贷款损失准备	1 953	-1 887	九、同业往来	16 950	10 326
十四、所有者权益	-1 914	13 653	1. 存放同业	16 950	10 326
其中：实收资本			其中：存放境外同业	16	-1 180
十五、其他	-387 003	222 492	2. 拆放同业		
			其中：拆放境外同业		
			十、境外联行往来（运用方）	1 107	670
			十一、代理金融机构贷款		
			其中：代理人行专项贷款		
			十二、库存现金	1 823	283
			十三、外汇买卖（运用方）	10	10
			其中：结售汇	10	10
			十四、投资性房地产		
资金来源总计	252 848	39 235	资金运用总计	252 848	39 235

表 3.53　招商银行北京分行外汇信贷收支统计

单位：万美元

项目名称	余额	比年初	项目名称	余额	比年初
一、各项存款	369 294	64 126	一、各项贷款	178 370	57 654
1. 单位存款	227 454	85 894	(一) 境内贷款	178 370	57 654
其中：活期存款	54 072	-2 243	1. 短期贷款	138 370	57 654
定期存款	34 396	22 397	(1) 个人贷款及透支		
通知存款		-450	其中：个人消费贷款		
保证金存款	138 986	66 190	(2) 单位普通贷款及透支	5 000	2 645
2. 个人存款	102 250	10 533	其中：经营贷款	5 000	2 645
储蓄存款	102 250	10 533	固定资产贷款		
保证金存款			(3) 普通并购贷款		
结构性存款			(4) 银团贷款		
3. 临时性存款	4 769	-1 210	(5) 贸易融资	133 370	55 009
4. 其他存款	34 821	-31 091	(6) 境外筹资转贷款		
二、代理财政性存款			2. 中长期贷款	40 000	
三、金融债券			(1) 个人贷款		
其中：境外发行			其中：个人消费贷款		
四、中长期借款	551	23	(2) 单位普通贷款	40 000	
其中：境外借款	551	23	其中：经营贷款		
五、应付及暂收款	2 107	-3 530	固定资产贷款	40 000	
其中：应付利息	2 104	-3 529	(3) 普通并购贷款		
六、卖出回购资产			(4) 银团贷款		
七、向中央银行借款			(5) 贸易融资		
八、同业往来（来源方）	16 942	10 553	(6) 境外筹资转贷款		
1. 同业存放	9 748	3 359	3. 融资租赁		
其中：境外同业存放			4. 票据融资		
2. 同业拆借	7 194	7 194	其中：贴现		
其中：境外同业拆借	6 285	6 285	5. 各项垫款		
九、境外联行往来（来源方）			(二) 境外贷款		
十、外汇买卖（来源方）	63	6	二、有价证券		
其中：结售汇			三、股权及其他投资		
十一、委托存款及委托投资基金（净）			四、应收及预付款	1 170	896
1. 委托存款及委托投资基金			其中：应收利息	1 169	895
2. 减：委托贷款及委托投资			五、买入返售资产		
十二、代理金融机构委托贷款基金			六、存放中央准备金存款		
其中：中央银行委托贷款基金			七、存放中央银行特种存款		
十三、各项准备	3 567	1 153	八、缴存中央银行财政性存款		
其中：贷款损失准备	3 567	1 153	九、同业往来	7 314	-3 099
十四、所有者权益	4 781	-93	1. 存放同业	7 314	-3 099
其中：实收资本			其中：存放境外同业		
十五、其他	-207 950	-16 221	2. 拆放同业		
			其中：拆放境外同业		
			十、境外联行往来（运用方）		
			十一、代理金融机构贷款		
			其中：代理人行专项贷款		
			十二、库存现金	2 439	561
			十三、外汇买卖（运用方）	62	5
			其中：结售汇		
			十四、投资性房地产		
资金来源总计	189 355	56 017	资金运用总计	189 355	56 017

表3.54 上海浦东发展银行北京分行外汇信贷收支统计

单位：万美元

项目名称	余额	比年初	项目名称	余额	比年初
一、各项存款	161 261	62 675	一、各项贷款	13 729	-27 074
1. 单位存款	127 865	74 660	（一）境内贷款	13 729	-27 074
其中：活期存款	3 710	-3 585	1. 短期贷款	12 829	-26 954
定期存款	16 923	725	（1）个人贷款及透支		
通知存款		-555	其中：个人消费贷款		
保证金存款	107 232	78 075	（2）单位普通贷款及透支	6 400	6 400
2. 个人存款	9 926	869	其中：经营贷款	6 400	6 400
储蓄存款	9 915	928	固定资产贷款		
保证金存款			（3）普通并购贷款		
结构性存款	11	-59	（4）银团贷款		
3. 临时性存款	366	-271	（5）贸易融资	6 429	-33 354
4. 其他存款	23 104	-12 583	（6）境外筹资转贷款		
二、代理财政性存款			2. 中长期贷款	900	-120
三、金融债券			（1）个人贷款		
其中：境外发行			其中：个人消费贷款		
四、中长期借款			（2）单位普通贷款	900	-120
其中：境外借款			其中：经营贷款		
五、应付及暂收款	3 998	618	固定资产贷款	900	-120
其中：应付利息	1 658	663	（3）普通并购贷款		
六、卖出回购资产			（4）银团贷款		
七、向中央银行借款			（5）贸易融资		
八、同业往来（来源方）	6 594	5 044	（6）境外筹资转贷款		
1. 同业存放	6 594	5 044	3. 融资租赁		
其中：境外同业存放			4. 票据融资		
2. 同业拆借			其中：贴现		
其中：境外同业拆借			5. 各项垫款		
九、境外联行往来（来源方）			（二）境外贷款		
十、外汇买卖（来源方）	1 378	286	二、有价证券		
其中：结售汇	43	34	三、股权及其他投资		
十一、委托存款及委托投资基金（净）			四、应收及预付款	267	37
1. 委托存款及委托投资基金			其中：应收利息	71	37
2. 减：委托贷款及委托投资			五、买入返售资产		
十二、代理金融机构委托贷款基金			六、存放中央准备金存款		
其中：中央银行委托贷款基金			七、存放中央银行特种存款		
十三、各项准备			八、缴存中央银行财政性存款		
其中：贷款损失准备			九、同业往来	8 306	7 923
十四、所有者权益	572	-255	1. 存放同业	8 306	7 923
其中：实收资本			其中：存放境外同业		
十五、其他	-149 320	-87 115	2. 拆放同业		
			其中：拆放境外同业		
			十、境外联行往来（运用方）		
			十一、代理金融机构贷款		
			其中：代理人行专项贷款		
			十二、库存现金	706	122
			十三、外汇买卖（运用方）	1 475	245
			其中：结售汇	17	-5
			十四、投资性房地产		
资金来源总计	24 483	-18 747	资金运用总计	24 483	-18 747

表 3.55　广发银行北京分行外汇信贷收支统计

单位：万美元

项目名称	余额	比年初	项目名称	余额	比年初
一、各项存款	147 265	63 567	一、各项贷款	41 799	23 678
1. 单位存款	96 915	41 976	（一）境内贷款	41 799	23 678
其中：活期存款	13 448	894	1. 短期贷款	41 103	22 982
定期存款	65 558	26 403	（1）个人贷款及透支		
通知存款			其中：个人消费贷款		
保证金存款	14 908	11 678	（2）单位普通贷款及透支	15 425	1 490
2. 个人存款	4 145	2 226	其中：经营贷款	15 425	1 490
储蓄存款	4 056	2 228	固定资产贷款		
保证金存款	89	-2	（3）普通并购贷款		
结构性存款			（4）银团贷款		
3. 临时性存款	19	-30	（5）贸易融资	25 678	21 492
4. 其他存款	46 186	19 395	（6）境外筹资转贷款		
二、代理财政性存款			2. 中长期贷款	696	696
三、金融债券			（1）个人贷款		
其中：境外发行			其中：个人消费贷款		
四、中长期借款			（2）单位普通贷款		
其中：境外借款			其中：经营贷款		
五、应付及暂收款	2 006	942	固定资产贷款		
其中：应付利息	1 989	930	（3）普通并购贷款		
六、卖出回购资产			（4）银团贷款		
七、向中央银行借款			（5）贸易融资	696	696
八、同业往来（来源方）	94 325	76 936	（6）境外筹资转贷款		
1. 同业存放	87 358	77 921	3. 融资租赁		
其中：境外同业存放			4. 票据融资		
2. 同业拆借	6 967	-985	其中：贴现		
其中：境外同业拆借	4 433	595	5. 各项垫款		
九、境外联行往来（来源方）			（二）境外贷款		
十、外汇买卖（来源方）	24	-4	二、有价证券		
其中：结售汇	24	-4	三、股权及其他投资		
十一、委托存款及委托投资基金（净）			四、应收及预付款	256	154
1. 委托存款及委托投资基金			其中：应收利息	255	157
2. 减：委托贷款及委托投资			五、买入返售资产		
十二、代理金融机构委托贷款基金			六、存放中央准备金存款		
其中：中央银行委托贷款基金			七、存放中央银行特种存款		
十三、各项准备	-142	-142	八、缴存中央银行财政性存款		
其中：贷款损失准备	-142	-142	九、同业往来	356	-1 884
十四、所有者权益	851	650	1. 存放同业	356	-1 884
其中：实收资本			其中：存放境外同业		
十五、其他	-201 403	-120 137	2. 拆放同业		
			其中：拆放境外同业		
			十、境外联行往来（运用方）		
			十一、代理金融机构贷款		
			其中：代理人行专项贷款		
			十二、库存现金	493	-146
			十三、外汇买卖（运用方）	22	10
			其中：结售汇	22	10
			十四、投资性房地产		
资金来源总计	42 926	21 812	资金运用总计	42 926	21 812

表3.56 兴业银行北京分行外汇信贷收支统计

单位：万美元

项目名称	余额	比年初	项目名称	余额	比年初
一、各项存款	415 088	122 958	一、各项贷款	366 838	131 321
1. 单位存款	396 055	158 228	（一）境内贷款	366 838	131 321
其中：活期存款	7 892	5 407	1. 短期贷款	366 838	131 321
定期存款	24 456	23 720	（1）个人贷款及透支		
通知存款			其中：个人消费贷款		
保证金存款	363 707	129 102	（2）单位普通贷款及透支		-10 368
2. 个人存款	3 618	318	其中：经营贷款		-10 368
储蓄存款	3 618	318	固定资产贷款		
保证金存款			（3）普通并购贷款		
结构性存款			（4）银团贷款		
3. 临时性存款	112	-88	（5）贸易融资	366 838	141 689
4. 其他存款	15 303	-35 499	（6）境外筹资转贷款		
二、代理财政性存款			2. 中长期贷款		
三、金融债券			（1）个人贷款		
其中：境外发行			其中：个人消费贷款		
四、中长期借款			（2）单位普通贷款		
其中：境外借款			其中：经营贷款		
五、应付及暂收款	4 221	2 298	固定资产贷款		
其中：应付利息	4 170	2 249	（3）普通并购贷款		
六、卖出回购资产			（4）银团贷款		
七、向中央银行借款			（5）贸易融资		
八、同业往来（来源方）	50 724	40 142	（6）境外筹资转贷款		
1. 同业存放	335	-554	3. 融资租赁		
其中：境外同业存放			4. 票据融资		
2. 同业拆借	50 389	40 696	其中：贴现		
其中：境外同业拆借	600	600	5. 各项垫款		
九、境外联行往来（来源方）			（二）境外贷款		
十、外汇买卖（来源方）			二、有价证券		
其中：结售汇			三、股权及其他投资		
十一、委托存款及委托投资基金（净）			四、应收及预付款	3 619	2 645
1. 委托存款及委托投资基金			其中：应收利息	3 619	2 645
2. 减：委托贷款及委托投资			五、买入返售资产		
十二、代理金融机构委托贷款基金			六、存放中央准备金存款		
其中：中央银行委托贷款基金			七、存放中央银行特种存款		
十三、各项准备	3 702	1 338	八、缴存中央银行财政性存款		
其中：贷款损失准备	3 702	1 338	九、同业往来	15 180	15 125
十四、所有者权益	-3 762	-535	1. 存放同业	180	125
其中：实收资本			其中：存放境外同业		
十五、其他	-83 995	-17 048	2. 拆放同业	15 000	15 000
			其中：拆放境外同业		
			十、境外联行往来（运用方）		
			十一、代理金融机构贷款		
			其中：代理人行专项贷款		
			十二、库存现金	341	62
			十三、外汇买卖（运用方）		
			其中：结售汇		
			十四、投资性房地产		
资金来源总计	385 978	149 153	资金运用总计	385 978	149 153

表 3.57 平安银行北京分行外汇信贷收支统计

单位：万美元

项目名称	余额	比年初	项目名称	余额	比年初
一、各项存款	224 532	100 871	一、各项贷款	71 101	-56 419
1. 单位存款	161 378	70 314	（一）境内贷款	71 101	-56 419
其中：活期存款	20 350	10 281	1. 短期贷款	44 605	-60 887
定期存款	112 976	58 224	（1）个人贷款及透支		
通知存款		-2 134	其中：个人消费贷款		
保证金存款	28 052	3 942	（2）单位普通贷款及透支	19 743	-61 365
2. 个人存款	936	193	其中：经营贷款	19 743	-61 365
储蓄存款	936	193	固定资产贷款		
保证金存款			（3）普通并购贷款		
结构性存款			（4）银团贷款		
3. 临时性存款	64	-299	（5）贸易融资	24 862	477
4. 其他存款	62 155	30 663	（6）境外筹资转贷款		
二、代理财政性存款			2. 中长期贷款	26 496	4 469
三、金融债券			（1）个人贷款		
其中：境外发行			其中：个人消费贷款		
四、中长期借款			（2）单位普通贷款	26 496	4 469
其中：境外借款			其中：经营贷款	26 496	4 469
五、应付及暂收款	4 325	-22 758	固定资产贷款		
其中：应付利息	3 408	-58	（3）普通并购贷款		
六、卖出回购资产			（4）银团贷款		
七、向中央银行借款			（5）贸易融资		
八、同业往来（来源方）	224 658	214 646	（6）境外筹资转贷款		
1. 同业存放	205 335	195 324	3. 融资租赁		
其中：境外同业存放			4. 票据融资		
2. 同业拆借	19 323	19 323	其中：贴现		
其中：境外同业拆借	13 233	13 233	5. 各项垫款		
九、境外联行往来（来源方）			（二）境外贷款		
十、外汇买卖（来源方）			二、有价证券		
其中：结售汇			三、股权及其他投资		
十一、委托存款及委托投资基金（净）			四、应收及预付款	1 205	-1 969
1. 委托存款及委托投资基金			其中：应收利息	1 162	-1 979
2. 减：委托贷款及委托投资			五、买入返售资产		
十二、代理金融机构委托贷款基金			六、存放中央准备金存款		
其中：中央银行委托贷款基金			七、存放中央银行特种存款		
十三、各项准备	496	-494	八、缴存中央银行财政性存款		
其中：贷款损失准备	469	-494	九、同业往来	225	109
十四、所有者权益	-3 870	-1 486	1. 存放同业	225	109
其中：实收资本			其中：存放境外同业		
十五、其他	-377 459	-349 018	2. 拆放同业		
			其中：拆放境外同业		
			十、境外联行往来（运用方）		
			十一、代理金融机构贷款		
			其中：代理人行专项贷款		
			十二、库存现金	151	40
			十三、外汇买卖（运用方）		
			其中：结售汇		
			十四、投资性房地产		
资金来源总计	72 682	-58 239	资金运用总计	72 682	-58 239

表3.58 中信银行总行营业部外汇信贷收支统计

单位：万美元

项目名称	余额	比年初	项目名称	余额	比年初
一、各项存款	718 494	102 427	一、各项贷款	246 362	95 937
1. 单位存款	433 516	-26 242	（一）境内贷款	230 946	120 207
其中：活期存款	126 325	-66 406	1. 短期贷款	214 904	107 912
定期存款	298 443	47 762	（1）个人贷款及透支		
通知存款			其中：个人消费贷款		
保证金存款	7 728	2 728	（2）单位普通贷款及透支	101 230	41 848
2. 个人存款	31 526	5 533	其中：经营贷款	101 230	41 848
储蓄存款	19 197	676	固定资产贷款		
保证金存款			（3）普通并购贷款		
结构性存款	12 329	4 857	（4）银团贷款		
3. 临时性存款	6 240	-10 689	（5）贸易融资	113 674	66 063
4. 其他存款	247 211	133 824	（6）境外筹资转贷款		
二、代理财政性存款			2. 中长期贷款	16 042	12 482
三、金融债券			（1）个人贷款		
其中：境外发行			其中：个人消费贷款		
四、中长期借款			（2）单位普通贷款	16 042	12 482
其中：境外借款			其中：经营贷款		
五、应付及暂收款	4 504	-2 106	固定资产贷款	16 042	12 482
其中：应付利息	3 778	-2 159	（3）普通并购贷款		
六、卖出回购资产			（4）银团贷款		
七、向中央银行借款			（5）贸易融资		
八、同业往来（来源方）	192 339	68 954	（6）境外筹资转贷款		
1. 同业存放	142 457	20 098	3. 融资租赁		-186
其中：境外同业存放	3 077		4. 票据融资		
2. 同业拆借	49 882	48 856	其中：贴现		
其中：境外同业拆借	49 882	48 856	5. 各项垫款		
九、境外联行往来（来源方）			（二）境外贷款	15 416	-24 271
十、外汇买卖（来源方）	4 586	-14 595	二、有价证券		
其中：结售汇	4 527	-10 460	三、股权及其他投资		
十一、委托存款及委托投资基金（净）	222	-202	四、应收及预付款	1 675	-90
1. 委托存款及委托投资基金	222	-202	其中：应收利息	1 403	-233
2. 减：委托贷款及委托投资			五、买入返售资产		-30 000
十二、代理金融机构委托贷款基金			六、存放中央准备金存款		
其中：中央银行委托贷款基金			七、存放中央银行特种存款		
十三、各项准备	2 992	917	八、缴存中央银行财政性存款		
其中：贷款损失准备	2 991	917	九、同业往来	94 522	40 028
十四、所有者权益	-5 945	-3 041	1. 存放同业	88 522	42 038
其中：实收资本			其中：存放境外同业	11 872	4 843
十五、其他	-564 067	-42 542	2. 拆放同业	6 000	-2 010
			其中：拆放境外同业		
			十、境外联行往来（运用方）		
			十一、代理金融机构贷款		
			其中：代理人行专项贷款		
			十二、库存现金	1 476	155
			十三、外汇买卖（运用方）	9 088	3 780
			其中：结售汇	8 767	6 902
			十四、投资性房地产		
资金来源总计	353 124	109 810	资金运用总计	353 124	109 810

表 3.59 中国光大银行北京分行外汇信贷收支统计

单位：万美元

项目名称	余额	比年初	项目名称	余额	比年初
一、各项存款	206 297	-14 057	一、各项贷款	142 433	48 162
1. 单位存款	38 784	-17 208	（一）境内贷款	142 433	48 162
其中：活期存款	9 241	-6 297	1. 短期贷款	131 585	57 148
定期存款	21 122	-17 038	（1）个人贷款及透支		
通知存款			其中：个人消费贷款		
保证金存款	8 421	6 127	（2）单位普通贷款及透支	4 064	4 064
2. 个人存款	43 451	-2 782	其中：经营贷款	4 064	4 064
储蓄存款	14 161	-2 222	固定资产贷款		
保证金存款	266	29	（3）普通并购贷款		
结构性存款	29 024	-589	（4）银团贷款		
3. 临时性存款	1	-13	（5）贸易融资	127 521	53 084
4. 其他存款	124 061	5 946	（6）境外筹资转贷款		
二、代理财政性存款			2. 中长期贷款	10 848	-8 986
三、金融债券			（1）个人贷款		
其中：境外发行			其中：个人消费贷款		
四、中长期借款			（2）单位普通贷款		-5 112
其中：境外借款			其中：经营贷款		-5 112
五、应付及暂收款	1 575	-9	固定资产贷款		
其中：应付利息	1553	-31	（3）普通并购贷款		
六、卖出回购资产			（4）银团贷款		
七、向中央银行借款			（5）贸易融资	10 848	-3 874
八、同业往来（来源方）	13 679	-24 796	（6）境外筹资转贷款		
1. 同业存放	92	-19 965	3. 融资租赁		
其中：境外同业存放			4. 票据融资		
2. 同业拆借	13 587	-4 831	其中：贴现		
其中：境外同业拆借	13 587	-4 831	5. 各项垫款		
九、境外联行往来（来源方）			（二）境外贷款		
十、外汇买卖（来源方）			二、有价证券		
其中：结售汇			三、股权及其他投资		
十一、委托存款及委托投资基金（净）	1 562	597	四、应收及预付款	1 511	-98
1. 委托存款及委托投资基金	3 957	597	其中：应收利息	1 511	-98
2. 减：委托贷款及委托投资	2 395		五、买入返售资产		
十二、代理金融机构委托贷款基金			六、存放中央准备金存款		
其中：中央银行委托贷款基金			七、存放中央银行特种存款		
十三、各项准备	3 026	1 093	八、缴存中央银行财政性存款		
其中：贷款损失准备	3 026	1 093	九、同业往来	3 343	-826
十四、所有者权益	-3 328	-1 570	1. 存放同业	3 343	-826
其中：实收资本			其中：存放境外同业		
十五、其他	-74 603	86 193	2. 拆放同业		
			其中：拆放境外同业		
			十、境外联行往来（运用方）		
			十一、代理金融机构贷款		
			其中：代理人行专项贷款		
			十二、库存现金	921	213
			十三、外汇买卖（运用方）		
			其中：结售汇		
			十四、投资性房地产		
资金来源总计	148 208	47 451	资金运用总计	148 208	47 451

表3.60 华夏银行北京分行外汇信贷收支统计

单位：万美元

项目名称	余额	比年初	项目名称	余额	比年初
一、各项存款	66 356	23 082	一、各项贷款	29 026	242
1. 单位存款	62 411	26 057	（一）境内贷款	29 026	242
其中：活期存款	38 867	10 487	1. 短期贷款	25 380	1 216
定期存款	22 358	17 544	（1）个人贷款及透支		
通知存款		-319	其中：个人消费贷款		
保证金存款	1 185	-1 654	（2）单位普通贷款及透支	12 126	8 733
2. 个人存款	2 987	496	其中：经营贷款	12 126	8 733
储蓄存款	2 987	496	固定资产贷款		
保证金存款			（3）普通并购贷款		
结构性存款			（4）银团贷款		
3. 临时性存款	957	-1 963	（5）贸易融资	13 254	-7 517
4. 其他存款	0	-1 508	（6）境外筹资转贷款		
二、代理财政性存款			2. 中长期贷款	3 646	-974
三、金融债券			（1）个人贷款		
其中：境外发行			其中：个人消费贷款		
四、中长期借款	18 833	367	（2）单位普通贷款	1 728	-1 125
其中：境外借款	18 833	367	其中：经营贷款		
五、应付及暂收款	377	-329	固定资产贷款	1 728	-1 125
其中：应付利息	159	56	（3）普通并购贷款		
六、卖出回购资产			（4）银团贷款		
七、向中央银行借款			（5）贸易融资		
八、同业往来（来源方）	9 380	6 440	（6）境外筹资转贷款	1 918	151
1. 同业存放	504	-34	3. 融资租赁		
其中：境外同业存放			4. 票据融资		
2. 同业拆借	8 876	6 474	其中：贴现		
其中：境外同业拆借			5. 各项垫款		
九、境外联行往来（来源方）			（二）境外贷款		
十、外汇买卖（来源方）	372 214	372 150	二、有价证券		
其中：结售汇	372 214	372 150	三、股权及其他投资		
十一、委托存款及委托投资基金（净）			四、应收及预付款	672	114
1. 委托存款及委托投资基金	200		其中：应收利息		
2. 减：委托贷款及委托投资	200		五、买入返售资产		
十二、代理金融机构委托贷款基金			六、存放中央准备金存款		
其中：中央银行委托贷款基金			七、存放中央银行特种存款		
十三、各项准备	385	8	八、缴存中央银行财政性存款		
其中：贷款损失准备	385	8	九、同业往来	14 440	10 240
十四、所有者权益	-444	-162	1. 存放同业	14 440	10 240
其中：实收资本			其中：存放境外同业		
十五、其他	-50 450	-18 811	2. 拆放同业		
			其中：拆放境外同业		
			十、境外联行往来（运用方）		
			十一、代理金融机构贷款		
			其中：代理人行专项贷款		
			十二、库存现金	364	-1
			十三、外汇买卖（运用方）	372 150	372 150
			其中：结售汇	372 150	372 150
			十四、投资性房地产		
资金来源总计	416 652	382 744	资金运用总计	416 652	382 744

表 3.61　中国民生银行总行营业部外汇信贷收支统计

单位：万美元

项目名称	余额	比年初	项目名称	余额	比年初
一、各项存款	370 242	135 155	一、各项贷款		
1. 单位存款	349 009	133 126	（一）境内贷款		
其中：活期存款	27 832	1 326	1. 短期贷款		
定期存款	300 033	112 026	（1）个人贷款及透支		
通知存款	2 496	2 296	其中：个人消费贷款		
保证金存款	10 647	9 478	（2）单位普通贷款及透支		
2. 个人存款	19 864	897	其中：经营贷款		
储蓄存款	19 864	924	固定资产贷款		
保证金存款			（3）普通并购贷款		
结构性存款		-27	（4）银团贷款		
3. 临时性存款	1 369	1 132	（5）贸易融资		
4. 其他存款			（6）境外筹资转贷款		
二、代理财政性存款			2. 中长期贷款		
三、金融债券			（1）个人贷款		
其中：境外发行			其中：个人消费贷款		
四、中长期借款			（2）单位普通贷款		
其中：境外借款			其中：经营贷款		
五、应付及暂收款	2 467	-8	固定资产贷款		
其中：应付利息	2 103	-372	（3）普通并购贷款		
六、卖出回购资产			（4）银团贷款		
七、向中央银行借款			（5）贸易融资		
八、同业往来（来源方）	11 430	-75 053	（6）境外筹资转贷款		
1. 同业存放	11 430	-75 053	3. 融资租赁		
其中：境外同业存放			4. 票据融资		
2. 同业拆借			其中：贴现		
其中：境外同业拆借			5. 各项垫款		
九、境外联行往来（来源方）			（二）境外贷款		
十、外汇买卖（来源方）	62 098	15 868	二、有价证券		
其中：结售汇	62 098	15 868	三、股权及其他投资		
十一、委托存款及委托投资基金（净）			四、应收及预付款	168	-116
1. 委托存款及委托投资基金			其中：应收利息	166	166
2. 减：委托贷款及委托投资			五、买入返售资产		
十二、代理金融机构委托贷款基金			六、存放中央准备金存款		
其中：中央银行委托贷款基金			七、存放中央银行特种存款		
十三、各项准备			八、缴存中央银行财政性存款		
其中：贷款损失准备			九、同业往来	832	-84
十四、所有者权益	-2 893	4 636	1. 存放同业	832	-84
其中：实收资本			其中：存放境外同业		
十五、其他	-378 721	-65 098	2. 拆放同业		
			其中：拆放境外同业		
			十、境外联行往来（运用方）		
			十一、代理金融机构贷款		
			其中：代理人行专项贷款		
			十二、库存现金	1 524	-167
			十三、外汇买卖（运用方）	62 098	15 868
			其中：结售汇	62 098	15 868
			十四、投资性房地产		
资金来源总计	64 622	15 500	资金运用总计	64 622	15 500

表 3.62　渤海银行北京分行外汇信贷收支统计

单位：万美元

项目名称	余额	比年初	项目名称	余额	比年初
一、各项存款	12 353	-4 786	一、各项贷款	16 122	-5 691
1. 单位存款	12 321	-4 769	（一）境内贷款	16 122	-5 691
其中：活期存款	4 221	3 475	1. 短期贷款	16 122	-5 691
定期存款	8 066	-5 181	（1）个人贷款及透支		
通知存款			其中：个人消费贷款		
保证金存款	34	-3 064	（2）单位普通贷款及透支	2 609	-6 605
2. 个人存款	32	-16	其中：经营贷款	2 609	-6 605
储蓄存款	32	-16	固定资产贷款		
保证金存款			（3）普通并购贷款		
结构性存款			（4）银团贷款		
3. 临时性存款			（5）贸易融资	13 513	914
4. 其他存款			（6）境外筹资转贷款		
二、代理财政性存款			2. 中长期贷款		
三、金融债券			（1）个人贷款		
其中：境外发行			其中：个人消费贷款		
四、中长期借款			（2）单位普通贷款		
其中：境外借款			其中：经营贷款		
五、应付及暂收款	61	-301	固定资产贷款		
其中：应付利息	59	-303	（3）普通并购贷款		
六、卖出回购资产			（4）银团贷款		
七、向中央银行借款			（5）贸易融资		
八、同业往来（来源方）	2 667	-41 671	（6）境外筹资转贷款		
1. 同业存放	2 403	-32 600	3. 融资租赁		
其中：境外同业存放			4. 票据融资		
2. 同业拆借	265	-9 071	其中：贴现		
其中：境外同业拆借	265	-8 866	5. 各项垫款		
九、境外联行往来（来源方）			（二）境外贷款		
十、外汇买卖（来源方）			二、有价证券		
其中：结售汇			三、股权及其他投资		
十一、委托存款及委托投资基金（净）			四、应收及预付款	178	101
1. 委托存款及委托投资基金			其中：应收利息	178	101
2. 减：委托贷款及委托投资			五、买入返售资产		
十二、代理金融机构委托贷款基金			六、存放中央准备金存款		
其中：中央银行委托贷款基金			七、存放中央银行特种存款		
十三、各项准备			八、缴存中央银行财政性存款		
其中：贷款损失准备			九、同业往来	1 835	1 089
十四、所有者权益	-15	-51	1. 存放同业	1 835	1 089
其中：实收资本			其中：存放境外同业		
十五、其他	3 087	42 293	2. 拆放同业		
			其中：拆放境外同业		
			十、境外联行往来（运用方）		
			十一、代理金融机构贷款		
			其中：代理人行专项贷款		
			十二、库存现金	17	-14
			十三、外汇买卖（运用方）		
			其中：结售汇		
			十四、投资性房地产		
资金来源总计	18 153	-4 515	资金运用总计	18 153	-4 515

表 3.63　浙商银行北京分行外汇信贷收支统计

单位：万美元

项目名称	余额	比年初	项目名称	余额	比年初
一、各项存款	67 408	60 466	一、各项贷款	43 813	42 787
1. 单位存款	67 401	60 651	（一）境内贷款	43 813	42 787
其中：活期存款	2 902	2 647	1. 短期贷款	43 813	42 787
定期存款	64 499	62 900	（1）个人贷款及透支		
通知存款		-4 896	其中：个人消费贷款		
保证金存款			（2）单位普通贷款及透支	53	53
2. 个人存款	5	1	其中：经营贷款	53	53
储蓄存款	5	1	固定资产贷款		
保证金存款			（3）普通并购贷款		
结构性存款			（4）银团贷款		
3. 临时性存款	2	-186	（5）贸易融资	43 759	42 734
4. 其他存款			（6）境外筹资转贷款		
二、代理财政性存款			2. 中长期贷款		
三、金融债券			（1）个人贷款		
其中：境外发行			其中：个人消费贷款		
四、中长期借款			（2）单位普通贷款		
其中：境外借款			其中：经营贷款		
五、应付及暂收款			固定资产贷款		
其中：应付利息			（3）普通并购贷款		
六、卖出回购资产			（4）银团贷款		
七、向中央银行借款			（5）贸易融资		
八、同业往来（来源方）	8 247	8 247	（6）境外筹资转贷款		
1. 同业存放	8 247	8 247	3. 融资租赁		
其中：境外同业存放			4. 票据融资		
2. 同业拆借			其中：贴现		
其中：境外同业拆借			5. 各项垫款		
九、境外联行往来（来源方）			（二）境外贷款		
十、外汇买卖（来源方）			二、有价证券		
其中：结售汇			三、股权及其他投资		
十一、委托存款及委托投资基金（净）			四、应收及预付款	576	570
1. 委托存款及委托投资基金		-278	其中：应收利息	576	570
2. 减：委托贷款及委托投资		-278	五、买入返售资产		
十二、代理金融机构委托贷款基金			六、存放中央准备金存款		
其中：中央银行委托贷款基金			七、存放中央银行特种存款		
十三、各项准备			八、缴存中央银行财政性存款		
其中：贷款损失准备			九、同业往来	39 055	35 676
十四、所有者权益	-353	-519	1. 存放同业	39 055	35 676
其中：实收资本			其中：存放境外同业		
十五、其他	8 148	10 843	2. 拆放同业		
			其中：拆放境外同业		
			十、境外联行往来（运用方）		
			十一、代理金融机构贷款		
			其中：代理人行专项贷款		
			十二、库存现金	7	4
			十三、外汇买卖（运用方）		
			其中：结售汇		
			十四、投资性房地产		
资金来源总计	83 451	79 037	资金运用总计	83 451	79 037

表3.64 北京银行外汇信贷收支统计（全国）

单位：万美元

项目名称	余额	比年初	项目名称	余额	比年初
一、各项存款	421 870	111 790	一、各项贷款	370 636	38 593
1. 单位存款	358 195	71 578	（一）境内贷款	368 709	39 572
其中：活期存款	47 535	-70 155	1. 短期贷款	359 705	32 591
定期存款	113 170	85 749	（1）个人贷款及透支	108	33
通知存款	2 035	1 449	其中：个人消费贷款	108	33
保证金存款	195 455	54 536	（2）单位普通贷款及透支	90 666	3 608
2. 个人存款	26 442	6 199	其中：经营贷款	90 666	3 608
储蓄存款	15 066	2 128	固定资产贷款		
保证金存款			（3）普通并购贷款		
结构性存款	11 377	4 072	（4）银团贷款		
3. 临时性存款	37 232	37 232	（5）贸易融资	268 931	28 950
4. 其他存款		-3 220	（6）境外筹资转贷款		
二、代理财政性存款			2. 中长期贷款	9 004	6 983
三、金融债券			（1）个人贷款		
其中：境外发行			其中：个人消费贷款		
四、中长期借款			（2）单位普通贷款	8 180	7 763
其中：境外借款			其中：经营贷款	4 990	4 990
五、应付及暂收款	8 933	-8 361	固定资产贷款	3 190	2 773
其中：应付利息	2 252	1 138	（3）普通并购贷款		
六、卖出回购资产			（4）银团贷款	434	
七、向中央银行借款			（5）贸易融资	390	-780
八、同业往来（来源方）	297 252	118 531	（6）境外筹资转贷款		
1. 同业存放	14 761	7 340	3. 融资租赁		
其中：境外同业存放			4. 票据融资		-2
2. 同业拆借	282 491	111 191	其中：贴现		
其中：境外同业拆借	122 077	11 207	5. 各项垫款		
九、境外联行往来（来源方）			（二）境外贷款	1 926	-979
十、外汇买卖（来源方）	12 170	4 502	二、有价证券	4	-108
其中：结售汇	10 525	3 205	三、股权及其他投资	15	
十一、委托存款及委托投资基金（净）		-58	四、应收及预付款	2 344	765
1. 委托存款及委托投资基金	295	-58	其中：应收利息	2 344	765
2. 减：委托贷款及委托投资	295		五、买入返售资产		
十二、代理金融机构委托贷款基金			六、存放中央准备金存款	22 732	5 434
其中：中央银行委托贷款基金			七、存放中央银行特种存款		
十三、各项准备	4 953	-384	八、缴存中央银行财政性存款		
其中：贷款损失准备	4 034	-488	九、同业往来	356 795	186 492
十四、所有者权益	2 020	85	1. 存放同业	267 162	206 846
其中：实收资本			其中：存放境外同业	27 905	-9 516
十五、其他	12 283	-6	2. 拆放同业	89 634	-20 354
			其中：拆放境外同业		
			十、境外联行往来（运用方）		
			十一、代理金融机构贷款		
			其中：代理人行专项贷款		
			十二、库存现金	1 828	-271
			十三、外汇买卖（运用方）	5 125	-4 806
			其中：结售汇	5 125	-4 806
			十四、投资性房地产		
资金来源总计	759 481	226 099	资金运用总计	759 481	226 099

表 3.65　北京银行外汇信贷收支统计（北京）

单位：万美元

项目名称	余额	比年初	项目名称	余额	比年初
一、各项存款	120 885	−5 132	一、各项贷款	49 986	8 544
1. 单位存款	59 930	−47 323	（一）境内贷款	48 060	9 523
其中：活期存款	36 557	−51 532	1. 短期贷款	42 745	6 232
定期存款	22 427	5 291	（1）个人贷款及透支	108	33
通知存款		−586	其中：个人消费贷款	108	33
保证金存款	946	−496	（2）单位普通贷款及透支	14 352	−252
2. 个人存款	23 722	4 958	其中：经营贷款	14 352	−252
储蓄存款	13 683	1 599	固定资产贷款		
保证金存款			（3）普通并购贷款		
结构性存款	10 039	3 359	（4）银团贷款		
3. 临时性存款	37 232	37 232	（5）贸易融资	28 284	6 450
4. 其他存款			（6）境外筹资转贷款		
二、代理财政性存款			2. 中长期贷款	5 315	3 294
三、金融债券			（1）个人贷款		
其中：境外发行			其中：个人消费贷款		
四、中长期借款			（2）单位普通贷款	4 491	4 074
其中：境外借款			其中：经营贷款	4 491	4 491
五、应付及暂收款	7 270	−8 875	固定资产贷款		−417
其中：应付利息	595	406	（3）普通并购贷款		
六、卖出回购资产			（4）银团贷款	434	
七、向中央银行借款			（5）贸易融资	390	−780
八、同业往来（来源方）	82 812	65 208	（6）境外筹资转贷款		
1. 同业存放	127	−2	3. 融资租赁		
其中：境外同业存放			4. 票据融资		−2
2. 同业拆借	82 686	65 210	其中：贴现		
其中：境外同业拆借	12 122	12 122	5. 各项垫款		
九、境外联行往来（来源方）			（二）境外贷款	1 926	−979
十、外汇买卖（来源方）	12 170	4 502	二、有价证券	4	−108
其中：结售汇	10 525	3 205	三、股权及其他投资	15	
十一、委托存款及委托投资基金（净）		−58	四、应收及预付款	557	248
1. 委托存款及委托投资基金	295	−58	其中：应收利息	557	248
2. 减：委托贷款及委托投资	295		五、买入返售资产		
十二、代理金融机构委托贷款基金			六、存放中央准备金存款	19 906	4 073
其中：中央银行委托贷款基金			七、存放中央银行特种存款		
十三、各项准备	1 423	−626	八、缴存中央银行财政性存款		
其中：贷款损失准备	934	−559	九、同业往来	145 917	2 396
十四、所有者权益	2 066	−923	1. 存放同业	62 283	12 750
其中：实收资本			其中：存放境外同业	27 905	−9 516
十五、其他	−3 718	−44 029	2. 拆放同业	83 634	−10 354
			其中：拆放境外同业		
			十、境外联行往来（运用方）		
			十一、代理金融机构贷款		
			其中：代理人行专项贷款		
			十二、库存现金	1 397	−281
			十三、外汇买卖（运用方）	5 125	−4 806
			其中：结售汇	5 125	−4 806
			十四、投资性房地产		
资金来源总计	222 908	10 067	资金运用总计	222 908	10 067

表 3.66 天津银行北京分行外汇信贷收支统计

单位：万美元

项目名称	余额	比年初	项目名称	余额	比年初
一、各项存款	10 985	7 277	一、各项贷款	19 191	18 916
1. 单位存款	10 945	7 257	（一）境内贷款	19 191	18 916
其中：活期存款	124	-314	1. 短期贷款	19 191	18 916
定期存款	7 528	4 278	（1）个人贷款及透支		
通知存款	3 293	3 293	其中：个人消费贷款		
保证金存款			（2）单位普通贷款及透支	17 510	17 510
2. 个人存款	40	20	其中：经营贷款	17 510	17 510
储蓄存款	40	20	固定资产贷款		
保证金存款			（3）普通并购贷款		
结构性存款			（4）银团贷款		
3. 临时性存款			（5）贸易融资	1 681	1 406
4. 其他存款			（6）境外筹资转贷款		
二、代理财政性存款			2. 中长期贷款		
三、金融债券			（1）个人贷款		
其中：境外发行			其中：个人消费贷款		
四、中长期借款			（2）单位普通贷款		
其中：境外借款			其中：经营贷款		
五、应付及暂收款	252	236	固定资产贷款		
其中：应付利息	252	236	（3）普通并购贷款		
六、卖出回购资产			（4）银团贷款		
七、向中央银行借款			（5）贸易融资		
八、同业往来（来源方）	11 500	11 500	（6）境外筹资转贷款		
1. 同业存放	11 500	11 500	3. 融资租赁		
其中：境外同业存放			4. 票据融资		
2. 同业拆借			其中：贴现		
其中：境外同业拆借			5. 各项垫款		
九、境外联行往来（来源方）			（二）境外贷款		
十、外汇买卖（来源方）			二、有价证券		
其中：结售汇			三、股权及其他投资		
十一、委托存款及委托投资基金（净）			四、应收及预付款	104	104
1. 委托存款及委托投资基金			其中：应收利息	104	104
2. 减：委托贷款及委托投资			五、买入返售资产		
十二、代理金融机构委托贷款基金			六、存放中央准备金存款		
其中：中央银行委托贷款基金			七、存放中央银行特种存款		
十三、各项准备			八、缴存中央银行财政性存款		
其中：贷款损失准备			九、同业往来	27	7
十四、所有者权益	-104	-139	1. 存放同业	27	7
其中：实收资本			其中：存放境外同业		
十五、其他	-3 305	151	2. 拆放同业		
			其中：拆放境外同业		
			十、境外联行往来（运用方）		
			十一、代理金融机构贷款		
			其中：代理人行专项贷款		
			十二、库存现金	6	-2
			十三、外汇买卖（运用方）		
			其中：结售汇		
			十四、投资性房地产		
资金来源总计	19 328	19 025	资金运用总计	19 328	19 025

表 3.67　大连银行北京分行外汇信贷收支统计

单位：万美元

项目名称	余额	比年初	项目名称	余额	比年初
一、各项存款	4 045	3 972	一、各项贷款	905	485
1. 单位存款	4 031	4 028	（一）境内贷款	905	485
其中：活期存款	4 031	4 028	1. 短期贷款	905	485
定期存款			（1）个人贷款及透支		
通知存款			其中：个人消费贷款		
保证金存款			（2）单位普通贷款及透支	270	270
2. 个人存款	15	3	其中：经营贷款	270	270
储蓄存款	15	3	固定资产贷款		
保证金存款			（3）普通并购贷款		
结构性存款			（4）银团贷款		
3. 临时性存款		-59	（5）贸易融资	635	215
4. 其他存款			（6）境外筹资转贷款		
二、代理财政性存款			2. 中长期贷款		
三、金融债券			（1）个人贷款		
其中：境外发行			其中：个人消费贷款		
四、中长期借款			（2）单位普通贷款		
其中：境外借款			其中：经营贷款		
五、应付及暂收款	3	-2	固定资产贷款		
其中：应付利息	3	-2	（3）普通并购贷款		
六、卖出回购资产			（4）银团贷款		
七、向中央银行借款			（5）贸易融资		
八、同业往来（来源方）		-1 000	（6）境外筹资转贷款		
1. 同业存放		-1 000	3. 融资租赁		
其中：境外同业存放			4. 票据融资		
2. 同业拆借			其中：贴现		
其中：境外同业拆借			5. 各项垫款		
九、境外联行往来（来源方）			（二）境外贷款		
十、外汇买卖（来源方）	38 147	5 908	二、有价证券		
其中：结售汇	38 147	5 908	三、股权及其他投资		
十一、委托存款及委托投资基金（净）			四、应收及预付款	2	-1
1. 委托存款及委托投资基金			其中：应收利息	2	-1
2. 减：委托贷款及委托投资			五、买入返售资产		
十二、代理金融机构委托贷款基金			六、存放中央准备金存款		
其中：中央银行委托贷款基金			七、存放中央银行特种存款		
十三、各项准备	15	8	八、缴存中央银行财政性存款		
其中：贷款损失准备	15	8	九、同业往来	30	
十四、所有者权益	25	22	1. 存放同业	30	
其中：实收资本			其中：存放境外同业		
十五、其他	-3 138	-2 515	2. 拆放同业		
			其中：拆放境外同业		
			十、境外联行往来（运用方）		
			十一、代理金融机构贷款		
			其中：代理人行专项贷款		
			十二、库存现金	13	
			十三、外汇买卖（运用方）	38 147	5 908
			其中：结售汇	38 147	5 908
			十四、投资性房地产		
资金来源总计	39 098	6 393	资金运用总计	39 098	6 393

表 3.68 杭州银行北京分行外汇信贷收支统计

单位：万美元

项目名称	余额	比年初	项目名称	余额	比年初
一、各项存款	1 948	-1 323	一、各项贷款	8 078	7 034
1. 单位存款	1 788	-1 223	（一）境内贷款	8 078	7 034
其中：活期存款	1 788	-1 223	1. 短期贷款	8 078	7 034
定期存款			（1）个人贷款及透支		
通知存款			其中：个人消费贷款		
保证金存款			（2）单位普通贷款及透支	3 150	3 150
2. 个人存款	157	-104	其中：经营贷款	3 150	3 150
储蓄存款	157	-104	固定资产贷款		
保证金存款			（3）普通并购贷款		
结构性存款			（4）银团贷款		
3. 临时性存款	4	4	（5）贸易融资	4 928	3 884
4. 其他存款			（6）境外筹资转贷款		
二、代理财政性存款			2. 中长期贷款		
三、金融债券			（1）个人贷款		
其中：境外发行			其中：个人消费贷款		
四、中长期借款			（2）单位普通贷款		
其中：境外借款			其中：经营贷款		
五、应付及暂收款	5	-3	固定资产贷款		
其中：应付利息	5	-3	（3）普通并购贷款		
六、卖出回购资产			（4）银团贷款		
七、向中央银行借款			（5）贸易融资		
八、同业往来（来源方）	1 596	1 596	（6）境外筹资转贷款		
1. 同业存放			3. 融资租赁		
其中：境外同业存放			4. 票据融资		
2. 同业拆借	1 596	1 596	其中：贴现		
其中：境外同业拆借	1 596	1 596	5. 各项垫款		
九、境外联行往来（来源方）			（二）境外贷款		
十、外汇买卖（来源方）			二、有价证券		
其中：结售汇			三、股权及其他投资		
十一、委托存款及委托投资基金（净）			四、应收及预付款	147	147
1. 委托存款及委托投资基金			其中：应收利息	147	147
2. 减：委托贷款及委托投资			五、买入返售资产		
十二、代理金融机构委托贷款基金			六、存放中央准备金存款		
其中：中央银行委托贷款基金			七、存放中央银行特种存款		
十三、各项准备			八、缴存中央银行财政性存款		
其中：贷款损失准备			九、同业往来	567	-594
十四、所有者权益	309	226	1. 存放同业	567	-594
其中：实收资本			其中：存放境外同业		
十五、其他	4 946	6 094	2. 拆放同业		
			其中：拆放境外同业		
			十、境外联行往来（运用方）		
			十一、代理金融机构贷款		
			其中：代理人行专项贷款		
			十二、库存现金	12	4
			十三、外汇买卖（运用方）		
			其中：结售汇		
			十四、投资性房地产		
资金来源总计	8 804	6 590	资金运用总计	8 804	6 590

表 3.69 南京银行北京分行外汇信贷收支统计

单位：万美元

项目名称	余额	比年初	项目名称	余额	比年初
一、各项存款	3 063	152	一、各项贷款	1 653	-2 025
1. 单位存款	2 001	-875	（一）境内贷款	1 653	-2 025
其中：活期存款	1 286	-45	1. 短期贷款	1 653	-2 025
定期存款			（1）个人贷款及透支		
通知存款			其中：个人消费贷款		
保证金存款	15	-30	（2）单位普通贷款及透支		
2. 个人存款	1 062	1 027	其中：经营贷款		
储蓄存款	1 062	1 027	固定资产贷款		
保证金存款			（3）普通并购贷款		
结构性存款			（4）银团贷款		
3. 临时性存款			（5）贸易融资	1 653	-2 025
4. 其他存款			（6）境外筹资转贷款		
二、代理财政性存款			2. 中长期贷款		
三、金融债券			（1）个人贷款		
其中：境外发行			其中：个人消费贷款		
四、中长期借款			（2）单位普通贷款		
其中：境外借款			其中：经营贷款		
五、应付及暂收款	128	74	固定资产贷款		
其中：应付利息	51	19	（3）普通并购贷款		
六、卖出回购资产			（4）银团贷款		
七、向中央银行借款			（5）贸易融资		
八、同业往来（来源方）	7 000	3 914	（6）境外筹资转贷款		
1. 同业存放	7 000	7 000	3. 融资租赁		
其中：境外同业存放			4. 票据融资		
2. 同业拆借		-3 086	其中：贴现		
其中：境外同业拆借		-1 938	5. 各项垫款		
九、境外联行往来（来源方）			（二）境外贷款		
十、外汇买卖（来源方）	106	106	二、有价证券		
其中：结售汇	46	46	三、股权及其他投资		
十一、委托存款及委托投资基金（净）			四、应收及预付款	12	4
1. 委托存款及委托投资基金			其中：应收利息	12	4
2. 减：委托贷款及委托投资			五、买入返售资产		
十二、代理金融机构委托贷款基金			六、存放中央准备金存款		
其中：中央银行委托贷款基金			七、存放中央银行特种存款		
十三、各项准备			八、缴存中央银行财政性存款		
其中：贷款损失准备			九、同业往来	28	11
十四、所有者权益	-8	-8	1. 存放同业	28	11
其中：实收资本			其中：存放境外同业		
十五、其他	-8 454	-6 130	2. 拆放同业		
			其中：拆放境外同业		
			十、境外联行往来（运用方）		
			十一、代理金融机构贷款		
			其中：代理人行专项贷款		
			十二、库存现金	36	12
			十三、外汇买卖（运用方）	106	106
			其中：结售汇	1	1
			十四、投资性房地产		
资金来源总计	1 835	-1 892	资金运用总计	1 835	-1 892

表 3.70　盛京银行北京分行外汇信贷收支统计

单位：万美元

项目名称	余额	比年初	项目名称	余额	比年初
一、各项存款	6 510	1 669	一、各项贷款	1 078	603
1. 单位存款	6 271	1 665	（一）境内贷款	1 078	603
其中：活期存款	3 161	508	1. 短期贷款	1 078	603
定期存款	1 760	-180	（1）个人贷款及透支		
通知存款			其中：个人消费贷款		
保证金存款	1 350	1 337	（2）单位普通贷款及透支	470	-5
2. 个人存款	239	4	其中：经营贷款	470	-5
储蓄存款	239	4	固定资产贷款		
保证金存款			（3）普通并购贷款		
结构性存款			（4）银团贷款		
3. 临时性存款			（5）贸易融资	608	608
4. 其他存款			（6）境外筹资转贷款		
二、代理财政性存款			2. 中长期贷款		
三、金融债券			（1）个人贷款		
其中：境外发行			其中：个人消费贷款		
四、中长期借款			（2）单位普通贷款		
其中：境外借款			其中：经营贷款		
五、应付及暂收款	22	4	固定资产贷款		
其中：应付利息	22	4	（3）普通并购贷款		
六、卖出回购资产			（4）银团贷款		
七、向中央银行借款			（5）贸易融资		
八、同业往来（来源方）			（6）境外筹资转贷款		
1. 同业存放			3. 融资租赁		
其中：境外同业存放			4. 票据融资		
2. 同业拆借			其中：贴现		
其中：境外同业拆借			5. 各项垫款		
九、境外联行往来（来源方）			（二）境外贷款		
十、外汇买卖（来源方）	28 697	7 664	二、有价证券		
其中：结售汇	28 660	8 105	三、股权及其他投资		
十一、委托存款及委托投资基金（净）			四、应收及预付款	4	3
1. 委托存款及委托投资基金			其中：应收利息	4	3
2. 减：委托贷款及委托投资			五、买入返售资产		
十二、代理金融机构委托贷款基金			六、存放中央准备金存款		
其中：中央银行委托贷款基金			七、存放中央银行特种存款		
十三、各项准备			八、缴存中央银行财政性存款		
其中：贷款损失准备			九、同业往来	1 409	1 361
十四、所有者权益	81	81	1. 存放同业	1 409	1 361
其中：实收资本			其中：存放境外同业		
十五、其他	-4 093	189	2. 拆放同业		
			其中：拆放境外同业		
			十、境外联行往来（运用方）		
			十一、代理金融机构贷款		
			其中：代理人行专项贷款		
			十二、库存现金	27	-25
			十三、外汇买卖（运用方）	28 699	7 665
			其中：结售汇	28 662	8 107
			十四、投资性房地产		
资金来源总计	31 217	9 607	资金运用总计	31 217	9 607

表 3.71　上海银行北京分行外汇信贷收支统计

单位：万美元

项目名称	余额	比年初	项目名称	余额	比年初
一、各项存款	69 893	66 757	一、各项贷款	72 808	65 395
1. 单位存款	59 871	56 996	（一）境内贷款	72 808	65 395
其中：活期存款	386	-29	1. 短期贷款	71 508	65 395
定期存款	17 570	17 570	（1）个人贷款及透支		
通知存款	699	199	其中：个人消费贷款		
保证金存款	41 216	39 256	（2）单位普通贷款及透支	8 203	7 122
2. 个人存款	22		其中：经营贷款	8 203	7 122
储蓄存款	22		固定资产贷款		
保证金存款			（3）普通并购贷款		
结构性存款			（4）银团贷款		
3. 临时性存款		-239	（5）贸易融资	63 305	58 273
4. 其他存款	10 000	10 000	（6）境外筹资转贷款		
二、代理财政性存款			2. 中长期贷款	1 300	
三、金融债券			（1）个人贷款		
其中：境外发行			其中：个人消费贷款		
四、中长期借款			（2）单位普通贷款		
其中：境外借款			其中：经营贷款		
五、应付及暂收款	377	370	固定资产贷款		
其中：应付利息	377	370	（3）普通并购贷款		
六、卖出回购资产			（4）银团贷款	1 300	
七、向中央银行借款			（5）贸易融资		
八、同业往来（来源方）	62 117	59 804	（6）境外筹资转贷款		
1. 同业存放			3. 融资租赁		
其中：境外同业存放			4. 票据融资		
2. 同业拆借	62 117	59 804	其中：贴现		
其中：境外同业拆借	62 117	59 804	5. 各项垫款		
九、境外联行往来（来源方）			（二）境外贷款		
十、外汇买卖（来源方）	83 948	31 136	二、有价证券		
其中：结售汇	83 948	31 136	三、股权及其他投资		
十一、委托存款及委托投资基金（净）			四、应收及预付款	55	43
1. 委托存款及委托投资基金			其中：应收利息		
2. 减：委托贷款及委托投资			五、买入返售资产		
十二、代理金融机构委托贷款基金			六、存放中央准备金存款		
其中：中央银行委托贷款基金			七、存放中央银行特种存款		
十三、各项准备			八、缴存中央银行财政性存款		
其中：贷款损失准备			九、同业往来	20	-13
十四、所有者权益	-265	-525	1. 存放同业	20	-13
其中：实收资本			其中：存放境外同业		
十五、其他	-59 222	-60 973	2. 拆放同业		
			其中：拆放境外同业		
			十、境外联行往来（运用方）		
			十一、代理金融机构贷款		
			其中：代理人行专项贷款		
			十二、库存现金	20	11
			十三、外汇买卖（运用方）	83 945	31 133
			其中：结售汇	83 945	31 133
			十四、投资性房地产		
资金来源总计	156 848	96 569	资金运用总计	156 848	96 569

表3.72 江苏银行北京分行外汇信贷收支统计

单位：万美元

项目名称	余额	比年初	项目名称	余额	比年初
一、各项存款	22 007	-4 313	一、各项贷款	21 752	-2 063
1. 单位存款	10 885	-14 976	（一）境内贷款	21 752	-2 063
其中：活期存款	5 540	1 460	1. 短期贷款	21 752	-2 063
定期存款	5 271	-11 114	（1）个人贷款及透支		
通知存款			其中：个人消费贷款		
保证金存款	74	-5 322	（2）单位普通贷款及透支	5 503	470
2. 个人存款	30	-429	其中：经营贷款	5 503	470
储蓄存款	30	-429	固定资产贷款		
保证金存款			（3）普通并购贷款		
结构性存款			（4）银团贷款		
3. 临时性存款			（5）贸易融资	16 249	-2 533
4. 其他存款	11 092	11 092	（6）境外筹资转贷款		
二、代理财政性存款			2. 中长期贷款		
三、金融债券			（1）个人贷款		
其中：境外发行			其中：个人消费贷款		
四、中长期借款			（2）单位普通贷款		
其中：境外借款			其中：经营贷款		
五、应付及暂收款	219	-51	固定资产贷款		
其中：应付利息	219	-51	（3）普通并购贷款		
六、卖出回购资产			（4）银团贷款		
七、向中央银行借款			（5）贸易融资		
八、同业往来（来源方）	4 138	-432	（6）境外筹资转贷款		
1. 同业存放		-4 570	3. 融资租赁		
其中：境外同业存放			4. 票据融资		
2. 同业拆借	4 138	4 138	其中：贴现		
其中：境外同业拆借	4 138	4 138	5. 各项垫款		
九、境外联行往来（来源方）			（二）境外贷款		
十、外汇买卖（来源方）	3 959	3 959	二、有价证券		
其中：结售汇	3 959	3 959	三、股权及其他投资		
十一、委托存款及委托投资基金（净）			四、应收及预付款	89	-30
1. 委托存款及委托投资基金			其中：应收利息	89	-30
2. 减：委托贷款及委托投资			五、买入返售资产		
十二、代理金融机构委托贷款基金			六、存放中央准备金存款		
其中：中央银行委托贷款基金			七、存放中央银行特种存款		
十三、各项准备			八、缴存中央银行财政性存款		
其中：贷款损失准备			九、同业往来	239	222
十四、所有者权益	-45	-45	1. 存放同业	239	222
其中：实收资本			其中：存放境外同业		
十五、其他	-4 235	2 968	2. 拆放同业		
			其中：拆放境外同业		
			十、境外联行往来（运用方）		
			十一、代理金融机构贷款		
			其中：代理人行专项贷款		
			十二、库存现金	4	-2
			十三、外汇买卖（运用方）	3 959	3 959
			其中：结售汇	3 959	3 959
			十四、投资性房地产		
资金来源总计	26 043	2 086	资金运用总计	26 043	2 086

表 3.73 宁波银行北京分行外汇信贷收支统计

单位：万美元

项目名称	余额	比年初	项目名称	余额	比年初
一、各项存款	18 199	18 121	一、各项贷款	913	913
1. 单位存款	11 071	11 051	（一）境内贷款	913	913
其中：活期存款	164	144	1. 短期贷款	913	913
定期存款			（1）个人贷款及透支		
通知存款			其中：个人消费贷款		
保证金存款	10	10	（2）单位普通贷款及透支		
2. 个人存款	601	543	其中：经营贷款		
储蓄存款	601	543	固定资产贷款		
保证金存款			（3）普通并购贷款		
结构性存款			（4）银团贷款		
3. 临时性存款			（5）贸易融资	913	913
4. 其他存款	6 527	6 527	（6）境外筹资转贷款		
二、代理财政性存款			2. 中长期贷款		
三、金融债券			（1）个人贷款		
其中：境外发行			其中：个人消费贷款		
四、中长期借款			（2）单位普通贷款		
其中：境外借款			其中：经营贷款		
五、应付及暂收款	52	52	固定资产贷款		
其中：应付利息	52	52	（3）普通并购贷款		
六、卖出回购资产			（4）银团贷款		
七、向中央银行借款			（5）贸易融资		
八、同业往来（来源方）			（6）境外筹资转贷款		
1. 同业存放			3. 融资租赁		
其中：境外同业存放			4. 票据融资		
2. 同业拆借			其中：贴现		
其中：境外同业拆借			5. 各项垫款		
九、境外联行往来（来源方）			（二）境外贷款		
十、外汇买卖（来源方）			二、有价证券		
其中：结售汇			三、股权及其他投资		
十一、委托存款及委托投资基金（净）			四、应收及预付款		
1. 委托存款及委托投资基金	7 700	7 700	其中：应收利息		
2. 减：委托贷款及委托投资	7 700	7 700	五、买入返售资产		
十二、代理金融机构委托贷款基金			六、存放中央准备金存款		
其中：中央银行委托贷款基金			七、存放中央银行特种存款		
十三、各项准备			八、缴存中央银行财政性存款		
其中：贷款损失准备			九、同业往来	3	-5
十四、所有者权益	62	69	1. 存放同业	3	-5
其中：实收资本			其中：存放境外同业		
十五、其他	-17 368	-17 322	2. 拆放同业		
			其中：拆放境外同业		
			十、境外联行往来（运用方）		
			十一、代理金融机构贷款		
			其中：代理人行专项贷款		
			十二、库存现金	29	12
			十三、外汇买卖（运用方）		
			其中：结售汇		
			十四、投资性房地产		
资金来源总计	945	920	资金运用总计	945	920

表3.74　包商银行北京分行外汇信贷收支统计

单位：万美元

项目名称	余额	比年初	项目名称	余额	比年初
一、各项存款	54	-837	一、各项贷款	2 972	2 972
1. 单位存款	30	19	（一）境内贷款	2 972	2 972
其中：活期存款	30	19	1. 短期贷款	2 972	2 972
定期存款			（1）个人贷款及透支		
通知存款			其中：个人消费贷款		
保证金存款			（2）单位普通贷款及透支		
2. 个人存款	24	-478	其中：经营贷款		
储蓄存款	24	-478	固定资产贷款		
保证金存款			（3）普通并购贷款		
结构性存款			（4）银团贷款		
3. 临时性存款		-378	（5）贸易融资	2 972	2 972
4. 其他存款			（6）境外筹资转贷款		
二、代理财政性存款			2. 中长期贷款		
三、金融债券			（1）个人贷款		
其中：境外发行			其中：个人消费贷款		
四、中长期借款			（2）单位普通贷款		
其中：境外借款			其中：经营贷款		
五、应付及暂收款		-3	固定资产贷款		
其中：应付利息		-3	（3）普通并购贷款		
六、卖出回购资产			（4）银团贷款		
七、向中央银行借款			（5）贸易融资		
八、同业往来（来源方）			（6）境外筹资转贷款		
1. 同业存放			3. 融资租赁		
其中：境外同业存放			4. 票据融资		
2. 同业拆借			其中：贴现		
其中：境外同业拆借			5. 各项垫款		
九、境外联行往来（来源方）			（二）境外贷款		
十、外汇买卖（来源方）			二、有价证券		
其中：结售汇			三、股权及其他投资		
十一、委托存款及委托投资基金（净）			四、应收及预付款	26	26
1. 委托存款及委托投资基金			其中：应收利息	26	26
2. 减：委托贷款及委托投资			五、买入返售资产		
十二、代理金融机构委托贷款基金			六、存放中央准备金存款		
其中：中央银行委托贷款基金			七、存放中央银行特种存款		
十三、各项准备			八、缴存中央银行财政性存款		
其中：贷款损失准备			九、同业往来	2	
十四、所有者权益	-41	-44	1. 存放同业	2	
其中：实收资本			其中：存放境外同业		
十五、其他	3 004	3 889	2. 拆放同业		
			其中：拆放境外同业		
			十、境外联行往来（运用方）		
			十一、代理金融机构贷款		
			其中：代理人行专项贷款		
			十二、库存现金	17	7
			十三、外汇买卖（运用方）		
			其中：结售汇		
			十四、投资性房地产		
资金来源总计	3 017	3 005	资金运用总计	3 017	3 005

表3.75 锦州银行北京分行外汇信贷收支统计

单位：万美元

项目名称	余额	比年初	项目名称	余额	比年初
一、各项存款	6 894	5 474	一、各项贷款	25 820	6 241
1. 单位存款	6 888	5 472	（一）境内贷款	25 820	6 241
其中：活期存款	12	11	1. 短期贷款	21 815	2 236
定期存款	6 876	5 461	（1）个人贷款及透支		
通知存款			其中：个人消费贷款		
保证金存款			（2）单位普通贷款及透支	16 738	-2 800
2. 个人存款	6	2	其中：经营贷款	16 738	-2 800
储蓄存款	6	2	固定资产贷款		
保证金存款			（3）普通并购贷款		
结构性存款			（4）银团贷款		
3. 临时性存款			（5）贸易融资	5 077	5 036
4. 其他存款			（6）境外筹资转贷款		
二、代理财政性存款			2. 中长期贷款	4 005	4 005
三、金融债券			（1）个人贷款		
其中：境外发行			其中：个人消费贷款		
四、中长期借款			（2）单位普通贷款	4 005	4 005
其中：境外借款			其中：经营贷款	4 005	4 005
五、应付及暂收款	69	54	固定资产贷款		
其中：应付利息	69	54	（3）普通并购贷款		
六、卖出回购资产			（4）银团贷款		
七、向中央银行借款			（5）贸易融资		
八、同业往来（来源方）	1 177	1 177	（6）境外筹资转贷款		
1. 同业存放			3. 融资租赁		
其中：境外同业存放			4. 票据融资		
2. 同业拆借	1 177	1 177	其中：贴现		
其中：境外同业拆借	1 177	1 177	5. 各项垫款		
九、境外联行往来（来源方）			（二）境外贷款		
十、外汇买卖（来源方）	7 157	7 157	二、有价证券		
其中：结售汇	7 150	7 150	三、股权及其他投资		
十一、委托存款及委托投资基金（净）			四、应收及预付款	62	45
1. 委托存款及委托投资基金			其中：应收利息	62	45
2. 减：委托贷款及委托投资			五、买入返售资产		
十二、代理金融机构委托贷款基金			六、存放中央准备金存款		
其中：中央银行委托贷款基金			七、存放中央银行特种存款		
十三、各项准备			八、缴存中央银行财政性存款		
其中：贷款损失准备			九、同业往来	5	-1
十四、所有者权益	7	7	1. 存放同业	5	-1
其中：实收资本			其中：存放境外同业		
十五、其他	17 744	-426	2. 拆放同业		
			其中：拆放境外同业		
			十、境外联行往来（运用方）		
			十一、代理金融机构贷款		
			其中：代理人行专项贷款		
			十二、库存现金	4	1
			十三、外汇买卖（运用方）	7 157	7 157
			其中：结售汇	7 152	7 152
			十四、投资性房地产		
资金来源总计	33 048	13 443	资金运用总计	33 048	13 443

表3.76　厦门国际银行北京分行外汇信贷收支统计

单位：万美元

项目名称	余额	比年初	项目名称	余额	比年初
一、各项存款	8 608	8 608	一、各项贷款	59 256	59 256
1. 单位存款	3 703	3 703	（一）境内贷款	46 281	46 281
其中：活期存款	941	941	1. 短期贷款	38 686	38 686
定期存款	2 585	2 585	（1）个人贷款及透支		
通知存款			其中：个人消费贷款		
保证金存款	177	177	（2）单位普通贷款及透支	34 747	34 747
2. 个人存款	4 899	4 899	其中：经营贷款	34 747	34 747
储蓄存款	4 899	4 899	固定资产贷款		
保证金存款			（3）普通并购贷款		
结构性存款			（4）银团贷款		
3. 临时性存款	7	7	（5）贸易融资	3 939	3 939
4. 其他存款			（6）境外筹资转贷款		
二、代理财政性存款			2. 中长期贷款	7 595	7 595
三、金融债券			（1）个人贷款	45	45
其中：境外发行			其中：个人消费贷款	45	45
四、中长期借款			（2）单位普通贷款	7 550	7 550
其中：境外借款			其中：经营贷款	7 550	7 550
五、应付及暂收款	-492	-492	固定资产贷款		
其中：应付利息	138	138	（3）普通并购贷款		
六、卖出回购资产			（4）银团贷款		
七、向中央银行借款			（5）贸易融资		
八、同业往来（来源方）	3 939	3 939	（6）境外筹资转贷款		
1. 同业存放			3. 融资租赁		
其中：境外同业存放			4. 票据融资		
2. 同业拆借	3 939	3 939	其中：贴现		
其中：境外同业拆借	3 939	3 939	5. 各项垫款		
九、境外联行往来（来源方）			（二）境外贷款	12 975	12 975
十、外汇买卖（来源方）			二、有价证券		
其中：结售汇			三、股权及其他投资		
十一、委托存款及委托投资基金（净）			四、应收及预付款	629	629
1. 委托存款及委托投资基金			其中：应收利息	629	629
2. 减：委托贷款及委托投资			五、买入返售资产		
十二、代理金融机构委托贷款基金			六、存放中央准备金存款		
其中：中央银行委托贷款基金			七、存放中央银行特种存款		
十三、各项准备			八、缴存中央银行财政性存款		
其中：贷款损失准备			九、同业往来	16 326	16 326
十四、所有者权益	631	631	1. 存放同业	125	125
其中：实收资本			其中：存放境外同业		
十五、其他	63 532	63 532	2. 拆放同业	16 200	16 200
			其中：拆放境外同业		
			十、境外联行往来（运用方）		
			十一、代理金融机构贷款		
			其中：代理人行专项贷款		
			十二、库存现金	8	8
			十三、外汇买卖（运用方）		
			其中：结售汇		
			十四、投资性房地产		
资金来源总计	76 218	76 218	资金运用总计	76 218	76 218

表3.77　北京农商银行外汇信贷收支统计

单位：万美元

项目名称	余额	比年初	项目名称	余额	比年初
一、各项存款	3 588	-3 660	一、各项贷款	5 983	-1 368
1. 单位存款	2 750	-3 924	（一）境内贷款	5 983	-1 368
其中：活期存款	2 388	-4 215	1. 短期贷款	1 855	-5 496
定期存款	362	310	（1）个人贷款及透支		
通知存款			其中：个人消费贷款		
保证金存款	0	-19	（2）单位普通贷款及透支	1 000	1 000
2. 个人存款	838	264	其中：经营贷款	1 000	1 000
储蓄存款	838	264	固定资产贷款		
保证金存款			（3）普通并购贷款		
结构性存款			（4）银团贷款		
3. 临时性存款			（5）贸易融资	855	-6 496
4. 其他存款			（6）境外筹资转贷款		
二、代理财政性存款			2. 中长期贷款	4 128	4 128
三、金融债券			（1）个人贷款		
其中：境外发行			其中：个人消费贷款		
四、中长期借款			（2）单位普通贷款	4 128	4 128
其中：境外借款			其中：经营贷款		
五、应付及暂收款	81	15	固定资产贷款	4 128	4 128
其中：应付利息	3	2	（3）普通并购贷款		
六、卖出回购资产			（4）银团贷款		
七、向中央银行借款			（5）贸易融资		
八、同业往来（来源方）	10 530	1 065	（6）境外筹资转贷款		
1. 同业存放		-465	3. 融资租赁		
其中：境外同业存放			4. 票据融资		
2. 同业拆借	10 530	1 530	其中：贴现		
其中：境外同业拆借	30	30	5. 各项垫款		
九、境外联行往来（来源方）			（二）境外贷款		
十、外汇买卖（来源方）	1 410	1 410	二、有价证券		
其中：结售汇	1 410	1 410	三、股权及其他投资		
十一、委托存款及委托投资基金（净）			四、应收及预付款	957	928
1. 委托存款及委托投资基金			其中：应收利息	3	-10
2. 减：委托贷款及委托投资			五、买入返售资产		
十二、代理金融机构委托贷款基金			六、存放中央准备金存款	63	-88
其中：中央银行委托贷款基金			七、存放中央银行特种存款		
十三、各项准备			八、缴存中央银行财政性存款		
其中：贷款损失准备			九、同业往来	15 736	-706
十四、所有者权益	210	-25	1. 存放同业	1 436	-1 116
其中：实收资本			其中：存放境外同业	835	-1 117
十五、其他	7 001	-20	2. 拆放同业	14 300	410
			其中：拆放境外同业		
			十、境外联行往来（运用方）		
			十一、代理金融机构贷款		
			其中：代理人行专项贷款		
			十二、库存现金	81	18
			十三、外汇买卖（运用方）	1	
			其中：结售汇	1	
			十四、投资性房地产		
资金来源总计	22 821	-1 215	资金运用总计	22 821	-1 215

表3.78 中国邮政储蓄银行北京分行外汇信贷收支统计

单位：万美元

项目名称	余额	比年初	项目名称	余额	比年初
一、各项存款	9 880	7 892	一、各项贷款	18 715	18 715
1. 单位存款	421	375	（一）境内贷款	18 715	18 715
其中：活期存款	421	375	1. 短期贷款	18 715	18 715
定期存款			（1）个人贷款及透支		
通知存款			其中：个人消费贷款		
保证金存款			（2）单位普通贷款及透支	18 715	18 715
2. 个人存款	2 458	517	其中：经营贷款	18 715	18 715
储蓄存款	2 450	528	固定资产贷款		
保证金存款			（3）普通并购贷款		
结构性存款	8	-10	（4）银团贷款		
3. 临时性存款			（5）贸易融资		
4. 其他存款	7 000	7 000	（6）境外筹资转贷款		
二、代理财政性存款			2. 中长期贷款		
三、金融债券			（1）个人贷款		
其中：境外发行			其中：个人消费贷款		
四、中长期借款			（2）单位普通贷款		
其中：境外借款			其中：经营贷款		
五、应付及暂收款	119	119	固定资产贷款		
其中：应付利息	119	118	（3）普通并购贷款		
六、卖出回购资产			（4）银团贷款		
七、向中央银行借款			（5）贸易融资		
八、同业往来（来源方）	10 000	8 000	（6）境外筹资转贷款		
1. 同业存放	10 000	8 000	3. 融资租赁		
其中：境外同业存放			4. 票据融资		
2. 同业拆借			其中：贴现		
其中：境外同业拆借			5. 各项垫款		
九、境外联行往来（来源方）			（二）境外贷款		
十、外汇买卖（来源方）			二、有价证券		
其中：结售汇			三、股权及其他投资		
十一、委托存款及委托投资基金（净）			四、应收及预付款	352	205
1. 委托存款及委托投资基金			其中：应收利息	205	205
2. 减：委托贷款及委托投资			五、买入返售资产		
十二、代理金融机构委托贷款基金			六、存放中央准备金存款		
其中：中央银行委托贷款基金			七、存放中央银行特种存款		
十三、各项准备	95	95	八、缴存中央银行财政性存款		
其中：贷款损失准备	95	95	九、同业往来	2	-53
十四、所有者权益	246	153	1. 存放同业	2	-53
其中：实收资本			其中：存放境外同业		
十五、其他	-876	2 798	2. 拆放同业		
			其中：拆放境外同业		
			十、境外联行往来（运用方）		
			十一、代理金融机构贷款		
			其中：代理人行专项贷款		
			十二、库存现金	395	191
			十三、外汇买卖（运用方）		
			其中：结售汇		
			十四、投资性房地产		
资金来源总计	19 464	19 058	资金运用总计	19 464	19 058

注：以上统计表由中国人民银行营业管理部调查统计处提供。

（四）机构、人员统计

表 4.1 北京辖区内金融管理机构数量与从业人员数量统计

2013 年 12 月 31 日

单位：家、人

机构名称	机构数量	职工人数
中国人民银行营业管理部	1	537
中国银行业监督管理委员会北京监管局	1	278
中国证券监督管理委员会北京监管局	1	114
中国保险监督管理委员会北京监管局	1	89
北京市金融工作局	1	69
合计	5	1 087

注：表中数据由表中各部门提供。

表 4.2 北京辖区内银行及其他金融机构数量与从业人员数量统计

2013 年 12 月 31 日

单位：家、人

机构名称	机构数			从业人员数	营业员工数
	法人机构	分行级（含总行营业部、办事处、代表处）	支行及支行以下营业网点		
国家开发银行		2		337	337
政策性银行合计		3	12	584	420
中国进出口银行		1		72	72
中国农业发展银行		2	12	512	348
国有商业银行合计		6	1 753	52 062	32 061
工商银行		1	561	16 766	9 889
农业银行		1	345	8 556	4 566
中国银行		1	289	9 886	4 397
建设银行		2	442	12 081	9 638
交通银行		1	116	4 773	3 571
股份制商业银行合计	2	11	488	20 148	14 321
华夏银行	1	1	56	1 867	1 293
民生银行	1	1	58	2 476	1 781
中信银行		1	64	2 532	1 644
光大银行		1	68	2 494	1 829
上海浦东发展银行		1	43	1 315	990

续表

机构名称	机构数			从业人员数	营业员工数
	法人机构	分行级（含总行营业部、办事处、代表处）	支行及支行以下营业网点		
广发银行		1	46	1 859	1 467
招商银行		1	64	3 427	2 720
平安银行		1	29	1 421	915
兴业银行		1	45	1 904	1 261
渤海银行		1	11	561	328
浙商银行		1	4	292	93
城市商业银行合计	1	12	250	9 359	6 141
北京银行	1	1	183	6 034	4 394
天津银行		1	10	341	237
大连银行		1	4	201	76
杭州银行		1	10	476	281
南京银行		1	10	343	136
盛京银行		1	3	172	110
上海银行		1	4	230	111
江苏银行		1	14	509	372
宁波银行		1	3	255	101
包商银行		1	3	411	147
锦州银行		1	3	150	71
厦门国际银行		1	3	237	105
农村金融机构合计	11		708	9 063	8 089
北京农商银行	1		693	8 423	7 449
村镇银行	10		15	640	640
邮政储蓄银行		1	550	3 529	2 142
卡中心		4	1	12 839	
外资银行	9	42	58	5 152	2 043
外资银行代表处		67		232	
外资非银行代表处		18		53	
资产管理公司		4		211	
非银行金融机构合计	56			4 889	4 889
信托公司	3			421	421
企业集团财务公司	43			1 786	1 786
汽车金融公司	7			2 268	2 268
金融租赁公司	1			119	119
消费金融公司	1			177	177
货币经纪公司	1			118	118
合计	79	170	3 820	118 458	70 443

注：1. 民生银行、华夏银行、北京银行3家法人银行均为北京地区数据。

2. 本统计表由中国银行业监督管理委员会北京监管局提供。

表 4.3　北京辖区内证券机构数量与从业人员数量统计

2013 年 12 月 31 日

单位：家、人、万户

机构类别	机构数量	从业人员数量	投资者开户数
证券公司	18	26 874	1 148
证券分公司	41		
证券营业部	285	8 923	580
基金管理公司	20		
基金分公司	48		
期货经纪公司	21	4 998	36
期货营业部	90	1 098	8
证券投资咨询公司	18		
上市公司	217		
外资代表处	43		
合计	801	41 893	1 772

注：本统计表由中国证券监督管理委员会北京监管局提供。

表 4.4　北京辖区内保险机构数量与从业人员数量统计

2013 年 12 月 31 日

单位：人/机构（个）

机构类别	总公司	分公司	支公司	营业部	营销服务部	公司职工	保险公司销售从业人员
中资产险		29	129	40	59		
中资寿险	2	33	82	11	191		
中资再保险		1					
外资产险	3	8					
外资寿险	3	18	1		32		
外资再保险		3					
政策性保险		1					
合　计	8	93	212	51	282		
中介法人机构							
其中：代理公司	172	260				16 812	
经纪公司	167	48				8 138	
公估公司	46	9				1 043	
总　计	385	317				25 993	78 304

注：1. 自 2013 年 7 月 1 日起《保险销售从业人员监管办法》开始实施，本表中原“保险营销员”变更为“保险公司销售从业人员”。

2. 本统计表由中国保险监督管理委员会北京监管局提供。

九、大事记

1月

1月6日　“2013年政银企沟通交流专题会暨北京市基础设施建设及重大产业项目融资需求对接会”在北京国际饭店会议中心举办。会上发布需融资对接项目917项（含10亿元以上项目69个），项目总金额超过8 000亿元。与会的200余家金融机构与企业就其中30多个项目达成融资协议，涉及金额超过3 000亿元，有18个项目现场签约，涵盖新城建设、基础设施、保障房和土地储备、园区建设以及新兴产业五大领域，总签约金额2 470亿元。

1月10日　“京能2013清洁发展金融支持计划”在京启动。该项目由中信银行总行营业部牵头，联合中国人寿资产管理有限公司通过向保险公司募集资金，专项投资于京能集团下属子公司三个在京在建燃气热电项目建设，总募集规模30亿元，期限5年。

1月16日　瑞士银行（中国）有限公司正式开业。瑞士银行（中国）有限公司前身为瑞士银行北京分行，2012年转制为在北京市注册的外商独资法人银行，注册资本为20亿元人民币。

1月18日　中国人民银行营业管理部组织召开“北京辖区金融机构情况通报会”，传达贯彻2013年人民银行工作会议暨全国外汇管理工作会议精神，分析当前经济金融形势，部署2013年工作。全市100余家金融机构主要负责人参加了会议，市政府相关部门和金融监管机构相关负责人应邀出席。

1月22日　北京银监局召开“2013年北京银行业监督管理工作会议”，学习领会中央经济工作会议和中国银监会工作会议精神，总结2012年工作，分析当前形势，部署2013年重点工作。北京市金融工作局、中国人民银行营业管理部、北京证监局、北京保监局、北京市财政局、北京市发改委、北京市国资委、财政部驻北京监察专员办事处等相关部门及辖内各中资银行业金融机构负责人参加会议。

1月23日　北京市银行业协会召开“品质服务诚信创新——2012年度北京市银行业优质服务示范单位表彰会”，50多家会员单位负责人和获奖单位代表近300余人参加了会议。中国银行业协会、北京银监局、首都精神文明建设委员会办公室、北京市消费者协会等单位的领导出席会议并为获得2012年度北京市银行业“特色服务示范单位”和“普及金融知识万里行活动优秀组织奖”的单位颁奖。

1月28日　北京保监局召开2013年监管工作会议。会议传达、学习了全国保险监管工作会议和保监会系统纪检监察工作会议精神，通报了2012年北京保险监管工作情况，分析了监管面临形势，明确了2013年保险监管工作重点和要求。

1月　北京农商银行作为银团代表与北京南水北调工程投资中心签署《北京市南水北调配套工程——南水北调来水调入密云水库调蓄工程银团贷款协议》。北京农商银行作为牵头行，在协议中承诺组织银团成员——国家开发银行北京市分行、中信银行总行营业部共同向南水北调来水调入密云水库调蓄工程提供银团贷款21.5亿元，用于支持南水北调市内配套工程建设。

2月

2月18日 中国人民财产保险公司北京市分公司上线“微信理赔服务”系统，为客户提供利用微信报案、查询、上传事故照片、咨询四项服务。

2月27日 北京市金融工作局会同北京银监局、北京保监局召开“保险与非银行金融机构融资服务对接会”，100多家企业及金融机构参加了会议。会上发布北京市重点工程及重大产业项目超过1 000个，政府相关部门、金融机构和部分企业针对这些项目进行了对接，引入保险资金债权投资计划、金融租赁等创新融资方式的7个代表性项目进行了现场签约，项目集中在土地储备、轨道交通、民生保障等领域，总签约金额达468亿元。

3月

3月6日 农业银行北京市分行成功办理北京地区首笔台湾居民个人跨境人民币汇入汇款业务。

3月12日 华夏银行北京分行在分行营业部、中关村支行、世纪城支行开始试行延长营业时间。这三家网点周一至周五营业结束时间从17点延长至19点，为首都市民办理银行业务提供便利。

3月13日 中国人民银行营业管理部召开“2012年度信贷政策导向效果评估会”，对辖内32家中资银行2012年度信贷政策执行情况进行总结、表彰。

3月15日 北京银监局印发《北京银监局关于做好北京地区2013年度农村金融服务工作的通知》，要求辖内银行业金融机构把握首都特色，加强服务创新，有效满足涉农重点领域和重点客户的合理资金需求，更好地服务北京都市型现代农业发展。

由北京银行、加拿大丰业银行、北京有色金属研究总院共同出资设立的中加基金管理有限公司，正式获得中国证监会批准成立，注册资本3亿元，注册地为北京市顺义区。

3月20日 “2013年金融安全首都行——海淀始发”活动在海淀区世纪金源购物中心举行。此次活动由北京市金融工作局、首都社会管理综合治理委员会办公室、北京市公安局、中国人民银行营业管理部、北京银监局、北京证监局、北京保监局和海淀区人民政府共同主办。活动以“健康理财你我他，走街串巷送安全”为主题。

3月21日 “2013年北京市金融工作会议”在北京国际饭店举行，会议通报了2012年首都金融业发展情况，部署了2013年金融工作。会议由市政府副秘书长杨志强主持，市委常委、常务副市长李士祥出席会议并讲话，在京金融管理部门、市政府有关部门、各区县和部分在京金融机构有关负责同志参加了会议。2013年北京市金融工作将继续紧密围绕服务、创新、监管三条主线开展。在服务首都金融业发展方面，把政策的提升和落实作为重要抓手，把优化金融发展环境作为全市金融工作的第一要务。在推动金融创新方面，以科技金融创新和文化金融创新为重点，为加快首都经济发展方式转变提供有力支持。在加强地方金融监管方面，加强体系、制度和能力建设，不断改进金融风险防范、化解和处置的工作机制。

3月29日 “西城区金融工会联合会第一届第一次委员会暨成立大会”召

开。会议选举产生了西城区金融工会联合会领导班子，标志着北京市金融系统第一家区县金融企业工会联合会正式成立。

3月 宏源期货有限公司通过中国期货业协会风险管理服务子公司业务试点评估备案。6月，宏源期货有限公司风险管理服务子公司——宏源恒利（上海）实业有限公司在上海自贸区注册成立，成为首批入驻上海自贸区的5家期货公司子公司之一。

北京市银行业协会在“两会”期间与《金融时报》合作，以“为首都经济快速发展提供有力保障——北京银行业与时俱进服务社会服务民生”为题，集中报道了首都银行业支持产业结构调整、强化创新驱动、支持城镇化建设、支持节能减排项目、支持保障和改善民生工程、支持贫困地区的扶持项目等方面的内容，展现了首都银行业的良好形象。

4月

4月1日 中国银监会批复北银消费金融公司注册资本由3亿元增至8.5亿元。6月1日，北银消费金融公司与9家公司签署增资扩股协议。6月26日，北银消费金融公司完成增资验资工作，并在最短时间内完成了工商变更登记。北银消费的股东由北京银行1家增至10家，具体股权架构中，北京银行出资3亿元，持股比例为35.29%；西班牙桑坦德消费金融有限公司，出资金额1.7亿元人民币的等值外币，持股比例为20%；利时集团股份有限公司出资1.275亿元，持股比例为15%；联想控股有限公司、大连万达集团股份有限公司、北京联动投资（集团）有限公司、北京正道九鼎创业投资有限公司、夏董氏兄弟商贸（集团）有限责任公司各出资4 250万元，持股比例分别为5%。

4月19日 北京市公安局内保局召开“4·14案件成功处置表彰会”，授予建设银行北京朝阳北路支行集体奖，为孔海旺记个人二等功，为金磊记个人三等功。

4月20日 四川省雅安发生强烈地震，北京银行在第一时间决定向灾区捐款500万元，并全力以赴做好向灾区捐款的金融服务工作。当日起，企业、个人通过北京银行营业网点柜台、网上银行、手机银行等渠道向各公益机构汇划的捐赠款项，均免收汇款手续费、邮电费。

太平洋人寿保险公司北京分公司为赴雅安地震灾区采访的记者提供保险保障，共为240余位记者提供了意外身故保额50万元，意外医疗保额2万元的保险，保险期限1个月。

4月26日 北京保监局与中关村科技园区管理委员会、北京市金融工作局联合组织开展了“保险机构走进中关村”活动。辖区内20余家保险公司、保险中介机构参观了中关村国家自主创新示范区展示中心、中关村软件园，并与部分中关村企业代表进行了座谈。

4月28日 中国人寿保险公司北京市分公司在房山区成功签下北京市低保、低收入人群《国寿小额团体意外伤害保险》第一单。该保险是由财政全额出资为房山区低保及低收入人群投保的小额人身意外伤害保险，当被保险人因火灾、洪水、雷击、触电、交通事故、失足落水等各种意外伤害情形导致身故、残疾或Ⅲ度烧伤，每人最高可得到8万元的保险金补助。

4 月 30 日 华夏银行北京分行向北京顺华房地产开发有限公司发放 15 亿元“城镇化建设贷款”，用于通州区永顺镇“重点村”——杨庄村改造建设。

5 月

5 月 1 ~ 30 日 北京银监局组织辖内中外资银行开展“第二届北京银行业小微企业金融服务宣传月”活动。活动期间，北京地区 93 家中外资银行的 3 600 余个经营网点围绕小微企业扶持政策落地、银企投融资对接、金融消费者权益保护等，开展形式多样的服务与宣传活动。

5 月 7 日 北京银监局出台《北京辖内银行业消费者投诉处理实施细则》，进一步明确消费者投诉处理工作流程与责任分工，切实维护首都金融消费者的合法权益。

5 月 8 日 中国进出口银行北京市分行与北京市金融工作局共同组织召开了“2013 年第二季度政银企沟通交流专题会暨金融促进进出口专题对接会”，并与北京市经济技术开发区管委会及北京汽车集团有限公司等 11 家企业分别签署了战略合作协议，金额达 1 000 亿元。

5 月 13 日 国家开发银行北京市分行向密云县 2013 年平原造林工程项目发放 10 年期信用贷款 2 亿元，用于密云县 25 000 亩平原地区造林工程建设。这是北京市平原地区百万亩造林工程获得的首笔金融机构中长期项目贷款。

5 月 15 日至 10 月 27 日 北京市银行业协会与北京市残疾人联合会、首都精神文明办公室等十余家单位联合主办“第二届手语风采大赛”。北京市银行业协会 17 家会员单位的 78 名个人和 15 个团体报名参赛。工商银行北京市分行、交通银行北京市分行、建设银行北京市分行分别获得团体一等奖、二等奖、三等奖，交通银行北京西单支行张巧获得个人一等奖，3 人获得个人二等奖，2 人获得个人三等奖，中国银行北京市分行、邮储银行北京分行、盛京银行北京分行获得最佳组织奖。

5 月 16 日 上海银行北京分行成立小企业金融服务中心，并分别与清控资产管理有限公司、北京金高科技有限公司、华视影视投资有限公司签署了银企合作协议。

5 月 22 日 交通银行北京市分行开通首台 iTM（远程智能柜员机）。iTM 具有实时视频通话、远程协同操作等功能，可为客户办理借记卡申办、存取款转账、票据收纳打印、个人理财及部分对公业务。

5 月 24 日 北京银监局与北京市经信委、北京保监局、北京市金融工作局联合印发《关于开展中小企业知识产权质押贷款保证保险共保试点工作的指导意见》，支持银行业金融机构创新采用保证保险共保方式支持小微企业发展。

5 月 28 日 北京市人民政府与国家开发银行在签署《推进北京新型城镇化建设高层会谈暨战略合作框架协议》。根据协议，国家开发银行将为北京市新型城镇化建设过程中涉及的重大基础设施建设、产业转型升级、农业产业化和民生工程等，提供全面的融资、融智支持，提升北京市新型城镇化建设的质量和内涵。

由北京市金融工作局与西城区人民政府、顺义区人民政府联合主办，中国银行业协会、中国证券业协会、中国保险行业协会、中国银行间市场交易商协会、中国支付清算协会、中国上市公司协会、中国股权投资基金协会联合举办的金融服务板块活动在第二届京交会期间顺利举行。金融服务板块以“聚焦金融发展　助力经济腾飞”为主题，以金融服务实体经济发展为目标，举行了包括展览展示、专题推介、项目签约、合作洽谈等在内的一系列活动。农业银行、银河证券、海航资本控股、北京金融资产交易所等40余家在京大型金融机构参与了展览活动。

5月　南京银行北京分行联合中国金融电子化公司正式上线代理村镇银行支付清算系统，帮助村镇银行丰富支付工具、拓展支付渠道。

6月

6月1日　中信银行总行营业部与北京大宗商品交易所有限公司签署战略合作协议。根据协议，中信银行总行营业部将在“服贸网”开辟专门的金融服务板块，为“服贸网”平台提供交易结算、资金监管、贸易融资等多项服务。

6月7日　中国人民财产保险公司北京市分公司在水产养殖专业村——通州区永乐镇小务村，成功签署北京市政策性渔业养殖保险第一单，保险金额共计208.5万元。

6月18日　由北京市发改委和北京市金融工作局主办，北京市环境交易所和北京绿色金融协会承办的“2013绿色金融主题日”活动在北京环境交易所隆重举行，共有200余名代表参加了活动。本次活动以“金融助力绿色发展、低碳共建美丽北京”为主题，旨在推动首都经济发展方式的转变，实现低碳可持续发展的目标。

6月18日至12月25日　邮储银行北京分行以“中国梦·创富梦”为主题，举办“2013年邮储银行创富大赛”。活动期间共接到网点、电话及现场咨询近25 000人次，报名人数1 496名；涉及行业包括农产品开发、现代化工艺、景观设计、种植养殖、汽车、电商、文化传媒等多个领域。北京福禄驾临贸易有限公司、北京中悦浦利莱环保科技有限公司、中视广电未来广告有限公司、北京太极华睿科技有限公司分别获得现代农业、科技创新、文化创意以及中小企业“创富先锋”，北京任我在线电子商务有限公司、京东方正通科技有限公司、北京视觉风格文化传媒有限公司、绿园宝业（北京）贸易有限公司获得“最佳项目奖”。12月25日，邮储银行北京分行成立创富联盟。

6月24~26日　北京保监局组织开展保险中介监管信息系统资格考试管理和执业管理子系统操作培训会，辖内94家保险公司和300余家保险专业中介法人机构参会。

6月25日　浦发银行北京分行与中国石油天然气集团公司、海富通基金管理有限公司合作完成了全国首只养老金产品——海富通昆仑信托型养老金产品的开发与设计，并取得了50亿元的资金托管规模，期限十年，累计可获得500万元的中间业务收入。

7月

7月8日　由北京市金融工作局、北京市融资担保业协会主办的北京市融资性担保行业企业战略合作联盟签约仪式在新大都饭店国际会议中心多功能厅举行。北京首创融资担保有限公司与18家担保公司达成合作关系，初步形成了“1+18”的担保联盟格局，中关村科技融资担保有限公司与5家融资担保公司签约形成“1+5”担保企业联盟，并与2家市场化运营的资产管理公司签约合作。

7月15日至9月26日 北京市金融工会、北京保险行业协会联合举办“第四届北京市职业技能大赛保险行业车险定损员比赛”，33家保险公司的1 600名选手参赛。经过初赛、复赛、半决赛、总决赛，共评出10名“十佳车险定损员”、20名“优秀车险定损员”、70名“车险定损员能手”，三星财产保险（中国）有限公司北京分公司王磊荣获“金牌定损员”。

7月 北京保监局与西城区检察院签署《惩防联动工作办法》，建立工作联动机制。《办法》内容涵盖了保险违法犯罪查处机制、保险违法犯罪预防机制、业务交流及人才培养机制等多个领域，在信息互助、经验共享、行检衔接、教育宣传等多个方面进一步加强合作，实现检保对接、工作联动，共同宣传防范保险犯罪的方法，维护保险市场秩序，保护保险消费者合法权益。

8月

8月8日 农业银行北京市分行与北京市社会主义新农村建设领导小组办公室签署银企战略合作协议，向其授予意向性信贷额度1 000亿元，重点支持北京市城镇化、水利基础设施、南水北调配套工程、平原造林、沟域经济、农业及农产品加工龙头企业、农产品流通、农民专业合作社、菜篮子工程及国家级农村金融改革试验区等“三农”重点领域建设。

8月9日 中关村互联网金融行业协会正式成立，首批发起成立协会的会员单位共33家，包括京东商城、当当网等电商平台，拉卡拉、易宝支付、钱袋网等第三方支付企业，好贷网、天使汇等互联网金融平台机构。

8月13日 北京农商银行在大兴区黄村镇桂村举办“北京农商银行农村基本金融服务覆盖大兴区开通仪式”。北京农商银行在大兴区建设完成“乡村便利店”21家，“助农取款服务点”82家，总计103家，实现了农村基本金融服务的全面覆盖，给大兴区特别是偏远地区百姓带来了金融便利。

8月14日 浦发银行北京分行携手北京移动举行NFC手机支付产品上市发布会。该产品是浦发银行与中国移动合作推出的中国第一款正式上市的具有自主知识产权、基于SIM卡的手机支付银行卡。

8月16日 国家开发银行、农业发展银行、工商银行、农业银行、建设银行等11家金融机构与北京市水务投资中心签约，为北京水务基础设施建设提供总额1 000亿元的综合授信支持。资金投向将主要用于支持北京市中小河道治理、再生水利用工程、雨水蓄积工程、污水治理工程等重点建设项目，为首都水务基础设施建设提供稳定的资金保障。

8月30日 北京市金融工作局、北京市委宣传部会同北京市财政局、北京市文资办、中国人民银行营业管理部、北京银监局、北京证监局、北京保监局等部门共同举办的“2013首都文化金融服务季——文创企业融资交流对接活动”正式启动。首都文化金融服务季期间，由商业银行、证券公司、保险公司、交易场所、信托、融资性担保公司以及相关专业增信机构等组成的“金融协同服务团”，走进文化创意产业集聚区，进行融资工具、融资渠道及融资知识的宣讲培训及现场交流，并与参会文创企业进行现场融资意向对接。

8月 北京证监局与上海证券交易所签署《沪市上市公司监管协作备忘录》，双方就北京辖区沪市上市公司在信息披露、舆情监测、内幕交易防控及信息共享等方面进行监管分工与协作。

中国保监会与北京市人民政府正式签订战略合作备忘录，计划经过10年的努力把石景山区建设成保险创新示范区和保险文化引领区。11月19日，保险产业园正式揭牌。保险产业园位于中关村科技园区石景山园北I区、南区和新首钢高端产业综合服务区，总建设用地约100公顷，建筑规模200万~300万平方米。

9月

9月1~30日 北京银监局组织举办2013年北京地区“金融知识进万家”银行业金融知识宣传服务月活动。活动期间，辖内银行业金融机构深入社区、校园、农村和中关村开展500余场宣传活动，覆盖消费者744万人次，各类媒体报道655次，提升了首都银行业为民服务的良好形象。

9月4~5日 由北京市金融工作局、中共北京市西城区委员会、西城区人民政府共同主办的“第二届金融街论坛”在北京召开。本届论坛的主题为“中国金融业改革与发展”。

9月5~8日 2013年中国国际金融展在北京展览馆举行。本届展会以“创新信息金融服务社会民生”为主题，通过金融技术设备展、金融服务展、中国金融发展论坛等，展示信息化技术创新在引领金融业务创新、改进金融客户服务、服务金融精细化管理等方面的广泛应用和重要成果。

9月7日 “2013北京CBD国际金融论坛”在朝阳规划艺术馆举行，来自国内外政府官员、金融监管机构领导、金融领域知名学者、国际金融组织和金融企业的高层代表200余人出席。本届论坛以“深化金融改革创新，促进经济结构转型升级”为主题，与会嘉宾围绕新型城市化战略的国际金融中心建设、金融政策创新及区域竞争力等议题展开研讨，并就金融改革创新、CBD发展转型升级、新型城市化建设等前沿话题建言献策。

9月12日 平安银行北京分行举办“平安希望小学牵手京城名校”活动，邀请房山平安希望小学的80名老师和同学走进东城区黑芝麻胡同小学的课堂，亲身体验了北京名校的教学水平与课堂氛围。

北京市政府举办“北京引进俄制大型直升机项目”签约仪式，中信银行总行营业部与北京宜通金茂航空投资有限公司签署了银企战略合作协议。作为该公司唯一合作银行，中信银行总行营业部将为北京市引进俄制大型直升机Ka-32A11BC的组装生产项目服务，并规划在平谷建立“北京通用航空产业基地”。

9月13日 国家开发银行北京市分行率先评审审议通过了西城区百万庄北里居民住房改善项目，承诺15年期贷款30亿元，含棚户区过桥贷款（软贷款回收再贷）1.8亿元。29日，发放了首笔软贷款5 000万元，该项目为北京市首个中心城区棚户区改造项目。

9月16日 北京农商银行发布《北

京农商银行中长期发展战略规划（2013～2017年）》，提出要"履行环境保护责任，大力支持低碳经济和环保产业，努力降低自身能源消耗，建设'绿色银行'。"确定了支持低碳、循环经济的绿色信贷战略。

9月18日 北京银行与荷兰ING集团联袂推出直销银行服务模式。直销银行即业务拓展不以柜台为基础，打破时间、地域、网点等限制，主要通过电子渠道提供金融产品和服务的银行经营模式和客户开发模式，为客户提供简单、透明、优惠的产品。

9月29日 北京国际信托有限公司与北京银行签署战略合作协议，合作推出家族信托服务业务。2013年底，北京国际信托有限公司首只家族信托产品——《北京信托——（家业恒昌一期）李氏家族单一资金信托》正式设立。

9月 北京银行业全面启动"金融知识进万家"宣传月活动。北京银行业充分发挥营业网点资源优势，紧密围绕"多一份金融了解 多一份财富保障"的活动主题，以3 959家营业网点为宣传主阵地，通过多种方式宣传普及金融知识。

华夏银行北京分行在分行营业部、方庄、中关村、青年路、东单五家网点率先推出黄金自助交易终端机，市民凭借银行卡即可自助购买黄金。

中国人民银行营业管理部启动"金融IC卡网上大讲堂"主题宣传活动。活动以"金融服务民生银行卡走进'芯'时代"为主题，由中国人民银行营业管理部联合和讯网主办，北京地区19家已发行金融IC卡的商业银行以及中国银联北京分公司作为协办单位参与宣传。活动期间，各单位的金融IC卡相关视频、图片、文字等内容以网页形式呈献给公众，向百姓介绍金融IC卡基础知识以及北京地区已发行的金融IC卡主要产品。

10月

10月11日 由平安银行北京分行承办的"相伴成长，赢在未来"小企业金融服务推介会在京举行。推介会介绍了平安银行的"贷贷平安商务卡"、全新的小微服务模式移动展业平台，平安银行北京分行与中关村科技企业代表和北京水产商会签署了120亿元的战略合作协议。

10月11～13日 由中国金币总公司、中国印钞造币总公司、中国钱币博物馆联合主办的"2013北京国际钱币博览会"在国家会议中心举行。此次博览会的主题为"金铸梦想，泉谱华章"，共有来自20多个国家和地区的241家钱币发行机构、经销商、服务商参展。

10月13日 由中国人民银行营业管理部组织的"北京市2013年反假货币宣传周"活动正式启动，标志着"2013年北京市现金服务贴心工程宣传月"活动正式开始。本次反假货币宣传周重点突出网络宣传和社区宣传两个渠道，其中网络宣传以微电影为主，社区宣传主要围绕构建社区反假货币服务站开展。各商业银行在现金服务贴心工程宣传月期间，面向市民开展反假币、残损币兑换、打击非法买卖人民币等方面的宣传。

10月21日 北京市人民政府与中国邮政储蓄银行签署《"十二五"时期战略合作备忘录》，共谋发展合作。

10月24～27日 北京市金融工作局和北京市发改委、顺义区人民政府共同组织的"2013首都绿色金融展会暨金融支持首都绿色融资对接会”在中国国际展览中心顺义新馆举行。工商银行北京市分行、建设银行北京市分行、农业银行北京市分行、民生银行总行营业部、北京银行及中关村担保、首创担保7家机构分别与京煤集团、北京环境交易所、北京能源投资（集团）有限公司、中国节能协会节能服务产业委员会等14家节能环保单位举行了签约仪式，签约额近200亿元人民币。

10月31日 北京农商银行设立的北京市首家社区银行——经济技术开发区支行南海家园五里社区分理处在大兴区瀛海镇南海家园社区正式开业。该社区银行除提供存取款、代理缴费等基本银行服务外，还提供拉卡拉使用、汽车养护与保险、金融知识讲座等特色服务。为方便社区居民办理业务，该社区银行实行错时服务，即7:30至10:00，16:00至20:00营业。此外，该社区银行还提供自助设备和网上银行等快捷方便的现代化服务设施。

10月31日至11月3日 第九届“北京国际金融博览会”在北京展览馆举办。本届展览会以“金融服务实体经济、金融服务市民百姓”为主题，举行展览展示、高端论坛及“金融惠民生”系列活动，还首次设置了“互联网金融”展区，共有120家金融机构参展。

10月 北京保监局下发《关于北京地区保险消费投诉处理工作有关要求的通知》，进一步规范北京地区保险消费投诉处理工作，细化对保险公司投诉处理工作的有关要求。

10~12月 太平人寿保险公司北京分公司携手中国青少年发展基金会共同启动爱心“希望厨房”项目。在2013年10月至12月期间，爱心人士只需花1角钱发送一条爱心短信至95589，太平人寿保险公司北京分公司即以发送信息者的名义向“希望厨房”活动捐赠1元，为偏远地区的小学提供包括蒸饭柜、电磁大锅灶、开水器等在内的厨房设备，以改善学校孩子们的饮食及就餐环境。

11月

11月8日 北京银行与北京市教委签署全面战略合作协议，并同时签订《北京市中小学“紫禁杯”教育奖励基金捐赠协议》。北京银行将加大对教育领域的服务力度，继续出资240万元赞助北京市“紫禁杯”教育奖励基金，用于对北京市中小学优秀班主任的奖励，支持教师队伍建设。

11月22日 北京市高级人民法院、北京保监局组织召开了“北京市法院、北京保险行业协会保险纠纷诉调对接工作部署会”，落实最高人民法院、中国保监会联合下发的《关于在全国部分地区开展建立保险纠纷案件诉讼与调解对接机制试点工作的通知》要求，保险纠纷诉调对接机制要在北京市三级法院全面推进，北京市高级人民法院、北京保监局、北京保险行业协会、保险公司的代表近80人参加了会议。

11月29日 中国人民银行营业管理部与中关村科技园区管理委员会联合启动“中关村零信贷小微企业金融服务拓展活动”，计划将通过半年时间，推动各银行及担保公司以名录内企业为目标客户，在风险可控前提下加大业务拓展力度。

11月 北京证监局与深圳证券交易所签署《关于北京上市公司监管协作的备忘录》，双方就北京辖区深交所上市公司在信息披露、股价异动、舆情监控、内幕交易防控以及监管信息共享等方面的监管分工与协作达成共识。

12 月

12 月 3 日　中信银行总行营业部举办 POS 商户网络贷款北京地区推介会，现场 160 位商户代表参与产品体验，累计提款金额 4 762 万元。POS 商户网络贷款是中信银行在全国范围内独家推出的全流程线上操作完成的个人经营贷款产品。该产品是以商户或商户经营实体在一定期限内的 POS 入账金额为依据，给予商户一定金额贷款的业务，具有门槛低（无须抵押物）、申请手续简单、审批速度快等特点。

12 月 8 日　建设银行北京市分行贵金属电子保管柜系统正式上线。该系统利用扫描二维码识别产品，联动银行账务系统自动记账，实现出入库产品定位处理。

12 月 13 日　北京市金融工作局与天津市金融办正式签署《京津金融合作协议》。京津两地将按照政府推动与市场运作相结合、互利共赢与优势互补相结合、总体推动与重点推进相结合的合作原则，在优化金融资源配置、加强科技金融创新合作、深入开展金融要素市场领域合作、推动区域信用体系建设、加强金融信息和人才交流、促进跨区域金融监管合作与交流以及探索建立金融一体化综合改革试验区等方面展开交流与合作。

12 月 16 日　中国人寿保险公司北京市分公司与北京市民政局、北京市老龄办共同推出的北京老年人意外伤害保险。该保险为在京 50 岁以上老年群体提供市政公共场所意外伤害保险服务。

12 月 23 日　北京农商银行推出北京农商银行青年金融便利店服务，并在回龙观社区青年汇安装了自助金融服务终端机，提供个人电话费、水费、供暖费、歌华有线自有业务缴费、抄表燃气费、ETC 充值、IC 卡售点、手抄表电费、智能卡售电、代售电信充值卡等自助缴费服务。

12 月 26 日　首都金融服务商会成立，工商银行北京分行行长王珍军任会长，会员单位涵盖银行、证券、保险、投资、担保等 101 家金融机构。

国内首台服务于普通市民的个人信用报告自助查询机正式落户北京农商银行朝阳支行望京分理处，这是人民银行在全国金融机构布放的首台个人信用报告自助服务机。(农商行)

12 月 27 日　农业银行首家“智慧网点”在北京建国门支行正式运行。该智慧网点内设远程柜员机（VTM)、自助发卡机、翼柜通（预填单系统)、“智能茶几”、幕墙投影、多媒体互动体验机等多个高科技金融服务设备。(农行)

12 月 28 日　北京区域性股权交易市场平台——北京股权交易中心有限公司（即“四板”市场）正式启动，首批 50 多家企业正式上线挂牌；同时，3 家中小企业与有关中介机构签约，拟发行中小企业私募债，融资规模 2.5 亿元。

12 月 31 日　北京证监局与北京市国有文化资产监督管理办公室签署《关于建立推进北京市文化企业上市工作协作机制的备忘录》，就进一步加强企业上市过程中的部门协调配合、推进文化企业上市建立联动工作机制、建立联合推动组织、完善政策引导措施等方面进行密切合作。(证监局)

12 月　中信银行总行营业部挂牌成

立华北票据分中心，为华北地区 12 家分行提供票据贴现业务出口。通过直转贴一体化的运营机制，实现中信银行票据贴现业务的集中、专业化运营，进而提升各分行票据贴现业务的经营能力和盈利水平，提高市场竞争力，并有效防范市场风险、流动性风险和操作风险。

十、附　　录

（一）北京市金融机构名录

（截至 2013 年 12 月 31 日）

1. 金融管理机构

机构名称	地　　址	邮　编	电　话
中国人民银行营业管理部	西城区月坛南街 79 号	100045	68559550
（国家外汇管理局北京外汇管理部）	（海淀区莲花池东路 39 号西金大厦）	100036	（68559918）
中国银行业监督管理委员会北京监管局	西城区金融大街 20 号交通银行大厦 B 座	100033	58391797
中国证券监督管理委员会北京监管局	西城区金融街 26 号金阳大厦 6 层	100033	88088060
中国保险监督管理委员会北京监管局	西城区金融大街 15 号鑫茂大厦北楼 9 层	100033	66060530
北京市金融工作局	西城区槐柏树街 2 号市府大楼 2 号楼	100053	63020601

2. 银行业机构

（1）中资银行

机构名称	地　　址	邮　编	电　话
国家开发银行股份有限公司北京市分行	西城区复兴门内大街 158 号远洋大厦 8 层	100031	63223100
国家开发银行有限公司企业局	西城区复兴门内大街 158 号远洋大厦 9 层	100031	66492200
中国进出口银行北京分行	东城区北河沿大街 77 号	100009	64099688
中国农业发展银行股份有限公司北京市分行	西城区月坛北街甲 2 号月坛大厦南楼	100045	68081842
中国农业发展银行股份有限公司总行营业部	西城区月坛北街甲 2 号月坛大厦南楼	100045	68081456

中国工商银行股份有限公司北京市分行	西城区复兴门南大街2号天银大厦B座	100031	66410579
中国农业银行股份有限公司北京市分行	东城区朝阳门北大街13号	100027	61128111
中国银行股份有限公司北京市分行	东城区朝阳门内大街2号凯恒中心C座、E座	100010	85121710
中国建设银行股份有限公司北京市分行	西城区宣武门西大街28号楼4门	100053	63603682
交通银行股份有限公司北京市分行	西城区金融大街22号	100033	88668000
中国建设银行股份有限公司北京中关村分行	海淀区知春路96号	100086	82118322
招商银行股份有限公司北京分行	西城区复兴门内大街156号A座	100031	66426852
上海浦东发展银行股份有限公司北京分行	西城区太平桥大街18号丰融国际大厦	100032	57395907
广发银行股份有限公司北京分行	东城区大华路2号	100005	65169303
兴业银行股份有限公司北京分行	朝阳区安贞西里三区11号	100029	64454125
平安银行股份有限公司北京分行	西城区复兴门内大街158号	100031	66292028
中信银行股份有限公司总行营业部	西城区金融大街甲27号投资广场A座	100033	66293001
中国光大银行股份有限公司北京分行	西城区宣武门内大街1号	100031	66567716
中国民生银行股份有限公司总行营业部	西城区复兴门内大街2号	100031	58560088
华夏银行股份有限公司北京分行	西城区金融大街11号	100034	58598608
渤海银行股份有限公司北京分行	西城区复兴门内大街28号凯晨世贸中心东（C）座1～3层	100031	66270707
浙商银行股份有限公司北京分行	西城区金融大街1号	100040	88006015
中国邮政储蓄银行股份有限公司北京分行	朝阳区建国门北大街光华路50号	100600	65217190

北京银行股份有限公司	西城区金融大街丙17号北京银行大厦	100033	66426500
北京银行股份有限公司中关村分行	海淀区中关村大街甲28号	100086	82533039
天津银行股份有限公司北京分行	西城区东河沿胡同73号天津银行大厦	100052	83175930
大连银行股份有限公司北京分行	朝阳区建国路93号万达广场B座1~2层	100022	65812517
盛京银行股份有限公司北京分行	朝阳区光华路4号东方梅地亚中心D座	100026	85597777
南京银行股份有限公司北京分行	西城区金融大街10号	100033	83399030
上海银行股份有限公司北京分行	朝阳区建国门外大街丙12号	100022	57610001
杭州银行股份有限公司北京分行	东城区朝阳门北大街7号五矿广场大厦C座8层	100010	64088100
江苏银行股份有限公司北京分行	朝阳区光熙家园1号楼	100028	56986950
宁波银行股份有限公司北京分行	海淀区西三环北路100号1~2层、11~15层	100037	53266188
包商银行股份有限公司北京分行	朝阳区北四环东路115号	100101	64816066
锦州银行股份有限公司北京分行	东城区建国门北大街5号	100005	85072041
厦门国际银行股份有限公司北京分行	西城区三里河东路5号中商大厦首层	100045	68533333
北京农村商业银行股份有限公司	朝阳区朝阳门北大街16号	100020	85605068
北京延庆村镇银行股份有限公司	延庆县高塔街73号	102199	69178738
北京密云汇丰村镇银行有限责任公司	密云县新东路环岛南侧新华书店1楼商铺	101500	58120710
北京怀柔融兴村镇银行有限责任公司	怀柔区南华园二区甲41号楼	101499	61620106
北京大兴九银村镇银行股份有限公司	大兴区西红门镇欣荣北大街18号院3号	100162	80255566

北京昌平兆丰村镇银行股份有限公司	昌平区南环东路32－6号	102299	60783888
北京大兴华夏村镇银行有限责任公司	大兴区黄村镇兴业大街（三段）32号－2	102611	69221122
北京顺义银座村镇银行股份有限公司	顺义区西辛南区乙62号	101399	61408713
北京通州国开村镇银行股份有限公司	通州区杨庄南里甲66号	101121	52998500
北京门头沟珠江村镇银行股份有限公司	门头沟区永定镇石龙南路8号	102308	60865137
北京房山沪农商村镇银行股份有限公司	房山区良乡拱辰北大街1号2号楼	102401	61378796

（2）中资银行分支机构

中国农业发展银行股份有限公司北京市分行

机构名称	地　址	邮　编	电　话
分行营业部	西城区月坛北街甲2号	100045	68081050
天坛支行	东城区广渠门内大街11号	100062	87103181
西三环支行	海淀区西三环北路25号	100089	88568455
门头沟支行	门头沟区石龙南路14号	102300	69828640
房山区支行	房山区良乡西路28号	102488	69373003
通州区支行	通州区新华北街33号	101100	69521324
昌平区支行	昌平区北环路4号	102200	89784518
顺义区支行	顺义区五里仓小区38号楼	101300	69449488
大兴区支行	大兴区兴华中里14号楼	102622	69209352
平谷区支行	平谷区太和园甲7号	101200	89980049
怀柔区支行	怀柔区后横街15号	101400	69684840
密云县支行	密云县新南路70号	101500	69040079
延庆县支行	延庆县东外大街109号	102100	69188337

中国工商银行股份有限公司北京市分行

机构名称	地　址	邮　编	电　话
分行营业部	西城区复兴门南大街2号天银大厦B座	100031	66411138
东城支行	东城区东四十条24号	100007	84020331

王府井支行	东城区王府井大街237号	100006	65270660
和平里支行	东城区和平里北街14号	100013	64216766
长安支行	西城区宣内大街乙6号	100031	66031114
新街口支行	西城区西直门内大街143号	100035	62218008
南礼士路支行	西城区阜外大街8号	100037	68025558
金融街支行	西城区太平桥大街丰汇园11号	100032	58362270
地安门支行	西城区德外大街77号D座	100088	82251116
崇文支行	东城区永定门外大街86号	100075	87205518
宣武支行	西城区广外南滨河路3号楼	100055	63480657
广安门支行	西城区广外南滨河路3号楼	100055	63480658
珠市口支行	东城区珠市口东大街15号	100062	67050807
朝阳支行	朝阳区朝外大街1号	100020	65991018
九龙山支行	朝阳区广渠路甲40号	100022	67710822
亚运村支行	朝阳区慧忠北里407号	100012	64863545
望京支行	朝阳区酒仙桥路10号	100102	64379963
商务中心区支行	朝阳区建国路108号	100022	65669958
海淀支行	海淀区中关村东路100号	100080	62551286
海淀西区支行	海淀区北四环西路65号	101200	82886358
中关村支行	海淀区上地信息路2号	100085	82896655
翠微路支行	海淀区阜成路79号	100036	88127226
西客站支行	海淀区莲花池东路39号	100055	63955387
丰台支行	丰台区文体路19号	100071	63815971
方庄支行	丰台区芳城园三区18号楼	100078	67690160
经济技术开发区支行	经济技术开发区荣昌东街甲5号隆盛大厦A座2层	100176	67863557
石景山支行	石景山区石景山路63号	100043	68874128
门头沟支行	门头沟区新桥大街12号	102300	69844598
房山支行	房山良乡西潞北大街32号	102488	89350799
通州支行	通州区新华大街155号	101100	69546362
大兴支行	大兴区兴政街24号	102600	69243119
顺义支行	顺义区石园西路	101300	69443932
昌平支行	昌平区科技园区综合办公楼	102200	69746269
怀柔支行	怀柔区商业街23号	101400	69642388
密云支行	密云县鼓楼南大街	101500	69042424
平谷支行	平谷区府前西街14号	101200	69961425
延庆支行	延庆县延庆镇东大街37号	102100	69143392

中国农业银行股份有限公司北京市分行

机构名称	地　　址	邮　编	电　话
分行营业部	东城区朝阳门北大街13号	100010	61127068
东城支行	东城区金宝街58号华丽大厦	100005	65281871
西城支行	西城区新华里16号院1号楼京桥大厦	100044	88319655
崇文支行	东城区珠市口东大街1号新阳商务楼A座	100062	67092480
宣武支行	西城门西大街28号院10门大成广场	100053	63602266
朝阳支行	朝阳区朝外工体路东2号	100020	65522915
海淀支行	海淀区海淀大街37号	100080	62533660
丰台支行	丰台区东大街9号	100071	63811911
石景山支行	石景山区八角南路18号	100043	68885947
万寿路支行	海淀区西四环中路16号院6号楼	100039	68276732
亚运村支行	朝阳区安定路33号化信大厦	100029	64411376
开发区支行	经济技术开发区中和街3号	100176	67882470
海淀东区支行	海淀区学院路丁11号	100083	82377410
通州支行	通州区八里桥南街1号	101100	69542656
顺义支行	顺义区府前西街2号	101300	69444435
昌平支行	昌平区西环南路蓝郡嘉苑13号综合楼	102200	69741458
大兴支行	大兴区兴丰南大街128号	102600	69243488
房山支行	房山区良乡拱辰北大街19号	102488	81389559
怀柔支行	怀柔区青春路39号	101400	69644982
平谷支行	平谷区府前街23号	101200	69961393
密云支行	密云县滨河路24号	101500	69041923
延庆支行	延庆县东外大街73号	102100	69144474
朝东支行	朝阳区光华路4号东方梅地亚中心A座	100026	85718176
知春路支行	海淀区知春路6号锦秋国际大厦A座	100191	82270080

中国银行股份有限公司北京市分行

机构名称	地　址	邮　编	电　话
东城支行	东城区交道口东大街81号	100007	64065202
西城支行	西城区阜外大街5号	100037	68001383
崇文支行	东城区广渠门内大街47号雍贵中心1~4层	100062	67027078
宣武支行	西城区南新华街1号	100052	63017406
朝阳支行	朝阳区东三环北路霞光里18号佳程广场A座	100027	59207000
商务区支行	朝阳区北三环东路8号	100028	64689535
海淀支行	海淀区北四环西路58号理想国际大厦1~3层	100080	82607378
丰台支行	丰台区西三环南路14号院1号楼	100069	83516396
昌平支行	昌平区南环路57号	102200	69742986
顺义支行	顺义区府前西街4号	101300	69420847
通州支行	通州区车站路44号	101100	80506044
经济技术开发区支行	经济技术开发区荣京东街3号	100176	67825900
大兴支行	大兴区黄村镇兴丰大街（三段）199号	102600	81291699
平谷支行	平谷区林荫北街11号	101200	69965648
怀柔支行	怀柔区开放路33号	101400	69644815
密云支行	密云县鼓楼南大街24号	101500	69043818
延庆支行	延庆县庆园街12号	102100	69144079
首都机场支行	顺义区首都机场四纬路9号C区1层42室	100621	64558010-262
王府井支行	东城区东方广场W2座103号	100738	85190600
奥运村支行	朝阳区北辰东路8号院1号楼	100101	64818119
使馆区支行	朝阳区三里屯路5号	100027	84429019
雅宝路支行	朝阳区雅宝路8号3号楼	100020	85662950
世纪财富中心支行	朝阳区光华路5号院2号楼	100020	85875200
国际贸易中心支行	朝阳区建国门外大街1号	100004	65052608
中银大厦支行	西城区复兴门内大街1号	100818	66591141
金融中心支行	西城区金融大街15号北楼1层101单元、104单元	100033	66555276

石景山支行	石景山区八角西街57号	100043	68864969
中关村中心支行	海淀区海淀大街8号中钢国际广场A座	100080	62687060
上地支行	海淀区上地十街1号院6号楼	100085	62410888
方庄中心支行	丰台区南三环东路23号1号楼1～2层东段商业	100078	59763751

中国建设银行股份有限公司北京市分行

机构名称	地　　址	邮　编	电　话
中关村分行	海淀区知春路96号	100086	82118322
东四支行	东城区美术馆后街8号	100010	51997801
西四支行	西城区阜外大街甲26号	100037	51999624
前门支行	东城区西打磨厂街1号	100062	51992008
城建支行	丰台区方庄蒲芳路28号	100078	51999009
宣武支行	西城区广内大街314号	100053	63209509
铁道专业支行	丰台区莲花池东路114－1	100055	51996540
朝阳支行	朝阳门外大街乙10号楼	100020	51995616
丰台支行	丰台区西四环南路54号	100161	63826958
石景山支行	石景山区石景山路22号	100043	51993506
长安支行	海淀区复兴路33号翠微大厦西配楼	100036	51997000
开发区支行	经济技术开发区景园北街2号55栋	100176	67881039
安华支行	朝阳区安定路35号	100029	51993461
西单支行	西城区西单北大街34号	100032	66011802
安慧支行	朝阳区北辰东路8号汇欣大厦	100101	84970085
光华支行	朝阳区光华路7号汉威大厦	100004	65614009
月坛支行	西城区金融大街19号富凯大厦B座	100032	66573046
金安支行	海淀区复兴路戊12号恩菲科技大厦	100038	63955793
鼎昆支行	西城区黄寺大街23号	100011	51996248
保利支行	东城区朝阳门北大街1号新保利大厦G103	100010	65263453
苏州桥支行	海淀区北三环西路99号西海国际中心118号	100086	68431720

阜成路支行	海淀区阜成路19号	100048	68726964
东大街支行	丰台区东大街25号	100071	63818305
北环支行	海淀区北太平庄路18号城建大厦	100088	62075591
望京支行	朝阳区花家地北里1号	100102	64728181
华贸支行	朝阳区建国路89号院18号楼北座	100025	51996592
地坛支行	东城区安定门外大街192号煤机大厦	100011	64261686
右安门支行	西城区广安门南街24号	100053	63545824
房山支行	房山区良乡拱辰北大街1号	102488	81389590
门头沟支行	门头沟区双峪路22号	102300	69835874
通州支行	通州区玉带河西街25号	101100	69543798
顺义支行	顺义区府前中街7号	101300	69443295
昌平支行	昌平区东环路95号	102200	69743173
延庆支行	延庆县东外大97号	102100	69189302
怀柔支行	怀柔区南大街22号	101400	69644594
密云支行	密云县新南路71号	101500	69044986
平谷支行	平谷文化南街19号	101200	69963766
大兴支行	大兴区兴政街25号	102600	69244497

交通银行股份有限公司北京市分行

机构名称	地　址	邮　编	电　话
分行营业部	西城区金融街33号	100033	66102323
金融街支行	西城区金融街22号和20号	100033	88668018
东单支行	东城区大雅宝胡同8号	100005	65125867
东单北大街支行	东城区东单北大街乙112号	100005	65136079
光华路支行	朝阳区光华路甲8号	100026	65274814
王府井支行	东城区王府井大街200号	100006	65289470
春秀路支行	朝阳区春秀路甲1号	100027	64152925
建国门支行	朝阳区雅宝路8号南华声国际大厦首层	100020	51201605
朝外支行	朝阳区朝阳门外大街16号	100020	85251075
亚运村支行	朝阳区安慧里二区4号楼	100101	64912548
马甸支行	西城区德胜门外大街5号	100088	62381989
惠新支行	朝阳区惠新东街5号	100029	64980664

慧忠北里支行	朝阳区慧忠北里111号	100108	64800897
育惠东路支行	朝阳区小营路12号亚运花园B座1层	100101	84624402
天通苑支行	昌平区天通苑小区203B－4单元	102218	84826489
科技会展中心支行	西城区北三环中路29号院2号楼1层	100029	82251033
亚北支行	朝阳区安立路60号院润丰花园6号楼X座西段	100101	64820724
北苑支行	朝阳区北苑6号院一区102号楼公建04号房天怡家园底商首层	100012	84945332
媒体村支行	朝阳区北辰绿色家园天朗园C座1层西侧	100107	84932021
和平里支行	朝阳区外馆东街51号柳清居裙房	100011	64408057
北太平庄支行	海淀区花园东路32号仰源大厦1层	100191	62352649
惠新西街支行	朝阳区惠新西街33号	100029	64979662
胜古园支行	朝阳区胜古西庄胜古家园3号楼	100029	64426223
和平里东街支行	东城区和平里东街民旺园31号楼1层南侧	100013	84252419
兴化路支行	东城区和平里兴化路11号	100013	64283098
中轴路支行	朝阳区安贞西里三区26楼	100029	84134598
西坝河支行	朝阳区西坝河西里28号英特公寓首层及3层南侧	100028	64476075
国土房管局大厦支行	东城区和平里北街6号	100013	64409448
太阳宫支行	朝阳区太阳宫火星园10号楼	100028	65120446
阜外支行	西城区车公庄大街9号院1号楼	100044	88395765
西直门支行	海淀区高粱桥斜街59号院2号楼09号	100044	62239949
百万庄支行	西城区百万庄大街11号	100037	68342237
社会路支行（临时停业）	西城区二七剧场路南里商业楼首层北侧	100045	68028553
车公庄西路支行	海淀区车公庄西路20号	100044	68415660

阜成门支行	西城区阜外大街7号国投大厦首层	100037	68095528
海淀支行	海淀区苏州街16号神州数码大厦	100080	82608176
双榆树支行	海淀区双榆树都市网景E座1层	100086	62142620
中关村支行	海淀区成府路蓝旗营高校住宅楼	100084	62768691
万柳中路支行	海淀区巴沟路2号北京华联万柳购物中心首层L101房屋	100089	82319630
万柳支行	海淀区长春桥路11号万柳亿城大厦B座北侧1~2层	100089	58816701
农科院支行（临时停业）	海淀区学院南路97号	100081	62174430
西区支行	海淀区复兴路40号中国铁道建筑总公司综合办公大厦1~5层东侧	100039	52689839
丰台东路支行	丰台区万芳园一区1号楼1层02号	100036	83683722
永定路支行	海淀区永定路66号	100070	68230979
翠微路支行	海淀区翠微路5号新华联商业大厦102商业用房	100036	68250872
石景山支行	石景山区石景山路29号京燕饭店西配楼	100043	68872697
定慧寺支行	海淀区恩济庄二区北3号楼新洲商务大厦1层	100036	88117661
马连道支行	西城区广外大街248号机械大厦	100055	63327912
三元支行	朝阳区曙光西里28号中冶大厦	100028	84493137
团结湖支行	朝阳区农展馆南路13号瑞晨国际中心首层1号铺	100026	85986507
红庙支行（临时停业）	朝阳区红庙柴家湾1号	100025	65075182
麦子店支行	朝阳区枣营路甲4号永安宾馆	100026	65935314
工体北路支行	东城区新中街68号	100027	65521157
东大桥支行	朝阳区工体东路20号	100027	65863830
大望路支行	朝阳区西大望路3号蓝堡北区写字楼101~103号	100026	85997420

水碓子支行	朝阳区水碓子北里 19 号楼	100026	85960974
东润支行	朝阳区南十里居 28 号东润枫景底商	100016	64360718
霄云路支行	朝阳区东三环北路甲 2 号	100027	64667167
朝阳北路支行支行	朝阳区朝阳北路 99 号楼	100123	85526505
天坛支行	东城区天坛东里北区 12 号	100061	67016662
华威路支行	朝阳区华威北里 20 号	100021	67784962
崇文门支行	东城区东兴隆街 56 号	100062	67029080
右安门支行	西城区白纸坊东街 10 号	100054	63513259
木樨园支行	丰台区东木樨园 9 号	100075	87206594
松榆里支行	朝阳区弘燕路周庄山水文园 201 号楼 103 号房屋	100122	67357136
东方庄支行	丰台区芳城东里 9 号楼 1 层	100078	87621981
宣武支行	西城区广安门内大街 319 号 C 座、D 座	100053	83131682
望京支行	朝阳区望京街 9 号	100102	59203677
望京中环路支行	朝阳区望京西园 304 号楼	100102	64751171
望京南湖中园支行	朝阳区望京南湖中园 K3 – 301 号楼	100102	84713883
望京西园支行	朝阳区望京西园 4 区 416 号楼	100102	84719673
经济技术开发区支行	北京经济技术开发区隆庆街 3 号	100176	67862746
东高地支行	丰台区南苑路警备东路 6 号方仕国际酒店 1 层、2 层北侧	100076	67063672
兴华大街支行	大兴区兴华大街二段 13 号院 3 号楼 –2 号	102627	80220731
大兴支行	大兴区龙河街 127 号	102600	69206687
顺义支行	顺义区仓上街 AMB 大厦 B 区 1 层	101300	89442193
顺义天竺支行	顺义区天竺花园天韵广场 109 – 4 商铺	101312	64577282
顺义石门支行	顺义区石门街 6 号顺义供销社大厦	101300	60416539
通州支行	通州区九棵树街 187 号	101100	81511870
通州梨园支行	通州区九棵树东路 156 号	101121	60553287
东区支行	朝阳区广渠路 21 号	100022	58202953

广渠路支行	朝阳区双井1号优仕阁大厦B座和C座首层	100022	58614205
永安里支行	朝阳区建外永安东里甲3号通用时代国际中心首层	100022	65699303
建国路支行	朝阳区建国路90号	100022	85891257
工大桥支行	朝阳区东四环南路9号1层1105号商铺	100023	67302009
东三环中路支行	朝阳区东三环中路61号	100022	59037427
林萃路支行	朝阳区林萃路倚林家园24号楼	100085	82722968
安翔里支行	朝阳区安翔路1号	100101	64853142
北清路支行	昌平区北清路1号永旺国际商城购物中心1层104号房	102206	80700791
清河支行	海淀区龙岗路清景园4号楼1层	100192	52718580
回龙观支行	昌平区回龙观镇天龙苑25号1层01房屋	102208	81748371
西三旗支行	昌平区建材城西路87号院8号楼新龙大厦	100096	82969121
丰台支行	丰台区南四环西路188号5区24号楼	100070	63705559
玉泉营支行	丰台区草桥欣园一区6号楼1层102号	100068	87584458
长辛店支行	丰台区张郭庄16号	100072	83880276
丰台北路支行	丰台区丰台北路36号	100166	83897709
西单支行	西城区西长安街甲17号	100031	66078429
西便门支行	西城区宣武门西大街甲129号	100031	66412659
北蜂窝路支行	海淀区北蜂窝路乙15号	100038	63985369
西三环支行	海淀区西三环北路89号	100089	88825870
紫竹桥支行	海淀区紫竹院路1号人济山庄D座	100048	88555386
阜成路支行	海淀区阜成路14号1号楼1层	100037	68768148
世纪城支行	海淀区蓝靛厂世纪城小区金夕园甲1号楼4段	100089	88463257
闵庄路支行	海淀区闵庄南路9号玉泉馨苑服务楼首层	100089	88403538
东直门支行	东城区东直门外大街48号东方银座大厦	100027	84476267

中关村园区支行	海淀区中关村新科祥园甲6号楼1层、2层东南侧	100080	82523708
五棵松支行	海淀区复兴路69号A1－02号房	100036	88213227
官园支行	西城区车公庄路新华里16－3号京侨国际公馆	100044	88359241
常营支行	朝阳区常营丽景园6号楼117～119室、208～211室	100024	56033350
公主坟支行	海淀区复兴路甲14号	100036	63969655
芳群园支行	丰台区方庄芳群园4区23号	100078	67672634
酒仙桥支行	朝阳区酒仙桥路10号星城国际大厦C座	100016	64354445
慧忠里支行	朝阳区慧忠北里413号楼	100108	64924239
东三环支行	朝阳区东三环北路19号嘉盛中心B2座中青大厦1～2层	100020	65869832
上地支行	海淀区上地科技路甲2号	100085	62964300
德胜门支行	西城区德外关厢地区中交大厦1～2层东侧11～14轴房	100022	82012821

招商银行股份有限公司北京分行

机构名称	地　址	邮　编	电　话
分行营业部	西城区复兴门内大街156号A座1层	100031	66426622
金融街支行	西城区金融大街35号国际企业大厦C座1层	100032	88091255
金融街中心支行	西城区金融大街16号中国人寿广场1层	100033	66290646
德胜门支行	西城区德胜门外大街81号德胜国际中心C座1层	100088	82065118
阜外大街支行	西城区阜外大街22号外经贸大厦	100037	68784030
甘家口支行	西城区百万庄大街甲39号	100037	68365433
首体支行	西城区西直门外大街甲143号凯旋大厦A座1层	100044	88016648
宣武门支行	西城区宣武门外大街30号富卓大厦1层	100052	63164377

陶然亭支行	西城区南纬路39号	100050	59362226
西直门支行	海淀区西直门北大街32号枫蓝国际A座北侧1层	100082	62252109
双榆树支行	海淀区中关村南大街9号理工科技大厦1层	100081	68467183
中关村支行	海淀区中关村南大街2号数码大厦A座2层	100086	52786214
海淀支行	海淀区北四环西路56号辉煌时代大厦1层	100080	62695365
大运村支行	海淀区知春路27号量子芯座大厦1层	100086	82357508
清华园支行	海淀区双清路清华紫光大厦1层	100084	62793655
清华科技园支行	海淀区清华科技园清华科技大厦B座G层	100086	62602929
上地支行	海淀区农大南路1号硅谷亮城2号楼B座	100085	62667353
西二旗支行	海淀区上地十街1号院辉煌国际大厦6号楼1层	100085	62410126
西三环支行	海淀区阜成路67号银都大厦1层	100036	68718141
世纪城支行	海淀区蓝靛厂垂虹园甲1号	100089	88876711
万泉河支行	海淀区万柳东路阳春光华家园甲5号	100089	82573951
万寿路支行	海淀区复兴路乙20号汇通商务楼1层	100036	68286557
玉泉路支行	海淀区复兴路83号景藏健康大厦1层	100039	68171838
西翠路支行	海淀区西翠路17号院24号楼东南角1层	100036	68270271
海淀黄庄支行	海淀区丹棱街6号丹棱SOHO1层	100080	57569760
清河支行	海淀区清河中街68号华润五彩城L175C	100085	82810951
大屯路支行	朝阳区大屯路南沙滩66号华源冠军城	100089	82884290

立水桥支行	朝阳区北苑路13号院领地OFFICE1号楼1层	100012	52086506
慧忠北里支行	朝阳区慧忠北里305号楼	100012	64887800
北辰大厦支行	朝阳区北辰东路8号院1号楼北辰时代大厦30层	100101	84977509
北苑路支行	朝阳区北苑路168号中安盛业大厦	100101	58246878
亚运村支行	朝阳区北辰东路8号北京国际会议中心地下1层	100101	84987476
小关支行	朝阳区芍药居北里101号世奥国际中心1层	100101	64822450
望京支行	朝阳区南湖南路15号院甲1号	100102	64799886
望京西园支行	朝阳区望京西园一区134号楼炫彩嘉轩1层	100102	64789637
静安里支行	朝阳区北三环东路8号静安中心1层	100028	64666786
东三环支行	朝阳区东三环北路1号	100027	64623026
朝外大街支行	朝阳区朝外大街26号B座1层	100020	85656433
工体支行	朝阳区新东路10号逸盛阁A座1层	100006	65272070
万通中心支行	朝阳区朝外大街甲6号万通中心1层	100020	59070215
光华路支行	朝阳区光华路1号嘉里中心2层	100020	85296379
京广桥支行	朝阳区东三环北路38号院泰康金融大厦1层	100026	85879737
建国路支行	朝阳区建国路116号招商局大厦东侧1层	100022	65660150
建外大街支行	朝阳区东三环中路39号建外SOHO小区6号楼0668号	100022	59000518
富力城支行	朝阳区东三环中路55号	100022	58767070
建国门支行	朝阳区建外大街24号京华公寓	100022	65150612
万达广场支行	朝阳区建国路93号万达广场7号楼	100022	58206783
大望路支行	朝阳区西大望路15号3号楼1层	100022	87723210

十里河支行	朝阳区东三环南路19号院联合国际大厦	100122	87667468
华贸中心支行	朝阳区建国路81号北京华贸中心3号楼1层、2层	100025	65981758
朝阳公园支行	朝阳区朝阳公园路19号佳隆国际大厦1层	100125	65398883
东四环支行	朝阳区东四环中路56号远洋国际中心A座1层	100025	59080177
青年路支行	朝阳区青年路西里5号院15号楼1层、2层	100123	85563091
太阳宫支行	朝阳区太阳宫南街21号楼	100028	84158784
长安街支行	东城区建国门内大街11号	100736	65292024
崇文门支行	东城区东兴隆街58号北京商界二期1层	100006	67089468
东方广场支行	东城区东长安街1号东方广场安永大楼平台层	100005	85150201
北三环支行	东城区北三环东路36号环球贸易中心D座1层	100086	59575123
东直门支行	东城区东直门外大街46号天恒大厦1层	100027	84608093
朝阳门支行	东城区朝阳门北大街6号首创大厦1层	100027	85282348
广渠门支行	东城区广渠门内大街27号鼎新大厦1层	100062	87103599
方庄支行	丰台区方庄芳古园一区29号楼通润商务会馆B区1层	100078	87676114
丰台科技园支行	丰台区科学城中核路一号3号楼1~2层	100070	83816983
天通苑支行	昌平区东小口镇天通中苑F区华联商厦东北角1层	102218	57859588

上海浦东发展银行股份有限公司北京分行

机构名称	地　址	邮　编	电　话
分行营业部	西城区太平桥大街18号丰融国际大厦	100032	57395588

金融街支行	西城区金融大街35号国际企业大厦A座	100033	88091847
宣武支行	西城区广安门内大街316号	100053	63585776
黄寺支行	东城区安德里北街21号	100120	84138702
中关村支行	海淀区海淀南路15号	100080	62550747
朝阳支行	朝阳区朝阳门外大街19号	100020	65802602
建国路支行	朝阳区建国路99号中服大厦	100020	65819177
万寿路支行	海淀区万寿路西街2号	100036	68233372
安外支行	东城区安外大街甲88号	100011	64264903
阜成支行	西城区车公庄大街3号	100044	88383590
雅宝路支行	东城区建国门北大街8号	100005	85192337
海淀园支行	海淀区北四环西路62号中国化工集团公司大厦1层	100080	82660900
首体支行	海淀区中关村南大街乙56号	100044	88026239
东三环支行	朝阳区曙光西里甲6号时间国际中心	100028	84584729
亚运村支行	朝阳区慧忠路5号远大中心	100101	84891031
知春路支行	海淀区知春路9号蓟门坤讯大厦	100083	82319520
安华桥支行	朝阳区安贞西里3区15号凯康海油大厦	100029	64417341
灯市口支行	东城区灯市口大街50号好润大厦	100006	85115757
电子城支行	朝阳区酒仙桥路10号	100016	64350556
经济技术开发区支行	经济技术开发区天华园二里二区19号楼	100176	67890993
永定路支行	海淀区永定路甲51号	100039	68152005
复兴路支行	海淀区北蜂窝路5号1号楼	100038	51932666
花园路支行	海淀区花园东路10号高德大厦C座1层南侧	100191	82030630
丰盛支行	西城区广宁伯街2号1~2层	100033	52601900
紫竹院支行	海淀区紫竹院路116号嘉豪国际中心C座	100097	51709797
马连道支行	西城区红莲南路55-2号	100055	59321959
和平里支行	朝阳区和平西苑20号楼B座	100013	52081598
马家堡支行	丰台区马家堡西路15号时代风帆大厦	100068	67562966

世纪城支行	海淀区蓝靛厂晨月园甲1号楼	100097	88895800
清华园支行	海淀区中关村东路1号院5号楼文津国际酒店1层	100084	62618572
富丰路支行	丰台区西四环南路1号	100070	83208200
三里屯支行	朝阳区工体北路甲6号中宇大厦	100027	59752555
望京支行	朝阳区广顺北大街19－7	100102	84780661
北沙滩支行	朝阳区北沙滩一号院31号楼B座	100083	64866883
德外支行	西城区德胜门外大街甲36号德胜凯旋大厦C座	100120	82063228
东四支行	东城区东四十条68号平安发展大厦	100007	84086436
富力城支行	朝阳区东三环中路61号万丽酒店	100022	59037768
通州支行	通州区梨园镇云景东路432号隆孚大厦	101101	57902222
东花市支行	东城区东花市南里东区1号楼1层	100062	87102681
大望路支行	朝阳区西大望路3号院2号楼1层S117号	100022	85997995
慧忠支行	朝阳区慧忠北里小区214号楼北京中奥华美达酒店	100012	64872366
金台路支行	朝阳区水碓子北里1号楼	100026	59079680
丰台支行	丰台区万柳西园8号楼1~2层	100070	63259702
方庄支行	丰台区紫芳园四区5号楼	100078	87557088

广发银行股份有限公司北京分行

机构名称	地　址	邮　编	电　话
分行营业部	东城区长安街甲2号	100005	65169303
月坛支行	西城区月坛北街2号	100045	68083556
中关村支行	海淀区中关村大街45号	100086	62510783
亚运村支行	朝阳区北辰东路8号	100101	64993863
建国路支行	朝阳区建国路112号	100022	65669647
西三环支行	海淀区西三环北路72号1层	100037	88415097
国展支行	朝阳区西坝河东里18号	100028	84603165

朝阳门支行	东城区朝阳门内大街 288 号院 1 号楼	100010	65255322
新外支行	海淀区新街口外大街 19 号	100875	62202585
西客站支行	西城区广莲路 1 号	100055	63954853
甘家口支行	西城区阜外大街 34 号	100832	68510355
东直门支行	东城区东中街 9 号东环广场 A 座首层	100027	64182989
车公庄支行	海淀区车公庄西路乙 19 号	100044	88018701
翠微路支行	海淀区复兴路乙 20 号	100036	66803719
方庄支行	丰台区方庄路 5 号	100078	87681097
安贞支行	朝阳区安定路 39 号	100029	64445660
太阳宫支行	朝阳区夏家园 11 号楼 1 层 03 号、04 号	100028	64253052
金融街支行	西城区金融大街 16 号	100033	63190613
京广支行	朝阳区朝外大街甲 6 号	100020	59070890
知春路支行	海淀区知春路希格玛大厦 49 号	100190	88099482
王府井支行	东城区王府井大街 218－2 号	100006	65271103
奥运村支行	朝阳区北沙滩甲 1 号中科电大厦首层	100083	64836760
黄寺支行	西城区德外大街 12 号	100011	62039133
天通苑支行	昌平区天通苑北 1 区甲 6 号楼	102218	81758219
莲花支行	海淀区莲花池东路 39 号 2 层	100036	63970761
大望路支行	朝阳区西大望路 15 号 4 号楼外企大厦 B 座	100022	87723795
望京支行	朝阳区望京悠乐汇中心 E 座	100102	84787933
潘家园支行	朝阳区华威里 10 号	100021	87785266
上地支行	海淀区农大南路 1 号院 4 号楼	100084	82349373
国贸支行	朝阳区光华东里 8 号院	100020	59772151
中轴路支行	东城区鼓楼外大街甲 56 号	100011	84130503
广渠门支行	东城区广渠门内大街 27 号	100062	87103902
五棵松支行	海淀区西四环中路 16 号院 1 号楼	100039	68285001
万达广场支行	朝阳区建国路 93 号 B 座	100022	58205791
宣武门支行	西城区宣武门外大街甲 1 号	100052	83151388
学院路支行	海淀区学院路 30 号	100083	62660291
海淀支行	海淀区海淀大街 27 号	100080	62623602

日坛支行	朝阳区建国门外大街17号38～39栋	100020	85306905
西单支行	西城区复兴门内大街45号	100801	88088268
动物园地铁支行	西城区西直门外大街地铁4号线动物园站地下1层元沃天地商场A503号	100081	88332458
大红门支行	丰台区大红门西马场甲14号	100076	52264037
万柳支行	海淀区万柳中路蜂鸟家园2号	100089	62423063
安立路支行	朝阳区慧忠北里105号楼B段	100012	84504056
东二环支行	东城区南竹杆胡同2号	100010	65206522
石景山支行	石景山区实兴大街30号院15号楼1层102室	100144	68809228
西直门支行	西城区西直门外大街18号楼金贸大厦1层	100044	88333595
工体支行	朝阳区新东路12号院3号楼1层	100027	84004115

兴业银行股份有限公司北京分行

机构名称	地　址	邮　编	电　话
分行营业部	朝阳区安贞西里三区11号福建大厦1层	100029	64415117
甘家口支行	海淀区三里河路19号	100037	88392102
中轴路支行	东城区鼓楼外大街26号	100120	84131495
朝外支行	朝阳区朝外大街77号	100020	65522236
广安门支行	西城区广安门内大街315号	100053	63691584
亚运村支行	朝阳区亚运村安慧里四区16楼	100101	84885210
西单支行	西城区宣内大街甲6号东南大厦1层北侧	100031	66033101
中关村支行	海淀区中关村南大街32号	100081	62140582
东外支行	朝阳区东直门外大街23号东外外交大楼1层	100600	64688194
上地支行	海淀区农大南路1号院硅谷亮城2号楼B座	100084	62960275
西客站支行	海淀区复兴路12号恩菲科技大厦1层	100038	63959953
东单支行	东城区东单三条8－2号	100005	65212364

长安支行	海淀区复兴路65号	100036	68134894
经济技术开发区支行	开发区荣京东街3号荣京丽都大厦1层	100176	67871927
月坛支行	西城区车公庄大街9号五栋大楼A-03	100044	88395627
安华支行	朝阳区安贞西里三区11号福建大厦1层	100029	64450943
三元桥支行	朝阳区霄云路21号	100027	84540817
西直门支行	海淀区西直门北大街42号	100082	62218689
知春路支行	海淀区知春路59号	100190	62615405
花园路支行	海淀区花园东路19号中兴大厦配楼1层	100191	82247009
顺义支行	顺义区府前东街甲2号大龙城乡建设开发公司首层	101300	64582783
世纪坛支行	海淀区复兴路甲1号	100038	68525271
海淀支行	海淀区中关村西区丹棱街3号	100080	82607710
金源支行	海淀区蓝靛厂东路2号院金源时代商务中心2号楼A座1层	100080	88891472
永定门支行	东城区永定门外大街101号百荣世贸二期南门	100077	87804898
积水潭支行	西城区新街口外冰窖口胡同8号院8号楼	100088	82808762
崇文门支行	东城区珠市口东大街5号《光明日报》社1楼	100062	67016186
首体支行	海淀区首体南路9号主语商务中心2号楼	100048	68790767
魏公村支行	海淀区中关村南大街韦伯时代大厦C座首层	100081	88571570
方庄支行	丰台区方庄紫芳园三区五号楼	100078	87660014
光华路支行	朝阳区东三环中路25号住总大厦	100020	65086082-8822
通州支行	通州区车站路39号	101100	60569988
东长安街支行	东城区建国门内大街28号民生金融中心A座1~2层	100005	65980025
东四支行	东城区朝阳门北大街5号第五广场B座写字楼1层、2层	100010	64088698
石景山支行	石景山区玉泉西里1号楼	100040	68636672

昌平支行	昌平区龙水路26号	102200	57700001
丽泽支行	西城区西客站南路76号楼-10	100055	59560499
顺义天竺支行	顺义区天竺镇小天竺路1号甲2号首层	100621	64588538
金融街支行	西城区金融街金城坊街1号C106	100033	66217937
大兴支行	大兴区黄村镇兴华中路9号	102600	81297416
望京支行	朝阳区望京阜荣街15号院3号楼首层	100102	84763940
石景山科技园区支行	石景山区八角东街25号院1号楼1层	100043	56350103
通州运河支行	通州区玉带河东街2号院运河明珠家园1号楼底商20号	101100	80542062
鲁谷支行	石景山政达路6号院2号楼	100040	57796816
怡海花园支行	丰台区怡海花园内怡海路3号四区6号	100070	83953697
陶然亭支行	西城区陶然亭路2号9号楼1层	100050	63710071

平安银行股份有限公司北京分行

机构名称	地　址	邮　编	电　话
分行营业部	西城区复兴门内大街158号远洋大厦首层	100031	66292375
神华支行	东城区安德路16号洲际大厦首层	100011	64485668
花园路支行	海淀区花园东路11号泰兴大厦首层	100029	57625566
西三环支行	海淀区复兴路甲14号华鹰大厦A座首层	100036	63983622
中关村支行	海淀区苏州街1号绿创大厦首层	100080	82569902
三元桥支行	朝阳区新源南路9号首层	100027	84538668
朝阳门支行	朝阳区关东店北街国安宾馆首层	100020	65061188
官园支行	西城区车公庄大街乙1号富通大厦首层	100044	88370055

建国门支行	东城区建国门内大街18号恒基中心首层	100005	65188100
知春路支行	海淀区知春路113号银网中心首层	100086	62637497
海淀支行	海淀区中关村南大街甲32号首层	100081	62187508
东直门支行	东城区东直门外大街48号东方银座首层	100027	84477761
东城支行	东城区金宝街58号华丽大厦首层	100005	65127997
和平支行	东城区和平里9区甲4号安信大厦首层	100013	64464976
宣武支行	西城区南新华街甲1号瑞驰大酒店首层	100051	63153329
亚运村支行	朝阳区安立路66号安立花园1号楼首层	100101	64907572
万柳支行	海淀区万柳中路35号万柳蜂鸟家园2号楼首层	100089	82871700
德胜门支行	西城区安德路81号首层	100011	82063887
光华路支行	朝阳区光华路4号东方梅地亚中心A座首层	100026	65832833
望京支行	朝阳区望京新城南湖西园125号首层	100101	84721880
花园桥支行	海淀区西三环北路87号国际财经中心首层	100089	88820014
东四环支行	朝阳区八里庄西里100号1号楼首层	100102	85866189
开阳桥支行	丰台区开阳路1号瀚海花园大厦首层	100069	83973602
亚奥支行	朝阳区北辰东路8号5号楼2层	100101	84970866
清华园支行	海淀区成府路113号首层	100084	62760580
丰台支行	丰台区华源四里甲4首层	100073	63252070
财满街支行	朝阳区朝阳路67号5号楼首层	100084	52323150
朝外支行	朝阳区朝外大街18号丰联广场首层	100020	65881991
广渠门支行	东城区广渠家园5号楼首层	100022	87512336

方庄支行	丰台区紫芳园四区 5 号楼 5－03 号首层	100078	61014190

中信银行股份有限公司总行营业部

机构名称	地　址	邮　编	电　话
营业结算部	西城区金融大街甲 27 号投资广场 A 座	100033	66293012
国际大厦支行	朝阳区建国门外大街 19 号	100004	65122233－225
京城大厦支行	朝阳区新源里南路 6 号	100004	84865386
富华大厦支行	东城区朝阳门北大街 8 号富华大厦 E 座 1 层	100027	65558365
朝阳支行	朝阳区农展馆南里 12 号	100026	65389575
中关村支行	海淀区中关村南大街 6 号	100086	62187401
富力支行	朝阳区双花园南里二区 13 号楼 1～2 层	100022	65687793
广安门支行	西城区广安门外南滨河路 1 号	100055	63288394
海淀支行	海淀区海淀北一街 2 号首创拓展大厦 1～3 层	100190	62613870
东大桥支行	朝阳区工体东路 18 号	100020	65944950
知春路支行	海淀区知春路 14 号	100088	62369830
新兴支行	海淀区西三环中路 17 号新兴宾馆写字楼首层	100036	68212510
奥运村支行	朝阳区大屯路慧忠北里 309 号楼 D 首层	100012	64802827
阜成门支行	西城区太平桥大街 17 号	100034	66579713
酒仙桥支行	朝阳区酒仙桥路 14 号兆维大厦 1 层	100016	64319780
崇文支行	东城区东花市南里富贵园三区底商裙房	100062	67151791
西单支行	西城区复兴门内大街 45 号	100801	66035493
万达广场支行	朝阳区建国路 93 号北京万达广场东区商业 B 座	100022	58208406
首体南路支行	海淀区首体南路 22 号国兴大厦首层	100044	88354581
中粮广场支行	东城区建国门内大街 8 号	100005	65228710

金运大厦支行	海淀区西直门北大街甲43号1号楼101	100044	62294402
上地支行	海淀区上地东里1区4号楼科贸大厦1层	100085	62969970
经济技术开发区支行	经济技术开发区天华园一里三区14号楼1层	100176	67874552
安贞支行	朝阳区安贞西里三区26号浙江大厦1层、5层	100029	64417162
广渠路支行	朝阳区东三环外广渠路九龙商厦1层	100022	87768422
望京支行	朝阳区望京利泽中园2区208号院内B座1层	100102	64391220
清华科技园支行	海淀区中关村东路1号清华科技园9号楼威新国际大厦1层	100084	58722191
三元桥支行	朝阳区曙光西里甲1号首层	100028	58221129
世纪城支行	海淀区蓝靛厂居住区垂虹园甲2号	100097	88862208
尚都国际中心支行	朝阳区东大桥路8号尚都国际中心	100020	58700920
紫竹桥支行	海淀区北洼路9号世纪新景园7号楼	100089	88583990
凯晨广场支行	西城区复兴门内大街28号凯晨世贸中心中座第F3层	100031	66271586
万柳支行	海淀区万柳星标家园5－32号、5－31号、5－217号	100089	82567560
来福士支行	东城区东直门南大街1号来福士中心	100007	64008190
财富中心支行	朝阳区东三环中路7号北京财富中心1期商铺E101、E205	100020	65309351
长安支行	朝阳区东三环中路39号建外SOHO小区17号楼	100022	59002847
北辰支行	朝阳区慧忠里320号住总大厦	100101	84837995
出国中心支行	朝阳区东三环北路四号东方歌舞团1号楼东侧	100016	84551178
福码大厦支行	朝阳区广顺路北大街33号院1号楼福码大厦办公楼B座1层102室	100102	84729727

观湖国际支行	朝阳区姚家园路105号3号楼万企控股大厦	100025	59283846
太阳宫支行	朝阳区夏家园12号楼半岛国际公寓12号楼102号	100028	84419951
媒体村支行	朝阳区红军营南路北辰绿色家园天朗园C座1层	100012	84910928
国奥村支行	朝阳区林萃东路2号楼甲3号楼	100101	84370723
通州支行	通州区翠景北里7号楼底商	101101	81593083
金泰国际支行	朝阳区广渠路11号院1号楼	100022	87213209
瑞城中心支行	朝阳区亮马桥路48号院4号楼1层	100125	60837085
丰台支行	丰台区太平路桥华源四里甲7号楼1层底商	100073	63252031
顺义支行	顺义区站前街2号办公楼	101399	60416922
回龙观支行	昌平区回龙观西大街北侧北店时代广场宜尚百货1层	102208	60728206
北苑支行	朝阳区清河营南街7号院华贸奥苑1F－S01号商铺	100012	84360115
中信城支行	西城区菜市口大街甲2号院6号楼	100052	83194420
房山支行	房山区西潞街道良乡西路26号西路时代大厦1层、2层	102488	69389317
珠市口支行	东城区珠市口东大街5号楼光明日报社办公楼西侧1楼底商	100062	67029851
密云支行	密云县鼓楼东大街19号院	101500	61094656
怀柔支行	怀柔区青春路21号慧友大厦	101400	61628741
方庄支行	丰台区方庄紫芳园四区3号楼	100164	87153978
石景山支行	石景山区政达路6号4号楼、5号楼	100041	68705670
和平里支行	东城区和平里六区8号1段	100013	84504966
德外支行	西城区德胜门外大街甲10号中轻大厦	100011	62426501
八里庄支行	朝阳区八里庄东里1号A区1号楼	100025	65501797
三里屯支行	朝阳区新东路8号院3号楼	100027	84185830
大兴支行	大兴区金星西路6号兴创大厦	102627	60260012

高碑店支行	朝阳区高碑店兴隆街2号兴隆小区综合楼潮青汇百货1层东侧	100005	85787801
天桥支行	西城区天桥南大街1号天桥艺术大厦B座	100050	83132981
十里河支行	朝阳区周庄山水文园201号楼101房	100122	67480452

中国光大银行股份有限公司北京分行

机构名称	地　址	邮　编	电　话
分行营业部	西城区宣武门内大街1号	100031	66567688
朝内支行	东城区朝阳门北大街17号人保大厦1层	100010	65279078
宣武支行	西城区广安门外大街1号深圳大厦1层	100055	63271188－8697
德胜门支行	西城区黄寺大街23号北广大厦1层	100011	82236900
海淀支行	海淀区中关村大街18号科贸电子城1层	100190	82598021－800
朝阳支行	朝阳区朝外大街16号中国人寿大厦1层	100020	85252009
建国门支行	朝阳区建国门外大街甲6号中环世贸中心D座1层	100022	65630255
复兴路支行	海淀区复兴路47号天行建商务大厦	100036	51921033
学院路支行	海淀区西直门北大街56号生命人寿大厦1层	100082	63018827
天宁寺支行	西城区莲花池东路1号	100045	63489739
西城支行	西城区车公庄大街甲4号－1物华大厦	100044	68008608
中关村支行	海淀区知春路63号	100190	62563410
东城支行	东城区东四北大街337号	100010	64079747
新源支行	朝阳区新源西里中街12号	100027	64648252
安定门支行	东城区安定门外大街208号三利大厦	100011	64280003
礼士路支行	西城区南礼士路66号建威大厦	100045	68025382

亚运村支行	朝阳区惠忠路 5 号远大中心 C 座 1 层	100101	84891160
交大支行	海淀区西直门外上园村 3 号交大知行大厦	100044	62249612
阜城路支行	海淀区西三环北路 100 号金玉大厦 1 层	100037	68727490
花园路支行	海淀区花园东路 10 号高德大厦 B 段 1 层	100191	82038352
三里河支行	西城区月坛南街 71 号一层配楼 1～3 层	100045	68519372
工体路支行	东城区东中街 46 号鸿基大厦 1 层、2 层	100027	64171771
西单支行	西城区华远北街 2 号通港大厦 1 层	100032	66138310
西直门支行	西城区德宝新园 22 号德宝饭店 1 层	100044	68332338
方庄支行	丰台区方庄芳古园 1 区 29 号楼	100078	87673414
长安支行	西城区复兴门外大街 6 号光大大厦	100045	68561246
长虹桥支行	朝阳区东三环北路 17 号新时代大厦 1 层	100027	65958221
世纪城支行	海淀区板井路 59 号	100097	88508844
万柳支行	海淀区万柳中路 11 号	100089	82362712
北太平庄支行	海淀区北太平庄路 18 号城建大厦 B 座 1 层	100088	62091421
安贞支行	朝阳区安定路 39 号	100029	64417446
望京支行	朝阳区望京中环南路花家地街花家地商业 1 号楼	100102	84723281
金源支行	海淀区蓝靛厂垂虹园甲 5 号	100097	88878901
光华路支行	朝阳区光华路 2 号阳光 100G 座	100026	65063528
亦庄支行	北京经济技术开发区天宝园 5 里 2 区 1－C2 号	100176	67820492
金融街支行	西城区金融大街 28 号院 2 号楼 1 层	100032	66578055
石景山支行	石景山区阜石路 166 号泽洋大厦北座 1 层	100043	52638610

京广桥支行	朝阳区东三环中路7号北京财富中心写字楼A座1层	100020	65309889
崇文支行	东城区广渠门内大街27号	100062	87103728
苏州街支行	海淀区苏州街18号长远天地D座1层	100080	82609760
丰台支行	丰台区科学城恒富街2号院5号楼阳光四季1层	100070	63712533
劲松桥支行	朝阳区东三环南路甲52号-1	100022	67727118
清华园支行	海淀区双青路88号华园世纪商务楼1层	100083	82527673
上地支行	海淀区上地三街9号嘉华大厦B座1层	100085	62978318
顺义支行	顺义区站前西街3号顺鑫国际商务中心1层	101300	61409500
东高地支行	丰台区东高地万源西里36栋-甲44栋航天万源广场1层	100076	68753688
东长安街支行	朝阳区建国门外大街乙12号LG双子座大厦	100022	58287555
西坝河支行	朝阳区西坝河北里23号恒川广场1层	100028	64473806
富力城支行	朝阳区双井富力城A2楼	110105	58764958
金融街丰盛支行	西城区太平桥大街25号	100032	63639100
奥运支行	朝阳区南沙滩66号院1号楼	100101	84097001
五棵松支行	海淀区西四环中路16号院1号楼	100143	59739704
望京西支行	朝阳区望京新城南湖西园125号楼	100102	64751830
和平里支行	东城区和平里东街10号院1号楼	100013	64212258
姚家园路支行	朝阳区星火西路19号楼	100025	85855778
马连道西支行	丰台区华源四里甲4号楼	100073	63259978
经济技术开发区支行	经济技术开发区景园北街2号59幢	100176	87163918
安慧支行	朝阳区安慧北里逸园29号楼	100101	84860620
建国门内大街支行	东城区建国门内大街18号恒基中心1层	100005	65188876

华夏银行股份有限公司北京分行

机构名称	地　址	邮　编	电　话
石景山支行	石景山区石景山路66号	100041	88294148
和平门支行	西城区前门西大街14号	100052	63163290
紫竹桥支行	海淀区广源闸5号	100081	68484497
东四支行	东城区东四十条21号	100007	84035177
长安支行	西城区三里河东路5号	100045	68535115
中关村支行	海淀区北四环56号	100080	62695278
知春支行	海淀区知春路111号理想大厦1层	100086	82665348
灯市口支行	东城区灯市口大街33号	100006	65261075
平安支行	西城区平安里西大街16号	100035	66150176
安定门支行	东城区安定门外大街甲68号	100011	84287858
建国门支行	东城区建国门内大街5号	100005	65225305
朝阳门支行	朝阳区工体育场西路18号国际公寓	100020	65527595
京广支行	朝阳区东三环中路7号北京财富中心	100020	65330559
首体支行	海淀区西直门外大街168号	100044	88576050
公主坟支行	海淀区复兴路甲11号	100036	63984520
亮马河支行	朝阳区东三环北路3号幸福大厦B座	100027	64688007
东直门支行	朝阳区东土城路14号	100013	85271101
中轴路支行	东城区鼓楼外大街45号	100011	62362239
奥运村支行	朝阳区慧忠北里410号楼	100101	64876441
万柳支行	海淀区万柳中路31号	100089	82577299
两广支行	东城区东珠市口1号	100062	67086078
国贸支行	朝阳区双花园南里三区合生国际花园24号	100022	65669746
光华支行	朝阳区光华路8号	100026	65832410
魏公村支行	海淀区中关村南大街甲12号	100081	62109308
阜外支行	西城区阜外大街甲34号	100034	68528798
东单支行	东城区建内大街22号	100005	85237078
北沙滩支行	朝阳区德胜门外北沙滩1号	100083	64848676
德外支行	西城区德外大街3号	100088	62009388

西直门支行	海淀区西直门北大街60号	100088	82295260
分行营业部	西城区金融大街11号	100034	58598428
望京支行	朝阳区望京广顺大街222号	100102	84725997
世纪城支行	海淀区蓝靛厂2号楼A座	100089	88861808
车公庄支行	西城区车公庄大街12号	100037	88306385
秀水支行	朝阳区秀水东街8号	100020	65930795
东外支行	东城区东外大街35号东湖别墅	100027	64678087
上地支行	海淀区信息路甲28号科实大厦	100085	82771598
丰台科支行	丰台区航丰路1号时代财富天地大厦	100070	58090566
广外支行	西城区广安门外大街397号	100055	63329902
青年路支行	朝阳区青年路雅成一里14号世丰国际中心	100025	85521510
通州支行	通州区梨园北杨洼25号商务楼	101100	81528713
北三环支行	西城区北三环中路6号	100011	58572871
亦庄支行	经济技术开发区荣昌东街甲5号	100176	67806883
顺义支行	顺义区石园南区33号	101300	89440279
房山支行	房山区良乡苏庄东街9号	102488	69369925
怀柔支行	怀柔区青春路26号	101400	61604075
大望路支行	朝阳区百子湾南2路70号1层	100124	87724593
天通苑支行	昌平区东小口镇天通苑一区甲4号楼	102218	81759167
玉泉路支行	石景山区鲁谷路74号中国瑞达大厦	100040	68608628
方庄支行	丰台区方庄芳古园一区28号楼	100078	67637838
菜户营支行	丰台区菜户营58号	100054	63356771
姚家园支行	朝阳区姚家园路105号观湖国际大厦	100025	59282276
学院路支行	海淀区学院路30号科技园大厦	100083	62660706
媒体村支行	朝阳区红军营南路媒体村天畅园8号楼	100107	84827683
新发地支行	丰台区新发地锦程园19号楼	100045	83790335
四道口支行	海淀区四道口2号	100081	82481231
陶然支行	西城区太平街8号院朱雀门30号	100050	83197751
永安支行	朝阳区建国门外大街3号	100020	56765763

中国民生银行股份有限公司总行营业部

机构名称	地　址	邮　编	电　话
木樨地支行	海淀区复兴路甲3号	100038	68579345
阜成门支行	西城区阜外大街2号万通新世界广场B座	100037	68588449
建国门支行	朝阳区建国门外大街21号国际俱乐部	100020	65325937
中关村支行	海淀区知春路113号银网中心	100086	62619096
西坝河支行	朝阳区西坝河西里甲18号	100028	64295659
工体北路支行	朝阳区工体北路9号	100027	64155280
安定门支行	朝阳区安外大街1号信义大厦	100011	58295809
万寿路支行	海淀区复兴路甲65号－A	100036	68169091
西客站支行	丰台区西客站南广场中盐大厦	100055	63485530
正义路支行	东城区正义路3号共青团中央综合楼	100006	65262023
上地支行	海淀区上地东里一区4号楼科贸大厦	100085	62971290
国贸支行	朝阳区建国路128号一航大厦	100022	65676300
首体支行	西城区西直门外大街甲143号凯旋大厦	100044	68310386
金融街支行	西城区金融街33号通泰大厦B座	100140	88087334
什刹海支行	东城区地安门东大街56号	100009	84050115
北太平庄支行	西城区新街口外大街2号金辉科技楼	100088	62382766
广安门支行	西城区广内大街338号港中旅大厦	100053	83512515
方庄支行	丰台区芳古园一区28－3号通润会馆	100078	67670385
朝阳门支行	朝阳区朝外大街22号泛利大厦	100020	65884529
紫竹支行	海淀区紫竹院路31号华澳中心嘉慧苑	100089	88510821
魏公村支行	海淀区中关村南大街16号科技出版社	100081	68937489
东单支行	东城区金鱼胡同18号丽苑公寓	100006	85110682

亚运村支行	朝阳区北四环东路131号中国西藏博物馆	100101	64916864
苏州街支行	海淀区海淀南路32号中信国安数码港	100080	62526249
西直门支行	海淀区西直门大街45号时代之光名苑	100044	62266015
和平里支行	东城区青龙胡同1号歌华大厦B座	100007	84186208
崇文门支行	东城区崇外大街9号正仁大厦	100062	67089851
奥运村支行	朝阳区北辰西路8号院2号楼北辰世纪中心A座2层	100101	84377376
三元支行	朝阳区东三环北路甲2号京信大厦西南配楼	100027	84489520
西单支行	西城区西单北大街107号北京电信综合楼	100032	58503909
劲松支行	朝阳区劲松三区甲302号华腾大厦	100021	87730408
成府路支行	海淀区成府路298号中关村方正大厦	100080	82529408
德胜门支行	西城区德外大街新风街2号天成科技大厦	100088	82271439
电子城支行	朝阳区酒仙桥路14号兆维大厦	100015	58671027
首都机场支行	朝阳区航安路首都机场“职工之家”综合楼	100621	64595916
西二环支行	西城区平安里西大街26号新时代大厦	100034	88009826
空港支行	顺义区天竺空港工业区经纬四街9号院办公楼	101318	64595916
西长安街支行	西城区复兴门内大街2号民生银行大厦	100031	58560383
南二环支行	东城区永定门外大街101号百荣世贸商城A区	100077	87804382
建国门外支行	朝阳区建国门外大街甲12号新华保险大厦	100022	65693081
京广支行	朝阳区西大望路3号院2号楼	100026	65974216
航天桥支行	海淀区西三环航天桥核二院核电科技大楼	100084	59821800

中关村西区支行	海淀区海淀北二街10号泰鹏大厦	100080	62684314
望京支行	朝阳区南湖东园122号博泰国际B座	100102	64755278
环保园支行	海淀区地锦路5号中关村环保园原动力空间1号楼	100095	59738716
首体南路支行	海淀区首体南路9号中国电工大厦	100048	68790947
大兴支行	大兴区黄村镇永华路1号兴政家园	102600	69228357
东二环支行	东城区东直门南大街甲3号居然大厦	100007	64012217
顺义支行	顺义区大东路3号院27号商住楼	101300	81487783
总部基地支行	丰台区丰台镇富丰路2号星火科技大厦2-6幢	100070	83739712
世纪金源支行	海淀区蓝靛厂垂虹园甲4号楼	100097	88877430
国奥支行	朝阳区安立路66号4号楼	100101	64906808
朝阳北路支行	朝阳区朝阳北路107号院58号楼	100025	58626018
亦庄支行	北京经济技术开发区隆庆街7号1幢	100076	67879915
通州支行	通州区九棵树西路京洲园195号楼1~2层	101121	81595959
长椿街支行	西城区宣武门西大街97号2号楼	100031	88086601
光华支行	朝阳区金桐西路10号	100020	85906828
华威支行	朝阳区松榆南路38号院1号楼	100122	87328256
顺义新城支行	顺义区顺安南路68号首层	101300	56360188

渤海银行股份有限公司北京分行

机构名称	地　址	邮　编	电　话
分行营业部	西城区复兴门内大街28号凯晨世贸中心东C座G层	100031	66270781
魏公村支行	海淀区中关村南大街31号神舟科技大厦	100081	68729077

商务中心区支行	朝阳区光华路15号泰达时代中心1号楼	100600	85885416
亚运村支行	朝阳区慧忠里318号	100101	64953799
朝阳门支行	朝阳区吉庆里9号、10号楼蓝筹名座E座	100020	65538038
万柳支行	海淀区长春桥路11号亿城中心4号楼	100089	62416917
望京支行	朝阳区广顺南大街21号	100102	64775011
德胜门支行	西城区德外大街36号楼德胜凯旋大厦A座	100120	82069650
京广支行	朝阳区呼家楼京广中心商务楼首层	100020	65973500
东二环支行	东城区南竹杆胡同2号银河SOHO	100010	65206625
航天桥支行	西城区莲花池东路106号汇融大厦底商	100055	63943100
西客站支行	海淀区西三环北路100号光耀东方中心底商	100048	68729121
紫玉山庄社区支行	朝阳区科荟东路1号紫玉山庄K211	100012	64961316
天通苑社区支行	昌平区东小口镇天通苑小区201号楼3单元	102218	84812214
炫彩嘉轩社区支行	朝阳区望京西园一区134号楼107号	100124	64789011
万城华府社区支行	海淀区万柳华府龙园1号楼3单元S-12-6号	100089	82568973
山水文园社区支行	朝阳区周庄山水文园5号楼底商04号	100122	67496170
新景家园社区支行	东城区崇文门新景家园西区9号楼105号底商	100062	67115681
中信城社区支行	西城区菜市口大街6号院中信城中信锦园北门底商	100053	83985935
珠江骏景社区支行	丰台区骏景园北区25号楼1层103号	100068	87805923
三环新城社区支行	丰台区丰桥路六号院甲8号1层03号	100070	83625529

浙商银行股份有限公司北京分行

机构名称	地　址	邮　编	电　话
分行营业部	西城区金融大街甲1号-1	100033	88006154
中关村支行	海淀区中关村南大街甲12号寰太大厦	100081	62109815
丰台支行	丰台区南四环西路188号17区1号楼	100070	83739405
五方支行	朝阳区王四营甲2号观68号	100023	87661411
大洋支行	朝阳区十八里店乡大羊坊路闽龙广场	100122	67322675

北京银行股份有限公司

机构名称	地　址	邮　编	电　话
总行营业部	西城区金融大街甲17号首层	100033	66225025
中关村分行	海淀区彩和坊路6号首层	100080	60190041
车公庄支行	西城区车公庄大街乙8号	100044	68365289
德外支行	西城区德胜门外大街8号德胜园区	100120	82029815
西四支行	西城区西单北大街30号	100032	66072541
阜成支行	西城区阜外大街2号	100037	68032848
复兴支行	西城区月坛南街14号	100045	68525276
展览路支行	西城区西直门外南路8号	100044	68355049
三里河支行	西城区月坛南街85号	100045	68587528
月坛支行	西城区太平桥大街8号院10号楼	100034	59352616
华安支行	西城区西皇城根北街甲2号	100034	66112950
西直门支行	西城区冠英园西区31号楼	100035	66183464
燕京支行	西城区复兴门外大街甲19号	100045	68561704
金融街支行	西城区金融大街丁26号	100033	88087446
官园支行	西城区育教胡同33号	100035	66110684
慧园支行	西城区教场口街9号院	100120	82061216
西单支行	西城区复兴门内大街156号招商国际金融中心B座	100031	66426699

长安街支行	西城区真武庙一号中国职工之家C座首层	100045	68563182
西内大街支行	西城区西直门内大街275号	100035	82141554
北三环支行	西城区北三环中路6号1幢1层、2层	100120	82087500
马连道支行	西城区马连道南街1号院2号楼	100055	63282060
右安门支行	西城区右安门内大街65号	100054	63516967
前门支行	西城区前门西大街正阳市场1号楼	100051	63037838
琉璃厂支行	西城区南新华街48号	100052	63044326
广安支行	西城区广安门外白菜湾5号楼1层	100055	63486028
报国寺支行	西城区广安门内大街甲306-3号	100053	63547801
天宁支行	西城区核桃园西街36号	100053	63041920
滨河路支行	西城区枣林前街119号	100053	63517010
白云支行	西城区广安门外小马厂西里2号	100055	63408261
陶然支行	西城区永定门内西街5号	100050	83162553
宣武门支行	西城区广安门内大街6号	100053	83528001
广源支行	西城区广安门外大街305号院7号楼1层	100055	63459126
陶然亭路支行	西城区陶然亭路45号网信鸿玺宾馆1层	100052	83559985
永定门支行	西城区天桥南大街1号1座1层01单元	100050	67217268
工体北路支行	东城区新中西里13号巨石大厦首层	100027	51909895
和平里支行	东城区和平里东街1号	100013	84232251
建国支行	东城区建国门内大街乙18号	100005	65265285
东四支行	东城区东四北大街303-8号	100007	64062934
长城支行	东城区金鱼胡同18号万富大厦首层	100006	65258088
灯市口支行	东城区灯市口大街50号	100006	65248163
景山支行	东城区美术馆东街20号	100010	64052037

中轴路支行	东城区安德路16号洲际大厦首层	100011	84882626
沙滩支行	东城区北河沿大街97号	100006	65220219
东单支行	东城区建内大街19号中纺大厦1层	100005	65262730
安定门支行	东城区交道口南大街16号	100007	64078026
东直门支行	东城区东直门南大街9号4号楼1层	100007	84098610
海运支行	东城区东直门南大街5号	100007	58156081
雍和支行	东城区东直门北小街青龙胡同1号歌华大厦首层	100007	84186329
天桥支行	东城区珠市口东大街20号	100050	67075138
天坛支行	东城区天坛东路76号	100061	67169115
花市支行	东城区东花市北里中区甲27号楼	100062	67189320
光明支行	东城区光明路11号	100061	67129144
广渠门支行	东城区夕照寺街2号北京市电信工程局办公大楼1层	100061	67184883
广渠门外大街支行	东城区广渠家园5号首东国际大厦1层101号	100022	87521598
紫竹支行	海淀区车道沟10号院中国兵器大厦首层	100089	58830116
新街口北大街支行	海淀区德胜门西大街15号远洋风景8号楼1单元102号	100082	82293543
新华支行	海淀区万柳中路15号1层底商	100089	82565336
上地支行	海淀区上地信息路1号院3号楼首层东部	100085	82895594
清华大学支行	海淀区清华大学照澜院商业楼1层	100084	62788731
双榆树支行	海淀区双榆树东里甲22号	100086	82116611
翠微路支行	海淀区复兴路33号	100036	68172288
中关村支行	海淀区中关村科学院南路12号住宅	100086	62572919
魏公村支行	海淀区中关村南大街25号中扬大厦	100081	68937791
大钟寺支行	海淀区中关村南大街12号培训中心01～02层	100081	62169408

学院路支行	海淀区学院路30号	100083	62312492
燕园支行	海淀区西草场1号	100080	82851817
清华园支行	海淀区双清路西王庄同方大厦	100084	62770454
万寿路支行	海淀区万寿路17号院综合楼B座	100036	68162752
西客站支行	海淀区羊坊店路21号1层东北角	100038	63953594
永定路支行	海淀区复兴路40号中国铁建科研大厦首层西侧	100039	52689316
白石桥支行	海淀区中关村南大街48号	100081	62196712
北太平庄支行	海淀区北三环中路戊40号	100088	62043336
北洼路支行	海淀区北洼路28号	100089	68414040
四道口支行	海淀区西直门外大柳树路2号铁科院北区11号楼	100081	62243859
航天支行	海淀区海淀南路30号	100080	82671123
学知支行	海淀区北土城西路197号	100191	62382509
双秀支行	海淀区北三环中路31号	100088	82005320
阜裕支行	海淀区阜成路28号	100142	68456363
甘家口支行	海淀区三里河路39号	100037	68331858
金运支行	海淀区西直门北大街甲43号金运大厦A座	100044	52129213
北京大学支行	海淀区成府路298号方正大厦1层北侧	100871	82529710
国兴家园支行	海淀区首体南路20号	100044	88355436
海淀路支行	海淀区中关村大街22号中科大厦B座中段	100190	62617710
友谊支行	海淀区中关村南大街3号海淀科技大厦1层	100081	68945858
中关村科技园区支行	海淀文化艺术大厦B座1层	100086	82533000
世纪城支行	海淀区板井路69号世纪金源国际公寓东区首层商业	100097	88462516
北航支行	海淀区学院路35号世宁大厦首层	100191	82315523
四季青支行	海淀区蓝靛厂世纪城三期时雨园甲1－1	100097	88892385
北清路支行	海淀区北清路107号	100094	82789927

永丰支行	海淀区西北旺德政路南茉莉园甲19号楼Ⅱ段	100094	82403379
万泉路支行	海淀区新建宫门路1号	100091	62872154
中关村海淀园支行	海淀区海淀北一街2号鸿城拓展大厦1～2层	100080	62699732
清河支行	海淀区清河清景园5号商业楼地上1层A区	100192	62990536
田村支行	海淀区田村路畅茜园圣华里小区9号楼1层	100049	68162750
橡树湾支行	海淀区学府树家园二区1号楼	100085	82815415
五棵松支行	海淀区复兴路75号1幢101号东北角	100850	56765770
温泉支行	海淀区温泉路临58号1层	100095	62403420
朝外支行	朝阳区朝外大街12号海蓝云天商城1层西门	100020	65993325
望京支行	朝阳区望京西园429号楼底商	100102	64775719
东大桥支行	朝阳区东直门外大街22号楼东侧	100027	64168005
酒仙桥支行	朝阳区酒仙桥路3号	100015	64362269
九龙山支行	朝阳区农光里117号	100021	67342062
芳草地支行	朝阳区东大桥路10号	100020	65867822
金台路支行	朝阳区团结湖路52号	100026	85985900
亚运村支行	朝阳区慧忠北里天创世缘309楼A座首层	100012	64802490
八里庄支行	朝阳区朝外红庙延静西里2号	100025	65949698
新源支行	朝阳区北三环东路6号	100028	64653994
安华路支行	朝阳区外馆东街51号商业楼首层	100011	64408638
樱花支行	朝阳区北三环东路15号北京化工大学校门旁	100029	64418052
关东店支行	朝阳区东大桥三角地	100020	65062512
北辰路支行	朝阳区北辰东路8号汇珍楼1层	100101	84977985
现代城支行	朝阳区建国路88号现代城A区S座0101室	100022	85803048
商务中心区支行	朝阳区光华路丙12号首层	100020	65083280

雅宝路支行	朝阳区雅宝路2号天雅大厦1层	100020	51362661
红星支行	朝阳区朝外大街20号	100020	65885738
北苑路支行	朝阳区北苑路172号万兴苑11号楼1层04室	100101	84854563
东长安街支行	朝阳区建国门外大街乙12号	100022	65683696
健翔支行	朝阳区安翔北里甲11号	100101	64889925
惠新支行	朝阳区惠新东街4号	100029	84663958
孙河支行	朝阳区孙河乡康营家园小区KY15区D8R号楼	100015	84591236
双桥支行	朝阳区双柳北街39号商业2层203号	100024	65734009
大望路支行	朝阳区广渠路28号甲201号楼1层	100022	57528618
燕莎支行	朝阳区亮马桥路42号光明饭店1层、3层	100125	84418576
望京科技园支行	朝阳区望京西园一区134号楼101号	100102	64789992
远洋国际中心支行	朝阳区东四环中路56号远洋国际中心A座	100025	85865177
奥北支行	朝阳区天乐园1号楼1层	100107	84927536
奥东支行	朝阳区惠新西街19号	100029	51300080
日坛支行	朝阳区日坛北路19号	100020	85625116
奥运村支行	朝阳区北辰西路8号院2号楼	100101	84378372
富力又一城支行	朝阳区黄厂南里2号院31号楼1层	100121	59641426
电子城支行	朝阳区高家园二区14号	100015	64363756
朝阳北路支行	朝阳区朝阳北路102号楼	100123	85790459
姚家园支行	朝阳区星火西路19号楼1层、2层	100025	85855902
太阳宫支行	朝阳区夏家园11号楼1层5号商业和2层11号商业	100028	84298352
丰台支行	丰台区丰台镇东安街1号	100071	63822841
西罗园支行	丰台区海户西里甲30号	100068	67273525
两桥支行	丰台区西四环南路31号	100071	63825045
方庄支行	丰台区方庄芳星园2区甲3号院6号	100078	67667923

成寿寺支行	丰台区南三环四方景园二区配套商业1~5号	100164	87646319
总部基地支行	丰台区南四环西路188号三区5号	100070	63701838
三环新城支行	丰台区丰桥路7号院8号楼28号	100070	83631804
金融港支行	丰台区南四环西路188号17区15号1层	100070	63298514
东高地支行	丰台区东高地万源西里41栋	100076	88524005
玉泉营支行	丰台区南三环西路16号3号楼1层	100068	87576150
马家堡支行	丰台区星河苑2号院9号楼01商业~03商业	100068	67500706
太平桥支行	丰台区华源四里甲2号	100073	63380829
京源路支行	石景山区石景山路23号中础大厦1层	100049	88706621
石景山支行	石景山区石景山路42号	100043	88706585
昌平支行	昌平区政府街2号	102200	80103925
天通苑支行	昌平区东小口镇立汤路188号北方明珠大厦商业首层06B	102218	58608621
回龙观支行	昌平区回龙观镇北店时代广场商业综合楼E段地上1层	102208	80750306
龙水路支行	昌平区龙水路28-12号底商	102200	69711931
北七家支行	昌平区北七家镇立汤路58号王子大厦瑰宝商业中心	102209	89756452
西三旗支行	昌平区建材城西路87号2号楼1层	100096	82969620
顺义支行	顺义区站前街粮食局商办楼	101300	81483210
天竺支行	顺义区天竺地区天竺花园天韵阁1层	101312	64563799
石园支行	顺义区仁和镇石园南区33号楼102号	101300	89452683
首都国际机场支行	顺义区首都机场三号航站楼A2E3-1	100621	64532594
新国展支行	顺义区天竺空港工业区B区空港融慧园4号楼	101318	80470116

绿港国际中心支行	顺义区首都机场四纬路2号绿港国际商务中心	100621	84169602
石门支行	顺义区仁和镇前进花园石门苑甲13号	101300	89418302
航港支行	顺义区南法信镇顺平路566号ACLP国际大厦	101300	69479250
燕山支行	房山区燕山岗南路东一巷6号C座1层	102500	69344783
房山支行	房山区良乡月华大街3号龙建大厦首层	102488	81388783
加州水郡支行	房山区长阳镇昊天北大街48号加州水郡东区商业中心A座106室	102445	80393773
良乡支行	房山区西潞街道长虹西路71号	102488	60330575
通州支行	通州区新华西街59号4号楼1层	101100	89501106
瑞都支行	通州区九棵树街165号、167号、171号、175号	101100	89501820
运河支行	通州区通胡大街11号-1	101100	80853166
光机电园区支行	通州区次二村南6号1幢1层	101111	81509319
大兴支行	大兴区黄村镇兴政街29号	102600	69232938
经济技术开发区支行	北京经济技术开发区宏达北路12号	100176	67873396
黄村支行	大兴区黄村镇兴华路212号	102600	69237798
西红门支行	大兴区西红门镇北一街1号院24号楼1层103号	100162	80258233
亦庄支行	北京经济技术开发区文化园西路8号院25号楼	100176	87925534
怀柔支行	怀柔区府前街3号楼3-3号、3-4号	101400	69697032
门头沟支行	门头沟区双峪路5号	102300	69863186
平谷支行	平谷区迎宾环岛东南角金谷园21号楼1层商铺	101200	89999875
府前街支行	平谷区平谷镇新平东路13号	101200	61995618
密云支行	密云县鼓楼东大街19-5	101500	69087741
季庄支行	密云县果园新里北区综合楼1层	101500	69026772

延庆支行	延庆县延庆镇高塔街67号2幢	102100	61123410

天津银行股份有限公司北京分行

机构名称	地　址	邮　编	电　话
朝外支行	朝阳区朝外大街乙6号朝外SOHO D座	100020	59004326
三元桥支行	朝阳区东三环北路乙2号大新华航空大厦A座101号	100027	84471038
新兴桥支行	海淀区复兴路27号海育大厦首层	100036	68573491
中关村支行	海淀区海淀中街15号远中悦来大厦	100080	58730423
金融街支行	西城区二龙路甲33号新龙大厦B座	100032	66227910
丰台支行	丰台区南四环西路188号三区15号楼	100070	63706631
西直门支行	西直门北大街52号太平金融大厦1层	100082	82206878
东城支行	东城区朝内大街8号	100010	57929206
广渠门支行	东城区广渠家园3楼1F－02	100022	87521500
东直门支行	东城区东直门外大街46号1号楼	100027	84608981

大连银行股份有限公司北京分行

机构名称	地　址	邮　编	电　话
分行营业部	朝阳区建国路93号万达广场B座	100022	65813121
西城支行	西城区金融大街甲9号	100033	66016356
海淀支行	海淀区知春路13号	100083	62308121
经济技术开发区支行	亦庄经济技术开发区宏达北路16号	100176	87220795
丰台支行	丰台区科学城中核路1号院	100070	63713132

杭州银行股份有限公司北京分行

机构名称	地　址	邮　编	电　话
分行营业部	东城区朝阳门北大街3号第五广场大厦A座首层	100010	64088117
安贞支行	朝阳区安定路10号中国有色大厦首层	100029	64423711
顺义支行	顺义区府前东街10号自来水公司首层	101300	60417021
朝阳支行	朝阳区甜水园东街10号	100026	65000847
中关村支行	海淀区彩和坊西小街1号中湾国际首层	100080	59260522
通州支行	通州区九棵树街177号	101121	89542750
丰台支行	丰台区周庄子望园东里28号楼	100161	63822337
大兴支行	大兴区兴华大街13号院2号楼	102600	80255721
平谷支行	平谷区新平北路南侧，新平西路东侧紫贵庄园9号楼西侧	101200	61997288
房山支行	房山区良乡西潞南大街8号楼1－1号	102488	69389718
昌平支行	昌平区府学路1－3号	102200	89787791
上地支行	海淀区小营西路33号	100085	57041785

南京银行股份有限公司北京分行

机构名称	地　址	邮　编	电　话
分行营业部	西城区金融大街10号	100033	83399112
万柳支行	海淀区万泉庄路28号万柳新贵大厦A座	100089	58720507
西坝河支行	朝阳区西坝河北里23号恒川广场	100028	64473138
朝阳门支行	东城区朝阳门南小街2号	100005	65267509
万寿路支行	海淀区万寿路28号	100036	88619369
中关村支行	海淀区中关村南三街6号	100080	82649800
呼家楼支行	朝阳区呼家楼北街7号	100026	65860699
顺义支行	顺义区华英园9号楼	101300	89425009
北辰支行	朝阳区北辰东路8号12号楼	100101	84975583

车公庄支行	海淀区首体南路20号	100044	88334001
通州支行	通州区滨河中路249号1层、251号1层、253号1层、2层	101101	80570207

盛京银行股份有限公司北京分行

机构名称	地　　址	邮　编	电　话
分行营业部	朝阳区光华路4号东方梅地亚中心D座	100026	85597777
中关村支行	海淀区海淀北二街8号金和国际大厦	100080	82012999
官园支行	西城区车公庄大街9号院1号楼五栋大楼	100044	85251177
五棵松支行	海淀区复兴路69号3号楼	100038	88199777

上海银行股份有限公司北京分行

机构名称	地　　址	邮　编	电　话
中关村支行	海淀区北四环西路66号中国技术交易大厦A座1层	100080	62418659
安贞支行	东城区安定路20号	100029	84109289
学院南路支行	海淀区学院南路15号学院派首层	100082	82418630
复兴门支行	西城区鲍家街43号	100031	66411223
金融街支行	西城区金融街甲9号	100033	66528799

江苏银行股份有限公司北京分行

机构名称	地　　址	邮　编	电　话
分行营业部	朝阳区光熙家园1号楼	100028	56986950
德胜支行	西城区德胜门外大街36号德胜凯旋大厦A座	100120	82063188
东直门支行	东城区东直门南大街甲3号居然大厦	100007	64025328
宣武门支行	西城区宣武门外大街甲1号环球财讯中心大厦	100052	63039950

西三环支行	海淀区西三环北路87号国际财经中心	100089	88824955
朝阳门支行	东城区朝阳门内大街8号朝阳首府大厦	100010	57929210
东四环支行	朝阳区百子湾东里101号楼首层	100124	67048235
马连道支行	西城区红莲南路28号楼红莲大厦A座	100055	63325956
安定门支行	东城区安定门外大街丁88号	100000	64407800
石景山支行	石景山区石景山路31号盛景国际广场	100043	57537005
中关村支行	海淀区中关村南三街6号中科资源大厦1层	100190	62631232
中关村西区支行	海淀区善缘街1号立方庭大厦1层	100080	82483853
亚运村支行	朝阳区安慧北里秀园16号楼	100101	84468312
总部基地支行	丰台区南四环西路128号院3号楼诺德中心1层	100070	83816960
东三环支行	朝阳区东三环北路甲26号楼博瑞大厦	100011	65167590

包商银行股份有限公司北京分行

机构名称	地　址	邮　编	电　话
分行营业部	朝阳区北四环东路115号	100101	64816060
中关村支行	海淀区彩和坊路8号	100080	60190698
大红门支行	丰台区马家堡东路101号院	100070	57704006
通州支行	通州区九棵树东路150号	101100	60552315

北京农村商业银行股份有限公司

机构名称	地　址	邮　编	电　话
金融街支行	西城区金融大街9号	100033	63229908
西单支行	西城区华远街11－1号	100032	52603055
西城支行	西城区复兴门外大街4号	100045	68562959
北三环支行	朝阳区北三环东路28号	100013	64405046
保福寺支行	海淀区中关村东路66号	100190	62672196

首体支行	西城区西直门外大街甲143号凯旋大厦C座首层东南侧	100044	88016491
车公庄支行	海淀区首体南路9号主语家园17号楼	100048	68790519
西外支行	海淀区西直门北大街32号枫蓝国际中心商场C座1层	100082	62245787
德胜门支行	西城区德外德胜国际中心东配楼	100088	82065608
西城支行	西城区广安门南街6号广安大厦1层	100053	83535776
宣外大街支行	西城区前青厂胡同66号、68号	100052	83150128
牛街支行	西城区牛街20号、22号	100053	83534866
东城支行	东城区北三环东路37号A座	100007	52979432
东长安支行	东城区东长安街12号	100006	85229655
王府井支行	东城区东单北大街3号	100005	65289368
北京站支行	东城区北京站西街1号自西向东1号商铺	100005	65283799
东单支行	东城区建国门内大街17号	100005	65268438
雍和宫支行	东城区安定门东大街28号2号楼B1号、B2号	100007	64097690
东城支行	东城区东城门外大街9号正仁大厦1层和7号东城区文化馆主楼	100011	67082025
建国门支行	朝阳区东三环中路39号建外SOHO12号楼1200商铺	102305	58696371
尚都支行	朝阳区东大桥路8号	100020	59000215
广渠门支行	东城区东花市南里东区15号楼2－101号	100061	87103692
天坛支行	东城区光明路13号1层	100061	67160558
东四十条支行	东城区东四十条甲22号	100007	52185028
东直门支行	东城区东直门南大街3号国华投资大厦首层	100007	58199571
朝阳支行	朝阳区北苑路90号	100101	64945304
将台支行	朝阳区酒仙桥路14号51号楼兆维华灯大厦1层	100016	84799929

金盏支行	朝阳区金盏乡长店组团13号综合楼1层	100018	84392962
来广营支行	朝阳区望京北路18号	100102	64390398
高碑店支行	朝阳区建国路29号兴隆家园9号楼	100025	85777820
和平支行	朝阳区来广营东路5号东郊农场综合服务楼	100103	84701595
光华路支行	朝阳区光华路甲14号诺安大厦1层	100020	51309981
双井支行	朝阳区天力街1号楼B1－1号	100022	59060196
新源支行	朝阳区新源里16号琨莎中心1座	100027	84682578
太阳宫支行	朝阳区西坝河北里15号楼	100028	64215209
商务中心区支行	朝阳区广渠路南侧44号	100022	52081616
十八里店支行	朝阳区十八里店乡十八里店村19号	100023	87366616
小红门支行	朝阳区小红门乡宋家楼4号	100078	67632186
南磨房支行	朝阳区大望路平乐园路口南300米	100021	67308538
王四营支行	朝阳区王四营乡官庄大队陶庄个体公园南侧	100023	67187388
双桥支行	朝阳区朝阳路管庄路口西20米	100024	65760170
京粮支行	朝阳区东三环中路16号	100022	87951741
大望路支行	朝阳区西大望路15号3号楼1层	100022	87723831
亚运村支行	朝阳区安外安立路甲56号	100012	84802571
丰台支行	丰台区丰台北路45号	100073	63814036
成寿寺支行	丰台区四方景园二区配套商业2－11	100078	87644288
花乡支行	丰台区看丹路甲15号	100071	63727772
六里桥支行	丰台区华源一街2号楼	100073	63334899
两广路支行	西城区广安门内大街311号院2号楼1层	100053	83130822
世界公园支行	丰台区丰葆路富锦嘉园综合服务楼1层北段	100070	83623563
新发地支行	丰台区新发地京新酒店西侧	100070	83724852
南苑支行	丰台区方庄路3号	100078	67633290

卢沟桥支行	丰台区丰台体育中心北路1号	100071	63804182
小屯支行	丰台区卢沟桥张仪村路125号院18号	100071	83695036
王佐支行	丰台区云岗南宫路3号	100074	83316018
长辛店支行	丰台区长辛店杜家坎南路甲6号	100072	83840581
马连道支行	西城区马连道南街1号依莲轩小区D座	100055	63326122
丽泽支行	丰台区三路居村骆驼湾65号	100073	83062902
宛平支行	丰台区卢沟桥晓月中路5号楼B1、B2	100072	83896722
右安门支行	丰台区右安门外大街56号2号楼底商	100069	83974591
石景山支行	石景山区杨庄东路78号	100043	68877815
八角支行	石景山区八角南路7号	100043	68872063
西山支行	石景山区西黄新村东里2号楼	100041	88701303
京原支行	石景山区玉泉路玉泉大厦1层	100043	88259708
海淀支行	海淀区苏州街77号	100089	82518916
西苑支行	海淀区西苑草场2号乙	100091	62221232
东升支行	海淀区清华东路甲1号	100083	62313172
志新路支行	海淀区志新路二里庄35号	100083	59862776
清河支行	海淀区西三旗花园三里76号1层	100085	62913272
长河湾支行	海淀区高梁斜街59号2号楼1层	100044	82191491
八里庄支行	海淀区阜成路81号	100036	88130053
莲花路支行	丰台区莲花池西里6号院综合楼	100161	63958327
科技园支行	海淀区中关村北大街127－1号北大科技园创新中心大厦	100080	62760156
大钟寺支行	海淀区北三环西路甲18号中鼎大厦B座	100098	62123573
海淀新区支行	海淀区中关村永丰高新技术产业基地IV区4号永丰商业中心2号楼B座	100094	62473687
上地支行	海淀区上地信息路7号	100085	62973467

西北旺支行	海淀区西北旺镇百旺新城A4地块6号综合办公楼	100095	82404104
上庄支行	海淀区上庄镇上庄路72号	100094	82478951
温泉支行	海淀区温泉镇温泉路59号	100095	62456901
苏家坨支行	海淀区苏家坨镇温阳路18号	100095	62483441
北安河支行	海淀区苏家坨镇北安河路5号	100095	62455843
四季青支行	海淀区板井路81号	100089	88462661
军博支行	海淀区会城门北口路东	100038	63264781
新街口支行	西城区新街口北大街57号万特购物中心1层	100035	82226436
阜外支行	西城区车公庄大街9号院1号楼	100038	88312399
中关村支行	海淀区彩和坊路10号中关村瀚海国际大厦1层	100080	62535994
门头沟支行	门头沟区滨河路115号滨河大厦1层、12层	102300	69844765
斋堂支行	门头沟区斋堂镇斋堂大街43号	102309	69816714
永定支行	门头沟区石龙北路52号	102308	69809500
城龙支行	门头沟区门头沟路38号	102300	69828008
龙泉支行	门头沟区增产路22－1号	102300	69844522
昌平支行	昌平区东环路中医院路口往西20米少年宫对面	102200	69744891
兴昌支行	昌平区昌平镇东环路中医院对面	102200	69744889
南口支行	昌平区南口镇东大街保温瓶厂南侧	102202	69771185
小汤山支行	昌平区小汤山镇地税所西院	102211	61781226
兴寿支行	昌平区兴寿镇兴寿村709号	102212	61726064
阳坊支行	昌平区阳坊镇南阳路大都饭店北侧	102205	69760458
沙河支行	昌平区沙河镇展思门路29号	102206	69730414
马池口支行	昌平区马池口镇马池口村新街347号	102200	60774371
崔村支行	昌平区崔村镇西崔村11号	102212	60721355
南邵支行	昌平区南环路南邵回迁小区11号、12号	102200	60732142
十三陵支行	昌平区十三陵镇胡庄	102200	89761489

北环支行	昌平区昌平镇北环路 2 号金兰大厦 3 单元地下 1 层	102200	69709340
天通苑支行	昌平区东小口镇中滩村东镇政府后面	100085	84825685
回龙观支行	昌平区回龙观镇政府北 100 米	100085	62713142
北七家支行	昌平区北七家镇政府街八仙别墅北	102209	69750554
天通苑东区支行	昌平区东小口镇天通苑东苑东三区 2 号楼	102218	61765389
通州支行	通州区梨园北街 63 号、65 号	101100	69548788
永顺支行	通州区新华北街 31 号	101100	69544516
宋庄支行	通州区宋庄文化创意产业集聚区京榆旧路南公共服务平台 1 层、2 层	101118	69595718
潞城支行	通州区潞城镇政府东侧	101117	89581155
西集支行	通州区西集镇国防路 39 号	101108	61576221
漷县支行	通州区漷县镇漷兴一街北侧	101109	80586191
永乐店支行	通州区永乐店镇永乐大街 54 号	101105	69568495
张家湾支行	通州区张家湾镇光华路西侧	101113	69572793
台湖支行	通州区台湖镇政府西 200 米	101116	61532735
晶城支行	通州区通胡大街 11 号 -2	101100	89526810
梨园支行	通州区梨园镇九棵树大街 17 号	101100	81514458
翠屏北里支行	通州区翠屏北里(西区)商11~12 号	101100	81510142
马驹桥支行	通州区马驹桥镇兴华大街 1 号	101102	60509385
光机电支行	通州区中关村科技园区通州园区光机电一体化产业基地政府路 8 号	101102	81500307
顺义支行	顺义区新顺南大街 15 号	101300	69449330
仁和支行	顺义区石园南区 33 号楼	101300	89448320
建新东街支行	顺义区建南东街 2 号	101300	6140026
平各庄支行	顺义区顺通路 20 号	101300	89492528
马坡支行	顺义区马坡地区西马坡村西	101300	69405356
赵全营支行	顺义区赵全营镇政府西 300 米	101300	60431130
杨镇支行	顺义区杨镇顺平路杨镇段 53 号	101309	61451396
南彩支行	顺义区南彩镇顺平路南彩段 45 号	101300	89469330

北小营支行	顺义区北小营府前街11号	101305	60483640
高丽营支行	顺义区高丽营镇顺沙路高丽营段7号	101303	69455293
光明街支行	顺义区光明北街9号	101300	81491616
空港支行	顺义区天竺镇府前街37号	101312	64589783
南法信支行	顺义区华英园9号	101300	69472327
李家桥支行	顺义区李桥中心街53号	101304	81473813
后沙峪支行	顺义区后沙峪镇双裕街15号	101318	80496751
机场南路支行	朝阳区首都机场南路3号	101312	64503576
大兴支行	大兴区黄村东大街9号	102600	69255471
旧宫支行	大兴区旧宫镇旧宫东路90号	100076	87962463
西红门支行	大兴区西红门镇政府西侧	100162	60253045
北臧村支行	大兴区北京生物工程与医药产业基地天富大街9号	102609	61252854
庞各庄支行	大兴区庞各庄镇农行分理处南	102601	89283234
榆垡支行	大兴区榆垡镇卫生院东侧	102602	89216785
安定支行	大兴区安定镇农行分理处西侧	102607	80231261
玫瑰城支行	大兴区黄村玫瑰城商业中心大楼东侧	102600	69237083
青云店支行	大兴区青云店大东新村B区47号楼	102605	80285780
清澄支行	大兴区黄村镇清澄名苑南区31号楼政府综合服务大厅内	102600	81296803
采育支行	大兴区采育镇电管站西侧	102606	80271469
金星支行	大兴区西红门镇金星庄村黄亦路50号1层	100076	61285905
黄村支行	大兴区黄村镇兴华路216号	102600	69244961
经济技术开发区支行	北京经济技术开发区荣京东街3号A座01层	100176	67864946
亦庄支行	大兴区亦庄镇政府内	100176	67881972
瀛海支行	大兴区瀛海镇政府北侧	102600	69278359
房山支行	房山区良乡长虹东路1号	102488	69375122
燕房支行	房山区城关镇南大街16号	102400	89335566
阎村支行	房山区阎村镇紫园路115号	102412	89319361
青龙湖支行	房山区青龙湖镇豆各庄村下四区43号	102447	60320723
琉璃河支行	房山区琉璃河镇东街28号	102403	89383378

河北镇支行	房山区河北镇李各庄村	102417	60377286
长阳支行	房山区长阳镇北广阳城村西5号	102440	80351572
窦店支行	房山区窦店镇窦店村	102433	69396668
张坊支行	房山区张坊镇张坊村中二区61号	102409	61339993
长沟支行	房山区长沟镇长沟大街48号	102407	61362828
西潞支行	房山区良乡西路东里甲1号西潞商业大厦1层	102400	89368086
良乡支行	房山区良乡中路26号	102401	69366220
平谷支行	平谷区平谷镇新平北路平乐街8号	101200	89989578
东高村支行	平谷区东高村镇兴业路6号	101200	69900792
王辛庄支行	平谷区王辛庄镇齐各庄前街75号	101200	89984207
马坊支行	平谷区马坊镇西大街17号	101204	60995562
金海湖支行	平谷区金海湖镇韩庄北街154号	101201	69992097
南独乐河支行	平谷区南独乐河镇同乐路128号	101212	60920737
大华山支行	平谷区大华山镇大华山大街136号	101207	61941002
峪口支行	平谷区峪口镇峪口村西大街2号	101206	61906024
大兴庄支行	平谷区大兴庄镇大兴庄村东	101205	89932423
新开街支行	平谷区平谷镇林荫北街13号第1层、2层东侧	100038	69975132
绿谷支行	平谷区光明西小区5号	101200	69961228
密云支行	密云县鼓楼南大街25号	101500	69042301
穆家峪支行	密云县穆家峪镇南穆家峪村南侧	101500	61052055
河南寨支行	密云县河南寨镇滨河工业开发区	101500	61086033
十里堡支行	密云县十里堡镇政府东侧	101500	69044918
溪翁庄支行	密云县溪翁庄镇溪翁庄村委会北楼	101512	69015565
巨各庄支行	密云县巨各庄镇巨各庄村南侧	101500	61031127

高岭支行	密云县高岭镇高岭村政府路东侧	101507	81081218
季庄支行	密云县果园西路21号	101500	89099367
檀州支行	密云县鼓楼东大街世豪大酒店对面	101500	69041225
怀柔支行	怀柔区迎宾北路18号	101400	69626174
泉河支行	怀柔区迎宾北路32号	101400	69646145
北房支行	怀柔区雁栖工业开发区888号	101400	61681807
杨宋支行	怀柔区杨宋镇凤翔科技开发区4园1号	101400	61679451
雁栖支行	怀柔区雁栖镇下庄村435号	101407	61641348
怀北支行	怀柔区怀北镇西庄村317号	101408	61661182
渤海支行	怀柔区渤海镇沙峪村350号	101405	61631741
庙城支行	怀柔区庙城镇庙城村派出所对面	101401	60691244
桥梓支行	怀柔区桥梓镇桥梓村村北	101402	69675148
汤河口支行	怀柔区汤河口镇汤河口村16号	101414	89671054
富乐支行	怀柔区富乐大街乐红园小区1号楼	101400	89688706
青春路支行	怀柔区青春路8号	101400	69642910
延庆支行	延庆县东外大街109号	102100	69176374
夏都支行	延庆县高塔路62号	102100	69180537
张山营支行	延庆县张山营镇张山营村南	102115	69111994
永宁支行	延庆县永宁镇北门口	102104	60171196
八达岭支行	延庆县八达岭镇政府院内	102102	69129421
旧县支行	延庆县旧县镇村北侧	102109	61152932
南菜园支行	延庆县延庆镇南菜园开发区17号	102100	69181198

中国邮政储蓄银行股份有限公司北京分行

机构名称	地址	邮编	电话
建内大街支行	东城区站西路2号	100001	65196657
工体东路支行	朝阳区工人体育场东路甲2号1层	100004	85871416
吉庆里支行	朝阳区吉庆里6号楼102号A部分	100020	65520455

交道口东大街支行	东城区交道口东大街10号楼低商B	100007	64005107
崇文支行	东城区崇文门外大街11号-7、11号-212	100062	67086258
东区支行	朝阳区望京西园一区120楼	100102	84718103
北苑支行	朝阳区朝来绿色家园赢秋苑18号楼底商	100012	84953875
大山子支行	朝阳区酒仙桥路13号	100015	64333730
双井支行	朝阳区广渠东路48号楼	100022	67716753
垡头支行	朝阳区垡头一区4号楼东	100023	67371400
三间房支行	朝阳区三间房223号	100024	65762454
十里河支行	朝阳区东三环南路19号嘉多丽园A座京门综合楼1层底商	100021	64333112
水碓子支行	朝阳区金台北街6号楼	100026	65005146
左家庄中街支行	朝阳区左家庄中街6号院9号楼	100028	64624407
亚运村支行	朝阳区安慧里2区11号楼	100101	64938202
花家地支行	朝阳区花家地北里1号楼	100102	64737340
双龙南里支行	朝阳区双龙南里204号楼	100021	87321621
万科星园支行	朝阳区仰山路万科星园甲7号	100012	84921227
农光里支行	朝阳区农光里102号楼	100021	67341867
姚家园路支行	朝阳区姚家园路甲1号活力东方奥特莱斯购物广场首层	100123	51193713
西大望路支行	朝阳区西大望路59号甲3号楼	100102	67753891
广渠门外大街支行	朝阳区广渠门外大街D51~D55号住宅楼	100022	67341867
广顺北大街支行	朝阳区广顺北大街19号1层	100102	64724599
杨闸支行	朝阳区朝阳路8号杨闸环岛西南侧朗廷大厦底商	100024	85583351
南湖西园支行	朝阳区南湖西园216号楼1层	100102	52039391
吕家营支行	朝阳区观筑庭园801号楼	100078	87641321
西区支行	西城区阜成门北大街17号	100037	68334197
西四支行	西城区西四南大街16号	100034	66176773
新街口支行	西城区西内大街32号	100035	66131033
万寿路支行	海淀区万寿路7号	100036	68276269
会城门支行	海淀区北蜂窝1号	100038	63952700
永定路支行	海淀区永定路甲88号	100039	68285870

阜玉路支行	海淀区玉泉路六号院玉阜嘉园1号楼	100041	88262798
西外大街支行	西城区西外大街德宝新园甲22号	100044	68352749
鲁谷支行	石景山区鲁谷路39号	100040	88685282
新古城支行	石景山区古城南里2－3号楼	100043	68876096
三里河支行	西城区月坛南街65号	100045	68539131
重兴园支行	石景山区重兴园甲1号	100040	68632939
新华里支行	西城区新华里16号院2号楼商业02号	100044	88359069
杨庄支行	石景山区琅山苗圃南园子金辉苑小区C3配套服务楼底商	100043	52651257
金顶街支行	石景山区金顶街二区甲2栋	100041	88713199
首体南路支行	海淀区首体南路9号主语家园17号楼底商9－12号	100044	68790664
晋元庄支行	海淀区建西苑晋元庄小区33号楼商业9号	100043	58971476
真武庙支行	西城区真武庙路四条8号院4号楼	100045	68032808
南区支行	丰台区西罗园1区15号楼	100077	87255517
永安路支行	西城区虎坊路21－7号、21－8号	100050	63032551
牛街支行	西城区牛街4号	100053	63572267
丰台南路支行	丰台区风格与林苑甲9号楼1层	100068	67560035
科学城支行	丰台区帝京路5号	100070	63714433
丰台大街支行	丰台区西四环南路94号	100071	63823385
长辛店支行	丰台区长辛店大街1号	100072	83876260
云岗支行	丰台区云岗南里2号	100074	83317124
东高地支行	丰台区东高地斜街13号	100076	67991552
大红门服装城支行	丰台区南苑路15号大红门服装商贸城4层	100077	87255518
京温服装市场支行	丰台区高庄60号京温服装市场大厦地下1层	100077	87244995
方庄支行	丰台区蒲方路22号	100078	67628474
经济技术开发区支行	大兴区经济技术开发区隆庆街4号	100176	67889408

开阳里支行	丰台区开阳里五区3号楼	100068	83559580
角门支行	丰台区马家堡路120号	100069	67526803
百荣支行	东城区永外大街101号	100077	87802003
彩虹城支行	丰台区光彩路66号院5号楼1层103号	100079	87866180
南滨河路支行	西城区南滨河路27号	100053	63364462
宣武门东支行	西城区宣武门东大街2号	100051	63186067
广安门支行	西城区广安门外大街172号	100055	63364462
公益西桥支行	丰台区角门18号枫竹苑二区1号楼1层底商	100068	67500829
莱户营支行	丰台区三路居路88号院18号楼1层	100073	
海淀区支行	海淀区圆明园西路骚子营小区内	100091	62875156
中关村支行	海淀区海淀路87号	100080	62610262
魏公村支行	海淀区中关村南大街17号	100081	88572717
学院路支行	海淀区成府路17号	100083	62311309
清河镇支行	海淀区清河三街	100085	62953378
北太平庄支行	海淀区马甸村1号	100088	62029544
苏州街支行	海淀区厂洼2号楼	100089	68423230
太阳园支行	海淀区大钟寺东路9号	100098	82128322
上地信息产业开发区支行	海淀区上地信息产业开发区综合楼	100092	62976834
育新花园支行	海淀区西三旗东路育新花园小区	100096	82908575
文慧园西路支行	海淀区文慧园小区15号、16号楼底商A段1层	100088	62235092
世纪城支行	海淀区世纪城小区烟树园1号楼	100097	88874804
香山支行	海淀区北辛村5号	100093	82592744
紫竹院路支行	海淀区紫竹院路116号嘉豪国际中心B座、E座首层	100097	51709930
万寿寺支行	海淀区西三环北路25号	100080	82652567
昌平路支行	昌平区昌平路380号院1号楼底商	100096	62965228
中关村南大街支行	海淀区中关村南大街甲27号	100085	62981789

德政路支行	海淀区西北旺德政路南百旺茉莉园底商	100094	82403968
知春路支行	海淀区知春路1号	100083	82310721
上地支行	海淀区农大南路1号院2号楼	100085	62667560
中关村西区支行	海淀区彩和坊10号	100080	62682757
金融大街支行	西城区金融大街3号A座1层、2层	100034	66555731
门头沟区支行	门头沟区河滩路2号	102300	69842927
滨河路支行	门头沟区滨河西区皓月园6号楼底商11－3号	102300	69828692
永定支行	门头沟区永定镇冯村商业街1025号、1027号	102308	60869430
大兴区支行	大兴区兴丰大街22号	102600	69252961
兴华路支行	大兴区黄村镇兴华路二段6号院	102627	60243749
埝坛支行	大兴区天河西路19号	102629	61252695
黄村西大街支行	大兴区兴华大街中段27号	102600	60211855
房山区支行	房山区良乡镇良乡西路11号	102488	89358306
城关支行	房山区兴房大街19号	102400	69314309
良乡支行	房山区良乡昊天大街47号	102401	69351297
迎风街支行	房山区燕山迎风街43号	102500	69347148
农林路支行	房山区城关农林路燕宾鑫源商贸中心	102401	69323310
政通路支行	房山区拱辰街道政通路23号	102488	89352352
长虹东路支行	房山区良乡地区鸿顺园商业1号楼1层	102488	69387298
窦店支行	房山区窦店镇山水汇豪苑66号1层底商	102433	80307206
顺义区支行	顺义区新顺南大街	101300	69424651
双阳南区支行	顺义区双阳南区甲14号楼	101300	61459196
后沙峪支行	顺义区后沙峪地区办事处	101318	80490822
石园南区支行	顺义区石园南区花园路南侧新华书店1层底商	101300	89440898
东兴路支行	顺义区绿港家园1区9号楼	101300	89403552
平谷区支行	平谷区旧城街16号	101200	69960038
乐园支行	平谷区平谷镇乐园西小区乙17号	101200	69982710

紫贵支行	平谷区新平北路南侧J栋小区配套商业楼1层	101200	89979702
通州区支行	通州区运河东大街64号	101100	81587584
新华支行	通州区新华大街169号	101100	69554110
马驹桥支行	通州区马驹桥镇兴华西大街南侧潼关三区底商	101100	60597058
中仓支行	通州区中仓小区	101100	80882381
通胡大街支行	通州区通胡大街25号院－1号至－10号	101100	89537237
永顺支行	通州区永顺西里46号楼	101100	81597149
延庆县支行	延庆县东外大街79号	102100	69185122
怀柔区支行	怀柔区青春路18号	101400	69626806
迎宾路支行	怀柔区滨湖小区1号	101400	60639501
密云县支行	密云县鼓楼东大街	101500	69042963
果园西路支行	密云县果园西路42号、44号	101500	69099490
密东广场支行	密云县鼓楼东大街19－8号	101500	61097706
昌平区支行	昌平区政府街	102200	69746413
龙水路支行	昌平区畅春阁小区龙水路22号院1号楼1层	102200	60741046
沙河支行	昌平区沙河镇	102206	69732648
天通北苑支行	昌平区天通北苑二区甲11号楼1门	102218	81771247
龙锦苑支行	昌平区回龙观龙锦苑5区	102208	81749886
昌崔路支行	昌平区昌崔路201号大厦1层	102200	80107660
北七家支行	昌平区北七家镇定泗路北侧雅安商厦C号商业1层部分底商	100029	80126276
黄平路支行	昌平区东小口镇上坡佳园黄平路202号院1号楼	102208	60788518
回龙观西大街支行	昌平区回龙观西大街118号1幢	102208	59812456

（3）外资银行

机构名称	地址	邮编	电话
澳大利亚澳洲联邦银行公众股份有限公司	建国门外大街1号国贸大厦46层	100020	56803000
德意志银行（中国）有限公司	朝阳区建国路81号华贸中心1号写字楼26层	100025	59698888
法国兴业银行（中国）有限公司	西城区武定侯街2号泰康国际大厦16层	100004	58513038
国民银行（中国）有限公司	西城区建国门外大街甲6号1幢19层	100000	56712800
韩亚银行（中国）有限公司	西城区金融大街17号中国人寿中心办公楼101单元和第11层	100140	66581133
摩根大通银行（中国）有限公司	西城区金融大街7号英蓝国际金融中心19层	100034	59318000
蒙特利尔银行（中国）有限公司	朝阳区建国路77号华贸中心3号写字楼27层	100025	85881670
瑞士银行有限公司	西城区金融大街7号英蓝国际金融中心1217～1230单元	100034	58327126
新韩银行（中国）有限公司	朝阳区工体北路甲6号中宇大厦12层	100027	85290090
友利银行（中国）有限公司	朝阳区东三环北路丙二号天元港中心1层	100020	84123000
澳大利亚和新西兰银行（中国）股份有限公司北京分行	朝阳区建国路77号华贸中心3号写字楼32层	100025	65998188
澳大利亚西太平洋有限公司北京分行	朝阳区东三环中路1号环球金融中心西楼14层	100020	85877339
奥地利奥合国际银行股份有限公司北京分行	朝阳区建国门外大街21号北京国际俱乐部200室	100020	65323388
东方汇理银行（中国）有限公司北京分行	朝阳区东三环北路38号院1号楼泰康金融大厦10层	100025	65004562
德国商业银行股份公司北京分行	朝阳区建国门外大街乙12号双子座大厦东塔25层	100022	85676888
大华银行（中国）有限公司北京分行	朝阳区景华南街5号远洋光华中心C座	100020	65051863

德意志银行（中国）有限公司北京分行	朝阳区建国路81号华贸中心1号写字楼26层	100004	59698899
东亚银行（中国）有限公司北京分行	朝阳区光华路5号院1号楼东亚银行大厦首层、27～29层	100027	65891000
法国巴黎银行（中国）有限公司北京分行	朝阳区建国门外大街1号国贸大厦20层	100020	65350851
法国兴业银行（中国）有限公司北京分行	西城区武定侯大街2号泰康国际大厦16层	100004	58513888
国民银行（中国）有限公司北京分行	朝阳区建国门外大街甲6号1幢1层06B室和11层	100000	56712937
汇丰银行（中国）有限公司北京分行	东城区建国门内大街8号中粮广场A座	100005	59998888
韩国产业银行北京分行	朝阳区建国门外大街乙12号双子座大厦西塔27层	100022	65688858
荷兰合作银行有限公司北京分行	朝阳区东三环中路1号环球金融中心西楼21层	100020	56951088
花旗银行（中国）有限公司北京分行	西城区武定侯大街6号卓著中心1层	100020	59376000
华侨银行（中国）有限公司北京分行	西城区武定侯街6号卓著中心11层	100032	59315188
恒生银行（中国）有限公司北京分行	朝阳区光华路1号嘉里中心首层8号、写字楼南楼和写字楼北楼	100020	85299882
韩亚银行（中国）有限公司北京分行	朝阳区霄云路26号鹏润大厦B1层	100016	84580854
加拿大皇家银行有限公司北京分行	西城区金融大街7号英蓝国际金融中心9层	100034	58399231
马来西亚马来亚银行有限公司北京分行	朝阳区建外大街1号国贸大厦32层	100020	85351855
美国北美信托银行有限公司北京分行	西城区金融大街7号英蓝国际金融中心F808B－810	100022	66271960
美国道富银行有限公司北京分行	西城区金融大街7号英蓝国际金融中心F808B－810	100034	66271960
美国纽约梅隆银行有限公司北京分行	朝阳区建国门外大街2号银泰中心C座2106B单元	100033	85135300
美国银行有限公司北京分行	朝阳区建国门外大街1号院1号楼国贸大厦35层	100020	65053508

摩根大通银行（中国）有限公司北京分行	西城区金融大街7号北京英蓝国际金融中心19层、20层	100034	59318800
摩根士丹利国际银行（中国）有限公司北京分行	西城区太平桥大街18号丰融国际大厦11层	100032	83563019
蒙特利尔银行（中国）有限公司北京分行	朝阳区建国路77号华贸中心3号写字楼27层	100005	85881688
南洋商业银行（中国）有限公司北京分行	西城区丰汇园11号楼丰汇时代大厦首层	100022	65684728
盘谷银行（中国）有限公司北京分行	朝阳区建国门外大街甲12号新华保险大厦1层东区	100022	65690059
企业银行（中国）有限公司北京分行	朝阳区工人体育场北路8号院1号楼1层、12层	100000	65876959
瑞穗实业银行（中国）有限公司北京分行	朝阳区建国门外大街甲26号长富宫办公楼8层	100022	65251888
苏格兰皇家银行（中国）有限公司北京分行	西城区金融大街7号英蓝国际金融中心7层	100033	59279000
三井住友银行（中国）有限公司北京分行	朝阳区光华路一号北京嘉里中心北楼16层	100020	59204610
三菱东京日联银行（中国）有限公司北京分行	朝阳区东三环北路5号北京发展大厦	100027	65908888
外换银行（中国）股份有限公司北京分行	东城区建国门内大街18号恒基中心办公楼2座5层	100005	65183105
新韩银行（中国）有限公司北京分行	朝阳区工体北路甲6号中宇大厦首层	100027	85235555
星展银行（中国）有限公司北京分行	西城区金融大街7号英蓝国际金融中心5层	100140	58397500
永亨银行（中国）有限公司北京分行	朝阳区建国路91号金地中心B座2809～2818室	100025	85713669
友利银行（中国）有限公司北京分行	朝阳区东三环北路丙2号天元港中心A座1层	100020	84538880
渣打银行（中国）有限公司北京分行	朝阳区东三环中路1号环球金融中心渣打大厦12层	100020	59188838
中信国际银行（中国）有限公司北京分行	朝阳区东三环中路9号富尔大厦3201～3205室	100020	85911161

（4）外资银行分支机构

澳大利亚和新西兰银行（中国）有限公司

机构名称	地　址	邮　编	电　话
北京中关村支行	海淀区海淀东三街2号欧美汇大厦1层101室	100005	62506301

大华银行（中国）有限公司

机构名称	地　址	邮　编	电　话
北京东城支行	东城区朝阳门北大街7号第五广场C座1层108单元	100020	64088699

东亚银行（中国）有限公司

机构名称	地　址	邮　编	电　话
北京雅宝路支行	朝阳区朝外雅宝路12号G02	100020	85636566
北京望京支行	朝阳区望京中环南路甲2号金业大厦1层4号	100102	84720036
北京富华支行	东城区朝阳门北大街8号富华大厦A座首层和地下1层12单元	100027	65543110
北京中关村支行	海淀区彩和坊路8号8号楼1层109号、2层209号	100080	62682151
北京金融街支行	西城区武定侯街2号泰康国际大厦首层106单元	100004	59315060
北京经济技术开发区支行	经济技术开发区荣华南路12号兴基铂尔曼饭店首层103号	100176	67885198
北京首体支行	海淀区西直门外大街168号腾达大厦23层	100000	65543110

法国兴业银行（中国）有限公司

机构名称	地　址	邮　编	电　话
北京光华支行	朝阳区金桐西路10号远洋光华中心AB座1层	100600	58573701

汇丰银行（中国）有限公司

机构名称	地　　址	邮　编	电　话
北京京伦支行	朝阳区建国门外大街三号京伦饭店1层西侧W－2～6单元	100020	58669866
北京中关村支行	海淀区中关村南大街2号北京科技会展中心数码大厦A座1层	100086	62159288
北京燕莎中心支行	朝阳区亮马桥路50号凯宾斯基饭店1层、3层	100016	84519500
北京英蓝国际金融中心支行	西城区金融大街7号英蓝国际金融中心首层	100140	66555288
北京丽都广场支行	朝阳区将台路6号丽都A2商业楼首层商场208室	100016	64338800
北京中关村西区支行	海淀区丹棱街3号中国电子大厦B座1层	100080	59997288
北京北辰支行	朝阳区北辰东路8号北辰时代大厦首层0101单元	100101	59997711
北京远大路支行	海淀区远大路1号金源燕莎商厦首层1002单元	100097	59997888
北京华贸支行	朝阳区建国路89号院13号楼L09单元商铺地下1层及地上1层	100025	59997268
北京翠微路支行	海淀区翠微路17号B楼底商	100036	59997968
北京光华路支行	朝阳区光华路丙12号数码01大厦1层102号商铺	100020	59997999

花旗银行（中国）有限公司

机构名称	地　　址	邮　编	电　话
北京中关村支行	海淀区北四环西路58号理想国际大厦首层	100080	82607250
北京金宝街支行	东城区东单北大街1号1号楼商业中心商场1层	100020	65618800
北京阳光上东支行	朝阳区东四环北路6号阳光上东中环商业广场A09～A15单元	100016	51307100

北京嘉里中心支行	朝阳区光华路1号嘉里中心办公楼	100000	65009988
北京盈科中心支行	朝阳区工体北路甲2号盈科中心商场1层	100027	59272300
北京长安支行	东城区建国门内大街7号光华长安大厦101室	100005	65102458
北京亚运村支行	朝阳区慧忠里103号楼洛克时代中心C座、B座	100101	59377050

恒生银行（中国）有限公司

机构名称	地　　址	邮　编	电　话
北京中关村支行	海淀区丹棱街3号中国电子大厦A座103室	100080	62500000
北京东单支行	东城区东单北大街69－12号首层	100005	85293507
北京工体北路支行	东城区工体北路66号1号楼	100007	85293726
北京嘉里中心支行	朝阳区光华路1号嘉里中心写字楼首层03单元	100020	85293556

韩亚银行（中国）有限公司

机构名称	地　　址	邮　编	电　话
北京望京支行	朝阳区望京广顺北大街33号福码大厦1层101A	100102	64721111

南洋商业银行（中国）有限公司

机构名称	地　　址	邮　编	电　话
北京建国门支行	朝阳区建国门外大街乙八号丽晶苑1层	100022	65684728
北京中关村支行	海淀区海淀北二街8号中关村SOHO大厦1层105号、106号	100080	59718565
北京五路居支行	海淀区西四环北路160号二区106	100000	65684728

三菱东京日联银行（中国）有限公司

机构名称	地址	邮编	电话
北京经济技术开发区支行	北京经济技术开发区荣华中路10号亦城国际中心1号楼16层1603房间	100176	59578000

外换银行（中国）有限公司

机构名称	地址	邮编	电话
北京望京支行	朝阳区望京街9号望京国际商业中心A座212~213室	100102	59203780
北京五道口支行	海淀区成府路28号优盛大厦1层C101室	100083	62666710

新韩银行（中国）有限公司

机构名称	地址	邮编	电话
北京顺义支行	顺义区站前街三号顺鑫国际商务中心1层01号、2层01号	100005	60406008
北京望京支行	朝阳区望京西园429号楼1层103号	100102	64729866

星展银行（中国）有限公司

机构名称	地址	邮编	电话
北京金地中心支行	朝阳区建国路91号金地中心A座1层101单元	100022	85713303
北京三里屯支行	朝阳区工人体育场北路8号院三里屯SOHO中心1号办公商业楼	100027	57529201
北京中关村支行	海淀区海淀东三街2号欧美汇大厦1层102单元	100080	57529290
北京将台支行	朝阳区酒仙桥路18号	100016	57529336

友利银行（中国）有限公司

机构名称	地　址	邮　编	电　话
北京望京支行	朝阳区阜荣街10号1层	100102	84718866
北京顺义支行	顺义区仓上街2号AMB大厦A区1层	101300	89452220

渣打银行（中国）有限公司

机构名称	地　址	邮　编	电　话
北京燕莎中心支行	朝阳区亮马桥路50号北京燕莎中心写字楼S102B室	100016	64668803
北京中关村支行	海淀区海淀中街6号中关村金融中心B座首层	100080	62569990
北京华贸支行	朝阳区建国路77－81号华贸中心L1～L2层	100025	59627888
北京东方广场支行	东城区东长安街1号东方广场东方经贸城中一办公楼	100006	58172888
北京亚运村支行	朝阳区慧忠里103楼洛克时代中心1层	100101	59113728
北京紫竹支行	海淀区首体南路9号主语商务中心4号楼101室	100044	58737017
北京东直门支行	东城区东直门南大街1号北京来福士中心办公楼	100007	59185986
北京金融街支行	西城区金融大街7号英蓝国际金融中心F107单元、F930单元	100033	59188966
北京永定门支行	东城区永定门西滨河路8号院7楼中海地产广场西塔2层01单元	100077	59182530

（5）资产管理公司

机构名称	地　址	邮　编	电　话
中国华融资产管理股份有限公司北京市分公司	西城区阜成门内大街293号	100034	66511186

中国长城资产管理公司北京办事处	朝阳区工体南路东2号	100020	65530318
中国东方资产管理公司北京办事处	东城区崇文门外大街44号大康大厦4层	100062	87559933
中国信达资产管理股份有限公司北京市分公司	朝阳区安华西里二区18号楼	100011	64261340

(6) 信托公司

机构名称	地　址	邮　编	电　话
北京国际信托有限公司	朝阳区安立路30号院	100012	59680888
国民信托有限公司	东城区西滨河路18号国民信托中心	100011	84268088
国投信托有限公司	西城区西直门南小街147号	100037	88006630

(7) 金融租赁公司

机构名称	地　址	邮　编	电　话
建信金融租赁股份有限公司	西城区闹市口大街1号长安兴融中心4号楼6层	100032	67594579

(8) 汽车金融公司

机构名称	地　址	邮　编	电　话
北京现代汽车金融有限公司	朝阳区太阳宫中路12号冠城大厦16层	100028	56713188
宝马汽车金融（中国）有限公司	朝阳区东三环北路霞光里18号佳程广场B座22层	100027	84558607
东风标致雪铁龙汽车金融有限公司	朝阳区光华路7号汉威大厦东区9A6	100004	65628288
大众汽车金融（中国）有限公司	朝阳区建国门外大街8号国际财源中心16~17层	100022	65897800
丰田汽车金融（中国）有限公司	朝阳区东三环中路1号环球金融中心西楼7层	100020	57639999
梅赛德斯－奔驰汽车金融有限公司	朝阳区酒仙桥路20号19层	100016	84433001

沃尔沃汽车金融（中国）有限公司	朝阳区景华南街 5 号远洋光华中心 C 座 11 层	100020	65982199

（9）财务公司

机构名称	地　址	邮　编	电　话
北大方正集团财务有限公司	海淀区成阜路 298 号方正大厦 9 层	100871	82529801
北京金隅财务有限公司	东城区北三环东路 36 号 B 座 2102 室	100013	59575721
北京控股集团财务有限公司	朝阳区东三环北路 38 号院 4 楼 10 层	100026	65879800
北京汽车集团财务有限公司	丰台区南四环西路 188 号 17 区 18 号楼 7 层	100160	57318958
保利财务有限责任公司	东城区朝阳门北大街 1 号新保利大厦 28 层	100010	84192373
兵器财务有限责任公司	东城区安定门外青年湖南街 19 号	100011	84122859
兵器装备财务有限责任公司	海淀区车道沟 10 号院 3 号科研办公楼 5 层	100089	68966776
诚通财务有限责任公司	丰台区南四环西路 188 号总部基地 6 区 17 号楼 7 层	100070	83673718
大唐电信集团财务有限公司	海淀区学院路 40 号一区 26 号楼 5 层北区	100191	62303239
国电财务有限公司	西城区西直门外大街 18 号金贸大厦 D 座 4 层	100044	58682580
国核财务有限公司	西城区金融大街 17 号中国人寿中心 9 层	100032	58198878
国机财务有限责任公司	海淀区丹棱街 3 号 A 座 8 层	100080	82606822
国药集团财务有限公司	海淀区知春路 20 号中国医药大厦 7 层	100088	82092605
海航集团财务有限公司	朝阳区霄云路甲 26 号海航大厦写字楼 22 层	100125	57583779
航天科技财务有限责任公司	西城区平安里西大街 31 号	100035	66498836
华联财务有限责任公司	西城区金融大街 33 号通泰大厦 B 座 4 层	100018	88086596－666

京能集团财务有限公司	朝阳区永安东里16号国际大厦23层	100022	85218508
南车财务有限公司	海淀区西四环中路16号5号楼五层	100039	51872522
神华财务有限公司	东城区安定门西滨河路26号北京汉华国际饭店写字楼8层、10层	100011	58131410
首都机场集团财务有限公司	顺义区首都国际机场首都机场集团公司综合楼5层	100621	64557035
首旅集团财务有限公司	朝阳区广渠路38号北京一轻大厦9层	100022	60157508
通用技术集团财务有限责任公司	丰台区西三环中路90号通用技术大厦6层	100055	63348329
西门子财务服务有限责任公司	朝阳区望京中环南路7号	100102	64762305
亿利集团财务有限公司	西城区复兴门内大街28号凯晨世贸中心东座6层	100031	57387336
中电投财务有限公司	西直门外大街18号金茂大厦C1座15~18层	100044	56625900
中材集团财务有限公司	朝阳区望京北路16号中材国际大厦2层	100102	64398069
中国北车集团财务有限公司	丰台区芳城园一区15号楼中国北车大厦14层	100078	52608023
中国大唐集团财务有限责任公司	西城区菜市口大街1号13~14层	100053	83956889
中国电子财务有限责任公司	海淀区中关村东路62号科贸大厦23层、25层	100190	62672051
中国电子科技财务有限公司	海淀区复兴路17号国海广场A座16层	100036	59706039
中国航空集团财务有限责任公司	朝阳区霄云路36号国航大厦2401B	100027	84475749
中国航油集团财务有限公司	顺义区后沙峪镇安福街6号3层	101318	80476278
中国华电集团财务公司	西城区宣武门内大街2号中国华电大厦B座10层	100031	83568095
中国化工财务有限公司	海淀区北四环西路62号	100080	82677968

中国铁建财务有限责任公司	海淀区复兴路40号	100855	52689022
中核财务有限责任公司	西城区三里河南四巷1号	100045	68555835
中化建工程集团财务有限公司	东城区东直门内大街2号化学工程大厦13层	100007	59765345
中建财务有限责任公司	海淀区三里河路15号	100037	88084589
中交财务有限公司	西城区德胜门外大街83号德胜国际中心B座16层	100088	82016357
中铝财务有限责任公司	西直门北大街62号7层	100082	82298439
中远财务有限责任公司	西城区月坛北街2号月坛大厦A座19层	100045	68083165
中外运长航财务有限公司	海淀区西直门北大街甲43号金运大厦B座18层	100044	66296319
中冶集团财务有限公司	朝阳区曙光西里28号中冶大厦	100028	59869863

（10）货币经纪公司

机构名称	地　址	邮　编	电　话
中诚宝捷思货币经纪有限公司	西城区太平桥大街18号丰融国际大厦1008～1009室	100032	63195001

（11）消费金融公司

机构名称	地　址	邮　编	电　话
北银消费金融有限公司	海淀区中关村大街22号中科大厦B座	100080	62521181

（12）外国银行北京代表处

机构名称	地　址	邮　编	电　话
澳大利亚国民银行有限公司北京代表处	朝阳区建国门外大街1号国贸写字楼1座2326室	100004	65052255
阿联酋国民银行股份有限公司北京代表处	朝阳区亮马桥路50号燕莎中心C519室	100125	64650056
巴基斯坦艾尔哈比银行有限公司北京代表处	西城区金融大街9号楼等2幢南楼10层19室	100033	57379677

巴基斯坦国民银行股份有限公司北京代表处	朝阳区新源南路2号昆仑饭店435室	100004	65903388－435
巴基斯坦哈比银行有限责任公司北京代表处	东城区东长安街1号东方广场中1楼10层1003室	100738	85151500－103
巴基斯坦联合银行股份有限公司北京代表处	朝阳区建国路乙118号京汇大厦2110室	100022	65675560
白俄罗斯银行储蓄银行公开股份公司北京代表处	朝阳区建国路93号万达广场4号楼3103室	100022	59604292
北欧银行瑞典有限公司北京代表处	朝阳区东三环北路5号发展大厦818室	100004	65909070
朝鲜华丽银行有限公司北京代表处	东城区朝内北小街2号凯龙宾馆807室	100060	67081380
俄罗斯工业通讯银行开放式股份有限公司北京代表处	朝阳区建国门外大街22号赛特大厦1308室	100004	85120068
俄罗斯开发与对外经济银行国有公司北京代表处	朝阳区建国门外大街19号国际大厦20A室	100004	65928905
俄罗斯联邦商业储蓄银行公开股份公司北京代表处	朝阳区亮马桥50号北京燕莎中心办公楼C305～306A室	100016	64627039
俄罗斯欧洲金融莫斯科人民银行公开股份有限公司	东城区东直门外大街35号5号楼A104	100027	64674091
俄罗斯天然气工业银行股份公司北京代表处	朝阳区建国门外大街甲六号中环世贸中心C座1205室	100022	65630516
俄罗斯信贷商业银行北京代表处	朝阳区建国门外大街24号京泰大厦1703室	100022	65159517
俄罗斯兴盛银行开放式股份公司北京代表处	朝阳区朝阳门外大街甲6号1座401－4A层－046室	100022	51235136
俄罗斯外贸银行公开股份公司北京代表处	朝阳区建国门外大街19号国际大厦18BC室	100020	85262800
德国巴登—符腾堡州银行北京代表处	朝阳区东三环北路8号亮马大厦2座1130室	100004	65900166
德国迈世勒银行股份公司北京代表处	朝阳区亮马桥路50号燕莎中心C502室	100125	64600458

德国中央合作银行股份有限公司北京代表处	朝阳区建国门外大街19号国际大厦22-1B室	100004	85261162
法国外贸银行股份有限公司北京代表处	东城区东长安街1号东方广场东方经贸城东一办公楼12层	100738	85185115-620
法国工商银行有限公司北京代表处	朝阳区建国门内大街7号光华长安大厦1座310室	100005	65102167
法国标致雪铁龙融资银行有限公司北京代表处	朝阳区光华路7号汉威大厦11层11A10号	100020	59275981
菲律宾首都银行及信托有限公司北京代表处	东城区建国门内大街18号恒基中心办公1楼1座1410室	100005	65183359
古巴国民银行北京代表处	朝阳区建国门外大街24号京泰大厦710室	100022	65156586
韩国输出入银行北京代表处	朝阳区亮马桥路50号燕莎中心办公楼C716室	100016	64653371
韩国农协银行股份公司北京代表处	朝阳区阜东大街6号院3号楼26层2608室	100000	84783510
荷兰安智银行股份有限公司北京代表处	朝阳区东三环北路8号亮马大厦1座1510室	100004	65906606
哈萨克斯坦人民储蓄银行股份公司北京代表处	朝阳区东四环中路41号嘉泰国际大厦A座2006室	100025	84532708
合作金库商业银行股份有限公司北京代表处	东城区建国门内大街18号恒基中心办公室1座1805室	100005	65188175
加拿大帝国商业银行有限公司北京代表处	朝阳区建国门外大街乙12号双子座大厦西塔11层1107室	100022	65667071
加拿大丰业银行有限公司北京代表处	东城区建国门北大街8号华润大厦503室	100005	85192050
加纳西非商业银行有限公司北京代表处	西城区武定侯街2号6层601-11室	100033	66290521
喀麦隆非洲第一银行有限公司北京代表处	朝阳区建国路93号院1号楼1903室	100028	64640029
蒙古国郭勒穆特银行有限公司北京代表处	朝阳区建国门外大街19号中信国际大厦A座10E室	100004	65033876
美国富国银行有限公司北京代表处（原美联）	东城区建国门北大街8号华润大厦2302室	100005	65179022
美国远东国民银行有限公司北京代表处	朝阳区建国门外大街22号赛特大厦9层911房间	100004	65159115

美国华美银行股份有限公司北京代表处	东城区建国门内大街7号光华长安大厦6楼609室	100005	65101551
摩洛哥外贸银行股份有限公司北京代表处	东城区建国门内大街18号恒基中心1座1203室	100005	65182363
尼日利亚第一银行股份有限公司北京代表处	东城区建国门内大街8号中粮广场B座1431室	100005	65286820
尼日利亚詹尼斯银行股份有限公司北京代表处	西城区金融街7号英蓝国际金融中心208－6室	100033	58332228
日本三菱日联信托银行股份有限公司北京代表处	朝阳区建国门外大街甲26号长富宫办公楼304室	100022	65139016
日本住友信托银行股份有限公司北京代表处	朝阳区建国门外大街甲26号长富宫办公楼7009室	100022	65139020
日本农林中央金库有限公司北京代表处	朝阳区建国门外大街甲26号长富宫办公楼601室	100022	65130858
瑞典商业银行公共有限公司北京代表处	朝阳区建国门外大街19号国际大厦	100004	65004310
瑞典北欧斯安银行有限公司北京代表处	朝阳区东三环北路8号亮马大厦1座603室	100004	65900120
瑞士苏黎世州银行北京代表处	朝阳区东三环北路38号3号楼6层705室	100125	64672539
瑞士信贷银行有限公司北京代表处	朝阳区东三环北路2号南银大厦31层	100027	64106866－405
塞浦路斯玛芬大众银行公共有限公司北京代表处	朝阳区建国门外大街1号国贸写字楼1座10层06～08室	100004	65057763
泰国泰华农民银行(大众)有限公司北京代表处	朝阳区建国门外大街19号国际大厦22层C室	100004	65008333
泰国汇商银行大众有限公司北京代表处	朝阳区建国门外大街1号国贸大厦三期15层	100004	57372681
乌克兰普理瓦特商业银行股份有限公司北京代表处	朝阳区雅宝路8号北京亚太大厦1403A	100020	65270792
西班牙对外银行有限公司北京代表处	东城区建国门内大街7号光华长安大厦2座618室	100005	65170937

西班牙桑坦德银行有限公司北京代表处	朝阳区建国门外大街甲6号SK大厦22层2205室	100022	85679788
西班牙萨瓦德尔银行股份有限公司北京代表处	东城区东直门外大街46号天恒大厦8层805室	100027	84608366
西班牙巴塞罗那储蓄银行北京代表处	东城区建国门内大街7号光华长安大厦1座610室、611室	100005	59111199
意大利联合圣保罗银行股份有限公司北京代表处	朝阳区新源南路6号京城大厦2108室	100004	84862108
意大利西雅那银行股份有限公司北京代表处	朝阳区建国门外大街1号国贸写字楼1座	100004	65053136
意大利裕信银行股份有限公司北京代表处	朝阳区建国门外大街19号国际大厦2604室	100004	65127183
印度银行北京代表处	朝阳区西大望路3号院蓝堡国际中心1209室	100022	85997447
印度联合银行北京代表处	朝阳区建国门外大街乙12号双子座大厦东塔10层A2单元	100022	51235186
英国巴克莱银行有限公司北京代表处	东城区建国门北大街8号华润大厦2108室	100005	58165023
英国高盛国际银行无限责任公司北京代表处	西城区金融大街7号英蓝国际中心17层1731房间	100140	66273138
英国野村国际银行有限公司北京代表处	朝阳区东三环北路5号北京发展大厦1218室	100004	59025902
伊朗德佳拉特银行北京代表处	朝阳区亮马桥路50号燕莎中心写字楼C208室	100125	84551116
中国信托商业银行股份有限公司北京代表处	朝阳区光华路甲8号和乔大厦B座111室	100026	65813700
智利银行股份有限公司北京代表处	朝阳区建国门外大街乙12号双子座大厦西塔606室	100022	58794301

（13）外国非银行金融机构北京代表处

机构名称	地　址	邮　编	电　话
比利时欧洲清算银行有限公司北京代表处	西城区武定侯街6号卓著中心505室	100140	58543206
宝捷思资本市场（香港）有限公司北京代表处	东城区东长安街1号东方广场西2办公楼6层601单元3室	100738	85200175

CMC Markets 英国公共有限公司北京代表处	东城区东长安街1号东方广场C1座1206室	100738	58163627
大来信用证国际（香港）有限公司北京代表处	西城区武定侯大街6号卓著中心1602室	100140	59376888
韩国货币经纪株式会社代表处	朝阳区建国门大街甲6号中环世贸中心C座29层2923室	100022	65639965
韩国现代金融株式会社北京代表处	朝阳区霄云路38号现代汽车大厦407室	100027	84538866
昆仑国际（新西兰）有限公司北京代表处	朝阳区东三环北路霞光里18号佳程广场A座16C	100027	59222088
美国嘉盛集团代表处	朝阳区建国门大街甲3号中环世贸C座29层2909室	100022	65639955
日本国际信用卡公司北京代表处	东城区东长安街1号东方广场中一办公楼11层8B－9A室	100022	85185659
日本爱可梦株式会社北京代表处	朝阳区东三环中路9号富尔大厦17层1703室	100020	85911740
瑞士利顺金融公司北京代表处	建国门内大街18号恒基中心1座	100005	65187959
毅联汇业有限公司北京代表处	朝阳区朝阳门外大街甲6号万通中心C座1502室	100020	65381903
万事达卡国际组织北京代表处	东城区建国门北大街8号华润大厦7层701～702室	100005	85199300
威士国际组织（亚太）有限公司北京代表处	朝阳区光华路5号北京世纪财富中心2号楼1804室	100004	85873000
西联金融服务公司北京代表处	朝阳区建国门外大街乙12号双子座大厦东塔办公楼22层	100022	85165900
英国路透集团交易服务有限公司北京代表处	西城区复兴门内大街28号凯晨世贸中心中座2层	100031	66271288
英国银星速汇有限公司北京代表处	朝阳区永安东里16号CBD国际大厦5层C536办公室	100022	65637683
中银信用卡（国际）有限公司北京代表处	朝阳区永安东里8号华彬国际大厦901B	100022	85288101

3. 证券业机构

（1）证券公司

机构名称	地　址	邮　编	电　话
北京高华证券有限责任公司	西城区金融大街7号英蓝国际中心18层	100034	66273000
第一创业摩根大通证券有限责任公司	西城区武定侯街6号卓著中心10层	100033	63212287
东兴证券股份有限公司	西城区金融大街5号新盛大厦B座12～15层	100033	66555383
高盛高华证券有限责任公司	西城区金融大街7号英蓝国际中心18层	100034	65353000
国都证券有限责任公司	东城区东直门南大街3号国华投资大厦9～10层	100007	84183333
国开证券有限责任公司	东城区东直门南大街1号来福士中心办公楼	100011	58199800
华融证券股份有限公司	西城区金融大街8号A座3层、5层	100033	58568199
民生证券有限责任公司	东城区建国门内大街28号民生金融中心A座16～18层	100005	85127999
瑞信方正证券有限责任公司	西城区金融大街甲九号金融街中心南楼15层	100033	66538666
瑞银证券有限责任公司	西城区金融大街7号英蓝国际中心15层	100034	58328888
首创证券有限责任公司	西城区德胜门外大街115号德胜尚城E座	100088	59360000
信达证券股份有限公司	西城区闹市口大街9号院1号楼信达金融中心	100031	63081000
新时代证券有限责任公司	海淀区北三环西路99号西海国际中心1号楼15层	100086	83561000
中德证券有限责任公司	朝阳区建国路81号华贸中心写字楼1座22层	100025	59026793
中国国际金融有限公司	东城区建国门外大街甲6号凯德大厦38层	100022	65051166
中国民族证券有限责任公司	朝阳区北四环中路27号盘古大观A座40～43层	100101	59355800

中国银河证券股份有限公司	西城区金融大街35号国际企业大厦C座	100140	66568888
中信建投证券股份有限公司	东城区朝内大街188号	100010	85130588

（2）证券分公司

机构名称	地　　址	邮　编	电　话
安信证券股份有限公司北京分公司	西城区金融大街5号1901室	100033	66581818
长城证券有限责任公司北京分公司	西城区西直门外大街112号阳光大厦10层	100044	88362851
长江证券股份有限公司北京分公司	西城区金融大街17号中国人寿中心606室	100033	66220706
东北证券股份有限公司北京分公司	西城区锦什坊街28号楼5层、7层	100045	63210855
东吴证券股份有限公司北京分公司	西城区金融大街19号富凯大厦1003室	100033	66573700
德邦证券有限责任公司北京分公司	朝阳区朝阳北路237号复兴国际中心25层	100020	85715277
方正证券股份有限公司北京资产管理分公司	西城区阜外大街甲34号方正证券大厦7层	100037	68585030
方正证券股份有限公司北京自营分公司	西城区丰盛胡同28号号太平洋保险大厦B座11层	100032	57398012
广发证券股份有限公司北京分公司	西城区月坛北街2号月坛大厦18层	100045	59136733
光大证券股份有限公司北京分公司	西城区月坛北街2号月坛大厦东配楼5层	100045	68081186
国海证券有限责任公司北京分公司	海淀区西直门外大街168号腾达大厦1509室	100044	88576898－837
国盛证券有限责任公司北京分公司	西城区德胜门外大街83号德胜国际中心B座3层	100088	62657337
国泰君安证券股份有限公司北京分公司	海淀区知春路17号	100191	59312818
国信证券股份有限公司北京分公司	西城区平安里西大街28号中海国际中信1号楼5层	100034	88000888

国元证券股份有限公司北京分公司	东城区东直门外大街46号天恒大厦1008A	100027	84608712
宏源证券股份有限公司承销保荐分公司	西城区太平桥大街19号恒奥中心	100140	88085959
宏源证券股份有限公司资产管理分公司	西城区太平桥大街19号恒奥中心	100140	88085558
华创证券有限责任公司北京分公司	海淀区复兴路21号1幢8层805~808室	100036	68053239
华林证券有限责任公司北京分公司	西城区金融大街35号1栋	100035	88091460
华龙证券有限责任公司北京分公司	西城区金融街通泰大厦B座	100033	88086668
华泰证券股份有限公司北京分公司	西城区太平桥大街丰盛胡同28号太平洋保险大厦18层	100032	63211377
海通证券股份有限公司北京分公司	海淀区中关村南大街甲56号方圆大厦	100044	88027068
恒泰证券股份有限公司北京分公司	西城区华远街7号鄂尔多斯大厦6层	100032	66297220
齐鲁证券有限公司北京证券资产管理分公司	西城区丰盛胡同28号中国太平洋保险大厦4层	100032	59013968
日信证券有限责任公司北京分公司	西城区闹市口大街1号长安兴融中心西楼11层	100031	66414890
山西证券股份有限公司北京分公司	海淀区大柳树富海中心2号楼7层	100081	62235588
申银万国证券股份有限公司北京分公司	朝阳区劲松9区909楼	100021	67737485
天风证券有限责任公司北京证券承销分公司	西城区复兴门外大街A2号中化大厦F1层	100045	65534527
西部证券股份有限公司北京第一分公司	海淀区中关村南大街1号友谊宾馆苏园写字楼	100081	68945225
西南证券股份有限公司北京分公司	西城区金融大街35号国际企业大厦A座4层	100140	88091992
湘财证券有限责任公司北京承销与保荐分公司	西城区太平桥大街丰盛胡同28号太平洋保险大厦A座901单元	100032	56510920
湘财证券有限责任公司北京资产管理分公司	西城区太平桥丰盛胡同28号太平洋保险大厦A座9层	100032	56510777

兴业证券股份有限公司北京分公司	西城区武定侯街2号	100033	66290199
招商证券股份有限公司北京分公司	西城区金融大街1号金融街中心6层	100140	65682299
中国银河证券股份有限公司北京分公司	西城区金融街丰汇园小区21号楼	100032	58872777
中国中投证券有限责任公司北京分公司	西城区太平桥大街18号丰融国际大厦12层、15层	100030	84976181
中航证券有限公司北京分公司	朝阳区安立路60号润枫德尚6号楼3层	100012	84803620
中信证券股份有限公司北京分公司	朝阳区新源南路6号京城大厦3801～3802室	100027	84683886
中银国际证券有限责任公司北京分公司	西城区金融大街28号盈泰中心2号楼15层	100033	66229287
中邮证券有限责任公司北京资产管理分公司	西城区西直门内大街56号生命人寿大厦9层	100082	68858133
中原证券股份有限公司北京分公司	西城区广安门外大街168号1幢	100055	83067928

（3）证券营业部

机构名称	地　址	邮　编	电　话
安信证券股份有限公司北京北三环东路证券营业部	东城区北三环东路36号环球贸易中心A座26层	100013	59113466
安信证券股份有限公司北京复兴门外大街证券营业部	西城区复兴门外大街A2号中化大厦11层	100045	68616000
安信证券股份有限公司北京远大路证券营业部	海淀区远大路1号金源购物中心2期B区写字楼1203室	100097	88893680
安信证券股份有限公司北京政通路证券营业部	房山区拱辰街道政通路12号501～502室	102401	88874666
安信证券股份有限公司北京中关村南大街证券营业部	海淀区中关村南大街甲32号中关村科技发展大厦B座2层	100081	62140234
爱建证券有限责任公司北京朝阳门内大街证券营业部	东城区朝阳门内大街298号盈地大厦601室	100032	85112998

北京高华证券有限责任公司北京金融大街证券营业部	西城区金融街7号英蓝国际金融中心18层	100140	66273000
渤海证券股份有限公司北京大兴三中西巷证券营业部	大兴区黄村镇三中西巷9号	102600	69224995
渤海证券股份有限公司北京慧忠里证券营业部	朝阳区慧忠里417号	100101	64892168
渤海证券股份有限公司北京望京广顺北大街证券营业部	朝阳区广顺北大街33号福码大厦A座705~706室	100102	64776858
渤海证券股份有限公司北京西外大街证券营业部	西城区西直门外大街甲143号凯旋大厦C座2层	100044	88016458
长城证券有限责任公司北京阜成门北大街证券营业部	西城区阜成门北大街17号中国大百科裙楼2~3层	100037	68338376
长城证券有限责任公司北京海鹰路证券营业部	丰台区海鹰路1号院7号楼	100070	83670701
长城证券有限责任公司北京通胡大街营业部	通州区通胡大街25号10号楼2号	101100	89529069
长城证券有限责任公司北京望京西路证券营业部	朝阳区望京西路50号卷石天地大厦A座7层	100102	64561190
长城证券有限责任公司北京中关村大街证券营业部	海淀区中关村大街甲28号海淀文化艺术大厦B座11层	100086	82533168
长江证券股份有限公司北京百万庄证券营业部	西城区百万庄大街22号院	100037	68364388
长江证券股份有限公司北京北京万柳东路证券营业部	海淀区长春桥路11号亿城中心A座901室	100089	58818698
长江证券股份有限公司北京北京新源西里证券营业部	朝阳区新源里16号琨莎中心B座3A层	100027	64679391
长江证券股份有限公司北京广渠门内大街证券营业部	东城区广渠门内大街80号11层	100062	51696616

财达证券有限责任公司北京花园路证券营业部	海淀区花园路2号牡丹集团院内	100083	62356660
财达证券有限责任公司北京首体南路证券营业部	海淀区首体南路20号国兴家园D座	100044	88354677
财富证券有限责任公司北京阜外大街证券营业部	西城区阜外大街甲7号2层东201室	100037	68003001
财富证券有限责任公司北京中关村东路证券营业部	海淀区中关村东路18号财智国际大厦A座2楼	100080	62615268
财通证券股份有限公司北京成府路证券营业部	海淀区成府路28号优盛大厦D座15层	100083	62660158
大通证券股份有限公司北京建国路证券营业部	朝阳区建国路93号万达广场9号楼2层	100022	58207417
大同证券经纪有限责任公司北京西四环中路证券营业部	海淀区西四环中路39－7号万地名苑大厦1层	100039	68155388
方正证券股份有限公司北京阜外大街证券营业部	西城区阜外大街甲34号	100037	68583728
方正证券股份有限公司北京和平里东街证券营业部	东城区和平里东街6区8号	100013	84215535
方正证券股份有限公司北京回龙观西大街证券营业部	昌平区回龙观西大街18号	102208	57766997
方正证券股份有限公司北京通朝大街证券营业部	通州区通朝大街172号、178号	101100	57965907
东北证券股份有限公司北京朝外大街证券营业部	朝阳区朝外大街乙6号20层	100020	59000715
东北证券股份有限公司北京三里河东路证券营业部	西城区三里河东路5号中商大厦第4层	100045	68573836

东方证券股份有限公司北京安苑路证券营业部	朝阳区小关北里45号世纪嘉园5号楼5层	100029	84896422
东方证券股份有限公司北京学院路证券营业部	海淀区学院路30号科大天工大厦B座12层	100083	62660253
东莞证券有限责任公司北京黄村东大街证券营业部	大兴区黄村镇龙河路107号	102600	62699600
东莞证券有限责任公司北京中关村大街证券营业部	海淀区海淀北一街2号首创拓展大厦3层	100080	58472833
东海证券有限责任公司北京安苑北里证券营业部	朝阳区安苑北里25号长白山国际酒店3层	100101	64993238
东海证券有限责任公司北京西三环北路证券营业部	海淀区西三环北路89号国际财经中心D座9层	100089	84892358
东吴证券股份有限公司北京安德里北街证券营业部	东城区鼓楼外大街27号万网大厦2层	100120	84117711
东吴证券股份有限公司北京大兴兴华大街证券营业部	朝阳区东三环中路39号院6号楼901室	102600	69228589
东兴证券股份有限公司北京北四环中路证券营业部	海淀区北四环中路229号海泰大厦2层	100083	82884280
东兴证券股份有限公司北京大望路证券营业部	朝阳区西大望路15号院4号楼外企大厦B座4层	100022	67771888
东兴证券股份有限公司北京复兴路证券营业部	海淀区复兴路20号翠微商业楼2段	100036	88218659
第一创业证券股份有限公司北京阜石路证券营业部	石景山区阜石路165号院3号楼	100043	88956766
第一创业证券股份有限公司北京平安大街证券营业部	西城区平安大街26号新时代大厦3层	100045	68059090
德邦证券有限责任公司北京朝阳北路证券营业部	朝阳区朝阳北路237号复星国际中心	100020	65085758

广发证券股份有限公司北京安立路证券营业部	朝阳区安立路68号飘亮阳光广场3层	100027	63281999
广发证券股份有限公司北京朝阳门北大街证券营业部	东城区朝阳门北大街6号首创大厦3层	100027	85282382
广发证券股份有限公司北京阜成门南大街证券营业部	西城区阜成门南大街甲3号	100037	68022088
广发证券股份有限公司北京广安门内大街证券营业部	西城区广安门内大街316号京粮大厦6层	100053	63547165
广发证券股份有限公司北京建外大街证券营业部	朝阳区建外大街19号国际大厦A座3层	100004	65155163
广发证券股份有限公司北京鲁谷路证券营业部	石景山区鲁谷路74号中国瑞达大厦F606－F609	100040	68609562
广发证券股份有限公司北京中关村东路证券营业部	海淀区中关村东路8号东升大厦A座6层	100083	82527515
广州证券有限责任公司北京三里河东路证券营业部	西城区三里河东路39号燕京大厦2层	100045	68521889
光大证券股份有限公司北京东中街证券营业部	东城区东中街29号东环广场B座写字楼2层	100027	64182858
光大证券股份有限公司北京广顺北大街证券营业部	朝阳区广顺北大街17号2层A13号	100102	64182898
光大证券股份有限公司北京丽泽路证券营业部	丰台区广安门外菜户营东街60号北京哈特商务酒店1层	100054	63357146
光大证券股份有限公司北京天通苑证券营业部	昌平区东小口镇立汤路188号院北方明珠大厦1#楼	102218	58607128
光大证券股份有限公司北京小营路证券营业部	朝阳区小营路25号房地置业大厦1层、7层	100029	59046206
光大证券股份有限公司北京月坛北街证券营业部	西城区月坛北街2号月坛大厦东配楼5层	100045	68081286

光大证券股份有限公司北京中关村大街证券营业部	海淀区海淀北二街10号2层	100080	59851165
国都证券有限责任公司北京北三环中路证券营业部	西城区北三环中路23号燕莎盛世大厦	100029	64890703
国都证券有限责任公司北京阜外大街证券营业部	西城区阜外大街22号	100037	68329055
国都证券有限责任公司北京复兴路证券营业部	海淀区复兴路32号六建大院内	100030	68176002
国都证券有限责任公司北京工体北路证券营业部	东城区工体北路北京工人体育馆南区2层	100027	65533232
国都证券有限责任公司北京回龙观西大街证券营业部	昌平区回龙观西大街118号龙冠置业大厦1层	100028	59812666
国都证券有限责任公司北京九棵树街证券营业部	通州区九棵树街	101100	59392161
国都证券有限责任公司北京三元西桥路证券营业部	朝阳区曙光西里甲6号院9号楼2层	100028	59762885
国都证券有限责任公司北京双峪路证券营业部	门头沟区双峪路5号楼5层2号	102300	69829800
国都证券有限责任公司北京中关村南大街证券营业部	海淀区中关村南大街9号理工科技大厦303室	100081	68949680
国海证券股份有限公司北京和平街证券营业部	朝阳区和平街11区38号楼	100013	64283164
国金证券股份有限公司北京长椿街证券营业部	西城区长椿街3号	100033	66215599
国开证券有限责任公司北京南滨河路证券营业部	丰台区莱户营58号财富西环3层	100054	63385671
国开证券有限责任公司北京中关村南大街证券营业部	海淀区中关村南大街6号中电信息大厦5层	100086	82168390

国开证券有限责任公司北京珠市口东大街证券营业部	东城区珠市口东大街14号	100062	67072600
国联证券股份有限公司北京建材城西路证券营业部	昌平区建材西路87号上奥世纪2号楼21层	100096	57391101
国联证券股份有限公司北京石景山路证券营业部	石景山区万达广场B座12层	100040	88685951
国联证券股份有限公司北京首体南路证券营业部	海淀区首体南路9号主语国际4号楼1202室	100048	63170199
国盛证券有限责任公司北京德胜门外大街证券营业部	西城区德胜门大街83号德胜门国际中心B座3层	100088	62631969
国泰君安证券股份有限公司北京德外大街证券营业部	西城区德外大街新风街2号天成科技大厦A座1层	100088	62034788
国泰君安证券股份有限公司北京方庄路证券营业部	丰台区方庄路1号	100078	67638335
国泰君安证券股份有限公司北京怀柔府前街证券营业部	怀柔区府前街3号	101400	69680303
国泰君安证券股份有限公司北京金融街证券营业部	西城区金融街28号盈泰中心2号楼10层	100140	59312793
国泰君安证券股份有限公司北京鲁谷路证券营业部	石景山区鲁谷路35号电科大厦裙楼1层	100040	68659759
国泰君安证券股份有限公司北京通州新华西街证券营业部	通州区新华西街甲59号	101100	69542299
国泰君安证券股份有限公司北京亦庄宏达北路证券营业部	大兴区亦庄宏达北路16号写字楼1层东侧	100176	51062211

国泰君安证券股份有限公司北京知春路证券营业部	海淀区知春路17号	100083	82311880
国信证券股份有限公司北京朝阳北路证券营业部	朝阳区呼家楼北街7号楼	100026	95536
国信证券股份有限公司北京三里河东路证券营业部	海淀区三里河路13号中国建筑文化中心北塔楼1层	100034	95536
国信证券股份有限公司北京通朝大街营业部	通州区通朝大街203号2层	101120	95536
国信证券股份有限公司北京亚运村证券营业部	朝阳区大屯路风林西奥中心A座5层	100101	95536
国元证券股份有限公司北京东直门外大街证券营业部	东城区东直门外大街46号天恒大厦9层	100027	84608839
国元证券股份有限公司北京西坝河南路证券营业部	朝阳区西坝河南路1号金泰大厦409室	100028	64402348
海通证券股份有限公司北京工人体育场北路证券营业部	东城区工体北路66号瑞士公寓A3层	100028	64620913
海通证券股份有限公司北京光华路证券营业部	朝阳区光华路甲8号合乔大厦C座3层	100026	65831381
海通证券股份有限公司北京密云鼓楼东大街证券营业部	密云县鼓楼东大街19号密云广场	101500	89081208
海通证券股份有限公司北京平谷金乡路证券营业部	平谷区金乡路1号1层、3层	101200	89999236
海通证券股份有限公司北京知春路证券营业部	海淀区知春路甲63号卫星大厦7层	100080	82625096
海通证券股份有限公司北京中关村南大街证券营业部	海淀区中关村南大街甲56号方圆大厦5层	100044	88027676
航天证券有限责任公司北京万柳中路证券营业部	海淀区万柳中路35号蜂鸟社区商业楼CD区2楼	100089	82871515

恒泰证券股份有限公司北京安德路证券营业部	东城区安德路大街16号洲际大厦B座	100011	84128825
恒泰证券股份有限公司北京东三环中路证券营业部	朝阳区百子湾南2路76号院乐成国际5号楼1层	100022	87751481
恒泰证券股份有限公司北京南滨河路证券营业部	西城区广安门外南滨河路1号高新大厦2层、5层	100055	63429711
红塔证券股份有限公司北京板井路证券营业部	海淀区板井路69号世纪金源酒店1层西侧	100097	88464659
宏信证券有限责任公司北京广渠路证券营业部	朝阳区广渠路38号楼1层102号	100037	64406698
宏源证券股份有限公司北京东四环中路证券营业部	朝阳区东四环中路56号远洋国际中心A座25层	100025	65505151
宏源证券股份有限公司北京丰北路证券营业部	丰台区望园东里28号楼2层	100073	63899061
宏源证券股份有限公司北京金融大街证券营业部	西城区太平桥大街19号	100140	88085208
宏源证券股份有限公司北京紫竹院路证券营业部	海淀区紫竹院路116号嘉豪国际中心A座	100089	88511326
华安证券有限责任公司北京东三环中路证券营业部	朝阳区东三环中路24号乐成中心B座11层	100022	67769393
华安证券有限责任公司北京慧忠北里证券营业部	朝阳区慧忠北里305号	100012	64878858
华宝证券股份有限公司北京建国门外大街证券营业部	朝阳区建国门外大街宝钢大厦	100062	57610228
华创证券有限责任公司北京东三环中路证券营业部	朝阳区东三环中路24号乐成中心B座1501室	100061	59370923
华创证券有限责任公司北京新兴桥证券营业部	海淀区复兴路21号1幢6层、8层801室、802室	100036	59370992

华林证券有限责任公司北京北三环东路证券营业部	朝阳区北三环东路28号易亨大厦2层	100013	64405981
华龙证券有限责任公司北京安外大街证券营业部	东城区安外大街191号天鸿宝景大厦西配楼3层	100101	64401206
华融证券股份有限公司北京石景山路证券营业部	石景山区石景山路22号A座长城大厦A－1底商	100043	68687503
华融证券股份有限公司北京太平桥路证券营业部	丰台区太平桥路华源四里2号楼2层22022#～22023#	100073	63380688
华融证券股份有限公司北京金融大街证券营业部	西城区金融大街8号1～2层	100033	58568052
华泰证券股份有限公司北京广渠门内大街证券营业部	东城区广渠门内大街43号雍贵中心C座1～2层	100045	63433789
华泰证券股份有限公司北京农展馆南路证券营业部	朝阳区农展馆南路13号瑞辰国际中心F2－1	100026	65008811
华泰证券股份有限公司北京苏州街证券营业部	海淀区苏州街29号18号楼维亚大厦	100080	62526229
华泰证券股份有限公司北京西三环北路证券营业部	海淀区西三环北路72号中经大厦3层	100037	68733706
华泰证券股份有限公司北京雍和宫证券营业部	东城区和平里小黄庄二区1号楼	100013	84273969
华泰证券股份有限公司北京月坛南街证券营业部	西城区月坛南街甲12号万丰怡和商务会馆3层	100045	68010996
华泰证券股份有限公司北京中关村南大街证券营业部	海淀区中关村南大街11号光大国信大厦3层	100081	68733973
华西证券有限责任公司北京通州北苑南路营业部	通州区北苑南路42号院6号楼1层	101101	4008888818

华西证券有限责任公司北京紫竹院路证券营业部	海淀区紫竹院路31号华澳中心2层	100089	68716366
华鑫证券有限责任公司北京菜市口大街证券营业部	西城区菜市口西大街2号院中信城底商1-201	100052	88306959
华鑫证券有限责任公司北京车公庄大街证券营业部	西城区车公庄大街12号核工业建设集团大厦2层	100037	88306678
江海证券有限公司北京东三环南路证券营业部	朝阳区东三环南路58号富顿中心A座2层	100022	58674977
金元证券股份有限公司北京方庄方古园证券营业部	丰台区方庄方古园一区	100078	67646920
金元证券股份有限公司北京新外大街证券营业部	海淀区新外大街19号京师大厦6层	100875	62200539
开源证券有限责任公司北京开阳路证券营业部	丰台区开阳路1号瀚海花园大厦2层202室	100069	83570869
联讯证券有限责任公司北京北辰东路证券营业部	朝阳区北辰东路8号3号楼8层东区	100101	62279238
联讯证券有限责任公司北京北苑证券营业部	朝阳区媒体村天畅园6号楼1层	100011	64408900
民生证券有限责任公司北京北蜂窝路证券营业部	海淀区北蜂窝路5号院1号写字楼2层	100038	63980641
民生证券有限责任公司北京菜市口大街证券营业部	西城区菜市口大街1号3层	100053	83555905
民生证券有限责任公司北京工体北路证券营业部	朝阳区工体北路甲六号中宇大厦	100027	85236010
民生证券有限责任公司北京航丰路证券营业部	丰台区航丰路1号院2号楼103室	100070	58090966
民生证券有限责任公司北京顺义府前东街证券营业部	顺义区府前东街2号1号楼顺建大厦8楼	101300	69465097

南京证券有限责任公司北京东三环南路证券营业部	朝阳区东三环南路19号院1号楼4层	100021	64913500
南京证券有限责任公司北京南大街营业部	怀柔区南大街25号楼1－25－1室	101499	4008285888
平安证券有限责任公司北京东花市证券营业部	东城区东花市北里西区23号楼B座	100062	67172171
平安证券有限责任公司北京金融大街营业部	西城区金融大街23号平安大厦10层	100140	597349681
平安证券有限责任公司北京知春路营业部	海淀区知春路108号1号楼1808室	100043	59731820
齐鲁证券有限公司北京百万庄大街证券营业部	西城区百万庄大街16号	100040	66553889
齐鲁证券有限公司北京朝外大街证券营业部	朝阳区朝外大街20号联合大厦2层	100020	65882608
齐鲁证券有限公司北京苏州桥路证券营业部	海淀区北三环西路99号1号楼2层	100086	82887698
日信证券有限责任公司北京北辰东路证券营业部	朝阳区北辰东路8号12号楼3层2号	100101	84981104
日信证券有限责任公司北京东四环中路证券营业部	朝阳区东四环中路82号2－2座1层	100022	52088310－803
日信证券有限责任公司北京中关村大街证券营业部	海淀区中关村大街甲59号文化大厦2层	100035	82200303
瑞银证券有限责任公司北京金融大街证券营业部	西城区金融街7号英蓝国际金融中心15层	100140	58328388
山西证券股份有限公司北京太平庄证券营业部	海淀区太平庄13号	100081	62235588
上海证券有限责任公司北京和平里北街证券营业部	东城区和平里北街16号楼院北京和平里大酒店	100007	84085505
上海证券有限责任公司北京万寿路证券营业部	海淀区万寿路翠微中里14号楼	100036	68254012

申银万国证券股份有限公司北京安定路证券营业部	朝阳区安定路39长新大厦3层	100029	64448218
申银万国证券股份有限公司北京劲松九区证券营业部	朝阳区劲松九区909楼	100021	67736860
世纪证券有限责任公司北京平安大街证券营业部	东城区东十四条68号平安发展大厦3层	100020	65868567
首创证券有限责任公司北京北辰东路证券营业部	朝阳区北辰东路8号汇园公寓Q座1层、2层	100101	84976731
首创证券有限责任公司北京五道口证券营业部	海淀区成府路蓝旗营小区1号楼东2层	100084	62793481
首创证券有限责任公司北京雍和宫证券营业部	朝阳区和平街13区35号煤炭大厦6层	100013	84292611
首创证券有限责任公司北京长阳昊天北大街证券营业部	房山区长阳镇昊天北大街48号加州水郡东区商业中心	102400	4006200620
太平洋证券股份有限公司北京海淀大街证券营业部	海淀区彩和坊路11号华一控股大厦18层	100080	82602867
万联证券有限责任公司北京上地创业路证券营业部	海淀区上地创业路17号楼1层北区	100031	66062626
五矿证券有限责任公司北京广安门外大街证券营业部	西城区广安门内大街248号机械大厦508室	100055	63367231
西部证券股份有限公司北京德胜门外大街证券营业部	西城区德胜门外大街乙10号太福大厦4层	100088	62013151
西部证券股份有限公司北京学院南路证券营业部	海淀区大柳树路富海中心2号楼301室	100081	62120091
西藏同信有限责任公司北京陶然亭路证券营业部	西城区陶然亭路16号	100054	83537678

厦门证券有限责任公司北京远大路证券营业部	海淀区远大路22号B区11号楼101号	100097	88596635
西南证券股份有限公司北京北三环中路证券营业部	西城区北三环中路商房大厦4层	100011	62015677
西南证券股份有限公司北京昌平政府街证券营业部	昌平区政府街22号	102200	69725243
西南证券股份有限公司北京房山证券营业部	房山区拱辰街道楸树家园北里5号楼1单元2层	102488	56216462
西南证券股份有限公司北京平谷证券营业部	平谷区紫贵庄园8号楼1至2层02号	101200	69717491
湘财证券有限责任公司北京北四环东路证券营业部	朝阳区芍药居北里101号世奥国际中心7层	100025	84646666
湘财证券有限责任公司北京朝外大街证券营业部	朝阳区朝外大街10号（A1区）8层	100020	85638510
湘财证券有限责任公司北京建国门证券营业部	朝阳区建国门内大街7号光华长安大厦1座	100025	65586162
湘财证券有限责任公司北京首体南路证券营业部	海淀区首体南路9号主语国际5号楼3层	100089	82518108
湘财证券有限责任公司北京顺义府前西街证券营业部	顺义区府前西街10号3层	101300	81496902
新时代证券有限责任公司北京东三环北路证券营业部	朝阳区东三环北路17号新时代证券大厦11层	100027	83561141
新时代证券有限责任公司北京鲁谷路证券营业部	石景山区鲁谷路74号	100040	68608502
新时代证券有限责任公司北京马家堡西路证券营业部	丰台区星河苑2号院22号楼3层	100067	67528236
新时代证券有限责任公司北京南礼士路证券营业部	西城区南礼士路3号海通大厦3~4层	100037	68025299

新时代证券有限责任公司北京天通苑证券营业部	昌平区东小口镇天通苑 405 号楼 2 层	102218	84813518
新时代证券有限责任公司北京中关村东路证券营业部	海淀区中关村东路 66 号世纪科贸大厦 B 座 25 层	100190	62672766
信达证券股份有限公司北京北辰东路证券营业部	朝阳区北辰东路 8 号北辰时代大厦 12 层	100100	85983698
信达证券股份有限公司北京朝阳路证券营业部	朝阳区朝阳路 67 号 8 号楼 2 层	100025	85786680
信达证券股份有限公司北京朝阳门证券营业部	东城区朝阳门南竹杠胡同 2 号银河搜候中心 50210 室	100010	59576718
信达证券股份有限公司北京古城路证券营业部	石景山区八角西街 68 号	100043	68843741
信达证券股份有限公司北京前门证券营业部	东城区东交民巷 28 号红都商务会馆 B 座 1 层、2 层	100006	65285638
信达证券股份有限公司北京万寿路证券营业部	海淀区万寿路 17 号 A 座 3 层	100036	68252099
信达证券股份有限公司北京西单北大街证券营业部	西城区华远北街 2 号通港大厦 1 层、4 层	100032	66127193
信达证券股份有限公司北京裕民路证券营业部	朝阳区裕民路 12 号中国国际科技会展中心 C 座 4 层	100029	82253889
兴业证券股份有限公司北京朝阳公园路证券营业部	朝阳区朝阳公园 19 号佳隆国际大厦	100125	65397039
兴业证券股份有限公司北京西直门北大街证券营业部	海淀区马甸南路冠海大厦 12 层	100088	82000172
银泰证券有限责任公司北京马甸路证券营业部	海淀区马甸路 2 号冠城园 8 号楼冠海大厦 1 层	100006	65287668
英大证券有限责任公司北京东直门证券营业部	东城区东直门海运仓胡同 1 号海运仓国际大厦 7 层	100007	84002095
招商证券股份有限公司北京安外大街证券营业部	东城区安定门外大街 2 号安贞大厦	100013	64287707

招商证券股份有限公司北京北三环东路证券营业部	朝阳区北三环东路西坝河东里18号三元大厦2层	100028	84603492
招商证券股份有限公司北京北太平庄路证券营业部	朝阳区安立路甲56号2层	100088	62073496
招商证券股份有限公司北京朝外大街证券营业部	朝阳区朝外大街6号新城国际5号楼1~5层	100088	51603108
招商证券股份有限公司北京车公庄西路证券营业部	海淀区车公庄西路甲19号华通大厦A座3层	100044	68488335
招商证券股份有限公司北京东四十条证券营业部	东城区东四十条甲22号南新仓国际大厦A301	100007	65951602
招商证券股份有限公司北京光明路证券营业部	东城区光明路天玉大厦5层	100006	67119776
招商证券股份有限公司北京建国路证券营业部	朝阳区建国路118号招商局大厦8层	100022	65684890
招商证券股份有限公司北京金融街证券营业部	西城区金融大街33号通泰大厦C座	100140	88086655
招商证券股份有限公司北京顺义仓上街证券营业部	顺义区仓上街2号AMB智能大厦B座8层	101300	89452551
招商证券股份有限公司北京西直门北大街证券营业部	海淀区西直门北大街60号首钢国际大厦6层	100088	82291140
招商证券股份有限公司北京颐和园路证券营业部	海淀区颐和园路1号北大资源燕园宾馆1层、2层	100080	62641188
招商证券股份有限公司北京知春东里证券营业部	海淀区知春东里15号楼	100086	82137708
浙商证券有限责任公司北京朝阳门北大街证券营业部	东城区朝阳门北大街8号富华大厦E座4层	100027	65546300

浙商证券有限责任公司北京骡马市大街证券营业部	西城区骡马市大街14号甲1	100052	83555728
中国民族证券有限责任公司北京北沙滩证券营业部	朝阳区北沙滩甲1号中科电大厦3层	100039	68188538
中国民族证券有限责任公司北京彩和坊路证券营业部	海淀区彩和坊路8号1层101室、102室	100080	51727044
中国民族证券有限责任公司北京丰台东大街证券营业部	丰台区东大街东里7号楼南	100071	51129702
中国民族证券有限责任公司北京佟麟阁路证券营业部	西城区佟麟阁路95号尚信大厦6层、7层	100031	66413223
中国民族证券有限责任公司北京西坝河证券营业部	朝阳区西坝河南路22号	100028	64222168
中国银河证券股份有限公司北京朝阳门北大街证券营业部	东城区朝阳门北大街5号第五广场B座6层	100037	68362033
中国银河证券股份有限公司北京方庄南路证券营业部	丰台区方庄南路2号1层、4层	100078	57539008
中国银河证券股份有限公司北京阜成路证券营业部	海淀区阜成路67号银都大厦3层	100036	88411327
中国银河证券股份有限公司北京广渠门内大街证券营业部	东城区广渠门内大街27号7层	100062	87103775
中国银河证券股份有限公司北京黄寺大街证券营业部	西城区黄寺大街21号中银利华大厦1层、2层	100120	51297760
中国银河证券股份有限公司北京建国路证券营业部	朝阳区建国路126号瑞赛大厦1层、3层	100078	65662092

中国银河证券股份有限公司北京金融街证券营业部	西城区太平桥大街111号湘西大厦	100032	58872889
中国银河证券股份有限公司北京马家堡东路证券营业部	丰台区马家堡东路71号丽华饭店B座附楼2层南区	100068	67220677
中国银河证券股份有限公司北京石景山路证券营业部	石景山区石景山路乙18号2号楼7层	10040	58175666
中国银河证券股份有限公司北京太阳宫证券营业部	朝阳区夏家园11号楼1层2号商业、2层9号商业	100013	64464775
中国银河证券股份有限公司北京望京证券营业部	朝阳区望京阜通东大街12号宝能中心2层	100102	64748888
中国银河证券股份有限公司北京学清路证券营业部	海淀区学清路甲38号金码大酒店A座7层	100083	82838908
中国银河证券股份有限公司北京学院南路证券营业部	海淀区学院南路34号1～3层	100082	62276491
中国银河证券股份有限公司北京亦庄荣京东街证券营业部	大兴区北京经济技术开发区荣京东街3号1栋B座4层	100176	58357979
中国银河证券股份有限公司北京中关村大街证券营业部	海淀区中关村大街甲59号文化大厦1～3层	100872	62512318
中航证券有限公司北京慧忠路证券营业部	朝阳区慧忠路5号A座9层	100012	84802034
中国国际金融有限公司北京建国门外大街证券营业部	朝阳区建国门外大街甲6号A座、B座爱思开大厦1层	100022	85679888
中山证券有限责任公司北京车公庄大街证券营业部	西城区车公庄大街乙1号富通大厦2层	100044	68348878
中投证券有限责任公司北京北三环证券营业部	东城区北三环东路36号环球贸易中心A座1层、2层	100101	58257705

中投证券有限责任公司北京朝阳路证券营业部	朝阳区朝阳路延静里中街3号长信大厦3层	100025	65082922
中投证券有限责任公司北京复兴路证券营业部	海淀区复兴路乙20号	100036	67642201
中投证券有限责任公司北京丽泽路证券营业部	丰台区丽泽路5号金泰地产大厦底商1~3层	100073	63363666
中投证券有限责任公司北京鲁谷证券营业部	石景山区鲁谷路35号701~705室	100040	88684839
中投证券有限责任公司北京宋庄路证券营业部	丰台区宋庄路71号院1号楼11层、12层	100078	67642201
中信建投证券股份有限公司北京安立路证券营业部	朝阳区安立路66号4号楼	100101	64906210
中信建投证券股份有限公司北京北辰西路证券营业部	朝阳区北土城西路7号1层6单元	100029	82994802
中信建投证券股份有限公司北京昌平昌崔路证券营业部	昌平区城北街道昌崔路203号楼1层	102200	89787158
中信建投证券股份有限公司北京丹棱街证券营业部	海淀区丹棱街18号	100030	82666938
中信建投证券股份有限公司北京东三环中路证券营业部	朝阳区东三环中路9号	100020	85911109
中信建投证券股份有限公司北京东直门南大街证券营业部	东城区东直门南大街6号	100027	64172900
中信建投证券股份有限公司北京方庄路证券营业部	丰台区紫芳园四区1号楼202室	100078	87161717
中信建投证券股份有限公司北京富丰路证券营业部	丰台区丰台镇富丰路2号星火科技大厦1层	100070	83739070
中信建投证券股份有限公司北京怀柔府前街证券营业部	怀柔区府前街3号	101499	60685098

中信建投证券股份有限公司北京回龙观西大街证券营业部	昌平区回龙观镇西大街85号	102208	57536727
中信建投证券股份有限公司北京金融大街证券营业部	西城区金融大街5号、甲5号501A室	100033	66555976
中信建投证券股份有限公司北京良乡拱辰南大街证券营业部	房山区拱辰南大街1号1层105室	102401	69389199
中信建投证券股份有限公司北京马家堡西路证券营业部	丰台区马家堡西路15号时代风帆大厦1层	100068	67578532
中信建投证券股份有限公司北京南大红门路证券营业部	丰台区南大红门路15号梅园市场	100076	68759942
中信建投证券股份有限公司北京农大南路证券营业部	海淀区农大南路1号硅谷亮城2号楼A座101室、102室	100084	82349798
中信建投证券股份有限公司北京青年路证券营业部	朝阳区青年路29号院11号楼1层	100123	58777809
中信建投证券股份有限公司北京三里河路证券营业部	海淀区三里河39号	100037	88381545
中信建投证券股份有限公司北京时代花园南路证券营业部	石景山区时代花园南路17号1层	100043	88980277
中信建投证券股份有限公司北京顺义站前街证券营业部	顺义区站前街顺鑫国际商务中心7层	101300	61490987
中信建投证券股份有限公司北京太平桥路证券营业部	丰台区太平桥路华源四里13号楼1层、2层	100073	63259608
中信建投证券股份有限公司北京太阳宫中路证券营业部	朝阳区太阳宫火星园8号楼205门	100028	84150996

中信建投证券股份有限公司北京望京中环南路证券营业部	朝阳区望京中环南路9号望京大厦3号楼	100102	64792977
中信建投证券股份有限公司北京西翠路证券营业部	海淀区西翠路17号院20号楼1层南铺9	100036	68186626
中信建投证券股份有限公司北京燕山燕房路证券营业部	房山区燕房路临99号燕山金融楼	102500	81337718
中信建投证券股份有限公司北京亦庄荣华中路证券营业部	大兴区北京经济技术开发区荣华中路10号A座	100176	57780069
中信建投证券股份有限公司北京远大路证券营业部	海淀区蓝靛厂金源时代购物中心B区2#B座5G室	100097	88871811
中信证券股份有限公司北京安外大街证券营业部	朝阳区安定门外大街1号信义大厦1层	100011	4008895548
中信证券股份有限公司北京北三环中路证券营业部	海淀区北三环中路43－3号	100088	82013236
中信证券股份有限公司北京丰管路证券营业部	丰台区丰管路16号11号楼2层	100071	52217106
中信证券股份有限公司北京复外大街证券营业部	西城区白云路1号3层、8层	100045	63261166
中信证券股份有限公司北京国贸证券营业部	朝阳区建国路甲92号世茂大厦B座5层	100000	84122033
中信证券股份有限公司北京呼家楼证券营业部	朝阳区向军北里28号院1号楼瀚海文化大厦3层	100020	57602571
中信证券股份有限公司北京建国门证券营业部	东城区建国门北大街5号金成建国5号4层	100191	4008895548
中信证券股份有限公司北京南三环东路证券营业部	朝阳区广渠路39号院2号楼7层01单元	100078	87645762
中信证券股份有限公司北京天通苑证券营业部	昌平区天通北苑一区甲4号楼	102218	80127369

中信证券股份有限公司北京望京证券营业部	朝阳区阜通东大街6号院1号楼13层	100102	84785403
中信证券股份有限公司北京紫竹院路证券营业部	海淀区紫竹院路69号中国兵器大厦9层	100089	68966606
中信证券股份有限公司证券营业部	朝阳区亮马桥路48号院4号楼18层	100026	4008895548
中银国际证券有限责任公司北京北四环西路证券营业部	海淀区北四环西路9号银谷大厦607室、609室	100190	82525151
中银国际证券有限责任公司北京宣外大街证券营业部	西城区宣武门外大街甲1号环球财讯中心E座3层	100052	63109966
中邮证券有限责任公司北京西直门北大街证券营业部	海淀区西直门北大街56号生命人寿大厦	100082	82291798
中原证券股份有限公司北京广安门外大街证券营业部	西城区广安门外大街168号朗琴国际大厦8层	100055	83067928
中原证券股份有限公司北京酒仙桥路证券营业部	朝阳区酒仙桥路14号兆维大厦3层	100016	58671108

（4）基金管理公司

机构名称	地　址	邮　编	电　话
长盛基金管理有限公司	海淀区北太平庄路18号北京城建大厦A座20~22层	100088	4008882666
东方基金管理有限责任公司	西城区金融大街28号盈泰商务中心2号楼16层	100140	66578578
道富基金管理有限公司	门头沟区石龙经济开发区永安路20号3号楼3层	102308	85003210
方正富邦基金管理有限公司	西城区太平桥大街18号丰融国际大厦北区11层	100032	4008180990
工银瑞信基金管理有限公司	西城区金融大街丙17号北京银行大厦8层	100140	4008119999

国金通用基金管理有限公司	西城区武定侯街2号泰康国际大厦20层	100033	4000200018
国开泰富基金管理有限公司	怀柔区北房镇幸福西街3号416室	101400	59363299
国寿安保基金管理有限公司	西城区金融大街17号中国人寿中心17层	100033	66221817
华商基金管理有限公司	西城区平安里西大街28号院中海国际中心19层	100035	4007008880
华夏基金管理有限公司	西城区金融大街33号通泰大厦B座3层	100033	4008186666
江信基金管理有限公司	海淀区北三环西路99号西海国际中心1号楼2001－A	100086	57380888
建信基金管理有限责任公司	西城区金融大街7号英蓝国际金融中心16层	100034	4008195533
嘉实基金管理有限公司	建国门北大街8号华润大厦8层	100005	4006008800
泰达宏利基金管理有限公司	西城区金融大街7号英蓝国际金融中心南楼3层	100034	4006988888
英大基金管理有限公司	朝阳区环球金融中心西塔22楼	100020	59112288
银华基金管理有限公司	东城区东长安街1号东方广场东方经贸城中二办公楼15层	100738	4006783333
益民基金管理有限公司	西城区宣武门外大街10号庄胜广场中央办公楼南翼13A	100052	4006508808
中加基金管理有限公司	顺义区仁和镇顺泽大街65号	100070	4000095526
中信建投基金管理有限公司	东城区朝内大街188号	100010	4009108108
中邮创业基金管理有限公司	海淀区西直门北大街60号首钢国际大厦10层	100082	4008801618

（5）基金管理分公司

机构名称	地　址	邮　编	电　话
安信基金管理有限责任公司北京分公司	西城区金融大街15号鑫茂大厦北楼406室	100033	58247688
博时基金管理有限公司北京分公司	建国门内大街18号恒基中心1座23层	100005	65171166－2281

长城基金管理有限公司北京分公司	西城区金融大街7号英蓝国际金融中心916～917室	100033	88091157
长盛基金管理有限公司北京分公司	海淀区北太平庄路18号城建大厦A座9层	100088	82019750
长信基金管理有限责任公司北京分公司	西城区金融大街17号中国人寿中心604室	100033	68042262
大成基金管理有限公司北京分公司	西城区平安里西大街28号中海国际中心1601室	100034	88009300
东方基金管理有限责任公司北京分公司	西城区锦什坊街28号楼2层	100033	66295913
东海基金管理有限责任公司北京分公司	海淀区西三环北路87号15层	100089	88825111
富国基金管理有限公司北京分公司	西城区武定侯6号卓著中心508室	100033	59315289
工银瑞信基金管理有限公司北京分公司	西城区金融大街丙17号北京银行大厦8层805室	100033	66583239
广发基金管理有限公司公司北京分公司	西城区宣武门外大街甲1号环球财讯中心D座11层	100052	68085227
光大保德信基金管理有限公司北京分公司	西城区武定侯街6号卓著中心3层300单元	100020	59111288
国海富兰克林基金管理有限公司北京分公司	西城区武定侯街2号泰康国际大厦1507室	100140	59315299
国联安基金管理有限公司北京代表处	西城区金融大街28号盈泰中心2号楼10层	100033	59312803
国投瑞银基金管理有限公司北京分公司	西城区金融大街7号英蓝国际金融中心815室	100033	66555550－1808
国泰基金管理有限公司北京分公司	西城区金融大街7号英蓝国际金融中心F530室	100033	66555583
汇添富基金管理有限公司北京分公司	西城区金融大街19号富凯大厦B座1703室	100033	66575118－6808
华安基金管理有限公司北京分公司	西城区金融大街7号英蓝国际金融中心522室	100033	57635828
华宝兴业基金管理有限公司北京分公司	朝阳区建国门外大街乙12号双子座大厦西塔2503室	100022	58260601
华泰柏瑞基金管理有限公司北京分公司	西城区太平桥大街丰盛胡同28号中国太平洋保险大厦	100032	66582808

华夏基金管理有限公司北京分公司	西城区复兴门金融街33号通泰大厦B座12层	100033	88066837
海富通基金管理有限公司北京分公司	西城区金融大街7号英蓝国际金融中心南楼621室	100140	59379001
交银施罗德基金管理有限公司北京分公司	西城区金融大街7号英蓝国际金融中心1105室	100140	88091019
建信基金管理有限公司北京分公司	西城区金融大街7号英蓝国际金融中心16层	100033	66228770
金鹰基金管理有限公司北京分公司	西城区西单民丰胡同31号中水大厦303室	100085	68523608
景顺长城基金管理有限公司北京分公司	西城区金融大街7号英蓝国际金融中心608~610室	100033	66555007
嘉实基金管理有限公司北京分公司	朝阳区建国路91号金地中心A座6层	100005	65215359
鹏华基金管理有限公司北京分公司	西城区金融大街甲9号502室	100033	88082426
摩根士丹利华鑫基金管理有限公司北京分公司	西城区太平桥大街18号丰融国际大厦1005室	100032	66155568－6100
南方基金管理有限公司北京分公司	西城区武定侯街6号卓著中心1603室	100140	66573356
融通基金管理有限公司北京分公司	西城区金融街35号国际企业大厦C座1241室	100033	66190928
上投摩根基金管理有限公司北京分公司	西城区金融街大7号英蓝国际金融中心19层1925室	100033	58369199
申万巴黎基金管理有限公司北京分公司	西城区金融大街19号富凯大厦B座1006室	100033	66574332
天弘基金管理有限公司北京分公司	西城区金融大街1号金亚光大厦A座15层	100140	83571789
天治基金管理有限公司北京分公司	西城区金融街19号富凯大厦B703A	100033	66574336
泰达宏利基金管理有限公司北京分公司	西城区金融大街7号英蓝国际金融中心南楼3层	100033	66577868
泰信基金管理有限公司北京分公司	西城区广成街4号金宸国际公寓1号楼305~306室	100033	66212113
兴业全球基金管理有限公司北京分公司	西城区锦什坊街26号恒奥中心C座508室	100033	66218629

信达澳银基金管理有限公司北京分公司	西城区月坛北街26号恒华国际写字楼606室	100045	58569988－8018
新华基金管理有限公司北京分公司	海淀区西三环北路11号海通时代商务中心C1座	100089	68726666－398
易方达基金管理有限公司北京分公司	西城区金融大街20号B座8层	100033	66574311
银华基金管理有限公司北京分公司	东城区东长安街1号东方广场东方经贸城中二办公楼10层	100738	58163000
银河基金管理有限公司北京分公司	西城区西直门外大街1号西环广场T3座15楼B5	100044	58302559
益民基金管理有限公司北京分公司	西城区宣武门外大街10号庄胜广场中央办公楼南翼13A	100052	63101218
中海基金管理有限公司公司北京分公司	西城区复兴门内大街158号远洋大厦F211B	100031	66493586
中欧基金管理有限公司北京分公司	西城区复兴门南大街2号天银大厦A座9层	100031	63082766
中银基金管理有限公司北京分公司	西城区武定侯街2号泰康国际大厦19层	100033	88000688－8605
招商基金管理有限公司北京分公司	西城区丰盛胡同28号太平洋保险大厦B座2层	100033	66290597

（6）基金管理公司理财中心

机构名称	地　址	邮　编	电　话
大成基金管理有限公司投资理财中心	东城区东直门南大街5号中青旅大厦105～106室	100007	85633388
华夏基金管理有限公司北京海淀投资理财中心	海淀区中关村南大街11号光大国信大厦1层	100081	68458998
华夏基金管理有限公司北京朝阳投资理财中心	朝阳区东三环中路39号建外SOHO B座0104室	100022	58693528
华夏基金管理有限公司北京东中街投资理财中心	东城区东中街29号东环广场B座1层	100027	64185181
华夏基金管理有限公司北京科学院南路投资理财中心	海淀区中关村科学院南路新科祥园甲3号	100080	82523197

华夏基金管理有限公司北京崇文投资理财中心	东城区安化寺幸福家园1层	100062	67146300
华夏基金管理有限公司北京西三环投资理财中心	海淀区西三环北路甲35号	100089	68463773
华夏基金管理有限公司北京世纪城投资理财中心	海淀区蓝靛厂时雨园甲2－4号	100089	88892832
华夏基金管理有限公司北京望京投资理财中心	朝阳区望京南湖东园122楼博泰国际商业广场1层F－36号	100102	64743055
华夏基金管理有限公司北京亚运村投资理财中心	朝阳区惠中里103号洛克时代中心1层	100101	84871039
诺安基金管理有限公司投资理财中心	朝阳区光华路甲14号901室	100026	65863688
华夏基金管理有限公司北京东四环投资理财中心	朝阳区八里庄西里100号1幢103号	100025	85869585
华夏基金管理有限公司北京朝外大街投资理财中心	朝阳区朝外大街6号新城国际6号楼101号	100020	65336099

（7）证券投资咨询公司

机构名称	地　址	邮　编	电　话
北京博星投资顾问有限公司	西城区西直门内南小街国英1号大厦	100035	58561100
北京鼎信汇金投资管理有限公司	海淀区中关村东路1号院8号楼C座	100084	65541328
北京东方高圣投资顾问有限公司	朝阳公园南路19号郡王府饭店四宜书屋	100026	65842004
北京股商证券投资顾问有限公司	海淀区巨山路燕西台嘉苑甲15号楼3层	100044	57327758
北京海问咨询有限公司	朝阳区东大桥路8号尚都国际中心1101室	100020	58700055
北京和众汇富咨询有限公司	丰台区南三环西路16号	100066	87562519

北京盛世华商投资咨询有限公司	海淀区北四环西路58号理想国际大厦1610室	100080	64920429
北京首证投资顾问有限公司	海淀区中关村南大街甲56号8至9层A0903室	100007	82871150
北京京放投资管理顾问有限责任公司	西城区西直门外大街135号60号楼301室	100044	62078002
北京金美林投资顾问有限公司	西城区金融大街27号投资广场	100033	84497361
北京中方信富投资管理咨询有限公司	朝阳区东三环北路甲19号嘉盛中心	100022	68575862
北京中富金石投资顾问有限责任公司	朝阳区工体东路20号6层	100022	59670992
北京中和应泰财务顾问有限公司	海淀区大柳树北路17号富海国际港1201室	100081	62129358
北京中资北方投资顾问有限公司	朝阳区北四环中路华严北里8号院1号楼1204房间	100029	52968888
北京指南针科技发展股份有限公司	海淀区学院南路15号16号楼206室	100020	85650803
大连华迅投资咨询有限公司北京分公司	海淀区苏州街18号长远天地C座2－402号	100086	62129358
广证恒生投资咨询有限公司北京分公司	东城区安定门外大街208号三利大厦九楼	100140	66045429
黑龙江荣维投资顾问有限责任公司北京分公司	朝阳区东三环东路9号建外SOHO 9号楼12层	100022	82846645
和讯信息科技有限公司	朝阳区朝阳门大街22号泛利大厦10层	100022	59001777
陕西巨丰投资资讯有限责任公司北京分公司	丰台区南四环西路128号院2号楼1103室	100000	83890556
天相投资顾问有限公司	西城区金融街新盛大厦4～5层	100010	66045666
天一星辰（北京）科技有限公司	东城区后永康胡同17号A211室	100007	51690109

（8）外国证券机构北京代表处

机构名称	地　址	邮　编	电　话
布朗兄弟哈里曼（香港）有限公司北京代表处	朝阳区建国门外大街1号国贸大厦2座20层02～04单元	100004	57832300

城市信贷投资银行有限公司北京代表处	朝阳区东三环北路38号院3号楼2713室	100020	66555590
德意志银行股份有限公司（证券业务）北京代表处	朝阳区建国路81号华贸中心1座写字楼28层2808室	100025	59698088
法国巴黎资本（亚洲）有限公司北京代表处	朝阳区建外大街1号院1号楼2016室	100004	65611118
国浩资本有限公司北京代表处	东城区东直门南大街甲3号	100007	88092244
高盛（中国）有限责任公司北京代表处	西城区金融街大7号北京英蓝国际金融中心17~18层	100033	66273088
汇富金融服务有限公司北京代表处	朝阳区东三环中路7号财富中心写字楼A座801室	100020	65308792
韩国大宇证券股份有限公司北京代表处	朝阳区建国门外大街乙12号双子座大厦东塔26层2602室	100022	65679299
韩国韩亚大投证券股份有限公司北京代表处	朝阳区景华南街5号17层1703B	100020	85906388
韩国三星证券公司北京代表处	朝阳区建国路乙118号京汇大厦910单元	100022	56931690
韩国未来资产证券株式会社北京代表处	朝阳区东三环北路2号2层	100027	58369114
韩国现汽投资证券股份有限公司北京代表处	朝阳区霄云路38号现代汽车大厦802室	100027	84538720
华南永昌综合证券股份有限公司北京代表处	朝阳区建国门外大街1号国贸写字楼1座3628室	100004	65052591
花旗环球金融中国有限公司北京代表处	西城区武定侯大街6号卓著中心18层1801~1803室	100032	59376655
京华山一国际（香港）有限公司北京代表处	东城区建国门内大街18号恒基中心1座1101A室	100005	65182871
加拿大帝国商业银行世界市场公司（证券业务）北京代表处	朝阳区建国门外大街甲12号新华保险大厦15层1532室	100022	65660008
交银国际控股有限公司北京代表处	西城区平安里西大街28号10层	100034	88009798
里昂证券有限公司北京代表处	朝阳区建外大街1号国贸大厦2座25层10C-12单元	100004	59652188

洛希尔中国控股有限公司北京代表处	西城区金融大街7号英蓝国际金融中心9层912A	100033	63212900
蒙特利尔银行利时证券公司北京代表处	朝阳区建国路77号华贸中心3座27层02A～03A室	100025	85881788
摩根士丹利亚洲有限公司北京代表处	西城区太平桥大街18号丰融国际中心1座12层3B单元	100032	83563858
美林国际有限公司北京代表处	朝阳区建国门外大街1号国贸大厦2座3616室	100004	65352726
日本大和证券资本市场株式会社北京代表处	朝阳区华光路1号嘉里中心北楼301～302单元	100020	65006688
日本摩乃科斯证券股份有限公司北京代表处	朝阳区建国门外大街26号2号楼8007室	100022	65286213
日本瑞穗证券股份有限公司北京代表处	朝阳区建国门外大街甲26号长富宫办公楼8011室	100022	65234779
日本三井住友信托银行株式会社（证券业务）北京代表处	朝阳区建国门外大街26号长富宫办公楼5层5011室	100022	65598556
日本野村证券株式会社北京代表处	朝阳区东三环北路5号北京发展大厦1212室	100004	58661888
瑞士信贷（香港）有限公司北京代表处	西城区金融大街甲9号楼1101室	100033	88090588
瑞银证券亚洲有限公司北京代表处	西城区金融大街7号英蓝国际金融中心1121～1123室	100033	58327738
三菱日联证券控股股份有限公司北京代表处	朝阳区东三环北路5号发展大厦	100004	65908770
台湾富邦综合证券股份有限公司北京代表处	朝阳区建国路91号金地中心A座1211室	100022	58658658
新百利有限公司北京代表处	东城区建内大街7号光华长安大厦2座1725室	100005	65179186
香港第一上海融资有限公司北京代表处	东城区建国门内大街7号光华长安大厦1座507B单元	100005	65102588
香港加皇投资理财有限公司北京代表处	西城区金融大街7号英蓝国际金融中心9层925室	100034	65101723
香港摩根大通证券（亚太）有限公司北京代表处	西城区金融大街7号北京英蓝国际金融中心	100033	59318599

香港上海汇丰银行有限公司（证券业务）北京代表处	朝阳区建国门外大街1号国贸大厦1座23层2318室	100004	58661888
香港星展亚洲融资有限公司北京代表处	西城区金融大街7号英蓝国际金融中心5层531室	100033	57529105
香港致富证券公司驻北京代表处	西城区金融大街5号501室B座D单元	100033	66555807
元大宝来证券股份有限公司北京代表处	东城区建内大街7号光华长安大厦2座1722室	100005	65101266
中银国际控股有限公司北京代表处	西城区金融大街28号盈泰中心2号楼15层	100033	66229031
兆丰资本（亚洲）有限公司北京代表处	西城区阜成门外大街2号万通B座2007室	100037	66421618
渣打证券（香港）有限公司北京代表处	朝阳区东三环中路1号环球金融中心东楼1204室	100025	59186317

（9）期货公司

机构名称	地　　址	邮　编	电　话
北京首创期货有限责任公司	西城区闹市口大街1号长安兴融中心4号楼11层	100031	58379300
安信期货有限责任公司	东城区北三环东路36号环球贸易中心A座26层	100013	59113606
第一创业期货有限责任公司	西城区平安里西大街26号新时代大厦4层南侧	100034	63197000
方正中期期货有限公司	朝阳区东三环北路38号院1号楼泰康金融大厦22层	100026	85881181
国都期货有限公司	东城区东直门南大街3号国华投资大厦8层、10层	100007	64008822
格林大华期货有限公司	西城区金融大街35号1号楼	100033	4007009898
冠通期货有限公司	朝阳区朝阳门外大街甲6号万通中心4座18层	100020	62368907
国元期货有限公司	东城区东直门外大街46号1号楼19层1901室	100027	4008888218
华海期货有限公司	海淀区西直门北大街甲43号1号楼1－26－1418号	100044	82211853

宏源期货有限公司	西城区太平桥大街19号4层4B	100034	88085529
京都期货有限公司	西城区德胜门外大街115号德胜尚城E座1层	100088	59366004
金鹏期货经纪有限公司	西城区复兴门内金融街投资广场B座9层	100033	66211412
经易期货经纪有限公司	西城区百万庄北街6号	100037	68331868
民生期货有限公司	东城区建国门内大街28号民生金融中心A座16层	100005	85127599
英大期货有限公司	朝阳区呼家楼京广中心3层301室	100020	51960370
银河期货有限公司	西城区复兴门外大街A2号中化大厦8层	100045	58363266
银建期货经纪有限责任公司	丰台区方庄芳古园一区29号楼	100078	67628621
中钢期货有限公司	海淀区海淀大街8号A座19层	100080	62685676
中国国际期货有限公司	朝阳区建国门外光华路14号1幢	100020	65807810
中粮期货有限公司	东城区东直门南大街5号中青旅大厦15层	100007	59137000
中衍期货有限公司	朝阳区光华路15号院1号楼1804～1807室	100026	57793558

（10）期货公司营业部

机构名称	地　址	邮　编	电　话
北京首创期货有限责任公司北京北辰东路营业部	朝阳区北辰东路8号亚运村1号门	100101	51269918
北京首创期货有限责任公司北京长虹桥营业部	朝阳区东三环北路19号楼601～602室	100020	65082885
北京中期期货有限公司北京西直门营业部	西城区西直门外大街1号院3号楼	100031	66058401
北京中期期货有限公司北京彩和坊路营业部	海淀区彩和坊路8号2层213室	100080	82868079
安粮期货有限公司北京营业部	朝阳区建国路甲92号	100025	85800661

渤海期货有限公司北京营业部	朝阳区朝外大街乙6号朝外SOHO23层2306室	100020	59002617
长江期货有限公司北京建国门北大街营业部	东城区建国门北大街8号华润大厦1层103单元	100005	84682186
长江期货有限公司北京复兴路营业部	海淀区复兴路乙12号	100036	59817091
成都倍特期货经纪有限公司北京营业部	东城区北三环东路36号环球贸易中心D座	100013	58257901
财达期货有限公司北京首体南路营业部	海淀区首体南路20号国兴大厦D座2楼	100044	88315101
财富期货有限公司北京建外大街营业部	朝阳区建国门外大街甲6号爱思开大厦204室	100022	85679699
晟鑫期货经纪有限公司北京东直门外大街营业部	东城区东直门外大街46号天恒大厦1203室	100000	84608408
大地期货有限公司北京西三环北路营业部	海淀区西三环北路89号11层	100048	68731889
大华期货有限公司北京北三环中路营业部	西城区北三环中路6号3栋13层1306室	100120	62366132
大连良运期货经纪有限公司北京永安东里营业部	朝阳区永安东里甲3号院1号楼2207E	100022	65699929
大通期货经纪有限公司北京营业部	朝阳区延静西里2号华商大厦	100025	65914450
大有期货有限公司北京北辰西路营业部	朝阳区北辰西路69号2层2单元	100029	58772051
东方汇金期货有限公司北京营业部	东城区永定门西滨河路8号院7楼东塔5层05单元	100077	59947955
东海期货有限责任公司北京西三环北路营业部	海淀区西三环北路87号9层	100089	88825107
东吴期货有限公司北京东三环中路营业部	朝阳区东三环中路24号楼5层505室	100022	67714238
道通期货经纪有限公司北京蓝靛厂东路营业部	海淀区蓝靛厂东路2号院2号楼2单元B座2F	100097	88596865
方正期货有限公司北京阜外大街营业部	西城区阜成门外大街甲34号2楼	100037	68578987

广发期货有限公司北京营业部	朝阳区安慧里四区15号楼院2号楼12层	100101	64923660
广永期货有限公司北京中关村大街营业部	海淀区中关村大街11号北科置业大厦A1108室	100080	62680482
广州期货有限公司北京营业部	西城区月坛北街26号写字楼410室	100037	58565351
光大期货有限公司北京营业部	西城区月坛北街2号月坛大厦东配楼3层	100045	68084651
格林大华期货有限公司北京建国门外大街营业部	朝阳区建国门外大街乙12号双子座大厦西塔12层1201A	100022	66215759
国金期货有限责任公司北京长椿街营业部	西城区长椿街3号3号楼1层	100031	66218298
国投中谷期货有限公司北京西直门南小街营业部	西城区西直门南小街147号5层	100034	58747656
国泰君安期货有限公司北京建国门外大街营业部	朝阳区建国门外大街乙12号双子座大厦东塔29层	100022	58795788
国信期货有限责任公司北京营业部	朝阳区北辰东路8号汇欣大厦1号楼B0801室	100101	84988801
冠通期货有限公司北京知春路营业部	海淀区知春路118号知春大厦A座1001A室	100086	62578153
弘业期货股份有限公司北京营业部	东城区安定门外大街丁88号9层	100011	68014686
华海期货有限公司北京西直门北大街营业部	海淀区西直门北大街甲43号1号楼2层1－8－07号	100044	82212180
华泰长城期货有限公司北京营业部	朝阳区北三环东路28号易亨大厦1209室	100013	64405199
华闻期货经纪有限公司北京营业部	东城区北京站东街8号4层401～403室	100027	84464120
华西期货有限责任公司北京营业部	东城区建国门内大街18号	100005	65174391
宏源期货股份有限公司北京西直门北大街营业部	海淀区西直门北大街甲43号1幢6层	100044	62296655

海航东银期货有限公司北京新源南路营业部	朝阳区新源南路3号平安国际金融中心B座10层03单元	100020	65974679
海通期货有限公司北京南礼士路营业部	西城区南礼士路66号建威大厦812~815室	100045	68086817
徽商期货有限责任公司北京南竹杆胡同营业部	东城区南竹杆胡同6号楼4层	100010	58641775
江海汇鑫期货有限公司北京朝阳北路营业部	朝阳区东大桥路8号院3号楼12层	100020	57320566
京都期货有限公司北京德胜门外大街营业部	西城区德胜门外大街115号1层B区1009~1012室	100088	59366136
金鹏期货经纪有限公司北京海鹰路营业部	丰台区丰台科学城海鹰路1号院7号楼503室	100070	83681695
金鹏期货经纪有限公司北京太平街营业部	西城区太平街6号富力摩根中心D座1012室、1015室	100050	83132522
金瑞期货有限公司北京营业部	东城区安定门东大街28号楼1号楼D单元1206号	100007	66555673
集成期货有限公司北京朝阳工人体育场北路营业部	朝阳区工人体育场北路8号院1号楼13层	100027	85270310
锦泰期货有限公司北京朝外大街营业部	朝阳区朝外大街26号13层	100020	85653078
经易期货经纪有限公司北京安立路营业部	朝阳区安立路80号1005室	100101	59636980
鲁证期货有限公司北京平安里西大街营业部	西城区平安里西大街28号楼	100028	64402709
美尔雅期货经纪有限公司北京霞光里营业部	朝阳区霞光里15号楼3层309室	100125	84463679
迈科期货经纪有限公司北京朝阳门北大街营业部	东城区朝阳门北大街1号新保利大厦11层C	100010	64082007
民生期货有限公司北京新街口北大街营业部	西城区新街口北大街3号星街坊大厦5层509室	100029	82270085
南华期货有限公司北京营业部	西城区宣武门外大街28号2幢	100052	63514526
上海大陆期货有限公司北京首体南路营业部	海淀区首体南路9号5楼3层0301-02号	100005	65528139

上海东证期货有限公司北京安苑路营业部	朝阳区小关北里45号世纪嘉园5号楼6层	100029	84897986
上海东亚期货有限公司北京营业部	东城区东四十条甲22号1号楼B1018室、B1020室	100007	51690960
上海良茂期货经纪有限公司北京营业部	朝阳区北辰东路8号K座1216～1217室	100101	84970661
上海中财期货有限公司北京西直门外大街营业部	西城区西直门外大街1号院2号楼	100044	82205581
上海中期期货经纪有限公司北京知春路营业部	海淀区知春路106号太平洋国际大厦905～906室	100086	59714689
乾坤期货有限公司北京月坛北街营业部	西城区月坛北街2号月坛大厦A座7层A706～A707号	100045	68083230
申银万国期货有限公司北京劲松九区营业部	朝阳区劲松九区909号楼4楼	100021	67780608
神华期货经纪有限公司北京营业部	海淀区苏州街18号院长远天地大厦4号楼	100080	82613279
天富期货有限公司北京营业部	东城区东中街40号元嘉国际A座	100027	64178233
天风期货经纪有限责任公司北京营业部	朝阳区安贞西里26楼5层503～505室	100026	64414066
万达期货股份有限公司北京营业部	西城区德胜门外大街125号3层301B	100088	59321087
五矿期货有限公司北京东中街营业部	东城区东中街6号东环广场北写字楼6层F号	100027	64185677
信达期货有限公司北京裕民路营业部	朝阳区裕民路12号中国国际科技会展中心A座506室	100029	82252390
新湖期货有限公司北京海运仓营业部	东城区海运仓胡同1号9层901号	100007	64006526
兴证期货有限公司北京西直门北大街营业部	海淀区西直门北大街32号院1号楼6层	100044	62237670
永安期货股份有限公司北京营业部	东城区金宝街58号6层	100005	65120600
一德期货有限公司北京北三环东路营业部	东城区北三环东路36号E栋7层	100013	88312828
英大期货有限公司北京东三环中路营业部	朝阳区呼家楼京广中心3层301室	100020	65978338

银河期货有限公司北京营业部	朝阳区东三环北路38号院4号楼9层	100026	85879509
银河期货有限公司北京航丰路营业部	丰台区航丰路1号院2号楼817室	100070	57799801
新纪元期货有限公司北京东四十条营业部	东城区东四十条68号平安发展大厦4层403室、407室	100027	84263892
中国国际期货有限公司北京中关村大街营业部	海淀区中关村大街27号6层	100080	51905714
中国国际期货有限公司北京朝阳营业部	朝阳区麦子店西路3号1319~1325号	100125	68021677
中钢期货有限公司北京安外大街营业部	东城区安定门外大街甲88号中联大厦701室	100011	64251379
中信期货有限公司北京建国门外大街营业部	朝阳区建国门外大街8号国际财源中心A座8层	100007	57762888
中投天琪期货有限公司北京营业部	朝阳区朝阳门外大街18号丰联广场B座1116~1117室	100020	65880648
中信建投期货经纪有限公司北京营业部	东城区朝阳门北大街6号首创大厦207室	100012	64811867
中融汇信期货有限公司北京营业部	朝阳区东三环中路20号楼10层03~05单元	100022	67766695
中粮期货有限公司北京北辰东路营业部	朝阳区北辰东路8号汇欣大厦A608室	100101	84981579
中衍期货有限公司北京西直门北大街营业部	西直门北大街32号院1号楼5层606室	100082	62269435
招金期货有限公司北京朝阳北路营业部	朝阳区朝阳北路237号楼26层	100125	85951297
招商期货有限公司北京西直门北大街营业部	西城区西直门北大街60号首钢国际大厦5层	100082	82293509
浙江新世纪期货有限公司北京营业部	西城区黄寺大街23号北广大厦1111室	100011	82232918
浙江中大期货有限公司北京营业部	东城区安定门外大街138号地坛大厦	100011	65088218
浙商期货有限公司北京光华路营业部	朝阳区光华路甲14号1幢12层1202~1203室	110023	65082206

（11）外国资产管理类机构北京代表处

机构名称	地　址	邮　编	电　话
澳大利亚罗素投资集团有限公司北京代表处	朝阳区建国门外大街1号国贸写字楼1座21层2105室	100004	65058006
标准人寿投资公司北京代表处	东城区建国门北大街8号华润大厦	100005	58111700
邓普顿国际股份有限公司北京代表处	西城区武定侯街6号卓著中心1100室	100033	88091365
法国安盛投资管理巴黎公司北京代表处	西城区武定侯街6号卓著中心1207室	100033	66525880
法国巴黎资产管理有限公司北京代表处	朝阳区建国门外大街1号国贸大厦20层	100004	65350825
法国东方汇理基金管理公司北京代表处	朝阳区建外大街乙12号双子座大厦西塔办公楼	100022	65632498
法国法盛全球资产管理公司北京代表处	朝阳区工体北路甲6号中宇大厦2001室	100027	59752825
富达基金（香港）有限公司北京代表处	西城区金融大街7号英蓝国际金融中心9层F905A	100034	66553282
宏富投资管理有限公司北京代表处	朝阳区光华路7号汉威大厦A座11A16室	100004	85261820－15
施罗德集团北京代表处	西城区金融大街7号英蓝国际金融中心926室	100034	66555388
美国先锋投资管理公司北京代表处	朝阳区建国门外大街22号赛特大厦810室	100022	65157288
美国桥水投资公司北京代表处	朝阳区建外大街1号国贸大厦47层4701室	100004	57061666
信安环球投资有限公司北京代表处	朝阳区建国门外大街1号16幢4层	100004	64637989
香港贝莱德资产管理北亚有限公司北京代表处	西城区武定侯街6号卓著中心1907室	100032	66190586
香港景顺投资管理有限公司北京代表处	西城区金融大街7号英蓝国际金融中心6层F627单元	100034	66555866
香港摩根资产管理有限公司北京代表处	西城区金融大街7号英蓝国际金融中心19层1926单元	100034	59318486

香港威灵顿环球投资管理有限公司北京代表处	西城区金融大街17号中国人寿中心705～706室	100033	66227600
新加坡富敦资金管理公司北京代表处	西城区金融大街7号英蓝国际金融中心	100034	58332327
新加坡摩根士丹利投资管理公司北京代表处	西城区太平桥大街18号12层	100035	83563893
英国百能投资管理有限公司北京代表处	东城区建国门内大街8号中粮广场B座1201室	100005	65278423
中国（香港）英仕曼投资有限公司北京代表处	朝阳区建国门外大街1号（一期）国贸写字楼1座30层	100004	65059179

4. 保险业机构

（1）中资保险公司

机构名称	地　　址	邮　编	电　话
中国人民财产保险股份有限公司北京市分公司	东城区朝阳门北大街17号	100010	58195001
中国太平洋财产保险股份有限公司北京分公司	西城区复兴门内大街158号远洋大厦F6层	100031	95500
中国平安财产保险股份有限公司北京分公司	西城区金融大街23号平安大厦15层	100140	95512
华泰财产保险有限公司北京分公司	西城区德胜门外大街125号	100088	95509
太平财产保险有限公司北京分公司	西城区太平桥大街丰汇园11号楼丰汇时代大厦东翼9层	100032	95529
中华联合财产保险股份有限公司北京分公司	东城区安外西滨河路18号首府大厦3号楼	100011	95585
永安财产保险股份有限公司北京分公司	朝阳区朝阳北路145号	100022	95502
天安财产保险股份有限公司北京分公司	海淀区复兴路23号城乡华懋15层	100036	68423636
中国大地财产保险股份有限公司北京分公司	海淀区高粱桥斜街59号院6号楼	100082	95590
华安财产保险股份有限公司北京分公司	海淀区紫竹院路81号院3号楼北方地产大厦12A	100089	95556

安邦财产保险股份有限公司北京分公司	朝阳区东三环中路55号富力城双子座B座8层	100020	95569
永诚财产保险股份有限公司北京分公司	东城区广渠门内大街47号雍贵中心A座5层	100062	95552
阳光财产保险股份有限公司北京分公司	通州区九棵树西路92号1层	101121	95510
都邦财产保险股份有限公司北京分公司	朝阳区东三环北路甲2号京信大厦344房间	100027	95586
安盛天平财产保险股份有限公司北京分公司	东城区东直门外大街46号天恒大厦7层	100027	95550
渤海财产保险股份有限公司北京分公司	丰台区南三环西路3号万芳亭公园管理处西配楼	100077	4006116666
安华农业保险股份有限公司北京分公司	朝阳区望京西路50号卷石天地大厦1号楼11层	100102	15810189797
民安财产保险有限公司北京分公司	海淀区莲花池东路53号5层547~551室	100038	95506
中国人寿财产保险股份有限公司北京市分公司	朝阳区朝外大街16号	100020	95519
中银保险有限公司北京分公司	东城区朝阳门内大街2号凯恒中心E座7层701~705单元	100010	4006995566
安诚财产保险股份有限公司北京分公司	东城区白桥大街22号北京工商联大厦2层	100062	62379806
华农财产保险股份有限公司北京市分公司	海淀区万泉庄路28号万柳新贵B座6层东侧	100089	58720450
长安责任保险股份有限公司北京市分公司	西城区西站南路80号院6号楼1层	100073	51336771
英大泰和财产保险股份有限公司北京分公司	朝阳区东三环中路24号乐成中心B座20层	100022	51967588
紫金财产保险股份有限公司北京分公司	海淀区复兴路65号电信实业大厦2层	100039	68189089
信达财产保险股份有限公司北京分公司	海淀区西直门北大街60号首钢国际大厦11层	100082	58072866
浙商财产保险股份有限公司北京分公司	东城区东花市南里东区8号楼4层	100062	87101409
大众保险股份有限公司北京分公司	海淀区西三环北路87号11层	100089	56623600

富德财产保险股份有限公司北京分公司	海淀区西直门北大街56号6层	100082	58978228
中国人寿保险股份有限公司北京市分公司	朝阳区朝外大街16号1号楼23~32层	100020	95519
中国太平洋人寿保险股份有限公司北京分公司	西城区复兴门内大街158号	100031	95500
中国平安人寿保险股份有限公司北京分公司	西城区金融街23号平安大厦	100140	95511
新华人寿保险股份有限公司北京分公司	东城区东四十条68号平安发展大厦	100007	95567
泰康人寿保险股份有限公司北京分公司	朝阳区东三环北路38号院1号楼	100026	85919766
太平人寿保险有限公司北京分公司	海淀区西直门北大街52号太平金融大厦1层	100082	95589
民生人寿保险股份有限公司北京分公司	朝阳区东三环北路38号院2号楼民生大厦6层	100026	95596
生命人寿保险股份有限公司北京分公司	海淀区西直门北大街56号生命人寿大厦4层	100082	82290099
光大永明人寿保险有限公司北京分公司	朝阳区建国门内大街28号民生金融中心	100005	59128000
合众人寿保险股份有限公司北京分公司	朝阳区朝外大街乙12号昆泰国际大厦20层	100022	58797755
中国人民健康保险股份有限公司北京分公司	西城区阜外大街7号国投大厦10层	100037	95591
长城人寿保险股份有限公司北京分公司	西城区高梁桥路6号1层1A1号及2层A区02A1号	100044	59238900
农银人寿保险股份有限公司北京分公司	海淀区苏州街3号大恒科技大厦北座16层1601室	100081	82827788
中国人民人寿保险股份有限公司北京市分公司	海淀区首体南路38号创景大厦六层北区和北配楼1层	100037	4008895518
昆仑健康保险股份有限公司北京分公司	朝阳区建华南路6号院	100022	4008118899
平安养老保险股份有限公司北京分公司	西城区金融街23号平安大厦	100140	95511
华夏人寿保险股份有限公司北京分公司	朝阳区北辰东路8号北京国际会议中心东配楼1层	100101	4007000777

平安健康保险股份有限公司北京分公司	西城区金融大街23号平安大厦810单元	100032	95512
英大泰和人寿保险股份有限公司北京分公司	西城区宣武门外大街28号富卓大厦A座9层	100052	4008895598
信泰人寿保险股份有限公司北京分公司	西城区宣武门西大街甲127号大成大厦5层	100031	52612077
正德人寿保险股份有限公司北京分公司	顺义区华英园9号	101300	68293311
阳光人寿保险股份有限公司北京分公司	通州区云景北里53号C座16层	101101	59753565
幸福人寿保险股份有限公司北京分公司	东城区珠市口东大街13号1层101室	100050	95560
国华人寿保险股份有限公司北京分公司	朝阳区朝阳北路237号复星国际中心5层	100020	59272266
太平养老保险股份有限公司北京分公司	东城区东直门南大街1号北京来福士中心办公楼5层	100700	59579000
百年人寿保险股份有限公司北京分公司	东城区东直门南大街11号华普中心大厦1段A座16层	100007	56759488
泰康养老保险股份有限公司北京分公司	西城区闹市口大街1号院4号楼	100031	59311600
中邮人寿保险股份有限公司北京分公司	西城区阜成门北大街19号	100037	5123009
和谐健康保险股份有限公司北京分公司	朝阳区东三环中路55号楼7层	100022	59229348
安邦人寿保险股份有限公司北京分公司	朝阳区东三环中路55号楼6层	100022	59229719
中融人寿保险股份有限公司北京分公司	西城区丰盛胡同24号楼14层	100033	66290185
中国人寿养老保险股份有限公司北京市分公司	朝阳区朝外大街16号中国人寿大厦19层南区	100020	85659594
建信人寿保险有限公司北京分公司	西城区月坛北街2号	100000	13301396131
中国出口信用保险公司总公司营业部	西城区丰汇园11号楼丰汇时代大厦	100032	66582195
太平再保险有限公司北京分公司	西城区西直门外大街1号院西环广场3号楼	100044	82290701

天安人寿保险股份有限公司	石景山路31号盛景国际广场3号楼A座15~17层	100043	56089000
弘康人寿保险股份有限公司	朝阳区建外大街8号国际财源中心B座7层	100022	57242286

（2）中资保险公司分支机构

中国人民财产保险股份有限公司北京市分公司

机构名称	地　址	邮　编	电　话
东城支公司	东城区王家园胡同16号阳光国际大厦主楼2~5层	100027	65548718
东二环营销服务部	东城区朝阳门北大街17号首层	100010	58195195
东城营业部	东直门外大街42号10层1001室	100010	58195189
分公司营业部	东城区朝阳门北大街17号1~3层	100010	58195671
大型商业风险营业部	东城区朝阳门北大街17号9层	100010	58195101
重点客户营业部	东城区朝阳门北大街17号5层	100010	58195101
国际业务营业部	朝阳区工人体育场北路13号院1号楼19层	100027	66119368
西城支公司	西城区德外大街73号	100010	82027358
责任险营销服务部	西城区教场口街9号院2-2号	100120	82067568
西二环营销服务部	西城区金融大街7号英蓝国际金融中心首层108单元	100010	58195005
直属支公司	西城区西直门南大街2号	100035	66119343
金融街营业部	西城区宣武门西大街甲129号金隅大厦901号	100031	66410024
责任险营业部	西城区教场口街9号院2-2号	100011	82067568
崇文支公司	东城区左安门内大街5号	100061	67199988
花市营销服务部	东城区东花市南里3号楼B06单元	100010	58195122
宣武支公司	西城区菜市口南大街平原里小区20号楼	100010	83526336
宣武支公司菜市口营业部	西城区菜市口南大街平原里小区20号楼223室	100054	63559066
宣武支公司广安门营业部	西城区红居街11号楼1层4号	100050	63478847

朝阳支公司	朝阳区霄云里4号楼	100016	84485276
重要客户营业部	朝阳门北大街17号5层	100010	58195039
朝阳营业部	朝阳区晨光家园306号楼5层	100010	58195039
朝阳支公司姚家园营业部	朝阳区姚家园路72号	100010	84485263
劲松营业部	朝阳区华威里10号楼	100021	13511171171
直属支公司国贸营业部	朝阳区建国门外大街1号国贸中心1座316室	100004	65055209
商务中心区营业部	朝阳区东三环北路19号7层707～708室	100022	58691439
特殊风险营业部	朝阳区驼房营西里甲3#楼	100016	84981988
丰台支公司	丰台区丰台镇东大街11号	100071	63812311
丰台支公司方庄营业部	丰台区南三环中路18号	100010	63867868
丰台支公司云岗营业部	丰台区云岗北区西里甲8号楼101房间	100010	58195189
科学城营业部	丰台区科学城中核路1号03号楼	100010	58195189
石景山支公司	石景山区时代花园南路17号	100043	13801033360
海淀支公司	海淀区阜成路81号	100010	88130263
海淀中关村营销服务部	海淀区知春路111号理想大厦507～508号	100086	82670737
电子商务营销服务部	朝阳区广渠路66号百环家园19号楼1层	100022	87511094
九五五一八营销服务部	朝阳区广渠路66号百环家园19号楼1层	100022	87511094
海淀支公司上地营业部	海淀区上地东里4区1号楼	100010	62973649
海淀营业部	海淀区黄庄中关村大厦1层106～109室	100080	82856779
中关村营业部	海淀区学院南路乙68号5～6层	100010	58195189
海淀支公司会城门营业部	海淀区北蜂窝甲4号	100010	58195988
门头沟支公司	门头沟区新桥大街18号	102300	69842253
房山支公司	房山区良乡政通路6号	100010	89369586
房山支公司房山城关营业部	房山区房山农林路3号	100010	89369586

燕山支公司	房山区燕山迎风街三里金融综合楼	100010	69348877
通州支公司	通州区玉带河大街4号	100010	60560602
电子商务营业部	密云经济开发区云西一街16号12层	100010	58195189
双桥路营业部	朝阳区大黄庄南里甲8号楼205号	100010	58195189
顺义支公司	顺义区新顺南大街	100010	69441295
顺义支公司新顺营业部	顺义区新顺南大街1号	100010	69469340
空港营业部	顺义区天竺镇府前一街32号	101312	69444715
昌平支公司	昌平区城区镇北环路21号	100010	80100933
昌平支公司回龙观营业部	昌平区回龙观镇龙腾苑六区41号楼41-3号	100010	58195039
昌平支公司沙河营业部	昌平区巩华镇巩华城大街76号	100010	80726075
天通苑营业部	昌平区北七家镇天通苑东苑三区2号楼29门	100010	58195039
学院路营业部	海淀区学院南路乙68号7层、8层	100010	82912470
大兴支公司	大兴区黄村兴政路26号	100010	69244765
大兴营业部	大兴区红星区旧宫镇	100010	87965721
经济技术开发区支公司	经济技术开发区同济中路2号103单元、303单元	100176	67883277
怀柔支公司	怀柔区青春路21号	101400	69655446
平谷支公司	平谷区城关镇府前西街16号	100010	69962161
平谷支公司平谷镇营业部	平谷区南独乐河镇同乐路29号	101200	69962161
密云支公司	密云县密云镇鼓楼南大街41号	100010	69051830
延庆支公司	延庆县延庆镇妫水南街路东漂流总站北侧	102100	69177923

中国太平洋财产保险股份有限公司北京分公司

机构名称	地　址	邮　编	电　话
西城支公司	西城区展览馆路3号	100037	88382664
海淀支公司	西城区新外大街2号	100088	66428888
分公司营业部	西城区宣武门外大街甲1号3层	100052	66428888

丰台支公司	西城区广外大街87号	100055	63465943
东城支公司	朝阳区东土城路13号	100013	64483554
朝阳支公司	朝阳区牛王庙霄云路	100016	84482495
商务中心区营业部	朝阳区百子湾路18号楼1层	100022	66428888
石景山区营销服务部	石景山区古城大街特钢公司11区首特创业基地A座1层139号	100043	88609168
房山区营销服务部	房山区良乡长虹西路29号楼1层西侧大厅	102488	89310246
通州支公司	通州区通惠北路25号	101100	66428888
顺义支公司	顺义区仁和地区平各庄村顺通路27号	101300	89493229
昌平支公司	昌平区高科技园区创新路6号	102200	89705469
经济技术开发区支公司	经济技术开发区宏达北路16号1号楼2层	100176	66428888
平谷支公司	平谷区迎宾环岛东南角1号楼商铺－8	101200	83506831

中国平安财产保险股份有限公司北京分公司

机构名称	地　址	邮　编	电　话
怀柔支公司	怀柔区府前街3－2号	101400	13381138102
第一营业部	西城区金融大街23号12层	100140	59700010
崇文支公司	东城区白桥大街22号北京工商联大厦4层408～413室	100062	67161208
第二营业部	朝阳区光华路5号院2号楼15～16层	100020	59710006
丰台支公司	丰台区航丰路1号院2号楼1层A5室、9层909室	100070	59700389
昌平营销服务部	昌平区西环路32－1～32－11号	102200	89787290
房山支公司	房山区良乡政通路8号	102488	89363579
通州营销服务部	通州区富河园4号楼	101125	69559127
顺义营销服务部	顺义区双兴北区甲3号楼	101300	89429155
大兴营销服务部	大兴区黄村镇兴业大街76号	102600	69237831

华泰财产保险有限公司北京分公司

机构名称	地址	邮编	电话
西城支公司	西城区德胜门外大街125号301B	100088	59375972
东城支公司	东城区龙潭路3号翔龙大厦1层A16、5层E17－E23号	100016	87776635
朝阳支公司	朝阳区曙光西里甲6号院8号楼	100028	58679334
海淀支公司	海淀区四季青镇常润路11号院北1号	100089	88468900
房山支公司	房山区良乡地区体育场路6号1号楼底商1层4号	102401	13911238880
通州支公司	通州区梨园路23号	101101	81573879
顺义支公司	顺义区港馨家园50号楼1层2单元	101300	89441566
大兴支公司	大兴区黄村镇永华南里12号楼底商	102600	69244880

太平财产保险有限公司北京分公司

机构名称	地址	邮编	电话
西城支公司	西城区南滨河路27号7号楼18层1810～1811室	100055	66532288
宣武支公司	西城区宣武门大街20号办公1001号	100052	66532288
丰台支公司	丰台区南四环西路188号十五区12号楼2层	100071	83606273
海淀支公司	海淀区蓝靛厂东路2号金源时代商务中心2号楼2单元	100097	88893759
通州支公司	通州区滨河中路10号30幢	101100	66532288

中华联合财产保险股份有限公司北京分公司

机构名称	地　址	邮　编	电　话
西城支公司	西城区莲花池东路106号汇融大夏B座901室	100055	66138483
崇文支公司	东城区夕照寺中街4号A座1层	100061	67100878
宣武支公司	西城区广安门外马连道路11号1001室	100055	63342601
朝阳支公司	朝阳区雅成一里19号楼603室	100123	85517055
丰台支公司	丰台区草桥欣园四区9号楼1层	100067	63899121
石景山支公司	石景山区古城北路5号	100043	68888002
海淀支公司	海淀区彰化路18号冠方大厦4层414室	100097	88471116
房山支公司	房山区良乡镇月华北大街34号	102488	89354988
通州支公司	通州区梨园镇梨园村商业楼	101101	60549180
顺义支公司	顺义区怡馨家园29号楼1层101号	101300	69466176
昌平支公司	昌平区东环路142号	102200	69749500
大兴黄村营销服务部	大兴区黄村镇富强路175号	102600	61219257
经济技术开发区营销服务部	经济技术开发区地盛西路6号BDA国际广场M楼4层	100176	67867121
怀柔支公司	怀柔区富乐北里25号正楼	101400	69632691
平谷支公司	平谷区文化南街9号9-6底商	101200	89989981
密云支公司	密云县新中街189号	101500	89036986

永安财产保险股份有限公司北京分公司

机构名称	地　址	邮　编	电　话
崇文营销服务部	东城区幸福大街甲39号北京德惠俱乐部A楼206房间	100061	67131449
朝阳支公司	朝阳区朝阳北路145号红领巾公园南门西侧办公楼3层东侧	100025	65733688
丰台支公司	丰台区梆子井甲18号5号房	100081	63330864
大兴营销服务部	大兴区滨河北里18号楼	102600	61216628
密云支公司	密云县久润花园东区18号楼底商7号	101500	61098469

天安保险股份有限公司北京分公司

机构名称	地　　址	邮　编	电　话
西城营销服务部	西城区广内广义街5号广益大厦6层	100000	88574538
朝阳营销服务部	朝阳区朝阳北路104号楼2层212室	100020	88574508
丰台营销服务部	丰台区南三环西路16号2号楼1710室	100068	88574755
海淀营销服务部	海淀区阜成路42号院6号楼	100036	88574508
房山营销服务部	房山区苏庄三里16号楼3号底商	102400	13051201381
通州营销服务部	通州区玉带河东街143号	103100	88574858
顺义营销服务部	顺义区仁和镇顺通路27号2号楼	103100	88574867
昌平支公司	昌平区创新路27号3号楼6层	102200	88574832
大兴营销服务部	大兴区兴华大街二段3号院波普中心2号楼2309室	102600	88574506

中国大地财产保险股份有限公司北京分公司

机构名称	地　　址	邮　编	电　话
第一营销服务部	东城区天坛内东里5号1层南	100061	67168378
朝阳支公司	朝阳区育慧西里10号楼3层	100101	64913626
丰台支公司	丰台区星火路1号昌宁大厦20D房间	100070	52262559
顺义支公司	顺义区南法信大街118号院2号楼9层	101399	69450846

华安财产保险股份有限公司北京分公司

机构名称	地　　址	邮　编	电　话
朝阳支公司	朝阳区世纪东方嘉园104楼1层3单元	100023	52097012
望京西路营销服务部	朝阳区望京西路48号院8号楼1层3号商业	100102	84775781

朝阳第一营销服务部	朝阳区世纪东方嘉园104楼1层3单元	100023	52097012
丰台支公司	丰台区青塔西路60号1层02号	100166	1063878976
丰台第一营销服务部	丰台区马家堡东路108号院10号楼1层	100068	58031290
丰台马家堡东路营销服务部	丰台区马家堡东路108号院10号楼1层	100068	58031290
海淀支公司	海淀区紫竹院路81号院北方地产大厦6层604室	100089	88829888
华安财产保险股份有限公司北京市通州支公司	通州区玉桥西里87号1层1底商46号	101101	52101787
通州玉桥西里营销服务部	通州区玉桥西里87号1层	101101	52101787
顺义区营销服务部	顺义区望泉家园12号楼1层2单元	101399	88829888
昌平支公司	昌平区回龙观镇科协家园住宅小区29号楼B座1层2单元	102208	82945885

安邦财产保险股份有限公司北京分公司

机构名称	地　址	邮　编	电　话
东城支公司	东城区安外大街185号京宝大厦	100011	64400919
西城支公司	西城区太平街6号8层	100053	63135727
崇文支公司	东城区幸福大街57号	100000	13910608634
宣武支公司	朝阳区东三环中路55号富力城双子座B座8层	100020	59229229
朝阳支公司	朝阳区东三环中路55号富力城双子座B座8层	100020	59229119
丰台支公司	丰台区航丰路1号院2号楼时代财富大厦1303室	100070	87397686
石景山支公司	石景山区阜石路166号1号楼7层708~709号	100043	59229191
海淀支公司	海淀区西直门北大街32号院枫蓝国际大厦1号楼7层	100088	59229348

房山支公司	房山区良乡拱辰南大街42号楼A座8层801～802室	102401	59229119
通州支公司	通州区云景南大街144号1～2层	101100	13911777910
顺义支公司	顺义区前进花园石门苑18号楼3单元	101300	69443888
昌平支公司	昌平区白浮泉路甲12号1层	102200	80118515
天通苑营销服务部	昌平区东小口镇天通苑一区9号楼4单元2层	102200	80118590
大兴支公司	大兴区兴华大街2段3号院波普中心3号楼121室	102600	59229736
经济技术开发区支公司	经济技术开发区宏达北麓10号万源商务中心2层	100017	59229226
怀柔支公司	怀柔区青春路61号院1号楼-1层13号	101400	69659836
平谷支公司	平谷区平谷镇东方国际公寓5号楼	101200	89983722
密云支公司	密云县长城大厦A段1～2层北侧西	101500	69048098

永诚财产保险股份有限公司北京分公司

机构名称	地　址	邮　编	电　话
西城支公司	西城区闹市口大街1号院长安兴融中心4号楼5层G区	100031	58329555
丰台支公司	丰台区方庄芳群园四区22号楼	100078	67656098
海淀营销服务部	海淀区阜成路28号	100142	88511899
昌平营销服务部	昌平区西环路16号豪恒大厦4层	102200	89783620

阳光财产保险股份有限公司北京分公司

机构名称	地　址	邮　编	电　话
经济技术开发区营销服务部	北京经济技术开发区宏达北路10号万源商务中心	100176	67881920
东城营销服务部	东城区安德路甲61号	100011	84129896

昌平营销服务部	昌平区鼓楼北街5－1～5－20号楼1～2层	102200	69746061
朝阳支公司	朝阳区东三环中路20号楼5层	100022	65308855
中关村营销服务部	海淀区四季青路8号1层	100195	65308855－171
房山营销服务部	房山区良乡嘉瑞通小区3号楼	102401	69351831
通州营销服务部	通州区云景东路437号、甲437号	101100	81571169
顺义营销服务部	顺义区仓上小区37号楼1至2层2单元	101300	69440345
大兴营销服务部	大兴区观音寺南里海北路1号楼	102699	69243065
平谷营销服务部	平谷区迎宾花园小区31号楼10号商铺	101200	69976001
延庆营销服务部	延庆县延庆镇石河营建材城综合楼南大2号	102100	69187890

都邦财产保险股份有限公司北京分公司

机构名称	地　址	邮　编	电　话
朝阳支公司	朝阳区东三环北路甲2号8号楼0524室	100027	84387559

安盛天平财产保险股份有限公司北京分公司

机构名称	地　址	邮　编	电　话
东城营销服务部	东城区东花市南里东区3号楼B07、BF07底商	100062	84608888
石景山支公司	石景山区时代花园南路28号院2号楼1层102号	100000	67159109
怀柔支公司	怀柔区于家园南街6号院2号楼2号、3号	100000	67159109

渤海财产保险股份有限公司北京分公司

机构名称	地　址	邮　编	电　话
朝阳营销服务部	朝阳区松榆南路54号3层旌凯写字楼B区18号、C区22号、26号	100000	87325700
顺义支公司	顺义区府前东街2号1号楼顺建大厦10层1002室	110300	81492122

安华农业保险股份有限公司北京分公司

机构名称	地　址	邮　编	电　话
大兴支公司	大兴区富强路2号1层	102600	64393093
分公司营业部	朝阳区望京西路甲50号1号楼卷石天地大厦A座11层1103单元	100102	64393060
怀柔支公司	怀柔区于家园南街6号院6号楼1层S4	100102	64393196
房山营销服务部	房山区良乡拱辰南大街42号楼1层至2层08号	100102	64393098
通州营销服务部	通州区潞通大街188号	101100	64393098
顺义支公司	顺义区双兴北区甲3号楼3层	101300	69440128
昌平营销服务部	昌平区昌崔路201号楼4层	102200	64393098
平谷营销服务部	平谷区新平北路南侧K栋小区配套商业楼1层	101204	64393098
密云支公司	密云县新南路21号楼1层	101500	69446920
分公司延庆营销服务部	延庆县康安小区30#－03商业楼	102100	69148706

民安财产保险有限公司北京分公司

机构名称	地　址	邮　编	电　话
海淀支公司	海淀区西直门北大街52号太平金融大厦11层	100082	1082299999
平谷支公司	平谷区平谷镇西环南路1号楼3单元2号	101200	1089988225

中国人寿财产保险股份有限公司北京市分公司

机构名称	地　址	邮　编	电　话
东城支公司	东城区鼓楼外大街27号万网大厦4层	100120	84130362
西城支公司	西城区半步桥街48号1层1101房间	100054	63365157
崇文支公司	东城区鼓楼外大街27号万网大厦4层	100120	84130362
宣武支公司	西城区半步桥街48号1层1101房间	100054	63362328
朝阳支公司	朝阳区静安里26号通成达大厦6层	100028	64823368
分公司营业部	朝阳区广渠路3号中水电国际大厦7层701~705室	100124	13901054249
丰台支公司	丰台区方庄芳群园四区21号楼1层118~120号	100078	67680198
海淀支公司	海淀区北四环中路229号海泰大厦3层	100083	82885253
房山支公司	房山区良乡西潞北大街26号	102400	89369695
通州支公司	通州区云景东路417号	101100	81573960
顺义支公司	顺义区双兴北区33号楼1层	101300	69427867
大兴支公司	大兴区兴业街26号5层	100000	85253888

华农财产保险股份有限公司北京市分公司

机构名称	地　址	邮　编	电　话
顺义营销服务部	顺义区宏城花园12号楼1层5单元	101100	89418290
房山支公司	房山区良乡地区苏庄三里	102488	60342185
昌平营销服务部	昌平区昌平镇振兴路28号	102200	80113236
平谷营销服务部	平谷区平三路临1号	101200	13901004167
密云营销服务部	密云县鼓楼东大街3号山水大厦3层西侧	110228	69089777

长安责任保险股份有限公司北京市分公司

机构名称	地　址	邮　编	电　话
朝阳营销服务部	朝阳区望京西园222号楼D-2003	100102	18610488053
丰台支公司	丰台区纪家庙8号22号楼322房间	100070	51336771
海淀支公司	海淀区巴沟南路碧水云天颐园7号楼1层	100082	51336771

英大泰和财产保险股份有限公司北京分公司

机构名称	地　址	邮　编	电　话
大兴支公司	大兴区富强路2号1层104室	102600	51967588
海淀支公司	海淀区厂洼街3号B2028室	100089	51967588
通州支公司	通州区车站路8号2-2室	101199	52047599
顺义支公司	顺义区府前东街2号1号楼顺建大厦6层	101321	51967588
昌平支公司	昌平区北环路2号	102299	51967588
亦庄营销服务部	北京经济技术开发区永昌北路13号1幢5层北侧	100176	51967588
怀柔支公司	怀柔区富乐小区北里25号	101400	51967588

紫金财产保险股份有限公司北京分公司

机构名称	地　址	邮　编	电　话
房山支公司	房山区良乡政通路23号良乡西北关综合楼2层210室	102400	1088612831
平谷支公司	平谷区迎宾花园住宅小区31号楼8号	101200	1088612868

信达财产保险股份有限公司北京分公司

机构名称	地　址	邮　编	电　话
丰台支公司	丰台区马家堡东路71号立业大厦1208室	100068	58072878

顺义支公司	顺义区顺榆路华英园 9 号商业楼 408 室	100082	89425675
昌平支公司	昌平科技园区凉水河路 8 号楼 8－1 室	102200	58072866

浙商财产保险股份有限公司北京分公司

机构名称	地　址	邮　编	电　话
平谷营销服务部	平谷区贾各庄村东南街甲 6 号 1 层 106 号	100000	13911930680

中国人寿保险股份有限公司北京市分公司

机构名称	地　址	邮　编	电　话
电话销售中心	朝阳区朝外市场街 20 号中保大厦 1～3 层	100020	59646677
东城支公司	东城区东中街 32 号楼	100027	65005998
海淀支公司温泉营业部	海淀区温泉镇白家疃西口温泉农机厂院内平房	100095	51799313
西城支公司	西城区后广平胡同 36 号	100035	66168779
西城后广平营销服务部	西城区后广平胡同 36 号	100035	66168576
西城南大安营销服务部	西城区南大安胡同 6 号中宏大厦	100035	66117760
西城阜成门营销服务部	西城区阜外大街 3 号东润时代大厦	100037	68001517
分公司营业部	朝阳区朝外市场街 20 号	100020	85613417
中关村大街支公司	海淀区中关村大街 40 号北京当代商城 9 层	100000	62573189
阜成门支公司	西城区阜成门外大街 3 号国宾花园 6 号楼 3～4 层	100000	68001517
宣武北纬路营销服务部	西城区北纬路 1 号	100050	63188904
朝阳支公司	朝阳区朝外市场街 20 号 11～13 层	100020	65880125
朝阳金台北街营销服务部	朝阳区金台北街 7 号	100026	85994798
朝阳三元桥营销服务部	朝阳区东三环北路辛 2 号迪阳大厦	100027	84536263

安贞营销服务部	东城区安定路 20 号 5 号楼 329 室	100029	64450657
朝阳朝外营销服务部	朝阳区朝外大街22 号泛利大厦 4 层	100020	65805097
金台路营销服务部	朝阳区金台北街 7 号 1 号楼 5 层、6 层	100026	65005998
丰台支公司	丰台区王佐镇福宫路 8 号第2～4 层	100000	83315147
丰台西四环南路营销服务部	石景山区鲁谷路 74 号中国瑞达大厦	100040	68867453
丰台云岗营销服务部	丰台区王佐镇福宫路 8 号	100074	83315147
海淀中关村大街营销服务部	海淀区中关村大街 32 号蓝天和盛大厦 16 层	100088	82027470
金融大街营销服务部	西城区金融大街 12 号 1 层	100032	66575339
石景山支公司	石景山区玉泉路玉泉大厦	100049	69855044
石景山营销服务部	石景山区石景山路 22A 座	100049	88255987
海淀支公司	海淀区知春路 20 号	100088	62056697
第六营销服务部	海淀区西三环北路 72 号 29 层 1－10 号	100078	88820495
昌平西三旗营销服务部	昌平区科技园区创新路 5 号 2 楼第一职场	102200	69723494
海淀黄庄营销服务部	海淀区中关村大街 32 号 16 号	100086	88820495
知春路营销服务部	海淀区知春路 6 号锦秋国际大厦 B 座 502 室	100098	82800967
第七营销服务部	海淀区西三环北路 72 号 29 层 1－10 号	100048	88820495
海淀万柳中路营销服务部	海淀区万柳中路 15 号楼 2 层	100086	88255987
海淀区世纪城营销服务部	海淀区蓝靛厂时雨园甲 2 号 92 层	100086	68001517
金台路营业部	朝阳区金台北街 7 号 1 号楼 1 层	100026	65005998
门头沟支公司	门头沟区滨河路 64 号	102300	69855044
门头沟滨河营销服务部	门头沟区滨河路 64 号	102300	69861404
门头沟清水营销服务部	门头沟区清水镇下清水村东街 105 号	102300	69861404
房山支公司	房山区良乡西潞北大街 26 号	102488	89350159

房山良乡营销服务部	房山区良乡西潞北大街26号	102488	89350161
房山兴房营销服务部	房山区城关街道兴房大街2号院	102488	89350161
北纬路营业部	西城区北纬路1号	100000	83160052
丰台支公司海鹰路营业部	丰台区海鹰路5号赛欧创业孵化广场2层西厅205室	100070	68001517
通州支公司	通州区玉带河大街22号	101100	69545575
通州次渠营销服务部	通州区次二村南6号1幢	101111	69516373
通州漷县营销服务部	通州区漷县镇	101100	69516371
通州马驹桥营销服务部	通州区马驹桥镇潼关一区311号	102600	69516373
通州西集营销服务部	通州区西集镇中心街	101100	69516371
通州永乐店营销服务部	通州区永乐店镇	101100	69516371
通州张家湾营销服务部	通州区张家湾镇太玉园B区028店铺	101100	69516371
顺义支公司	顺义区府前东街2号	101300	69466735
顺义站前街营销服务部	顺义区府前东街2号	101300	81481249
顺义杨镇营销服务部	顺义区杨镇双阳南区	101300	81481249
昌平支公司	昌平区昌平镇创新路5号	102200	69723494
昌平鼓楼营销服务部	昌平区昌平镇创新路5号	102200	69746402
昌平政府街营销服务部	昌平区政府街18号保险招待所1楼	102200	69746402
南口营销服务部	昌平区科技园区创新路5号2楼202室	102200	69723494
昌平小汤山营销服务部	昌平区科技园区创新路5号4楼405号	102200	69723494
昌平十三陵营销服务部	昌平区科技园区创新路5号4楼第四职场	102200	69723494
昌平天通苑营销服务部	昌平区东小口镇天通苑二区4号楼6门	102200	69746402
昌平东小口营销服务部	昌平区东小口镇天通苑西苑10号楼	102200	69746402
昌平昭陵村营销服务部	昌平区长陵镇昭陵村村中93号	102200	69746402
大兴支公司	大兴区兴业大街三段26号	102600	69295431
大兴红星营销服务部	大兴区旧宫镇旧宫东路49号	102600	69295431
大兴黄村营销服务部	大兴区兴业大街三段26号	102600	69295431

大兴瀛海营销服务部	大兴区瀛海镇东一村东一路3号	102600	69295431
经济技术开发区支公司	北京经济技术开发区路东区经海五路58号院5幢3层307室	100023	65005998
怀柔支公司	怀柔区商业街2号	101400	69648447
怀柔商业街营销服务部	怀柔区商业街2号	101400	69641944
平谷支公司	平谷区金谷园21号楼16号	101200	69984204
平谷府前大街营销服务部	平谷区金谷园21号楼16号	101200	89980552
密云支公司	密云县滨河路	101500	69025757
密云东邵渠营销服务部	密云县东邵渠村政府大街道南	101500	69053372
密云滨河路营销服务部	密云滨河路22号	101500	69053372
密云新城子营销服务部	密云县新城子镇新城子村	101506	69024089
密云太师屯营销服务部	密云县太师屯镇永安街149号楼9号	101500	69053372
密云河南寨营销服务部	密云县河南寨镇芦古庄村	101500	69041890
密云十里堡营销服务部	密云县明珠花园小区6号楼1层4单元	101500	69041890
密云巨各庄营销服务部	密云县巨各庄镇八家庄村	101500	69041890
密云卸甲山营销服务部	密云县西田各庄镇卸甲山村	101511	69024089
延庆支公司	延庆县东外大街62号	102100	69180493
延庆东外大街营销服务部	延庆县东外大街62号楼4层	102100	69176734

中国太平洋人寿保险股份有限公司北京分公司

机构名称	地址	邮编	电话
东城支公司	东城区民旺园小区31号楼强佑大厦7~8层	100013	83955386
西城支公司	西城区西外大街新兴东巷甲15号	100044	64248137
东城区东四营销服务部	东城区东四前炒面胡同33号瀚海科技大厦A座8~9层	100010	52190686
复兴门营销服务部	西城区复兴门内大街158号远洋大厦G层	100031	66418855
朝阳支公司	朝阳区安贞里二区1号楼	100029	64450228

海淀支公司	海淀区复兴路甲23号城乡华懋13层	100081	68298258
中关村支公司	海淀区中关村南大街10号银海大厦5层	100081	68910665
通州支公司	通州区翠屏北里35号楼	100031	66418855
顺义支公司	顺义区仓上街2号AMB大厦	101300	83955205
昌平支公司	昌平区昌平镇西环路29号	102200	83955208
大兴支公司	大兴区兴创大厦12层	102600	83955208
密云支公司	密云县新中街42号	101500	69085902

中国平安人寿保险股份有限公司北京分公司

机构名称	地　址	邮　编	电　话
朝阳健德门桥营销服务部	朝阳区裕民路12号1号楼中国国际科技会展中心办公区A座14层	100029	82270314
东城东方广场营销服务部	东城区东单三条8号东方广场东配楼6~9层	100005	65131916
东城雍和宫营销服务部	东城区藏经馆路11号	100007	84047556
朝阳亮马桥营销服务部	朝阳区新源南路1－3号B座5~6层	100004	65599799
丰台科丰桥营销服务部	丰台区科学城中核路1号03号楼	100070	59730019
东城东四营销服务部	东城区前炒面胡同33号瀚海科技大厦A座6~7层	100010	59730012
东城东便门营销服务部	东城区建国门南大街5号金龙大厦	100005	65590100
西城西单营销服务部	西城区背阴胡同甲35号2~5层	100031	59730019
东城鼓楼营销服务部	东城区东水井胡同5号楼6层	100010	59730019
刘家窑龙兴营销服务部	丰台区方庄芳群园三区11号芳群商务会馆5层南侧区域	100078	59730019
丰台开阳桥营销服务部	丰台区开阳路1号院瀚海花园大厦8层、9层	100069	59730019
国峰营销服务部	朝阳区青年路西里国美第一城3号院7号楼国峰时代2层	100123	59730012

石景山玉泉路营销服务部	石景山区石景山路3号玉泉大厦2层及3层西侧	100039	88255348
海淀北太平庄营销服务部	海淀区北太平庄路2号	100088	62370717
西城区宣武门营销服务部	西城区宣武门东大街24号	100051	63156604
海淀苏州桥营销服务部	海淀区小南庄路怡秀园甲1号A楼3层、4层	100089	59730012
海淀甘家口营销服务部	海淀区三里河路17号	100037	88392258
西城新街口北大街营销服务部	西城区新街口北大街3号星街坊大厦	100035	59731452
海淀区寰太营销服务部	海淀区中关村南大街甲12号寰太大厦11层	100081	59730300
房山城关营销服务部	房山区燕房路20号楼	102400	89332777
房山良乡营销服务部	房山区良乡地区拱辰北大街3号	102400	89361738
房山良乡西潞营销服务部	房山区拱辰街道西潞南大街5号3层302号	102401	59730012
通州西海子营销服务部	通州区九棵树东路	101101	13331189508
顺义龙府营销服务部	顺义区站前北街78号1号	101300	69438196
通州恒通营销服务部	通州区梨园镇九棵树东路107号泉蔷佳苑小区A栋底商	100029	59730012
昌平永安营销服务部	昌平区西环路16号3层及1层06号房间	102200	89747067
昌平西环路营销服务部	昌平区北环路2号院金兰大厦B座302房间	102200	59730019
昌平天通苑营销服务部	昌平区天通北苑北一区甲5号	102218	81771172
大兴区兴政营销服务部	大兴区黄村镇兴政街南区政府对面	102600	69206377
瀚海营销服务部	海淀区远大路上河村元吉商务楼	100097	59730012
怀柔梅苑营销服务部	怀柔区青春路梅苑小区8号楼3门、2门	101400	69627147
平谷金乡路营销服务部	平谷区金乡路1号雅美奇商厦第2层	102600	89991511
密云鑫盛营销服务部	密云县鼓楼北大街10号	101500	69064589

延庆板泉路营销服务部	延庆板泉路26号鑫妫川购物中心	102100	69175097

新华人寿保险股份有限公司北京分公司

机构名称	地　址	邮　编	电　话
保福寺营业部	海淀区中关村东路18号财智国际大厦1号楼3层	100083	52725350
和平里支公司	朝阳区东土城路14号建达大厦	100013	84189000
西城支公司	西城区西直门南大街2号成铭大厦5层	100035	66513028
西城新外大街营销服务部	西城区新街口外大街12号	100088	62079903
彰化路营销服务部	海淀区彰化路18号冠方大厦3层	100097	88485699
东城支公司	西城区崇外大街新怡家园甲3号楼7层	100062	67087388
朝阳支公司	朝阳区团结湖南里15号恒祥大厦写字楼6层	100026	51399522
丰台支公司	丰台区莲花池西里11号3层	100073	84189000
丰台南苑营销服务部	丰台区和义东里三区九号楼1层、3层	100076	67942808
石景山支公司	石景山区石景山路23号院16号楼中础大厦B座4层	100040	68684601
海淀支公司	海淀区花园路2号牡丹科技大厦2层	100088	82282766
海淀支公司学院南路营业部	海淀区中关村南大街12号中国农业科学院内综合科研楼	100081	62215601
德外营业部	西城区新街口外大街8号5幢C座写字楼	100875	62079905
会城门营销服务部	西城区莲花池东路106号汇融大厦2单元801~807号、1007号	100055	84189229
房山支公司	房山区城关街道办事处东大街北侧福胜家园1号楼19号	102400	89369406
回龙观营销服务部	昌平区回龙观西大街118号龙冠置业大厦A座1层A103－3号	102208	59812418

通州支公司	通州区云景东路1号园景商业公建C段南配楼3~4层	101100	84189000
潘家园营销服务部	朝阳区松榆北路7号院11号楼2层	100021	67498953
顺义支公司	顺义区仓上街2号智能大厦B区9层	101300	69424945
昌平支公司	昌平区西环南路78号	102200	80107796
大兴支公司	大兴区金苑路3号金融大厦2层B01室	102628	69299932
怀柔营销服务部	怀柔区迎宾北路1号4层	101400	69544778
平谷支公司	平谷区平谷镇府前西街5号渔阳大厦	101200	69970193
密云鼓楼营销服务部	密云县果园新里北区综合楼东侧1层	101500	69068746
延庆营销服务部	延庆县延庆镇高塔街58号5层	102100	69148752

泰康人寿保险股份有限公司北京分公司

机构名称	地　址	邮　编	电　话
杨镇营销服务部	顺义区杨镇地区一街村委会南500米	100000	81484491
电话销售中心恒基中心	东城区建国门内大街18号恒基中心商场2层	100005	65181107
电话销售中心昌平中心	昌平区北清路中关村生命科学园10－1泰康总部基地1层	102200	61047899
电话销售中心	东城区建国门内大街18号恒基中心商场2层00Z号	100005	65181107
四季青营销服务部	朝阳区吉庆里6号楼3层	100031	66428866
上地营销服务部	海淀区北四环西路67号大地科技大厦0511~0513室	100031	66428866
东城支公司	朝阳区朝外大街19号华普国际大厦16层西区	100026	85730093
西北旺营销服务部	海淀区马连洼梅园甲3号楼3单元102号室	100085	63287695
长安支公司	东城区建国门内大街18号北京恒基中心商场2层00Z号铺位	100026	85730093
西城支公司	西城区高梁桥路6号5号楼	100000	85730093

宣武支公司	西城区广安门内广义街7号10层	100053	66428866
朝阳广渠路支公司	朝阳区广渠路南侧44号北人泽洋大厦4层北侧商业楼4010号	100022	63283349
朝阳安定路营销服务部	朝阳区安定路39号长新大厦711室、713室	100000	66428866
朝阳支公司	朝阳区建外SOHO 9号楼33层、SOHO 23号楼B－32层	100031	66428866
丰台支公司	丰台区宋庄路71号院1号楼13层1601室、1602室	100026	85730093
石景山支公司	石景山区石景山路22号万商大厦2015室、2016室	100000	68655969
西城西直门外大街营销服务部	西城区西直门外大街6号中仪大厦818室	100026	85730093
海淀支公司	海淀区中关村南大街2号北京科技会展中心数码B座	100000	51626811
门头沟支公司	门头沟区霁月园8号楼	102300	69852175
窦店支公司	房山区窦店镇窦店村	100026	85730093
房山城关营销服务部	房山区城关街道农林路1号1层05号	100000	85730093
琉璃河营销服务部	房山区琉璃河东街8号	100031	66428866
阎村营销服务部	房山区阎村镇大董村村委会商业楼2号	100000	89360165
燕化星城营销服务部	昌平区昌平镇鼓楼西街11号楼	102200	69724975
房山支公司	房山区拱辰街道月华大街1号	102401	89362945
房山燕山营业部	房山区燕山迎风南路甲6号楼	100000	69390236
西城第三营销服务部	西城区西直门南大街2号成铭大厦	100031	66428866
西集营销服务部	朝阳区东三环北路38号院1号楼10层	100026	85730093
管庄营销服务部	朝阳区建东苑18号楼	100000	89501622
通州支公司	通州区通惠南路6号8号楼4层1～2室、10号楼3层9室	100000	89501672
大孙各庄营销服务部	顺义区大孙各庄镇府前街7号	100000	81484491
顺义支公司	顺义区站前东街商业楼2号楼	101300	81484491
天通苑营销服务部	昌平区天通苑一区9号楼16单元	100031	66428866

回龙观营销服务部	昌平区建材路西城 87 号 2 号楼 19 层 2 单元	100031	66428866
昌平支公司	昌平区龙水路 22 号院 1－13 号楼	100026	85730093
西城第一营销服务部	西城区西直门南大街 2 号成铭大厦 C19 层	100026	85730093
大兴支公司	大兴区双河南里甲 15－1 号 2 ~3 层	100000	85730093
怀柔支公司	怀柔区迎宾中路 1 号 5 层	100026	85730093
平谷区文化南街营销服务部	平谷区平谷镇文化南街 3 号楼	100000	69980214
平谷支公司	平谷区建设西街 17 号	100026	85730093
溪翁庄营销服务部	密云县溪翁庄镇碧水花园 1 楼	101512	13241631663
河南寨营销服务部	密云县河南寨镇政府北侧	101500	13681433084
密云支公司	密云县鼓楼东大街山水大厦1～2 层	100000	69087811
延庆妫水北街营销服务部	延庆县妫水北街县工会南侧	100000	69184944
西城第二营销服务部	西城区西直门南大街 2 号成铭大厦 C2205 室	100026	85730093
延庆支公司	延庆县延庆镇高塔街 66 号 3 层	102100	69181004

太平人寿保险有限公司北京分公司

机构名称	地　址	邮　编	电　话
大兴支公司	大兴工业开发区金苑路 3 号多元商务大厦 3 层西侧	102600	60212006
东城支公司	东城区朝阳门北大街 6 号首创大厦 5 层	100022	65663987
海淀支公司	海淀区西直门北大街 52 号太平金融大厦 5～8 层	100082	82299500
良乡营销服务部	房山区良乡地区拱辰大街 90 号	102488	69367035
通州营销服务部	通州区通惠南路六号 8 号楼 3 层	101100	52338222
顺义营销服务部	顺义区仓上小区 37 号楼 3 层 3 单元	101300	81490702

昌平营销服务部	昌平区水库路G5号配套公建楼4层	102200	69721296
平谷营销服务部	平谷区平谷镇新开街30号楼	101200	69985817
密云营销服务部	密云县鼓楼东区1号楼	101500	69040149

民生人寿保险股份有限公司北京分公司

机构名称	地　　址	邮　编	电　话
西城营销服务部	西城区德胜门外新风街2号天成科技大厦A座403室	100088	59206914
顺义营销服务部	顺义区站前东街商业楼2号楼	101300	69427824
朝阳营销服务部	朝阳区霞光里9号1层	100125	84681379
海淀支公司	海淀区中关村南大街17号3号楼610室	100081	88579622
房山营销服务部	房山区良乡太平村232号	102488	69363879
通州营销服务部	通州区通胡大街甲3号8层256单元08B	101117	80886731
昌平营销服务部	昌平区东小口镇天通东苑三组团3号楼101号	102218	59206426
怀柔支公司	怀柔区金台园甲56号5楼	101400	69698467
平谷营销服务部	平谷区新平北路51号	101200	69986013
密云营销服务部	密云县新东路277号2层	101500	69080153

生命人寿保险股份有限公司北京分公司

机构名称	地　　址	邮　编	电　话
东城营销服务部	东城区王家园胡同十号金泰商之苑大厦2层	110101	65516830
石景山营销服务部	石景山区鲁谷路35号冠辉大厦3层	100082	68668323
门头沟营销服务部	门头沟区滨河路127号	110109	58978171
通州营销服务部	通州区云景北里52号楼1709～1712号	101100	80855207
顺义营销服务部	顺义区龙府花园11号楼4层	110113	82290099
昌平营销服务部	昌平区昌平镇昌盛园一区15号楼11号底商	102200	58978171
大兴营销服务部	大兴工业开发区金苑路3号	102600	61273570

延庆营销服务部	延庆县延庆镇妫水北街46号底商	102119	58978166

光大永明人寿保险有限公司北京分公司

机构名称	地　　址	邮　编	电　话
东城营销服务部	东城区东中街29号东环广场B座	100027	64152828
丰台营销服务部	丰台区宋庄路71号院1号楼扑满山大厦第8~9层	100079	59128352
东单营销服务部	东城区东单三条8-16号东方广场东配楼10层	100005	59128352
顺义第二营销服务部	顺义区石园南区33号楼4单元301室	101300	89440377
顺义营销服务部	顺义区石园南区33号楼4单元13层1304室	101300	89448534
昌平营销服务部	昌平区西环路25号蓝郡嘉苑沿街商业4层	102200	80119273
良乡营销服务部	房山区拱辰街道西潞南大街5号同方大厦5层	102488	69351736

合众人寿保险股份有限公司北京分公司

机构名称	地　　址	邮　编	电　话
北京电话销售中心	海淀区杏石口路9号合众大厦1层	100195	59949733
神路街营销服务部	东城区东水井胡同11号楼4层5A11室	100010	58797755
朝阳门营销服务部	朝阳区朝外大街乙12号昆泰国际大厦21层	100020	58797755
海淀营销服务部	海淀区杏石口路9号1幢1层101室	100195	58797755
房山营销服务部	房山区良乡地区月华大街8-B号楼	102488	89369947
通州营销服务部	通州区翠景北里1号楼1011号	101100	52102550
顺义营销服务部	顺义区南法信大街118号院天博中心C座3902号	101300	69440460

昌平营销服务部	昌平区天通苑东一区6号楼	102218	13601331948
大兴营销服务部	大兴区黄村镇兴丰大街三段89号5层5020号	102600	69261418
平谷营销服务部	平谷区平谷镇新平东路7号	101200	89981078

中国人民健康保险股份有限公司北京分公司

机构名称	地　址	邮　编	电　话
第一营销服务部	西城区阜外大街7号国投大厦7层712室、713室	100037	59867903
西城营业部	西城区阜成门外大街7号国投大厦7层712室	100037	59867903
房山营销服务部	房山区良乡拱辰南大街42号楼A座商住楼9层6单元	102401	59867888
第三营销服务部	通州区新城东里7号楼2层	101100	59867888
第五营销服务部	顺义区仓上街2号智能大厦A区2层209室	101300	59867903
怀柔营销服务部	怀柔区迎宾中路36号楼4层楼梯北侧	101400	69687796
第二营销服务部	平谷区建设西街17号1幢	101200	89999305

长城人寿保险股份有限公司北京分公司

机构名称	地　址	邮　编	电　话
良乡营销服务部	房山良乡拱振大街47号拱振大厦6层	102401	69375838

农银人寿保险股份有限公司北京分公司

机构名称	地　址	邮　编	电　话
西城区马甸营销服务部	西城区黄寺大街甲23号院1号楼	100011	82235606
第四营销服务部	海淀区苏州街3号大恒科技大厦北座5层	100080	82828899
第二营销服务部	海淀区苏州街3号5层501室	100080	82827788
第三营销服务部	海淀区苏州街3号5层501室	100080	82827788

中国人民人寿保险股份有限公司北京市分公司

机构名称	地址	邮编	电话
经济技术开发区支公司	大兴区亦庄经济技术开发区宏达北路12号创业园区A座一区3层	100176	58892518
东城支公司	东城区东四北大街343号瑞城亿兴大厦第9层	100010	13601131937
朝阳支公司	朝阳区惠新里3号楼C座3层	100013	58892518
丰台支公司	丰台区丰北路甲45号楼111房间、115房间	100073	57128971
西城支公司	西城区北三环中路6号伦洋大厦10层1002房间	100120	13401024501
海淀支公司	海淀区上地信息产业基地上地三街1号楼4层A段409号房间	100085	58892518
房山区营销服务部	房山良乡地区良乡西路21号3层	102488	13810236566
通州支公司	通州区通惠南路6号10号楼3层5－1号室	101100	52338008
顺义区营销服务部	顺义区石垣南区33号楼10层4单元1004房间	101300	13051380170
昌平支公司	昌平区科技园区凉水河路8号楼4层401～419室	102200	13661318151
大兴区营销服务部	大兴区康庄路28号12层	102600	58503737－6013
怀柔支公司	怀柔区迎宾中路36号3层	101400	69688589
平谷区营销服务部	平谷区保安街61号	101200	69963051
密云县营销服务部	密云县鼓楼东大街27号信远大厦写字楼4层	101500	89086316
延庆县营销服务部	延庆县龙庆南路6号2幢	102100	60168368

昆仑健康保险股份有限公司北京分公司

机构名称	地址	邮编	电话
电话销售中心	东城区珠市口东大街2号万商汇数码城4层	100026	59296105

第二营销服务部	朝阳区建国路7号7层0701内A706号	100024	85931043

华夏人寿保险股份有限公司北京分公司

机构名称	地　址	邮　编	电　话
电话销售中心	东城区南竹竿胡同6号楼8层	100010	4008004008
宣武营销服务部	西城区宣外大街6号庄胜广场北楼东翼1528号	100052	63106600
大兴营销服务部	大兴区枣园东里40号楼11层2单元	102600	69236985
密云营销服务部	密云县密云镇鼓楼东大街29号粮贸大厦9层西侧	101500	63106600

英大泰和人寿保险股份有限公司北京分公司

机构名称	地　址	邮　编	电　话
朝阳营销服务部	朝阳区东三环南路甲52楼顺迈金钻6层B2室	100022	13910091746
海淀营销服务部	海淀区永定路乙1号院乐府商务大厦402室	100080	58977852
昌平营销服务部	昌平区西环路32－1号至32－11号1~2层	102200	13911737317

信泰人寿保险股份有限公司北京分公司

机构名称	地　址	邮　编	电　话
西城营销服务部	西城区宣武门西大街甲127号大成大厦12A层07号	100037	52612004
房山营销服务部	房山区拱辰大街98号10层	102488	18701328566
大兴营销服务部	大兴区枣园东里40号楼12层3单元	102627	18701328566

阳光人寿保险股份有限公司北京分公司

机构名称	地　址	邮　编	电　话
朝阳保险电话销售中心	朝阳区东三环中路16号京粮大厦	100022	59046980
通州保险电话销售中心	通州区通胡大街25号10号楼第4层	101117	57240682
东城支公司	东城区灯市口大街50号好润大厦	100006	65268111
朝阳营销服务部	朝阳区东三环中路20号乐城中心A座8层	100022	65268111
石景山支公司	石景山区石景山路22号万商大厦1210~1212房间	100043	68651225
顺义支公司	顺义区双兴北区33#	101300	65268111

幸福人寿保险股份有限公司北京分公司

机构名称	地　址	邮　编	电　话
第一营销服务部	东城区珠市口东大街13号1层102室	100050	67094550
海淀支公司	海淀区西直门北大街32号院2号楼409房间	100082	85239988

国华人寿保险股份有限公司北京分公司

机构名称	地　址	邮　编	电　话
宣武营销服务部	朝阳区朝阳北路237号复星国际中心5层	100020	59272200

百年人寿保险股份有限公司北京分公司

机构名称	地　址	邮　编	电　话
东城营业部	东城区东直门南大街11号华普中心大厦1段A座16层1601室	100007	56759488

泰康养老保险股份有限公司北京分公司

机构名称	地　　址	邮　编	电　话
南站营销服务部	丰台区北京南站高架层西侧西A－1区域	100031	59311709

和谐健康保险股份有限公司北京分公司

机构名称	地　　址	邮　编	电　话
朝阳支公司	朝阳区东三环中路55号楼5层	100022	13910633133

安邦人寿保险股份有限公司北京分公司

机构名称	地　　址	邮　编	电　话
朝阳支公司	朝阳区青年路27号院2号楼2号底商	100025	59229989

（3）外资保险公司

机构名称	地　　址	邮　编	电　话
长生人寿保险有限公司北京分公司	西城区平安里西大街28号中海国际中心	100034	63220122
东京海上日动火灾保险（中国）有限公司北京分公司	朝阳区建国门外大街8号国际财源中心A座33层02单元	100022	59138879
法国再保险公司北京分公司	朝阳区建国门外大街1号国贸1座1215～1220室	100004	65055238
国泰财产保险有限责任公司北京分公司	西城区宣武门外大街甲1号环球财讯中心大厦412室、413室	100052	59336888
国泰人寿保险有限责任公司北京分公司	东城区白桥大街15号4层	100062	59620678
工银安盛人寿保险有限公司北京分公司	朝阳区建国路116号招商局大厦R2楼2层	100022	4006705566
恒安标准人寿保险有限公司北京分公司	朝阳区霄云路26号鹏润大厦	100016	59235588

华泰人寿保险股份有限公司北京分公司	西城区德胜门外大街125号德胜尚城大厦B座	100088	4008895509
海康人寿保险有限公司北京分公司	朝阳区工体北路甲2号盈科中心A座12层1210~1217A室	100027	58164868
汇丰人寿保险有限公司北京分公司	朝阳区建国门外大街8号国际财源中心西塔楼A座11层	100022	59860000
利宝保险有限公司北京分公司	朝阳区建国路77号华贸中心3号楼9层	100025	59100788
交银康联人寿保险有限公司北京市分公司	西城区平安里西大街28号中海国际大厦9层906~909单元	100034	13661152272
慕尼黑再保险公司北京分公司	朝阳区建外大街2号银泰中心C座	100022	85919999
美亚财产保险有限公司北京分公司	朝阳区光华路7号汉威大厦A座	100004	59692888
日本财产保险（中国）保险有限公司北京分公司	朝阳区东三环中路1号环球金融中心东楼406室、407室	100020	59817500
瑞士再保险股份有限公司北京分公司	朝阳区建国门外大街乙12号双子座大厦	100022	65638888
瑞泰人寿保险有限公司	西城区西直门外大街18号金贸大厦D座3层	100025	4008109339
三井住友海上火灾保险（中国）有限公司北京分公司	朝阳区东三环北路5号北京发展大厦1601室	100004	85598000
三星财产保险（中国）有限公司北京分公司	朝阳区建国路118号招商局大厦25层2506~2507A室	100022	65668100
苏黎世财产保险（中国）有限公司	朝阳区曙光西里甲5号院21号楼北京凤凰置地广场F座6层	100027	84547799
太阳联合保险（中国）有限公司北京分公司	西城区西直门外大街1号院3号楼22D2－D6	100044	59096188
现代财产保险（中国）有限公司	朝阳区霄云路38号现代汽车大厦508室	100027	4006080808
新光海航人寿保险有限责任公司	朝阳区建国门外大街乙12号双子座大厦东塔6层、8层	100022	59216666
信诚人寿保险有限公司北京分公司	东城区王府井大街138号北京新东安广场第3座10层	100738	4008838838

友邦保险有限公司北京分公司	朝阳区建国门外大街8号国际财源中心西塔A座、B座5层	100022	8008203588
中德安联人寿保险有限公司北京分公司	朝阳区建国路81号华贸中心1号写字楼5层	100025	8009886688
中法人寿保险有限责任公司	朝阳区建外大街永安东里8号华彬国际大厦1206室	100022	85288588
中宏人寿保险有限公司北京分公司	西城区复兴门外大街A2号中化大厦4层	100045	4008188888
中航三星人寿保险有限公司北京分公司	朝阳区建国路93号万达广场9号楼3层	100022	58201621
中美联泰大都会人寿保险有限公司北京分公司	东城区东长安街1号东方广场东方经贸城东二办公楼12层	100738	85180966
中意人寿保险有限公司北京分公司	朝阳区光华路5号院1号楼	100020	4008889888
中意财产保险有限公司营业部	朝阳区建国门外大街乙12号双子座大厦西塔26层	100022	59601818
中英人寿保险有限公司北京分公司	朝阳区永安东里16号CBD国际大厦8层	100022	4008800900
中荷人寿保险有限公司北京分公司	东城区东长安街1号东方广场东方经贸城东一办公楼5层	100738	4008161688
招商信诺人寿保险有限公司北京分公司	朝阳区建国路甲92号世茂大厦9层	100022	4008888288

（4）外资保险公司分支机构

长生人寿保险有限公司北京分公司

机构名称	地　址	邮　编	电　话
顺义营销服务部	顺义区南法信镇顺平路南法信段9号院1幢5层505室	101316	57711900

海康人寿保险有限公司北京分公司

机构名称	地　址	邮　编	电　话
朝外大街营销服务部	朝阳区工人体育场北路甲2号盈科中心A座12层1201室	200027	58164868

华泰人寿保险股份有限公司北京分公司

机构名称	地　　址	邮　编	电　话
东城营销服务部	西城区德胜门外大街125号德胜尚城大厦B座3层北楼	100088	59375566
西城营销服务部	西城区德胜门外大街125号德胜尚城大厦B座2层北楼	100088	59375566
北太平庄营销服务部	西城区德胜门外大街125号	100088	59375522
房山营销服务部	房山区拱辰街道拱辰大街53号	102488	59375158
昌平营销服务部	昌平区八街双井胡同八街3号住宅楼1层6单元	100000	69726203

恒安标准人寿保险有限公司北京分公司

机构名称	地　　址	邮　编	电　话
朝阳营销服务部	朝阳区宵云路26号鹏润大厦	100016	59235582

工银安盛人寿保险有限公司北京分公司

机构名称	地　　址	邮　编	电　话
国贸营销服务部	朝阳区建国路116号招商局中心R2楼2层	100022	51358866

友邦保险有限公司北京分公司

机构名称	地　　址	邮　编	电　话
东城长安营销服务部	东城区东直门南大街甲3号居然大厦8层	100006	85117775
朝阳太阳宫营销服务部	朝阳区太阳宫中路12号楼2层	100028	64718760
朝阳建国路营销服务部	朝阳区建华南路6号院1号楼5层	100022	65666331
朝阳永安里营销服务部	朝阳区建华南路6号院1号楼5层03单元	100022	65666331
朝阳大望路营销服务部	朝阳区建华南路6号院1号楼5层07单元	100022	65666331

朝阳劲松营销服务部	朝阳区建华南路6号院1号楼5层01单元	100022	65666331
朝阳三元桥营销服务部	朝阳区东三环北路3号幸福大厦B座	100027	64619828

信诚人寿保险有限公司北京分公司

机构名称	地　　址	邮　编	电　话
新东安营销服务部	东城区王府井大街138号新东安写字楼3座8层	100006	65888885
王府井营销服务部	东城区王府井大街138号新东安广场写字楼	100006	85117988
海淀第一营销服务部	海淀区中关村南大街乙56号方圆大厦写字楼22层2203～2206室	100044	85181888
亚运村营销服务部	朝阳区安定路39号长新大厦604室	100029	85181888
朝阳第一营销服务部	朝阳区广顺北大街19号	101213	85181888
昌平营销服务部	昌平科技园区超前路甲1号11号楼6层608室	102200	85181888
平谷营销服务部	平谷区平谷镇新开街33号楼18－3号	101200	89999578

中荷人寿保险有限公司北京分公司

机构名称	地　　址	邮　编	电　话
东方广场营销服务部	东城区 东长安街1号东方广场中二办公楼7层	100738	65216685
第二营销服务部	朝阳区建外大街永安东里甲3号通用时代国际中心1号楼2层	110105	58793777

中美联泰大都会人寿保险有限公司北京分公司

机构名称	地址	邮编	电话
第一电话销售中心	东城区朝阳门内大街2号凯恒中心	100022	85180966
第二电话销售中心	东城区东直门南大街11号B座1002室及11层	100007	85180966
东三环中路营销服务部	朝阳区东三环中路20号A座17层	100022	85180966

中航三星人寿保险有限公司北京分公司

机构名称	地址	邮编	电话
朝阳第一营销服务部	朝阳区建国路93号万达广场9号楼8层	100022	58201780

中意人寿保险有限公司北京分公司

机构名称	地址	邮编	电话
北京电话销售中心	朝阳区朝阳北路225号京龙大厦12层	100026	65097028
东恒营销服务部	东城区东直门外大街46号天恒大厦25层	100027	58190088
大成营销服务部	东直门外大街46号天恒大厦B座25层2508B	100027	58190088
国贸营销服务部	东直门外大街46号天恒大厦B座25层	100027	58190088

中宏人寿保险有限公司北京分公司

机构名称	地址	邮编	电话
朝阳区营销服务部	朝阳区朝阳公园路19号佳隆国际大厦07层0711~0713单元	100125	65390701

中英人寿保险有限公司北京分公司

机构名称	地　址	邮　编	电　话
北京电话销售中心	西城区黄寺大街甲23号院1号楼北广大厦第16层	100011	82235892
朝阳区营销服务部	朝阳区永安东里16号CBD国际大厦812室	100022	85672888

新光海航人寿保险有限责任公司

机构名称	地　址	邮　编	电　话
朝阳支公司	朝阳区建国路7号正嘉大厦	100022	57593666

（5）保险代理公司

机构名称	地　址	邮　编	电　话
安惠国际保险代理（北京）有限公司	东城区东四十条甲22号1号楼A710室	100007	65578968－628
北京安邦保险代理有限责任公司	西城区六铺炕街1号1层	100120	82032385
北京安平保险代理有限公司	西城区德胜门内西顺城街46号东101A	100035	66166388
北京北盛联合保险代理有限责任公司	朝阳区高碑店乡半壁店村惠河南街1008－B四惠大厦	100024	65884700
北京佰阳保险代理有限公司	海淀区花园东路甲32号仰源大厦13层	100080	82231018
北京佰盈保险代理有限公司	海淀区西直门北大街甲43号1幢504号	100044	82212758
北京宝力诚保险代理有限责任公司	朝阳区安慧北里安园10号楼H座202室	100110	51667471
北京博瑞和铭保险代理有限公司	朝阳区安贞西里四区16号楼	100029	64412240
北京长久汽车保险销售有限公司	顺义区北京空港物流基地物流园八街1号2层B2－005房屋	101300	65732999
北京辰洋保险代理有限公司	海淀区北洼路西里19号A503室	100089	80793268

北京创富保险代理有限公司	朝阳区东三环中路 39 号院 10 号楼 1801 室	100022	63339582
北京财富之舟保险代理有限公司	大兴区经济开发区金辅路甲 2 号 4 幢 4 层 408 室	102600	60297165
北京财鑫保险代理有限公司	朝阳区西坝河西里 28 号 1 号楼 3 层 B301～304 室	100028	87606798
北京诚联保险代理有限公司	海淀区学院路 40 号大唐电信研 8 楼 2 层	100083	62304911
北京诚信保险代理有限公司	朝阳区东三环南路甲 52 号楼 5 层 6C	100022	59711663
北京诚信通保险代理有限公司	平谷区贾各庄村东南街甲 6 号	101200	82101143
北京诚成保险代理有限公司	朝阳区东大桥路 8 号 1 楼 3012 室	100020	58701778
北京东方之家保险代理有限公司	丰台区南四环西路 123 号北京旧机动车交易市场过桥 5 号	100070	83638069
北京迪卡保险代理有限公司	海淀区二里庄 34 号楼 8 单元 503 号	100010	82375133
北京德信保险代理有限公司	朝阳区安慧里四区 16 号化工大厦 916 室	100723	84885211
北京鼎世力德保险代理有限公司	海淀区西四环北路 136 号 4 幢平房 3 号	100142	88437573
北京丰裕保险代理有限公司	东城区东中街 58 号 1 号楼 2 单元	100027	85963284
北京泛华保险代理有限公司	朝阳区向军南里二巷甲 5 号雨霖大厦 7 层	100020	85951478
北京泛华富民保险代理有限公司	朝阳区酒仙桥南路 4 号院 3 号楼 305 室	100016	87758893
北京泛联保险代理有限公司	朝阳区呼家楼向军南里二巷甲 5 号 7 层	100020	63861768
北京富邦保险代理有限公司	朝阳区安华里二区 13 楼 103 室	100033	64427323
北京福安天润保险代理有限责任公司	平谷区南岔子街 1 号 1 至 3 层	101200	82023299
北京华诚保险代理有限公司	海淀区北三环西路 32 号恒润国际大厦	100086	88460345

北京广安保险代理有限责任公司	平谷区平谷镇谷丰东路8号	101200	69988080
北京国诚国际保险代理有限公司	朝阳区东风乡将台洼甲80号院内甲8号	100016	87710095
北京国恒保险代理有限公司	西城区德胜门外大街73号北楼2层	100010	65531761－1006
北京国济保险代理有限公司	西城区北三环中路甲29号院2号楼华尊大厦B座	100029	62356665
北京国民保险代理有限公司	西城区车公庄大街9号院5号楼1402室	100044	62538000－155
北京国人保险代理有限公司	朝阳区建国门外大街丙24号楼18层	100022	58561057
北京国泰保险代理有限公司	朝阳区幸福一村甲55号	100027	64162696
北京格林保险代理有限公司	海淀区花园东路30号海淀花园饭店5201室	100078	88420460
北京高晟财富保险代理有限公司	朝阳区朝阳门外大街甲6号4座23层	100010	64157780
北京汇通金隆保险代理有限公司	石景山区双园路一号1号楼608室、610室	100041	67684511
北京汇祥保险代理有限公司	海淀区复兴路20号44号楼319室	100036	68211690
北京汇泽保险代理有限公司	东城区朝阳门南小街2号楼3层335室	100010	63381951
北京华创明德保险代理有限公司	朝阳区东三环中路39号建外SOHO西区13号楼1602室	100022	58698747
北京华盛京港保险代理有限公司	海淀区北四环中路229号海泰大厦557室	100010	51079873
北京华夏经纬保险代理有限公司	朝阳区东三环中路59号楼601室	100022	58241666－805
北京华谊保险销售有限公司	东城区珠市口东大街2号4012室	100062	65387075
北京红枫鑫保险代理有限公司	朝阳区东三环南路21号北侧翌景家园1号楼15G	100010	87731288
北京宏安信保险代理有限公司	海淀区中关村东路18号财智国际大厦A座1201室	100083	82600499－802

北京宏利保险代理有限公司	朝阳区建国门外大街1号（一期）16幢14层59室	100004	67759836
北京环宇康泰保险代理有限公司	丰台区丰管路22号院12栋105号	100073	51299166
北京恒荣汇彬保险代理有限公司	丰台区方庄南路2号1单元	100079	87670356
北京恒泰保险代理有限公司	朝阳区秀水街1号建国门外外交公寓7－1－14号	100200	62351912
北京恒信保险代理有限公司	朝阳区芍药居北里305楼203204号	100122	84929744
北京海商保险代理有限公司	朝阳区东四环中路60号楼305室	100010	59648671
北京交广保险代理有限公司	朝阳区幸福三村北街1号	100027	84515731
北京吉顺佳保险代理有限公司	丰台区西四环南路46号国润商务大厦A座310室	100010	82885815
北京京安保险代理有限公司	西城区西直门南小街国英1号	100035	65666679
北京京安恒信保险代理有限公司	西城区平原里小区20号楼311室	100053	89982282
北京京广保险代理有限公司	朝阳区朝阳北路235号复地国际公寓703室	100020	85715028
北京京恒福保险代理有限公司	海淀区中关村南大街甲56号6层A座602	100083	62186351
北京京铁保险代理有限公司	丰台区莲花池东路120－1号北京西站西附楼5301室	100055	51935016
北京金鼎涛保险代理有限公司	海淀区彰化南路18号1号楼3层328号	100076	83514389
北京金汉保险代理有限公司	海淀区四季青镇柴家坟78号	100097	88452586
北京金宏保险代理有限责任公司	西城区红莲南路28号6－1幢B座0309号	100055	64130456
北京金石保险代理有限公司	朝阳区亚运村北小营欧陆经典北区c座8层0902室	100101	84850879
北京金宇四越保险代理有限责任公司	昌平区鼓楼东街33号金宇大厦2层206室	102200	60741812

北京金隅民生保险代理有限公司	昌平区昌平镇西环路 78 号 103 室	102208	59634321
北京佳保保险销售有限责任公司	朝阳区京奥家园 132 号楼 4 层 1 门 401 号	100080	51661563
北京佳盛保险代理有限公司	海淀区建材城东二里 15 号楼 2 幢 206 室	102200	82934662
北京精诚信联保险销售有限公司	东城区东花市南里东区 8 号楼 5 层 2 单元	100062	67195677
北京嘉信保险代理有限公司	朝阳区东四环中路 60 号楼 4 层 401 室	100025	51311678
北京嘉泽保险代理有限公司	朝阳区建国路 93 号院 8 号楼 605 室	100026	85854009
北京开诚保险代理有限公司	丰台区东大街 66 号新空间写字楼	100071	84012449
北京开元保险代理有限公司	海淀区巴沟南路 35 号京江阳光 A 座 310 号	100089	82671691
北京可为保险代理有限公司	朝阳区西坝河西里 28 号 1 号楼 B0903 室	100028	64475477
北京康硕保险代理有限公司	丰台区南苑北里二区 6 号楼 2 层 201 室	100076	59273405
北京康泰保险代理有限公司	丰台区五里店 277 号	100074	58042817
北京立康保险代理有限公司	海淀区中关村南大街乙 12 号院 1 号楼 14 层 1710 室	100081	89997999
北京乐百家保险代理有限公司	西城区广外车站西街 5 号 D 层 007 室	100055	67186620
北京乐融保险代理有限公司	西城区西直门外大街 1 号院 2 号楼 12 层 12C5 室	100044	68563212
北京利信保险代理有限公司	朝阳区首都机场西平街 2 号 3 层 301 室	100621	64097126
北京利亚保险代理有限公司	海淀区中关村南大街 2 号数码大厦 A 座 2706 室	100086	51727665
北京丽华保险代理有限公司	丰台区丰台镇北大街 14 号 1 号楼 403 室	100071	84124980
北京名阳保险代理有限公司	朝阳区建国门外大街 18 号 6 层 D 单元	100079	65155189

北京美安保险销售有限公司	朝阳区秀水街1号6号楼2单元1层2号	100600	85321905
北京美日保险代理有限公司	密云县经济开发区康宝路10－3号	100062	65387031
北京铭信保险代理有限公司	西城区德外大街11号44号楼318室	100035	82081236
北京平和保险代理有限公司	西城区阜成门外大街7号国投大厦715室	100037	68008261
北京启盛保险代理有限公司	西城区莲花池东路106号汇融大厦B座1105室	100055	63718665
北京钱袋网保险代理有限责任公司	海淀区知春路6号锦秋国际大厦15层B03号	100088	82800993
北京仁怡保险代理有限公司	东城区东四六条45号友诚商务楼403A室	100007	84012608
北京瑞安鸿泰保险代理有限公司	怀柔区杨宋镇凤瑞一园1号院和平路甲8号1层1单元	101400	61665978－833
北京瑞宝寿康保险代理有限公司	朝阳区小关北里45号世纪嘉园1号楼17A	100029	84897891
北京瑞金恒邦保险销售服务股份有限公司	东城区广渠家园5号楼4层405	100022	68029246
北京瑞懋保险代理有限责任公司	海淀区复兴路2号23号南平房	100038	58797145
北京润昌保险代理有限公司	海淀区蓝靛厂南路55号金威大厦303房间	100097	62021595
北京润康保险代理有限公司	西城区新街口外大街8号金丰和写字楼A座415室	100088	88840744
北京睿峰都保险代理有限责任公司	房山区城关街道顾八路1区1号—W18	102400	89358985
北京三合保业保险代理有限公司	丰台区南三环中路小铁营10号5层东段	100075	58076944
北京申根保险代理有限公司	朝阳区朝外大街10号（A1区）706A	100020	64174035
北京世纪隆盛保险代理有限公司	海淀区板井路69号世纪金源国际公寓东区10H	100097	82624648
北京市金诚华夏保险代理有限公司	丰台区科技园区3A地块工商联科技大厦	100070	64386956

北京市神舟保险代理有限公司	西城区新街口外大街 8 号 312 室	100033	82358474
北京市玉林保险代理有限责任公司	房山区西潞街道良乡西路苏庄三里 17 号楼 11 号	102400	69312808
北京双诚保险代理有限公司	东城区忠实里南街 6 号楼 3 单元 603 室	100022	63743368
北京胜易保险代理有限公司	东城区永定门内东街中里 9－17 号楼 3030 房间	100010	67018888
北京赛保通保险代理有限公司	东城区幸福大街甲 39 号	100062	37186899
北京赛福特保险代理有限公司	朝阳区安立路 60 号院 2 号住宅楼 1502 室	100101	64827061
北京天地保险代理有限公司	海淀区中关村北二条 13 号 6 幢 4 层 400 号	100190	82551322
北京天岳保险代理有限公司	怀柔区青春路 21 号 404 室	101400	58773999
北京泰瑞保险代理有限责任公司	朝阳区望京中环南路甲 2 号7～8 层	100012	64151042
北京泰铭保险代理有限责任公司	西城区莲花池东路甲 5 号院 1 号楼 11 层 2 单元 1104 室	100038	51289200
北京泰洋保险代理有限公司	朝阳区吉庆里 6 号佳汇中心 B 座 407 号	100020	62366843
北京万家保险代理有限公司	海淀区阜成路 115 号北京印象 1 号楼 205 房间	100142	88128735
北京昕盈保险代理有限公司	丰台区万丰路 317 号	100039	86639611
北京信安保险代理有限公司	朝阳区北辰西路 69 号峻峰华亭 C 座 5 层	100029	58772233
北京信泰保险代理有限公司	海淀区昌运宫 4 号豪柏公寓 B1－701 号	100044	85322837
北京祥龙博瑞汽车保险代理有限公司	东城区长青园 7 号 1 栋 3216 室	100061	64650148
北京新通保险代理有限公司	西城区红莲南路 28 号 6－1 幢 301B 室	100010	52619182
北京新月保险代理有限责任公司	昌平区科技园区永安路 26 号	102200	80119100

北京义邦保险代理有限公司	密云县百世城商业街7幢109号	101500	89080119
北京永通保险代理有限公司	平谷区平谷镇兴谷园小区18楼12号	101200	83554701
北京阳光保险代理有限公司	朝阳区慧忠里103楼8A层	100024	84787548
北京阳光干线保险代理有限公司	海淀区祁家豁子甲2号建德商务楼117室	100191	62369090
北京阳光金元汇保险代理有限公司	朝阳区关东店南街2号0511室	100020	51916598
北京远安保险代理有限公司	朝阳区霞光里66号院3号楼商业C06－2	100027	69982586
北京运通国瑞保险代理有限公司	密云经济开发区兴盛南路8号院1号楼110室、116室	101500	67863577
北京易品保险代理有限公司	朝阳区光华路4号东方梅地亚C座2708室	100026	85878581
北京钰城保险代理有限责任公司	朝阳区汤立路218号7层	100012	88027726
北京银华同邦保险代理有限公司	西城区宣武门西大街28号大成广场9门1917～1920室	100052	83139918
北京耀莱汽车保险代理有限公司	朝阳区幸福二村40号楼	100027	84389713
北京中佳保险代理有限公司	西城区南滨河路27号院7号楼307室	100055	63453588
北京中金同安保险代理有限公司	海淀区西四环北路158号慧科大厦东区5层H2	100142	88591920－816
北京中联信保险销售服务有限公司	朝阳区工人体育场北路甲6号中宇大厦1层010C	100027	85236865
北京中逸保险代理有限公司	海淀区北三环西路48号科技会展中心1号楼A座8B	100086	51627409－81
北京众合四海保险代理有限公司	朝阳区安华里二区13号楼101室	100011	59221533
北京众恒保险代理有限责任公司	大兴区黄村镇车站北里51号楼1层102室	102600	69208553
北京众联汇华保险代理有限公司	东城区夕照寺街14号4号楼3层	100023	67108199

北京致用保险代理有限公司	西城区广安门南滨河路25号403室	100055	51656544-806
北京资本动力保险代理有限公司	朝阳区东三环中路12号1号楼1401	100022	67713603
保通时空（北京）保险代理有限公司	海淀区紫竹院路116号嘉豪国际中心D座606室	100033	58931833
葆和（北京）保险代理有限公司	东城区安定门外大街183号4层N401	100020	65918559
大童保险销售服务有限公司	西城区宣武门西大街甲127号22层01~06室	100031	57382999
鼎泽保险代理有限公司	丰台区西三环南路59号518室	100071	63829393
泛华联兴保险销售股份公司	朝阳区建国路93号院9号楼4层405室	100027	58205550-863
国福家庭保险销售服务有限责任公司	西城区莲花池东路106号2单元705室	100055	66290713
国仁泰和（北京）保险代理有限公司	东城区东直门外大街46号1007室	100010	84787713
汇银林泰（北京）保险代理有限公司	海淀区万柳东路11号5层	100080	58818616
和谐保险销售有限公司	朝阳区东三环中路55号楼20层	100020	85256380
航联保险销售（北京）有限公司	东城区东直门南大街5号中青旅大厦8层801~803室	100007	58157000
康宏碧升保险代理有限公司	西城区西直门外大街1号院3号楼18层	100044	58301616-109
康盛（北京）保险销售有限公司	平谷区平谷镇向阳北街4号	101299	58614829
利星行宝汇汽车保险代理（北京）有限公司	朝阳区望京街8号院1号楼	100102	84778000
纳捷奥保险代理（北京）有限公司	海淀区车公庄西路乙19号华通大厦B座北塔10层1027室	100048	84608228
融汇保险销售有限公司	朝阳区东三环中路7号4号楼9层	100026	85660977
世捷开元保险代理有限公司	石景山区八大处高科技园区西井路3号3号楼8737室	100041	58289877
盛世合众保险销售有限公司	海淀区杏石口路9号1幢2层	100195	59949002

盛源兴保险代理（北京）有限责任公司	平谷区平谷镇文化南街8号楼8－7号	101200	69971759
太阳联创保险代理（北京）有限公司	朝阳区和平街东土城路12号院3号楼1702室	100013	64489960
天汇通易保险代理（北京）有限公司	海淀区中关村南大街1号北京友谊宾馆60834房间	100873	62220725
天勤保险代理（北京）有限公司	朝阳区幸福一村55号1号楼1层	100027	87667258
天圆地方（北京）保险代理有限公司	东城区珠市口东大街4号	100050	85999605
五星保险销售有限公司	海淀区西直门北大街56号生命人寿大厦6楼	100082	58978217
新宝宇业（北京）保险代理有限公司	丰台区成寿寺路5号楼5层	100078	58613811
阳光一家家庭综合保险销售服务有限公司	朝阳区朝外大街乙12号1号楼昆泰国际大厦9层	100020	57273371
阳光之音保险销售服务有限公司	通州区梨园镇小街三队综合楼3层A区	101101	81593211
永安保险销售（北京）有限公司	朝阳区红领巾公园南门西侧楼朝阳北路145号物业3层西侧	100025	58660038
英硕伦斯保险代理（北京）有限责任公司	西城区裕中西里42号楼303～304室	100027	59630856
洋坤（北京）保险代理有限公司	海淀区永泰园16号楼101室	101408	62166258
宜信博诚保险销售服务（北京）有限公司	朝阳区建国路88号8号楼12层	100022	57382000
中驰保险代理（北京）有限公司	石景山区石景山路乙18号院3号楼6层	100070	51666898
中际保险代理（北京）有限公司	朝阳区管庄杨闸环岛西侧北角京通新城13号楼12－E室	100010	51397938
中利保险销售有限公司	朝阳区吉庆里14号楼地上部分8层	100020	85806868
中天信合保险代理（北京）有限公司	西城区新街口外大街8号101室	100062	82086115

(6) 保险经纪公司

机构名称	地　　址	邮　编	电　话
安行保险经纪（北京）有限公司	西城区三里河一区5号院7号楼群房5－3号3层301室	100029	65387011
安润国际保险经纪（北京）有限公司	西城区阜成门外大街2号万通新世界广场A座1811～1812室	100010	68060129
北京安华保险经纪有限公司	门头沟区城子大街73－3	100027	58790790
北京安康保险经纪有限公司	朝阳区西坝河西里28号B205	100055	51239700
北京安平中鼎保险经纪有限公司	丰台区科技园富丰路4号工商联科技大厦B座2004室	100107	63784045
北京鞍汇联保险经纪有限公司	朝阳区东三环中路39号建外SOHO15号楼805室	100039	58695890
北京奥创保险经纪有限公司	朝阳区洼里乡北苑北辰居住区B5区商业及办公11层	100027	84938008
北京百川保险经纪有限公司	西城区天宁寺前街2号北院19幢205A	100050	64052860
北京邦恒保险经纪有限公司	丰台区南四环西路188号15区15号楼6层－01#	100033	51298395
北京大唐泰信保险经纪有限公司	西城区菜市口大街1号13层	100028	83956356
北京大童保险经纪有限公司	西城区宣武门西大街甲127号大成大厦19层06～07室	100033	57382999
北京鼎盛保险经纪有限责任公司	朝阳区东三环北路16号	100040	65065338
北京东方保险经纪有限公司	朝阳区东三环中路39号院18号楼18－2801室	100048	59000271
北京东方华信保险经纪有限公司	西城区高井胡同16号北京惠福园宾馆203房间	100035	68366080
北京方和万金保险经纪有限公司	海淀区北小马厂6号	100052	84464608
北京丰融保险经纪有限公司	东城区东直门外大街48号1幢20层办公楼22A	100004	58373700

北京富诚保险经纪有限公司	东城区广渠门南小街3号1单元1002室	100028	67169146
北京富达保险经纪有限公司	朝阳区吉庆里9号、10号蓝筹名座B座1单元502室	100027	65539310
北京关爱保险经纪有限公司	朝阳区朝阳北路99号1号楼1903室	100020	65992887
北京广发保险经纪有限公司	密云县新南路110号密云镇政府办公楼417室	102218	69472620
北京广丰保险经纪有限公司	西城区西直门外大街18号2单元1609室	100021	88334953
北京国采保险经纪有限公司	东城区东直门外大街48号1幢10层办公楼10K	100055	84476603
北京国中保险经纪有限公司	朝阳区建国门外大街18号D702号	100035	65691466
北京海力保险经纪有限公司	丰台区政馨园一区2号楼8层822室	100031	57081400
北京合利仁保险经纪有限公司	朝阳区建国路77号2418－2419室	100031	58220292
北京和政保险经纪有限公司	朝阳区道家园18号楼12层	100053	65301358
北京恒丰保险经纪有限公司	西城区西四南大街砖塔胡同40号宝塔宾馆308室	100097	88891941
北京宏源保险经纪有限公司	东城区工体北路工人体育馆北区2层6~7室	100029	51401796
北京华川恒健保险经纪有限公司	海淀区永泰庄北路9号永泰绿色生态园V6号院	100089	51582188
北京华汇保险经纪有限公司	朝阳区曙光西里甲6号院8号楼13层	100020	60298585
北京华融保险经纪有限公司	西城区阜成门外大街11号国宾大厦808室	100044	67771270
北京华夏保险经纪有限公司	东城区朝阳门内大街2号13层1602号	100011	62028188
北京华育保险经纪有限公司	朝阳区亮马桥路42号院光明饭店内0808室	100048	84418408
北京环球保险经纪有限公司	西城区西直门内南小街国英1号楼516室、518室	100089	58561188

北京汇保联保险经纪有限公司	石景山区石景山路 20 号 2004A	100738	59932888
北京汇金保险经纪有限公司	朝阳区建国门外大街 1 号（一期）16 号楼 422～425 室	100034	51660028
北京惠邦保险经纪有限公司	朝阳区裕民路 12 号中国国际科技会展中心 C 座 901 室	100010	84414473
北京慧保保险经纪有限公司	朝阳区和平里西街 1 号院 C 号楼 413 室	100031	88086600
北京吉泰保险经纪有限公司	海淀区紫竹院路 81 号院 3 号楼北方地产大厦 6 层 609 室	100022	88580566
北京嘉信保险经纪有限公司	朝阳区东四环中路 60 号楼远洋国际 C 座 402 室	100080	84012135
北京金诚国际保险经纪有限公司	海淀区西三环北路 91 号 7 号楼 3 层 C02 号房间	100048	52961111
北京金甲保险经纪有限公司	西城区西直门内南小街国英园 1 号楼 707 室	100023	58561769
北京金永泰保险经纪有限责任公司	海淀区西八里庄北里 56 号院西钓鱼台庄园 3 号楼 4 门 401 室	100004	88122415
北京康信保险经纪有限公司	朝阳区八里庄西里远洋天地 61 号楼 2501 室	100061	85861166
北京联合保险经纪有限公司	朝阳区静安里 26 号楼 8～9 层	100070	64680488
北京隆华保险经纪有限公司	朝阳区百子湾西里 403 号楼 15 层	100044	87101985
北京美邦保险经纪有限公司	海淀区车公庄西路 22 号院 1 号楼 B 座 14 层	100083	84473181
北京盟联保险经纪有限公司	海淀区翠微路 12 号 5 层 1 单元	100006	0755－25985060
北京木易保险经纪有限责任公司	海淀区厂洼街 5 号院博越写字楼 6506 室	100040	52963666
北京普华盛世保险经纪有限公司	石景山区鲁谷路 35 号楼 13 层 1302 室	100007	57126871
北京乾泰保险经纪有限公司	西城区珠市口西大街 120 号 1 号楼 1037 室	100101	64373510
北京秦华保险经纪有限公司	西城区广安门外大街 168 号中座 1010 室	100022	63985525

北京全联保险经纪有限公司	丰台区角门18号枫竹苑二区1号楼	100025	87262958
北京瑞和保险经纪有限公司	朝阳区东三环中路55号楼20层2306室	100022	85256408
北京瑞信保险经纪有限公司	朝阳区北辰东路8号21号楼B座1401室	100020	84832950
北京润得保险经纪有限公司	朝阳区北小营欧陆经典万兴苑11座4层A室	100070	65675665
北京润盛保险经纪有限公司	朝阳区东方东路8号	100101	64681372
北京赛福哈博保险经纪有限公司	海淀区北小马厂6号华天大厦514~516室	100142	63378585
北京三角洲保险经纪有限责任公司	海淀区青云里满庭芳园小区9号楼青云当代大厦1811号	100031	62124086
北京盛安国际保险经纪有限公司	海淀区中关村东路18号财智国际大厦A座1105室	100124	82600498-801
北京盛唐保险经纪有限公司	朝阳区高碑店乡半壁店村惠河南街1008-B四惠大厦	100048	56145295
北京泰丰保险经纪有限公司	东城区东水井胡同11号楼3层3C02室	100038	67281839
北京天道保险经纪有限责任公司	海淀区西郊半壁店59号4298室	100022	51502735
北京天和保险经纪有限公司	朝阳区北土城西路7号F座802室	100070	82275811
北京天时国际保险经纪有限公司	海淀区清华园街道清华大学33区12楼3层盛世华园酒店	100062	88578257
北京天易保险经纪有限公司	海淀区阜外亮甲店1号恩济西园10号楼西3门	100038	68177335
北京同泰保险经纪有限责任公司	朝阳区曙光西里甲1号	100068	58221917
北京问鼎保险经纪有限公司	朝阳区东三环中路39号院14号楼1102室	100082	85253855-0
北京物融保险经纪有限公司	西城区阜成门外大街甲9号国宾酒店9层902室	100161	68005737
北京协荣保险经纪有限公司	西城区区广义街5号3层1-316	100097	83126678

北京新城保险经纪有限公司	朝阳区北土城西路7号国恒基业大厦D座804室	100022	51663231
北京新域保险经纪有限公司	东城区崇文门外大街3号南办9层	100082	67092376
北京鑫恒保险经纪有限公司	西城区西直门外大街1号院2号楼12层12C5室	100022	68563212
北京信成和盛保险经纪有限责任公司	朝阳区大郊亭中街2号院华腾国际公寓5号楼12B	100026	63036418
北京信德保险经纪有限公司	海淀区昌运宫4号豪柏国际公寓A1座2402~2403房	100027	68436261
北京亚泰胜达保险经纪有限责任公司	西城区金融街通泰大厦703室	100025	80812570
北京阳光三泰保险经纪有限公司	石景山区政达路2号3层1单元	100097	59497070
北京银河时空保险经纪有限责任公司	海淀区北四环西路9号银谷大厦812室	100097	82525388
北京永诚保险经纪有限公司	海淀区中关村南大街2号科技会展中心数码银座803室	100089	58626666
北京永达理保险经纪有限公司	海淀区丹棱街18号创富大厦19层	100080	82828863
北京远安保险经纪有限公司	朝阳区霞光里66号院3号楼商业C06-1	100037	82231008
北京中安联合保险经纪股份有限公司	海淀区高梁桥斜街28号7号楼	100125	22533975
北京中兵保险经纪有限公司	海淀区紫竹院路69号17层1707单元	100020	68966743
北京中鼎保险经纪有限责任公司	西城区大安澜营胡同31号4号楼218室	100021	57063999
北京中海联合保险经纪有限公司	朝阳区朝外大街16号中国人寿大厦201B号	100022	58691652
北京中金保险经纪有限公司	海淀区新街口外大街19号1区3号楼9716单元	100122	88400426
北京中联恒信保险经纪有限公司	西城区太平街6号6层E-711室	100020	59361219
北京中联金安保险经纪有限公司	海淀区知春路111号719室	100083	58608292

北京中瑞惠银国际保险经纪股份有限公司	朝阳区东三环南路甲52号顺迈金钻大厦15层18C	100034	87729970
北京中泰鑫海保险经纪有限公司	西城区香炉营头条庄胜商住楼305室、328室	100143	83172500
北京中体保险经纪有限公司	东城区天坛东路50号国家体育总局训练局院内	100037	67162121
北京中天保险经纪有限公司	西城区闹市口大街1号院2号楼长安兴融中心6C	100101	85658565
北京中卫保险经纪有限公司	朝阳区安外外馆斜街甲1号泰利明苑A座	100007	85285599
北京中兴保险经纪有限公司	西城区广安门内大街6号8门	100027	87874667
标准（北京）保险经纪有限公司	朝阳区朝外大街乙12号1号楼昆泰国际大厦29层	100050	58289621
财富亿家（北京）保险经纪有限公司	东城区朝阳门南小街2号楼3层	100855	58643561
诚合保险经纪有限责任公司	海淀区复兴路40号中国铁建大厦8层	100738	52689665
达信（北京）保险经纪有限公司	朝阳区光华路1号北京嘉里中心北楼15层1506室	100045	65334000
道可特保险经纪（北京）有限公司	朝阳区八里庄西里100号住邦2000一号楼西区1601室	100053	85863605
德圣保险经纪有限公司	朝阳区南磨房路37号7层707室	100033	51908196
鼎高保险经纪有限责任公司	朝阳区光华路8号楼4层A428室、A436室	100044	52450450
鼎力（北京）保险经纪有限公司	东城区东长安街10号211A室	100034	84683568
方胜保险经纪有限公司	朝阳区西大望路15号4号楼7层	100007	68002925
泛华博成保险经纪有限公司	通州区安顺二街1号	100083	52858652
国安国际保险经纪股份有限公司	朝阳区和平街十三区煤炭科技苑小区35号煤炭大厦	100022	64257976
国电保险经纪（北京）有限公司	西城区西直门外大街18号楼2层7单元	100021	58682591

国核保险经纪有限公司	西城区金融大街17号第9层909单元~921单元	100031	58198817
国联（北京）保险经纪有限公司	朝阳区北苑路170号5号楼1203室	100068	63202640
国泰路安保险经纪（北京）有限公司	西城区白纸坊西街20号圣都大厦1806室	100088	63585718
国投保险经纪有限公司	西城区西直门南小街147号楼17层	100080	88006481
哈保保险经纪（北京）有限公司	朝阳区建国路93号院10号楼601室	100022	58203824
和德（北京）保险经纪有限公司	朝阳区东三环北路丙2号14层17B08	100088	56213185
宏达通泰保险经纪（北京）有限公司	海淀区车公庄西路甲19号华通大厦8层828室	100192	51662261
宏孚保险经纪（北京）有限公司	朝阳区拂林路9号D座1003室	100142	64466561
华安（北京）国际保险经纪有限公司	西城区富国街2号富国饭店写字楼1601室	100080	66123935
华富（北京）保险经纪有限公司	西城区金融大街35号1122室	100025	88092087
华旅（北京）保险经纪有限公司	海淀区西四环北路158号慧科大厦东区8A	100025	88592081
华泰保险经纪有限公司	西城区金融大街11号中国再保险大厦14层	100037	66576588
华信保险经纪有限公司	西城区宣武门内大街2号西楼办公1119~1124室	101500	88430676
海盟国际保险经纪（北京）有限公司	朝阳区东大桥路8号院3号楼4层	100061	88878991
海峡联合保险经纪（北京）有限责任公司	海淀区蓝靛厂东路2号院2号楼2单元5E	100052	64200617
海亚（北京）国际保险经纪有限公司	朝阳区安慧北里小区秀园15号楼4层	101100	64912569
航联保险经纪有限公司	东城区东直门南大街5号中青旅大厦9层	100033	58157000
九州联合（北京）保险经纪有限公司	海淀区车道沟8号5号楼A420	100044	68473708

江泰保险经纪股份有限公司	海淀区新街口外大街19号京师大厦7层	102300	62202788
佳达保险经纪（北京）有限公司	东长安街1号东方广场东方经贸城东3办公楼1109室	100031	65334100
金安保险经纪有限公司	海淀区板井路69号世纪金源国际公寓东区11层	100027	83568356
金丰（北京）保险经纪有限公司	石景山区石景山路乙18号院3号楼5层	100080	88689990
金兰（北京）国际保险经纪有限公司	朝阳区慧忠北里315号楼1603号	100033	64938131
金联安保险经纪（北京）有限公司	昌平区东小口镇立汤路188号院北方明珠大厦1号楼2310室	100142	029－88353855
金晟保险经纪有限公司	朝阳区安定路10号中国有色大厦北楼2层	100080	64421991
昆仑保险经纪股份有限公司	丰台区角门18号枫竹苑二区1号楼1101室	100123	87571701
康桥保险经纪有限公司	朝阳区华威里3号楼2E	100027	87731845
联华国际保险经纪（北京）有限公司	西城区闹市口大街一号院长安兴融中心3号楼519室	100044	59731672
领航国际保险经纪（北京）有限公司	朝阳区东四环中路60号楼305室	100010	58362067
民生保险经纪有限公司	朝阳区工体西路18号光彩国际公寓1号楼3A	100022	85259863
明亚保险经纪有限公司	朝阳区朝外大街22号泛利大厦5层501～502室	100024	59799818
全景保险经纪（北京）有限责任公司	朝阳区将台路6号丽都饭店内3层	100031	58528120
融超保险经纪有限公司	西城区阜外大街2号万通新世界广场A座1705号	100089	87615005
三峡保险经纪有限责任公司	海淀区玉渊潭南路1号B座三峡大厦3层	100044	63703398
赛诺保险经纪（北京）有限公司	昌平区科技园区振兴路9号力兴大厦310室，319室	100875	80119057
世纪保险经纪有限公司	西城区复兴门内大街156号北京招商国际金融中心A座10层	100052	63163589

苏黎世保险经纪（北京）有限公司	朝阳区曙光西里甲5号院21号楼凤凰置地广场F座6层	100029	84398158
通联保险经纪有限公司	丰台区靛厂路汉唐国际大厦3层	100044	63713236
文津国际保险经纪（北京）有限公司	海淀区善缘街1号立方庭2－119室	100013	84641963
五矿保险经纪（北京）有限责任公司	海淀区三里河路5号五矿大厦B座410室	100010	88821652
五洲（北京）保险经纪有限公司	东城区东长安街1号东方广场东2座1704－5A	100038	85188766
新航保险经纪（北京）有限公司	朝阳区建国路88号7号楼710室	100037	85808907
新时代保险经纪有限公司	海淀区花园路7号	100055	84979909
扬子江保险经纪有限公司	顺义区天竺镇府右街6号	100101	57583451
宜安（北京）保险经纪有限公司	东城区东直门外大街48号东方银座1幢9层办公楼09K	100035	84477399
英大长安保险经纪集团有限公司	西城区南横东街8号都城大厦12层	100028	63411499
英硕（北京）保险经纪有限公司	海淀区新街口外大街19号一区3号楼9308室	100053	80859193
银河保险经纪（北京）有限责任公司	西城区金融大街35号国际企业大厦C座12层	100141	66568300
银泰（北京）保险经纪有限公司	海淀区高粱桥斜街59号院1号楼17层1701	100125	82149692
宇泰保险经纪（北京）有限公司	朝阳区建国路乙118号21层2106室	100089	84851002
远通（北京）保险经纪有限公司	海淀区北四环西路9号	100086	52720502
中电投保险经纪有限公司	西城区西直门外大街18号楼3单元17层	100033	56625687
中工海亚（北京）国际保险经纪有限公司	丰台区南四环西路188号十区8号楼4层	100070	56127490
中化保险经纪（北京）有限责任公司	西城区复兴门内大街28号凯晨世贸中心中座301～302室	100081	59569762

中汇国际保险经纪股份有限公司	朝阳区东三环中路39号建外SOHO15号楼808室	100033	58691896
中铝保险经纪（北京）股份有限公司	海淀区西直门北大街62号9层	100107	82298566
中盛国际保险经纪有限责任公司	东城区安定门东大街28号雍和大厦A座11层	100029	64477610
中盛融安国际保险经纪（北京）有限公司	海淀区大柳树路富海中心3号楼富海国际港1501室	100025	62138771－813
中铁保险经纪有限责任公司	西城区西绒线胡同28号天安国汇14层1410室	101100	59739002
中泰国际保险经纪（北京）有限公司	海淀区海淀大街8号中钢大厦7层716～717室	100044	62686563
正隆（北京）保险经纪股份有限公司	西城区新兴东巷15号1号楼1301房间	100012	66290533

（7）保险公估公司

机构名称	地　址	邮　编	电　话
北京大陆保险公估有限公司	西城区车公庄大街6号3号楼468室	100044	68003256
北京合信保险公估有限公司	丰台区政馨园一区2号楼7层711室	100079	68133686
北京正和保险公估有限公司	北京经济技术开发区科创三街富士办公楼208室	100023	67892179
北京格林保险公估有限公司	朝阳区东土城路8号林达大厦B座11层D室	100033	64462990
北京华大保险公估有限公司	顺义区后沙峪镇安富街6号	100053	63480458
北京华信保险公估有限公司	西城区宣武门内大街2号华电大厦B座11层	100031	83568356
北京龙江保险公估有限公司	朝阳区东三环中路20号楼26层5室	100022	56707084
北京首证保险公估有限公司	西城区德胜门内西顺城街46号东	100035	64069182
北京安诚保险公估有限公司	怀柔区怀北镇西庄村308号	100122	84926917

北京中达信保险公估有限公司	海淀区车公庄西路45号院1层A01室	100048	68428636－818
北京君恒保险公估有限责任公司	东城区东花市北里东区1号楼3段7层	100062	67164581
北京天恒保险公估有限公司	海淀区北小马厂6号华天大厦2216室	100055	58891216－606
北京德仁保险公估有限公司	朝阳区北苑路170号2号楼2－1603室	100022	58691977
北京仁济和保险公估有限责任公司	海淀区学院路甲38号1幢B504－B室	100191	66130459
北京国信行保险公估有限公司	丰台区花乡南三环西路万柳桥西北侧商业及行政办公综合楼13层	100070	87565219
北京中咨保险公估有限公司	海淀区上地信息路1号1－1幢A栋3层C区	100085	82826109
北京安恒信保险公估有限公司	西城区南横东街8号都城大厦1106室	100052	63411487
北京保程保险公估有限公司	海淀区农大南路1号院2号楼2层办公B－207－448	100085	52720503
北京一清行保险公估有限公司	海淀区人民大学北路33号院1号楼1302室	100037	66576511
北京华泰保险公估有限公司	西城区金融大街11号中国再保险大厦8层0803室	100033	84969696
北京邦业保险公估有限公司	朝阳区来广营西路甲8号3层	100022	83065677
北京通宝行保险公估有限公司	石景山区政达路2号3层1单元	100040	81491251
北京全天候保险公估有限公司	顺义区仁和镇顺通路6号	101300	83163508
北京誉心保险公估有限责任公司	西城区珠市口西大街120号太丰慧中大厦	266000	84673803
北京正汇保险公估有限公司	朝阳区东三环中路39号建外SOHO15号楼802室	100022	69969211
北京北极星保险公估有限公司	平谷区贾各庄村东南街甲6号	101200	51393196
北京金兆保险公估有限公司	朝阳区十里堡路1号112号楼107室	100025	52961111

北京金正保险公估有限公司	海淀区西三环北路91号7号楼C02-1号房间	100048	68563023
北京鑫恒保险公估有限公司	西城区西直门外大街1号院2号楼12层	100044	62538000-58088
北京古辕行保险公估有限公司	海淀区苏州街31号1层	100044	68818501
北京佳实德保险公估有限责任公司	海淀区复兴路40号中国铁建大厦9层东侧	100855	88861739
北京和泰保险公估有限公司	海淀区复兴路乙59号巨星大厦108室	100036	59360803
中至和保险公估（北京）有限公司	西城区太平街6号E座619室	100054	63814081
北京俄杰斯特保险公估有限公司	丰台区丰台科学城恒富中街2号院1号楼3188室	100071	63257228
北京汇明保险公估有限公司	丰台区马连道高楼村49号D19室	100071	59602395
北京普惠保险公估有限责任公司	朝阳区西大望路63号院7号楼7层	100020	87758699
北京爱马社保险公估有限公司	东城区忠实里南街甲6号楼	100075	61240198
北京平信保险公估有限公司	丰台区航丰路1号院2号楼10层1017号	100070	83956378
北京大唐泰信保险公估有限公司	西城区莱市口大街1号1303室	100053	84545139
海峡联合保险公估（北京）有限责任公司	海淀区蓝靛厂东路2号院2号楼B座5E-3室	100097	52689675
衡信哲保险公估（北京）有限公司	顺义区金航中路1号院2号楼401室	101300	62019818
竞胜保险公估有限公司	丰台区角门18号枫竹苑二区1号楼1201室	100068	87571701
金联安保险公估（北京）有限公司	朝阳区樱花园28号楼樱花集中办公区0279号	100029	58608356
嘉福（北京）保险公估有限公司	朝阳区百子湾南2路88号8层	100022	87759425
仁祥保险公估（北京）有限公司	海淀区车公庄西路甲19号华通大厦716室	100048	68482580

中瑞国际保险公估（北京）有限公司	朝阳区立水桥北侧22号楼12层1522室	100101	51298823

（8）外国保险公司北京代表处

机构名称	地　址	邮　编	电　话
安保集团北京代表处	东城区建国门内大街7号光华长安大厦2座1726室	100005	65102125
爱和谊日生同和保险公司驻中国总代表处	朝阳区呼家楼京广中心办公楼2912室	100020	65058960
澳大利亚康联保险集团北京代表处	朝阳区建国门外大街1号国贸大厦1座2908室	100004	65055350
澳大利亚万诚保险有限公司北京代表处	朝阳区国贸大厦1座	100004	65052255－307
百慕大博纳再保险有限责任公司北京代表处	东城区东方广场写字楼C1座1211室	100738	85185780
百慕大凯林集团有限公司北京代表处	西城区武定侯街6号卓著中心1202F室	100033	88003707
大韩再保险公司北京代表处	朝阳区建国路118号招商局大厦10层A2	100022	65906276
第一生命保险公司北京代表处	朝阳区建国门外大街26号长富宫中心办公楼	100022	65139031
德国安联保险集团北京代表处	朝阳区亮马桥路50号燕莎中心办公楼C211室	100125	64638052
德国安顾保险集团股份公司驻中国总代表处	朝阳区亮马桥路50号燕莎中心1号楼C713A	100125	64627675－1032
德国通用再保险公司北京代表处	东城区东长安街1号东方广场东三办公楼1105室	100738	85186532
俄罗斯赢国斯达保险有限公司北京代表处	朝阳区亮马桥路42号光明饭店0405室	100016	64685852
法国安盛公司北京代表处	西城区金融大街7号英蓝国际金融中心F907室	100140	66555983
法国安盟保险公司北京代表处	东城区建国门内大街7号光华长安大厦2座1022	100005	65102170
法国国家人寿保险公司北京代表处	朝阳区建外大街永安里8号华彬大厦2101室	100022	85288185

法国科法斯信用保险公司北京代表处	建国门内大街1号国贸中心写字楼1座2925室	100004	65057092
法国巴黎财产保险有限公司北京代表处	朝阳区建国门外大街1号国贸大厦2023C室	100004	85910181
法国兴业保险股份有限公司北京代表处	西城区武定侯街2号泰康国际大厦1601A	100010	58513984
法国安盟甘寿险公司北京代表处	朝阳区建国门外大街甲6号SK大厦10层02A单元	100022	85086280
枫信金融控股责任有限公司北京代表处	朝阳区建国门外大街2号银泰中心写字楼15层1527室	100022	65637920
富邦产物保险股份有限公司北京代表处	朝阳区建国路91号金地中心A座1210室	100026	58658843
富邦人寿保险股份有限公司北京代表处	朝阳区建国路91号金地中心A座1209室	100026	58658847
荷兰保险有限公司北京代表处	朝阳区东三环北路8号亮马大厦1座1508室	100004	65907568－201
韩国东部火灾海上保险公司北京代表处	朝阳区霄云路36号国航大厦1011室	100027	84475427
韩国韩华生命保险有限公司北京代表处	朝阳区光华路1号嘉里中心南楼1026室	100020	65837920
韩国乐爱金财产保险有限公司北京代表处	朝阳区建国门外大街乙12号双子座大厦西塔EF层03号	100022	65632390
韩国贸易保险公社北京代表处	朝阳区东三环北路2号南银大厦915室	100027	64106439
韩国首尔保证保险株式会社北京代表处	朝阳区东三环北路8号亮马河大厦1座	100004	65900288
韩国兴国生命保险株式会社北京代表处	朝阳区霄云路36号1号楼611室	100027	84475411
加拿大永明人寿保险公司北京代表处	朝阳区金桐西路10号远洋光华国际大厦AB座10层A01室	100020	85906500
加拿大人寿保险公司北京代表处	东城区建国门内大街8号中粮广场B123室	100005	65264005
加拿大皇家银行人寿保险公司北京代表处	西城区金融街7号英蓝国际金融中心9层927室	100140	58399388
教保生命保险株式会社北京代表处	朝阳区霄云路36号国航大厦2109室	100027	65058658

劳合社北京代表处	朝阳区建国门外大街1号国贸大厦1座1229室	100004	65058391
美国大都会人寿保险公司北京代表	东城区长安街1号东方广场东方经贸城东二办公楼12层1211A	100738	85189790
美国国际集团北京代表处	西城区金融大街7号英蓝国际金融中心	100033	58332366
美国信安人寿保险公司北京代表处	朝阳区建外大街1号国贸写字楼1座416室	100004	64629266
美国信诺保险公司北京代表处	朝阳区建国路甲92号世贸大厦A座	100022	85809055
美国怡安保险（集团）公司北京代表处	朝阳区建外大街甲6号SV大厦1205室	100022	65630671
美国保德信保险公司北京代表处	朝阳区建国路118号招商局大厦29层290B	100022	65669800
美国北美洲保险公司北京代表处	西城区金融街35号国际企业大厦B座528室	100033	88091177
RGA美国再保险公司北京代表处	东城区东长安街1号东方广场东方经贸城西一办公楼15层1504室	100738	85182528－49166
美国展维住房抵押贷款保险公司北京代表处	朝阳区光华路1号嘉里中心北座11层	100020	65999159
美国联合保险公司北京代表处	西城区金融街35号国际企业大厦B座527室	100033	88091175
美国柏柯莱保险集团公司北京代表处	东城区东长安街1号东方广场东三座1905室	100738	85189168
美国史带公司北京代表处	朝阳区建国门外大街1号国贸写字楼1座11层11室	100004	65350319
美国法特瑞互助保险公司北京代表处	朝阳区建国路77号华贸中心三座24层	100025	85880198
美国国际金融保险公司北京代表处	朝阳区安立路80号马哥孛罗大厦606A	100101	59636798
美国联合健康保险公司北京代表处	朝阳区新源南路3号平安国际金融中心B座17层	100027	58291721
美国维朋公司北京代表处	朝阳区建国门外大街乙12号双子座大厦东塔10楼1013室	100022	51235105

美国万凯公司北京代表处	朝阳区北苑路甲13号院北辰新纪元大厦2号楼1002B室	100107	84929668
南非和德保险有限公司北京代表处	朝阳区东三环北路丙2号天元港中心B座1708A	100027	84464164
全球人寿保险国际公司北京代表处	朝阳区东三环北路38号安联大厦2606单元	100026	85151248
其士保险有限公司北京代表处	西城区南礼士路丙3号楼海通大厦705室	100037	68000970
日本东京海上日动火灾保险株式会社驻中国总代表处	朝阳区建国门外大街甲6号爱思开大厦1105室	110022	65630180
日本明治安田生命保险公司北京代表处	朝阳区建外大街26号长富宫办公楼6003室	100022	65139815
日本生命保险公司北京代表处	朝阳区建国门外大街26号长富宫办公楼4007室	100022	65139240
日本住友生命保险公司北京代表处	朝阳区东三环北路5号北京发展大厦1幢7层719室	100004	65616120
瑞士苏黎世保险公司北京代表处	朝阳区曙光西里甲5号院21号楼北京凤凰置地广场F座6层	100028	84398100
三井住友海上火灾保险公司驻中国总代表处	朝阳区东三环北路五号北京发展大厦1608室	100004	65908500
三星火灾海上保险公司北京代表处	朝阳区建国路118号招商局大厦25层	100022	65668100－6213
三星生命保险公司北京代表处	朝阳区建国路118号招商局大厦2801A室	100022	65668100－6101
（台湾）国泰人寿保险股份有限公司北京代表处	朝阳区东大桥路9号B楼6层02单元	100020	83913425
台湾台银人寿保险股份有限公司北京代表处	朝阳区建国路118号18层1833室	100022	59233755
台湾人寿保险股份有限公司北京代表处	西城区西直门外大街1号院2号楼16C11室	100031	58302588
西班牙曼福保险集团北京代表处	朝阳区工人体育场北路甲6号中宇大厦1809室	100027	59752558
现代海上火灾保险有限公司北京代表处	朝阳区霄云路38号现代汽车大厦518室	100027	83600610

香港领航海上保险顾问有限公司北京代表处	朝阳区光华路1号嘉里中心北楼11层30室	100020	65997927
香港友邦保险控股有限公司北京代表处	朝阳区建国门外大街8号楼5层503单元	100022	57835556－12087
新光人寿保险股份有限公司北京代表处	东城区建国门内大街7号1822室	100005	65102115
新加坡大东方人寿保险有限公司北京代表处	西城区月坛北街26号恒华国际商务中心写字楼710A	100045	58565501
英国亚瑟J. 盖勒格英国有限公司北京代表处	朝阳区建外19号国际大厦A座23B	100004	65125954
英国保柏金融公众有限公司北京代表处	朝阳区亮马桥路甲40号二十一世纪大厦3层A302室	100125	58571720
英国保诚保险有限公司北京代表处	东城区长安街1号东方广场W1座610室	100738	85183098
英国耆卫公共有限公司北京代表处	朝阳区建外大街1号国贸写字楼1座1306室	100004	65057686
中国人寿保险股份有限公司（台湾）北京代表处	西城区闹市口大街1号院长安兴融中心3号楼619室	100032	65832585
中银集团人寿保险有限公司北京代表处	西城区复兴门内大街1号中银大厦8号楼	100818	66533316
忠利保险有限公司北京代表处	朝阳区建外大街乙12号双子座大厦西塔9层06室	100022	59601817

5. 其他

（1）小额贷款公司

机构名称	地　址	邮　编	电　话
北京农投东方小额贷款有限公司	东城区朝阳门北大街6号首创大厦6层	100010	85283318
北京京融小额贷款股份有限公司	东城区光明路11号天玉大厦807室	100061	51902301
北京崇信农投小额贷款股份有限公司	东城区天坛东路74号201A	100060	67166563
北京金瑞通小额贷款有限责任公司	东城区西花市南里东区16号楼1层商业03号	100062	87108131

北京润泽小额贷款股份有限公司	东城区朝阳门内大街298号	100010	59575137
北京市国旭小额贷款有限公司	西城区丰汇园11号楼丰汇时代大厦东602室	100032	58362740
北京金正融通小额贷款有限公司	西城区西砖胡同2号院7号楼3层	100052	83521115
北京江川小额贷款有限公司	西城区阜成门外大街7号国投大厦18层	100037	68095633
北京邦信小额贷款股份有限公司	西城区阜成门内大街410号	100033	66071560
北京德盛行小额贷款有限公司	西城区南礼士路66号1号楼建威大厦811室	100045	83169919
北京恒源小额贷款有限公司	朝阳区望京北路9号叶青大厦A座7层	100102	64391236
北京富安小额贷款有限公司	朝阳区东三环北路甲2号京信大厦2层232室	100027	84492068
北京市中金小额贷款股份有限公司	朝阳区广顺北大街16号院2号楼9层909室	100102	59780425
北京农投金阳小额贷款股份有限公司	朝阳区东三环北路19号楼1505房间	100020	59670699
北京凤凰小额贷款股份有限公司	朝阳区新源南路3号21层	100027	56372222
北京商络小额贷款有限责任公司	朝阳区裕民路12号1号楼10层	100029	85183671
北京朝汇通小额贷款股份有限公司	朝阳区东三环南路17号B座8层D室	100021	67498580
北京泛华小额贷款有限公司	朝阳区东三环北路向军南里二巷甲5号雨霖大厦20层	100027	51311777
北京市中关村小额贷款股份有限公司	海淀区海淀北二街10号泰鹏大厦9层	100080	82483630
北京农投诚兴小额贷款股份有限公司	海淀区北四环西路58号理想国际大厦703A	100080	82607838
北京鑫泰小额贷款股份公司	海淀区北四环西路66号中国技术交易所2005室	100080	62682320
北京亚联财小额贷款有限公司	海淀区科学院南路2号融科资讯中心A座4层401单位	100190	62539666

北京乾元联合小额贷款有限公司	海淀区彩和坊路11号华一控股大厦1602B和1603	100080	82870036
北京京投信业小额贷款股份有限公司	海淀区长春桥路5号北京北纬四十度大酒店1层	100089	51297777
北京市古今小额贷款股份有限公司	海淀区龙翔路甲1号601室、602室	100191	82038166
北京世欣仁达小额贷款股份有限公司	海淀区丹棱街6号523房间	100080	57569788
北京玺鑫小额贷款有限公司	海淀区知春路1号学院国际大厦1117室	100083	82339666
北京吉信小额贷款股份有限公司	海淀区海淀大街38号1层10号房间、2层10号房间	100080	88506868
北京丰花小额贷款有限公司	丰台区花乡黄土岗甲1号	100160	83677826
北京农投丰融小额贷款股份有限公司	丰台区西四环南路101号丰台科技园创新大厦2035室	100070	63719141
北京鑫福海小额贷款有限公司	丰台区南苑路15号大红门服装城写字楼4层	100076	87299651
北京金鹏丽行小额贷款股份有限公司	丰台区凤凰嘴村2号	100073	63351678
北京丽泽创投小额贷款有限公司	丰台区丰北路77号	100071	63896666
北京国典永泰小额贷款股份有限公司	丰台区华源一里太平桥路15号103室	100073	84793608
北京乾元汇通小额贷款有限公司	丰台区丰管路50号	100071	83818403
北京石金小额贷款股份有限公司	石景山区中铁建设大厦20层	100040	52656198
北京金陵小额贷款有限公司	石景山区鲁谷路台湾街C2区5号楼	100040	68647601
北京铭鑫小额贷款有限公司	石景山区西井路17号实验楼四层	100140	88794608
北京市盛丰小额贷款有限责任公司	石景山区时代花园东街8号院2号楼101～104室	100043	88937113
北京华财小额贷款有限公司	门头沟区石龙经济开发区永安路20号1号楼5层1单元	102308	4008368099

北京农投京西小额贷款股份有限公司	门头沟区蓝龙家园6号楼2层B区	102399	69866777
北京大方小额贷款有限公司	房山区良乡长虹西路翠柳东街1号	102488	69382395
北京龙盛源小额贷款有限公司	房山区良乡长虹东路2号	102488	69378911
北京中金福小额贷款有限责任公司	房山区良乡长虹西路73号1楼101室	102488	89360914
北京泽惠小额贷款有限责任公司	房山区燕房路临99号	102599	69348156
北京国能小额贷款股份公司	顺义区赵全营镇兆丰产业基地东盈路19号	101300	81499715
北京市旺泰小额贷款有限责任公司	顺义区赵全营镇兆丰产业基地东盈路19号3幢	101300	65996103
北京市农投首诚小额贷款股份有限公司	通州区梨园路120号	101101	80818188
北京澳美小额贷款有限公司	通州区京洲园402号楼40号	101121	80815517
北京聚隆源小额贷款股份有限公司	通州区运河西大街21号9号楼-1至2层	101101	60540996
北京银泰小额贷款有限公司	通州区云景南大街22号	101121	81511486
北京兴宏小额贷款有限公司	大兴区首邑上城小区吉星德亿底商	102600	69229131
北京市兴融小额贷款股份有限公司	大兴区黄村镇兴丰北大街143号	102611	69248008
北京兴瑞小额贷款有限公司	大兴区黄村镇兴丰大街三段118号	102611	69222292
北京亦庄国际小额贷款有限公司	经济技术开发区文化园西路8号院27号楼2层	100176	87162501
北京汇富小额贷款股份有限公司	大兴区庞各庄镇龙景湾乙区139号205室	102601	69233488
北京金泰小额贷款有限公司	大兴区东大路53号院2号楼103室	102600	89230873
北京亿兆小额贷款股份有限公司	经济技术开发区荣华南路19号中铁十九局1111室	100176	67806572

北京金典小额贷款股份有限公司	昌平区龙水路22号院28－6号	102299	69714409
北京资丰小额贷款股份有限公司	昌平区龙水路26号	102299	69743290
北京农投金通小额贷款股份有限公司	昌平区东小口镇天通苑西苑30号楼5门	102218	84820329
北京农投谷成小额贷款股份有限公司	平谷区金谷园小区21号楼商铺－9号	101299	69973284
北京庄子天运小额贷款有限公司	平谷区紫贵庄园8号楼1～2层	101299	89978992
北京市利源小额贷款股份有限公司	怀柔区富乐北大街1号乐红园小区1号楼	101400	89688893
北京农投国汇小额贷款股份有限公司	密云县鼓楼东大街19－6号	101599	89088111
北京惠丰融金小额贷款有限公司	密云县花园小区1－23	101599	69029540
北京农投庆融小额贷款股份有限公司	延庆县人民商场5层	102199	69145919
北京长江小额贷款有限公司	延庆县百泉街10号	102199	60168666

（2）融资担保机构

机构名称	地　　址	邮　编	电　话
北京晨光昌盛融资担保有限公司	昌平区科技园区超前路9号502房间	102200	
北京联合开元融资担保有限公司	西城区金融街7号英蓝国际金融中心5层	100033	58369167
北京华夏兴业融资担保有限公司	西城区新街口外大街甲18号4层	100009	64004615
北京海淀科技企业融资担保有限公司	海淀区北四环西路66号A座2003号	100080	82488530
北京康正恒信融资担保有限公司	朝阳区裕民路12号1号楼A座	100029	82252267
北京中小企业信用再担保有限公司	西城区平安里西大街28号楼17层	100034	63220330

北京首创融资担保有限公司	西城区闹市口大街1号长安兴融中心4号楼3层	100031	58528448
北京中关村科技融资担保有限公司	海淀区中关村南大街12号天作国际中心1号楼A座30层	100081	59705610
北京瀚华融资担保有限公司	朝阳区东三环中路1号环球金融中心东塔5F	100020	57766600
北京燕鸿融资担保有限责任公司	房山区良乡月华大街3号龙建大厦5层	102488	89358009
北京金家园融资担保有限公司	通州区玉带河东街85号1～2层	101100	52113870
北京兴展融达融资担保有限公司	大兴区永华路1号院	102600	81297292
北京资和信融资担保有限公司	西城区金融大街27号投资广场A座16层	100033	63019456
北京闽商融资担保有限公司	朝阳区望京中环南路9号3号楼5层501室	100102	64387366
北京金正光彩融资担保有限公司	西城区西砖胡同2号院7号楼	100053	83517538
北京海大富林融资担保有限公司	朝阳区光华路8号和乔大厦B座502室	100026	65811786
北京美嘉信融资担保有限公司	海淀区彩和坊路8号12层	100080	62698362
北京三山永泰融资担保有限公司	海淀区西三环北路72号世纪经贸大厦B座	100048	51799759
北京安家世行融资担保有限公司	东城区东四十条68号平安发展大厦西区303室	100007	52181117
北京厚泽融资担保有限公司	朝阳区惠新里240号2号楼109A室	100029	64988811
北京硅银融资担保有限公司	朝阳区朝外大街甲6号万通中心A座	100020	59152999
北京金成锦华融资担保有限公司	门头沟区石龙经济开发区永安路20号产业孵化中心3#	102300	82149657
北京万容鼎信融资担保有限公司	西城区新街口北大街57号623室	100035	62221663
北京沃伦万联融资担保有限公司	西城区华远北街2号502室	100032	66159750

北京荣京融资担保有限公司	经济技术开发区荣京东街3号荣京丽都1幢A座4层	100176	67888933
北京市农业融资担保有限公司	大兴区西红门镇北京燕南鹿鸣春大酒店308室	100031	58529022
北京国雄融资担保有限公司	朝阳区建国门外大街甲6号	100022	59715860
北京中兰德融资担保有限公司	朝阳区建国门路91号金地中心B座21层	100022	59050666
北京中科智融资担保有限公司	朝阳区建国路91号金地中心B座21层	100021	59050606
北京中联华水融资担保有限公司	丰台区星火路1号昌宁大厦11D2E	100070	52262752
北京中天财智融资担保有限公司	朝阳区东三环中路7号A座517室	100020	6533017
北京首担融资担保有限公司	海淀区彩和坊路8号5层512	100080	62698189
北京亦庄国际融资担保有限公司	北京经济技术开发区景园北街2号BDA国际企业大道56栋5层	100176	87162340
北京国华文创融资担保有限公司	东城区安定门东大街28号国际版权交易中心F座203室	100007	64097765
北京鼎信创伟融资担保有限公司	怀柔区雁栖经济开发区雁栖路33号1幢	101400	69660091
北京诚信佳融资担保有限公司	丰台区西四环南路55号院7号楼	100071	63629142
北京同益达融资担保有限公司	朝阳区望京南湖东园122号博泰国际大厦A座	100102	84712909－8022
北京光彩融资担保有限公司	顺义区仁和地区仓上街3号	101300	81482918
北京久久红业融资担保有限公司	丰台区芳城园一区17号楼B座103室	100078	58395175
北京鑫顺融资担保有限公司	顺义区大东路6号111～120平房	101300	69431111
北京宝越融资担保有限公司	西城区广安门外大街168号1幢12层	100055	83065916
北京和众汇金融资担保有限公司	顺义区腾仁路22号3幢308室	101301	61956391

北京市融川融资担保有限责任公司	朝阳区光华里甲 17 楼	100020	65019915
北京财富通融资担保有限公司	朝阳区建国路 88 号 8 号楼 12 层	100022	83125559
北京中保国信融资担保有限公司	东城区滨河路 1 号 8 层 807 室	100011	13911594922
北京中技知识产权融资担保有限公司	海淀区北四环西路 66 号中国技术交易大厦 B 座 15 层	100080	13901234103
北京谷诚融资担保有限公司	平谷区乐园西小区 7 号	101200	13241626710
北京石创同盛融资担保有限公司	石景山区石景山路 31 号院盛景国际广场 3 号楼 1218 室	100040	13911354475
北京市文化科技融资担保有限公司	东城区东滨河路乙 1 号航星园 1 号楼	100011	13520296143
北京东方天元融资担保有限公司	朝阳区慧忠北里 219 号楼 6 层	100012	64846479
北京瑞宝鼎国际投资担保有限公司	西城区西直门外大街 1 号院 1 号楼 17 层 B5 – B8 室	100044	88029980 – 801
北京云政金融控股有限公司	密云县东源路 10 巷	101500	69067757
北京密云农业融资担保有限公司	密云县信远大厦 3 段 3 层	101500	69072299
北京市住房贷款担保中心	海淀区北四环西路 56 号辉煌时代西座 7 ~8 层	100080	62695206
北京银达信融资担保有限责任公司	昌平区沙河镇沙阳路北侧 1 栋 418 室	102206	80708674
保福融资担保有限公司	海淀区中关村东路 66 号世纪科贸大厦 B 座 501 室	100190	52780693
长安保证担保有限公司	东城区安化北里 1 号长保大厦	100062	51336645
德和德美融资担保有限公司	东城区永定门内东街中里 9 – 17 号 8 号楼	100050	84211061
富登投资信用担保有限公司北京融资担保分公司	西城区武定侯街 6 号卓著中心 3 层 307 单元	100000	025 – 83168908
重庆市三峡担保集团有限公司北京融资担保分公司	西城区宣武门西大街甲 129 号	100031	66422917

东方宝利（北京）融资担保有限公司	朝阳区慧忠里 103 号楼 B 座 1101 室	100101	84871017
国通融资担保有限公司	石景山区八大处高科技园区西井路 3 号 2 号楼 237 房间	101300	65423421
汇民融资担保有限公司	海淀区紫竹院路 116 号嘉豪国际中心 A 座 1109 室	100097	58930017
联合融信（北京）担保有限公司	海淀区知春路 6 号锦秋国际大厦 7 层	100088	82961150
黑龙江省鑫正投资担保集团有限公司北京融资担保分公司	海淀区北洼路 28 号 -1 至 10 层	100089	65460638
重庆进出口信用担保有限公司北京融资担保分公司	朝阳区朝阳门外大街甲 6 号 14 层 3 座	100027	13627680080
中海信达担保有限公司	朝阳区东三环中路 7 号财富中心写字楼 4 栋 3101 室	100020	51658969
财富时代融资担保有限公司	顺义区金马工业园区 96 号	100020	65857678
国能融资担保股份公司	朝阳区东三环北路甲 19 号嘉盛中心 2301 室	100021	59671096
国瑞泰融资担保有限公司	西城区闹市口大街 1 号院 4 号楼 12 层 F1	100031	58529077
和协海峡融资担保有限公司	朝阳区建国门外大街 2 号院 2 号楼 1601 号单元	100022	85171671
华诚联合融资担保有限公司	朝阳区新源南路六号京城大厦 1603 号	100004	84868850 -810
华夏金谷融资担保有限公司	西城区金融街 35 号国际企业大厦 B 座 9 层	100140	88093168
华夏融资担保有限公司	朝阳区芳园里小区 22 楼前	100015	65383504
华尊融资担保有限公司	海淀区丹棱街 18 号创富大厦 1507A 室	100080	82606698
京乐融资担保有限公司	丰台区紫芳园六区 5 号楼 2 层 3 单元	100078	52810399
金达融资担保有限责任公司	东城区安定门东大街 28 号雍和大厦 1 号楼 D 单元 506 室	100007	64097529
恩义融资担保有限公司	丰台区康泽园小区 17 号楼 01 室	100075	67269988

上合诚融资担保有限公司	朝阳区东四环中路78号大成国际中心	100124	59105885
仕达融资担保有限公司	朝阳区东大桥路8号尚都国际中心A座	100029	58700321－800
世铎融资担保有限公司	朝阳区民族园路1号1号楼	100070	63704227
顺泰融资担保有限公司	朝阳区东三环中路7号	100002	85171901
速融融资担保有限公司	东城区广渠门外大街广渠家园8号楼	100022	67737278
清大华智融资担保有限公司	东城区王家园胡同10号221C室	100027	82864288
朔天通淼融资担保有限公司	朝阳区西坝河西里28号英特公寓B座2层208室	100028	64476957
兴融融资担保有限公司	海淀区西直门北大街32号院2号楼8层	100082	82211922
跃天财富融资担保有限公司	顺义区赵全营镇牛板路板桥段43号	101300	84210320
御德金（北京）融资担保有限公司	海淀区海淀北二街8号中关村SOHO大厦1105室	100080	85118882
中保财富融资担保有限公司	东城区广渠门内大街45号雍贵中心D座9层	100062	67150799
中国投融资担保有限公司	海淀区西三环北路100号金玉大厦9层	100048	68437040
中国华海融资担保有限公司	朝阳区东三环北路霞光里18号佳程广场B座15层A单元	100027	84400395
中鸿联合融资担保有限公司	海淀区学院路30号科大天工大厦B座13层01～15室	100083	59862989
中瑞信融资担保有限公司	东城区安定门西滨河路9号中成大厦901室	100011	84119267
中商联合融资担保有限公司	朝阳区西坝河南路1号金泰大厦	100028	64402227
中投国泰融资担保有限公司	朝阳区亮马桥路甲40号二十一世纪大厦B座	100125	84447305
中金信诺融资担保有限公司	东城区北三环东路36号环球贸易中心B座2303室	100013	59575105
中桥融资担保有限公司	海淀区西三环北路100号光耀东方中心1103室	100037	82335439

中诚润通融资担保有限公司	昌平科技园区白浮泉路10号北控科技大厦	102200	65676538
中嘉联合融资担保有限公司	朝阳区崔各庄乡南皋路1号2层	100015	64337338－818
中鑫同洲融资担保有限公司	西城区德内大街兴华胡同31号	100009	83224889
中绿融资用担保有限公司	东城区朝阳门北大街2号港澳中心写字楼10层	100027	65511606
中际恒瑞融资担保有限公司	丰台区南四环西路123号	100070	83638253
中企信用融资担保有限公司	西城区金融大街5号新盛大厦B座10层	100140	66555400
中鸿基融资担保有限公司	朝阳区东三环北路甲19号楼36层	100022	65816999
中融兴业融资担保有限公司	西城区太平桥大街丰融园15号楼4座1501室	101112	82616436
中商汇融资担保有限公司	朝阳区延静里中街3号新建科研楼	101300	60438027－8059
中元金汇融资担保有限公司	东城区马家堡路1号901～906室	100077	67210606
中保兴业融资担保有限公司	海淀区西直门北大街60号首钢国际大厦4018室	100082	58810096
中扶华夏融资担保有限公司	东城区北三环东路36号环球贸易中心B栋1207室	100013	58256515
中企联合融资担保有限公司	朝阳区建国路93号万达广场10号楼23层	100022	58206197
中硕融资担保有限公司	丰台区丰管路16号4号楼3001室	100071	83833051
中远信融资担保有限公司	西城区太平街6号4层E－507	100050	59360388
中金兴业融资担保有限公司	海淀区西三环北路87号6层	100089	88820145
中投财富融资担保有限公司	朝阳区光华路4号东方梅地亚中心A座15层1802B	100026	85570177
中际钰贷融资担保有限公司	朝阳区朝阳公园路19号1幢1501内1506室	100125	64665588

中国创投融资担保有限公司	北京经济技术开发区科创十四街99号33幢D栋2层2101号	100176	84446889
中企达融资担保有限公司	朝阳区东四环中路82号金长安大厦3座2012号	100124	67298533
中运顺通融资担保有限公司	石景山区八大处高科技园区西井路3号2号楼489房间	100044	88320867
中海国发融资担保有限公司	丰台区菜户营58号28层2801－2803室	100054	63356231
中光财富融资担保（北京）有限公司	海淀区紫竹院路81号北方地产大厦905室	100089	88829522
中融诚融资担保有限公司	朝阳区八里庄西里甲15号1幢303	100025	65585995－811
中安泰融资担保有限公司	朝阳区北三环东路8号静安中心1572室	100028	51085382
中通瑞丰融资担保有限公司	顺义区顺通路38号107室	101300	68373328
中源盛祥融资担保有限公司	海淀区西外大街168号腾达大厦2310室	100044	88576192
中利人和融资担保有限公司	顺义区大孙各庄镇府前街16号	101308	88824073
中保信合融资担保有限公司	朝阳区亚运村汇欣公寓S座	100101	65988870
中合中小企业融资担保股份有限公司	西城区阜外大街7号国投大厦11层	100037	68583112
中能通达融资担保有限公司	东城区隆福寺街95号北京东四福苑宾馆5层8502号	100007	13501209970
中元国信融资担保有限公司	朝阳区南新源西路松榆花园御景园2层	100020	65082366
中担投资信用担保有限公司	西城区复兴门内大街28号凯晨世贸中心中座F3层C301室	100031	59566262
中运顺通融资担保有限公司	顺义区赵全营镇牛板路板桥段43号602室	100013	84210320
中铁融资担保有限公司	西城区华远街11号	100032	51895090
紫御湾融资担保有限公司	海淀区首体南路6号新世纪饭店写字楼15层1551室	100044	68492349

（3）支付机构

机构名称	地　址	邮　编	电　话
安易联融电子商务有限公司	西城区西单北大街甲 131 号 1105A 室	100032	59716386
北京全顺通商贸有限公司	海淀区苏州街 3 号 7 层 703 室	100080	84885140
北京恒达万华支付有限公司	东城区崇文门外大街 16 号 1 幢	100062	87555559
北京百付宝科技有限公司	海淀区上地十街 10 号百度大厦 B 座 5 层	100085	4008988855
北京中汇金电子商务有限公司	房山区良乡凯旋大街建设路 18 号	102488	65545750
北京国华汇银科技有限公司	海淀区花园北路 14 号 67 栋 1 层 111 号	100083	4006513600
北京繁星山谷信息技术有限公司	丰台区丰台镇南开西里 23 号楼 4 层 404 号	100097	51709888
北京永超科技有限公司	海淀区苏州街 20 号 2 号楼 2 层东侧	100080	82615275
北京新浪支付科技有限公司	海淀区北四环西路 58 号 907～908 室	100080	4009218887
北京帮付宝网络科技有限公司	朝阳区东三环中路 55 号楼 5 层	100020	85256984
北京理房通支付科技有限公司	怀柔区雁栖经济开发区雁栖大街 13 号	101408	59104734
北京畅捷通支付科技有限公司	海淀区北清路 68 号 20 号楼	100094	62434206
北京钱袋宝支付技术有限公司	海淀区知春路 6 号锦秋国际大厦 15 号	100088	59799152
开联通网络技术服务有限公司	海淀区知春路 51 号慎昌大厦 5360 室	100080	84783057
北京数字王府井科技有限公司	东城区朝阳门内大街 199 号 307 室	100010	65148000
北京银联商务有限公司	海淀区车公庄西路乙 19 号华通大厦 B 座 10 层	100500	88019861

北京海科融通支付服务股份有限公司	海淀区人大北路33号院1号楼大行基业大厦17层北侧	100080	82685056
北京爱农驿站科技服务有限公司	朝阳区来广营西路5号2A	100012	59716386
北京首采联合电子商务有限责任公司	朝阳区雅宝路10号8层	100020	85638736
北京中欣银宝通支付服务有限公司	东城区珠市口东大街14号308室	100050	67077777
北京市政交通一卡通有限公司	西城区金融街33号通泰大厦B座18层	100032	88087735
北京雅酷时空信息交换技术有限公司	海淀区海淀中街16号10层6单元1010	100080	51657126
北京中投科信电子商务有限责任公司	海淀区中关村南大街1号北京友谊宾馆40123房间	100038	63979733
北京一九付支付科技有限公司	海淀区农大南路88号1号楼2层247~251室	100080	57386888
北京数码视讯支付技术有限公司	顺义区文化营村北3幢007号平房	100085	82346115
北京恒信通电信服务有限公司	海淀区青龙桥后营北上坡13号	100091	64090016
北京和融通支付科技有限公司	西城区德胜门外大街3号304~306房间	100101	62353131
北京商银信商业信息服务有限责任公司	西城区复兴门南大街甲2号甲2号天银大厦A西15层	100005	63106796
北京市银博盛世电子商务有限公司	西城区月坛北街26号恒华国际商务中心A座1209室	100045	58565009
北京银通支付有限公司	西城区华远北街2号303室	100032	66510188
北京交广科技发展有限公司	朝阳区建国门外大街14号4号楼1619号	100024	85013399
北京华瑞富达科技有限公司	西城区百万庄大街11号3层	100037	59508049
北京高汇通商业管理有限公司	朝阳区石佛营东里133号内4号3层	100028	56890222
北京润京搜索投资有限公司	东城区永定门内东街中里9-17号楼431室	100050	58029211
北京中诚信和支付有限公司	西城区五根檩胡同11号金泰通华苑写字间B101室	100035	62269055

北京广聚福支付有限公司	朝阳区东大桥路8号SOHO尚都2楼24层2－2703号	100020	58697787
北京商银科技有限公司	海淀区北四环西路66号1205、1206室	100080	82488399
北京亚科技术开发有限责任公司	顺义区后沙峪镇裕民大街7号	101300	64513317
百联优力（北京）投资有限公司	朝阳区东大桥路8号尚都国际中心A座1610室	100020	51661203
国付宝信息科技有限公司	顺义区南法信镇顺畅大道1号B－041室	101300	60195866
国旅（北京）信息科技有限公司	东城区东直门外小街甲2号A座8层	100013	85228932
汇元银通（北京）在线支付技术有限公司	海淀区人民大学北路33号院1号楼大行基业大厦1605室	100080	82684945
拉卡拉支付有限公司	海淀区丹棱街6号1幢7层	100080	56710550
联动优势电子商务有限公司	西城区新街口外大街28号B座	100088	58351122
联通支付有限公司	西城区金融大街35号	100032	66505686
随行付支付有限公司	海淀区阜城路67号17层	100036	52823977
天翼电子商务有限公司	昌平区未来科技城南区中国电信集团公司院内	100062	58520462
网银在线（北京）科技有限公司	海淀区中关村南大街2号1号楼16层A座	100086	65698686
易宝支付有限公司	石景山区八大处高科技园区西井路3号3号楼558房间	100041	59013985
易智付科技（北京）有限公司	海淀区知春路113号	100086	82652626
裕福支付有限公司	朝阳区建国路77号华贸中心2801B	100025	85888656
银盈通支付有限公司	西城区宣武门外大街6号庄胜广场北办公楼东翼	100052	63133083
银信联（北京）商务服务有限公司	朝阳区建国路甲92号－4层至24层11层1111室	100022	85893580
资和信网络支付有限公司	海淀区东北旺北京中关村软件园孵化器2号楼	100094	88265528
资和信电子支付有限公司	海淀区东北旺北京中关村软件园孵化器1号楼B座	100094	88665528

中金支付有限公司	西城区平原里小区20号楼	100054	83519761

(4) 交易机构

机构名称	地　址	邮　编	电　话
北京环境交易所有限公司	西城区丰汇园11号丰汇时代大厦3层	100032	66295776
北京金融资产交易所有限公司	西城区金融大街乙17号	100032	57896666
北京国际矿业权交易所有限公司	西城区丰汇园11号丰汇时代大厦3层	100032	83957299
北京产权交易所有限公司	西城区金融大街甲17号	100033	66295566
中国民营企业交易中心有限公司	西城区武定侯街2号泰康国际大厦12层	100033	66290800
北京黄金交易中心有限公司	西城区宣武门西大街甲127号大成大厦15层	100031	56930055
北京兰格钢铁电子交易有限公司	丰台区莲花池西里29号公交大厦1001室	100073	63959922
北京金马甲产权网络交易有限公司	西城区丰汇园丰汇时代大厦3层	100033	83954972
北京全国棉花交易市场有限责任公司	西城区宣武门外大街甲1号环球财讯中心B座15层	100052	4008106850
北京国家粮食交易中心	西城区广安门南街60号荣宁园5号楼	100054	63565055－8001
北京华彬艺术品产权交易中心有限公司	朝阳区建国门外大街永安东里8号华彬国际大厦2层	100022	85289401
北京大宗商品交易所有限公司	朝阳区东四环中路41号嘉泰国际大厦A座2层	100025	65202621
北京新传德国际版权交易中心有限公司	朝阳区呼家楼京广中心商务楼507室	100020	65974890
北京中勃上达电子商务有限公司	朝阳区安慧里四区16号楼中国化工大厦西配楼4层	100101	0512－56353007
北京新华金融信息交易所有限公司	丰台区丽泽路9号	100073	83069800
北京新发地农产品电子交易中心有限公司	丰台区新发地京良路北侧办公楼	100160	83717367

北京特许经营权交易所有限公司	石景山区石景山路20号中铁建设大厦19层	100040	52656114
北京保险服务中心股份有限公司	朝阳区工体北路甲6号中宇大厦11层1103室	100027	85235649
北京贵金属交易所有限责任公司	石景山区石景山路20号中铁建设大厦21层	100040	52656221
北京粮油交易所有限责任公司	房山区良乡镇政通路6号7层	102401	89369859
北京石油交易所股份有限公司	西城区丰汇园11号丰汇时代大厦3层	100032	4006167000
北京农村产权交易所有限公司	东城区王府井西街9号一层	100006	65237388
北京东方雍和国际版权交易中心有限公司	东城区安定门东大街28号雍和大厦E座208	100007	64097700
北京农副产品交易所有限责任公司	朝阳区吉庆里14号佳汇国际中心A座19层	100020	65532788
北京农资交易服务中心有限公司	丰台区西四环南路30号院	100161	83828757
北京华商储备商品交易所有限责任公司	海淀区紫竹院路116号嘉豪国际中心A座16层	100097	58931228
北京国际葡萄酒交易所有限公司	海淀区玉泉路2号	100143	88289800
北京软件和信息服务交易所有限公司	海淀区海淀南路甲21号中关村知识产权大厦A座2层	100080	61136010
联合产权交易所有限公司	朝阳区裕民路12号中国国际科技会展中心B座905室	100029	62026510
汉唐艺术品交易所有限公司	东城区东中街58号美惠大厦3单元	100027	65546684
九歌艺术品交易有限公司	朝阳区东三环中路39号建外SOHO小区15幢24层2803室	100022	58692810
中国林业产权交易所有限公司	西城区德外大街甲36号	100011	62030000
中国工艺艺术品交易所有限公司	海淀区知春路中国艺术品大厦	100050	56189890
中国技术交易所有限公司	海淀区北四环西路66号中国技术交易大厦B座16层	100080	62679600

中新荣峰会（北京）艺术品交易中心有限公司	朝阳区科荟路8号	100012	58248888

（5）协会、商会、学会

机构名称	地　址	邮　编	电　话
北京市银行业协会	海淀区车公庄西路乙19号华通大厦B座北塔8层	100048	88088014
北京证券业协会	西城区金融大街35号国企大厦C座17层	100032	66568614
北京保险行业协会	朝阳区向军北里28号院1号楼瀚海文化大厦6层	100020	65859118
北京保险中介行业协会	西城区西直门成铭大厦B2座18H	100035	66008027
北京典当行业协会	东城区永定门内东街中里9－17号崇文商务大厦	100050	84544366
北京市金融业文化建设协会	西城区月坛南街79号	100045	68559162
北京期货商会	海淀区紫竹院路31号华澳中心嘉慧苑1216室	100089	52722016
北京金融街商会	西城区金融大街33号通泰大厦B座616室	100033	66574347
北京CBD金融商会	朝阳区京广中心商务楼10层1007室	100020	65978750
北京中关村海淀金融创新商会	海淀区海淀北二街8号中关村SOHO大厦710室	100080	82504182
北京市金融学会	西城区月坛南街79号	100045	68559556
北京市城市金融学会	西城区复兴门南大街2号天银大厦B座906室	100031	66410543
北京市钱币学会	西城区月坛南街79号	100045	68559317
北京市金融工会	东城区台基厂三条3号6号楼110室	100005	65592747

（6）信用评级机构

机构名称	地　址	电　话
大公国际资信评估有限公司	朝阳区霄云路26号鹏润大厦A座	51087768
中国诚信信用管理股份有限公司	东城区礼士胡同54号	66428855
中诚信国际信用评级有限责任公司	西城区复兴门内大街156号北京招商国际金融中心D座7层	66428877－621
联合资信评估有限公司	朝阳区建国门外大街2号院2号楼17层	85679696
东方金诚国际信用评估有限公司	海淀区西直门北大街54号伊泰大厦5层	62299713
北京资信评级有限公司	西城区平安里西大街28号楼中海国际中心17层	88366253－808
长城资信评估有限公司	海淀区板井路69号世纪金源国际公寓6－16C	88433015
北京君维诚信用评估有限公司	海淀区苏州街49号盈智大厦301室	82622979
北京国融工发投资咨询有限公司	朝阳区惠新东街6号乡企大厦6层	57587441
长城金桥金融咨询有限公司	西城区月坛北街2号	68083498
中贸远大信用管理有限公司	东城区安定门外大街东后巷28号4号楼305～306室	64240418
北京银建资信评估事务所	西城区广安门南滨河路7号建设银行北京市分行406室	63401197

（7）个人本外币兑换特许业务机构

机构名称	地　址
北京通济隆丰盛科技有限公司	顺义区首都国际机场2号航站楼
通济隆外币兑换（中国）有限公司北京首都机场第一兑换店	顺义区首都国际机场2号航站楼
通济隆外币兑换（中国）有限公司北京首都机场第二兑换店	顺义区首都国际机场3号航站楼A2C10－I

通济隆外币兑换（中国）有限公司北京首都机场第三兑换店	顺义区首都国际机场3号航站楼B2E12
通济隆外币兑换（中国）有限公司北京首都机场第四兑换店	顺义区首都机场2号航站楼2层E024
通济隆外币兑换（中国）有限公司北京首都机场第五兑换店	顺义区首都国际机场3号航站楼A2C17
通济隆外币兑换（中国）有限公司北京首都机场第六兑换店	顺义区首都机场1号航站楼1层Y119号
通济隆外币兑换（中国）有限公司北京天坛路兑换店	东城区天坛路9号地上3层265号
通济隆外币兑换（中国）有限公司北京秀水街兑换店	朝阳区秀水东街8号2层B6－0001号
通济隆外币兑换（中国）有限公司北京朝阳第一兑换店	朝阳区工体北路58号第2层2228号
通济隆外币兑换（中国）有限公司北京天竺兑换店	顺义区天竺镇花梨坎村南
通济隆外币兑换（中国）有限公司北京日坛路兑换店	朝阳区日坛北路17号院2号楼1K26
通济隆外币兑换（中国）有限公司三里屯北兑换店	朝阳区三里屯北小街2号南3门
北京恒生联合投资有限公司	顺义区首都机场2号航站楼G112号
北京恒生联合投资有限公司第一咨询营业部	顺义区首都国际机场3号航站楼A2W8－1
北京恒生联合投资有限公司第二咨询营业部	顺义区首都国际机场3号航站楼B2W12
北京恒生联合投资有限公司第三咨询营业部	顺义区首都机场2号航站楼2层国际隔离区G235
北京恒生联合投资有限公司三里屯咨询营业部	朝阳区工体北路58号楼1层36室
北京恒生联合货币兑换有限公司第六咨询营业部	朝阳区雅宝路街甲5号1层101内1000号
环九州信用管理（北京）有限公司首都机场分公司	顺义区首都机场（新航站楼）1号1层Y117C
环九州信用管理（北京）有限公司首都机场第二分公司	顺义区首都机场2号航站楼1层Y118
北京渤海通汇投资咨询有限公司	西城区西长安街复兴门外大街19号燕京饭店1层

北京渤海通汇投资咨询有限公司雅宝路分公司	朝阳区雅宝路7号178号
北京金宝行投资顾问有限公司	朝阳区望京园401号楼2层
北京乾坤运通商务咨询有限公司	海淀区苏州街31号1层
艾西益商务服务（北京）有限公司首都机场分公司	顺义区首都国际机场G108
艾西益商务服务（北京）有限公司首都机场第二分公司	顺义区北京首都国际机场3号航站楼A4E10
艾西益商务服务（北京）有限公司首都机场第三分公司	顺义区北京首都国际机场3号航站楼A2C9－1
艾西益商务服务（北京）有限公司朝阳第一分公司	朝阳区国家体育场南路1号1幢1层807室
艾西益商务服务（北京）有限公司	朝阳区北辰西路69号峻峰华亭嘉园C－1502室

（二）机构简介

中国光大银行股份有限公司信用卡中心

中国光大银行股份有限公司信用卡中心（以下简称中国光大银行信用卡中心）于2013年3月7日经中国银监会批准成立，同年3月19日正式开业。中国光大银行股份有限公司从2003年开始发行信用卡，2004年成立了作为总行二级部门的信用卡中心，2006年信用卡中心实行事业部建制，2013年正式挂牌，逐步形成了流程化的组织架构。

中国光大银行信用卡中心内设中端客户服务部、高端客户服务部、企业客户服务部、审批部、风险管理部、催收管理部、多元行销部、策略研究部、计划财务部、技术部、品牌管理部、作业部、人力资源及综合部和质量监控部14个职能部门。

经营范围：办理本外币银行信用卡、借记卡发行业务；办理银行卡项下的本外币存款、贷款、结算、汇款、结汇、外汇兑换业务；代理国内各类银行卡的收单业务；代理国外金融机构和国际组织信用卡的发卡、付款及资金清算业务；代理其他银行或机构信用卡发卡、收单业务的运营服务；代理信用卡项下的代收、代售、资信调查、咨询服务、见证业务；代理信用卡项下的理财服务；中国银行业监督管理委员会或中国人民银行批准的与信用卡有关的其他业务。

2013年末，中国光大银行信用卡中心资产合计1 027.56亿元，负债合计961.33亿元，净利润66.23亿元，发卡量1 757万张；共有员工1 072人。

负责人：戴兵（女）

地址：北京市石景山区政达路6号院1号楼中惠国际中心B座

邮编：100043

电话：010－56963333

传真：010－56963284

（黄未）

北京房山沪农商村镇银行股份有限公司

北京房山沪农商村镇银行股份有限公司（以下简称北京房山沪农商村镇银行）于2013年1月10日经北京银监局批准正式成立，同年1月21日正式对外营业。

北京房山沪农商村镇银行由上海农村商业银行股份有限公司发起设立，注册资本10 000万元。其中，上海农村商业银行公司出资5 100万元，占比51%；北京良乡万达工贸有限公司、北京鑫峰建设投资有限公司等10家企业出资4 550万元，占比45.5%；张良、高文君等9名自然人出资350万元，占比3.5%。

经营范围：吸收公众存款；发放短期、中期和长期贷款；办理国内结算；办理票据承兑与贴现；从事同业拆借；从事银行卡（借记卡）业务；代理收付款项；经银行业监督管理机构批准的其他业务。

2013 年末，北京房山沪农商村镇银行资产总计 160 673.51 万元，负债合计 150 980.3 万元，所有者权益 9 693.21 万元。

北京房山沪农商村镇银行设有综合管理部、风险管理部、市场部和营业部 4 个部门，在册员工 27 人，董事长乐强毅，行长刘勇。

地址：北京市房山区良乡拱辰北大街 1 号 2 号楼

邮编：102401

电话：010－61378796

（高宾）

北京控股集团财务有限公司

北京控股集团财务有限公司于 2013 年 1 月获准筹建，同年 10 月 23 日获准开业，注册资本金为 8 亿元人民币。主要股东为北京控股集团有限公司、北京市燃气集团有限责任公司和北京燕京啤酒股份有限公司。

经营范围：对成员单位办理财务和融资顾问、信用鉴证及相关的咨询、代理业务；协助成员单位实现交易款项的收付；经批准的保险代理业务；对成员单位提供担保；办理成员单位之间的委托贷款；对成员单位办理票据承兑与贴现；办理成员单位之间的内部转账结算及相应的结算、清算方案设计；吸收成员单位的存款；对成员单位办理贷款及融资租赁；从事同业拆借。

负责人：鄂萌

地址：北京市朝阳区东三环北路 38 号院 4 楼 10 层

邮编：100026

电话：010－65879800

传真：010－65879898

（刘波）

北京金隅财务有限公司

北京金隅财务有限公司于 2013 年 1 月获准筹建，同年 9 月 26 日获准开业，注册资本金 10 亿元人民币。股东为北京金隅股份有限公司。

经营范围：对成员单位办理财务和融资顾问、信用鉴证及相关的咨询、代理业务；协助成员单位实现交易款项的收付；经批准的保险代理业务；对成员单位提供担保；办理成员单位之间的委托贷款；对成员单位办理票据承兑与贴现；办理成员单位之间的内部转账结算及相应的结算、清算方案设计；吸收成员单位的存款；对成员单位办理贷款及融资租赁；从事同业拆借。

负责人：王洪军

地址：北京市东城区北三环东路 36 号 B 座

邮编：100013

电话：010－59575721

传真：010－59575730

（刘波）

首旅旅游财务有限公司

首旅旅游财务有限公司于 2012 年 7 月 31 获准筹建，2013 年 4 月 19 日获准开业，注册资本金为 10 亿元人民币，由北京首都旅游集团有限责任公司 100% 出资。

经营范围：对成员单位办理财务和融资顾问、信用鉴证及相关的咨询、代理业务；协助成员单位实现交易款项的收付；

经批准的保险代理业务；对成员单位提供担保；办理成员单位之间的委托贷款；对成员单位办理票据承兑与贴现；办理成员单位之间的内部转账结算及相应的结算、清算方案设计；吸收成员单位的存款；对成员单位办理贷款及融资租赁；从事同业拆借。

负责人：白凡

地址：北京市朝阳区广渠路 38 号北京一轻大厦 9 层

邮编：100022

电话：010－60157508

传真：010－60157575

（刘波）

中材集团财务有限公司

中材集团财务有限公司于 2012 年 4 月获准筹建，2013 年 4 月 18 日获准开业，注册资本金 5 亿元人民币。主要股东为中国中材集团有限公司、中国中材股份有限公司。

经营范围：对成员单位办理财务和融资顾问、信用鉴证及相关的咨询、代理业务；协助成员单位实现交易款项的收付；经批准的保险代理业务；对成员单位提供担保；办理成员单位之间的委托贷款；对成员单位办理票据承兑与贴现；办理成员单位之间的内部转账结算及相应的结算、清算方案设计；吸收成员单位的存款；对成员单位办理贷款及融资租赁；从事同业拆借。

负责人：徐卫兵

地址：北京市朝阳区望京北路 16 号中材国际大厦 2 层

邮编：100102

电话：010－64398069

传真：010－64398330

（刘波）

中交财务有限公司

中交财务有限公司于 2012 年 9 月获准筹建，2013 年 6 月 26 日获准开业，注册资本金为 35 亿元人民币。主要股东为中国交通建设集团有限公司、中国交通建设股份有限公司。

经营范围：对成员单位办理财务和融资顾问、信用鉴证及相关的咨询、代理业务；协助成员单位实现交易款项的收付；经批准的保险代理业务；对成员单位提供担保；办理成员单位之间的委托贷款；对成员单位办理票据承兑与贴现；办理成员单位之间的内部转账结算及相应的结算、清算方案设计；吸收成员单位的存款；对成员单位办理贷款及融资租赁；从事同业拆借。

负责人：傅俊元

地址：北京市西城区德胜门外大街 83 号德胜国际中心 B 座 16 层

邮编：100088

电话：010－82016357

传真：010－82016359

（刘波）

安粮期货有限公司北京营业部

安粮期货有限公司北京营业部于 2012 年 11 月 8 日开始筹建，2013 年 5 月 6 日正式开业。截至年末，实现手续费收入近 90 万元，客户日均保证金为 1 200 万元左右。

经营范围：商品期货经纪、金融期货经纪。

机构设置：交易岗、财务岗、信息技术岗、合同管理岗、业务岗，共有员工9人。

负责人：李涛涛

地址：北京市朝阳区建国路甲92号世茂大厦B座

电话：010－85800661

传真：010－85800102

邮编：100026

（李涛涛）

东方汇金期货有限公司北京营业部

东方汇金期货有限公司北京营业部于2013年12月5日开业。

经营范围：商品期货经纪、金融期货经纪。

机构设置：客服部、财务部、交易风控部、信息技术部、市场部、机构部，共有员工7人。

负责人：刘茵（女）

地址：北京市东城区永定门西滨河路8号院7楼中海地产广场东塔5层

邮编：100077

电话：010－59947888、010－59947999

传真：010－59947855

（刘茵）

广州期货有限公司北京营业部

广州期货有限公司北京营业部于2013年9月开始筹建，同年12月17日正式开业。

经营范围：商品期货经纪业务、金融期货经纪业务。

机构设置：信息技术岗、交易岗、财务岗、开户与合同管理岗和市场开发岗，共有员工6人。

负责人：张文伟（女）

地址：北京市西城区月坛北街26号写字楼4层410室

邮编：1000450

电话：010－58565351

传真：010－58565351－8005

（张文伟）

华西期货有限责任公司北京营业部

华西期货有限责任公司北京营业部经北京证监局批准于2013年2月5日开始筹建，同年5月3日获得中国证监会颁发的《期货公司营业部经营许可证》，正式开业。截至年末，累计手续费收入87.84万元，保证金余额2 463.6万元。

经营范围：商品期货经纪、金融期货经纪。

机构设置：财务岗、信息技术岗、开户与合同管理岗、市场开发岗、交易岗，共有员工6人。

负责人：张向东

地址：北京市东城区建国门内大街18号恒基中心1座1103～1104室

邮编：100005

电话：010－65174391

传真：010－65170621

（张向东）

上海东亚期货有限公司北京营业部

上海东亚期货有限公司北京营业部成立于2013年08月01日，共有员工6人。

经营范围：商品期货经纪、金融期货经纪。

负责人：冯凯

地址：北京市东城区东四十条甲22号1号楼B1018～B1020室

邮编：100007

电话：010－51690960

传真：010－51690960

（冯凯）

兴证期货有限公司北京西直门北大街营业部

兴证期货有限公司北京西直门北大街营业部于2013年2月19日开始筹建，7月10日取得北京市工商行政管理海淀分局核发的营业执照，7月18日取得中国证监会核发的期货公司营业部经营许可证，正式开业。

经营范围：商品期货经纪、金融期货经纪。

机构设置：交易岗、风控岗、开户岗、信息技术岗、财务岗、客户经理，共有员工8人。

负责人：夏威

地址：北京市海淀区西直门北大街32号院1号楼6层706室

邮编：100082

电话：010－62237620

传真：010－57071711

（夏威）

中融汇信期货有限公司北京营业部

中融汇信期货有限公司北京营业部经北京证监局批准于2013年2月4日开始筹建，同年4月26日正式开业。截至年末，资产负债规模105.31万元，营业收入4.01万元，亏损212.62万元，客户数量32个（均为自然人客户），期末权益719.26万元，期货交易量70 240手，交易额15.43亿元。

经营范围：商品期货经纪、金融期货经纪业务。

机构设置：市场开发岗、财务岗、交易风控岗、信息技术岗、开户及合同管理岗，共有员工8人。

负责人：朱琼瞰（2014年3月20日以前任）

李跃东（2014年3月20日以后任）

地址：北京市朝阳区东三环中路20号楼10层03～05单元

邮编：100022

电话：010－67766695

传真：010－67766635

（李跃东）

富德财产保险股份有限公司北京分公司

富德财产保险股份有限公司由生命人寿保险股份有限公司与深圳市富德金融投资控股有限公司共同发起，于2012年5月7日成立，资本金5亿元人民币，总部设在深圳，其前身为华信财产保险股份有限公司，2013年9月17日获批更名为富德财产保险股份有限公司，控股股东为生命人寿保险股份有限公司。

富德财产保险股份有限公司北京分公司于2013年3月9日开始筹建，同年7月17日正式成立。截至年末，实现原保险保费收入2 500万元。

经营范围：财产损失保险；责任保险（包括机动车交通事故责任强制保险）；信用保险和保证保险；短期健康险和意外伤害险以及经中国保险监督管理委员会和总公司批准的其他保险业务。

机构设置：人事行政部、财务部、承保部、客户服务部、市场部、综拓业务部；共有员工 52 人。

负责人：万金坤

地址：北京市海淀区西直门北大街 56 号生命人寿大厦 6 层

邮编：100082

电话：010－58978396

传真：010－58978396

（李响）

交银康联人寿保险有限公司北京市分公司

交银康联人寿保险有限公司是交通银行股份有限公司控股的中外合资保险机构，成立于 2010 年 1 月 28 日，总部位于上海。

交银康联人寿保险有限公司北京市分公司于 2013 年 3 月 1 日正式开业。

机构设置：总经理室、银行代理业务部、法人业务部、预算财务部、营运管理部、综合管理部；共有员工 62 人。

负责人：郭庆斌

地址：北京市西城区平安里西大街 28 号楼 9 层

邮编：100034

电话：010－63220167

传真：010－63220290

（肖海）

北京吉信小额贷款股份有限公司

成立时间：2013 年 1 月 4 日

公司类型：其他股份有限公司（非上市）

注册资本金：10 000 万元

经营项目：在北京市海淀区内发放贷款

法人代表：马占成

地址：北京市海淀区海淀大街 38 号

电话：010－88506868

邮编：100080

北京聚隆源小额贷款股份有限公司

成立时间：2013 年 6 月 3 日

公司类型：股份有限公司（非上市、外商投资企业投资）

注册资本金：10 000 万元

经营项目：在北京市通州区内发放贷款

法人代表：刘奕彤

地址：北京市通州区运河西大街 21 号 9 号楼

电话：010－60540996

邮编：101101

2013 年末，北京聚隆源小额贷款股份有限公司累计贷款 10 350 万元，贷款余额 10 000 万元，营业收入 668.63 万元，上缴税款 140.42 万元。

北京国典永泰小额贷款股份有限公司

成立时间：2013 年 6 月 5 日

公司类型：其他股份有限公司（非上市）

注册资本金：10 000 万元

经营项目：在北京市丰台区内发放贷款

法人代表：马东海

地址：北京市丰台区华源一里太平桥路 15 号 103 室

电话：010－84793608

邮编：100073

北京丽泽创投小额贷款有限公司

成立时间：2013 年 7 月 12 日

公司类型：其他有限责任公司

注册资本金：79 000 万元

经营项目：在北京市丰台区内发放贷款

法人代表：景福来

地址：北京市丰台区丰北路 77 号

电话：010－63896666

邮编：100071

2013 年末，北京丽泽创投小额贷款有限公司累计贷款 61 680 万元，贷款余额 58 640 万元，营业收入 1 555.42 万元，上缴税款 167.5 万元。

北京华财小额贷款有限公司

成立时间：2013 年 7 月 16 日

公司类型：其他有限责任公司

注册资本金：12 000 万元

经营项目：在北京市门头沟区内发放贷款

法人代表：李卓

地址：北京市门头沟区石龙经济开发区永安路 20 号 1 号楼 5 层 1 单元 501

电话：4008368099

邮编：102308

北京玺鑫小额贷款有限公司

成立时间：2013 年 8 月 8 日

公司类型：其他有限责任公司

注册资本金：5 000 万元

经营项目：在北京市海淀区内发放贷款

法人代表：边海波

地址：北京市海淀区知春路 1 号学院国际大厦 1117 室

电话：010－82339666

邮编：100083

北京中保国信融资担保有限公司

成立时间：2013 年 9 月 5 日

公司类型：其他有限责任公司

注册资本金：10 000 万元

主要股东：北京众缘达瑞科技有限公司

法定代表人：吴娟娟

地址：北京市东城区滨河路 1 号 8 层 807 室

电话：13911594922

北京中技知识产权融资担保有限公司

成立时间：2013 年 11 月 4 日

公司类型：有限责任公司（法人独资）

注册资本金：20 000 万元

主要股东：海淀区国有资产投资经营有限公司

法定代表人：马文娟

地址：北京市海淀区北四环西路 66 号中国技术交易大厦 B 座 15 层

电话：13661334038

北京谷诚融资担保有限公司

成立时间：2013 年 1 月

公司类型：有限责任公司（法人独资）

注册资本金：5 000 万元

主要股东：北京市谷财国有资产经营公司

法定代表人：张文琴

地址：北京市平谷区乐园西小区 7 号

电话：13241626710

北京石创同盛融资担保有限公司

成立时间：2013 年 11 月 20 日

公司类型：有限责任公司（法人独资）

注册资本金：10 000 万元

主要股东：北京中小企业信用再担保有限公司、北京服务新首钢股权创业投资企业（有限合伙）、北京万商投资发展有限公司、北京神州数码有限公司

法定代表人：秦恺

地址：北京市石景山区石景山路 31 号院盛景国际广场 3 号楼 1218 室

电话：13911354475

北京市文化科技融资担保有限公司

成立时间：2013 年 11 月 29 日

公司类型：有限责任公司（国有控股）

注册资本金：75 000 万元

主要股东：北京市文化投资发展集团中心、北京市基础设施投资有限公司、北京新奥集团有限公司

法定代表人：邢洪旺

地址：北京市东城区东滨河路乙 1 号航星园 1 号楼

电话：13520296143

重庆进出口信用担保有限公司北京融资担保分公司

成立时间：2013 年 12 月 23 日

公司类型：有限责任公司（法人独资）

注册资本金：5 000 万元

主要股东：重庆渝富资产经营管理集团有限公司、中国进出口银行

法定代表人：刘汉杰

地址：北京市朝阳区朝阳门外大街甲 6 号 14 层 3 座 1408 室

电话：13627680080

（三）协会、商会、学会活动简介

北京市银行业协会

组织机构与负责人

会　长：严晓燕（女，北京银行股份有限公司行长）

副会长：朱鹤新（交通银行股份有限公司北京市分行行长）

王　良（招商银行股份有限公司北京分行行长）

屈家智（汇丰银行（中国）有限公司北京分行行长）

专职副会长：李　阳（女）

监事长：滕红军（花旗银行（中国）有限公司北京分行行长）

秘书长：赖　恽

会员单位

2013年末，共有会员90家。其中，中资会员48家（银行机构40家，非银行金融机构8家）；外资会员42家（银行机构33家，非银行金融机构1家，外国金融机构代表处8家）。

联系方式

地址：北京市海淀区车公庄西路乙19号华通大厦B座北塔8层

邮编：100048

传真：010－88018014

电子邮箱：office@ bbanet. org

重要活动

1月23日，北京市银行业协会（以下简称协会）召开“品质服务　诚信创新—2012年度北京市银行业优质服务示范单位表彰会”，50多家会员单位负责人和获奖单位代表近300余人参加了会议。中国银行业协会、北京银监局、首都精神文明建设委员会办公室、北京市消费者协会等单位的领导出席会议并为获得2012年度北京市银行业“特色服务示范单位”和“普及金融知识万里行活动”优秀组织奖的单位颁奖。

1月28日，协会召开“2012年度北京市银行业合规管理十佳银行颁奖及经验交流会”，为北京银行等10家获奖单位颁发奖牌，工商银行北京市分行、招行银行北京分行、花旗银行的代表做了经验介绍，与其他会员单位分享合规管理先进经验。

2月5日，协会专职副会长李阳率领协会外资银行协调委员会7家成员行的有关负责人拜会人行营业管理部，双方就共同关心的跨境业务中有关服务贸易新政及加快试点步伐、《银行业金融机构综合评价暂行办法》的评分标准等问题进行了沟通。

3月14日，协会组织召开“银行业消费者权益保护工作座谈会”，来自监管部门、行业组织和银行机构等单位的40余人参加了会议。会上，北京银监局、人行营业管理部、中国残联信息中心、北京市消费者协会、西城区人民法院、东城区人民法院、北京赛诺经典咨询公司、北京汇佳律师事务所等单位的代表围绕银行业消费者权益保护问题进行了研讨。

3月，协会在“两会”期间与《金融时报》合作，以“为首都经济快速发展提供有力保障——北京银行业与时俱进服务社会服务民生”为题，集中报道了首都银行业支持产业结构调整、强化创新驱动、支持城镇化建设、支持节能减排项目、支持保障和改善民生工程、支持贫困地区的扶持项目等方面的内容，展现了首都银行业的良好形象。

3月20日，协会召开“北京辖内外资银行分行2012年度监管情况通报会暨北京市银行业协会外资银行协调委员会全体成员大会”，39家外资银行的负责人及合规部门负责人共计74人参加了会议。

4月15日，协会召开第六届监事会第四次会议，花旗银行北京分行、国家开发银行北京市分行、中信银行总行营业部3家监事单位的代表出席了会议。会议审议了《北京市银行业协会2012年度财务收支决算报告》，对协会重点活动的资金使用情况进行了审查，形成了《北京市银行业协会2012年度监事会报告》。

4月23日，协会在北京银行召开第六届理事会第十三次会议。会议审议通过了《北京市银行业协会2012年工作总结及2013年工作计划》、《北京市银行业协会2012年财务收支决算报告及2013年财务收支预算报告》、《关于与北京市高级人民法院建立执行合作机制的议案》、《关于成立金融资产服务联席会的议案》、《关于发展北京地区村镇银行入会的议案》5项议案。

5月14日，协会组织召开“北京银行业小微企业金融服务特色机构工作推动会”，中外资银行机构主管副行长、部门负责人及14家科技型小微专营机构负责人共70余人参加了会议。北京银监局向世文副局长对银行如何更好地服务小微企业提出工作要求，中关村管委会焦晓宁主任助理介绍了中关村地区小微企业的生存、发展状况，协会专职副会长李阳以“专业、深化、创新—实现小微企业金融服务转型升级”为题目发表讲话，11家银行的主管副行长进行了交流，协会副秘书长武鸣丽宣读了《北京银行业支持小微企业发展倡议书》。全年，协会共组织4场小微企业产品推介会。

5月15日至10月27日，协会与北京市残疾人联合会、首都精神文明办公室等十余家单位联合主办“第二届手语风采大赛”。协会17家会员单位的78名个人和15个团体报名参赛。工商银行北京市分行、交通银行北京市分行、建设银行北京市分行分别获得团体一等奖、二等奖、三等奖，交通银行北京西单支行张巧获得个人一等奖，3人获得个人二等奖，2人获得个人三等奖，中国银行北京市分行、邮储银行北京分行、盛京银行北京分行获得最佳组织奖。

5月22日，协会门户网站开设小微企业信贷产品信息服务平台，向社会公众集中展示会员单位的小微企业信贷服务产品，为小微企业客户获取融资信息提供新的渠道。全年共上传了38家会员单位报送的293个小微企业金融产品。

6月26日，协会组织开展“普及金融知识万里行”走进老年大学专场宣讲活动。建设银行北京市分行的理财师讲解了理财产品与保险产品的区别、理财产品的风险、假币识别技巧、金融诈骗和非法集资的防范等，交通银行北京市分行等机构的工作人员向到场的老年人发放了宣传折页，并就老年人关心的假币识别、养老金规划等问题进行了现场解答。

7月8~10日，协会举办“北京市银行机构支行长后备干部培训班”，26家中外资银行的105名支行长后备干部参加了培训。

7月12日，协会组织召开中冶纸业集团有限公司（以下简称中冶纸业）债务问题工作组第一次会议，就《中国诚通控股集团股份有限公司关于恳请帮助协商解决中冶纸业银行负债问题的函》进行研讨，集体协商确定统一方案、原则及策略。9月2日，经协会法律合规委员会主任审议通过，协会向主债务人中冶纸业及关联公司中国诚通控股集团股份有限公司（以下简称诚通集团）、北京兴诚旺实业有限公司（以下简称兴诚旺公司）发出《维权警示通知》。18日，协会副秘书长王钢与主债务人中冶纸业及关联公司诚通集团、兴诚旺公司座谈，听取其提出的债务解决方案。29日，协会组织召开中冶纸业债务问题工作组工作会议，工作组成员单位（即债权单位）针对《中冶纸业集团有限公司债务解决方案》进行研讨。11月4日，协会法律合规委员会审议通过了《关于对中冶纸业集团有限公司及关联企业采取维权措施的议案》。12日，协会将上述议案发送各理事单位。29日，协会第六届理事会第十六次会议审议并通过对中冶纸业、兴诚旺公司、诚通控股实施相应维权措施。

7月，协会与新华网合作，在新华网北京频道开辟专栏对北京市银行业“2012年度特色服务示范单位”进行专题报道。共对25家会员单位的50个特色服务示范网点在渠道建设、业务品种、中小企业服务、网点管理、业务营销、特殊群体服务方面的示范案例进行了专题报道。

8月20日，协会与北京市国有文化资产监督管理办公室、北京市版权局、北京市工商业联合会共同主办，工商银行北京市分行、北京盛世骄阳文化公司、《中国影视节目信息网》杂志社联合承办的第一届“中国影视剧投融资高峰论坛”暨银行业服务文化产业实体经济发展会议在北京召开。海润影视制作有限公司、银海艺能（北京）科技有限公司等100余家影视单位近400余位代表参会。

9月，协会在《北京青年报》、《法制晚报》开辟专栏，开展金融知识进万家公众教育宣传，就银行卡使用、假币辨别、电信诈骗、非法集资等公众关心的金融专题进行宣传、解读。

9月3~6日，协会组织私人银行业务联席会、个人理财业务联席会主任行赴工商银行、农业银行、招商银行三家银行的私人银行总部，就私人银行经营模式、业务创新、客户服务、人才培养等议题进行学习交流。

9月9日，协会下发《关于报名参加中小企业知识产权质押贷款保证保险共保试点的通知》，并从25家银行中筛选出10家第一批试点银行，上报北京银监局，同时向辖内各会员单位进行公示。

协会与北京市高级人民法院签署《关于建立执行联动机制的合作备忘录》。《合作备忘录》主要包含共同研究建立网络执行工作平台、分期分批在北京市银行业金融机构中推行网络执行工作平台、定期开展银行业执行积案清理工作、建立常态化交流机制等内容。

10月，协会组织制定《2013年度北京市银行业特色服务示范单位现场评测工作考核标准》，并组成小微企业特色服务、“三农”金融特色服务、零售业务特色服务三个评审小组，分别对申报单位进行实地测评。

11月13~15日，协会举办“北京市银行机构支行级管理干部培训班”，来自29家会员单位的93位支行长参加了培训。

11月18~20日，协会协助北京银监局组织由6名选手组成的北京代表队参加了“银行从业人员消费者权益保护知识竞赛”全国复赛、决赛，在参赛的36个代表队中成绩名列第14位，协会荣获优秀团队组织奖。

12月3~5日，协会专职副会长李阳率队赴上海市银行同业公会、深圳市银行业协会考察，针对上海自贸区和深圳前海的金融改革情况、协会的组织管理与队伍建设、会员维权工作、银团贷款推进、舆情及声誉风险控制等内容进行学习调研。

12月10日，协会举办“开拓金融资产服务领域、促进银行业可持续发展暨北京市金融资产服务联席会成立大会”。北京银监局副局长向世文、人行营业管理部副主任姜再勇、协会专职副会长李阳出席会议并讲话，34 家会员单位共 97 人参加大会。

（任浩杰）

北京证券业协会

组织机构与负责人

理事长：朱云来

秘书长：周　雷

常务副秘书长：许　慧

副秘书长：丛小路

会员单位

2013 年末，共有会员单位 386 家。其中，证券公司 18 家，证券分公司 41 家，基金管理公司 20 家，证券营业部 285 家，投资咨询公司 18 家及分公司 4 家。

联系方式

地址：北京市西城区金融大街 35 号国际企业大厦 C 座 17 层

邮编：100032

电话：66568614

传真：010－66568583

网址：http：//www. sabbj. org

电子邮箱：bjzq@ 163. com

重要活动

1 月 5 日，经北京证监局同意、并由北京证券业协会（以下简称协会）理事长及常务理事会批准，协会自 2013 年 1 月起，提高了秘书处专职人员的薪酬待遇。

1 月 30 日，协会召开“第四届第三次会员大会及 2013 年北京证券行业新春联谊会”。会议听取了协会 2012 年工作报告和财务工作报告，并对“2012 年北京地区证券机构普法宣传征文比赛”及“首届北京地区证券机构摄影比赛”的获奖单位及个人进行了表彰。

1 月，协会与北京电视台财经频道合作，并与北京证监局、中国银河证券股份有限公司等证券公司合作推出新版 VCR 短片，记录了协会和证券市场的发展历程。

2 月，协会对网站及营销人员备案系统、投顾人员备案系统进行整合，增加了佣金报备、经营数据报备、会议培训报名等功能，并制作了《协会信息管理系统使用指南》，正式启用新版网站。

4 月 1 日，协会组织召“开第三届北京证券业人力资源经理人联席会”，邀请中国证监会机构部谢子文解读了《证券公司股权激励约束机制管理规定（征求意见稿）》。

4 月 10 日，受北京市公安局内保局委托，协会组织 22 家证券公司、基金管理公司的保卫部门负责人赴云南考察。活动结束后，协会就北京地区证券公司、基金管理公司的安全管理工作和建议形成工作信息，分别提交给北京市公安局内保局和北京证监局。

4～10 月，协会分别与江西、山东、湖南、甘肃、广西的证券业协会及部分证券公司召开证券分支机构创新业务培训交流会，并组织北京地区部分证券营业部负责人参会交流。

5 月份，协会开发、上线了自动化办公系统、会员信息管理系统，并举办 3 期营业部系统管理员培训班，共计 266 人参加了培训。

6 月 18 日至 7 月 18 日，协会与北京证监局机构处、证券公司相关业务人员组成检查组，对北京地区 20 家证券营业部进行现场检查，被抽查的营业部在佣金、客户服务等自律管理基本符合监管要求。

7月19日，协会协助中国金融期货交易所、北京证监局和期货商会举办了“国债期货研修班”，证券公司、基金管理公司等37家会员单位共计94人参加了会议。

7月24~31日，协会根据干部职位轮换要求，结合工作实际，调整各部门职责，完成了综合部、培训部、会员部、信息部的重组、职责划分及部门主任职位轮换工作。

9月11日，协会第四届第六次常务理事会在中国科技会堂召开。会议审议了《北京证券业协会专业委员会管理办法》，合规业务委员会、资产管理业务委员会、经纪业务委员会的主任委员、副主任委员、委员名单，审议通过3名副理事长的变更。

10月9日，协会协助北京证监局举办在“京证券营业部负责人培训”，近270多家证券营业部的负责人参加了学习班。

10月22日，协会召开“第二届经纪业务委员会主任委员会议”，5位主任委员分别就经纪业务委员会工作方式、议事规则、经纪业务关注热点议题发表意见和建议。

11月3日至12月7日，协会联合共青团北京市金融团工委、珍爱网共同举办了二期“首都金融行业青年人才联谊会”，来自协会部分会员单位和银行、保险等其他金融机构的400多名单身青年参加了活动。

11月4日，协会召开“合规业务委员会主任委员会议”，5位主任委员分别就合规业务专业委员会的定位、职能、议事规则，以及下一步的工作重点进行了讨论。

11月9日，协会组织60家会员单位在房山区长沟镇举办“与健康同行”秋季长走大会，来自首都证券行业近1 500名长走爱好者参加了活动。

11月10~19日，协会组织北京地区证券公司中高级管理人员赴台参访交流，就台湾资本市场最新动向、风险控管机制、投顾业务发展及创新、场外市场运营管理等与台湾证券业的知名机构进行了交流、研讨。

11月13日，协会召开“第三届北京证券业人力资源经理人联席会”，来自首都证券行业的近60名人力资源经理人参加了会议，并完成了人力资源经理联席会轮值主席交接工作。

11月14日，协会召开“资管业务委员会主任委员会议”，5位主任委员分别就资管业务专业委员会的定位、职能、议事规则，以及下一步的工作重点进行了讨论。

11月26日，协会为配合北京证监局对北京地区证券营业部开展分类评价管理工作，制定了《北京证券业协会协助北京证监局对北京地区证券营业部监管分类评价中的自律管理扣分标准（试行）》，并向证券营业部征求意见。

12月2日，协会配合北京市金融工作局在国际饭店召开“首都金融行业人力资源经理人联席会成立大会”，北京地区证券公司、基金管理公司近50位人力资源负责人参加了会议。

12月18日，协会组织会员单位在中关村国家自主创新示范区展示中心召开“资本市场服务中关村实体经济研讨会”，中关村管委会杨建华副主任做了主旨演讲，来自北京地区各会员单位的负责人及相关业务负责人近150多人参加了会议。会后，与会人员参观了中关村国家自主创新示范区展示中心。

12月20日，协会配合北京证监局召开“第十一次基金管理公司督察长联席会”，北京地区20家基金管理公司的督察长、监察稽核负责人，子公司负责人及风控负责人100多人参加了会议。

协会召开“合规专业委员会第一次全体会议”，对《合规专业委员会议事规则》、《北京辖区证券公司程序化交易合规风控自律指引（讨论稿）》进行了讨论。

12月23日，协会召开“经纪业务委员会第二届第一次全体会议”，各委员围绕经委会的服务宗旨、工作规划及行业热点发表各自意见建议，并就经纪业务面对互联网金融的机遇与挑战进行了分析交流。

12月26日，协会制定《关于分支机构登记备案和信息公示的办理须知》、《北京地区证券营销人员、投顾人员管理办法》，进一步加强北京地区证券机构会员信息及从业人员信息备案的管理工作。

2013年，协会完成4期会刊——《首都证券之窗》的收集稿件、图片、编辑、校对、出版、发行工作。

2013年，协会搭建网络培训平台，组织师资制作专业课件，采取线上培训的方式，较好地完成了北京地区证券从业人员后续职业培训工作，共有2 996位证券从业人员学习了课件内容。

2013年，协会认真做好中国证券业协会交办的4次证券从业人员资格全国统考、6次从业资格预约式考试、2次保荐人胜任能力考试以及2次CIIA考试的巡考工作。全年，北京地区证券从业人员资格报考科次达18.6万科次，累计发放证券经纪人证书4 100册。

（王永刚）

北京保险行业协会

组织机构与负责人

会　长：冯贤国（中国人民财产保险股份有限公司北京市分公司总经理）

副会长：臧　炜（中国太平洋财产保险股份有限公司北京分公司总经理）

何江海（华泰财产保险有限公司北京分公司常务副总经理）

刘安林（中国人寿保险股份有限公司北京市分公司总经理）

吴　越（中国平安人寿保险股份有限公司北京分公司总经理）

方　萍（女，北京保险学会秘书长）

监事长：李洪林（中国太平洋人寿保险股份有限公司北京分公司总经理）

秘书长：方　萍（女，专职）

副秘书长：刁粤生（专职）

王小河（专职）

陆秀萍（女，专职）

会员单位

2013年末，共有会员公司92家。其中，财产保险公司40家，人身保险公司52家。准会员单位7家。

联系方式

地　址：北京市朝阳区向军北里28号院1号楼瀚海文化大厦6层

邮　编：100020

电　话：010－65859118

传　真：010－65925010

网　址：http：//www.biabii.org.cn

电子邮箱：biabii@126.com

重要活动

1月1日，北京保险行业协会（以下

简称协会）被北京市民政局命名为北京市第一批社会组织示范基地。

3月9~17日，协会举办“首期财产保险从业人员岗前培训班”，共有23家财产险会员公司的197名新员工参训。

4月3日，协会印发《北京保险行业机动车辆保险管理规范实施细则》，并自印发之日起正式实施。

4月10日，为提高行业新单回访问题件判定的准确性和追踪处理的实际效果，减少保险消费者投诉，协会印发《北京地区新单回访问题件管理办法（试行）》，该办法于2013年9月1日正式实施。

4月27日，北京各主要调解组织共同发起“2013首届北京调解论坛”，北京保险合同纠纷调解委员会作为发起人之一参加了论坛。

5月8日，协会召开“探索车损险代位求偿诉讼维权之路”专题研讨会。

5月23日，协会举办以“规范银行保险业务，保护消费者合法权益”为主题的夏季媒体沙龙活动，近30家新闻媒体的编辑、记者应邀参加。

6月7日，协会经与北京农民工教育促进会沟通，向其会员单位的两所农民工子弟学校，即北京市蓝天丰苑学校、北京市海淀区新希望实验学校开展捐赠活动。

7月8日，协会在北京保监局的指导下组织开展北京地区“保险公众宣传日”活动。活动的主题为“倾听由心、互动你我”。

7月12日，协会联合北京保险学会在对外经贸大学举办“《保险法》司法解释（二）培训”。

8月12日，协会启动“北京市职业技能大赛·保险行业车险定损员比赛”。

9月5日，协会举办2013年第三季度“媒体沙龙”活动，主题为“关注保险法司法解释，保护消费者合法权益”，在京近30家新闻媒体的记者参加了活动。

9月17日，协会组织召开“北京健康保险信息平台统计分析系统上线说明会”，62家公司的健康险统计分析系统工作联系人共116人参会。

9月21日，北京人身保险电话营销禁拨平台上线运行一周年。一年来，共8 100余人登陆禁拨平台，共对3万余个电话号码实施了禁拨，在减少消费者投诉方面取得了明显效果。

10月31日，协会与北京仲裁委员会、中央财经大学金融仲裁与调解研究中心联合举办“保险合同法律实务新发展与企业应对”研讨会。

12月17日，协会组织第四季度媒体沙龙活动。活动主题是“共推行业调解和诉调对接工作，高效便捷为消费者提供服务”。

北京保险中介行业协会

组织机构与负责人

会　长：陈建国

副会长：边　勇（华泰保险经纪有限公司副总裁）

吕　阳（英大长安保险经纪有限公司副总经理）

李永奇（航联保险经纪有限公司董事长）

黄伟坚（北京联合保险经纪有限公司总经理）

梁译之（华信保险经纪有限公司总经理）

韦　朴（达信（北京）保险经纪有

限公司董事长）

高鹏飞（中电投保险经纪有限公司总经理）

陶立新（中铁保险经纪有限公司总经理）

监事长：张志安（江泰保险经纪有限公司副总裁）

秘书长：张永庄（专职）

会员单位

2013 年末，共有会员单位 180 家。其中，保险代理公司 70 家，保险经纪公司 83 家，保险公估公司 27 家。

联系方式

地址：西城区西直门成铭大厦 B2 座 18H

邮编：100035

电话：010－66008027

传真：010－66113349

网址：http：www. bjbxzjxh. org. cn

电子邮箱：bjbiia@ 126. com

重要活动

1 月 17 日，北京保险中介行业协会（以下简称协会）召开第二届第九次常务理事会，北京保监局副局长罗青、局长助理冷煜、中介处处长崔振海参加会议。会议审议了协会 2012 年工作总结和 2013 年工作计划、2012 年财务决算和 2013 年财务预算，通报了协会增补保险代理、保险经纪和自律维权三个专业委员会副主任人选，向北京市金融工作局报送金融企业高级管理人才等事宜。

1 月 23 日，协会向在京保险专业中介机构发出《关于贯彻落实保监会三个规范性文件的通知》，就北京地区保险中介机构贯彻落实保监会《保险销售从业人员监管办法》（保监会令〔2013〕第 2 号）、《保险经纪从业人员、保险公估从业人员监管办法》（保监会令〔2013〕第 3 号）和《保险专业代理机构基本服务标准》、《保险经纪机构基本服务标准》、《保险公估机构基本服务标准》（保监发〔2013〕第 3 号）提出意见和建议。

2 月 20 日，协会召开保险代理、保险经纪、保险公估、自律维权专业委员会主任会。陈建国会长通报了协会 2013 年重点工作，并对各专业委员会的工作提出要求。

2 月 26 日，协会召开第二届第十二次会长办公会。会议研究并通过了秘书处提交的“2013 年工作计划落实方案”，确定协会 2013 年的工作要始终围绕“宣传保险中介”中心任务开展。

3 月 14 日，协会向北京市社会建设办公室申报 2013 年度政府购买社会组织服务项目。项目名称为“全力提升保险专业中介　服务首都经济社会发展”。

4 月 17 日，协会召开保险代理专业委员会专题研讨会。协会秘书长张永庄、专业委员会主任吴云涛及 15 家保险代理公司的总经理和主管业务的副总经理参加会议。会议研究制定了《北京地区保险专业代理机构基本服务标准实施细则》、与保险公司在合作中建立签约平台等事宜。

4 月 19 日，协会成立《北京保险中介服务工作手册》编写小组，协会副会长吕阳为组长、监事长张志安为副组长，协会秘书处协调各方工作，小组成员有昆仑保险经纪有限公司、华信保险经纪有限公司、世纪保险经纪有限公司、海峡联合保险经纪有限公司、大童保险代理有限公司、碧升保险代理有限公司、华泰保险公估有限公司。10 月 16 日，向北京市金融工作局报送《北京保险中介服务工作手册》完成稿。12月27日，完成《北京保险经纪服务手册》的编写和印刷。

5月10日，协会参加北京市社会团体办公室召开的北京市社会组织评估工作会，按照要求协会申请参加2013年度社团组织评估工作。

5月24日，协会举办“保险中介市场发展报告会”，中国保监会中介管理部副主任赵庆晗主讲保险中介市场发展，127家保险中介机构的220余人参加了报告会。

6月27日，协会召开第二届第十三次会长办公会。会议审议了协会上半年工作总结下半年工作计划，上半年财务收支情况；审议通过宜信博诚保险销售服务（北京）有限公司、大唐泰信保险经纪有限公司增补为常务理事，北京众合保险经纪有限公司退出协会不再担任常务理事；通报了协会参加社会组织评估工作和加入北京市社会科学界联合会等事宜。

8月14日，协会与北京保险行业协会就保险公估公司定损员初级考试有关问题进行沟通，并达成初步意见。

8月19日，经北京市社会科学界联合会党组会研究决定，协会加入北京市社会科学界联合会，成为团体会员。

9月5日，中国人民银行金融稳定局保险业风险测评与评估处副处长陈敏到协会调研，副会长边勇、保险代理专业委员会副主任张琪、秘书长张永庄参加会议。边勇副会长针对“上海泛鑫事件”在北京的影响，介绍了北京地区保险专业中介市场在监管和防范化解风险等方面的情况。

9月26日，协会召开第二届第十四次会长办公会。会议推荐华信保险经纪有限公司总经理梁译之为“第四届北京市优秀中国特色社会主义建设者”候选人，推荐英大长安保险经纪有限公司副总经理吕阳为北京市社会科学界联合会第六届委员会候选人预备人选，推荐北京联合保险经纪有限公司董事长、总经理黄伟坚为首届北京市华侨华人“京华奖”候选人；并通报了《北京保险中介服务手册》的完成情况。

11月1日，协会发布《北京保险专业代理机构基本服务标准实施细则》、《北京保险经纪机构基本服务标准实施细则》、《北京保险公估机构基本服务标准实施细则》。

11月6日，协会组织17家保险公估公司的137人参加了参加北京保险行业协会组织的车险定损员初级考试。

11月19日，协会与北京保险行业协会共同组织召开“保险代理公司（车险）与财险公司座谈会”。协会秘书长张永庄、北京保险行业协会副秘书长刁粤生，9家保险专业代理公司、6家保险公司的代表参加了会议。会议围绕退保、佣金、签约、合作等问题进行了探讨，在建立沟通平台、信息共享、合作共赢等方面形成共识。

11月28日，协会与北京保险行业协会联合举办“贯彻十八届三中全会精神专题报告会”，邀请国务院发展研究中心副研究员田辉主讲“十八届三中全会后的中国金融改革”，两个协会近200家会员公司参加了报告会。

12月9日，协会副会长、华信保险经纪有限公司总经理梁译之入选第四届中国特色社会主义建设者。

12月13日，协会与北京保险行业协会共同组织召开“保险代理、保险经纪和寿险公司座谈会”。协会秘书长张永庄、北京保险行业协会副秘书长刁粤生、王小河，5家保险代理公司、2家保险经纪公司、7家保险公司的代表参加了会议。会议围绕两个行业在合作中的对接与合规经营、保险产品的转型与研发创新等问题进行了探讨。

北京典当行业协会

组织机构与负责人

会　长：杨　永（北京市华夏典当行有限责任公司）

秘书长：郝凤琴（女）

会员单位

2013年末，共有会员单位281家

联系方式

地址：北京市东城区永定门内东街中里9－17号崇文商务大厦

邮编：100050

电话：010－84544366

传真：010－84544368

网站：http：//www. bjpawn. org

电子邮箱：beijingpawn@ sina. com

重要活动

1月10日，北京典当行业协会（以下简称协会）向全体会员企业征集对《自律公约修正案》的修改意见。

3月28日，协会在崇文商务大厦为已取得2013年度新设典当企业指标、正在等待商务部批准的企业负责人举办了《典当经营场所装修辅导工作会》，帮助待批典当企业避免因装修问题延误后续审批程序。

4月23日，协会向全体会员发送《患难与共　情系雅安致全体会员的一封倡议书》，倡议北京典当企业积极捐款捐物，为灾区群众奉献爱心，弘扬人道。

5月10～17日，协会举办二期“典当业务操作风险控制及防范培训”。

6月24日，协会针对中国银监会在《中国银监会办公厅关于防范外部风险传染的通知》中明确要求“严禁向典当行和非融资性担保机构提供授信”的问题，面向全体会员开展《关于向商业银行申请贷款情况的调查》，12家企业回复了调查意见。

8月26日，协会根据北京市商委的要求及《关于请报送〈典当行业监管规定〉贯彻落实情况和开展行业形势分析的函》的调查项目，向全体会员进行典当企业经营情况调查，6家企业回复了调查问卷。9月23日，向商务部上报落实《关于请报送〈典当行业监管规定〉贯彻落实情况和开展行业形势分析的函》的情况报告。

9月29日至11月8日，协会受北京市商务委员会委托进行北京市典当企业财务审计工作会计师事务所遴选工作。12月12～13日，举办“北京市典当企业财务审计入围会计师事务所培训会”。

10月23日，协会向北京市商务委员会提交《关于审理民间借贷案件适用法律若干问题的规定》（征求意见稿）的修改建议。

12月18日，协会在天方饭店举办“2013年度典当财务人员继续教育培训”。

12月31日，协会将《中国典当行业各省市自治区典当行业协会对〈关于审理民间借贷案件适用法律若干问题的规定〉（征求意见稿）的修改意见和建议》及13个省市典当协会意见递交至最高人民法院。

（黄佳）

北京市金融业文化建设协会

组织机构与负责人

会　长：单　强（中国人民银行营业管理部党委委员、副主任）

副会长：刘跃林（中国保险监督管理委员会北京监管局局长助理）

秘书长：王远志（中国人民银行营业管理部宣传群工部部长）

监事长：张友芬（女、中国工商银行股份有限公司北京市分行纪委书记、工委主任）

会员单位

2013年末，共有会员单位29家，其中包括中国人民银行营业管理部、北京银监局、北京证监局、北京保监局及18家银行、6家保险公司的在京机构及北京国际信托有限公司。

联系方式

办公地点：中国人民银行营业管理部

地址：北京市西城区月坛南街79号

邮编：100045

电话：010－68559162

传真：010－68559084

重要活动

7月13日，北京市金融业文化建设协会（以下简称协会）召开理事大会。王远志秘书长对2012年工作做了总结和回顾；各与会代表就如何进一步发挥协会优势，加强行业间文化交流与合作、对协会提供服务的需求、及对协会工作的意见和建议等方面展开讨论，并提出合理化建议。

2013年，协会积极组织会员单位参加北京市“丹柯杯”征文活动，共推荐13篇论文参加评选。北京保监局推荐的论文获得一等奖，工商银行北京市分行、人行营业管理部推荐的论文荣获二等奖。组织开展“我的金融梦”主题征文活动，各会员单位精心组织、广泛动员，辖内金融机构的广大干部职工踊跃参与，共收到6家单位53篇征文。

2013年，协会积极开展分层次培训，进一步提高文化建设工作者的综合素质。派员参加北京市社会团体办公室、北京市思想政治工作研究会组织的协会理事工作会议等多种专题学习讲座，先后有400人次参加了培训；组织会员单位参加形势政策宣传教育系列报告会，先后700余人次参加“党的群众路线教育专题培训班”、“中国梦离不开正能量”、“经济形势分析”等讲座。

2013年，协会组织开展多种形式的志愿服务活动。将北京市房山区某打工子弟小学作为定点志愿服务对象，定期招募志愿者以课外辅导等形式开展志愿活动，分别于3月和11月开展了两次助学活动。六一儿童节前夕，号召员工将家里闲置的玩具捐赠给西部贫困地区的孩子们，共收集各类儿童玩具上千件。组织志愿者开展“金融知识进社区活动”宣传活动，普及金融知识，服务社区居民。

（山峰）

北京期货商会

组织机构与负责人

会　长：王化栋（宏源期货有限公司总经理）

副会长：陈冬华（中国国际期货有限公司总经理）

赵广钰（格林期货有限公司董事长）

曹　胜（经易期货经纪有限公司总

经理）

许丹良（北京中期期货有限公司总经理）

吴立军（中钢期货有限公司总经理）

姚　广（银河期货有限公司总经理）

席　立（中证期货有限公司副总经理）

苏　英（女，专职）

秘书长：苏　英（女）

监事长：黄　辉（中粮期货有限公司总经理）

会员单位

2013 年末，共有会员 117 家。其中，公司会员 21 家，营业部会员 91 家，特邀会员 5 家。

联系方式

地址：北京市海淀区紫竹院路 31 号华澳中心嘉慧苑 1216 室

邮编：100089

电话：010－52722016

传真：010－52722016－601

网址：http：//www. bjqh. org

重要活动

1 月 10 日，北京期货商会（以下简称商会）召开第四届会员大会。会议审议并通过了《第三届北京期货商会工作报告》、《第三届北京期货商会监事会工作报告》、《财务审计报告》、《北京期货商会章程修正意见》、《北京期货商会会费管理办法》和《北京期货商会会员管理办法》，并举行了换届选举。94 家会员及媒体的代表出席了会议。

2 月 25～28 日，商会举办“第十一期·期现结合（铝品种）高级研修班”。在北京集中学习白银期现市场的有关理论知识后，赴山东兖矿集团与现货企业交流。

4 月 8 日，商会对辖区 20 家期货公司和部分营业部负责人 50 余人进行培训。中国人民大学人力资源开发与管理研究中心咨询主任、研究员李刚教授和北京双高朝阳人力资源开发中心首席管理顾问郭文智分别就“期货公司的进化与管理布阵”和“微博时代的员工有效激励”进行了主题演讲；中国期货业协会资格认证部姚婉淑就期货从业人员资格年检工作的相关问题进行了讲解，并与大家进行了交流。

5 月 11 日，由商会主办，英大期货有限公司承办的第五届“英大·期货杯”羽毛球比赛在亚狮龙羽球馆举行，41 个单位的 292 名运动员参加了比赛。

5 月 16～18 日，商会与大连商品交易所、北京科莫迪投资咨询有限公司联合举办“焦煤、焦炭企业期现结合高级研修班”，20 多家焦煤、焦炭、钢铁、贸易企业以及十几家期货公司的研究人员及市场人员共计 60 人参加了研修。学习结束后，组织部分学员赴河北旭阳焦化企业参观。

5 月 25 日，由北京证监局、北京市金融工作局主办，商会承办的“第八届中国期货暨衍生品市场论坛”在北京国宾酒店召开。北京证监局局长王建平、中国期货业协会会长刘志超、中国证监会期货二部副主任冯博、北京市金融工作局局长助理刘洁以及相关部门领导出席会议并讲话，来自首都金融业及相关行业的中高层管理人员及投资者近 300 人参加了论坛。

5 月 30 日至 6 月 2 日，商会组织辖区 20 家期货营业部经理赴厦门与当地近 10 家期货营业部经理进行交流学习，并到厦门银祥集团有限公司进行参观。

7 月 19 日，商会与中国金融期货交

易所、北京证监局联合举办“国债期货研修班”，辖区各类金融机构以及国债期货投资者共计400余人参加了研修。北京证监局副局长陆倩出席会议并致辞；中国金融期货交易所副总经理戎志平介绍了股指期货三年来的市场运行情况、国债期货上市准备工作进展情况和下一阶段的工作安排；中国金融期货交易所国债小组副组长王纬、安信证券史健博士、厦门大学金融系陈蓉教授分别从国债期货产品设计、操作实务、学术理论三个角度介绍了国债期货的相关基础知识和应用技巧。

7月25日，商会举办“营业部经理经验交流会”，邀请京外优秀期货公司总经理和营业部经理，就营业部如何与期货公司创新业务对接、营业部管理模式与经营等进行经验交流。辖区近80名营业部经理参加了培训。

8月29日，商会分析师专业委员会组织辖区14家期货公司研发部负责人赴杭州进行研发经理交流学习活动。

9月26日至12月26日，商会为辖区期货机构中高层人员举办了六期《国学》系列讲座，30余家商会理事单位的中高层管理人员共计480余人参加了培训。

10月25日，商会联合《期货日报》举办“2013（北京）第七届期货高管年会”。会年以“跨界·整合　期货行业的转型与发展”为主题，邀请业内外有关专家、学者，从企业转型、战略发展、业务创新等方面交流经验，共同研讨我国期货业发展思路，北京各期货公司的董事长、总经理等共50余人参加会议。

11月1~2日，商会举办“动力煤品种期现结合高级研修班”，来自中国电力企业联合会、国网能源研究院、秦皇岛煤炭交易市场网、中国煤炭运销协会、中煤公司等机构的专家，对全国重点地区电力供需形势及对动力煤的需求判断、我国电价与煤炭价格的关系、电力燃料采购部门如何利用期现市场规避价格风险、我国动力煤市场供需状况与价格预测、煤炭市场价格的构成及交易形成机制等进行解读，邀请秦皇岛港煤码头、煤堆场负责人介绍了动力煤生产流程、设备、生产工艺等，并和与会人员就现货企业在套保过程中所关注的事项以及常见的问题进行了探讨。

11月2~3日，商会利用北京国际金融博览会的平台，举办“期货新品种投资交流会”、“国债期货报告会”。会上，专家讲解了动力煤、铁矿石、沥青、稻谷四个新品种的合约内容、交易分析、风险管理以及四个新品种合约的走势对于日常生活及物价的影响；银河期货资产管理部总经理蒋东义、第一创业期货研发总监韩蕴喆、宏源期货首席策略分析师吴守祥就国债期货基本知识及合约、如何更好地进行国债交易、如何制定投机交易策略和计划、国债期货交易的风险管理等内容进行解读。北京市各金融机构从业人员、投资者共计400人参会。

11月19~21日，商会与中国金融期货交易所、北京证监局、北京市银行业协会、北京证券业协会联合举办“2013年北京地区国债期货机构投资者教育系列培训”（银行专场、证券专场、基金专场），北京市银行业、证券业相关从业者共计420余人次参加了培训。

11月26日，商会与大连商品交易所联合举行铁矿石期货营销培训。大连商品交易所工业品事业部王淑梅博士介绍了铁矿石期货合约及交易情况，我的钢铁网副总经理陈卫斌就铁矿石的消费及市场前景进行了阐述和讲解，中证期货首席金融运营官谢明忠讲解了营业部市场营销思路、布局及行动等方面的知识。北京期货70余家机构的市场营销人员、铁矿石品种研究人员，共计200人参加了此次培训。

12月14日，由商会与天津期货业协会联合主办“第二届（北京）期货公司信息技术研讨会”，北京与天津地区的期货公司负责信息技术的领导和信息技术部门负责人共90多人参加了会议，会上宣布成立北京期货商会信息技术工作委员会。

（苏英）

北京金融街商会

组织机构与负责人

理事长：陈耀先

常务副理事长：王功伟（北京金融街投资（集团）有限公司董事长）

副理事长：略

秘书长：鞠　瑾（北京金融街投资（集团）有限公司总经理）

监事长：范勇宏（华夏基金管理有限公司总经理）

会员单位

2013年末，共有会员181家，其中理事会会员单位117家。会员单位分别来自金融监管部门、金融机构、电信、电力、服务等行业。

联系方式

地址：北京市西城区金融大街33号通泰大厦B座616室

邮编：100032

电话：010－66574347

传真：010－66574389

网址：http：//www. bfscc. com

电子邮箱：bfscc@ sohu. com

重要活动

一、认真落实市区两级政府的金融产业优惠政策，为金融街区域机构提供优质政策服务

北京金融街商会（以下简称商会）作为首都金融业优惠政策兑现的受理窗口部门，认真落实市区两级政府的金融产业优惠政策，全年共受理56家企业单位的各项申报材料，兑现资金1. 35亿元。

二、整合区域资源，健全服务体系，组织开展各类活动，增强金融街凝聚力

1. 3月19日，在商会的大力沟通协调下，西城区人民法院与商会、中国银行业协会、中国证券业协会、中国期货业协会、中国上市公司协会、中国保险行业协会、中国国债协会7家金融行业协会签署了诉调对接合作协议。

2. 3月22日，商会邀请北京市新闻发言人、政府新闻办主任王惠走进金融街大讲堂，为会员单位相关负责人作“危机公关与微博管理”的演讲，60多家金融机构的150余位相关业务人员参加了活动。

3. 7月12日，“2013金融街首届金融创新产品暨投资理财推介会”成功举办。此次推介会吸引了200家金融机构的近700位代表参加，四十余家主流媒体到场报道。

4. 7月，北大医院开通金融街协同医疗预约挂号系统。全年，金融街医疗服务共同体累计为会员单位员工及家属提供预约挂号3 044人次、接受电话预约挂号人员1 181人次。

5. 11月28日，商会举办“2014经济形势分析会”，邀请一行三会研究部门的领导，第一时间解读、分析三中全会后经

济与金融形势，170 家会员单位和驻区金融机构的 600 余位代表参会。

6. 2013 年，商会组织了教育招生工作咨询会、金融街教育大讲堂、单身青年联谊会等系列主题活动，为会员提供务实服务。

三、开展“一本书”爱心活动，树立金融街良好的社会责任形象

2013 年，金融街“一本书”爱心活动共募集图书 12 000 册、笔记本电脑 63 台、视力保护器 450 套、学习用具 3 500 套、体育用品 260 件，全部物品捐赠至怀柔区渤海镇中心小学。

四、完善区域信息交流平台，推进金融街品牌建设

2013 年，《金融街》杂志新增“金融街 60 秒”、“街区要闻”板块，并调整发行渠道，在金融街部分大厦设立杂志展架，以更快速度直接与会员见面。金融街在线网站新增“网上金融街”栏目。完成设计并上线新版的金融街医疗服务共同体网站和金融街慈善基金会网站。

（史瑞）

北京 CBD 金融商会

组织机构与负责人

名誉会长：龙永图（二十国集团研究中心秘书长）

会　长：甘靖中（朝阳区人民政府常务副区长）

副会长：幸公杰（蒙特利尔银行（中国）有限公司副行长）

丁国良（汇丰银行（中国）有限公司副行长）

赖祥麟（友邦保险有限公司北京分公司总经理）

许宁跃（北京银行股份有限公司副行长）

马思中（中美大都会人寿保险有限公司首席代表）

姜　新（中国中期投资股份有限公司董事长）

韩巍强（中国国际金融有限公司董事总经理）

宋福兴（中国人民人寿保险股份有限公司副总裁）

监事长：刘雪斌（女，澳大利亚和新西兰银行（中国）有限公司北京分行行长）

秘书长：赵　捷（朝阳区金融服务办公室党组书记）

副秘书长：李　蘅（北京恒言投资有限公司总经理）

会员单位

2013 年末，共有会员单位 85 家，涵盖银行、证券、保险、财务公司等多种企业类型。

联系方式

地址：北京市朝阳区京广中心商务楼 10 层 1007 室

电话：010－65978750

传真：010－65978236

邮编：100020

网站：http：//www. cbdjrsh. org/

重要活动

1 月，北京 CBD 金融商会（以下简称商会）举办“2013 北京 CBD 金融迎新春座谈会”。金融监管部门、北京市和朝阳区相关部门的领导以及蒙特利尔银行（中国）有限公司、北京银行股份有限公司、中美大都会人寿保险有限公司、中国人民人寿保险股份有限公司、中国国际期货有限公司、普华永道中天会计师事务所

有限公司北京分所、中航工业集团财务有限责任公司等机构的近150名高层代表参加了会议。

3月，商会举办“2013国际妇女节养生专题讲座”。

5月，商会召开“第九次理事和会员代表大会暨金融产业发展高层研讨会”。会议由商会副会长、美国大都会人寿保险公司中国区首席代表马思中主持。金融监管部门、区政府领导及蒙特利尔银行（中国）有限公司、中国国际金融有限公司、中国国际期货有限公司、汇丰银行（中国）有限公司北京分行、中国人民人寿保险股份有限公司、德意志银行（中国）有限公司、中航工业集团财务有限公司、工商银行北京市分行等90余家会员单位的高层代表出席了会议。

6月，商会与信诚人寿保险有限公司联合主办“信诚人寿—2013北京CBD金融杯”羽毛球精英赛、团体赛。

9月，商会与北京CBD金融企业家俱乐部协办的“2013北京CBD国际金融论坛”在朝阳规划艺术馆举行，来自国内外政府官员、金融监管机构领导、金融领域知名学者、国际金融组织和金融企业的高层代表200余人出席。本届论坛以“深化金融改革创新，促进经济结构转型升级”为主题，与会嘉宾围绕新型城市化战略的国际金融中心建设、金融政策创新及区域竞争力等议题展开研讨，就金融改革创新、CBD发展转型升级、新型城市化建设等前沿话题建言献策。

9月26～28日，商会与部分商会会员单位高层代表赴贵阳进行商务合作考察。

12月，商会在世贸天阶大隐剧场举办“进剧场　看话剧”活动。

（李晶）

北京中关村海淀金融创新商会

组织机构与负责人

会　长：任路平（女，中国工商银行股份有限公司北京海淀西区支行行长）

常务副会长：沈　鹏（北京海淀科技金融资本控股集团股份有限公司集团董事长兼总经理）

副会长：栾文生（女，中国建设银行股份有限公司北京中关村分行副行长）

周伟京（中国农业银行股份有限公司北京海淀支行行长）

理事长：王喆（女，北京银行股份有限公司中关村分行高级顾问）

副理事长：李莹（女，中国光大银行股份有限公司北京海淀支行行长）

秘书长：李晓玲（女）

会员单位

2013年末，共有会员单位41家。其中，理事单位6家，普通会员35家。会员单位以银行、保险、证券等金融机构为主，其中也包括部分企业单位。

联系方式

地址：北京市海淀区海淀北二街8号中关村SOHO大厦710室

邮编：100080

电话：010－82504182

传真：010－82504282

网址：hppt：//www. bjzfic. com

重要活动

4～12月，北京中关村海淀金融创新商会（以下简称商会）举办三次行长沙龙，分别就互联网金融、金融机构如何转型、如何支持中小微企业发展及影响小微企业融资问题进行研讨。

3～6月，商会举办多场中小企业投

融资对接活动，数十家企业参加了路演和咨询，数十家金融机构参与了对接会，部分企业已获得投资机构和银行贷款的支持。

6月5日，由海淀区政府主办、海淀区金融服务办公室承办、商会协办的“2013海淀中关村‘政金企对话 科技金融’投融资对接活动”在用友软件园举行。海淀区常务副区长穆鹏出席并致辞，海淀区副区长孟景伟主持活动，驻区中小企业信贷专营机构、证券公司、创业投资及股权投资机构、保险公司、小额贷款公司、融资担保公司等近50家金融机构，及200家中小微企业和20多家新闻媒体近300余人参加了活动。

6月7～9日，商会协助海淀区金融服务办公室举办主题为“打击非法集资、维护金融稳定、共创全国文明城区”、“反假货币、人人有责”的打击非法集资和反假货币宣传活动。活动期间，发放各类宣传材料2 000余份，接受咨询300余人次。

8月27日，商会与海淀区归国华侨联合会在中关村PE大厦共同举办主题为“创业融资”的留学归国人员创企业与投资机构对接沙龙，3家拟融资企业进行了融资项目路演，12家金融机构及投资机构参加了活动，并对企业项目进行了点评。

9月7日，商会在海淀体育馆举办“民生成府路杯”羽毛球友谊赛，9家单位的16支代表队的60余名选手参赛。

10月23日，商会组织会员单位赴上海考察履约保险（担保）贷款项目的运作情况，并就其主要工作模式、运作模式、贷款发放、理赔等与上海市科技创业中心、中金大业保险经纪公司、上海多家银行及保险公司相关人员进行了座谈。

（薛明君）

北京市金融学会

组织机构与负责人

会　长：杨国中（国家外汇管理局党组纪检组组长、党组成员）

监事长：汪晓芳（女，中国工商银行股份有限公司北京市分行副行长）

秘书长：盛朝晖（中国人民银行营业管理部金融研究处处长）

会员单位

2013年末，共有团体会员单位60家。

联系方式

办公地点：中国人民银行营业管理部

地址：北京市西城区月坛南街79号

邮编：100045

电话：010－68559272

重要活动

5月，北京市金融学会（以下简称学会）秘书长盛朝晖参加北京市社会科学联合会“2013年周末大讲堂”活动，作题为“当前金融形势与政策”的报告，怀柔区委宣传部、雁栖工业园区管委会、园区企业的100多名工作人员参加了报告会。

6月，学会举办“利率市场化与金融机构应对策略研讨会”，来自中国人民银行总行、北京市保险学会、北京市国际金融学会以及学会各会员单位的50余名代表应邀出席。会议围绕中国利率市场化改革进程、影响、金融机构的应对策略及利率市场化的国际经验比较展开研讨。

9月，学会派员参加中国金融学会举

办的“海峡两岸金融学术研讨会”。

11 月，学会举办宏观经济形势报告会，邀请香港中国金融协会副主席、“中国金融 40 人论坛”成员、复旦大学经济学院客座教授孙明春博士作题为“中国经济改革为何迫在眉睫”的主旨报告。

12 月，学会举办专题报告会，邀请中国人民银行调查统计司司长盛松成研究员就“社会融资规模与央行货币政策调控”作主旨演讲。来自北京市金融工作局、北京银监局、北京证监局、北京保监局、国开行等 30 余家会员单位和北京大学等高校的 180 余名代表参会。

学会派员参加中国金融学会举办的“中国人民银行成立 65 周年暨国有商业银行与农村信用社改革十周年理论讨论会”。

（宋晓源）

北京市城市金融学会

组织机构与负责人

会　长：王珍军（中国工商银行股份有限公司北京市分行行长）

副会长：龚　萍（女，中国工商银行股份有限公司北京市分行副行长）

监事长：于云丽（女，中国工商银行股份有限公司北京市分行高级专家）

秘书长：战逸群（中国工商银行股份有限公司北京市分行管理信息部总经理）

下设机构情况

北京市城市金融学会青年经济理论研究分会

联系方式

地址：北京市西城区复兴门南大街 2 号天银大厦 B 座 906 室

邮编：100031

电话：66410543

传真：66410543

重要活动

1. 组织开展 2013 年度课题调研活动。为贯彻中国工商银行（以下简称总行）“2013 年中国城市金融学会理事会会议暨全国城市金融学会秘书长工作会议”的部署，北京城市金融学会（以下简称学会）组织认领总行重点研究课题 5 个，同时开展工商银行北京市分行（以下简称分行）调研课题活动，研定课题 20 个。全年，共收到 49 个理事单位报送课题成果 206 篇（含分行认领的 5 个总行重点课题）。

2. 完成 2012 年度课题评选表彰和成果推广。2 月，学会印发《关于公布学会 2012 年度优秀调研课题评选结果的通知》，表彰获奖作者和组织单位，并在分行网讯上刊发了获得三等奖以上的调研报告。

3. 组织开展征文活动。学会组织参加总行“我与工商银行 30 年”有奖征文活动，共向总行报送作品 213 篇，其中 4 篇（幅）作品分获二等奖和优秀奖，学会获特殊贡献奖。组织开展“我与北京分行 30 周年”主题征文活动，共收到 36 个理事单位报送作品 251 篇，选出获奖作品 38 篇（幅/组），在分行网讯上刊发。

4. 9 月，根据分行最高任职年限的有关规定变更学会秘书长，由分行管理信息部战逸群总经理担任学会秘书长。

5. 9 月，学会秘书处根据总行金融研究所工作要求，协调组织分行相关部室提供基础素材和数据，完成《工商银行北京市分行 2015 ~ 2025 年发展战略纲要》的编写工作。

6. 积极组织学术交流和培训活动。9月17日，为进一步提升和强化分行研究成果的写作水平，特邀请总行金融研究所刘彪副所长作题为“科研选题与论文写作培训”讲座，百余名课题主执笔人参加了培训。学会秘书处向《北京金融评论》、《北京市金融年鉴》推送6篇优秀调研成果，其中5篇在《金融论坛》上发表，1篇被《北京市金融年鉴》收录。

7. 会同管理信息部采编《经济金融信息提要》41期，共向总行报送北京地区《银行业竞争动态》资料30期、同业分析报告90篇。

（李杰）

北京市钱币学会

组织机构与负责人

会　长：姜再勇（中国人民银行营业管理部副主任）

监事长：温　桦（女，中国人民银行营业管理部内审处处长）

秘书长：李　杰（中国人民银行营业管理部货币金银处处长）

会员单位

2013年末，共有个人会员1 200人，团体会员32个。

联系方式

办公地点：中国人民银行营业管理部办公楼2001室

地址：北京市西城区月坛南街79号

邮编：100045

电话：010－68559317

传真：010－88655100

电子邮箱：zhidongli@ sina. com

重要活动

一、成功召开北京市钱币学会第五次会员代表大会

9月12日，北京市钱币学会（以下简称学会）召开第五次会员代表大会。会议审议通过了《第四届理事会工作报告》、《监事会工作报告》、《关于修改章程的报告》、《关于调整会费标准的报告》、《关于第五届理事会、监事会候选人产生办法的报告》、《第五届理事会工作规划》，选举产生了第五届理事会、常务理事会和监事会，组成了专家委员会，并吸收北京市32家银行机构成为了学会团体会员。

二、做好普通纪念币发行改革试点工作

按照中国人民银行关于普通纪念币发行方式改革试点工作的要求，学会在总结和研究北京市30年来普通纪念币发行经验、钱币市场发展规律的基础上，提出了纪念币发行改革设想和建议；并依据《中国人民银行普通纪念币发行管理办法（试行）》，结合北京实际情况，制定了《北京市钱币学会普通纪念币兑换管理办法》、《北京市钱币学会普通纪念币兑换实施方案》等制度，参加了9月和12月两次普通纪念币的发行工作。

三、组织开展学术研究和交流活动

1. 学会与北京市古代钱币展览馆、北京市收藏家协会密切配合，全年组织“会员活动日”12次。活动期间，共举办钱币知识讲座12次，为群众进行义务鉴定12次，接待群众和钱币爱好者鉴定咨询300余人次。学会还受邀在德胜门街道办事处、中国航天工业总公司老干部活动中心等地为群众和钱币爱好者讲授钱币收藏知识。

2. 参加或举办多次钱币展览。7月，学会会员、外币收藏家钱立新先生“钱币上的世界铁路专题展”在中国钱币博物馆举行。11月，学会组织纸币收藏家参加了在天津举办的“第二届中华纸币大展”。12月，学会与北京市古代钱币展览馆联合举办“泉海撷珍——中国历代钱币精品展”，学会15位收藏家为展览提供了钱币珍品500件（套）。展后，学会与北京市古代钱币展览馆将部分珍稀展品编入《泉海撷珍——中国历代钱币精品集》一书。

3. 年内，学会会员出版了一批钱币专著，有黄锡全、董瑞合著的《先秦货币汇览——方足布卷》、汪圣铎译注的《泉志》等。学会与中国钱币学会联合组织的“外国钱币学名著译丛”工程正式启动，学会有10余位专家参与了该项工作。

四、完善学会制度

学会结合换届工作及北京市社会团体办公式评估工作，制定和完善了规章制度，如《会员管理办法》、《财务管理办法》和《档案管理办法》等。为配合学会换届工作，学会请审计部门对2005年以来的财务情况进行了全面审计；根据审计结论，学会加强了财务管理，增设人员，规范建账。

五、积极参与人行营业管理部相关工作

为筹建北京历代钱币展览馆，学会组织部分收藏家和钱币专家对展陈大纲进行修改和补充，并在会员中征集钱币实物。4月，学会4位收藏家向人行营业管理部钱币展室捐赠288件钱币文物。

（李志东）

北京市金融工会

组织机构与负责人

主　席：周玉忠

常务副主席：王兆华

副主席：张幼林（北京市金融工作局副局长）

副主席：方　芳（女）

会员单位

2013年末，共有会员单位55家，会员117 000人。年内，新成立2个区县金融工会联合会、2个基层工会，新增工会会员11 000人。

联系方式

地址：北京市东城区台基厂大街三条3号6号楼110室

邮编：100005

电话：010—65592747

传真：65230907

网址：http：//www. bjjrgh. org

电子邮箱：jrgh2006@163. com

重要活动

1月29日，北京市金融工会召开“2013年度金融工会与政府主管部门、行业监管部门、行业协（商）会等工作联席会”。周玉忠主席介绍了2012年金融系统工会工作完成情况和2013年工作思路，与会各单位分别介绍了本单位2013年工作设想及意见建议。人行营业管理部、北京银监局、北京证监会局、北京保监会局、北京市金融工作局、北京市银行业协会、北京证券业协会、北京保险行业协会、北京期货商会的分管领导和工作人员出席了会议。

2月28日，北京市金融工会召开第一届第四次委员（扩大）会议。会议全面总结了2012年金融系统工会工作，部署了2013年工作任务，并就有关人事调整履行民主程序。有14名同志替补为北京市金融工会第一届委员会委员，新增委员4名；有5名同志替补为北京市金融工会第一届委员会常委，新增常委2名。

3月9日，北京市金融工会在奥林匹克森林公园举办首都金融系统女职工庆“三八”健步走活动，40多个单位2 000多名职工参加了活动。

3月29日，“西城区金融工会联合会第一届第一次委员会暨成立大会”召开。会议选举产生了西城区金融工会联合会领导班子，标志着北京市金融系统第一家区县金融企业工会联合会正式成立。北京市金融工会主席周玉忠、西城区总工会主席马小鹏出席了会议并讲话，40个基层会员单位的工会领导参加了会议。

4月23日，北京市金融工会召开“首都职工素质建设工程2013年工作推进会”。会议介绍了北京市总工会职工素质建设工程网络平台运行情况，部署了2013年工作，基层各单位主管素质工程工作的领导及相关业务部门负责人参加会议。

4月27日，北京市金融工会召开2012年获得全国和北京市劳动模范、先进个人和先进单位代表及相关工会负责人座谈会。会议宣读了表彰通报，并就如何充分发挥先进人物的模范带头作用、进一步做好劳动模范和先进人物的管理服务工作进行了座谈。

5月3日，中国金融工会常务副主席张东风率队到北京市金融工会进行工作调研，北京市总工会党组书记、副主席曾繁新和副主席潘建新参加调研，北京市金融工会主席周玉忠汇报了近年来北京市金融工会工作情况，并就进一步理顺中国金融工会与地方金融工会工作关系，加强对地方金融工会工作指导提出了意见建议。

5月8日，北京市金融工会牵头组织召开市总工会部分产业系统工会“关于《北京市〈工会法〉实施办法》修订工作座谈会”，来自金融、教育、工业（国防）、服务4个产业工会的15家基层工会组织参加了会议，会议形成了5个方面22条修订意见。

7月15日至9月26日，北京市金融工会、北京保险行业协会联合举办“第四届北京市职业技能大赛保险行业车险定损员比赛”，全市33家保险公司的1 600名选手参赛。经过初赛、复赛、半决赛、总决赛，共评出10名“十佳车险定损员”、20名“优秀车险定损员”、70名“车险定损员能手”，三星财产保险（中国）有限公司北京分公司王磊获得“金牌定损员”。

7月17日，北京市金融工会举办北京市劳动模范“中国梦·劳动创造幸福”专场宣讲活动，北京市总工会巡回宣讲团成员周宪民等6位劳动模范宣讲了他们的先进事迹，首都金融系统20个基层单位、200多名职工参加了活动。

7月23日，“海淀区金融工会联合会第一届第一次委员会暨成立大会”召开。会议选举产生了海淀区金融工会联合会领导班子，北京市金融工会常务副主席王兆华、海淀区总工会主席惠运霖出席了会议并讲话，基层会员单位的40多名代表参加了会议。

7月23～28日，北京市金融工会周玉忠主席参加北京市总工会赴对口援助的青海省玉树地区慰问团，代表首都金融系统职工为玉树地区职工送去30万元慰问金，支援当地困难职工救助、职工培训、工会设施改善等项目。

7月~8月，北京市金融工会针对北京地区发生部分外地金融企业协议解除劳动关系职工集体上访事件，与相关基层工会快速联动，了解情况，上报信息，及时下发通知，提出具体要求，督促基层工会配合党政，积极开展维稳工作，保持北京市金融系统职工队伍的稳定。

7月~12月，北京市金融工会参加北京市总工会第一批“党的群众路线教育实践活动”。活动期间，北京市金融工会紧紧围绕“照镜子、正衣冠、洗洗澡、治治病”的总要求，以为民务实清廉为主要内容，着力抓好各个环节工作，建立完善基层联系点制度，实地走访了15家直属基层工会组织和分支机构，整改了“四风”突出问题，加强了制度建设，活动取得积极成效。

8月16日，北京市金融工会召开“2013年北京市金融系统工会半年工作会暨职工之家建设观摩会”。会上，周玉忠主席总结了上半年工作，部署了下半年任务；农业银行北京市分行、北京农商银行、工商银行北京南礼士路支行、北京银行北辰路管辖行工会分别介绍了职工之家建设经验；与会代表参观了农业银行北京市分行职工之家建设成果。

9月15~22日，北京市金融工会周玉忠主席参加北京市总工会赴对口援疆的和田地区慰问团，代表首都金融系统职工，为和田地区职工送去50万元慰问款，支持当地困难职工救助、职工培训、工会设施改造等项目。

10月13日，北京市金融工会、北京市教育工会、北京市政法卫文工会联合举办大龄青年联谊会，100多名青年男女参加了活动。

10月19日，北京市金融工会举办“2013年首都金融系统职工乒乓球比赛”。比赛设男单、女单和团体三个项目，27支代表队的152名运动员参加了比赛。

11月2日，北京市金融工会举办金融系统女职工“魅力女性”知识讲座，时尚专家介绍了“职业女性服饰搭配和时尚丝巾系法”，40多个单位200多名女职工参加了活动。

11月20日，北京市金融工会召开第一届第五次委员（扩大）会议。会议传达了北京市总工会第十二届第十一次委员（扩大）会议精神，通报了2013年度首都金融系统获得全国、北京市先进个人、先进集体名单，中国银行北京市分行、中国人民财产保险公司北京市分公司分别介绍了“一分钟工程”、“幸福工程”经验；部署安排了金融系统年底前的重点工作。

12月6~13日，北京市金融工会主席周玉忠率领首都金融系统工会干部14人赴台北总工会交流访问，实地考察了台湾金融等企业工会组织、职工队伍、劳动关系、维权服务等情况，并进行了工作交流。

12月12日，北京市金融工会、西城区人力社保局联合主办、北京保险行业协会及西城区展览路街道办事处协办了“北京市金融理财规划进街道进社区，服务职工群众活动”，2名专家为200多名社区居民和职工代表讲解了金融基础知识以及理财风险防范等。

12月15~20日，埃及金融工会代表团一行6人到北京市金融工会访问交流。代表团参观了北京银行、北京农商银行、农业银行北京市分行、中国人民财产保险公司北京市分公司和大连银行北京分行，并进行了工作交流。12 月 16 日，北京市金融工会与埃及金融工会签署友好交往备忘录，开创了北京市金融工会与国外同行友好交往的先河。

12 月 17 日，在北京市总工会、北京市科学技术委员会、北京市经济和信息化委员会、北京市知识产权局联合组织的“2013 年北京市职工优秀技术创新成果评比”中，北京市金融系统共获得二等奖 1 个、三等奖 4 个、优秀奖 10 个。

12 月 25 ~26 日，北京市金融工会对全市金融系统 50 家单位工会工作进行了考核评比和交流，有 35 个单位被评为优秀、10 个单位被评为良好。北京市金融工会参加北京市总工会年度工作考评，获得年度工作优秀等次。

12 月 27 日，北京市金融工会经费审查委员会召开工作会议，重点听取了 10 家工会财务经审工作汇报，对预算报告进行了集中审核考评；北京市金融工会参加北京市总工会年度经审工作规范化建设考评，获得优良等级。

2013 年，北京市金融工会开展 2013 度北京市金融系统先进集体和先进个人的评选、推荐工作，共推荐评选出“全国五一劳动奖章”1 名、“全国工人先锋号”1 个，“首都劳动奖状”2 个、“首都劳动奖章”10 名、“北京市工人先锋号”3 个，上报北京市总工会。2014 年 4 月，经中华全国总工会、北京市总工会批准授予上述集体和个人荣誉称号。

（胡树德）

（四）2013 年度北京市金融系统先进单位、先进个人名录

北京市“全国五一劳动奖章”获得者

颜　文（女）中国农业银行股份有限公司北京万寿路支行行长助理兼铁道支行行长

申容汐（女）中国人寿保险股份有限公司北京市分公司拓展团队经理

史玉杰（女）泰康人寿保险股份有限公司北京分公司第八区域 CBD 收展经理

张　栋　　中国民族证券有限责任公司资产管理业务总部投资总监

北京市“全国工人先锋号”获得集体

中国工商银行股份有限公司北京市分行营业部

中国民生银行股份有限公司北京西单支行

民生证券股份有限公司投资交易事业部债券销售交易二部

北京市“全国金融五一劳动奖状”获得单位

（中国金融工会全国委员会
金工发〔2014〕7号
2014年4月23日）

中国建设银行股份有限公司北京铁道专业支行

交通银行股份有限公司北京望京支行

中国民生银行股份有限公司北京西单支行

中国东方资产管理公司北京办事处

太平人寿保险有限公司北京分公司

北京市“全国金融五一劳动奖章”获得者

（中国金融工会全国委员会
金工发〔2014〕7号
2014年4月23日）

陆玉华（女）中国保险监督管理委员会北京监管局人身保险监管处处长

张　玲（女）中国工商银行股份有限公司北京东城支行营业部财富中心主任

颜　文（女）中国农业银行股份有限公司北京万寿路支行行长助理兼铁道支行行长

潘　永　中国银行股份有限公司北京新世纪饭店支行行长

李明祥　中国建设银行股份有限公司北京市分行个人理财客户经理

申容汐（女）中国人寿保险股份有限公司北京市分公司拓展团队经理

张　栋　中国民族证券有限责任公司资产管理业务总部投资总监

北京市“全国金融系统职工职业道德建设先进单位”获得单位

（中国金融工会全国委员会
金工发〔2014〕12号
2014年5月14日）

中国光大银行股份有限公司北京分行

北京市“全国金融系统职工职业道德建设先进个人”获得者

（中国金融工会全国委员会
金工发〔2014〕12号
2014年5月14日）

谷　楠　招商银行股份有限公司北京大望路支行

陈秀清（女）中国银河证券股份有限公司

袁红季（女）中国民族证券有限责任公司

北京市“全国金融青年五四奖章”获得者

唐　朔　交通银行股份有限公司北京望京支行

北京市“全国金融优秀共青团员”获得者

赵梦佳　中国银行股份有限公司北京宣武天缘公寓支行

李　帅　中信建投证券股份有限公司

马　静　中国光大银行股份有限公司北京分行

李明煊　光大永明人寿保险有限公司

北京分公司

北京市“全国金融系统优秀共青团干部”获得者

崔明芳　中国农业银行股份有限公司北京平谷支行团委书记

北京市“全国金融系统五四红旗团委（团支部）”获得集体

中国进出口银行北京分行团委

中信建投证券股份有限公司北京亦庄荣华中路证券营业部团支部

中国人民财产保险股份有限公司北京市分公司团委

北京市“首都劳动奖状”获得单位

（北京市总工会　北京市人力资源和设会保障局）

（京工发〔2014〕11 号
2014 年 4 月 21 日）

中国建设银行股份有限公司北京市分行

新华人寿保险股份有限公司北京分公司

北京市“首都劳动奖章”获得者

（北京市总工会　北京市人力资源和社会保障局）

（京工发〔2014〕11 号
2014 年 4 月 21 日）

崔　雷　交通银行股份有限公司北京松榆里支行行长

王　南（女）上海浦东发展银行股份有限公司北京永定路支行大堂经理

刘姗姗（女）平安银行股份有限公司北京分行营业部经理

檀丽萍（女）北京银行股份有限公司北辰路支行行长

张鹏飞　渤海银行股份有限公司北京分行营业部经理

周江岚（女）　厦门国际银行股份有限公司北京分行财务部经理

徐维进　中国邮政储蓄银行股份有限公司北京分行党委书记、行长

李德水　中国人民财产保险股份有限公司北京市昌平支公司经理

张远明　华泰财产保险有限公司北京分公司集团业务部经理

王　磊　三星财产保险（中国）有限公司北京分公司车险理赔管理部经理

“北京市工人先锋号”获得集体

（北京市总工会　北京市人力资源和设会保障局）

（京工发〔2014〕11 号
2014 年 4 月 21 日）

华夏银行股份有限公司北京中关村支行

中国平安人寿保险股份有限公司北京分公司培训部

中国国际期货有限公司产业中心杨镇涛团队

“北京市三八红旗集体”获得集体

中国农业银行股份有限公司北京海淀

东区支行

中国农业银行股份有限公司北京平谷支行营业部

中国建设银行股份有限公司北京通州光谷支行

中国邮政储蓄银行股份有限公司北京西城区广安门支行

北京银行股份有限公司月坛管辖行

北京农村商业银行股份有限公司个人金融部

“北京市三八红旗奖章”获得者

张闻一　中国工商银行股份有限公司北京平谷支行副行长

于　蓉　中信银行股份有限公司总行营业部副总经理

李文帅　杭州银行股份有限公司北京通州支行行长

龚　莉　北京农村商业银行股份有限公司党委副书记、监事长

“北京市模范职工之家”获得集体

中国工商银行股份有限公司北京南礼士路支行工会委员会

中国农业银行股份有限公司北京市分行工会委员会

中国建设银行股份有限公司北京中关村分行工会委员会

中信银行股份有限公司总行营业部工会委员会

北京银行股份有限公司北辰路支行工会委员会

中国人民财产保险股份有限公司北京市西城支公司工会委员会

“北京市模范职工小家”获得集体

交通银行股份有限公司北京中轴路支行工会

中国民生银行股份有限公司北京东单支行工会

华夏银行股份有限公司北京国贸支行工会

中国邮政储蓄银行股份有限公司北京西区支行工会

渤海银行股份有限公司北京商务中心区支行工会

中信建投证券股份有限公司北京三里河路证券营业部工会分会

“北京市优秀工会工作者”获得者

马　宁　中国光大银行股份有限公司北京分行工会主席

王雪云　大连银行股份有限公司北京分行工会主席

阮明月　北京农村商业银行股份有限公司总行机关工会副主席

“中国人民银行五一劳动奖状”获得单位

（银发〔2014〕217号
2014年7月25日）

中国人民银行营业管理部营业室

“中国人民银行青年五四奖章”获得者

（银发〔2014〕125号
2014年4月25日）

郝　岸　中国人民银行营业管理部会计财务处科长